Wellhausen, Evangelienkommentare

Julius Wellhausen

Evangelienkommentare

Nachdruck von
„Einleitung in die ersten drei Evangelien" 2. Aufl. 1911,
„Das Evangelium Matthaei" 2. Aufl. 1914,
„Das Evangelium Marci" 2. Aufl. 1909,
„Das Evangelium Lucae" 1. Aufl. 1904,
„Das Evangelium Johannis" 1. Aufl. 1908

Mit einer Einleitung von Martin Hengel

Walter de Gruyter · Berlin · New York
1987

CIP-Kurztitelaufnahme der Deutschen Bibliothek

Wellhausen, Julius:
Evangelienkommentare / Julius Wellhausen. Mit e. Einl. von
Martin Hengel. - Nachdr. [d. Ausg.] Berlin, Reimer, 1904 - 1914.
- Berlin ; New York : de Gruyter, 1987.
   Enth. u.a.: Einleitung in die ersten drei
   Evangelien. Das Evangelium Matthaei
   ISBN 3-11-010065-7
NE: Wellhausen, Julius: [Sammlung]

© 1904/87 by Walter de Gruyter & Co., Berlin 30
Printed in Germany
Alle Rechte, insbesondere das Recht der Vervielfältigung und Verbreitung, sowie der Übersetzung, vorbehalten. Kein Teil des Werkes darf in irgendeiner Form (durch Photokopie, Mikrofilm oder ein anderes Verfahren) ohne schriftliche Genehmigung des Verlages reproduziert oder unter Verwendung elektronischer Systeme verarbeitet, vervielfältigt oder verbreitet werden.
Druck: Werner Hildebrand, Berlin
Einband: Dieter Mikolai, Berlin

Einleitung
zu J. Wellhausen, Evangelienkommentare

Wenn man heute jüngere Theologen nach dem Werk von Julius Wellhausen fragt, so wissen sie in der Regel, daß er die alttestamentliche Quellenkritik auf eine neue Grundlage stellte und damit zugleich der Darstellung der Geschichte Israels eine ganz neue Richtung gab. Daß er darüber hinaus ein bahnbrechender Erforscher der arabischen Frühgeschichte und ein zukunftsweisender Ausleger der vier Evangelien war, ist nur noch ganz wenigen bekannt. Dabei hat dieser überragende alttestamentliche Historiker, Arabist *und Theologe* — dies wird man festhalten müssen trotz aller Schwierigkeiten, die er mit der Theologie seiner Zeit hatte — sich in seinem letzten Lebensabschnitt — ähnlich wie sein Lehrer Heinrich Ewald — vornehmlich dem Neuen Testament gewidmet. Nachdem 1902 sein letztes großes Werk zur Vor- und Frühgeschichte des Islam, „Das arabische Reich und sein Sturz", erschienen war, hat er bis 1914 — von Neuauflagen älterer Werke abgesehen — fast nur noch neutestamentliche Studien vorgelegt. 1903 erschien „Das Evangelium Marci übersetzt und erklärt" (2. A. 1909), im Jahr darauf folgten „Das Evangelium Matthaei übersetzt und erklärt" (2. A. 1914) und „Das Evangelium Lucae übersetzt und erklärt", nur ein Jahr später schloß sich die „Einleitung in die ersten drei Evangelien" (1905, 116 S.) an, die wesentlich erweitert (176 S.) 1911 in 2. Auflage erschien. Das Jahr 1907 brachte gleich mehrere neutestamentliche Untersuchungen: Das schmale, aber inhaltsschwere Heft „Erweiterungen und Änderungen im 4. Evangelium", an das sich im folgenden Jahr „Das Evangelium Johannis" anschloß; als Abhandlung der Göttinger wissenschaftlichen Gesellschaft (PH NS 9.4) erschien seine „Analyse der Offenbarung Johannis" und in den Nachrichten derselben Gesellschaft (PH S. 1-21) seine „Noten zur Apostelgeschichte". Auf sie folgte in den Abhandlungen 1914 (PH NS 15.2) die „Kritische Analyse der Apostelgeschichte". Der

Semitist hatte ein geschärftes Auge für die aramäische Sprache Jesu und der frühesten Urgemeinde in Jerusalem, der Literarkritiker für die Brüche und Widersprüche im Text und der Ausleger für die besonderen Phänomene der so verschiedenen Texte. Die Sprachgewalt des Autors bewährte sich in einer meisterhaften Übersetzung und in zahlreichen treffenden Formulierungen.

In diesem Zusammenhang wird man auch auf zwei weitere Untersuchungen zur jüdischen Geschichte hinweisen müssen: Seine Frühschrift „Die Pharisäer und die Sadducäer" (1874, 3. unv. Auflage 1967) stellte erstmals die beiden für die Zeit des Urchristentums beherrschenden jüdischen Parteien in ständiger kritischer Auseinandersetzung mit Geiger, Hausrath und Derenbourg in einen klaren historischen Zusammenhang, bei dem auch das Neue Testament als Geschichtsquelle zu seinem Recht kommt. Daneben ist seine glänzende, immer noch lesenswerte Studie „Über den geschichtlichen Wert des 2. Makkabäerbuches..." (NGWG PH 1905, 117-163) zu nennen. Hinzu treten nicht wenige Rezensionen zur frühjüdischen Geschichte und zur frühchristlichen Literatur in syrischer Sprache; hier wäre vor allem seine Beschreibung des von Bensley, Harris und Burkitt 1894 herausgegebenen „Sinai-Syrers" erwähnenswert: „Der syrische Evangelienpalimpsest vom Sinai", NGWG PH 1895, 1-12. Wellhausen hat diesen für ihn bedeutsamen Text in seiner Evangelienauslegung ständig herangezogen.

Entscheidende Bedeutung erhält hier auch ein berühmtes Kapitel seiner 1894 erschienen „Israelitische(n) und jüdische(n) Geschichte", das er unter der Überschrift „Das Evangelium" zunächst zwischen die Darstellung der „Vierfürsten und Landpfleger" und den das Werk abschließenden „Untergang des jüdischen Gemeinwesens" einfügte, jedoch seit der 3. Auflage an den Schluß des Ganzen stellte. Es enthält zugleich so etwas wie ein echtes „Glaubensbekenntnis", denn bei diesem großen Historiker können Geschichtsschreibung und innerste persönliche Stellungnahme nicht grundsätzlich getrennt werden. Daß er damit den „historischen Jesus" als Produkt wissenschaftlicher Arbeit gerade nicht zur Grundlage des Glaubens machen will, hat er im hinreißend geschriebenen § 17 seiner Einleitung (2. A. S. 147-153 = 1. A. § 12 S. 108-115) deutlich gemacht. Er endet mit einer harschen Kritik der Leben-Jesu-Forschung des 19. Jh.s, die wesentlich über die A. Schweitzers, mit dem er sich kritisch auseinandersetzt, hinausgeht und die sich in manchen Punkten mit Martin Kähler und der frühen dialektischen Theologie K.

Barths und R. Bultmanns berührt. In der dadurch befruchteten kritischen Evangelienforschung zwischen den beiden Weltkriegen wird die Wirkung des Neutestamentlers Wellhausen am ehesten sichtbar. Ich möchte hier nur den Schluß dieses Paragraphen zitieren: „Als der Gekreuzigte, Auferstandene und Wiederkommende ist Jesus der christliche Messias, nicht als Religionslehrer. Das apostolische Evangelium, welches den Glauben an den Christus predigt, ist das eigentliche, und nicht das Evangelium Jesu, welches der Kirche ihre Moral vorschreibt... Und der angeblich von Harnack getane Ausspruch: ‚nicht der Sohn, sondern nur der Vater gehört ins Evangelium' ist grundfalsch, wenn damit ein Faktum behauptet und nicht nur ein Postulat ausgesprochen werden soll". Schon in dem Jesuskapitel der „Israelitische(n) und jüdische(n) Geschichte (^{7}1914, 363 vgl. ^{1}1894, 313) hatte er betont, daß sich die Authentizität der Jesus zugeschriebenen eschatologischen „Vorstellungen" oft nicht eindeutig erweisen lasse: Sie „können freilich nicht alle Jesus selbst zugeschrieben werden, man kann jedoch keine sichere Scheidung machen und das schadet auch nicht. Sie ... sind mitten in lebendigster Entwicklung begriffen. Obwol sie überall als selbstverständlich und gegeben auftreten, so weht doch ein neuer Geist darin; sie stellen die Religion auf eine ganz andere, völlig individualistische Grundlage ...". Eben darum kann er gegen Ende dieses Kapitels, wo er von Jesus zu den Aposteln übergeht, von Paulus sagen: „Der Mann, der die Briefe an die Korinther und die Philipper geschrieben hat, (ist) in Wahrheit derjenige gewesen, der den Meister verstanden und sein Werk fortgesetzt hat. Durch ihn besonders hat sich die Weissagung des Reiches in das Evangelium von Jesu Christo verwandelt, der die Weissagung innerlich schon erfüllt hat. Entsprechend ist ihm auch die Erlösung aus etwas Zukünftigem etwas bereits Geschehenes und Gegenwärtiges geworden. Er betont unwillkürlich den Glauben und die Liebe stärker als die Hoffnung, er empfindet die zukünftige Seligkeit voraus in der Freude der gegenwärtigen Kindschaft, er überwindet den Tod und führt das neue Leben schon hienieden. Er preist die Kraft, die in den Schwachen mächtig ist; die Gnade Gottes genügt ihm und er weiß, daß keine gegenwärtige noch zukünftige Gewalt ihn seinen Armen entreißen kann..." (369f). Hier erklingen Töne, die auf das orthodox-lutherische Pfarrhaus in Hameln, das bei aller Distanz wirkungskräftig Erbe seiner Jugend, zurückweisen. Ähnliches gilt von dem berühmten Eingang dieses eindrücklichen Kapitels: „Es war während der Regierung des Kaisers Tiberius....

Da ging ein Sämann aus, zu säen seinen Samen; *sein Same war das Wort, sein Acker die Zeit*", wie auch von seinem Schlußsatz: „Das Evangelium ist nur das Salz der Erde; wo es mehr sein will, ist es weniger. Es predigt den edelsten Individualismus, die Freiheit der Kinder Gottes". In solchen Sätzen tritt bei Wellhausen die letzte Einheit von persönlicher Frömmigkeit, theologischer Überzeugung und Schau der Geschichte hervor, hier offenbart sich das Herz des *Theologen* Wellhausen, der von seinem Wesen her „ein Individualist reinsten Wassers (war)" (R. Smend, in: Theologie in Göttingen, hg. v. B. Moeller, 1987, 309). Er hat einzelnes in diesem Kapitel in den verschiedenen Auflagen mehrfach verändert, es aber dennoch als Ganzes beibehalten, ja zum Schlußstein seines Werkes gemacht: „die Freiheit der Kinder Gottes" wurde damit zum letzten Wort des Ganzen. Da sich aufgrund seiner Arbeit an den Evangelien manche seiner Ansichten änderten, fügte er die bezeichnende Anmerkung hinzu: „Ich habe dies Kapitel stehen lassen, obgleich ich nur noch teilweise damit einverstanden bin". Die kritische Arbeit an den synoptischen Texten hatte ihn skeptischer gemacht. Er bekennt es selbst in der 2. Auflage seiner Einleitung (170): „Bei Markus verspürt man in Jesus vielleicht nur schwach den Urheber des geistigen Lebens, das von ihm ausgegangen ist. Andererseits führt ein Rückschluß von der Wirkung auf die Ursache, von dem Strom auf die Quelle, nicht zu bestimmten und sicheren Ergebnissen. Der Geist Jesu weht sicherlich in den Reden jerusalemischen Ursprungs; aber aus dem Jesusbewußtsein der Gemeinde läßt sich doch kein historisches Bild schöpfen. Das zweite Evangelium ist unzulänglich, hat aber den Vorzug, Jesus am wenigsten als Christen vorzustellen. Es bleibt nichts übrig, als davon auszugehen und das Andere danach zu beurteilen. Wir müssen die Wißbegier nach dem historischen Jesus zügeln; wir müssen zufrieden sein, daß uns überhaupt eine Reihe von Schriften aus der Schöpfungszeit des Christentums erhalten ist, die durch eine dunkle Kluft von der späteren kirchlichen Literatur abgeschnitten sind". In diesen wenigen Sätzen wird die Not, die Aufgabe und die Verheißung der Erforschung der synoptischen Evangelien einschließlich der Frage nach Jesus selbst umschrieben, eine Aufgabe bei der die geschichtsfeindliche radikale Skepsis am Ende doch nicht das letzte Wort behalten muß. Man mag in vielen Einzelfragen, etwa dem Alter und der Bedeutung der Logienquelle, dem Menschensohnproblem oder der Grundschrift im 4. Evangelium ganz anderer Meinung sein als Wellhausen, man wird sich dennoch den von ihm aufgezeigten Aporien wie auch seinem philologisch-historischen Charisma nicht entziehen können. Er zwingt den Leser zu erneutem Nachdenken, zu vertiefter, ausschließlich am Text und der geschichtlichen Wirklichkeit orientierter Argumentation. Radikale Kritik wie konservative Apologetik verfehlen die lebendige Wirklichkeit des Geschehenen: Sie sollten beide von Wellhausen lernen. Als Beispiele verweise ich auf § 7 der „Einleitung in die drei ersten Evangelien" mit der Überschrift „Der jüdische und der christliche Messias" und die treffliche Bemerkung zum titulus des Kreuzes Mk 15,26 (S. 79ff. 82).

Die neutestamentliche Forschung hat die Arbeiten Wellhausens in ihrem Bereich — mit wenigen Ausnahmen — nicht sonderlich beachtet. Selbst wo man sich von ihm anregen ließ, verschwieg man oft seinen Namen. Das mag seinerseits damit zuammenhängen, daß er, der über die „vielen Exegeten", die im Neuen Testament ihr Unwesen trieben, seufzte, „die Kommentare weitgehend einfach ignorierte" (R. Smend, in: Theologie in Göttingen, hg. v. B. Moeller, 321). Man vergalt Gleiches mit Gleichem. Anders als in seiner alttestamentlichen Arbeit kam er über die „Prolegomena", über Fragmente einer Literaturgeschichte des Neuen Testaments nicht hinaus. Wäre es ihm, dem durch Taubheit gerade in jener Zeit, da er das Evangelienstudium begann, mehr und mehr einsam Gewordenen, vergönnt gewesen, eine Geschichte des Urchristentums zu verfassen, hätte er vielleicht in ähnlicher Weise ein Erdbeben in der Zunft ausgelöst wie durch seine alttestamentlichen Schriften; gewisse wesentliche Leitlinien werden schon in den fragmentarischen Opuscula sichtbar. Denn er beherrschte jene Kunst, die der neutestamentlichen Disziplin in unserem Jahrhundert oft gefehlt hat: „Wellhausen war Historiker". Dieser Satz, der seinem Schüler Otto Eißfeldt in dem — verspäteten — Nachruf zwei Jahre nach seinem Tode so wichtig war, daß er ihn gleich zweimal sagte (Kleine Schriften I, 57.69), umschreibt seine Größe und jene Grenze, der er sich nur allzusehr bewußt war: Darum hat er ganz aus eigenem Antrieb 1882 seine theologische Professur in Greifswald aufgegeben, um sich in Halle in semitischer Philologie zu habilitieren: Für „die praktische Aufgabe..., die Studenten für den Dienst in der evangelischen Kirche vorzubereiten", hatte er nach seinem eigenen Urteil wenig Geschick, er befürchtete, daß er „trotz aller Zurückhaltung" seine „Zuhörer für ihr Amt eher untüchtig mache" (Brief an den preußischen Kultusminister v. 5.4.1882 s. R. Smend, Wellhausen in Greifswald, ZThK 78 [1981], 172).

Aber diese Grenze war trotz aller schwerwiegenden Konsequenzen doch nur eine scheinbare. Im selben Jahr charakterisiert ihn Hermann Cremer in einem Brief an Martin Kähler: „Er kann von der Theologie nicht los und will auch nicht davon los" (op. cit. 148). Es war der christliche Theologe in ihm, der ihn zu jener späten, aber umso intensiveren Beschäftigung mit den urchristlichen Texten hinführte. Und es war wohl der „Außenseiter", der es den Neutestamentlern leicht machte, ihn in der Regel zu übergehen. A. Schweitzer zitiert ihn zwar des öfteren in seiner Geschichte der Leben-Jesu-Forschung, u.a., um ihm „vielfache Unklarheiten" vorzuwerfen (^{2}1913, 247 Anm. 1). Auch seine Zurückhaltung gegenüber allen „Synkretismushypothesen", sei es dem „Panbabylonismus" im alttestamentlichen Bereich oder einem angeblich massiven hellenistisch-gnostischen Einfluß im Neuen Testament, wie ihn die religionsgeschichtliche Schule vermutete, hat man ihm zum Vorwurf gemacht. Die neueren Textfunde und die fortschreitende Erforschung des Judentums haben ihm inzwischen weitgehend rechtgegeben. Wenn er etwa zum johanneischen Logos in der ihm eigenen knappen Klarheit sagt: „Er ist das befehlende und offenbarende Wort Gottes. Man braucht den jüdisch-biblischen Ideenkreis nicht zu verlassen, um zu sehen, woher er stammt; die Meinung, daß den Juden solche Hypostasierungen fernlagen, trifft nicht zu" (Ev. Joh. 123), so kann man ihm nach unserem heutigen Kenntnisstand nur zustimmen.

In den Nachrufen, an denen sich mehr Orientalisten als Theologen und keine Neutestamentler beteiligen, kam auch die zurückhaltende Aufnahme seiner neutestamentlichen Schriften zur Sprache. So bei Otto Eißfeldt (op.cit. I, 67): „Der alsbaldige Erfolg oder Mißerfolg eines Buches ist niemals ein zutreffender Maßstab für seine Bedeutung. So ist mit der Feststellung, daß Wellhausens Studien zur Geschichte des Urchristentums, seine Bemühungen, die Urkunden des Neuen Testaments, besonders die Evangelien, als Niederschlag bestimmter geistiger Bewegungen ... zu begreifen und sie so als Quellen für die Geschichte des Christentums im ersten Jahrhundert nutzbar zu machen, verhältnismäßig wenig gewirkt haben, noch nichts gesagt. In Wahrheit verdienen sie die gleiche Beachtung wie seine Arbeiten zur israelitischen und zur arabischen Geschichte". An dieser relativ geringen Beachtung hat sich auch nach 1920 nicht mehr viel geändert. Die Schriften Wellhausens zu den Evangelien wurden nicht mehr aufgelegt und sind längst vergriffen. Ein Nachdruck, wie er hier in einem Sammelband vorgelegt wird, war schon lange überfällig. Der Satz, den Eißfeldt folgen läßt, klingt fast profetisch und ist rasch eingetroffen: „Und hier muß gesagt werden, daß Wellhausen, der sich dem kirchlichen Leben gegenüber wohl neutral verhalten hat, mit dieser Beseitigung des Dogmas vom historischen Jesus der Kirche und dem Christentum einen Dienst erwiesen hat, dessen Größe erst die Zukunft erkennen lassen wird". Mit diesem „Dogma" meinte Eißfeldt jenes liberale Jesusbild, das bis zum ersten Weltkrieg vorherrschend gewesen war. 1919 erschienen Martin Dibelius' Formgeschichte des Evangeliums und Karl Ludwig Schmidt, Der Rahmen der Geschichte Jesu, 1921 Rudolf Bultmanns Geschichte der synoptischen Tradition, 1922 Karl Barths Römerbrief 2. Auflage.

Die angemessene Würdigung Wellhausens als neutestamentlicher Forscher — die ihm die Disziplin bis heute versagt hat — kam von einem jüngeren Freund und überragenden Gelehrten, den man ebenfalls — im Blick auf das Neue Testament — als genialen „Außenseiter" bezeichnen muß und der ihm an schöpferischem Ingenium und Schaffenskraft ebenbürtig war: Eduard Schwartz, dem klassischen Philologen, Historiker und Patristiker. Seine „unübertroffene und unübertreffbare Gedenkrede" (R. Smend, in: Theologie in Göttingen, 306) stellt uns in ergreifender Weise Wellhausen als Mensch und Gelehrten vor Augen, dessen wissenschaftliches Lebenswerk sich in der Arbeit an den Evangelien vollendet. Er soll hier abschließend zu Worte kommen:

„Die Prolegomena hatten im Zuge der Entwicklung gelegen: daher ihr Erfolg, dessen Größe die Wutausbrüche der Gegner am besten bezeugten. Ganz anders die Erklärungen der Evangelien. Sie fielen aus allem heraus, was man bis dahin neutestamentliche Exegese genannt hatte. Diese behandelte, ob sies eingestand oder nicht, das N. T. immer noch als eine Sammlung von Beweisstellen für theologische Anschauungen; darin waren sich Supranaturalisten und Rationalisten, die moderne Orthodoxie und der Erzbösewicht Strauß der Hauptsache nach gleich, wenn auch nicht geleugnet werden soll, daß im einzelnen Ausnahmen, sogar glänzende Ausnahmen vorkamen. Wellhausen machte es, nicht hier und da, sondern von Grund aus anders: der Text selbst wurde zur Hauptsache, nicht der theologische Standpunkt, von dem aus der Exeget ihn ansah oder angesehen wissen wollte. Bei einem alttestamentlichen Objekt wie bei den kleinen Propheten, die wegen ihrer Schwierigkeit nur von ganz Wenigen gelesen werden, mochte eine solche Manier hingehen; im N. T. und gar in den Evangelien war ein derartiges Gebahren unerhört, das darauf verzichtete, immer wieder die langen Reihen der Erklärer aufmarschieren zu lassen und ihre Ansichten jeweils um eine nur dem Scheine nach neue zu vermehren. Wie sollte man diesen Erklärungen gegenüber Stellung nehmen, die keine Parteiparolen verraten, sich auf keinen -ismus und keinen -aner zurückführen ließen? Da war Schweigen das Beste, das Schweigen der Zunft gegenüber dem Eindringling. Wellhausen hat dies Mißgeschick ebenso gleichmütig hingenommen wie einst das Toben gegen die Prolegomena, nur daß er über seine Übersetzungen nichts zu hören bekam, schmerzte ihn. Er war mit Recht stolz auf sie; einfach, anspruchslos und doch nie alltäglich, verhilft seine Sprachkunst einem allen seit der Kindheit vertrauten Text zu frisch dem Original entquellenden Leben.

Wie es sich gehört, schrieb er die Einleitung erst, nachdem er durch die vollständige Erklärung der Texte den festen Grund gelegt. Über das Verhältnis der Synoptiker untereinander, über sog. Urevangelien und was dahin gehört, hat sich ein Ozean von Literatur ergossen: er hob mit unbarmherziger Kürze, das heraus, was man wissen kann; die Arbeit und das Urteil, auch die Belesenheit, die in den durchsichtig klaren Sätzen stecken, ahnen nur die Sachkundigen."

„Es ist ein reicher Besitz, den er hinterlassen: ein Erbe, der ihn verwalten und mehren könnte, ist nicht da. Wessen Acker die Zeit ist, der gibt sich nicht damit ab, eine Schule zu bilden. Er hätte nur Menschen brauchen können, die um der Erkenntnis, um der eigenen Seele willen studieren; deren sind stets wenige, wenn sie überhaupt sich finden, und der Schematismus der Fakultäten und der Lehrfächer, Seminarbetrieb und Examina sorgen dafür, daß auch dies Häuflein nicht zur Entwicklung gelangt. So wirds wohl nicht ausbleiben, daß nun, wo die Eiche gefallen, das Buschwerk in die Höhe wuchert; ob der echte Samen noch einmal aufgehen wird, weiß Gott allein."

(E. Schwartz, Julius Wellhausen, in: Vergangene Gegenwärtigkeiten, Gesammelte Schriften Bd. 1, ²1963, 357-359).

Tübingen, April 1987   Martin Hengel

EINLEITUNG

IN DIE

DREI ERSTEN EVANGELIEN

VON

J. WELLHAUSEN

ZWEITE AUSGABE

BERLIN
DRUCK UND VERLAG VON GEORG REIMER

1911

INHALT.

		Seite
1.	Die handschriftliche Überlieferung	1—7
2.	Die Sprache der Evangelien	7—32
3.	Markus	32—48
4.	Markus bei Matthäus und Lukas	49—57
5.	Nicht aus Markus Stammendes bei Matthäus und Lukas	57—64
6.	Markus verglichen mit Q	64—79
7.	Der jüdische und der christliche Messias	79—84
8.	Die Auferstehung Jesu	84—86
9.	Die jüdische und die christliche Eschatologie	86—98
10.	Das Evangelium und Jesus von Nazareth	98—104
11.	Das Hebräerevangelium	107—118
12.	Zacharias Barachiae	118—123
13.	Der Menschensohn	123—130
14.	Der Todestag Jesu	130—134
15.	Johannes der Täufer und Jesus	134—138
16.	Die Zwölf, die Jünger und die Apostel	138—147
17.	Das Evangelium und das Christentum	147—153
18.	Der evangelische Erzählungsstoff	153—157
19.	Der evangelische Redestoff	157—170
20.	Corrolarium	170—176

Ich liefere hier ein Vorwort zu meiner Interpretation der drei ersten Evangelien nach, um gewisse Anschauungen und Grundsätze im Zusammenhang darzulegen, die sich mir ergeben haben und denen ich mitunter stillschweigend gefolgt bin. Es kommen textkritische, sprachliche, literarische und historische Fragen in Betracht, die alle in einander greifen und sich manchmal schlecht getrennt behandeln lassen.

§ 1. Die handschriftliche Überlieferung.

1. Der Apparat, den ich benutzt habe, beschränkt sich auf die Codices Vaticanus, Sinaiticus und Cantabrigiensis Bezae (D), und auf die alten lateinischen und syrischen Versionen [1]). Die Minuskeln habe ich nicht benutzt, die Zitate der griechischen Väter nur gelegentlich aus zweiter Hand. Eine Ausgabe der Evangelien wäre wünschenswert, in der etwa der Vaticanus (oder ein anderer objektiver Zeuge) zu grunde gelegt und die Varianten der übrigen aufgeführten Handschriften und Übersetzungen nebst den patristischen angemerkt würden. Das Ziel, den Urtext oder auch nur den Text des dritten Jahrhunderts herzustellen, läßt sich nicht erreichen. Man kann nicht auf allen Punkten gleich weit vordringen, und es fragt sich, ob es irgend wann eine gleichförmige Überlieferung gegeben hat.

Die uns erhaltenen Evangelien — auch das vierte, von dem ich indessen hier absehe — repräsentieren nicht die älteste Gestalt dieser Art von Schrifttum. Sie haben alle einen literarischen Prozeß durch-

---

[1]) Da Codex maskulinisch, Versio femininisch ist, so sagt man angemessen der Vaticanus, aber die Latina und die Syra. Die Syra liegt uns für die Evangelien in drei Phasen vor, in der Sinaitica, Curetoniana und Peschita (Syra S. C. und P.). Die Syra S. ist älter und weit wichtiger als die Syra C.; die Peschita ist nach einem späteren griechischen Text korrigiert. Ich bezeichne die Syra S. einfach als Syra.

§ 1. Die handschriftliche Überlieferung.

gemacht, worin sie zu ihrem gegenwärtigen Umfange ausgewachsen sind. Das erste und das dritte sind Kompositionen, aber auch das zweite ist überarbeitet und mit späteren Bestandteilen versetzt. Und als der Prozeß im Großen zum Stillstand gekommen war, wurde er doch in kleinerem Maße und in etwas anderer Weise fortgesetzt[1]). Die Leser (und Schreiber) der Evangelien achteten nicht so sehr auf den Buchstaben als auf den Sinn; und sie scheuten sich nicht, ihr Interesse für die Sache dadurch kundzugeben, daß sie ihr wirkliches oder ihr gewünschtes Verständnis in den überlieferten Wortlaut eintrugen. Eine Masora (d. h. Bindung, Fixierung) hat den Text nicht gleich nach seiner Entstehung in Obhut genommen, sondern erst auf einer fortgeschrittenen Stufe seiner Entwicklung. Bestimmter läßt sich das mit Wilamowitz so ausdrücken, daß er zunächst nicht buchmäßig (durch die Zunft der Buchhändler und Grammatiker) verbreitet wurde, sondern handschriftlich. Freilich sind auch die Briefe des Paulus nicht von Anfang an in Buchhändlerausgaben erschienen, und doch ist ihr Text vergleichsweise sehr fest. Das wird sich daraus erklären, daß sie weniger populär und mehr individuelles Eigentum waren als die Evangelien, in denen der Stoff herrenloses Gut zu sein und nicht dem Schriftsteller zu gehören schien.

Es steht damit in diesem Teile des Neuen Testaments nicht anders als im Alten. Was ich im Jahre 1871 über den Text der Bücher Samuelis gesagt habe, gilt noch in stärkerem Maße für den Text der Evangelien. Die Varianten zeigen, daß man sich große Freiheiten erlaubt hat. Statt des im Verbum steckenden oder durch ein Pronomen vertretenen Subjekts oder Objekts (Implicitum) wird ein ausdrückliches Substantiv (Explicitum) gesetzt; oder auch umgekehrt. Sehr häufig wird in dieser Weise J e s u s zugefügt oder ausgelassen, zuweilen auch s e i n e J ü n g e r und d i e P h a r i s ä e r. In Mc 10, 13 steht τοῖς προσφέρουσιν in D für αὐτοῖς, dagegen fehlt οἱ ὑπηρέται 14, 65 in D und οἱ παραπορευόμενοι 15, 29 in der Syra[2]). Pronominale Bestimmungen zum Verbum und zum Nomen tauchen auf oder unter. Verstärkende Epitheta desgleichen. Hinter τῇ παραδόσει Mc 7, 13 steht in D τῇ μωρᾷ, hinter θάμβος Lc 4, 36 μέγας — da-

---

[1]) Lukas liegt in zwei durchgehend verschiedenen Rezensionen vor. Die ältere ist die, in welcher der Markustext unverletzter erscheint.

[2]) Vgl. die Varianten zu Joa 5, 10. 13. 14.

§ 1. Die handschriftliche Überlieferung.

gegen fehlt δεξιάν Mt 5, 39 in D, καλόν Mt 3, 10 und ἀχρεῖοι Lc 17, 10 in der Syra[1]). Kleine Wörter und Partikeln werden vertauscht und nach Belieben eingestreut; so auch der Artikel. Synonyme Wörter und Phrasen vertreten einander. Nicht nur Formen des Verbs wechseln, wie εἶπον ἦλθον mit εἶπαν ἦλθοσαν, sondern auch vielfach Tempora und Modi. Nicht minder schwankt die Wortstellung und das Satzgefüge: καὶ ὡς ἐρχόμενος ἤγγισεν = ἐλθὼν δὲ καὶ ἐγγίσας. Die Unterschiede, welche die synoptischen Evangelien im Vergleich mit einander aufweisen, kehren großenteils wieder in den Handschriften eines und des selben Evangeliums; das ist eine allgemeine Regel.

Der Varianten, welche den Sinn nicht ändern oder wenigstens nicht ändern sollen, ist Legion. Es gibt aber auch andere. Die Kirche hat vier Evangelien neben einander bestehn und gelten lassen. Eine umfassende Harmonie, wie die des Tatian, drang nicht durch. Dagegen harmonisierende Bestrebungen im Kleinen konnten nicht gehindert werden; sie wirkten jedoch nicht systematisch, sondern nur gelegentlich, und naturgemäß am meisten in den drei ersten Evangelien. Manche Differenzen wurden dadurch ausgeglichen, Lücken in einem Evangelium durch Eintragungen aus einem anderen ausgefüllt. Aber davon auch abgesehen wurden größere und kleinere Retouchen oder Lasuren an manchen Zügen der alten Überlieferung angebracht, in Übereinstimmung mit dem Geschmack einer fortgeschrittenen Zeit. Sie haben verschiedene, nicht nur dogmatische, sondern auch novellistische Motive, und können insofern allesamt naiv genannt werden, als der Unterschied des späteren Standpunktes nicht bewußt war. Es sollte dem ursprünglichen Sinn nicht Gewalt geschehen; man glaubte die Wahrheit zu heben, nicht zu entstellen. Eintragungen wiegen über Streichungen vor; durchgedrungene Streichungen lassen sich freilich mit unseren Mitteln meist nicht mehr erkennen. Zufällige Verderbnisse (wie βόθυνος für βουνός 4 Esd 5, 24), die in allen Handschriften durchgedrungen wären, finden sich in den Evangelien kaum.

Clemens Alexandrinus führt die Perikope Mc 10, 17—31 in folgendem Wortlaut an: Ἐκπορευομένου αὐτοῦ εἰς ὁδὸν προσελθών τις ἐγονυπέτει λέγων· διδάσκαλε ἀγαθέ, τί ποιήσω ἵνα ζωὴν αἰώνιον κληρονομήσω; Ὁ δὲ Ἰησοῦς λέγει· τί με ἀγαθὸν λέγεις; οὐδεὶς ἀγαθὸς εἰ μὴ

---

[1]) Der Spruch Joa 8, 34 „Wer Sünde tut, der ist Knecht" ist in den meisten Zeugen verändert in „Wer Sünde tut, ist Knecht der Sünde".

§ 1. Die handschriftliche Überlieterung.

εἷς ὁ θεός· τὰς ἐντολὰς οἶδας· μὴ μοιχεύσῃς, μὴ φονεύσῃς, μὴ κλέψῃς, μὴ ψευδομαρτυρήσῃς, τίμα τὸν πατέρα σου καὶ τὴν μητέρα. Ὁ δὲ ἀποκριθεὶς λέγει αὐτῷ· πάντα ταῦτα ἐφύλαξα [ἐκ νεότητός μου]. Ὁ δὲ Ἰησοῦς ἐμβλέψας ἠγάπησεν αὐτὸν καὶ εἶπεν· ἕν σοι ὑστερεῖ· εἰ θέλεις τέλειος εἶναι, πώλησον ὅσα ἔχεις καὶ διάδος πτωχοῖς, καὶ ἕξεις θησαυρὸν ἐν οὐρανῷ, καὶ δεῦρο ἀκολούθει μοι. Ο δὲ στυγνάσας ἐπὶ τῷ λόγῳ ἀπῆλθε λυπούμενος· ἦν γὰρ ἔχων χρήματα πολλὰ καὶ ἀγρούς. Περιβλεψάμενος δὲ ὁ Ἰησοῦς λέγει τοῖς μαθηταῖς αὐτοῦ· πῶς δυσκόλως οἱ τὰ χρήματα ἔχοντες εἰσελεύσονται εἰς τὴν βασιλείαν τοῦ θεοῦ. Οἱ δὲ μαθηταὶ ἐθαμβοῦντο ἐπὶ τοῖς λόγοις αὐτοῦ. Πάλιν δὲ ὁ Ἰησοῦς ἀποκριθεὶς λέγει αὐτοῖς· τέκνα, πῶς δύσκολόν ἐστι τοὺς πεποιθότας ἐπὶ χρήμασιν εἰς τὴν βασιλείαν τοῦ θεοῦ εἰσελθεῖν· εὐκόλως διὰ τῆς τρυμαλίας τῆς βελόνης κάμηλος εἰσελεύσεται ἢ πλούσιος εἰς τὴν βασιλείαν τοῦ θεοῦ. Οἱ δὲ περισσῶς ἐξεπλήσσοντο καὶ ἔλεγον· τίς οὖν δύναται σωθῆναι; Ὁ δὲ ἐμβλέψας αὐτοῖς εἶπεν· ὅτι παρὰ ἀνθρώποις ἀδύνατον, παρὰ θεῷ δυνατόν. Ἤρξατο ὁ Πέτρος λέγειν αὐτῷ· ἰδὲ ἡμεῖς ἀφήκαμεν πάντα καὶ ἠκολουθήσαμέν σοι. Ἀποκριθεὶς δὲ ὁ Ἰησοῦς λέγει· ἀμὴν ὑμῖν λέγω, ὃς ἂν ἀφῇ τὰ ἴδια καὶ γονεῖς καὶ ἀδελφοὺς καὶ χρήματα ἕνεκεν ἐμοῦ καὶ ἕνεκεν τοῦ εὐαγγελίου, ἀπολήψεται ἑκατονταπλασίονα. Νῦν ἐν τῷ καιρῷ τούτῳ ἀγροὺς καὶ χρήματα καὶ οἰκίας καὶ ἀδελφοὺς ἔχειν εἰς ποῦ; ἐν δὲ τῷ ἐρχομένῳ ζωήν ἐστιν αἰώνιον· ἐν δὲ ἔσονται οἱ πρῶτοι ἔσχατοι καὶ οἱ ἔσχατοι πρῶτοι. Man sieht an dieser Probe, wie stark ein Text des zweiten Jahrhunderts von dem uns geläufigen abweichen kann. Der Dean Burgon sieht sich dadurch bestärkt in der Überzeugung, die er schon aus dem Vaticanus und dem Sinaiticus, den δύο ψευδομάρτυρες, wie er sie nennt, gewonnen hat, daß nämlich die handschriftliche Überlieferung um so schlechter wird, je höher sie hinaufreicht. Richtig ist allerdings, daß Alter nicht vor Torheit schützt.

2. Gegen die Wende des zweiten und dritten Jahrhunderts, mit dem Erwachen einer kirchlichen Wissenschaft und dem Entstehen kirchlicher Gelehrtenschulen, trat eine Reaktion gegen die Verwilderung des Textes ein. Er wurde durch geschulte Editoren in Zucht genommen, zuerst wie es scheint in Alexandria. Es gelang zwar nicht, eine authentische Ausgabe zur allgemeinen Anerkennung zu bringen; dazu war es zu spät. Doch wurde eine größere Gleichförmigkeit erzielt, wenigstens im Orient. Man kann von einer gelehrten Recepta der griechisch-orientalischen Kirche reden. Sie wird vertreten durch die Unzialhandschriften, am besten durch die beiden ältesten, den Vaticanus und den Sinaiticus.

§ 1. Die handschriftliche Überlieferung.

Unabhängig oder jedenfalls viel weniger beeinflußt von dieser gelehrten Revision ist der sog. occidentalische Text. Er liegt vor in der alten lateinischen Übersetzung, weniger ausgesprochen in der syrischen. Außerdem in einem griechischen Unzialen, dem Cantabrigiensis Bezae, der mit D bezeichnet zu werden pflegt [1]). Dieser stammt aus Gallien und repräsentiert gegenüber sämtlichen übrigen Unzialen eine Recension für sich. Darauf beruht sein Wert.

Was Kipling, Credner, Lagarde, Scrivener und Andere über den Codex D gesagt haben, braucht hier nicht wiederholt zu werden. Es seien nur einige Bemerkungen verstattet, um seine Eigentümlichkeit in das rechte Licht zu stellen. Die Triebe der Entwicklung des Textes sind bei ihm nicht anders als sonst. Nur haben sie andere Wege genommen, und das ist für die pathologische Diagnose der handschriftlichen Überlieferung überhaupt sehr wichtig. Zu dem Ballast der Varianten, die den Apparat beschweren, liefert der Codex D — wenn man nämlich den Vaticanus zu grunde legt — den größten Beitrag. Er setzt, jedoch ohne Konsequenz, ὑπάγειν für ἀπέρχεσθαι, εὑρίσκειν für ἰσχύειν, θραύειν für συντρίβειν, ἕτερος für ἄλλος, zweimal ἔλευσις für παρουσία. Er schreibt Γεννησαρ, Βησσαιδαν, Γησαμανει, Ναιμας. Wo die andern καί lesen, liest er δέ; wo sie λέγει bieten, bietet er εἶπεν — oder auch umgekehrt. Wo sie sprachlich oder stilistisch korrigieren, tut er es nicht, und hinwiederum korrigiert er (ὀχετός für ἀφεδρών, φοίνισσα für συροφοινίκισσα), wo sie es nicht tun. Er treibt die Harmonisierung zwischen den Evangelien sehr weit und unterläßt

---

[1]) Früher war es üblich, von codices latinissantes zu sprechen; jetzt spricht man statt dessen von westlichem Texte. Der Name ist vorsichtiger, paßt aber nicht viel besser. Denn auch die Zitate des Clemens Al. stimmen vielfach mit dem „westlichen Texte". Ebenso der Sinaiticus, besonders im vierten Evangelium; er geht auch im Tobias und im Sirach mit der Vetus Latina. Der Vetus Syra, d. h. natürlich ihrer griechischen Vorlage, einen westlichen Ursprung zuzuschreiben glaubt man sich darum berechtigt, weil man meint, sie sei abhängig vom Diatessaron des Tatian, und dieses sei in Rom entstanden; diese Abhängigkeit folgt aber nicht daraus, daß das Diatessaron in der edessenischen Kirche vielleicht früher in Gebrauch war als die getrennten Evangelien. Manchmal stimmt sie auch mit dem „östlichen Texte", mit dem sie die Anordnung der vier Evangelien gemein hat. Die allgemeine Frage der großen Rezensionen läßt sich kaum entscheiden, ohne daß die ganze griechische Kirchenbibel, einschließlich des Alten Testaments, in Betracht gezogen wird. Die Vetus Latina zeigt im A. T. auffallende Berührungen mit dem sog. Lucian, der doch nicht gut aus Rom nach Antiochia importiert sein kann; vgl. meine Note zu D Lc 24, 13.

sie auch wieder in Fällen, wo sie sonst durchgedrungen ist. Er zeichnet sich durch starke Wucherungen aus[1]), und hingegen fehlt bei ihm einiges der Art, was allgemein recipiert ist. Er verblüfft durch nichtswürdige Lesarten ebenso wie durch glänzende, die sich nur bei ihm erhalten haben. Er scheint entgegengesetzte Eigenschaften zu vereinigen. Er ist indessen nur dann abnorm, wenn man den Consensus der übrigen Unzialen als Norm ansieht. Tut man das nicht, legt man ein unabhängiges Maß an und bedenkt, daß D allein einer ganzen Gruppe gegenübersteht, so fällt der prinzipielle Unterschied dahin. Es sind die selben Ursachen, die hier wie dort die Überlieferung von ihrem Ausgangspunkt entfernt haben; nur haben sie hier und dort u n a b h ä n g i g gewirkt, d. h. hier an anderen Stellen wie dort. Daraus erklärt sich die auffallende Sonderstellung von D im Vergleich zu den übrigen griechischen Unzialen. Im Vergleich zu den Veteres Latinae und Syrae ist sie nicht, oder doch bei weitem nicht in dem selben Grade vorhanden. D steht aber diesen alten Übersetzungen an Wichtigkeit voran, weil darin der griechische Originaltext erhalten ist.

3. Es ist unverständig, den Consensus der übrigen Zeugen gegen eine Lesart von D und der Latina oder auch gegen eine Lesart der Syra auszuspielen, wenn sprachliche oder inhaltliche Gründe für dieselbe sprechen. Hat doch allein die Latina im Sirach die richtige Reihenfolge der Kapitel erhalten! Der sog. westliche Text ist zwar nicht besser als der sog. östliche, aber ebenso berücksichtigenswert. Die Reaktion von Lagarde[2]) gegen die einseitige Bevorzugung des östlichen Textes geht zu weit, die von Westcott und Hort ist dagegen zu schwächlich. Die Wahl zwischen den Lesarten des Vaticanus und des Sinaiticus auf der einen, des Cantabrigiensis Bezae und der ältesten Versionen auf der anderen Seite hat sich zum teil nach der Exegese der einzelnen Stelle zu richten oder nach der Art des einzelnen Schriftstellers. Es gibt aber auch durchgehende formelle Regeln. Bei Markus verdient den Vorzug, was am meisten von Matthäus oder Lukas abweicht. Nichtliterarische griechische Ausdrücke haben das Vor-

---

[1]) Mitunter sind das freilich Varianten, die neben einander stehn, z. B. Mc 1, 34.

[2]) De Novo Testamento ad versionum orientalium fidem edendo, Osterprogramm des köllnischen Realgymnasiums zu Berlin 1857. Wieder abgedruckt in den gesammelten Abhandlungen (1866) S. 85 ss.

urteil für sich. Und namentlich Semitismen haben das Vorurteil für sich.

§ 2. Die Sprache der Evangelien.

1. Die Beobachtungen zu einer allgemeinen Charakteristik der Sprache der synoptischen Evangelien, die ich in der ersten Ausgabe dieses Buches gesammelt habe, sollen hier nicht wiederholt werden. Sie gehn über den Zweck hinaus und stehn ihm im Wege. Denn meine Absicht ist, die Aufmerksamkeit auf die speziell semitischen Züge jener Sprache zu lenken.

Das Neue Testament im Ganzen ist in der sogenannten Koine geschrieben. Herder [1]) zitiert einen Autor von 1732, welcher sagt, der heilige Geist habe sich insonderheit an den Worten und Redensarten des Polybius vortrefflich vergnügt und denselben würdig geachtet, ihm nachzuahmen. In die synoptischen Evangelien aber, vor allem in den Markus, ist die nichtliterarische Umgangssprache besonders der niederen Kreise stärker eingedrungen, welche die Vorstufe des Neugriechischen bildet. Sie herrscht in gewissen Papyri und macht sich schon in der Septuaginta bemerklich.

Jedoch beruht die Eigentümlichkeit der Sprache der Synoptiker im Vergleich zu der des übrigen Neuen Testaments (mit Ausnahme der Apokalypse) weniger auf Unterschieden des griechischen Idioms als darauf, daß sie semitische Züge aufweist.

Manche Semitismen, die man entdeckt hat, sind freilich nur scheinbar und haben nichts zu sagen. Die Biblizismen, die sich namentlich bei Matthäus und Lukas, kaum bei Markus finden, sind aus der Septuaginta geflossen oder beruhen auf ihrem Einfluß. Sie betreffen vorzugsweise das Lexikon und die Phraseologie, doch auch den Stil. Lukas ahmt Wendungen (z. B. 9, 51. 53, vgl. Dan. 11, 17. 18), Übergänge (καὶ ἐγένετο μετὰ τοὺς λόγους τούτους) und Satzbau der biblischen Erzählung nach, obgleich er sonst mehr von einem griechischen Literaten an sich hat als die anderen Evangelisten. Er beginnt eine Periode mit καὶ ἐγένετο, schiebt dann zunächst einen Zwischensatz mit καὶ αὐτός ein und läßt zum Schluß die Haupthandlung folgen, die durch καὶ ἐγένετο interimistisch vorausgenommen ist. Öfter noch leitet er aber mit καὶ αὐτός auch einen richtigen Hauptsatz ein, der

---

[1]) ed. Suphan 19, 195.

die Handlung weiterführt; da zeigt sich die künstliche Imitation. Die Hymnen, die er im ersten Kapitel gibt, sind beinahe ganz aus biblischen Reminiszenzen zusammengesetzt und können sehr wohl griechisch konzipiert sein.

Ebenso wenig Beweiskraft haben solche Semitismen, die zugleich griechische Idiotismen sind. Die Auslassung der ersten Apodosis im alternativen Bedingungssatz (κἂν μὲν ποιήσῃ καρπὸν εἰς τὸ μέλλον — εἰ δὲ μήγε, ἐκκόψεις αὐτήν Lc 13, 9) ist zwar im Semitischen gebräuchlicher als im Griechischen, findet sich aber auch da nicht selten. Und wie man aus den von Arrian nachgeschriebenen, sehr ungezwungenen Vorträgen des Epiktet ersieht, treffen griechische Kolloquialismen öfters merkwürdig mit Semitismen zusammen. Auch den sehr einfachen, nicht periodisierten, öfters anakoluthischen Satzbau kann das volkstümliche Griechisch sehr wohl mit dem Semitischen geteilt haben; er charakterisiert auch im Semitischen nur die primitive Stufe der Syntaxe. Die drastische Manier, die sorglose Kürze und die damit wechselnde behagliche Umständlichkeit, namentlich bei Markus, sind ebenfalls keine Anzeichen einer bestimmten Sprache; sie entsprechen der mündlichen Redeweise des gemeinen Mannes.

Die Semitismen, die zugleich griechische Idiotismen sind, widerlegen doch aber auch nicht die Annahme einer nichtgriechischen Grundlage der Evangelien. K. H. Graf schreibt unter dem 19. Dezember 1843 aus Paris, Benedict Hase rede in einer Vorlesung über Neugriechisch zuweilen auch über den biblischen Sprachgebrauch, und habe unter anderem bemerkt, daß man sich bemühe, die Eigentümlichkeiten der Septuaginta aus Hebraismen zu erklären, während man bei den alexandrinischen Schriftstellern eben nur die Gelehrtensprache, in der Septuaginta dagegen die Volkssprache finde. Soll etwa die Septuaginta deshalb nicht aus dem Hebräischen übersetzt sein, weil ihr Griechisch das Griechisch ihrer Zeit und Umgebung ist? Daß sie eine Übersetzung ist, würde feststehn, auch wenn sie gar keine sprachlichen Merkmale davon an sich trüge: dann wäre die Übersetzung eben überaus gelungen. In der Tat sind aber solche Merkmale in Fülle vorhanden, in dem Satzbau, in der Wortstellung, im Gebrauch der Tempora, der Präpositionen und namentlich der Pronomina. Auch sogar im Lexikon. Zum Beispiel bedeutet ἀποστολή Geschenksendung (1 Reg 9, 16. 3 Esdr 9, 52. 1 Macc 2, 18. 2 M 3, 2), Geschoß (Ps 78, 54, Baruch 2, 10), Schößling oder Auswuchs (für die weiblichen Brüste

§ 2. Die Sprache der Evangelien.

oder Granatäpfel Cant 4, 13), Entlassung (der Ehefrau Deut 22, 7). Diese verschiedenen Bedeutungen sind nur deshalb vereinigt, weil sie in der hebräischen Wurzel שלח zusammentreffen, deren Ableitungen die Septuaginta immer mit dem selben griechischen Wort wiedergibt.

Ähnlich wie Hase überschätzen gewisse neuere fanatische Gräzisten die Bedeutung des echt idiomatischen Griechisch in den Evangelien. Sie meinen, es sei dadurch eine semitische Grundlage derselben ausgeschlossen. Als ob sich das eine nicht mit dem andern vertrüge! Als ob die Evangelisten, wenn das Evangelium ursprünglich semitisch war, ein nichtgriechisches Griechisch hätten schreiben müssen, welches den Lesern, auf die sie rechneten, so unverständlich wie möglich gewesen wäre!

Der nächste Grund für die Behauptung, daß das Evangelium ursprünglich semitisch und zwar aramäisch war, ist historischer Art. Jesus selber sprach aramäisch, und seine Worte sowie die Erzählungen über ihn liefen in der jerusalemischen Gemeinde um, die gleichfalls aramäischer Zunge war. Die mündliche Überlieferung von ihm und über ihn war also von Haus aus aramäisch, und wenn sie uns nur in griechischer Niederschrift erhalten ist, so hat sie einen Sprachwechsel durchgemacht.

Dieser historische Grund muß jedoch durch philologische ergänzt werden, und sie finden sich auch. Durch die Umprägung ist das ursprüngliche Gepräge nicht verschwunden, es schimmert noch durch. Allerdings nicht überall; es sollte ja nicht absichtlich erhalten werden. Aber Spuren genügen als Verräter. Sie werden anfangs noch reichlicher vorhanden gewesen sein als jetzt. Denn es hat das Bestreben gewaltet, den griechischen Ausdruck zu verbessern. Das wirkte in zwiefacher Weise. Einmal von einem Evangelium zum andern: die Erzählungen des Markus nehmen sich bei ihm selber semitischer aus als bei Matthäus und Lukas, denen sie zugrunde liegen. Sodann von einer Handschrift des selben Evangeliums zur andern: im Cantabrigiensis sind häufig Semitismen stehn geblieben, die im Vaticanus und im Sinaiticus beseitigt sind. Es darf als sicher gelten, daß sie nicht nachträglich eingetragen, sondern vielmehr ausgemerzt wurden. Es hat eine fortschreitende, wenngleich nicht konsequente Säuberung des Textes von nichtliterarischen oder ungriechischen Redeweisen stattgefunden.

2. Zum philologischen Erweise der These diene zunächst ein Ensemble namentlich syntaktischer Erscheinungen, die mehr als

§ 2. Die Sprache der Evangelien.

einmal vorkommen, zum teil sogar häufig oder regelmäßig sind. Ich halte mich dabei vorzugsweise an Markus und an die nicht aus Markus stammenden Stücke bei Matthäus und Lukas.

Einfacher Satz.

Wichtig ist hier vor allem die Wortfolge. Das Verbum nimmt im einfachen temporellen Satz mit Vorliebe die Stelle v o r dem Subjekt ein. Εἶπεν ὁ ’Ιησοῦς, ἐπετίμησεν ὁ Ι., ἦλθεν ὁ Ι. ’Ακολούθουσιν οἱ μαθηταί, ἐπηρώτουν οἱ μ., προσπορεύονται ’Ιάκωβος καὶ ’Ιωάνης. ’Εκάθητο ὁ ὄχλος, ἐπισυντρέχει ὁ ὄ., ἤκουσαν οἱ γραμματεῖς, συνέρχονται οἱ ἀρχιερεῖς. ’Εγερθήσεται ἔθνος, ἔσονται σεισμοί, ἔσονται αἱ ἡμέραι ἐκεῖναι θλῖψις, περίλυπός ἐστιν ἡ ψυχή μου. Das mutet semitisch an und nicht griechisch. Freilich gibt es Fälle genug, wo von der gewöhnlichen Ordnung abgewichen wird. Οὐδείς und πᾶς eröffnen den Satz, doch dann handelt es sich um allgemeine und nicht temporelle Aussagen. Ferner steht das Subjekt voran, wenn es betont wird oder wenn es wechselt — wie im Semitischen. Desgleichen nach ἰδού, wie im Semitischen ebenfalls. Auch das ist keine eigentliche Ausnahme, wenn ein Partizipium den Satz einleitet und dann das Subjekt folgt, vor dem Hauptverbum. Nur darin zeigt sich griechischer Einfluß, daß vor γάρ und δέ gewöhnlich nicht das Verbum, sondern das Subjekt steht. Diese Partikeln sind überhaupt unsemitisch und δέ ist vielfach erst später für καί eingesetzt.

Das Subjekt folgt meist sogleich auf das Verbum; im Unterschiede vom vierten Evangelium, wo es gern an das Ende gerückt wird. Das substantivische Objekt steht wie im Hebräischen[1] hinter dem Subjekt, nur selten, und zum Teil aus besonderen Gründen vorher. Anders verhält es sich mit transitivem pronominalen Objekt. Es kann wie das semitische Suffix nicht vom Verbum getrennt werden. In der Regel folgt es ihm, geht freilich in einigen Beispielen, die aber vom Cantabrigiensis mehrfach nicht bestätigt werden, voran: αὐτὸν ἐκβάλλει (Mc 1, 11), αὐτοῦ ἥψατο (1, 41), σεαυτὸν δεῖξον (1, 44); namentlich vor Infinitiven. Auch die Pronomina im Dativ oder mit Präpositionen halten sich gern dicht am Verbum, wie im Semitischen.

Der substantivische Genitiv steht immer dicht hinter dem nominalen Regens; es darf nicht mehr als Ein Regens vorangehn — und

---

[1] Im Aramäischen ist es allerdings etwas anders.

§ 2. Die Sprache der Evangelien. 11

dieses ist immer determiniert, wenn der Genitiv es ist. Da haben wir den semitischen Status constructus. Ausnahmsweise schimmert derselbe auch darin durch, daß das durch den Genitiv schon determinierte Regens des Artikels enträt. So immer ἐκ μέσου, ἐν μέσῳ, εἰς μέσον, ferner εἰς οἶκον αὐτῶν oder αὐτοῦ (Mc 8, 3. 26), βασίλισσα Νότου[1]), die Königin von Jemen (Mt 12, 42. Lc 11, 31), im Cantabrigiensis γυναῖκα τοῦ ἀδελφοῦ (Mc 6, 18), εἰρήνη ὑμῶν (Mt 10, 13) und υἱοὶ ὑμῶν (Lc 11, 19). Ein pronominaler Genitiv kann freilich, ebenso wie ein pronominaler Akkusativ, auch dem Regens vorangehn. Bei Markus ist der Fall aber selten (2, 5. 9. 5, 30. 31. 7, 19. 35. 10, 37), häufig nur bei den anderen Evangelisten, namentlich bei Johannes, der auch den substantivischen Genitiv frei stellt.

Das attributive Adjektiv oder Partizipium und überwiegend auch das attributive Demonstrativ (namentlich οὗτος) haben bei Markus, wie im Hebräischen, ihre Stelle hinter dem Substantiv, nur nicht ἄλλος, πᾶς und πολύς. Ausnahmen gibt es bei Markus wenige (2, 21. 3, 29. 7, 2. 9, 25. 15, 23), aber viele z. B. bei Matthäus.

In Fragesätzen wird das, worauf sich die Frage eigentlich richtet, gern vorausgenommen[2]). Νῦν ἐν τῷ καιρῷ τούτῳ χρήματα ἔχειν εἰς ποῦ; Mc 10, 30 (nach Clemens Al.) vgl. 11, 30. 12, 23. 26. Ἐν τῷ νόμῳ τί γέγραπται; οἱ ἐννέα ποῦ; Lc 10, 26. 17, 7. Da geschieht das nun auch im Griechischen und in andern Sprachen. Aber häufiger als im Griechischen wird auch sonst ein Wort aus der Konstruktion herausgehoben und hernach durch ein rückbezügliches Pronomen wieder aufgenommen; Beispiele davon finden sich namentlich in den nicht aus Markus stammenden Stücken des Matthäus und Lukas. Besonders gern wird ein Partizipium so vorangestellt. Καὶ τοὺς δαιμόνια ἔχοντας[3]) ἐξέβαλεν αὐτὰ ἀπ' αὐτῶν Mc 1, 34 D. Καὶ ὁ θέλων[4]) τὸν χιτῶνά σου λαβεῖν ἄφες αὐτῷ καὶ τὸ ἱμάτιον Mt 5, 40 D. Ὁ νικῶν, ποιήσω αὐτόν, und δώσω αὐτῷ Apoc 3, 12. 21. Ein solches Partizipium, mit πᾶς ver-

---

[1]) Νότος ist als Eigenname determiniert. Vielleicht hieß es auch 12, 40 ursprünglich ἄνδρες Νινευεί, denn es ist determiniert. Was εἰς πόλιν Ἰούδα (Lc 1, 39) ist, weiß ich nicht.

[2]) Vgl. Smend in den Göttinger Gel. Anz. 1906 S. 761.

[3]) Man erwartet den Nominativ: „und die Besessenen, aus denen vertrieb er die Dämonen".

[4]) Bei der gewöhnlichen Lesart ist das folgende αὐτῷ ganz überflüssig. Das Gleiche gilt von Apoc 2, 7. 17, vgl. 3, 12. 21.

bunden, kommt auch ohne nachherige Wiederaufnahme durch ein Pronomen vor und hat dann die Bedeutung eines relativischen Konditionalsatzes (quicunque, si quis). Πᾶς ὁ ἐρχόμενος πρός με... ὑποδείξω ὑμῖν τίνι ἐστὶν ὅμοιος Lc 6, 47; πάντος ἀκούοντος[1]) τὸν λόγον καὶ μὴ συνιέντος, ἔρχεται ὁ πονηρός Mt 13, 19. Andere Fälle sind Mt 10, 11 D: ἡ πόλις, εἰς ἣν εἰσέλθητε εἰς αὐτήν, ἐξετάσατε τίς ἐν αὐτῇ ἄξιος. Mt 12, 36: πᾶν ῥῆμα... ἀποδώσουσιν περὶ αὐτοῦ λόγον. Lc 13, 4: ἐκεῖνοι οἱ δώδεκα... δοκεῖτε ὅτι αὐτοί. Lc 21, 6: ταῦτα ἃ θεωρεῖτε... οὐκ ἀφεθήσεται ὧδε[2]). Auf gleicher Linie steht es, wenn das Subjekt des untergeordneten Satzes vorausgenommen und von dem regierenden Verbum attrahiert wird. So Mc 7, 2: sie sahen seine Jünger, daß sie mit ungewaschenen Händen aßen; 11, 32: sie hielten Johannes, daß er ein Prophet sei; 12, 34: Jesus sah ihn, daß er verständig geantwortet hatte; Lc 24, 7: λέγων τὸν υἱὸν τοῦ ἀνθρώπου ὅτι δεῖ παραδοθῆναι. In dem merkwürdigen Beispiel: εἰπὲ οἱ λίθοι οὗτοι ἵνα γένωνται ἄρτοι Lc 4, 3 D hat keine Attraktion stattgefunden und der Nominativ ist stehn geblieben. Auch in Mt 10, 25 ἀρκετὸν τῷ μαθητῇ ἵνα γένηται ὡς ὁ διδάσκαλος αὐτοῦ, καὶ ὁ δοῦλος ὡς ὁ κύριος αὐτοῦ wäre besser ὁ μαθητής (wie das folgende ὁ δοῦλος) im Nominativ belassen; denn der Dativ soll nicht das ἀρκετόν beschränken, der Sinn ist: es ist genug, daß der Jünger sei wie sein Meister. Eine Vorausnahme des **Objekts** aus dem Nebensatz in den Hauptsatz findet sich Lc 9, 31 D: ἔλεγον τὴν ἔξοδον αὐτοῦ, ἥν (= ὅτι αὐτήν) μέλλει πληροῦν ἐν Ἱερουσαλήμ. Etwas andersartig Mt 10, 1: ἔδωκεν αὐτοῖς ἐξουσίαν πνευμάτων ὥστε ἐκβάλλειν αὐτά. Alles dies ist semitische Art und nicht griechische.

Abgesehen von der Wortstellung wäre über den einfachen Satz vielleicht noch zu bemerken, daß wenn er zeitlos ist, die verbale Copula regelmäßiger ausgelassen zu werden pflegt als im Griechischen. Ganz ungriechisch ist es, wenn ein substantivisches Prädikat mit εἰς eingeführt wird, wie ἐγένετο εἰς δένδρον (Lc 13, 19), εἰς προφήτην αὐτὸν εἶχον (Mt 21, 46); oder mit ὡς wie Mt 14, 5. 21, 26 s. 41. Bei Markus findet sich freilich dafür kein Beispiel.

---

[1]) Besser wäre der Nominativ. Außerhalb der Evangelien πᾶς θύων θυσίαν, ἤρχετο ὁ παῖς 1 Sam 2, 13 (3, 11); θυσιάζων ἐξ ἀδίκων, προσφορὰ μεμωκημένη Sirach 31, 21.

[2]) Vgl. meine Note zu der Stelle.

§ 2. Die Sprache der Evangelien. 13

Beigeordnete und untergeordnete Sätze.

Das Überwiegen der Parataxe, nicht nur in den Sprüchen Jesu, sondern auch in der Erzählung des Markus, ist im allgemeinen kein sicheres Anzeichen semitischer Konzeption. Sogar im literarischen Griechisch kommen ähnliche Zeitbestimmungen vor wie in den Evangelien: es war die dritte Stunde und sie kreuzigten ihn, die Stunde ist da und der Menschensohn wird übergeben, es kommen Tage und deine Feinde belagern dich. Fraglich ist es jedoch, ob auch die eigentümliche Parataxe in Fragesätzen griechisch sein kann, die wie im Semitischen, so in den Redestücken des Matthäus und Lukas öfters vorkommt. Warum erwartete ich Trauben und bekam Heerlinge? wie oft soll mein Bruder gegen mich sündigen und ich ihm vergeben? kann ich nicht meinen Vater bitten und er mir Legionen von Engeln zur Verfügung stellen? wem von euch fällt ein Vieh in den Brunnen und er zieht es nicht alsbald heraus? mußte nicht der Christus solches leiden und zu seiner Herrlichkeit eingehn? Die kondizionelle Parataxe von Imperativen wie Divide et impera kommt zwar wohl in allen Sprachen vor[1]), aber schwerlich so wie in Lc 7, 17 (10, 28): εἰπὲ λόγῳ καὶ ἰαθήτω ὁ παῖς, oder in Mc 8, 34, wo καὶ ἀκολουθείτω μοι zu übersetzen ist: so wird er mein Jünger sein. Ποιήσατε τὸ δένδρον καλὸν καὶ τὸν καρπὸν αὐτοῦ καλόν (Mt 12, 33) läßt sich so, wie es jetzt griechisch lautet, gar nicht verstehn. Es bedeutet: gesetzt der Baum ist gut, so ist auch die Frucht gut, und der Nachsatz müßte lauten: καὶ ὁ καρπὸς ... καλός, nach Analogie von Mt 23, 26: καθάρισον τὸ ἐντὸς [ἵνα γένηται fehlt mit Recht Lc 11, 41] καὶ τὸ ἐκτὸς καθαρόν.

Eine längere Periode findet sich bei Markus nur einmal (5, 25—27). Dagegen ist sehr beliebt ein einzelnes Partizipium an der Spitze des Satzes, worauf das Subjekt mit dem Verbum finitum folgt. Aber diese Konstruktion ersetzt sehr oft eine ursprüngliche Parataxe. Daß sie im Laufe der Zeit Fortschritte gemacht hat, ergibt sich aus einer Vergleichung des Markus mit seinen Korreferenten, welche in unzähligen Fällen seine Parataxe durch ein Partizipium beseitigen. Es ergibt sich ebenfalls aus den Varianten der Handschriften; im Cantabrigiensis ist die Parataxe erhalten, wo sie im Vaticanus verschwunden ist, und

---

[1]) Give the dog a bad name and hang him!

umgekehrt[1]). Daraus würde sich auch begreifen lassen, daß für ἀπεκρίθη καὶ εἶπεν beliebig ἀποκριθεὶς εἶπεν oder ἀπεκρίθη λέγων eintritt, für προσῆλθεν καὶ εἶπεν beliebig προσελθὼν εἶπεν oder προσῆλθεν λέγων, daß γονυπετήσας ἐπηρώτα wechselt mit ἐγονυπέτει λέγων. In einzelnen Fällen ist bei der Periodisierung einer Parataxe gerade das unwichtigere Verbum im Finitum belassen und das wichtigere ins Partizipium gesetzt. So erwartet man Mt 8, 9: auch ich, obwohl ein Mensch, habe Leute unter mir. Statt ἤρξαντο ὁδὸν ποιεῖν τίλλοντες (Mc 2, 23) sollte gesagt sein ἤρξαντο ὁδοποιοῦντες τίλλειν, denn der Sinn ist: sie rauften im Gehen Ähren aus. Eine ähnliche Ungeschicklichkeit liegt Mc 2, 7 vor; dort sind die aramäischen Partizipia beide als Präsentia gefaßt, während das zweite hätte belassen bleiben müssen. Statt λαλεῖ βλασφημεῖ hätte es heißen müssen λαλεῖ βλασφημῶν, wie Lukas richtig versteht. Diese Fälle sehen ganz nach falschen Gräcisierungen aus.

Das den Satz eröffnende Partizipium ist sehr oft von geringer Bedeutung; so ἰδών, ἀκούσας, γνούς, λαβών. Das hängt zusammen mit einer stilistischen Eigentümlichkeit semitischer Redeweise. Der Anfang der Rede wird beständig durch ἀποκρίνεσθαι markiert, der der Handlung beständig durch ἄρχεσθαι. Analog sind andere selbstverständliche Vorbereitungen des Hauptverbums. Ποῦ θέλεις ἀπελθόντες ἑτοιμάσωμεν, ἵνα ἐλθοῦσαι ἀλείψωσιν, ἀπελθὼν ἔκρυψα. (Mc 14, 12. 16, 1. Mt 25, 25. 27), πορευθέντες μάθετε, πορευόμενοι συμπνίγονται, πορευθεὶς ἀνάπεσεν (Mt 9, 13, Lc 8, 14. 14, 10), ἀναστάς (ἐγερθείς) ἀπῆλθεν, ἀναστὰς ἔστη (Mc 2, 14. 7, 24. Lc 6, 8), καθίσαντες συνέλεξαν, καθίσας ψηφίζει, καθίσας βουλεύεται, καθίσας γράφον (Mt 13, 48, Lc 14, 28. 31. 16, 6), ἀπαγαγὼν ποτίζει (Lc 13, 15). Diese Umständlichkeit ist zwar naiv, aber in so umfassendem Maße doch wohl nicht griechisch. Zum Teil ergibt sich das auch aus Vokabeln, die dabei gebraucht werden. Ἀποκρίνεσθαι bedeutet im Griechischen nicht die Rede anheben, wohl aber das entsprechende Wort ענה im Hebräischen und im Jüdisch-Aramäischen. Ἐξῆλθεν καὶ ἀπῆλθεν (Mc 1, 29. 35. 5, 13. 6, 1 D. 7, 31. 14, 45. 15, 43) scheint auf aramäisches n'phaq vezal zurück-

---

[1]) Oft folgt im Cantabrigiensis auf ein Partizipium ein καί, welches eigentlich nur nach einem Finitum paßt. Man weiß nicht, ob dies καί ein Rest ursprünglicher Parataxe ist oder ob das Partizipium wirklich als Finitum gebraucht wird.

§ 2. Die Sprache der Evangelien.

zugehn. Dadurch verschwindet die Wiederholung und entsteht eine Differenz. Im Semitischen gibt es keine Verba composita, jede Nuance muß durch eine eigene Wurzel ausgedrückt werden. Von den untergeordneten Sätzen weist der Relativsatz bisweilen ein sonderbar semitisches Gepräge auf. Das Relativum ist im Semitischen eine Konjunktion. Wo es nötig erscheint, wird sie durch ein die Rektion nachbringendes Pronomen ergänzt. Von diesem Gebrauch haben sich im Griechisch der Evangelien einzelne Spuren erhalten, die sehr auffallen, weil dort das Relativum selber schon ein flektierbares Pronomen ist. So Mc 1, 7: οὗ οὐκ εἰμὶ ἱκανὸς λῦσαι τὸν ἱμάντα αὐτοῦ; Mc 7, 25: ἧς εἶχεν τὸ θυγάτριον αὐτῆς πνεῦμα ἀκάθαρτον; Mt 3, 12. Lc 3, 6: οὗ τὸ πτύον ἐν τῇ χειρὶ αὐτοῦ. Dazu kommt noch D Mt 10, 11: ἡ πόλις εἰς ἣν εἰσέλθητε εἰς αὐτήν; Mt 18, 20: παρ' οἷς οὐκ εἰμὶ ἐν μέσῳ αὐτῶν; Lc 8, 12: ὧν ἔρχεται ὁ διάβολος καὶ αἴρει ἀπὸ τῆς καρδίας αὐτῶν τὸν λόγον.

Die aramäische Relativkonjunktion (d i oder d e) ist die Konjunktion schlechthin und leitet, teilweise in Verbindung mit einer Präposition, beinahe alle Nebensätze ein. Sie vertritt sowohl ὅτι (im Sinne von d a ß oder w e i l) als ἵνα. Zuweilen scheint sie nun in den Evangelien mit ἵνα oder ὅτι wiedergegeben zu sein, wo sie besser als Relativum belassen wäre. Οὐ γάρ ἐστιν κρυπτόν, εἰ μὴ ἵνα φανερωθῇ (Mc 4, 22) kann nicht wohl anders aufgefaßt werden als: nisi quod reveletur = quod non reveletur, und so wird es auch von Lukas (12, 2) aufgefaßt. In τίς οὗτος ὅτι καὶ ὁ ἄνεμος ὑπακούει αὐτῷ scheint ὅτι für ᾧ gesetzt zu sein, um ᾧ ... αὐτῷ zu vermeiden. Umgekehrt wäre für ὅπου φάγω (Mc 14, 14) im Griechischen ἵνα φάγω zu erwarten. Ἔλεγον δὲ τὴν ἔξοδον αὐτοῦ ἣν μέλλει πληροῦν ἐν Ἰερουσαλήμ (Lc 9, 31 D) heißt: sie sagten, daß er sein Ende in Jerusalem erfüllen müsse.

Hier liegt nämlich der bereits S. 12 zur Sprache gekommene Fall vor, daß das Objekt des Nebensatzes in den Hauptsatz vorgerückt wird. Der ebendaselbst erwähnte häufigere Fall, daß das Subjekt des Nebensatzes als Objekt zum Verbum des Hauptsatzes tritt, ist ein Ersatz des Accusativus cum infinitivo nach dem semitischen Schema: vidit lucem quod bona erat. Dieser ist nicht beliebt, während Beispiele wie εἶδεν σχιζομένους τοὺς οὐρανούς in Menge vorkommen. Oratio obliqua findet sich auch selten und ist geneigt in Oratio recta überzugehn, welche letztere wie im Semitischen durchaus vorherrscht.

§ 2. Die Sprache der Evangelien.

Finale Infinitive, aber außer bei Lukas nicht mit τοῦ eingeleitet, sind häufig, namentlich nach ἔρχεσθαι und ἐξέρχεσθαι; ob ὦτα ἀκούειν (Mc 4, 23) und εἶπεν δοῦναι oder εἶπεν παρατιθέναι (5, 43. 8, 7) griechisch ist, sei dahingestellt. Der Infinitivus loco substantivi ist zwar an sich gut griechisch, aber die Hinzufügung eines Subjekts im Akkusativ kaum[1]). Bei Markus findet sich jedoch nur ein Beispiel davon (14,28); er sagt einfach ἐν τῷ σπείρειν, während Matthäus ἐν τῷ σπείρειν αὐτόν. Überhaupt ist der Gebrauch des Infinitivs mit Präposition und Artikel bei Markus selten. Er ist mehr hebräisch als aramäisch.

Temporalsätze, meist mit ὡς eingeleitet, finden sich zahlreich im dritten Evangelium, wie im vierten; in den beiden ersten fast gar nicht. Ἕως bedeutet Mc 14, 32. Mt 25, 9 (Joa 9,4) während, wie das aramäische עד.

Kondizionalsätze sind häufig, namentlich relativische, die mit ὅς ἄν beginnen, auch zuweilen mit τίς in interrogativer Form. So Lc 15, 4. 17, 7 s. und auffallend parataktisch Mt 7, 9: τίς ἐστιν ἐξ ὑμῶν ἄνθρωπος, ὃν αἰτήσει ὁ υἱὸς αὐτοῦ ἄρτον, μή λίθον ἐπιδώσει αὐτῷ; oder Lc 11,11 (Sinaiticus) τίς ἐξ ὑμῶν τὸν πατέρα αἰτήσει ἄρτον, μή λίθον ἐπιδώσει αὐτῷ; wenn einer unter euch seinen Vater um Brot bittet, wird er ihm einen Stein reichen? Das mutet wenig griechisch an. Über das Schema Divide et impera ist schon S. 13 die Rede gewesen. — Außerordentlich häufig ist der exzeptive Gebrauch von εἰ μή ohne folgenden Satz, namentlich in Verbindung mit οὐκ, wo es unser nur ausdrückt. Es kann vor οὐκ stehn wie Mc 6, 18: εἰ μὴ ἕνα ἄρτον οὐκ εἶχον, oder dahinter: ein Prophet wird nicht verachtet εἰ μή in seiner Vaterstadt, dieser treibt die Dämonen nicht aus εἰ μή durch Beelzebub. Adversative Bedeutung wie ἀλλά hat es aber Lc 4, 26 s: nicht Israeliten wurden von Elias und Elisa gerettet, εἰ μή (sondern) Heiden; während umgekehrt ἀλλά exzeptive Bedeutung hat in Mc 4, 22: οὐ γάρ ἐστιν κρυπτὸν ἐὰν μή... οὐδὲ ἀπόκρυφον ἀλλά..., und Mc 9, 8: οὐδένα εἶδον ἀλλὰ τὸν Ἰησοῦν. Für εἰ δὲ μή im Sinne von oder tritt ἀλλά ein in Mc 11,31: sollen wir sagen ... oder aber (ἀλλά) sollen wir sagen? und in Mt 11, 8.9: wozu ... oder (ἀλλά) wozu ... oder (ἀλλά) wozu? Die Erklärung dafür liegt darin, daß אלא die exzeptive und die adversative Bedeutung vereinigt, und ואלא für oder gebraucht wird. Diesem

---

[1]) Arrians Vorwort zu Epiktet: ἐπὶ τῷ ἐντυγχάνειν τινάς.

§ 2. Die Sprache der Evangelien.

aramäischen Wort entspricht das εἰ μή der Evangelien überhaupt in jeder Hinsicht. Bei dessen gelegentlicher Wiedergabe durch ἀλλά mag die lautliche Übereinstimmung eingewirkt haben.

Einzelne Satzteile.

Verbum. Σκανδαλίζειν (zum Abfall verführen) und σκανδαλίζεσθαι (abfallen) ist ungriechisch, ebenso auch πειράζειν, βαπτίζειν (taufen), ἀναστῆναι (aus dem Grabe erstehn) und περιπατεῖν (vom Lebenswandel Mc 7, 5). Σώζειν ist אחי und wird in der älteren syrischen Literatur (nicht aber in der Peschita) stets so wiedergegeben, ebenso wie in der älteren lateinischen mit v i v i f i c a r e[1]) (später s a l v a r e) und Lc 17, 33 mit ζωογονεῖν = περιποιεῖσθαι (retten). Bei Markus bedeutet σώζειν gewöhnlich g e s u n d m a c h e n (vgl. יח Exod 1, 19. Osee 6, 2), einmal (3, 4) steht es im Gegensatz zu ἀποκτεῖναι. Dies sind jedoch technisch-religiöse und teilweise aus der Septuaginta entlehnte Wörter, die nicht viel zu besagen haben. Anders steht es mit ἄρτον φαγεῖν (essen, nicht: Brot essen), κρίνειν (regieren, Mt 19, 28. Lc 22, 30), ἐπιφώσκειν (vom Tagesanbruch), ἀναστῆναι ἐν κρίσει (prozessieren, Mt 12, 41 s. Lc 11, 31 s), καλεῖσθαι für εἶναι (Mt 5, 9. 19), κρατεῖν (vom Schließen der Augen wie אחד Lc 24, 16). Δύνασθαι und ἰσχύειν oder κατισχύειν wechselt mit εὑρίσκειν, besonders im Cantabrigiensis. In der Syra steht אשכח für alles drei, und aus diesem aramäischen Wort, welches f i n d e n und v e r m ö g e n bedeutet, erklärt sich der Wechsel im Griechischen. G e b e n steht im späteren Hebräisch und im palästinischen Aramäisch oft im Sinne von m a c h e n , s e t z e n , t u n . Daher συμβούλιον ποιεῖν oder διδόναι Mc 3, 6, δότε δακτύλιον εἰς τὴν χεῖρα αὐτοῦ καὶ ὑποδήματα εἰς τοὺς πόδας Lc 15, 22, ἰδοὺ διδῶ = ἰδοὺ ποιήσω Apoc 3, 9. Anders, aber auch nicht griechisch, ποιεῖν καρπόν und διδόναι καρπόν.

Das Praesens historicum, dessen Gebrauch besonders bei Markus beliebt ist, ist nicht semitisch, abgesehen von λέγει, das neben Aoristen im Präsens stehen bleibt (1, 36. 43). Es heißt bei Markus nicht bloß ἀποκριθεὶς λέγει, sondern auch noch ἀπεκρίθη καὶ λέγει. Darin darf man aramäischen Einfluß erkennen. Daniel gebraucht אמר (dixit)

---

[1]) Ist dies ein Zeichen dafür, daß das alte Kirchenlatein vom Syrischen abhängig ist?

§ 2. Die Sprache der Evangelien.

immer im Partizipium, d. h. im Präsens. Er sagt a n ô v' â m e r î n und dem entsprechend natürlich auch a n â v' â m a r ; ἀποκρίνεσθαι steht im Präteritum, aber λέγειν im Präsens. Auch das beständige λέγων vor der Oratio recta wird aramäisch-jüdisch sein, nicht rein biblisch. Das Präteritum wird zuweilen nach semitischer Art für unser Präsens gebraucht, z. B. Mt 23, 1: auf Moses' Stuhl ἐκάθισαν (haben sich gesetzt = sitzen) die Schriftgelehrten. Etwas anders ἐβάπτισα Mc 1, 8 (= βαπτίζω Mt 3, 11) und ἐδίστασας (Mt 14, 31) von der im Moment vollendeten Handlung.

Die Conjugatio periphrastica wird nicht bloß im Passiv (mit dem Partizipium des Perfekts), sondern auch im Aktiv (mit dem Partizipium des Präsens) gebraucht, wie im Aramäischen: ἦν ἔχων Mc 10, 22 = q'n ê h'v â; doch steht im Unterschied wenigstens vom Syrischen die Copula immer voran und gewöhnlich nicht in enger Verbindung mit dem folgenden Partizipium.

Das Passiv ist im Semitischen nur dann üblich, wenn das handelnde Subjekt nicht genannt wird; bloß beim Partizipium pass. wird es im Aramäischen gern gesetzt, und zwar im Dativ, wie amandus mihi oder vielmehr amatus mihi: ἐστὶν πεπραγμένον αὐτῷ (Lc 23, 15) ist echt aramäisch[1]). Es ist also bemerkenswert, daß sich bei Markus sehr selten ein ὑπό beim Passiv findet (1, 5. 9 bei βαπτίζεσθαι und 8, 31); in 5, 4 ist die gewöhnliche Lesart falsch und die Participia 1, 13. 13, 13 scheiden aus. Häufig dagegen findet es sich bei Matthäus und Lukas; für τὸ πνεῦμα ἐκβάλλει αὐτόν bei Markus (1, 12) sagt Matthäus (4, 1) ἀνήχθη ὑπὸ τοῦ πνεύματος. Auch übrigens wird das Passiv im Aramäischen gern vermieden, wo wir es sagen würden. Es wird einesteils statt dessen die dritte Pluralis Activi mit unbestimmtem Subjekt gebraucht, wie im Buche Daniel. So Mc 6, 14 ἔλεγον, 10, 13 προσέφερον, 13, 26 ὄψονται, 15, 27 σταυροῦσιν, Mt 1, 23 καλέσουσιν, 5, 15 καίουσιν, 24, 9 παραδώσουσιν, Lc 6, 44 συλλέγουσιν, 12, 20 ἀπαιτοῦσιν, 14, 35 βάλλουσιν, 18, 33 ἀποκτενοῦσιν, 23, 31 ποιοῦσιν. Anderenteils wird das Passiv wie vendor durch veneo ersetzt durch ein Intransitivum, und zwar nicht in den selben Fällen, wo dies auch im Griechischen geschieht. So Mt 17, 27 τὸν ἀναβάντα πρῶτον ἰχθύν (den ersten Fisch, der

---

[1]) Non est illi interpretatum (4 Esdr 12, 12) = er hat es nicht so gedeutet. Nach appellari und videri ist der Dativ nicht eigentlich handelndes Subjekt, s. Blaß § 37, 4 und Nöldeke, Syrische Grammatik (1898) § 247.

§ 2. Die Sprache der Evangelien.

heraufgezogen wird), Mc 4, 12 ἔρχεται ὁ λύχνος (das Licht wird gebracht), Lc 4, 41. 8, 2 ἀφ' ἧς δαιμόνια ἕπτα ἐξεληλύθει (aus der sieben Teufel ausgetrieben waren). Vgl. Mc 9, 43 ἀπελθεῖν mit 9, 47 βληθῆναι, 7, 19 ἐκπορεύεται mit Mt 15, 17 ἐκβάλλεται, Mt 8, 12 ἐξελεύσονται mit Lc 13, 28 ἐκβαλλομένους [1]). Umgekehrt steht häufig βεβλημένος für l i e g e n d nach Analogie von aram. r'mê.

S u b s t a n t i v u m. Nicht griechisch sind, abgesehen von ein paar aramäischen Vokabeln, einige jüdische Begriffe wie ὁδὸς θεοῦ, πειρασμός und σκάνδαλον, und einige andere wie εἰρήνη Gruß, πλήρωμα Flicken (s. zu Mc 2, 21), θάλασσα See, wofür Lukas und Josephus λίμνη setzen. Auch die Komposita υἱός oder υἱοὶ (τέκνα) νυμφῶνος, βροντῆς, εἰρήνης, φωτός, ἀναστάσεως, γεέννας, σοφίας, βασιλείας, τοῦ αἰῶνος τούτου, und etwas andersartig υἱοὶ τοῦ θεοῦ. Das Wort ὑποκριτής hat seinen Hauptsitz in Matthäus; bei Markus kommt es nur an einer Stelle (7, 6) vor und fehlt dort in der Syra. In der Septuaginta findet es sich im Hiob für h a n e f (34, 30. 36, 13), abwechselnd mit παράνομος (17, 8. 20, 5). Im Sirach kommt zweimal ὁ ὑποκρινόμενος vor; in den Psalmen Salomos (4, 7) ist ὑπόκρισις gleichbedeutend mit ἀνθρωπαρέσκεια. Welches aramäische Wort entspricht, läßt sich nicht ermitteln; die Syra und die Syropalästina übersetzen verschieden, die Latina behält das griechische Wort bei.

Der Artikel steht im Semitischen häufiger als in unseren Sprachen vor Substantiven, die ein beliebiges Exemplar der Gattung vorstellen oder generell sind. So auch Mc 10, 25 διὰ τῆς τρυμαλίας, 12, 1 D τοῖς γεωργοῖς, 14, 7 τοὺς πτωχούς, Mt 10, 29 D τοῦ ἀσσαρίου. Ob auch εἰς τὸν οἶκον hierher gehört, wofür bei Markus (2, 1. 3, 20. 7, 17. 9, 28) εἰς οἶκον steht, ist zweifelhaft. Ἀναβαίνει εἰς τὸ ὄρος (Mc 3, 13. 6, 46) steht in dem gebirgigen Palästina auf einer Stufe mit unserem: er ging in den Wald, wo wir ebenfalls den Artikel setzen. wenn auch vorher nicht von Wald die Rede war. Auffallend aramäisch ist die Verstärkung der Determination des Substantivs durch ein vorweisendes Pronomen, die freilich nur selten vorkommt. So im Nominativ Mc 6, 17 αὐτὸς γὰρ Ἡρώδης, Mt 3, 4 αὐτὸς δὲ Ἰωάνης. Im Genitiv Mc 6, 22 αὐτῆς τῆς Ἡρωδιάδος und Mt 12, 45 D αὐτοῦ τοῦ

---

[1]) Im Aramäischen fungiert n' p h a q als Passiv zu a p p e q, und manches Ähnliche kommt auch im Hebräischen vor (Ewald § 128 b). Vgl. Apoc 3, 12 ἐξέρχεσθαι und καταβαίνειν.

ἀνθρώπου[1]). Im Dativ Mc 5,16 D αὐτῷ τῷ δαιμονιζομένῳ. Im Akkusativ Mc 6, 18 D αὐτὴν γυναῖκα τοῦ ἀδελφοῦ σου. Daß D so sonderbare Pronomina willkürlich vorgesetzt haben sollte, läßt sich nicht annehmen; es sind vielmehr in D der Gräcisierung noch mehr Reste entgangen als im Vaticanus usw.

Zur stärkeren Hervorhebung der Indetermination wird öfters das Zahlwort εἷς statt τις angewandt, wie im Aramäischen z. B. ἄρχων εἷς ἐλθών (Mt 9, 18, nicht εἰσελθών); vgl. Blaß' Grammatik § 45, 2. In gleicher Weise ἄνθρωπος bei Matthäus: ἐχθρὸς ἄνθρωπος (13, 28 vgl. 13,25), ἀνθρώπῳ ἐμπόρῳ (13,45 D), ἀνθρώπῳ οἰκοδεσπότῃ (13,52. 20,1. 21, 33), ἀνθρώπῳ βασιλεῖ (18, 23) — vergeblich sucht man zu leugnen, daß hier ἄνθρωπος etwas anderes sei als das aramäische n â s c h, welches im Status absolutus für q u i d a m gebraucht und den Hauptwörtern vor- oder nachgesetzt wird. Im Plural wird die Indetermination (einige) nicht selten durch ἀπό oder ἐξ mit dem Genitiv ausgedrückt, was gleichfalls weniger griechisch als aramäisch ist. So ἔρχονται ἀπὸ τοῦ ἀρχισυναγώγου (Mc 5, 37, es kamen Leute des Gemeindevorstehers ohne τινες), ἦραν ... ἀπὸ τῶν ἰχθύων (6, 43, sie huben Körbe voll Brocken auf und einige Fische), ἐξ αὐτῶν ἀποκτενεῖτε καὶ ἐξ αὐτῶν μαστιγώσετε (Mt 23, 34. Lc 21, 16, einige werdet ihr töten und andere geißeln, ohne τινας).

Das A d j e k t i v kann durch den Genitiv eines Abstraktums ersetzt werden, aber das ist hebräische Redeweise, und sie findet sich in den Evangelien nur dreimal in dem selben Beispiel bei Lukas: οἰκόνομος, μαμωνᾶς, κριτὴς τῆς ἀδικίας (16, 8. 9. 18, 6). Jüdisch ist κοινός unrein, es muß den griechischen Lesern des Markus erklärt werden. Πρόσκαιρος wetterwendisch (Mc 4, 17) entspricht dem כפי עת Sirach 6, 8, ὀλιγόπιστος einer Zusammensetzung mit חסר (Sirach 16, 23). Ἐπιούσιος ist ganz unklar, dagegen περιούσιος (schon in der Septuaginta) verständlich. Es ist abgeleitet von περιποιεῖσθαι oder περιγίνεσθαι (Lc 17, 37) und bedeutet g e r e t t e t im eschatologischen Sinne, daher a u s e r w ä h l t, a b g e s o n d e r t, aus der massa perditionis oder von den Heiden[2]). Superlative Begriffe sind im Semitischen p r i m u s und u l t i m u s; m e d i u s als Adjektiv existiert nicht (abgesehen von einem späten syrischen Derivat), und auch in den

---

[1]) Ganz falsch beurteilt von Blaß in der Vorrede seines Matthäus S. VII.
[2]) Ἐκποιεῖν Sirach 18, 4 ist abgeleitet von ἔξεστι (ἐξουσία) und bedeutet an dieser Stelle v e r s t a t t e n; Gott ist Subjekt.

§ 2. Die Sprache der Evangelien. 21

Evangelien kommt nur das substantivische τὸ μέσον vor, nicht μέσος. Aber eine formelle Komparation von Adjektiven fehlt im Semitischen (abgesehen vom Arabischen). Auch in den Evangelien wird der eigentliche (vergleichende) Superlativ durch den Positiv ausgedrückt in dem Beispiel Mt 22, 36: ποία ἐντολὴ μεγάλη (= πρώτη Mc 12, 28). Ebenso und noch häufiger der Komparativ. So Mc 9, 43. 45. 47: καλόν ... ἤ, während in 9, 42 καλόν durch den Zusatz μᾶλλον verdeutlicht wird. wie öfters in solchen Fällen ein μᾶλλον oder περισσότερον steht, entsprechend dem syrischen j a t t i r. Bei Clemens Al. lautet der Ausspruch Mc 10, 25: εὐκόλως διὰ τῆς τρυμαλιᾶς τῆς βελόνης κάμηλος εἰσελεύσεται ἢ πλούσιος εἰς τὴν βασιλείαν τοῦ θεοῦ — in unseren Handschriften ist εὐκόλως in einen Komparativ verbessert. Die vergleichende Partikel ἤ kommt ein paarmal wie im Semitischen [1]) nach einem Verbum vor, als ob sie schon allein m e h r a l s bedeute (Mc 3, 4. Lc 15, 7); das findet sich freilich auch bei Plutarch [2]). Zuweilen wird παρά im Sinne des semitischen m i n gebraucht (Lc 13, 2. 4. 18, 14). Für sich kann natürlich der semitische Positiv nicht komparativen Sinn haben, es muß das Verglichene (mit m i n) dazu kommen. Daher erklärt sich vielleicht das auffallende ἰσχυρότερός μου Mc 1, 7. Ob ὁ παλαιός χρηστός ἐστιν (Lc 5, 39) eine Ausnahme von dieser Regel ist, sei dahin gestellt.

A d v e r b i a , von Adjektiven abgeleitet, finden sich zwar vielfach im späteren Syrisch, sind aber eigentlich nicht semitisch. Man ersetzt sie, indem man das Adjektiv mit dem Infinitiv oder dem Abstraktum des zu modifizierenden Verbs verbindet: er schlug ihm einen grausamen Schlag = er schlug ihn grausam. So in den Evangelien ἐφοβήθησαν φόβον μέγαν, ἀνεφώνησεν φωνῇ μεγάλῃ. Dagegen kommt der einfache hebräische Infinitivus absolutus höchstens in ἐπιθυμίᾳ ἐπεθύμησα (Lc 22, 15) vor und in Zitaten aus der Septuaginta. Von dem Gebrauch, das Adverbium druch ein Hilfsverbum auszudrücken, lassen sich als Beispiele anführen προέλαβεν μυρίσαι (Mc 14, 8), ἀκούσας αὐτοῦ πολλὰ ἐποίει (Mc 6, 20 D, er machte viel des Hörens = er hörte ihm oft zu), οὐ μὴ προσθῶ πεῖν (Mc 14, 25 D), προσθεὶς εἶπε (Lc 19, 11), προσέθετο πέμψαι (20, 11. 12).

Für s e h r sagt Markus πολλά (saggi). Πάλιν bedeutet bei ihm, wie das aramäische tub, nicht bloß w i e d e r u m , sondern auch

---
[1]) Ewald § 217 b. Nöldeke, Mand. Grammatik 358.
[2]) Wilamowitz, Lesebuch 1, 332, 35 s. Vgl. 4 Esd 7, 20.

§ 2. Die Sprache der Evangelien.

weiter, darauf. Ἰδού wird wie das aramäische hâ gebraucht für nun schon in Lc 13, 16: ἰδοὺ δέκα καὶ ὄκτω ἔτη, und mit folgendem ἀφ' οὗ (minde) in 13, 7: ἰδοὺ τρία ἔτη ἀφ' οὗ ἔρχομαι. Der Kasus nach ἰδού ist der Nominativ; er folgt auch auf ἤδη[1]) in Mc 8, 2: ἤδη ἡμέραι τρεῖς προσμένουσίν μοι, wofür D vollständiger liest: ἤδη ἡμέραι τρεῖς εἰσίν ἀπὸ πότε κτλ. Im Hebräischen steht nicht ἰδού voran, sondern das neutrale Demonstrativ im Sinne des französischen il y a: ταῦτά (rectius τοῦτο) μοι εἴκοσι ἔτη ἐγώ εἰμι ἐν τῇ οἰκίᾳ σου. Für hoc tricesimo anno 4 Esdr 3, 29 übersetzt die Äthiops richtig nun schon dreißig Jahre = τοῦτο τριακοστὸν ἔτος (Syra).

Pronomina. Ein hervorstechender Zug ist die ungemeine Häufigkeit der unbetonten Casus obliqui der Personalpronomina. Es herrscht die Neigung, zu jedem Verbum, welches mit anderen in einer Reihe verbunden ist, das Pronomen zu wiederholen, und ebenso nach Substantiven die Genitive μου σου αὐτοῦ, die insbesondere auch da stehn, wo klassisch das Reflexivum eintreten müßte. Der Grund davon ist die Abhängigkeit vom Semitischen, in welchem diese Pronomina Suffixa sind, von leichtem Gewicht und unabtrennbar von ihrem Nomen oder Verbum, so daß es unmöglich ist, das Suffix eines Wortes auf ein anderes koordiniertes zu übertragen, ohne es zu wiederholen. Die Zeugen sind aber im Setzen oder Nichtsetzen dieser unnützen Pronomina nicht einig, es gibt hier viele Varianten bei den Schriftstellern und Abschreibern. So ungefähr sagt Blaß § 48, 2; er hat vollkommen Recht. Der Gebrauch der Pronomina verrät am allerdeutlichsten die semitische Art der Redeweise bei den Synoptikern und besonders bei Markus. Es ist S. 10. 11 schon davon die Rede gewesen, daß er die Pronomina nie von ihrem Regens trennt und sie in der Regel dahinter setzt, und davon, daß er sie nie auf indeterminiertes Substantiv folgen läßt. Er läßt sie auch fast nie aus bei Substantiven, welche einer Ergänzung bedürfen und eine solche im Semitischen aufweisen; er sagt nicht ὁ πατήρ, sondern ὁ π. αὐτοῦ, nicht οἱ μαθηταί, sondern οἱ μ. αὐτοῦ, nicht ἐν τῇ καρδίᾳ, sondern ἐν τῇ κ. αὐτῶν; ebenso immer ἡ χεὶρ αὐτοῦ, ὁ ποῦς αὐτοῦ[2]). Das genitivische Pronomen wieder-

---

[1]) wie im Arabischen nach m u n d h u.

[2]) Dagegen ὁ πατήρ, ὁ ποῦς Lc 11, 11. 15, 22. 24, 40, und Mt 15, 4 verglichen mit Mc 7, 10. Auffallend bei Mc 7, 6 τοῖς χείλεσιν gegen die Septuaginta.

§ 2. Die Sprache der Evangelien.

holt sich hinter jedem Substantiv. So in 3, 31. 32. 34 ἡ μήτηρ αὐτοῦ καὶ οἱ ἀδελφοὶ αὐτοῦ, nur nicht in 3, 35, wo aber das μου ursprünglich wie in D vorangestellt sein wird, um nicht Determination zu bewirken. Noch auffallender ist die Wiederholung des Objektspronomen beim Verb. Κατεδίωξαν αὐτὸν καὶ εὗρον αὐτὸν καὶ λέγουσιν αὐτῷ, ἐμβριχησάμενος αὐτῷ ἐξέβαλεν αὐτὸν καὶ λέγει αὐτῷ, κατακρινοῦσιν αὐτὸν καὶ παραδώσουσιν αὐτὸν καὶ ἐμπαίξουσιν αὐτῷ καὶ ἐμπτύσουσιν αὐτῷ καὶ μαστιγώσουσιν αὐτόν.

Die adjektivischen Possessiva kommen bei Markus sehr selten vor, ἡμέτερος und ὑμέτερος auch bei Matthäus und Lukas kaum. Für idem ist ἐκεῖνος beliebter als αὐτός; nur Lukas sagt ἐν αὐτῇ τῇ ὥρᾳ für ἐν ἐκείνῃ τ. ὥ. Richtige Reflexiva fehlen im Semitischen überhaupt, und der Widerschein davon zeigt sich in den Evangelien. Reflexiva der ersten und zweiten Person kommen, wenn man die beständige Oratio recta in Betracht zieht, selten vor und bei Markus fast gar nicht. Bei solchen der dritten Person schwankt die Überlieferung zwischen αὐτός und ἑαυτός [1]), jenes ist vorzuziehen und jedenfalls bei αὐτός nicht der Asper zu setzen. Im Genitiv heißt es regelmäßig αὐτοῦ und nicht ἑαυτοῦ, niemals wird ein Unterschied gemacht zwischen domus eius und d. sua oder zwischen discipuli eius und d. suis. Öfters findet sich der semitische Ersatz „seine Seele" für sich selbst und nach Verbis des Sprechens „in seinem Herzen" für „bei sich"; in Lc 9, 24. 25 wechselt τὴν ψυχὴν αὐτοῦ mit ἑαυτόν.

Ἄλλος wird zwar häufiger gebraucht als im Semitischen [2]), aber doch seltener als im Griechischen. „Ein Prophet wie ein anderer" heißt προφήτης ὡς εἷς τῶν προφητῶν; für „der eine ... der andere" wird εἷς ... εἷς gesagt (Mt 24, 40 s. 27, 38. Lc 18, 10 D); für „ein Haus über das andere" οἶκος ἐπὶ οἶκον, ἐκ πόλεως εἰς πόλιν, λίθος ἐπὶ λίθῳ — wie im Semitischen [3]). Für „die übrigen" im Vergleich zu einem Einzelnen sagt man besonders im Aramäischen [4]) „alle". So auch in den Evangelien Mc 4, 13: ihr versteht dies Gleichnis nicht und wie wollt ihr sie alle (d. h. die übrigen, die noch erst

---

[1]) Ich weiß natürlich, daß das Reflexiv nur im Casus obliquus vorkommen kann.
[2]) Exod 4, 7 genügt „wie sein Fleisch" für „wie sein anderes Fleisch".
[3]) Vgl. 1 Reg 22, 13. Judic 9, 37. 1 Reg 18, 6. 23 s. 1 Sam 14, 4. 5.
[4]) Auch im Hebräischen, z. B. Gen 3, 1: die Schlange war klüger als alle Tiere des Feldes, d. h. als die übrigen. Gen 43, 34: die Portion Benjamins war größer als die aller, d. h der anderen.

kommen sollen) verstehn? Lc 3, 19: προσέθηκεν τοῦτο ἐπὶ πᾶσιν, 3, 21: als alles Volk getauft wurde, wurde auch Jesus getauft, 13, 2. 4: meint ihr, daß die getöteten Galiläer und Jerusalemer schuldiger gewesen seien als alle Menschen? Πᾶς findet sich überhaupt weit häufiger angewandt als im echten Griechisch; in den Handschriften wird es manchmal zugesetzt oder ausgelassen. In κατηρτισμένος πᾶς (Lc 6, 40) steht es gleichsam adverbiell, genau wie das aramäische kulleh: ist der Jünger gänzlich fertig, so gleicht er seinem Meister. — Das negative Korrelat zu πᾶς ist οὐδείς, οὐδέν. Es kommt in den Evangelien häufig vor und hat auch im Syrischen eine Analogie in lâ nâsch, lâ medem. Eigentlich aber sagt man dafür: es gibt nicht, wer oder was. Diese Umschreibung schimmert in den Evangelien noch durch in οὐδείς ἐστιν ὅς, wo der Relativsatz sich am besten auf diese Weise (lait de) erklärt. Das ist freilich nicht ungriechisch. Unverfälscht semitisch aber ist Mt 10, 29: ἓν ἐξ αὐτῶν οὐ πεσεῖται, keins von den Haaren fällt zu Boden.

Numeralia und Distributiva. Ἐν μιᾷ τῶν σαββάτων heißt am ersten Tage der Woche; die Aramäer setzen bei der Zählung der Wochentage stets das Cardinale für das Ordinale. Distributiva werden durch Wiederholung ausgedrückt: δύο δύο (Mc 6, 7). Εἷς κατὰ εἷς Mc 14, 19 (Joa 8, 9) ist so viel wie εἷς ἕκαστος. Zum Zwecke der Distribution werden auch Substantiva zweimal wiederholt: er hieß das Volk sich zu Tisch legen συμπόσια συμπόσια, und sie ließen sich nieder πρασιαὶ πρασιαί (Mc 6, 39. 40).

Die Präpositionen haben in auffallendem Maße ihre semitische Funktion beibehalten. Das ist freilich im Neuen Testament überhaupt geschehen unter dem Einfluß der Septuaginta, aber in den drei ersten Evangelien doch am stärksten, und nicht bloß nach dem Muster der Septuaginta. Ἐν entspricht der semitischen Präposition Beth und steht oft in Fällen, wo im Griechischen der einfache Dativ genügen würde, z. B. bei Angaben der Zeit und des Mittels. Man sagt ἐν ποίᾳ ἐξουσίᾳ, ἐν δυνάμει, ἐν δόλῳ, ἐν ἀληθείᾳ (Mt 22, 16). Ἔρχεσθαι ἐν bedeutet kommen mit d. h. bringen: der Täufer kam mit dem Wege (der Methodos) der Gerechtigkeit, der Messias kommt mit seinem Reiche (Mt 16, 28. Lc 23, 42, wo εἰς = ἐν). Im Deutschen läßt sich ἄνθρωπος ἐν πνεύματι ἀκαθάρτῳ, γυνὴ ἐν ῥύσει αἵματος nur wiedergeben: ein Mensch mit einem unsauberen Geiste. Für ἐν πᾶσι τούτοις Lc 16, 26 (zu alle dem) heißt es im Cantabrigiensis

§ 2. Die Sprache der Evangelien.

ἐπί und in Lc 24, 41 σύν. Ἐν (εἰς) und ἐπί wechseln auch vor ὄνομα Nach πιστεύειν und ὁμολογεῖν wird das Objekt mit ἐν eingeführt, ebenso steht ἐν nach ὀμνύειν (schwören bei). — Ἀπό und ἐκ entsprechen der semitischen Präposition m i n und wechseln vielfach mit einander. Sie vertreten den Partitiv und zuweilen den überhaupt unbeliebten Genitiv beim Verbum: γέμουσιν ἐξ ἁρπαγῆς, συμφωνήσας μετὰ τῶν ἐργατῶν ἐκ δηναρίου (Mt 20, 2. 23, 25). In δικαιοῦσθαι ἀπό Mt 11, 19 (Recht bekommen gegen) wird m i n q'dâm (= מן קדם) durch ἀπό vertreten. Ziemlich oft hat es kausale Bedeutung: ἀπὸ τοῦ φόβου, τῆς λύπης, χαρᾶς (v o r Furcht, Trauer, Freude), οὐαὶ ἀπὸ τῶν σκανδάλων; für διὰ τὸν ὄχλον Mc 2, 4 hat der Cantabrigiensis ἀπὸ τοῦ ὄχλου. Φεύγειν und φοβεῖσθαι ἀπό kann auch griechisch sein, βλέπειν ἀπό (sich in Acht nehmen vor) ist überhaupt seltsam. — In ἀκολουθεῖν ὀπίσω wird das griechische ἀκολουθεῖν mit dem aramäischen ἔρχεσθαι ὀπίσω gemischt. Ἔμπροσθεν bei Matthäus, dem bei Lukas ἐνώπιον entspricht, ist in Redensarten wie εὐδοκία (θέλημα) ἔμπροσθεν τοῦ πατρός jüdisch und im Targum ungemein verbreitet, findet sich aber nicht bei Markus. Πρό und ἀπὸ προσώπου kommt in Septuagintazitaten vor; διὰ τῶν χειρῶν, εἰς χεῖρας, ἐκ χειρός öfter.

Die logischen Partikeln sind bei Markus selten. Οὖν ἄρα μέν fehlen an Stellen, wo jeder Grieche sie gesetzt haben würde; sie werden hie und da von den Handschriften eingeschwärzt. Ἄρα ist nur in 4, 41 gesichert, nicht in 11, 13. Οὖν nur in 13, 35. 15, 12; vgl. meine Note zu 11, 31. Μέν kommt öfter vor, muß aber in 9, 12 nach den besten Zeugen gestrichen werden. Δέ wechselt von Evangelium zu Evangelium und von Handschrift zu Handschrift beliebig mit καί. Am wenigsten kommt δέ für καί im Vaticanus vor, der überhaupt hinsichtlich der Partikeln den Vorzug vor dem Cantabrigiensis hat. Γε und περ fehlen, auch ὥσπερ, ἤπερ. Häufig dagegen sind γάρ und das damit synonyme ὅτι.

3. Von Gelehrten, die für das Syntaktische und namentlich für das Elementare dabei kein Auge haben oder vom Semitischen wenig verstehn, wird dies Ensemble nicht beachtet. Es ist aber von großem Gewicht und berechtigt dazu, auch Zweifelhaftes für aramäisch zu halten, wenn es in dieser Sprache gewöhnlicher ist als in der griechischen. Ein paar ganz klotzige Aramaismen habe ich noch in der Hand behalten, um sie zum Schluß als Trümpfe auszuspielen.

§ 2. Die Sprache der Evangelien.

Ἔφερεν ἓν τριάκοντα καὶ ἓν ἑξήκοντα καὶ ἓν ἑκατόν Mc 4, 8 kann nur bedeuten: es trug dreißigfach und sechzigfach und hundertfach — wie Lukas (8, 8) richtig versteht. Da entspricht ἕν dem aramäischen c h a d = mal (Dan 3, 19. Papyr. Eleph. ed. Sachau 1, 3). Griechisch ist es absolut nicht und wird es auch nicht, wenn man ἓν oder εἰς aus ἕν macht.

Ἀμὴν λέγω ὑμῖν, εἰ δοθήσεται τῇ γενεᾷ ταύτῃ σημεῖον Mc 8, 12 kann ebenso wenig als Griechisch verstanden werden. Es ist ein negativer semitischer Schwursatz, wobei die Apodosis (so soll dies und jenes mich treffen) regelmäßig ausgelassen wird, und bedeutet: fürwahr, es wird diesem Geschlecht kein Zeichen gegeben werden.

In Ἐὰν ἁμαρτήσῃ ὁ ἀδελφός σου, ὕπαγε ἔλεγξον αὐτὸν μεταξὺ σοῦ καὶ αὐτοῦ μόνου Mt 18, 15 bedeutet μεταξὺ σοῦ καὶ αὐτοῦ u n t e r v i e r A u g e n wie im Aramäischen (und auch im Arabischen), aber auf keinen Fall im Griechischen. Blaß (§ 48, 7) bemerkt freilich dazu, im Semitischen, wo die Reflexion durch נפש umschrieben werde, könne von solcher Ausdrucksweise nicht die Rede sein. Man weiß nicht, was man zu dieser Gelehrsamkeit sagen soll. Das genitivische Reflexiv, bei Substantiven oder Präpositionen, wird doch im Semitischen stets durch das einfache Personalpronomen ausgedrückt, und n a p h s c h o selber ist ja nicht ψυχὴν ἑαυτοῦ, sondern ψ. αὐτοῦ. Außerdem kommt die betreffende Figur faktisch im Aramäischen genau so vor, wie sie in Mt 18, 15 lautet. Die Syra pflegt damit z. B. das griechische κατ' ἰδίαν wiederzugeben.

In Καὶ ἤρξαντο ἀπὸ μιᾶς πάντες παραιτεῖσθαι Lc 14, 18 ist ἀπὸ μιᾶς überhaupt nichts, wenn nicht wörtliche Übersetzung des aramäischen m i n c h ' d a = auf einmal. „Da begannen sie auf einmal alle sich zu entschuldigen."

In den bisher zur Sprache gekommenen Fällen handelt es sich gewöhnlich nur um ungeschickt wörtliche Wiedergabe aramäischer Wendungen und Wörter. Eine solche würde sich auch dann begreifen lassen, wenn der Schriftsteller direkt aus der mündlichen aramäischen Tradition, die in den einzelnen Stücken schon eine feste Form angenommen hatte, in das Griechische übersetzt hätte. Aber das Wahrscheinliche ist doch, daß das Evangelium, welches von Haus aus aramäisch war, zuerst auch aramäisch niedergeschrieben wurde. Und es gibt Varianten in den dem Matthäus und Lukas gemeinsamen Redestücken, die sich nicht gut anders als aus Misverständnis einer schrift-

§ 2. Die Sprache der Evangelien. 27

lichen aramäischen Vorlage erklären lassen. Es genüge an ein paar Beispielen.

Für ἀσπάσασθε αὐτήν (nämlich τὴν οἰκίαν) Mt 10,12 heißt es bei Lc 10, 5 λέγετε· εἰρήνη τῷ οἴκῳ τούτῳ. Das ist die aramäische Form des Grußes und nur diese paßt an dieser Stelle. Denn nur dadurch begreift sich die Fortsetzung auch bei Matthäus: καὶ ἐὰν μὲν ᾖ ἡ οἰκία ἀξία, ἐλθάτω ἡ εἰρήνη ὑμῶν ἐπ' αὐτήν· ἐὰν δὲ μὴ ᾖ ἀξία, εἰρήνη ὑμῶν πρὸς ὑμᾶς ἐπιστραφήτω. — Ähnlich Mt 23,8.

Für καθαρίζετε τὸ ἔξωθεν τοῦ ποτηρίου καὶ τῆς παροψίδος, ἔσωθεν δὲ γέμουσιν ἐξ ἁρπαγῆς καὶ ἀκρασίας Mt 23, 25 sagt Lc 11, 39 richtig τὸ ἔξωθεν τοῦ ποτηρίου καὶ τοῦ πίνακος καθαρίζετε, τὸ δὲ ἔσωθεν ὑμῶν γέμει ἁρπαγῆς καὶ πονηρίας. Sinngemäß müßte es bei Matthäus heißen γέμετε für γέμουσιν: ihr reinigt das Äußere, Becher und Schüssel; inwendig aber strotzt i h r von Raub und böser Gier. Im Aramäischen hat für beide Praesentia das Partizipium gestanden und das Subjekt a n t ô n des ersten auch für das zweite gegolten: ὑμεῖς καθαρίζοντες τὸ ἔξωθεν, ἔσωθεν δὲ γέμοντες. Weil a n t ô n nicht ausdrücklich wiederholt war, hat Matthäus irrtümlich das zweite Partizipium als dritte Person verstanden und Becher und Schüssel zum Subjekt gemacht.

Für κ α θ ά ρ ι σ ο ν πρῶτον τὸ ἐντὸς . . ἵνα γένηται καὶ τὸ ἐκτὸς . . καθαρόν Mt 23, 26 steht bei Lc 11, 41 τὰ ἐνόντα δ ό τ ε ἐ λ ε η μ ο σ ύ ν η ν, καὶ ἰδοὺ πάντα καθαρὰ ὑμῖν ἐστι. G e b t A l m o s e n für r e i n i g t ist natürlich schierer Unsinn. Im Aramäischen nun reduziert sich die im Griechischen ganz unbegreifliche Variante auf d a k k a u (reinigt) und z a k k a u (gebt Almosen). Die beiden Verba sind graphisch wenig verschieden und ursprünglich sogar identisch. Lukas hat sich also versehen und zwar verlesen. Hier ist es zweifellos, daß das Versehen von einer schriftlichen Vorlage ausgeht, und von da aus wird das auch für andere Fälle wahrscheinlich.

Der bekannte Rationalist H. E. G. Paulus hat Misverständnisse und falsche Übersetzungen in großer Zahl angenommen, um Paradoxien in Plattheiten und Wunder in natürliche Vorgänge zu verwandeln. Obgleich sich dagegen bald, und zwar aus dem Schoß des Rationalismus selbst, lebhafter Einspruch erhob, spukt der alte Schwabe doch noch gegenwärtig in einigen Köpfen. Jesus soll den Zebedäussöhnen nicht gesagt haben, sie würden mit der selben Taufe getauft werden wie er, sondern, sie würden in die selbe Tunke tunken [1]). „Zieh zuerst den Balken aus deinem Auge" gilt für eine zu starke Hyperbel; mit dem Auge soll ein Brunnen gemeint sein [2]). Freilich ein dem βαπτισμός entsprechendes Wort, welches Tunke bedeutet, gibt es nicht; und עינא heißt nicht der Brunnen, sondern nur die Quelle — aber so genau wird es nicht genommen. In Bezug auf Sprachkenntnis sind solche Interpreten überhaupt recht anspruchslos. Timäus soll den Unreinen und Zacchäus dagegen den Reinen bezeichnen [3]), Lebbäus und Thaddäus sollen synonyme Beinamen eines und des selben Apostels sein, weil sie in der Bedeutung H e r z e n s m a n n zusammenträfen [4]). Iskariot wird allgemein als Mann von Qarioth interpretiert, obwohl es zu Jesu Zeit kein i s c h mehr gab. Der Schlußbuchstabe ist auch kein th, sondern ein t; ferner das s in der Syra ein semkath und das k ein kaph; das i am Anfang kann fehlen.

Die Misverständnisse, die den Evangelisten zugeschrieben werden, sind gewöhnlich solche der Ausleger. Man muß sich hüten, durch Retroversion ganz neue sensationelle Aussagen zu gewinnen, die dem griechischen Wortlaut ins Gesicht schlagen. Unsere Evangelisten standen der Zeit Jesu viel näher als wir und verstanden vor allem viel besser aramäisch. Sie verfehlten den aramäischen Sinn nicht leicht, wenn gleich sie ihn oft zu wörtlich und darum unverständlich übersetzten.

4. Das besondere aramäische Idiom, welches zur Zeit Jesu in Palästina gesprochen wurde, kennen wir leider nicht recht. Im Neuen Testament kommen nur ein paar Wörter vor, ἀββα, βοανηργες, ἐφφαθα, καναναῖος (bei Lc ζηλώτης), κορβαν, λεμα σαβαχθανι, ῥαββι und ῥαββουνι, ταλιθα (ῥαβιθα) κουμι bei Markus, κορβανᾶς, μαμωνᾶς, ρακα bei Matthäus, ἀκελδαμαχ und ταβιθα in der Apostelgeschichte und ἀββα, μαρανα θα bei Paulus [5]). Die nabatäischen und palmyrenischen In-

---

[1]) Pfleiderer, Urchristentum (1902) 1, 371.
[2]) Hausrath, Jesus und die neutestamentlichen Schriftsteller (1908) 1, 187.
[3]) Pfleiderer 1, 372. 455.
[4]) Hausrath 1, 20. Er fügt zur Begründung hinzu: pectus est quod facit apostolum. Aber t h a d bedeutet nicht pectus, sondern mamma; es müßte also gelten: mamma est quae facit apostolum.
[5]) Dazu die Eigennamen Thoma, Kepha, Golgatha, Gethsemane, und bei Johannes γαββαθα und μεσσίας. G a b b a t h a bedeutet Schüssel (Martial 7, 48, 3. 11, 31, 18), daher vielleicht einen Binnenhof oder einen eingefaßten überdachten Raum, wie das entsprechende arabische Wort (Tab. 2 436, 19. 1711, 1).

§ 2. Die Sprache der Evangelien. 29

schriften ergeben mehr, aber doch auch nicht viel. Von Literatur kommen in Betracht die aramäischen Stücke im Buch Esdrae und namentlich im Daniel; die letzteren stehn von allem, was wir haben, der Zeit Jesu weitaus am nächsten, sind jedoch ebenfalls wenig umfangreich. Mehrere Jahrhunderte nach Christus beginnt die christliche palästinisch-aramäische Literatur, die erst neuerdings mehr und mehr bekannt wird; sie enthält fast nur Übersetzungen aus dem Griechischen. In den Anfängen reicht höher hinauf die jüdische palästinisch-aramäische Literatur. Man pflegt sich seit alters vorzugsweise an diese zu halten. In gewissen Grenzen mit Recht, nämlich soweit es sich um technische Ausdrücke der jüdischen Religion handelt, wie sie in Mc 7, 1 ss. und namentlich bei Matthäus vorkommen. Aber bei den Übersetzungen aus dem Alten Testament, den Targumen, muß man sich in Acht nehmen, da sie stark hebraisieren. Und überhaupt muß man den Unterschied der Zeit berücksichtigen und noch mehr als diesen den Unterschied der gesellschaftlichen Sphäre.

Nämlich die uns erhaltene jüdisch-aramäische Literatur ist spezifisch rabbinisch. Man darf ihre Sprache nicht, wie Dalman es tut, einfach zum Muster für die alte Volkssprache machen und die Abweichungen der Evangelien davon als griechisch betrachten, als nicht zur Sprache Jesu oder der Apostel gehörig. Die Rabbinen gebrauchen für G o t t stets Umschreibungen, wie Himmel, Vater im Himmel, der Höchste, der Heilige der gepriesen sei u. a.; sie nennen das Reich Gottes das Reich des Himmels. Das hat früh begonnen und zeigt sich schon im Daniel. In den Evangelien und bei Paulus heißt es aber in der Regel Gott und das Reich Gottes, nicht Himmel und das Reich des Himmels. Nur Matthäus sagt lieber der Vater im Himmel, z. B. πάτερ ἡμῶν ὁ ἐν τοῖς οὐρανοῖς in der Gebetsanrede statt des einfachen πάτερ bei Lukas und ἀββα bei Markus und Paulus, oder „euer himmlischer Vater nährt die Vögel des Himmels" statt „Gott nährt die Raben" bei Lukas; bei ihm heißt auch das Reich Gottes stehend das Reich des Himmels. Nach Dalman entspräche dies der echten Redeweise Jesu. Sollte aber der einfache und eigentliche Ausdruck, Gott, durch die Pedanten schon zur Zeit Jesu, als sie noch nicht alles beherrschten, wirklich aus dem Munde des Volks verdrängt sein? Und ist es unmöglich, daß Jesus wie das Volk redete und nicht wie die Schriftgelehrten? Er könnte sogar absichtlich die Surrogate vermieden haben. Die einfachsten Worte genügen ihm, um sie im Satz so zu-

§ 2. Die Sprache der Evangelien.

sammen zu stellen, daß sie einen originellen Sinn ergeben. Er schmiedet keine neuen Schulausdrücke und braucht die alten hauptsächlich in der Polemik gegen die Pharisäer. Möglich ist es allerdings, daß er m a l k u t s c h ' m a i j a gesagt habe, aber beweisbar ist es nicht und wahrscheinlich auch nicht. Auf Matthäus ist nicht allzu viel zu geben, wenn er wie ein jüdischer Schriftgelehrter redet — wozu er geneigt ist.

Zum Beweise der tatsächlichen Divergenz des rabbinischen Sprachgebrauchs von dem zur Zeit und in den Kreisen Jesu üblichen lassen sich einige interessante Beispiele anführen. Für βαπτίζεσθαι (sich taufen, ursprünglich nicht passivisch) gebrauchen die Rabbiner טבל, das eigentliche alte Wort ist aber צבע in der Syropalästina; so sagten die Sabier und die Masbothäer und so die Markosier in ihrer bei Irenäus erhaltenen Tauformel. Der Hohepriester heißt bei den Rabbinen kâhnâ rabba nach dem hebräischen hakohen hagadol; in der Zeit Jesu hieß er aber rab kahnaia, nach dem Zeugnis der Syra und des Josephus [1]). Das Wort κορβανᾶς für γαζοφυλάκιον kommt bei den Rabbinen nicht vor, wird aber nicht nur von Matthäus (27, 6) und indirekt von Lukas (21, 4 τὰ δῶρα), sondern auch von Josephus (Bellum 2, 175) bezeugt. Die Rabbinen gebrauchen für Auferstehung immer den hebräischen Ausdruck תחית מתים [2]); dagegen hat sich ἀνάστασις = קימתא nur im Neuen Testament, bei Syrern und Arabern erhalten. Das Wort z a k â t für Almosen muß von den Juden zu den Arabern gekommen sein, findet sich aber bei den Rabbinen nicht mehr, verrät indessen seine einstmalige Existenz durch das davon abgeleitete Verbum z a k k i (Almosen geben), das sich erhalten hat. Ähnlich hat sich ein anderes Wort für Almosen, מצות, welches sonst ziemlich verschollen ist, dank den abessinischen Juden im Äthiopischen gerettet. Auch πληροῦν (flicken), ρακα, ργες, ραβιθα (= ταλιθα in D Mc 5, 41), γαββαθα läßt sich bei den Rabbinen nicht belegen, ebenso wenig eine Anzahl von Wörtern im Daniel und im Sirach. Das genügt

---

[1]) Ant. 3, 151, wo ραβχαναια von Josephus in ραβγανης gräcisiert und dann schließlich zu ἀραβάρχης korrumpiert zu sein scheint. Χαναραββα kann jedenfalls nicht zugrunde liegen; es bleibt nur die andere Möglichkeit. Vorher ist natürlich χαναιας für χαναναίας beabsichtigt. Die Vetus Latina sagt stets p r i n c e p s s a c e r - d o t u m wie die Syra, erst Hieronymus p o n t i f e x. In älterer Zeit heißt der Hohepriester Johanan (unter Darius II.) allerdings Kahna rabba.

[2]) Vgl. Aphraates ed. Wright 22, 16.

§ 2. Die Sprache der Evangelien.

zum Erweis, daß wir die Sprache Jesu und der Apostel aus der palästinisch-rabbinischen Literatur keineswegs genügend kennen lernen. Der Grundsatz „quod non est apud Rabbinos, non est iudaicum" gilt also nicht, weder in sprachlicher noch in anderer Hinsicht, und wenn Dalman davon ausgehend den Ausspruch tut, die Denkweise der Synoptiker sei wegen ihrer Diskrepanz von der rabbinischen griechisch, so kann das nur als eine groteske Übereilung in der Hitze des Gefechts begriffen werden. Markus ist gar nicht rabbinisch und doch am wenigsten griechisch. Die Rabbinen wurden erst nach der Zerstörung Jerusalems Alleinherrscher, als das Volk mehr und mehr zu einer Sekte zusammenschrumpfte.

Dalman schlägt den Unterschied des rabbinischen und des volkstümlichen Lexikons in Palästina zu gering an, und zugleich den Unterschied der aramäischen Dialekte in den verschiedenen Provinzen zu hoch. Derjenige zwischen Galiläisch und Jerusalemisch kommt überhaupt nicht in Betracht, das Evangelium ist von Galiläern in Jerusalem verkündet und überliefert. Und der zwischen Westaramäisch und Ostaramäisch darf nicht übertrieben werden. Das Aramäische war im Reich der Achämeniden und Seleuciden, und sogar schon früher, Weltsprache; eben als solche drang es auch bei den Juden durch. Alle Aramäer verstanden sich, wenigstens in der Literatur. Josephus hat sein Bellum anfangs nicht griechisch, sondern in der palästinischen Landessprache geschrieben, und zwar, wie er sagt, in der Absicht, daß auch die Oberasiaten, Parther, Babylonier und Araber [1]), es verstehen sollten. Die edessenische Bibelübersetzung war ursprünglich auch in Syrien verbreitet; sie wich erst später einer syropalästinischen, und zwar vielleicht nicht vorwiegend aus sprachlichen Gründen.

Wenn es sich darum handelte, das Evangelium etwa des Markus vollständig zu retrovertieren, so könnte es allerdings nur in den spezifisch palästinischen Dialekt des Aramäischen übersetzt werden. Aber das ist eben schon deshalb unmöglich, weil uns dieser Dialekt nicht genügend bekannt ist. Und es ist auch unnötig. Wir gewinnen meist nichts für das Verständnis, wenn wir wissen, wie dieses oder jenes griechische Wort, z. B. παρατήρησις Lc 17, 20, in der Ursprache lautete. Die Syntaxe und der Stil dagegen läßt sich auch im griechischen Ge-

---

[1]) Die Araber brauchten damals das Aramäische als Schriftsprache in den Gegenden, wo sie sich über einer aramäischen Schicht gelagert hatten.

wande als semitisch erkennen und verstehn, und zwar vom Allgemeinaramäischen aus, ohne Berücksichtigung des Unterschieds der Dialekte. Man hat nur selten, namentlich bei Diskrepanzen von Parallelen des Matthäus und Lukas, Anlaß zu einer den Sinn wirklich ändernden Retroversion, und dann wird sie gesichert, wenn der Anstoß dadurch auf einfache Weise verschwindet. Solche Fälle sind freilich nicht dazu angetan, eine theologische Revolution herbeizuführen.

Mit alle dem soll natürlich nicht geleugnet werden, daß das Studium der rabbinischen Literatur auch für die Exegese des Neuen Testaments von großem Wert ist und von den christlichen Theologen der Gegenwart, meine Wenigkeit eingerechnet, ungebührlich vernachlässigt wird. Man muß sich nur nicht den Horizont dadurch verengern lassen und darüber selber zum Rabbinen werden.

§ 3. Markus.

1. Die letzte Quelle der Evangelien ist mündliche Überlieferung. Das hat Herder mit Recht betont. Aber Gieseler[1] hat sich von der mündlichen Überlieferung einen falschen Begriff gemacht und daraus haltlose Folgerungen gezogen; im Kampfe gegen die Versuche, die Evangelien in eine literarische Stufenfolge zu bringen und eins aus dem andern abzuleiten. Diese Versuche waren bisher sehr oberflächlich gewesen, hatten zu einem Gewirr von Permutationen geführt und sich dadurch diskreditiert. Er wollte sie gänzlich beseitigen, indem er alle Evangelien in das gleiche direkte Verhältnis zur mündlichen Überlieferung setzte und so von einander unabhängig machte. Jedoch die mündliche Überlieferung enthält nur zerstreuten Stoff; die Stücke, mehr oder weniger umfangreich, laufen darin einzeln um. Ihre Verbindung zu einem Ganzen ist immer das Werk eines Autors und in der Regel das Werk eines Schriftstellers. Sich deckende Einzelheiten könnten an sich, wenn man sie nur aus der Vogelschau betrachtet und nicht unter die Lupe nimmt, von einem jeden Synoptiker unmittelbar aus der Leute Mund geschöpft sein. Die Synoptiker stimmen jedoch auch in der Anordnung zusammen, die keineswegs mit den Sachen gegeben ist; und dadurch verbietet sich die Annahme ihrer schriftstellerischen Unabhängigkeit.

---

[1] Historisch-kritischer Versuch über die Entstehung der schriftlichen Evangelien, 1818.

§ 3. Markus.

An diesem Punkte setzt Lachmann ein, um das literarische Verhältnis der Synoptiker zu einander festzustellen [1]). „Placet mihi nunc nihil nisi o r d i n e m narrationum evangelicarum considerare: quod cum et omnium maxime simplex sit et a nemine quod sciam tentatum, videndum est quousque ab hoc initio profectum penetrare liceat. Narrationum evangelicarum ordinis non tanta est quanta plerisque videtur diversitas; maxima sane si aut hos scriptores eadem complexione omnes aut Lucan cum Matthaeo composueris, exigua si Marcum cum utroque seorsim." Er kommt zu dem Ergebnis, daß Matthäus und Lukas in Markus zusammen treffen. Dessen ganzer Stoff kehrt bei ihnen wieder. Sie folgen seinem Aufzuge und kehren nach unterbrechenden Einschlägen dahin zurück; sie lassen sich nur über ihn vergleichen. Markus ist also der Ausgangspunkt der Gabelung. Die Störung seiner Reihenfolge bei Matthäus und Lukas wird verursacht durch Einlagen, namentlich von Redestoff.

Indessen daraus, daß das Evangelium Marci Vorlage und Gerüst für die beiden anderen ist, folgert Lachmann nicht, daß es das Urevangelium sei. Im Gegensatz zu Lessing und dessen Nachfolgern will er nicht die i n i t i a der evangelischen Schriftstellerei aufdecken, sondern nur bis zu einem m e d i u s s t a t u s des literarischen Prozesses vordringen, der allein aus der inneren Vergleichung der Synoptiker sich ergibt und für die Bestimmung ihres Verhältnisses zu einander genügt. Er läßt aber doch erkennen, daß er seinem Freunde Schleiermacher, dem er im Urteil über Markus schroff widerspricht, in dessen allgemeiner Anschauung über die ersten Anfänge der evangelischen Literatur bis zu einem gewissen Grade Recht gibt. Er nimmt als Ausgangspunkt derselben nicht nur eine einzige, die ganze Überlieferung umfassende Grundschrift an, sondern vielmehr eine Mehrheit von Aufzeichnungen einzelner Partien. Mit Schleiermachers Atomisierung des Lukas ist er freilich nicht einverstanden; nur in der Annahme einer dem Matthäus und Lukas gemeinsamen Redequelle folgt er ihm, obwohl auch da nicht ganz in der historischen Begründung derselben auf das Zeugnis des Papias.

Lachmann hat den Ariadnefaden für die drei ersten Evangelien entdeckt. Er wirft ihn aber etwas von oben herab dem theologischen

---

[1]) Theologische Studien und Kritiken 1835 S. 570 ss. Wiederholt in der Vorrede zum zweiten Bande des Novum Testamentum 1850.

Publikum zu. Er ist nur verständlich für Leser, denen Fingerzeige genügen. Anders sein Nachfolger und zugleich sein Vorgänger, Wilke[1]). Dieser befleißigt sich der größten Ausführlichkeit, um seine Lösung des Problems zu begründen und die Lösungen Anderer zu widerlegen. Er geht zu Gericht mit den Hypothesen Gieselers, Eichhorns und Schleiermachers, daß die Evangelien zurückgehen auf eine fest geformte und geordnete mündliche Tradition, oder auf eine embryonische Urschrift in aramäischer Sprache, oder auf viele kleine Aufsätze; desgleichen mit der Hypothese Griesbachs, daß Markus ein Auszug aus Matthäus und Lukas sei. Er drängt die Gegner langsam aus ihren Positionen hinaus und beschränkt so die Möglichkeiten immer mehr, bis nur eine übrig bleibt, die erst zum Schluß klar hervortritt. Immer läßt er die Leser an der Überlegung über die einzuschlagende Methode teilnehmen, über jeden Schritt der Untersuchung orientiert er sie vorher und gibt zum Schluß an, was damit erreicht sei und was noch übrig bleibe. Sein Weg geht nicht grade aus, sondern in spiralen Windungen, die immer enger werden und sich so allmählich dem Ziel nähern. Er scheut sich nicht vor beständigen Wiederholungen und Zurückweisungen; er nimmt den Prozeß immer wieder neu auf und treibt ihn durch alle Instanzen. Es ist ermüdend, den Verhandlungen

---

[1]) Der Urevangelist, von Christian Gottlieb Wilke, vormaligem Pfarrer zu Herrmannsdorf im sächsischen Erzgebirge, 1838. Wilke ignoriert Lachmann, vermutlich weil er von ihm nichts Neues erfuhr. Denn er hatte schon 1826 in einer Abhandlung über Mt 20, 1—16 (Winers Ztschr. f. wiss. Theologie 1, 74) geäußert, Markus sei unzweifelhaft die Grundlage des Matthäus, und dann viele Jahre lang unter sehr widrigen Umständen an der Ausführung und Begründung dieser These gearbeitet. Albert Schweitzer behauptet freilich, Wilke sei noch im Jahre 1837 weit entfernt gewesen von der Idee, daß dem Markus die Priorität zukomme. Aber das beruht auf einem Versehen. Er wirft nämlich Chr. G. Wilke zusammen mit Ferdinand Wilhelm Wilcke, Pfarrer zu Rothenburg a. S., der in einem 1837 erschienenen Buch über Tradition und Mythe zeigen will, „daß kein Evangelist den andern kannte, sondern jeder eine aus einer besonderen Quelle geschöpfte selbständige Schrift lieferte, wir also vier selbständige historische Gewährsmänner für die evangelische Geschichte bekommen, während das historische Zeugnis in seiner Quantität sehr eingeschränkt, in seiner Qualität sehr geschwächt würde, sobald man, wie gewöhnlich, die Synoptiker sich gegenseitig benutzen und ausschreiben läßt." Die Verwechslung der beiden Schriftsteller läßt sich um so weniger begreifen, da sie in ihrer Art grundverschieden sind. Der Pfarrer von Rothenburg ist ein ganz gewöhnlicher, der von Herrmannsdorf ein höchst ungewöhnlicher Apologet, ein merkwürdig selbständiger Forscher, der immer mit eigenen Augen sieht und Alles seiner eigenen zähen Arbeitskraft verdankt.

§ 3. Markus.

zu folgen, zumal sie in einer barbarisch scholastischen Sprache geführt werden. Aber von der Vortragsweise abgesehen sind Mittel und Ergebnis der Kritik bei ihm ganz ähnlich wie bei Lachmann. Sie gehn beide von rein formellen Indizien aus, nicht von theologischhistorischen. Sie zeigen beide, daß Markus in der Mitte steht. Nur erweist das Lachmann bloß aus der Vergleichung des Planes, Wilke dagegen auch aus der Vergleichung des Einzelnen, und zwar vorzugsweise daraus. Soweit seine Korreferenten ihm entsprechen, stehn sie ihm ein jeder viel näher als dem anderen; wo sie von ihm abweichen, weichen sie auch von einander ab. Die Übereinstimmung zwischen den parallelen Perikopen des Markus und der beiden Anderen erstreckt sich nicht nur auf den Stoff, sondern in auffallendem Maße auch auf die Fassung; sie zeigt sich nicht bloß in den Worten Jesu, die als unveränderlich gegeben angesehen werden könnten, sondern auch in den Erzählungen über ihn, in denen das Faktum sich doch nicht von selber abspiegelt, und vielfach sogar in den Redaktionsbemerkungen, wodurch das Einzelne in den Zusammenhang eines Ganzen gestellt wird. Wo aber Matthäus oder Lukas den Pragmatismus des Markus ändern, da wird er verschlechtert. Wo sie Zusätze oder Modifikationen anbringen, da zeigt sich alsbald ihre eigene schriftstellerische Manier, in der sie sich selber gleich bleiben und einer vom andern unterscheiden. Es kommt dadurch ein Zwiespalt in ihre Sprache, da sie den ihnen eigenen Stempel dem aus Markus übernommenen Gut nicht aufgedrückt haben. Die Züge der schriftstellerischen Individualitäten verfolgt Wilke bis ins Kleinste. Er arbeitet überhaupt mit dem Mikroskop und bewährt dabei eine unsägliche Geduld und Gewissenhaftigkeit. Man wird allerdings sagen müssen, daß Lachmann die Sache beim rechten Ende angegriffen hat, indem er sich absichtlich auf etwas allgemein Durchgehendes beschränkt, wenn es auch blaß und mager erscheint. Die Addition der Kleinigkeiten führt nicht zu einem ganz runden Ergebnis; es bleiben immer zweifelhafte Posten. Die Mikroskopie Wilkes ist supplementar, darum aber doch notwendig und namentlich für die Exegese fruchtbar. Er hat überhaupt zuerst eine ordentliche Vergleichung im Einzelnen angestellt und bezeigt mit Recht der Leichtfertigkeit seiner Vorgänger in diesem Punkte unverholen seine Verachtung. Im Schlußergebnis geht er darin über Lachmann hinaus, daß er es nicht bei einem medius status beläßt, sondern zu dem initium vordringt. Markus hat nicht bloß eine relative, sondern die absolute Priorität.

§ 3. Markus.

Er ist der Urevangelist, der erste, der den Versuch gewagt hat, die Erinnerungen an Jesus aufzuzeichnen. Alles, was Matthäus und Lukas mehr haben, ist späteren Ursprungs; auch die ihnen gemeinsamen Reden Jesu. Diese sind von Matthäus aus Lukas entlehnt. Woher Lukas sie hat, untersucht Wilke leider nicht; im Vorwort verspricht er es nachzuholen, wenn seine Lage sich bessere und sein Buch Anklang finde. Diese Bedingungen traten aber nicht ein, und Wilke wurde katholisch. Er scheint mit dem Protestantismus schon zerfallen gewesen zu sein, als er seine Pfarre aufgab — aber nicht deshalb, weil seine Kritik seinen Glauben erschüttert hätte.

Gleichzeitig mit Wilke hat ein anderer Sachse, der Leipziger Philosoph Weiße, sich zu der Evangelienfrage geäußert[1]). Er scheint durch Lachmann zur Markushypothese bekehrt zu sein, und zwar erst im Jahre 1837[2]). Jedenfalls ist er der erste, der die Bedeutung der These des großen Philologen begriffen und anerkannt hat. Er interpretiert sie und macht die Probe darauf, indem er der Reihe nach die Evangelien stückweise durchnimmt. Von Wilke unterscheidet er sich bei der Vergleichung dadurch, daß er sein Augenmerk vorzugsweise auf die sachlichen Unterschiede richtet und nicht auf die formellen; er will ja auch nicht bloß eine literarische Untersuchung führen, sondern zugleich eine Beurteilung der evangelischen Geschichte geben. Sein Buch steckt voll von feinen exegetischen Beobachtungen und weit tragenden historischen Vermutungen, die sehr bescheiden vorgetragen und oft in Anmerkungen versteckt werden; es ist eine Erzgrube, die noch immer nicht ausgeschürft ist. Nicht Weniges, was ich zuerst entdeckt zu haben glaubte, fand ich nachträglich schon bei Weiße.

---

[1]) Die evangelische Geschichte kritisch und philosophisch bearbeitet von Ch. Hermann Weiße, zwei Bände 1838. Weiße hat sich gern in literarische Untersuchungen eingelassen. Er hat zuerst in dem prosaischen Stück vor der Kerkerszene einen Rest des Urfaust entdeckt (Kritik und Erläuterung des Faust, 1837). Er hat auch an der Form der Wahlverwandtschaften eine Kritik geübt, die in dem Vorschlag gipfelt, Goethe hätte sie dramatisch in Briefen schreiben sollen. Er trug das zuerst in einem Kränzchen bei Karl Reimer vor (1841); Lotze, der dabei war, beschreibt ergötzlich das stumme Entsetzen Salomon Hirzels und der andern Zuhörer, das er selber anfangs teilte, bis er nach Jahrzehnten anderer Meinung wurde (Kleinere Schriften ed. Peipers 3, 542 ss.).

[2]) Ev. Gesch. 1, 15 s. 38—40. 54 s. Im Vorwort drückt er sich freilich so aus, als sei er ganz selbständig auf sein „Aperçu" gekommen.

Lachmann hat seinerzeit wenig Eindruck gemacht, er ist nur von Weiße nach Gebühr gewürdigt worden. Das lag zum Teil daran, daß sein Aufsatz dem Verständnis der Leser zu wenig entgegen kam; mehr aber doch daran, daß er zugleich mit dem Leben Jesu von David Friedrich Strauß erschien. Die brennende Frage nach der historischen Glaubwürdigkeit der Evangelien zog das Interesse von dem literarischen Problem ab, welches Lachmann rein philologisch behandelt hatte. Auch Wilke und Weiße fanden zunächst keinen Beifall, sie wurden von Baur und seinen Schülern in den Schatten gestellt, die den zweiten Schritt vor dem ersten tun und das literarische Problem von der Geschichte der kirchlichen Ideen und namentlich der Parteitendenzen aus lösen wollten. Erst etwa seit 1850 trat ein Umschwung ein; Ewald hatte den Erfolg, den Lachmann Wilke und Weiße verdienten. Diese drei Männer haben für die literarische Kritik der synoptischen Evangelien bisher das Beste geleistet[1]).

Einen Grund für die Priorität des Markus kann man noch hinzufügen, auf den bereits Herder hingewiesen hat mit der Bemerkung, daß kein anderes Evangelium so wenig Schriftstellerisches und so viel lebendigen Laut eines Erzählers habe wie dieses. Markus steht der Art der mündlichen Überlieferung näher als die beiden Andern in den Stücken, die sie mit ihm gemein haben. Seine behaglich ausspinnende und daneben doch auch kurz angebundene Darstellung entspricht der Weise, wie ein Stoff in der Leute Mund sich auszugestalten pflegt. Seine Sprache ist volkstümlich, originell und ungekünstelt, drastisch und derb, stark aramaisierend. Sie wird von Matthäus und Lukas mehr jüdisch-gelehrt gemacht, auch durch Hinzufügung von Schriftbeweisen, oder mehr biblisch. Namentlich aber wird sie verfeinert und von Aramaismen gesäubert.

Es ist irrig zu glauben, die sprachliche Originalität unseres zweiten Evangeliums spreche dagegen, daß es eine Übersetzung sei. Abweichungen von der uns geläufigen Literatursprache sind nichts In-

---

[1]) Die Tübinger setzten bei der Apostelgeschichte ein und verglichen sie mit den Briefen des Paulus. Von da ergab sich ihnen die Antithese zwischen Judaismus und Paulinismus und ihre Ausgleichung auf einer späteren Stufe als Leitfaden zur Beurteilung der gesamten Neutestamentlichen Literatur. Nach dem Schema von Satz Gegensatz und Vermittlung bestimmten sie nun auch das Verhältnis der synoptischen Evangelien zu einander: Matthäus vertritt den Judaismus, Lukas den Paulinismus und Markus die Neutralität.

dividuelles. Die wahre formelle Originalität des Markus besteht im Aramäischen ebenso gut wie im Griechischen und kommt im Aramäischen noch besser heraus, weil da allerhand Unverständliches und Unbeholfenes verschwindet. Sie wird von Markus nicht geschaffen, sondern in der mündlichen Tradition, welche aramäisch war, schon vorgefunden sein. Denn die mündliche Tradition überliefert den Stoff der einzelnen Stücke keineswegs formlos.

2. Das Büchlein des Markus zerfällt in drei Hauptabschnitte: a) Jesus lehrt und heilt in Kapernaum und der Nachbarschaft (Kap. 1—5); b) er verläßt diese Gegend, wandert zunächst unstet im Gebiete des Philippus und der Dekapolis und nimmt dann von dort den Weg durch Galiläa und Peräa nach Jerusalem (Kap. 6—10); c) er tritt in Jerusalem auf, gerät in Konflikt mit der jüdischen Obrigkeit, wird von dieser zum Tode verurteilt und von dem römischen Landpfleger gekreuzigt (Kap. 11—16). Die Abschnitte sind durch Zeit und Ort unterschieden. Der zweite geht unmerklich in den dritten über, formell sind sie überhaupt nicht abgegrenzt.

Voraus geht eine kurze Einleitung (1, 1—15). Das Evangelium von Jesus Christus, wie der Titel lautet, beginnt mit Johannes dem Täufer und der Taufe Jesu im Jordan, in folge deren er mit dem Geist gesalbt wird und eine himmlische Stimme vernimmt: du bist der Sohn Gottes, d. h. der Messias. Über die Herkunft Jesu und sein äußeres oder inneres Vorleben erfahren wir nichts. Über sein Aussehen wird keine Angabe gemacht, nicht einmal über sein Alter, so viel auch darauf ankommt, ob man sich ihn ganz jugendlich oder als erfahrenen Mann vorstellen soll[1]). Ebenso wird sein Übergang von Nazareth nach Kapernaum durch nichts motiviert.

Ganz plötzlich tritt er im ersten Hauptteil, wo die eigentliche Erzählung mit 1, 16 beginnt, in Kapernaum auf. Sein erster Akt ist, daß er am See wandelnd zwei Brüderpaare trifft, die dort fischen, Simon Andreas und Jakobus Johannes, und sie prima vista zu seinen

---

[1]) Nach Mc 3, 31 ss. läßt sich vermuten, daß er noch Haussohn war. Matthäus setzt seine Geburt in die letzte Zeit des großen Herodes. So auch Lukas im ersten Kapitel, aber im zweiten datiert er sie zehn Jahre später auf A. D. 6, wo die Schatzung des Quirinius stattfand. Sein öffentliches Auftreten folgt nach Mc 1, 14 auf die Verhaftung des Täufers — was uns indessen nicht weiter bringt, da aus Mc 6, 17—29 nichts geschlossen werden d a r f und aus Joseph. Ant. 18, 116 nichts geschlossen werden k a n n. Aus der Angabe der Jahreszeit in Mc 2, 23 habe ich gefolgert, daß

Jüngern beruft, ja sogar zu seinen Missionaren, zu Menschenfischern. Sie folgen ihm ohne weiteres. In ihrer Begleitung kommt er in die Stadt und erregt sofort durch seine Lehre in der Synagoge und durch die Wunder, die seine Befugnis (ἐξουσία) bekräftigen, großes Aufsehen; am Abend wird er im Hause Simons von der Menge des Volkes und der Hilfesuchenden umdrängt und heilt viele Kranke und Besessene. Ganz früh aber am folgenden Morgen reißt er sich los und betet einsam auf einem Berge. Alle suchen ihn; von Simon und dessen Genossen aufgefunden rechtfertigt er sein Entweichen ohne Abschied damit, daß sein Beruf ihn nötige, auch anderswo zu wirken; und demgemäß wandert er sogleich in der Nachbarschaft von Kapernaum lehrend und heilend herum. Das Alles soll auf einen Tag fallen und noch dazu, wie es scheint, auf einen Sabbat (1, 21), an dem doch die Fischer ihr Gewerbe nicht ausüben durften. Es werden vielmehr gewisse stehende Hauptzüge seines Tuns und Treibens nicht statistisch, sondern historisch vorgeführt und in den Anfang zusammengedrängt: die Begleitung durch Jünger, ohne die er von Anfang an nicht gedacht werden kann, die Vereinigung von Lehren und Heilen, der gewaltige Zulauf, den er findet, das Wanderpredigen, nachdem er kaum den Fuß nach Kapernaum gesetzt, die höchst bezeichnende Sitte, in der Nacht oder am frühen Morgen für sich allein an einem einsamen Orte zu beten.

So inhaltsreich der erste Tag in Kapernaum ist, so inhaltsarm das Jahr in Kapernaum, die galiläische Periode im Allgemeinen. Sie wird ausgefüllt durch ein halbes Dutzend Wunder und durch einiges Andere. In Kap. 2 und 3 werden etliche sehr wuchtige und zum teil paradoxe Aussprüche zusammengestellt, wegen ihrer Gleichartigkeit, nicht wegen ihrer Gleichzeitigkeit. Sie sind alle durch einen ganz bestimmten Anlaß hervorgerufen, über den genau berichtet wird, und sie haben alle eine polemische Spitze gegen die Schriftgelehrten und Pharisäer oder gegen Andere, die sich an Jesus stoßen, darunter auch seine eigenen Verwandten aus Nazareth. Darauf kommt in Kap. 4 das

---

er mindestens ein Jahr in Galiläa gewirkt hat. Nach Lukas (3, 1) deckte sich dies Jahr, wenigstens teilweise, mit dem 15. des Kaiser Tiberius (Herbst 28 bis 29). Man hat vielleicht Ursach noch höher hinaufzugehn, und zwar wegen der Chronologie des Paulus; vgl. E. Schwartz in den Göttinger Nachrichten 1907 S. 263 ss. Die früher von mir gebilligte Annahme Peters von Rhoden (De Palaestina et Arabia, Berliner Dissertation 1885 S. 7 s.), daß die Flucht des Paulus aus Damaskus 2 Cor 11, 32 s. in die Zeit zwischen 38 und 40 fallen müsse, steht auf schwachen Füßen.

Gleichnis vom Säemann an die Reihe, eine längere Rede an das Volk, gehalten am See vom Schiff aus. Sie wird durch diese Situation verbunden mit einer folgenden Gruppe von drei Wundern, von denen eins während der Überfahrt über den See geschieht, eins nach der Landung am jenseitigen Ufer, eins bei der Rückkehr nach Kapernaum (4, 35—5, 43). Das ist Alles. Personennamen sind selten, auch Jairus wird im Codex Cantabrigiensis nicht genannt. Unter den dramatis personae redet und handelt eigentlich immer nur Jesus; die Gegner reizen ihn, die Jünger sind Staffage. Wovon er aber lebte, wie er wohnte, aß und trank, mit den Seinen verkehrte, wird nicht gemeldet. Es heißt, er habe am Sabbat in der Synagoge gelehrt; davon wird jedoch kein Begriff gegeben, wir erfahren nur etwas von dem, was er außerhalb der Synagoge gesagt hat, meist durch eine besondere Gelegenheit dazu aufgefordert. Das Regelmäßige kommt nicht zur Sprache, nur Außerordentliches.

Der zweite Hauptteil (Kap. 6—10) hebt damit an, daß Herodes Antipas, der Landesherr von Galiläa, durch der Leute Gerede auf Jesus aufmerksam wird und die Äußerung tut: Johannes ist wieder auferstanden, den ich habe enthaupten lassen. Der Relativsatz in dieser Äußerung dient nun als Haken, um einen ausführlichen Bericht über die Enthauptung des Täufers anzuhängen. Herodes wird darnach lediglich eingeführt zur Anknüpfung eines Nachtrages. Das kann nicht das ursprüngliche Motiv seiner Einführung an dieser Stelle sein. Er muß in das Leben Jesu selber eingreifen, nicht in das Leben des Täufers. Jesus steht hier an einem Wendepunkt, er entweicht aus der Heimat und führt zunächst ein unruhiges Wanderleben. Der Anlaß dazu wird die Furcht vor Herodes gewesen sein, der in ihm eine beseitigte Gefahr neu aufleben sieht; denn er meidet eben dessen Gebiet und begibt sich in das des Philippus und der Dekapolis. Diese schon von Herder [1]) geäußerte Vermutung wird bestätigt durch Lc 13, 31—35. Jesus wird gewarnt, Herodes wolle ihn töten; er sagt, dadurch lasse er sich nicht aus seiner bisherigen Wirkungsstätte verscheuchen, er werde sie zwar demnächst verlassen, jedoch nicht aus Furcht vor „jenem Fuchse", sondern weil er in Jerusalem und nicht in Galiläa sterben müsse. Damit wird anerkannt, daß es so aussehen konnte, als sei Jesus vor der bedrohlichen Haltung des Tetrarchen geflüchtet;

---

[1]) ed. Suphan 19, 179. 184.

es wird allerdings gegen diesen Schein protestiert, aber der Protest fließt aus der Vorstellung, daß Jesus sich in der Absicht auf die Wanderung begeben habe, um in Jerusalem zu sterben, und diese Absicht hat er schwerlich gehabt und sie jedenfalls nicht Anderen als seinen Jüngern mitgeteilt, auch nicht in der abgeschwächten Form, er müsse als Prophet (nicht als der Christus) in Jerusalem sterben. Man wird den Schein für Wahrheit halten dürfen, und auch Matthäus ist zu entschuldigen, wenn er Jesu Entweichen über den See mit dem Auftreten des Herodes in Verbindung bringt und dadurch die Parenthese des Markus am Schluß zerstört. — Es folgen dann zwei Varianten oder vielmehr zwei kleine Variantengruppen. In beiden wird Jesu Fahrt über den See eingerahmt von zwei Wundern, der Speisung der Tausende und der Heilung eines Stummen oder eines Blinden. Die Speisung der Fünftausend weicht nur wenig ab von der der Viertausend; bei dem Heilungswunder ist zwar das Objekt (Stummer, Blinder) verschieden, jedoch der Schauplatz wie es scheint der selbe (Bethsaida) und jedenfalls die Prozedur ganz auffallend analog: Jesus nimmt den Patienten abseits von der Menge und speit ihm auf die Zunge oder in die Augen. Daß die drei konstituierenden Stücke namentlich in der ersten Gruppe, weniger in der zweiten, durch Einschübe erweitert sind, ändert nichts an der Beurteilung.

Im Reich des Philippus bis in die Gegend von Caesarea am Fuß des Hermons gelangt faßt Jesus den Entschluß nach Jerusalem zu gehn, und damit beginnt ein zweiter Ansatz in der Wanderungsperiode, der ganz ähnlich eingeleitet wird wie der erste[1]), nämlich mit dem Gefrage der Leute, wer Jesus sei. Hier aber wird nicht Herodes darauf aufmerksam, sondern Jesus selber fragt seine Jünger darnach, und daraus ergibt sich weiter das Bekenntnis des Petrus, er sei der Christus. Die Verklärungsgeschichte ist die göttliche Gegenzeichnung dazu: hier sagt die göttliche Stimme zu den Jüngern „dies ist mein lieber Sohn", während bei der Taufe nur zu Jesus „du bist mein lieber Sohn". Jesus acceptiert die Aussage des Petrus und erklärt, er gehe in der Tat nach Jerusalem als Messias. Allein nicht um zu triumphieren, sondern um zu leiden, zu sterben und aufzuerstehn; denn so zieme es dem wahren Messias. Diese für die Jünger berechnete Korrektur des jüdischen Messiasbegriffs mit ihren Kon-

---

[1]) Vgl. meine Note zu Markus (1909) 6, 16.

sequenzen beherrscht den weiteren Inhalt des zweiten Hauptteils, bis zur Passionsgeschichte.

Die Passion ist der Gegenstand des dritten Hauptteils (Kap. 11 bis 16). Abgesehen vom verfluchten Feigenbaum kommen hier keine Wunder mehr vor, obgleich Jesus doch grade in Jerusalem seine messianische ἐξουσία zeigen soll. Über das Martyrium werden keine Worte gemacht, nur die Sachen reden, die Steine schreien. Im Allgemeinen ist die Erzählung ausführlicher wie sonst; wir erfahren über die Woche in Jerusalem ebenso viel wie über das Jahr in Galiläa. Zuletzt schreitet die Handlung nach Stunden vorwärts oder vielmehr nach dreistündigen Intervallen. Vorher nach Tagen; man rechnet sechs Tage aus (Joa 12, 1). Der Inhalt ist aber recht ungleich auf sie verteilt. Auf den dritten wird unverhältnismäßig viel zusammengedrängt (11, 20—13, 37), dagegen bleiben die beiden folgenden fast leer. Am Abend des fünften, d. h. beim Anbruch des sechsten, beginnt mit dem Pascha das Osterfest. Zwei Tage vorher beschließen die Hohenpriester gegen ihn vorzugehn, ehe das Fest eintrete. Man muß denken, daß dieser Beschluß nicht bloß gefaßt, sondern auch ausgeführt wurde, da das Gegenteil nicht gesagt wird und die Annahme nahe liegt, daß der ohne Zweifel geheime Beschluß nur aus der Ausführung erschlossen sei. Nichtsdestoweniger wird die eilige Sache doch auf den zu vermeidenden und in der Tat sehr ungeeigneten Zeitpunkt verschoben; in ihrer heiligsten Nacht verhaften die Juden Jesum und urteilen ihn ab, und am heiligsten Tage übergeben sie ihn dem heidnischen Landpfleger zur Kreuzigung. Das letzte Abendmahl ist dann das Paschamahl, wird indessen trotzdem davon unterschieden und in eigentümlicher Weise darauf gepfropft. Auch sonst empfindet man Schwankungen und Unstimmigkeiten. Die Verurteilung erfolgt auf das Messiasbekenntnis; dies wird als Gotteslästerung bezeichnet, kann aber nach jüdischen Begriffen keine solche sein. In der Anklage der Zeugen besteht vielmehr die Gotteslästerung in der Tempellästerung, und diese zurückzudrängen lagen für die christliche Gemeinde in Jerusalem Gründe vor. Die eigenmächtige Tempelreinigung ist ebenfalls zurückgedrängt; sie hat offenbar den ersten Anlaß zum Einschreiten der Hohenpriester gegeben (11, 27 ss.), aber das wird verdunkelt durch die zwischenein geschobene zweite Hälfte der Geschichte vom verfluchten Feigenbaum. Die treulose Flucht der Jünger wird auch einigermaßen zur Seite geschoben, nach 16, 7 sollen sie sogar auf Jesu eigenen Befehl nach Galiläa gegangen sein. Wenn indessen in solchen Fällen eine Überarbeitung statt gefunden hat, so hat dieselbe bei Markus doch das Ursprüngliche noch nicht verwischt. Etwas Anderes ist es, daß auch in der Passion die Erzählung, trotz ihrer Ausführlichkeit, gar manche Punkte auffallend im Unklaren läßt. Der Verrat und der Verräter bleiben ganz geheimnisvoll. Unvorbereitet kommen allerhand Beziehungen Jesu zu Personen in und um Jerusalem zu Tage. Zum teil sind dieselben anonym, wie der Mann, bei dem das Pascha gehalten wird, die salbende Frau und der nackend fliehende Jüngling. Zum teil treten sie plötzlich mit Namen auf, wie alte Bekannte; so Simon der Aussätzige und besonders Joseph von Arimathia. Letzterer figuriert in der Auferstehungsgeschichte, und ebenfalls in dieser die in Jesu Gefolge nach Jerusalem gekommenen Weiber, die hier deshalb nötig sind, weil die Jünger sich aus dem Staube gemacht haben. Ganz bei wege erfahren wir schließlich in einer Art Parenthese (15, 42) den Wochentag der Kreuzigung, während vorher niemals Wochentage vorkommen. Der Freitag wird wahrscheinlich deshalb an dieser verspäteten Stelle nachgetragen, weil die Auferstehung auf den Sonntag fallen soll.

Man braucht die Passion nicht auszuschließen bei dem Urteil, daß dem Evangelium Marci im Ganzen die Merkmale der eigentlichen Historie abgehn. Unsere Wißbegier bleibt unbefriedigt. Nichts wird motiviert und durch Präliminarien erklärt. Wie der Hintergrund, ebenso fehlt der pragmatische Nexus. Von Chronologie ist keine Spur, nirgend findet sich ein festes Datum. Geographische Anschauung ist zwar deutlich vorhanden und die Situation wird in der Regel angegeben, wiewohl öfters unbestimmt: ein Haus, Berg, einsamer Ort irgendwo. Das Ganze hat die Form eines Itinerars, die dann auch auf die anderen Evangelien übergegangen ist. Aber der örtliche Zusammenhang des Geschehens läßt doch fast ebenso viel zu wünschen übrig wie der zeitliche; sehr selten wenn überhaupt erscheint beim Wechsel des Schauplatzes eine Übergangsstation. Die einzelnen Stücke werden oft lebhaft und zwar ohne unsachliche, bloß rhetorische Mittel vorgetragen, stehn jedoch meist anekdotisch neben einander, rari nantes in gurgite vasto. Sie reichen nicht aus als Stoff für ein Leben Jesu. Man hat auch nicht den Eindruck, daß ein Versuch derer, die mit ihm gegessen und getrunken hatten, vorläge, Anderen eine Anschauung von seiner Person zu geben. Einige charakteristische Züge sind zwar vorhanden. Er kennt die Menschen und die Herzen. Freund und Feind fühlen seine Überlegenheit, ohne daß er sie ausdrücklich hervorzuheben braucht; er ragt einsam über seine Umgebung hervor, auch über seine Jünger, die ihm nicht als Freunde und Brüder, sondern ziemlich fern und scheu gegenüber stehn. Dabei ist er aber nichts weniger als kalt; Leidenschaftlichkeit der moralischen Empfindung kennzeichnet ihn. Er erliegt der heiligen Sympathie in Entrüstung gegen die Oberen des Volkes und in Mitleid mit den Niederen. Das helfende Mitleid liegt sowohl seiner Lehre als seinen Wundern zu grunde, er sorgt für Seele und Leib der Bedürftigen, ist zugleich Lehrer, Arzt und gelegentlich auch Wirt. Aber im Markus tritt dies Motiv der Heilwunder nur wenig hervor. Sie sollen hauptsächlich Machtbeweise des Messias sein. Markus schreibt nicht de vita et moribus Jesu, er hat nicht die Absicht seine Person anschaulich oder gar begreiflich zu machen. Sie ist ihm aufgegangen in ihrem göttlichen Beruf; er will dartun, daß Jesus der Christus sei. Er wird zwar als solcher von den Aposteln erst seit der Reise nach Jerusalem erkannt, ist es aber tatsächlich schon seit der Taufe, seit dem Anfange seines öffentlichen Auftretens — und wenn nicht seine Worte, so verraten ihn doch seine Werke. Sie erscheinen wenigstens ex post als Äußerungen seiner Messianität; in diesem Licht stellt sie Markus dar, als Beispiele für einen Beweis, den er führen will, und darum gehören sie in das Evangelium von Jesu Christo. Aufdringlich ist er dabei freilich nicht; er unterstützt den Eindruck, den nach seiner Meinung die Sachen selber hervorrufen müssen, lediglich durch Aussagen der Dämonen, welche heller sehen als die Jünger. Niemals führt er von sich aus den Schriftbeweis: das ist geschehen, damit erfüllet würde usw.; nur in Jesu Munde kommt er zuweilen vor [1]).

Eine durch den Zweck beschränkte Auswahl aus vorhandenem Stoff hat indessen Markus selber schwerlich getroffen. Schon die mündliche Überlieferung, die er vorfand, wird unter dem Einfluß des selben Gesichtspunktes, von dem er ausgeht, zusammengeschrumpft sein. Er verschweigt dies und jenes, was er als seinen Lesern bekannt voraussetzen kann, z. B. die Namen der Eltern Jesu. Aber er hat doch seinen Nachfolgern an eigentlich Geschichtlichem wenig nach-

---

[1]) 9, 12. 13. 14, 21. 27. 49. Sonst sagt Jesus einfach δεῖ. Die Verse 1, 2. 3 und 15, 28 sind interpoliert.

zulesen übrig gelassen, und was sie mehr wissen, ist von zweifelhaftem Wert. Die Überlieferung, die er bucht, ist verhältnismäßig reich für Jerusalem, dagegen arm für Galiläa — ähnlich wie die über Muhammed reich für Medina und arm für Mekka. Dieser Unterschied ließe sich kaum begreifen, wenn er auf die Urjünger zurückginge. Die galiläischen Erzählungen sind auch innerlich meist nicht so beschaffen, daß sie auf diese zurückgeführt werden könnten. Soll etwa Petrus der Gewährsmann sein für die plötzliche Berufung der vier Menschenfischer? soll er das Wandeln auf dem See oder das Ausfahren der bösen Geister in die Säue bezeugt haben, die Heilung des blutflüssigen Weibes durch die Kraft eines Kleides, des Stummen und des Blinden durch Speien? Und warum wird nicht Mehreres und nicht Zuverlässigeres über den Verkehr des Meisters mit seinen Jüngern berichtet? Es scheint vielmehr, daß die erzählende Überlieferung im Markus nicht vorzugsweise von den Vertrauten Jesu ausgegangen ist. Sie hat großenteils eine etwas derb volkstümliche Art, wie sie denn auch erst durch längeres Umlaufen in der Leute Mund zu der ungemacht drastischen Ausgestaltung gekommen sein wird, in der sie uns vorliegt. Dem populären Geschmack entsprachen die Wunder und Teufelaustreibungen, die Rekognitionen Jesu durch die Dämonen, als „Zeichen" seiner Messianität. Markus nahm auf, was die Tradition ihm bot. Die Sammlung und Ordnung des Stoffes ist sein Werk. Sie schließt natürlich eine Redaktion ein; dazu gehören Einleitungen und Schlüsse, Übergänge, kurze Übersichten, Verzeichnisse, mitunter auch Angaben von Adressen namentlich bei solchen Worten und Reden Jesu, die ausnahmsweise nicht von vornherein mit einer Geschichte verbunden waren.

3. Hat nun bloß eine Redaktion des **mündlichen** Stoffes stattgefunden von seiten dessen, der ihn zuerst ordnete und niederschrieb? Ist uns die erste Niederschrift erhalten geblieben? oder ist diese später noch weiter redigiert d. h. verändert worden? Damit gelangen wir auf die Frage, ob der uns vorliegende Markus der Urmarkus sei. Die Sprache gibt keinen Anlaß sie aufzuwerfen und kein Mittel sie zu beantworten; sie ist nicht verschiedenartig und überall schimmert das Aramäische ziemlich gleichmäßig durch. Einige Interpolationen und Glossen sind Kleinigkeiten, die fast der Textkritik anheimfallen. Es handelt sich um stärkere Eingriffe. Ewald hat behauptet, Markus sei ursprünglich reicher gewesen als jetzt und habe

z. B. die Bergpredigt und die Geschichte vom Hauptmann zu Kapernaum enthalten. Weiße (1856) hat ihm zugestimmt. Holtzmann und Hausrath sind auf diesem Wege weiter gegangen und betrachten unsern jetzigen Markus als einen bloßen Rest des alten, der dem Matthäus und Lukas noch bekannt gewesen sei und aus ihnen ergänzt werden könne. Sie geben damit Anlaß zu dem Einwurf, es sei ein gefährliches oder gar ein falsches Spiel, dem Markus dadurch den Vorzug vor seinen Korreferenten zu sichern, daß man seine Lücken aus jenen stopfe und das, was sie an ursprünglichem Gut voraus zu haben scheinen, ihm auf das Konto setze; man schmücke ihn auf diese Weise mit fremden Federn. Wenn man nun auch diesen Einwurf nicht für unüberwindlich hält, so lassen sich doch gar keine Motive nachweisen, weshalb solche Stücke wie die Bergpredigt und der Hauptmann von Kapernaum später gestrichen sein sollten. Entscheidend aber ist, wie später erhellen wird, daß sie nicht in die Physiognomie des Markus passen.

Auslassungen solcher Art lassen sich bei Markus nicht nachweisen. Wohl aber manche spätere Zusätze, die sich von dem primären Bestand abheben, ihn zum teil erweitern, zum teil verdecken oder korrigieren. Sie sind aber für das synoptische Problem nicht von Bedeutung und haben durchweg schon dem Matthäus und Lukas vorgelegen. Auf dergleichen bin ich bei der Erklärung des Markus vielfach gestoßen. Es mögen einige wichtigere Beispiele angeführt werden.

Die Geschichten von der Speisung der Tausende, der Fahrt über den See und der Heilung eines Stummen oder eines Blinden in Bethsaida durch Speichel werden in der selben Reihenfolge zweimal hinter einander erzählt; sie können nicht neben einander bestehn und nicht gleich ursprünglich sein. Es liegt darin vielmehr eine Zusammenstellung inhaltlich identischer Varianten vor. Desgleichen in der zwiefachen Vorstellung eines Kindes als Vorbild für die Jünger (Mc 9, 36. 10, 13). Ebenso ist die Säemannsparabel ursprünglich nur eine gewesen; die Anhängung der fremden Sprüche in Mc 4, 21—25 begreift sich nur, wenn das Thema erschöpft ist und nicht hernach noch einmal aufgenommen wird. Die zweite Parabel (4, 26—29) erscheint in der Tat als bloße Variante der ersten; die dritte (4, 30—32) verrät ihr späteres Alter durch den bei Markus sonst in dieser Weise nicht vorkommenden Begriff des Reiches Gottes, der zu Matthäus hinüberleitet. Selbst der Kommentar für die Jünger, welcher der ersten Parabel beigegeben wird (4, 10—20), steht nicht auf gleicher Stufe mit ihr selber, und das selbe gilt von dem ähnlichen Falle 7, 17—23 im Verhältnis zu 7, 1—15. Auch größere Einlagen von anderer Art hat man Grund zu vermuten. Dahin gehören das Verzeichnis der Apostel (3, 13—19) und der Bericht über ihre Aussendung zur Mission (6, 7—13). Die Erzählung vom kanaanäischen Weibe ist nach Inhalt (Heilung aus der Ferne durch das bloße Wort) und Form (Συροφοινίκισσα, κύριε, τράπεζα als Eßtisch) ganz singulär. Ferner allerlei Stücke in der Passion. Der Nachtrag zur Verfluchung des Feigenbaums (11, 20—25) zerstört den Nexus zwischen der Tempelreinigung und der Frage der Hohenpriester nach der Befugnis dazu. Die offene Feindschaftserklärung gegen die jüdischen Oberen in der Parabel vom Weinberge (12, 1—12) entspricht durchaus nicht dem sonstigen vorsichtigen und ausweichenden Verhalten Jesu ihnen gegenüber. Die große eschatologische Rede (13, 3—37) ist eine Erweiterung des vorhergehenden kurzen Drohwortes Jesu betreffend die gänzliche Zerstörung des Tempels (13, 1. 2), hat aber in Wirklichkeit einen ganz anderen Inhalt, da sie in ihrem jüdischen Kern die Zerstörung des Tempels nicht in Aussicht nimmt und in ihrem christlichen Anhang dieselbe schon als geschehen betrachtet. In der Geschichte von der Salbung Jesu durch eine ungenannte Frau zu Bethanien, welcher Ort als Quartier Jesu bei Markus sonst nicht genannt wird (14, 3—9), wird sein nahes Begräbnis als ganz selbstverständlich vorausgesetzt, ohne vorhergehende Ankündigung seines Todes. Schon das ist eine auffallende Prolepse, noch mehr aber die feierliche Versicherung Jesu, daß die Tat der Frau mit zum Inhalt der apostolischen Verkündigung des Evangeliums von ihm gehöre: sie hat nicht von vornherein dazu gehört, und zur Erhaltung des Gedächtnisses der Täterin wäre vor allem ihr Name nötig gewesen, der verschwiegen wird. Auch einige Reden oder Worte sind wunderlich angehängt. In 8, 11. 12 unterbricht Jesus die Fahrt über den See und geht irgendwo an Land, bloß damit die Pharisäer hervorschießen und mit ihm anbinden können. Die Aufforderung, man solle beim Gebet nur Glauben haben, so werde es erhört werden (11, 22—25), soll dadurch veranlaßt sein, daß der Feigenbaum auf die Verwünschung Jesu sofort verdorrte; zu diesem Zweck muß der Fluch als Gebet aufgefaßt werden und seine Erfüllung als Gebetserhörung. In Wirklichkeit paßt der Spruch „ich sage euch, wer zu dem Berge da spräche: heb dich und stürz in den See, und in seinem Herzen nicht zweifelte, sondern glaubte, daß sein Wort geschähe, dem würde es geschehen" gar nicht zu diesem Anlaß; er paßt überhaupt nicht nach Jerusalem (denn da konnte nicht mit dem Finger auf einen Berg am See gewiesen werden), sondern nach Kapernaum oder einem andern Ort am galiläischen Meer. Hervorzuheben sind ferner noch Fälle von gekünstelter und verzerrter Verknüpfung. Die Beelzebulperikope (3, 22—30) ist höchst verzwickt zwischen Anfang (3, 20. 21) und Schluß (3, 31—35) der Perikope über den Einheimsungsversuch der Verwandten eingeschachtelt, in ganz anderer Weise wie die Episode von der Heilung der Blutflüssigen in die Jairusgeschichte. Und in Kapitel 6 ist, wie wir gesehen haben, der ursprüngliche Pragmatismus, wonach Herodes den Anlaß zur Flucht Jesu über den See gibt, zerstört und ein anderer an die Stelle gesetzt, wonach Jesus über den See fährt, damit seine von der Missionsreise ermüdeten Apostel sich dort erholen können: der König steht nun ganz verloren an dieser Stelle, hat für das Leben Jesu gar keine Bedeutung und dient nur dazu, eine lange Interpolation über das Ende des Täufers einzuschieben. Daß in der Passion Ähnliches vorkommt, ist gleichfalls schon gesagt worden.

Diese Erscheinungen sind nun freilich verschiedenartig und nicht immer eindeutig. Die mündliche Tradition war von Natur inkohärent, sie enthielt Varianten und verschiedenen Entwicklungsstufen angehörige Bestandteile, die der erste evangelische Schriftsteller nahm, wie er sie fand, und ordnete. Wie alt die Zusammenstellung der beiden Speisewunder ist, erhellt daraus, daß auf ihre Vergleichung mit einander sich eine Ansprache Jesu an die Jünger gründet (8, 17—21). Aber man kommt doch nicht aus mit einer Redaktion bloß der mündlichen Überlieferung, z. B. nicht bei dem Abbrechen der Pointe von dem Auftreten des Herodes, bei der Verlegung des Todestages Jesu und bei der Zurückdrängung der Tempellästerung als Ursache seiner Verurteilung durch das Synedrium. Und man hat auch keinen Grund sich gegen die Annahme zu sträuben, daß in unserem Markus auch noch nach der ersten Niederschrift eine Überarbeitung statt gefunden hat. Das Wichtigste ist allerdings die Anerkennung, daß überhaupt sekundäre Stücke in der Tradition vorkommen. Ob sie zugleich literarisch sekundär sind, ist eine untergeordnete und oft nicht sicher zu entscheidende Frage. Vorerst muß man darauf verzichten, den Urmarkus reinlich herauszuschälen und die Stufen der Redaktion nachzuweisen. In den Erzählungsbüchern des Alten Testaments liegt die Sache anders.

§ 4. Markus bei Matthäus und Lukas.

Markus ist den beiden anderen Synoptikern schon in der selben Gestalt und in dem selben Umfang bekannt gewesen, wie wir ihn jetzt haben. Sie haben den aramäischen Text vielleicht noch einsehen können, aber in der Regel den griechischen benutzt, wenngleich nicht notwendig überall in der Form, wie ihn unsere Handschriften überliefern. Denn sie stimmen vielfach im griechischen Wortlaut mit ihm überein, und sie verbessern den griechischen Ausdruck, indem sie eine schon vorhandene Version überarbeiten, grade in den Markusstücken. Namentlich bei Matthäus unterscheiden sich diese durch ihre glattere Sprache einigermaßen von den nicht aus Markus stammenden Lehrstücken. Durch solche Lehrstücke wird sowohl bei Matthäus als bei Lukas der Erzählungsfaden des Markus unterbrochen, so daß man ihn zuweilen völlig aus den Augen verliert. Man kann die Einschaltung des gesetzlichen Stoffs in den geschichtlichen Zusammenhang des Pentateuchs vergleichen.

1. Bei Matthäus präsentieren sich die dem Markus entsprechenden Stücke in folgender Ordnung: §§ 1—5 .. 9 .. 7 .. 25. 26. 10—12. 27 .. 16. 29 .. 13—24 .. 28. 30—48 .. 49—51 .. 52—60 .. 61—68 .. 69—90[1]). Die drei Hauptabschnitte des Markus lassen sich noch erkennen. In den beiden letzten ist die Reihenfolge der Stücke, die ich in meiner Übersetzung nach Paragraphen numeriert habe, nicht verändert, sondern nur im ersten. Die Aufzählung der Apostel (§ 16) ist mit ihrer Aussendung (§ 29) vereinigt. Die Heilung von Petri Schwieger (§ 7) hinter die des Aussätzigen (§ 9) zu verlegen, dazu nötigte die eingelegte Begegnung mit dem Hauptmann von Kapernaum, die am Tor erfolgt, während jene innerhalb der Stadt. Die §§ 27 (38. 41 = Mt 9, 18—34) und 29 sind wegen der Einschaltung von Mt 11 vorgeschoben, um die Äußerung 11, 5 in allen Stücken vorzubereiten. Im Zusammenhang damit wird auch die Vorschiebung von § 25. 26 stehn.

Matthäus legt das Hauptgewicht auf die Lehre Jesu, für die er noch andere Quellen hat als Markus. Sofern auch in Markus Lehr- und Redestoff enthalten ist, teilt er diesen vollständig mit, wenn-

---

[1]) Die beiden trennenden Punkte bedeuten eine Unterbrechung des Markusfadens durch anderweitigen Stoff.

gleich hie und da straffer geordnet und ab und zu etwas erweitert. Aber den eigentlichen Erzählungsstoff wiederholt er ausführlich bloß in der Passion; meist breitet er ihn nicht mit Liebe aus, sondern drängt ihn zusammen und braucht ihn nur als Aufzug für seine Einschläge. Namentlich die Geschichten von dem Gichtbrüchigen, dem Besessenen von Gerasa, Jairus, dem epileptischen Stummen sind durch Verkürzung sehr abgeblaßt. Auch sonst ist manches Detail als gleichgiltig übergangen, wobei es nicht immer ohne Schädigung des Verständnisses abgeht.

Wunderscheu ist Matthäus ganz und gar nicht. In der Speisungsgeschichte fügt er beide mal hinzu, die Zahl 5000 oder 4000 beschränke sich nur auf die Männer, die Weiber und Kinder seien nicht mit einbegriffen. In der Nazarethperikope wird die Angabe „er konnte dort nicht eine einzige Tat tun wegen ihres Unglaubens" schon bei Markus (6, 4) nachträglich korrigiert; bei Matthäus (13, 58: er tat dort nicht viele Wunder) ist sie durch die Korrektur völlig verdrängt. Statt „sie brachten ihm alle Kranken und er heilte viele" (Mc 1, 32. 3, 10) sagt Matthäus (8, 16. 12, 15): sie brachten viele und er heilte alle. Die fehlenden Wunder in der Passion ergänzt er durch einen allerdings allgemein gehaltenen Zusatz (21, 14). Aber die Heilungen durch magische Berührung ($ἀφή$) sagen ihm nicht recht zu; die beiden gröbsten (§ 38. 41 Mc 7, 31—37. 8, 22—26) übergeht er ganz und läßt nur in 9, 27—34 merken, daß er sie kennt; die übrigen berichtet er kurz, pour acquit de conscience, weil er an Markus gebunden ist. Das Talitha kumi läßt er aus, weil es wie ein Zauberspruch erscheinen könnte. „Sie brachten die Kinder zu ihm, damit er sie berühre" (Mc 10, 13) ändert er (19, 13) in: damit er die Hände auf sie lege und sie segne. Wohlgefallen hat er dagegen an Heilungen aus der Ferne $μόνον\ λόγῳ$, bei dem Knecht des Hauptmanns von Kapernaum und bei dem kanaanitischen Weibe. Auch in 8, 16 hebt er das Teufelaustreiben durch das bloße W o r t hervor, obwohl vorher die kranke Frau durch Berührung gesund gemacht ist. Sehr schön vergeistigt er das Wandeln Jesu auf dem See. Bei Markus handelt es sich um ein ganz äußerliches Mirakel: Jesus hat seine Jünger im Schiff vorausgeschickt und wandert dann selber zu Fuß quer über den See, wobei er zufällig an ihnen vorbeikommt und unbemerkt an ihnen vorübergehn will, vermutlich um sie am anderen Ufer zu überraschen. Bei Matthäus bekommt das Mirakel Bedeutung

§ 4. Markus bei Matthäus und Lukas. 51

durch eine eingeschobene Episode (14, 28—31): Petrus kann ebenfalls auf dem Wasser gehn, so lange er Vertrauen hat; sinkt aber unter, sobald er zweifelt.

Die menschlichen Empfindungen Jesu, die bei Markus hie und da temperamentvoll hervortreten, werden bei Matthäus mehr zurückgedrängt, als schicke sich das nicht recht für ihn. Er nimmt die Kinder nicht in den Arm (19, 15 gegen Mc 10, 16), wirft keinen Blick voll Liebe auf den reichen Jüngling (19, 21 gegen Mc 10, 21), redet den Gichtbrüchigen nicht mit τέκνον an (9, 6 gegen Mc 2, 5) und vermeidet diese Anrede sogar bei den Jüngern (19, 24 gegen Mc 10, 24), nicht aber bei der blutflüssigen Frau (9, 22. Mc 5, 34). Er sieht die verstockt Schweigenden nicht voll Zorn an (12, 11 gegen Mc 3, 5) und bedroht den geheilten Aussätzigen nicht mit Heftigkeit (8, 4 gegen Mc 1, 43); auch Äußerungen des Unwillens gegen die Jünger werden zuweilen unterdrückt (13, 11. 19, 14 gegen Mc 4, 13. 10, 14). Er verbietet das Schwert für ihn zu ziehen, er selber könnte Legionen von Engeln zu seiner Hilfe aufbieten, widersteht aber der Versuchung (26, 51—54). Er hat die Macht und wendet sie nur nicht an. Er merkt nicht bloß die Gedanken der Menschen, sondern er weiß sie[1]). Daß er das Prädikat ἀγαθός von sich abweist und nur auf Gott beschränkt, läßt Matthäus nicht gelten und empfindet es dem entsprechend als Schwierigkeit, daß er sich der Taufe εἰς ἄφεσιν ἁμαρτιῶν unterzieht. Er ist sündlos, weil er der Messias ist, als welchen ihn schon der Täufer anerkennt (3, 14). Seine Messianität bekundet sich von Anfang an viel offener als bei Markus. Sie wird von Matthäus unterstrichen durch den Schriftbeweis, der für ihn so charakteristisch ist.

Die Jünger wissen, wer er ist, und glauben an ihn. Der Tadel Mc 4, 13 wird Mt 13, 16. 17 ersetzt durch eine Seligpreisung; die wiederholten Angaben bei Markus, daß sie von den Eröffnungen Jesu über seinen Tod und seine Auferstehung nichts begriffen, fehlen bei Matthäus insgesamt. Ihr Verhältnis zum Meister erscheint bei ihm viel intimer. Er zieht sich nicht zurück von ihnen, um einsam zu beten; in 14, 23 sind sie bereits fort über das Meer. Er nennt nur sie seine Brüder (12, 49, vgl. Joa 15, 14), nicht wie bei Markus die Zuhörer

---

[1]) Die Varianten ἰδών und εἰδώς oder γνούς bei dieser Gelegenheit finden sich allerdings nicht bloß zwischen den Schriftstellern, sondern auch zwischen den Handschriften.

insgesamt, wenn sie den Willen Gottes tun. Er richtet auch seine Ansprachen vorzugsweise an sie, während er sich in der ersten Hälfte des Markus regelmäßig an ein unterschiedsloses Publikum wendet.

2. In der inneren Differenz von Markus stimmt Lukas mit Matthäus wesentlich überein, und öfters in den selben Fällen. Die ἁφή wird 4, 39 ausgelassen und anderswo durch Handauflegen ersetzt; d a s B e t e n Jesu vermittelt in 3, 21. 9, 29 die Wunder. Seine Affekte werden abgeschwächt; nicht er zürnt 6, 6—11 den Pharisäern, sondern sie vielmehr geraten in unsinnige Wut gegen ihn. Seine Übermenschlichkeit steigert sich. Er fragt die Gegner nicht, sondern weiß ihre Gedanken im voraus (6, 8 gegen Mc 3, 4). Petrus fällt ihm bei seiner Berufung zu Füßen und sagt: geh von mir weg, ich bin ein sündiger Mensch. Er offenbart sich gleich bei seinem öffentlichen Auftreten in Nazareth als den Messias und führt selber den Schriftbeweis dafür (4, 16 ss.). Die Jünger erkennen ihn an, sie nennen ihn bisweilen κύριε, niemals aber διδάσκαλε, wie die Außenstehenden, sondern vielmehr ἐπιστάτα. Wenn er einsam betet, so sind sie doch dabei (9, 18). Sie werden nicht gescholten, so daß sogar die scharfe Zurückweisung des Petrus (Mc 8, 33. Mt 16, 23) wegfällt. Von ihrer schimpflichen Flucht nach Galiläa beim Tode des Meisters verlautet nichts.

Dabei ist jedoch Lukas nicht von Matthäus abhängig. Äußerlich weicht er in der Benutzung des Markus stark von ihm ab. Die Reihenfolge ist bei ihm: § 1—4 .. 6—8 .. 9—16 .. 19—21. 18. 25—27. 29—32. 43—48 .. 50—54 .. 55—90. Sie entspricht der des Markus weit mehr als bei Matthäus. Sie ist auch weniger oft durch anderweitigen Stoff unterbrochen, da dieser meist in einer großen Einschaltung (zwischen § 48 und 50) untergebracht ist, zeigt allerdings mehr Lücken. Dagegen sind die drei großen Perioden verwischt und anders geteilt. Der Aufenthalt in Kapernaum wird beschnitten und umfaßt nur § 1—16 (4, 16—7, 50). Das Weitere, was bei Markus und Matthäus noch in diese erste Periode fällt, fällt bei Lukas schon in die zweite, in die Zeit der galiläischen Wanderung, welche scharf abgehoben wird und § 18—48 (8, 1—9, 50) umfaßt. Ein neuer Abschnitt beginnt da, wo die unstete Wanderung in die Reise nach Jerusalem übergeht, die bei Lukas nicht durch Peräa, sondern durch Samarien führt. Er reicht von 9, 51—18, 14 und enthält gar keine Markusstücke und vieles dem Lukas ganz Eigentümliche — es ist die vorhin erwähnte große Einschaltung zwischen § 48 und 50 (Mc 9,

§ 4. Markus bei Matthäus und Lukas. 53

33—50 und 10, 13—16). Mit 18, 15 wird der Markusfaden, ohne daß es äußerlich markiert wird, wieder aufgenommen und zu Ende geführt.

Mit der Verwischung der drei Perioden, die ja auch örtlich unterschieden sind, hängt die Verwischung des Lokals zusammen. Seit dem Abschied von Kapernaum schwebt Alles über dem Boden; wir könnten ganz vergessen, wo wir sind, wenn wir nicht gelegentlich (13, 22. 17, 11) mit Fleiß daran erinnert würden. Namentlich in der samarischen Wanderung (9, 51—18, 14) ist sowohl der örtliche wie der zeitliche Rahmen vollkommen gesprengt. Für die wenigen Tage, die sie nur dauern kann, ist ihr Inhalt außerordentlich reich. Es ist alles Mögliche in dieses Fach hineingestopft. Jesus ist wie auf einer Missionsreise in heidnischem oder halbheidnischem Lande, aber doch keineswegs in der Fremde. Die veränderte Situation macht sich gar nicht fühlbar; er findet nicht nur überall Bekannte, die ihn einladen und bewirten [1]), sondern hat auch stets das selbe Publikum wie sonst zur Verfügung, Volk und Jünger, Pharisäer und Schriftgelehrte, Zöllner und Sünder. In 13, 31 sieht man deutlich, daß er sich in Wahrheit gar nicht unterwegs in Samarien befindet, sondern daheim in Kapernaum; andrerseits gehört die Rede 13, 1—5 eigentlich nach Jerusalem. Lukas scheint den Ort eines Geschehnisses für gleichgiltig zu halten; er nennt Golgatha nicht mit dem eigentlichen Namen und Gethsemane überhaupt nicht. Er selber ist in der palästinischen Geographie nicht zu Hause und schreibt auch für Leser, denen sie fremd ist. Er vermeidet ihretwegen nach Kräften fremdländische Ausdrücke, er hält es für nötig zu sagen, Kapernaum sei eine galiläische Stadt und die Landschaft von Gerasa liege gegenüber von Galiläa; den See von Gennesar, der daheim Meer hieß, nennt er $λίμνη$. Unter Judäa begreift er öfters Galiläa (und vielleicht Peräa), was dem einheimischen Sprachgebrauch schwerlich entspricht. Darauf ist schon hingewiesen, daß es ihm nichts macht, die Reise durch Samarien nach Jerusalem ebenso über Jericho zu führen, wie die durch Peräa bei Markus und Matthäus über Jericho geht. Dem entsprechend scheint es mangelnde Vertrautheit mit der Landessitte zu verraten, wenn er von Ziegeldächern, von Eßtischen und von Särgen [2]) als ortsüblichen Dingen redet, wenn er als kleine Münze

---

[1]) Nur bei Juden durfte er essen, und die Wirte sind auch immer Juden.
[2]) Die Ziegel (5, 19) fehlen allerdings in der Syra, aber nicht im Cantabrigiensis und in der Latina. Die $τράπεζα$ als Eßtisch kommt 16, 21. 22. 22, 21. 30 und Act

an stelle des Kupfers bei Markus beide mal Silber setzt. Im Streit mit den Schriftgelehrten und Pharisäern geht Jesus bei ihm nicht mehr so in das jüdische Detail ein wie bei Markus und Matthäus.

Nicht wenige Perikopen des Markus fehlen bei Lukas. So die Ableger des Gleichnisses vom Säemann (8, 14—18); da könnte man denken, er habe noch einen „Urmarkus" einsehen können, worin sie noch nicht standen. Meist verraten sich jedoch Spuren der Bekanntschaft; so mit § 35 (11, 38), § 48 (9, 46 ss. 17, 1 ss.), § 49 (16, 18), § 53 (22, 24—28), § 58 (17, 6 s.), § 75 (22, 31—34). Gewicht hat man darauf gelegt, daß die auffallende Wiederholung der Varianten in Mc 6, 34—8, 26 bei Lukas wegfällt. Er erzählt die Speisungsgeschichte nicht zweimal, zieht aber die spätere Variante vor, weil sie bei Markus voransteht, und bringt sie in Verbindung mit der Aussendung und Rückkehr der Apostel, d. h. mit Stücken, die am wenigsten zum Grundstock der Markustradition gehören können. Er berichtet ferner bloß das Wunder, die Speisung, übergeht die gleichmäßig in beiden Variantengruppen des Markus sich daran schließende Überfahrt über den See nach Bethsaida, und läßt dann auch das dadurch vorbereitete Cäsarea Philippi als Ort des Petrusbekenntnisses aus. Statt der dreifachen Seefahrt des Markus erwähnt er nur eine, jedoch an einer Stelle, wo sie pragmatisch (als Einleitung dazu, daß Jesus das Gebiet des Herodes verläßt) nichts zu bedeuten hat, sondern lediglich einen Ausflug und ein Wunder bedeutet. Es ist also nicht an dem, daß Lukas hier den Urmarkus wiedergibt; er hat vielmehr den uns vorliegenden Markus vor sich gehabt und daran Kritik geübt. Seiner Kritik ist wohl auch die Interpolation über das Ende d·s Täufers (Mc 6, 17—29) zum Opfer gefallen, deren Inhalt er schon in 3, 19 vorausnimmt. Man darf ihm so etwas zutrauen, denn er gibt sich im Vorwort als Historiker. Daher auch seine Bemühungen um die Chronologie (2, 1. 2. 3, 1. 2), Notizen wie 13, 1. 19, 22. 27, aus denen man irrig eine Benutzung des Josephus hat erschließen wollen, und die Angabe (22, 25), daß die Könige (z. B. der Parther) sich gern εὐεργέται nennen ließen. Daß er mit untauglichen und der Natur des evangelischen Überlieferungsstoffes widersprechenden Mitteln arbeitet, ist kein Beweis gegen die Absicht des Versuchs.

6, 2. 16, 34 vor, sonst nur in der Geschichte vom kanaanäischen Weibe. Der Sarg findet sich 7, 14.

§ 4. Markus bei Matthäus und Lukas.

Für eine Anzahl von Markusstücken treten bei Lukas Varianten ein, gewöhnlich an anderen Plätzen. In 4, 16—30 wird die Nazarethperikope (§ 28), die bei Markus hinter der Kapernaumperiode steht, vor dieselbe geschoben. Jesus eröffnet seine Wirksamkeit in der Synagoge seiner Vaterstadt[1]), stellt sich sofort Allen als den (durch die Taufe) mit dem Geiste gesalbten ($\chi\rho\iota\sigma\tau\acute{o}\varsigma$) Erfüller der Weissagung vor, sagt voraus, daß die begeisterte Aufnahme, die er findet, bald ins Gegenteil umschlagen werde, benutzt diesen zukünftigen Umschlag schon jetzt zu einer Absage nicht bloß an die Nazarener, sondern auch an die Juden überhaupt, zu denen er in Wahrheit nicht gesandt sei, und erregt dadurch einen begreiflichen Zornesausbruch, der dazu dient, seine Auswanderung nach Kapernaum zu erklären. In 5, 1—11 wird statt der beiden Brüderpaare (§ 5) nur Petrus zum monarchischen Vertreter des Apostelstums berufen, nach einem wunderbaren Fischfang, dem Symbol des Menschenfangs im Netz der christlichen Mission. In 7, 36—50 wird die Salbung Jesu durch eine Frau bei einem Gastmahl im Hause Simons (§ 70) umgearbeitet. Simon ist ein Pharisäer, die Frau eine Hure; ihre Tat erregt nicht, als Verschwendung, den Unwillen der Jünger, sondern der pharisäische Wirt nimmt Anstoß daran, daß Jesus sich so etwas von einer Hure gefallen läßt, die er als Prophet doch erkennen müßte; zum Schluß wird ihm die Moral appliziert, daß ihre Liebe seine Gerechtigkeit sehr in den Schatten stelle. In 10, 25—37 wird die Perikope vom fragenden Schriftgelehrten (§ 63) anticipiert und als Anlaß benutzt, um eine lehrreiche Geschichte anzuknüpfen; er fragt aber in böser Absicht, denn einen ehrlich nach der Wahrheit suchenden Schriftgelehrten, den Jesus wie bei Markus lobt, kann Lukas sich so wenig vorstellen wie Matthäus (22, 34 ss.). Auch 11, 27. 28 ist eine Variante zu § 18: Maria tritt nicht feindlich gegen Jesus auf, sondern wird als seine Mutter von einem begeisterten Weibe selig gepriesen, und darauf erfolgt die Antwort: selig seien vielmehr die, welche das Wort Gottes hören und tun. Hier hat aber die Variante das Original nicht verdrängt, vgl. 8, 19—21.

Diese Varianten haben nun nicht wenig zu bedeuten: die Markustradition zeigt sich in ihnen weit von ihrem ursprünglichen Stande

---

[1]) Es ist bemerkenswert, daß nur Lukas ein Beispiel der Lehrweise Jesu in der Synagoge gibt; bei Markus und Matthäus findet sich das nicht.

entfernt, sehr verändert und aufgeputzt. Das Urteil, welches sich daraus über Lukas ergibt, bestätigt sich weiter durch die Passionsgeschichte. Was da schon teilweise bei Markus ansetzt, allerhand Parasitisches, erscheint bei Lukas ausgewachsen. Die Tempelreinigung wird nur kurz berührt und erscheint durchaus nicht als Anlaß des Einschreitens der Obrigkeit gegen Jesus, sondern eines Tages, da er das Volk im Tempel lehrt und das Evangelium predigt, treten die Hohenpriester und Schriftgelehrten hinzu und fragen: kraft welcher Befugnis tust du das (d. h. predigst du)? Die Tempellästerung verschwindet ganz und gar, und Gegenstand der Anklage ist lediglich der Anspruch auf Messianität, den Jesus freimütig erhebt und aufrecht erhält. Er protestiert nicht bloß, wie Matthäus, gegen das Abhauen des Ohres, sondern setzt es wieder an. Von dem Beschluß der Hohenpriester, ihn noch vor dem Fest zu töten, ist nicht mehr die Rede, und das letzte Abendmahl geht restlos im Paschamahl auf, jede Spur des Unterschiedes ist getilgt. Pilatus und Herodes werden sehr geflissentlich entlastet, die Juden haben die ganze Schuld, und sie vollziehen auch die Kreuzigung, nicht die römischen Kriegsknechte, die überhaupt nicht auftreten. Es sind freilich nur die Oberen der Juden gemeint, die Menge erscheint vielmehr sympathisch und gibt Jesu das Trauergeleit. Bemerkt zu werden verdient besonders, daß das beredte Schweigen des Martyriums bei Markus durch ein rührseliges rhetorisches Element gestört wird. Jesus unterredet sich auf seinem letzten Gange erbaulich mit dem jammernden Gefolge und sogar noch am Kreuz mit den Schächern. Seine verzweifelte Frage „warum hast du mich verlassen" wird ausgelassen, wie denn auch die Depression in Gethsemane gemildert wird. Dafür tut er am Kreuz mehrere gottergebene Aussprüche; er verscheidet nicht mit einem lauten Schrei, sondern mit den Worten: Vater in deine Hände befehle ich meinen Geist. Der eine Schächer gibt ein Beispiel der Bekehrung noch in der letzten Stunde und erhält die Versicherung ihrer Annahme: heute wirst du mit mir im Paradise sein. Von der Flucht der Jünger merkt man nichts mehr, sie bleiben in Jerusalem und erleben dort die Auferstehung, die Himmelfahrt und die Ausgießung des heiligen Geistes. In allen diesen Punkten steht die Erzählung bei Lukas auf einer anderen und weit entwickelteren Stufe als bei Matthäus. Dieser kürzt zwar mehr als Lukas, hält sich aber doch im Wesentlichen treuer an Markus und renoviert ihn nicht so frei und ausschweifend. Lukas bildet einigermaßen den Übergang zu Johannes. Das zeigt sich namentlich in der Haltung der Passionsgeschichte, in der Reise Jesu durch Samarien statt durch Peräa, und in der Zurückdrängung seiner Wirksamkeit in Kapernaum.

§ 5. Nicht aus Markus Stammendes bei Matthäus und Lukas.

1. Was bei Matthäus und Lukas über Markus überschießt, ist meist Lehrstoff. Bei Matthäus erscheint er zu großen Reden komponiert, bei Lukas stückweise. Matthäus schmiegt ihn mehr an Markus an und verschmilzt ihn öfters damit, Lukas gibt ihm aparte Situationen und stellt ihn dann großenteils an einer einzigen Stelle zusammen, in der samarischen Einschaltung, die den Faden der Haupterzählung völlig unterbricht.

Der betreffende Stoff deckt sich in starkem Umfange bei Matthäus und Lukas. Die Reihenfolge der gemeinsamen Stücke möge durch eine vergleichende Übersicht veranschaulicht werden.

	Matthäus		Lukas
1.	3, 1—12	Johannes der Täufer	3, 1—17
2.	4, 1—11	Versuchung Jesu	4, 1—15
3a.	5, 1—12	Bergpredigt	6, 20—23
3b.	5, 38—48	Fortsetzung	6, 27—36
	6, 9—13	....	11, 2—4
	6, 19—34	....	12, 22—34
3c.	7, 1—6	Fortsetzung	6, 37—42
	7, 7—11	....	11, 9—13
3d.	7, 15—27	Schluß	6, 43—49
4.	8, 5—13	Hauptmann von Kapern.	7, 1—10
	8, 11. 12	....	13, 28. 29
	8, 19—21	....	9, 57—60
	10, 1 ss. passim	....	10, 1 ss. 12, 1 ss. 49 ss.
5.	11, 1—19	Über den Täufer	7, 18—35
6.	11, 20—24	Wehe den Städten	10, 13—15
7.	11, 25—30	Kommt her zu mir	10, 21—24
8.	12, 22—37	Beelzebulsperikope	11, 14—23
9.	12, 38—42	Jonaszeichen	11, 29—32
10.	12, 43—45	Kritik der Exorzismen	11, 24—26

§ 5. Nicht aus Markus Stammendes bei Matthäus und Lukas.

Matthäus	Lukas
13, 16. 17	10, 23. 24
18, 12—14	15, 4—6
19, 28	22, 30
22, 1—14	14, 16—24
23, 13—36	11, 37—52
23, 37—39	13, 34. 35
24, 1 ss. passim	17, 20—35. 12, 35—46
25, 14—30	19, 11—27.

Die hier aufgeführten Stücke sind öfters Reden und Erzählungen zugleich, und zuweilen überwiegt die Erzählung. Die mit Ziffern bezeichneten folgen sich bei Matthäus und Lukas in der selben, ohne Zweifel historischen Ordnung. Sie stammen offenbar aus einer zusammenhangenden Quelle, die man mit Q bezeichnet. Aber auch diejenigen, die nicht in der Reihe stehn, schreibt man dieser Quelle zu. Allgemein ist das nicht zulässig, indessen vielleicht teilweise berechtigt, z. B. für die Auslassung gegen die Schriftgelehrten (Mt 23, 13—36. Lc 11, 37—52) und für die eschatologische Rede (Mt 24 passim. Lc 17, 20—35). Diese beiden Stücke sind wenigstens bei Matthäus analogen Stücken des Markus, die in der Passion stehn, gleichgesetzt und mit ihnen verbunden. Dann würde der mit dem Auftreten des Täufers beginnende historische Faden, an dem der Lehrstoff von Q aufgereiht ist, sich nicht bloß auf die galiläische Periode beschränken, sondern bis in die Passion erstrecken.

Die Frage, ob Q bei Matthäus oder bei Lukas ursprünglicher erhalten sei, läßt sich nicht rund beantworten. Die mehr stückweise Wiedergabe des Stoffs bei Lukas verdient den Vorzug vor der Komposition zu umfangreichen Reden bei Matthäus, dem die Vorliebe für die Siebenzahl im Blute steckt. Aber die Situationen, die Lukas den einzelnen Stücken anweist, verdienen großenteils nicht das Vertrauen, in der Quelle vorgefunden zu sein. Besonders in der großen Einschaltung sind Gruppen, die in Wahrheit nur sachlich zusammengehören, künstlich in einen zeitlichen und örtlichen Rahmen gefaßt, der dann doch nicht hält. Von einem Gastmahl aus wendet sich Jesus, zum teil in Beantwortung an ihn gerichteter Fragen, an die verschiedensten Adressen, an die Gäste, an die Jünger, an das Volk, ohne daß die Situation wechselt, aber auch ohne daß sie festgehalten wird. Das Gastmahl muß bei Lukas überhaupt nicht selten als Ge-

§ 5. Nicht aus Markus Stammendes bei Matthäus und Lukas. 59

legenheit herhalten. Dabei ist der Wirt öfters ein Pharisäer oder ein Schriftgelehrter, und auch Simon der Aussätzige hat sich in einen Pharisäer umgewandelt. Das dient dazu, Jesus in Kollision mit seinen Widersachern zu bringen. Daß er dann seinen Gastgeber an dessen Tafel ausschilt, muß man in den Kauf nehmen; die schon von Schleiermacher empfundene Unfeinheit wird indessen nicht ihm, sondern dem Lukas zur Last fallen. Viel passender ist in einem analogen Fall bei Markus der Zöllner Levi der Wirt, und die Pharisäer, die zurecht gewiesen werden, sind zugedrungen.

Nach inneren Merkmalen erscheint die Feldpredigt bei Lukas im Ganzen originaler als die Bergpredigt bei Matthäus; seine Disposition liegt auch bei jenem zu grunde, sein Ton und seine Sprache ist durchweg frischer, gedrungener und volkstümlicher, weniger geistlich und biblisch. Beim Vaterunser ist das Verhältnis ähnlich; jedoch gehört es nicht zu Q. In anderen Fällen gibt Lukas die Quelle deshalb reiner wieder, weil er sie nicht mit Markusparallelen zusammen arbeitet, wie Matthäus zu tun pflegt. Meistens läßt sich indessen ein generelles Urteil über ganze Stücke nicht aussprechen. Erweiterungen und Einschübe haben sie nicht bloß bei Matthäus erfahren, sondern auch bei Lukas, wie die Beispiele Lc 3, 10—14 oder 6, 24—26 schlagend dartun. Die einzelnen Sprüche haben manchmal bei diesem, manchmal bei jenem ein echteres Aussehen, obgleich die Entscheidung auch da nur selten ganz sicher ist. Mt 6, 19 s. ist verfeinert aus Lc 12, 33 s. und Mt 10, 37 aus Lc 14, 26; die Vögel des Himmels (Mt 6, 26) kommen nicht auf gegen die Raben (Lc 12, 24); Mt 5, 40 „wer dein Unterkleid haben will, dem laß auch das Oberkleid" ist eine Verkehrung von Lc 6, 29 „wer dein Oberkleid haben will, dem laß auch das Unterkleid", denn das Hemd sitzt einem näher als der Rock. Andrerseits ist Lc 12, 3 eine Verschlechterung von Mt 10, 27, δώσει πνεῦμα ἅγιον (Lc 11, 13) eine Korrektur für δώσει ἀγαθά (Mt 7, 11), εὐαγγελίζεται (Lc 16, 16) für βιάζεται (Mt 11, 12), und παρέρχεσθε τὴν κρίσιν καὶ τὴν ἀγάπην τοῦ θεοῦ (Lc 11, 42) für τὴν κρίσιν καὶ τὸ ἔλεος καὶ τὴν πίστιν (Mt 23, 23).

Daß die in der Reihenfolge bei Matthäus und Lukas übereinstimmenden Stücke aus Einer Quelle, also aus Q stammen, muß festgehalten werden, obgleich der Grad ihrer Übereinstimmung im griechischen Wortlaut schwankt und einige Varianten nur aus verschiedener Lesung oder Deutung eines aramäischen Originals befriedigend abgeleitet werden können. Diese Tatsache ist freilich sonderbar und bedarf der Erklärung. Es ist nicht anzunehmen, daß die Quellen beiden Evangelisten sowohl griechisch (daher die Übereinstimmung) als auch aramäisch (daher die Differenz) vorgelegen haben. Sie haben sie vielmehr beide nur in griechischer Übersetzung gekannt. Diese war ursprünglich eine und die selbe, ging aber dann in Rezensionen aus einander, die aus nachträglichen Korrekturen, zum teil nach dem aramäischen Original, entstanden sind, ähnlich wie es z. B. in der Septuaginta der Fall ist. Matthäus benutzt eine andere Rezension als Lukas. Beim Vaterunser fällt es im höchsten Grade auf, daß sie es beide, trotz ihrer starken Varianten, nur griechisch gekannt haben, da beiden das unverständliche ἐπιούσιος gemein ist.

2. Sondergut, nur Einem Evangelisten angehörig, findet sich bei Lukas mehr als bei Matthäus, am meisten in der zweiten Hälfte der großen Einschaltung. Es besteht bei beiden vorzugsweise aus sogenannten Parabeln, deren gleichen in Q kaum vorkommen. Bei Matthäus sind es richtige Gleichnisse, die mit es ist wie wenn anfangen. Sie sind ausgearbeitete Produkte der Überlegung, nicht aus dem Moment geboren, vielmehr (vom Standpunkte Jesu aus) auf die Zukunft bezüglich. Sie handeln alle vom Himmelreich, als Saatfeld, als Weinberg, als irdischem Arbeitsgebiet der familia dei [1]). Gott steht als der König oder der Haus- und Gutsherr gegenüber den Sklaven und Arbeitern seines Haushaltes oder den Haussöhnen — was auf das selbe hinausläuft; sie arbeiten gemeinsam in seiner Wirtschaft, unterscheiden sich dabei aber sowohl durch äußere unwesentliche als auch durch innere wesentliche Unterschiede, und bekommen zum Schluß ihren Lohn, indem sie nach dem inneren Wert ihrer Arbeit gesondert, teils in das Reich der Herrlichkeit aufgenommen, teils verworfen werden. Anders bei Lukas. Seine Spezialität sind nicht Gleichnisse, sondern ganz durchsichtige und einer deutenden Entkleidung nicht bedürftige lehrhafte Erzählungen, die auch wohl wirklich passiert sein können, wenngleich sie immer eine Moral haben. Vielfach werden darin zwei Typen einander entgegengesetzt: Maria und Martha, der reiche Mann und der arme Lazarus, der Samariter und die Juden, der verlorene Sohn und sein Bruder, der reumütige und der verstockte Schächer, der Pharisäer und die Hure, der Zöllner

---

[1]) Familia im ursprünglichen Sinn genommen.

§ 5. Nicht aus Markus Stammendes bei Matthäus und Lukas.

und der Pharisäer. Als antithetischer Grundtypus erscheint der des selbstbewußten Gerechten und des armen Sünders, und das Lieblingsthema ist, daß die Bekehrung für keinen in welcher Lage auch immer ausgeschlossen, für jeden notwendig und dem Taugenichts leichter sei als dem Tugendhaften. Lukas hat eine ausgesprochene Vorliebe nicht bloß für die gedrückten, verkommenen und misleiteten ὄχλοι, sondern für verworfene Individuen; er treibt Wucher mit dem Spruch: die Gesunden bedürfen des Arztes nicht, sondern die Kranken[1]). Die Beispiele, in denen er seine These immer aufs neue veranschaulicht, haben eine große Familienähnlichkeit unter sich und zugleich auch mit den Variationen und Vermehrungen von Markusstücken, von denen im § 4 die Rede gewesen ist; sie stehn damit auf gleicher Stufe und müssen ebenso beurteilt werden. Es geht ein etwas sentimentaler und ein gleichmäßig literarischer Zug hindurch, die kunstmäßige Ausführung der Situation und die grell kontrastierende Farbengebung fällt auf[2]). Mag ihr Wert so groß sein wie er will, so können doch diese Novellen des Lukas nicht der alten Überlieferung gleich gesetzt werden. Ihm würde auch die Perikope von der Ehebrecherin anstehn, die im vierten Evangelium interpoliert und durchaus apokryph ist, mag sie gleich dem modernen Geschmack mächtig zusagen.

3. Die Unterschiede des Matthäus und Lukas treten natürlich am meisten in dem Sondergut hervor, wenngleich nicht lediglich darin. Als bezeichnend für Matthäus pflegt man mit vollem Recht sein Interesse für die ἐκκλησία zu betrachten, die nur bei ihm, an zwei Stellen, in das Evangelium hineinragt. In der Tat handelt er von ihr nicht bloß da, wo er sie mit dem eigentlichen Namen nennt, sondern der Sache nach auch in all seinen Parabeln vom Himmelreich. Sie ist dessen irdisches Seminarium. Sie umfaßt, echt katholisch, würdige und unwürdige Mitglieder; die Scheidung zwischen ihnen soll Gott überlassen bleiben und erst beim Endgericht eintreten, wo das Himmelreich aus der vorläufigen Phase in die definitive übergeht. Ein von der Gemeinde (durch Verführer, ψευδοπροφῆται, σκάνδαλα) abgeirrtes Mitglied soll man nicht fahren lassen, sondern mit allen Mitteln wiederzugewinnen suchen; nur wenn alle gütlichen Vor-

---

[1]) Es ist höchst bezeichnend, daß aus der salbenden Frau bei ihm eine Hure geworden ist (Kap. 7).

[2]) Lukas ist Maler, sagt Herder.

stellungen nichts gefruchtet haben, darf zur Exkommunikation geschritten werden (18, 10—17). Leiter der Organisation sind die Lehrer, vor allen Petrus. Als Verwalter des Himmelreichs, d. h. der Gemeinde, trägt er den Schlüsselbund, das Insigne des Hausmeisters. Nicht in formeller Beziehung zum Schlüsselbund steht die Gewalt zu binden und zu lösen, die er auch hat; sie bedeutet die Befugnis festzustellen, was verboten oder erlaubt sei, was gelten soll oder nicht, also die Lehrautorität, die freilich nicht mit theoretischen, sondern mit praktischen Dingen zu tun hat. Bei den Juden wird dieselbe von den Schriftgelehrten ausgeübt, und nach diesem Vorbilde heißen auch die christlichen Vorsteher Schriftgelehrte des Himmelreichs. Matthäus hat die Urgemeinde von Jerusalem vor Augen, welche trotz allem am Judentum fest zu halten suchte. Die Feindschaft gegen die offiziellen Vertreter des Gesetzes äußert sich nirgend bitterer als bei ihm; sie werden nur von ihm schlechtweg als Heuchler bezeichnet, die in Wahrheit nicht sind, was sie zu sein berufen sind und scheinen. Aber die Feindschaft ist zugleich Konkurrenz nach dem selben Ziel, nach der Erfüllung des Gesetzes, nach der Gerechtigkeit. Für die Christen ist freilich dies Ziel principiell viel höher gesteckt, trotzdem oder eben deswegen beanspruchen sie die wahren Vertreter des Judentums zu sein und wollen sich nicht von den falschen hinaus drängen lassen. Sie beteiligen sich auch noch am Opferkultus in Jerusalem[1]), zahlen die Tempelsteuer und den Zehnten (17, 24 ss. 23, 23) und halten den Sabbat streng, wo keine höhere Pflicht entgegen steht (24, 20); Fasten, Beten und Almosengeben bleiben auch ihnen wichtige Übungen der Gerechtigkeit. Sie beschränken ihre Missionstätigkeit außerhalb Jerusalems auf Juden, schließen Heiden und Samariter aus und werfen ihr Heiliges nicht vor die Säue (10, 5. 7, 6; vgl. 18, 17). Trotz scharfer Opposition gegen das christusfeindliche vornehme Judentum ist Matthäus doch bestrebt den Zusammenhang der in den niederen Schichten wurzelnden Gemeinde d e r K l e i n e n mit ihrem Mutterboden zu wahren; er ist in Sprache und Art selber ein messiasgläubiger Rabbi. Doch ist er mit sich selbst nicht einig; stellenweise zeigt sich auch, im Unterschied von Markus, eine universalistische Tendenz,

---

[1]) Jesus selber kann die Worte 5, 23—25 nicht so gesagt haben, da sie für die Galiläer, zu denen er redete, nicht passen; die Fassung stammt erst aus der jerusalemischen Gemeinde und erklärt sich dann nur, wenn diese den Opferdienst im Tempel fortsetzte.

§ 5. Nicht aus Markus Stammendes bei Matthäus und Lukas. 63

wonach schon Jesus den Übergang des Evangeliums von den Juden zu den Heiden ins Auge faßt.

Lukas zeigt sich in seinem Sondergut nicht palästinisch-jüdisch, sondern durchaus hellenistisch und weitherzig. Jesus beginnt nach ihm seine Wirksamkeit gleich damit, daß er nicht die Juden, sondern die Heiden als die zur Rettung bestimmten bezeichnet (4, 25—27). Er meidet die Samariter nicht, sondern hält sich auf seiner Reise nach Jerusalem längere Zeit in ihrem Gebiet auf, macht mit einzelnen gute Erfahrungen und beschämt durch sie die Juden. Sie haben prinzipielle Bedeutung, sie sind ein Vorlauf der Heiden und ein Ersatz für die Heiden. Mit diesen selber konnte Jesus nicht gut in Beziehung gesetzt werden, wenn die historische Überlieferung einigermaßen gewahrt bleiben sollte. Auch die siebzig Jünger werden nicht ausdrücklich zu den Heiden gesandt, aber ihre Zahl entspricht doch der der Heidenvölker im zehnten Kapitel der Genesis, sowie die Zahl der Zwölfe der der Stämme Israels; und ihre Mission hat neben der der Zwölfe kaum anders Platz, als wenn die unausgesprochene Meinung zu grunde liegt, daß sie Vorbild der Heidenmission sein soll. Petrus wird zwar bei Lukas nicht minder ausgezeichnet als bei Matthäus, jedoch ist er nicht der Vertreter der Urgemeinde, sondern eher des weltumfassenden Menschenfangs. Die „kleine Heerde" ragt auch bei ihm deutlich genug in das Evangelium hinein, aber nicht so ausgesprochen als vorbereitende Organisation der Bürgerschaft des Reiches Gottes auf Erden. Meistens ist das Reich Gottes bei Lukas Gegenstand der Zukunftshoffnung, und grade bei ihm tritt diese Hoffnung, in der Form des Wartens auf die Parusie Jesu, zuweilen sehr lebhaft hervor. Auf so drängende, glühende Weise, mit so hinreißendem Pathos, wie in Lc 12, 32 ss. oder 13, 23 ss., äußert sie sich bei Matthäus nicht. An anderen Stellen wird sie jedoch bei Lukas abgewiegelt, und es zeigt sich, daß sie schon abzuflauen beginnt. Das führt zu auffallender Zwiespältigkeit. Einerseits ist die Parusie ein Tag der blutigen Rache an den Feinden und Verfolgern Jesu und seiner Gläubigen (18, 1—7. 19, 27); die Auserwählten zetern Tag und Nacht zu Gott und bitten unablässig, daß doch endlich vom Himmel aus zu ihren gunsten eingeschritten werden möge. Andererseits ist das Marana tha im Vaterunser vielleicht schon von Lukas verändert in „dein heiliger Geist komme über uns" (11, 2), und jedenfalls richtet sich bei ihm gleich darauf (11, 13) die christliche Hauptbitte nicht darauf, daß Gott den Seinen das Reich bringen, sondern daß er ihnen „heiligen Geist" geben möge, wobei der heilige Geist indeterminiert erscheint und ganz moralisch gedacht ist, wie auch sonst bisweilen: das leitet hinüber zu Johannes und den Pneumatikern. Durchgehens empfindet man eine fortschreitende Verinnerlichung (ἐντὸς ὑμῶν 17, 21 und καθ' ἡμέραν 9, 23) und Individualisierung des Evangeliums bei Lukas. Die Aufforderung zur μετάνοια richtet sich nicht an das jüdische Volk, sondern an Einzelne; in folge dessen ist auch die Drohung der nahen Katastrophe, die das Ganze betrifft, als Motiv nicht mehr nötig, sondern der einen jeden Menschen rasch antretende Tod genügt. Und natürlich hängt der Individualismus zusammen mit dem Universalismus und damit, daß auf den Verband der ἐκκλησία, wie er auf jüdischer Grundlage zuerst in Jerusalem entstand und dann in Rom, ebenfalls im Namen des Petrus, weit großartiger ausgebaut wurde, weniger Gewicht fällt.

Vor einer zu scharfen Ausprägung des Unterschieds zwischen Matthäus und Lukas muß man sich nach dem Gesagten hüten. Sie sind noch keine Theologen und lassen verschiedene Triebe neben einander bestehn; sie haben beide etwas Zwitterhaftes, was sich aus dem komplexen Charakter ihrer Schriften, neben ihrer Eigenart, ganz von selbst erklärt.

§ 6. Markus und die Reden bei Matthäus und Lukas.

1. Das Präjudiz versteht sich von selbst, daß wir in dem Sondergut, das sich nur bei Einem Evangelisten findet, die jüngste literarische Schicht zu erkennen haben. Nicht bloß in den Novellen des Lukas, sondern auch in denen des Matthäus. Die dem letzteren eigentümlichen Gleichnisse vom Himmelreich sind fast allesamt Variationen des Themas vom Säemann, vom Weinberge und vom verreisten Hausherrn (Mc 13, 34—36). Wie sie wachsen und sich vermehren, bis sie die Siebenzahl erreicht haben, sieht man deutlich in Mt 13. Wenn es richtig ist, daß Jesus in der Regel in Parabeln redete, so können damit doch nicht solche Allegorien gemeint sein, wenngleich dieselben dem Stil der Rabbinen entsprechen.

Anders steht es mit den dem Matthäus und Lukas gemeinsamen Stücken in Q. Sie können literarisch älter oder jünger sein als Markus. An gegenseitige Unabhängigkeit aber ist nicht zu denken. Die Frage

§ 6. Markus und die Reden bei Matthäus und Lukas.

nach dem literarischen Verhältnis zwischen Q und Markus muß jedenfalls aufgeworfen werden und bedarf einer eingehenden Prüfung, der sie meines Wissens bisher nicht unterzogen ist [1]). Berührungspunkte finden sich genug. Es gibt sogar in den beiden Quellen, zum teil in übereinstimmender Reihenfolge, eine Anzahl förmlicher Varianten, die bei Matthäus mehr mit einander verschmolzen, bei Lukas mehr gesondert geblieben sind. Bei diesen hat die Vergleichung sachgemäß einzusetzen.

Da Matthäus und Lukas gegen Markus in der Perikope über das Auftreten des Täufers (Mt 3, 1—12. Lc 3, 2—9. 16. 17) übereinstimmen, so stammt sie aus Q. Also entspricht der Anfang von Q genau dem Anfange von Markus. Darin besitzt Q ohne Zweifel einen historischen Vorzug, daß der Täufer auf einen nichtchristlichen Messias der Zukunft hinweist. Indessen ist damit doch die Weissagung auf Jesus als den christlichen Messias verbunden, und zwar nicht erst nachträglich, sondern schon in Q; denn sie findet sich sowohl bei Matthäus als bei Lukas, und nur dann paßt die Täuferperikope literarisch an diese Stelle, als Anfang des Evangeliums von Jesu Christo. Der § 1 ist unvollständig ohne § 2. Es scheint somit hier in Q eine ältere Tradition, vielleicht nichtchristlichen Ursprungs, mit der christlichen des Markus kontaminiert zu sein.

Darauf folgt bei Markus die Taufe Jesu. Sie kann auch in Q nicht wohl gefehlt haben, da sie dort die Voraussetzung der Versuchungsgeschichte ist. Darnach könnte man vermuten, der von Markus abweichende Zug bei Matthäus, daß Johannes sich sträubt Jesum zu taufen, weil er weiß, wen er vor sich hat, habe in Q seinen Grund. Lukas spricht nicht dagegen, da er stark abkürzt und die Taufe Jesu im Vorübergehn erledigt.

Die Versuchung Jesu hat in Q (Mt 4, 1—11. Lc 4, 1—13) einen ausgesprochen messianischen Charakter, was sich nur erklärt, wenn er auch nach Q in der vorhergehenden Taufe durch den Geist zum Messias gesalbt ist. Bei Markus ist die Versuchung an dieser Stelle (1, 12. 13) nicht messianisch; die messianische Versuchung erfolgt bei ihm nicht auf die Taufe, sondern erst auf das Petrus-

---

[1]) Auch Wilke hat diese Aufgabe nicht angegriffen. Er hat nur den Markus bei Markus verglichen mit dem Markus bei Matthäus und Lukas, erstens hinsichtlich der historischen, zweitens hinsichtlich der didaktischen Elemente, die nicht bloß in eigentlichen Reden, sondern auch in Erzählungen sich finden.

bekenntnis. Petrus selber ist dabei der Versucher, indem er erwartet und wünscht, daß Jesus als richtiger jüdischer Messias, nicht als leidender und sterbender, nach Jerusalem gehn soll (Mc 8, 32. 33). Die scharfe Zurückweisung ὕπαγε σατανᾶ richtet sich an ihn, nicht wie bei Matthäus (4, 10) an den leibhaftigen Satan. Wo das merkwürdige Scheltwort in der evangelischen Überlieferung seine ursprüngliche Stelle hat, darüber kann kein Zweifel sein. Lukas läßt es beide mal aus und unterdrückt die Versuchung durch Petrus gänzlich. Die anderweitigen Differenzen zwischen Q und Markus in dieser Perikope, über denen die entscheidende regelmäßig vergessen wird, sind in den Noten zu Mc 1, 12. 13 und Mt 4, 2. 11 besprochen worden.

In der Beelzebulsperikope (Mc 3, 20 ss. Mt 12, 22 ss. Lc 11, 14 ss. 12, 10) lautet die Pointe bei Markus (3, 28. 29): „Alles wird den Menschensöhnen vergeben, was sie auch lästern mögen; wer jedoch gegen den heiligen Geist lästert, der hat keine Vergebung, sondern verfällt ewiger Strafe." Jesus entrüstet sich gegenüber der Verkennung, daß der Geist ihn treibe und durch ihn wirke, ähnlich wie in analogen Fällen die alten Propheten, und genau so wie Muhammed gegenüber der Verdächtigung, daß er nicht von Gott gesandt, sondern von einem Dämon besessen sei; die gegen ihn getane Äußerung richtet sich nicht gegen ihn, sondern gegen Gott selber und ist darum eine Blasphemie; denn der Geist ist die auf Erden sich kundgebende Kraft Gottes, durch welche er in den Männern des Geistes und der Kraft wirkt. Dagegen lautet der Ausspruch bei Lc 12, 10: „wer immer etwas gegen den Menschensohn sagt, das wird ihm vergeben; gegen den heiligen Geist aber wird es nicht vergeben". Hier ist der heilige Geist der christliche Gemeingeist, und wer etwas gegen ihn sagt, ist derjenige, welcher seine christliche Überzeugung verleugnet und nicht bekennt, was ihm der Geist eingibt. An stelle der Menschensöhne d. h. der Menschen tritt der Menschensohn d. h. Christus; um Blasphemie handelt es sich nicht, sondern um eine Antithese zwischen Worten gegen Christus (die von Ungläubigen ausgehn können und dann verzeihlich sind) und gegen den heiligen Geist (die von Gläubigen gegen ihre christliche Überzeugung geäußert werden und unverzeihlich sind). Welche von den Fassungen des ohne Zweifel eigentlich identischen Ausspruchs die ursprüngliche sei, habe ich zu Mt 12, 31. 32 zu entscheiden versucht, wo sie beide mit einander kombiniert sind. Die bei Markus ist jüdisch, die bei Lukas

§ 6. Markus und die Reden bei Matthäus und Lukas. 67

christianisiert. Man muß indessen annehmen, daß in Mc 3, 28 die älteste Lesart τῷ υἱῷ τοῦ ἀνθρώπου war und daß der Singular erst später in den zwar sinngemäßen, jedoch formell unerhörten Plural τοῖς υἱοῖς τῶν ἀνθρώπων verwandelt wurde[1]), um der Deutung des Singulars auf den Messias vorzubeugen und das Misverständnis nicht aufkommen zu lassen, daß diesem Sünden vergeben werden sollten. Dann erklärt sich die Variante bei Lukas (12, 10) und Matthäus (12, 32). Hier ist in der Tat τῷ υἱῷ τοῦ ἀνθρώπου auf den Messias gedeutet, das daraus sich ergebende Misverständnis aber durch Veränderung der Konstruktion beseitigt. Statt **alles kann dem Menschensohn (d. h. dem Menschen) vergeben werden** heißt es **alles gegen den Menschensohn (d. h. gegen Christus) kann vergeben werden**.

In Verbindung mit der Beelzebulsperikope steht in Q sowohl bei Matthäus als bei Lukas eine abfällige und ironische Beurteilung der Exorzismen (Mt 12, 43—45. Lc 11, 24—28) und eine aus dem selben Geist geborene Ablehnung des Verrichtens von Zeichen (Mt 12, 38 ss. Lc 11, 29 ss.). Beides stimmt in Wahrheit schlecht zu der Beelzebulsperikope, in der Jesus vielmehr auf seine Exorzismen Gewicht legt, und fehlt an dieser Stelle bei Markus. Die Ablehnung von Zeichen erfolgt nach Markus bei anderer Gelegenheit (8, 12) in dem selben Wortlaut: „es wird diesem Geschlecht kein Zeichen gegeben werden", nur ohne den Zusatz „außer dem Zeichen des Propheten Jonas". Diese Limitation (Mt 12, 39. Lc 11, 29) ist sicherlich nachgetragen. Sie ändert indessen den Sinn nicht, denn das Jonaszeichen ist kein richtiges Zeichen, so wie es die Juden verlangen. Matthäus erklärt es: wie Jonas drei Tage und drei Nächte im Bauch des Ungetüms war, so wird auch der Menschensohn drei Tage und drei Nächte im Schoß der Erde sein. D. h. der Tod und die Auferstehung ist das σημεῖον des richtigen Messias und die Juden bekommen kein anderes, so sehr es ihren Begriffen widerspricht; wie Jonas wird auch Jesus vom Tode verschlungen und nach drei Tagen wieder

---

[1]) Ὁ υἱὸς τοῦ ἀνθρώπου kommt in Mc 2 und 3, einer geschlossenen Gruppe, noch zweimal (2, 10. 28) so vor; auch dadurch empfiehlt sich die für Mc 3, 28 vorgeschlagene Lesung, wie andererseits durch den dafür eingesetzten Plural die generelle Auffassung des Singulars auch in 2, 10. 28 beglaubigt wird. Der Wechsel des singularischen ἄνθρωπος und des pluralischen ἄνθρωποι, der sich mehrfach, z. B. in Mc 7, findet, steht ganz auf gleicher Linie.

herausgegeben. Man hält diese Erklärung des Jonaszeichens für falsch, weil sie nicht von Jesus selber herrühren könne; aber sie trifft schlagend zu, wenn man sie nur versteht, und nicht authentisch ist vielmehr das Jonaszeichen an und für sich, von dem Markus nichts weiß. Lukas allerdings ersetzt sie durch eine durch den Zusammenhang scheinbar näher gelegte, wonach Jonas darum ein vorbedeutender Typus Jesu sein soll, weil er bei den Nineviten Erfolg hatte mit seiner Bußpredigt und Jesus bei den Juden keinen. Aber das ist gesucht und dazu paßt auch die Königin von Saba nicht, namentlich wenn sie v o r den Nineviten aufgeführt wird, wie bei Lukas. Er scheint an dem Bauch des Walfisches und dem dreitägigen Aufenthalt Jesu in der Todeswelt Anstoß genommen zu haben, ähnlich wie neuere Ausleger.

Andere Redestücke bei Markus treffen zusammen mit solchen, die zwar dem Matthäus und Lukas gemein sind, aber nicht mit Sicherheit auf Q zurückgeführt werden können. So die Reiseinstruktion der Apostel (Mc 6, 7—13. Mt 10, 5—15. Lc 9, 1—6. 10, 1—12), die Scheltrede gegen die Schriftgelehrten (Mc 12, 38—40. Mt 23. Lc 11, 37—52. 20, 45—47), und die große eschatologische Rede (Mc 13, 3—37. Mt 24, 3 ss. Lc 17, 20—37. 21, 7—36). Lukas hält, zum Vorteil unserer Kritik, die Varianten aus einander und schafft für sie besondere Situationen. Die beiden Reiseinstruktionen macht er dadurch verschieden, daß die eine für die Zwölf gelten soll, die andere materiell und formell vollkommen entsprechende für die siebzig Jünger. Die Scheltrede gegen die Schriftgelehrten läßt er (11, 37 ss.) nicht an Andere, sondern an sie selber gerichtet sein und zwar zunächst an den Wirt, an dessen Tafel Jesus sitzt. Matthäus dagegen erkennt richtig die Parallelen, wirft sie zusammen und bringt sie da, wo sie bei Markus stehn. Auf eine Vergleichung des Inhalts geh ich an dieser Stelle nicht ein.

Neben den größeren Varianten kommen einzelne Sprüche, in verschiedenem Zusammenhang, sowohl bei Markus als auch bei Matthäus und Lukas zugleich vor. Ihre Vergleichung ist teilweise ebenfalls lehrreich. Mc 4, 22 liegt für Mt 10, 26. 27. Lc 12, 2. 3 zu grunde[1]). Statt Mc 9, 40: wer nicht wider uns, der ist für uns!

---

[1]) Ebenso Mc 4, 21 für Mt 5, 15. 16 und Mc 9, 50 für Mt 5, 13; desgleichen Mc 3, 34. 35 für Lc 11, 27. 28. Die enge Tür Mt 7, 13, der keine weite gegenüber

heißt es in Mt 12, 30. Lc 11, 23: wer nicht mit mir ist, der ist wider mich. Bei Markus wird der engherzige Eifer der Jünger gedämpft, die einem, der nicht zu ihrem Kreise gehört, verbieten wollen im Namen Jesu zu wirken; bei den beiden Anderen wird umgekehrt das extra ecclesiam nulla salus vorbereitet und hinzugefügt: wer nicht mit mir sammelt, der zerstreut die Heerde — das συνάγειν d. i. כנש geschieht in die συναγωγή d. i. כנשתא, die Kirche, vgl. meine Note zu Mt 16, 18.

In Mc 10, 1—12 bezeichnet Jesus die Erlaubnis der Ehescheidung durch Moses als eine inkonsequente Rücksichtnahme auf die Schwäche der Juden und verwirft sie als ungöttlich. Während er in 7, 1—13 sich nur gegen die Überlieferung der Ältesten und ihre Überschätzung wendet, hebt er hier eine Verordnung des Gesetzes selber gradezu auf. Der Fall steht einzig da, greift tief ins Leben ein und war geeignet, die ältesten Christen den Juden gegenüber in unerwünschte Lage zu bringen. Das muß man im Auge behalten, wenn man Lc 16, 17. 18 verstehn will: es ist leichter, daß Himmel und Erde vergehe, als daß ein Strich vom Gesetz hinfällig werde; wer seine Frau entläßt und eine andere freit, bricht die Ehe, und wer eine Entlassene freit, bricht die Ehe. Der Vergleichungspunkt der verblüffend paradox an einander gereihten Sprüche ist ihr Verhältnis zum Gesetz. Zum Gesetz läßt aber der zweite nur dann eine Beziehung erkennen, wenn man aus Markus Bescheid weiß. Er bricht eigentlich das Gesetz, widerspricht also dem ersten, wird diesem jedoch ganz friedlich zugesellt — ohne Zweifel von dem schon bei Markus angedeuteten Gesichtspunkte aus, daß das Verbot der Scheidung in Wahrheit dem Gesetz nur zur angelegten vollen Strenge verhelfe. Die selbe Kombination wie bei Lukas findet sich wieder bei Matthäus, nur aus einander gezogen und zur Grundlage einer weiteren Ausführung gemacht, so daß die scheinbaren Widersprüche nicht auf einander platzen und rationeller vermittelt werden. Es heißt Mt 5, 18 und 5, 32: bis Himmel und Erde vergeht, soll kein Jota vom Gesetz vergehn; ... wer seine Frau entläßt, außer wegen Hurerei, der macht, daß sie die Ehe bricht, und wer eine Entlassene freit, der bricht die Ehe. Die beiden Sprüche sind die ursprünglichen Träger der Spannung in dem kunstvollen

---

steht, entspricht wohl dem Nadelöhr Mc 10, 26, vgl. Lc 13, 23. 24. Das betrifft aber Stellen, die entweder nur bei Matthäus oder nur bei Lukas vorkommen.

§ 6. Markus und die Reden bei Matthäus und Lukas.

Bau von Mt 5, 17 ss.[1]). Die jetzt beliebte Streichung von Mt 5, 18 (und 19) verbietet sich eben durch die Übereinstimmung von 5, 18. 32 mit Lc 16, 17. 18. Eher ist Mt 5, 20 zu streichen, welcher Vers sowohl zum Vorhergehenden als auch zum Folgenden in schiefem Verhältnis steht und im Cantabrigiensis fehlt — was kein geringes Gewicht hat.

2. Das Petrusbekenntnis macht nach der Absicht des Markus Epoche. Petrus hat den Meister bis dahin als den Christus weder erkannt noch bekannt, und von dem Licht, das ihm jetzt aufgegangen ist, erscheint dieser selbst überrascht. Einzelne Inkonsequenzen des Markus, die dem widersprechen oder zu widersprechen scheinen, erklären sich leicht, stoßen wenigstens jene Epoche nicht um.

Mit dem Petrusbekenntnis beginnt bei Markus ein die Passion vorbereitender eigentümlicher Abschnitt (8, 27—Kap. 10), der sich von der Umgebung nach vorn und hinten durch seine Haltung unterscheidet. Er enthält das eigentliche Evangelium von Jesus Christus, und Jesus verkündet es selber über sich, nicht öffentlich allem Volk, sondern nur seinen Jüngern, diesen freilich παρρησία (8, 32). Um sich ihnen zu offenbaren, nimmt er das Petrusbekenntnis zum Anlaß, geht aber weit darüber hinaus. Er ist nicht der Christus, wie Petrus nach jüdischer Weise sich vorstellt, der in Jerusalem triumphieren wird; er nennt sich überhaupt nicht den Christus, sondern vielmehr den Menschensohn. Darunter versteht er einen verklärten und himmlischen Messias, im Gegensatz zu dem irdischen der Juden. Er hält es zwar nicht für nötig zu erklären, was er mit der plötzlich und mysteriös auftretenden Selbstbezeichnung sagen will; man merkt es aber daraus, daß er sie nur da und immer da statt des einfachen Ich gebraucht, wo Leiden Sterben und Auferstehn die Prädikate sind, Prädikate, welche dem herkömmlichen jüdischen Messiasbegriff ins Gesicht schlagen. Indem er auf Erden unterliegt und getötet wird, geht er ein zur δόξα und wird der himmlische Messias. Er stellt seine Person in die Mitte und zwar schon jetzt ihr annoch zukünftiges wahres Wesen; den christlichen Glauben, daß der Gekreuzigte der Christus sei, legt er im voraus dar, ohne freilich zur Zeit Verständnis dafür zu finden. Das Korrelat für seine Person sind seine Jünger, denen ausschließlich er sich eröffnet. Nur seine Anhänger, die an ihn glauben, haben Aussicht, gerettet zu werden und in das Reich Gottes

---

[1]) Vgl. meine Note zu 5, 31. 32.

§ 6. Markus und die Reden bei Matthäus und Lukas. 71

zu kommen; die Erfüllung der allgemeinen Gebote, die den Juden gegeben sind, genügt nicht dafür. Das Bekennen ohne Scheu und Furcht, wodurch sich immer eine neue Religion gegen die Feindschaft der älteren behauptet, wird ihnen zur heiligen Pflicht gemacht. Um seinetwillen und um des Evangeliums willen, dessen Inhalt seine Person ist, sollen sie der Welt entsagen, Verfolgungen ertragen und den Tod nicht scheuen. Wie er selber, auf dem Wege des Martyriums und auf keinem andern, gehn sie ein zum Leben, zur Herrlichkeit, zum Reiche Gottes. Er ist durch seinen Tod nicht der Stellvertreter und der Erlöser, sondern der Vorangänger für sie. Sie haben ihn bisher begleitet und sind hinter ihm her gegangen; nun wird die Nachfolge uneigentlich aufgefaßt und zur Imitatio sublimiert, die nicht bloß bei seinen Lebzeiten möglich ist und grade durch seinen Tod bestimmt wird: sie sollen ihm sein Kreuz nachtragen. Mit dem leidenden Gehorsam ist freilich die Forderung nicht erschöpft, der tätige kommt hinzu, der indessen auch einen Verzicht in sich schließt, den Verzicht auf Herrschaft. Er besteht in der διακονία, die nicht wie die δουλεία Gott zum Dativ hat, auch nicht den Nächsten schlechthin, sondern den christlichen Bruder[1]). Dienen sollen die Jünger einer dem andern, wofür ihnen der Meister das Beispiel gegeben hat. Sie sollen nicht unter sich nach Herrschaft trachten, nicht wetteifern um den Rang im Reiche Gottes. Es gewinnt sich nicht auf diese Weise, es muß trotz aller Anstrengung wie von einem Kinde, dem Ehrgeiz fremd ist, als Gabe angenommen werden, als Gabe Gottes, der möglich macht, was für menschliche Kraft zu hoch ist.

Jesus versetzt sich hier nicht bloß in s e i n e Zukunft, sondern auch in die Zukunft der Gemeinde, deren Grundlage sein Tod und seine Auferstehung war. Die Jünger sind die, die ihm i n n e r l i c h nachfolgen, die Christen; mit Einbegriff der μικροὶ πιστεύοντες vertreten sie die Gemeinde. Sie wird von Verfolgungen und Verführungen zum Abfall (σκάνδαλα) bedroht, Martyrien um des Namens Jesu willen stehn ihr bevor, speziell wird das Martyrium der beiden Söhne Zebedäi geweissagt oder eigentlich mehr vorausgesetzt. Sie erscheint organisiert, eine Rangordnung ist im Entstehn. Um diese Rangordnung wird gestritten, von der Meinung aus, daß sie auch in das künftige Reich Gottes übergehn werde. Dagegen protestiert Jesus;

---

[1]) Die ἀγάπη, die Bruderliebe, nimmt Markus nicht in den Mund.

ebenso gegen den Anspruch, daß die ersten Märtyrer, die Söhne Zebedäi, in der δόξα den Platz zu seiner Rechten und Linken verlangen könnten. Er will auch nicht, daß denen, die in seinem Namen wirken ohne dem von den Zwölfen vertretenen Kreise anzugehören, das Handwerk gelegt werde. Das alles sind bemerkenswerte Zeichen der Zeit, in der er seinen Standpunkt einnimmt.

Bemerkenswert ist ferner die Reihe von so zu sagen technischen Begriffen und Wörtern, die auftreten: der Menschensohn, das Evangelium, der Name Jesu, der gegenwärtige und der zukünftige Äon, das Reich Gottes, die δόξα, das Leben, die Rettung, die Nachfolge im höheren Sinn, die Diakonie, die μικροὶ πιστεύοντες, die Skandala. Die Hauptsache ist und bleibt aber, daß Jesus in diesem Abschnitt zu seinen Jüngern spricht, über sich selbst und zu seiner Gemeinde; als der Christus zu Christen, esoterisch, über ganz bestimmte und eng zusammenhangende Themata. Vorher redet er exoterisch zum großen Publikum, nicht zu seinen Vertrauten insonderheit, und er gibt keine Mitteilungen spezifischen und futurischen Inhalts, die über den Horizont nichtchristlicher Zuhörer hinausliegen, sondern Belehrung über allgemeine und gegenwärtige, jedem Juden verständliche Dinge, diese und jene, wie sie durch wechselnde Anlässe sich ihm darbieten: „wer Ohren hat zu hören, der höre!" Und sogar nachher, in der Passionsgeschichte, setzt sich der Ton nicht fort, der in der Einleitung dazu (8, 27 ss.) angeschlagen ist, auch nicht in den Todesahnungen, die Jesus in der letzten Nacht ausspricht; seine spezielle Unterweisung der Jünger hört auf, im Tempel zu Jerusalem lehrt er ebenso öffentlich wie früher in Kapernaum. Von der eschatologischen Rede und von der Salbung in Bethanien darf man absehen, ebenso von der Parabel über das Reich Gottes in 4, 30—32.

Bei Markus erscheint also das Evangelium in dem Nest zwischen dem Petrusbekenntnis und der Passion eingebettet. Matthäus und Lukas lassen das Markusnest zwar auch noch erkennen, durchbrechen aber doch dessen Grenzen und überschreiten sie nach allen Seiten, sofern sie von Markus unabhängig sind und andere Quellen benutzen, besonders die ihnen gemeinsame Hauptquelle Q, die hier aber nicht reinlich ausgeschieden zu werden braucht. Es kommen dabei wesentlich die beiden vorhin hervorgehobenen Hauptpunkte in Betracht, betreffend die Person Jesu und die christliche Gemeinde. Bei Matthäus setzt sich Jesus schon in der Bergpredigt prinzipiell mit dem Juden-

§ 6. Markus und die Reden bei Matthäus und Lukas. 73

tum aus einander, als ein anderer Moses, als Gesetzgeber einer Gemeinde, die sich trotz gemeinsamer Grundlage von der jüdischen unterscheiden soll. Er wendet sich schon hier speziell an seine Jünger und an die, die es werden wollen; er nennt sie das Licht und das Salz der Welt. Er preist sie selig, daß sie um seines Namens willen von den Juden gehaßt und verfolgt werden, und ermahnt sie, ihre Feindschaft nicht mit gleichem zu vergelten. Er gibt sich tatsächlich als den gegenwärtigen Messias. Lukas geht in seiner Parallele zur Bergpredigt wohl nicht ganz so weit; dafür hat er die Nazarethperikope voraus, welche darauf hinausläuft, daß Jesus sich schon in seiner Vaterstadt noch vor seiner Übersiedlung nach Kapernaum d e n J u d e n als den Gesalbten vorstellt und ihnen ihre Verwerfung ankündigt, weil sie ihn nicht anerkennen. In Mt 10, 16—42 haben wir wiederum eine Rede, die sich durchaus an die zukünftige christliche Gemeinde in Jerusalem richtet und unter anderem auch allerhand Stoffe verarbeitet, die bei Markus erst in 8, 27 ss. und in Kap. 13 vorkommen. Die Jünger bekennen das, was Jesus ihnen (und keinem andern) heimlich gesagt hat, nämlich daß er der Christus sei, vor aller Welt, insbesondere vor den Behörden, bei denen sie verklagt werden. Das Evangelium hat die Hausgenossen entzweit, die Familien zerrissen und eine schwere Verfolgung heraufbeschworen. Aber grade das dient zu seiner weiteren Ausbreitung; durch die aus Jerusalem Flüchtigen wird es, eben auf der Flucht, von einer jüdischen Stadt zur andern getragen: auf diesen merkwürdigen Zug, der als ganz selbstverständlich erscheint und doch sich nur historisch erklärt, hat Jülicher die Aufmerksamkeit gerichtet. Bei Lukas kehrt diese sogenannte Bekenntnisrede, soweit sie aus Q stammt, dem Inhalt nach wieder, indessen an späteren Stellen und ohne den zuletzt erwähnten speziellen Zug, der freilich trotzdem verhältnismäßig alt sein muß Dagegen findet sich das nächste große Stück aus Q bei Matthäus (11, 1—19) ganz grade so und an gleich früher Stelle auch bei Lukas (7, 18—35). Es handelt von Johannes dem Täufer. Es wird an ihm auszusetzen gefunden, daß er nicht der Jünger Jesu geworden ist. Seine Bedeutung wird zwar voll anerkannt, aber die Zukunft gehört doch nicht ihm, sondern einem Anderen. Er steht trotz allem noch in der jüdischen Ära; inzwischen hat die neue christliche bereits angefangen, und der geringste Christ ist eben als Christ mehr als der größte Jude. Johannes soll zwar nach der Einleitung noch leben,

§ 6. Markus und die Reden bei Matthäus und Lukas.

aber nach Mt 11, 12 liegt doch ein längerer Zwischenraum zwischen ihm und der Gegenwart, und als ob er völlig der Vergangenheit angehörte, hält Jesus eine religionsgeschichtliche Betrachtung über ihn und über seine Zwitterstellung zwischen der alten und neuen Ära. Dabei erscheint das Christentum bereits vollständig abgeschlossen gegenüber dem Judentum. Die neue Ära wird scharf abgegrenzt von der alten. Sie wird das Reich Gottes genannt und darunter die Gemeinde Jesu verstanden. Jesus ist der g e g e n w ä r t i g e Messias und begründet schon g e g e n w ä r t i g das Reich Gottes auf Erden. In dieser Rede über das Verhältnis des Täufers zu Jesu — ein Thema, das im vierten Evangelium weiter ausgeführt wird — stimmen Matthäus und Lukas in allen wichtigen Punkten überein; für Lukas hat man noch den versprengten Vers 16, 16 hinzuzunehmen [1]). Die Übereinstimmung erstreckt sich auch noch auf die beiden bei Matthäus folgenden Stücke (11, 20—30 = Lc 10, 13—15. 21. 22), in denen Jesus auf Miserfolg in den galiläischen Städten und bei den Kindern der Weisheit, auf Erfolg bei den Einfältigen zurückblickt. Er läßt sich dabei über sein inniges Verhältnis als des Sohnes zum Vater aus, was bei Markus nur eine schwache Analogie hat, die erst am Schluß der eschatologischen Rede vorkommt. Er gebraucht bei Matthäus und Lukas den Ausdruck Menschensohn, als Selbstbezeichnung im messian:schen Sinn, schon vor dem Petrusbekenntnis, und wird κύριε angeredet. Auch die Imitation, die sublime christliche Moral, wird vorgeschoben, wenigstens bei Matthäus (8, 18—22). Bei Lukas in der entsprechenden Parallele (9, 57—62) allerdings nicht: aber Lukas (5, 28 und vielleicht 5, 11) scheint die Nachfolge der Jünger von vornherein als ein Verlassen und Aufgeben v o n A l l e m aufzufassen, im Gegensatz zu Markus (1, 18. 20. 2, 14). Und wie Jesus bei Matthäus und Lukas von Anfang an als der gegenwärtige Messias auftritt, ebenso erscheint er bei ihnen in ganz anderem Maße wie bei Markus als der zukünftige Weltenrichter und als Regent in seines Vaters Reich, wobei ihm die zwölf Apostel auf zwölf Thronen assistieren. Bei Matthäus sagt er schon am Schluß der Bergpredigt,

---

[1]) Sonst wird der Gedanke, daß die Kirche das gegenwärtige Reich Gottes sei, die Vorstufe des zukünftigen, von Matthäus mehr ausgebeutet als von Lukas, besonders in den ihm eigentümlichen Parabeln und in seiner Deutung des Gleichnisses vom Säemann auf die Pflanzung des Reiches Gottes.

§ 6. Markus und die Reden bei Matthäus und Lukas. 75

daß er als zukünftiger Richter die Namenschristen enttäuschen und die falschen Propheten entlarven werde.

Die Christianisierung des Stoffs durch Projektion des Christus und der Gemeinde, die bei Markus am Eingang der Leidensgeschichte auffallend lokalisiert ist, durchdringt bei Matthäus und Lukas das Ganze und nimmt dadurch zugleich eine allgemeinere, nicht ausschließlich durch Tod und Auferstehung bestimmte Form an. Jesus redet überall vorwiegend esoterisch zu seinen Jüngern. Sie sind die Christen, sie sind die Kirche. Er offenbart sich ihnen nicht erst im Hinblick auf die Passion als den durch den Tod zur Herrlichkeit bestimmten Messias, sondern er tritt von Anfang an als Messias auf, indem er schon bei Lebzeiten durch seine eben auf diesen Zweck gerichtete Predigt seine Gemeinde gründet und damit zugleich die Grundlage des Reiches Gottes auf Erden legt. Für die Vergleichung ist am wichtigsten der scheinbar nur äußerliche Unterschied, daß die Quelle, die bei Markus eng eingefaßt ist, bei Matthäus und Lukas nach allen Seiten durchsickert. Er genügt zum Beweise der Priorität des Markus, auch vor Q.

3. Ein formelles Moment kommt hinzu. Bei Markus erscheinen die Worte Jesu vorwiegend einzeln als Bestandteile und Pointen von Geschichten. Richtige Redestücke kommen seltener vor, und zum teil sind es dann bloße Konglomerate von ursprünglich nicht zusammengehörigen Sprüchen, wie 9, 33—50. 4, 21—25 und halbwegs auch 13, 28—37. In Q, überhaupt bei Matthäus und Lukas, so weit sie nicht den Markus reproduzieren, ist das anders. Die Sprüche werden da nicht bloß an eine Geschichte angeknüpft, sondern getragen von einem größeren lehrhaften Zusammenhang; und der Zusammenhang ist gleichartig und wohl geordnet, kein Gemisch von unverdauten Brocken. Wie sollte nun Markus dazu gekommen sein, diesen Zusammenhang zu zerstören, die Elemente durch Isolierung ihres Kommentars zu berauben, und sie dann zum teil wie unverstandene Paradoxa zusammen zu werfen? Jesus hat zwar gewiß nicht nur Apopthegmata von sich gegeben, indessen von dem, was er sagte, sind vielfach nur auffällige Einzelheiten behalten worden. Es handelt sich nicht darum, in welcher Form seine Lehre von ihm selber vorgetragen, sondern in welcher Form sie zuerst überliefert und dann aufgezeichnet wurde. In literarischer Hinsicht hat die Vereinzelung

und die rein äußerliche Aufreihung der Sprüche die Präsumtion des Ursprünglichen für sich.

Entgegen der gewöhnlichen Meinung muß behauptet werden, daß die Überlieferung des Redestoffs sich im Lauf der Zeit viel stärker entwickelt und vermehrt hat als die des erzählenden Stoffs. An die beiden Varianten der Erzählung über die Speisung der Tausende hat sich bei Markus (8, 17—21) eine Rede angesetzt, die auf ihrer Vergleichung beruht und also später ist als die auch nicht ursprüngliche Divergenz der Erzählung. Die Säemannsparabel hat schon bei Markus Nachwuchs erzeugt, und noch mehr bei Matthäus. Die knapp gehaltene Parabel am Schluß der eschatologischen Rede bei Markus (13, 34—37 = Mt 24, 42—44) ist das Thema für die Variationen, die sich bei Matthäus (24, 45—25, 30) daran schließen; es ist bezeichnend, daß der Eingang von Mc 13, 34 wiederkehrt in Mt 25, 14: ὡς ἄνθρωπος ἀπόδημος, ὥσπερ ἄνθρωπος ἀποδημῶν. In der Passion wird bei Matthäus und namentlich bei Lukas viel mehr gesprochen als bei Markus, und zwar stimmen Äußerungen, die Jesus bei der selben Gelegenheit getan haben soll, nicht überein bei ihnen. Die Worte am Kreuz, die Lukas voraus hat, haben nicht den Wert echter Tradition, sie zeigen nur, was man wagte: eins davon wird schon durch die Textkritik ausgeschieden. Um vom vierten Evangelium zu schweigen, so geht auch in den sogenannten Agrapha der Prozeß der Wucherung weiter, sie haben alle keine Gewähr, weil sie nicht früh gebucht sind und in der Regel spezifisch christlich sind, darum auch an die Jünger gerichtet. Für zuverlässig hält Jülicher das oft zitierte: „seid gewissenhafte Wechsler" — da würde Jesus selber seine Jünger auffordern, Unechtes von Echtem zu unterscheiden. Ferner das im Hebräerevangelium überlieferte: „ihr sollt euch nur freuen, wenn ihr euren Bruder seht in Liebe" — da dürfte Eduard Schwartz Recht haben zu verstehn: ihr sollt euch nur gütlich tun mit eurem Bruder zusammen bei der Agape. Denn was das Sehen in Liebe bedeuten soll, kann niemand sagen, und εὐφραίνεσθαι oder שמח hat in der Tat den Sinn von epulari, wie es auch von der Latina zu Lc 12, 19 übersetzt wird [1]).

Gewöhnlich werden bei dem evangelischen Redestoff die literarischen Unterschiede nicht als historische Abstufungen betrachtet,

---

[1]) Über die apokryphen Evangelien im allgemeinen urteilt sehr richtig Renan, l'Eglise chrétienne (1879) S. 505 ss.

§ 6. Markus und die Reden bei Matthäus und Lukas. 77

sondern übersehen. Die Parabeln und Beispiele, die als Novellen entweder nur bei Matthäus oder nur bei Lukas vorkommen, werden dem Säemannsgleichnis unbefangen gleichgestellt; manchmal allerdings mit Abstrichen, die ihnen die Pointe nehmen. Es gilt für unwesentlich, ob Worte Jesu nur bei Matthäus und nur bei Lukas, oder bei beiden, oder auch bei Markus vorkommen. Der Wert des Inhalts soll die Bürgschaft der Authentie sein. Die Wahrheit bezeugt aber nur sich selber und nicht ihren Autor. Und der Geist Jesu hat in der Urgemeinde fortgelebt, sie hat nicht bloß das Evangelium über ihn geschaffen, sondern auch seine Ethik weiter ausgebildet. Allerdings auf der Grundlage, die er gelegt hatte. Die Ethik der Gemeinde war also in der Tat die Wirkung Jesu, und das, worin sein Geist sich äußerte, erschien mit innerem Recht dem gleichwertig, was er selbst in ähnlicher Lage gesagt haben würde. Aber als Maß der Authentie seiner wirklichen Worte müssen wir doch den Grad der literarischen Bezeugung verwenden, wenigstens im allgemeinen, wenn auch aus besonderen Gründen Ausnahmen gemacht werden können.

Die Wichtigkeit des literarischen Maßes sucht man dadurch abzuschwächen, daß doch die mündliche Überlieferung älter sei als ihr schriftlicher Niederschlag und mehr enthalten habe als dieser. Diese Erwägung ist an sich richtig und kann auch in einzelnen Fällen praktische Bedeutung haben. Aber es darf doch nicht übersehen werden, daß sich im Lauf der Zeit die primäre Überlieferung vermindert und die sekundäre sich gemehrt hat. Markus wollte ohne Zweifel die ganze Tradition aufzeichnen, mit den Erzählungen über Jesus zugleich auch seine Worte. Daß er was ihm davon zugänglich war nicht vollständig aufnahm, daß er was schon früher gebucht war ausließ, kann unmöglich angenommen werden. Er ist nichts weniger als ein Ergänzer. Wenn ihm ohne und gegen seine Absicht dies oder jenes entging, so kann doch die Nachlese von altem und echtem Gut, die er Anderen übrig ließ, nicht unverhältnismäßig reicher ausgefallen sein als seine Ernte. Die Bergpredigt, die man bei ihm vermißt und ihm früher sogar aufgedrängt hat, ist ihm nicht nur unbekannt, sondern widerspricht seiner Darstellung von der galiläischen Wirksamkeit Jesu durch und durch. Ähnlich steht es mit dem Vaterunser. Bei Markus (11, 22—25) weist Jesus seine Jünger auch zu beten an und schärft dabei das „wie wir vergeben unseren Schuldigen" ebenfalls ein, aber er gibt ihnen nicht die Formel eines Gemeindegebets, weil sie noch keine Gemeinde sind. Bei Matthäus steht das Vaterunser nur in einem Nachtrage, wie B. Weiß erkannt hat. Nach Lukas ist es den Jüngern Jesu gegeben, damit sie nicht hinter den früher als sie organisierten Johannesjüngern zurückstünden. Vermutlich stammt es aus der Zeit, in der überhaupt der christliche Kultus entstand, d. h. nach dem Tode Jesu, ähnlich wie das Fasten und die Taufe.

4. Wie Markus die Priorität für den Erzählungsstoff hat, so hat er sie auch für den Redestoff. Er ist der älteste evangelische Schriftsteller. Daraus erklärt sich seine Erhaltung in der katholischen Kirche. Er konnte ihr nicht zusagen; was er enthält, lief vielfach ihrem Geschmack zuwider, und was demselben am meisten entsprach, fehlt bei ihm. Er war aber geheiligt durch sein Alter. Den ersten Platz im Kanon hat er freilich nicht bekommen; er wurde einen herunter gesetzt oder konsequenter auf den letzten.

Was die Zeit der Abfassung betrifft, so wird in 13, 29 die Zerstörung Jerusalems, als bereits vergangen, von der Parusie unterschieden und nur als Zeichen von deren Nähe verwertet. Allein dieser Vers steht in einem Anhange zu der selber erst nachträglich eingeschalteten jüdischen Apokalypse in Kap. 13. Abgesehen davon hat man chronologische Anhaltspunkte darin, daß Rangstreitigkeiten in der Gemeinde und Verfolgungen wegen des Evangeliums erwähnt werden, daß etliche Jünger oder Zuhörer Jesu noch am Leben sind (9, 1), und daß die zwei Söhne Zebedäi als die Protomartyres unter den Zwölfen erscheinen (10, 39). Für den Ort der Abfassung kann nur Jerusalem in Frage kommen, wenn man auf Vermutungen angewiesen ist. Man hat Grund zu vermuten, daß da, wo die mündliche Tradition ihren Sitz hatte, auch ihre erste Niederschrift erfolgt ist. Dies wird bestätigt durch die Angabe (15, 21), daß Simon von Cyrene, der das Kreuz Jesu tragen mußte, der Vater von Alexander und Rufus sei. Er wird dadurch jerusalemischen Lesern vorgestellt, welche die Söhne noch kannten. Matthäus und Lukas lassen die auffallende Angabe aus, weil sie zur Vorstellung Simons für ihre Leser nicht mehr dienen konnte, denen die Söhne nicht bekannter waren als der Vater.

Die dem Matthäus und Lukas gemeinsame Redequelle ist ebenfalls jerusalemisch, schon wegen ihrer Sprache, bei der es am deutlichsten ist, daß sie ursprünglich rein aramäisch war. Sie wäre allerdings erst ziemlich lange nach der Zerstörung Jerusalems abgefaßt, wenn man den Vers Mt 23, 35 (Lc 11, 50) für sie in Anspruch nehmen dürfte. Tyrus und Sidon gelten in Q als die sündigen Großstädte, als das Sodom und Gomorrha der Gegenwart.

Matthäus, im ganzen genommen, hat jedenfalls erst nach der Zerstörung Jerusalems geschrieben. Trotzdem zeigt sich auch bei ihm noch deutlich der Boden der jerusalemischen Gemeinde, auch in solchen Stücken, die nicht aus Q entlehnt sind. Einige davon müssen aus einer verhältnismäßig alten Tradition stammen. Bei anderen kann man zu Hilfe nehmen, daß eine christliche Gemeinde in Palästina nach der Zerstörung Jerusalems fortbestand, sich als Nachfolgerin der alten betrachtete und in ihren Gleisen fort fuhr. Es muß aber auch die Möglichkeit in Anschlag gebracht werden, daß Matthäus selber mit Absicht an der Form der jerusalemischen Gemeindeüberlieferung fest hielt, obgleich er sie zuweilen doch sprengte.

Lukas steht im allgemeinen auf späterer Stufe als Matthäus und zeigt sich dem ursprünglichen Boden des Evangeliums am meisten entfremdet. Der Nachweis ist schon geführt und braucht nicht wiederholt zu werden. Einiges, was recht alt zu sein scheint, hat aber auch er erhalten. Und auch in seinem Sondergut, z. B. in der Perikope von den Emmausjüngern, schimmert zum teil kenntlich die aramäische Sprache durch. Mehr oder minder aramäisch gefärbt sind überhaupt das erste und dritte Evangelium durchweg, am wenigsten da, wo sie die Erzählungen des Markus wiedergeben und sie gräcisieren. Bei beiden erscheint der Stoff, den sie bieten, mit wenigen Ausnahmen geformt von einer Überlieferung, die ihr Domizil in Jerusalem oder wenigstens in Palästina und Syrien hatte. Lukas hat auch in der Apostelgeschichte noch einige bestimmte und echte Nachrichten über die alte jerusalemische Gemeinde, besonders in Kap. 12.

§ 7. Der jüdische und der christliche Messias.

1. „Das Leben Jesu", das früher auf dem Programm der theologischen Literatur und der theologischen Vorlesungen stand, schrumpft neuerdings, unter dem stillen Einfluß von Strauß, zusammen auf „Probleme aus dem Leben Jesu". Darunter ist das wichtigste, ob und in welchem Sinne er selber sich für den Messias gehalten und gegeben habe. Auf grund dessen, was die literarische Kritik ergeben hat, muß die Untersuchung dieses Problems bei dem in § 6, 2 gekenn-

zeichneten Abschnitt des Markus einsetzen, in welchem die messianische Peripetie eingeführt wird (Mc 8, 27 ss.). Ich setze die dort gegebene ausführliche Charakteristik hier voraus.

Jesus ist nach Jerusalem gegangen, nicht um von den Juden anerkannt, sondern um von ihnen gekreuzigt zu werden — das ist die These von Mc 8, 27 ss. Die moderne Theologie schwächt sie ab, um sie festhalten zu können. Nach ihrer Auffassung hatte er nicht die Absicht, in Jerusalem zu sterben; er konnte sich nur vorstellen, daß es so kommen werde. Er befand sich in einer Depression, weil seine Wirksamkeit in Galiläa schließlich auf einen Miserfolg auszulaufen drohte. Daraus sich aufraffend machte er den Messias, den ihm Petrus entgegenbrachte, zum Kampfessignal und faßte den heroischen Entschluß, den Feind in seiner Höhle aufzusuchen, der Todesgefahr nicht achtend, bereit, sein Leben in die Schanze zu schlagen.

Die Bedeutung von Mc 8, 27 ss. wird dadurch vernichtet. Sie ist durchaus lehrhaft. Sie beruht auf dem scharfen Gegensatz des jüdischen und des christlichen Messias. Als irdischer Messias wird Jesus verworfen, und eben das ist der Weg seiner Erhöhung zum wahren himmlischen Messias. Wenn er auf Erden Erfolg hat, so verfehlt er seinen Beruf; er muß und will von der Hand der Juden sterben, um von Gott zu einer ganz anderen messianischen Existenz auferweckt zu werden.

Die lehrhaften, immer in gleicher Form das christliche Credo ὅτι παθητός ὁ χριστός (Act 26, 23) wiederholenden Todesankündigungen in Mc 8, 27 ss. haben mit aufgeregten Todesahnungen, wie sie in 14, 32 ss. erscheinen, wenig Ähnlichkeit. Es könnte indessen hingehn, sie in solche zu verwandeln, wenn die angeblichen Motive eine Stütze in der Überlieferung fänden. Das ist jedoch nicht der Fall. Jesus steckt den Messias nicht als Fahne auf, er behält sein Incognito bei und lüftet es nur für die Jünger. Von heroischer Kampfesstimmung findet sich nichts. Ebenso wenig von einer voraufgegangenen Depression und von Veranlassungen dazu. Der Konflikt mit den Gegnern in Galiläa soll sich zuletzt bösartig zugespitzt haben? Das ist bei Markus weder in noch zwischen den Zeilen zu lesen; die Spannung steigert sich nicht, sondern bleibt sich gleich und erscheint in Kap. 2 und 3 mindestens so groß wie in Kap. 7 und 8[1]). Das Volk soll sich am

---

[1]) In 10, 2 sind die Pharisäer nach der Vetus Latina und Syra und nach dem Cantabrigiensis ein falsches Explicitum.

§ 7. Der jüdische und der christliche Messias.

Ende flauer gezeigt haben? Eher steht Jesus umgekehrt grade am Ende der galiläischen Periode auf der Höhe der Popularität. Das kann man aus der Speisung der Tausende schließen und aus dem enthusiastischen Geleit, das ihm nach Jerusalem folgt; vornehmlich aber daraus, daß sein Ruf so groß wird, daß er zu Herodes dringt und ihm Bedenken erweckt. Daß dieser ihm seine gefahrdrohende Aufmerksamkeit zuwendete, war der wahre Anlaß für Jesus, aus Galiläa zu entweichen (S. 40).

Es nützt also nichts den Anstoß abzuschwächen; was übrig bleibt, widersteht ebenfalls der Motivierung. Man muß die Aussagen Jesu über seinen Tod und seine Auferstehung in ihrem bedeutungsvollen Zusammenhange stehn lassen wie sie lauten, und anerkennen, daß sie aus der historischen Situation durchaus nicht zu begreifen sind. Ein unbekanntes Subjekt, der Menschensohn, stellt sich mit sehr befremdlichen Prädikaten den Jüngern plötzlich als bekannt vor. Ohne weiteres setzt Jesus den uneigentlichen Messias stillschweigens an die Stelle des eigentlichen, in dem selben Augenblick, wo ihm dieser zuerst angetragen wird. Petrus wird hart angefahren, weil er unter dem Messias versteht, was er bedeutete und was alle Welt darunter verstand; dabei wird doch zugestanden, daß er und die übrigen Jünger zur Zeit nicht einmal aus den deutlichen Eröffnungen, die Jesus ihnen über sein wahres Wesen machte, klug wurden und daß ihnen erst später die Augen darüber aufgingen. Durch die Weissagungen des Alten Testaments war die Idee des leidenden Messias nicht vorbereitet; aus ihnen kann sie niemand entnehmen, der sie nicht mitbringt und hineinlegt[1]). Es geschieht also ein ungeheurer Sprung von dem eigentlichen Messias zu einem anderen, der mit ihm nur den Namen gemein hatte und in der Tat keiner war. Und dieser Sprung läßt sich nicht a priori, sondern nur post factum begreifen. Durch die Kreuzigung wurde der alte Messias abgetan, und durch die Auferstehung lebte ein neuer auf. Der Messias am Galgen, eine paradoxe Contradictio in adiecto, wurde das Schibboleth eines enthusiastischen Glaubens und die Grundlage des christlichen Evangeliums. Die Begebenheiten haben die radikale Korrektur

---

[1]) Nur in Isa 52, 13 ss. könnte sie gefunden werden, aber da w i r d sie von den drei ersten Evangelisten nicht gefunden. Das ἀρνίον ist Jesus als Paschalamm, nicht als das Schaf von Isa 53.

§ 7. Der jüdische und der christliche Messias.

des Begriffs herbeigeführt. Die historische Wirkung des Todes Jesu wurde dann in seine Absicht zurückverlegt. Wenn das Evangelium von dem gekreuzigten Christus der eigentliche Inhalt des christlichen Glaubens war, so mußte es dem Gründer des Christentums selber bewußt gewesen und von ihm den Jüngern klar und deutlich gelehrt worden sein. Auch die Verklärung, die durch die Auferstehung eintrat, wird schon vorweg genommen, und nicht bloß im allgemeinen die Verfolgung der Gemeinde, sondern ganz speziell das Martyrium der Söhne Zebedäi. Sogar eine spezifisch christliche Ethik, die Imitatio, hat sich schon auf grund der Kreuzigung in Mc 8, 27 ss. ausgebildet.

2. Wenn nun aber die Korrektur des Petrusbekenntnisses erst durch die Ereignisse erfolgte, so braucht dieses selber darum doch nicht ebenfalls verfrüht oder ungeschichtlich zu sein. Obgleich Jesus zum christlichen Messias erst in folge der Kreuzigung und Auferstehung verklärt wurde, so kann er doch schon bei Lebzeiten von Petrus und Anderen für den jüdischen Messias gehalten sein. Und das ist unleugbar geschehen. Wäre der Gekreuzigte nicht eben als Messias gekreuzigt, so würde das Emporschnellen der niedergedrückten Feder und die Entstehung des Glaubens „und er ist dennoch der Messias" vollends rätselhaft. Johannes der Täufer wurde ebenfalls hingerichtet und hatte nicht minderen Eindruck auf seine Jünger gemacht, aber er war für sie nicht der Messias und unterlag nicht als Messias, ohne auf Erden zum Ziel zu kommen; darum nahm sein Beruf mit seinem Tode ein Ende. Man hat auch keinen Grund, die spöttische Adoration der Kriegsknechte für erdichtet zu halten oder es in Zweifel zu ziehen, daß die αἰτία, wegen deren Pilatus das Todesurteil vollstreckte, mit ὁ βασιλεὺς τῶν Ἰουδαίων richtig angegeben wird. Von der Palmarumperikope läßt sich wenigstens so viel fest halten, daß das galiläische Geleit Jesu ihm auf dem Ölberge begeistert zujubelte, in der Erwartung, er werde jetzt das Reich Davids aufrichten. Wie er selber sich dazu gestellt hat, ist schwer zu erkennen. Er läßt sich noch in Jerusalem von seinen Jüngern διδάσκαλε anreden und nicht κύριε. Bei dem Verhör vor dem Synedrium und vor Pilatus fällt sein Stillschweigen auf; wenn er sich schließlich in der Tat als Messias bekennt, so tut er es doch nicht frei und unumwunden, und Zweifel daran, daß es überhaupt geschehen sei, lassen sich nicht unterdrücken. Der Frage der jüdischen Oberen nach seiner Vollmacht

§ 7. Der jüdische und der christliche Messias.

weicht er geschickt und beflissen aus[1]). Indessen muß er seinen Feinden doch greifbaren Anlaß zu der Anklage bei Pilatus gegeben haben. Einen Aufstand gegen die Römer hat er freilich nicht geplant, von der Fremdherrschaft wollte er sein Volk nicht befreien. Wohl aber von dem Joch der Hierokratie und der Nomokratie. Zu diesem Zweck ist er vielleicht nicht bloß als Lehrer, sondern auch als Agitator aufgetreten und hat nach innen die messianische Herrschbefugnis für sich in Anspruch genommen oder wenigstens den Schein erweckt, daß er es täte. Er schreckte bei der Tempelreinigung vor Gewaltsamkeit nicht zurück; seine Jünger hatten Waffen und versuchten zu kämpfen, als sie überrascht wurden. Diese Spuren sind in der evangelischen Berichterstattung noch erhalten, andere mögen verwischt sein. Bis zu einem gewissen Grade könnte Reimarus Recht haben.

Während der galiläischen Periode ist Jesus nach Markus nicht als Messias aufgetreten. In Mc 2,10 nimmt er die Befugnis zu sagen: „dir sind deine Sünden vergeben" in Anspruch, obwohl er Mensch, nicht, weil er der Messias ist; und in Mc 2, 28 rechtfertigt er mit dem Grundsatz „der Mensch ist Herr über den Sabbat" nicht sich selber, sondern seine Jünger — denn diese haben den Sabbat gebrochen, ohne ihn vorher zu fragen. In Mc 2, 17 schreibt er sich eine Mission zu, trotzdem daß er nicht sagt „ich bin gesandt", sondern „ich bin gekommen". In Mc 3, 20—30 betrachtet er seine Exorzismen als Beweis, daß der Geist Gottes durch ihn wirke, und erblickt in der Behauptung, daß er durch den Satan die Dämonen austreibe, eine Lästerung gegen den Geist Gottes. Am ausdrücklichsten spricht er über sich selber in der Parabel vom Säemann. Es ist ein Monolog,

---

[1]) Mit der Widerlegung der Meinung, daß der Christus nach der Schrift der Sohn Davids sein müsse, scheint er einen Einwand gegen die Möglichkeit zu widerlegen, daß er selber es sei. Das hohe Alter von Mc 12, 35—37 läßt sich nicht gut anfechten, da die Späteren Gewicht darauf legten, daß Jesus von David abstamme. Aber allerdings haben die Verse eine verdächtige Ähnlichkeit mit 9, 11. 12, wo der Christus patiens zum Vorschein kommt. Auch da wird eine Meinung der Schriftgelehrten über den Messias zurückgewiesen. Auf den Einwurf der Jünger: „sagen doch die Schriftgelehrten, erst müsse Elias kommen" antwortet Jesus: „Elias soll erst kommen und alles in Ordnung bringen? wie steht denn aber über den Menschensohn geschrieben, daß er viel leide und mishandelt werde!" Wenn ihm durch Elias alle Hindernisse aus dem Wege geräumt werden, wie kann er dann ein solches Ende nehmen!

der früh zur Vergleichung mit Isa 6, 1 ss. Anlaß gegeben hat. Er hält ihn aber laut und nicht, wie Jesaias, im Namen Gottes, sondern im eigenen Namen. Er eröffnet darin nicht seinen Jüngern das Mysterium der heimlichen Pflanzung des Reiches Gottes auf Erden, sondern stellt sich allem Volk einfach als Lehrer vor, der seinen Samen auf gut Glück ausstreut, ohne zu wissen, auf welchen Boden er fällt. Er reflektiert über den ungewissen Erfolg seiner ganz allgemein an jedermann gerichteten Worte in einer Weise, wie es ein anderer Lehrer auch tun könnte. Es geht daraus hervor, daß er das Lehren, natürlich über den Weg Gottes, für seinen eigentlichen Beruf hält. So wird er denn auch immer, von seinen Jüngern und von Anderen, als Lehrer betrachtet und angeredet und demgemäß mit den Schriftgelehrten verglichen. Man hat über „das Selbstbewußtsein Jesu" bis zum Überdruß viel geredet und geschrieben, dabei aber durchweg die Säemannsparabel misverstanden, indem man, namentlich nach Matthäus, annahm, Jesus stelle sich darin als Stifter des Reiches Gottes dar. Vgl. die Noten zu Mc § 20. 22—24 (1909) und zu Mt 13, 18. 19.

§ 8. Die Auferstehung Jesu.

Nach Lc 23, 43 ist Jesus sofort nach seinem Tode in das Paradies übergegangen, ähnlich wie Lazarus nach Lc 16, 22. Dann nur mit der Seele, nicht mit dem Leibe. Aber diese Vorstellung ist vereinzelt. Die Seele hat kein wahres Leben ohne den Leib. Henoch und Elias sind ohne Tod, d. h. ohne Scheidung von Leib und Seele, in den Himmel entrückt. Jesus dagegen ist gestorben und begraben; seine abgeschiedene Seele gewinnt erst wieder wahres Leben durch die Vereinigung mit dem Leibe, d. h. durch die Auferstehung. Über den Hergang lauten die Berichte verschieden; in Mc 16 wird kaum darauf eingegangen: der Leib ist aus dem Grabe verschwunden und hat beim Ausbrechen den schweren Stein abgewälzt — das ist alles. Sie ist erst nach einer Frist erfolgt; nach Paulus sowie nach Matthäus und Lukas am dritten Tage. Nach Markus aber (mit Ausnahme von 15, 42. 16, 1) nicht am dritten Tage, sondern vielmehr nach drei Tagen[1]). Das könnte für einen bloßen Wechsel des Ausdrucks gelten,

---

[1]) Allerdings liegt nach Mc 15, 42. 16, 1 zwischen Tod und Auferstehung nur Ein Tag. Indessen ist der Freitag in 15, 42 nur beiläufig und post festum nach-

hieße es nicht in Mt 12, 40: wie Jonas drei Tage und drei Nächte im Bauche des Ungetüms war, so wird der Menschensohn drei Tage und drei Nächte im Schoße der Erde sein. In dieser Stelle, die der Kirche anstößig war (Didasc. syr. 88. Aphr. 222 s.), erhalten wir auch auf die Frage, wo die Seele Jesu während der Trennung vom Leibe verblieb, eine Antwort. Da im Schoße der Erde der Hades ist, so deckt sich dieselbe mit der im apostolischen Credo gegebenen. Aber die Frage wird abgesehen von Mt 12, 40 nicht berührt. Und die altjüdische Vorstellung von der Scheol als unterschiedslosem Aufenthalt der abgeschiedenen Seelen verschwindet in den Evangelien; bei Lukas ist der Hades schon ebenso viel wie die Geenna.

Bekanntlich stützt sich die Gewißheit, daß Jesus der lebendige himmlische Messias sei, ursprünglich nicht auf die Auferstehung, bei der niemand Zeuge war, sondern auf Erscheinungen des Verklärten vom Himmel herab, aus denen sie erst erschlossen wurde. Deren würdigte er den Petrus und die anderen von Jerusalem geflohenen Jünger gleich nach ihrer Ankunft in Galiläa. Der himmlische Zustand ist das Primäre; die Auferstehung erklärt nur den Übergang dazu. Und zwar in einer nicht ganz kongruenten Weise. Denn nach den hergebrachten Begriffen führt sie nicht in den Himmel, sondern wenigstens zunächst auf die Erde zurück. Bei Lukas wird sie darum noch durch die Himmelfahrt ergänzt, damit sie auf Jesus paßt [2]). Jesus nimmt eine Art Mittelstellung ein; er eröffnet die Reihe derer, die aus den Gräbern erweckt werden, wird aber im Unterschied von ihnen noch vor dem Weltende in den Himmel entrückt und ist in dieser Hinsicht der Nachfolger von Moses und Elias (Mc 9, 4. 5), denen er hinwiederum darin nicht gleicht, daß er den Tod geschmeckt hat.

Die Erscheinungen des Verklärten erweckten den enthusiastischen Geist, aus dem das Christentum geboren wurde. Die Jünger wußten

---

getragen. Älter scheint der Sonntag als Auferstehungstag zu sein. Im Cantabrigiensis steht aber nicht, daß nur der Sabbatstag zwischen Tod und Auferstehung lag. Vgl. meine Note zu Mc 16,1 (1909).

[2]) In der Apokalypse (11, 11. 12) wird die Auferweckung der beiden Zeugen, die dort nach 3½ Tagen erfolgt, ebenfalls von ihrer Aufnahme in den Himmel unterschieden. Für ἀνέστησαν wird gesagt: ἔστησαν ἐπὶ τοὺς πόδας αὐτῶν, und das ist die eigentliche Vorstellung: nachdem sie im Grabe gelegen hatten, traten sie wieder auf die Füße und standen auf dem Boden.

ihn lebendig und gegenwärtig im Himmel, und von da aus wirksam in ihrer Gemeinschaft auf Erden. Diese Überzeugung fegte indessen bei ihnen den jüdischen Sauerteig nicht aus. Die Auferstehung erschien ihnen nur als Angeld, als Vorbereitung auf Größeres, welches folgen sollte. Als der wahre Christus sollte der Verklärte sich erst noch zeigen, indem er die Erfüllung des jüdischen Messiasideals nachholte. Er sollte auf Erden sein Reich aufrichten, den Seinen zum Siege verhelfen und an den Feinden Rache nehmen. Die Erwartung seiner Zukunft auf Erden stellte vielleicht zeitweilig den Glauben an seine Gegenwart im Himmel in Schatten. Aber sie schwankte doch und war Stimmungen unterworfen. Das Fundament des Christentums blieb trotzdem der Glaube an den Gekreuzigten und Auferstandenen. Der Messias Judaeorum redivivus konnte wieder ausgeschieden werden, wie es im vierten Evangelium geschieht; am Auferstehungsglauben wurde nie gerüttelt.

Der danielische Ausdruck M e n s c h e n s o h n wird gewöhnlich in Beziehung zur Parusie gesetzt. Jedoch bei Daniel selber trägt die Wolke den Menschensohn nicht vom Himmel herab, sondern zum Himmel empor [1] — worauf Smend mich aufmerksam gemacht hat. Dem entsprechend wird bei Markus in der stets gleichförmig sich wiederholenden Weissagung Jesu nur das Leiden und Auferstehn (d. h. die Himmelfahrt) vom Menschensohn ausgesagt. Dies erscheint nicht bloß, wie bei Lukas (17, 25), als condicio sine qua non der Parusie, sondern als alleinige Hauptsache. Wenn nun das tertium comparationis nicht die Parusie, sondern die Auferstehung ist, so würde die Wahl des Namens Menschensohn dafür sprechen, daß diese letztere .m Vordergrund der Gedanken stand.

Die Parusie über ihre Beziehung zur Auferstehung hinaus auf breiterem Grunde zu behandeln, wird sich am Schluß des nächsten Kapitels Gelegenheit ergeben.

§ 9. Die jüdische und die christliche Eschatologie.

1. In den älteren Schriften des jüdischen Kanons kommt „das Reich Gottes" nicht vor. Der Grundbegriff der Zukunftserwartung,

---

[1]) Auch die beiden Zeugen in der Apokalypse (11, 12) fahren in der Wolke zum Himmel empor.

§ 9. Die jüdische und die christliche Eschatologie. 87

die in einfacher Form von jeher einen sehr wesentlichen Zug der israelitischen Religion gebildet hat, ist vielmehr das Gericht oder der Tag Jahves. In kritischer Zeit klammert man sich an den Glauben, daß Jahve doch zu guter letzt für sein Volk eintreten und ihm Recht schaffen werde gegen seine Feinde und Bedrücker. Die Propheten eifern dagegen, daß Jahve sich mit seinem Volke identifiziere, als gegen einen falschen Wahn. Er richte Israel nicht mit anderem Maße als die Heiden; wenn er einmal die Zeche mache, so müsse auch Israel zahlen. Das dient als Motiv für die Aufforderung zur Umkehr, die an das ganze Volk ergeht und auf eine religiöse und rechtlich-soziale Reformation gerichtet ist. Aber unter der Bedingung, daß eine solche Umkehr erfolge, und mit der daraus sich ergebenden Restriktion, halten doch auch die Propheten im ganzen die populäre Hoffnung fest: wenngleich die Menge dem Verderben verfällt, so wird doch ein Rest gerettet und Erbe der Zukunft, in welcher das Joch der Heiden zerbrochen und die verfallene Hütte Davids auf innerlich gefestetem Fundament neu hergerichtet sein wird. Das bewirkt Jahve, nicht der Messias. Dieser ist nur das Haupt der Nation, die selber mit ihrem Könige idealisiert wird.

In der alten Zeit, so lange Israel noch ein Volk und Reich war, hat sich die Hoffnung von den gegebenen Grundlagen der Wirklichkeit und der Gegenwart noch nicht gelöst; sie schwebt nicht über dem Boden im Blauen. Sie stellt Ziele auf, die durch die Geschichte vorbereitet sind und durch die Geschichte verwirklicht werden sollen. Jahve wirkt durchaus innerhalb der Geschichte. Sein Gericht wird durch ihren Verlauf, den er lenkt, herbeigeführt. Es schneidet sie auch nicht ab und ist nicht nur ein einziges, es wiederholt sich in verschiedenen Perioden. Das ändert sich mehr und mehr, seit durch das Exil die Nation aus der Geschichte gestrichen wurde. Die religiöse Gemeinde, die übrig blieb, erwartete nun die Herstellung ihrer alten Reichsherrlichkeit von einem plötzlichen Eingreifen Jahves, wodurch er die Weltgeschichte unterbrechen und den Heiden, denen er sie überlassen hatte, ein Ende machen sollte. Von der Wirklichkeit führte keine Brücke zu dem Ideal hinüber, es sollte durch einen deus ex machina auf einmal in die Welt gesetzt werden; nur Zeichen davon, daß dies bald in Aussicht stehe, konnte der Lauf der irdischen Dinge liefern, obgleich gewöhnlich auch die Zeichen übernatürlich waren. Die Hoffnung wurde zur Eschatologie, dogmatisch, utopisch, und durchaus heidenfeindlich. Ihre klassische Ausbildung erhielt sie zu anfang des makkabäischen Aufstandes im Buche Daniel.

In diesem Buche erscheint nun auch das Reich Gottes oder vielmehr das Reich des Himmels als technischer Begriff. An sich ist die βασιλεία oder die Malchuth die heidnische Weltmacht, die trotz dem Wechsel ihrer Träger von den Assyrern und Chaldäern bis zu den Griechen und Römern in ihrem Verhältnis zu den Juden immer die selbe bleibt. Sie erhebt den Anspruch autonomer Herrschaft wie über die ganze Ökumene so auch über die Juden. Dem wird entgegengesetzt: die Malchuth auf Erden gebührt nicht Menschen und Heiden, sondern dem Himmel, dem Gott Israels, welcher der eine und wahre Gott ist. Die Malchuth G o t t e s ist also antithetisch und entstanden aus dem Gegensatz zu der eigentlichen Malchuth, der heidnischen Weltmacht. Der religiöse Begriff ist erst abgeleitet aus dem profanen. Die Menschen haben die Malchuth inne, das ist die Voraussetzung. Aber sie gebührt Gott, das ist die Korrektur[1]). Mit dem Dualismus zwischen Gott und dem Satan, Ormuzd und Ahriman, läßt sich keine Berührung entdecken.

Der Streit dreht sich darum, wem die Omnipotenz auf Erden zustehe, dem Himmel oder dem Leviathan. Verschiedene G e b i e t e sind die heidnische und die göttliche Malchuth eigentlich nicht. Der Name ist also weniger Concretum als Abstractum, bedeutet weniger das Reich als die Herrschaft. An sich kann er indessen beides bedeuten; er ist nicht so beschränkt wie das Synonymum S c h o l t â n d. i. ἐξουσία, κυρεία. Und es wird nicht etwa nur der allgemeine Glaubenssatz ausgesprochen, daß Gott immer und ewig die Herrschaft über die Welt habe, sondern die bestimmte Hoffnung, daß er seinen von Rivalen bestrittenen Anspruch darauf jetzt geltend machen und behaupten werde. Das soll geschehen durch das Gericht, wodurch er die heidnische Weltmacht vernichtet und das jüdische Reich herstellt. Die Herrschaft des Höchsten kristallisiert sich tatsächlich also doch in dem Reich seiner Heiligen, das keineswegs die ganze Welt umfaßt. Die große Krisis wird nicht durch Mittelursachen vorbereitet; wenn man es am mindesten glaubt, erfolgt der göttliche Eingriff in das Rad der Zeit. Der Sache nach ist der Gegensatz der

---

[1]) Vgl. meine Pharisäer und Sadducäer (Greifswald 1874) S. 23. Ähnlich in der stark jüdischen Apokalypse Johannis, z. B. 11, 15. 15, 3. 17, 18.

alten und der neuen Ära (αἰών) in aller Schärfe vorhanden, nur der Name findet sich im Daniel noch nicht.

Die Erde bleibt der Schauplatz auch der künftigen Ära. Die Juden sollen in ihrem Lande wieder autonom werden und der Heiden spotten. Indessen macht sich doch eine kleine Differenz gegen die älteren Vorstellungen bemerklich. Wenn Ezechiel eine Wiederbelebung des Totenfeldes in der Zukunft erschaut, so denkt er nur an die Wiederbelebung des Volkes. Im Daniel dagegen wird schon eine Auferstehung von Individuen in Aussicht genommen. Allerdings nur supplementarisch und ausnahmsweise eine Auferstehung einzelner Märtyrer und einzelner Erzbösewichter, welche die große Krisis nicht mehr erleben und sonst um ihren Lohn und um ihre Strafe kommen würden. Der Anfang, der hier gemacht wird, ist nur klein und schüchtern, aber doch von prinzipieller Wichtigkeit. Von hier geht der weitere Fortschritt aus, der in der letzten Phase des vorchristlichen Judentums sich vollzieht. Die Eschatologie wird in eine höhere Lage transponiert. Die gegenwärtige Welt geht unter, und eine neue ewige entsteht. Das Gericht ist nicht mehr ein Völkergericht, sondern ein Gericht über alle einzelnen Menschen, die je auf der Erde gewesen sind. Sie werden allesamt aus den Gräbern erweckt, um vor Gottes Stuhl Rechenschaft abzulegen und ihr Urteil zu empfangen; auch die Heiden fehlen darunter nicht, obwohl für sie kein Prozeß nötig wäre, da sie doch unterschiedslos der Verdammnis verfallen. Die Gerechten gehn in das Paradies ein zum ewigen Leben, die Ungerechten in die Geenna zur ewigen Strafe. In diese beiden Örter scheidet sich die zukünftige Welt; sie sind jedoch nur von beschränkter Ausdehnung und liegen so dicht bei einander, daß die Insassen sich gegenseitig sehen und sprechen können und nur durch eine besondere Maßregel an der Passage von hüben nach drüben verhindert werden[1]). Die alte nationale und messianische Hoffnung wird aber durch diese Individualisierung keineswegs ganz verdrängt. Sie bleibt gewöhnlich in etwas unklarer Mischung damit bestehn. Oder sie wird isoliert und in ein Interim verwiesen. Letzteres geschieht im sogenannten Chiliasmus[2]). Hier ist die Restitution des jüdischen Volkes und Reiches

---

[1]) Lc 16, 19 ss. 4 Esd. 7, 36 ss. Koran 7, 42 ss. Auch nach den Rabbinen ist der Zwischenraum zwischen Paradis und Hölle nur gering; nach einigen werden sie durch eine Mauer getrennt. Vgl. Platos Phaedon § 62.

[2]) Der Chiliasmus ist schon bei Ezechiel vorgebildet, der zwischen den Untergang Babels und die durch den Ansturm von Gog und Magog eingeleitete Endzeit

nicht mehr das Ziel und der Schluß des Weltdramas, sondern nur ein vorübergehender Zwischenakt. Der Messias kommt, rettet die Juden, die er zu jener Zeit im heiligen Lande antrifft, richtet sein Reich unter ihnen auf und beglückt sie während einer längeren, zuweilen auf ein Millennium bestimmten Periode. Aber die Periode läuft ab, der Messias stirbt und seine ganze Generation mit ihm. Und dann erst tritt die Endzeit ein, die zweite übergeschichtliche Ära, mit der allgemeinen Auferstehung der Toten, dem jüngsten Gericht, dem Gegensatz von ewigem Leben und ewiger Verdammnis. Vollendet erscheint diese Umgestaltung der Eschatologie erst in den Apokalypsen des Baruch und Ezra, die nach der Zerstörung Jerusalems durch die Römer entstanden sind. In ihren wesentlichen Zügen aber, zu denen der Chiliasmus nicht gehört, reicht sie höher hinauf. Wenngleich die allgemeine Auferstehung und das jenseitige Gericht über alle Menschen in den Psalmen, sogar in den jüngsten, sich noch mit keiner Spur verraten, sind sie doch schon in vorchristlicher Zeit von den Pharisäern zum Dogma erhoben und siegreich verfochten im Kampf gegen die Sadduzäer, die auf dem älteren Standpunkte verharrten.

2. Das Evangelium steht in diesem Punkte, wie in anderen, auf dem Boden des gleichzeitigen pharisäischen Judentums. Es setzt die Entwicklung voraus, wodurch im Widerspruch zum Alten Testament der Schwerpunkt der Religion vom Volk in das Individuum verlegt wird, und der Glaube oder die Hoffnung vom Diesseits in ein Jenseits. Der Gipfel, zu dem die Juden aus ihrer älteren Tradition heraus mühsam sich empor arbeiteten, wird aber nun zum Fundament; zum Fundament einer neuen Religion. Und dies Fundament gewinnt durch die Auferstehung Jesu eine gewaltige Kraft und Tragfähigkeit. Dabei ergeben sich begreiflicher Weise allerhand Modifikationen und weitere Fortschritte. Bei der βασιλεία τοῦ θεοῦ tritt der Gedanke zurück, das Herrschaftsrecht Gottes über die Erde gegenüber mensch-

---

ein vorläufig restauriertes Jerusalem einschiebt. Dies Vorbild liegt in Kap. 20 der Apokalypse deutlich zugrunde, nur wird hier die bei Ezechiel nicht angegebene Dauer des Interims auf tausend Jahre bestimmt. Durch die Versetzung in ein Interim wird die alte beschränkte Hoffnung natürlich nicht gesteigert, sondern bloß neben der allgemeineren, die sie zu verdrängen drohte, konserviert. Sie wird auf das Altenteil gesetzt, dann allerdings nach Herzenslust ausgemalt und mit populären Zügen ausgestattet.

§ 9. Die jüdische und die christliche Eschatologie.

lichen Omnipotenzgelüsten zu wahren. Damit fällt auch die Antithese gegen das Heidentum weg[1]). Der antithetische Genitiv, auf dem ursprünglich aller Nachdruck ruht, kann sogar fehlen; Matthäus wenigstens sagt hin und wieder schlechtweg ἡ βασιλεία (was eigentlich die profane Weltmacht bedeutet) für ἡ β. τοῦ θεοῦ, und auch in der Apokalypse (1, 9) und der Apostelgeschichte (20, 25) kommt der absolute Ausdruck vor. Verstanden wird, abgesehen von der Apokalypse, nicht die Herrschaftsbefugnis Gottes, sondern lediglich sein Herrschaftsgebiet, und zwar nicht das allgemeine und gegenwärtige, sondern ein besonderes und zukünftiges: der abgeschlossene Kreis seiner Auserwählten, der gerettete Rest, das wahre Israel, der λαὸς περιούσιος. Die Auswahl zum Reiche Gottes erfolgt durch das Gericht, welches zwar auch die Heiden trifft, aber doch vorzugsweise die Kinder Abrahams selber, um aus ihnen den Weizen von der Spreu zu sichten. Daher ist das baldige Bevorstehn des Reiches Gottes zunächst kein Grund zu jubilieren, sondern Buße zu tun und umzukehren; erst nachher tritt bei den Christen die Drohung vor dem Trost in den Hintergrund. In der Rede des Täufers bei Matthäus und Lukas wird das Gericht und die Sichtung von dem Messias vollzogen. Sonst ist die Ankunft des Reiches Gottes in den Evangelien nicht überall und notwendig mit der des Messias verbunden. Der zukünftige Messias tritt aber doch viel stärker hervor als im Daniel. Der Menschensohn, der bei Daniel in Wahrheit Israel als Erben des Reiches bedeutet, wird zum Messias umgewandelt und dann mit Jesus verselbigt. Er eröffnet als ὁ ἐρχόμενος — wovon ὁ παρών das Perfektum und dazu wiederum ἡ παρουσία d. i. ἔλευσις (D Lc 21, 7. 23, 42), methitha, adventus das Abstraktum ist[2]) — den ἐρχόμενος αἰών. Mit seinem plötzlichen Erscheinen aus dem Himmel kommt das Reich Gottes vom Himmel herab auf die Erde. Es ist dann eigentlich nicht mehr himmlisch, sondern irdisch. Die Freude im Reich erscheint in der Tat ganz irdisch, wenn sie als Mahl vorgestellt wird, bei dem die Auserwählten mit Abraham Isaak und Jakob zu Tisch sitzen. Aber konsequent wird das Irdische nicht festgehalten (Mc 12, 25). Andrerseits wird es auch nicht in ein

---

[1]) An die Stelle tritt ein paar mal die gegen den Satan: Mt 12, 28 (Lc 11, 20). Lc 10, 18. Mt 4, 8 (Lc 4, 6).

[2]) Von Jesus wäre eigentlich kein adventus, sondern ein reditus auszusagen gewesen.

Interim verbannt, wie bei dem jüdischen Chiliasmus. Die Vorstellungen schwanken. Die Erde ist jedenfalls nicht die gegenwärtige, der Unterschied zwischen Himmel und Erde verschwindet einigermaßen. Die Zeit macht der Ewigkeit Platz, die Entwicklung dem Ende, das Definitivum tritt ein. Das Durcheinander, das moralische Chaos, wird geschieden. Die Verworfenen, darunter auch die Dämonen, verfallen der Geenna, dem ewigen Feuer. Die Auserwählten erben (d. h. nach biblischem Sprachgebrauch: nehmen in Besitz) das Reich. Als damit gleichbedeutend gilt es, daß sie die himmlische δόξα oder das ewige Leben erben. Das bedeutet nun in Wahrheit nicht ganz gleich viel; es ist eine Individualisierung. Sie liegt zwar in der Natur der Sache und ist auch im Judentum vollzogen, im Evangelium aber doch stärker ausgebildet. Das Reich Gottes erscheint schon in Mc 8, 27 ss. als Ziel des Strebens für den Einzelnen und als göttliche Belohnung oder vielmehr Gabe für den Einzelnen. Und die Vorstellung, daß er in Gemeinschaft mit den Anderen darauf warten muß bis zum Ende der Welt, wird hie und da, namentlich zu gunsten von Märtyrern, von einer anderen durchbrochen, die mit der Auferstehung Jesu zusammenhängt. Wie Jesus durch seine Auferstehung das himmlische Leben antezipiert, so können es auch seine Jünger, wenn sie in seiner Nachfolge das Kreuz auf sich nehmen. Die Zebedäussöhne gehn nach Mc 10, 35 ss. nicht, wie die Thessalonicher für ihre Verstorbenen fürchten, durch ihren Tod vor der Parusie des Anteils am Reich verlustig, sondern sie kommen durch ihr Martyrium zuerst unter den Zwölfen bei Jesus an und beanspruchen darum den Sitz zu seiner Rechten und Linken. Ähnlich der Märtyrer Stephanus nach Act 7, 56. Auch in der Äußerung des Apostel Paulus „ich habe Lust abzuscheiden und bei Christus zu sein" (Phil 1, 23) kann unter dem Abscheiden der Märtyrertod verstanden werden; vgl. jedoch 2 Cor 5, 8. Weiter geht es, wenn bei Lukas der arme Lazarus und der Schächer am Kreuz sofort nach dem Tode in das Paradis kommen, und der reiche Mann in die Hölle. Ob in der Apokalypse der Spruch (14, 13) „selig sind **schon jetzt** die Toten, die in dem Herrn sterben" sich auf alle Christen oder nur auf die Märtyrer bezieht, ist zweifelhaft[1]).

---

[1]) Vgl. im allgemeinen Bretschneiders Dogmatik 2, 384 und Strauß' Dogmatik 2, 638.

§ 9. Die jüdische und die christliche Eschatologie.

Eine Gemeinschaft bleibt das Reich Gottes darum doch. Ein Reich Davids ist es indessen nicht mehr; das Nationale, Politische, Heidenfeindliche ist abgefallen. Die Juden, die geborenen Söhne des Reiches, bleiben draußen, wenn sie weiter nichts sind als Juden. Moralische Bedingungen müssen hinzutreten. Aber sie genügen auch nicht um hinein zu kommen. Wer da weiß, daß die Liebe Gottes und des Nächsten die Summe des Gesetzes ist, ist doch nur „nicht ferne vom Reiche Gottes", und wer alle Gebote von Jugend an erfüllt hat, dem fehlt immer noch die Hauptsache, und sogar Johannes dem Täufer fehlt sie. Es ist das Bekenntnis zu Jesu und die Nachfolge, die Zugehörigkeit zu seiner Jüngerschaft, die nicht an sein Leben gebunden ist, sondern mit seinem Tode erst recht angeht. An stelle der jüdischen Nation tritt also auch wieder eine feste und aus ihr verengerte Gemeinschaft, die der Jünger Jesu, die sich nach seinem Namen nennen, d. h. der Christen, die sich als die Erben Abrahams und der jüdischen Theokratie betrachten (Apoc 1, 6. 2, 9). Wenn die Berufenen, d. h. diejenigen, welche dem Rufe oder der Einladung des Evangeliums gefolgt sind, schließlich auch nicht alle die Auswahl durch das künftige Gericht bestehn, so wird doch die Auswahl nur unter ihnen getroffen. Die Berufenen und die Auserwählten sind zwei konzentrische Kreise, ein weiterer und ein engerer. Und insofern kann die christliche Gemeinde, obschon ihre Bürgerliste noch zusammengestrichen werden muß, doch als das bereits auf Erden von Jesus eingesäte Reich Gottes angesehen werden, und dieses mithin nicht bloß als zukünftig, sondern als schon gegenwärtig. Dadurch wird das Reich Gottes zum Arbeitsgebiet der Knechte Gottes auf Erden und wächst durch ihr treues Schaffen seinem Ziel entgegen, wenn auch die schließliche Vollendung durch unmittelbares Eingreifen Gottes erfolgt und die Hoffnung d a r a u f allein der Arbeit Mut gibt, weit entfernt davon, sie zu lähmen. Diese Betrachtungsweise herrscht bei Matthäus, findet sich aber auch bei Lukas und setzt schon in Mc 8, 27 ss. ein. Lukas geht darüber hinaus, wenn er Jesus sagen läßt: das Reich Gottes ist inwendig in euch. Dann ist es zwar erst recht gegenwärtig, braucht kaum noch zu kommen, hat aber seinen eigentlichen Sitz in den Herzen und nicht in einer Gemeinde. Dem entspricht es, wenn Lukas ein oder das andere mal den heiligen Geist dem Reiche Gottes substituiert — dadurch wird die Eschatologie schon fast ebenso sehr zurückgedrängt, wie es im vierten Evangelium geschieht.

3. Man sieht, daß das hiermit skizzierte Gesamtbild in verschiedenartigen Zügen schillert. Es fragt sich, was davon Jesu selber zugetraut werden kann. Das gegenwärtige Reich, wie es namentlich bei Matthäus erscheint, ist die Stiftung Jesu und hat ihn zum notwendigen Korrelat. Unter dieser Voraussetzung hat er die Absicht, es auf Erden zu gründen, und tritt eben damit von anfang an als Messias auf. Er lehrt von anfang an speziell seine Jünger, um ihnen aus einander zu setzen, wie seine Gemeinde beschaffen sein soll und was ihr widerfahren wird. Er streut nicht unbekümmert um den Erfolg auf beliebigen Boden seine Lehren aus, sondern er sät durch das Wort vom Reich das Reich Gottes an, welches mit dem Saatfelde oder der Pflanzung in dem selben Sinne verglichen wird wie mit dem Weinberge. Daß er darunter die ἐκκλησία versteht, deren Namen er aus historischen Gründen in der Regel vermeidet, läßt sich nicht verkennen; es erhellt besonders deutlich, wenn er von Schriftgelehrten und Verwaltern, von älteren und jüngeren Schichten, von würdigen und unwürdigen Mitgliedern des Reiches Gottes spricht, oder wenn er sagt, der Täufer obwohl der größte Jude sei doch kleiner als das geringste Mitglied des Reiches Gottes. Die Gleichsetzung der βασιλεία und der ἐκκλησία begreift sich vollkommen, da die Gemeinde unleugbar die Wirkung Jesu war und für die Vorstufe des Himmels galt. Aber sie ist durchaus christlich und kann nicht von Jesu selber vollzogen oder gar vorausgesetzt sein. Denn er setzt sie in der Tat voraus, ohne eine Erklärung darüber für notwendig zu halten. Er redet zu seinen Jüngern, als wären sie schon seine Gemeinde und als solche organisiert; er versetzt sich in eine zukünftige Situation, als wäre sie gegenwärtig.

Von dem gegenwärtigen Reich ist Jesus als schon dagewesener und gegenwärtiger Messias unabtrennlich; darum kann er selber nicht davon geredet haben. Zu dem zukünftigen Reich Gottes steht er dagegen nicht in notwendiger Beziehung; die Parusie dieses Reichs steht und fällt nicht mit seiner eigenen Parusie. Bei Markus redet er nur vom zukünftigen Reich; er sagt aber nicht, daß er es bringen werde, und nennt es nicht sein Reich oder das Reich des Messias. Er führt sich in Mc 1, 15 mit den Worten ein: das Reich Gottes steht nah bevor, tut Buße.

§ 9. Die jüdische und die christliche Eschatologie. 95

Man meint nun, die Ankündigung dieses zukünftigen Reiches sei wirklich der eigentliche Inhalt seiner Predigt gewesen. Indessen weiterhin tritt dieselbe völlig in den Hintergrund bei Markus. In der galiläischen Periode verkündet er überhaupt nicht, sondern er lehrt. Und zwar nicht über das Reich Gottes (welches gar nicht vorkommt, außer in dem Nachtrage 4, 30—32), sondern in ungezwungenem Wechsel über dies und jenes, was ihm in den Wurf kommt, mit Rücksicht auf die Bedürfnisse eines allgemeinen Publikums, das von seinen geistigen Führern misleitet ist; er gibt dabei keine Parole aus und schärft nicht fest formulierte Sätze immer wieder ein, so wie es etwa Buddha tat. In Jerusalem schlägt er zwar, nach Lage der Umstände, speziellere Themata an, lehrt aber auch nicht über das Reich Gottes, obwohl er den Ausdruck, als bekannt, zwei mal in den Mund nimmt. Bloß in dem Abschnitt vor der Passion, der mit dem Petrusbekenntnis beginnt, macht er das Reich Gottes zum Gegenstand der Belehrung speziell für seine Jünger und sagt, nur im Anschluß an ihn und in seiner Nachfolge könnten sie hinein kommen, wenn Gott ihnen Kraft verleihe. Da tritt allenthalben die christliche Eschatologie deutlich hervor.

Auch der Glaube an die Parusie Jesu ist natürlich bei Markus lebendig und zeigt sich z. B. in 13, 38. 14, 62. Nicht überall jedoch, wo Jesus die Parusie des Menschensohns verkündet, meint er sich selbst damit. Wenn er Mc 8, 38 sagt: wer sich m e i n e r schämt, dessen wird sich auch der M e n s c h e n s o h n schämen, so unterscheidet er sich selbst von dem Menschensohn. Der Wechsel des Hauptwortes im Vordersatz und Nachsatz kehrt bei Lc 9, 26. 12, 8 wieder und verschwindet nur bei Mt 10, 32. 33: wer m i c h verleugnet, den werde a u c h i c h verleugnen. Das ist eine Korrektur, welche von Befremdung über den Unterschied ausgeht und dessen Bedeutung erhöht. Ähnlich steht es mit Mc 13, 26. Dort gibt Jesus Antwort auf eine Frage der Jünger, die sich nicht wie bei Matthäus auf das Zeichen seiner eigenen Parusie richtet, sondern auf das Zeichen des Endes im allgemeinen (13, 4). Das Ende ist kein Moment, sondern eine Periode; am Anfang und am Schluß derselben steht je ein Zeichen. Das Anfangszeichen ist irdisch, der Greuel des Entsetzens, das Schlußzeichen himmlisch, die Erscheinung des Menschensohnes in den Wolken. Der Menschensohn bedeutet in diesem Zusammenhange nichts anderes als bei Daniel und ist nicht eine Art Eigenname Jesu [1]). Und besonders auffallend ist der schon hervorgehobene Umstand, daß Jesus in den typisch wiederkehrenden Weissagungen bei Markus von seiner Parusie nicht redet. Endlich ist noch aufmerksam zu machen auf den Ausspruch Jesu am Schluß der Abendmahlsworte (Mc 14, 25): ich werde nicht mehr von dem Gewächs des Weinstocks trinken bis zu dem Tage, wo ich es neu trinke im Reich Gottes. Er betrachtet sich da nur als einen der Gäste an dem Tisch, an dem die Auserwählten sitzen werden, nachdem das Reich Gottes, ohne sein Zutun, gekommen ist; jeder Andere hätte die Hoffnung, daß er einst teilnehmen werde an den Freuden des Reichs, in gleicher Weise ausdrücken können. An seine Parusie als Messias denkt er nicht. Auch davon läßt er hier nichts merken, daß er die Auferstehung von den Toten antezipieren werde. Denn er will nicht sagen: ich werde schon übermorgen an der Tafel des Reichs Gottes sitzen. Seinen Tod aber setzt er offenbar voraus.

Als sicher kann gelten, daß, wenn Jesus seine Jünger nicht einmal zum voraus über sein Leiden und Auferstehn belehrt hat, so erst recht nicht über seine Parusie. Man wirft zwar ein, diese Behauptung sei im grunde doch nur dadurch veranlaßt, daß die Parusie Jesu, die in den ihm zugeschriebenen Äußerungen für die nächste Zukunft in Aussicht genommen wird, tatsächlich nicht eintrat; er solle dadurch von Schwärmerei und falscher Weissagung entlastet werden. Aber er hat in der Tat nichts von einem ekstatischen Schwärmer an sich, nicht einmal von einem Propheten. Jedenfalls kann die eschatologische Hoffnung ihre Intensität, welche darauf beruht, daß sie sich an die Person Jesu heftete, erst durch die ältesten Christen bekommen haben. Sie lebten auf Erden fort in seiner Gemeinschaft und besaßen darin das Bürgerrecht für den Himmel. Er war ihr Haupt und auch das Haupt des künftigen Reiches, er brachte es eben für sie herab und führte sie hinein. Ihre zukünftige Stätte war ihnen heimisch und vertraut durch ihn; sie sehnten sich darnach, wie sie sich nach ihm

---

[1]) Für τότε ὄψονται τὸν υἱὸν τοῦ ἀ. bei Markus (13, 26) sagt Matthäus (24, 30) τότε φανήσεται τὸ σημεῖον τοῦ υἱοῦ τοῦ ἀ. Damit träfe er den Sinn des Markus, wenn er meinte: das Zeichen, welches in dem Menschensohn besteht. Aber er meint vielmehr: das Zeichen für den Menschensohn, d. h. für sein Kommen. Denn er läßt die Jünger nach dem Zeichen der Parusie Jesu fragen, und der Menschensohn kann doch nicht das Zeichen für sich selber sein, für seine eigene Ankunft.

§ 9. Die jüdische und die christliche Eschatologie.

selber, ihrem alten Bekannten, sehnten. Sie trauerten auf Erden, nachdem ihnen der Bräutigam entrissen war. Diese persönliche Färbung der urchristlichen Hoffnung, welche ihr eine außerordentliche Lebendigkeit, eine enthusiastische Glut verlieh, fällt für Jesus selber fort. Ihm war der Bräutigam nicht entrissen, und ihn konnte nicht nach dessen Rückkunft verlangen. Auch sein Lebenswandel war nicht so eschatologisch bestimmt, wie der seiner Jünger, die der Welt entsagten, um sich auf seinen Advent vorzubereiten. Sicherlich galt ihm die Moral, die er aufstellte, nicht für eine provisorische und nur bis zum nahen Ende der Welt giltige Forderung, sondern für den ewigen Willen Gottes im Himmel wie auf Erden; er verwarf die Übungen, die keinen inneren Sinn und Wert hatten, er wollte die schweren und unerträglichen Lasten abwälzen. Natürlich war auch er durchdrungen von dem Glauben an ein Jenseits, an die allgemeine Auferstehung, an das Gericht, an das Reich Gottes. Den konnte er aber als selbstverständlich auch bei seinen Zuhörern voraussetzen und brauchte nicht viel davon zu reden. Wenn er es tat, so betonte er dabei mehr die Drohung als die Verheißung. Dadurch unterschied er sich von den Juden und auch von den ältesten Christen. Er fing nicht mit Glückwünschen und Seligpreisungen an, sondern mit der Bußpredigt: das Reich Gottes ist nahe, k e h r t u m! Wie schon Amos und wie Johannes der Täufer protestierte er damit gegen die Illusion der Juden, als müßte ihnen das Gericht die Erfüllung ihrer Wünsche bringen. Er teilte nicht ihre politischen und nationalen Hoffnungen, er sah das Reich Gottes nicht für das Reich Davids an und den Messias nicht für den Sohn und Nachfolger Davids. In Mc 13 stoßen die Gegensätze auf einander, obwohl stillschweigend. In der dort aufgenommenen jüdischen Weissagung wird Jerusalem zwar aufs ärgste von den Heiden bedrängt, a u s d i e s e r D r a n g s a l [1]) jedoch schließlich beim Erscheinen des Menschensohnes gerettet; von der Zerstörung des Tempels ist keine Rede, und die Meinung wird sein wie in einem merkwürdigen Fragment der Apokalypse Johannis (11, 1. 2), daß derselbe, vielleicht mit Ausnahme des äußeren Vorhofs, nicht in die Gewalt der Heiden fallen werde [2]). In dem voran-

---

[1]) Das Objekt der θλῖψις (Jerusalem) wechselt nicht.

[2]) Das βδέλυγμα τῆς ἐρημώσεως spricht nicht dagegen, da es nicht historisch, sondern als unbestimmte mythische Vorstellung zu verstehn ist.

gehenden kurzen Drohworte (13, 1. 2) dagegen sagt Jesus, daß von dem Tempel Gottes kein Stein auf dem andern bleiben werde. Dieses Wort ist darum sicher authentisch, weil es den Grund zu seiner Anklage auf Tempellästerung abgegeben hat, die zu seiner Verurteilung vor dem Synedrium führte. Wenn der Tempel Gottes vernichtet wird, so erst recht das jüdische Gemeinwesen.

§ 10. Das Evangelium und Jesus von Nazareth.

1. In der Septuaginta bedeutet das Neutrum τὸ εὐαγγέλιον wie im klassischen Griechisch den Botenlohn, wird aber in diesem Sinn als Plural gebraucht (2 Sam 4, 10. 18, 22). Die Botschaft heißt ἡ εὐαγγελία im Femininum. Häufiger ist das Verbum εὐαγγελίζεσθαι oder εὐαγγελίζειν, mit Akkusativ der Sache und im Hebräischen auch der Person. Meist wird es ohne sachliches Objekt gebraucht für gute Mähr bringen (z. B. von der Geburt eines Sohnes) und gewöhnlich für Sieg verkünden. In älterer Zeit nur in profanem Sinn. Erst bei den Propheten des Exils bekommt es einen religiösen Sinn: das persönliche Objekt, der Dativ, ist dann das unter dem Heidenjoch schmachtende Sion (die Armen, die Trauernden), und das sachliche, der Akkusativ, ist das Heil oder die Rettung (εἰρήνη = schalôm, oder σωτήριον), d. h. der Sieg Jahves über die Heiden, die Befreiung und Auferstehung Sions. So vor allem bei dem sogenannten Evangelisten des Alten Testaments Isa 40, 9. 52, 7. 60, 6. 61, 1; außerdem einmal bei Nahum 1, 15 (2, 1).

An Isa 40 ss., besonders an 61, 1, knüpft Lukas (4, 18. 7, 22. Act 10, 36) und auch Matthäus (11, 5) an. Trotzdem ist es die Frage, ob das neutestamentliche εὐαγγέλιον hierauf zurückgeht. In Isa 40 ss. kommt nur das Verb vor, das Substantiv hat sich nicht zu einem technischen Terminus ausgebildet. Und vor allem bedenklich ist, daß es sich bei den Juden nicht so findet. Sie wenden b'sôra nur in einem ganz allgemeinen Sinn an, auch für böse Nachricht; sie behalten später für das christliche Evangelium das griechische Wort bei. Dagegen hat man neuerdings hingewiesen auf den Gebrauch von εὐαγγέλιον in dem Provinzialfastendekret vom Jahre 9 vor Chr. auf einer Inschrift von Priene, wo es vom Kaiser Augustus heißt, nachdem er vorher als Weltheiland gepriesen ist: ἦρξεν δὲ τῷ

§ 10. Das Evangelium und Jesus von Nazareth.

κόσμῳ τῶν δι' αὐτὸν εὐαγγελίων ἡ γενέθλιος τοῦ θεοῦ, der Geburtstag des Gottes (Augustus) eröffnete für die Welt die Reihe der frohen Botschaften von seinetwegen [1]). In der Geburt des σωτήρ liegt allerdings keine Berührung mit dem christlichen Begriff, zu dessen Inhalt die Geburt Jesu ursprünglich gar nicht gehörte. Und es ist nicht von Einer frohen Botschaft die Rede, sondern von einer Reihe froher Botschaften [2]). Aber das Wort hat doch eine gewisse technische und religiöse Bedeutung, die der christlichen nahe kommt; und bei dem Versagen anderer Anknüpfungspunkte ist die Annahme vielleicht nicht zu kühn, daß es, in dieser besonderen Bedeutung, seinen Ursprung nicht bei den Juden oder bei den palästinischen Christen hat, sondern von den Griechen entlehnt ist, sei es im Wortlaut oder in Übertragung (b'sortha). Daß Jesus selber schon von Evangelium sollte geredet haben, ist unwahrscheinlich. Es ist vielmehr, wie wir sehen werden, erst ein apostolischer Ausdruck.

Es ist nicht Lehre, sondern Botschaft, und zwar naturgemäß von einem bereits geschehenen, nicht von einem erst zu erwartenden freudigen Ereignis. Also nicht die Lehre Jesu oder die Verheißung Jesu, sondern die Botschaft von Jesus Christus. Er ist das Objekt, und das Evangelium handelt über ihn als den Christus. Diese allein dem Wortlaut entsprechende Bedeutung hat τὸ εὐαγγέλιον bei Paulus.

Mit Paulus stimmt Markus überein. Er stellt seinen Bericht unter den messianischen Gesichtspunkt und darum gibt er ihm den Titel: das Evangelium von Jesu Christo. Wenn Jesus selber bei ihm das Wort in den Mund nimmt, so gebraucht er es in dem gleichen Sinne und sagt dabei nicht **mein Evangelium**, sondern immer absolut **das Evangelium**. So Mc 8, 35. 10, 29: die Jünger müssen ihr Leben daran geben wegen Jesus und wegen des Evangeliums, d. h. wegen ihrer Verkündigung des Evangeliums, welches seine Person zum Inhalt hat. Ferner Mc 14, 9: die Erzählung von der Frau in Bethanien, die Jesum gesalbt hat, wird in Zukunft einen Teil des Evangeliums bilden, nämlich der Passionsgeschichte. Endlich Mc 13, 10: das Evangelium wird in Zukunft durch die Apostel in aller Welt verkündigt werden. Hier ist das Evangelium überall etwas Zukünftiges, nicht Jesu eigene Verkündigung, sondern die

---

[1]) d. h. deren Grund und Ursach der Kaiser ist.
[2]) Ἦρξεν verbietet, den Plural singularisch aufzufassen. Sonst kommt derselbe allerdings auch im singularischen Sinn vor, z. B. bei Plutarch.

der Apostel über ihn nach seinem Tode. Nur in Mc 1, 14. 15 liegt die Sache anders. „Nachdem Johannes gefangen gesetzt war, heißt es dort, kam Jesus nach Galiläa und predigte das Evangelium Gottes: die Zeit ist erfüllt und das Reich Gottes steht nahe bevor, bekehrt euch und glaubt an das Evangelium." Da scheint in der Tat das zukünftige Reich Gottes der Inhalt des Evangeliums zu sein. Aber der Ausdruck τὸ εὐαγγέλιον kann nicht von vornherein als den Juden wohlbekannt vorausgesetzt werden. Ferner bedeutet **Bekehrt euch und glaubt an das Ev.** sonst überall: bekehrt euch zum christlichen Glauben. Das konnten die Juden ebenfalls nicht verstehn, während sie andererseits der Aufforderung, an die baldige Ankunft des Reiches zu **glauben**, kaum bedurften. Endlich ist das ἤγγικε ἡ βασιλεία τ. θ. grade an dieser Stelle, wie bei Johannes dem Täufer, gar keine frohe Botschaft, sondern eher eine Drohung. Man sieht sich gezwungen anzunehmen, daß Markus das hier notwendig an die Juden gerichtete Thema „das Reich Gottes steht bevor, kehrt um!" mit christlichen Verbrämungen eingefaßt hat, die nicht dazu passen. Dann hat das Evangelium und der Glaube an das Evangelium an dieser Stelle bei ihm die gleiche Bedeutung wie sonst.

Bei Markus ist also das Evangelium durchweg das apostolische Evangelium, und Jesus selber versteht nichts anderes darunter. Er gebraucht den Ausdruck von einer erst zukünftigen Sache, weissagend oder proleptisch. Es ist in der Tat eine Prolepse. Aber Matthäus und Lukas suchen sie zu beseitigen und finden damit Beifall bei den neueren Kritikern. Lukas läßt die Verse Mc 13, 10. 14, 9 ganz aus und streicht die Worte καὶ ἕνεκεν τοῦ εὐαγγελίου in den Parallelen zu Mc 8, 35. 10, 29. Letzteres tut auch Matthäus; die Verse Mc 13, 10. 14, 9 behält er zwar bei, ändert aber in 26, 13 (= Mc 14, 9) das absolute τὸ εὐαγγέλιον in τὸ εὐαγγέλιον τοῦτο, wobei das Demonstrativ jedenfalls einen Zweck haben soll, und in 24, 14 (= Mc 13, 10) in τὸ εὐαγγέλιον τῆς βασιλείας. Diesen volleren Ausdruck oder auch das **Wort vom Reich, das Mysterium des Reichs** legt er Jesu gewöhnlich in den Mund (4, 23. 9, 35. 13, 11. 19. 24, 14) und braucht dabei immer die späte Abkürzung **das Reich** für das Himmelreich oder das Gottesreich. Er will auch damit die Prolepse beseitigen, indem er dem Evangelium einen Sinn gibt, worin Jesus es selber verkündigen kann. Er meint mit dem Reich das gegenwärtige als Vorstufe des zukünftigen. Jesus verkündet, daß mit ihm das

Reich auf Erden erschienen sei, und gründet es durch sein Wort in seinen Jüngern als seiner Gemeinde; darin besteht seine Tätigkeit als des Messias auf Erden. Lukas gebraucht zwar das Substantiv εὐαγγέλιον überhaupt nicht, sondern nur das Verbum εὐαγγελίζεσθαι, welches bei Markus fehlt und bei Matthäus nur einmal in einem Zitat (11, 5) erscheint. Sachlich indessen stimmt er mit Matthäus überein. Jesus εὐαγγελίζεται auch bei ihm das Reich Gottes, nämlich daß es mit ihm als dem Messias erschienen sei (4, 21); seine L e h r e , wodurch er es gründet, heißt ebenfalls εὐαγγελίζεσθαι (20, 1). In Wahrheit wird die Prolepse auf diese Weise dadurch aus dem Wege geräumt, daß sie vergrößert wird. Jesus redet allerdings nicht mehr gelegentlich wie bei Markus von einem erst künftig zu verkündenden Evangelium, verkündet dafür aber selber das für seine Gegenwart auf der Grundlage passend gemachte Evangelium, daß er der gegenwärtige Messias ist und das Reich Gottes schon gegenwärtig auf die Erde bringt. Er fängt an, was seine Missionare fortsetzen (Lc 9, 2. 6. 11. 16, 16).

Mit dem Evangelium Jesu wird auch sein Kerygma zweifelhaft. In der Regel l e h r t (διδάσκειν) er bei Markus; er v e r k ü n d e t (κηρύσσειν) nur in Mc 5, 20 und in Mc 1, welches Kapitel starke Spuren der Redaktion des Überlieferungsstoffes durch den Schriftsteller aufweist[1]); in Mc 3, 14. 6, 12. 13, 10. 14, 9 (16, 15. 20) wird das κηρύσσειν nicht von ihm selber ausgesagt. Zugleich wird fraglich, ob die Apostel in das Leben Jesu gehören, ob Er sie schon für die Mission, die Verkündigung des Evangeliums, ausgewählt und sogar ausgesandt hat. Der literarische Verdacht, der ohnehin gegen Mc 3, 13—19 und 6, 7—13 besteht, wird dadurch verstärkt. Außerhalb dieser beiden Stücke erscheinen in der galiläischen Periode die Zwölfe nur in Mc 4, 10, und dort hinter οἱ περὶ αὐτόν sonderbar nachgetragen: σὺν τοῖς δώδεκα. In dem Abschnitte, der auf das Petrusbekenntnis folgt, kommen sie zwei mal vor und in der Passionsgeschichte ebenfalls zwei mal, abgesehen davon, daß der Verräter immer wieder als εἷς τῶν δώδεκα eingeführt wird. Wahrscheinlich gehören die Zwölfe erst in den Anfang der Apostelgeschichte; sie mögen aber schon die Genossen des letzten

---

[1]) Gleichbedeutend mit κηρύσσειν scheint λαλεῖν τὸν λόγον zu sein (Mc 2, 2. 4, 14 ss. 33. 8, 32). Der Logos wird namentlich von Lukas an die Stelle des Evangeliums gesetzt. Ist das vielleicht der Ausgangspunkt des johanneischen Prologs? Johannes redet nie vom Evangelium und vom Reich Gottes.

Abendmahls und dadurch gewissermaßen die testamentarischen Erben des Meisters gewesen sein. Die μαθηταί bei Markus sind nicht die Zwölfe, sondern eine unbestimmte und vermutlich nicht ganz konstante Menge; vier oder drei älteste Vertraute werden darunter ausgehoben. Außer in ein paar Erläuterungen und in gewissen singulären Stücken richtet Jesus bei Markus sein Wort nicht privatim an sie, sondern öffentlich an das Volk. Sie sind noch nicht seine Gemeinde in nuce; von Kultuseinrichtungen und Organisationsanfängen (Taufe, Fasten, Gebet, Exkommunikation) durch Jesus ist bei Markus keine Rede.

2. Das Evangelium deckt sich mit dem Christentum. Jesus war kein Christ, sondern Jude. Als Christ erscheint er bei Markus nur in dem Zwischenstück vor der Passion und da fordert er auch die Hingabe an seine Person, was vielleicht einen Rückschlag dagegen bedeutet, daß ihn die Jünger vor der Kreuzigung treulos verließen. Sonst verkündet er keinen neuen Glauben, sondern lehrt den Willen Gottes tun. Der Wille Gottes steht für ihn wie für die Juden im Gesetz und in den übrigen heiligen Schriften, die dazu gerechnet wurden. Doch weist er einen anderen Weg ihn zu erfüllen als den, welchen die jüdischen Frommen nach Anleitung ihrer berufenen Führer für den richtigen hielten und peinlich befolgten. Seine Lehre geht bei Markus fast ganz auf in Polemik gegen die Schriftgelehrten und Pharisäer. Er meinte, sie erstickten das Gesetz mit ihren Zutaten und schöben die Gebote Gottes durch Menschensatzungen zur Seite. Aber durch diese Unterscheidung erschütterte er die gleichmäßige Verbindlichkeit des Gesetzes. Er hob den Dekalog aus dem Ganzen heraus und reduzierte dessen Summe auf die Liebe zu Gott und dem Nächsten, er verwarf die im Gesetz dem Manne gegebene Erlaubnis sein Weib zu entlassen. Er legte an die Statute einen übergeordneten Maßstab an und beurteilte sie nach ihrem inneren Wert, nämlich ob sie das Leben der Menschen förderten oder hemmten. Die gottseligen spezifisch jüdischen Exerzitien, die weiter keine Ratio hatten, als daß sie befohlen waren und den Juden vom Menschen schieden, schätzte er gering. Er forderte Reinheit des Herzens und Leistungen, die nicht Gott, sondern den Menschen zu gute kamen. Denn eben diese sehe Gott als sich geleistet an und darin bestehe der wahre Gottesdienst — die Moral blieb religiös motiviert und unabhängig von dem variablen Götzen Kultur. Man wird durchaus an die alten

Propheten erinnert, aber für diese gab es das schriftliche Gesetz noch nicht und die Menschensatzungen, die von ihnen bekämpft wurden, standen noch nicht in einem heiligen Buch. Eigentümlich ist, daß auch Jesus durch das Gesetz sich nicht eigentlich beengt und bedrückt fühlt; die Stellungnahme dazu ist für ihn keine peinliche Frage wie für die Urgemeinde, und er setzt sich bei Markus nicht prinzipiell damit aus einander, wie es in der Bergpredigt bei Matthäus geschieht. In der Tat steht er überall, wo es darauf ankommt, dem Gesetz, ohne dagegen zu rebellieren, doch ganz unbefangen und frei gegenüber und ist weiter über das Judentum hinausgeschritten als irgend einer seiner Vorgänger, auch darin, daß er das Aufhören des Tempelkultus und der jüdischen Gemeinde weissagte. Man kann sich nicht wundern, daß es den Juden so vorkam, als wollte er die Grundlagen ihrer Religion zerstören. Seine Absicht war das freilich nicht, er war nur zu den Juden gesandt und wollte innerhalb des Judentums bleiben — vielleicht auch deshalb, weil er das Ende der Welt für nahe bevorstehend hielt. Der Schnitt erfolgte erst durch die Kreuzigung, und praktisch erst durch Paulus. Er lag aber in der Konsequenz von Jesu eigener Lehre und seinem eigenen Verhalten. Man darf das Nichtjüdische in ihm, das Menschliche, für charakteristischer halten, als das Jüdische.

Aus ungenügenden Fragmenten können wir uns einen notdürftigen Begriff von der Lehre Jesu machen. Seine Religion, seinen praktischen Monotheismus, kennen wir damit noch nicht; sie liegt nicht allein in seiner Lehre auf offener Bühne, sondern auch in seinem Wesen und Gebahren zu jeder Stunde, zu Hause und draußen, in dem was er sagte und nicht sagte, was er bewußt und unbewußt tat, wie er aß und trank und sich freute und litt. Seine Person, deren Umgang sie im täglichen Leben genießen durften, hat auf seine Jünger wohl noch stärker gewirkt als seine Lehre. Daß sie ihn für den Messias hielten, beruht nicht darauf, daß er versicherte, er sei es, sondern auf dem Eindruck seiner Person; sie begriffen ihn durch das jüdische Ideal. Sein Tod diskreditierte ihn zunächst als Messias; jedoch der Eindruck seiner Person blieb und ward durch sein Martyrium noch verstärkt, und darum lebte er auch als Messias wieder auf. Der himmlische Messias überschattete nun zwar den irdischen Jesus, aber dessen Wirkung hörte darum doch nicht auf. Er war nicht bloß der König im Himmel, sondern auch das erste Glied einer neuen Geisterreihe auf Erden; er lebte nicht bloß in der Dogmatik fort, sondern auch in der Ethik seiner Gemeinde, und ihr stiller Wandel in seiner Nachfolge hatte wohl ebenso viel werbende Kraft als die Predigt vom Gekreuzigten und Auferstandenen. Ehe ihm dieser zu Damaskus erschien, hatte Paulus doch schon den Stachel im Herzen, gegen den er vergebens zu löken suchte, ohne Zweifel von dem Eindruck her, den die verfolgten Christen auf ihn machten. Ohne diese Nachwirkung in der Gemeinde können auch wir von der religiösen Persönlichkeit Jesu uns keine Vorstellung machen. Sie erscheint jedoch immer nur im Reflex, gebrochen durch das Medium des christlichen Glaubens.

Der historische Jesus wird, nicht erst seit gestern, zum religiösen Prinzip erhoben und gegen das Christentum ausgespielt. Reichlicher Anlaß dazu, seine Absicht von seiner Wirkung zu unterscheiden, ist allerdings vorhanden. Trotzdem kann man ihn nicht ohne seine geschichtliche Wirkung begreifen, und wenn man ihn davon ablöst, wird man seiner Bedeutung schwerlich gerecht. Woher stammt überhaupt der Glaube, daß er das religiöse Ideal sei, anders als aus dem Christentum? Und zu der Ethik z. B. der Bergpredigt, die für den historischen Jesus gelten soll, hat die christliche Gemeinde ebenfalls einen sehr wertvollen Beitrag geliefert. Ohne das Evangelium und ohne Paulus bleibt doch auch das Judentum an Jesus haften, an dem er festhielt, obwohl er ihm entwachsen war. Wir können nicht zurück zu ihm, auch wenn wir wollten. Dadurch, daß man den historischen Jesus zum religiösen Dogma macht, wird man schließlich gezwungen, wie die alten Rationalisten „die historische Bedingtheit" von ihm abzustreifen, zu der auch sein nach moderner Anschauung gewiß nicht zeitgemäßer und kaum praktikabler Lebenswandel gehören würde. Mit dem poetischen Schimmer ist es dann aus, und an stelle des Historischen tritt eigentlich die Rationalität, von der man sehr verschiedene Begriffe haben kann. Für das was mit dem Evangelium verloren geht, ist der historische Jesus, als Grundlage der Religion, ein zweifelhafter und ungenügender Ersatz. Ohne seinen Tod wäre er überhaupt nicht historisch geworden. Der Eindruck seiner Laufbahn beruhte darauf, daß sie nicht abgeschlossen, sondern jäh unterbrochen wurde, nachdem sie kaum begonnen hatte. Seine Niederlage wurde sein Sieg.

NACHTRÄGE UND ERLÄUTERUNGEN

§ 11. Das Hebräerevangelium.

1. Das Hebräerevangelium wird zuerst von Hegesippus, Clemens Alexandrinus und Origenes angeführt[1]). Es war in aramäischer Sprache abgefaßt. Hieronymus fand es in der Bibliothek des Pamphilus zu Cäsarea vor und nahm außerdem eine Abschrift von einem Exemplar der syrischen Nazaräer, bei denen es zu seiner Zeit noch im Gebrauch war. Er will es ins Griechische und ins Lateinische übersetzt haben. Diese Übersetzung ist aber nicht erhalten und vermutlich gar nicht veröffentlicht. Wir kennen das Hebräerevangelium nur aus Zitaten, namentlich aus lateinischen des Hieronymus, daneben aus griechischen des Origenes, die mit jenen vollkommen übereinstimmen. Da diese Zitate sich auf Varianten vom kanonischen Text beschränken, so können wir uns daraus von dem Ganzen, d. h. von der Anordnung des Stoffs, keine Vorstellung bilden. Das Hebräerevangelium wird aber immer mit unserem Matthäus zusammen gestellt. Es wirkte dabei freilich ein, daß es wirklich in der Sprache geschrieben war, aus der Matthäus nach Meinung der Kirchenväter übersetzt sein sollte. Indessen das konnte nicht den Ausschlag geben, wenn der Inhalt widersprach. Obgleich Hieronymus die Meinung bestreitet, daß das Hebräerevangelium der authentische Matthäus sei, so nennt er es doch das hebraicum evangelium secundum Matthaeum, läßt erkennen, daß es zur Vergleichung mit Matthäus aufforderte, legt diesen als Maß an und konstatiert die Abweichungen von ihm. Mit Recht hat man sich auch darauf berufen, daß so kennzeichnende Ausdrücke des Matthäus wie der Vater im Himmel und das Reich des Himmels im Hebräerevangelium wiederkehren.

---

[1]) Die Reste sind zuerst gesammelt von Grabe im Spicilegium, zuletzt von Preuschen in den Antilegomena.

§ 11. Das Hebräerevangelium.

Am entschiedensten bringt Epiphanius das Hebräerevangelium mit Matthäus zusammen. Es lag ihm freilich in einer anderen Rezension vor als dem Origenes und dem Hieronymus, und er fand es bei den Ebioniten, die er von den Nazaräern unterscheidet. Indessen werden die Rezensionen trotz ihrer starken Abweichungen doch von der selben Grundlage ausgegangen sein, da der Name (καθ' Ἑβραίους) und das Verhältnis zu Matthäus sich gleicht. Hieronymus hat, wie es scheint, den Unterschied übersehen; er sagt, nicht bloß die Nazaräer, sondern auch die Ebioniten hätten das Hebräerevangelium in Gebrauch. Die ältere Rezension, die schon dem Origenes bekannt war, ist die der Nazaräer.

In früherer Zeit sagt Eusebius: es läuft ein Kommentar des Symmachus um, worin er die Häresis der Ebioniten zu stärken glaubt, indem er gegen das Evangelium Matthäi polemisiert. Das kann kaum etwas anderes bedeuten, als daß der bekannte Übersetzer des Alten Testaments für das Evangelium der Sekte, der er selber angehörte, eintrat gegen das kanonische, mit dem es zu vergleichen war. Dabei muß er, um den Lesern das Verständnis seiner Beweisführung zu ermöglichen, wenigstens die Abweichungen seines Evangeliums von dem des Matthäus ins Griechische übertragen haben. Es ist wahrscheinlich, daß Origenes, der nicht oder wenigstens nicht genug aramäisch verstand, die Varianten, die er anführt, aus Symmachus entnommen hat; die Ebioniten des Symmachus waren nicht die des Epiphanius, ihr Evangelium wird vielmehr dasjenige gewesen sein, welches später das der Nazaräer genannt wurde. Dann hat Hieronymus seine Selbständigkeit als Übersetzer etwas übertrieben. Wenn jedoch Origenes das vollständige Hebräerevangelium kannte, so muß es schon damals eine vollständige griechische Übersetzung davon gegeben haben. Das wäre dann das Exemplar in der Bibliothek des Pamphilus. Hieronymus bezeichnet dieses freilich als ipsum hebraicum. Aber wenn er das aramäische Original in Cäsarea vorfand, warum ging er dann zu den Nazaräern in Beröa, um es dort zu kopieren? lediglich wegen des kritischen Bestrebens, den Text auf mehr als einen Zeugen zu stützen? Man dürfte ihm schon zutrauen, daß er seinem lateinischen Publikum die Existenz einer vollständigen Übersetzung vor ihm zu verhehlen suchte. Indessen ist eine solche Annahme in diesem Fall doch schwierig, und sie wird unnötig, wenn Origenes nur die Varianten aus Symmachus kannte.

§ 11. Das Hebräerevangelium. 109

Das Hebräerevangelium hat bei den Gelehrten der alten Kirche eine Zeit lang lebhafte Aufmerksamkeit erregt, um dann schließlich mit der Sekte, die es konservierte, ins Dunkel zu versinken. Als man aber in neuerer Zeit begann, am Begriff des Kanons zu rütteln und die Apokryphen gegen ihn auszuspielen, ist es wieder zu hohen Ehren gekommen und der Ausgang der Untersuchungen über den Ursprung der Evangelienliteratur geworden. Lessing warf die Hypothese hin, es sei das Urevangelium gewesen. Johann Gottfried Eichhorn, ein lange Zeit sehr überschätzter Gelehrter, nahm dieselbe auf und suchte sie durchzuführen. Um jedoch die synoptischen Evangelien daraus ableiten zu können, sah er sich genötigt, an stelle des wirklichen Hebräerevangeliums, wie es uns restweise überliefert ist, einen neutralen Schemen zu setzen und dann noch eine Menge von teils aramäisch, teils griechisch abgefaßten Mittelstufen anzunehmen: aus diesen chimärischen Schriften, die alle parallel gingen und das ganze Evangelium umfaßten, sollen dann die Synoptiker sich was ihnen paßte ausgewählt haben, indem sie sie vor sich liegen hatten und den Blick von einer zur anderen wandern ließen. Damit hatte er gegen seine Absicht die Unbrauchbarkeit der Hypothese Lessings praktisch erwiesen. Einen starken Stoß empfing sie dann, soweit sie stillschweigend den Vorzug des ersten Evangeliums vor den beiden anderen voraussetzt, durch die Erkenntnis Schleiermachers, daß dasselbe eine sekundäre Komposition sei; den entscheidenden endlich durch die Entdeckung Lachmanns, daß Markus und daneben eine Redesammlung die wahren Quellenschriften der Synoptiker seien. Die Tübinger wollten das zwar nicht gelten lassen. Hilgenfeld ließ sich noch im Jahre 1863 vernehmen, daß jede neue Untersuchung das Urteil von Hieronymus (?) und Lessing bestätige, daß im Hebräerevangelium der archimedische Punkt der ganzen Evangelienfrage liege, den man bei Markus vergeblich suche. Trotzdem darf es jetzt als anerkannt gelten, daß das Umgekehrte richtig ist.

Wenngleich nun aber das Hebräerevangelium als Grundlage der Synoptiker durch Markus ausgeschlossen ist, so könnte ihm doch eine unabhängige Stellung neben jenem zuerkannt werden. Oder wenn die Annahme zu schwierig erscheint, daß es keine spätere Komposition sei, sondern auf höherer Stufe stehe als Matthäus und Lukas, und daß seine Gleichsetzung mit Matthäus auf bloßem Irrtum beruhe, so könnten vielleicht darum doch seine Varianten für wertvoll, für

§ 11. Das Hebräerevangelium.

Ausflüsse aus alter echter Tradition gelten. In der Tat sind angesehene Gelehrte noch heute solcher Meinung, so daß eine erneute Prüfung dieser Varianten nicht überflüssig erscheint. Die des Epiphanius brauchen dabei nicht berücksichtigt zu werden.

2. Es trifft sich, daß uns am Anfang der Taufbericht und am Schluß der Bericht über die Erscheinungen des Auferstandenen aus dem Hebräerevangelium erhalten sind. Von dem Taufbericht gibt Hieronymus zwei größere Fragmente, die hier im Druck durch eine Reihe von Punkten geschieden werden. „Ecce mater domini et fratres eius dicebant ei: Joannes baptista baptizat in remissionem peccatorum, eamus et baptizemur ab eo! Dixit autem eis: quid peccavi, ut vadam et baptizer ab eo? nisi forte hoc ipsum quod dixi ignorantia est!..... Factum est autem, cum ascendisset de aqua, descendit fons omnis spiritus sancti et requievit super eum et dixit illi: fili mi, in omnibus prophetis expectabam te, ut venires et requiescerem in te; tu es enim requies mea, tu es filius meus primogenitus, qui regnas in sempiternum."

Johannes wird hier nicht bloß von dem Schriftsteller, sondern auch von den Zeitgenossen d e r T ä u f e r genannt, wie bei Matthäus und gegen Markus, der einen Unterschied macht. Jesus heißt hier und überall im Hebräerevangelium d e r H e r r, wie in einzelnen Stücken der kanonischen Evangelien und in größeren Partien der Syra. Die Taufe schickt sich für ihn eigentlich nicht. Diese Empfindung äußert sich bei Matthäus ebenfalls. Nur wird sie dort von Johannes ausgesprochen, hier dagegen von Jesus selber. Er fühlt sich der Vergebung der Sünden nicht bedürftig, wenn nicht eben dies eine unbewußte Sünde (ignorantia = ἄγνοια = sch'gaga) sei. Er geht aber doch zur Taufe, freilich nicht wie bei Matthäus aus freien Stücken, sondern angetrieben von seiner Familie; es wird ein Gespräch mit dieser mitgeteilt, was bei den Synoptikern außer Lc 2, 41 ss. niemals vorkommt: Mutter und Brüder treten ähnlich hervor wie im vierten Evangelium [1]). Sie wollen selber zu Johannes und bewegen ihn mitzugehn — es ist recht störend, daß er nun nicht allein, sondern in Kompagnie getauft wird. Sie führen ihn unbewußt seinem Berufe zu und bleiben auch in der Folge, wie später erhellt, mit ihm verbunden, während er sich bei Markus von ihnen losreißt. Bei dem Schlußeffekt fehlt das Sichtbare, die Spaltung des Himmels und

---

[1]) Vgl. mein Ev. Johannis S. 14, 35, 103.

§ 11. Das Hebräerevangelium. 111

die Taube. Und nicht bloß der Geist senkt sich auf Jesus herab, sondern dessen Quell, d. i. Gott selber, von dem allein die Worte gesprochen werden können: du bist mein erstgeborener Sohn! In Jesus findet Gott endlich das reine Gefäß, worin er den Geist in seiner ganzen Fülle ausströmen lassen kann: früher hat er es schon mit den Propheten versucht, ist aber da nicht zum Ziel gekommen; sie waren nur unvollkommene, weil nicht sündlose [1]), Vorläufer dessen, in dem der Geist restlos aufging und blieb. Das entspricht dem Anfange des Hebräerbriefes und des vierten Evangeliums: in Jesus fand die Offenbarung, die bis dahin nur stückweise in Ansätzen erfolgte, endlich ihren adäquaten Ausdruck; in ihm verkörperte sie sich. Denn der Geist ist das Prinzip der Offenbarung. Es finden sich also Anknüpfungen an Matthäus, aber die Theologie ist über ihn hinaus geschritten. Teilweise wird sie von Gott selber vorgetragen, der eine förmliche Rede hält.

Über die Erscheinungen des Auferstandenen teilt Hieronymus ein Stück aus Ignatius mit (ad Smyrn. 3), welches nach seiner Meinung von diesem aus dem Hebräerevangelium entnommen ist, also jedenfalls darin gestanden hat [2]). „Quando venit ad Petrum et ad eos qui cum Petro erant, dixit eis: ecce, palpate me et videte quia non sum daemonium incorporale — et statim tetigerunt eum et crediderunt." Das geht über Matthäus hinaus und steht in dem ψηλαφᾶν des Leibes des Auferstandenen auf gleicher Stufe mit späten Legenden bei Lukas und Johannes. Vorher aber geht ein anderes und ganz originelles Stück. „Dominus autem, cum dedisset sindonem servo sacerdotis, ivit ad Jacobum et apparuit ei; iuraverat enim Jacobus se non comesurum panem ab illa hora, qua biberat calicem domini, donec videret eum resurgentem a dormientibus. *Rursusque post paululum*: Adferte, ait dominus, mensam et panem! *Statimque additur*: Tulit panem et benedixit ac fregit et dedit Jacobo Justo et dixit ei: frater mi, comede panem tuum, quia resurrexit filius hominis a dormientibus." Zunächst hatte also der Auferstandene den Knecht des

---

[1]) Etenim in prophetis quoque, postquam uncti sunt spiritu sancto, inventus est sermo peccati — heißt es zu Mt 18, 21. Sermo peccati = λόγος ἁμαρτίας stellt sich zu λόγος πορνείας Mt 5, 32; es ist jüdisch-aramäisch.

[2]) Das Hebräerevangelium hat manches mit anderen apokryphen Evangelien gemein gehabt; die Stelle, die Ignatius daraus entnommen haben soll, wird von Origenes aus der Doctrina Petri zitiert.

Hohenpriesters, der, wie es scheint, als zur Grabeswache gehörig gedacht wird, sein kostbares Leichengewand geschenkt; vermutlich zum Ersatz für das abgehauene Ohr, welches nach Matthäus nicht wieder angesetzt worden ist [1]). Dann ist er zu Jakobus gegangen und ihm erschienen. Es folgt eine Lücke, in der der Übergang zu der pluralischen Anrede a d f e r t e gemacht sein muß; es wird also darin gestanden haben, daß Jesus mit Jakobus zu Petrus und den Jüngern ging oder sie durch jenen zusammenrufen ließ. Jakobus hat den Beinamen Justus und ist der leibliche Bruder Jesu. Ihm wird die erste Erscheinung des Herrn zu teil, während nach 1 Cor 15 die letzte. Sie gebührt ihm, weil er beim Trinken des Herrenbechers geschworen hat, nicht eher zu essen, als bis er den Auferstandenen sähe. Er ist also gläubig, ebenso wie die Brüder überhaupt nach dem vierten Evangelium. Den Herrenbecher soll er vermutlich bei der Eucharistie getrunken haben. Es muß aber noch etwas hinzukommen, wodurch diese für ihn eine besondere Bedeutung bekam. Seine Teilnahme am gemeinsamen Genuß des Abendmahls konnte kaum so ausgedrückt und verwertet werden, wenn nicht auf den Bruder des Herrn zugleich die Verheißung für den gleichnamigen Zebedaiden übertragen wäre, daß er den Becher des Herrn trinken solle [2]): nach Annahme des Hebräerevangeliums wurde diese Verheißung beim Abendmahl erfüllt. Über eine Vermutung wird man hier zwar nicht hinauskommen; aber auch ohnehin ist es klar, daß die Christophanie vor Jakobus auf eine Zeit hinweist, wo die alte Tradition schon völlig aufgelöst war und alle Begriffe sich verwirrt hatten. Ohne Zweifel hat die Tendenz eingewirkt, den Bruder des Herrn und Bischof von Jerusalem dem Petrus und den Zwölfen nicht nur gleich, sondern voran zu stellen. Das Brotbrechen des Auferstandenen erinnert an Lc 24, 13 ss. und an Joa 21, 1 ss.

---

[1]) Nach der Didascalia syr. 89, 1 ed. Lagarde kommt Jesus zuerst zu Levi, dann zu den Aposteln. Levi ist also kein Apostel, was aber dann? Vgl. ZNT 2, 151 s. und Walter Bauer, Leben Jesu (1909) 264. 417.

[2]) Mt 20, 23. Wie ist es dann zu begreifen, daß das Hebräerevangelium von den anderen Zebedaiden absieht, dem die Verheißung gleichfalls gegeben wurde? Vielleicht ging es von einem Text des Matthäus aus, worin die Ansage des Martyriums an Johannes unterdrückt war, weil sie sich nicht erfüllt hatte. Es selber kann diese Korrektur nicht gemacht haben, da es das Trinken des Bechers nicht auf das Martyrium bezieht, sondern wörtlich versteht. Vgl. Act 12, 2.

§ 11. Das Hebräerevangelium.

3. Die übrigen Varianten des Hebräerevangeliums sind meist nicht von großer Bedeutung; einige wichtige müssen aber noch ausgehoben werden.

In dem Fragment „so eben nahm mich meine Mutter, der heilige Geist, an einem meiner Haare und trug mich fort auf den hohen Berg Tabor" wird der wunderbare Vorgang[1]) ex persona salvatoris vorgetragen, wie Hieronymus sich ausdrückt. Das soll ein Vorzug sein, weil er dann für ein bloß inneres Erlebnis gelten könne; indessen schlägt die Ichform der Erzählung ganz aus der Art der alten Tradition. In dem Apokryphon vom Bel zu Babel (Theodotion) faßt der Engel des Herrn den Propheten Habakuk beim Schopf und versetzt ihn ἐν τῷ ῥοίζῳ τοῦ πνεύματος αὐτοῦ nach Babylon. Der Schopf wird in unserem Fragment auf ein Haar reduziert, der Engel ἐν τῷ ῥοίζῳ τοῦ πνεύματος αὐτοῦ vereinfacht zum πνεῦμα und darunter nicht so wohl der Wind verstanden als der göttliche Geist, welcher als Mutter des Herrn vorgestellt wird. Diese Vorstellung wird nun für die Altertümlichkeit des Berichts ins Treffen geführt. Sie ist mythisch, ebenso wie die im Hebräerevangelium fehlende vom Geist als brütender Taube; aber darum kann sie ebenso gut spät wie früh in die evangelische Legende eingedrungen sein. Sie spricht vielleicht mehr an als die von der Z e u g u n g durch den Geist bei Lukas, weil sie doketischer ist und die Verbindung eines göttlichen Vaters mit einer menschlichen Mutter vermeidet; ob sie darum weniger spät ist, läßt sich aber auch bezweifeln. Sicher zwar ist sie semitischer, da רוח weiblich gedacht wird; aber was besagt das für das ja überhaupt in semitischer und nicht in griechischer Sprache abgefaßte Hebräerevangelium! Schließlich werden alle solche Argumente dadurch völlig entkräftet, daß Jesus selbst sich als geboren von dem heiligen Geist bezeichnet, und zwar ganz beiläufig, als wäre es selbstverständlich. Der Unterschied zwischen dem was später über ihn geglaubt wurde, und dem was er selber von sich sagte, ist hier in einer Weise verwischt, die nirgend in den kanonischen Evangelien ihresgleichen hat, auch nicht im vierten.

---

[1]) Ob er die Versuchung oder die Verklärung einleitet, ist strittig. Bei der Verklärung, wie sie von den Synoptikern berichtet wird, war Jesus nicht allein. Bei der Versuchung aber hatte er noch keine Vertraute, denen er den Vorgang alsbald (m o d o tulit me) erzählen konnte; denn seiner Mutter Maria und deren Söhnen gegenüber wären ihm schwerlich die Worte in den Mund gelegt worden: meine Mutter, der heilige Geist usw.

§ 11. Das Hebräerevangelium.

In der Perikope Mt 12, 9 ss. hat das Hebräerevangelium ein Plus. Der Mensch mit dem starren Arm kommt zu Jesus und sagt: „ich war ein Maurer und erwarb mir den Unterhalt mit meiner Hände Arbeit; ich bitte dich mir die Gesundheit wiederzugeben, damit ich nicht schimpflich ums Brod zu betteln brauche". Das soll ursprünglich sein. Aber solche detaillierte Züge können auch Tand und Flitter sein; sie beweisen für sich nichts, es sei denn, daß ohne sie der Pragmatismus litte.

In der Perikope Mt 19, 16 ss. heißt es: „Dixit ad eum alter divitum: magister, quid bonum faciens vivam? Dixit ei: homo, legem et prophetas fac! Respondit ad eum: feci. Dixit ei: vade, vende omnia quae possides et divide pauperibus et veni, sequere me. Coepit autem dives scalpere caput suum et non placuit ei. Et dixit ad eum dominus: quomodo dicis, legem feci et prophetas? quoniam scriptum est in lege: diliges proximum tuum sicut te ipsum, et ecce multi fratres tui, filii Abrahae, amicti sunt stercore, morientes prae fame, et domus tua plena est multis bonis, et non egreditur omnino aliquid ex ea ad eos. Et conversus dixit Simoni discipulo suo sedenti apud se: Simon fili Joannis, facilius est camelum intrare per foramen acus, quam divitem in regnum coelorum". Im Unterschied von Matthäus treten also zwei Reiche auf[1]); nur von dem einen jedoch ist der Bericht erhalten. Auf die Zumutung, er solle seine Habe den Armen geben, antwortet er mit der Geberde, daß er sich den Kopf kratzt — darüber ist man ebenso entzückt wie über den Maurer, und es hat ebenso wenig zu bedeuten. Wichtiger sind andere Unterschiede von Matthäus. Sie werfen dessen Bericht scheinbar völlig um, gehn aber doch davon aus. Nämlich von zwei Punkten, in denen er von Markus abweicht. Diese Abweichungen sind von Matthäus auf den Markustext, den er im Ganzen beibehält, wie neue Lappen auf ein altes Kleid aufgeheftet, dessen Gewebe sie in der Tat zerreißen. Das Hebräerevangelium dagegen benutzt sie, um das Ganze umzugestalten, so daß von Markus nichts übrig bleibt. Es stimmt zunächst mit Matthäus überein in der Korrektur Meister was muß ich Gutes tun? für guter Meister was muß ich tun? Damit fällt die Anknüpfung für die Zurechtweisung Jesu, die bei Markus

---

[1]) Vgl. Mt 8, 19 ss. Lc 9, 57 ss.

§ 11. Das Hebräerevangelium.

folgt: was nennest du mich gut? Matthäus bringt sie aber doch, mit einer unbeholfenen Änderung des Übergangs; das Hebräerevangelium läßt sie konsequent aus und geht alsbald zu der eigentlichen Antwort Jesu auf die einleitende Frage über. Zweitens stimmt es mit Matthäus überein in dessen Zusatz zu den Geboten des Dekalogs bei Markus: **und du sollst deinen Nächsten lieben wie dich selbst.** Bei Matthäus ist dieser Zusatz unpassend, da der Markustext daneben stehn bleibt; denn die Forderungen der iustitia civilis im Dekalog lassen sich wohl überbieten, nicht jedoch das Gebot, den Nächsten zu lieben wie sich selbst. Das Hebräerevangelium nun rückt dies Gebot, mit Auslassung des Dekalogs, in die Mitte und baut darauf ein neues und solides Ganzes auf, mit völliger Aufgabe des alten Textes, von dem Matthäus sich nicht losreißen kann. Jesus hält dem Reichen von vornherein nicht die Forderungen des Dekalogs vor, sondern die des Gesetzes und der Propheten, die in dem Gebot gipfeln: du sollst deinen Nächsten lieben wie dich selbst; und auf die Versicherung des Reichen, dies gehalten zu haben, weist er ihn darauf hin, daß er sich durch die Tat Lügen strafe, da er seine armen Brüder in Schmutz und Hunger verkommen lasse. Der Reiche erscheint ganz unsympathisch (non egreditur omnino aliquid ex domo tua ad pauperes) und gradezu als Heuchler; wie hätte Jesus ihn so, wie er in diesem Apokryphon erscheint, lieben können (Mc 10, 21) oder auch nur zur Nachfolge auffordern! Die Hingabe von Hab und Gut ist mehr eine Forderung der Nächstenliebe als der Nachfolge Jesu, darum auch schon alttestamentlich und nicht eigentümlich evangelisch. Den Vorzug größerer Einheitlichkeit und Folgerichtigkeit hat das Hebräerevangelium vor dem des Matthäus voraus, aber nicht den Vorzug größerer Ursprünglichkeit. Es geht den Weg zu Ende, den jenes signalisiert.

Die Parabel von den Talenten soll im Hebräerevangelium folgendes Aussehen gehabt haben. „Es waren drei Knechte, einer verpraßte seines Herren Gut mit Huren und Flötenspielerinnen, einer vervielfachte den Gewinn, einer verbarg das Talent; dann wurde der eine (der Vervielfältiger) gnädig aufgenommen, der eine (der Verberger) nur getadelt, der eine (der Verprasser) ins Gefängnis gesteckt." Diese Form der Parabel geht von Matthäus (25, 14 ss.) aus, nicht von Lukas (19, 11 ss.). Es wird nur ein Zug aus Lukas eingetragen, nämlich aus der Erzählung vom verlorenen Sohn, der das ihm zugefallene

Erbe seines Vaters liederlich verpraßte. Dieser Zug aber ist geeignet, die gleichnismäßige Bedeutung der Talente zu verdunkeln. Ein Gleiches gilt auch davon, daß der Verberger des Talents verhältnismäßig gelinde davon kommt. Nach der wahren Pointe der Parabel ist das das Schlimmste, daß man die von Gott verliehenen Gaben rosten läßt.

4. Epiphanius scheint es für möglich zu halten, daß das Hebräerevangelium aus dem Griechischen in das Aramäische übersetzt sei; er weiß von Hörensagen, daß dies auch mit dem vierten Evangelium und der Apostelgeschichte geschehen sei; wir selbst besitzen noch jetzt eine solche Übersetzung des griechischen Tobit. Es kann sich dabei natürlich nur um das mit Matthäus Übereinstimmende handeln, nicht um die Änderungen und Zusätze, die der aramäisch schreibende Verfasser angebracht hat. Sofern nun das Hebräerevangelium von dem auf der Grundlage des Markus beruhenden Matthäus abhängt, der nie anders als griechisch existiert hat, muß es Übersetzung sein. Dagegen beruft man sich auf Mt 6, 11. Hieronymus sagt von der vierten Bitte des Vaterunsers: „In hebraico evangelio secundum Matthaeum ita habet: panem nostrum crastinum da nobis hodie". Anderswo gibt er an: „In evangelio secundum Hebraeos pro supersubstantiali pane reperi m a h a r". Das Äquivalent für panem nostrum crastinum kann freilich nicht das nackte m a h a r sein, auch nicht l ' h e m m a h a r, noch weniger das grammatisch unzulässige l a h m a n m a h a r, sondern nur l a h m a n d i l m a h a r oder vielleicht l a h m a n l ' m a h a r. Hieronymus muß sich also leichtfertig kurz ausgedrückt haben. Wer nun d i l ' m a h a r als Original für ἐπιούσιος ansetzt, leitet dieses von ἡ ἐπιοῦσα ab. Aber man begreift nicht, warum statt des naheliegenden τὸν εἰς αὔριον das ganz absonderliche τὸν ἐπιούσιον gesetzt sein soll, zumal dadurch auch der Sinn verdorben wird. Denn dem voraufgehenden σήμερον entspricht nicht ἡ ἐπιοῦσα, sondern nur αὔριον; ἐπιούσιος als Ableitung von ἡ ἐπιοῦσα zerstört den Gegensatz, der im Hebräerevangelium ausgedrückt ist. Es dünkt mich also unwahrscheinlich, daß ἐπιούσιος eine Übersetzung von d i l ' m a h a r ist, und vielmehr wahrscheinlich, daß es im Hebräerevangelium auf grund der Ableitung von ἡ ἐπιοῦσα zu einem passenden Sinn umgedeutet ist, damit es dem σήμερον entspreche. Man kann verstehn, daß das Hebräerevangelium ἐπιούσιος mit d i l ' m a h a r, aber

nicht, daß Matthäus d i l ' m a h a r mit ἐπιούσιος wiedergab. — Hinwiederum darf man sich zu gunsten der Annahme, daß das Hebräerevangelium aus dem Griechischen übertragen sei, auf Mt 27, 16 berufen. Es hat nämlich dort statt Bar Abba gelesen Bar Rabban, was von Origenes mit υἱὸς τοῦ διδασκάλου ἡμῶν interpretiert wird und ähnlich von Hieronymus [1]). Das heißt, es hat den Akkusativ Βαραββᾶν, in welchem der Name bei Matthäus ausschließlich (fünf mal) vorkommt, beibehalten und ist also vom griechischen Texte ausgegangen. Jedenfalls kann Βαραββᾶς nicht aus Barrabban gräcisiert sein; es müßte Βαραββάνας heißen. Nach m a r á n a t h a und auch nach einer inschriftlichen Bezeichnung des Tetrarchen Philippus als m a r á n a zu schließen, sagte man auch zu Jesu Zeiten nicht r a b b a n, sondern r a b b á n a; der vokalische Auslaut des Pronominalsuffixes der 1. Pluralis blieb in Palästina erhalten. Und schließlich ist Barabba bei den Juden ein häufiger Personenname, Barrabban aber, wenn überhaupt, so wenigstens in älterer Zeit nicht nachzuweisen.

Das allgemeine Ergebnis der Untersuchung ist, daß das Hebräerevangelium unseren Matthäus voraussetzt. Es baut die Korrekturen aus, welche dieser an Markus vorgenommen hat, wie aus den Perikopen von der Taufe und vom reichen Jüngling hervorgeht. Von Matthäus abwärts neigt es sich zu Lukas und Johannes, wie der Bericht über die Christophanien erkennen läßt, unter denen besonders die vor Jakobus dem Gerechten charakteristisch ist [2]). Mit Markus berührt es sich gar nicht; von dem Ausgangspunkt der evangelischen Literatur ist es am weitesten entfernt. Die über die kanonischen Evangelien hinausgehenden Partien mögen allerdings nicht alle erst von den Gelehrten des Hebräerevangeliums, wie sie Hieronymus nennt, stammen, sondern zum teil schon früher bestanden haben und umgelaufen sein; aber es sind dann nicht Reste einer uralten, sondern Auswüchse einer jungen Tradition, als welche sie sich meist durch

---

[1]) Die Deutung stammt natürlich nicht von dem Hebräerevangelium selber (denn da müßte ja Bar Rabban durch Bar Rabban interpretiert sein, idem per idem), sondern von dessen Interpreten. Das filius magistri e o r u m des Hieronymus ist Oratio obliqua, wenn es nicht auf einer Oscitanz des Kirchenvaters beruht; denn B a r R a b b ' h ô n als Personenname wäre unmöglich.

[2]) Mit dem vierten Evangelium hat das der Hebräer auch das gemein, daß Petrus als Sohn des Johannes bezeichnet wird.

ihre Theologie kennzeichnen. Wie alt das Apokryphon ist, läßt sich
mit Bestimmtheit nicht ausmachen. In der Mitte des zweiten christlichen Jahrhunderts muß es schon in der Gestalt vorhanden gewesen
sein, in der Origenes und Hieronymus es kannten.

§ 12. Zacharias Barachiae.

Nach der Niederwerfung Galiläas durch Vespasian A. D. 67 brach
in Jerusalem ein Sturm aus gegen die bis dahin noch wesentlich
aristokratische Regierung, die des Verrats, des heimlichen Einver-
ständnisses mit den Römern, geziehen wurde. Er ging aus von den
Zeloten, die nach jenem Ereignis aus der Provinz in die Hauptstadt
geflüchtet waren. Die jerusalemischen Bürger, von dem Erzpriester
Ananus geführt, setzten sich zwar wider die Eindringlinge zur Wehre;
aber als diese im Winter von 67 auf 68 Sukkurs von den Idumäern
erhielten, war ihr Sieg entschieden. Sie feierten ihn durch ein Würgen,
dem namentlich die geistliche und weltliche Aristokratie zum Opfer
fiel. Es war der Untergang der alten jüdischen Regierung, man kann
sagen des alten jüdischen Gemeinwesens. Das allgemeine Gemetzel
hatte aber noch ein Nachspiel. Es waren ihm einzelne den Zeloten
misliebige Männer entgangen, so der vornehme und reiche Zacharias
Sohn des Bariscäus [1]). Der wurde nachträglich aufgegriffen und
im Tempel vor Gericht gestellt, verteidigte sich jedoch gegen die Anklage auf Verrat mannhaft und mit solchem Erfolg, daß die Richter
für Freisprechung stimmten. Sofort fielen zwei Zeloten über ihn her
und stießen ihn auf der Stelle [2]) nieder mit den Worten: da hast du
auch unsere Stimmen!

Mit diesem Zacharias Bariscaei wird der in dem Herrenwort
Mt 23, 35 erwähnte Zacharias Barachiae zusammengebracht, angeblich schon von Chrysostomus, und in späterer Zeit von vielen Gelehrten, seit Hugo Grotius bis auf Herder [3]). Da aber Jesus dann
auf ein Ereignis Bezug genommen haben müßte, welches erst lange
nach seinem Tode eintrat, so ist neuerdings, namentlich seit Theile [4]),

---

[1]) Der Name Bariscäus läßt sich nicht identifizieren, Bar (Sohn) steckt
nicht darin. Varianten: Baruch, Baris. Baruch ist eine Nebenform von Barachias.

[2]) Ἐν μέσῳ τῷ ἱερῷ Bellum 4, 343 scheint nach 4, 344 ἐν τῷ περιβόλῳ
zu bedeuten.

[3]) ed. Suphan 19, 398. Anders 19, 235.

[4]) In Winers und Engelhardts neuem krit. Journal 2, 401 ss.

§ 12. Zacharias Barachiae.

Zacharias Bariscaei als der in Mt 23, 35 gemeinte Märtyrer ziemlich allgemein aufgegeben und an seine Stelle nach dem Vorgang des Hebräerevangeliums der Hohepriester Zacharia ben Jojada gesetzt, der nach 2 Chron 24, 20 s. auf Befehl des Königs Joas von Juda im Vorhof des Tempels getötet sein soll, um die Mitte des neunten Jahrhunderts vor Chr. Es wird angenommen, Matthäus habe den Vatersnamen, der in der Parallelstelle bei Lukas (11, 51) fehlt, aus dem Eigenen hinzugetan und sich dabei geirrt, indem er den Zacharias ben Jojada vielleicht mit Zacharias Bariscaei, vielleicht auch mit dem Propheten Zacharia ben Berechia verwechselte. Nun ist aber die biblische Chronik ein nicht populäres, sondern gelehrtes Buch, das zu Vorlesungen nicht gebraucht und erst sehr spät, nach der Abtrennung von Esdrae und Nehemiae, in den Kanon aufgenommen wurde; es wird im Neuen Testament nicht daraus zitiert, vielmehr aus den parallelen Büchern Samuelis und der Könige, in denen jene Geschichte nicht steht. Man würde von vornherein annehmen, daß Jesus die Chronik nicht gekannt habe. Sehr befremdlich wäre es jedenfalls, daß er eine nur darin vorkommende Angabe ans Licht gezogen und als seinen Zuhörern bekannt vorausgesetzt hätte. Diesem Bedenken gegenüber sucht nun Moore nachzuweisen, daß grade an die Stelle der Chronik, um die es sich handelt, eine Legende sich angeknüpft habe, die auch Jesu und seinen Zuhörern bekannt gewesen sein dürfe [1]). Er sammelt die Stellen, wo jene Legende in der rabbinischen Literatur vorkommt und gibt von ihrer ältesten Form eine englische Übersetzung, die ich hier ins Deutsche übertrage.

„R. Johanan sagte: acht tausend von der Blüte der Priesterschaft wurden für das Blut des Zacharia erschlagen. — R. Juda fragte den R. Acha: wo töteten sie den Zacharia, im Hofe der Weiber oder im Hofe Israels? Jener antwortete: weder im Hofe der Weiber noch im Hofe Israels, sondern im Hofe der Priester. Und sie verfuhren mit seinem Blute nicht wie mit dem Blute eines Hirsches oder einer Antilope. In bezug auf dieses steht geschrieben (Lev 17, 13): er soll das Blut ausschütten und mit Erde bedecken. Aber in bezug auf jenes (Ez 24, 7. 8): denn das von ihr (von der Stadt Jerusalem) vergossene Blut ist mitten in ihr geblieben, sie hat es nicht auf die Erde geschüttet und mit Staub bedeckt — um Grimm zu erregen,

---

[1]) Journal of the American Oriental Society 1906 p. 317 ss.

um Rache zu nehmen habe Ich (Jahve) das von ihr vergossene Blut auf den blanken Fels getan, damit es nicht bedeckt würde. — Israel beging (mit dem Morde Zacharias) sieben Sünden an dem selben Tage: sie töteten einen Priester, und einen Propheten, und einen Richter, und vergossen unschuldiges Blut, und entweihten den Hof, und es war ein Sabbat, und der Versöhnungstag. Als Nabuzaradan (im Auftrage Nabukodrossors) an die Stelle kam, sah er das Blut aufwallen und fragte sie, was für Blut das wäre. Sie antworteten: das Blut von Stieren und Lämmern und Widdern, das wir auf unsern Altar zu bringen pflegen. Da brachte er Stiere und Widder und Lämmer und schlachtete sie über dem Blut Zacharias, aber es fuhr fort zu wallen. Da sie ihm nicht die Wahrheit bekannten, so .... [1]). Sie dachten: in anbetracht dessen, daß der Heilige, der Hochgelobte, gewillt ist sein Blut von uns zu fordern, (wollen wir die Wahrheit gestehn). Sie sagten zu ihm: dies ist das Blut eines Priesters und Propheten und Richters, der uns das weissagte, was du uns jetzt tust, und wir erhuben uns gegen ihn und töteten ihn. Nun brachte er acht tausend von der Blüte der Priesterschaft und schlachtete sie für das Blut Zacharias; doch es fuhr fort zu wallen. Da schalt er es und sagte: verlangst du, daß dein ganzes Volk deinetwegen ausgerottet werde? Darauf wurde der Heilige, der Hochgelobte, von Mitleid erfüllt und sagte: wenn er, Fleisch und Blut und ein grausamer Mann, von Mitleid mit meinen Kindern erfüllt wird, um wie viel mehr ich, von dem geschrieben steht: denn ein barmherziger Gott ist der Herr dein Gott, er wird dir nicht versagen, noch dich vernichten, noch den Bund mit deinen Vätern vergessen. Damit gab er dem Blut einen Wink, und es wurde alsbald aufgesogen."

Die Hauptsache, auf die es ankommt, fehlt hier. Auf die Chronikstelle wird durchaus nicht Bezug genommen; Israel hat die Schuld begangen und nicht der König, Israel (vor allem die Priesterschaft) büßt sie und nicht der König. Von dem Hohenpriester Zacharia ben Jojada ist mit keinem Worte die Rede. Moore nimmt aus eigener Macht an, daß er gemeint sei. Aber wenn man auch zugeben wollte, daß er dazu ein Recht hätte und daß ferner die rabbinische Legende, die nach ihm für das vierte christliche Jahrhundert nachweisbar sein

---

[1]) Die folgenden Worte werden von Moore übersetzt: he strung them up in the place of judgement. Diese Übersetzung scheint mir unsicher.

soll, Jesu und seinen Zeitgenossen vertraut gewesen wäre, so eignet sich doch ihr Inhalt durchaus nicht zur Erklärung von Mt 23, 35 oder von Lc 11, 51. Denn da steht die Strafe für den Mord, nämlich die Zerstörung Jerusalems, noch aus; hier dagegen ist sie längst durch die Chaldäer vollstreckt und das unschuldig vergossene Blut längst abgewaschen. Und wenn man statt von der rabbinischen Legende direkt von der Chronikstelle ausgeht, so liegt die Sache nicht anders: für die dort berichtete Entweihung des Tempels (die übrigens sofort an dem schuldigen Könige gerächt wird) könnte auch nur die erste Zerstörung Jerusalems und nicht die zweite die Strafe sein. Dazu kommt noch eine andere Unstimmigkeit. Dem Abel als ersten Märtyrer entspricht in dem Ausspruch Jesu Zacharias als letzter. Zacharia ben Jojada war aber nicht der letzte; nach ihm haben die Juden noch viele Propheten und Gerechte umgebracht, z. B. unter König Manasse und unter König Jojakim. Es ist eine elende Auskunft, daß der im neunten vorchristlichen Jahrhundert umgebrachte Hohepriester als der letzte vor A. D. 70 umgebrachte Märtyrer gelten könne, weil die Chronik am Ende des Kanons stehe. Dieses Aberwitzes schämt sich auch Moore; er weist darauf hin, daß die Bücher des Alten Testaments zur Zeit Jesu noch nicht wie in einer Tauchnitzausgabe zusammen gebunden waren, sondern einzeln umliefen. „It is not, because the death of Zechariah was the last crime of the kind in Jewish history, that it is named in the Gospel, but because it was in popular legend the typical exemple of the sacrilegious murder of a righteous man, a prophet of God, and of the appalling expiation God exacted for it." Also der in Wahrheit nur aus dem Dunkel der Chronik ans Licht gezogene Mann — denn daß er ein Held der populären Legende gewesen sei, beruht auf einer petitio principii — soll nicht bloß zur Zeit Jesu bekannt, sondern auch ein Typus gewesen sein, von gleicher Bedeutung wie Abel. Das ist ein Postulat der Verzweiflung. Und dem Wortlaut des Evangeliums wird dadurch Gewalt angetan. Denn kein Unbefangener kann zweifeln, daß da nicht nur von Typen die Rede ist, sondern von Grenzmarken eines langen Zeitraums; alles unschuldige Blut von Abel bis auf Zacharias, vom Anfang der heiligen Geschichte bis zur letzten Zerstörung Jerusalems, soll summiert werden. Der gemeinte Zacharias muß demnach der Endzeit der jüdischen Theokratie ganz nahe gestanden haben und der letzte hervorragende Märtyrer gewesen sein. Der eigentliche Inhalt der

§ 12. Zacharias Barachiae.

Drohung ist ja auch nach dem Zusammenhange die Rache an den Juden für Jesus selber und für die christlichen Märtyrer; das würde durch den Sohn Jojadas ausgeschlossen. Dagegen erfüllt Zacharias Bariscaei [1]) alle Bedingungen. Der Sturz der alten Regierung durch die Zeloten war die Vorstufe zum Sturz des Ganzen, und die Ermordung des Zacharias im Tempel die eindrücklichste Episode dabei. Nach Josephus ging die Sage, daß wenn Hände der Einheimischen Tempel und Altar verunreinigen würden, der Untergang der Nation bevorstehe.

Auch die von Moore angeführte rabbinische Legende ist nur ein Nachklang davon; denn mit der Chronik hat sie nichts zu tun. Die Rabbinen wissen von der allgemeinen Geschichte des jüdischen Aufstandes wenig und von den Zeloten gar nichts; aber der im Tempel ermordete Zacharias ist ihnen nicht aus der Erinnerung geschwunden, wenn sie ihn auch aus dem geschichtlichen Boden, den sie nicht kannten, in einen anderen versetzt haben, der ihnen vertrauter war. Ihre Erzählung hat mit der des Josephus den gemeinsamen Zug, welcher der Chronik nicht entspricht, daß der Mord eines Zacharias als Schuld des Volkes mit dem Ende des Volkes in Zusammenhang gebracht wird. Sie haben nur, wie sie es oft tun, die Zerstörung Jerusalems durch Titus vertauscht mit der durch die Chaldäer [2]). Auch den Blutflecken, um den sich ihr Interesse hauptsächlich dreht, haben sie aus dem zweiten Tempel in den ersten versetzt. Es heißt nämlich bei dem von Moore übersehenen ältesten literarischen Zeugen der Legende, dem Pilger von Bordeaux: In aede ipsa, ubi templum fuit quod Salomo aedificavit, in marmore ante aram sanguinem Zachariae dicunt hodie fusum; etiam parent vestigia clavorum militum, qui eum occiderunt, per totam aream. Also noch zu seiner Zeit wurde der Stein gezeigt, worauf das Blut Zacharias geflossen sein sollte, als Reliquie natürlich des zweiten Tempels [3]).

---

[1]) Bariscäus läßt sich mit Barachias leicht zusammenbringen, während Jojada durchaus nicht. Es kommt aber auf den Vatersnamen wenig an; meine Argumente gelten ebenso gut für Lukas wie für Matthäus.

[2]) Etwas anders, aber doch ähnlich ist es, wenn in den Apokalypsen des Baruch und des Ezra die chaldäische Zerstörung Jerusalems an stelle der römischen tritt.

[3]) Der Stein befand sich vor dem Altar der christlichen Kirche, die sich auf dem Platz erhob, wo früher der jüdische Tempel gestanden hatte. Auch die Rabbinen

Das Patronym des Zacharias war früh in Vergessenheit geraten und wird von dem Pilger von Bordeaux und von den Rabbinen nicht mehr genannt. Daher konnte er später in beliebiger Weise näher bestimmt werden. Die Christen machten ihn gewöhnlich zum Vater des Täufers Johannes, und die Muslime folgten ihnen darin, setzten jedoch seinen Tod wie die Juden in die Zeit vor Nabukodrossor. Der Hohepriester Zacharia ben Jojada ist überhaupt nicht in die Legende übergegangen; er ist nur von den Gelehrten des Hebräerevangeliums aus der Chronik ausgegraben.

Hugo Grotius und seine Nachfolger (z. B. Calmet) haben den Ausspruch Jesu Mt 23, 35 zu verstehn gewagt, weil sie ihn für eine Weissagung hielten. Für die gegenwärtigen Theologen, die nicht mehr an Weissagungen glauben, ist er begreiflicher weise ein Stein des Anstoßes. Er läßt sich aber durch das Hebräerevangelium nicht beseitigen. Auch mit seiner Abwälzung auf die Sophia (Wilke 689) wird nichts gewonnen.

§ 13. Der Menschensohn.

1. Nach dem Vorgange von Eerdmans hat Hans Lietzmann geleugnet, daß Jesus sich selber den Menschensohn genannt habe, und behauptet, daß der Ausdruck ihm erst hernach in den Mund gelegt sei. Ich habe mich seiner Ansicht angeschlossen, nachdem ich früher mich angestrengt hatte, auf halbem Wege stehn zu bleiben.

Wie kommt Jesus dazu, sich mit dem Ausdruck Menschensohn als Messias zu bezeichnen? Er hat aramäisch gesprochen. Bei den Aramäern ist aber Menschensohn, b a r n a s c h a, nichts besonderes, sondern das gewöhnliche Individualwort für Mensch [1]). Sie haben für den Begriff Mensch ursprünglich nur ein Gattungswort n a s c h a; um das einzelne Exemplar zu bezeichnen, setzen sie b a r d. i. Sohn daran. So sagen sie auch b a r c h e r e (Sohn des Adelsstandes) für den Adlichen, b a r ç a b b â e (υἱὸν βαφέων = jombaphaeus bei Assemani B. O. 1, 185) für den Färber, b a r c h a d ô r e (Land Anecd. 2, 83) für den Bettler, b a r á m o d â j e für den Taucher, b a r g i n n â j e für den Gärtner. Ebenso die Hebräer ben adam, ben baqar; ähnlich bne nebîim, bne raqqâchim.

---

reden von dem Stein vor dem Altar, auf dem das Blut Zacharias vergossen war, und legen Gewicht darauf.

[1] Vgl. die Naqâid des Garir und Farazdaq ed. Bevan 134, 2.

Dalman behauptet nun freilich, **barnascha** für Mensch sei nur im mesopotamischen Dialekt des Aramäischen gebräuchlich, nicht in dem palästinischen, den Jesus redete. Nun mag jenes Kompositum wohl in dem einen Dialekt beliebter gewesen sein als in dem anderen; im Mandäischen z. B. hat es das Simplex völlig verdrängt. Aber wenn Dalman meint, dem Jüdisch-palästinischen sei es überhaupt fremd, so irrt er. Als Beweis führt er nach seiner bereits früher gewürdigten Gewohnheit an, daß es bei den Rabbinen, wenigstens im Singular, nicht vorkomme, sondern dafür im gleichen Sinne nasch und nascha ohne bar. Aber nasch und nascha sind unter sich verschieden, und keins von beiden deckt sich mit bar nascha. **Nasch** hat indefiniten Sinn (quidam) und wird im Daniel stets mit kol oder la verbunden (jeder, keiner). Und **nascha** ist dem Sinne nach nicht singularisch, sondern pluralisch. So nicht bloß im palästinischen Aramäisch der Christen, sondern auch bei Daniel. Wenn es in der rabbinischen Literatur singularisch gebraucht und als Plural davon **inâschaija** oder **inâsche** gebildet wird, so beruht das auf Verwilderung der Sprache und ist für die Zeit Jesu nicht maßgebend. Es kann dadurch der im ganzen Bereich des Aramäischen klar vorliegende Tatbestand nicht umgestoßen werden, daß **nascha** das Generale ist und daß daraus das Individuale durch Vorsetzung von **bar** abgeleitet wird. Dalman bemerkt selber, daß es niemals **háu nascha** heiße, sondern nur **háu gabra** — ohne den Grund zu ahnen, daß nämlich der Gattungsname nicht mit einem Demonstrativ verbunden werden kann, wenigstens nicht mit einem singularischen. Hätte er gesagt, das gewöhnliche Individuale sei nicht barnascha, sondern gabra, so hätte er eher Recht; im offiziellen Targum ist gabra allerdings besonders deshalb vorgezogen, weil im Hebräischen isch entspricht, da ben adam dort bloß poetisch ist. Lag jedoch ein Bedürfnis vor für den allgemeinen und ungeschlechtlichen Ausdruck Mensch, so sagte man überall im Aramäischen, und nicht bloß im Plural, barnasch und barnascha. So auch in Palästina, wie aus Daniel, aus der Syropalästina, und teilweise auch aus der rabbinischen Literatur erhellt[1]). Dalman ignoriert oder bemängelt diese Zeugnisse aus

---

[1]) Ebenso aus 4 Esdrae. Denn in Kap. 13 ist **homo** deutlich **barnascha**, weil es auf Daniel beruht. Wäre der Ausdruck vereinzelt gewesen, so würde filius hominis übersetzt sein; aber er unterschied sich nicht von dem überall gebrauchten einfachen Ausdruck für Mensch. Das Original war also jüdisch-aramäisch, wie

§ 13. Der Menschensohn.

tendenziösem Grunde, weil es ihm nicht paßt, daß ὁ υἱὸς τοῦ ἀνθρώπου in Jesu Munde der Mensch bedeutet und nicht der Sohn des Menschen. Wenn in der Peschita dafür nicht barnascha, sondern genau nach dem Griechischen b'reh d'nascha gesagt wird, so ist das ein theologischer Barbarismus; es müßte eigentlich heißen b'reh d'barnascha wie in der Syropalästina. Älter ist b'reh d'gabra. Das wurde später korrigiert, denn es konnte nicht bloß Menschensohn bedeuten, sondern auch Mannessohn, was Jesus nicht sein sollte. Es hat sich nur restweise in der Syra Sinaitica und Curetoniana erhalten [1]).

2. Manche Neutestamentliche Forscher haben die Entdeckung Dalmans mit Freuden begrüßt, aus dem selben Motiv, welches ihn darauf geführt hat; für die Blößen, die er sich gibt, haben sie kein Auge. Sie suchen sich eine Autorität aus, die ihnen zusagt; oder sie konstatieren mit Vergnügen, daß die Gelehrten nicht einig seien, und halten es inzwischen, wie es sie lüstet. Für jeden, der sich die Mühe gibt, die sprachlichen Argumente zu prüfen, muß es fest stehn, daß der Menschensohn auf aramäisch nichts anderes bedeutet als der Mensch. An zwei oder drei Stellen des Markus hat der Ausdruck noch wirklich diese einfache Bedeutung. Storr [2]) und nach ihm H. E. G. Paulus wollten sie auch für die weit zahlreicheren Fälle festhalten, wo Jesus sich selbst damit meint: er habe nach bescheidener morgenländischer Sitte das Ich vermieden und in dritter Person von sich geredet. Sie berufen sich auf rabbinische Analogien, wie sie z. B. in Dalmans Dialektproben S. 18. 26 ss. vorkommen; indessen heißt es da immer jener Mensch und nicht der Mensch [3]).

---

das des Henoch. Gunkels hebräische Rückübersetzung von 8, 23 taugt nicht weil sich von עמד in den Versionen keine Spur findet, und weil als Zeuge aufstehn nicht biblisch ist. Das filius homo 8, 44 läßt sich nicht als Misverständnis von filius hominis begreifen. In 6, 1 ist der Menschensohn christlicher Einschub (Syra, Aethiops).

[1]) Merkwürdig ist barnaschin bei Aphraates 84, 8. 9. 96, 18. 99, 14.

[2]) Observationes ad analogiam et syntaxin hebraicam pertinentes (Tubingae 1779) p. 106 s.

[3]) Das Er für Ich in dem durch eine Bedingungspartikel eingeleiteten arabischen Schwursatze paßt auch nicht. In dem Falle Tabari 1, 1804 redet Muhammed von sich als von einem gewissen Menschen; er verschleiert sich aber absichtlich und wird von dem Publikum nicht verstanden. Ein ander mal (Tab 1, 1150 s.) ist er deprimiert und sagt „der Verworfene" statt Ich; das gehört erst recht nicht her.

In anderer Weise glaubte Lagarde, frei nach Schleiermacher, dem Menschensohne auch als Selbstbezeichnung Jesu den allgemeinen appellativen Sinn belassen zu können: Jesus habe sich im Gegensatz zum Messias und zu der national verknöcherten jüdischen Religion als den Menschen bezeichnet, um damit zu sagen, daß ihm nichts Menschliches fremd sei und daß er die Idee des Menschentums erfülle. Dem kann man ebenso wenig zustimmen; denn Jesus war kein griechischer Philosoph und kein moderner Humanist, und er redete nicht zu Philosophen und Humanisten.

Es kann kein Zweifel sein, daß der Ausdruck in Jesu Munde den Messias bedeuten soll. Den Anlaß dazu hat das Buch Daniel gegeben, wo vom Messias[1]) gesagt wird: „siehe mit den Wolken des Himmels kam einer wie ein Mensch (barnasch)". Im Bilde eines Menschen erscheint er hier im Gegensatz zu den tierischen Repräsentanten der heidnischen Weltreiche. Aber er heißt nicht der Mensch, sondern sieht nur aus wie ein Mensch[2]). Darüber kommen auch die Apokalypsen Henochs und Ezras nicht hinaus, die an Daniel anknüpfen.

Henoch sagt: „Ich sah einen, dessen Erscheinung wie das Aussehen eines Menschen war, und ich fragte einen Engel nach jenem Menschensohn, und er antwortete mir: dies ist der Menschensohn, bei dem die Gerechtigkeit wohnt, und dieser Menschensohn, den du gesehen hast, wird die Könige und Mächtigen aufspringen machen." Nachdem zu anfang genau mit den Worten Daniels gesagt ist „einer der wie ein Mensch (= Menschensohn) aussah", kann es nicht misverstanden werden, wenn hernach die Bezeichnung abgekürzt und nicht immer der Quasimensch gesagt wird, sondern einfach der Menschensohn (= Mensch). Daß die Abkürzung ihren Sinn nur aus der Rückbeziehung auf den danielischen Ausdruck bekommt, zeigt sich darin, daß in der Regel das rückweisende Demonstrativ hinzugefügt wird: jener Menschensohn, dieser Menschensohn. Das wäre ungerechtfertigt, wenn der Menschensohn hier ein fester Titel wäre, unter dem der Messias bekannt war und der nur ihm zukam. Das Demonstrativ hat nur bei einem Appellativum Sinn, nicht bei einem Eigennamen.

---

[1]) Eigentlich vom jüdischen Volk, aber darauf kommt hier nichts an.
[2]) Vgl. Apoc Joa 1, 13.

§ 13. Der Menschensohn.

Ezra sagt: „Ventus ascendere fecit de corde maris q u a s i s i m i l i t u d i n e m h o m i n i s; et convolabat ille homo cum nubibus caeli... Et congregabatur multitudo hominum, ut debellarent hominem qui ascenderat de mari." Voran steht q u a s i s i m i l i t u d o h o m i n i s, dann folgt i l l e h o m o, zuletzt heißt es einfach h o m o, jedoch meist nicht ohne charakterisierendes Attribut. D e r M e n s c h — so wird immer gesagt und nicht der Menschensohn — ist also auch hier noch kein zu einer Art Eigennamen erstarrter Titel des Messias, sondern nur eine Abkürzung des zu anfang gebrauchten eigentlichen und vollen Ausdrucks: d a s W e s e n d a s e i n e m M e n s c h e n g l i c h, der wörtlich aus Daniel entlehnt ist. Es wäre unbequem gewesen, diesen weitläufigen Ausdruck jedesmal zu wiederholen; die Abkürzung genügt. Sie ist aber weiter nichts als ein Rückweis und empfängt Sinn und Inhalt aus dem Zusammenhang, in welchem sie steht.

Aus diesen literarischen Zeugnissen folgt also wohl, daß der danielische Quasimensch zur Zeit Jesu für den Messias galt und daß daran die eschatologische Hoffnung anknüpfte. Es folgt aber nicht, daß barnascha, der Mensch, schlechthin und ohne weiteres eine Bezeichnung des Messias war[1]); der Terminus empfängt vielmehr diesen spezifischen Sinn immer nur aus der ausdrücklichen Verbindung mit der Danielstelle, die ihr Licht darauf wirft. Erst in den Evangelien reißt er sich von der Wurzel los. Da heißt es nie d i e s e r M e n s c h, sondern immer einfach d e r M e n s c h. Der Name ist absolut geworden, er wird nicht durch den Zusammenhang vorbereitet und eingeleitet, sondern erscheint ganz uneingeführt in isolierten Aussprüchen. Das wäre vielleicht da unanstößig, wo ein hinzugefügtes Prädikat keinen Zweifel läßt, daß der danielische Mensch gemeint sei, z. B. Mc 13, 26. 14, 62. 8, 31: der Mensch kommt in den Wolken des Himmels, in der Herrlichkeit des Vaters. Indessen diese Fälle sind in der Minderheit. Gewöhnlich wird das Subjekt den jüdischen Zuhörern durch seine Prädikate keineswegs kenntlich gemacht. Es entsteht somit die Schwierigkeit: Jesus hat den Gebrauch des allgemeinsten Namens M e n s c h in einer ganz exochischen Bedeutung bei den Juden nicht vorgefunden, verwendet ihn

---

[1]) Bei den Rabbinen heißt der Messias der Davidssohn und nie der Menschensohn.

jedoch als kurrente Münze und meint sich selbst damit. Er setzt voraus, daß derselbe in dieser Bedeutung seinen jüdischen Zuhörern — auch seine Jünger waren Juden — bekannt und geläufig sei. Und sie verstehn ihn auch und fragen nicht: was willst du eigentlich damit sagen? Es findet sich keine Spur, daß der Name ihnen ein Rätsel aufgab. Dabei waren sie doch nicht in der Lage wie wir, den Sinn desselben durch Vergleichung der verschiedenen Stellen, wo er gebraucht wurde, heraus zu finden. Sie konnten auch nicht schon aus seiner Form schließen, daß er etwas Besonderes bedeuten sollte; denn in der aramäischen Sprache hörten sie nur „der Mensch" und nicht „der Menschensohn".

3. Da nun Jesus seinen Zuhörern verständlich sein wollte, so kann er sich nicht selber bei Lebzeiten den Menschensohn genannt haben. Auch die Aussagen, welche an diesen befremdlichen Namen angeknüpft werden, bestätigen das; sie lassen vermuten, daß derselbe ihm erst später von den Christen beigelegt wurde[1]). Es sind bei Markus lauter Weissagungen Jesu, vorzugsweise über seinen Tod und seine Auferstehung. Er richtet sie fast ausschließlich an seine Jünger und eröffnet ihnen darin insgeheim seine Metamorphose zum christlichen Messias. Diese war ihnen aber in Wirklichkeit nicht zum voraus bekannt, sondern sie vollzog sich in ihnen erst ex post, durch die Begebenheiten. Die Kreuzigung des Meisters erschütterte ihnen zunächst den Glauben, daß er der Messias sei, aber sie begriffen sie durch die Auferstehung, indem sie an die Stelle des jüdischen Messias einen ganz anderen setzten. In der Folge ließen sie dann die Umwandlung des Begriffs, auf der das Christentum oder das Evangelium beruhte, schon von Jesus selber vollziehen, und zwar eben in den Weissagungen über den Menschensohn. Der Name sollte nicht bloß, als mysteriös, in den Weissagungsstil passen und es vermeidlich machen, daß Jesus gradezu sagte: Ich werde gekreuzigt werden und auferstehn. Sondern er sollte vor allem den jüdischen Messiasbegriff korrigieren. Er tritt bei Markus zuerst auf nach dem Petrusbekenntnis. Jesus lehnt zwar den Christus, den Petrus ihm anträgt, nicht ab, bezeichnet sich aber doch selber nie so, um nicht

---

[1]) Bei Paulus findet sich der Ausdruck nicht. Freilich kommt er auch in den Evangelien nur als Selbstbezeichnung Jesu vor, und daher, kann man sagen, hatte Paulus keinen Anlaß ihn zu verwenden. Aber befremdlich bleibt die Sache doch.

falsche Vorstellungen über sein Wesen zu erwecken. Er setzt vielmehr stillschweigend den Menschensohn an die Stelle. Der Ausdruck hat antithetische Bedeutung, nicht bloß in diesem Falle, sondern auch sonst. Er bezeichnet den himmlischen Messias der Christen im Gegensatz zu dem irdischen der Juden. Das entspricht der Danielstelle, denn darnach wird der Menschensohn von der Erde in den Himmel aufgenommen.

Daraus erklärt sich freilich noch nicht ganz, daß Jesus den Menschensohn einfach für Ich gebraucht. Ihm selbst ist solche Redeweise auch darum nicht zuzutrauen, weil er sich nicht in den Nimbus eines alten Sehers einhüllte und nicht aus einer anderen Person heraus sprach. Wie kamen aber die Christen darauf, ihm diesen wunderlichen Ersatz für Ich in den Mund zu legen? Der Anlaß dazu läßt sich möglicher weise finden in den beiden bekannten Stellen Mc 2, 10: der Menschensohn hat Befugnis auf Erden Sünden zu vergeben, und Mc 2, 28: der Menschensohn ist Herr auch über den Sabbat. Aus dem Zusammenhang ergibt sich mit voller Deutlichkeit, daß der Menschensohn hier den gewöhnlichen Sinn von barnascha hat und nichts weiteres als „der Mensch" bedeutet. Jedoch schon früh ist darin eine Selbstbezeichnung Jesu erblickt, da barnascha nicht mit ὁ ἄνθρωπος, sondern mit ὁ υἱὸς τοῦ ἀνθρώπου übertragen wird — nach der naheliegenden Erwägung, daß nur der Messias Sünden vergeben und den Sabbat brechen dürfe. Von da aus konnte also eine Gewohnheit Jesu, an stelle von Ich den Menschensohn d. h. den Messias zu setzen, erschlossen und davon ein weiterer Gebrauch gemacht werden.

Es läßt sich in den Evangelien noch verfolgen, wie dieser Gebrauch sich immer mehr ausdehnte. Bei Markus hält er sich in weit engeren Grenzen als bei Matthäus und Lukas. In der ersten Hälfte des zweiten Evangeliums kommt der Menschensohn überhaupt nicht vor, wenn man von den beiden so eben besprochenen Stellen absieht. Seinen Hauptsitz hat er in dem Präludium zur Passion nach dem Petrusbekenntnis, in den esoterischen Reden Jesu an die Jünger, in denen er das Evangelium und die Kirche vorweg nimmt und zwar nur in Weissagungen. Da findet er sich sieben mal, gewöhnlich in Aussagen über die Kreuzigung und die Auferstehung, und einmal (8, 38) in einer Aussage über die Parusie. In der Passion noch vier mal, darunter zwei mal in Aussagen über die Parusie. Bei Matthäus kehren diese Markusstellen sämtlich wieder, bei Lukas zum größten Teil (ausgenommen Mc 9, 9. 12. 10, 45. 14, 41). Aber diese beide Evangelisten haben außerdem eine Menge von Stellen, wo Jesus sich den Menschensohn nennt, vor Markus voraus. Nur in fünf Stellen treffen sie dabei zusammen: Mt 8, 20. 11, 19. 12, 32. 40. 24, 44 = Lc 9, 58. 7, 34. 12, 10. 11, 30. 12, 40. Jeder für sich allein führen sie den Menschensohn an sechzehn Stellen ein: Mt 10, 23. 13, 37. 41. 19, 28. 25, 31. 26, 2; Lc 6, 22. 17, 22. 24. 26. 30. 18, 8. 19, 10. 21, 36. 22, 48. 24, 7. Dabei ist zweierlei bemerkenswert. Erstens wird die von Markus eingehaltene Grenze (das Petrusbekenntnis) überschritten; von vorn herein redet Jesus von sich als dem Menschensohn, nicht bloß vor den Jüngern und in Weissagungen, sondern in Aussagen beliebigen Inhalts mit beliebiger Adresse. Dies geschieht ebenso wohl an Stellen, die Matthäus und Lukas gemein haben (Mt 8, 20. 11, 19. 12, 32 = Lc 9, 58. 7, 34. 12, 10) als in anderen (Mt 10, 23. 13, 37. Lc 6,32). Zweitens ist das überwiegende Prädikat des Menschensohns nicht wie bei Markus das Leiden Sterben und Auferstehn, sondern das Weltrichten: so fast in allen Stellen, die allein bei Matthäus oder allein bei Lukas vorkommen, also in den jüngsten. Zuweilen ist der Menschensohn gesetzt, wo ursprünglich Ich stand; nämlich einmal bei Matthäus (10, 33) gegen Markus und Lukas (Mc 8, 38. Lc 9, 26. 12, 28) und einmal bei Lukas (6, 22) gegen Matthäus (5, 11); in den Handschriften findet sich das noch öfter. Also ein Crescendo, das seinen Höhepunkt in dem Sondergut bei Matthäus und Lukas erreicht. Es zeigt sich auch schon bei Markus; die vier Stellen in der Passion, wo der Menschensohn auftritt, gehören nicht zum Grundstock [1]). Daß aber der Menschensohn erst im Griechischen zu seiner messianischen Bedeutung gekommen sei, bezweifle ich, obgleich es in dieser Sprache leichter war, ihn vom Menschen zu unterscheiden als im Aramäischen. Denn damit gerät man in eine zu späte Zeit, und aus Mc 2, 10. 28 folgt es nicht. Schon die jerusalemischen Christen werden das spezifische barnascha von dem gewöhnlichen barnascha unterschieden haben.

§ 14. Der Todestag Jesu.

Nach den drei ersten Evangelien hat Jesus das jüdische Pascha, in der Nacht auf den 15. Nisan, noch mit seinen Jüngern gefeiert

---

[1]) Vgl. meine Noten zu Mc 13, 26. 14, 21. 41. 62.

§ 14. Der Todestag Jesu.

und ist erst an dem darauf folgenden Tage gekreuzigt. Nach dem vierten hat er das Pascha nicht mehr gefeiert und ist schon am Tage vorher, am 14. Nisan, gekreuzigt. Diese Differenz hat den protestantischen Gelehrten früh zu schaffen gemacht. Sie suchten sie meist durch allerhand Künste wegzuräumen; nur Mosheim bekannte sie nicht lösen zu können. Die Verhandlungen traten in ein anderes Stadium, seit die Abkunft des vierten Evangeliums von dem Apostel Johannes bestritten wurde; wenn die Synoptiker überhaupt den Vorzug verdienten, so schien ihnen dieser auch in sachen des Todestages Jesu zu gebühren. Strauß jedoch sieht in seinem Leben Jesu vom Jahr 1835 (2, 411 ss.) zunächst von diesem allgemeinen Gesichtspunkte ab und erwägt die Merita des bestimmten Falles. Er würdigt die Schwierigkeit, daß Jesus nach den Synoptikern in der heiligen Nacht gerichtet und am heiligen Tage gekreuzigt sein soll, und erkennt die Schwäche der Versuche, ihr auf der Spur von Hugo Grotius durch allerhand Auskünfte antiquarischer Gelehrsamkeit zu entgehn. Er weist auch auf das Motiv hin, wodurch die synoptische Tradition dazu kommen konnte, Jesu letztes Mahl mit dem Paschamahl und seinen Todestag mit dem Osterfest zu kombinieren. „Da nämlich nach 1 Cor 5, 7 schon in der apostolischen Zeit der Tod Jesu mit der Schlachtung des Paschalammes verglichen wurde, so lag es nahe genug, die Hinrichtung Jesu auf den ersten Ostertag zu verlegen und seine letzte Mahlzeit, bei welcher er das Abendmahl gestiftet haben sollte, als das Paschamahl zu betrachten." Er entscheidet sich aber darum doch nicht für Johannes. Er findet auch bei ihm ein mögliches Motiv, das ihn bewegen konnte, den Tod Jesu irrig auf den Nachmittag des 14. Nisan und seine letzte Mahlzeit auf den Abend vorher zu legen. „Wenn nämlich dieser Evangelist in dem Umstand, daß dem Gekreuzigten nicht die Beine zerschlagen wurden, eine Erfüllung des ὀστοῦν οὐ συντριβήσεται αὐτῷ (Exod 12, 46) findet, so konnte ihn diese Beziehung des Todes Jesu auf das Osterlamm zu der Vorstellung veranlassen, daß um die selbe Zeit, in welcher die Paschalämmer geschlachtet wurden, am Nachmittag des 14. Nisan, Jesus am Kreuz gelitten und den Geist aufgegeben habe, also die am Abend vorher gefeierte Mahlzeit noch nicht das Paschamahl gewesen sei."

Allein die Rücksicht darauf, daß das Paschalamm etwas früher geschlachtet als gegessen wurde, kann den vierten Evangelisten schwerlich bewogen haben, die synoptische Datierung umzustoßen [1]). Wenn er sie beließ, konnte er ja das ὀστοῦν κτλ ebenso gut anbringen, sie zu ändern hatte er kein Interesse. Vielmehr wenn die Frage gestellt wird, auf welcher Seite die Differenz, um die es sich handelt, am leichtesten durch ein tendenziöses Motiv sich erklären läßt, so muß die Antwort lauten: auf seiten der Synoptiker. Der Grund, der sie veranlaßt hat, den Tod Jesu auf den Paschatag zu verlegen, ist von Strauß einleuchtend dargelegt. Die Folge war, daß nun die Heiligkeit des Tages von den Juden außer Acht gelassen werden mußte, ἀσυμφώνως τῷ νόμῳ, wie im Eingang des Chronikon paschale mit Recht gesagt wird. Daß Johannes dieser Schwierigkeit entgeht, hätte Strauß doch noch ganz anders für ihn in die Wage werfen müssen, als er es tut; sie ist ungeheuer groß und in der Tat eine Unmöglichkeit. Auch das spricht für Johannes, daß Paulus (1 Cor 11, 23) nicht von der Paschanacht redet, sondern von der Nacht des Verrats.

Es wäre freilich trotzdem sehr gewagt, die synoptische Darstellung in einem einzelnen Punkte nach Johannes zu verbessern, wenn sie in sich einheitlich wäre. Sie zeigt aber schon darin einen inneren Widerspruch, daß der erste Feiertag faktisch als Werktag erscheint und daß seine Entweihung durch die Juden nirgend zu einer Bemerkung Anlaß gibt. Dazu kommt ein positiveres Datum, das am deutlichsten bei Markus eine ältere Tradition durchblicken läßt, welche mit der Angabe des Todestages Jesu mit Johannes nicht im Widerspruch steht. Schon Neander (Leben Jesu 1837 S. 570)

---

[1]) Markus (14, 12) ignoriert den Zeitunterschied zwischen Schlachten und Essen. Das ist das natürliche, das andere Tiftelei. Eher ließe sich die Motivierung hören, es habe dabei, daß Jesus nicht mehr das Osterlamm mit seinen Jüngern ißt, die Absicht gewaltet, ihn nicht die Fortsetzung der jüdischen Feier im Christentum sanktionieren zu lassen; aber auch dadurch wird die Sache nicht besser; vgl. meine Note zu Joa 19, 31—42.

In der Tat beweist der Name Pascha für das christliche Osterfest allerdings, daß es von den Juden übernommen war und ihm ein historischer Anlaß (und zwar Kreuzigung und Auferstehung zusammen) nur untergelegt wurde, wenn auch sehr früh. Bei Aphraates 12, 4 (Wright 221) heißt es: „Unser Erlöser aß das Pascha mit seinen Jüngern in der bestimmten Nacht (dies ist Übersetzung von l e l s c h i m m u r i m = Vigiliennacht) des vierzehnten, und er machte das Zeichenpascha zum wahren Pascha für seine Jünger". Jesus ist nach Aphraates am fünfzehnten gekreuzigt, aber der Paschafeiertag ist bei ihm der vierzehnte, weil die Nacht zum vorangehenden Tage gerechnet wird und nicht zum folgenden.

hat auf Mc 14, 1. 2 hingewiesen: „es war aber das Fest des Pascha und des ungesäuerten Brodes über zwei Tage, und die Erzpriester und Schriftgelehrten sannen, wie sie ihn mit List fassen könnten und töten; denn sie sagten: nicht am Fest, daß kein Auflauf des Volks entstehe". Es darf daraus nicht geschlossen werden, daß die jüdischen Oberen an sich kein Bedenken gegen die Hinrichtung am ersten Ostertage hatten. Sie haben die ganze Festwoche im Auge, in der die Werktage weit überwogen. Sie beabsichtigen Jesus schon vorher aus der Welt zu schaffen, damit er keine Gelegenheit habe, während des Festes auf die Menge der Pilger zu wirken. Ihr Beschluß wird nicht bloß gefaßt, sondern auch ausgeführt sein; die tatsächliche Hast ihres Verfahrens spricht dafür, das Gegenteil wird auch nicht berichtet. Und woher anders als aus der Ausführung sollte der Berichterstatter seine Kenntnis von dem Beschluß haben? Er schloß ihn aus der Ausführung, indem er ihn derselben um einen Tag vorhergehn ließ. Der Folgerung aus 14, 1. 2, daß Jesus vor dem Pascha gestorben ist, steht nun freilich der ausdrückliche Bericht entgegen, daß er nach voraufgegangener Bestellung die Paschamahlzeit in Jerusalem mit seinen Jüngern gehalten habe. Aber das wichtigste Stück, welches darin eingefaßt ist, nämlich die Abendmahlsperikope (14, 22—25), paßt nicht in diesen Rahmen und namentlich nicht zu den unmittelbar vorhergehenden Versen (17—21), nach denen das Abendmahl durch die Paschamahlzeit eingeleitet worden sein soll. Das Abendmahl kann unmöglich als zweiter Gang der Paschamahlzeit betrachtet werden. Es kommt hinzu, daß Jesus dabei kein ungesäuertes Brod verwendet, wie es vom Vorabend des Festes an vorgeschrieben war, sondern gewöhnliches: λαβὼν ἄρτον ἔκλασεν[1]). Wenn nun die Eucharistie primär ist, so ist der ganze Bericht über die Paschafeier sekundär. Sein Inhalt trägt ohnehin die Züge der puren Legende, nicht bloß in 14, 12—16, sondern auch in 14, 17—21; vgl. Strauß a. O. § 116. 119. 114.

Wenn man die Unglaublichkeit, daß Jesus am ersten Festtage sollte verurteilt und gekreuzigt sein, hinnehmen wollte, so könnte

---

[1]) Allerdings bricht Jesus auch in Lc 24, 30 (vgl. Joa 21, 9) Brod, mitten in der Osterwoche; dabei ist ebenfalls nicht an Azyma gedacht. Aber hier wird in einem unhistorischen Bericht die jüdische Ostersitte ignoriert. Es soll die Fortsetzung des gewohnten Brodbrechens Jesu mit seinen Jüngern durch den Auferstandenen inauguriert werden; bei dieser wird gesäuertes Brod gebraucht.

man die Kollision von Pascha und Eucharistie freilich auch so beseitigen, daß man die letztere als Einlage betrachtete. Formell ließe sich dafür anführen, daß sie ohne 14, 12—21 unvorbereitet ist und in der Luft schwebt. Materiell, daß nicht sie zu der kirchlichen Feier den Anlaß gegeben hat. Diese ist vielmehr ein spontanes Festhalten der gewohnheitsmäßigen Tischgemeinschaft der Jünger mit Jesus nach seinem Tode, wobei er selber als anwesend galt; das Brodbrechen war dabei die Hauptsache, auf den Wein kam nichts an. Aber auch nur Paulus leitet die kirchliche Feier von der Einsetzung Jesu in der Nacht des Verrats ab. Markus hat die entscheidenden Worte „solches tut zu meinem Gedächtnis" nicht. Nach ihm ist das Todesmahl Jesu nicht ein zu wiederholender Akt, sondern eine Bundschließung, die ein für alle mal geschieht. Verwischt wird die Bundschließung bei Paulus durch den Zusatz τὸ ὑπὲρ ὑμῶν zu τὸ σῶμα: er fehlt bei Markus. Verwischt wird sie bei Markus durch den Zusatz τὸ ἐκχυννόμενον ὑπὲρ πολλῶν zu τὸ αἷμα: er fehlt bei Paulus. Daß im übrigen die Übereinstimmung zwischen Paulus und Markus bei dieser Perikope so weit geht, hat nichts befremdendes.

§ 15. Johannes der Täufer und Jesus.

In den Noten zu Mt 11, 1—19 (Lc 7, 18—35) habe ich nachzuweisen gesucht, daß Jesus hier über Johannes und sich selber als Größen der Vergangenheit reflektiere. Daß er in 11, 18. 19 von sich ebenso wie von jenem im Präteritum ἦλθεν redet, ist freilich an sich kein Beweis. Indessen davon bin ich auch nicht ausgegangen, sondern von Art und Inhalt der Vergleichung zwischen den beiden Zeitgenossen. Was den Täufer auszeichnet, ist, daß er prophetisch auf Jesus hingewiesen hat; was ihm fehlt, ist, daß er doch nicht zu ihm übergegangen ist. In beiden Fällen ist das Maß der Beurteilung sein Verhältnis zu Jesus. Dieser aber identifiziert sich mit dem Christentum, als läge die Wirkung, die erst nach seinem Tode von ihm ausging, bereits perfekt und gegenwärtig vor. Denn die Betrachtungsweise, daß mit Johannes die alte Ära abgeschlossen sei und mit Jesus eine neue begonnen habe, setzt die Existenz des Christentums und dessen einschneidenden Unterschied vom Judentum voraus; und in dem Spruch, der Kleinste im Himmelreich sei größer als Johannes, kann das Himmelreich nur die Kirche bedeuten, zu der jener nicht gehörte.

§ 15. Johannes der Täufer und Jesus.

Soll Jesus nun bei Lebzeiten solche Reflexionen angestellt haben und dabei von solchen Voraussetzungen ausgegangen sein? Zwischen den beiden Meistern selber bestand in Wahrheit keine Rivalität, sie entstand erst zwischen ihren Jüngern. Johannes war der Vorgänger Jesu, und seine Jünger hatten in der Taufe, im Fasten (Mc 2, 20), und im Gebet (Lc 11, 1) die Priorität vor den Jüngern Jesu. Sie schlossen sich ihnen nicht an, sondern behaupteten die Selbständigkeit ihres Meisters und dann natürlich auch seinen Vorrang vor Jesus. Die Christen dagegen behaupteten, er sei bloß der Wegbereiter Jesu gewesen, habe auch weiter nichts sein wollen und in ihm den Messias erkannt; die Inkonsequenz, daß er dann doch seine Jünger nicht zu ihm wies, erklärten sie daraus, daß er von hinten nach in Schwanken geraten sei, da er in Jesu faktischem Auftreten seine eigene Idee vom Messias nicht verwirklicht gesehen habe (Mt 11, 2—6). So kam **unter den Christen** das Thema über das Verhältnis des Täufers zu Jesus auf. Es wird auch im vierten Evangelium behandelt, in ähnlicher Weise wie im ersten und dritten, so daß es ungerechtfertigt ist, Joa 3, 22 ss. ganz anders zu beurteilen als Mt 11, 1 ss. Denn das macht keinen wesentlichen Unterschied, daß das Thema dort nicht Jesu, sondern dem Täufer in den Mund gelegt wird, und daß die Inkonsequenz, daß er seine Jünger nicht Christen werden ließ, dort nicht erklärt, sondern beseitigt wird.

Es mag sein, daß einzelne echte Aussprüche Jesu in Mt 11, 1 ss. unterlaufen. Man beruft sich auf das lebendige Bild von den spielenden Kindern: warum soll aber nur Jesus und nicht auch der Schriftsteller ein Poet gewesen sein? Als Haupttrumpf verwendet man das Wort: „der Menschensohn ist gekommen, essend und trinkend, da sagen sie: es ist ein Fresser und Säufer, ein Freund von Zöllnern und Sündern!" Man meint, spätere Christen würden eine solche Lästerung ihres Meisters nicht einmal seinen Gegnern in den Mund gelegt haben — woher aber dann der Ausdruck **Menschensohn**? Jedenfalls wiegen solche kleinen Züge, die den Stempel der Echtheit tragen sollen, das schwere Bedenken nicht auf, welches sich gegen die Authentie des eigentlichen Themas und Inhalts der Perikope richtet.

Nach Mt 11, 10 geht die Weissagung Malachis (3, 1) „siehe ich sende meinen Boten vor dir her" auf Johannes. Da nun Malachi hinterher (3, 23) Elias als den Boten nennt, so wird Johannes mit

Elias gleichgesetzt. Diés geschieht in Mt 11, 14 und 3, 4 [1]). Es geschieht ebenso in Mc 9, 13. Da jedoch in Widerspruch mit dem Vorhergehenden. Dann in 9, 11. 12 verwirft Jesus die ganze Lehre von der Apokastasis durch Elias, als nicht im Einklang stehend mit dem in der Schrift geweissagten leidenden Messias [2]). Auch das Misverständnis (Mc 15, 34), Jesus habe am Kreuz nach dem ausbleibenden Elias gerufen, hätte nicht in Kreisen angenommen werden können, denen bekannt war, Elias sei längst in dem Täufer erschienen. Bei Lukas fehlen merkwürdiger weise alle diese Stellen; es heißt nur 1, 17, Johannes werde kommen mit der Kraft des Elias, aber nicht als Elias redivivus. Auch nach dem vierten Evangelium wollte Johannes nicht Elias sein. Nach Mc 6, 15. 8, 28 wurde Jesus selbst von Einigen dafür gehalten, d. h. für den Vorläufer des Messias, nicht für den Messias selber.

Nach Lukas war Johannes der Sohn eines im Gebirge Juda wohnhaften Priesters, also kein Landsmann Jesu. Trotzdem ist er mit ihm seit Kindesbeinen bekannt und durch seine Mutter verwandt. Sonst beginnt die persönliche Beziehung der beiden erst mit der Taufe Jesu. Nach Matthäus und Lukas setzt sie sich dann fort, bis über die Gefangennahme des Täufers hinaus. Bei Markus aber ist sie auf das Zusammentreffen bei der Taufe beschränkt. Diese hat nun für Jesus nicht die gewöhnliche Bedeutung, sondern er wird dadurch zum Messias gesalbt. Obgleich er sich dem Johannes unterordnet, indem er sich von ihm taufen läßt, ist die Wirkung doch die, daß er dadurch weit über jenen empor gehoben wird. Daß Johannes auf Jesus Einfluß ausübte und ihn taufte, daß hernach seine gewaltsam unterbrochene Tätigkeit von jenem aufgenommen und wiewohl in anderem Stil weitergeführt wurde, wird schon bei Markus christlich umgedeutet, in der Absicht, den Nachfolger von dem Vorgänger zu emanzipieren und ihn auf eine ganz andere Stufe zu stellen. Obgleich Markus nicht auszusprechen wagt, daß Johannes den kommenden Mann grade in Jesus erblickt habe, läßt er es doch zwischen den Zeilen lesen. Seine Bedeutung geht auch nach Markus darin auf, daß er von sich ab und auf Jesus hin weist. Das muß darnach berichtigt

---

[1]) Vgl. zu Mc 1, 6 (1909). Matthäus hat die Tracht des Täufers der des Elias konformiert.

[2]) Vgl. oben S. 83 n. 1. Nach Act 1 erfolgt die Apokatastasis bei der Parusie durch Jesus selber. Vgl. Sirach 48, 11.

§ 15. Johannes der Täufer und Jesus. 137

werden, daß er weder seine Jünger zu Jesus übergehn hieß, noch auch selber zu dessen gunsten abtrat. Denn es wird zugegeben, daß Jesus mit seiner öffentlichen Wirksamkeit wartete, bis der Andere die seine notgedrungen niedergelegt hatte. Er scheute sich ihm Konkurrenz zu machen, nicht umgekehrt.

Von Johannes dem Täufer, sagt Hausrath[1]), haben wir ein deutliches, fest umrissenes Bild; von Jesus nicht. Etwa weil wir jenen im Kamelfell vor uns sehen, wie er Heuschrecken und wilden Honig speist? Denn sonst ist seine Gestalt für uns schattenhaft genug. Aus Josephus wissen wir von ihm nicht viel mehr, als daß er eine große Bewegung in Israel hervorrief und deshalb von Antipas getötet wurde. Nach dem, was in den Evangelien als geschichtlich gelten darf, stand auch Jesus unter seiner Wirkung, ohne freilich in ihm seinen Meister zu finden, den er nachahmte. Er taufte nicht: das sagt schon viel. Er trieb sein Wesen nicht in der Wüste, sondern wie Sokrates mitten unter dem Volk; er nahm das Wort bei jeder guten Gelegenheit des täglichen Lebens, völlig frei und ungezwungen. Er gab sich nicht als Prophet und zeichnete sich nicht durch feierliche oder absonderliche Manier aus; wenngleich er sich von seiner Familie los riß, so lebte er doch wie andere Leute, freute sich mit ihnen und empfand ihr Leid. Man darf ihn freilich darum doch nicht, im Gegensatz zu dem Asketen Johannes, als weltfreudig charakterisieren, wie es gegenwärtig in gewissen theologischen Kreisen mit Vorliebe geschieht[2]). Darin, daß die gegenwärtige Welt, nicht mit Ausschluß sondern mit Einschluß der jüdischen, zum Untergange reif sei und ihm binnen kurzer Zeit verfallen werde, war er mit Johannes einverstanden; diese Grundstimmung war der gemeinschaftliche Boden, von dem beide ausgingen.

Reine Legende ist die episodisch in Markus eingeschobene Erzählung von der Ursache der Hinrichtung des Täufers. Die Scene an sich, der Tanz der Königstochter vor dem Gelage am Hof, ist unglaublich. Dazu kommen mehrere einzelne Verstöße gegen die geschichtliche Wahrheit. Johannes lag in Machärus jenseit des Jordans

---

[1]) Jesus und die Neutestamentlichen Schriftsteller 1, 95.
[2]) Renan meint, durch den Einfluß des Täufers habe Jesus in Gefahr geschwebt, seine sonnige Religion zu verlieren und ein finsterer jüdischer Sektierer zu werden; zum Glück sei jener bald vom Schauplatz zurückgetreten.

gefangen, nicht in der Residenz Tiberias, wo der Geburtstag des Königs Antipas zu feiern war. Herodias war nicht die Frau des Philippus gewesen, sondern die Frau eines anderen Sohnes des großen Herodes, der ebenso hieß wie sein Vater. Dessen Tochter von der Herodias war die tanzende Salome. Salome und nicht ihre Mutter war die (zweite) Frau des Philippus; erst nach dessen Tode (A. D. 34) kam sie verwitwet an den Hof des Antipas, als dieser ihre Mutter heiratete. Indem er dies tat, beleidigte er seine erste Frau und verwickelte sich dadurch mit ihrem Vater, dem Nabatäerkönige, in einen Krieg, der A. D. 36 ausbrach. Es ist nicht daran zu denken, daß Johannes damals noch lebte; es steht fest, daß er vor Jesus starb und daß dieser nicht erst A. D. 36 gekreuzigt wurde. Theodor Keim hat daraus, daß die Besiegung des Antipas durch den Nabatäerkönig nach Josephus als Strafe des Himmels für seinen an dem Täufer begangenen Frevel aufgefaßt wurde, schließen wollen, daß dieser Frevel erst kurz zuvor geschehen wäre. Aber die Erinnerung daran kann sich lange frisch gehalten haben, und die göttliche Rache braucht der Schuld nicht auf dem Fuße zu folgen. Wer das Alte Testament und besonders das Buch der Chronik kennt, wird anders urteilen als Keim.

Über die Entstehung der Legende bei Markus sagt B. W. Bacon [1]): the whole narration is based on the identification of the Baptist with Elijah and the story of Jezebel plotting against the life of the prophet. Man kann allerdings aus beiden Erzählungen die Moral herauslesen: doch geht es zu des Bösen Haus, die Frau ist tausend Schritt voraus, Izebel vor Ahab und Herodias vor Antipas. Jedoch die Beispiele sind ganz verschieden. Und Bacon hält die Gleichung Johannes = Elias für anerkannter als sie war.

§ 16. Die Zwölf, die Jünger, und die Apostel.

1. Schleiermacher [2]) hat vermutet, erstens, daß Jesus die Zwölf nicht durch einen einmaligen willkürlichen Akt berufen habe — denn dann hätte er den Judas Ischariot nicht mit berufen können; zweitens,

---

[1]) The beginnings of Gospel story (New Haven 1909) p. 73. Vgl. Aphraates 123, 18 ss.
[2]) Gesammelte theologische Werke 2, 64.

§ 16. Die Zwölf, die Jünger, und die Apostel. 139

daß er die Zwölf nicht zu Aposteln ernannt habe (Lc 6, 13) — denn dann würde dieser Name nicht über sie hinaus ausgedehnt sein. Er hat damit auf Strauß wenig Eindruck gemacht und auf Andere noch weniger. Aber er hat doch mit seinen Vermutungen Recht, nur nicht mit der Begründung der ersten.

Im Lauf der Erzählung treten die Zwölf bei Markus selten auf. Während der galiläischen Periode nur einmal, an einer unsicher überlieferten und sicher zusammengeflickten Stelle (4, 10). In dem Zwischenstück vor der Passion zweimal, nämlich 9, 35, in einem außerhalb des Zusammenhanges stehenden Verse, der im Cantabrigiensis fehlt, und 10, 33, auch da sonderbar nachträglich eingefügt[1]). In der Passion wird regelmäßig der Verräter, so oft er vorkommt, als einer der Zwölf bezeichnet (14, 10. 20. 43). Sonst findet sich der Ausdruck auch da nur an zwei Stellen, und auch da fällt er auf. In 11, 11 geht Jesus mit den Zwölfen von Jerusalem nach Bethanien, aber gleich darauf mit den Jüngern von Bethanien nach Jerusalem. In 14, 17 geht er mit den Zwölfen nach Jerusalem um das Pascha zu essen, aber auf Veranlassung der Jünger und für die Jünger hat er es bestellt (14, 12. 14) und mit den Jüngern kehrt er zurück nach Gethsemane (14, 32). Überhaupt fallen die Zwölf immer wieder gleich in die Jünger zurück. Diese sind vor den Zwölfen da und bleiben auch nachher das regelmäßige Gefolge Jesu. Sie sind ein weiterer Kreis mit unbestimmten und schwankenden Grenzen; später werden die Christen überhaupt so bezeichnet, im gleichen Sinn wie die Gläubigen oder die Kleinen. Man darf sie nicht mit den Zwölfen verwechseln.

Die Jünger werden, als Begleiter Jesu, ohne weiteres vorausgesetzt; nur die Berufung der vier ersten und die des Levi wird erzählt. Die Zwölf dagegen werden wenigstens bei Markus nicht vorausgesetzt, sondern ausdrücklich eingeführt, und zwar in zwei weit von einander getrennten Perikopen. Nach Mc 3, 13—19 hat Jesus sie bald nach dem Anfang seiner galiläischen Wirksamkeit aus den Jüngern ausgelesen. „Er ging auf einen hohen Berg und rief die, welche er wollte, und sie kamen zu ihm; und er machte Zwölf, daß sie mit ihm wären und daß er sie aussendete zu predigen." In dem folgenden Verzeichnis werden nun nicht bloß die Namen der Zwölf aufgeführt, sondern auch

---

[1]) Für οἱ δέκα Mc 10, 41 steht im Cantabrigiensis οἱ λοιποί.

§ 16. Die Zwölf, die Jünger, und die Apostel.

die Beinamen; einige davon soll Jesus selbst damals geprägt haben. Aber Beinamen wie Kephas und Boanerges können nicht so abrupt entstanden sein. Es liegt hier überhaupt kein historischer Akt vor, sondern Statistik in historischer Darstellung, in Form einer Scene auf hoher Bühne. Die Verwunderung darüber, daß Levi in dem Verzeichnis fehlt, ist allerdings insofern unberechtigt, als er deshalb, weil er Jünger geworden ist, noch nicht zu den Zwölfen gehört; indessen fällt es doch auf, daß ein Mann, der von Jesus selber oder wenigstens von dem Berichterstatter so ausgezeichnet wird, gleich hernach übergangen sein soll[1]). Die Berufung der Zwölf ist auch literarisch im Zusammenhang ganz isoliert, und sie hat faktisch gar keine Wirkung. Es bleibt nach wie vor bei den Jüngern im allgemeinen. Die Zwölf werden nicht ausgesandt, so lange Jesus in Galiläa bleibt. Dies geschieht erst in der zweiten Perikope, wo ausdrücklich von ihnen gehandelt wird (Mc 6, 7—13), die kurz vor der Flucht Jesu aus Galiläa steht. Sie läßt das Verzeichnis der Zwölf aus und verbreitet sich nur, und zwar in ausführlicherer Weise, über ihre Aussendung, deren Zweck sie jedoch schließlich nicht anders angibt. Sie setzt die frühere Perikope voraus, wird aber von dieser nicht vorausgesetzt, sondern geht ihr in Wahrheit parallel; weshalb auch Matthäus beide zusammenwirft. Es ergibt sich daraus, daß die Berufung der Zwölf keinen festen Ort oder keine feste Zeit hat. Man könnte zwar die zweite Perikope für passender gestellt und datiert halten. Tatsächlich sprengt aber auch sie den Faden der Erzählung; nur durch eine sehr gekünstelte Vermittlung (Mc 6, 30—33) gelingt es die Zwölf, die hier und nur hier gradezu Apostel genannt werden, wieder mit Jesus zusammen zu bringen[2]). Sie sind auch hernach grade so unselbständig und passiv wie zuvor. Sie machen nur ein Experiment, und obwohl dasselbe gelingt, hat es doch weiter keine Folge. Man müßte annehmen, daß Jesus nur eine Flugprobe mit ihnen veranstaltet und sie dann wieder im Nest behalten habe.

2. Nach beiden Perikopen werden die Zwölf als A p o s t e l ausgesandt, obgleich das Substantiv (abgesehen von Mc 6, 30) vermieden wird und nur das Verbum ἀποστέλλειν erscheint. Und nach beiden sollen sie d a s E v a n g e l i u m verkünden. Das Sub-

---

[1]) Im ersten Evangelium wird Levi mit Matthäus identifiziert.
[2]) Vgl. meine Note zu Mc 6, 30—33.

stantiv wird zwar auch hier nicht gebraucht oder zur Umgehung eines Anachronismus nur vorsichtig umschrieben [1]), aber das Verbum κηρύσσειν sagt genug. Denn κηρύσσειν hat das Evangelium zum Objekt, wie der Cantabrigiensis zu Mc 3, 14 richtig empfindet; und ferner ist das Evangelium das selbstverständliche Korrelat zu dem Begriff des Apostels, der mit dem des κῆρυξ oder des εὐαγγελιστής nahezu zusammenfällt. Indessen hat Jesus selber das Evangelium nicht verkündet und also auch seine Jünger, oder eine Auswahl von ihnen, nicht zu dessen Verkündigung eingeübt. Er schulte sie überhaupt nicht und sagte zu ihnen nichts anderes als zu dem Volk; er wirkte und empfand vor ihren Augen und regte sie dadurch an, ebenso zu wirken und zu empfinden. Am wenigsten hat er zum voraus ein Institut gegründet, durch welches er für die Fortsetzung seiner Predigt des Evangeliums nach seinem Tode sorgen wollte. Seine Wirkung war zwar die Kirche, aber Anstalten und Einrichtungen, welche deren Grundlagen bilden sollten und in der Tat bildeten, hat er nicht geschaffen. Die Zwölf und die Apostel sind also, wie manches Ähnliche in der Geschichte Jesu, Prolepse; ihr Verzeichnis gehört in Wahrheit an die Stelle, wohin es Lukas in Act 1, 13 gesetzt hat; sie treten erst in der Kirchengeschichte ans Leben und bilden deren Ausgangspunkt. Richtiger ist die Anschauung, die sich am Schluß aller Evangelien, mit Ausnahme des zweiten, findet, daß nicht der historische Jesus, sondern der auferstandene Christus die Zwölf als Apostel ausgesandt habe (Mt 28, 16 ss. Lc 24, 44 ss. Joa 20, 21—23).

Das ist auch die Anschauung der Apostelgeschichte. Die Vorherbestimmung der Zwölf zu Aposteln tritt erst dadurch in Kraft, daß sich der Gekreuzigte ihnen als lebendig erweist, und sie sind als Apostel Zeugen seiner Auferstehung (1, 1 ss. 10, 41. 13, 31). Sie sollen aber nach der Apostelgeschichte nicht sogleich über Jerusalem hinaus missionieren, sondern bis zu einem bestimmten Termin dort warten, nämlich bis zur Ausgießung des heiligen Geistes. Tatsächlich warten sie dort noch weit über diesen Termin hinaus [2]) und verkünden das

---

[1]) Ἐκήρυξαν ἵνα μετανοῶσι Mc 6, 12; vgl. Act 3, 19. 17, 30. 26, 20.

[2]) Diese Tatsache flößt Mistrauen gegen den angeblichen Termin ein. Vermutlich wird den Zwölfen ursprünglich geboten worden sein, nicht die Herabkunft des Geistes, sondern vielmehr die Parusie des Christus in Jerusalem abzuwarten, weil diese nach jüdischem Glauben eben dort und nirgend anders stattfinden soll. So verstehn sie selber die Sache in ihrer Frage Act 1, 6. Sie werden aber belehrt,

§ 16. Die Zwölf, die Jünger, und die Apostel.

Evangelium an Ort und Stelle; die Leute aus aller Welt kommen am Pfingstfest zu ihnen, sie selbst gehn nicht in alle Welt, wie sie nach Mt 28 geheißen worden sind. Sie bleiben auch nach der Steinigung des Stephanus in Jerusalem; es sind Andere, die sich infolge dieses Ereignisses von dort zerstreuen, und von ihnen geht die Mission in die Ferne aus. Philippus wird als der erste genannt, der zunächst in Samarien und dann in der palästinischen Küstenlandschaft das Evangelium ausbreitet. Im allgemeinen war aber die Wandermission anonym. Schon bald nach dem Tode Jesu finden wir in Damaskus und an anderen Orten christliche Gemeinden, über deren Gründung nichts gesagt und nichts gewußt wird. Die frohe Botschaft wurde wie von unsichtbaren Geistern ausgetragen; persönliche Bekanntschaft mit Jesus und seinem irdischen Leben gehörte nicht dazu, von der jerusalemischen Gemeinde ging eine kontagiöse Wirkung aus. Es ist nicht an dem, daß diese spontane Mission doch unter der Autorität der Zwölf geschah; die Angabe, daß Petrus den Spuren des Philippus folgte und die von ihm Getauften nachträglich konfirmierte, verdankt ihre Entstehung einem durchsichtigen Motiv; ebenso auch die, daß Philippus selber einer von den Zwölfen war. Erst die Verfolgung durch Agrippa A. D. 44 trieb die Zwölf, gegen die sie sich vorzugsweise oder allein richtete, aus einander und machte namentlich den Petrus zu einem eigentlichen Missionar [1]). Nicht bloß aus der Apostelgeschichte, sondern auch aus Mt 10 erhellt, daß die Mission der Zwölf mit ihrer Flucht „vor den Königen", d. h. vor Agrippa, zusammenhängt. Zugleich aber zeigt sich in Mt 10 ein Mistrauen der Jerusalemer gegen die weite Ausdehnung der Mission. Es heißt dort, man solle sich auf die Städte Israels beschränken, man werde nicht einmal mit ihnen fertig werden bis zum Eintritt der

---

daß nur der Advent des Geistes in bestimmter naher Aussicht stehe, nicht der Advent des Christus. Im vierten Evangelium wird die Parusie durch den Geist (den Parakleten) völlig verdrängt, in der Apostelgeschichte wird sie dadurch ins unbestimmte vertagt. Daß sie in Jerusalem erwartet wurde, scheint auch aus Mc 13, 28 hervorzugehn: wenn der durch Jesu Fluch verdorrte Feigenbaum bei Jerusalem wieder grün wird, so steht die Ernte, d. h. das Gericht, nahe bevor.

[1]) Nach einer von Weiße (2, 61) angeführten Notiz bei Clemens Al. (Stromata p. 636) und bei Eusebius (H. E. 5, 18) hat Christus den Aposteln befohlen, erst nach zwölf Jahren die Juden zu verlassen und zu den Heiden zu gehn. Hier wird die Verfolgung des Agrippa im Jahre 44 zwölf Jahre nach Jesu Tod gesetzt.

§ 16. Die Zwölf, die Jünger, und die Apostel. 143

Parusie¹), man solle nicht den Weg zu den Heiden nehmen und keine Stadt der Samariter betreten. Eine gewisse Eifersucht der jerusalemischen Gemeindehäupter gegen die Missionare, die ihr Gewerbe auf eigene Hand trieben, gibt sich schon in Mc 9, 38 s. kund, wird aber da zurückgewiesen, dagegen in Mt 12, 30. Lc 11, 23 als berechtigt anerkannt. Auf die Äußerung des Johannes: „Meister wir sahen einen in deinem Namen Dämonen austreiben, der uns nicht nachfolgte, und wir wehrten es ihm, weil er uns nicht nachfolgte" erwidert Jesus bei Markus: „laßt ihn gewähren, denn wer nicht wider euch ist, der ist für euch". Dagegen lautet sein Spruch bei den beiden Anderen: „wer nicht mit mir ist, der ist wider mich, und wer nicht mit mir sammelt (συνάγει, nämlich die Menschen in die συναγωγή der Kirche), der zerstreut".

Markus gebraucht den Ausdruck οἱ δώδεκα immer absolut, er sagt nie οἱ δώδεκα ἀπόστολοι oder μαθηταί und gibt auch den Zwölfen nicht das P r ä d i k a t Apostel, außer in 6, 30. Paulus unterscheidet die Zwölf, als die ersten, die nach Petrus einer Erscheinung des Auferstandenen gewürdigt sind, von den Aposteln im allgemeinen (1 Cor 15, 7; vgl. 9, 5). Sie gelten ihm natürlich auch als Apostel und zwar als die vornehmsten; unter den ὑπερλίαν ἀπόστολοι (2. Cor 11, 5. 12, 11) wird er sie freilich nicht verstehn, diese Annahme ist neuerdings mit Recht aufgegeben. Sie sind ihm aber deshalb die ersten Apostel, weil sie zuerst den Herrn gesehen haben, nicht deshalb, weil sie mit Jesus von Nazareth gewandelt und von ihm geschult sind. Darum kann er sich, weil auch er wenngleich viel später einer Christophanie gewürdigt ist, mit ihnen gleichstellen; natürlich nur als Apostel, denn zu den Zwölf kann und will er nicht gehören. Die Zwölf sind abgeschlossen, die Apostel nicht. Die Apostel wirken nicht als Collegium, sondern einzeln oder paarweise. Das Aposteltum gibt nicht die Grundlage her für die Bildung eines Collegiums, welches durch eine bestimmte Zahl begrenzt und charakterisiert wird; es ist nicht die nota constituens eines Duodecimvirats ²).

---

¹) Die nahe Parusie ist auch ein Grund, sich nicht zu weit von Jerusalem zu entfernen, weil sie dort statt finden sollte.

²) Ἀπόστολος ist im Attischen (z. B. in der Piraeusinschrift bei Dittenberger Nr. 153) Abstractum und Sachwort wie στόλος; jedoch bei Herodot, also im Jonischen, persönliches Concretum. In der Septuaginta findet es sich nicht; 3 Reg 14, 6 stammt aus Aquila. Auch aus den Papyri läßt es sich bis jetzt nicht belegen, wie

3. Die Zwölf sind also nicht Zwölf als Apostel. Es bleibt nur übrig anzunehmen, daß sie die Repräsentanten der ältesten Gemeinde waren, welche sich um ihre Lehrer, die vornehmsten Jünger Jesu, zusammenschloß[1]). Und darum sind sie auch die Richter d. h. die Regenten der zwölf Stämme (Mt 19, 28. Lc 22, 30); denn die christliche Gemeinde machte den Anspruch, das eigentliche Israel zu sein, dem die Zukunft gehörte. Dann unterscheiden sie sich sachlich nicht von den Ältesten, die wahrscheinlich seit der Zerstreuung der Zwölf durch die Verfolgung Agrippas an ihre Stelle getreten sind und sich um Jakobus gruppiert haben. Dazu stimmt, daß sie die Gemeindeversammlung berufen; in Act 6, 2 werden die δώδεκα wie eine Gerusie dem πλῆθος gegenüber und damit zusammengestellt.

Damit fällt Judas Ischariot als εἷς τῶν δώδεκα. Er kann so wenig auf einem der irdischen wie auf einem der zukünftigen Throne der urchristlichen Gerusie gedacht werden; es ist schon schwierig, sich ihn als Teilhaber an dem durch das Abendmahl gestifteten Neuen Bunde vorzustellen. Die Zwölf sind auch ohne ihn nach Paulus nicht Elf[2]). Schleiermachers Grund gegen seine Zugehörigkeit zu ihnen ist allerdings hinfällig. Im Gegenteil, könnte man sagen, wie sollten die evangelischen Überlieferer darauf gekommen sein, Jesu einen

---

Jakob Wackernagel die Güte gehabt hat mir mitzuteilen. Im Neuen Testament ist es plötzlich sehr häufig, als Concretum wie bei Herodot, und zwar in dem technischen Sinn von Missionar, während ἄγγελος für Engel reserviert wird. Als Absender wird Jesus gedacht. Jedoch bedarf ἀπόστολος, obgleich Passivum, nicht mehr der Ergänzung durch ein aktives Subject; als technischer Ausdruck für den religiösen κῆρυξ wird es vielmehr in der Regel absolut gebraucht. Die Autorisierung durch die Gemeinde liegt nicht im Begriff; erst später sollten die freien Apostel dadurch ausgeschlossen werden (Mc 9, 38). Die Beschränkung der Apostel auf die Zwölf ist vielleicht ebenfalls gegen die wilden Wanderprediger gerichtet; denn die Zwölf vertreten die Kirche. Ursprünglich freilich nur die jerusalemische Gemeinde, aber diese war die Mutter und beanspruchte von der Diaspora die jüdischen Tempelsteuer für sich. So ist es kein Wunder, daß die Zwölf schon früh als Autorität der Universalkirche galten.

[1]) Später kamen die Sieben hinzu als Repräsentanten der christlichen Hellenisten in Jerusalem, sie waren gleichfalls Lehrer — das Lehren ist die Grundlage der Vorsteherschaft (Mt 16, 19). Man sieht den Keim eines Schismas, welches durch die Austreibung der Hellenisten beseitigt zu sein scheint. Einer der Sieben, Philippus, wird später zu den Zwölfen gerechnet.

[2]) 1 Cor 15, 5; im Gegensatz zu Mt 28, 16. Lc 24, 9. 33. Mc 16, 14. Die Vulgata korrigiert die Zahl in 1 Cor 15, 5; das ist lehrreich.

solchen Mangel an Menschenkenntnis anzudichten, daß er den Verräter nicht bloß als Jünger duldete, sondern ihn sogar in den Kreis seiner Vertrauten aufnahm! Aber sie übersahen zunächst diese Bedenklichkeit und wendeten sie hernach um zur Glorifizierung Jesu und zum Beweis der Erfüllung der Schrift (Ps 41, 10). Sie waren nur darauf bedacht, den Verräter zu brandmarken. Diesem Zweck dient die auffallende Wiederholung der Angabe, daß er einer der Zwölf gewesen sei (Wilke 127. 149), ebenso wie die schaurige Ausmalung seines Todes. Er war früh eine legendarische Figur geworden; nur sein Name und sein Verrat waren bekannt. Der Erfolg seiner Brandmarkung ist merkwürdiger weise nicht der, daß er um alle Sympathie gebracht wird, und das Dunkel, worin das Motiv seiner Tat gehüllt ist, macht ihn interessant.

Außer Judas Ischariot treten in der Erzählung sowohl der drei ersten Evangelien als auch der Apostelgeschichte nur drei von den Zwölfen auf, Petrus Jakobus und Johannes[1]). In dem Verzeichnis wird Petrus an erster, wie Judas an letzter Stelle aufgeführt, beide einzeln und nicht wie die Übrigen im Paar; bei Markus wenigstens wird Petrus von seinem Bruder Andreas getrennt und der letztere mit Philippus zusammengestellt. Vermutlich soll Petrus dadurch ausgezeichnet werden, daß er vereinzelt an der Spitze steht und dann mit dem Paar der Zebedäussöhne verbunden wird: diesen dreien allein legt Jesus selbst ihre Beinamen zu. Daneben fällt es freilich auf, daß das, worauf in der Tat seine singuläre Bedeutung beruhte, in den Schatten gestellt wird. Nur aus dem Zeugnis des Paulus, welches in Lc 22, 32. 24, 34 schwach und verloren nachhallt, wissen wir, daß dem Petrus zuerst der Auferstandene erschienen ist. Sonst hat er überall in den Evangelien und in der Apostelgeschichte in diesem überaus wichtigen Punkte vor den Zwölfen insgesamt nichts voraus, in deren Kreise auch er, nach dem Zeugnis des Paulus, den Herrn zum zweiten mal sah. — In den Evangelien treten gewöhnlich Petrus Jakobus und Johannes zusammen auf. In der Apostelgeschichte dagegen (und ebenso Galat 2, 9) Petrus und Johannes, ohne Jakobus.

---

[1]) Anders im vierten Evangelium, dessen Differenzen ich hier nicht berücksichtige, obgleich sie darum wichtig sind, weil sie zeigen, daß die Tradition über die Namen der nächsten Jünger Jesu nicht fest war. Am meisten fällt das Fehlen der Zebedaiden auf.

Nur in Kap. 12 ist es anders; da steht Jakobus neben Petrus. Agrippa richtet den Jakobus hin und will das gleiche Schicksal auch dem Petrus bereiten, dem es aber gelingt, aus dem Kerker zu fliehen. Da nun der König es vornehmlich auf die Häupter der Gemeinde und auf die Zerstörung ihrer Organisation abgesehen haben wird, so wird er auch auf Johannes gefahndet haben; und wenn dieser entkommen ist, befremdet es doch, daß davon nichts verlautet, da sonst das Interesse für ihn in der Apostelgeschichte weit größer ist als für seinen Bruder. In Wahrheit ist er nicht entkommen, sondern mit Jakobus hingerichtet. Dafür haben wir in Mc 10, 39 ein durch keinerlei Künste zu beseitigendes, vollgiltiges Zeugnis. Über die Deutung des Kelches und der Taufe kann kein Zweifel bestehn, und darüber auch nicht, daß eine unerfüllte Weissagung nicht im Evangelium stehn würde.

Jakobus Justus, der Bruder Jesu, hat schon früh in der jerusalemischen Gemeinde dem Petrus und Johannes an Ansehen gleich oder sogar voran gestanden. Er hat aber doch erst nach den Fünfhundert (1 Cor 15), d. h. vermutlich nach Pfingsten, den Herrn geschaut und an seine Auferstehung geglaubt; darum wird er nicht zu den Zwölfen gerechnet, weil dieses Collegium älter war als sein Christentum. In den drei ersten Evangelien steht er außerhalb des Kreises Jesu. Im vierten aber, wenigstens in dessen Grundstock[1], hat Jesus sich nicht von seiner Familie losgerissen; seine Brüder glauben an ihn, wohnen mit ihm zusammen und bereiten seine Übersiedlung nach Jerusalem vor. Im Hebräerevangelium geschieht ein letzter Schritt: Jakobus, der im vierten Evangelium durch die Brüder verdeckt wird, tritt als Hauptperson hervor; er ist der erste, dem der Herr nach seiner Auferstehung erscheint, und nicht Petrus. Hier reflektiert sich also die Bedeutung, welche die Familie Jesu und namentlich Jakobus in der jerusalemischen Gemeinde erlangt hat, schon in der evangelischen Erzählung, während das bei den Synoptikern nicht geschieht[2]. Die schroffe Zurückweisung der Mutter und der Brüder bei Markus (3, 31 ss.) wird allerdings schon in der doppelten Variante bei Lukas (8, 19—21. 11, 27. 28) gemildert, und die Apostelgeschichte (1, 14) sucht dieselben dicht an die Zwölf heran zu rücken,

---

[1] Vgl. zu Joa 2, 1—12. 7, 1—13. 20, 17.
[2] Die Ebioniten haben nach Eusebius und Epiphanius auch in ihrer Apostelgeschichte den Jakobus zur Hauptperson gemacht.

so daß es den Anschein gewinnt, als wenn sie von allem Anfang an gläubig gewesen und zu dem Urbestand der jerusalemischen Gemeinde gehört hätten. Jedoch im Evangelium Lucae findet sich die Mutter Jesu noch nicht unter dem Kreuz, so wenig wie bei Markus und Matthäus; sie erscheint da erst bei Johannes [1]).

§ 17. Das Evangelium und das Christentum.

Das Evangelium ist seiner Wortbedeutung nach Heilsbotschaft. So im zweiten Teil des Jesaias die Ankündigung eines bestimmten Ereignisses, des Wendepunktes der Weltgeschichte, wodurch Sion gerettet und Babel gerichtet wird. Entsprechend im Neuen Testament die Ankündigung, daß Jesus, obgleich von den Juden verworfen und gekreuzigt, dennoch der Christus sei, durch die Auferstehung von Gott bestätigt und im Himmel wirksam gegenwärtig; nur darauf richtet sich auch ursprünglich der Schriftbeweis. Jesus Christus ist der Gegenstand der Botschaft und nicht ihr Träger. In den Reden, die bei Markus auf das Petrusbekenntnis folgen, offenbart er sich zwar selber den Jüngern als den Menschensohn, der durch den Tod zu seiner Herrlichkeit eingehn werde, antezipiert damit aber nur weissagend den Inhalt des Evangeliums, dessen Verkündigung er erst für die Zukunft in Aussicht nimmt. In Wirklichkeit sind erst die Apostel nach dem Tode Jesu die Boten des Evangeliums. Es ist entstanden in dem Augenblick, wo Petrus den Auferstandenen sah, kurz nachdem er den zum Tode Verurteilten verleugnet hatte. Dadurch wurde Petrus der Fels, auf den das Christentum, der Glaube an den lebendigen Christus, und die Kirche sich gründeten. Nach der Apostelgeschichte sind auch die übrigen Zwölf als Zeugen der Auferstehung zur Verkündigung des Evangeliums berufen, deshalb weil Jesus sich auch ihnen nach seinem Tode lebendig erwies, nicht deshalb weil sie ihm während seiner irdischen Wirksamkeit gefolgt waren [2]). Gleicherweise ist Paulus dadurch zum Evangelium berufen worden, daß der Auferstandene ihm erschien. Wie hätte er die Unabhängigkeit

---

[1]) Vgl. meine Noten zu Mc 15, 40. 16, 1 (1909) und zu Joa 19, 25. 26.

[2]) Man kann vergleichen, daß die Propheten des Alten Testaments durch Theophanien berufen werden. In Act 1, 21. 22 befremdet es, daß man dadurch, daß man mit Jesus auf Erden gewandelt ist, Zeuge der Auferstehung wird.

seines Evangeliums von jeder Überlieferung behaupten können, wenn es in der Überlieferung von dem irdischen Jesus bestand! wie hätte er sich dann mit denjenigen Aposteln, die mit Jesus gewandelt waren, gleich setzen können, ohne sich zu belügen und lächerlich zu machen! Aber er war durch die Offenbarung bei Damaskus gewürdigt, den lebendigen himmlischen Christus mit eigenen Augen zu schauen, und dadurch von höchster Stelle zur Verkündigung des Evangeliums autorisiert — später als andere, jedoch in gleicher Weise wie diese.

Das Evangelium ist verschieden von den sogenannten Evangelien, und Strauß hat nicht mit Unrecht gegen Steudel bemerkt, daß seine Kritik der Tradition als mythisch die eigentliche Grundlage des Christentums gar nicht treffe. Das ursprüngliche Evangelium ist keine Tradition; der traditionelle Stoff, der in den Evangelienbüchern steht, ist erst nachträglich hinzugekommen, wenngleich als notwendige Ergänzung. Die Verkündigung, daß der Gekreuzigte zum himmlischen Christus erhöht sei, genügte für die, die ihn gekannt hatten. Indessen löschte doch der himmlische Christus das Bild des irdischen nicht aus, und bei denen, die ihn nicht gekannt hatten, erwachte ein historisches Interesse, welches um so mehr nach Befriedigung drängte, da begreiflich gemacht werden mußte, warum ein solches Leben nicht mit einem solchen Tode enden konnte. So schloß sich also an das eigentliche Evangelium ein historisches an, wie aus Mc 14, 9 zu ersehen ist.

Nur ist ein solches nicht schon von den ältesten Aposteln zusammengestellt, als mündliche oder schriftliche Grundlage und Norm der Verkündigung; diese Meinung Lessings und seiner Nachfolger ist von Schleiermacher und namentlich von Wilke gründlich widerlegt. Die Apostel haben auch nicht so das Evangelium verkündet, wie Papias es sich vorzustellen scheint, daß sie einzelne Abschnitte der evangelischen Geschichte als Texte ihrer Predigt zu grunde legten, wenngleich sie wohl gelegentlich Züge aus dem Bilde des Meisters mitteilten, das sie im Herzen trugen. Sie haben keine Sorge dafür getragen, daß die Erinnerungen an das Leben Jesu vollständig und rein erhalten blieben und daß die Späteren darüber unterrichtet wurden; sie hatten etwas anderes zu tun. Die mündliche Überlieferung, auf der unsere Evangelien beruhen, ist ohne direktes Zutun der Apostel in der jerusalemischen Gemeinde entstanden, zur Erbauung und Unterrichtung des christlichen Nachwuchses. Aufgezeichnet wurde sie durchaus privatim, vermutlich als sie teils abzusterben, teils zu entarten drohte. Man schließt zuweilen aus dem Eingang des Evangeliums Lucae, daß sich gleich anfangs viele Federn dazu in Bewegung setzten. Aber die Aussage des Lukas gilt erst für eine sehr späte Zeit. Die Juden waren nicht geneigt, mündlich Überliefertes, namentlich Historisches, schriftlich zu fixieren. Es war also ein Wagnis, Memorabilia Jesu zu Buch zu bringen, und nicht Viele zugleich werden damit angefangen haben.

2. Das Christentum ist nicht erst hernach durch den Mythus getrübt worden, wie die Rede geht, sondern es hat sich von anfang an auf den Mythus gegründet, wenn man es wagen will, das Wort in einer ungewöhnlichen Bedeutung zu gebrauchen und die Auferstehung so zu nennen. Es handelt sich dabei nicht um eine stufenweise Idealisierung, sondern um eine plötzliche Metamorphose Jesu. Durch seine Kreuzigung als irdischer Messias abgetan, erstand er als himmlischer aus dem Grabe. Der Glaube, daß er durch den Tod zum himmlischen Christus erhöht sei, ward in einem Moment geboren, und zwar aus ekstatischem Schauen[1]). Die Ekstase steckte an. Nachdem der Herr zuerst dem Petrus erschienen war, erschien er auch den anderen Jüngern; sie nahmen nicht bloß das Zeugnis des Petrus an, sondern erlebten sein Erlebnis ihm nach. Alsbald nach dem Hingang ihres Meisters, als sie voll Verzweiflung waren, kam der Geist über sie; es war ursprünglich ein Geist des Enthusiasmus und er äußerte sich in den Christophanien. Mit Recht hat Weiße es in Verbindung gebracht, daß nach 1 Cor 15 fünfhundert Jünger zugleich den Herrn sahen und daß nach Act 2 der Geist auf einmal die ganze jerusalemische Jüngerschaft in Ekstase versetzte. Was sie geschaut hatten, verkündeten dann die Zeugen der Auferstehung den Anderen; so entstand das Evangelium. Hernach trat zu dem Glauben an die Auferstehung Jesu die Hoffnung auf seine Parusie hinzu. Das geschah sehr bald und wurde sehr wichtig. Die Kirche war die Gemeinschaft der zukünftigen Bürger des Gottesreichs, die aus dem Gericht gerettet und durch das Gericht erlöst werden sollten. Der Begriff ist also ursprünglich eschatologisch bestimmt, freilich setzt er nicht notwendig die Parusie Jesu voraus. Er ist auch schon jüdisch und entspricht dem messianischen Rest, den Entronnenen oder Erlösten.

---

[1]) Es ist eine der größten Torheiten, solche momentan wirkenden Ursachen aus der Geschichte der Religionen ausschließen zu wollen.

§ 17. Das Evangelium und das Christentum.

Der Enthusiasmus hat das Christentum gezeugt. Aber es war der Enthusiasmus der Jünger, nicht der Enthusiasmus Jesu. Nach der Meinung mancher nichts weniger als orthodoxen Gelehrten soll freilich Jesus selber der Schwärmer gewesen sein und seine eigene Parusie mit Nachdruck in Aussicht gestellt haben — was etwas ganz anderes ist als daß er die eschatologische Weltanschauung der frommen Juden geteilt und ebenso wie Johannes der Täufer das Gericht in Bälde erwartet hat. Zu dem Sichersten, was wir von ihm wissen, rechnet Strauß im Alten und Neuen Glauben, daß er erwartete in allernächster Zeit in den Wolken des Himmels zu erscheinen. Ähnlich spricht er sich in seinem ersten Leben Jesu und in der christlichen Glaubenslehre aus [1]). In der letzteren wendet er sich gegen die Rationalisten, welche Jesu den abstrakten und ungeschichtlichen Zweck unterlegen, eine Universalreligion zu stiften, die unabhängig von allen besonderen Zeit- und Volksvorstellungen den religiösen Bedürfnissen der ganzen Menschheit entspräche und daher für jeden Menschen von gesunder Vernunft gleich einleuchtend wäre. Mehr findet er sich von Reimarus' Ansicht angesprochen, daß Jesus ein Agitator gewesen sei, der zur politischen Erhebung seiner Nation den Messias habe spielen wollen, aber in der Durchführung seines Plans verunglückt sei; hier sehe man doch historische und psychologische Möglichkeit. Er tritt jedoch auch dem nicht bei. Nach allen Spuren habe Jesus keinen Volksaufstand erregen oder andere praktische Mittel zur Herbeiführung eines Umschwungs anwenden wollen. Er habe vielmehr der Hoffnung gelebt, Gott werde ihm, dem Messias, eines Tages seine Engellegionen vom Himmel senden, um den Thron Davids wieder aufzurichten. Als aber diese Katastrophe immer nicht eintreten wollte, habe er der Sache die Wendung gegeben, daß er

---

[1]) Dazwischen war er freilich im Leben Jesu für das deutsche Volk von sich abgefallen. Vgl. den Brief an Käferle vom 15. Juni 1862: „Hat man die orthodoxe Ansicht über Jesus aufgegeben, so steht zunächst der Schwärmer vor einem, aber ein so arger Schwärmer, daß es schwer fällt, sich so viel Schwärmerei mit so viel Vernunft zusammen zu denken." Desgleichen der Brief an Lang vom 16. Oktober 1864: „Daß wir unsere occidentalische Vorstellungsart nie in die Orientalenwelt hineintragen dürfen, habe auch ich mir beständig vorgesagt; aber der Brocken mit der Wiederkunft war mir zu arg, ich konnte ihn nicht herunterbringen. Zellers Vergleichung mit dem Unsterblichkeitsglauben unserer Zeit kann ich nicht gelten lassen, es handelt sich um die ungeheure A u s n a h m e , die in der Wiederkunftsidee liegt. Jene Idee steht in meinen Augen dem Wahnsinn ganz nahe."

§ 17. Das Evangelium und das Christentum. 151

das, was ihm bei seiner ersten Anwesenheit nicht gelungen, bei einer einstigen Wiederkunft vom Himmel um so glänzender durchführen werde. In die Fußstapfen von Strauß ist neuerdings Albert Schweitzer getreten, wenngleich ihn die Schwärmerei Jesu nicht abstößt wie jenen, sondern anzieht. Auch er geht aus vom Gegensatz gegen den Rationalismus, der den Anspruch Jesu, der Messias zu sein, zurückdrängt oder umdeutet, sieht ebenfalls in Reimarus, der ihn von diesem Anspruch aus begreift, den Anfänger einer wahrhaft historischen Auffassung, und verwirft nur noch entschiedener dessen profane und politische Betrachtungsweise, indem er an deren Stelle mit beredten Pathos die rein religiöse, nämlich die konsequent eschatologische setzt [1]).

Es ist schon früher in den Kapiteln über die Eschatologie und über den Menschensohn (§ 9. 13) vorgebracht, was gegen diese Meinung einzuwenden ist. Hier sei nur hinzugefügt, daß ihre Vertreter hinter der Parusie die Auferstehung zurücktreten lassen und nicht davon reden, daß Jesus auch sie zum Gegenstand seiner Verkündigung gemacht habe; sie messen ihr keine selbständige Bedeutung bei. Aber bei Markus verkündet Jesus, in der Vorausnahme des Evangeliums welche auf das Bekenntnis des Petrus erfolgt, seine Passion und Auferstehung o h n e seine Wiederkunft. Und auch innere Gründe lassen vermuten, daß nicht die Parusiehoffnung, sondern der Auferstehungsglaube das psychologische Prius war; nur dieser beruhte auf einem epochemachenden, einschneidenden Erlebnis, nicht jene. Nicht die Hoffnung, sondern der Glaube bewirkte den plötzlichen

---

[1]) Albert Schweitzer, Von Reimarus zu Wrede, eine Geschichte der Leben-Jesu-Forschung (Tübingen 1906). Aus Bescheidenheit ersetzt der Autor seinen eigenen Namen durch den seines Antipoden, der es leugnet, daß Jesus sich überhaupt bei Lebzeiten für den Messias gegeben habe und bei Lebzeiten dafür gehalten sei. Der Titel müßte eigentlich lauten: von Reimarus bis S c h w e i t z e r; denn dieser ist das Ziel, auf welches die Leben-Jesu-Forschung ausläuft. Der jugendliche Verfasser, dessen Zeit durch anderweitige Obliegenheiten sehr beschränkt war, hat den wüsten Stoff mit unverdrossener Lust und Liebe durchgearbeitet und dargestellt. Er versteht aber besser zu bewundern oder geringzuschätzen, als zu referieren. Sein Urteil bestimmt sich durch das Axiom: die Aussprüche Jesu, in denen er seine eigene Wiederkunft ankündigt oder voraussetzt, müssen authentisch sein. Die dem widersprechende Kritik entspringt aus rationalistischer Tendenz, aus Mangel an historischem Sinn. Sie ist jetzt abgetan. „Johannes Weiß hat Christian Hermann Weiße überwunden."

Umschwung in der Stimmung der Jünger, riß sie aus der Verzweiflung und erfüllte sie mit freudigem Mut. Er war das Panier, um das sie sich wieder sammelten, machte sie zu Zeugen und Märtyrern, führte sie zum Siege über den Tod und über die Welt. Er bildete das unterscheidende Merkmal des Christentums; als Religion des Wartens auf die künftige Erlösung war es eine sublimierte Fortsetzung des Judentums. Die Hoffnung auf die Wiederkunft Jesu war das Posterius und nur die Folge der Überzeugung, daß er durch den Tod zum himmlischen Messias erhöht sei. Wenn nun diese Überzeugung e r s t i n d e n J ü n g e r n entstand (durch die Visionen des Auferstandenen), so auch jene Hoffnung. Bei Lebzeiten hat Jesus sie ihnen nicht eingepflanzt. Es wird ja auch zugegeben, daß sie seine angeblichen Vorhersagungen, so deutlich sie sind, erst nach seinem Tode begriffen.

3. Der Glaube an den Auferstandenen hat indessen zwar das Christentum begründet, aber doch nicht dessen alleinigen Gehalt ausgemacht. Die stillen Wasser Siloahs gingen nicht unter in dem rauschenden Strom der Begeisterung. Die Erinnerung an ihren Meister, an dessen Worte und Wandel, losch in den Herzen der Jünger nicht aus; sein Geist trat als moralisches Prinzip des inneren Lebens der Gemeinde neben den nicht moralischen Geist des Enthusiasmus, der sie geschaffen hatte, und moderierte ihn. Indem man nun diese tatsächlich von dem historischen Jesus ausgehende Wirkung in Anschlag bringt, glaubt man sich berechtigt, ein Evangelium Jesu neben das Evangelium der Apostel über den Christus zu stellen und es als den wahren Anfang des Christentums zu bewerten.

Für die Befugnis, die „Religion Jesu" als sein Evangelium zu bezeichnen, beruft man sich auf das E v a n g e l i u m v o m R e i c h, welches er nach Matthäus selber verkündet haben soll. Man nimmt mit Recht an, daß das hier gemeinte Reich nicht das zukünftige sei, das mit einem Schlage vom Himmel herabkommt, sondern ein schon gegenwärtig auf Erden sich anbahnendes. Dies gegenwärtige Reich ist nun aber nichts anderes als die Kirche, und zwar nicht bloß die unsichtbare im Sinne des Dr. Martin Luther. Jesus legt mit seiner Predigt die Grundlage zur Kirche, er zeichnet den Jüngern, aus denen sie erwachsen soll, ihr Ideal vor und auch die entgegenstehenden äußeren Gefahren und inneren Hindernisse. Die Parabel vom Säemann handelt von dem Mysterium der (annoch nicht erschienenen) Kirche; Jesus streut nicht ohne Rücksicht auf den

Erfolg den Samen aus, sondern er pflanzt mit bewußter Absicht die Kirche. Die vielen anderen Parabeln des Matthäus, deren Gegenstand das Himmelreich ist, gehn ebenfalls auf die Kirche und nehmen deutlich Beziehung auf Zustände und Erscheinungen, die sich in ihrer Geschichte zeigen. Dazu stimmt es, daß Jesus auch direkt in die kirchliche Organisation eingreift, Bestimmungen über die Exkommunikation trifft, das Amt der Schlüssel begründet, von den christlichen Lehrern als Schriftgelehrten des Himmelreichs redet.

Wenn nun das Reich so verstanden werden muß, so kann Jesus das Evangelium vom Reich so wenig verkündet haben wie das apostolische Evangelium; daß er sich selbst als himmlischen Messias geweissagt hat, ist nicht unhistorischer, als daß er schon gegenwärtig auf Erden seine messianische Aufgabe durch Grundlegung der Kirche gelöst hat[1]). Das gegenwärtige Reich ist nur ein Contrafactum des zukünftigen, welches nicht bloß den Juden, sondern auch dem Paulus und Markus allein bekannt ist. Als der Gekreuzigte, Auferstandene und Wiederkommende ist Jesus der christliche Messias, nicht als Religionslehrer. Das apostolische Evangelium, welches den Glauben an den Christus predigt, ist das eigentliche, und nicht das Evangelium Jesu, welches der Kirche ihre Moral vorschreibt. Die Duplizität, das Schillern der Begriffe kann nicht von Anfang an bestanden haben. Und der angeblich von Harnack getane Ausspruch: „nicht der Sohn, sondern nur der Vater gehört ins Evangelium" ist grundfalsch, wenn damit ein Faktum behauptet und nicht nur ein Postulat ausgesprochen werden soll.

§ 18. Der evangelische Erzählungsstoff

läßt sich zwar nicht reinlich von dem Redestoff trennen, weil er gewöhnlich dialogisch gestaltet ist, kann aber doch für sich betrachtet werden. Er liegt in der frühesten für uns erreichbaren Form bei Markus vor. Dieser hat natürlich auch historisch den Vorzug vor Matthäus und Lukas, soweit sie von ihm abhängen. Indessen seine

---

[1]) Um die Authentie des Evangeliums vom Reich als des Evangeliums Jesu zu retten und es gegen das apostolische Evangelium auszuspielen, bestreben sich protestantische Theologen, das gegenwärtige Reich Gottes von der Kirche zu unterscheiden. Daß dies Bemühen vergeblich sei, habe ich in den Noten zu den Parabeln des Matthäus dargelegt. Nur das läßt sich einräumen, daß die Kirche durch den

literarische Priorität sichert ihm doch nur einen relativen historischen Wert, nicht einen absoluten. Es war verkehrt, wenn Weiße in Markus einen unantastbaren Zeugen für das Leben Jesu erblickte. Er begrüßte die Entdeckung Lachmanns als Kampfmittel gegen Strauß, als ob dieser von Markus aus nicht zu dem Ergebnis hätte kommen können, daß wir zu einem historischen Leben Jesu nicht das Material haben. Er verschuldete dadurch dessen Mistrauen gegen „die Markus-Löwen", welches auch von den Tübingern geteilt wurde. Er ging davon aus, daß der Strauß'schen Betrachtung der evangelischen Erzählungen als Mythen die Annahme einer längeren mündlichen Überlieferung derselben zu grunde liege [1]), und glaubte, durch Markus werde diese Annahme erschüttert, indem dieser nicht aus dem Strom, sondern aus der noch wesentlich ungetrübten Quelle geschöpft habe. Er wollte zwar verfärbende Einflüsse nicht ganz ausschließen, maß ihnen jedoch nur geringe Bedeutung zu. Noch schärfer bestritt Wilke die Tradition. Er hatte dabei hauptsächlich die Annahme eines mündlichen Urevangeliums im Auge, welches in der Darstellung des Einzelnen und in der Anordnung des Ganzen schon fest fixiert gewesen sei. Aber die Behauptung, daß Form und Stoff nicht getrennt werden könnten, hat bei ihm doch den Sinn, daß Markus nicht bloß anonymen Erzählungsstoff gesammelt, geordnet und redigiert habe, sondern ein durchaus originaler und schöpferischer Schriftsteller gewesen sei. Daraus zog nun Bruno Bauer schließlich seine Konsequenzen. Er verspottete Strauß deswegen, daß er die Tradition und eine dunkle faktische Wurzel derselben zugestanden habe, aus der sie dann allerdings frei ins Kraut geschossen sei. Durch die Markushypothese

---

Namen des Reichs idealisiert wird, damit ihre Prolepse weniger auffalle. Zweimal nimmt Jesus bei Matthäus freilich doch geradezu die ἐκκλησία in den Mund. — Halbwegs richtig äußert Renan seine Verwunderung darüber, daß Jesus auf eine übernatürliche Erfüllung rechne und zugleich mit seltener Sicherheit des Blicks die Basis für eine dauerhafte Kirche schaffe.

[1]) Strauß gebraucht den Ausdruck Mythus in der Tat im Sinn von Sage, nicht in dem besonderen Sinn, in dem er jetzt meist verstanden wird. Von unseren heutigen Mythologen ist er weit entfernt; der Boden der evangelischen Tradition ist ihm das Judentum und das Alte Testament; an dem Maße der neuesten religionsvergleichenden Weisheit gemessen, vertritt er einen sehr konservativen Standpunkt. Gegen die Zurückstellung des Markus ist er übrigens später doch gelegentlich mistrauisch geworden; er äußert Zweifel, ob denn seine Posteriorität auch nach Lukas so ausgemacht sei (Brief an Zeller vom 2. Mai 1860).

§ 18. Der evangelische Erzählungsstoff.

hielt auch er Strauß für widerlegt, freilich in ganz anderem Sinn als Weiße. Markus sei der poetische Erfinder der Messiasidee, die es damals bei den Juden gar nicht mehr gegeben habe, und des Evangeliums. Er habe den Stoff oder die Motive namentlich aus der Cäsarengeschichte entnommen; sein Faden sei dann von Lukas und später von Matthäus ausgesponnen. Man sieht, wohin es führen kann, wenn man die Tradition nach Kräften auszuschalten strebt.

Es kann kein Zweifel sein, nicht bloß darüber, daß Markus überhaupt auf Tradition zurückgeht, sondern auch darüber, daß die Tradition, die er vorfand, schon getrübt und durch vieler Leute Mund gegangen war. Das Zeugnis des Papias hat keinen eigentlich geschichtlichen Wert. Petrus steht nur deshalb hinter Markus, weil er als Haupt der Kirche die älteste kirchliche Evangelienschrift autorisiert[1]. Er hat bei seiner Verkündigung des Evangeliums keine Vorträge über die evangelischen Perikopen gehalten, und Markus hat dieselben nicht schriftlich in Reihe gebracht, so gut oder so schlecht er konnte. Ein nicht in der Sache liegendes Interesse für Petrus findet sich grade bei Markus gar nicht. Er läßt auf sein Bekenntnis unmittelbar die Scheltrede Jesu gegen ihn folgen: heb dich weg von mir Satan! und er verschweigt seine Verleugnung durchaus nicht. Ebenso wenig finden sich bei ihm Spuren von persönlich gefärbten Mitteilungen des Petrus. Wenn man sich dafür auf den Bericht über den ersten Tag in Kapernaum beruft, wo Jesus bei Petrus einkehrt und dessen Schwiegermutter heilt, so beginnt dieser mit der Berufung der vier Jünger, welche legendarisch ist und nicht auf Petrus zurückgehn kann[2]. Am meisten widerstreben die Wundergeschichten, in der Form wie sie bei Markus dargestellt werden, der Zurückführung auf den intimsten Jünger Jesu. Aber überhaupt stammt nichts von Augenzeugen, auch die Passion nicht, die verhältnismäßig am meisten historische Partie. Sie ist in Hauptpunkten verblaßt und in Nebenpunkten ausgeschmückt, sie läßt vieles Wichtige im Unklaren und

---

[1]) Vgl. Eusebius H. E. 2, 15, der sich außer auf den ersten Petrusbrief und Papias auch auf Clemens Al. beruft.

[2]) Hausrath (1, 33) sagt: Petrus verfehlte nicht, dem Markus zu erzählen, daß man sein Dach beschädigt habe, um den Gichtbrüchigen vor Jesus zu bringen. Als ob die Rechnung für die Reparatur ihm und nur ihm allein den Umstand unvergeßlich gemacht hätte.

gibt dafür manche sagenhafte Züge. Mit Recht ist das schon von Wilke hervorgehoben [1]).

Daß Markus nicht alles, was zu seiner Zeit noch mündlich umlief, hat erschöpfen können, wird anzunehmen sein. Hat er aber auch gar nicht die Absicht gehabt, umfassend aufzuzeichnen, was ihm davon zugänglich war und glaubwürdig erschien? Man meint, er habe vielmehr eine Auswahl getroffen, nach einem bestimmten Gesichtspunkte, nämlich um zu erweisen, daß Jesus der Christus sei. Diesen Gesichtspunkt teilt er freilich mit den anderen Evangelisten, sie schreiben alle kein Leben Jesu, sondern eine Vorgeschichte des Christus. Er wendet ihn nicht schärfer an als die anderen, im Gegenteil kommen grade bei ihm die meisten Verstöße dagegen vor. Auch darin, daß er die Wunder Jesu als ἔργα τοῦ Χριστοῦ betrachtet, unterscheidet er sich nicht von den anderen; jener griechische Ausdruck kommt nicht bei ihm vor, sondern bei Matthäus. Aber relativ überwiegen bei ihm allerdings die Wunder, sie füllen namentlich die galiläische Periode aus. Und das wird hauptsächlich als Beweis dafür angeführt, daß er das Material nach seinem eigentümlich rohen Geschmack gesichtet habe. Es liegt jedoch viel näher, die Vorliebe für die echt volkstümlichen Wunderberichte schon auf Rechnung der Tradition zu setzen. Wenn das Evangelium, daß Jesus der Christus sei, in seine irdische Vorgeschichte verfolgt wurde, so war es natürlich, daß in Kreisen, welche intimer Bekanntschaft mit Jesus ermangelten, auf seine messianischen Machtbeweise großes Gewicht gelegt wurde, und daß die Tradition über seine früheste Wirksamkeit in Galiläa unter diesem Interesse zusammenschrumpfte. Wahrscheinlich haben auch seine Wunder schon bei seinen Lebzeiten auf das galiläische Publikum einen größeren und allgemeineren Eindruck gemacht, als seine Worte. Und sofern sie Heilungen sind, darf man sie nicht als nebensächlich zur Seite schieben. Die Heiltätigkeit Jesu ist, wie Weiße mit Recht hervorgehoben hat, ein wesentlicher Zug in seinem Bilde; er übt sie bei Markus kontinuierlich aus, während er nach Johannes nur einzelne Mirakel zum besten gibt. Er handelte nicht nach dem

---

[1]) Urevangelist p. 40 ss. 70 ss. Wilkes Polemik gegen die Tradition ist in Wahrheit eine Polemik gegen den apostolischen Ursprung der uns vorliegenden evangelischen Geschichte, worin er tatsächlich mit Strauß zusammentrifft, ohne es zu wollen und ohne es zu wissen; denn Strauß scheint ihm ebenso unbekannt zu sein wie Lachmann.

Grundsatz, daß das Elend hienieden nicht in Betracht komme gegen die zukünftige Herrlichkeit, sondern war fortwährend beflissen, es zu lindern. Seine Heilungen waren Ausflüsse seiner Barmherzigkeit, und er selber betrachtete sie nicht als σημεῖα. Daß sie von Anderen mit anderen Augen angesehen wurden, ist begreiflich. Grade Markus läßt übrigens erkennen, daß dies erst nachträglich geschah, und verwickelt sich dabei in Widersprüche. Nur die Tatsachen verkünden, daß Jesus der Christus war; er selber will es während der galiläischen Periode nicht merken lassen. Seine Wunder sind nur unfreiwillige Durchbrüche seiner wahren Natur; die Dämonen wissen sie als solche zu würdigen, das Volk und die Jünger aber nicht.

Markus wird also die Erinnerungen an Jesus, wie er sie vorfand, gebucht und nicht einen einseitigen Auszug daraus gemacht haben. In bezug auf den Erzählungsstoff haben seine Nachfolger kaum etwas nachzutragen gefunden; ob aber die Reden, die sie hinzufügen, schon ihm bekannt und von ihm ausgelassen oder gekürzt seien, ist eine Frage, deren Bejahung sich nicht so von selbst versteht, wie man gewöhnlich meint. Auch wenn sie bejaht werden müßte, so würde doch die Behauptung Herders in Kraft bleiben, daß das zweite Evangelium ein Niederschlag der mündlichen Überlieferung ist, wie sie sich in der ersten christlichen Generation ausgebildet hatte.

§ 19. Der evangelische Redestoff.

1. Weil Matthäus und Lukas das größtenteils in didaktischem Stoff bestehende Plus, welches sie vor Markus voraus haben, in dessen Gerüst einfügen, so meint Wilke, daß das Plus, als unselbständige Einschaltung, später sei. Auf das Sondergut des Matthäus oder des Lukas kann diese Betrachtungsweise angewendet werden. Aber eine Anzahl von Redestücken, die bei Markus fehlen, sind ihnen gemeinsam, und das läßt sich nicht mit Wilke so erklären, daß sie sie einer vom andern entlehnt haben, sondern führt auf eine selbständige zweite Quelle (Q), die sie neben Markus benutzten. Das Verhältnis dieser beiden Quellen zu einander zu bestimmen, ist eine wichtige und schwierige literarhistorische Aufgabe.

Sie können nicht unabhängig von einander gedacht werden. Die evangelische Literatur entstand in der jerusalemischen Gemeinde, und ihre Anfänge, die nicht alsbald unübersehbar waren, mußten innerhalb dieses beschränkten und eng verbundenen Kreises bekannt sein. Namentlich läßt sich nicht vorstellen, daß unter den Autoren selber der Vorgänger dem Nachfolger hätte entgehn können.

Man gibt ziemlich allgemein der Quelle Q den Altersvorzug vor Markus. Das ist zunächst ein Überbleibsel der alten Ansicht, daß das erste Evangelium, im Unterschied vom zweiten und dritten, von einem der Zwölf verfaßt und also authentischer sei. Man hat diese Ansicht nicht ganz fallen lassen, sondern nach Schleiermachers Vorgang halbwegs festgehalten, in der Weise, daß man dem Apostel Matthäus zwar nicht die Abfassung des ganzen nach ihm benannten Evangeliums zuschreibt, wohl aber die der darin enthaltenen Redesammlung Q. Stütze dafür soll die Angabe des Papias sein, daß Matthäus die Logia des Herrn aufgezeichnet habe. Es ist jedoch kein Grund anzunehmen, daß Papias unter den Logia, die Matthäus aufzeichnete, etwas anderes verstand als unser erstes Evangelium; er mag den Namen Logia a potiori gewählt haben, im Vergleich zu Markus. Das erste Evangelium war zu seiner Zeit schon vorhanden und bekannt; wenn ihm aber die Redequelle noch als selbständige Schrift vorgelegen hätte, so wäre sie später nicht mehr spurlos untergegangen. Auf keinen Fall bezeichnet er mit den Logia diejenigen Redestücke, welche Matthäus mit Lukas gemein hat. Man kann auch nicht sagen, daß Matthäus dieselben in ursprünglicherer Gestalt biete als Lukas. Wenngleich er wohl Einzelnes besser faßt als jener, so hat doch grade er die aus Q stammenden Stücke mit anderen versetzt und in einen neuen Zusammenhang gebracht; Lukas gibt sie im ganzen treuer und unvermischter, ohne ihn wären sie überhaupt nicht zu erkennen und abzugrenzen. Also lediglich aus der Vergleichung des ersten und des dritten Evangeliums läßt sich die Existenz von Q erschließen, nicht aus dem Zeugnis des Papias. Dessen Aussage bezieht sich auf unser jetziges Matthäusevangelium; und sofern sie den apostolischen Ursprung desselben behauptet, kann sie nicht auf echter Tradition beruhen.

Der Hauptbeweis für die Authentie der Reden Jesu in Q soll aber in ihrem inneren Wert liegen. Harnack sagt: „Was ist wertvoller, Q oder Markus? Seit 1800 Jahren ist diese Frage entschieden. Das Bild Jesu, welches Q in den Sprüchen gegeben hat, ist im Vordergrunde geblieben. Die Versuche, es durch das des Markus zu verdrängen, sind nicht geglückt; sie werden immer in Abgründe führen und sich selbst auflösen." Die Kirche, auf deren Geschmack sich Harnack mit sehr zweifelhaftem Rechte beruft, hat aber von Q nichts gewußt; sie zog nicht Q, sondern Matthäus dem Markus vor. Für den Wert fällt auch die literarische Bezeugung, die bei Q doppelt so groß ist wie bei dem Sondergut des Matthäus, nicht ins Gewicht. Sind etwa die aus Q stammenden Bestandteile der Bergpredigt oder der Aussendungsrede bei Matthäus schöner als die anderen? Konsequenterweise verwenden die Meisten das innere Kriterium ganz unterschiedslos, z. B. mit Vorliebe für die Gleichnisse, die nur bei Matthäus oder nur bei Lukas vorkommen. Was stünde noch fest, wenn diese fielen! ruft Hausrath aus. Wer könnte so etwas erfinden wie: wer unter euch ohne Sünde ist, der werfe den ersten Stein auf sie! fragt Weinel in bezug auf einen Ausspruch Jesu, der in der apokryphen Perikope von der Ehebrecherin steht. Man sieht dann nicht ein, warum dies Kriterium nicht auch auf das Evangelium Johannis angewendet werden soll. Die alte Kirche schätzte dasselbe kaum geringer als das des Matthäus; und Männer wie Fichte und Schleiermacher, die doch nicht grade ohne Urteil und Empfindung waren, schlugen seinen Wert sogar viel höher an. Ist nicht in der Tat der Spruch Joa 3, 8 mindestens ebenso originell und wertvoll wie irgend ein anderer? Er lehrt, daß der Geist wehet wo er will, und daß man darum, weil man seine Wirkung empfindet, doch nicht weiß, woher er kommt.

Wenn der innere Wert das Alter und die Authentie verbürgen soll, so gemahnt das an den sagenhaften Archäologen, der die Echtheit einer Antike daran erkannte, daß er bei ihrem Anblick weinen mußte. Das testimonium spiritus sancti wird zum kritischen Prinzip erhoben: was zu Herzen geht, was erhebt, ergreift und erschüttert, erweist sich dadurch als echt. Die exegetische und literarisch-historische Untersuchung ist dann überflüssig.

2. Q mag dem Markus an innerem Wert weit vorgehn, kann aber darum doch jünger sein. Die Kirche hat manches Altertümliche für Jesu unwürdig gehalten und Neueres bevorzugt, weil es seiner würdiger erschien. Um die zeitliche Priorität zu entscheiden, muß man eine Vergleichung zwischen Markus und Q anstellen, die von erbaulichem Wert oder Unwert absieht.

An der Oberfläche liegt der Unterschied, daß während Markus erzählenden und didaktischen Stoff mischt, sich die andere Quellenschrift ganz vorwiegend auf didaktischen beschränkt. Den erzählenden läßt sie mit Absicht aus. Denn daß sie die Passion gekannt hat, die sie mit Stillschweigen übergeht, versteht sich von selber; und auf die galiläischen Wunder, die zu Kapernaum und anderswo geschehen sind, nimmt sie deutlich Beziehung. Es ist also nicht ausgeschlossen, daß sie die Darstellung des Markus voraussetzt und ergänzen will. Dazu würde stimmen, daß das einzige galiläische Wunder, worüber sie ausdrücklich berichtet, die Heilung von dem Sohne des Hauptmanns von Kapernaum, in der Tat eine Ergänzung zu Markus bildet. Indessen ist es doch möglich, daß sie nur die mündliche Tradition über das Tun und Leiden Jesu kennt und voraussetzt. Selbst die Passion braucht sie nicht schon schriftlich vorgefunden zu haben, obgleich die Meinung nahe liegt, daß diese zu allererst an die Reihe kam, aufgezeichnet zu werden.

Jedoch hängt damit, daß bei Markus der Stoff gemischt, in Q ungemischt ist, ein Unterschied in Form und Umfang der Worte Jesu zusammen, der nicht ohne Belang ist. Bei Markus überwiegen kurze Aussprüche, als Pointen von Erzählungen, worin der Anlaß angegeben wird, bei welchem sie gefallen sind. Für Q sind wohlgesetzte Reden charakteristisch, die nicht bei einer unvorhergesehenen Gelegenheit entstanden sind. Es ist nun sicherlich richtig, daß Jesus meist improvisiert und im Gespräch mit anderen einzelne Dicta von sich gegeben hat, die als unwillkürliche Äußerungen seines Empfindens und seines Wesens erscheinen. Er war kein Schulmeister; er hatte keine Themata, die er präparierte und dozierte. Durch diese ungezwungene, geistesgegenwärtige Art unterschied er sich von den Rabbinen, und vermutlich machte er grade dadurch Eindruck. Es ist also ein Vorzug des Markus, daß diese Apophthegmata ihm eigentümlich und bei den Korreferenten nur von ihm entlehnt sind.

Freilich hat Jesus auch längere Reden gehalten. Einige Dicta bei Markus machen einen unvollständigen Eindruck. Die größeren Komplexe, die er gibt, sind bisweilen nicht wirkliche Einheiten wie die in Q, sondern zusammengestoppelte Bruchstücke ohne jede innere Verbindung. Öfters ist ein Spruch nicht aus der angegebenen Situation erwachsen, oder er hat andere nach sich gezogen, die eigentlich nicht dazu gehören und manchmal durch einen neuen Anhub von ihm getrennt sind. Das wird nun gegen die Priorität des Markus vor Q geltend gemacht. Er selbst ist sich indessen bewußt, daß er nur Stückwerk referiert, wenn er 4, 2 und 12, 38 sagt: beim Lehren sagte Jesus unter anderem. Und die Schuld lag nicht an ihm, an seiner unruhigen und hastigen Art, die ihn unfähig machte, einen rednerischen Zusammenhang wiederzugeben, wie Harnack sich ausdrückt. Sie lag vielmehr an der Tradition. Es war nicht alles im Gedächtnis geblieben, was Jesus in Reden sagte, z. B. nichts von seinen Vorträgen in der Synagoge — denn Lc 4, 16 ss. ist keine giltige Ausnahme. Das Publikum nimmt überhaupt keine Zusammenhänge auf[1], sondern nur Einzelheiten daraus. Wenn also Markus Fragmente überliefert, so spricht das nicht gegen ihn. Bei den Erzählungen hat der Referent das Wort und infolge dessen freie Hand sie auszugestalten; da ist Unvollständigkeit keine Empfehlung und da zeigt sie sich auch nicht bei Markus. Nicht so bei den Redestücken, die von einem Anderen gesprochen sind und in dessen Wortlaut wiedergegeben sein wollen; da darf die Unvollständigkeit und Abgerissenheit als Zeichen treuer Relation gelten. Wie hätte auch Markus, wenn er bei Troste war, darauf verfallen können, etwas was in der Überlieferung noch zusammenhing dadurch unverständlich zu machen, daß er es zerhackte und die Stücke dann wieder gelegentlich zu einem Quodlibet mischte! Das Fragmentarische ist bei mündlicher Tradition vielmehr hier das Ursprüngliche. Disponierte rednerische Zusammenhänge größeren Umfangs wären nur authentisch, wenn sie auf unmittelbare Nachschriften von Ohrenzeugen zurückgingen. Wo das nicht zutrifft, darf man in der Regel vermuten, daß sie schriftstellerische Kompositionen sind, die natürlich alte Ingredientia enthalten können. Die Sprüche, die in·Markus und Q gleichmäßig vorkommen und zu Dubletten bei Matthäus und Lukas geführt haben[2], werden eher in Q zu einem Ganzen integriert, als von Markus aus dem Ganzen herausgerissen sein.

Es soll damit nicht geleugnet werden, daß z. B. das Gleichnis vom Säemann als Ganzes längere Zeit ziemlich treu im Gedächtnis behalten werden konnte. Bei diesem Beispiel aber zeigt sich wieder ein bemerkenswerter formeller Unterschied des Markus. Die Sprache

---

[1] Das Gedächtnis der Orientalen dafür war nicht stärker als unseres. Die einzelnen Offenbarungen des Korans sind nicht nur oft von Muhammed selber vorgetragen, sondern auch schon zu seinen Lebzeiten aufgeschrieben. Der Hadith aber, die mündliche Überlieferung seiner nicht auf Offenbarung beruhenden Worte, ist nichts weniger als zuverlässig.

[2] Weiße 1, 82 ss. Evangelienfrage 146 ss.

Jesu erscheint hier ungeglättet, sogar schwerfällig und rauh. Sie zeigt sich auch sonst bei Markus zwar drastisch und wuchtig genug, aber prosaisch und extemporisiert. Dagegen hat sie in Q im Großen wie im Kleinen eine kunstmäßige und literarische Form. Der Parallelismus der Glieder tritt weit stärker und ebenmäßiger auf, wenngleich er nicht überall so regelrecht durchgeführt ist wie in der Feldpredigt des Lukas. Nach Hausrath ist freilich die Spruchsammlung eine unbeholfene Niederschrift; nach Adolf Deißmann steht sie, von schriftstellerischem Gesichtspunkte aus, auf der Höhe der von Illiteraten bekritzelten Papyri. Urteilsloseres kann aber kaum geäußert werden.

In einigen Fällen sieht man deutlich, daß kurze Ansätze des Markus hernach breiter ausgeführt sind. So bei der Scheltrede gegen die Schriftgelehrten (Mc 12, 38—40), bei der Reiseinstruktion der Zwölf, bei der Versuchungsgeschichte. Wer mit Schleiermacher annimmt, Markus habe hier den Kern weggeworfen und die Schale beibehalten, macht ihn zu einem unglaublichen Tropf. Nicht bloß in Q, sondern überhaupt ist die Erweiterung des traditionellen Stoffs vorzugsweise durch Reden erfolgt. Fast alle Parabeln des Matthäus lassen sich auf die drei oder vier des Markus zurückführen. Besonders haben sich an die Parabel vom Säemann eine Menge von Wucherungen angeschlossen. In geringerem Maße ist das freilich auch schon bei Markus selber geschehen. Desgleichen ist schon bei ihm an das kurze Drohwort Jesu betreffend die Zerstörung des Tempels eine dazu nicht passende große eschatologische Rede angehängt. Er läßt Jesum zweimal einen Kommentar zu seinen Worten geben, er legt ihm eine Betrachtung über die beiden Varianten des Speisungswunders in den Mund. Es kann aber nicht Wunder nehmen, daß die Anfänge des rednerischen Erweiterungsprozesses schon bei dem ältesten Evangelisten hervortreten, wenigstens in der Fassung, wie er uns gegenwärtig vorliegt.

3. Die Betrachtung der formellen Unterschiede des Redestoffs in Markus und Q erweckt also ein Vorurteil zu gunsten der Priorität des Markus. Weitere Beobachtungen bestätigen dieses Vorurteil.

Für eine der Reden, die sowohl bei Matthäus als bei Lukas stehn, kann man das absolute Alter ungefähr bestimmen, nämlich für Mt 23, 13—36. Lc 11, 37—52. Der dort erwähnte Mord des Zacharias hat erst A. D. 67 oder 68 stattgefunden[1]); der anachronistische Hinweis

---

[1]) Vgl. § 12.

§ 19. Der evangelische Redestoff. 163

Jesu darauf ist natürlich noch später. Man sagt nun, die Erwähnung des Zacharias könne auf einer Interpolation beruhen, die indessen dann gleichmäßig in Matthäus und Lukas eingedrungen sein müßte. Oder man nimmt an, der ganze Zusammenhang gehöre nicht zu Q. Freilich ist Q eine hypothetische Größe, und tatsächlich beruht der größere historische Wert der dem Matthäus und Lukas gemeinsamen und nicht aus Markus entlehnten Redestücke eben auf ihrer doppelten Bezeugung, nicht auf ihrer Zugehörigkeit zu einer Quelle, deren Umfang sich durchaus nicht sicher bestimmen läßt. Aber allerdings stammen dieselben möglicher weise nicht alle aus dieser Quelle, und vielleicht ist sie auch in späteren Ausgaben über ihre Urgestalt hinaus gewachsen.

Es mag also ratsamer sein, auf die Bestimmung des absoluten Alters von Q nach Mt 23 und Lc 11 zu verzichten. Es bleibt dann nur übrig, die formellen Indizien zur Ermittlung des relativen Alters dieser Schrift im Vergleich zu Markus durch materielle zu ergänzen. Das größte Gewicht fällt dabei auf Unterschiede, aus denen sich ergibt, wie weit das C h r i s t e n t u m bei Markus und in Q die T r a d i t i o n über Jesus durchdrungen hat.

Nach Markus hat Jesus sich noch nicht während der galiläischen Periode, sondern erst, als er aus Galiläa floh und seinen Blick nach Jerusalem richtete, als den Christus offenbart und zwar nur seinen Jüngern, infolge des Petrusbekenntnisses. Er ist zwar schon durch die Taufe der Christus geworden und hat sich selber seitdem als den Christus gewußt, nur nicht als solchen bekannt. Das erklärt sich aus der Tendenz, die Messianität Jesu so weit wie möglich vorzuschieben. Das Petrusbekenntnis kann aber schwerlich auch aus dieser Tendenz erklärt werden. Jedenfalls ist es nach der negativen Seite unerschütterlich, sofern nämlich dadurch das messianische Auftreten Jesu während der ersten und längsten Periode seiner Wirksamkeit geleugnet wird. In Q existiert nun die Grenze des Petrusbekenntnisses nicht, es kann alles ebenso gut vorher wie nachher fallen. Die messianische Versuchung erfolgt nicht durch Petrus, sondern durch den Teufel und zwar alsbald nach der Taufe. Nicht an Petrus, sondern an den Teufel richtet Jesus das Wort: heb dich weg von mir, Satan!

Die Reden in Q werden meist auf galiläischem Boden gehalten. Vergleicht man sie mit den galiläischen Reden bei Markus vor dem Petrusbekenntnis, so zeigt sich nicht bloß ein Plus, sondern zugleich

11*

eine bedeutsame Differenz. Bei Markus redet Jesus in der galiläischen Periode exoterisch zu allem Volk, nicht esoterisch zu den Jüngern, und er gibt sich nicht als den Christus, auch nicht den Jüngern gegenüber, sondern einfach als Lehrer, wie namentlich aus der Säemannsparabel (4, 1—8) erhellt [1]). Dagegen in Q hält er von anfang an auch solche Reden, die seinen Jüngern gelten und ihre zukünftige Bestimmung als Christen vorwegnehmen; er spricht schon in der Bergpredigt von Verfolgungen, denen sie um seinetwillen ausgesetzt sein werden. Und wie viel öfter redet er von sich selber, wie anders als in der Säemannsparabel äußert sich sein Selbstbewußtsein! „Wehe dir, Chorazin, wehe dir Bethsaida! denn wären in Tyrus und Sidon die Werke geschehen, die in euch geschehen sind, sie hätten längst in Sack und Asche Buße getan." Kapernaum ist durch ihn zum Himmel erhoben und wird, weil es sich dessen unwürdig zeigt [2]), zur Hölle hinab gestürzt werden — man vergleiche damit, wie er es bei Markus aufnimmt, daß er im Gegensatz zu Kapernaum bei den Seinen in Nazareth nichts ausrichten kann: er wundert sich über ihren Unglauben. Obwohl die großen Taten Jesu in Q nicht expliziert werden, werden sie doch höher gewertet als bei Markus [3]), Jesus selbst sieht darin den Beweis seiner unvergleichlichen Bedeutung. Freilich noch mehr hebt er sich als Mittler der göttlichen Offenbarung hervor. Er nimmt für sich in Anspruch, daß er der Sohn des Vaters sei, daß er

---

[1]) Natürlich schließt Markus nicht aus, daß Jesus auch zu seinen Jüngern redet; aber was er zu ihnen sagt, kann er auch dem allgemeinen Publikum sagen — er schult sie nicht durch eine besondere Lehre. Auf spätere Einschaltung gehn die authentischen Kommentare zurück, in denen Jesus den wahren Sinn seiner Worte, als wäre er nicht so einfach, den Jüngern auslegt, die zu diesem Zweck als unverständig und schwer von Begriffen vorgestellt werden.

[2]) Bei Lebzeiten Jesu hat Kapernaum zu diesem Urteil schwerlich Anlaß gegeben; bei Markus merkt man nichts davon, denn er flieht von dort wegen des Antipas. Erst in der Apostelgeschichte zeigt sich, daß das junge Christentum in Galiläa keinen Boden fand. In Samarien und in der Paralia hatte die Mission Erfolg, auf Galiläa erstreckte sie sich gar nicht.

[3]) Die Heilung des Sohnes des Hauptmanns von Kapernaum, die allein in Q berichtet wird, ist in der Tat ein weit größeres Wunder als die bei Markus, da sie nicht durch Berührung, sondern aus der Ferne und durch das bloße Wort geschieht. Die Heilung der Tochter des kanaanäischen Weibes steht allerdings auf gleicher Linie, aber sie bildet bei Markus eine auffallende Ausnahme und gehört nicht zum Grundstock, ist auch nicht in Galiläa geschehen.

allein ihn kenne und allein Andere über ihn belehren könne. Er preist die Jünger selig, daß sie erlebt haben, was viele Propheten und Könige mit ungeduldiger Sehnsucht erwarteten, nämlich seine Ankunft als des Christus, die bereits geschehen ist und nicht erst in der Zukunft bevorsteht. Ganz öffentlich bezeichnet er sich schon in Galiläa als den Menschensohn. Er läßt sich κύριε anreden, während er sich bei Markus die Anrede **guter Meister** verbittet, da nur Gott gut sei. Er tritt von vornherein als der Messias auf und gründet schon in der Gegenwart das Reich Gottes. Die Bergpredigt ist das Programm dafür. Dem Ziel, es zu verwirklichen, dient die Austreibung der Dämonen. Die Menschen drängen sich herzu, und der Kleinste, der drinnen ist, ist mehr als der Größte, der draußen bleibt. In Q erhebt sich Jesus über den jüdischen Horizont, in dessen Grenzen er sich bei Markus hält. Er nimmt die Verwerfung der Juden und die Bekehrung der Heiden in Aussicht. Er macht es dem Täufer zum Vorwurf, daß er in der alten Ära stecken geblieben und zu der neuen, die schon da ist, nicht durchgedrungen sei. Er selber hat das Christentum eröffnet und setzt dessen Ablösung vom Judentum als schon eingetreten voraus[1]). Bei Markus redet er während der galiläischen Periode nur einmal vom Reiche Gottes und da ist es (wie auch später) das zukünftige; er führt es nicht selber herbei, sondern kündigt es nur an und erwartet es von einem unmittelbaren Eingreifen Gottes. Das zukünftige Reich ist freilich auch in Q durch das gegenwärtige nicht ausgeschlossen. Aber es erscheint von Anfang an als Verheißung (an die Christen) und nicht als Drohung (an die Juden). Bei Markus fängt Jesus damit an zu sagen: tut Buße, das Reich Gottes steht bevor. In Q fängt er damit an zu sagen: selig die Armen, denn ihnen gehört das Reich Gottes.

Harnack glaubt dem entgegensetzen zu können, daß grade Markus das Übermenschliche an Jesus am meisten hervorhebe. Er denkt zunächst an die Wundertaten, über die Markus am ausführlichsten berichtet: darüber ist schon gehandelt und auch bemerkt worden, daß sie zwar in Q nicht expliziert, aber darum doch nicht geringer angeschlagen werden. Er hat aber wohl auch den Abschnitt bei Markus im Auge, der auf das Petrusbekenntnis folgt und die Passion einleitet. Da tritt mit einem Schlage der Christus der Kirche an stelle

---

[1]) Vgl. p. 134 s.

des galiläischen Lehrers und Wundermanns, Jesus selbst verkündet das Evangelium über den Tod und die Auferstehung des Menschensohnes, vertraut es aber nicht dem allgemeinen Publikum an, zu dem er bisher geredet hat, sondern als vorläufiges Geheimnis nur seinen Jüngern, die er hie und da schon als organisierte Gemeinschaft betrachtet. Er legt ihnen die Nachfolge in den Tod auf, heißt sie seinetwegen und wegen der Verkündigung des Evangeliums Verfolgung und Martyrium zu ertragen, Hab und Gut und Heimat und Familie daran zu geben, als Preis für das Reich Gottes. Der Jesus von Nazareth hört hier plötzlich auf, der Menschensohn fährt wie ein Blitz aus der Wolkenhülle. In Q findet sich ein solcher Umschlag nicht; hier hat Jesus sich nicht bisher vor seinen Jüngern verhüllt und hebt nun nicht auf einmal den Schleier, indem er seine Verklärung durch Tod und Auferstehung vorweg nimmt und sein künftiges Geschick zum Piedestal seiner Würde, zum Schlüssel seines Wesens macht. Er redet in Q nicht von den historischen Fakten, auf denen nach dem apostolischen Evangelium sein Messiastum beruht, sondern er lehrt ewige Wahrheit; moralischen, nicht dogmatischen Inhalts; bestehend in Geboten, welche das Leben entbinden und nicht, wie das jüdische Gesetz, es hemmen und erdrücken[1]). Wenn er aber eben damit als Messias wirkt, indem er auf rationellem Wege, durch seine Lehre, den Grund zum Reiche Gottes auf Erden legt, so hat diese Betrachtungsweise nicht den historischen Vorzug. Das Reich Gottes als Kirche und der Messias als Gründer desselben durch seine Lehre sind hybride Begriffe. Es wird dadurch ermöglicht, daß Jesus von anfang an als der erscheint, der er ist, und sich nicht erst später zu enthüllen braucht. Sein Messiastum wird einerseits so abgeschwächt, daß von dem ursprünglichen Begriff nichts übrig bleibt, andererseits dringt es viel tiefer durch als bei Markus. Denn bei diesem ist die Partie, wo Jesus mit offenem Visier auftritt, auf einen isolierten Abschnitt beschränkt und eine bewußte Prolepse; Jesus predigt nicht eigentlich das Evangelium, sondern weissagt es geheimnisvoll seinen Jüngern und stößt sie mit den ausgesprochen zukünftigen Dingen und Begriffen, die er vorwegnimmt, vor den Kopf. Indem so die Zukunft grell in die Gegenwart hineinragt, entsteht freilich ein Bruch in dem

---

[1]) Bei Sirach (24, 19. 51, 26) redet die göttliche Weisheit so. Vgl. Sirach 24, 21 mit Joa 4, 14. 6, 35.

Bilde Jesu. Aber auch dadurch wird Markus vergleichsweise nicht diskreditiert. Der Widerspruch zwischen Überlieferung und Dogma ist bei ihm unverdeckt, die Memorabilien und das Evangelium stehn unvermittelt neben einander, der Christus des Glaubens wird nur äußerlich auf die Erinnerungen an Jesus von Nazareth aufgetragen. In Q erscheint der Bruch geheilt und der Unterschied zwischen dem, was Jesus selber sagte, und dem, was hernach über ihn geglaubt wurde, ausgeglichen — durch eine Verschmelzung von Tradition und Evangelium, worin die Begriffe verfärbt sind. Vgl. § 17.

In der Auffassung des Reiches Gottes als einer schon gegenwärtigen Größe trifft die mit Q bezeichnete Schrift zusammen mit dem Sondergut namentlich des Matthäus. In der messianischen Würdigung Jesu als Verkündiger der göttlichen Wahrheit, als der vollendeten Offenbarung des Vaters, kommt sie dem vierten Evangelium ganz nahe. Markus dagegen läßt sich nicht an einem mittleren Punkte des Verlaufs der uns erhaltenen evangelischen Literatur unterbringen. Er wird in den Zügen seines Jesusbildes, die dem christlichen Geschmack nicht zusagten, mehr oder weniger von den Korreferenten korrigiert. Er steht am Anfang, und diesem Umstand verdankt er seine Erhaltung in der katholischen Kirche, der er innerlich nicht zusagen konnte, sondern rückständig erscheinen mußte. Clemens Al. legt seiner Abhandlung über die Frage, quis dives salvetur, die bekannte evangelische Perikope nach dem Text des Markus zu grunde und nicht nach dem des Matthäus oder des Lukas. Ich weiß nicht, ob irgend eine andere Perikope so früh im vollständigen Wortlaut angeführt wird.

4. Jülicher findet den Beweis dafür, daß Q auf Markus folge, nicht überzeugend. Wie viel durchschlagender seien doch die Gründe für die Posteriorität des Priesterkodex! Aber da handelt es sich um einen Zeitunterschied von Jahrhunderten, hier nur von Jahrzehnden; und da findet ein radikaler Einschnitt durch das babylonische Exil statt, hier eine fortlaufende Entwicklung. Bei so verschiedener Sachlage dürfen nicht die gleichen Ansprüche gestellt werden; dort kann man mit Händen greifen, hier muß man mit Fingerspitzen fühlen. Mit besserem Recht läßt sich aus der Pentateuchkritik eine andere Nutzanwendung ziehen. Dieselbe ist von de Wette begründet und von Vatke durchgeführt. Es dauerte aber ein halbes Jahrhundert, bis sie zur offiziellen Anerkennung gelangte, ohne daß eigentlich

neue Gründe hinzutraten. Das berechtigt zu der Erwartung, daß auch die Kritik von Q durchdringen werde, wenn sie nur erst lange genug von den berufenen Fachmännern widerlegt ist.

Es hilft nicht, sich zu sträuben. Die Worte Jesu sind nicht im eigentlichen Sinne authentisch erhalten. Es hat längere Zeit gedauert, bis sie aufgezeichnet wurden. Ihre Überlieferung hat zwei allerdings nicht scharf abzugrenzende Phasen; in der ersten ist sie gedächtnismäßig und nimmt ab, in der anderen ist sie frei und nimmt zu. Markus hat die Reste der älteren, stark zusammengeschwundenen Tradition gesammelt; in dem nicht aus Markus entlehnten Redestoff bei Matthäus und Lukas sind diese vielleicht mit etlichen anderen noch erhaltenen Resten verbunden, vornehmlich aber neu belebt und weiter gewachsen. Fragmente reizen zur Ergänzung, aber nicht vollständige Stücke zur Fragmentierung. Während bei Markus der didaktische Stoff mit dem historischen vereinigt ist und den Erzählungsfaden im Ganzen nicht sprengt, schweben die längeren Reden bei Matthäus und Lukas meist über dem historischen Boden, auch wenn sie in eine bestimmte Situation gesetzt sind.

Es soll nun aber nicht geleugnet werden, daß Jesus selber mehr auf seine Worte gab als auf seine Werke und daß er darin Recht hatte. Es soll auch mit dem Vorrang des Alters dem Markus nicht zugleich der Vorrang des religiösen Wertes vor den späteren Evangelien zuerkannt werden. Vielmehr grade darin, daß er die alte gedächtnismäßige Tradition wiedergibt, liegt eine gewisse Dürftigkeit begründet. Diejenigen, die Jesu nahe gestanden hatten, hielten ihn weniger im Gedächtnis fest als im Herzen[1]). Wenn sie nicht glauben konnten, daß er im Grabe geblieben sei, so muß er den größten Eindruck auf sie gemacht haben. Er setzte sein Leben auch in ihnen auf Erden fort, nicht bloß bei Gott im Himmel. Ihr Dichten, Trachten und Tun wurde durch ihn bestimmt. Sie warben für ihn durch ihren Wandel nach seinem Vorbilde nicht minder als durch die Verkündigung, daß er der Christus sei. Sein Geist übertrug sich von ihnen auf Andere

---

[1]) „Ich statuiere keine Erinnerung in eurem Sinn. Was uns irgend Großes, Schönes, Bedeutendes begegnet, muß nicht erst von außen her wieder erinnert werden. Es muß sich vielmehr gleich von Anfang her in unser Inneres verweben, ein neues besseres Ich in uns erzeugen und so ewig bildend in uns fortleben und schaffen." Goethes Unterhaltungen mit Kanzler Müller 4. November 1828.

und inkarnierte sich in der Gemeinde. Und hier wirkte er freier als bei den Urjüngern. Zwar schon diese haben ihren Meister in dem Lichte, das ihnen nach seinem Tode aufging, besser verstanden und anders angesehen als zu seinen Lebzeiten. Sie hielten sich nicht ängstlich an seine Worte und sorgten so wenig wie er selber dafür, daß dieselben schriftlich bewahrt würden. Er wirkte noch gegenwärtig in ihnen, und sie führten alles auf ihn zurück, was in ihnen Leben war. Sie müssen indessen doch dadurch einigermaßen an den historischen Jesus gebunden geblieben sein, daß sie ihn kannten. Bei denen, die ihn nicht mehr gekannt hatten, fiel diese Schranke fort. Sie nahmen weniger Anstand, ihn sagen zu lassen, was er nur durch den Geist gesagt haben kann[1]). Namentlich betrachteten sie ihn als Gründer und Haupt der Kirche, die in Wahrheit nur seine Wirkung und nicht seine Stiftung war; sie legten ihm in dieser Eigenschaft allerlei Tröstungen, Mahnungen, Entscheidungen in den Mund, deren Voraussetzung in seiner Gegenwart noch nicht gegeben war. Das führte schließlich zur Entstehung einer neuen evangelischen Literatur, die wesentlich in Reden Jesu bestand. Dem Bilde, welches Markus von ihm gibt, trat dadurch ein anderes zur Seite, welches höheren Ansprüchen genügte und besser auf d i e G e g e n w a r t zu wirken geeignet war.

Man unterschätzt die jerusalemische Gemeinde, wenn man es nicht für glaublich hält, daß in ihr die Lehre Jesu durch den Geist fortgesetzt wurde. Sie soll aus Armen im Geist bestanden haben. Woher kennt man sie aber? Das Bild, welches die Apostelgeschichte von ihr entwirft, ist sehr ungenügend. Man beurteilt ihre Mitglieder als beschränkte Köpfe im Vergleich zu Paulus. Aber das Evangelium ist jedenfalls von ihnen ausgegangen und nicht von Paulus, der es freilich, namentlich durch seine Mystik, eigentümlich modifiziert hat[2]). Und neben Glauben und Hoffnung bedeutet das christliche Leben und die Gemeinde auch etwas: beides hatte in Jerusalem seinen Ursprung. Es soll natürlich nicht geleugnet werden, daß Jesus selbst

---

[1]) Joa 14, 26 sagt Jesus: der Geist wird euch an alles erinnern, was ich euch gesagt habe. Apoc 19, 10 heißt es: ἡ μαρτυρία Ἰησοῦ ἐστὶν τὸ πνεῦμα τῆς προφητείας.

[2]) Auch die Eschatologie setzt er in religiöse Mystik um (Rom 8, 18—24), als ein Poet mit wundersamen Sympathien.

sich von den Weisen ab und zu dem Volke wandte, und daß seine Jünger zu den kleinen Leuten gehörten. Aber dadurch wird nicht ausgeschlossen, daß hernach in der jerusalemischen Gemeinde Schriften entstanden sind, deren Form so wenig auf Stümper zurückgeht wie ihr Inhalt.

Bei Markus verspürt man in Jesus vielleicht nur schwach den Urheber des geistigen Lebens, das von ihm ausgegangen ist. Andererseits führt ein Rückschluß von der Wirkung auf die Ursache, von dem Strom auf die Quelle, nicht zu bestimmten und sicheren Ergebnissen. Der Geist Jesu weht sicherlich in den Reden jerusalemischen Ursprungs; aber aus dem Jesusbewußtsein der Gemeinde läßt sich doch kein historisches Bild schöpfen. Das zweite Evangelium ist unzulänglich, hat aber den Vorzug, Jesus am wenigsten als Christen vorzustellen. Es bleibt nichts übrig, als davon auszugehn und das Andere danach zu beurteilen. Wir müssen die Wißbegier nach dem historischen Jesus zügeln; wir müssen zufrieden sein, daß uns überhaupt eine Reihe von Schriften aus der Schöpfungszeit des Christentums erhalten ist, die durch eine dunkle Kluft von der späteren kirchlichen Literatur abgeschnitten sind.

§ 20. Corrolarium.

1. Sir William Ramsay hält dafür, daß eine erste Aufzeichnung der Reden Jesu schon während seines Lebens gemacht sei. Er hat ganz Recht darin, daß anders ihre Authentie im strengen Sinn nicht aufrecht erhalten werden kann. Nicht so unbefangen aufs Ganze geht sein Landsmann Kirsopp Lake in einem jüngst[1]) erschienenen Aufsatz über das Alter von Q. Er findet zwar ebenfalls in dem besondern Inhalt dieser Schrift kein Hindernis, sie wenigstens sofort nach dem Tode Jesu anzusetzen, hat aber doch allgemeine Bedenken gegen die Annahme eines so frühen Ursprungs der evangelischen Literatur. Er geht mit der Datierung von Q etwa bis A. D. 50 herab.

Von einer Vergleichung zwischen Q und Markus, wie Harnack und ich sie angestellt haben, will er nichts wissen. Sie führe zu keinem Ergebnis, der eine schließe daraus dies und der andere das: so zehren

---

[1]) Expositor Juni 1909. Das Manuskript dieser zweiten Ausgabe der Einleitung war infolge eines Irrtums schon Anfang Juli 1909 fertiggestellt.

sich zwei Löwen gegenseitig auf. Er will also eine andere Methode einschlagen, nämlich ermitteln, zu welcher Stufe des christlichen Glaubens und Denkens Q gehöre. Die Methode ist aber nur scheinbar von der verworfenen verschieden; sie läuft auch auf eine Vergleichung zwischen Q und Markus hinaus, wenngleich dieselbe etwas verdeckt wird. Eigentümlich ist freilich das tertium comparationis, es ist jedoch nicht zu gebrauchen. Ich versuche, die etwas ungleichmäßigen Ausführungen des englischen Theologen wiederzugeben, ohne mich an den Wortlaut und die Disposition zu binden.

Die mit der Sigle Q bezeichnete Quelle des Matthäus und Lukas ist nicht, wie das Evangelium Marci, für die Mission und deren kontroverses Thema bestimmt, sondern für innerchristlichen Gebrauch, für solche Leser, die schon gläubig sind, nicht für solche, die bekehrt werden sollen. Sie führt nicht den Beweis, daß der Gekreuzigte dennoch der Messias sei und als solcher von Gott durch die Auferstehung beglaubigt. Sie hat keinen Bericht über die Passion und die Auferstehung; sie beginnt mit einer eschatologischen Rede des Täufers und schließt mit einer eschatologischen Rede Jesu. Das eschatologische Interesse steht im Vordergrunde, und zwar in der christlichen Form, daß die Parusie Jesu in kürzester Frist erwartet wird. Die Hoffnung auf den Kommenden ist die Hauptsache; der Glaube, daß Jesus schon auf Erden der leidende Christus gewesen und durch die Auferstehung verherrlicht sei, tritt zurück, weil für Christen selbstverständlich. Markus legt den Nachdruck auf die Passion mit nachfolgender Auferstehung, als Beweis des Glaubens, daß Jesus der Christus sei. Für Q ist das überflüssig; der Auferstehungsglaube kommt nur in Betracht als condicio sine qua non der Parusiehoffnung. Der christliche Gruß wäre für Q das paulinische: Maranatha[1]), für Markus das russische: der Herr ist auferstanden!

Daraus schließt Lake nun, daß Q älter sei als Markus. Denn grade das Urchristentum und nur das Urchristentum hat nach ihm dies brennende und ausschließliche Interesse an der als unmittelbar bevorstehend gedachten Parusie Jesu gehabt. „Der beherrschende

---

[1]) Lake übersetzt maranatha falsch mit: the Lord is at hand. Es könnte bedeuten: der Herr ist gekommen — das paßt natürlich nicht. In Wahrheit bedeutet es: Herr komm! Dann ist es aber kein Gruß, sondern eine Bitte, wie: dein Reich komme!

Zug in der Zeit unmittelbar nach dem Tode Jesu war die Erwartung der Ankunft des Messias, der Aufrichtung des Reiches Gottes durch ihn und des Gerichtes über die Heiden[1]), nicht über die Christen." Die Auferstehung war für die ältesten Christen nicht von religiöser Bedeutung. Insbesondere gründeten sie darauf nicht die Hoffnung ihrer eigenen Auferstehung. Sie dachten gar nicht, daß sie auferstehn würden, weil sie nicht dachten, daß sie vor der Parusie sterben würden. Diese religiöse Stimmung, die mit dem Tode Jesu begann, dauerte nicht über die erste christliche Generation hinaus. Sie zeigt sich noch in der Apostelgeschichte; sowohl in den Petrusreden, sofern dort Auferstehung und Verherrlichung zusammenfällt[2]) und das Heilbringende der Name Jesu ist, nicht sein Tod, als auch in dem Bericht über Apollos, wonach dieser längst gewußt hat, daß der Messias kommen sollte, jedoch nicht, daß Jesus der kommende Messias wäre[3]). Sie zeigt sich ferner bei Paulus im ersten Briefe an die Thessalonicher. Die Thessalonicher erwarten die Parusie so augenblicklich, daß sie die Arbeit um das tägliche Brod einstellen; sie sind aber betrübt wegen des Todes von Freunden, als ob diese nun von dem messianischen Reiche ausgeschlossen wären, das mit der Parusie anhebt. Paulus tröstet sie, die christlichen Toten würden bei der Parusie auferstehn. Über die Parusie zu reden, hält er nicht für nötig; nur die Auferstehung dabei ist etwas Neues, was er seinen Lesern nicht vorenthalten will[4]).

---

[1]) Man versteht erst aus den nachfolgenden Bemerkungen über die paulinischen Briefe, warum Lake Gewicht darauf legt, daß nur die Heiden gerichtet werden. Er folgert daraus, daß die Parusie nichts mit der Auferstehung zu tun habe und diese daher für die Christen gleichgiltig sei, auch die Auferstehung Jesu. Als schlagenden Beweis für diese primitive Denkart führt er die Parabel von den Schafen und Gaißen an. Seine Auslegung derselben ist aber ebenso zweifelhaft, wie die Voraussetzung ihres hohen Alters. Wenn es keine andere Beweise für die ursprüngliche Beschränkung des Gerichts auf die Heiden (die von den Juden übernommen ist) gäbe, so stünde es um diesen Punkt mißlich. Er kann auch nicht zur Vergleichung mit Q benützt werden und hängt mit der Erwartung der Parusie in kürzester Frist gar nicht zusammen.

[2]) Lake sieht es als selbstverständlich an, daß auf diese Weise die Auferstehung lediglich als Vorbereitung der Parusie erscheine.

[3]) Lake schließt daraus, wie es scheint, daß die Hoffnung auf die Parusie Jesu das Wesen des ältesten Christentums ausmache.

[4]) Die Frage, was die Toten von der Parusie haben würden, hat auch die Juden beschäftigt (4 Esr 5, 41 ss. 13, 17 ss.) und schon bei Daniel (12, 2) eine ähnliche Lösung gefunden wie bei Paulus.

Sie ist lediglich das Mittel, die schon Verstorbenen mit ihren überlebenden Brüdern im messianischen Reiche zu vereinigen, sie fällt nicht zusammen mit der allgemeinen Auferstehung zum Gericht. Es herrscht noch die alte Anschauung: nur die Heiden werden zum Gericht erweckt, die Christen dagegen zu einem anderen Zweck. Im ersten Korintherbrief aber tritt eine Änderung ein. Da verbürgt die Auferstehung Jesu seinen Geistesgenossen ihre eigene Auferstehung. Für ihn sowohl wie für jene ist sie nicht mehr bloß Mittel zum Zweck, sondern hat eine große selbständige Bedeutung, wodurch sie mit der Parusiehoffnung konkurriert. Nun darf man zwar nicht meinen, daß der Auferstehungsglaube für Paulus überhaupt die Hauptsache gewesen sei und wichtiger als die Parusiehoffnung; er betont in seinen Briefen immer das, was ihm aus besonderem Anlaß augenblicklich am Herzen lag. Indessen bedeutet 1 Cor 15 doch einen Wendepunkt. Q liegt vor demselben, Markus dahinter; Q ist nicht paulinisch, Markus ist es.

Diese Konsequenz läßt Lake freilich mehr den Leser ziehen, als daß er sie selber zieht. Er stumpft ihre Spitze zum Schluß ab, um sich zu salvieren. Q gehöre zwar ganz deutlich einer religiösen Stufe an, die älter sei als der erste Corintherbrief, könne aber vielleicht darum doch zeitlich nach A. D. 50 fallen. Es könnte auch nachher noch Kreise gegeben haben, in denen die Entstehung von Q nicht unmöglich gewesen sein würde. Freilich nicht eigentlich paulinische Kreise. Jedoch man wisse nicht, wie der Grad des Fortschrittes in nichtpaulinischen Gemeinden gewesen sei, und nicht einmal, ob Q wirklich in einer solchen entstanden sei. Ebenso weise zwar das Evangelium Marci mit seinem Interesse für Tod und Auferstehung über die erste christliche Generation hinaus, indessen sei es doch schlecht zu datieren.

2. Lake geht davon aus, daß die eschatologische Hoffnung, und zwar in ihrer eigentümlich christlichen Form, in Q wichtiger und lebendiger sei als bei Markus. Als Indicium dafür genügt aber das von Lake stark unterstrichene Fehlen der Passion in dieser Schrift nicht, sie steht ja doch auch zur Parusie durchaus nicht in Widerspruch. Man verlangt nach positiveren Beweisen, und solche liegen nicht vor. Die Stelle Mt 19, 28. Lc 22, 30, wo Jesus als der König und die Zwölf als die Regenten des zukünftigen Israels erscheinen, besagt nicht mehr als Mc 10, 35—40, wo die Zebedäussöhne ihn bitten,

ihnen die Sitze zur Rechten und Linken seines Thrones zu gewähren. Und die eschatologische Schlußrede in Q, die Lake in Lc 17, 22—37 erblickt, ist nicht tröstlicher und nicht dringender als die in Mc 13, worin Matthäus jene einschaltet[1]). Vielmehr wird die ungeduldige Erwartung hier eher beschwichtigt; dazu erscheint Jerusalem nicht mehr als der gegebene Ort der Parusie, wie es anfangs der Fall gewesen sein muß[2]). Bei Markus ist ferner das Reich Gottes überall zukünftig, in Q aber bereitet es sich, wie in den Parabeln des Matthäus, schon in der Gegenwart vor: das mindert die Wichtigkeit der Parusie und steigert die Bedeutung der messianischen Tätigkeit Jesu auf Erden. Durch die Moral, z. B. der Bergpredigt, wird das gegenwärtige Reich mit dem zukünftigen verbunden. Sie ist nicht provisorisch und auf die kurze Frist bis zur Parusie beschränkt: wie anders stellt sich die Praxis der Thessalonicher dar, die die Hände in den Schoß legen und ihr Tagewerk nicht mehr tun wollen! Viel eschatologischer bestimmt und darum auch vorübergehender ist die Moral der Nachfolge Jesu in den Tod bei Markus.

Wenn endlich Lake den Unterschied betont, daß Q für den innerchristlichen Gebrauch bestimmt sei und Markus für die Mission, so ist daran nur so viel richtig, daß wir uns heute an Q mehr erbauen können als an Markus. Übrigens aber beruht es auf einem modernen Aberglauben. Ein schriftliches Missionsevangelium hat es nie gegeben. Die Heiden oder die ungläubigen Juden lasen es nicht. Und die Sendboten brauchten es nicht; das Evangelium, das sie verkündeten, konnten sie auswendig. Markus traute schwerlich seinen Geschichten eine besondere Anziehungskraft für die Ungläubigen zu; indem er die Erinnerungen an das Leben Jesu sammelte, wollte er die Wißbegier von Christen befriedigen und ihren schon vorhandenen Glauben stärken; nach Joa 20, 30. 31 und Lc 1, 1—4. Nur so viel bleibt von jenem Unterschiede übrig, daß die Reden Jesu bei Q von vornherein eine esoterische Adresse haben, die sie bei Markus erst nach dem Petrusbekenntnis annehmen.

---

[1]) Harnack bestreitet überhaupt die Zugehörigkeit der Parusiereden Jesu zu Q; er urteilt also genau umgekehrt wie Lake. Ich muß mich aber in der Polemik gegen Lake seiner Begrenzung des Umfanges von Q anpassen. Er hat auf seinem Standpunkt freilich kein Recht, Mt 23, 34—39 aus Q auszuschließen, und aus Zacharias Barachiae könnten ihm Unbequemlichkeiten entstehn.

[2]) Vgl. oben S. 141 n. 2.

§ 20. Corrolarium. 175

Also um die Grundlage der Argumentation Lakes steht es nicht zum besten. Die Hoffnung auf die Parusie bildet keinen wesentlichen Unterschied zwischen Q und Markus.

Es fragt sich nun, ob diese Hoffnung überhaupt als chronologisches Merkmal dienen kann. Versteht sich ist sie in der frühesten Periode der Kirchengeschichte sehr lebendig gewesen; Lake hätte nicht nötig gehabt, indirekte Symptome dafür beizubringen und fragwürdige Zeugnisse aus der Apostelgeschichte oder aus der Parabel von den Schafen und den Gaißen. Aber war sie ausschließlich in der ersten Generation nach dem Tode Jesu so lebendig? nicht z. B. auch in der Zeit, aus der die Apokalypse Johannis stammt? Sie wurde sehr aufgeregt in Zeiten der Verfolgung und mäßigte sich in ruhigeren Zeiten. So lange sie nicht bloßes Dogma war, sondern gemütsbeherrschende Stimmung, stieg und sank sie mit dem Wetter. Sie ist also, wenigstens innerhalb des ersten Jahrhunderts nach dem Tode Jesu, zur Datierung überhaupt nicht zu gebrauchen. Das vierte Evangelium ist deswegen, weil die Parusie darin durch den Parakleten ersetzt wird, nicht jünger als die Apokalypse. Und die Sonderstücke des Lukas, in denen das Verlangen nach der Parusie besonders brennend hervortritt (12, 32 ss. 13, 23 ss. 18, 1 ss.), sind darum nicht älter als Q.

Es fragt sich weiter, ob wirklich in der ersten christlichen Generation der Tod und die Auferstehung Jesu so ganz hinter seiner Parusie zurückgetreten sind, wie Lake meint. Die Christen hießen doch nicht die Hoffenden, sondern die Gläubigen, und sie glaubten an das Evangelium, daß Jesus durch die Auferstehung als der Christus erwiesen sei. Dieser Glaube war grade anfangs von der größten Wichtigkeit, um zu verwinden, daß Jesus durch die Kreuzigung gerichtet sei, und trotzdem an seiner Messianität festzuhalten. Er war das Primäre und die Hoffnung das Sekundäre. Wesentlich auf ihn zielte der Schriftbeweis aus dem Alten Testament ab, auch der aus Daniel[1]). Er behielt auch später seine Wichtigkeit für die Kirche und wurde nicht bloß nach außen, bei der Mission, vorangestellt. Das Evangelium ist die Grundlage für das Christentum überhaupt. Es ist auch der Gegenstand nicht bloß der Missionspredigt, sondern der Herzensreligion des Paulus. Lake hat zwar nicht Unrecht darin, daß Paulus

---

[1]) Vgl. oben S. 86. 151 s.

in der Polemik zuweilen auf Nebensachen Nachdruck legt, die er außerhalb der Polemik nicht so betonen würde; aber er geht doch über alle Grenzen, wenn er diesen Gesichtspunkt auch auf sein Evangelium ausdehnen möchte. Am Ende können Glaube und Hoffnung sich wohl um die Vorherrschaft gedrängt haben. Sie brauchen sich jedoch darum nicht gegenseitig ausgeschlossen zu haben, selbst nicht innerhalb des selben Kreises, der Gemeinde von Jerusalem.

Einen wichtigen Punkt läßt Lake überall unbeachtet. Es handelt sich nämlich bei der Beurteilung der Evangelien eigentlich nicht um die Eschatologie in der Kirche, sondern um die Eschatologie bei Jesus. Daß sie in ihrer jüdischen Form den Hintergrund seiner Weltanschauung bildeten, ist gewiß. Die Frage ist jedoch, ob er ihre christliche Form schon selber begründete, d. h. ob er bei lebendigem Leibe von sich als dem himmlischen Messias und von seiner eigenen Parusie redete. Wird diese Frage verneint, so bedeuten die Ausführungen Lakes nichts mehr. Es würde dann gar nicht für das hohe Alter von Q sprechen, wenn wirklich Jesus darin mit Vorliebe das Thema der baldigen Ankunft seines metaphysischen Alter Ego vom Himmel herunter behandelte. Er mußte doch wenigstens den Prozeß seiner Metamorphose, d. h. seinen Tod und seine Auferstehung, voranstellen, wie es bei Markus in der Tat geschieht.

DAS
EVANGELIUM MATTHAEI

ÜBERSETZT UND ERKLÄRT

VON

J. WELLHAUSEN

ZWEITE AUSGABE

BERLIN
DRUCK UND VERLAG VON GEORG REIMER
1914

§ 1. Mt 3, 1—12. Q.*

In jenen Tagen trat Johannes der Täufer auf und predigte in der Wüste von Judäa: ²tut Buße, das Reich des Himmels steht nahe bevor. ³Dieser ist nämlich der, von dem der Prophet Esaias sagt: „eine Stimme ruft in der Wüste: bahnt dem Herrn die Straße, macht ihm die Wege gerade!" ⁴Johannes hatte aber ein Gewand von Kamelhaar und einen Ledergurt um seine Lenden, seine Nahrung waren Heuschrecken und wilder Honig. ⁵Darauf gingen zu ihm hinaus Jerusalem und ganz Judäa und die ganze Umgegend des Jordans ⁶und ließen sich im Jordanfluß von ihm taufen und bekannten ihre Sünden. ⁷Als er nun viele Pharisäer und Sadducäer zu der Taufe kommen sah, sprach er zu ihnen: Ihr Otterngezücht, wer hat euch gewiesen, dem drohenden Zorn zu entrinnen! ⁸Bringt also Frucht, die der Buße ziemt, ⁹ und wähnt nur nicht denken zu können: wir haben Abraham zum Vater; denn ich sage euch, Gott kann aus diesen Steinen Kinder Abrahams hervorbringen. ¹⁰Schon ist die Axt den Bäumen an die Wurzel gelegt, jeglicher Baum, der keine Frucht bringt, wird abgehauen und ins Feuer geworfen. ¹¹Ich taufe euch mit Wasser zur Buße; der aber nach mir kommt, ist stärker als ich, dem ich nicht wert bin, die Schuhe abzunehmen — der wird euch mit heiligem Geiste und Feuer taufen. ¹²Der hat die Worfschaufel in der Hand, und er wird seine Tenne reinigen und seinen Weizen einbringen in die Scheuer, die Spreu aber verbrennen mit unlöschbarem Feuer.

Mit den numerirten Paragraphen verweise ich auf Marcus, nach meiner Einteilung. Die bei Mc fehlenden Stücke, die Mt mit Lc gemein hat, bezeichne ich wie üblich mit Q. Sie stimmen mehr oder weniger bei Mt und Lc überein, teils nur im Inhalt, meist auch

1*

in der Form, aber dann manchmal nicht im griechischen Wortlaut, manchmal auch in diesem, jedoch wiederum mit Unterschieden des Grades. Daß alle dem Mt und Lc gemeinsame Stücke aus einer einzigen Quelle entlehnt seien, braucht nicht angenommen zu werden und läßt sich nicht beweisen. Aber bei manchen, namentlich bei den ersten, läßt sich eine feste Reihenfolge, in der sie sowohl bei Mt als bei Lc erscheinen, erkennen und darum in der Tat ein literarischer Zusammenhang vermuten. Diese unterscheide ich durch einen Asteriskus und bezeichne sie mit Q*. Wenn eine Perikope bei Mt und Lc auf Mc und Q zugleich zurückweist, so stelle ich den Markusparagraphen voran und Q an den Schluß. Vgl. die Einleitung in die drei ersten Evangelien 1911 p. 57—60.

3, 1. 2. Die Zeitbestimmung schwebt bei Mt, anders wie bei Mc 1, 9, ganz in der Luft; denn auf die zuletzt erwähnten Daten, den Tod des großen Herodes und den Antritt des Archelaus, kann sie sich nicht beziehen. Die Araba ist zur Wüste von Juda geworden; trotzdem tauft Johannes am Jordan, an den jene Wüste nicht heranreicht. Das Objekt zu κηρύσσων (Mc 1, 4. Lc 3, 3) wird ausgelassen, statt dessen werden dem Täufer die selben Worte in den Mund gelegt, mit denen bei Mc Jesus auftritt. Es ist gewiß richtig, daß beide zur Umkehr aufforderten, und beide diese Aufforderung in gleicher Weise darauf gründeten, daß das Reich Gottes, d. h. das Gericht oder der künftige Zorn, nahe bevorstehe. Sie stimmen darin nicht bloß mit einander überein, sondern auch mit den alten Propheten (s. zu Mc 1, 15); es ist nicht der Inhalt des Evangeliums. Das Reich Gottes heißt bei Mt das Reich des Himmels oder vielmehr hebraisirend das Reich der Himmel. Der Gott Israels wird in jüngeren Schriften des A. T. öfters der Gott des Himmels genannt, zuweilen auch geradezu der Himmel; vgl. Lc 15, 18. Die Rabbinen sagen: das Reich des Himmels; sie pflegen den Namen Gott ganz zu vermeiden und ihn durch Umschreibungen zu ersetzen. Das Volk, namentlich in Galiläa, wird aber zur Zeit Jesu noch nicht so weit gewesen sein; und er selber redete wie das Volk und nicht wie die Schriftgelehrten. Bei Mc nennt er Gott regelmäßig Gott und nicht den Vater im Himmel, und sein Reich ebenfalls das Reich Gottes und nicht das Reich des Himmels — das ist eben darum das Echte, weil es nicht gelehrt und gebildet ist. Unsere heutigen Rabbinen können sich freilich nicht vorstellen, daß zwischen der Redeweise Jesu und des Talmud ein Unterschied bestehe.

3, 3. Im letzten Satz wird bei Mt und Lc τοῦ θεοῦ ἡμῶν (Isa 40, 3) gleichmäßig in αὐτοῦ verändert, damit Jesus als derjenige erscheine, dem der Täufer die Wege bereiten soll, nämlich nicht als der Verkünder, sondern als der Bringer des Reiches Gottes.

3, 4. 5. Über αὐτός vor folgendem Substantiv s. die Einleitung 1911 p. 19s. Τότε, (καὶ) ἰδού und οὖν sind Lieblingsworte des Mt. Die bei Mt zu Jerusalem und Juda hinzugefügte Umgegend des Jordans entspricht sachlich nicht dem Kikkar des A. T.; denn dieser befaßt nur die Landschaft von Jericho (und das Tote Meer), nicht aber die Araba und das Jordantal. — Vgl. zu Mc 1, 6 (1909).

3, 7—10 fehlt bei Mc, stimmt dagegen fast wörtlich mit Lc 3, 7—9. Nur läßt Mt die Rede nicht an das Volk gerichtet sein, sondern an die Pharisäer und Sadducäer, die er bisweilen (16, 1. 6. 12) zu hauf wirft. Er meint, Johannes wende sich hier gegen H e u c h l e r , welche zur Taufe kommen, und wehre ihnen. Zu dieser Meinung gibt allerdings Vers 7. 8 Anlaß. Aber in 9. 10 sind die J u d e n ü b e r h a u p t angeredet, und sie werden nicht von der Taufe zurückgehalten, sondern eher dazu angetrieben. Sie glauben als Kinder Abrahams durch ihr Blut gesichert zu sein; indes die Geburt gilt hier nichts, auch sie bedürfen eines neuen Anfangs, einer durchgreifenden Umkehr, deren Initiation die Taufe ist. Dann vertrüge sich Vers 9. 10 nicht recht mit 7. 8. Doch ist es bedenklich, sie aus einander zu reißen. Der Vers 7 bedeutet nach 23, 33 vielleicht nur: wie könnt ihr dem Zorn entrinnen! Daran anschließend Vers 8: also tut Buße und zwar fruchtbare, werktätige Buße. Dann sind die Pharisäer und Sadducäer eine falsche Adresse.

3, 9. 10. Durch τέκνα τῷ ’Α. (Kinder Abrahams) wird der Status cstr. und die Determination vermieden. In der Syra[1]) fehlt καλόν hinter καρπόν, und zwar mit Recht. Denn der Unterschied ist hier nicht zwischen guten und schlechten Früchten, sondern wie in Lc 13, 6—9 zwischen fruchtbaren und unfruchtbaren Bäumen; der Nachdruck, der auf das Substantiv fallen soll, wird durch das Attribut abgeschwächt.

3, 11. 12 (Lc 3, 16. 17) gehört auch noch zu Q. In 3, 11 zeigt sich aber ein Einfluß aus Mc, in mehreren Spuren, namentlich in dem Zeugma: mit heiligem Geist und Feuer. Vorab sei bemerkt, daß Feuer

---

[1]) Ich versteh darunter überall die Syra Sinaitica.

und Geist hier nicht mit dem Wasser vereinigt oder gar gemischt, sondern dem Wasser entgegengesetzt werden. So wenig wie das Taufen mit Geist (Mc 1, 8) hat das Taufen mit Feuer etwas zu tun mit der wirklichen Taufe. Was es bedeutet, erhellt aus 3, 12 verglichen mit Malachi 3, 2 s. und Amos 7, 4, nämlich die Läuterung durch das Feuer des messianischen Gerichtes. Aber obwohl die Verleihung des Geistes und die Vernichtung der Unreinigkeit durch Feuer den Gegensatz gegen die eigentliche Taufe mit einander gemein haben, erscheint die Verbindung dennoch hybride. Mit heiligem Geist tauft Jesus Christus (Mc 1, 8), mit Feuer aber der eschatologische Messias, von dem in Mt 3, 12 die Rede ist. Johannes wird nun in Wahrheit den eschatologischen Messias als Vollstrecker des Zornes im Auge gehabt haben, und nicht den historischen Jesus. Man könnte darum geneigt sein, in 3, 11 bloß das Feuer für echt zu halten und den Geist auszumerzen, als aus Mc 1, 8 eingedrungen. Allein so einfach darf man nicht verfahren. Denn auch in Q steht der Täufer am Anfang des Evangeliums, und an den Anfang des Evangeliums gehört er nur, wenn er wie bei Mc (und auch bei Q Mt 11, 3) auf Jesus als seinen größeren Nachfolger hinweist. Es scheint also, daß in Q (Mt 3, 11. Lc 3, 16) eine nichtchristliche Tradition über Johannes, die von dessen Jüngern stammen mag, mit der christlichen bei Mc verschmolzen ist, auf grund einer späteren Identifizierung Jesu Christi mit dem Feuerrichter des Täufers.

3, 11. Mt macht zum Objekt, was bei Mc und Lc Prädikat ist, und umgekehrt. Statt „den Schuhriemen lösen", sagt er „die Schuhe abzunehmen"; βαστάζειν = αἴρειν wie 8, 17. Joa 20, 15 (D). Durch die Auslassung von ὀπίσω μου in D bekommt ὁ ἐρχόμενος den absoluten Sinn von 11, 3. Der Syropalästina fehlt das ἐστίν nicht, welches Blaß angeblich nach ihrem Zeugnis streicht.

3, 12. Die Tenne ist natürlich die volle Tenne, wie 4 Esdr 4, 30 ss.; der Messias fegt nicht die Tenne, sondern reinigt die darauf liegende Ernte (Ps. 1, 4). Οὗ... αὐτοῦ ist semitisch.

§ 2. Mt 3, 13-17.

Darauf kam Jesus aus Galiläa an den Jordan zu Johannes, um sich von ihm taufen zu lassen. ¹⁴Der wehrte ihm aber und sprach: ich bedarf von dir getauft zu werden, und du kommst zu mir? ¹⁵Jesus aber antwortete und sprach zu ihm: laß für erst, denn so ziemt es sich uns alle Gerechtigkeit zu erfüllen. Da ließ er ihn. ¹⁶Als aber Jesus getauft war, siehe da tat sich ihm der Himmel auf und er sah den Geist Gottes wie eine Taube herabfahren und auf sich kommen. ¹⁷Und eine Stimme vom Himmel sprach: dieser ist mein geliebter Sohn, den ich erwählt habe.

3, 13. Sowohl Mt wie Lc lassen Nazareth (Mc 1, 9) hier weg, weil sie es schon vorher als Heimat Jesu erwähnt haben. Es wird also in dem Hauptteil auf die Vorgeschichte Rücksicht genommen.

3, 14. 15. Mc kümmert sich nur um die unbeabsichtigte Wirkung der Taufe und fragt nicht darnach, in welchem Sinn Jesus selber zu ihr gegangen ist. Mt aber nimmt Anstoß daran, daß Jesus als Täufling sich dem Täufer unterordnet, dem er nach ihm schon vor der Taufe als Messias bekannt ist. Diesen Anstoß sucht er hier zu heben: Jesus beseitigt das Widerstreben des Johannes, indem er sagt: laß für jetzt; später wird sich schon herausstellen, daß ich der Größere bin; es geziemt sich vor der Hand für uns (für mich und dich) alle Gerechtigkeit zu erfüllen. Im Unterschied von Mt sieht das Hebräerevangelium einen Widerspruch darin, daß Johannes zur Vergebung der Sünden tauft und Jesus doch keine Sünde getan hat. Vielleicht hat freilich auch Mt diesen Widerspruch empfunden, aber dadurch beseitigt, daß er 3, 1 die allgemeine Zweckbestimmung der Taufe εἰς ἄφεσιν ἁμαρτιῶν (Mc 1, 4) ausläßt, um die Konsequenz für den besonderen Fall Jesu vorsorglich abzuschneiden.

3, 16. Ein locus vexatus in den Hss. und Versionen. Die gewöhnliche Lesart, „als Jesus getauft war, stieg er sofort aus dem Wasser" ergibt einen recht schlechten Sinn; das a tempo sollte sich auf die Theophanie beziehen, wie bei Mc, nicht auf das Aufsteigen. Ἀνέβη ἀπὸ τοῦ ὕδατος ist neben βαπτισθείς völlig überflüssig, und wenn es davon ausdrücklich unterschieden wird (was bei Mc nicht geschieht), so fällt in offenbar verkehrter Weise Gewicht darauf, daß Jesus erst auf dem Trocknen sein mußte, bevor der Geist erschien und die Stimme erscholl. In Wahrheit ist beides identisch, ascendere ex aqua und entsprechend descendere in aquam wird im Syrischen einfach von der Taufe gesagt. Ich möchte als ursprünglichen Text vermuten: καὶ βαπτισθεὶς ὁ Ἰησοῦς ἰδοὺ ἀνεῴχθησαν αὐτῷ οἱ οὐρανοί, so ketzerisch auch ein solches Griechisch für Mt scheinen mag. Der Satz εὐθὺς ἀνέβη ἀπὸ τοῦ ὕδατος ist aus Mc nachgetragen, um den Nominativ βαπτισθείς nicht in der Luft schweben zu lassen. Es ist aber ein Nominativus absolutus; vgl. D 5, 40. 17, 2. 9. 14. Er wird durch αὐτῷ hinter ἀνεῴχθησαν wieder aufgenommen, welches äußerlich durch B und D und die Syropalästina, innerlich aufs sicherste durch καὶ εἶδεν bezeugt ist.

3, 17. Den Geist sieht bei Mt nur Jesus, aber die Stimme richtet sich nicht an ihn, sondern an die Anderen. Umgekehrt ist es bei Lc. Durch ihre Inkonsequenz bestätigen beide den Mc; Mt legt durch εἶδεν Zeugnis für ihn ab und Lc durch σὺ εἶ.

§ 3. Mt. 4, 1–11. Q*.

Darauf wurde Jesus von dem Geist hinaufgeführt in die Wüste, um von dem Teufel versucht zu werden. ²Und als er vierzig Tage und vierzig Nächte gefastet hatte, hungerte ihn nachdem. ³Und der Versucher trat heran und sprach zu ihm: bist du Gottes Sohn, so sag, daß diese Steine Brot werden. ⁴Er aber antwortete und sprach: nicht von Brot allein lebt der Mensch, sondern von jedem Worte Gottes. ⁵Da nahm ihn der Teufel mit nach der heiligen Stadt und stellte ihn auf einen Vorsprung des Heiligtums ⁶und sprach zu ihm: bist du Gottes Sohn, so wirf dich hinab, denn es steht geschrieben: er wird seinen Engeln deinetwegen Befehl geben und sie werden dich auf Händen tragen, daß du deinen Fuß nicht an einen Stein stoßest. ⁷Jesus sagte zu ihm: wiederum steht geschrieben: du sollst den Herrn deinen Gott nicht versuchen. ⁸Weiter nahm ihn der Teufel mit auf einen sehr hohen Berg und zeigte ihm alle Reiche der Welt und ihre Herrlichkeit und sprach: das will ich dir alles geben, wenn du niederfällst und mir huldigst. ¹⁰Darauf sprach Jesus zu ihm: heb dich fort, Satan, denn es steht geschrieben: dem Herrn deinen Gott sollst du huldigen und ihm allein dienen. ¹¹Darauf ließ ihn der Teufel und siehe die Engel kamen heran und brachten ihm zu essen.

Wenn die Versuchungsgeschichte bei Mt und Lc aus Q stammt, so muß Q auch die darin vorausgesetzte Taufgeschichte enthalten haben. Dann haben die ersten drei Perikopen des Mc in der selben Reihenfolge auch in Q gestanden; an gegenseitige Unabhängigkeit ist also nicht zu denken. Mt und Lc weichen hier zwar mehr von einander ab als in § 1, stimmen aber doch im ganzen überein. Im Unterschied von Mc wird die Versuchung als eigentlicher Zweck des Wüstenaufenthalts stärker hervorgehoben und in drei Absätzen ihrem Inhalt nach eingehender beschrieben. Ihr Inhalt wird daraus abgeleitet, daß Jesus durch die Taufe der Sohn Gottes geworden ist. Daher ergeben sich die von Jesus als teuflische Verführungen abgewiesenen Ansprüche auf Erweisung wunderbarer Kräfte und namentlich auf irdische Herrschaft. Diese gebührt nach jüdischen Begriffen dem Messias, der Sohn Gottes bedeutet demnach den Messias.

4, 1. Ἀνήχθη vom Jordan in die höher gelegene Wüste. In dem unsemitischen Passivsatz erscheint der Geist weniger handgreiflich als in dem Aktivsatz bei Mc und im Hebräerevangelium.

4, 2. Bei Mc hält sich Jesus zwar vierzig Tage in der Wüste auf, fastet aber nicht während dieser ganzen Zeit. Daß Mc abgeschwächt habe, läßt sich weniger leicht annehmen, als daß Q gesteigert habe. Wenn aber in dem vierzigtägigen Fasten eine Fortentwicklung der Tradition gesehen werden muß, so auch in der davon abhängigen Versuchung, die durch den Hunger veranlaßt ist. Vgl. zu 4, 11.

4, 3. 4. Als Subjekt steht immer ὁ υἱὸς τοῦ θεοῦ, ὁ υ. τοῦ ἀνθρώπου. Als Prädikat aber Mt 14, 33 θεοῦ υἱός, Mc 15, 39. Joa 19, 7 υἱὸς θ., Joa 10, 36 und an unserer Stelle υἱὸς τοῦ θ., ebenso wie Joa 5, 27 υἱὸς ἀνθρώπου. Der Unterschied ist also nur grammatisch. Vgl. D 16, 13. — In 4, 4 folge ich der Syropalästina und D; vgl. außer Dt 8, 3 auch Sapientia 16, 26.

4, 5. 6. Das Ansinnen, sich herabzustürzen, ist nicht eben verlockend. Der Teufel motiviert es durch eine Bibelstelle, die vielleicht auf den Messias bezogen wurde. Man wird daran erinnert, daß Simon Magus, der falsche Messias, seine göttliche Kraft mit Fliegen durch die Luft beweisen wollte. — Nur bei Mt und in der Apokalypse wird Jerusalem die heilige Stadt genannt. Zu τὸ πτερύγιον vgl. Dan 9, 27, der Artikel macht Schwierigkeit.

4, 8—10. Die Hauptversuchung steht bei Mt am Schluß. Der Versucher, der hier als der Fürst dieser Welt auftritt, wie Joa 12. 14. 16 und Apoc 13, deduzirt sie merkwürdigerweise nicht aus der Messiasvorstellung, sondern er selber stellt sie als rein teuflisch dar, als wollte er abschreckend und nicht verführerisch auf Jesus wirken. Bei Mc (8, 32. 33) tritt diese spezifisch messianische Versuchung nicht gleich am Anfang, sondern erst in viel späterer Zeit an Jesus heran, und zwar durch Petrus. Das dort an Petrus gerichtete Wort ὕπαγε σατανᾶ wird Mt 4, 10 an den Teufel gerichtet; ob ὀπίσω μου (richtiger ὁ. σου) dabei steht oder nicht, ist einerlei. Die Frage der Priorität drängt sich auf. Man kann kaum zweifeln, daß der ursprüngliche Versucher in der evangelischen Überlieferung Petrus und nicht der Teufel war, und daß die Sache erst nachträglich in den Anfang vorgerückt wurde.— Jesus sagt σατανᾶς, Mt nach der Septuaginta διάβολος. Paulus und Mc gebrauchen aber διάβολος nicht.

4, 11. Die Engel erscheinen erst, nachdem der Versucher abgetreten ist. Bei Mc geben sie Jesu während der vierzig Tage zu essen.

§ 4. Mt 4, 12–17.

Auf die Kunde aber, daß Johannes verhaftet sei, zog er sich nach Galiläa zurück. ¹³Und indem er Nazareth verließ, kam er und nahm Wohnung in Kapernaum am See, im Gebiet von Zabulon und Nephtalim — ¹⁴damit erfüllt würde, was der Prophet Esaias gesagt hat: ¹⁵das Land Zabulon und das Land Nephtalim, der Meerweg, das andere Ufer des Jordans, das Galiläa der Heiden, ¹⁶das Volk, das in Finsternis saß, hat ein großes Licht gesehen, und über denen, die im Lande und Schatten des Todes saßen, ist ein Licht aufgegangen. ¹⁷Seit damals begann Jesus zu verkünden: tut Buße, denn das Himmelreich steht nahe bevor.

4, 12. Durch die Abwandlung von Mc 1, 14 entsteht der Schein, als ob Jesus sich vor Antipas aus Peräa geflüchtet habe, der doch auch in Galiläa herrschte.

4, 13—16. Vgl. zu Mc § 5 am Schluß. Mt läßt Jesus in Kapernaum förmlich Wohnung nehmen und bezeichnet es als seine Stadt (9, 1), erwähnt sogar sein Haus dort, wenn man der Syra zu 17, 25 trauen darf; vgl. 9, 10. Mit dem „Gebiet von Zabulon und Nephtalim" erweist er seine biblische Gelehrsamkeit und bereitet das folgende Citat aus Isa 9 vor, worin neben gehäuften Synonymen für Galiläa auch Peräa vorkommt. Mit der ὁδὸς θαλάσσης ist nicht die Paralia am Mittelmeer (Sept. Isa 9, 1) gemeint, sondern die via maris der Kreuzfahrer; vgl. E. Schwartz in den Göttinger Nachrichten 1906, 375. Bei ἐν χώρᾳ καὶ σκιᾷ θανάτου darf χώρᾳ eigentlich nicht Status cstr. zu θανάτου sein. Die Syra und die Syropal. setzen deshalb statt χώρᾳ ein Wort ein, das keinen Genitiv zur Ergänzung nötig hat. Aber ein verschiedenes; jene T r a u e r, diese F i n - s t e r n i s.

4, 17. Μετανοεῖτε und γάρ fehlt in der Syra und bei anderen alten Zeugen. Es wäre nicht unglaublich, daß Mt die Aufforderung zur Buße hier übergangen hätte; vgl. zu 5, 1. 2. 10, 6. 7.

§ 5. Mt 4, 18—22.

Wie er aber am See von Galiläa wandelte, sah er zwei Brüder, Simon, der Petrus genannt wird, und seinen Bruder Andreas, wie sie Netz auswarfen im See, denn es waren Fischer. ¹⁹Und er sprach zu ihnen: kommt her mir nach, ich will euch zu Menschenfischern machen. ²⁰Da ließen sie sogleich das Netz liegen und folgten ihm nach. ²¹Und ein wenig weiter gehend sah er zwei andere Brüder, Jakobus den Sohn des Zebedäus und seinen Bruder Johannes, wie sie in einem Schiff mit ihrem Vater Zebedäus ihr Netz zurecht machten. Und er rief sie, ²²sie aber verließen sogleich das Schiff und ihren Vater und folgten ihm nach.

Mt läßt die Tagelöhner (Mc 1, 20) aus. Seine übrigen Abweichungen von Mc betreffen nur den Ausdruck. Beachtenswert ist, daß die vier Jünger sofort zu Aposteln oder Missionaren berufen werden; denn das bedeutet „Menschenfischer".

Mt 4, 23—25.

Und er zog herum in ganz Galiläa, lehrte in den Synagogen und predigte das Evangelium vom Reich und heilte allerhand Seuche und Krankheit im Volke, ²⁴und das Gerücht von ihm ging aus in ganz Syrien. Und sie brachten alle, die an mancherlei Krankheit litten, und Besessene und Mondsüchtige und Gelähmte, und er heilte sie. ²⁵Und viel Volk aus Galiläa und der Dekapolis und Jerusalem und Judäa und dem Lande jenseit des Jordans folgte ihm.

Hier verläßt Mt den Faden des Mc, um die Bergpredigt mitzuteilen, die in Mc keine Stelle hat. Da aber Jesus nicht bloß lehrt, sondern auch heilt und grade darum großen Zulauf findet, so gibt Mt zuvörderst über seine Heiltätigkeit eine allgemeine Übersicht und setzt dieselbe, etwas plötzlich, an stelle der einzelnen Taten des ersten Sabbats, welche bei Mc die Vollmacht seiner Lehre beweisen sollen. Das Evangelium des Reichs müßte nach 4, 17 bedeuten:

die Ankündigung des bevorstehenden Reichs. In Wahrheit ist aber hier der Inhalt des Evangeliums nicht futurisch, sondern präterital und präsentisch.

Q* Mt 5, 1–12. Lc 6, 20–23.

Da er aber die Menge sah, ging er auf einen Berg hinauf, und nachdem er sich gesetzt hatte, traten die Jünger zu ihm heran. ²Und er tat seinen Mund auf und lehrte sie also: ³Selig die Armen im Geist, denn ihrer ist das Reich des Himmels. ⁴[Selig die Sanftmütigen, denn sie werden das Land erben.] ⁵Selig die Trauernden, denn sie werden getröstet werden. ⁶Selig die, welche hungert und dürstet nach der Gerechtigkeit, denn sie werden satt werden. ⁷Selig die Barmherzigen, denn sie werden Erbarmen finden. ⁸Selig die Herzensreinen, denn sie werden Gott schauen. ⁹Selig die Friedfertigen, denn sie werden Söhne Gottes heißen. ¹⁰Selig die um Gerechtigkeit Verfolgten, denn ihrer ist das Reich des Himmels. ¹¹Selig seid ihr, wenn sie euch schmähen und verfolgen und allerlei Böses wider euch sagen um meinetwillen; ¹²freut euch und frohlockt, weil euer Lohn groß ist im Himmel, denn ebenso haben sie die Propheten vor euch verfolgt.

5, 1. 2. Bei Mc pflegt Jesus sich auf einen Berg zurückzuziehen, um einsam zu sein und zu beten. Bei Mt (14, 23) kommt das auch vor. Hier aber und ebenso 15, 29 umgeben ihn die Jünger, die näher an ihn herantreten, und das Volk (7, 28. 8, 1). Der Berg ist offene Bühne. Nicht aber ein Analogon des Sinai; auf dem Sinai befindet sich nur Gott, Moses und das Volk bleiben unten. Unter den Jüngern können bei Mt nicht bloß die Zwölf verstanden werden; denn sie werden erst 10, 1 eingeführt, bis jetzt sind nur die vier Apostel erwählt. J ü n g e r ist vielmehr ein unbestimmterer und umfassenderer Begriff, Jünger und Volk sind Kern und Schweif der christlichen Gemeinde (Mc 8, 34). Die Rede ist nicht an ein neutrales Publikum gerichtet, zu dem Jesus Beziehungen noch nicht hat, sondern erst anknüpfen will. -- Wie Q mit Mc § 1—3 parallel geht, so hier auch noch mit Mc § 4. Denn die Bergpredigt (bei Lc Feldpredigt) als Programm der Lehrtätigkeit Jesu, namentlich ihr Anfang (5, 1—12), ist ein Gegenstück zu Mc 1, 15 (Mt 4, 17). Der Unterschied ist freilich groß. Dort eine kurze anspruchslose Zusammenfassung des allgemeinen und stets wiederkehrenden Inhalts der Predigt Jesu; hier ein kunstvoll ausgearbeitetes Manifest. Und nicht bloß ein formeller Unterschied besteht, sondern auch ein inhaltlicher. Bei Mc ist das Thema Jesu das selbe wie das des Täufers, nämlich die μετάνοια; das Bevorstehn des Reiches Gottes ist das Motiv dazu, eine aufrüttelnde Drohung. In Q dagegen zeigt Jesus, anders wie Johannes, nicht den Revers, sondern gleich anfangs den Avers des Reiches Gottes; er lockt damit, er verkündet es als Freudenbotschaft. Er beginnt nicht mit einer ernsten Warnung an das ganze jüdische Volk, sondern mit einer Seligpreisung der Seinigen. — Mt liebt biblische Phrasen, wie: er tat seinen Mund auf und sprach. Der Lehrer sitzt, die nächste Corona bilden die Jünger.

5, 3. Der starke und sakral gefärbte Ausdruck μακάριος, der bei Mc nirgend vorkommt, entspricht in der Septuaginta dem hebr. a s c h r e und hier dem aram. t u b a i : das ist eine nicht eben überschwängliche Gratulationsformel. Auf den Ausruf folgt überall ein Begründungssatz, wie Isa 3, 10. 11 (l. a s c h r e für i m r u). Dabei hebt Mt stets das Subjekt durch αὐτοί hervor, gleich als ob er bemerklich machen wollte, daß er die zweite Person (bei Lc) in die dritte Person übertrage. — Der ersten Seligpreisung liegt das Wort Isa 61, 1. Mt 11, 5. Lc 4, 18. 7, 22 zu grunde; die frohe Botschaft, die dort den Armen verkündigt wird, ist eben die, daß ihrer das Reich Gottes sei. Daraus erhellt nun, daß der ursprüngliche Ausdruck „die Armen" ist wie bei Lc 6, 20, und nicht „die Armen im Geist". Der Zusatz ist bei πτωχός nicht so angemessen wie etwa bei καθαρός oder ταπεινὸς τῇ καρδίᾳ; denn πτωχός wird nicht in einem so allgemeinen Sinne gebraucht wie etwa das deutsche a r m (z. B. waldarm, blutarm) und verträgt eigentlich keine Ergänzung. Aber allerdings sind die Armen schon in Isa 29, 19. 61, 1 und in den Psalmen ein sublimirter und gleichsam religiöser Begriff geworden; es sind nicht die Leute, die kein Geld haben, sondern die Frommen, die sich in der Welt enttäuscht und unterdrückt fühlen. Das Reich Gottes scheint hier zukünftig gedacht zu sein, wenigstens sind alle Verba futurisch.

5, 4 (nach der modernen Vulgata 5, 5) ist ein Citat, Ps 37, 11. Zwischen den πτωχοί und den πραεῖς (a n i j i m und a n a v i m) besteht kaum ein Unterschied der Bedeutung, so daß sich 5, 4 mit 5, 3 deckt. Unter dem L a n d e müßte hier nicht wie in Ps 37, 11 Palästina verstanden werden, sondern das Reich Gottes. Denn alle mit ὅτι beginnenden Begründungssätze haben den gleichen Sinn und variieren nur die am Anfang stehende Hauptformel: denn ihrer ist das Reich des Himmels. Das Land ist aber ein sonderbarer Ausdruck für das Reich Gottes. Vergl. zu 5, 10.

5, 5 (nach der Vulgata 5, 4) lehnt sich ebenso wie 5, 3 an Isa 61 an und zwar an 61, 2. 3 (57, 18. Sirach 48, 24): die Trauernden (Sions) sollen getröstet werden. Was Mt unter dem Trost versteht, ergibt sich aus dem Vergleich von Lc 2, 25 mit Mc 15, 43. Bei Lc heißt es weniger biblisch und frischer: selig ihr Weinenden, ihr werdet lachen.

5, 6. Καὶ διψῶντες τὴν δικαιοσύνην fehlt bei Lc 6, 21. Man muß es für einen Zusatz des Mt halten, weil Jesus nur bei ihm „Gerechtigkeit" als religiösen Terminus gebraucht. Darum hat indessen Mt mit der uneigentlichen Auffassung der Hungernden doch nicht ganz Unrecht; vgl. Baruch 2, 18. Hungerleider waren die ältesten Christen nicht.

5, 8 ist abgewandelt aus Ps 11, 7: die Schlichten werden sein Angesicht schauen. Der Glaube der Frommen, daß Gott trotz allem mit ihnen sei, wird dereinst Schauen und Erleben werden. Im A. T. verbirgt Gott sein Angesicht vor den Seinen, wenn er sich nicht um sie kümmert, und zeigt es ihnen, wenn er ihnen Recht schafft und sie rettet. Καθαρὸς τῇ καρδίᾳ findet sich Psalm 24, 4. 73, 1.

5, 9. Εἰρηνοποιός wie pacificus = zum Frieden und zur Versöhnung bereit; vgl. 5, 23. 24. Mc 9, 49. Nach 5, 45. Sirach 4, 10 könnte man geneigt sein, υἱοὶ θεοῦ moralisch von der Gottähnlichkeit zu verstehn. Mit Rücksicht auf die durchgehende Sinnesgleichheit aller zweiten Sätze in den Makarismen muß es aber nach Lc 20, 36. Apoc 21, 7 verstanden werden, als Belohnung im Reiche Gottes. H e i ß e n bedeutet s e i n (5, 19); der Name deckt sich mit dem Wesen und ist die Offenbarung des Wesens.

5, 10 wäre die achte Seligpreisung. Mt vermehrt aber die drei Seligpreisungen bei Lc nicht deshalb, um sie auf acht, sondern um sie auf sieben zu bringen; ebenso wie er es bei den Bitten des Vaterunsers macht. Er hat auch sieben Gleichnisse in Kap. 13 und sieben Weherufe in Kap. 23. Eingeschoben ist nun nicht der allerdings inhaltlich leicht wiegende Vers 10; denn er soll den Übergang zu den beiden folgenden Versen machen. Sondern vielmehr Vers 4, denn er ist mit Haut und Haar (τὴν γῆν) aus Ps. 37, 11 übernommen, und er hat in den Hss. eine schwankende Stellung — was öfters ein Zeichen der Interpolation ist.

5, 11. 12 hebt sich durch die zweite Person ab, die bei Lc von vornherein durchgeht. Angeredet ist deutlich die zukünftige Gemeinde, die um Christi willen Verfolgungen erleidet und zwar von den Juden, oder vielmehr sie schon erlitten hat, wenn man auf das präteritale δεδιωγμένοι Gewicht legen darf. Das ψευδόμενοι ist neben ἕνεκεν ἐμοῦ zu viel, fehlt bei Lc und muß auch bei Mt gestrichen werden, mit D und den alten syrischen und lateinischen Versionen. „Euer Lohn ist im Himmel" würde in einer jüdischen Schrift bedeuten: er ist im Himmel aufbewahrt, um von dort dermaleinst auf die Erde herabkommen, mit dem Reiche Gottes und seinen Gütern. Ob dieser Sinn auch hier beabsichtigt ist, läßt sich nicht sicher entscheiden.

Bei Lc kommen die Seliggepriesenen in das Reich Gottes nicht wegen dessen, was sie sind und tun, sondern wegen dessen, was sie entbehren und leiden. Bei Mt treten an stelle der Entbehrungen und Leiden meist innere Eigenschaften oder Tendenzen, durch die sie sich des Reiches würdig machen oder darauf hinstreben. Bei Lc tritt die freudvolle Zukunft rein in Gegensatz zu dem Jammer der Gegenwart; bei Mt bereitet sie sich schon in den Herzen der Auserwählten vor. Natürlich sind auch bei Lc innere Bedingungen vorausgesetzt, sie werden jedoch nicht hervorgehoben. Die Varianten bei Lc verdienen überall den Vorzug. Mt hat die Makarismen moralisirt, ihre Zahl auf sieben gebracht und ihre Adresse wenigstens formell über die Jünger hinaus erweitert auf alle, welche die nötige Qualifikation besitzen. Nur in dem Spruch 5, 11. 12 hat er das Ursprüngliche beibehalten. Da richtet sich die Anrede an den Jünger, und sie werden nicht für ihre Tugenden belohnt, sondern für die Verfolgungen, die über sie hereingebrochen sind.

Mt 5, 13–37.

Ihr seid das Salz der Erde; wenn aber das Salz fade wird, womit soll man dann salzen? es taugt zu nichts, als weggeworfen und von den Leuten zertreten zu werden. ¹⁴Ihr seid das Licht der Welt; eine Stadt, die auf einem Berge liegt, kann nicht verborgen bleiben. ¹⁵Man zündet auch nicht ein Licht an und setzt es unter den Scheffel, sondern (man stellt es) auf den Leuchter: dann leuchtet es allen im Hause. ¹⁶Also leuchte euer Licht vor den Leuten, daß sie eure guten Werke sehen und euren Vater im Himmel preisen.

[17]Meint nicht, ich sei gekommen, das Gesetz oder die Propheten aufzulösen; ich bin nicht gekommen, aufzulösen, sondern zu erfüllen. [18]Amen ich sage euch, bis Himmel und Erde vergehn, soll kein Jota [oder kein Strich] vom Gesetz vergehn, bis alles geschieht. [19]Wer also eins von diesen geringen Geboten löst und so die Leute lehrt, wird gering heißen im Reich des Himmels; wer es aber tut und lehrt, der wird groß heißen im Reich des Himmels. [20][Denn ich sage euch, wenn eure Gerechtigkeit nicht besser ist als die der Schriftgelehrten und der Pharisäer, so werdet ihr gewiß nicht in das Reich des Himmels hineinkommen.]

[21]Ihr habt gehört, daß den Alten gesagt ist: du sollst keinen Mord begehn, wer aber einen Mord begeht, soll dem Gericht verfallen. [22]Ich aber sage euch: wer mit seinem Bruder zürnt, soll dem Gericht verfallen, und wer zu seinem Bruder Raka sagt, soll dem Hochgericht verfallen, und wer sagt: du Narr, soll der Geenna des Feuers verfallen. [23]Also wenn du dein Opfer zum Altar bringst und dich dort erinnerst, daß dein Bruder etwas wider dich habe, [24]so laß dein Opfer vor dem Altar und geh vertrag dich erst mit deinem Bruder, und dann komm, bring dein Opfer dar. [25]Sei dem, der mit dir rechten will, zu willen und säume nicht, solange du noch mit ihm unterwegs bist, damit er dich nicht dem Richter übergebe und der Richter dem Büttel und du ins Gefängnis geworfen werdest. [26]Amen sage ich dir, du wirst nicht herauskommen, bis du den letzten Heller bezahlt hast.

[27]Ihr habt gehört, daß gesagt ist: du sollst nicht ehebrechen. [28]Ich aber sage euch: wer ein Weib ansieht sie zu begehren, treibt schon Ehebruch mit ihr in seinem Herzen. [29]Wenn dich aber dein rechtes Auge zum Straucheln bringt, so reiß es aus und wirf es von dir; denn es ist dir besser, daß eins deiner Glieder verloren gehe und nicht dein ganzer Leib in die Geenna komme.

[31]Es ist gesagt: wer sein Weib entläßt, gebe ihr einen Scheidebrief. [32]Ich aber sage euch: wer sein Weib entläßt, außer wegen Hurerei, der macht, daß sie die Ehe bricht, und wer seine Entlassene freit, der bricht die Ehe.

[33]Weiter habt ihr gehört, daß den Alten gesagt ist: du sollst

nicht falsch schwören, sondern dem Herrn deinen Eid erfüllen. ³⁴Ich aber sage euch, ihr sollt überhaupt nicht schwören, weder bei dem Himmel, denn er ist der Thron Gottes, ³⁵ noch bei der Erde, denn sie ist der Schemel seiner Füße, noch bei Jerusalem, denn sie ist die Stadt des großen Königs. ³⁷Auch bei deinem Haupte sollst du nicht schwören, denn du kannst kein einziges Haar weiß oder schwarz machen. ³⁷Sondern eure Rede sei ja für ja und nein für nein; was darüber ist, ist vom Unrecht.

5, 13—16. Die in 5, 11. 12 eingeleitete Anrede mit Ihr setzt sich nun fort. Während aber vorher eine andere Welt erhofft und verheißen wird, soll hier die gegenwärtige Welt durch die innere Macht der christlichen Gemeinde umgewandelt werden. Daran schließen sich dann die moralischen Anforderungen an die christliche Gemeinde, die viel höher sind als die an die Juden gestellten.

5, 13. Zu grunde liegt Mc 9, 50, bestätigt durch Lc 14, 34; das umgekehrte Verhältnis ist nicht denkbar. Nach Mc sollen die Jünger Salz bei sich haben, nach Mt sind sie selber das Salz der Erde oder der Welt. An stelle Jesu tritt die Gemeinde als seine Fortsetzung auf Erden. Denn nicht er selber, sondern die Jünger werden das Salz und das Licht der Welt genannt. In dem selben Sinne heißt das Reich Gottes der Sauerteig.

5, 14—16. Zu grunde liegt Mc 4, 21, bestätigt durch Lc 8, 16. 11, 33; Mt deutet auch hier um. Das Licht ist nach ihm nicht die Lehre Jesu, sondern der gute Wandel seiner Jünger: fein, aber gesucht; denn die Lehre gehört auf den Leuchter, nicht der Wandel. Die Gemeinde soll ein sicheres Zutrauen haben zu der ihr innewohnenden göttlichen Kraft, die ohne Worte die Welt wirbt und von innen überwindet. „Unser (euer) Vater im Himmel" ist ein von den Juden übernommener Ausdruck, der seinen Hauptsitz bei Mt hat.

5, 17—20 sind eine möglichem Misverständnis vorbeugende Einleitung zu der folgenden Stellungnahme gegenüber dem Gesetz. Jesus will es trotz allem nicht auflösen, sondern erfüllen; seine Absicht ist nicht negativ, sondern positiv, sogar superlativ. Vgl. zu 5, 31. 32. Die gesetzgeberische Autorität, die er in Anspruch nimmt, setzt voraus, daß er sich an seine Gemeinde richtet. Das Verhalten zum Gesetz der Alten war die brennende Frage des jungen Christentums. Bei Mc § 49 berührt Jesus sie nur gelegentlich, bei Mt greift er sie gleich in seiner ersten Rede prinzipiell an.

5, 17. Die Prophetie kommt als Ergänzung des Gesetzes in betracht, nicht als Weissagung; das o d e r (= und) erklärt sich aus der vorangehenden Negation. Wie das Auflösen nicht durch Handeln, sondern durch Lehren geschieht, so auch das Erfüllen nicht durch das Tun der Gebote, sondern durch die Bestimmung ihres vollen Sinns, sodaß den Intentionen über den Wortlaut hinaus zum Ziel verholfen wird. Jesus gibt sich als Lehrer und vergleicht sich mit anderen jüdischen Gesetzeslehrern.

5, 18. Der Spruch findet sich auch bei Lc (16, 17) und zwar noch schroffer. Ἕως ἂν πάντα γένηται (Mc 13, 30) muß aus dem vorhergehenden Satz mit ἕως ἂν erklärt werden. Es wird also ein Aufhören des Himmels und der Erde und damit auch des Gesetzes in Aussicht genommen — anders wie Lc 16, 17. In der Syra fehlt ἡ vor μία κεραία; dann würde dies als Interpolation aus Lc erscheinen, wo es nicht neben ἰῶτα ἕν, sondern statt desselben erscheint. Da es sich um die Schrift des Gesetzes handelt, so ist das Jota nicht der griechische Buchstabe. In der hebräischen Schrift ist nun aber das Jod nicht besonders klein, sondern nur in der aramäischen, in die das A. T. damals also schon transkribirt gewesen sein muß, wie man mit Recht geschlossen hat. Vgl. Lidzbarski, Epigraphik 192.

5, 19. Man sollte aus historischen Gründen denken, es handle sich hier um die j ü d i s c h e n Schriftgelehrten. Aber das zweimal wiederholte „im Reiche Gottes" führt mit Notwendigkeit auf die christliche Gemeinde (11, 11. 13, 52) und auf christliche Lehrer, die bei Mt stets mit den jüdischen Schriftgelehrten auf eine Stufe gestellt werden. Jesus setzt also auch hier die Zukunft als Gegenwart voraus. Er exkommunizirt zwar nicht diejenigen Lehrer seiner Gemeinde, welche eine oder die andere Bestimmung des Gesetzes aufheben, weist ihnen aber einen niederen Rang an als denen, die das ganze Gesetz aufrecht erhalten. Zwischen μέγας und ἐλάχιστος ist kein Unterschied des Grades, das Aramäische hat für den Superlativ keine besondere Form ausgebildet. Ποιήσῃ ist unbequem; es müßte dem λύσῃ gegensätzlich entsprechen. In D fehlt die zweite Hälfte des Verses.

5, 20. Die G e r e c h t i g k e i t ist das pharisäische Ideal und bei Mt auch das christliche. Bei Mc kommt δικαιοσύνη und δικαιοῦν überhaupt nicht vor, und δίκαιος nur einmal ironisch 2, 17, wenn man die große Parenthese 6, 17—29 außer betracht läßt. Im Folgenden wird jedoch nicht gegen die Gerechtigkeit der Pharisäer polemisirt. Auch zum Vorhergehenden steht unser Vers in schiefem Verhältnis; er schwebt einigermaßen zwischen zwei Stühlen. In D fehlt er mit Recht. Gewöhnlich wird allerdings nicht 5, 20 gestrichen, sondern 5, 18. 19. Aber das verbietet sich wegen Lc 16, 17. 18. Vgl. die Einleitung 1911 p. 69 s. und die Note zu Mt 5, 31. 32.

5, 21—26 ist die erste von den wuchtigen Antithesen, die nun schlag auf schlag sich folgen. Jesus wirft sein Ich sage euch in die Wagschale gegen das, was den Alten gesagt ist — wohl durch Moses, der aber ungenannt bleibt. Es liegt hier nicht eine zornige Polemik gegen den Pharisaismus vor, wie in Kap. 23, sondern eine grundsätzliche Unterscheidung zwischen Legalität und Gesinnungsmoral. Dabei darf unberücksichtigt bleiben, daß doch auch das Judentum nicht am Buchstaben des Gesetzes kleben blieb.

5, 21. Κρίσις ist nicht das Urteil, sondern wie in Dan 7, 10 (das Gericht setzte sich) das Gericht als Behörde; vgl. היאב בית דינא im mand. Thesaurus I 35, 24. 394, 2. 11 und die im Sirach nicht seltene Drohung: tu das nicht, sonst kommst du vor das Gericht (Qahal). Eine so milde ausgedrückte Strafbestimmung für den Mord („er ist kriminell") findet sich freilich im Gesetz nirgend. Sie ist hinzugefügt, um zu dem Gegensatz in 5, 22 überzuleiten und ihm Relief zu geben.

5, 22. Der Bruder ist wie in 7, 3 nicht bloß der christliche Bruder; indessen liegt kein Anlaß vor, die Heiden einzubegreifen, da die Angeredeten tatsächlich auf den Kreis der jüdischen Gesellschaft beschränkt sind. Ρακα soll nach Übereinkunft der Sachverständigen ריקא sein, entspricht aber diesem Worte nur mangelhaft. Die Syrae übernehmen es, wie billig, unübersetzt, geben dagegen μωρέ mit שטיא wieder; das entsprechende Schaute ist noch heutzutage ein übliches jüdisches Schimpfwort. Sprache und Horizont sind hier bemerkenswert jüdisch; die jüdische Obrigkeit ist noch durchaus in Bestand und Funktion, und Jesus erkennt ihr Recht an. Das gut bezeugte εἰκῆ ist doch wohl interpolirt; auch das Verbot des Schwörens lautet ganz allgemein, obwohl der gesetzliche Eid nicht verboten werden soll.

5, 23. 24. Δῶρον ist Opfer, wie 23, 18. 19. Der Spruch ist für Jerusalemer berechnet, die den Tempel zur Hand hatten, und nicht für Galiläer, zu denen Jesus doch reden müßte; für diese wäre wenigstens eine Situation, wie sie hier angenommen wird, recht ungewöhnlich gewesen. Daher wird man der Formulierung bei Mc (11, 25) den Vorzug geben müssen: **wenn ihr steht und betet**, so vergebt, was ihr etwa gegen wen habt. Mt judaisirt hier wie öfter. Er setzt voraus, daß der Opferdienst noch im Gange ist und daß auch die jerusalemischen Christen daran teilnehmen. Daß er καταλλάγηθι sagt für ἄφετε und „wenn dein Bruder etwas gegen dich hat" statt „wenn du etwas gegen deinen Bruder hast", geschieht um der Anknüpfung der folgenden Verse willen.

5, 25. 26 ist bei Lc (12, 58. 59) besser so ausgedrückt: wenn du mit deinem Verkläger zum Richter gehst, so gib dir noch auf dem Wege Mühe, von ihm loszukommen. Ἴσθι (statt γίνου) im Imperativ vor Partizip oder Adjektiv kommt vor Mc 5, 34. Lc 19, 17. Joa 20, 27 (D), ferner oft im Sirach, auch bei Epictet II 4, 11. 23, 5. IV 10, 3. 11, 15.

5, 27—30. Schon die Alten sind bei dem Wortlaut des sechsten Gebots nicht stehn geblieben; Jesus geht trotz Mt über Iob 31. Sirach 41, 21 nicht hinaus. Γυναῖκα 5, 28 ist natürlich das Weib **eines Anderen**. Der Vers 29 (ὁ δεξιός wie Zach 11, 17. Lc 6, 6. 22, 50), der aus 18, 9. Mc 9, 45 stammt, ist hier sehr gut angebracht. Vers 30 aber fehlt mit Recht in D und Syra. Denn Hand und Fuß passen nicht in den Zusammenhang, der sich von 5, 27—29 auf 5, 31. 32 fort erstreckt; sie sind nicht wie das Auge kupplerische Organe, welche die Begierde zum Weibe reizen.

5, 31. 32 stammt aus Mc 10, 1—12. Die Änderungen sind keine Verbesserungen. Der λόγος πορνείας kommt bei dem Recht des Mannes, seine Frau zu entlassen, gar nicht in Frage; wenn sie die Ehe bricht, so hat sie sich widerrechtlich von ihm getrennt und soll nach dem Gesetz gesteinigt werden. Und was bei Mc nur als eine mögliche Folge der Scheidung (im Fall der Wiederverheiratung) nachträglich erwähnt wird, tritt hier ohne weiteres ein wie eine notwendige Konsequenz, so daß die Scheidung an sich als Ehebruch erscheint.

Dies ist der einzige Fall, wo Jesus eine mosaische Verordnung geradezu aufhebt, also das stärkste Beispiel seines Widerspruchs gegen das Gesetz. Von hier aus (und nicht von der Beschneidung oder vom Sabbat aus) scheint die ganze Erörterung über diesen schwierigen und wichtigen Punkt bei den Judenchristen sich entsponnen zu haben.

Das erhellt namentlich aus Lc 16, 17. 18: „leichter vergeht Himmel und Erde, als daß ein Buchstabenstrich vom Gesetze falle; wer sein Weib entläßt und eine andere freit, bricht die Ehe, und wer die Entlassene freit, bricht die Ehe". In dieser Zusammenstellung platzen die Gegensätze direkt aufeinander. Der erste Satz widerspricht materiell dem zweiten (d. h. Mc 10) total, ohne daß das formell bemerklich gemacht wird. Es ist aber klar, daß er dem zweiten die antinomistische Spitze abbrechen will und eben darin seine Wurzel hat, daß also Mc 10 den Ausgangspunkt bildet. Nun deckt sich Lc 16, 17. 18 mit Mc 5, 18. 32 sachlich und größtenteils auch im Ausdruck. Daraus folgt, daß Mc 10 auch der Ausgangspunkt für die dem Lc und Mt gemeinsame Quelle gewesen ist, deren nackter Wortlaut bei Lc erhalten ist. Mt verallgemeinert und stellt auch Anderes als das Verbot der Scheidung unter den selben Gesichtspunkt, sodaß der ursprüngliche Gegensatz, von dem die ganze Betrachtung ihren Anfang genommen hat, zurücktritt. Merkwürdig, daß Mt auch in der Succession von 5, 29. 31 dem Mc (Kap. 9 am Schluß und Kap. 10 am Anfang) folgt.

5, 33—37. Wie ὀμνύειν hier zu verstehn ist, erhellt aus dem Folgenden. Es handelt sich, wie Sirach 23, 9 ss, um die Rede der Menschen unter einander (5, 37), die sie mit Eiden und Flüchen zu spicken pflegen; nicht um den geforderten Eid vor Gericht, der dem gegenüber im Morgenlande gar nicht in betracht kommt, obwohl Unkundige immer gleich daran denken. Daran ändert ὅλως nichts. Es war unter allen Umständen notwendig, um den Gegensatz auszudrücken: man soll nicht bloß nicht zur Lüge schwören, sondern ü b e r h a u p t nicht schwören. Auch die Essener durften nicht schwören und schwuren doch bei der Aufnahme in den Orden schwere Eide, die ihnen von den Oberen auferlegt wurden. In 5, 33 liegt kein eigentliches Citat vor. „Die Stadt des großen Königs (d. h. Gottes)" ist für Mt und seine Verehrung Jerusalems ebenso bezeichnend wie „die heilige Stadt".

Q*. Mt 5, 38–48. Lc 6, 27–36.

Ihr habt gehört, daß gesagt ist: Auge um Auge, Zahn um Zahn. ³⁹Ich aber sage euch, ihr sollt euch nicht wehren gegen das Unrecht. Sondern wer dich auf die rechte Wange schlägt, dem wende auch die linke her. ⁴⁰Und wer dich verklagen will, um deinen Rock zu bekommen, dem laß auch den Mantel. ⁴¹Und wenn einer dich für eine Meile pressen will, so geh mit ihm zwei. ⁴²Wer dich bittet, dem gib, und wer etwas von dir leihen will, von dem wende dich nicht ab. ⁴³Ihr habt gehört, daß gesagt ist: du sollst deinen Nächsten lieben und deinen Feind hassen. ⁴⁴Ich aber sage euch: liebt eure Feinde und betet für eure Verfolger, ⁴⁵damit ihr Söhne seiet eures Vaters im Himmel, denn er läßt seine Sonne aufgehn über Böse und Gute und regnen über Gerechte und Ungerechte. ⁴⁶Denn wenn ihr liebt, die euch lieben, was habt ihr für ein Verdienst? tun nicht so auch die Zöllner? ⁴⁷Und wenn ihr nur eure Brüder grüßt, was tut ihr besonderes? tun nicht auch die Heiden das selbe? ⁴⁸Ihr sollt also vollkommen sein, wie euer himmlischer Vater vollkommen ist.

Nach dem Zwischenstück 5, 13—37 trifft Mt wieder mit Lc zusammen, bei dem dieser Abschnitt unmittelbar auf die Makarismen folgt. Er setzt aber auch hier noch sein antithetisches Schema fort. Der Spruch 5, 43 steht in dieser Form nicht im Alten Testament und würde auch die Meinung desselben nur dann treffen, wenn ἐχθρός der Nationalfeind sein sollte — was bei Mt nicht die Absicht ist.

5, 39. Δεξιάν fehlt in D und Syra (wie bei Lc 6, 29), obwohl es hier besser paßt als 5, 29.

5, 40. D liest am Anfang καὶ ὁ θέλων im Casus absolutus, und das wird richtig sein, weil sonst die grammatische Rektion durch αὐτῷ (hinter ἄφες) nicht nachgeholt zu werden brauchte. Das Obergewand läßt sich weit leichter entbehren als das Untergewand: die notwendige Steigerung, die Lc 6, 29 herauskommt, ist durch Mt verdorben. Bei Mt ist hier wie 5, 25 von Rechtsanspruch die Rede, bei Lc nicht.

5, 41 fehlt bei Lc. Der Relativsatz steht einem Casus absolutus gleich, die Rektion wird durch μετ' αὐτοῦ im Hauptsatz nachgebracht. Das ἀγγαρεύειν ist Sache etwa eines Soldaten, der sich von einem Bauern sein Gepäck bis zum nächsten Dorfe tragen läßt. Vgl. Epictet IV 1, 79.

5, 44. Die Feinde sind die Juden, welche die Christen verfolgen; bei Lc schließt der Vers an 5, 12 an. Ἀγαπᾶν (Lc 6, 33 ἀγαθοποιεῖν) ist nicht so stark wie das deutsche l i e b e n ; τοὺς ἀγαπῶντας ὑμᾶς 5, 46 bedeutet auf aramäisch nicht mehr als: eure Freunde.

5, 45. „Söhne Gottes" hier im moralischen Sinn: ihm ähnlich.

5, 47 fehlt in der Syra und bei Lc. Daß hier die Rede sei von einer bei den Christen eingerissenen (sonst indessen nur bei den Muslimen bekannten) Sitte, den Gruß zu einem religiösen Unterscheidungszeichen zu machen und ihn allen Nichtchristen zu versagen, ist unwahrscheinlich, da die Heiden das doch nicht ebenso machen. Den Salâm boten sich nicht bloß die Juden, sondern auch die aramäischen Heiden: ἀλλ' εἰ μὲν Σύρος ἐσσί, σελομ.

5, 48. Τέλειος kommt in den Evangelien nur bei Mt vor, und auch bei diesem außer an unserer Stelle nur noch 19, 21; vgl. die Note dort. Jesus legt kein Gewicht auf die Ausbildung der vollkommenen, gerechten und heiligen Persönlichkeit, sondern auf den Dienst des Nächsten. Viel echter Lc 6, 36: οἰκτίρμονες.

Mt 6, 1—18.

6, 1. Hütet euch, eure Gerechtigkeit vor den Menschen zu üben, um von ihnen angeschaut zu werden; sonst habt ihr keinen Lohn bei eurem Vater im Himmel. ²Wenn du also Almosen gibst, so posaune nicht vor dir her, wie die Heuchler tun, in den Synagogen und auf den Gassen, um von den Menschen gerühmt zu werden: Amen, ich sage euch, sie haben ihren Lohn weg. ³Sondern wenn du Almosen gibst, so wisse deine Linke nicht, was die Rechte tut, ⁴damit dein Almosen im Verborgenen geschehe und dein Vater, der auf das Verborgene sieht, dir vergelte.

⁵Und wenn ihr betet, seid nicht wie die Heuchler; denn sie pflegen in den Synagogen und an den Straßenecken zu stehn und zu beten, damit sie den Menschen in die Augen fallen: Amen, ich sage euch, sie haben ihren Lohn weg. ⁶Sondern wenn du betest, geh in die Kammer, schließ die Tür und bet zu deinem Vater im Verborgenen, und dein Vater, der auf das Verborgene den Blick richtet, wird dir vergelten.

⁷Und wenn ihr betet, so plappert nicht wie Heiden, denn sie glauben erhört zu werden, wenn sie viel Worte machen. ⁸Ahmt ihnen also nicht nach, denn euer Vater weiß, wessen ihr bedürft, ehe ihr ihn bittet. ⁹Ihr nun betet so: Unser Vater im Himmel, geheiligt werde dein Name, ¹⁰es komme dein Reich, es geschehe dein Wille, wie im Himmel, auch auf Erden, ¹¹unser ... Brot gib uns heute, ¹² und erlaß uns unsere Schuld, wie wir unsern

Schuldnern erlassen, ¹³und bring uns nicht in Versuchung, sondern erlös uns von dem Übel. ¹⁴Denn wenn ihr den Menschen ihre Fehle vergebt, so wird auch euch euer himmlischer Vater vergeben; ¹⁵wenn ihr aber den Menschen nicht vergebt, so wird euer Vater euch die Fehle auch nicht vergeben.

¹⁶Wenn ihr aber fastet, so macht kein trübseliges Gesicht wie die Heuchler; denn sie entstellen ihr Gesicht, um den Menschen als Faster in die Augen zu fallen: Amen, ich sage euch, sie haben ihren Lohn weg. ¹⁷Sondern wenn du fastest, so salb dein Haupt und wasch dein Angesicht, ¹⁸damit du nicht in die Augen fallest den Menschen mit deinem Fasten, sondern im Verborgenen deinem Vater, und dein Vater, der auf das Verborgene den Blick richtet, dir vergelte.

Dies Stück ist wiederum dem Mt eigentümlich. Bisher hat Jesus zur Moral des Gesetzes Stellung genommen, jetzt geht er über zu den opera supererogata der Ascese, auf die die Pharisäer besonderes Gewicht legten. Diese werden bei Mt mit Vorliebe ὑποκριταί gescholten, was bei Mc kaum vorkommt. Unter δικαιοσύνη verstehn die Juden vorzugsweise das Almosen; Jesus scheint auch Fasten und Gebet einzubegreifen. Vom eigentlichen Kultus redet er kein Wort, z. B. auch nicht von der Beschneidung. Vgl. zu Mc 2, 18 ss. 11, 25.

6, 1. Zum Dativ hinter θεαθῆναι und φανῆναι s. Nöldeke Syr. Gramm. § 247 (in der 2. Aufl.) und Blaß § 37, 4. Εἰ δὲ μήγε = villa, sonst.

6, 2. Der Numerus in der Anrede wechselt 6, 6. 17 genau so wie hier; nur in 6, 8 wechselt er nicht.

6, 3. Das Verhältnis der rechten Hand zur linken dient auch bei den Arabern zur Bezeichnung der engsten und vertrautesten Gemeinschaft.

6, 4. Das zweite ἐν τῷ κρυπτῷ muß Objekt zu βλέπων sein, ἐν = εἰς.

6, 5 fehlt in der Syra, dann müßte aber auch 6, 6 fehlen. Οὐκ ἔσεσθε wechselt 6, 16 mit μὴ γίνεσθε; im Aramäischen ist kein Unterschied. Auch ohne Negation wird das Futurum für Conjunctiv und Imperativ gebraucht (5, 43); s. Blaß § 64, 3. Zu φιλοῦσιν vgl. 23, 6. In D heißt es: φιλοῦσιν στῆναι... ἑστῶτες καὶ προσευχόμενοι — ungriechisch und darum wohl richtig.

6, 6. Bei Mc geht Jesus nicht in die Kammer, sondern auf den

Berg, um einsam zu beten. Für v e r g e l t e n erwartet man e r -
h ö r e n.

6, 7 setzt formell das Vorhergehende nicht fort, sondern hebt neu an. Es wird protestirt nicht gegen Juden, sondern gegen Heiden, und nicht gegen die Absicht, vor den Menschen zu scheinen, sondern gegen die Absicht, die Gottheit zu erweichen. Im Eingang steht ein Participium, nicht ein Satz mit ὅταν, wie sonst; auch fehlt in 6, 8 der Übergang von der pluralischen in die singularische Anrede. Also beginnt hier wohl ein Nachtrag (6, 7—15), der die Einschiebung des Herrengebets zum Zweck hat, welches bei Lc an anderer Stelle und in anderer Weise eingeführt wird. Βατταλογεῖν wird erklärt durch πολυλογία; die Syrae hören βατταλο — λογεῖν heraus: das aramäische b a t t â l bedeutet leer, nichtig. Man weiß nicht, wie die Heiden sich dadurch von den Juden unterscheiden sollen, daß sie beim Gebet viele Worte machen. Der Vaticanus und die Syra Curetoniana verwandeln ἐθνικοί in ὑποκριταί, aber das ist falsch.

6, 9. Das eigentliche Gebet ist die Schöpfung der Juden, und auch das Vaterunser folgt jüdischen Vorbildern, wenngleich es nicht bloß ex formulis Hebraeorum zusammengesetzt ist. Das Kaddisch, das man mit Recht vergleicht, fängt zwar nicht mit A b b a an, hat aber auch als erste Bitte: dein Name werde geheiligt. Nur wird hinzugesetzt: in der künftigen Welt. Das nationale oder messianische Element, das im Vaterunser zurücktritt, geht im Kaddisch durch von Anfang bis zu Ende. Die Bitte „unser täglich Brot gib uns heute" könnte dort nicht vorkommen.

6, 10. „Dein Reich komme" ist auch im Kaddisch die zweite Bitte. Statt der schwer verständlichen dritten Bitte, welche bei Lc (11, 2) fehlt, heißt es im Kaddisch: e u r e Bitte geschehe!

6, 11. In ἐπιούσιον stimmen Mt und Lc überein, so seltsam diese griechische Übersetzung des aramäischen Originals auch ist. Die Syrae geben das Wort wieder mit b e s t ä n d i g , c o n t i n u u s ; in 2 Macc 1, 8 haben ein paar obskure Hss. τοὺς ἄρτους τοὺς ἐπιουσίους für לחם תמיד Num 4, 7, wofür die Septuaginta οἱ ἄρτοι οἱ διαπαντός sagt. Von c o n t i n u u s liegt q u o t i d i a n u s der alten Latinae nicht weit ab. Origenes geht von dieser ältesten, etymologisch allerdings ganz undurchsichtigen und auch zu σήμερον oder τὸ καθ' ἡμέραν (Lc) wenig passenden Erklärung ab und macht Bahn für eine neue, zu der Joa 6, 34 ss. Anleitung gegeben hat. Sie liegt vor in dem supersubstantialis (neuplatonisch ὑπερούσιος) des Hieronymus, ist aber gekünstelt und etymologisch auch nicht haltbar. Gegenwärtig wird ἐπιούσιος meist von ἡ ἐπιοῦσα (ἡμέρα) abgeleitet. Das ist etymologisch am bequemsten. Man beruft sich dafür auf das Hebräerevangelium. Hieronymus sagt zu Mt 6, 11: in evangelio quod appellatur Hebraeorum pro supersubstantiali pane reperi m a h a r quod dicitur crastinum. Dies setzt die Lesart des Mt voraus „unser Brot für morgen gib uns h e u t e ", und nicht die Lesart des Lc: „unser B. für morgen gib uns j e d e n T a g ". Aber vergeblich fragt man sich, warum im Griechischen dann nicht τὸν ἄρτον τὸν εἰς αὔριον übersetzt wird, sondern τὸν ἄρτον τὸν ἐπιούσιον. Denn dem σήμερον entspricht αὔριον und nicht ἡ ἐπιοῦσα. Ἐπιούσιος wird somit durch das Hebräerevangelium nicht erklärt. Wenn es von ἡ ἐπιοῦσα kommt, so würde τὸ καθ' ἡμέραν des Lc den Vorzug vor σήμερον verdienen. Vgl. die Einleitung 1911 p. 116 s.

6, 13. Diese Bitte fehlt bei Lc ebenso wie die dritte; Mt macht die Siebenzahl voll. Die Versuchung geschieht durch Trübsal. Ἀπὸ τοῦ πονηροῦ ist neutral.

6, 14. 15 ist ein Nachtrag zur fünften Bitte.

6, 16—18. Das τῷ vor dem ersten ἐν τῷ κρυφαίῳ 6, 18 muß gestrichen und ἐν τῷ κρ. noch mit νηστεύων verbunden gedacht werden, um richtigen Sinn zu erzielen. Κρυφαῖον (wie wenigstens der Vatic. und der Sinait. lesen) statt κρυπτόν fällt aber auf, und der ganze Satzbau ist etwas verrenkt.

Mt 6, 19–34. Lc 12, 22–34.

Sammelt euch nicht Schätze auf Erden, wo Motte und Fraß zerstören und wo Diebe einbrechen und stehlen, [20] sondern sammelt euch Schätze im Himmel, wo nicht Motte noch Fraß zerstören und wo keine Diebe einbrechen und stehlen. [21]Denn wo dein Schatz ist, da ist auch dein Herz. [22]Das Auge ist des Leibes Licht. Wenn dein Auge ungetrübt ist, so wird dein ganzer Leib hell sein; [23]wenn aber dein Auge nicht taugt, so wird dein ganzer Leib finster sein. Wenn nun das Licht an dir finster ist, wie erst die Finsternis (an dir)! [24]Niemand kann Knecht zweier Herren sein; entweder haßt er den einen und liebt den anderen, oder er hält sich an den einen und achtet des anderen nicht. Ihr könnt nicht Gott dienen und dem Mamon.

²⁵Darum sage ich euch: seid nicht in Sorge um eure Seele, was ihr essen, und nicht um euren Leib, was ihr anziehen sollt! ist nicht die Seele mehr als die Nahrung und der Leib mehr als die Kleidung? ²⁶Seht auf die Vögel des Himmels, sie säen nicht, sie ernten nicht, sie bringen nicht ein in Scheuern, und euer himmlischer Vater ernährt sie. Seid ihr nicht viel mehr wert als sie? ²⁷Wer unter euch kann mit Sorgen seinem Wuchs eine Elle zusetzen? ²⁸Und warum macht ihr euch Sorgen wegen der Kleidung? betrachtet die Lilien des Feldes, wie sie wachsen; sie arbeiten nicht und spinnen nicht, ²⁹und doch, sage ich euch, war auch Salomo in all seiner Herrlichkeit so schön nicht angetan wie dieser eine. ³⁰Wenn nun Gott das Gras des Feldes, das heute steht und morgen in den Ofen geworfen wird, so kleidet, wie viel mehr euch, ihr Kleingläubigen! ³¹Also sorgt nicht: was sollen wir essen, oder was trinken, oder was anziehen! ³²Nach alle dem trachten die Heiden. Euer himmlischer Vater weiß ja, daß ihr das alles nötig habt. ³³Trachtet zuerst nach dem Reiche und nach der Gerechtigkeit, so bekommt ihr das andere dazu. ³⁴Sorgt also nicht um morgen, denn das Morgen wird für sich selber sorgen. Jeder Tag hat genug an seiner Plage.

Hier trifft Mt zwar mit Lc zusammen, aber nach Lc gehört das herrliche Stück nicht in die Bergpredigt.

6, 19—21 steht bei Lc (12, 32—35) nicht vor, sondern nach 6, 25—34. An stelle der eschatologischen Motivirung (Lc 12, 32. 33) setzt Mt (6, 19) eine allgemeine Ermahnung, die aus 6, 20 leicht zu schöpfen war; der überlieferte Stoff scheint bei ihm hier wie anderswo abgeklärter und sozusagen freier von den Eierschalen. Er vermeidet es, den Schatz im Himmel oder vielmehr die Schätze — denn er gebraucht den Plural statt des Singulars — durch Verkauf und Weggeben der irdischen Güter, d. h. durch Almosen (Tobit 4, 9. Sirach 29, 10 s. Mc 10, 21) entstehn zu lassen, wie es bei Lc geschieht, obwol die Diebe und Motten, der Mamon, und das Verbot der Sorge noch darauf hinweisen.

6, 22. 23 wie Lc 11, 34—36. Mt kommt von dem Herzen als Quelle des Dichtens und Trachtens auf das Auge als Quelle der Sehkraft, die hell oder auch nicht hell sein kann. Ἁπλοῦς ist nach D 10, 16 so viel als ἀκέραιος, integer. Der letzte Satz bedeutet: wenn das Auge, die Sonne des Leibes, finster ist, wie (πόσον = ποσαχῶς) finster wird dann der übrige Leib sein, der an sich Finsternis ist und nur vom Auge Licht empfängt. Das Subjekt τὸ σκότος bedeutet also etwas anderes als das voraufgehende Prädikat σκότος: es ist τὸ σκότος τὸ ἐν σοί, nämlich der Leib. So richtig die Curetoniana. Bei Lc (11, 36) steht etwas ganz Anderes an der Stelle.

6, 24 wie Lc 16, 13. Das Thema ist nicht das von 6, 22. 23, sondern das von 6, 19—21. Das aut—aut bedeutet nicht mehr als ein et—et. Der Gegensatz von μισεῖν und ἀγαπᾶν ist, wenigstens innerhalb des Bildes, nicht absolut, sondern komparativ zu verstehn; wenn ein Mann zwei Frauen hat, so heißt die, die er vorzieht, schlechthin die geliebte, und die andere schlechthin die gehaßte (Deut 21, 15, Gen 29, 31. 33). Die Etymologie von Mamon ist unbekannt; es läßt sich auch nicht nachweisen, daß es ein Name für den Gott des Reichtums sei. Die Septuaginta zu Ps 37, 3 hat ממונה (τῷ πλούτῳ αὐτῆς) gelesen statt אמונה.

6, 25—33 stimmt mit Lc 12, 22—31 sowol in der Reihenfolge der Sätze als auch vielfach im griechischen Ausdruck überein. Das διὰ τοῦτο λέγω ὑμῖν am Anfang kehrt bei Lc (12, 22) wieder, obwohl es sich dort auf ganz andere Prämissen bezieht.

6, 26. An stelle der volkstümlichen Raben bei Lc setzt Mt die biblischen Vögel des Himmels und statt Gott sagt er „euer Vater im Himmel", obwohl dieser Ausdruck den Vögeln gegenüber wenig angebracht ist. In 6, 30 aber heißt es auch bei ihm: Gott. Μᾶλλον ist j a t t î r, vgl. zu 10, 31.

6, 27 ist vereinzelt, steht aber auch bei Lc (der eine Moral anhängt 12, 26) an der selben Stelle. Es gibt Riesen unter den Exegeten, welche den Wunsch größer zu sein, als man ist, unbegreiflich finden. Sie wollen unter ἡλικία die Lebenszeit verstehn. Wird aber das Leben nach der Elle gemessen? und hat es ein so festes natürliches Maß, daß der Wunsch, es zu verkürzen oder zu verlängern, Unmögliches verlangt? Es muß bei der alten Auffassung, die von fast allen Versionen vertreten wird, sein Bewenden haben. Es liegt ein populärer, mit Absicht kraß ausgedrückter Spruch vor. Das ἕνα ist übrigens im Aramäischen nicht so stark wie im Griechischen und fehlt bei Lc, sodaß die Qualifizierung des Maßes als eines besonders kleinen (auch nur e i n e Elle) wegfällt.

6, 28. Der Übergangssatz am Anfang fehlt bei Lc. Die Lilie d e s F e l d e s ist biblisch, ebenso das Gras d e s F e l d e s 6, 30. Lc sagt: auf dem Felde das Gras.

6, 30. Οὕτως wird von der Syra Cur. und ebenso Lc 12, 28 von der Syra Sin. ausgelassen, von der pedantischen Erwägung aus, daß Gott so schöne Kleider wie den Blumen, und gar noch schönere, den Menschen doch nicht gibt.

6, 33. Πρῶτον, für Mt aufs beste bezeugt, schwächt den Sinn ab und fehlt bei Lc. Auch d i e G e r e c h t i g k e i t findet sich natürlich bloß bei Mt. Aber die handschr. Überlieferung schwankt hier stark. Der Sinaiticus liest: τὴν βασιλείαν καὶ τὴν δικαιοσύνην αὐτοῦ — dabei befremdet die Bezeichnung Gottes durch das Pronomen (das sich auf den weit zurückliegenden himmlischen Vater 6, 32 beziehen müßte), die Verbindung zweier Status constructi vor einem Genitiv, und die paulinische Gerechtigkeit Gottes. Der Vaticanus liest mit Umstellung der Akkusative: τὴν δικ. κ. τὴν βασ. αὐτοῦ. Aber „die Gerechtigkeit und sein Reich" würde keinem Autor in die Feder fließen. Wenn so verstanden werden soll, so beruht die Lesart auf Korrektur; andernfalls erheben sich dagegen die gleichen Bedenken wie gegen die des Sinaiticus. Ich habe in der Übersetzung αὐτοῦ ausgelassen, das ist aber nur ein Notbehelf.

6, 34 fehlt bei Lc. Der Genitiv ἑαυτῆς ist ungriechisch und gerade darum echt; wohl d i l e h = τὰ ἑαυτῆς.

Q*. Mt 7, 1–6. Lc 6, 37–42.

Richtet nicht, damit ihr nicht gerichtet werdet. ²Denn mit dem Gericht, womit ihr richtet, werdet ihr gerichtet, und mit dem Maß, womit ihr meßt, wird euch gemessen. ³Was siehst du aber den Splitter im Auge deines Bruders und den Balken in deinem Auge bemerkst du nicht? ⁴Oder wie kannst du zu deinem Bruder sagen: laß mich den Splitter dir aus dem Auge ziehen — wenn ein Balken in deinem Auge ist! ⁵Du Heuchler, schaff zuerst den Balken aus deinem Auge, dann magst du sehen, den Balken aus dem Auge deines Bruders herauszuziehen.

⁶Gebt das Heilige nicht den Hunden und werft eure Perle nicht vor die Säue, damit sie sie nicht mit ihren Füßen zertreten, und sich wenden und euch zerreißen.

7, 1—5. Dies ist das dritte Stück der Bergpredigt bei Lc, das bei ihm auf Mt 5, 38—45 folgt; der innere Zusammenhang desselben ist bei Mt straffer und gleichartiger. Das Verbot 7, 1 geht bei Mt nicht gegen die obrigkeitliche Justiz, sondern gegen das private Richten, das bei den jüdischen und wohl auch bei den christlichen Frommen im Schwange war; die Anrede ὑποκριτά 7, 5 bezieht sich nicht bloß auf Pharisäer. Zu 7, 3 vgl. Trimalchio (Petronius 57): in aliis pediculum vides, in te ricinum non vides. Ἄφες ἐκβάλω ist aramäisch, so namentlich nach ὅρα (cave); es kommt nicht darauf an, ob der Konjunktiv oder der Imperativ folgt. Διαβλέψεις wird 7, 5 in anderem Sinne gebraucht als Mc 8, 25.

7, 6. Der Vers hat bei Lc keine Parallele, steht isolirt und markirt die Fuge zwischen 7, 1—5 und 7, 7—11. Wenn nach 15, 26 die Hunde die Heiden sind und τὸ ἅγιον das Evangelium oder das Reich Gottes, so muß im zweiten Satz statt des Plurals nach 13, 46 der Singular erwartet werden: eure Perle. In der aramäischen Schrift kann in diesem Fall der Numerus nicht unterschieden werden. Der folgende Plural αὐτούς legt keine großen Schwierigkeiten in den Weg. Auch in 10, 5 wird die Mission unter Heiden und Samaritern verboten.

Mt 7, 7–11. Lc 11, 9–13.

Bittet, so wird euch gegeben; sucht, so findet ihr; klopft an, so wird euch aufgetan. ⁸Denn wer bittet, empfängt, und wer sucht, findet, und wer anklopft, dem wird aufgetan. ⁹Oder welcher Mensch unter euch, den sein Sohn um Brot bittet, wird ihm einen Stein reichen, ¹⁰oder wenn er ihn um einen Fisch bittet, eine Schlange? ¹¹Wenn nun ihr, die ihr böse seid, euren Kindern gute Gaben wisset darzureichen, wie vielmehr wird euer Vater im Himmel Gutes geben denen, die ihn bitten.

7, 9. 10. Ἐπιδιδόναι heißt nach den alten Versionen porrigere, während das ἐπί in ἐπιζητεῖν, ἐπιγινώσκειν, ἐπερωτᾶν an der Bedeutung des Simplex nichts ändert.

7, 11. Unter die Kategorie der πονηροί fallen auch die Jünger; anders 12, 34. Dagegen ἁμαρτωλοί sind nur die Gottlosen und besonders die Heiden. Ἐθνικός findet sich nur bei Mt, Ἕλλην einmal bei Mc (7, 26).

Mt 7, 12-14.

Alles nun, was ihr wollt, daß die Leute euch tun, tut ihr ebenso ihnen; das ist das Gesetz und die Propheten. ¹³Geht ein durch die enge Pforte. Denn weit und breit ist die Straße, die zum Verderben führt, und viele sind, die darauf eingehn. ¹⁴Aber eng ist die Pforte und schmal ist die Straße, die zum Leben führt, und wenige sind, die sie finden.

7, 12. Ein Sprichwort (Tobit 4, 15), das bei Lc 6. 31 an anderer Stelle steht.

7, 13. 14. Die eschatologische Färbung bei Lc (13, 24) verwischt Mt hier ebenso wie 6, 19. Die enge Tür wird als bekannt vorausgesetzt; denn sie ist das Nadelöhr von Mc 10, 25, wie man bei Lc noch sieht. Noch später ist Jesus selber die Tür geworden (Joa 10). Von der einen Tür geht Mt zu den zwei Wegen über, beläßt aber die Tür im Singular und reservirt sie für den s c h m a l e n Weg — wenn die in meiner Übersetzung befolgte Lachmannsche Lesung von 7, 13 richtig ist. Die zwei Wege gehn bei den Juden wohl nicht auf Hesiod zurück, sondern auf Ps 1, 6 und zuletzt auf Hierem 21, 8 (Deut 30, 19): siehe ich lege euch den Weg des Lebens und des Todes vor.

Q*. Mt 7, 15-27. Lc 6, 43-49.

Wahrt euch vor den falschen Propheten, die in Schafskleidern zu euch kommen und inwendig reißende Wölfe sind. ¹⁶An ihren Früchten werdet ihr sie erkennen. Kann man etwa Trauben lesen von Dornbüschen oder Feigen von Disteln? ¹⁷So bringt jeder gute Baum gute Früchte und der schlechte Baum schlechte Früchte. ¹⁸Ein guter Baum kann nicht böse Früchte tragen und ein schlechter Baum kann nicht schöne Früchte tragen. ¹⁹Jeder Baum, der nicht gute Frucht bringt, wird abgehauen und ins Feuer geworfen. ²⁰Also an ihren Früchten werdet ihr sie erkennen.

²¹Nicht jeder, der zu mir sagt: Herr, Herr! kommt hinein in das Reich des Himmels, sondern wer den Willen tut meines Vaters im Himmel. ²²Viele werden zu mir sagen: Herr, Herr, haben wir nicht durch deinen Namen geweissagt, durch deinen Namen Teufel ausgetrieben, durch deinen Namen viele Wunder

getan? ²³Und dann werde ich ihnen rund heraus sagen: ich habe euch nie gekannt, weicht von mir ihr Täter der Ungerechtigkeit! ²⁴Wer nun diese meine Worte hört und darnach tut, der ist einem klugen Manne zu vergleichen, der sein Haus auf den Fels baute. ²⁵Und der Regen fiel und die Ströme kamen und die Winde wehten und schlugen gegen das Haus, und es fiel nicht, denn es war auf den Fels gegründet. ²⁶Und wer diese meine Worte hört und tut nicht darnach, der ist einem törichten Manne zu vergleichen, der sein Haus auf den Sand baute. ²⁷Und der Regen fiel und die Ströme kamen und die Winde wehten und stießen gegen das Haus, und es fiel und sein Fall war groß.

Dies vierte und letzte Stück der Bergpredigt schließt bei Lc an 7, 1—5. Matthäus hat die vier Pfeiler in der selben Ordnung übernommen, wie Lc sie bietet, dazwischen aber große Einsätze angebracht.

7, 15 fehlt bei Lc und beschränkt den Sinn des Folgenden in ungehöriger Weise, denn unter den Bäumen mit schlechten Früchten sind nicht bloß oder auch nur vorzugsweise falsche Propheten zu verstehn. Daß Jesus schon jetzt von Verhältnissen der Zukunft redet, die er bei Mc erst in der apokalyptischen Rede Kap. 13 berührt, fällt in der Bergpredigt des Mt nicht auf. Die fahrenden Propheten müssen für die christliche Gemeinde eine wahre Landplage gewesen sein.

7, 16. 17 wie Lc 6, 43. 44, nur mit anderer Anordnung der Sätze.

7, 18—20 fehlt bei Lc und bringt nichts Neues. In 7, 18 wird 7, 17 in negativer Form wiederholt; vgl. 12, 33. Dagegen ist 7, 19 aus 3, 10 entlehnt; mit Hinzufügung von καλόν, um Zusammenhang mit dem Vorhergehenden zu stiften.

7, 21 erscheint bei Lc in kürzerer und lebhafterer Form. Der Vers gestattet einen Schluß auf das relative Alter von Q. Jesus wird in Q schon κύριε angeredet, d. i. m â r á n a (1. Cor 16, 22), bei Mc regelmäßig nur διδάσκαλε = r a b b i. Zu Jesu Lebzeiten gab es keine Leute, die sich für seine Jünger auszugeben ein Interesse hatten. In Mc 3, 35, woraus Mt den bei Lc fehlenden Schlußsatz entlehnt hat, werden vielmehr die Geistesverwandten Jesu seinen Blutsverwandten entgegengesetzt, die nichts von ihm wissen wollten. Diese Distanz besagt alles. D u r c h d e i n e n N a m e n d. h. als Christen.

7, 22. 23 ist an dieser Stelle dem Mt eigentümlich. Jesus stellt sich schon hier in seiner ersten Rede als den Richter am jüngsten

Tage vor, weit ausgesprochener als Lc 13, 25 ss. Ἀνομία sagt nur Mt, es ist der Gegensatz zu δικαιοσύνη und stellt sich zu diesem und ähnlichen jüdischen Begriffen.

7, 24—27 wie Lc 6, 47—49. Die Gefahr der Erschütterung kommt von außen, nicht von innen; durch Verfolgungen (Mc 4, 17), nicht durch Anfechtungen. Lc hebt deutlicher hervor, daß es lediglich auf die Fundamentierung ankommt: sie muß bis auf den festen Grund gehn, bis auf den Felsen. Ob die Oberschicht Sand oder Fels ist ist einerlei. Die ποταμοί sind Ströme von Regenwasser.

§ 6. 9. Mt 7, 28—8, 4.

Und als Jesu diese Rede beendet hatte, waren die Leute betroffen ob seiner Lehre, ²⁹denn er lehrte sie wie einer, der Macht hat, und nicht wie ihre Schriftgelehrten.

⁸,¹Als er aber vom Berge herabstieg, folgte ihm ein großer Haufe. ²Da kam ein Aussätziger, fiel vor ihm nieder und sprach: Herr, wenn du willst, kannst du mich reinigen. ³Und er streckte seine Hand aus, rührte ihn an und sprach: ich will, sei gereinigt! Und alsbald wurde sein Aussatz gereinigt. ⁴Und Jesus sprach zu ihm: hüte dich, irgend wem etwas zu sagen, sondern geh, zeig dich dem Priester und bring das Opfer dar, das Moses ihnen zum Zeugnis vorgeschrieben hat.

Hier nimmt Mt den nach § 5 (4, 18—22) unterbrochenen Faden des Mc wieder auf. Von § 6 gibt er nur den Anfang (Mc 1, 21. 22) und schenkt sich den Rest, da er die allgemeine Übersicht 4, 23—25 an die Stelle gesetzt hat. Auch das Redaktionsstück § 8 (Mc 1, 35—39) läßt er aus und geht sofort auf § 9 über, indem er § 7 aus Gründen des Itinerars für eine spätere Stelle verspart.

7, 28. 29. Der Übergang ὅτε ἐτέλεσεν ist besonders bei Mt beliebt; (ἔτι) αὐτοῦ λαλοῦντος kommt zwar auch einmal bei Mc vor (14, 43), jedoch in viel bestimmterer Bedeutung. I h r e Schriftgelehrten sagt Mt, weil er auch christliche Schriftgelehrten kennt.

8, 2. προσεκύνει fehlt bei Mc. Über die Anrede κύριε, die bei Mt und Lc oft vorkommt, s. zu 7, 21.

8, 4. Den Schluß des Mc (1, 45) schneidet Mt ab, weil die Heilung bei ihm in voller Öffentlichkeit vor sich geht. Es ist aber eine Inkonsequenz, daß er dann doch das ὅρα μηδενὶ εἴπῃς beibehält und nur die sonderbare Heftigkeit, mit der Jesus (Mc 1, 43) den Geheilten anfährt, unterdrückt; ebenso wie Lc.

Q*. Mt 8, 5–13. Lc 7, 1–10.

Wie er nun in Kapernaum hineinkam, trat ein Hauptmann zu ihm, bat ihn und sagte: ⁶Herr, mein Knecht liegt gelähmt zu Hause und steht große Qual aus. ⁷Er sagte zu ihm: ich soll kommen und ihn heilen? ⁸Der Hauptmann antwortete und sprach: Herr, ich bin nicht wert, daß du unter mein Dach tretest, sondern sprich nur ein Wort, so wird mein Knecht genesen. ⁹Denn auch ich, ein Mensch unter Befehl, habe Kriegsleute unter mir, und sage ich zu diesem: geh, so geht er, und zu einem andern: komm, so kommt er, und zu meinem Knecht: tu das, so tut er es. ¹⁰Als Jesus das hörte, wunderte er sich und sprach zu dem Gefolge: Amen ich sage euch, bei keinem in Israel habe ich so großen Glauben gefunden. ¹¹Ich sage euch aber: Viele werden kommen von Osten und Westen und mit Abraham und Isaak und Jakob zu Tisch sitzen im Reich des Himmels, ¹²aber die Söhne des Reichs werden ausgestoßen in die Finsternis draußen, dort wird Gejammer sein und Zähneknirschen. ¹³Und Jesus sprach zu dem Hauptmann: geh; wie du geglaubt hast, geschehe dir! Und sein Knecht ward gesund zur selben Stunde.

Diese Erzählung folgt bei Lc und Mt auf die Bergpredigt; Mt schiebt zwar ein Stück aus Mc dazwischen, hat aber in den Anfängen von 7, 28 und 8, 5 den Eingang Lc 7, 1 noch erhalten. Sie variiert bei Mt und Lc und findet sich in einer anderen Form im vierten Evangelium (Joa 4, 46—54), dort indessen nicht als das erste, sondern als das zweite Wunder Jesu.

8, 5. Der Mann heißt in der Syra Sin. und manchen Latinae zu Mt **Chiliarch**. Chiliarch und Centurio wird auch in Joa 18, 12 verwechselt. — Bei Mt (und Joa) kommt der Hauptmann sogleich selber, bei Lc kommt er überhaupt nicht, sondern schickt zuerst die Ältesten der Juden, dann andere Boten, die aber nur sein Sprachrohr sind.

8, 7 wird von Fritzsche mit Recht als Frage aufgefaßt. Die Kranken werden sonst immer zu Jesus gebracht, sogar der Gichtbrüchige durch das Dach; nie kommt er zu ihnen, außer bei Jairus. Hier ist das Ansinnen noch befremdender, weil der Hauptmann als Heide gilt. An sich können die Soldaten des Antipas auch Juden sein.

8, 8. In starkem Gegensatz zu Mc wird in Q* bei diesem ersten und als Beispiel dienenden Wunder das größte Gewicht darauf gelegt, daß es durch das bloße Wort geschieht und durch Fernwirkung.

8, 9. Die weitläufige Äußerung hat den Zweck, das μόνον λόγῳ noch nachdrücklicher hervorzuheben. Statt εἰμί erwartet man ein Partizipium und statt ἔχων ein Finitum; vielleicht liegt ungeschickte Übersetzung vor, gleichförmig bei Mt und Lc.

8, 10. Der Schlußsatz setzt unpassender weise voraus, daß Jesus schon auf eine längere Wirksamkeit zurückblicke; bei der Bergpredigt ist es aber nicht anders. Der hohe Name I s r a e l wird bei Mc niemals für die Juden gebraucht. Vgl. 9, 33.

8, 11. 12 erscheint bei Lc (13, 28. 29) an anderer Stelle in etwas anderen Worten und ist von Mt hierher versetzt, weil hier zum ersten mal ein Heide Glauben an Jesus zeigt. Das Reich Gottes wird von den Juden als Mahl vorgestellt; den Braten liefert der Behemoth und den Fisch der Leviathan. Daß es ursprünglich für die Juden bestimmt ist, erhellt aus Abraham Isaak und Jakob. Die Juden heißen darum die υἱοὶ τῆσ βασ.; aber die Söhne des Reichs sind eben die, die n i c h t hineinkommen. Bei Mc finden sich solche heidenfreundlichen Aussagen Jesu überhaupt nicht, bei Mt stehn sie zusammen mit ganz entgegengesetzten Aussagen. N ' p h a q (ἐξέρχεσθαι) ist das Passiv zu a p p e q (ἐκβάλλειν); Mt übersetzt wörtlich, Lc gibt den Sinn besser wieder; vgl. Mt 15, 17 (mit Mc 7, 19) 17, 27. Ἐν τῇ ὥρᾳ ἐκείνῃ = eâdem hora; das Aramäische hat keinen besonderen Ausdruck für i d e m.

Mir kommt es so vor, als ob der Hauptmann von Kapernaum ein Doppelgänger des Jairus wäre. Beide kommen Jesu entgegen, in dem selben Augenblick als er von einem Ausfluge zurückkehrt nach Kapernaum, und beide zu dem selben Zweck, um für einen schwer kranken Hausgenossen zu bitten, der ausnahmsweise beidemal nicht zur Stelle gebracht wird. Beides sind Beamte und die einzigen Beamten, für die Jesus Wunder tut. Der Hauptmann ist freilich kein ἀρχισυνάγωγος. Aber etwas davon klebt ihm bei Lc noch an: er hat den Juden die Synagoge gebaut. Das vierte Evangelium redet nur von einem βασιλικός. Eine spezielle Berührung zeigt sich in τί σκύλλεις τὸν διδάσκαλον Mc 5, 35 und κύριε μὴ σκύλλου Lc 7, 6: Jesus soll sich (auch bei Mt) nicht ins Haus des Bittenden bemühen. Freilich aus verschiedenen Gründen, das eine mal, weil er nichts mehr nützen, das andere mal, weil er auch aus der Ferne helfen kann. Die Differenz erklärt sich zum Teil daraus, weil der Hauptmann bei Mt und Lc (aber nicht bei Joa) zum Heiden geworden ist, unter dessen Dach Jesus nicht treten darf. Besonders aber daraus, weil die Tendenz besteht, die ἁφή, die bei Mc stets erforderlich ist, auszuschließen und die Heilung durch das bloße Wort, durch Fernwirkung, geschehen zu lassen. Der Unterschied zwischen Tochter, Sohn (Joa) oder Knecht bedeutet nicht viel. Zu bemerken ist noch, daß der Name Jairus bei Mc erst später hinzugekommen zu sein scheint; vgl. zu Mc 5, 22.

§ 7. Mt 8, 14–17.

Und Jesus kam in Petrus' Haus und sah dessen Schwiegermutter liegen und fiebern. ¹⁵Und er rührte an ihre Hand, und das Fieber verließ sie, und sie erhob sich und wartete ihm auf. ¹⁶Spät am Tage aber brachten sie viele Besessene zu ihm, und er trieb die Teufel aus mit einem Worte und heilte alle Kranken, ¹⁷auf daß in Erfüllung ginge, was durch den Propheten Esaias geredet ist: er hat unsere Krankheit weggenommen und unsere Leiden gehoben.

Die vorige Geschichte spielt am Tor der Stadt, diese in der Stadt. Erst nachdem Jesus wieder in Kapernaum drinnen ist, kann er in das Haus des Petrus gehn. Darum hat Mt den § 7 nicht mit in 7, 28—8, 4 unterbringen können.

8, 14 βεβλημένη (Mc κατέκειτο) = ramiâ, wie 8, 6. 9, 2. Mc 7, 30.

8, 16. Λόγῳ wird nach 8, 8 hervorgehoben, obwohl vorher die kranke Frau durch Berührung geheilt ist. Mc sagt: sie brachten alle und er heilte viele; Mt umgekehrt: sie brachten viele und er heilte alle — ebenso 12, 15. Das Gedränge, von dem Mc redet, wird bei Mt und Lc hier und öfters ausgelassen.

8, 17. Aus welcher Version das Citat (Isa 53, 4) stammt, läßt sich nicht ausmachen. Merkwürdig, daß Mt darunter die Heilung versteht. Αἴρειν, λαμβάνειν, βαστάζειν bedeuten gleichviel; s. zu 3, 11.

Mt 8, 18-22. Lc 9, 57-62.

Da aber Jesus eine Menge Volks um sich sah, gab er Befehl, an das andere Ufer zu fahren. [19]Da kam ein Schriftgelehrter und sagte: Meister, ich will dir folgen, wohin du auch gehst. [20]Jesus sprach zu ihm: die Füchse haben Schlüpfe und die Vögel des Himmels Wohnungen, der Menschensohn aber hat keine Stätte, sein Haupt niederzulegen. [21]Ein anderer Jünger aber sagte zu ihm: Herr, erlaub mir, daß ich zunächst meinen Vater begrabe. [22]Jesus sprach: folg mir und laß die Toten ihre Toten begraben.

8, 18, (fortgesetzt durch 8, 23) ist wegen 8, 20 an diese Stelle vorgeschoben, damit Jesus auf der Wanderung erscheine. Angemessener versetzt Lc diese Perikope in eine spätere Periode, wo Jesus seine Heimat verlassen hat, um nach Jerusalem zu reisen.

8, 19. Daß es ein Schriftgelehrter ist, soll ein Vorurteil erwecken und die Abweisung vorbereiten. Der Mann sagt auch διδάσκαλε, während das Gegenbild (8, 21) κύριε. Beides findet sich bei Lc nicht, der sonst wörtlich übereinstimmt.

8, 20. Κατασκηνώματα Dan 4, 9. Mt 13, 32. Der Menschensohn ist bei Mt und Lc von vornherein Selbstbezeichnung Jesu.

8, 21. 22. Der vorher Abgewiesene war ja gar kein Jünger; es müßte also heißen: ein anderer, welcher Jünger werden wollte. Besser Lc 9, 59. Nur bei Lc tritt auch der Gegensatz klar hervor, daß der, der sich meldet, abgewiesen wird, dagegen ein anderer, der sich nicht gemeldet hat, den Ruf erhält und ihm unverzüglich folgen soll; vgl. 1 Reg 19, 19 ss. Nicht jeder wird für der Nachfolge fähig erachtet (Lc 14, 28), obwohl doch alle Anderen als Tote bezeichnet werden.

§ 25. Mt 8, 23-27.

Und er trat in das Schiff und seine Jünger begleiteten ihn. [24]Da erhub sich ein großes Ungestüm auf dem See, so daß das Schiff von den Wogen bedeckt wurde. Er aber schlief. [25]Und sie traten heran und weckten ihn und sagten: Herr, hilf, wir gehn zu grunde! [26]Und er sprach zu ihnen: was seid ihr bange, ihr Kleingläubigen! Darauf stand er auf und schalt die Winde und das Meer, und es ward große Stille. [27]Die Menschen aber verwunderten sich und sagten: was für ein Mann ist der, daß auch die Winde und das Meer ihm gehorchen!

Für die Vorschiebung von § 27 lag ein Grund vor, über den seiner Zeit zu reden sein wird. Vielleicht erklärt sich daraus auch die Vorschiebung von § 25. 26 (Lachmann). Wie gewöhnlich verkürzt Mt seine Vorlage. Er läßt namentlich die Angabe aus, daß Jesus im Hinterteil des Schiffs auf einem Kopfkissen schlief, und daß er zum Winde sagte: halt den Mund! Zuerst schilt er die Jünger und dann erst die Elemente; die umgekehrte Ordnung bei Mc ist angemessener. In 8, 27 sind statt der Jünger die Menschen zum Subjekt gemacht, von denen man nicht weiß, woher sie kommen.

§ 26. Mt 8, 28-34.

Und als er an das andere Ufer kam in das Land der Gadarener, kamen ihm von den Grabstätten her zwei Besessene entgegen, sehr gefährliche Menschen, sodaß niemand jenes Weges gehn mochte. ²⁹Und siehe sie schrien und sagten: was haben wir mit dir zu schaffen, Sohn Gottes! bist du hergekommen, um uns vor der Zeit zu quälen? ³⁰Es war aber weit weg von ihnen eine Herde von vielen Schweinen auf der Weide. ³¹Die Dämonen baten ihn nun und sagten: wenn du uns austreibst, so laß uns in die Schweineherde fahren. ³²Und er sprach zu ihnen: geht hin! Und sie fuhren aus in die Schweine. Da stürmte die ganze Herde den steilen Abhang hinab in den See und verkam im Wasser. ³³Die Hirten aber flohen und kamen in die Stadt und berichteten alles, auch das von den Besessenen. ³⁴Da zog die ganze Stadt hinaus Jesu entgegen, und als sie ihn sahen, baten sie ihn, ihr Gebiet zu verlassen.

Mt übergeht zwar die anstößige Geschichte nicht, macht sie aber kurz ab, drängt Mc 5, 1—10 auf zwei Verse (8, 28. 29) zusammen und läßt Mc 5, 16. 18—20 aus. Mit dem Dual, den er freilich auch sonst (9, 27. 20, 30. 21, 3) liebt, hält er vielleicht die Mitte zwischen dem anfänglichen Singular und dem dann plötzlich eintretenden Plural (Legion) bei Mc. Ein theologischer Zusatz ist πρὸ καιροῦ 8, 29; d. h. vor der endgiltigen Verdammnis. Durch μακρὰν ἀπ' αὐτῶν 8, 30 (Mc 5, 11: dort am Berge) wird die Sache wunderbarer. Die Dekapolis läßt Mt an beiden Stellen aus, wo sie bei Mc vorkommt. Über ἐξέλθοντες ἀπῆλθον (8, 32) s. zu Mc 1, 35. Der Plural τὰ ὕδατα (14, 28. 29) ist biblisch, wie οἱ οὐρανοί — freilich auch griechisch.

§ 10. Mt 9, 1–8.

Und er ging zu Schiff und fuhr über und kam in seine Stadt. ²Da brachten sie ihm einen Gelähmten auf seinem Bette, und da Jesus ihren Glauben sah, sagte er zu dem Gelähmten: sei getrost, mein Sohn, die Sünden sind dir vergeben. ³Etliche Schriftgelehrten aber sprachen bei sich: dieser lästert. ⁴Und Jesus sah ihre Gedanken und sagte: Warum denkt ihr Böses in eurem Herzen? ⁵Was ist leichter, zu sagen: die Sünden sind dir vergeben, oder zu sagen: steh auf und wandle? ⁶Damit ihr aber wisset, daß der Menschensohn Macht hat auf Erden Sünden zu vergeben — darauf sagte er zu dem Gelähmten: steh auf, nimm dein Bett und geh nach Hause. ⁷Und er stand auf und ging nach Hause. ⁸Als aber die Leute das sahen, fürchteten sie sich und priesen Gott, der solche Macht den Menschen gegeben.

Jesu Stadt ist hier nicht Nazareth, sondern Kapernaum. Durch die Verkürzung von Mc 2, 1—4, durch das Fehlen des Gedränges in und vor dem Hause und der Herablassung des Kranken durch das Dach wird ἰδὼν τὴν πίστιν 9, 2 unnatürlich oder auch übernatürlich. Die Vorschiebung von τότε 9, 6 (12, 13) verbessert den eigentümlichen Nachsatz (Mc 2, 10. 11) nicht; übrigens werden die Worte Jesu wie gewöhnlich am wenigsten variiert. Über τοῖς ἀνθρώποις 9, 8 s. zu Mc 2, 10; es rührt her von einem, der den Ausdruck ὁ υἱὸς τοῦ ἀ. 9, 6 noch richtig verstanden hat. S o l c h e M a c h t kann nach 9, 6 nur bedeuten: die Macht, Sünde zu vergeben. Aber mit 18, 18 darf man den Ausspruch nicht zusammen bringen; denn da ist von der Befugnis zur Absolution nicht die Rede.

§ 11. Mt 9, 9–13.

Und von da weiter gehend sah er einen am Zoll sitzen, der hieß Matthäus, und sagte ihm: folg mir. Und er stand auf und folgte ihm. ¹⁰Und wie er zu Hause bei Tisch saß, kamen viele Zöllner und Sünder und saßen mit zu Tisch bei Jesus und seinen Jüngern. ¹¹Als das die Pharisäer sahen, sagten sie zu seinen Jüngern: warum ißt euer Meister mit den Zöllnern und Sündern? ¹²Er aber hörte es und sprach: Die Gesunden bedürfen des Arztes nicht, sondern die Kranken. ¹³Geht aber hin und lernt, was es heißt:

Barmherzigkeit will ich und nicht Opfer. Denn ich bin nicht gekommen, Gerechte zu rufen, sondern Sünder.

Ἐκεῖθεν ist gewöhnlich ganz unbestimmt. Die Ortsangabe am See fehlt bei Mt, paßt aber gut zu dem Zoll, da er von den Schiffen erhoben wird, die von dem anderen, nicht zum Gebiet des Antipas gehörigen Ufer kommen. Die Differenz im Namen des Zöllners läßt sich nicht erklären. Der Zusammenhang verbessert sich bei Mt dadurch, daß das Haus, wo das Mahl stattfindet, nicht das des Zöllners ist; doch wird die Brüchigkeit bei Mc ursprünglich sein. Das in den Doppelspruch am Schluß mitten eingesetzte Citat Osee 6, 6 kehrt 12, 7 wieder. Zu πορευθέντες μάθετε (9, 13) vgl. 10, 7. 11, 4. Lc 8, 14. 10, 37. Der Anfang der Handlung wird noch besonders bezeichnet; am einfachsten durch das in den Evangelien und auch in 4. Esdrae so häufige ἄρχεσθαι.

§ 12. Mt 9, 14–17.

Darauf kamen die Jünger des Johannes zu ihm und sagten: warum fasten wir und die Pharisäer, deine Jünger aber nicht? [15]Jesus sprach zu ihnen: Können etwa die Hochzeiter trauern, so lange der Bräutigam bei ihnen ist? aber es kommen Tage, wo der Bräutigam ihnen entrissen ist, dann werden sie fasten. [16]Niemand setzt einen Lappen von neuem Tuch auf ein altes Kleid, denn das Aufgesetzte reißt ab vom Kleid und es entsteht ein ärgerer Riß. [17]Man tut auch nicht jungen Wein in alte Schläuche, sonst reißen die Schläuche, und der Wein fließt aus und die Schläuche sind hin. Sondern man tut jungen Wein in neue Schläuche, so halten sich beide.

9, 14. Mt nennt passender als Mc (in dessen uns jetzt vorliegendem Texte) nur die Johannesjünger als die Fragenden. Diese müssen sich dann aber in der Frage ἡμεῖς nennen, und dadurch geht die formelle Antithese (die Johannesjünger, deine Jünger) verloren. Ursprünglich waren die Fragenden überhaupt nicht genannt. D und Syra fügen am Schluß πολλά hinzu, insofern jedenfalls richtig, als von Pflegen die Rede ist, nicht von einmaligem Geschehen.

9, 16. Πλήρωμα wechselt bei Mt wie bei Mc (aber nicht bei Lc) mit ἐπίβλημα. Vgl. zu Mc 2, 21.

9, 17. Der Zusatz am Schluß findet sich auch bei Lc.

§ 27. Mt 9, 18—26.

Als er so mit ihnen redete, kam ein Vorsteher, fiel vor ihm nieder und sagte: meine Tochter ist eben verschieden, aber komm und leg ihr die Hand auf, so wird sie lebendig werden. ¹⁹Und Jesus erhob sich und folgte ihm mit seinen Jüngern. ²⁰Da trat eine Frau herzu, die zwölf Jahre den Blutfluß hatte, und rührte von hinten an den Zipfel seines Kleides, ²¹denn sie dachte: wenn ich nur sein Kleid anrühre, werde ich gesund. ²²Jesus aber wandte sich um, und als er sie sah, sprach er: sei getrost, meine Tochter, dein Glaube hat dich gesund gemacht; und die Frau ward von Stund an gesund. ²³Und als Jesus in das Haus des Vorstehers kam und die Pfeifer gewahr wurde und das Lärmen der Menge, sagte er: ²⁴geht weg, das Mädchen ist nicht gestorben, sondern es schläft. Und sie verlachten ihn. ²⁵Als nun die Menge hinausgetrieben war, trat er ein und faßte das Mädchen bei der Hand, und es stand auf. ²⁶ Und die Kunde davon ging aus in die ganze Gegend.

Der Anlaß, warum Mt den § 27 (und ebenso die folgenden Heilungen der Blinden und des Tauben) vorgeschoben hat, ergibt sich aus 11, 5. Dort verweist Jesus darauf, daß er u. a. Blinde und Taube geheilt und Tote auferweckt habe. Dergleichen Beispiele sind bisher noch nicht vorgekommen, sie werden also zum Schluß (vor den Reden Kap. 10 und 11) noch gegeben. Darum läßt Mt das Kind auch von vorn herein gestorben sein, weil er wegen 11, 5 einer richtigen Totenerweckung bedurfte. Die dreiundzwanzig Verse des Mc reduzirt er auf neun. Die Äußerung Jesu, er habe gespürt, daß eine Kraft von ihm ausgegangen sei, ist ihm anstößig gewesen; aber auch das Gedränge der Menge, wodurch das Verfahren der blutflüssigen Frau sich begreift, übergeht er mit Stillschweigen. Statt dessen führt er die Menge in das Totenzimmer ein, wohin sie nicht gehört; zur Erklärung des Gezeters ist sie ganz überflüssig. Von den drei besonderen Jüngern Jesu redet er nicht. Den Anruf an das Kind läßt er auch aus und zwar nicht bloß im aramäischen, sondern auch im griechischen Wortlaut; er vermeidet den Schein, als ob auf die Formeln und Medien der Heilung etwas ankäme. Aus dem Gebote Jesu, die Sache geheim zu halten (Mc 5, 43), liest er nicht ohne Grund heraus, sie habe sich nach allen Seiten verbreitet. In 9, 18 lies mit D und Syra ἄρχων εἰς ἐλθών.

Mt 9, 27-34.

Und als Jesus von da weiter ging, folgten ihm zwei Blinde und schrien: erbarm dich unser, Sohn Davids. ²⁸Als er aber nach Hause kam, traten die Blinden zu ihm. Und er sagte zu ihnen: glaubt ihr, daß ich das zu tun vermag? Sie sagten: ja Herr. ²⁹Darauf rührte er ihre Augen an und sprach: nach eurem Glauben geschehe euch! ³⁰Und ihre Augen wurden geöffnet. Und Jesus fuhr sie an und sprach: gebt acht, daß niemand es erfahre. ³¹Sie aber gingen hinaus und verbreiteten seinen Ruf in der ganzen Gegend.

³²Als sie hinausgegangen waren, da brachte man ihm einen Menschen, der stumm und besessen war. ³³Und nach der Austreibung des Dämon redete der Stumme. Und die Leute wunderten sich und sagten: so etwas ist in Israel noch nicht vorgekommen. [³⁴Die Pharisäer aber sagten: durch den Obersten der Dämonen treibt er die Dämonen aus.]

Die beiden zeitlich eng verbundenen Geschichten sind dem Mt eigentümlich, aber trotzdem nicht mit Liebe und nicht um ihrer selbst willen erzählt. Lachmann hat mit vollem Recht vermutet, daß sie bloß wegen Mt 11, 5 hier stehn, als Belege dazu. Sie sind von andersher vorgetragen und zwar aus Mc § 38 und 41, welche Perikopen Mt an ihrer Stelle übergeht. Φαίνεσθαι 9, 33 wechselt in der Syra zu Mt 11, 23 mit γίνεσθαι und entspricht wörtlich dem deutschen v o r k o m m e n; es ist P a s s i v u m von ὁρᾶν (Act 7, 26) Οὕτως muß Subjekt sein, was man auch sagen mag. Der Schlußvers (9, 34) ist nach Lc 11, 14. 15 die Einleitung zur Beelzebulperikope (Mt 12, 22), ein abgebrochener Ansatz, der nicht hierher gehört und in D und Syra fehlt. Ganz ähnlich bringen einige Latinae den Anfang von Mc 3, 21 schon hinter Mc 2, 27: et cum audissent qui ab eo erant, exierunt detinere eum; dicebant enim, quia exstitit mente. Die Empfindung, daß Mt 9, 27—33 mit Mt 12, 22 identisch sei, ist richtig. In Mt 12, 22 werden die beiden Blinden und der Taubstumme zusammengefaßt zu einer einzigen Person, die zugleich blind und taubstumm ist.

Mt 9, 35-10, 4.

Und Jesus zog umher in Städten und Dörfern und lehrte in allen Synagogen und verkündete das Evangelium vom Reich und heilte alle Krankheiten und Gebrechen. ³⁶Als er aber das Volk sah, jammerte es ihn, denn sie waren abgemüdet und verstoßen, wie Schafe ohne Hirten. ³⁷Darauf sprach er zu seinen Jüngern: die Ernte ist groß und der Arbeiter sind wenige, ³⁸bittet also den Herrn der Ernte, daß er Arbeiter zu seiner Ernte aussende. ¹⁰,¹Und er rief seine zwölf Jünger herbei und gab ihnen Gewalt, unreine Geister auszutreiben und alle Krankheiten und Gebrechen zu heilen.

§ 16.¹⁰,². Der zwölf Apostel Namen aber sind diese: zuerst Simon genannt Petrus und sein Bruder Andreas, und Jakobus Sohn des Zebedäus und sein Bruder Johannes, ³Philippus und Bartholomäus, Thomas und der Zöllner Matthäus, Jakobus Sohn des Alphäus und Lebbäus, ⁴Simon Kananäus und Judas der Iskariot, der ihn verriet.

9, 35 wie Lc 8, 1, aber auch dem Eingang von Mc § 29 entsprechend. Vgl. zu 4, 23.

9, 36. Der Anfang von Mc 6, 34 wird passend benutzt zu Motivirung der Diakonie und der Mission, deren Objekt das verwahrloste jüdische Volk ist, nicht die Heiden. Das Wort ἐριμμένοι muß auf Schafe passen; das biblische Äquivalent muß in Stellen wie Zach 11, 16 gesucht werden. Vielleicht נדחים, wie ἐσκυλμένοι נלאים.

9, 37. 38 wie Lc 10, 2 die Einleitung zur Aussendung der Apostel in Q. Die Ernte ist sonst das Weltende und die Schnitter die Engel. Wenn unter dem Herrn der Ernte Gott verstanden werden muß, so entspricht die Bitte nicht ganz dem tatkräftigen Eingreifen Jesu, der im Folgenden selber die Schnitter aussendet. Ἐκβάλλειν ist hier wie sonst a p p e q (Mc 4, 29. Deut 16, 9).

10, 1. Πνευμάτων ὥστε ἐκβάλλειν αὐτά (im Vergleich mit dem folgenden θεραπεύειν νόσον) erinnert an die Konstruktion d'rûchê l'mappâqu (Nöldeke § 286).

10, 2—4. Das Verzeichnis der Zwölf ist auch bei Mt parenthetisch nachgetragen, aber an passenderer Stelle als bei Mc; in Wahrheit gehört es freilich erst in den Anfang der Apostelgeschichte. Sie heißen ursprünglich nur οἱ δώδεκα, nicht οἱ δώδεκα ἀπόστολοι. In den Namen stimmt Mt mit Mc überein; bei ihm fällt es nicht auf, daß Levi nicht genannt wird, da er ihn in Matthäus verwandelt hat. Die Reihenfolge ist zwar ähnlich, aber nicht gleich; in Act. 1 weicht sie wiederum ab.

§ 29. Mt 10, 5–15. Q*.

Diese Zwölf sandte Jesus und befahl ihnen also: Nehmt nicht den Weg zu den Heiden und betretet keine Stadt der Samariter, ⁶geht vielmehr zu den verirrten Schafen vom Hause Israel. ⁷Geht aber und verkündet: das Reich des Himmels steht nah bevor. ⁸Kranke heilt, [Tote weckt auf], Aussätzige reinigt, Dämonen treibt aus. Umsonst habt ihr empfangen, umsonst gebt. ⁹Beschafft euch kein Gold, kein Silber und Kupfer in eurem Gürtel, ¹⁰keine Reisetasche auf den Weg, keine zwei Röcke, keine Schuhe, keinen Stab; denn der Arbeiter ist seines Lohnes wert. ¹¹Und wenn ihr in eine Stadt oder in ein Dorf eingeht, so zieht Kunde ein, wer darin es wert ist, und da bleibt, bis ihr von dannen geht. ¹²Wenn ihr aber in das Haus eintretet, so grüßt es. ¹²Und wenn das Haus es wert ist, so wird euer Friede darauf kommen; sonst wird euer Friede zu euch zurückkehren. ¹⁴Und wo ihr keine Aufnahme und kein Gehör findet, da geht hinaus aus dem Hause oder aus der Stadt, und schüttelt den Staub von euren Füßen. ¹⁵ Amen ich sage euch, dem Lande von Sodom und Gomorrha wird es erträglicher ergehn am Tage des Gerichts als jener Stadt.

Mt verschmilzt die Varianten von Mc und Q, während Lc (9, 1—6. 10, 1—16) sie aus einander hält.

10, 5. 6. vgl. 10, 23. 7, 6. 15, 24. Das Verbot der Mission unter Heiden und Samaritern wird mit Unrecht für uralt gehalten; es ist veranlaßt durch eine Gefahr, die für Jesus selber noch nicht in Sicht war. Der Protest läßt sich nur verstehn, wenn die Grenzüberschreitung schon erfolgt war.

10, 7. 8 wie Lc 10, 9; νέκρους ἐγείρετε ist unsicher bezeugt. Nach Mc 6, 12 sollen die Apostel Buße predigen. Die Möglichkeit, daß ihre Tätigkeit ihnen Gewinn bringt, wird von Mt ins Auge gefaßt; vgl. 7, 15.

10, 9. 10 stimmt in der Form mehr mit Mc 6, 8. 9, im Inhalt aber mit Lc 10, 4. Μὴ κτήσησθε hängt nicht mit dem letzten Satz von 10, 8 zusammen, sondern bedeutet: schafft euch nicht für die Reise an; wegen der in 10, 10 folgenden Objekte und wegen Mc 6, 8. Weite Reisen sollen ja die Jünger nicht machen. Stab und Sandalen, die Mc erlaubt, werden verboten; zum Kupfer kommt Gold und Silber hinzu — merkwürdig. Die beiden Röcke sind natürlich Rock und Mantel, ein Dual a parte potiori; denn der Rock war notwendig, der Mantel entbehrlich. Übrigens heißt es bei Mt 26, 65 τὰ ἱμάτια für τοὺς χιτῶνας bei Mc 14, 63. Den Schlußsatz bringt Lc (10, 7) passender an einer anderen Stelle.

10, 11 wie Mc 6, 10, doch mit Hinzufügung der Erkundigung. In D heißt es: ἡ πόλις εἰς ἣν ἂν εἰσέλθητε εἰς αὐτήν — semitisch.

10, 12. 13 wie Lc 10, 5. 6. Der Übersetzer hätte entweder λέγετε εἰρήνην (Lc 10, 5) sagen müssen für ἀσπάσασθε 10, 12, oder ὁ ἀσπασμός für ἡ εἰρήνη 10, 13; er durfte aber den Ausdruck nicht wechseln. S c h ' l â m bedeutet beides, Friede und Gruß.

10, 14 wie Mc 6, 11. Aber darin, daß neben dem Hause die Stadt zur Wahl gestellt wird, zeigt sich ein Einfluß von Q (Lc 10, 8 ss.); der Fall in 10, 11 liegt anders. Ursprünglich handelt es sich um Aufnahme i n d a s H a u s, der Gast kann zunächst unbekannt sein, entpuppt sich aber dann als Missionar und erfährt darauf eine wechselnde Behandlung. Daß die Jünger Jesu nicht einmal in die Stadt aufgenommen werden (Q), scheint auf ein späteres Stadium zu weisen, wo man schon um sie Bescheid mußte. Vgl. 10, 23.

10, 15 steht bei Lc 10, 12 in einem größerem Zusammenhange, in welchem es Mt 11, 24 wiederholt wird.

Mt 10, 16–42.

Siehe ich sende euch wie Schafe unter die Wölfe, seid also klug wie die Schlangen und ohne Falsch wie die Tauben. [17]Nehmt euch in acht vor den Menschen, denn sie werden euch an die Synedrien übergeben und euch geißeln in ihren Gemeindegerichten, [18]und vor Statthalter und Könige werdet ihr geführt werden um meinetwillen, um ihnen und den Heiden Zeugnis˙ abzulegen. [19]Wenn sie euch aber vorführen, so sorgt nicht, wie oder was ihr reden sollt; denn es wird euch in jener Stunde gegeben werden, was ihr reden sollt. [20]Denn nicht ihr seid die Redenden, sondern der Geist eures Vaters ist es, der durch euch redet. [21]Es wird aber ein Bruder den anderen zum Tode übergeben und der Vater das Kind, und Kinder werden gegen Eltern aufstehn und sie zu Tode bringen. [22]Und ihr werdet allen verhaßt sein wegen meines Namens. Wer aber ausharrt bis an das Ende, der wird gerettet werden. [23]Wenn sie euch aber in einer Stadt verfolgen, so flieht in eine andere; Amen ich sage euch, ihr werdet mit den Städten

Israels nicht zu Ende sein, bis der Menschensohn kommt. ²⁴Ein Jünger ist nicht über seinen Meister, wie ein Knecht nicht über seinen Herrn. ²⁵Es genügt für den Jünger, daß er ist wie sein Meister, und der Knecht wie sein Herr. Haben sie den Hausherrn Beelzebul geheißen, wie vielmehr seine Leute! ²⁶Also fürchtet sie nicht.

Denn nichts ist verhüllt, das nicht enthüllt wird, und nichts verborgen, das nicht zu Tage kommt. ²⁷Was ich zu euch sage im Dunkeln, das verkündet im Licht, und was ihr ins Ohr zu hören bekommt, das redet auf den Dächern. ²⁸Und fürchtet euch nicht vor denen, die den Leib töten, die Seele aber nicht töten können; vielmehr fürchtet euch vor dem, der Leib und Seele verderben kann zur Geenna. ²⁹Sind nicht zwei Sperlinge feil um einen Heller? und nicht einer von ihnen kommt zu Boden zu fallen ohne euren Vater. ³⁰Bei euch sind aber sogar die Haare des Hauptes alle gezählt. ³¹Also fürchtet euch nicht, ihr seid viel mehr wert als Sperlinge. ³²Wer sich also zu mir bekennt vor den Menschen, zu dem werde auch ich mich bekennen vor meinem Vater im Himmel; ³³wer mich aber verleugnet vor den Menschen, den werde auch ich verleugnen vor meinem Vater im Himmel.

³⁴Wähnt nicht, ich sei gekommen Frieden zu bringen auf das Land, ich bin nicht gekommen Frieden zu bringen, sondern das Schwert. ³⁵Ich bin gekommen, Vater und Sohn zu entzweien, Mutter und Tochter, Schwieger und Schnur, ³⁶und eines Feinde sind die eigenen Hausgenossen. ³⁷Wer Vater oder Mutter mehr liebt als mich, ist mein nicht wert, und wer Sohn oder Tochter mehr liebt als mich, ist mein nicht wert. ³⁸Und wer nicht sein Kreuz nimmt und folgt mir nach, ist mein nicht wert. ³⁹Wer seine Seele findet, wird sie verlieren, und wer seine Seele verliert um meinetwillen, wird sie finden. ⁴⁰Wer euch aufnimmt, nimmt mich auf, und wer mich aufnimmt, nimmt den auf, der mich gesandt hat. ⁴¹Wer einen Propheten aufnimmt als Propheten, wird eines Propheten Lohn empfangen, und wer einen Gerechten aufnimmt als Gerechten, wird eines Gerechten Lohn empfangen. ⁴²Und wer einem dieser Geringen als einem Jünger einen Becher Wasser reicht, wird nicht um seinen Lohn kommen.

Diesen langen Anhang an die Reiseinstruktion hat Mt aus verschiedenem Material zusammengesetzt. Vorher sollen die Zwölf angeredet sein, hier sind es sicher die Jünger überhaupt. Vorher wird ihnen gesagt, daß sie in dem Hause, wo sie anklopfen, entweder gastliche Aufnahme finden würden, oder wenn nicht, das Haus verlassen sollten; hier ist ihnen die Feindschaft aller Welt gewiß. Schon vorher ist zwar die Zukunft antezipirt, hier aber blickt sie weit deutlicher durch und ist in ein Stadium getreten, das an der Schwelle „der Endzeit" liegt und Mc 13, 9 als „Wehen" derselben bezeichnet wird. Überall läßt sich der wahre Hintergrund leicht erkennen; es ist ebenso wie in der Bergpredigt die Zeit der Verfolgung der palästinischen Gemeinde, die sich naturgemäß hauptsächlich gegen die Führer und Apostel richtet (23, 34). Den Jüngern wird es nicht besser ergehn wie dem Meister, das Martyrium droht auch ihnen. Sie sollen sich nicht fürchten, das wird dreimal nachdrücklich wiederholt. Sie sollen insonderheit, wenn sie vor die Behörden geführt werden, den Mund auftun und sagen, was ihnen der Geist eingibt. Doch dürfen sie, in einer Stadt verfolgt, in eine andere fliehen; sie sollen die Gefahr nicht herausfordern, sondern sich klug benehmen wie die Schlangen: wenn sie entkommen, um so besser. Der Geist der ersten Zeugen, der uns hier anweht, hat nichts Überschwängliches oder Fieberhaftes an sich. Er ist nicht trotzig und fanatisch, sondern gedrückt, aber gefaßt. Im Vergleich zum Buch Daniel, wo die Situation ganz ähnlich ist, tritt die Erwartung der baldigen Parusie etwas zurück. Mt dämpft sie auch sonst und läßt Jesus erst kurz vor seinem Tode davon reden.

10, 16. Wie im Hebräischen nur b'tôk und nicht l'tôk gesagt wird, so in der Septuaginta nur ἐν μέσῳ und nicht εἰς μέσον.

10, 17—22 steht bei Mc (13, 9 ss.) in der apokalyptischen Rede Jesu und fehlt dort größtenteils bei Mt. Man darf aber darum bei Mt nicht mit 10, 17 absetzen. Der Absatz beginnt mit 10, 16, und dieser Vers steht trotz δέ nicht im Gegensatz zu dem Folgenden, sondern sagt das selbe mit anderen Worten.

10, 17. Die συναγωγαί (Gerichtsversammlungen) scheinen hier wie in Mc 13, 9 synonym mit συνέδρια zu sein, während in Mt 5, 22 das Synedrium im Singular als oberste Instanz über den lokalen Gerichten erscheint.

10, 18. Αὐτοῖς (wie αὐτῶν 11, 1) sind die Juden. Die Heiden (καὶ τοῖς ἔθνεσιν) befremden. Sie scheinen wegen der Könige hinzugesetzt zu sein (Act 9, 15), aber die Antipatriden waren auch Könige. Sonst beschränkt sich hier der Gesichtskreis durchaus auf Judäa.

10, 19. 20 wie Mc 13, 11. Lc 12, 11. 12. Den heiligen Geist nennt Mt den Geist des Vaters; vgl. Joa 14, 16 und die ἐπαγγελία τοῦ πατρός Lc 24, 49. Act 1, 4. Die zweite Hälfte von Vers 19 fehlt in D.

10, 21 hat seinen richtigen Platz in der jüdischen Eschatologie; s. zu Mc 13, 12. Hier wird der Vers christlich verstanden (10, 34 ss.).

10, 23 findet sich nur bei Mt. Die Verfolgung wird hier mit der Mission in Verbindung gebracht. Durch die Verfolgung der Christen (die namentlich die Lehrer traf) und ihre Flucht, zunächst aus Jerusalem und von da weiter, verbreitet sich das Evangelium über das ganze Land (23, 34). Im Gegensatz zu Mc 13, 10 soll es aber nicht über die jüdischen Ortschaften hinaus dringen. Noch bevor sie alle an die Reihe gekommen sind, erscheint der Menschensohn. Jesus unterscheidet sich von diesem vielleicht nur, weil er gegenwärtig noch nicht der himmlische Christus ist. Auffällig ist, daß die flüchtigen Hellenisten, die schon vor der Verfolgung des Agrippa das Christentum in Samarien und an der Küste hinauf bis nach Antiochia propagirten, hier völlig ignorirt werden. Darin zeigt sich eine judaistische Tendenz, ähnlich wie in 10, 5. 6. Nebenher geht freilich in anderen Stücken bei Mt (28, 19) ein entschiedener Universalismus.

10, 24. 25. Hier hat Mt einen älteren Spruch in seiner Komposition so verwertet, daß er bedeuten muß, was er in der Tat (vgl. Lc 6, 40) nicht bedeutet: ihr verdient kein besseres Geschick als euer Meister. Nur läßt er Jesus nicht sagen: so wie sie mich gekreuzigt haben, werden sie euch auch tun, sondern um den Anachronismus zu vermeiden: so wie sie mich für den Gottseibeiuns ausgegeben haben, so auch euch. Auch damit wird freilich der Zeit vorgegriffen; denn Mt bringt die Beelzebulperikope erst in Kap. 12. Καὶ τῷ δούλῳ 10, 25 ist grammatische Korrektur des zweiten Satzes nach dem ersten; im Sinne des Mt muß vielmehr der erste nach dem zweiten so gefaßt werden: es genügt (das soll bei Mt heißen: es muß hingenommen werden), daß der Jünger sei wie der Meister (d. h. daß ihm geschehe wie dem M.).

10, 26—33 ist ein Passus, der bei Lc (12, 2—9) selbständig an einer anderen Stelle erscheint. Vorausgesetzt wird, daß Jesus selber bei seinen Lebzeiten ziemlich unbekannt blieb und daß seine Wirkung erst nach seinem Tode anging. Seine Jünger sollen sich nicht fürchten, vor der Welt zu verkünden, was er in einem kleinen Kreise gesagt und getan hat. Μὴ φοβεῖσθε ist der Grundton; nur einmal heißt es μὴ φοβηθῆτε und da in der griechischen Verbindung mit einem Akkusativ.

10, 28—31. Es handelt sich immer um die Gefahr des Martyriums, nicht um jede beliebige Gefahr und um die göttliche Vorsehung im allgemeinen. Ἐπὶ τὴν γῆν (10, 29) bedeutet nach Amos 3, 5 in die Falle; die Korrektur εἰσ τὴν παγίδα trifft den Sinn. Euer Vater (10, 29) ist hier so wenig natürlich wie in 6, 26. Πολλῶν (10, 31) beruht auf irriger Übersetzung einer aramäischen Vorlage. Min çipp'raija saggi m'jatt'rin antôn kann zwar an sich heißen: ihr seid besser als viele Sperlinge. Hier muß es aber heißen: ihr seid viel besser als Sperlinge; wegen 6, 26. 12, 12 und weil der Unterschied nicht quantitativ sondern qualitativ ist. D hat 10, 28 σφάξαι für ἀποκτεῖναι.

10, 32. 33. Das Original ist Mc 8, 38 und dort steht wie bei Lc 12, 8 zwar im Vordersatz das Pronomen der ersten Person, im Nachsatz aber „auch der Menschensohn", wofür Mt „auch ich" setzt, um Jesus deutlich (vgl. 10, 23) zum Subjekt der Aussage zu machen. Vor den Menschen d. i. vor dem menschlichen Gericht (10, 18. 19); vor Gott d. i. vor dem jüngsten Gericht. Mt sagt: vor meinem Vater im Himmel, Lc: vor den Engeln Gottes, bei Mc (Lc 9, 26) ist beides vereinigt, vermutlich durch Kontamination.

10, 34 wie Lc 12, 49. 51. Es sind nach Mt die Jünger, die dadurch enttäuscht werden, daß Jesus keinen Frieden, sondern das Schwert gebracht hat; und sie haben darunter zu leiden. Das Schwert ist also nicht der eigentliche Krieg, und εἰρήνη bedeutet nicht den Völkerfrieden.

10, 35—37. Vgl. zu 10, 21. Die Christen sind hier von ihrer jüdischen Familienverbindung noch nicht gelöst. Zur Verfolgung durch die Behörden kommt der Seelenschmerz, daß ihre Angehörigen nichts von ihnen wissen wollen und feindselig gegen sie auftreten, daß sie um des Evangeliums willen sich von ihnen trennen müssen. Zu 10, 37 vgl. Mc 10, 29. Lc 14, 26.

10, 38. 39 wie Mc 8, 34. 35.

10, 40—42 wie Mc 9, 37. 41. Die Rede kehrt hier wieder ganz zu der Mission zurück, von der sie ausgegangen ist. Mt redet deutlicher als Mc von den Missionaren (Propheten) und ihrer Aufnahme. Aber das ist keine wirkliche Differenz, weil jeder wandernde Jünger Missionar war. Δίκαιος ist eine auszeichnende Benennung der Christen; sie sind die wahren Erfüller des Gesetzes, und nicht die Pharisäer.

Τῶν μικρῶν wird bei Mc erklärt durch τῶν πιστευόντων. Es geht auf den niederen Stand und bedeutet nicht ganz das selbe wie νήπιοι 11, 25 oder πτωχοί 5, 3. Εἰς ὄνομα προφήτου = als solchen, seines christlichen Berufes wegen.

Q*. Mt 11, 1–19. Lc 7, 18–38.

Und als Jesus mit den Verordnungen an seine zwölf Jünger zu Ende war, ging er von da weiter, zu lehren und zu predigen in ihren Städten.

¹¹,²Als aber Johannes im Gefängnis die Werke des Christus hörte, ließ er ihm durch seine Jünger sagen: ³bist du der kommende Mann, oder sollen wir auf einen anderen warten? ⁴Und Jesus antwortete ihnen: geht hin und meldet Johannes, was ihr hört und seht, ⁵Blinde sehen wieder und Lahme gehn, Aussätzige werden rein und Taube hören, und Tote stehn auf, und Arme empfangen frohe Botschaft; ⁶und selig ist, wer nicht an mir Anstoß nimmt.

⁷Als diese nun gingen, begann Jesus zu dem Volk über Johannes zu reden. Wozu seid ihr hinaus in die Wüste gegangen? ein Rohr zu schauen, das im Winde schwankt? ⁸Oder wozu seid ihr ausgegangen? einen Mann in weichen Kleidern zu sehen? Die Leute, die weiche Kleider tragen, sind an den Königshöfen. ⁹Oder wozu seid ihr ausgegangen? einen Propheten zu sehen? ja ich sage euch, mehr noch als ein Prophet ist dieser, ¹⁰von dem geschrieben ist: siehe ich sende meinen Boten vor dir her, der deinen Weg vor dir bereiten soll. ¹¹Amen ich sage euch, kein Größerer ist unter den Weibgeborenen erstanden als Johannes der Täufer, jedoch der Kleinste im Reich des Himmels ist größer als er. ¹²Aber von den Tagen Johannes des Täufers bis jetzt wird das Reich des Himmels gestürmt, und Stürmer reißen es an sich. ¹³Denn alle Propheten und das Gesetz bis auf Johannes haben geweissagt, ¹⁴und wenn ihr es annehmen wollt: er ist Elias, der da kommen soll. ¹⁵Wer Ohren hat, höre!

¹⁶Wem aber soll ich dieses Geschlecht vergleichen? es gleicht Kindern, die auf der Straße sitzen und einander zurufen: ¹⁷wir haben gepfiffen und ihr habt nicht getanzt, wir haben geklagt und ihr habt nicht auf die Brust geschlagen. ¹⁸Johannes ist

gekommen, nicht essend und trinkend, da sagen sie: er ist besessen. ¹⁹Der Menschensohn ist gekommen, essend und trinkend, da sagen sie: er ist ein Fresser und Säufer, ein Freund von Zöllnern und Sündern. ²⁰Und so ist die Weisheit gerechtfertigt vor ihren Kindern.

11, 1 ist ein Übergangsvers des Mt. Bei Lc steht Kap. 11 vor Kap. 10; die Wirkung der umgekehrten Folge bei Mt ist, daß die Jünger in Kap. 11 eigentlich abwesend gedacht werden müßten. Das ist aber schwerlich die Absicht. Es scheint vielmehr, daß die Instruktion Kap. 10 erst für die Zukunft gelten soll und nicht schon für die Gegenwart. Die Zwölf reisen gar nicht ab, wie denn auch von ihrer Rückkehr nichts berichtet wird. Darum gehn auch in 11, 1 nicht die Zwölf aus um zu predigen, wie man erwarten sollte, sondern Jesus selber.

11, 2. 3. Die Werke, die Jesus tut, erregen bei Johannes Zweifel, ob er wirklich der Christus ist, da er von diesem ganz anderes erwartet (11, 6). Eben darum nennt sie Mt die Werke des Christus; der auffallende Ausdruck fehlt bei Lc, wie auch die Angabe: im Gefängnis. Der Täufer wendet sich aber doch mit seinen Zweifeln an Jesus selber und überläßt ihm die Entscheidung. Das aramäische (und auch das hebräische) שלח bedeutet für sich allein, ohne weiteren Zusatz, πέμψας εἶπεν: er ließ ihm sagen. Es wird mit ביד (διά) verbunden und nicht mit dem Akkusativ. Bei Lc 7, 19 und Joa 1, 35. 37 steht δύο für διά. — Ὁ ἐρχόμενος ist das Präsens zu ὁ παρών, wovon παρουσία = ἔλευσις, Advent des Messias. S. zu 24, 3.

11, 5. Mt hat im Vorgehenden Proben gegeben für alle hier aufgezählten Wunder; vgl. 8, 1—4. 9, 1—7 und 9, 18—33. Er faßt sie also im eigentlichen Sinne auf. Es fragt sich, ob mit Recht. Denn Jesus verweist die Abgesandten auf etwas, was sie selber hören und sehen; er kann aber doch nicht im Augenblick eine gedrängte Übersicht über alle seine Wunder vorführen, wie Lc durch einen ungeschickten Zusatz glauben machen will. Wahrscheinlich ist das Öffnen der Augen und Ohren metaphorisch gemeint, und auch das Lebendigmachen der Toten (vgl. νεκρός Mt 8, 22, Lc 15, 24. 32 und σώζειν = a c h i, ζωογονεῖν Lc 17, 33). Möglich, daß die beiden anderen Wunder nach Isa 35, 5. 6 mit untergelaufen sind; καὶ χωλοὶ περιπατοῦσιν fehlt in D. Die Sache würde entschieden durch den letzten Satz: und den Armen wird die frohe Botschaft verkündigt (Isa 61); aber dieser fehlt in der Syra.

11, 6. Wenn man einerseit 15, 11, andererseits 26, 31 in Betracht zieht, so kann man schwanken, was mit σκανδαλίζεσθαι hier gemeint sei. Vgl. 13, 41. 16, 23. 18, 6 ss.

11, 7—15. Es befremdet zwar nicht, daß 11, 7—10, wohl aber, daß auch 11, 11—15 an das Volk gerichtet sein soll.

11, 7. Das τί muß überall gleichen Sinn haben. Entweder **warum**: dann muß nicht bloß in 11, 9, sondern überall unmittelbar nach ἐξήλθατε ein Fragezeichen stehn und der Infinitiv zum Folgenden gezogen werden. Oder **was**: dann muß in 11, 9 mit D gelesen werden: ἀλλὰ τί ἐξήλθατε ἰδεῖν; προφήτην; ναὶ κτλ. Die Wüste ist auch hier die Araba am Jordan; es wächst Rohr darin. Das Rohr im eigentlichen Sinne zu verstehn, muß wenigstens möglich sein, wenngleich eine Beziehung auf Johannes beabsichtigt ist. Sie ist aber in diesem ersten Fall nicht so deutlich erkennbar, wie in den beiden folgenden. Wenn die Frage in 11, 7 Absurdes supputirt, wie die in 11, 8, so muß die Antwort ebenso wie dort verneinend ausfallen und auch hier wie sonst ein Elogium erteilt werden: Johannes war nicht ein schwankendes Rohr, sondern unbeugsam bis zum Tode. Sonst müßte man an das Schwanken des Täufers in Bezug auf Jesus denken; doch besteht schwerlich echter Zusammenhang mit 11, 2—6.

11, 8. Ἀλλά ist nicht **illa**, sondern **villa** = εἰ δὲ μήγε, s. zu Mc 4, 22. Ein Höfling ist Johannes nicht gewesen, das zeigt sein Verhalten zu Antipas.

11, 9. 10. Περισσότερον πρ. kann nicht Objekt zu ἰδεῖν sein, sondern nur Prädikat zu οὗτος. Περὶ οὗ (d'alôhi) darf als Begründungssatz gefaßt werden.

11, 11. Die Bedeutung des Täufers wird voll anerkannt, aber die Zukunft gehört nicht ihm, sondern einem Anderen. Er steht noch in der alten Aera; inzwischen ist die neue bereits angegangen, und der geringste Christ ist eben als Christ mehr als der größte Jude. Wie der Messias (Jesus), so ist auch das Gottesreich schon präsent in der christlichen Gemeinde. „Johannes der Täufer" findet sich sonst nicht im Munde Jesu.

11, 12. Der Passus 11, 12—15 findet sich bei Lc (16, 16) in kürzerer Form an anderer Stelle. Die Tage Johannis gehören bereits der Vergangenheit an, und es liegt ein längerer Zwischenraum zwischen ihnen und der Gegenwart (ἕως ἄρτι). Βιάζεται ist jedenfalls passivisch, wegen der folgenden Erklärung. Aber wer die βιασταί sein sollen, läßt sich kaum sagen. Schwerlich die Christen. Die Zeloten andrerseits, an die man gedacht hat, sind nicht erst seit Johannes aufgetreten. Unklar bleibt auch, ob die βιασταί in Gegensatz zu Johannes gestellt werden oder nicht.

11, 13 steht bei Lc passender vor 11, 12 und besagt bei ihm: das Alte Testament geht mit Johannes zu Ende, von da geht eine neue Ära an, zu der er selber nicht gehört. Mt dagegen scheint positiv den prophetischen, vorbereitenden Zweck des Alten Testaments zu betonen, der zum Schluß mit Johannes dem Täufer am direktesten hervortritt.

11, 14 fehlt bei Lc. Das schüchterne εἰ θέλετε δέξασθαι erklärt sich aus Mc 9, 11—13. In Mc 9, 13 spricht sich Jesus zwar ganze affirmativ über diesen Punkt aus, vorher aber bezeichnet er die ganze Lehre von der Apokastasis durch Elias als eine bloße Meinung der Schriftgelehrten, die durch die Schrift sich widerlege.

11, 16—19 folgt bei Lc auf 11, 11; nur stellt er eine historische Einleitung (7, 29. 30) voran und statuirt darin einen Gegensatz zwischen Volk und Pharisäern, der zu ἡ γενεὰ αὕτη nicht paßt. Dem Volke gegenüber werden hier Johannes und Jesus auf eine Linie gestellt.

11, 18. 19. Nach 11, 17 muß der Sinn sein: Johannes hat zur Trauer aufgefordert, vergeblich; Jesus zur Freude, auch vergeblich. Die Weisheit, absolut, ist die Weisheit Gottes (achamoth), ihre Kinder sind die Juden; sie werden nach ihrem Anspruch so genannt (wie in 8, 12 die Söhne des Reichs), obwohl dieser Anspruch von ihnen in Wahrheit verscherzt und von den συνετοί auf die νήπιοι (11, 25) übergegangen ist. Ἀπό ist min q'dâm (מִפֳ) und bedeutet: vor, gegenüber. Die Weisheit Gottes, vertreten durch Johannes und Jesus zugleich, wird gerechtfertigt vor oder gegenüber den Juden, indem deren Einwendungen oder Anklagen gegen sie sich durch Selbstwiderspruch aufheben. Die Lesung ἔργα für τέκνα taugt nichts; was sie bedeuten soll, darüber wird mehr geredet als gesagt. Wie es entstanden ist, läßt sich auch nicht ausmachen. Lagardes Versuch (Agathangelus 1887 p. 128), beides auf עבדיא (a b d a i j a oder e b â d a i j a) zurückzuführen, scheitert daran, daß dies nicht mit τέκνα wiedergegeben werden konnte.

Johannes war der Vorgänger Jesu und seine Jünger hatten in der Taufe, im Fasten, und im Gebet (Lc 11, 1) die Priorität vor den Jüngern Jesu. Sie schlossen sich ihnen nicht an, sondern behaupteten die Selbständigkeit ihres Meisters und dann natürlich auch seinen Vorrang vor Jesus. Die Christen dagegen behaupteten, er sei bloß der Wegbereiter Jesu gewesen, habe auch weiter nichts sein wollen und in ihm den Messias erkannt. In unserem Kapitel wird nur so viel zugegeben, daß er von hinten nach ins Schwanken geraten sei, da er in Jesu faktischem Auftreten seine Idee vom Messias nicht verwirklicht gesehen habe (11, 2—6). Was ihn auszeichnet, wird gewürdigt, aber auch was ihm fehlt. Es ist eben das, daß er nicht in das Gottesreich eingetreten, d. h. kein Jünger Jesu Christi geworden ist. Der scharfe Unterschied, der dabei zwischen der alten und neuen Ära gemacht wird, ist merkwürdig (11, 7—15). Den Juden gegenüber erscheinen aber zum Schluß Johannes und Jesus als zusammengehörig (11, 16—19). Vgl. die Einleitung (1911) § 15.

Q*. Mt 11, 20–24. Lc 10, 13-15.

Darauf begann er die Städte zu schelten, in denen seine meisten Wunder geschehen waren, weil sie doch keine Buße getan hatten: [21]Wehe dir Chorazin, wehe dir Bethsaida, denn wären in Tyrus und Sidon die Wunder geschehen, die in euch geschehen sind, sie hätten längst in Sack und Asche Buße getan. [22]Doch ich sage euch: es wird Tyrus und Sidon erträglicher gehn am Tage des Gerichts als euch. [23]Und du Kapernaum, daß du nur nicht zum Himmel erhoben, zur Hölle herabgestürzt werdest! denn wären in Sodom die Wunder geschehen, die in dir geschehen sind, es stünde noch heute. [24]Doch sage ich euch, es wird dem Lande von Sodom erträglicher gehn am Tage des Gerichts als euch.

Das Stück steht bei Lc am Schluß der Apostelinstruktion, und der Vergleich von Mt 11, 24 mit 10, 15 scheint zu lehren, daß auch Mt es dort vorgefunden hat. Die historische Einleitung 11, 20 findet sich nur bei Mt, sie war aus dem Folgenden leicht zu entnehmen. Jesus schaut zurück auf eine bereits abgeschlossen vorliegende Wirksamkeit. Daß Kapernaum durch die Ehre seines Aufenthalts zum Himmel erhoben wurde, ist richtig; aber schwerlich empfand er selber so. Bei Mc ist auch nur von seinem Mißerfolge in Nazareth die Rede, in Kapernaum aber hat er den größten Erfolg, so daß Antipas mistrauisch wird. Dagegen kann Q nicht aufkommen. Vielleicht hat in der apostolischen Zeit das Christentum in Kapernaum, seiner Wiege, den Boden verloren, Petrus und die Jünger wanderten von dort aus nach Jerusalem, in der Apostelgeschichte wird es nirgends erwähnt.

11, 21. Chorazin lag dicht bei Kapernaum, auch Bethsaida nicht weit von da. Die Form Βηθσαιδαν steht sonst überall im Accusativ, und man könnte das ν für die Casusendung halten. Hier aber steht es im Vokativ und das beweist, daß das ν zum Wort gehört.

11, 23. Die Auffassung von μὴ ἕως οὐρανοῦ ὑψωθήσῃ, ἕως ᾅδου καταβήσῃ als paralleler Fragen ergibt keinen Sinn. Nimmt man ein semitisches Original an, so scheint eine negative Parataxe vorzuliegen, in der die Negation logisch erst den zweiten Konjunktiv trifft.

Mt 11, 25–30. Lc 10, 21. 22.

Zu jener Zeit hub Jesus an und sprach: Ich preise dich, Vater, Herr Himmels und der Erde, daß du dies den Weisen und Klugen hast verborgen und den Einfältigen geoffenbart. ²⁶Ja Vater, so ist dein Wille gewesen. ²⁷Alles ist mir überliefert vom Vater, und niemand kennt [den Sohn als nur der Vater und auch niemand kennt] den Vater als nur der Sohn, und wem der Sohn will, dem offenbart er es. ²⁸Kommt her zu mir, alle Mühseligen und Beladenen, ich will euch Erholung schaffen. ²⁹Nehmt mein Joch auf euch und lernt von mir, der ich sanftmütig bin und leutselig, so werdet ihr Erholung für euch finden. ³⁰Denn mein Joch ist wohltuend und meine Last leicht.

11, 25. 26. Anders wie vorher dankt Jesus hier doch dafür, daß er Erfolg gefunden hat, freilich nicht bei den Kindern der Weisheit, sondern bei den Einfältigen. Er protestirt gegen die gelehrte Religion der Juden, vielleicht auch gegen anderweitigen Esoterismus. Ἔμπροσθέν σου wie 18, 14; ähnlich im Daniel und stets im Targum.

11, 27. Es handelt sich in diesem Zusammenhange nicht um Macht, sondern um Erkenntnis, um Einsicht in die göttlichen Dinge, in das wahre Wesen der Religion. Alle Lehre und alles Wissen ist bei den Juden παράδοσις (aschlamta, synonym mit qabbâla und sch'ma'ta). Die παράδοσις Jesu aber stammt unmittelbar von Gott, nicht von Menschen. Sie hat nur den Namen mit der jüdischen oder der mystischen gemein und unterscheidet sich davon im Wesen. Sie ist für die νήπιοι bestimmt und keine esoterische Gnosis. — Der **Vater** und der **Sohn** findet sich in diesem absoluten Sinn schon Mc 13, 32, vorzugsweise allerdings erst im vierten Evangelium. Der Satz „und niemand kennt den Sohn als nur der Vater" halte ich für eine alte Interpolation. Er ist ein Corollarium, darf also nicht an erster Stelle stehn und kann doch auch nicht an die zweite gesetzt werden, wo sehr alte patristische Zeugen ihn haben — das Schwanken ist schon an sich bedenklich. Für ἀποκαλύψαι ist vielleicht ἀποκαλύψει vorzuziehen, damit ein vollständiger Satz entstehe.

11, 28. 29 fehlt bei Lc, paßt aber zum Vorhergehenden ausgezeichnet; die Gnosis für die Einfältigen ist durchaus praktischer Natur. Nach der altchristlichen Erklärung (z. B. in der Didascalia Apostolorum) will Jesus den Seinen die schweren und unerträglichen Lasten der Menschensatzungen abnehmen und dafür das göttliche Gesetz zu Ehren bringen, das dem Gewissen entspricht und es befriedigt; vgl. 23, 4. Mc 7, 6—13. Jedenfalls sind die schweren Lasten analog dem leichten Joch, dem sie entgegengesetzt werden; also nicht Sünden, sondern ebenfalls Forderungen, die auferlegt werden, aber das Leben ersticken und nicht zum Leben führen. In Sirach 24, 18 sagt die Sophia: προσέλθετε πρὸς μέ.

11, 29. Τὸν ζυγόν μου ist das Joch, **das ich auferlege**, nicht das Joch, **das ich selber trage**; in Sirach 51, 26 ist es mit παιδεία synonym. Der Satz mit ὅτι gibt nicht den Inhalt der Forderung an, sondern ist im Deutschen als Relativsatz zu fassen. Ταπεινός an sich heißt **niedrig**, erst zusammengenommen mit τῇ καρδίᾳ heißt es **demütig**. Oder vielmehr nicht demütig gegen Gott und noch weniger unterwürfig gegen Höherstehende, sondern sich herunterhaltend zu den Niedrigen. Ebenso ist auch πραΰς hier eine humane und keine religiöse Eigenschaft. Jesus wendet sich an die ὄχλοι und νήπιοι, er lockt sie damit, daß er nicht hochmütig sei und das Volk, das nichts vom Gesetz weiß, nicht verachte wie die Schriftgelehrten. Ἀνάπαυσις ist bei Sirach beliebt.

§ 13. Mt 12, 1–8.

Zu jener Zeit ging Jesus am Sabbat durch die Saatfelder, seine Jünger aber hatten Hunger und begannen Ähren zu raufen und zu essen. ²Und die Pharisäer sahen es und sagten zu ihm: siehe deine Jünger tun, was am Sabbat zu tun nicht erlaubt ist. ³Er aber sprach zu ihnen: Habt ihr nicht gelesen was David tat, als ihn und seine Genossen hungerte? ⁴wie er in das Haus Gottes ging und die Schaubrode aß, die er nicht essen durfte noch seine Genossen, sondern nur die Priester. ⁵Oder habt ihr nicht im Gesetz gelesen, daß die Priester im Tempel den Sabbat brechen, ohne sich zu verschulden? ⁶Ich sage euch aber: hier ist mehr als der Tempel. ⁷Wenn ihr aber verstündet, was das heißt: Barmherzigkeit will ich und nicht Opfer, so hättet ihr die Schuldlosen nicht verurteilt. ⁸Denn der Menschensohn ist Herr über den Sabbat.

Hier lenkt Mt wieder in Mc zurück, setzt aber zwei Verse (12, 5. 6) hinzu, die in dem Ausspruch gipfeln: hier ist mehr als der Tempel. Das müßte in diesem Zusammenhange besagen: so wie die Priester im Tempel den Sabbat brechen dürfen, so erst recht die Jünger in der Sphäre meiner heiligen Person. Aber der berufsmäßige Tempeldienst der Priester am Sabbat kann nicht gut auf eine Linie gestellt werden mit dem Ährenraufen der Jünger am Sabbat, das doch nicht im Dienste Jesu geschah; der Vergleich ist hier bei den Haaren herbeigezogen und die Moral entlehnt aus 12, 41. 42. Das Citat Osee 6, 6, welches 12, 7 folgt, ist auch schon 9, 13 verwendet. Darauf wird mit Auslassung der Prämisse Mc 2, 27 sofort 12, 8 (= Mc 2, 28) angeschlossen, durch ein γάρ mit unangeblicher Bedeutung. Nicht als Mensch, sondern weil er der Messias ist und größer als das Heiligtum, ist Jesus Herr des Sabbats. Vgl. dagegen zu Mc 2, 27. 28.

§ 14. Mt 12, 9—14.

Und er ging von da weiter und kam in ihre Synagoge. ¹⁰Und da war ein Mensch mit einem starren Arm, und sie fragten ihn: ist es erlaubt am Sabbat zu heilen? in der Absicht, ihn zu verklagen. ¹¹Und er sprach zu ihnen: Wenn einem von euch sein Schaf am Sabbat in eine Grube fiele, würde er es nicht greifen und heraufholen? ¹²Wie viel mehr wert ist nun ein Mensch als ein Schaf! Daher ist es erlaubt, am Sabbat wohlzutun. ¹³Darauf sagte er zu dem Menschen: streck deinen Arm aus! und er streckte ihn aus, und er ward wieder gut wie der andere. ⁴Die Pharisäer aber gingen hinaus und faßten Beschluß gegen ihn, ihn zu verderben.

Mc 3, 2 wird zu einer direkten Anfrage (εἰ wie Act 1, 6. 7, 1) an Jesus verändert, damit er mit dem Gleichnis 12, 11. 12 antworten kann, das sich bei Lc (14, 1—6) an einer anderen Stelle findet. Mc 3, 3—6 wird summarisch wiedergegeben, ohne das lebendige szenische Detail. Die Herodianer kommen bei Mt nur in 22, 16 vor.

§ 15. Mt 12, 15—21.

Da Jesus das erfuhr, wich er von dort. Und Viele folgten ihm und er heilte alle ¹⁶und schärfte ihnen ein, sie sollten ihn nicht in die Öffentlichkeit bringen — ¹⁷auf daß erfüllt würde, was gesagt ist durch den Propheten Esaias: ¹⁸Siehe mein Knecht, den ich erwählt, mein Geliebter, den meine Seele ausersehen hat. Ich lege meinen Geist auf ihn und er wird den Heiden das Recht verkünden. ¹⁹Er wird nicht zanken noch lärmen, und man wird seine Stimme nicht auf den Gassen hören. ²⁰Geknicktes Rohr zerbricht er nicht und schwelenden Docht löscht er nicht aus, bis er das Recht hinausführt zum Siege. ²¹Und auf seinen Namen werden die Heiden hoffen.

Der Anfang (12, 15. 16) wie Mc 3, 7. 8. 12, jedoch mit ausgesprochener Motivirung des ἀνεχώρησεν durch den Beschluß der Pharisäer. Das von Mt hinzugefügte Citat aus Isa 42 weicht von der Septuaginta ab. Auf 12, 19 liegt Nachdruck, wegen 12, 16. Über ἐκβάλλειν 12, 20 (= a p p e q) s. zu 9, 38.

§ 17. Mt 12, 22—37. Q*.

Da wurde ihm ein Besessener gebracht, der war blind und stumm. Und er heilte ihn, so daß der Stumme redete und sah. ²³Und die Haufen von Volk waren alle außer sich und sprachen: ist dieser vielleicht der Sohn Davids? ²⁴Die Pharisäer aber hörten es und sagten: dieser treibt die Dämonen nur durch Beelzebul aus, den Obersten der Dämonen. ²⁵Da er nun ihre Gedanken erkannte, sprach er zu ihnen: Jedes Reich, das sich entzweit, wird zerstört und jedes Stadt- oder Hauswesen, das sich entzweit, hat keinen Bestand. ²⁶Und wenn der Satan den Satan austreibt, so ist er mit sich entzweit: wie soll dann sein Reich Bestand haben? ²⁷Und wenn ich die Dämonen durch Beelzebul austreibe, durch wen treiben eure Söhne sie aus? somit sind sie eure Richter. ²⁸Wenn ich aber durch den Geist Gottes die Dämonen austreibe, so ist ja das Reich Gottes schon zu euch gelangt. ²⁹Oder wie kann einer in das Haus eines Gewaltigen dringen und ihm sein Zeug rauben, wenn er nicht zuvor den Gewaltigen bindet; dann erst kann er sein Haus ausrauben. ³⁰Wer nicht mit mir ist, ist wider mich; und wer nicht mit mir sammelt, der zerstreut. ³¹Darum sage ich euch: jede Sünde und Lästerung wird den Menschen vergeben, doch die Lästerung des Geistes wird nicht vergeben. ³²Und wer etwas sagt gegen den Menschensohn, findet Vergebung; wer aber etwas gegen den heiligen Geist sagt, findet keine Vergebung, weder in dieser Welt noch in der künftigen.

³³Gesetzt, der Baum ist gut, so ist auch die Frucht gut; gesetzt, der Baum taugt nicht, so taugt auch die Frucht nicht. ³⁴Ihr Otterngezücht, wie könnt ihr Gutes reden, da ihr böse seid! Denn wovon das Herz überfließt, daraus redet der Mund. ³⁵Ein guter Mensch bringt aus gutem Schatze Gutes hervor, und ein böser Mensch bringt aus bösem Schatze Böses hervor. ³⁶Ich sage euch aber: von jedem nichtsnutzigen Wort, das die Menschen reden, müssen sie Rechenschaft geben am Tage des Gerichts. ³⁷Denn aus deinen Worten wirst du gerechtfertigt, und aus deinen Worten wirst du verurteilt.

Das Apostelverzeichnis (§ 16) hat Mt schon früher gebracht. Dem § 17 schickt er die selbe Einleitung voraus wie Lc (11, 14). Nur läßt er den Tauben noch dazu blind sein, vgl. zu 9, 27—34. Er spitzt ferner das Staunen des Volkes zu auf die Frage: ist dieser nicht Davids Sohn? und legt den Widerspruch dagegen nicht wie Lc etlichen aus dem Volk in den Mund, sondern den Pharisäern, die den Schriftgelehrten bei Mc entsprechen. Die Beelzebulperikope hat auch in Q gestanden. Lc bringt sie nicht in der Reihenfolge des Mc, er hält sich an Q. Mt dagegen behält ihre Stellung bei Mc bei und vermischt die beiden Quellen — wozu er überhaupt mehr neigt als Lc.

12, 24. 25. Das Gedankenlesen wie bei Lc 11, 17. Οὐκ .... εἰ μή (14, 17) ist schwerlich echt griechisch.

12, 27. 28 wie Lc 11, 19. 20. „Eure Söhne" = eure Volksgenossen, d. h. Juden überhaupt. Also hat Lc Recht, daß nicht speziell die Pharisäer angeredet sind. Jesus sagt: ihr dürft mich nicht anders beurteilen wie eure Söhne, die ebenfalls Dämonen austreiben; sie richten euch, d. h. sie widerlegen praktisch eure Behauptung — das Futurum ἔσονται ist misverständlich. Aber der Hinweis darauf, daß die Exorzismen, die er verrichtet, auch von manchen anderen Juden verrichtet werden, paßt an dieser Stelle nicht zu seiner Absicht, wie er denn auch bei Mc fehlt. Denn er will hier keineswegs sagen, daß er nichts besonderes tue. Gleich der folgende Vers 28 beweist das. Das Reich Gottes wird darin als mit Jesus, d. h. mit dem Messias, bereits eingetreten gedacht, wie auch sonst in Q; ἔφθασεν ist mehr als ἤγγικεν. Es liegt im Kampf mit dem Reich des Satans, und dieser Kampf wird durch das Austreiben der Dämonen geführt, die des Satans Heer sind. Der Gedanke ragt auch in Mc (3, 27 = Mt 12, 29) hinein, steht aber dort isolirt und verloren.

12, 30 wie Lc 11, 23; ganz anders gewandt wie Mc 9, 40, exklusiv statt tolerant. Zu der Allgemeinheit der vorhergehenden Argumentation würde die Äußerung nur passen, wenn ἐμοῦ nicht auf Jesus speziell ginge, sondern statt dessen ebensogut σοῦ hätte gesetzt werden können. Wie σκορπίζειν, so muß auch συνάγειν von der Herde (d. i. Gemeinde) verstanden werden; vgl. 23, 37.

12, 31 wie Mc 3, 28. Nur hat Mt verkürzt und sein διὰ τοῦτο vorgesetzt.

12, 31. 32. Hier werden Mc 3, 28 und Lc 12, 10 (Q) neben einander gestellt. Daß dies nur Varianten eines und des selben Spruches sind, liegt auf der Hand. Aus der Vergleichung dieser Varianten von Mc und Q ergibt sich aber die Priorität des Mc. Bei ihm (3, 28) heißt es: alle Lästerungen werden d e n M e n s c h e n s ö h n e n vergeben, nur nicht die Lästerung gegen den heiligen Geist. In Q (Lc 12, 10) dagegen: W o r t e g e g e n d e n M e n s c h e n s o h n werden vergeben, nur nicht gegen den h. Geist. Gegen die Ursprünglichkeit dieser Fassung spricht zunächst, daß Lästerungen (absolut) nur gegen Gott gerichtet sind und der Menschensohn doch nicht Gott ist. Ferner spricht dagegen, daß in diesem Fall die Lästerung gegen den Geist ja gerade in Worten besteht, die g e g e n d e n M e n s c h e n s o h n gerichtet sind und also der Unterschied sinnwidrig ist — weshalb der Spruch bei Lc (vielleicht auch in Q) aus dem Zusammenhang der Beelzebulgeschichte entfernt ist, die ihn doch allein erklärt. Endlich hat der Messias in Q im Vergleich zu den Menschen bei Mc das Vorurteil gegen sich. Aus dem allgemeinen Namen ist der besondere gemacht und dieser dann nicht mit v e r -

geben, sondern mit **lästern** in Beziehung gesetzt. Das Umgekehrte ist undenkbar. Wahrscheinlich ist übrigens, daß Q in Mc 3, 28 **dem Menschensohn** statt **den Menschensöhnen** vorgefunden und den generell gemeinten Singular individuell misverstanden hat. Und wahrscheinlich ist auch nach Mc 2, 10. 28, daß τῷ υἱῷ τοῦ ἀνθρώπου in Mc 3, 28 wirklich ursprünglich war und erst später sinngemäß in den sonst unerhörten Plural τοῖς υἱοῖς τῶν ἀνθρώπων verwandelt wurde, um keinen Augenblick das Misverständnis aufkommen zu lassen, **daß dem Messias** Sünden vergeben werden sollten — ein Misverständnis, welches in Q, wo in der Tat in dem υἱὸς τοῦ ἀνθ. auch hier der Messias erblickt wird, durch Veränderung der Konstruktion wegfällt.

12, 33—37. Der Passus steht sonst am Schluß der Bergpredigt, und zwar bei Lc 6, 43—45 ähnlicher im Wortlaut als bei Mt 7, 17. 18. Der Vers 33 läßt sich so wie er jetzt griechisch lautet, gar nicht verstehn. Er soll aber sicher bedeuten „gesetzt der Baum ist gut, so ist auch die Frucht gut", der Nachsatz müßte also lauten: καὶ ὁ καρπὸς αὐτοῦ καλός, vgl. zu 23, 26. Durch Vers 34 wird eine Verbindung mit der Beelzebulsrede hergestellt. „Ihr könnt gar nicht anders als lästern, weil böser Baum notwendig böse Frucht bringt." Eine Entschuldigung soll das jedoch nicht sein, wie in den abschließenden Versen 12, 36. 37, die ebenfalls dem Mt eigentümlich sind, mit hohem Nachdruck gesagt wird: wie die Worte die innere Gesinnung verraten, unterliegen sie auch nicht minderer Verantwortung als die Taten. Ähnlich Mc 7, 17 ss. Der Schatz 12, 35 ist weder der Schatz der Almosen noch der guten Werke überhaupt, sondern das Herz selber — offenbar auf grund von 6, 21.

Q*. Mt 12, 38—45, Lc 11, 29—32. 24—26.

Darauf huben etliche von den Schriftgelehrten und Pharisäern an und sagten: Meister, wir verlangen von dir ein Zeichen zu sehen. [39]Er antwortete ihnen: Das böse und ehebrecherische Geschlecht begehrt ein Zeichen, und es wird ihm kein Zeichen gegeben als das des Propheten Jona. [40]Denn wie Jona drei Tage und drei Nächte im Bauch des Ungetüms war, so wird auch der Menschensohn drei Tage und drei Nächte im Schoße der Erde sein. [41]Die Männer von Nineve werden als Ankläger dieses Geschlechtes auftreten und seine Verdammnis bewirken; denn sie taten Buße auf die Predigt Jonas, und hier ist mehr als Jona. ⁴²Die Königin des Südlandes wird als Anklägerin dieses Geschlechts auftreten und seine Verdammnis bewirken; denn sie kam vom Ende der Erde zu hören die Weisheit Salomos, und hier ist mehr als Salomo.

⁴³Wenn aber der unreine Geist aus dem Menschen ausfährt, durchwandert er dürre Stätten, sucht eine Ruhstatt und findet keine. ⁴⁴Darauf sagt er: ich will wieder zurück in mein Haus, das ich verlassen habe. Und wenn er hinkommt, findet er es leer stehend, gefegt und geputzt. ⁴⁵Darauf geht er hin und holt sich noch sieben andere Geister, schlimmer als er selbst, und sie kommen und nehmen dort Wohnung; und der letzte Zustand jenes Menschen wird schlimmer als der erste war. So wird es auch diesem bösen Geschlechte gehn.

Mt 12, 38—42 wie Lc 11, 29—32 ist eine Variante von Q zu Mc 8, 11. 12. Mc sagt einfach: es wird diesem Geschlecht kein Zeichen gegeben werden; Q fügt hinzu: außer dem Zeichen des Propheten Jona.

12, 38 kehrt 16, 1 wieder und entspricht dort dem Verse Mc 8, 11, hier aber eher dem Verse Lc 11, 16.

12, 39 Γενεά ist determinirt, ebenso wie ἄνδρες Νινευεῖται (12, 41) und βασίλισσα Αἰθιόπων (Act 8, 27).

12, 40. In Sirach 51, 5 erscheint der Ausdruck κοιλία ᾅδου. Deutlich liegt die Vorstellung von der Höllenfahrt Jesu vor; sie ergibt sich notwendig, wenn zwischen seinem Tode und seiner Auferstehung überhaupt ein Zwischenraum gedacht wird. Dieser Zwischenraum beträgt hier drei volle Tage und Nächte, während Mt sonst gewöhnlich im Unterschied von Mc sagt „auferstanden **am dritten Tage**" und auch **nach drei Tagen** in dem gleichen Sinne versteht (27, 63. 64); vgl. die Einleitung (1911) p. 85. Bei Lc fehlt diese Deutung des Jonaszeichens. Statt dessen heißt es Lc 11, 30: denn wie Jonas den Niniviten ein Zeichen war, so ist es der Menschensohn für dieses Geschlecht. Das sieht aus wie ein passender Übergang auf Mt 12, 41: ein hergelaufener Prophet predigt den Heiden Buße und sie bekehren sich sofort, während auf die Juden die Aufforderung Jesu zur Sinnesänderung keinen Eindruck macht. Aber man begreift nicht, wie diese Antithese ein Zeichen genannt werden kann. Dazu kommt, daß Lc auf den Übergang, den er allein hat, gar nicht die Leute von Nineve folgen läßt, auf die er gemünzt ist, sondern vielmehr die Königin des Südens. Diese gehört sogar an sich, auch wenn sie wie bei Mt an zweiter Stelle steht, nicht hinein in die Erklärung des Jonaszeichens. Also hat Mt 12, 41. 42 (Lc 11, 31. 32) ursprünglich nichts mit dem Jonaszeichen zu tun. Dann verdient die Deutung desselben bei Mt 12, 40 den Vorzug vor der bei bei Lc 11, 30. Vermutlich hat Lc Anstoß an dieser Verwendung des Walfischs genommen.

12, 41. 42. „Sie werden erstehn im Gericht mit diesem Geschlecht und es verurteilen" ist nur durch Retroversion ins Aramäische zu verstehn. In Gericht treten mit bedeutet dann so viel wie anklagen, und verurteilen so viel wie unterliegen machen; vgl. Isa 54, 17 oder Ezech 16, 52. Natürlich geschieht die Anklage in Mt 12, 41. 42 nicht mit Worten, sondern durch das Faktum selbst, wie es beidemal mit ὅτι explicirt wird. Die Königin des Südens kann nur die K. von Saba sein, und dies ist, so viel ich weiß, das erste Beispiel, worin das südwestliche Arabien Jemen genannt wird.

Mt 12, 43—45 steht bei Lc (11, 24—26) vor 12, 37—42, und zwar mit Recht, denn das Stück setzt die Beelzebulrede fort und bildet deren Schluß in Q. Es enthält freilich eine derselben eigentlich widersprechende Kritik der Exorzismen. Sie nützen nicht auf die Dauer, es treten immer wieder Rückfälle ein, die das Übel nur ärger machen.

12, 43. Der Dämon hat keinen eigenen Leib, sondern logirt sich in einem fremden ein (daher heißt er ʿâmôra Clem. Rec. syr. 80, 26 ed. Lag.); wenn er daraus vertrieben wird, muß er in der Wüste schweifen, sucht aber alsbald wieder nach einer Ruhestatt (ἀνάπαυσις), und wenn er keine findet, kehrt er zurück in die alte, aus der er hat weichen müssen. Dem Sinne nach richtig heißt es in der Syra und Lc 11, 24: und wenn er keine findet, sagt er.

12, 44. Der unreine Geist verunreinigt auch seine Wohnung; er empfindet es bei seiner Rückkehr mit Behagen, daß sie (eben mit seiner Austreibung) einmal gründlich gesäubert ist, als wäre er nur wegen des Reinemachens auf Reisen geschickt. Der ironische Ton fällt auf.

12, 45. Es können auch mehrere Dämonen in einem Menschen wohnen (Mc 5, 1 ss.). Über die Lesart von D τὰ ἔσχατα αὐτοῦ τοῦ ἀνθρώπου, über die Blaß in der Praefatio p. VII eine merkwürdige Weisheit zum besten gibt, s. zu Mc 6, 17. Mit dem bei Lc fehlenden Schlußsatz will Mt die verkehrte Stellung rechtfertigen, die er dem Stück angewiesen hat. Diese Pointe ist aber so gesucht wie möglich.

§ 18. Mt 12, 46—50.

Während er noch zu dem Volke redete, siehe da standen seine Mutter und seine Brüder draußen und verlangten ihn zu sprechen. ⁴⁸Er aber antwortete dem, der es meldete: wer ist meine Mutter und wer sind meine Brüder? ⁴⁹Und er wies mit der ausgestreckten Hand auf seine Jünger und sprach: siehe da meine Mutter und meine Brüder; ⁵⁰denn wer den Willen meines Vaters im Himmel tut, der ist mir Bruder und Schwester und Mutter.

Ἔξω (12, 46) ist nur bei Mc (3, 19) vorbereitet. Mt hat bisher nicht gesagt, daß Jesus sich im Hause befindet (13, 1); trotzdem macht er in 12, 49 nicht das Volk (Mc 3, 32), sondern die Jünger zur Corona und bezieht die Äußerung Jesu (12, 50) nur auf sie. Die unfreundliche Absicht der Verwandten (Mc 3, 21) wird von Mt und Lc gleichmäßig unterdrückt.

§ 19. 20. Mt 13, 1—23.

Jenes Tages ging Jesus aus dem Hause und setzte sich am See. ²Und eine Menge Volks sammelte sich zu ihm, so daß er in ein Schiff sitzen ging, indes das ganze Volk am Ufer stand. ³Und er redete zu ihnen viel in Gleichnissen und sprach: Siehe ein Säemann ging aus zu säen. ⁴Und beim Säen fiel etliches den Weg entlang und die Vögel kamen und fraßen es auf. ⁵Anderes fiel auf das Steinige, wo es nicht viel Erde hatte, und es lief alsbald auf, weil es nicht tief in der Erde lag; ⁶als aber die Sonne aufging, litt es unter der Glut, und weil es keine Wurzel hatte, verdorrte es. ⁷Anderes fiel auf die Dornen, und die Dornen liefen auf und erstickten es. ⁸Anderes aber fiel auf das gute Land und gab Frucht, hundertfach, sechzigfach, dreißigfach. ⁹Wer Ohren hat, höre!

¹⁰Und die Jünger traten herzu und sagten zu ihm: warum redest du in Gleichnissen zu ihnen? ¹¹Er antwortete und sprach: Euch ist es gegeben, die Geheimnisse des Reichs des Himmels zu verstehn; jenen aber ist es nicht gegeben. ¹²Denn wer hat, dem wird gegeben und immer mehr gegeben; wer aber nicht hat, dem wird auch was er hat weggenommen. ¹³Deshalb rede ich zu ihnen in Gleichnissen, damit sie sehenden Auges nicht sehen und hören-

den Ohres nicht hören noch verstehn. ¹⁴Und es erfüllt sich ihnen die Weissagung Esaias, die da lautet: hören sollt ihr und nicht vernehmen, sehen und nicht erkennen. ¹⁵Denn das Herz dieses Volkes ist verstockt, und sie hören schwer mit den Ohren und ihre Augen sind verschlossen, damit sie nicht sehen mit den Augen und mit den Ohren hören und mit dem Herzen verstehn und sich bekehren, daß ich sie heile. ¹⁶Aber eure Augen sind selig, daß sie sehen, und eure Ohren, daß sie hören. ¹⁷Amen ich sage euch, viele Propheten und Gerechte begehrten zu schauen was ihr seht und haben es nicht geschaut, und zu hören was ihr hört und haben es nicht gehört. ¹⁸Ihr also hört das Gleichnis vom Säemann! ¹⁹Wenn einer das Wort vom Reich hört und nicht versteht, so kommt der Böse und raubt, was in sein Herz gesät war: das ist der den Weg entlang Gesäte. ²⁰Der auf das Steinige Gesäte aber ist der, welcher das Wort hört und alsbald mit Freuden aufnimmt; ²¹er hat aber keine Wurzel an sich, sondern ist wetterwendisch, und wenn Drangsal oder Verfolgung wegen des Wortes eintritt, kommt er alsbald zu Fall. ²²Der auf die Dornen Gesäte aber ist der, welcher das Wort hört, und die Sorge der Welt und die Verlockung des Reichtums ersticken das Wort, und es bleibt ohne Frucht. ²³Der auf das gute Land Gesäte aber ist der, welcher das Wort hört und versteht, dann trägt und Frucht bringt, hundertfach, sechzigfach, dreißigfach.

13, 1. Ἐκ τῆς οἰκίας fehlt in D, stimmt aber zu ἔξω 12, 46.

13, 9. Ὁ μέν ... ὁ δέ setzt voraus, daß Mt das εν des Mc als ἕν und nicht als ἐν verstanden hat. Und dies ist das Richtige; vgl. Dan 3, 19 חד שבעה eins sieben = ἑπταπλασίως. Weil ἕν das Multiplikationszeichen ist, hat der griechische Übersetzer es auch Mc 4, 20 im Neutrum stehn lassen; und daraus erklärt sich dann weiter das neutrale ὅ bei Mt 13, 23.

13, 10. Mt läßt die Jünger nicht, wie Mc (4, 10), nach dem Sinn der Gleichnisse fragen, den sie schon verstehn, sondern nach dem Zweck, weshalb er in dieser verhüllenden Form zum Volke rede. Dadurch wird zwar besserer Anschluß an das zunächst Folgende erreicht; aber die eigentliche Antwort Jesu (13, 18 ss.) paßt dann nicht mehr auf die Frage.

13, 11—15 wie Mc 4, 11. 25. 12, mit Vervollständigung des Citats am Schluß, das hier mit der Septuaginta stimmt. Der Singular τὸ μυστήριον bei Mc 4, 11 ist passender; die Kirche, von Ewigkeit fundirt und durch Moses vorgeschattet, ist selber das Mysterium und wird z. B. von den Syrern oft so genannt und gefeiert.

13, 16. 17 (Lc 10, 23. 24) steht an stelle von Mc 4, 13. Die Jünger werden selig gepriesen, nicht wie bei Mc gescholten — wozu nach der Fassung ihrer Frage in 13, 10 auch kein Anlaß mehr vorliegt. Statt Propheten und K ö n i g e bei Lc sagt Mt Propheten und G e r e c h t e.

13, 18. 19. Mt läßt d e r S a m e i s t d a s W o r t (Mc 4, 14) aus und damit das, was zunächst einmal gesagt werden mußte. Es ist aber kein Versehen, sondern Absicht. Er denkt nicht mehr an den Samen und die Aktion des Ausstreuens, sondern nur an das Saatfeld und dieses ist ihm, wie der Weinberg, das Reich Gottes, worunter er wie gewöhnlich die christliche Gemeinde versteht, man kann auch sagen d i e K i r c h e. Das erhellt deutlich aus 13, 24 ss., zeigt sich aber schon hier. Und zwar nicht bloß in der Auslassung der prinzipalen Erklärung Mc 4, 14, sondern auch in leiseren Änderungen, die am Wortlaut des Mc angebracht werden. Die Hörer sind bei Mt nicht mehr der Boden, auf den der Same fällt, sondern die Pflänzlinge (13, 38. 15, 13), die aus dem Samen erwachsen sind. — Die Konstruktion am Anfang von 13, 19 zeigt, daß doch auch Mt nicht gerade korrektes Griechisch schreibt. Für Satan sagt er d e r B ö s e. Zum W o r t d e s R e i c h s vgl. 4, 23. 9, 35.

Mt 13, 24–30.

Ein anderes Gleichnis legte er ihnen vor und sprach: Das Reich des Himmels ist, wie wenn ein Mensch guten Samen auf seinen Acker gesät hat. ²⁵Während aber die Leute schliefen, kam sein Feind und säte Unkraut unter den Weizen und ging davon. ²⁶Als nun die Saat aufging und Frucht ansetzte, da zeigte sich auch das Unkraut. ²⁷Und die Knechte des Hausherrn kamen und sagten ihm: Herr, hast du nicht guten Samen auf den Acker gesät, woher hat er denn das Unkraut? ²⁸Er sprach: das hat der Feind getan. ²⁹Und die Knechte sagten: sollen wir nun hingehn und es lesen? Er aber sprach: nein, damit ihr nicht beim Lesen des Unkrauts zugleich auch den Weizen ausreißt; ³⁰laßt beides zusammen wachsen bis zur Ernte, und zur Zeit der Ernte werde ich den Schnittern sagen: lest zuerst das Unkraut aus und bindet es in Bündel, um es zu verbrennen, den Weizen aber bringt in meine Scheuer ein!

Die Eingangsformel kehrt öfters wieder, z. B. 18, 23. 20, 1; das Verbum steht meist im Aorist, doch auch im Futur. Während das einfache Gleichnis gewöhnlich präsentisch ist, ist dagegen die Allegorie gewöhnlich präterital. So auch schon in 13, 1—9. Dort aber sitzt das Unkraut im Acker, der Same ist nur guter Same. Hier dagegen wird guter und schlechter Same unterschieden, weil in Wahrheit überhaupt nicht an den Samen gedacht wird, sondern an die guten und schlechten **Pflanzen** innerhalb des Reiches Gottes, d. h. der christlichen Gemeinde. Man soll hienieden beide mit einander wachsen lassen und die schlechten nicht zu exkommuniziren versuchen; die Ausscheidung des idealen Reiches Gottes aus dem empirischen soll dem Endgericht überlassen bleiben, welches wie so oft der Ernte verglichen wird (Mc 13, 28). Die Erklärung 13, 38 **der Acker ist die Welt** darf nicht zu der Meinung verführen, es stünden sich hier das **weltumfassende** Reich Gottes und das **weltumfassende** Reich des Satans im offenen Kampf gegenüber; es handelt sich vielmehr um ein nachträgliches heimliches Einschleichen des Satans in ein bestimmtes, spezifisch göttliches Gebiet, wo er nichts zu suchen hat. Es darf natürlich nicht jeder Zug der Allegorie ausgedeutet werden, z. B. nicht das Schlafen der Menschen. In 13, 25 hat die Syra nicht **sein Feind**, sondern **der Feind**, d. h. ein Feind — vielleicht richtig. Das Wort ζιζάνια (13, 26) wiederholt sich öfters in diesem Kapitel und findet sich sonst sehr selten, z. B. Vita Adae § 16: ἐσθίεις ἐκ τῶν ζιζανίων τοῦ Ἀδαμ (rectius τῆς γῆς). Zu ἐχθρὸς ἄνθρωπος (13, 28) vgl. 13, 45. 52. 18, 23. 20, 1. 21, 33. Judicum 6, 8; ἄνθρωπος bedeutet **quidam** und ist in diesem Gebrauch aramäisch. Der Vers 13, 30 ist aus 3, 12 abgewandelt, wie denn die Täuferrede vielfach bei Mt nachhallt. Blaß § 45, 3 zieht für εἰς δεσμάς die Lesart δεσμὰς δεσμάς vor.

§ 23. 24. Mt 13, 31—35.

Noch ein Gleichnis legte er ihnen vor. Das Reich des Himmels gleicht einem Senfkorn, das ein Mensch nahm und auf seinen Acker säte, ³²welches am kleinsten ist von allen Sämereien; wenn es aber wächst, so ist es das größte unter den Sträuchern und wird ein Baum, so daß die Vögel des Himmels kommen und in seinen Zweigen Wohnung nehmen.

³³Noch ein Gleichnis. Das Reich des Himmels gleicht einem Sauerteige, den eine Frau nahm und in drei Scheffel Mehl tat, bis es ganz durchsäuert ward.

³⁴Dies alles redete Jesus in Gleichnissen zu dem Volk, und ohne Gleichnis redete er nichts mit ihnen, ³⁵auf daß erfüllt würde, was gesagt ist durch den Propheten: ich will meinen Mund mit Gleichnissen auftun, heraussprudeln Verborgenes von ur an.

13, 31. 32 wie Mc 4, 30—32; Mt hat die wahre Konstruktion von Mc 4, 32 richtig erfaßt. Die christliche Gemeinde muß überraschend schnell gewachsen sein.

13, 33. Das Bild vom Samen, das in Mc 4 überall festgehalten wird, macht hier (und 13, 44 ss.) einem anderen Platz, welches nur deshalb damit wechseln kann, weil der Same als das Reich Gottes aufgefaßt wird. Dieses erscheint hier als ein fremden Stoff (die Welt oder das jüdische Volk?) durchdringendes Prinzip. Es ist aber trotzdem die christliche Gemeinde, wie ja auch die Jünger das Salz der Welt genannt werden, die von der Gemeinde nicht unterschieden sind. Die drei Sata sind entlehnt aus Gen 18, 6 und für das gewöhnliche Backen einer Frau zu viel. Aber wenn das außerordentlich große Quantum zum Bilde nicht paßt, so zur Sache desto besser. — Die Syra läßt ἐλάλησεν αὐτοῖς in der Einleitung aus.

13, 34. 35 wie Mt 4, 33. 34 a. Das angehängte Citat (Ps 78, 2) stammt nicht aus der Septuaginta; Ἡσαίου fehlt in D und Syra. Das Reich Gottes, welches durch Jesus in die Welt eingesät wird, ist von Anfang an bei Gott verborgen, d. h. prädestinirt gewesen (25, 34). — Da 13, 34. 35 auch bei Mt, wie bei Mc, nur als Abschluß zu verstehn ist, so fällt auf, daß noch mehr kommt. Man kann kaum umhin, anzunehmen, daß 13, 36—52 nachgetragen ist, nicht bloß der Kommentar, 13, 36—43, sondern auch die folgenden drei Gleichnisse, wodurch die Gesamtzahl auf sieben gebracht wird.

Mt 13, 36–43.

Darauf entließ er das Volk und ging nach Hause. Und seine Jünger traten zu ihm und sagten: deut uns das Gleichnis vom

Unkraut auf dem Acker! ³⁷Er antwortete und sprach: Der den guten Samen sät, ist der Menschensohn, ³⁸der Acker ist die Welt, der gute Same sind die Söhne des Reichs, das Unkraut die Söhne des Bösen, ³⁹der Feind, der es gesät hat, ist der Teufel; die Ernte aber ist das Ende der Welt, die Schnitter sind die Engel. ⁴⁰Wie nun das Unkraut zusammengelesen und im Feuer verbrannt wird, so wird es sein am Ende der Welt. ⁴¹Der Menschensohn wird seine Engel senden, und sie werden aus seinem Reich alle Verführer und Täter der Ungerechtigkeit zusammenlesen ⁴² und in den Feuerofen werfen; da wird Gejammer sein und Zähneknirschen. ⁴³Dann werden die Gerechten leuchten wie die Sonne in ihres Vaters Reich. Wer Ohren hat, höre.

13, 38. Der Acker ist nicht das Reich Gottes, sondern nur die Sphäre, in der es sich verbreitet; aber diese Sphäre ist universal (5, 13. 14), nicht das jüdische Volk, sondern die Welt. Τοῦ πονηροῦ ist neutral; wegen 13, 39.

13, 41. Jesus ist als Messias Gottes Stellvertreter, hält das Weltgericht ab, hat die Engel zur Verfügung; das Reich ist sein Reich, wie 16, 25. 20, 21 (19, 28). Für σκάνδαλον gibt es kein deutsches Wort. Ärgernis entspricht nicht, Anstoß ist zu wenig. Es bedeutet: was zu Fall bringen kann oder bringt, Fallstrick (môqesch, targ. tuqla); vgl. Sir. 27, 23. An unserer Stelle sind die Skandala Personen und zwar Christen (7, 23). Daß das Weltgericht sich zuspitzt auf die Ausscheidung der unwürdigen Mitglieder der Kirche von den würdigen, findet sich ebenso auch in 25, 31 ss.

13, 42. Der Feuerofen ist das Tophet (richtiger Tephât = Feuerherd) des Tales Hinnom, d. h. der Geenna.

13, 43. Die συνιέντες Dan. 12, 3 werden in δίκαιοι verwandelt; vgl. 13, 17. 49.

Mt 13, 44—46.

Das Reich des Himmels gleicht einem im Acker vergrabenen Schatz, den ein Mensch fand und verhehlte, und er ging hin in seiner Freude und verkaufte alles was er hatte und kaufte den Acker.

⁴⁵Weiter gleicht das Reich des Himmels einem Händler, der Perlen suchte. ⁴⁶Und da er eine kostbare Perle fand, verkaufte er alles was er hatte, und kaufte sie.

13, 44. Diese Parabel ist nicht an das Volk, sondern an die Jünger gerichtet; wie auch die folgenden. Der Acker trägt hier nicht die Saat, sondern birgt einen Schatz. Der Einzelne kann und soll das Reich Gottes kaufen, durch Aufopferung alles anderen. Ebenso ist dasselbe auch in 13, 45. 46 als das individuelle höchste Gut gedacht. Vgl. Mc 10, 21. 28 ss.

13, 45. 46. Mit Recht urteilt G. Hoffmann (ZNW 1903 p. 283), daß der gnostische Hymnus von der Seele das Bild von der Perle aus Mt entlehnt habe. Das Beiwort καλούς fehlt auch hier in der Syra (wie 3, 10), nicht zum Schaden der Sache. In D fehlt ἕνα; vgl. zu 6, 27.

Mt 13, 47–52.

Weiter gleicht das Reich des Himmels einem in das Meer geworfenen Netze, das allerhand Art Fische zusammenschleppte, ⁴⁸und als es voll war, zogen sie es ans Ufer und setzten sich hin und lasen die guten in Gefäße, die unbrauchbaren aber warfen sie weg. ⁴⁹So wird es sein am Ende der Welt, die Engel werden ausgehn und die Bösen von den Gerechten scheiden ⁵⁰und sie in den Feuerofen werfen, da wird Gejammer sein und Zähneknirschen.

⁵¹Habt ihr das alles verstanden? Sie sagten: ja, Herr. ⁵²Er aber sprach zu ihnen: darum gleicht ein für das Reich des Himmels geschulter Schriftgelehrter einem Hausmeister, der aus seinem Vorrat Neues und Altes austeilt.

Diese Variante zur Unkrautparabel (13, 24 ss.) scheint in der zweiten Hälfte ganz nach dem Schema des Kommentars dazu (13, 36 ss.) gearbeitet zu sein. Das aus Mc 1, 17 geflossene Bild vom Netz wäre schon gut, wenn nicht das sofort nach dem Fang eintretende Verlesen der Fische dem Sinn des Gleichnisses zuwider liefe. Σαπρός hat die Bedeutung f a u l ganz verloren, denn faule Fische werden nicht aus dem Wasser herausgezogen.

13, 52. Der Spruch ist trotz διὰ τοῦτο in Wahrheit isolirt und wird durch 13, 51 nur sehr notdürftig mit den Gleichnissen verbunden. Der für das R e i c h G o t t e s geschulte Schriftgelehrte ist der christliche im Unterschied vom jüdischen (5, 19). Er schöpft Neues und überliefert Altes; beides stammt aus der selben Quelle und aus dem selben Geiste. Οἰκοδεσπότης scheint hier nicht m a r e b a i t a zu sein, sondern r a b b a i t a, nämlich der οἰκονόμος oder ταμίας.

Denn dieser teilt die Speisen (freilich nicht gerade neue und alte) aus der Vorratskammer (אוֹצָר) an das Hausgesinde aus; ebenso wie der Lehrer das geistige Brot, vgl. 24, 45 ss. 1 Cor 4, 1. 2. Μαθητεύειν bei Mt und in Act 14, 21 ist t a l m e d und darum transitiv, entgegen dem griechischen Gebrauch; nur in einigen Hss. zu 27, 57 findet es sich intransitiv.

§ 28. Mt 13, 53—58.

Und als Jesus mit diesen Gleichnissen zu Ende war, machte er sich auf von dannen ⁵⁴und kam in seine Heimat und lehrte die Leute in ihrer Synagoge, so daß sie staunten und sagten: woher kommt dem diese Weisheit und die Wunder? ⁵⁵ist das nicht des Zimmermanns Sohn? heißt seine Mutter nicht Mariam und seine Brüder Jakobus und Joseph und Simon und Judas? ⁵⁶sind nicht auch seine Schwestern alle bei uns? woher hat er denn das alles? ⁵⁷Und sie stießen sich an ihm. Jesus aber sprach zu ihnen: ein Prophet gilt nirgend weniger als in seiner Heimat und in seinem Hause. ⁵⁸Und er tat dort nicht viele Wunder wegen ihres Unglaubens.

Die §§ 25—27 sind von Mt schon vorausgenommen, ebenso § 29. Er gibt Jesu auf dem Abstecher nach Kapernaum seine Jünger nicht mit. Über den Zimmermannssohn vgl. zu Mc 6, 3. Seine Schwestern sind alle bei uns = sie sind unter uns verheiratet.

§ 30. Mt 14, 1—12.

Zu jener Zeit hörte der Vierfürst Herodes von Jesu. ²Und er sagte zu seinen Dienern: das ist Johannes der Täufer, er ist von den Toten auferstanden, darum wirken die Kräfte in ihm. ³Nämlich Herodes hatte Johannes gegriffen, gefesselt und ins Gefängnis geworfen wegen Herodias, der Frau seines Bruders, ⁴denn Johannes hatte zu ihm gesagt: du darfst sie nicht haben. ⁵Und er hätte ihn gern getötet, fürchtete sich jedoch vor dem Volke, weil sie ihn für einen Propheten hielten. ⁶Als nun Herodes' Geburtstag war, tanzte die Tochter der Herodias vor der Gesellschaft und gefiel Herodes so gut, ⁷daß er ihr eidlich versprach, ihr zu geben, was sie verlangen würde. ⁸Sie aber, von ihrer Mutter vorher abgerichtet, sagte: gib mir hier auf einer Schüssel das

Haupt Johannes des Täufers. ⁹Dem Könige war das leid, aber wegen des Schwurs und wegen der Gäste befahl er es ihr zu geben, ¹⁰und ließ Johannes im Gefängnis enthaupten. ¹¹Und sein Haupt wurde auf einer Schüssel gebracht und dem Mädchen gegeben, und sie brachte es ihrer Mutter. ¹²Und seine Jünger kamen und holten den Leichnam und begruben ihn. Und sie gingen und berichteten es Jesu.

14, 1. 2. Daß Herodes von J e s u s hörte, ist jedenfalls der Sache nach richtig. Er heißt hier Tetrarch, aber 14, 9 König, wie bei Mc. Die Äußerung, in Jesu sei der Täufer wieder aufgelebt, wird nicht von zwei verschiedenen Seiten, sondern angemessener nur von Herodes getan. Das Gerede der Leute bei Mc fehlt überhaupt, und zwar ohne Schaden.

14, 5. Bei Mc (6,19) will Herodias den Täufer töten, bei Mt Herodes selber. Das widerspricht freilich dem Folgenden, besonders dem λυπηθείς 14, 9.

14, 6 Γενεσίοις γενομένοις nimmt sich aus wie ein lateinischer Ablat. abs.

14, 8. In προβιβασθεῖσα wird Mc 6, 24. 25 zusammengedrängt. Aber wie kann Herodias vorher wissen, daß der Tanz ihrer Tochter den König in diesem Grade begeistern würde!

14, 12. Anders wie bei Mc melden die Johannesjünger Jesu den Tod ihres Meisters und veranlassen ihn dadurch, vor Herodes zu fliehen. Indessen die Hinrichtung des Johannes ist ja schon vor längerer Zeit geschehen und an dieser Stelle nur nachgetragen. Es ist eine Parenthese; sie unterbricht den Zusammenhang und darf ihn nicht zum Schluß einfach fortsetzen, so daß das Plusquamperfektum auf das Niveau des bloßen Präteritums übergeht. Also ist die Vorlage des Mc hier durch Mt entstellt. Vgl. Weiße, Evangelische Geschichte 1, 420.

§ 31. 32. Mt 14, 13–21.

Da Jesus das hörte, entwich er von da zu Schiff an einen einsamen Ort, um allein zu sein. Aber die Leute erfuhren es und gingen zu Fuß ihm nach, aus den Städten. ¹⁴Und als er ausstieg, sah er eine große Menge, und ihn jammerte ihrer und er heilte ihre Kranken. ¹⁵Am Abend aber kamen die Jünger zu ihm und sagten: der Ort ist öde und die Zeit schon vorgerückt, entlaß die

Leute, daß sie in die Dörfer gehn und sich Speise kaufen. ¹⁶Jesus sprach zu ihnen: sie brauchen nicht zu gehn, gebt ihr ihnen zu essen. ¹⁷Sie sagten: wir haben hier nur fünf Laibe Brot und zwei Fische. ¹⁸Er sprach: bringt sie mir her. ¹⁹Und er hieß die Menge sich lagern auf dem Grase, nahm die fünf Laibe und die zwei Fische, sah auf gen Himmel und sprach den Segen, und brach und gab den Jüngern das Brot; die Jünger aber gaben es den Leuten. ²⁰Und sie aßen alle und wurden satt. Und man hub die übrig gebliebenen Brocken auf, zwölf Körbe voll. ²¹Die aber aßen, deren waren fünftausend Männer, ungerechnet Weiber und Kinder.

Der Neigung des Mt, zu kürzen, ist auch hier das malerische Detail des Mc zum Opfer gefallen. Die Fische werden zwar 14, 17 erwähnt, aber hinterher vergessen. Am Schluß kommen zu den fünftausend Männern noch die Weiber und Kinder hinzu, so daß die Zahl sich erheblich vergrößert. Das ἐσπλαγχνίσθη als Motiv zu lehren hat Mt in 9, 36 verwendet, hier macht er es zum Motiv zu heilen. Παρῆλθεν 14, 15 muß bedeuten: ist vorgerückt. Es scheint, daß auch παράγειν (wie עבר) öfters weitergehn heißt und nicht vorübergehn.

§ 33. 34. Mt 14, 22—36.

Und er trieb die Jünger in das Schiff zu steigen und voraus zu fahren an das andere Ufer, damit er inzwischen die Leute entließe. ²³Und als er sie entlassen hatte, ging er auf einen Berg, um für sich allein zu sein und zu beten. Und am Abend war er dort allein, ²⁴das Schiff aber schon meilenweit entfernt vom Lande, in Not vor den Wellen, denn der Wind war widrig. ²⁵In der vierten Nachtwache aber kam er auf dem See wandelnd zu ihnen. ²⁶Wie nun die Jünger ihn auf dem See wandeln sahen, entsetzten sie sich und sagten: es ist ein Gespenst und schrien vor Furcht. ²⁷Alsbald aber redete er sie an und sprach: seid getrost, ich bin es, fürchtet euch nicht! ²⁸Da hub Petrus an und sagte zu ihm: Herr, bist du es, so heiß mich zu dir kommen auf dem Wasser. ²⁹Er sprach: komm! Und Petrus stieg aus dem Schiff und wandelte auf dem Wasser und kam zu Jesus. ³⁰Da er aber den Wind sah, ward ihm bange, und er begann unterzusinken und schrie: Herr hilf mir! ³¹Alsbald streckte Jesus die Hand aus und ergriff ihn und sprach: Kleingläubiger, warum zweifelst du! ³²Und wie sie in das

Schiff einstiegen, legte sich der Wind. ³³Die im Schiff aber warfen sich vor ihm nieder und sagten: du bist wahrhaftig Gottes Sohn. ³⁴Und sie fuhren über und kamen ans Land nach Gennesar. ³⁵Und die Menschen dort erkannten ihn und schickten Boten in die ganze Gegend, und sie brachten ihm alle Kranken ³⁶und baten ihn, daß sie nur den Zipfel seines Kleides anrühren dürften, und wer daran rührte, wurde gesund.

14, 22. Mt läßt Bethsaida an den beiden Stellen aus, wo es bei Mc vorkommt, nennt es hingegen 11, 21.

14, 24. Subjekt zu βασανίζεσθαι ist bei Mt (außer in der Syra) das Schiff, nicht wie bei Mc die Insassen; das Verb wird also passivisch verstanden und bedeutet in der Tat nirgend im N. T.: sich plagen, d. h. anstrengen.

14, 25. **Und er wollte vorübergehn** (Mc 6, 49) fehlt bei Mt. Vgl. die Einleitung (1911) p. 50 s.

14, 28—31. Dieses schöne Beispiel von der Macht des Glaubens und der Wirkung des Zweifels findet sich nur bei Mt. Das Präteritum ἐδίστασας 14, 31 ist semitisch, wie ἐβάπτισα Mc 1, 8.

14, 33. Bei Mt merken die Jünger, daß Jesus der Sohn Gottes sei; bei Mc merken sie nichts, weil ihr Herz verstockt ist. Vgl. Mt 13, 16. 17 mit Mc 4, 13.

§ 35. 36.   Mt 15, 1—20.

Darauf kamen von Jerusalem Pharisäer und Schriftgelehrte zu Jesus und sagten: ²warum übertreten deine Jünger die Überlieferung der Ältesten? denn sie waschen die Hände nicht, wenn sie essen. ³Er antwortete ihnen: Warum übertretet hinwieder ihr das Gebot Gottes um eurer Überlieferung willen? ⁴Denn Gott hat gesagt: ehre Vater und Mutter, und: wer Vater oder Mutter schmäht, soll des Todes sterben; ⁵ihr aber sagt: wer zum Vater oder zur Mutter sagt: Opfer sei, was du von mir zu gut haben könntest, der solle seinen Vater oder seine Mutter nicht ehren; ⁶und ihr macht das Gesetz Gottes ungiltig um eurer Überlieferung willen. ⁷Ihr Heuchler, mit Recht hat Esaias von euch geweissagt: ⁸dies Volk ehrt mich mit seinen Lippen, ihr Herz ist aber weit weg von mir, ⁹nichtig verehren sie mich mit ihrem Lehren von Menschengeboten. ¹⁰Und er rief das Volk herbei und sprach:

Hört und vernehmt! ¹¹Nicht das verunreinigt den Menschen, was in den Mund hineinkommt, sondern was aus dem Munde herausgeht, das verunreinigt den Menschen. ¹²Da traten die Jünger herzu und sagten ihm: weißt du, daß die Pharisäer Anstoß genommen haben, als sie das Wort hörten? ¹³Er antwortete: Jede Pflanze, die mein himmlischer Vater nicht gepflanzt hat, wird ausgereutet werden. ¹⁴Laßt sie, sie sind blinde Blindenführer, und wenn ein Blinder den anderen führt, fallen sie beide in die Grube. ¹⁵Petrus aber hub an und sagte zu ihm: deute uns das Gleichnis. ¹⁶Er sprach: Seid ihr auch noch immer verständnislos? ¹⁷Seht ihr nicht ein, daß alles, was in den Mund hineingeht, in den Bauch tritt und zum Darm hinausgeworfen wird? ¹⁸Aber was aus dem Munde herausgeht, das kommt aus dem Herzen und das verunreinigt den Menschen. ¹⁹Denn aus dem Herzen kommen die bösen Gedanken, Mord, Ehebruch, Hurerei, Diebstahl, falsche Anklage, Lästerung. ²⁰Das ist es, was den Menschen verunreinigt; aber mit ungewaschenen Händen essen, das verunreinigt den Menschen nicht.

15, 1. Bei Mc sind die Pharisäer nicht auch aus Jerusalem gekommen.

15, 2. Mt übergeht die Erläuterung Mc 7, 2—5, die für jüdische Leser überflüssig ist. Er vermeidet auch den Ausdruck κοιναῖς χερσίν, an den sie sich knüpft, gebraucht aber hernach das davon abgeleitete Verbum κοινοῦν.

15, 3—9. Mt weiß die beiden bei Mc (7, 6—13) noch unverbundenen Antworten geschickt zu vermischen und den Zusammenstoß von Mc 7, 8 und 7, 9 zu vermeiden. Für M o s e s setzt er 15, 4 G o t t ein und erzielt dadurch formelle Kongruenz mit dem vorhergehenden Verse. Den Schlußsatz von Mc 7, 13 „und dergleichen tut ihr viel" läßt er aus, in dem richtigen Gefühl, daß eine solche unbestimmte Verallgemeinerung bei dieser Gelegenheit nicht in den Mund Jesu passe, sondern dem Referenten angehöre, der eine ähnliche Bemerkung auch Mc 7, 4 (καὶ ἄλλα πολλά) gemacht hat.

15, 11. Die Deutung von i n d e n M e n s c h e n und a u s d e m M e n s c h e n durch i n d e n M u n d und a u s d e m M u n d e ist zwar richtig, darf aber nicht schon hier erfolgen, da der Ausspruch, der erst hernach erklärt werden soll, dadurch an Erklärungsbedürftigkeit verliert.

15, 12—14. Zusatz des Mt, vgl. Lc 6, 39. Die Pflanzen sind natürlich Menschen, nicht Satzungen, wie Weiß „dem Kontexte" entnimmt, der ihm oft merkwürdige Dinge offenbart. Und zwar werden unter den auszureutenden ζιζάνια hier speziell die Pharisäer verstanden. Diese Sündenböcke soll Jesus immer gemeint haben, auch in ganz allgemein lautenden Aussprüchen. Statt „mein Vater" 15, 13 liest die Syra „der Vater".

15, 15—20 deckt sich wieder mit Mc 7, 16—20, nur daß Mt (15, 15) den Petrus voranschickt und (15, 16, im Gegensatz zu 13, 16. 14, 33) die Verständnislosigkeit der Jünger hervorhebt, die dem Mc nicht mehr auffällt. Ἐκβάλλεται (15, 17) ist das selbe wie ἐκπορεύεται (Mc 7, 19), nämlich נפק, welches, wie auch das hebräische יצא, mit dem Akkusativ, d. h. mit ל konstruirt werden kann. Man sagt: das Tor hinausgehn, für: aus dem Tor h.

§ 37. Mt 15, 21–28.

Und Jesus ging weg von da und entwich in die Landschaft von Tyrus und Sidon. ²²Und eine kanaanäische Frau aus der Gegend kam hervor und schrie: erbarm dich mein, Herr, Sohn Davids! meine Tochter wird von einem Dämon geplagt. ²³Er antwortete ihr aber kein Wort. Und die Jünger traten herzu und baten ihn: fertige sie ab, denn sie schreit hinter uns her. ²⁴Er antwortete: ich bin nur zu den verlorenen Schafen vom Hause Israel gesandt. ²⁵Sie aber kam und warf sich vor ihm nieder und sprach: Herr, hilf mir! ²⁶Er antwortete: es gehört sich nicht, den Kindern das Brot zu nehmen und es den Hündlein vorzuwerfen. ²⁷Sie sagte: doch, Herr, denn auch die Hündlein essen von den Brosamen, die von dem Tisch ihrer Herren fallen. ²⁸Darauf antwortete Jesus und sprach zu ihr: o Weib, dein Glaube ist groß, dir geschehe, wie du wünschest. Und ihre Tochter ward von dem Augenblick an gesund.

15, 21. Sidon ist hier zugesetzt, fehlt aber 15, 29.

15, 22. Χαναανᾶια ist biblisch und archaistisch. Während die Frau bei Mc das Haus aufzufinden weiß, wo Jesus sich verborgen hält, schreit sie hier auf der Straße längere Zeit hinter ihm her. Das geschieht, um ihn laut und öffentlich als Messias proklamiren zu lassen, und um das Eingreifen der Jünger zu motiviren.

15, 23. 24 fehlt bei Mc. Ausnahmsweise verkürzt Mt nicht, sondern erweitert. Das kanaanäische Weib hat für ihn das selbe Interesse wie der Hauptmann von Kapernaum. Der Ausspruch Jesu (15, 24) ist aus 10, 6 wiederholt; er antwortet nicht dem Weibe, sondern den Jüngern. Also hat ἀπόλυσον (15, 23) den Sinn: t u i h r d e n W i l l e n, um sie los zu werden.

15, 26. Jetzt erst fällt die Frau vor Jesus nieder, bei Mc tut sie es gleich anfangs.

15, 27. Sämtliche Syrae, auch die Peschita und die Syropalästina, fügen am Schluß hinzu: u n d l e b e n d. h. werden selig — weil die Hunde die Heiden sind.

15, 28. Sonst findet sich ὦ in den Evangelien nur als Droh- und Weheruf, nicht vor dem einfachen Vokativ. Es fehlt in D.

§ 38. 39. Mt 15, 29–38.

Und Jesus zog von dannen und kam an den See von Galiläa. Und er ging auf einen Berg und setzte sich dort. ³⁰Und viele Leute kamen zu ihm, die hatten Lahme, Krüppel, Blinde, Stumme und andere viele mit sich, und setzten sie nieder ihm zu Füßen, und er heilte sie, ³¹so daß sich die Menge verwunderte zu sehen, wie die Stummen redeten, die Verkrüppelten geheilt wurden, die Lahmen wandelten und die Blinden sahen. Und sie priesen den Gott Israels.
³²Jesus aber rief seine Jünger heran und sprach: mich jammert des Volks, denn sie verharren schon drei Tage bei mir und haben nichts zu essen, und sie hungrig gehn lassen will ich nicht, damit sie nicht unterwegs von Kräften kommen. ³³Und die Jünger sagten zu ihm: woher bekommen wir in einsamer Gegend so viel Brot, um eine solche Menge satt zu machen? ³⁴Und Jesus sprach zu ihnen: wie viele Laibe habt ihr? Sie sagten: sieben und ein paar Fische. ³⁵Da hieß er die Menge sich auf dem Boden niederlassen, ³⁶nahm die sieben Laibe Brot und die Fische, sprach den Segen, brach und gab es den Jüngern, die Jünger aber (gaben es) den Leuten. ³⁷Und sie aßen alle und wurden satt, und die übrig gebliebenen Brocken huben sie auf, sieben Körbchen voll. ³⁸Die aber aßen, deren waren viertausend Mann, ungerechnet Weiber und Kinder.

15, 29. Die Dekapolis nennt Mt überhaupt nicht, Sidon läßt er hier aus guten Gründen aus; s. zu Mc 7, 31.

15, 30. 31. Ein Redaktionsstück, eine allgemeine Übersicht, ist an stelle des einzelnen Wunders bei Mc (7, 31—37) getreten. Die zauberische Heilung des Tauben (in Bethsaida) wird ebenso übergangen wie die zauberische Heilung des Blinden in Bethsaida (Mc 8, 22—26); doch haben die beiden anstößigen Erzählungen in Mt 9, 27—33 ihren Schatten vorausgeworfen. Daß Jesus auf den Berg geht und die Leute ihre Kranken ihm dort hinauf bringen, befremdet. Der Berg geht hier der Wüste (15, 33) voran, während in der Parallele der Berg (14, 23) auf die Wüste folgt und Jesus sich dorthin aus der Wüste zurückzieht, um einsam zu beten. Da 15, 29—31 unmittelbar in 15, 32 ss. übergeht und die Szene nicht wechselt, so wäre es allerdings nicht unmöglich, den Berg mit der Einöde (15, 33) zu verselbigen, zumal ἐρημία nicht den Artikel hat. Das aramäische t û r a (Berg) schließt auch die ἐρημία ein, weil das Draußen in Palästina fast immer gebirgig ist. Vgl. 18, 12 mit Lc 15, 4.

§ 40. 41. Mt 15, 39–16, 12.

Und er entließ das Volk, ging zu Schiff und kam in das Gebiet von Magadan. ¹⁶,¹Da kamen die Pharisäer und Sadducäer an, versuchten ihn und forderten ihn auf, sie ein Zeichen vom Himmel sehen zu lassen. ²Er aber antwortete ihnen: ⁴das böse und ehebrecherische Geschlecht begehrt ein Zeichen, und es wird ihm kein Zeichen gegeben werden, außer dem Zeichen Jonas.

Und er ließ sie und ging davon, ¹⁶,⁵Und als die Jünger an das andere Ufer kamen, hatten sie vergessen Brot mitzunehmen. ⁶Jesus aber sprach zu ihnen: habt acht und hütet euch vor dem Sauerteige der Pharisäer und Sadducäer! ⁷Da dachten sie bei sich: weil wir kein Brot mitgenommen haben. ⁸Jesus aber erkannte es und sprach: Was denkt ihr da bei euch, ihr Kleingläubigen, daß ihr kein Brot habt? ⁹Kommt ihr noch nicht zur Einsicht? und erinnert ihr euch nicht an die fünf Laibe Brot für die Fünftausend und daran, wie viel Körbe ihr aufhubet? ¹⁰und an die sieben Laibe für die Viertausend und wie viel Körbchen ihr aufhubet? ¹¹Wie seht ihr nicht ein, daß ich nicht an Brot gedacht habe bei dem Worte: hütet euch vor dem Sauerteige der Pharisäer und Sadducäer! ¹²Darauf verstanden sie, daß er nicht geboten hatte sich zu hüten vor dem Sauerteige, sondern vor der Lehre der Pharisäer und Sadducäer.

15, 39. Über Magadan s. zu Mc 8, 10.

16, 1. Die Sadducäer werden mit den Pharisäern ohne Artikel eng verbunden, wie 3, 7; indessen hier aus einem besonderen Grunde, s. zu 16, 12.

16, 4. „Außer dem Zeichen Jonas" ist aus 12, 39 (Q) hinzugefügt.

16, 5. Durch die Umstellung von εἰς τὸ πέραν und die Auslassung von ἐν τῷ πλοίῳ (gegen Mc) wird es unmöglich gemacht, sich die Szene im Schiff vorzustellen, wohin sie doch gehört.

16, 11. 12. Mt macht den Versuch, das in Wahrheit ganz isolirte Herrenwort 16, 6 im Zusammenhang des Ganzen zu verstehn, wozu ihm die Stellung desselben bei Mc (8, 15) Anlaß gab. Er deutet den Sauerteig auf die Lehre. Dadurch wird er gezwungen, den König Herodes, der ja nicht lehrt, in die Sadducäer zu verwandeln, die er sich wie die Pharisäer als Lehrer denkt. Daran zeigt sich, daß seine Deutung des Sauerteigs falsch ist. In Galiläa gab es überhaupt schwerlich Sadducäer; bei Mc kommen sie erst in Jerusalem mit Jesus in Berührung.

§ 43. Mt 16, 13—23.

Als aber Jesus in die Gegend von Cäsarea Philippi kam, fragte er seine Jünger: was sagen die Leute, wer der Menschensohn sei? ¹⁴Sie sagten: die einen Johannes der Täufer, andere Elias, noch andere Jeremias, oder irgend ein Prophet. ¹⁵Er sprach zu ihnen: ihr aber, was sagt ihr, wer ich sei? ¹⁶Simon Petrus antwortete: du bist der Christus, der Sohn des lebendigen Gottes. ¹⁷Da antwortete Jesus und sprach zu ihm: Selig bist du, Simon bar Jona, denn Fleisch und Blut hat dir das nicht offenbart, sondern mein Vater im Himmel. ¹⁸So sage auch ich dir: du bist Petrus und auf diesen Fels will ich meine Gemeinde bauen, und die Pforten der Hölle werden sie nicht überwältigen. ¹⁹Ich will dir die Schlüssel des Reichs des Himmels geben, und was du auf Erden binden wirst, soll gebunden sein im Himmel, und was du auf Erden lösen wirst, soll gelöst sein im Himmel. ²⁰Darauf gebot er den Jüngern, keinem zu sagen, daß er der Christus sei.

²¹Seitdem begann Jesus seinen Jüngern darzulegen, daß er nach Jerusalem gehn müsse und viel leiden von den Ältesten und Hohenpriestern und Schriftgelehrten und am dritten Tage auferstehn. ²²Da nahm Petrus ihn beiseit und begann ihm Vorstellungen zu machen und zu sagen: da sei Gott vor, Herr; das möge dir ja nicht widerfahren. ²³Er aber wandte sich und sprach zu Petrus: weg von mir Satan! du willst mich verführen, denn du bist nicht göttlich gesinnt, sondern menschlich.

16, 13. Über die Auslassung von § 42 s. zu 15, 30. 31. — D und Syra lesen: μὲ εἶναι υἱὸν τοῦ ἀ. Beides neben einander ist zu viel. Wahrscheinlich ist μέ nachgetragen, denn der Menschensohn fehlt in keinem Zeugen und konnte Anstoß erregen, weil dadurch die Antwort schon in die Frage hinein gelegt wird.

16, 14. Ἕνα τῶν π., d. h. ein gewöhnlicher Prophet, nicht Revenant eines außerordentlichen. Die Vorstellung von der Wiederkunft vergangener Propheten hat bei Elias angesetzt und ist dann auch auf Jeremias übertragen. Dagegen braucht sie in der Äußerung des Herodes nicht gesucht zu werden; sie bedeutet: in Jesus ist Johannes wieder aufgelebt.

16, 17—19. Ein Einschub des Mt, worin dem Petrus erst einmal das gebührende Lob gespendet wird, ehe er die scharfe Zurechtweisung erfährt. Daraus, daß hier von der Kirche die Rede ist, geht nicht zwingend hervor, daß der Einschub jung sei. Aber man kann nicht annehmen, daß diese Zeilen noch bei Lebzeiten des Petrus geschrieben seien, so daß er sie selbst noch hätte lesen können.

16, 17. Im Munde Jesu heißt Petrus immer Simon, hier wird auch der Vatersname hinzugesetzt, mit dem aramäischen b a r (Sohn). J o n a ist Jona und keine Abkürzung von Johanan, und Mt wird nicht bloß gegen das Hebräerevangelium, ein spätes Machwerk, recht haben, sondern auch gegen das vierte Evangelium. Unter Fleisch und Blut begreift Jesus sich auch selber ein. Es wird so scharf wie möglich ausgeschlossen, daß er sich schon früher als Messias zu erkennen gegeben habe.

16, 18. Aramäisch: du bist Kepha und auf (diese) Kepha will ich ... Ταύτῃ wird von Blaß nach Eusebius gestrichen. Es ist formell allerdings störend, weil es, da das Appellativ K e p h a weiblich ist, dazu zwingt, im Aram. einen Genuswechsel hervortreten zu lassen, ähnlich dem griechischen Πέτρος πέτρα. Dem Sinne nach ist es aber jedenfalls richtig. Daß Simon den Beinamen Kepha trägt, wird schon vorausgesetzt. Die Gemeinde ist nicht von Jesus, sondern erst durch die Auferstehung gegründet, und Petrus hat daran das Verdienst, weil ihm der Auferstandene zuerst erschien — das liegt zu grunde. Die Pforten der Hölle sind in den Psalmen ein Bild für die größte Gefahr; es wird gesagt, daß die Gemeinde den Verfolgungen trotz allem nicht erliegen werde. Der Sache nach wird die christliche Gemeinde überall in den Redestücken von Mt vorausgesetzt, sie heißt aber nicht so, sondern, wenn auch unter einem etwas anderen Aspekt, das Reich Gottes. Der Name ἐκκλησία findet sich in den Evangelien nur hier und 18, 17. Er ist von den Juden auf die Christen übergegangen. Das aramäische Urwort, k'n i s c h t a, bezeichnet sowohl die jüdische als auch die christliche Gemeinschaft. Die palästinischen Christen haben es immer unterschiedslos beibehalten und sowohl für die Kirche als für die Synagoge gebraucht; e d t a ist nicht palästinisch, sondern biblisch-syrisch. Die Syrer sagen e d t a für die Christen und k'n u s c h t a für die Juden. Doch auch bei ihnen ist der Unterschied nicht alt; denn in der Syra Sin. wird ἐκκλησία Mt 18, 17 (16, 18 ist nicht erhalten) mit k'n u s c h t a wiedergegeben, erst in der Syra Cur. mit e d t a, wie in der Peschita; in der Didascalia wechseln jedoch noch beide Ausdrücke. Im Griechischen ist ἐκκλησία das vornehmere Wort, und vielleicht haben es schon die Juden der Diaspora dem συναγωγή vorgezogen, welches einen beschränkteren und lokalen Sinn annahm, den es in der Septuaginta nicht hat. Die Christen brauchen es ausschließlich, es mochte ihnen die Etymologie vorschweben, wonach die ἐκκλητοί die ἐκλεκτοί sind (1 Petr 5, 13). Paulus sagt ἐκκλησία τοῦ θεοῦ, entsprechend dem q'h a l J a h v e im Alten Testament (sowohl für die Einzelgemeinde als für die Gesamtgemeinde) und der ἐκκλ. κυρίου in der Septuaginta. Bei Mt nennt Jesus die Kirche s e i n e Kirche, wie auch von s e i n e m Reiche die Rede ist.

16, 19. Binden und Lösen wird gesagt von der weisenden, gesetzgebenden Tätigkeit der jüdischen Schriftgelehrten und bedeutet: für erlaubt und für verboten erklären. Petrus wird also als Schriftgelehrter gedacht, ebenso wie die Jünger überhaupt in 13, 52. Was er auf Erden für recht und unrecht erklärt, wird im Himmel ratifizirt. Er hat mit anderen Worten göttliche Lehrautorität; seine Weisung bezieht sich freilich nicht auf Theorie und Dogma, sondern auf Praxis und Disciplin. Wie nun in 13, 52 der Schriftgelehrte mit dem Hausmeister verglichen wird, so wird auch hier beides verbunden. Man darf aber den ersten Satz unseres Verses nicht in zu enge Verbindung mit dem folgenden bringen, nicht das R e i c h des Himmels mit dem Himmel identifiziren und nicht die Schlüssel nach dem Lösen und Binden erklären. Man darf auch nicht annehmen, daß Petrus hier als Pförtner gedacht sei, der den Eingang zum Himmel öffnen und schließen kann. Es ist nicht von einem singularischen Schlüssel die Rede, sondern von einem Schlüsselbund. Der Schlüsselbund ist, wie aus Isa 22, 22. Apoc 1, 18. 3, 7 hervorgeht und wie mein alter Lehrer H. L. Ahrens (Das Amt der Schlüssel, Hannover 1864) richtig erkannt hat, das Insigne des Verwalters. In Apoc 3, 7 ist Jesus selbst der Verwalter, als Majordomus. In Mt 16, 19 ist es Petrus und zwar als bevollmächtigter Lehrer im Reiche Gottes, der darin nach seinem Ermessen und aus der ihm zu Gebote stehenden Fülle das geistige Brot austeilt (24, 45). Das Reich Gottes oder, wie Mt sagt, das R. des Himmels ist natürlich auch hier die christliche Gemeinde, also etwas ganz anderes als wie im zweiten Teil unseres Verses der Himmel, welcher der Erde entgegen steht. Vgl. zu 18, 18.

16, 20 lenkt wieder zu Mc (8, 30) ein und schließt an 16, 16.

16, 21. Mt setzt hier ab und betont stärker als Mc (8, 31), obgleich ganz in dessem Sinn, daß Jesus sofort auf das Petrusbekenntnis den Jüngern eröffnet habe, er müsse nach Jerusalem gehn, aber nicht als siegreicher, sondern als leidender Messias. Χριστός hinter Ἰησοῦς stammt wohl von einem Späteren, der damit die Epoche des Petrusbekenntnisses anerkennt; es fehlt z. B. in D.

16, 23. Petrus würde Jesus verführen, wenn er ihn bewöge, in Jerusalem nicht zu leiden und zu sterben, sondern als jüdischer Messias aufzutreten (4, 8—10).

§ 44. Mt 16, 24–28.

Darauf sprach Jesus zu seinen Jüngern: Wer mir nachfolgen will, verleugne sich selbst und nehme sein Kreuz auf sich — so wird er mir nachfolgen. ²⁵Denn wer seine Seele retten will, der verliert sie; wer aber seine Seele verliert um meinetwillen, der findet sie. ²⁶Was hat denn ein Mensch davon, wenn er die ganze Welt gewinnt und seine Seele einbüßt! oder was kann ein Mensch als Kaufpreis für seine Seele geben! ²⁷Denn der Menschensohn wird kommen in der Herrlichkeit seines Vaters mit seinen Engeln, und dann wird er einem jeden vergelten nach seinem Tun. ²⁸Amen ich sage euch, etliche unter denen, die hier stehn, die werden den Tod nicht schmecken, bis sie den Menschensohn mit seinem Reich kommen sehn.

Mt läßt auch diese Worte ebenso wie die vorhergehenden lediglich an die Jünger gerichtet sein. Im übrigen stimmt er mit Mc überein; nur läßt er ἕνεκεν τοῦ εὐαγγελίου aus und gestaltet, zum Schaden des Zusammenhangs, den Vers 8, 38 um, mit Rücksicht darauf, daß er ihn teilweise schon in 10, 33 verwendet hat. S e i n (Jesu) Reich und s e i n e Engel, wie in 13, 41. Ἑστηκότες aram. = Anwesende. Ἔρχεσθαι ἐν wie 21, 32. Mc 8, 38. Lc 23, 42.

§ 45. Mt 17, 1–13.

Und nach sechs Tagen nahm Jesus Petrus und Jakobus und dessen Bruder Johannes mit und führte sie für sich besonders auf einen hohen Berg. ²Und er wurde vor ihren Augen verwandelt, sein Antlitz strahlte wie die Sonne und sein Gewand ward weiß wie das Licht. ³Und siehe da erschien ihm Moses und Elias, die redeten mit ihm. ⁴Petrus aber hub an und sagte zu Jesus: Herr, hier ist für uns gut sein; wenn du willst, mache ich hier drei Hütten, eine für dich, eine für Moses und eine für Elias. ⁵Während er noch redete, da beschattete sie eine lichte Wolke, und eine Stimme erscholl aus der Wolke: dies ist mein geliebter Sohn, den ich erwählt habe; hört auf ihn! ⁶Und da die Jünger das hörten, fielen sie auf ihr Angesicht und fürchteten sich sehr. ⁷Jesus aber trat herzu, rührte sie an und sprach: steht auf und fürchtet euch nicht! ⁸Und als sie die Augen aufschlugen, sahen sie niemand außer Jesus allein. ⁹Und als sie vom Berge herab stiegen, gebot ihnen Jesus und sprach: sagt keinem etwas von dem Gesicht, bis der Menschensohn von den Toten auferstanden ist. ¹⁰Und die Jünger fragten ihn: wie sagen denn die Schriftgelehrten, Elias müsse zuvor kommen? ¹¹Er antwortete: Elias soll allerdings kommen und alles in Ordnung bringen; ¹²ich sage euch aber, Elias ist schon gekommen und sie haben ihn nicht anerkannt, sondern ihm getan was sie wollten. So wird auch der Menschensohn von ihnen leiden. ¹³Darauf verstanden die Jünger, daß er über Johannes den Täufer zu ihnen redete.

17, 1. 2. Φέρειν sagt sonst nur Mc für ἄγειν. Mt setzt das strahlende Antlitz zu und vermeidet bei den Kleidern den Walker des Mc. Ebenso Lc.

17, 3. Bei Mc ist Elias das Subjekt und Moses wird mit σύν hinzugefügt. Bei den beiden anderen ist das Subjekt dualisch und Moses wird vorangestellt; Mt behält trotzdem den Singular des Verbum ὤφθη bei.

17, 5. Die Wolke überschattet bei Mt die Jünger, bei Mc Jesus. Aber richtig heißt sie bei Mt eine Lichtwolke.

17, 6. 7. Hier holt Mt die Aussage Mc 9, 6 nach, in erweiterter Form. Auch Lc (9, 3. 4) bringt die Furcht der Jünger erst nach der Wolke.

17, 9—12 wie Mc 9, 9—13. Aber die Kritik des Fündleins der Rabbinen durch die Schrift in Mc 9, 12 läßt Mt an ihrer Stelle aus. Er stellt auf diese Weise das Korrigendum 17, 11 und die Korrektur 17, 12 dicht nebeneinander, als ob sie in einem Atem gesprochen wären, und macht dadurch den Widerspruch in der Tat um so fühlbarer. Höchst à propos trägt er dann zum Schluß das Ausgelassene nach: so wird auch der Menschensohn usw. In 17, 9 bietet D den Nom. abs. καὶ καταβαίνοντες statt des Genitivs, ebenso auch 17, 14 — vermutlich beruht der Genitiv auf grammatischer Verbesserung, die freilich auch noch kein korrektes Griechisch herstellt.

17, 13. Zusatz des Mt. Bei Mc verstehn die Jünger trotz allem nichts.

§ 46. Mt 17, 14–21.

Und als er zu dem Volke kam, trat ein Mann zu ihm, warf sich vor ihm nieder und sprach: ¹⁵Herr, erbarm dich meines Sohnes, denn er ist mondsüchtig und leidet schwer, oft fällt er ins Wasser und oft ins Feuer; ¹⁶und ich habe ihn zu deinen Jüngern gebracht, aber sie konnten ihn nicht heilen. ¹⁷Da hub Jesus an und sprach: o ungläubiges und verkehrtes Geschlecht, wie lange soll ich bei euch sein! wie lange soll ich euch ertragen! bringt ihn mir her. ¹⁸Und Jesus bedrohte ihn, und der Dämon fuhr aus von ihm, und der Knabe wurde gesund von Stund an. ¹⁹Darauf traten die Jünger für sich besonders zu Jesu und sagten: warum haben wir ihn nicht austreiben können? ²⁰Er sprach: Wegen eures Unglaubens. Amen ich sage euch, wenn ihr Glauben habt wie ein Senfkorn, so werdet ihr diesem Berge sagen: rück von hier nach dort, und er wird rücken, und nichts wird euch unmöglich sein.

17, 14. Das Gezänk der Jünger und der Empfang Jesu fehlt bei Mt und Lc. Ἐλθόντων ist grammatische Korrektur für ἐλθών (D und Syra); s. zu 17, 9.

17, 15. „Er fiel nieder und sagte Kyrie eleison" ist Zusatz des Mt. Er zieht Mc 9, 18 und 9, 22 zusammen und macht den Epileptischen zum Mondsüchtigen. Dann paßt aber „in Wasser und Feuer" (Mc 9, 22) nicht mehr; denn der Mondsüchtige ist d'bar eggâre, der mit einem Dachgeist Behaftete, und vom Dach herunter fällt man auf die Straße oder in den Hof.

17, 18. Die lebendige Scene Mc 9, 10—27 wird übergangen und nur das Resultat angegeben.

17, 20. Mt nimmt an der Antwort Mc 9, 29 Anstoß und ersetzt sie durch den Spruch 21, 21. Ὀλιγοπιστία scheint Milderung von ἀπιστία (D und Syra) zu sein. Der Vers 17, 21 ist unecht.

§ 47. Mt 17, 22-27.

Als sie sich aber nach Galiläa zurückwandten, sprach Jesus zu ihnen: der Menschensohn wird in die Hand der Menschen übergeben werden [23]und sie werden ihn töten, und am dritten Tage wird er auferstehn. Und sie wurden sehr betrübt. [24]Und als sie nach Kapernaum kamen, traten die Einnehmer der Tempelsteuer zu Petrus und sagten: entrichtet euer Meister die Tempelsteuer nicht? Er sagte: ja doch. [25]Und als er nach Hause gekommen war, kam ihm Jesus zuvor mit der Frage: was dünkt dich, Simon? von wem nehmen die Könige der Erde Zoll oder Steuer? von ihren Volksgenossen oder von den Fremden? [26]Er sagte: von den Fremden. Jesus sprach zu ihm: also sind die Volksgenossen frei; [27]damit wir ihnen aber keinen Anstoß geben — geh an den See, wirf die Angel aus und den ersten Fisch, der heraufgezogen wird, den nimm und öffne sein Maul, so wirst du einen Silberling finden; den nimm und gib ihn für mich und dich.

17, 22. 23 wie Mc 9, 30—32, nur daß das Unverständnis der Jünger am Schluß in tiefe Betrübnis verwandelt wird. Aus Mc stammt auch noch der Anfang von 17, 24: sie kamen nach Kapernaum.

17, 24—27 Sondergut des Mt. Es ist von Steuer an das eigene Volk die Rede, nicht von erzwungener Steuer an Fremde. Also nicht von dem Didrachmon, welches die Juden nach der Zerstörung des Tempels den Römern geben mußten, sondern von dem Didrachmon, welches sie an den Tempel gaben, so lange er noch stand. Der Zoll wird immer von den Fremden erhoben, aber auch die Steuer ist nach orientalischer Auffassung ein Tribut, der nicht von den Söhnen des Volkes, dem der Herrscher angehört, sondern nur von den Knechten, d. i. von den Unterworfenen, bezahlt wird. Die υἱοί sind ἐλεύθεροι (Joa 8, 35), wie bei den Persern S ö h n e und F r e i e identisch ist. Gegen diesen Grundsatz verstößt die theokratische Kopfsteuer; denn die Bürger der Theokratie müßten davon frei sein. Die Beweisführung erstreckt sich genau genommen auf die Juden überhaupt. Doch beschränkt sich ihr wirkliches Interesse auf die Frage, ob die palästinischen C h r i s t e n, die richtigen υἱοί und ἐλεύθεροι und Genossen des wahren Gottesreichs, nach wie vor als Juden die Tempelsteuer entrichten sollen. Sie sollen nicht, aber sie dürfen — um Anstoß zu vermeiden. Dafür gibt Jesus das Beispiel. Er läßt die Steuer für sich und Petrus entrichten, die anderen Jünger kommen nicht in betracht. Petrus ist wie in 16, 17—19 sein Alter Ego und das Vorbild der ganzen Gemeinde; die Zolleinnehmer wenden sich an ihn und er ist auch der Zahlende. Wichtig ist, daß auch diese Geschichte, die man für sehr spät hält, doch vor der Zerstörung des Tempels entstanden sein muß, wenngleich darum nicht schon zu Lebzeiten des Petrus. Die Einsammlung des Didrachmon soll in Palästina im Adar geschehen sein, d. h. in dem Monat vor Ostern —, was zu der Situation unserer Erzählung passen würde. Das Wunder mit dem Fisch veranschaulicht, daß Jesus kein Silber hat; auch in der Censusgeschichte hat er keins. Ἀναβάντα 17, 27 ist passivisch.

§ 48. Mt 18, 1—20.

Zu jener Stunde kamen die Jünger zu Jesu und fragten: wer ist nun der Größte im Reich des Himmels? ²Und er rief ein Kind und stellte es unter sie und sprach: ³Amen, ich sage euch, wenn ihr nicht umkehrt und werdet wie die Kinder, so kommt ihr gewiß nicht in das Reich des Himmels. ⁴Wer sich also erniedrigt wie dies Kind, der ist der Größte im Reich des Himmels. ⁵Und wer ein solches Kind in meinem Namen aufnimmt, nimmt mich auf. ⁶Wer aber einen dieser Kleinen, die an mich glauben, zum Fallen verführt, dem wäre besser, daß ihm ein Mühlstein um den Hals gehängt und er ersäuft würde in der Tiefe des Meeres. ⁷Weh der Welt wegen der Verführungen; es müssen zwar Verführungen kommen, doch weh dem Menschen, durch welchen die Verführung kommt. ⁸Wenn aber deine Hand oder dein Fuß dich zu Fall bringen will, so hau sie ab und wirf sie weg; es ist dir besser, verstümmelt und hinkend in das Leben einzugehn, als mit zwei Händen und zwei Füßen in das ewige Feuer geworfen zu werden. ⁹Ebenso wenn dein Auge dich zu Fall bringen will, reiß es aus und wirf es von dir; es ist dir besser, einäugig in das Leben einzugehn, als mit zwei Augen in die Geema geworfen zu werden.

¹⁰Nehmt euch in acht, einen von diesen Kleinen zu verachten; denn ich sage euch, ihre Engel im Himmel sehen allezeit das Angesicht meines Vaters im Himmel. ¹²Was dünkt euch? wenn jemand hundert Schafe hat und eins davon sich verirrt, läßt er dann nicht die neunundneunzig auf den Bergen und geht hin und sucht das verirrte? ¹³und wenn er es glücklich findet, Amen ich sage euch, so freut er sich darüber mehr als über die neunundneunzig, die sich nicht verirrt haben. ¹⁴So ist es nicht der Wille meines Vaters im Himmel, daß einer von diesen Kleinen verloren gehe.

¹⁵Wenn aber dein Bruder sich verfehlt, so geh und weise ihn zurecht unter vier Augen. Hört er auf dich, so hast du deinen Bruder gewonnen. ¹⁶Hört er nicht, so nimm noch einen oder zwei dazu, damit auf zweier oder dreier Zeugen Mund jede Sache festgestellt werde. ¹⁷Hört er aber nicht auf sie, so sag es der Gemeinde; wenn er aber auch auf die Gemeinde nicht hört, so sei er dir gleich einem Heiden und Zöllner. ¹⁸Amen ich sage euch, was ihr auf Erden bindet, wird gebunden sein im Himmel, und was ihr auf Erden löst, wird gelöst sein im Himmel. ¹⁹Weiter sage ich euch: wenn zwei von euch auf Erden einig sind um irgend etwas zu bitten, wird es ihnen zu teil werden von meinem Vater im Himmel. ²⁰Denn keine zwei oder drei sind versammelt in meinem Namen, in deren Mitte ich nicht wäre.

18, 1 stammt aus Mc 9, 33. 34. Mt setzt zu μείζων hinzu: „im Reich des Himmels". Darunter muß er nach seinem gewöhnlichen Sprachgebrauch (vgl. 18, 14 mit 11, 11) und nach der Markusparallele das gegenwärtige Reich Gottes auf Erden verstehn, wenngleich die Grenze gegen das zukünftige nicht scharf gezogen werden kann (18, 3). Für ἄρα findet sich keine Beziehung.

18, 2—5. Der Vers Mc 9, 35 fehlt, ferner das Herzen der Kinder Mc 9, 36, und (wegen Mt 10, 40) die zweite Hälfte von Mc 9, 37. Dagegen wird Mc 10, 15 schon hier (18, 4) vorweg genommen, jedoch erweitert und anders gefaßt, um als Antwort auf die Frage der Jünger dienen zu können. Der Gedanke der Wiedergeburt wird wenigstens gestreift; die Umkehr (στρέφεσθαι = μετανοεῖν) ist ein Werden wie die Kinder.

18, 6 (Lc 17, 2) springt von Mc 9, 37 auf 9, 42 über; das Zwischenstück fehlt, doch steckt Mc 9, 41 in Mt 10, 42. Der Übergang von dem wirklichen Kinde zu den christlichen μικροί, der schon 18, 7 gemacht wird, findet sich auch bei Mc. Die μικροί sind die Christen insgesamt, nicht ein besonderer Teil von ihnen.

18, 7 (Lc 17, 1) fehlt bei Mc.

18, 8. 9 zusammengezogen aus Mc 9, 43—47. Hand und Fuß sind nicht wie das Auge Organe, die in Versuchung führen. Im Vorhergehenden war auch nicht von Versuchungen durch das eigene Fleisch, sondern von Verführung durch andere die Rede. Wenn Zusammenhang besteht — was freilich nicht nötig ist —, so liegt es nahe, die hier genannten Glieder metaphorisch aufzufassen, so daß der Sinn wäre: wenn unter den Gliedern d e r G e m e i n d e Skandala sind, so soll man sie exkommuniziren. Die Exkommunikation (שמתא Joa 9, 22. 12, 42) ist von der Synagoge auf die christliche Gemeinde übertragen.

18, 10. Der erste Satz hat die μικροὶ τῶν πιστευόντων (so D) im Auge. Der zweite freilich dann auch, aber nach dem ursprünglichen Sinn der darin enthaltenen volkstümlichen Vorstellung vielleicht wirkliche Kinder. Nach weit verbreitetem Glauben stehn allen Menschen, und auch schon den Kindern, Genien zur Seite. Diese Genien sind bei den Juden Engel. „Sie sehen allezeit das Angesicht Gottes" bedeutet nach 2 Reg 25, 19: sie haben stets ohne weiteres Zutritt zu ihm, als seine vertrauten Diener.

18, 11 (Lc 19, 10) versucht zwischen 18, 10 und 18, 12 eine Brücke zu schlagen, ist aber unecht.

18, 12—14 wie Lc 15, 4—7. Aber bei Lc (15, 7) handelt es sich um die Bekehrung eines Sünders, dagegen bei Mt (18, 14) um die Wiedervereinigung eines abgeirrten Gliedes mit der Gemeinde, so daß ein Gegensatz zu 18, 8. 9 entstünde, wenn es sich da wirklich um Exkommunikation handelt. „Was dünkt euch"? öfters bei Mt; θέλημα ἔμπροσθεν wie 11, 26.

18, 15—20 schließt passend an 18, 14 an: man soll sich alle Mühe geben, dem Abirren von der Gemeinde vorzubeugen und nur wenn alle Mittel sich als vergeblich erweisen, zur Exkommunikation schreiten. Übrigens hat Mt auch einen äußeren Faden gehabt, um diese Verse hier folgen zu lassen; denn schon in 18, 6. 7 schimmert Lc 17, 1. 2 durch und hier Lc 17, 3. Der Passus 18, 15—20 erinnert an 16, 17—20; außer der ἐκκλησία kehrt auch die Vollmacht zu binden und zu lösen hier wieder, nur daß sie nicht dem Petrus, sondern allen Jüngern gegeben wird — was vielleicht das ältere ist. Das Kirchenrecht hat sich in Syrien und Palästina ausgebildet und zuerst in der jerusalemischen Gemeinde, schon vor der Zerstörung der heiligen Stadt.

18, 15. „Zwischen dir und ihm" ist ein starker Aramaismus für: unter vier Augen. Die Syra übersetzt κατ᾽ ἰδίαν auf diese Weise. Der Zusatz εἰς σέ hinter ἁμαρτήσῃ bei D ist ganz verkehrt.

18, 17. Man darf nicht sagen, daß ἐκκλησία hier die Einzelgemeinde und 16, 18 die Gesamtgemeinde sei. Jede Einzelgemeinde repräsentiert das Ganze.

18, 18. In 18, 15 wird geboten: du sollst deinen Bruder verwarnen, wenn du merkst, daß er sich verfehlt; nicht: du sollst ihm die Sünde vergeben, die er gegen dich begangen hat. Von Vergebung der Sünden, von der Macht zu absolviren oder nicht zu absolviren, ist auch in 18, 18 keine Rede. Man kann das Binden und Lösen hier wie 16, 19 nicht anders verstehn, als wie es bei den Juden überhaupt gebraucht wird. Aus dem Zusammenhang ergibt sich der Sinn weder hier noch in 16, 19.

18, 19 wird nur durch den Gegensatz von ἐπὶ τῆς γῆς und ἐν οὐρανοῖς mit dem Vorhergehenden verbunden.

18, 20. Jesus spricht, als wäre er schon gen Himmel gefahren. Jedoch auch sonst in den Reden bei Mt hat er die Gemeinde vor sich, die bei seinen Lebzeiten noch nicht vorhanden war. Der christliche Kultus, so weit er original ist, beruht auf der einfachen und schönen Idee, die Anwesenheit Jesu festzuhalten, namentlich in dem gemeinsamen Brotbrechen. D und Syra lesen: οὐ γάρ .... ὄνομα, παρ᾽ οἷς οὐκ εἰμὶ ἐν μέσῳ αὐτῶν. Das hat man wegen des Semitismus korrigirt; nicht zum Vorteil des Sinns, denn auf den Ort (ἐκεῖ) kommt nichts an.

Mt 18, 21–35.

Darauf trat Petrus herzu und fragte ihn: Herr, wie oft muß ich meinem Bruder, wenn er gegen mich sündigt, vergeben? bis siebenmal? ²²Jesus sprach zu ihm: ich sage dir, nicht bis sieben mal, sondern bis siebzigmal siebenmal.

²³Darum gleicht das Reich des Himmels einem Könige, der mit seinen Knechten abrechnen wollte. ²⁴Als er nun anfing zu rechnen, wurde ihm einer vorgeführt, der war zehntausend Talente schuldig. ²⁵Da er aber nicht zahlen konnte, hieß der Herr ihn verkaufen, mit Weib und Kind und aller Habe, zur Bezahlung. ²⁶Der Knecht warf sich ihm zu Füßen und sagte: hab Geduld mit mir, so will ich dir alles bezahlen. ²⁷Und der Herr hatte Mitleid mit dem Knechte und gab ihn los und erließ ihm die Schuld. ²⁸Als aber dieser Knecht herausgekommen war, traf er einen seiner Mitknechte, der ihm hundert Denar schuldig war. Und er packte und würgte ihn und sagte: bezahl mir was du schuldig bist! ²⁹Der Mitknecht warf sich ihm zu Füßen und bat ihn: hab Geduld mit mir, so will ich dir bezahlen. ³⁰Er wollte aber nicht, sondern ging und warf ihn ins Gefängnis, bis er die Schuld bezahlte. ³¹Da nun seine Mitknechte das sahen, wurden sie sehr unwillig und kamen und berichteten ihrem Herrn alles, was geschehen war. ³²Da rief ihn der Herr zu sich und sagte zu ihm: du böser Knecht, diese ganze Schuld habe ich dir erlassen, weil du mich batest; ³³müßtest du dich nicht auch erbarmen über deinen Mitknecht, wie ich mich über dich erbarmt habe? ³⁴Und erzürnt übergab ihn der Herr den Folterern, bis er ihm die ganze Schuld bezahlt hätte. ³⁵So wird auch mein himmlischer Vater euch tun, wenn ihr nicht von Herzen ein jeder seinem Bruder vergebt.

18, 21. 22. Nach Lc 17, 1—3 kommt Lc 17, 4 an die Reihe. Anders wie 18, 15 handelt es sich hier nun wirklich um Vergebung der Schuld durch den Beleidigten. Der Bruder ist wie in 18, 15 der christliche Bruder. Die Parataxe der Sätze in 18, 21 (wie 26, 53) ist ganz ungriechisch. Für ἑπτά am Schluß von 18, 22 müßte es eigentlich ἑπτάκις heißen; die Zahlen sind nach Gen 4, 24 (Septuaginta) gewählt und die Vergebung ist das Gegenstück zur Rache.

18, 23—35. Die Pointe liegt auf der Hand; der Vorgang aber, der zur Vergleichung dient, leidet wie so häufig in den Parabeln des Mt an Unklarheiten, auf die besonders Jülicher aufmerksam gemacht hat. Der König scheint hernach fallen gelassen zu werden und an seine Stelle ein Herr zu treten mit seinen Sklaven, denen er Gelder anvertraut hat. Allein die Ähnlichkeit mit 25, 14 ss. schwindet bei näherem Zusehen; die Geldsummen sind weniger gleichmäßig und nicht zum Werben bestimmt, sie werden einfach in einem bestimmten Betrage eingefordert. Es scheint, daß unser Gleichnis doch einen König voraussetzt, welcher als Bild für Gott beliebt ist. Knechte des Königs heißen in der Bibel und überhaupt im Orient auch seine obersten Diener. Es sind mehr oder weniger vornehme Beamte gemeint, die ihm den fest bestimmten Ertrag ihrer Ämter schulden. Die Unterbeamten müssen an den Präfekten zahlen, und dieser an den König. Daher die ungeheure Summe von 10 000 Talenten, die er als Steuerertrag des Landes schuldet, daher die Strafe der Verkaufung „des Knechtes" in Sklaverei, daher namentlich die Folterung, welche im Orient regelmäßig gegen ungetreue oder in der Ablieferung der Steuer saumselige Beamte angewendet wird, um die zu fordernde Summe von ihnen selber — wenn sie sie auf die Seite gebracht haben — oder von ihren Verwandten und Freunden zu erpressen. Es erklärt sich dann auch leicht, daß der Präfekt von seinen Untergebenen die Summen eintreibt, die sie für ihre Ämter oder Provinzen an ihn abführen müssen. Die Redensart συνᾶραι λόγον (18, 23. 25, 19) ist jetzt in einem ägyptischen Papyrus nachgewiesen. Bei den 10 000 Talenten im Vergleich zu den 100 Denaren wirkt natürlich die Moral ein, daß was der Mensch zu vergeben hat, gar nicht aufkommt gegen das, was Gott ihm zu vergeben hat.

§ 49. Mt 19, 1–12.

Und als Jesus diese Rede geendigt hatte, brach er von Galiläa auf und kam in das Gebiet von Judäa jenseit des Jordans. ²Und viele Leute aus dem Volke folgten ihm und er heilte sie dort. ³Und die Pharisäer traten an ihn heran, versuchten ihn und sprachen: darf jemand sein Weib aus beliebiger Ursache entlassen? ⁴Er aber antwortete: Habt ihr nicht gelesen, daß der Schöpfer am Anfang sie als Mann und Weib gemacht hat und gesagt: ⁵darum wird ein Mann Vater und Mutter verlassen und an seinem Weibe hangen, und werden die zwei ein Fleisch sein. ⁶Also sind sie nicht mehr zwei, sondern ein Fleisch. Was nun Gott zum Paar verbunden hat, soll der Mensch nicht scheiden. ⁷Sie sagten: wozu hat denn Moses geboten, einen Scheidebrief zu geben und zu entlassen? ⁸Er sprach zu ihnen: In Rücksicht auf eure Herzenshärtigkeit hat euch Moses gestattet, eure Weiber zu entlassen; von Anfang jedoch ist es nicht so gewesen. ⁹Ich sage euch aber: wer sein Weib entläßt, es sei denn wegen Hurerei, und eine andere freit, der bricht die Ehe. ¹⁰Da sagten die Jünger zu ihm: wenn es so steht zwischen Mann und Weib, ist es nicht geraten, zu freien. ¹¹Er sprach zu ihnen: Nicht alle ertragen das, sondern nur die, denen es gegeben ist. ¹²Denn es gibt Verschnittene, die von Mutterleib so geboren sind, und es gibt Verschnittene, die von den Menschen verschnitten sind, und es gibt Verschnittene, die sich selbst verschnitten haben, wegen des Reichs des Himmels. Wer es vermag, der ertrage es.

19, 2. Ἐκεῖ (und ἐκεῖθεν 19, 15) fehlt in der Syra; sie hat es in 19, 3.

19, 3. Bei Mc wird die Frage nicht von den Pharisäern gestellt. Sie zeigt, daß die Juden doch schon über Deut 24, 1 hinaus waren.

19, 4. Anders wie bei Mc sagt Jesus das Richtige gleich zuerst und erledigt den Einwurf hinterdrein (19, 7). Κτίζειν (Vaticanus) ist jüngere Übersetzung von ברא, als ποιεῖν; vgl. die Septuaginta zu Gen 1, 1 mit Aquila. Die Syra liest αὐτός für αὐτούς und übersetzt: der den Mann gemacht hat, der selbe hat auch die Frau gemacht — vielleicht dem Bericht in Gen 2 zu lieb, wo Gott den Menschen nicht als Mann und Weib zugleich schafft.

19, 9 wird in Verbindung mit dem Vorgehenden gesetzt, gegen Mc. Der Vers Mc 10, 12 fehlt hier, findet sich aber Mt 5, 32, zu welcher Stelle ich den Zusatz μὴ ἐπὶ πορνείᾳ beurteilt habe.

19, 10—12. Erst jetzt werden die Jünger angeredet, nicht wie bei Mc mit dem Spruch 19, 9, sondern mit einem ganz anderen, der sich sonst nirgend findet. Der Szenenwechsel (εἰς τὴν οἰκίαν Mc 10, 10) fehlt.

19, 10 nach dem Muster von 19, 25. Wenn die Monogamie so streng genommen wird, läßt man das Heiraten lieber bleiben.

19, 11. Von Rechts wegen müßte Jesus über die naive Äußerung der Jünger sich entrüsten. Er läßt sie aber gelten, faßt sie nur absolut und benutzt sie als willkommenen Anlaß für die Mitteilung eines

Spruchs, welcher der wahren Absicht von § 49 wenig entspricht. Denn die Ehe soll da geheiligt und nicht diskreditirt werden. Ἀλλ' οἷς δέδοται nach dem Muster von 20, 23.

§ 50. Mt 19, 13—15.

Darauf wurden Kinder zu ihm gebracht, damit er die Hände auf sie lege und über ihnen bete; und die Jünger schalten sie. ¹⁴Jesus aber sprach: laßt die Kinder und wehrt ihnen nicht zu mir zu kommen, denn solcher ist das Reich des Himmels. ¹⁵Und nachdem er die Hände auf sie gelegt, wanderte er von dannen.

Durch die Umwandlung der aktiven Konstruktion bei Mc in die passive ist es notwendig, das αὐτοῖς am Schluß von 19, 13 auf die Kinder zu beziehen. Daß Jesus gegen die Jünger unwillig wird und die Kinder in den Arm nimmt, wird ausgelassen. Mc 10, 15 fehlt hier, weil es schon in 18, 3 gebracht ist, wenngleich in veränderter Form.

§ 51. Mt 19, 16—30.

Da trat einer auf ihn zu und sagte: Meister, was soll ich Gutes tun, um das ewige Leben zu erlangen? ¹⁷Er sprach zu ihm: was fragst du mich um das Gute; Einer ist gut — willst du aber zum Leben eingehn, so halte die Gebote. ¹⁸Er sagte: welche? Jesus sprach: du sollst nicht morden, die Ehe nicht brechen, nicht stehlen, nicht falsch anklagen, ¹⁹Vater und Mutter ehren, und den Nächsten lieben wie dich selbst. ²⁰ Der Jüngling sagte: das habe ich alles gehalten, was fehlt mir noch? ²¹Jesus sprach zu ihm: willst du vollkommen sein, so geh, verkauf deine Habe und gib es den Armen, so wirst du einen Schatz im Himmel haben, und komm, folg mir! ²²Als der Jüngling das hörte, ging er traurig von dannen, denn er hatte viele Güter. ²³Jesus aber sprach zu seinen Jüngern: Amen ich sage euch, ein Reicher kommt schwer in das Reich des Himmels; ²⁴noch einmal sage ich euch: leichter kommt ein Kamel durch ein Nadelöhr als ein Reicher in das Reich Gottes. ²⁵Als die Jünger das hörten, erschraken sie sehr und sagten: wer kann denn gerettet werden! ²⁶Jesus blickte sie an und sprach zu ihnen: bei den Menschen ist das unmöglich, bei Gott aber ist alles möglich.

²⁷Darauf hub Petrus an und sagte: wir, wir haben alles fahren gelassen und sind dir gefolgt, was wird uns dafür? ²⁸Jesus sprach: Amen ich sage euch, die ihr mir gefolgt seid, bei der großen Wiedergeburt, wenn der Menschensohn auf dem Thron seiner Herrlichkeit sitzt, werdet ihr auch auf zwölf Thronen sitzen und die zwölf Stämme Israels regieren. ²⁹Und jeder, der Haus, Brüder, Schwestern, Mutter oder Äcker hat fahren lassen um meines Namens willen, wird hundertfach mehr empfangen und das ewige Leben ererben. ³⁰Viele Erste aber werden letzte werden und Letzte erste.

19, 16. 17. Den Protest Jesu gegen die Anrede „guter Meister" vermeidet Mt. Das εἰς ἀγαθός seiner Vorlage hat er aber beibehalten, obgleich es nun keinen Sinn mehr gibt. Es hätte konsequent heißen müssen: eins ist das Gute.

19, 18. 19. Die Frage ποίας, die an 22, 36 und Lc 10, 29 erinnert, setzt voraus, daß es sich um eine Auswahl handelt. Jesus bestätigt das; er zählt nur die Gebote des Dekalogs auf. „Du sollst deinen Nächsten lieben wie dich selbst" steht aber nicht im Dekalog. Vgl. zu 19, 16—19 die Einleitung (1911) p. 114 s.

19, 20. 21. Das ἕν σε ὑστερεῖ Mc 10, 21 ist als Frage in den Mund des Jünglings verlegt, und das Wohlgefallen, das Jesus bei Mc an ihm findet, mit Stillschweigen übergangen, ebenso auch das στυγνάσας Mc 10, 22. Τέλειος bezeichnet hier deutlich einen höchsten Grad. Der Gedanke des opus supererogatorium und des consilium evangelicum schimmert auch in 19, 12 durch.

19, 23—26. Mt verbessert den Text des Mc dadurch, daß er die beiden Aussprüche Jesu (allerdings durch πάλιν getrennt) unmittelbar nach einander bringt und das Stutzen der Jünger nur am Ende derselben, nicht auch in der Mitte. Vgl. zu Mc 10, 24. 25.

19, 28 (Lc 22, 29. 30) Zusatz des Mt. Zu παλινγενεσία vergleicht man Joseph. Ant. 11, 66, wo die Restitution der jerusalemischen Gemeinde nach dem Exil eine Wiedergeburt des Vaterlandes heißt, und Philo Vita Mos 2, 12, wo von der Wiedergeburt der Erde nach der Sündflut oder nach dem Weltbrande die Rede ist. Als technischer Ausdruck im messianischen Sinn findet es sich nur an dieser Stelle des Neuen Testaments. Er bezeichnet das Eintreten eines schon gegenwärtigen Objekts in eine neue Phase; ob aber das Objekt die Welt ist (wie bei der renovatio creaturae in den jüdischen Apokalypsen) oder nur das Volk Israel, läßt sich nicht sicher entscheiden, obgleich allerdings Jesus hier als König von I s r a e l erscheint, wie die zwölf Apostel als Fürsten der zwölf Stämme Israels. Κρίνειν ist regieren, wie oft im Alten Testament; an den einmaligen Akt des jüngsten Gerichts darf man nicht denken. Es heißt δόξα αὐτοῦ, nicht δ. τοῦ πατρός.

19, 29. Καὶ ἕνεκεν τοῦ εὐαγγελίου (Mc 10, 29) fehlt hier so gut wie 16, 25. Ebenso wie Lc übergeht auch Mt die wiederholte Objektsreihe in Mc 10, 30. Sie haben beide den Marcustext vor sich gehabt und aus naheliegenden Gründen verbessert, doch nicht ganz in der selben Weise.

Mt 20, 1-16.

Denn das Himmelreich gleicht einem Hausherrn, der früh morgens ausging, Arbeiter zu dingen für seinen Weinberg. ²Und mit den Arbeitern eins geworden auf grund eines Silberlings für den Tag, schickte er sie in seinen Weinberg. ³Und um die dritte Stunde ging er aus und sah andere müßig auf dem Markt stehn und sagte zu ihnen: geht auch in den Weinberg, und was recht ist, will ich euch geben. ⁴Sie gingen hin. Wiederum ging er aus um die sechste und die neunte Stunde und tat ebenso. ⁶Um die elfte aber ausgehend fand er andere da stehn und sagte zu ihnen: was steht ihr hier den ganzen Tag müßig? ⁷Sie sagten: niemand hat uns gedingt. Er sagte: geht auch ihr in den Weinberg. ⁸Am Abend aber sagte der Herr des Weinbergs zu seinem Verwalter: ruf die Arbeiter und zahl den Lohn, anfangend bei den letzten, bis zu den ersten. ⁹Da kamen die von der elften Stunde und empfingen je einen Silberling. ¹⁰Als nun die ersten kamen, meinten sie, sie würden mehr empfangen; doch auch sie empfingen je einen Silberling. ¹¹Wie sie den empfingen, murrten sie gegen den Hausherrn ¹²und sagten: diese letzten haben nur eine Stunde geschafft, und du machst sie uns gleich, die wir doch die Last und Hitze des Tages getragen haben! ¹³Er aber antwortete einem von ihnen: Freund, ich tue dir nicht unrecht; bist du nicht um einen Silberling mit mir eins geworden? ¹⁴nimm dein Geld und geh, ich will aber diesen letzten gleich viel geben wie dir. ¹⁵Darf ich nicht mit meinem Gelde tun, was ich will? bist du neidisch, weil ich gütig bin? ¹⁶Also werden die Letzten erste werden, und die Ersten letzte.

Mt will mit diesem Gleichnis den Spruch 19, 30 erläutern, den er 20, 16 (mit Determination des Subjekts) wiederholt. Jülicher hält sich aber mit Recht nicht daran. Er hätte indessen in seiner eigenen Deutung mehr Nachdruck darauf legen müssen, daß das Gleichnis sich auf eine bestimmte historische Situation bezieht, d. h. Allegorie ist. Der Weinberg, ein aus Isa 5 stammendes und in den Evangelien öfters variirtes Bild, ist das arbeitende Reich Gottes, welches schon in der Gegenwart da ist und nur seiner zukünftigen Krönung noch harrt, also die christliche Gemeinde. Die Arbeiter sind alle darin, alle gute Christen und alle des Lohnes sicher, der für alle gleich ist, weil er darin besteht, daß sie alle aus dem gegenwärtigen in das zukünftige Reich Gottes eingehn. Die letzten treten nicht an die Stelle der ersten, so daß sie sie verdrängen. Das Verhältnis ist auch keineswegs wie das des Zöllners zum Pharisäer (Lc 18). Der Gegensatz von Paciscenten und Nichtpaciscenten, auf den Jülicher Gewicht legt, darf nicht betont werden; er könnte wegfallen, ohne daß der Sinn des Ganzen darunter litte. Die Schichten unterscheiden sich lediglich durch die Zeit ihres Antritts zur Weinbergsarbeit, d. h. ihres Eintritts in die christliche Gemeinde. Auch im Islam werden die früheren Genossen des Propheten von den späteren unterschieden, beide von den erst nach seinem Tode hinzugekommenen, und auch unter diesen wiederum die älteren von den jüngeren. Während aber im Islam der Vorzug der zeitlichen Priorität anerkannt wird, wird er in unserer Parabel geleugnet, wenigstens was den Lohn anbetrifft. Für das künftige Reich Gottes kommt die Anciennetät im gegenwärtigen nicht in betracht (18, 1). Die Moral ist also ähnlich wie in der Geschichte von den Zebedaiden § 53, wo gesagt wird, daß die Märtyrer, auch die frühesten und vornehmsten, nicht ohne weiteres den höchsten Rang im messianischen Reich zu erwarten haben. Es ist gewiß kein Zufall, daß diese Geschichte sogleich (20, 20 ss.) folgt. — Ἅμα πρωΐ 20, 1 ist eine bestimmte Stunde und zwar die erste, ebenso wie ὀψίας 20, 8 die letzte; nur der Tag wird in Stunden eingeteilt, während die Nacht in Wachen. Für ἐκ δηναρίου steht 20, 10 der einfache Genitiv. Der Denar ist der halbe Silberling (Sekel), die Drachme. Der gleiche Tagelohn wird auch im Buche Tobit (5, 14) bezahlt. Der Verwalter 20, 8 hat für die Sache nichts zu bedeuten und soll nicht etwa Christus sein. Ποιεῖν 20, 12 steht für ἐργάζεσθαι (21, 28).

§ 52. 53. Mt 20, 17-28.

Im Begriff aber, nach Jerusalem hinaufzugehn, nahm Jesus die Zwölfe bei seit und sprach zu ihnen unterwegs: [18]Siehe wir gehn hinauf nach Jerusalem, und der Menschensohn wird den Hohenpriestern und Schriftgelehrten übergeben werden und sie werden ihn zum Tode verurteilen [19]und den Heiden überantworten zu Verspottung, Geißelung und Kreuzigung, und am dritten Tage wird er auferstehn. [20]Darauf trat zu ihm die Mutter der Söhne des Zebedäus mit ihren Söhnen und warf sich ihm zu Füßen, um etwas von ihm zu erbitten. [21]Er sagte zu ihr: was willst du? Sie sagte: sag, daß diese meine beiden Söhne einer dir zur Rechten und einer zur Linken sitzen sollen in deinem Reiche. [22]Jesus antwortete: ihr wißt nicht, was ihr verlangt — könnt ihr den Kelch trinken, den ich trinken werde? Sie sagten: ja wohl. [23]Er sprach: meinen Kelch werdet ihr zwar trinken, aber den Sitz mir zur Rechten und zur Linken zu gewähren gebührt mir nicht, sondern (er gebührt) denen, für die er bereitet ist von meinem Vater. [24]Als das die Zehn erfuhren, äußerten sie ihren Unwillen über die beiden Brüder. [25]Jesus aber rief sie heran und sprach: Ihr wißt, daß die Fürsten der Völker als Herren mit ihnen schalten und daß die Großen Gewalt über sie ausüben. [26]Nicht so ist es bei euch, sondern wer bei euch groß sein will, sei euer Diener, [27]und wer erster unter euch sein will, sei euer Knecht — [28]wie der Menschensohn nicht gekommen ist, bedient zu werden, sondern zu bedienen und sein Leben zum Lösegeld für viele zu geben.

20, 17. Die schwer verständliche Einleitung Mc 10, 32 fehlt bei Mt und Lc.

20, 20. Die Bitte wird von der Mutter gestellt, die nach Mt 27, 56 (jedoch nicht nach Mc 15, 40) mit Jesus nach Jerusalem geht; sie fällt dabei vor ihm nieder. Aber die Antwort erfolgt auch bei Mt nicht an sie, sondern an ihre Söhne.

20, 24—28. Vorher ist von Sitzplätzen in der Herrlichkeit die Rede, hier aber vom Rang in der Gemeinde. Der Passus 20, 24—28 mag nicht in einem Zuge mit 20, 20—23 geschrieben sein; aber man sieht doch, wie leicht der Übergang vom Reich der Arbeit (20, 1—16) zum Reich des Lohnes gemacht wird. Die Bürger des gegenwärtigen

Reichs Gottes sind auch die Bürger des zukünftigen; nur kommen sie nicht alle hinein, sondern werden gesichtet. — Am Schluß hat D den bekannten Zusatz, welcher mit dem geistreichen Paradoxon anfängt: trachtet darnach, aus Kleinem zu wachsen und aus Großem Kleines zu werden.

§ 54. Mt 20, 29–34.

Und als sie von Jericho weggingen, folgte ihm viel Volk. ³⁰Und siehe zwei Blinde saßen am Wege, und da sie hörten, daß Jesus vorüberkomme, schrien sie: erbarm dich unser, Sohn Davids! ³¹Das Volk schalt sie, sie sollten stillschweigen; sie schrien aber nur um so lauter: Herr, erbarm dich unser, Sohn Davids! ³²Und Jesus blieb stehn und sprach: was wollt ihr, daß ich euch tun soll? ³³Sie sagten: Herr, daß unsere Augen sich öffnen! ³⁴Jesus aber hatte Erbarmen und rührte ihre Augen an, und alsbald wurden sie sehend und folgten ihm.

Mt erzählt nur das Weggehen von, nicht das Kommen nach Jericho. Er verbindet den Blinden von Bethsaida (§ 42), den er übergangen hat, mit dem Blinden von Jericho zu einem Dual, der von hier aus auch in 9, 27 zu erklären ist. Ein Einfluß von § 42 zeigt sich noch in 20, 34 ἥψατο τῶν ὀμμάτων — was in Mc § 54 sich nicht findet.

§ 55. Mt 21, 1–11.

Und als sie in die Nähe von Jerusalem kamen, nach Bethphage am Ölberg, da sandte Jesus zwei Jünger und sagte zu ihnen: ²geht in das Dorf vor euch, und sogleich werdet ihr eine Eselin angebunden finden und ein Füllen dabei, bindet (die Tiere) los und bringt sie mir; ³und wenn euch jemand etwas sagt, so sprecht: der Herr bedarf ihrer — und alsbald wird er sie ziehen lassen. ⁴Das ist aber geschehen, damit erfüllt würde, was durch den Propheten gesagt ist: ⁵Sagt der Tochter Sion: siehe dein König kommt zu dir sanftmütig, reitend auf einem Esel und auf einem Füllen, dem Sohn der Eselin. ⁶Die Jünger gingen hin und taten, wie Jesus ihnen geboten hatte, und brachten die Eselin und das Füllen. ⁷Und sie legten Kleider darauf, und er setzte sich darauf. ⁸Und die meisten Leute breiteten ihre Kleider auf den Weg, andere hieben Zweige von den Bäumen und streuten sie auf den Weg; ⁹und die vorauf und hinterher gingen, schrien: Osanna dem Sohne Davids, gesegnet der da kommt im Namen des Herrn, Osanna in der Höhe! ¹⁰Und als er in Jerusalem einzog, erregte sich die ganze Stadt und sagte: wer ist das? ¹¹Das Volk aber sagte: das ist der Prophet Jesus von Nazareth in Galiläa.

Die Verdoppelung des Esels erklärt man mit Recht aus dem Citat Zach 9, 9, wo freilich nur der Ausdruck im poetischen Parallelismus wechselt, wie in Gen 49, 11, und auch nicht von E s e l i n und Füllen, sondern von E s e l und Füllen die Rede ist. Es wird dadurch unklar, worauf Jesus sich setzt. Das Citat ist übrigens sehr passend beigebracht, denn der Esel ist in der Tat der messianische Esel von Zach 9, 9: der Messias zieht demütig und friedlich auf einem Esel ein, nicht hoch zu Roß als kriegerischer König. Die Büschel bei Mc werden (21, 8, vgl. Joa 12, 13) in Baumzweige verwandelt. Der Einzug geschieht in Begleitung einer großen Menge; er endet i n J e r u - s a l e m und erregt dort die allergrößte Aufregung — ganz anders als bei Lc und auch bei Mc. Daß Jesus (von Nazareth) trotz allem Vorhergehenden in 21, 11 (vgl. 21, 46) doch nur als Prophet bezeichnet wird, befremdet. — Δύο μαθητάς ist auffällig gräcisirt aus dem semitisch allein zulässigen δύο τῶν μ. αὐτοῦ.

§ 57. Mt 21, 12—17.

Und Jesus trat in den Tempel und trieb alle Verkäufer und Käufer im Tempel aus, und die Tische der Wechsler stieß er um und die Bänke der Taubenhändler. ¹³Und er sprach: es steht geschrieben: mein Haus soll allen Völkern ein Bethaus heißen — ihr aber habt eine Räuberhöhle daraus gemacht. ¹⁴Und Blinde und Lahme kamen zu ihm in den Tempel und er heilte sie. ¹⁵Als aber die Hohenpriester und Schriftgelehrten sahen, welche Wunder er tat und daß die Kinder im Tempel schrien: Osanna dem Sohne Davids, wurden sie unwillig ¹⁶und sagten zu ihm: hörst du, was diese sagen? Jesus sagte: ja; habt ihr nie gelesen: aus dem Munde von Kindern und Säuglingen hast du Lob bereitet? ¹⁷Und er ließ sie stehn und ging aus der Stadt hinaus nach Bethanien und blieb dort die Nacht.

Der Eingang von § 56 (Mc 11, 16) fehlt (auch bei Lc); der Rest wird mit § 58 verbunden. Jesus geht sofort vom Ölberge nach Jerusalem und in den Tempel; dadurch verkürzt sich sein Aufenthalt in Jerusalem um einen Tag. Die Heilwunder, die bei Mc in Jerusalem plötzlich aufhören, setzt Mt (21, 14) ein, aber nur mit einer summarischen Angabe, da ihm Beispiele nicht zur Hand sind. Die Hohenpriester (21, 15—17) regen sich nicht auf über das stürmische Auftreten Jesu im Tempel, welches nach Möglichkeit wirkungslos bleiben soll, sondern über seine Heilungen und über die Kinder, die das Osannarufen der Menge noch fortsetzen. Nach Lc 19, 39. 40 sind vielmehr die Jünger die νήπιοι, vgl. Mt 18, 1—14. Bethanien fügt Mt (21, 17) hinzu, während es 21, 1 mit Recht fehlt.

§ 58. Mt 21, 18—22.

Als er aber frühmorgens wieder in die Stadt kam, hungerte ihn. [19]Und da er einen Feigenbaum am Wege sah, ging er darauf zu, fand aber nur Blätter daran. Und er sprach zu dem Baum: nie mehr in Ewigkeit soll von dir Frucht kommen. Und der Feigenbaum verdorrte sogleich. [20]Als das die Jünger sahen, staunten sie und sagten: wie ist der Feigenbaum sogleich verdorrt! [21]Jesus aber hub an und sprach zu ihnen: Amen ich sage euch, wenn ihr Glauben habt und nicht zweifelt, so würdet ihr nicht bloß das am Feigenbaum Geschehene tun, sondern wenn ihr zu diesem Berge sagtet: heb dich und stürz in den See, so würde es geschehen. [22]Und alles was ihr im Gebet verlangt, wenn ihr Glauben habt, so werdet ihr es empfangen.

Der Hauptinhalt des seines Orts ausgelassenen § 56 wird nachgeholt und mit § 58 so eng verbunden, daß der zeitliche Zwischenraum ganz wegfällt. Die augenblickliche Verwirklichung des Fluchs (παραχρῆμα 21, 19. 20) erregt die Verwunderung nicht allein des Petrus, sondern der Jünger überhaupt. Daß der bei Mc lose angehängte Vers 11, 25 ausgelassen wird, erklärt sich daraus, daß der Inhalt von Mt schon mehrfach verwendet worden ist. Mit scheinbarem Recht fehlt in 21, 19 die Angabe Mc 11, 14: denn es war nicht die Zeit für Feigen. Über den Ursprung und Sinn des Fluchs über den Baum s. zu Mc 13, 28. 29 (2. Ausgabe 1909).

§ 59. Mt 21, 23-32.

Und er kam in den Tempel, und während er dort lehrte, traten die Hohenpriester und Ältesten des Volkes auf ihn zu und sagten: kraft welcher Macht tust du das und wer hat dir diese Macht gegeben? ²⁴Jesus antwortete: Ich will euch auch etwas fragen; sagt ihr mir das, so werde auch ich euch sagen, kraft welcher Macht ich dies tue. ²⁵Woher war die Taufe Johannes? vom Himmel oder von den Menschen? Sie überlegten bei sich: sagen wir vom Himmel, so wird er sagen: warum habt ihr ihm denn nicht geglaubt? ²⁶sagen wir aber von Menschen, so haben wir die Menge zu fürchten, denn sie halten Johannes alle für einen Propheten. ²⁷Und sie antworteten Jesu: wir wissen es nicht. Hinwiederum sagte er zu ihnen: so sage auch ich euch nicht, kraft welcher Macht ich dies tue.

²⁸Was dünkt euch aber? Ein Mann hatte zwei Söhne, kam zu dem ersten und sagte: mein Sohn, geh, arbeite heute im Weinberge. ²⁹Er antwortete: ich habe keine Lust; hinterher jedoch besann er sich eines besseren und ging hin. ³⁰Da ging er zu dem zweiten und sagte ebenso zu ihm. Der antwortete: ja Herr! ging aber nicht hin. ³¹Wer von den beiden hat den Willen des Vaters getan? Sie sagten: der letzte. Jesus sprach zu ihm: Amen ich sage euch, die Zöllner und Huren kommen eher als ihr in das Reich des Himmels. ³²Johannes ist zu euch gekommen mit dem Wege der Gerechtigkeit und ihr habt ihm nicht geglaubt. Die Zöllner und Huren aber haben ihm geglaubt; ihr habt es gesehen und euch doch nicht hinterher eines besseren besonnen, so daß ihr an ihn glaubtet.

21, 23—27. Bei Mt muß man verstehn, daß die Hohenpriester nicht fragen, woher Jesus die Befugnis habe, den Tempel zu reinigen, sondern woher er die Befugnis habe, zu lehren (Mc 1, 22. 27).

21, 28. Mit dem beliebten **Was dünkt euch?** macht Mt den Übergang zu einem Gleichnis, welches trotz 21, 32 nicht mit dem vorhergehenden Stück zusammengehört. Das religiöse Verhältnis erscheint gewöhnlich in den Parabeln des Mt als Dienst, nicht als Kindschaft. Der Hausherr oder der König steht in der Regel den Knechten gegenüber. Hier aber der Vater den Söhnen. Doch auch von den Söhnen wird Dienst verlangt (Lc 15, 29 δουλεύω), sie müssen ebenfalls im Weinberg arbeiten wie die Knechte, wenngleich gutwillig.

21, 28—31. Der Vaticanus nebst einer Gruppe von Minuskelhandschriften bringt die Verse 28 und 29 in umgekehrter Folge. Das ist falsch; denn wenn der erste Sohn sich bereit erklärt, hat der Vater keinen Anlaß, sich an den zweiten zu wenden. Warum aber sind die Verse umgestellt? Es läßt sich dafür durchaus kein anderer Grund auftreiben als die Absicht, die Paradoxie der Lesart ὁ ὕστερος 21, 31 zu beseitigen, welche allen jenen Handschriften gemeinsam ist. Diese Lesart ist also älter als die Umstellung, und sie wird von den umstellenden Hss. in dem selben Sinne bezeugt, wie von denen, welche die Folge der vorhergehenden Verse n i c h t darnach geändert haben, nämlich von D, Syra und den meisten Latinae. Mit vollem Recht hat Lachmann sie vorgezogen. Einen Theologen, der sie als sinnlos verwirft, fährt er an: ego exegeten tam stultum non curo, qui se omnia interpretari posse dicat. Er gibt aber hernach selber den Sinn an mit den Worten des Hieronymus: si autem n o v i s s i m u m (ὁ ὕστερος) voluerimus legere, manifesta est interpretatio: intellegere quidem veritatem Judaeos, sed tergiversari et nolle quod sentiunt. Die Juden sagen nicht das, was Jesus erwartet, sondern das Gegenteil, ihm zu trotz; in der Absicht, die Prämisse nicht zu liefern, die er von ihnen herauslocken will. Ähnlich Lc 20, 16.

21, 31. Die Gegner haben Jesu das, was er eigentlich sagen will, richtig abgeschnitten. Denn seine Antwort ist ein Zornesausbruch und keine Erklärung des Gleichnisses.

21, 32. Der Vers findet sich auch bei Lc (7, 29. 30). Mt verändert ihn etwas und bringt ihn in Zusammenhang mit der vorhergehenden Parabel, deren Pointe er angeben soll. Zwei Stände des jüdischen Volkes sollen miteinander verglichen werden im Punkte ihres Verhaltens zu Johannes dem Täufer. Der obere Stand soll dabei schlecht wegkommen, also müßte er mit dem Jasager in der Parabel gemeint sein. Die Hohenpriester fielen indessen nicht anfangs freudig dem Johannes zu, um dann hernach wieder abzufallen. Es scheint denn auch nach dem Wortlaut unseres Verses, worin μετεμελήθητε ὕστερον zurückschlägt auf 21, 29 ὕστερον μεταμεληθείς, daß sie vielmehr mit dem andern Sohne verglichen werden sollen, freilich e contrario. Der besann sich hinterher, sie jedoch besannen sich n i c h t , obwohl ihnen die Zöllner und Huren mit gutem Beispiel vorangingen. Aber das ist verzwickt und fast wie lucus a non lucendo. So wenig nun wie die Hohenpriester in ihrem Verhalten zum Täufer irgend eine Ähnlichkeit mit einem der beiden Söhne der Parabel bieten, so wenig auch die Zöllner und Huren: sie haben gegenüber Johannes nicht nein gesagt und ja getan wie der erste Sohn, und auch nicht ja gesagt und nein getan wie der zweite. Also: der Vers 21, 32 soll zwar eine Erklärung des Gleichnisses sein, ist aber keine. Das Verhältnis zu Johannes dem Täufer kann nicht das tertium comparationis sein. Damit sind wir nun für die Deutung des Gleichnisses auf uns selber angewiesen. Der Weinberg gibt die Sphäre an, in der wir zu suchen haben. Man muß hier aber nicht die christliche Gemeinde darunter verstehn, sondern das jüdische Volk. Juden, die schlechter sind als ihr Schein, die sagen und nicht tun (23, 3), werden anderen entgegengesetzt, die besser sind als ihr Schein. Die letzteren sind die ὄχλοι, die breite Masse des Volks, die ersteren die davon Ausgesonderten und darüber Stehenden, vielleicht eher die Schriftgelehrten und die Pharisäer (23, 3), als die eigentlichen Regenten d. h. die Hohenpriester und Ältesten. Daß das Volk voransteht und die Elite folgt, ist ganz in der Ordnung. — Beim zweiten Satz unseres Verses fehlt in D und Syra das οὐδέ, so daß der Sinn entsteht: als ihr sahet, daß die Zöllner und Huren dem Johannes zufielen, da bereutet ihr, anfänglich auch an ihn geglaubt zu haben. Dadurch wird der unbegreifliche Vorwurf vermieden, daß die Hohenpriester sich **nicht einmal** durch den Zulauf der Zöllner und Huren zu Johannes bewegen ließen, ihre ablehnende Haltung gegen ihn aufzugeben. Doch auch in diesem Wortlaut trifft der Vers 21, 32 mit der Hineinziehung Johannes des Täufers nicht die Meinung der Parabel. Denn die Schwierigkeit, die Zöllner und Huren unter diesem Gesichtspunkt mit einem der beiden Söhne zusammenzubringen, bleibt unverändert bestehn. Auch tritt an die Stelle der absurden Zusammenstellung der οὐδὲ μεταμεληθέντες ὕστερον mit dem ὕστερον μεταμεληθείς durch die Streichung der Negation nur eine andere Absurdität. Und außerdem widerspricht es der Tradition und der Wahrscheinlichkeit, daß die vornehmen Juden zwar die ersten waren, den Täufer anzuerkennen, hinterher aber davon zurückkamen, weil auch der Pöbel ihm zulief. Die Negation ist also wohl durch Korrektur in D und Syra gestrichen. **Der Weg** ist die Methode; **er kam mit** = er brachte (zu 16, 28). Mc sagt ὁδὸς θεοῦ, Mt ὁ. δικαιοσύνης.

§ 60. Mt 21, 33–46.

Vernehmt ein anderes Gleichnis. Es war ein Hausherr, der pflanzte einen Weinberg und machte einen Zaun darum und hieb eine Kelter darin aus und baute einen Turm. Und er tat ihn aus an Pächter und zog in die Fremde. ³⁴Als aber die Zeit der Früchte herankam, sandte er seine Knechte an die Pächter, um seine Früchte in Empfang zu nehmen. ³⁵Und die Pächter nahmen seine Knechte, und einen schlugen sie, einen töteten sie, einen warfen sie mit Steinen. ³⁶Weiter sandte er andere Knechte, mehrere als zuerst, und sie taten ihnen ebenso. ³⁷Zuletzt sandte er seinen Sohn zu ihnen, weil er meinte: vor meinem Sohn werden sie sich scheuen. ³⁸Als die Pächter aber den Sohn sahen, sprachen sie unter sich: das ist der Erbe, auf, laßt uns ihn töten, so werden wir sein Erbe bekommen. ³⁹Und sie nahmen ihn und führten ihn aus dem Weinberg heraus und töteten ihn. ⁴⁰Wenn nun der Herr des Weinbergs kommt, was wird er diesen Pächtern tun? ⁴¹Sie sagten: er wird sie gar übel umbringen und den Weinberg anderen Pächtern austun, die ihm die Frucht zu ihrer Zeit abliefern. ⁴²Jesus sprach zu ihnen: Habt ihr niemals gelesen in der ·Schrift: der Stein, den die Bauleute verworfen haben, der ist zum Eckstein geworden; von dem Herrn ist das geschehen und es ist wunderbar in unseren Augen! ⁴³Darum sage ich euch, das Reich Gottes wird euch weggenommen und einem Volke gegeben werden, das seine Früchte trägt. ⁴⁵Und da die Hohenpriester und Pharisäer seine Gleichnisse hörten, erkannten sie, daß er sie meine. ⁴⁶Und sie suchten sich seiner zu bemächtigen, fürchteten sich aber vor dem Volk, da es ihn für einen Propheten hielt.

Die Pächter töten den Sohn nicht, wie bei Mc, innerhalb, sondern außerhalb des Weinbergs (21, 39. Lc 20, 15), d. h. vielleicht außerhalb Jerusalems auf Golgatha. Die Antwort (21, 41) wird nicht von Jesus selber gegeben, sondern von den Gegnern — was keine Verbesserung ist. Für das den Griechen geläufige κακοὺς κακῶς hat vielleicht ursprünglich κακῶς κακῶς d. h. b î s c h b î s c h da gestanden, wie die Syra übersetzt; denn κακούς..... αὐτούς paßt nicht gut zu einander. Κακοί für πονηροί kommt sonst im N. T. nicht vor. Αὕτη 21, 42 ist Misverständnis der Septuaginta (Ps 118, 23). Die Deutung 21, 43 ist hinzugefügt; das Reich Gottes ist darnach erst ein Lehen der Juden gewesen und geht dann auf ein anderes Volk über, worunter auch jüdische und nicht bloß heidnische Christen verstanden werden können, da das ἔθνος nicht national, sondern moralisch charakterisiert ist. Εἰς προφήτην (vgl. 21, 26) ist aramäisch.

Mt 22, 1–14. Lc 14, 16–24.

Und Jesus hub an und sprach zu ihnen weiter gleichnisweise also. ²Das Reich des Himmels gleicht einem Könige, der seinem Sohne Hochzeit machte. ³Und er sandte seine Knechte, um die Bestimmten zur Hochzeit zu laden, und sie wollten nicht kommen. ⁴Noch einmal sandte er andere Knechte und ließ den Geladeten sagen: ich habe mein Mahl gerüstet, meine Ochsen und Mastkälber sind geschlachtet und alles ist bereit, kommt zur Hochzeit. ⁵Sie aber achteten darauf nicht und gingen der eine nach seinem Acker, der andere auf seinen Handel, ⁶die übrigen griffen seine Knechte, mishandelten und töteten sie. ⁷Da erzürnte der König, schickte seine Heere aus und brachte jene Mörder um und verbrannte ihre Stadt. ⁸Darauf sagte er zu seinen Knechten: die Hochzeit ist bereit, die Geladenen aber waren unwürdig, ⁹geht nun dahin, wo die Straßen sich kreuzen, und wen ihr findet, ladet zur Hochzeit. ¹⁰Und die Knechte gingen aus auf die Straßen und brachten alle zusammen, die sie fanden, Böse und Gute, und der Hochzeitssaal füllte sich mit Gästen. ¹¹Da nun der König eintrat, sich die Gäste anzuschauen, sah er dort einen Menschen, der kein Hochzeitskleid angezogen hatte, ¹²und sprach zu ihm: Freund, wie bist du hergekommen und hast doch kein Hochzeitskleid? Er aber verstummte. ¹³Da sagte der König zu den Aufwärtern: packt ihn an Händen und Füßen und werft ihn in die Finsternis draußen — dort wird Gejammer sein und Zähneknirschen. ¹⁴Denn viele sind geladen, wenige aber erwählt.

Den Quidam bei Lc 14, 16, der für die Veranstaltung eines Gastmahls genügt, verwandelt Mt in einen König, weil Gott gemeint ist, und zieht daraus die Konsequenzen, besonders in 22, 6. 7. Das Mahl, welches allerdings das messianische ist, faßt er auf als Hochzeit f ü r d e n S o h n des Königs, d. i. für Jesus Christus. Dadurch wird er verhindert, Jesus als den Überbringer der Einladung zu betrachten; er verwandelt den singularischen Knecht des Lc in einen Plural von

Knechten, worunter dann nur die Apostel verstanden werden können. Sie laden die Juden durch die Predigt des Evangeliums ein, in das Reich Gottes einzutreten, stoßen aber bei den oberen Schichten auf geringschätzige Gleichgiltigkeit und finden nur bei den niederen Gehör, den μικροί und νήπιοι, den Bedürftigen und Hungrigen. Die gegenwärtige christliche Gemeinde wird mit der künftigen, verherrlichten, zu einer Einheit zusammengefaßt; nur zum Schluß macht Mt einen Unterschied.

22, 2. Der Übergang von δεῖπνον (Lc 14, 16) zu γάμος oder γάμοι ist leicht, in Lc 12, 36 steht eins für das andere, und das aram. maschtiâ bedeutet beides; vgl. die Septuaginta zu Gen 19, 22. Esther 1, 5. 2, 18. Aber Mt versteht hier wirklich die Hochzeit für den Sohn, ohne freilich an die Braut zu denken, an deren Stelle hier vielmehr die Gäste treten.

22, 4. 5. Die Hochzeit ist gewöhnlich ein Abendmahl; ἄριστον mag seine Bedeutung abgeschliffen haben. Ἴδιος ist bloßes Possessiv; so auch sonst, z. B. 25, 14.

22, 6. 7 fehlt bei Lc und fällt einigermaßen aus dem Bilde. Die Ablehnenden erscheinen bei Mt als Rebellen, weil der Einladende der König ist. Die Juden sind gemeint und ihre Stadt ist Jerusalem. Sie wird zerstört wegen der Rebellion nicht gegen den Kaiser, sondern gegen das Evangelium, wodurch Gott sie zu seinem Reich einladet. Es ist aber nicht einfach von ihrer Zerstörung, sondern von ihrer Verbrennung die Rede. Das deutet darauf hin, daß diese beiden Verse erst nach dem Jahre 70 geschrieben sind.

22, 8—10 lenkt wieder ein in das durch 22, 6. 7 durchbrochene Gleichnis und in Lc. Durch den Zusatz πονηρούς τε καὶ ἀγαθούς 22, 10 bereitet Mt den Anhang vor, den er folgen läßt.

22, 11—14 fehlt bei Lc und gehört nicht zu dem vorangehenden Gleichnis. Die Leute hinter den Hecken sollen doch in ihren Lumpen kommen und nicht in Gala. Das Hochzeitskleid ist also eine inkonsequente Forderung. Es bedeutet natürlich die moralische Würdigkeit. Aber vorher wird der Unterschied gemacht zwischen den Juden, und zwar zwischen solchen, die Juden bleiben wollen, und solchen, die in die christliche Gemeinde eintreten. Hier dagegen zwischen den Christen selber, und zwar zwischen würdigen und unwürdigen Mitgliedern der Gemeinde — das ist nachgetragen. Daß nur an einem Gast ein Exempel statuirt wird, genügt im Bilde. Außerhalb des

Bildes entspricht dem Einzelnen eine Mehrheit von Unwürdigen, aber es sind immer Ausnahmen.

22, 13. Die Lesart von D und Syra, der ich in der Übersetzung gefolgt bin, empfiehlt sich formell durch die Parataxe der Sätze und inhaltlich dadurch, daß, wer in die Hölle geworfen werden soll, nicht erst noch lange gebunden zu werden braucht. Nach morgenländischer Sitte wird ein Gast bei Hof, der sich misliebig macht, bei den Füßen gepackt und hinausgeschleift; daß er hier bei Füßen u n d H ä n d e n gepackt wird, ist kein Unterschied, an dem man sich zu stoßen braucht. Die Aufwärter beim Mahl werfen den schmutzigen Gast gleich in die Hölle; ein Übergang wird hier so wenig gemacht wie in 25, 30. Es wird auch kein Übergang gemacht von den Worten des Königs zu den Worten Jesu oder des Schriftstellers: dort wird Gezeter sein usw. Alles liegt sorglos auf Einer Ebene.

22, 14 ist eine Deutung, die nur auf 22, 11—13 und nicht auf das ganze Gleichnis paßt und zielt. Die κλητοί sind nicht die κεκλημένοι von 23, 3. 4, sondern die Zaungäste, d. h. die Mitglieder der Kirche, die aber zum Teil durch das Gericht ausgesichtet werden.

§ 61.   Mt 22, 15–22.

Darauf gingen die Pharisäer hin und faßten Beschluß, ihm mit einem Worte eine Falle zu stellen. [16]Und sie sandten ihre Jünger zu ihm mit den Herodianern, die sagten: Meister, wir wissen, daß du wahrhaftig bist und nach Wahrheit den Weg Gottes lehrst; denn du nimmst auf niemand Rücksicht und siehst keine Person an — [17]sag uns also, was dünkt dich: ist es erlaubt, dem Kaiser Steuer zu geben oder nicht? [18]Jesus aber erkannte ihre Gedanken und sprach: [19]was versucht ihr mich, ihr Heuchler! bringt mir die Steuermünze! Sie brachten ihm einen Silberling. [20]Und er sprach zu ihnen: wessen ist dies Bild und die Aufschrift? [21]Sie sagten: des Kaisers. Darauf sprach er zu ihnen: entrichtet also dem Kaiser, was des Kaisers ist, und Gotte, was Gottes ist. [22]Und da sie es hörten, verwunderten sie sich, ließen ihn und gingen ab.

Bei Mt sind die Pharisäer Subjekt zu ἀποστέλλουσιν (22, 15). Da sie aber nach der Vorlage auch das Objekt sein müssen und sich doch nicht selber schicken können, so schicken sie „ihre Jünger". Den letzten Satz vor § 60 (Mc 12, 12) bringt Mt erst 22, 22, weil die Pharisäer bei ihm schon seit 21, 45 auf der Szene sind und erst am Schluß von § 61 für eine Weile abtreten können. Ähnlich 22, 46 im Vergleich zu Mc 12, 38. — In 22, 16 verdient der Nominativ λέγοντες den Vorzug vor dem scheinbar korrekteren Akkusativ λέγοντας, vgl. zu Mc 7, 19 (Lc 7, 32. 24, 34).

§ 62. Mt 22, 23–33.

Am selben Tage kamen die Sadducäer zu ihm, die da sagen, es gebe keine Auferstehung, und fragten ihn: [24]Meister, Moses hat gesagt, wenn jemand ohne Kinder stirbt, so soll sein Bruder die verwitwete Schwägerin nehmen und seinem Bruder Nachkommen erzeugen. [25]Nun waren bei uns sieben Brüder, der erste heiratete und starb, und da er keine Nachkommen hatte, hinterließ er sein Weib seinem Bruder. [26]Ebenso auch der zweite und der dritte und alle sieben. [27]Zuletzt nach allen starb auch das Weib. [28]Bei der Auferstehung nun, wessen Weib wird sie sein, von den sieben? sie haben sie ja alle gehabt. [29]Jesus antwortete ihnen: Ihr irrt und kennt weder die Schriften, noch die Macht Gottes. [30]Denn in der Auferstehung freien sie nicht und werden nicht gefreit, sondern sie sind wie die Engel im Himmel. [31]Habt ihr aber über die Auferstehung der Toten nicht gelesen, was euch von Gott gesagt ist in dem Wort: ich bin der Gott Abrahams und der Gott Isaaks und der Gott Jakobs? Er ist nicht Gott von Toten, sondern von Lebendigen. [33]Und da das Volk es hörte, staunte es über seine Lehre.

In 22, 24 fehlt der letzte Satz (καὶ ἀναστήσει κτλ.) in der Syra. Das hält Blaß für richtig, aber der Beweis dafür, den er in der Vorrede zu seiner Ausgabe des Mt führt, ist misglückt. Er sagt, ἀνιστάναι stehe nicht im Lexikon des Mt. Indessen als transitives Verb kommt es auch bei Mc und Lc nur an dieser Stelle vor, wo es der Septuaginta entlehnt ist. Dort wird es nämlich regelmäßig gebraucht in der Wiedergabe der hebräischen Redeweise heqim zera oder schem. Die Septuagintastelle, welche speziell zu grunde liegt, ist nicht Deut 25, 5, wie man gewöhnlich annimmt, sondern Gen 38, 8: ἐπιγάμβρευσαι αὐτὴν καὶ ἀνάστησον σπέρμα τῷ ἀδελφῷ σου. Mt gibt sie wörtlicher wieder als Mc und Lc, indem er auch den eigentümlichen Ausdruck ἐπιγαμβρεύειν übernimmt, der in der Septuaginta nur hier in der Genesis, bei Aquila auch im Deuteronomium vorkommt. Ἐν τῇ ἀναστάσει 22, 30 = in dem Zustand des Auferstandenseins.

§ 63. Mt 22, 34—40.

Da aber die Pharisäer hörten, daß er die Saducäer zum Schweigen gebracht hatte, versammelten sie sich, ³⁵und einer von ihnen, ein Gesetzeslehrer, versuchte ihn mit der Frage: ³⁶Meister, welches Gebot ist das größte im Gesetz? ³⁷Er sprach zu ihm: Du sollst den Herrn deinen Gott lieben mit ganzem Herzen und mit ganzer Seele und mit ganzem Gemüte. ³⁸Dies ist das größte und oberste Gebot. ³⁹Das zweite gleichwertige ist: du sollst deinen Nächsten lieben wie dich selbst. ⁴⁰In diesen beiden Geboten hängt das ganze Gesetz und die Propheten.

Nach der Unterbrechung § 62 führt Mt trotz 22, 22 seine Pharisäer in § 63 und 64 doch wieder ein; gegen Mc. .Er denkt sich den Schriftgelehrten (hier νομικός, nicht γραμματεύς) von ihnen angestiftet, um Jesus zu versuchen. Die zweite Hälfte seiner Vorlage (Mc 12, 32—34), wo der Mann sein Wohlgefallen an Jesus und Jesus sein Wohlgefallen an ihm ausspricht, übergeht er; gleich als ob er einen unparteiischen und verständigen Rabbi sich nicht vorstellen könnte.

§ 64. Mt 22, 41—46.

Wie aber die Pharisäer beisammen waren, fragte Jesus sie: ⁴²was dünkt euch von dem Christus, wessen Sohn ist er? Sie sagten: Davids. ⁴³Er sprach: Wie kann ihn denn David im Geist Herr nennen in dem Worte: ⁴⁴der Herr hat gesagt zu meinem Herrn: setz dich zu meiner Rechten, bis ich deine Feinde unter deine Füße lege! ⁴⁵Wenn also David ihn Herr nennt, wie ist er denn sein Sohn? ⁴⁶Und niemand konnte ihm ein Wort erwidern, und es wagte auch keiner von jenem Tage an noch weiter zu fragen.

Auch hier erscheinen noch die Pharisäer, darum wird der Schluß von § 63 (Mc 12, 34) an den Schluß von § 64 (Mt 22, 46) versetzt, obwohl in § 64 Jesus gar nicht mehr gefragt wird, sondern selber fragt. Daß die Jünger die Wiederkunft des Elias als rabbinisches Theologumenon bezeichnen, hat Mt (17, 10) sich gefallen lassen; daß aber Jesus selber die Abkunft d e s M e s s i a s von David für eine bloße Meinung der Schriftgelehrten angibt (Mc 12, 35), läßt er (22, 42) nicht hingehn.

§ 65. Mt 23.

Darauf redete Jesus zu dem Volke und zu seinen Jüngern und sprach: ²Auf Moses' Stuhl sitzen die Schriftgelehrten und die Pharisäer. ³Alles nun, was sie euch sagen, das tut und haltet; nach ihren Werken aber tut nicht, denn sie sagen nur und tun nicht. ⁴Denn sie bündeln schwere Lasten und legen sie den Menschen auf die Schulter, wollen sie aber selber nicht mit einem Finger bewegen. ⁵Alle ihre Werke tun sie zur Schau vor den Leuten. Denn sie machen ihre Gebetsriemen breit und die Kleiderquasten lang ⁶und sitzen gern obenan beim Mahl und in den Synagogen ⁷und wollen gegrüßt sein auf den Straßen und sich von den Leuten Rabbi nennen lassen. ⁸Ihr aber sollt euch nicht Rabbi nennen lassen, denn einer ist euer Meister, und ihr seid alle Brüder. ⁹Auch Vater nennt euch nicht auf Erden, denn einer ist euer Vater, der im Himmel. [¹⁰Auch Meister sollt ihr euch nicht nennen lassen, denn einer ist euer Meister, der Christus.] ¹¹Der Größte unter euch soll euer Diener sein. ¹²Wer sich erhebt, wird erniedrigt, und wer sich erniedrigt, erhoben werden.

¹³ W e h e e u c h , Schriftgelehrte und Pharisäer, ihr Heuchler! Ihr schließt das Reich des Himmels vor den Leuten zu, ihr selber tretet nicht ein und laßt auch die, die eintreten wollen, nicht gewähren. ¹⁵ W e h e e u c h , Schriftgelehrte und Pharisäer, ihr Heuchler! Ihr durchzieht Meer und Land, um einen einzigen Proselyten zu machen, und ist er es geworden, so macht ihr aus ihm ein Kind der Geenna, noch einmal so schlimm wie ihr seid. ¹⁶ W e h e e u c h , blinde Führer! Ihr sagt: wer beim Tempel schwört, das macht nichts; aber wer beim Golde des Tempels schwört, der ist verpflichtet. ¹⁷Ihr Toren und Blinden, was ist größer, das Gold oder der Tempel, der das Gold heiligt? ¹⁸Ferner: wer beim Altar schwört, das macht nichts, aber wer bei dem Opfer, das darauf liegt, schwört, der ist gebunden. ¹⁹Blinde, die ihr seid! Denn was ist mehr, das Opfer oder der Altar, der das Opfer heiligt? ²⁰Wer also beim Altar schwört, der schwört bei

ihm und bei allem, was darauf ist, ²¹und wer beim Tempel schwört, der schwört bei ihm und bei dem, der darin wohnt, ²²und wer beim Himmel schwört, der schwört beim Throne Gottes und bei dem, der darauf sitzt. ²³ W e h e e u c h, Schriftgelehrte und Pharisäer! Ihr verzehntet Minze Dill und Kümmel und laßt dahinten das Schwerste im Gesetz, das Recht und die Barmherzigkeit und die Treue — dies sollte man tun und jenes nicht lassen. ²⁴Ihr blinden Führer, die Mücke seiht ihr und das Kamel verschluckt ihr. ²⁵ W e h e e u c h, Schriftgelehrte und Pharisäer, ihr Heuchler! Ihr reinigt das Äußerliche, Becher und Schüssel, inwendig aber strotzt ihr von Raub und böser Gier! ²⁶Blinder Pharisäer, reinige zuerst das Innere, so wird auch das Auswendige rein sein. ²⁷ W e h e e u c h, Schriftgelehrte und Pharisäer! Ihr ähnelt getünchten Gräbern, die von außen hübsch aussehen, inwendig aber voll sind von Totengebein und Unreinheit aller Art: ²⁸so erscheint auch ihr von außen den Leuten gerecht, inwendig aber seid ihr voll Heuchelei und Frevel. ²⁹ W e h e e u c h, Schriftgelehrte und Pharisäer, ihr Heuchler! Ihr baut den Propheten Gräber und errichtet den Gerechten zierliche Denkmäler ³⁰und sagt: hätten wir in den Tagen unserer Väter gelebt, so hätten wir uns nicht mitschuldig gemacht an dem Blute der Propheten. ³¹Damit bezeugt ihr selbst, daß ihr Söhne der Prophetenmörder seid, ³²wachset euch aus zum Maße eurer Väter! ³³Ihr Schlangen, ihr Otterngezücht, wie wollt ihr der Verurteilung zur Geenna entgehn!

³⁴Darum sende ich zu euch Propheten und Weise und Schriftgelehrte, und ihr werdet etliche töten und kreuzigen, und etliche geißeln in euren Synagogen und verfolgen von Stadt zu Stadt, ³⁵damit über euch komme alles unschuldige Blut, das vergossen ist im Lande von dem Blut Abels des Gerechten an bis auf das Blut Zacharias des Sohnes Barachias, den ihr gemordet habt zwischen Tempel und Altar. ³⁶Amen ich sage euch, alles dies (Blut) wird über das gegenwärtige Geschlecht kommen. ³⁷Jerusalem Jerusalem, die du tötest die Propheten und die zu dir Gesandten steinigst, wie oft habe ich deine Kinder sammeln wollen, wie eine Henne ihre Küchlein unter ihre Flügel sammelt, und ihr habt nicht gewollt! ³⁸Siehe euer Haus soll euch wüste liegen gelassen werden. ³⁹Denn ich sage euch: ihr werdet mich

von nun ab nicht sehen, bis ihr sprecht: gesegnet der da kommt im Namen des Herrn!

Mt hat den § 65 zu einem großen Redestück verarbeitet, unter Verwertung von Q (Lc 11, 37—52. 13, 34. 35) und anderem schon in der Bergpredigt benutzten Material, und darüber den § 66 unter den Tisch fallen lassen. Die Anrede ist bei Mc (12, 37. 38) an das Volk gerichtet, bei Mt (23, 1) wegen 23, 8—12 auch an die Jünger. Mc redet nur von den Schriftgelehrten, die auch allein auf den Stuhl Moses gehören, Mt faßt die Schriftgelehrten und die Pharisäer zusammen, Lc (11, 39. 46) unterscheidet beide künstlich.

23, 2. 3 ohne Parallele. Ἐκαθίσαν ist präsentisch, nach semitischer Redeweise. Zu 23, 3 am Schluß vgl. 21, 30.

23, 4 (Lc 11, 46). Δεσμεύουσιν läßt sich kaum verstehn. Man erwartet: sie schaffen Bande und schwere Lasten und legen sie anderen auf.

23, 6. 7 a (Lc 11, 43 vgl. 14, 8) aus Mc 12, 38. 39.

23, 7 b—10 ohne Parallele. Die Jünger werden zwar auch hier mit den Schriftgelehrten auf eine Linie gestellt, sollen sich aber nicht Rabbi nennen lassen. Das griechische διδάσκαλος 23, 8 stört, wenn vorher das aram. ῥάββι steht; es konnte freilich nicht gut ραββχῶν in der griechischen Übersetzung beibehalten, wohl aber διδάσκαλε auch für ῥάββι gesagt werden, ähnlich wie in 23, 10. Man beachte, daß die Anrede ῥάββι oder διδάσκαλε hier für Jesus und für ihn allein gefordert wird, während sie anderswo bei Mt und Lc schon zu geringfügig für ihn ist und durch κύριε (mâri) ersetzt wird. „Ihr sollt nicht euren Vater nennen auf Erden" (23, 9) hört sich sonderbar an; man sollte μηδένα für μή erwarten. Für ὑμῶν bieten D und Syra ὑμῖν (Aramaismus für ὑμᾶς): ihr sollt euch nicht Vater nennen; aber auch das befriedigt nicht ganz. Den Vers 23, 10 streicht Blaß mit Recht, es ist eine bloße Variante zu 23, 8.

23, 11 s. wie Mc 9, 35. 10, 43 (Mt 20, 26) und Lc 14, 11. 18, 14.

23, 13—33 (Lc 11, 37—52). In den sieben Weherufen tritt an stelle der bisher für die Schriftgelehrten gebrauchten dritten Pluralis die zweite, wie bei Lc 11, 37 ss., während in den sieben Makarismen bei Mt die dritte Person durchgeht.

23, 13. 15 nur bei Mt. Das Reich des Himmels ist hier wie meistens bei Mt die christliche Gemeinde; die Rabbinen verbieten den palästinischen Juden, die es gerne möchten, Proselyten des Evangeliums zu werden, während sie selbst auf einen einzigen Proselyten in weiter Ferne Jagd machen. Der historisch interessante Vers 23, 15 steht mit 23, 13 in enger Verbindung; dazwischen ist der schlecht bezeugte Vers 23, 14 interpolirt. Für **schlimmer als ihr** (23, 15) würde man erwarten **schlimmer als zuvor**, wie 12, 45.

23, 16—22 dem Mt eigentümlich, wie 5, 34 ss. Blaß hält den Passus für unecht, weil er den Zusammenhang unterbreche. Diesen kritischen Grundsatz darf man aber bei den Kompositionen des Mt nur sehr vorsichtig anwenden. Außerdem besteht Zusammenhang wenigstens nach hinten, mit 23, 23. Und ohne dies Wehe würde die Siebenzahl nicht voll.

23, 23 (Lc 11, 42). Κρίσις (mischpat) und πίστις (emûna) sind hier ebenso wie ἔλεος menschliche Eigenschaften; der Gegensatz ist ähnlich wie in Mc 7, 10. 11. „Dies sollte man tun und jenes nicht lassen" schwächt ab und soll das auch tun; der Gedanke soll nicht aufkommen, daß Jesus mit der Polemik gegen die Schriftgelehrten auch gegen das Gesetz polemisire. Bei Lc fehlt der Satz.

23, 25 (Lc 11, 39). Sinngemäß müßte es bei Mt wie bei Lc heißen γέμετε für γέμουσιν: ihr reinigt das Äußere, Becher und Schüssel; inwendig aber **strotzt ihr** von Raub und böser Gier. Im Aramäischen hat für beide Praesentia das Partizip gestanden und das Subjekt **anton** des ersten Partizips auch für das zweite gegolten.

23, 26 (Lc 11, 40). Nach der ursprünglichen Meinung von Vers 25 ist τοῦ ποτηρίου καὶ τῆς παροψίδος Genitivus exegeticus zu τὸ ἔξωθεν; die Gefäße selber sind das Äußerliche. Aber in Vers 26 werden sie als Metapher für Menschen genommen, und das Äußere der Gefäße (d. h. der Menschen) wird von dem Inneren der Gefäße unterschieden. Dies ist ein Misverständnis. Denn wenn die Gefäße Menschen bedeuten sollten, so hätte in 23, 25 nicht neben dem Becher auch noch die Schüssel genannt werden dürfen; sie wird deshalb in 23, 26 auch ausgelassen. Der Vers hat ursprünglich ähnlich wie 12, 33 gelautet: καθάρισον πρῶτον τὸ ἐντός, καὶ τὸ ἐκτὸς καθαρόν — das ἵνα γένηται fehlt mit Recht bei Lc. Die Anrede ist singularisch und richtet sich nicht auch an die Schriftgelehrten.

23. 27 lautet bei Lc 11, 44 anders. Die Auslegung 23, 28 generalisirt etwas reichlich.

23, 29—31 hängt bei Lc (11, 47. 48) nicht mit dem Vorhergehenden zusammen und hat innerlich damit nichts zu tun, sondern ist von Mt nur ad vocem τάφοι hierher gesetzt. Die Anrede geht schon hier (nicht erst 23, 34 ss.) von den Schriftgelehrten und den Pharisäern zu den Juden überhaupt über. Die Juden im allgemeinen sind es, die den Propheten, die ihre Väter getötet haben, Grabmäler errichten, gleichsam als Sühnkapellen, um jede Mitschuld von sich abzuwälzen. Sie werden dabei aber doch die Gemeinschaft mit ihren Vätern nicht los (23, 31), sondern ernten die Früchte von deren Freveln: denn wenn jene keine Märtyrer gemacht hätten, könnten sie keine verehren. Es muß darnach schon bei den Juden eine Art Märtyrerkultus bestanden haben. Die grausame Ironie fällt auf, womit er behandelt wird; sie trifft eigentlich den christlichen Märtyrerkultus ebenso gut.

23, 32. 33 nur bei Mt. Jesus sagt: macht es nur gleich ganz ebenso wie eure Väter, verehrt nicht nur die alten Märtyrer, sondern schafft auch neuen Vorrat — nämlich dadurch, daß ihr mich und meine Jünger verfolgt und hinrichtet. Die Juden halten nur die toten Propheten heilig, die lebenden töten sie — das ist der Grundgedanke von 23, 29—32, der sich dann in 23, 34 ss. fortsetzt. Der Schluß (23, 33) ist aus 3, 7 entlehnt.

23, 34—36 (Lc 11, 49—51). Die Anrede an die Schriftgelehrten und Pharisäer wird hier auch formell fallen gelassen. Διὰ τοῦτο schließt bei Lc direkt an 23, 31 an.

23, 34. Jesus zitiert nicht, sondern redet im eigenen Namen und zwar von der Aussendung seiner Jünger. Denn charakteristische Aussagen von Kap. 10 kehren hier wieder, nämlich die Geißelung in den Synagogen (10, 17), und namentlich die Verfolgung von Stadt zu Stadt (10, 23). Daß die Jünger nicht bloß Propheten sondern auch Weise und Schriftgelehrten heißen, befremdet bei Mt durchaus nicht; Lc sagt: Propheten und Apostel.

23, 35. 36. Das gegenwärtige Geschlecht soll die Sünden der Väter ausbaden, nämlich durch die Zerstörung Jerusalems; über das gegenwärtige Geschlecht wird die Rache für das ganze unschuldige Blut (der Propheten und Gerechten) kommen, das von Anfang der Geschichte bis jetzt vergossen ist, natürlich nicht auf der Erde, sondern im israelitischen Lande, wo auch der Mord Abels begangen ist. Der eigentliche Inhalt der Drohung ist die Rache an den Juden für Jesus selber und für die christlichen Märtyrer. Über Zacharias Barachiae vgl. die Einleitung (1911) § 12.

23, 37—39 steht bei Lc (13, 34. 35) in anderem Zusammenhang, aber in übereinstimmendem Wortlaut, wohingegen 23, 13—33 von Lc 11, 37—52 in der Reihenfolge des Inhalts und in der Ausdrucksweise stark abweicht. Der Redende, hier so gut wie 23, 34. 18, 20, ist Jesus, jedoch als der Christus und Regent des Gottesreichs. Er hat durch seine Apostel immer wieder Versuche gemacht, die Juden in seiner Gemeinde (k'nischta) zu sammeln (k'nasch) und ihnen vor dem drohenden Zorn Zuflucht zu gewähren, aber vergebens.

23, 27. Die hebräische Form Jerusalem findet sich bei Mt nur hier; bei Lc herrscht sie. Πρὸς αὐτήν für πρός σε erklärt sich daraus, daß die Semiten im Attribut und Relativsatz zum Vokativ die dritte Person vorziehen.

23, 38. Euer Haus ist wohl eher Jerusalem, als der Tempel, der sonst das Haus Gottes heißt. Die Stadt wird nicht etwa erst verwüstet werden, sondern sie ist bereits verwüstet und soll in Trümmern liegen bleiben. Über die Bedeutung von ἀφίεται (24, 41) haben die alten Versionen nicht gezweifelt: nescht'beq, relinquetur. Im Vaticanus und bei Lc (13, 34) ist ἔρημος ausgelassen, ohne daß der Sinn dadurch geändert werden kann.

23, 39. Jesus setzt seinen Tod oder sein Verschwinden (οὐ μή με ἴδητε) mehr voraus, als daß er es weissagt; er weissagt hauptsächlich seine Wiederkunft. Seine Parusie fällt hier, wie es scheint, nicht mit der Zerstörung Jerusalems zusammen; es liegt ein Zeitraum dazwischen, während dem die Stadt wüste bleibt.

§ 67. 68. Mt 24.

Und Jesus ging aus dem Tempel weg, und seine Jünger traten zu ihm, um ihm die Bauten des Tempels zu zeigen. ²Er aber antwortete ihnen: seht ihr das nicht alles? Amen ich sage euch, es wird hier kein Stein auf dem andern bleiben, der nicht abgebrochen werde.

³Da er aber auf dem Ölberge saß, traten die Jünger für sich zu ihm und sagten: sag uns, wann wird das geschehen? und was ist das Zeichen deiner Ankunft und des Endes der Welt? ⁴Und Jesus antwortete und sprach zu ihnen: ⁵Habt acht, daß euch niemand irre führe; denn viele werden kommen in meinem Namen und sagen: ich bin der Christus, und sie werden viele irre führen.

⁶Ihr werdet hören von Kriegen und Kriegsgerüchten; habt acht, laßt euch nicht aufregen — es muß geschehen, aber es ist noch nicht das Ende. ⁷Ein Volk wird sich erheben wider das andere und ein Reich wider das andere, es wird Hungersnöte geben und Erdbeben hie und da — ⁸das alles ist nur der Anfang, die Wehen. ⁹Dann werden sie euch in Drangsal übergeben und töten, und ihr werdet von allen Völkern gehaßt werden um meines Namens willen. ¹⁰Und dann werden viele zu Fall kommen, und einer wird den andern verraten und hassen. ¹¹Und viele falsche Propheten werden auftreten und viele irre führen. ¹²Und weil der Frevel überhand nimmt, wird die Liebe der meisten erkalten. ¹³Wer aber ausharrt bis an das Ende, wird gerettet werden. ¹⁴Und dieses Evangelium vom Reich wird in der ganzen Welt verkündet und allen Völkern bezeugt werden; dann erst wird das Ende kommen.

¹⁵Wenn ihr nun den Greuel der Verwüstung stehn seht an heiliger Stätte, von dem gesagt ist durch den Propheten Daniel — der Leser merke darauf —, ¹⁶dann mögen die Leute in Judäa auf die Berge fliehen; ¹⁷wer auf dem Dach ist, steige nicht herab, die Sachen in seinem Hause zu holen, ¹⁸und wer auf dem Felde ist, kehre nicht heim, seinen Mantel zu holen. ¹⁹Wehe aber den Schwangeren und säugenden Müttern in jenen Tagen. ²⁰Betet aber, daß eure Flucht nicht im Winter oder am Sabbat geschehe. ²¹Denn es wird dann eine große Drangsal sein, wie keine war von Anfang der Welt bis jetzt und auch keine sein wird. ²²Und wenn die Tage nicht verkürzt würden, so würde kein Fleisch gerettet; doch wegen der Erwählten werden jene Tage verkürzt. ²³Wenn euch dann jemand sagt: hier ist der Christus oder da, so glaubt es nicht. ²⁴Denn es werden falsche Christi und falsche Propheten auftreten und große Zeichen und Wunder verrichten, so daß sie wo möglich auch die Erwählten verführen. ²⁵Siehe, ich habe es euch vorausgesagt. ²⁶Wenn sie also zu euch sagen: „siehe, er ist in der Wüste", so geht nicht hinaus, „siehe er ist in Verstecken", so glaubt es nicht. ²⁷Denn wie der Blitz im Osten hervorbricht und bis zum Westen leuchtet, so ist die Ankunft des Menschensohnes. ²⁸Wo das Aas ist, da sammeln sich die Geier.

²⁹Alsbald aber nach der Drangsal jener Tage wird die Sonne sich verfinstern und der Mond nicht scheinen, und die Sterne

werden vom Himmel fallen und die Himmelsmächte in Schwanken geraten. ³⁰Und dann erscheint das Zeichen des Menschensohnes am Himmel, und alle Geschlechter der Erde werden wehklagen, und sie werden den Menschensohn kommen sehen in den Wolken des Himmels mit großer Macht und Herrlichkeit. ³¹Und er wird seine Engel senden unter lautem Schall der Posaune, und sie sammeln seine Erwählten von den vier Winden her, von einem Ende der Erde bis zum andern.

³²Vom Feigenbaum nehmt das Gleichnis ab. Wenn sein Zweig saftig wird und Blätter treibt, so merkt, daß die Ernte nahe ist. ³³So auch ihr, wenn ihr dies alles seht, so merkt, daß sie nahe vor der Tür ist. ³⁴Amen ich sage euch, dies Geschlecht wird nicht vergehn, bis dies alles geschieht. ³⁵Himmel und Erde werden vergehn, aber meine Worte werden nicht vergehn. ³⁶Über den Tag und die Stunde jedoch weiß niemand Bescheid, auch die Engel im Himmel nicht und der Sohn, sondern nur der Vater. ³⁷Wie in den Tagen Noe, so wird es auch sein bei der Ankunft des Menschensohns. ³⁸Denn wie sie in den Tagen der Flut aßen und tranken, freiten und heirateten, bis zu dem Tage, wo Noe in die Arche ging, ³⁹und nicht zur Einsicht kamen, bis die Flut eintrat und alle hinraffte, so wird es auch sein bei der Ankunft des Menschensohns. ⁴⁰Dann werden zwei Männer auf dem Felde sein, einer wird aufgenommen und einer zurückgelassen, ⁴¹zwei Weiber mahlen an der Mühle, eine wird aufgenommen und eine zurückgelassen. ⁴²Also wacht, denn ihr wißt nicht, an welchem Tage euer Herr kommt. ⁴³Das seht ein: wenn der Hausherr wüßte, zu welcher Zeit der Nacht der Dieb kommt, so würde er wachen und nicht in sein Haus einbrechen lassen. ⁴⁴Darum seid auch ihr bereit, denn zu einer Stunde, da ihr es nicht denkt, kommt der Menschensohn.

⁴⁵Wer ist nun der treue und kluge Knecht, den der Herr über sein Gesinde gesetzt hat, ihnen zur rechten Zeit die Speise auszuteilen? ⁴⁶Selig der Knecht, den der Herr bei seiner Ankunft also findet! ⁴⁷Amen ich sage euch, er wird ihn über all sein Gut setzen. ⁴⁸Wenn aber ein schlechter Knecht bei sich denkt: mein Herr bleibt noch lange aus, ⁴⁹und anfängt seine Mitknechte zu schlagen und ißt und trinkt mit den Prassern, ⁵⁰so wird der Herr jenes Knechtes kommen an einem Tage, da er es nicht erwartet,

und zu einer Stunde, die er nicht weiß, ⁵¹und wird ihn zerstückeln und ihm sein Teil geben unter den Heuchlern; da wird Gejammer sein und Zähneknirschen.

24, 3. Mt setzt an stelle der Intimen, die er auch in 9, 23 nicht nennt, die Jünger überhaupt. Παρουσία und συντέλεια τοῦ αἰῶνος findet sich in den Evangelien nur bei Mt. Ersteres ist m e t i t a, adventus, ἔλευσις (Lc 23, 42 D. Act 7, 52); vgl. Mal 3, 1. Zach 14, 5 und besonders Dan 7, 13 Sept.: ὡς υἱὸς ἀνθρώπου ἤρχετο καὶ ὡς παλαιὸς ἡμερῶν π α ρ ῆ ν. Daher ὁ ἐρχόμενος Mt 11, 3 und a d v e n i r e im 4. Esdrae. Vorstellung und Ausdruck ist vom jüdischen Messias auf den christlichen übertragen. Denn von Jesus wäre kein a d v e n t u s auszusagen gewesen, sondern ein r e d i t u s.

24, 5. Χριστός als Prädikat zu ἐγώ fehlt Mc 13, 6, wird aber richtig ergänzt sein. „In meinem Namen" muß bedeuten: als wäre ich es.

24, 9—14. Mt hat den Text des Mc schon in 10, 17 ss. gegeben, hier weicht er ab. Denn er redet hier von der Mission in der ganzen Welt (24, 14) und von der Verfolgung durch die Heiden (24, 9), nicht mehr wie in Kap. 10 von der Mission in Palästina und der Verfolgung durch die Juden. Statt „sie werden euch an die Synedria und Synagogen übergeben" (Mc.13, 9) sagt er: sie werden euch in Drangsal übergeben — wobei das Verbum nicht mehr recht paßt. Jesus schaut bei Mt während seiner letzten Tage in weitere Ferne als vorher, wie man schon am Schluß von Kap. 23 merkt. Auch das Erkalten der Liebe in der Gemeinde (24, 12, vgl. Ambacum 1, 4), wovon das Überhandnehmen der Ungerechtigkeit ein Zeichen (διά) ist, weist auf spätere Zeit und steht auf gleicher Stufe mit dem Unglauben bei Lc 18, 8. Die Grenze scheint in 24, 9—14 über die Zerstörung Jerusalems (24, 15 ss.) tatsächlich schon hinausgerückt zu sein.

24, 15—28 stimmt wieder mit Mc 13, 14—23, obgleich mehrere Zusätze angebracht sind.

24, 20. Der Sinn von Mc 13, 18 wird durch das Subjekt ἡ φυγὴ ὑμῶν und die Zeitbestimmung μηδὲ σαββάτῳ, die zu χειμῶνος schlecht genug paßt, gänzlich verändert. Bei Mc läßt sich noch erkennen, daß gemäß der jüdischen Grundlage dieser Apokalypse d i e J u d e n angeredet werden, welche bitten sollen, daß die bevorstehende Not, nämlich die Belagerung Jerusalems, nicht im Winter eintreten möge. Bei Mt aber sind die Christen angeredet; es wird vorausgesetzt, daß sie aus Jerusalem fliehen werden, und sie sollen bitten, daß die Gelegenheit zu dieser Flucht nicht in den Winter falle, wo ihr Schwierigkeiten entgegenstehn, und nicht auf einen Sabbat, wo sie unerlaubt ist. Die Christen halten also den Sabbat streng, wie sie ja auch noch opfern (5, 23) und die Tempelsteuer entrichten (17, 27).

24, 24. Die Pseudochristi fehlen bei Mc (13, 22); vgl. 24, 4.

24, 26—28 (Lc 17, 23. 24. 37) fehlt bei Mc und greift der Parusie des Menschensohnes vor, die erst in 24, 29 ss. erfolgt. Mt scheint 24, 27 und 24, 28 in Parallele zu setzen. Dort heißt es: der Messias braucht nicht im Versteck gesucht zu werden; wenn er erscheint, so springt er wie der Blitz allen in die Augen. Hier: das Aas bleibt nicht verborgen, denn die Geier zeigen es an. Die Anstößigkeit des Vergleichs wird gemildert, wenn es sich um ein Sprichwort handelt, bei dem man auf den Wortlaut nicht mehr achtet. Wer sind aber die Geier? Darf man sich darunter die Pseudopropheten vorstellen, die zwar lügen, deren massenhaftes Auftreten aber doch die Nähe der Parusie verrät? Bei Lc steht der Spruch vom Aas in einem anderen Zusammenhang, jedoch ebenfalls am Schluß eines eschatologischen Stückes.

24, 29. Εὐθέως fehlt bei Mc.

24, 30. Τὸ σημεῖον τοῦ ὑ. τ. ἀ. ist zwar dem Sinne nach zutreffend, formell jedoch ungehörig, da sonst auch in 24, 15 hätte gesagt werden müssen: τὸ σημεῖον τοῦ βδελύγματος. Denn der entsetzliche Greuel und der Menschensohn gehören zusammen als Zeichen für Anfang und Schluß der letzten betrübten Zeit und als Antwort auf die Frage 24, 3: τί τὸ σημεῖον — vgl. zu Mc 13, 26. Auch die Einschiebung von κόψονται κτλ (das übrigens in der Syra fehlt) vor ὄψονται ist nicht gut; denn die Erscheinung des Menschensohns ist hier in Wahrheit ein Freudenzeichen dafür, daß die Trübsal nun ein Ende nimmt.

24, 31. Αὐτοῦ hinter den Engeln und den Erwählten fehlt bei Mc, ebenso die Posaune. Diese scheint selbständig neben den Engeln gedacht zu werden, da sie im Singular steht. Vgl. Isa 27, 13. 4. Esd 6, 23. 1. Cor 15, 52.

24, 32—36 fast wörtlich wie Mc 13, 28—32. Vers 32 ist in der Note zu Mc 13, 28. 29 (2. Ausg. 1909) erklärt, nach E. Schwartz in der

ZNW 1904 p. 80—84. Vers 35 (Mc 13, 31) fehlt vielleicht mit Recht im Sinaiticus.

24, 37—50 hat zwar ähnlichen Inhalt wie Mc 13, 33—37 (vgl. 24, 42 mit Mc 13, 33), deckt sich aber vielmehr mit zwei Stücken des Lc, die hier dicht an einander gerückt werden.

24, 37—39 = Lc 17, 26. 27, wie schon 24, 26—28 = Lc 17, 23. 24. 37. Die παρουσία fehlt bei Lc, das erste Mal sagt er dafür einfach ἡμέρα. Für γαμοῦντες (männlich) καὶ γαμίζοντες (weiblich) sagt er ἐγάμουν καὶ ἐγαμίζοντο; das Passivum beim zweiten, auf die Frauen bezüglichen Verb ist deutlicher, und aus dem Imperfektum ergibt sich der Vorteil, daß das Genus nicht unterschieden zu werden braucht, was beim Participium notwendig gewesen wäre.

24, 40. 41 ist eine schlechte Variante zu Lc 17, 34. 35. Denn bei den zwei Feldarbeitern ist der Dual zufällig, bei den beiden Leuten in Einem Bett und den beiden Sklavinnen an Einer Mühle ist die Zusammengehörigkeit viel enger und notwendiger, demgemäß auch die Trennung schroffer.

24, 42 (Mc 13, 33) markirt den Übergang von Lc 17, 26. 27 zu Lc 12, 39—46 = Mt. 24, 43—51.

24, 45—50. Nach 13, 52 zu schließen ist hier von Lehrern und Vorstehern der christlichen Gemeinde die Rede. Der eine sorgt gut für sie und kann getrost dem Kommen seines Herrn entgegensehen. Der andere mishandelt sie und pflegt sich selber, der wird zerstückelt werden (Dan 2, 5) und hernach seinen Ort unter den falschen Christen (Lc 12, 46: den Nichtchristen) bekommen. Amtsmisbrauch der Gemeindevorsteher muß also schon früh vorgekommen sein, er wird mit fürchterlicher, aber nur göttlicher Strafe bedroht.

Mt 25, 1-12.

Dann gleicht das Reich des Himmels zehn Jungfrauen, die ihre Lampen nahmen und ausgingen, dem Bräutigam entgegen, [2]fünf von ihnen waren töricht und fünf klug; [3]die törichten nämlich nahmen zwar Lampen, aber kein Öl mit, [4]die klugen nahmen außer den Lampen auch Öl mit in Krügen. [5]Da nun der Bräutigam auf sich warten ließ, nickten sie alle ein und schliefen. [6]Zu Mitternacht aber erhub sich ein Geschrei: der Bräutigam kommt, geht aus ihm entgegen! [7]Darauf standen die Jungfrauen alle auf und machten ihre Lampen zurecht. ⁸Und die törichten sagten zu den klugen: gebt uns von eurem Öl, denn unsere Lampen verleschen. ⁹Die klugen aber antworteten: es möchte nicht reichen für uns und euch, geht lieber zu den Händlern und kauft euch welches. ¹⁰Während sie nun hingingen zu kaufen, kam der Bräutigam, und die da bereit waren, gingen mit ihm hinein zur Hochzeit, und die Tür ward geschlossen. ¹¹Hernach kamen auch die übrigen Jungfrauen und sagten: Herr, Herr, tu uns auf! ¹²Er antwortete aber: Amen ich sage euch, ich kenne euch nicht.

¹³Wacht also, denn ihr wißt den Tag und die Stunde nicht.

Kap. 25 setzt die voraufgehende eschatologische Rede noch fort Den beiden ersten Parabeln liegen die Sprüche Mc 13, 33—37 zu grunde, die Mt an ihrer Stelle übergangen hat.

25, 1. Die Lampen brennen von Anfang an; sie sind bei der Ankunft des Bräutigams erloschen und müssen geputzt und neu gefüllt werden (25, 7. 8). Es scheint, daß die Jungfrauen sich erst am Abend aufmachen. D und Syra fügen am Schluß hinzu καὶ τῆς νύμφης, erklärlich, aber unrichtig.

25, 5. Wo sie schlafen, darf man nicht fragen. Sie empfangen den Bräutigam vor dem Hause, gehn ihm nicht auf die weite Entfernung entgegen.

25, 8. Μήποτε ist d i l m a , οὐκ ist davon zu trennen und mit dem folgenden ἀρκέσῃ eng zu verbinden.

25, 9. Am Anfang ist ἕως ὑπάγουσιν (D) dem Gen. abs. vorzuziehen; zu ἕως (während) vgl. Mc 14, 32.

25, 13 (Mc 13, 33. 35. 37) gibt die Moral des Gleichnisses und richtet sich an die Jünger. W a c h t ist metaphorisch und bedeutet: seid bereit. Es liegt darin kein Tadel des Einschlafens der Jungfrauen, welches vielmehr für die Sache so wenig in Betracht kommt wie das Einschlafen der Menschen in 13, 25; auch die klugen sind ja eingeschlafen.

Über den realen Vorgang, der zum Gleichnis benutzt wird, könnte man sich etwa folgende Vorstellung machen. Der Bräutigam kommt bei der Hochzeit zu der Braut, in deren elterliches Haus. Sie selbst darf ihm nicht entgegen gehn, vielmehr holen ihn ihre Brautjungfern (schôsch'binnâta) ein. Sie erwarten ihn abends mit Lampen, um ihn zur Braut hinein zu geleiten. Aber was haben die Brautjungfern nach Mitternacht bei dem Bräutigam zu tun? was haben sie bei ihm einzudringen, nachdem die Tür verriegelt ist? versteht es sich nicht von selbst, daß sie abgewiesen werden, sie mögen nun töricht oder klug sein? Und wo bleibt die Hauptperson? zu einer Hochzeit gehört doch die Braut. Es ist den Alten nicht zu verdenken, daß sie in den zehn Jungfrauen die Braut suchten. Aber selbst unter der sicher unstatthaften Voraussetzung der Polygamie heiratet der Mann doch nicht mehrere Frauen auf einmal, und die Braut zieht auch dem Bräutigam nicht entgegen, geschweige denn zehn Bräute in friedlichem Verein. Also beide Möglichkeiten sind undurchführbar. Auch in Nebenpunkten kann man sich nicht zurechtfinden; sind z. B. um Mitternacht noch die Läden offen, so daß noch Öl gekauft werden kann? Das Gleichnis für sich genommen ist windschief; es hält sich nicht an einen gewöhnlichen oder auch nur möglichen Vorgang des wirklichen Lebens. Es ist nach der Moral zurecht gemacht. Wenngleich es sich nicht in allen Punkten allegorisch ausdeuten läßt, so ist es doch nur aus der Moral zu verstehn; nicht umgekehrt.

Weil nun aber der metaphorische Sinn sich durchaus vordrängt, ist es gleichgiltig, was die zehn Jungfrauen außerhalb der Metapher sind; an das Eigentliche wird nicht mehr gedacht. Die Heirat tritt zurück hinter dem Mahl. Die Vorstellungen von Braut und Brautjungfern sind konfundirt. Aber die von der Braut überwiegt doch, wie ja in diesem beliebten Gleichnis die Gemeinde sonst immer mit dieser und nicht mit den Nebenpersonen verglichen wird. Der Plural der Jungfrauen hat seinen Grund. Wäre nur Eine Jungfrau genannt, so wäre dadurch die christliche Gemeinde als solidarische Einheit dargestellt. Es sollen jedoch zwei Schichten in der Gemeinde unterschieden werden. Dabei paßt zwar das Bild von der Braut eigentlich überhaupt nicht mehr, der p l u r a l i s c h e Dual (zweimal fünf) ist aber immer noch unanstößiger, weil unklarer, als der e i n f a c h e Dual. Der beabsichtigte Unterschied ist der der eifrigen Christen, die ihr Leben auf die Parusie einrichten, und der lauen, die zwar wohl an die Parusie glauben, sich indessen mit der Tat nicht darauf vorbereiten. Vorausgesetzt wird, daß die Parusie sich über Erwarten verzieht: ein Zeichen der Zeit.

Diese Parabel ist dem Mt eigentümlich. Lc hat sie nicht, wohl aber verwandte Sprüche. Es heißt Lc 13, 28: „wenn ihr, nachdem der Hausherr die Tür geschlossen hat, draußen anklopft und sprecht: Herr mach uns auf, so wird er euch sagen: ich weiß nicht, woher ihr seid". Hier sind einfach die Jünger angeredet; von einem Bräutigam, der seine Bräute abweist, steht nichts da. Ferner Lc 12, 35. 36: „haltet eure Lichter brennen und gleichet Leuten, die ihren Herrn erwarten, wenn er von der Hochzeit zurückkehrt, damit sie ihm unverzüglich aufmachen können, wenn er kommt und anklopft." Hier kommen die Hochzeit und die Lichter hinzu; aber der Herr geht nicht zur eigenen Hochzeit, sondern kehrt abends spät von einer fremden heim, er selber ist der anklopfende und es kommt darauf an, daß er alsbald Einlaß findet; seine Knechte warten zu dem Zweck auf ihn und lassen das Licht brennen (Mc 13, 34 s. Apoc 3, 20). Beide Vergleiche bei Lc sind plan und verständlich. Die Unmöglichkeiten im Gleichnis des Mt sprechen nicht für dessen Priorität, an gegenseitige Unabhängigkeit läßt sich nicht denken. Man beachte auch den formellen Unterschied: kurze, dringende Imperative in Lc 12, eine breite Parabel in Mt 25. Welche Form ist die primäre für die Erwartung der Parusie? Sie war doch gewiß ursprünglich kein Gegenstand objektiver, lehrhafter und poetischer Darstellung. Der Gegensatz in diesem Punkt zeigt sich auch sonst; der Most bei Lc erscheint bei Mt vergoren und abgelagert.

Mt 25, 14—30. Lc 19, 11—27.

Denn es ist, wie wenn ein Mensch, der verreisen wollte, seine Knechte rief und ihnen sein Gut übergab, [15]dem einen fünf Talente, dem anderen zwei, dem dritten eins, jedem nach seiner Tüchtigkeit, und verreiste. [16]Alsbald ging der, der die fünf Talente empfangen hatte, und schaffte damit und gewann andere fünf Talente. [17]Desgleichen gewann der, der zwei Talente empfangen hatte, zwei andere. [18]Der aber, der das eine empangen hatte, ging hin, machte eine Grube in der Erde und verbarg das Geld seines Herrn. [19]Nach langer Zeit nun kam der Herr jener Knechte und rechnete mit ihnen ab. [20]Und der Empfänger der fünf Talente trat her und brachte andere fünf Talente und sagte: Herr, fünf Talente hast du mir übergeben, hier sind andere fünf, die ich gewonnen habe. [21]Sein Herr sprach zu ihm: ei du wackerer und treuer Knecht, du bist über wenig getreu gewesen, ich will dich über viel setzen; geh ein zu deines Herren Freude! [22]Auch der Empfänger der zwei Talente trat her und sagte: Herr, zwei Talente hast du mir übergeben, hier sind andere zwei, die ich gewonnen habe. ²³Sein Herr sprach zu ihm: ei du wackerer und treuer Knecht, du bist über wenig treu gewesen, ich will dich über viel setzen; geh ein zu deines Herren Freude! ²⁴Da trat auch der Empfänger des einen Talents her und sagte: Herr, ich wußte, daß du ein harter Mann bist, erntest, wo du nicht gesät, und einheimst, wo du nicht ausgestreut hast, ²⁵und aus Furcht ging ich hin und verbarg dein Talent in der Erde; hier hast du, was dein ist. ²⁶Sein Herr aber antwortete ihm: du schlechter und fauler Knecht, wußtest du, daß ich ernte wo ich nicht gesät, und einheimse, wo ich nicht ausgestreut habe? ²⁷dann hättest du mein Geld den Bankhaltern austun sollen, so hätte ich bei der Heimkunft das Meinige mit Zins wiederbekommen! ²⁸Darum nehmt ihm das Talent und gebt es dem, der die zehn Talente hat — ²⁹denn wer da hat, dem wird gegeben und immer mehr gegeben; wer aber nicht hat, dem wird auch das, was er hat, weggenommen — ³⁰und werft den nichtsnutzigen Knecht hinaus in die Finsternis draußen, da wird Gejammer sein und Zähnknirschen.

25, 14. 15. Der Eingang mit ὥσπερ und folgendem Präteritum ist aus Mc 13, 34, dem Motiv, beibehalten. Aber bei Mt überläßt der Mann nicht seine Wirtschaft, sondern sein Barvermögen den Knechten; er weist einem jeden nicht sein Teil Arbeit, sondern sein Teil Geld an — allerdings nicht als Depositum, sondern als Betriebskapital, wie schon in 25, 15 angedeutet wird mit den Worten: einem jeden nach seiner Leistungsfähigkeit. Die Verwandlung des Haus- und Landwirts in einen Kapitalisten gibt zu denken.

25, 19. Die lange Zeit darf für die Deutung des Gleichnisses ausgenutzt werden; sie liegt zwischen der Himmelfahrt und der Wiederkunft Jesu.

25, 21. Nach 25, 28 scheint der Lohn für den treuen Knecht darin zu bestehn, daß er die durch ihn verdoppelten Talente behält. Dazu paßt jedoch καταστήσω nicht; trotz 24, 47. Dies führt vielmehr auf die Vorstellung vom Amt: nach Mc 13, 34 gibt der Herr in der Tat den Knechten kein Geld, sondern verschiedene Ämter in seinem Hauswesen. Unter Talenten können freilich innerhalb des Bildes keine Ämter verstanden werden, aber die Vorstellung der Grundlage bricht in dem Spruch an die Knechte noch durch, bei Lc (19, 17) sehr stark, bei Mt nur in καταστήσω. — Nach seiner Gewohnheit läßt Mt das Gleichnis ohne weiteres in die dadurch bedeutete Sache übergehn durch die Schlußworte: geh ein zu deines Herrn Freude. Die Freude ist das Mahl, d. i. das Reich Gottes. Der Opferschmaus heißt im Deuteronomium die Freude vor dem Herrn; das Gelage (m i s c h t e) Esther 9, 17 wird von der Septuaginta durch χαρά wiedergegeben und εὐφραίνου Lc 12, 19 von der Latina durch e p u l a r e ; auch im klassischen Griechisch hat εὐφροσύνη diese Bedeutung.

25, 26. 27. Auch wenn man den Begriff, den der Knecht von seinem Herrn hat, gelten läßt (οὖν vgl. 26, 54), hätte er anders verfahren müssen. Die Frage darf man nicht stellen: was würde der Herr sagen, wenn das auf eigene Verantwortung unternommene geschäftige Werben der beiden ersten Knechte mit seinem Gelde fehlgeschlagen wäre?

25, 28—30. Ἄρατε ist ein abrupter und gewissermaßen impersoneller Imperativ, wie dergleichen manche im Koran vorkommen; namentlich wenn Gott befiehlt, der immer ausführende Werkzeuge zur Hand hat. Die Rede des Herrn setzt sich von 25, 28 her in 25, 30 fort; dazwischen ist der Vers 29, der aus Mc 4, 25 stammt, ungeschickt eingeschoben. Es soll damit das Verfahren gegen den faulen Knecht unter eine allgemeine Regel gebracht werden. Der Sinn des bei Mc isolirt stehenden Spruches wird durch diesen Zusammenhang nicht klarer.

Die Parabel fordert Treue von den Knechten. Ein treuer Knecht geht im Interesse seines Herrn auf, wirbt und wagt für ihn, als wäre es für sich selber. Was das anvertraute Gut ist, wird nicht gesagt. Außerhalb des Gleichnisses können auch bei Mt Ämter unter den Talenten einbegriffen werden, aber die Talente haben doch eine allgemeinere Bedeutung. Es sind Kräfte, Gaben und Güter, mit denen der Gemeinde und dem Herrn der Gemeinde gedient ist. Denn innerhalb der Sphäre der Gemeinde muß man sich halten, die Knechte sind in allen Parabeln die Christen. Sie sind zum Dienst verpflichtet und nicht zur Entfaltung ihrer eigenen schönen Persönlichkeit. Die Parusie steht im Hintergrunde. Sie läßt auf sich warten, aber der Zwischenraum soll keine träge Pause sein. Die Knechte sollen währenddem die Hände rühren und nicht in den Schoß legen: dann fällt ihnen selber zu, was sie für ihren Herrn gewonnen haben.

Jülicher glaubt freilich, die Parusie sei eine spätere Zutat zu dem Gleichnis. Wenn der Hausherr als harter Mann bezeichnet werde, so könne ursprünglich nicht Jesus damit gemeint sein. Jedoch die zur Entschuldigung vorgebrachte Äußerung 25, 24 ist subjektiv; sie charakterisirt nur die Gesinnung dessen, der sie tut, seine lähmende knechtische Furcht vor dem Gespenst des Herrn — während die wahre Treue den Knecht freudig und frei macht, da er sich mit seinem Herrn identifizirt. Von einer so unsicheren Position aus darf kein Angriff unternommen werden. Auch in Mc 13, 34 steht die Parusie im Hintergrunde, dieser Spruch aber ist der Ausgangspunkt unserer Parabel. Und deshalb weil die Moral derselben auch ohne Parusie bestehn kann, darf man doch die Parusie nicht streichen, welche für die ältesten Christen das wirksamste Motiv aller Moral war, wenngleich Jesus selber es nicht verwandt haben kann. Jülicher verrät eine leichte Neigung, die Gleichnisreden von Merkmalen späterer Abfassungszeit zu säubern. Außerdem scheint er sich noch nicht völlig befreit zu haben von der Allegoriescheu, mit der B. Weiß behaftet ist. Sie ist gerade bei den Parabeln des Mt sehr unangebracht, die alle das Reich Gottes d. i. die urchristliche Gemeinde und ihre Situation im Auge haben, so daß sie für die älteste Kirchengeschichte verwendbar sind. Natürlich aber muß man die Sache en gros nehmen und darf nicht alle Züge ausdeuten — das gilt hier wie anderwärts.

Mt 25, 31—46.

Wenn aber der Menschensohn kommt in seiner Herrlichkeit und alle Engel mit ihm, dann wird er sich auf den Stuhl seiner Herrlichkeit setzen. [32]Und alle Völker werden vor ihm versammelt, und er scheidet sie von einander, wie der Hirt die Schafe von den Gaißen scheidet, [33]und stellt die Schafe zu seiner Rechten und die Gaißen zur Linken. [34]Darauf sagt der König zu denen zu seiner Rechten: Kommt her, ihr von meinem Vater·Gesegneten, nehmt das Reich in Besitz, das euch bereitet ist seit Grundlegung der Welt. [35]Denn ich bin hungrig gewesen und ihr habt mich gespeist, durstig und ihr habt mich getränkt, fremd und ihr habt mich beherbergt, [36]nackend und ihr habt mich gekleidet, krank und ihr habt euch meiner angenommen, ich bin im Gefängnis gewesen und ihr habt mich besucht. [37]Darauf erwidern ihm die Gerechten: Herr, wann haben wir dich hungrig gesehen und gespeist? oder durstig und getränkt? [38]wann haben wir dich in der Fremde gesehen und beherbergt? oder nackend und gekleidet? ³⁹wann haben wir dich krank gesehen oder im Gefängnis und dich besucht? ⁴⁰Und der König antwortet ihnen: Amen ich sage euch, je nachdem ihr getan habt einem von diesen meinen geringsten Brüdern, habt ihr mir getan. ⁴¹Darauf sagt er auch denen zu seiner Linken: Weg von mir, ihr Verfluchten, in das ewige Feuer, das dem Teufel und seinen Engeln bereitet ist. ⁴²Denn ich bin hungrig gewesen und ihr habt mich nicht gespeist, durstig und ihr habt mich nicht getränkt, ⁴³fremd und ihr habt mich nicht beherbergt, nackend und ihr habt mich nicht gekleidet, krank und im Gefängnis, und ihr habt euch meiner nicht angenommen. ⁴⁴Darauf erwidern auch sie: Herr, wann haben wir dich hungrig gesehen oder durstig oder in der Fremde oder nackend oder krank oder gefangen, und sind dir nicht zu Dienste gewesen? ⁴⁵Darauf antwortet er ihnen: Amen ich sage euch, was ihr nicht getan habt einem von diesen Geringsten, habt ihr auch mir nicht getan. ⁴⁶Und diese gehn ab zur ewigen Strafe, die Gerechten aber zum ewigen Leben.

Diese Schilderung — eine Parabel ist es nicht — bildet den wirkungsvollen Abschluß der großen Rede Kap. 24. 25. Zu grunde liegen ihr Sprüche wie: wer euch aufnimmt, nimmt mich auf, und: wer einem von diesen Kleinen einen Trunk Wasser reicht, wird nicht um seinen Lohn kommen. Da kann man vielleicht zweifeln, ob nicht nur die Empfänger der Wohltaten, sondern auch die Geber Christen sind. Hier aber ist das nicht möglich; die δίκαιοι können keine Heiden sein und also auch die andern nicht. In der Einleitung sind zwar alle Völker vor dem Tribunal Jesu versammelt, um gerichtet zu werden. Aber das Weltgericht ist nur der großartige Hintergrund, an den dann nicht weiter gedacht wird; im Vordergrund stehn die Mitglieder der christlichen Gemeinde, die Jünger. Jesus spricht ihnen ihr Urteil, je nachdem er Liebe von ihnen erfahren hat oder nicht. Leute, die ihm persönlich Liebe erwiesen haben, gibt es freilich in der Gemeinde, die Mt vor Augen hat, nicht mehr. Aber persönliche Liebe verlangt er auch nicht und das ist eben die Pointe: was ihr meinem geringsten Bruder getan habt, das habt ihr mir getan. Eine Ergänzung dazu bildet der vermutlich ältere Ausspruch Lc 13, 26. 27, wonach die persönliche Bekanntschaft mit Jesu keinen Vorzug gewährt. Auf die Zeit der Verfolgungen deutet der Satz: ich bin im Gefängnis gewesen und ihr habt mich besucht. — Die Schafe sind in Palästina vorwiegend weiß, die Ziegen schwarz. Συνάγειν 25, 35 ist aram. כנש, hebr. אסף = recepit in hospitium et tutelam.

§ 69—71, Mt 26, 1—16.

Und da Jesus mit all diesen Reden zu Ende war, sagte er zu seinen Jüngern: ²ihr wißt, daß nach zwei Tagen das Pascha ist, an dem der Menschensohn übergeben wird zur Kreuzigung. ³Darauf versammelten sich die Hohenpriester und Ältesten des Volkes im Hofe des Hohenpriesters, der hieß Kaiaphas, ⁴und beschlossen, Jesus arglistig zu fassen und zu töten. ⁵Sie sagten aber: nicht am Feste, daß kein Auflauf unter dem Volke entstehe. ⁶Da er aber in Bethania war, im Hause Simons des Aussätzigen, trat ein Weib zu ihm mit einem Glas kostbarer Myrrhe und goß es auf sein Haupt, da er zu Tische saß. ⁷Als das die Jünger sahen, wurden sie unwillig und sagten: wozu diese Vergeudung, ⁸man hätte das ja teuer verkaufen und den Armen geben können! ¹⁰Jesus aber merkte es und sprach zu ihnen: Was verstört ihr das Weib! hat sie doch ein gutes Werk an mir getan. ¹¹Denn allzeit habt ihr die Armen bei euch, mich aber habt ihr nicht allzeit. ¹²Daß sie die Myrrhe hat auf meinen Leib gegossen, hat sie getan für mein Begräbnis. ¹³Amen ich sage euch, überall wo dies Evangelium verkündet wird in der ganzen Welt, wird auch gesagt werden, was sie getan hat, zu ihrem Gedächtnis.

¹⁴Darauf ging einer der Zwölf, Judas der Iskariote mit Namen, zu den Hohenpriestern und sagte: ¹⁵was wollt ihr mir geben, daß ich ihn euch verrate? Sie versprachen ihm dreißig Silberlinge. ¹⁶Und von da an suchte er Gelegenheit, ihn zu verraten.

26, 2. Zur Konstruktion vgl. 26, 45. Die Zeitbestimmung Mc 14, 1 wird in den Mund Jesu gelegt, um einer Todesweissagung als Anknüpfepunkt zu dienen.

26,3. Aus dem ἐζήτουν Mc 14, 2 wird eine Sitzung und ein förmlicher Beschluß des Synedriums. — Kaiphas war in der Tat der dem Pilatus gleichzeitige Hohepriester. Aber er erscheint nur bei Mt. Mc nennt überhaupt keinen Namen, Lc und Ioa nennen den Hannas, wenigstens im ursprünglichen Text. Vgl. zu Ioa 18, 12—27.

26, 8. 9. An stelle der τινές Mc 14, 4 treten die Jünger, die bestimmte Preisangabe Mc 14, 5 fehlt.

26, 10. 11. Γνούς wird gegen Mc 14, 6 hinzugefügt; es ist in solchen Fällen stets Gedankenlesen darunter zu verstehn. Anders wie 25, 36—46 legt Jesus hohen Wert auf ihm persönlich erwiesene Liebe; mehr als auf Almosen. Die leibliche Anwesenheit Jesu wird schmerzlich vermißt werden (Mc 2, 20); das Menschliche kommt überall zu seinem Rechte. Die Parusie steht in weiter Ferne: a l l e Z e i t habt ihr Arme bei euch. Der in Mc 14, 7 folgende Satz u n d w a n n i h r w o l l t usw. fehlt freilich bei Mt.

26, 12. D e r L e i b ist bei Mt nicht Objekt zu begraben wie in Mc 14, 8, sondern zu salben, während doch auch bei ihm der Balsam in der Tat nur auf das Haupt gegossen wird.

26, 14. 15. Mt kann unmöglich annehmen, daß Judas für sein bloßes Anerbieten sofort den Lohn ausbezahlt erhalten habe. Ἔστησαν bedeutet zwar darwägen (Zach 11, 12), aber als Äquivalent von a q î m u auch aussetzen, geloben; und so haben es die alten Syrae und Latinae wiedergegeben, die für das Verständnis solcher Ausdrücke stärker zu Rate gezogen werden müssen, als es gewöhnlich geschieht. Ἀργύρια (28, 3—9. 27, 12. 15) ist Übersetzung von k e s e p h Zach 11, 12 = ἀργυροῦς in der Septuaginta. Auch 21, 1—11 und 27, 3—9 beruht auf Zacharia.

§ 72-74. Mt 26, 17-29.

Am ersten Tage des Festes der ungesäuerten Brote aber kamen die Jünger zu Jesus und sagten: wo sollen wir dir das Paschamahl zurichten? [18]Er sprach: geht in die Stadt zu dem und dem und sagt: der Meister läßt dir sagen: meine Zeit ist nah, bei dir will ich das Pascha halten mit meinen Jüngern. [19]Und die Jünger taten, wie Jesus ihnen aufgetragen hatte und richteten das Pascha zu.

[20]Am Abend aber setzte er sich zu Tisch mit den Zwölfen. [21]Und als sie aßen, sprach er: Amen ich sage euch, einer von euch wird mich verraten. [22]Und tief betrübt begannen sie zu sagen einer nach dem andern: doch nicht ich, Herr? [23]Er antwortete: Der, welcher die Hand mit mir in die Schüssel getaucht hat, wird mich verraten. [24]Der Menschensohn geht zwar dahin, wie von ihm geschrieben steht, doch wehe dem Mann, durch welchen der Menschensohn verraten wird — es wäre ihm besser, wenn jener Mann nicht geboren wäre. [25]Da hub der Verräter

Judas an und sagte: doch nicht ich, Herr? Er sprach zu ihm: du sagst es.

²⁶Als sie aber aßen, nahm Jesus Brot, sprach den Segen und brach es und gab es den Jüngern und sagte: Nehmt, eßt, das ist mein Leib. ²⁷Und er nahm den Kelch, sprach den Dank und gab ihn ihnen und sagte: ²⁸Trinkt alle daraus, denn das ist mein Blut des Bundes, das für viele vergossen wird zur Vergebung der Sünden. ²⁹Ich sage euch, ich werde von nun an nicht mehr von dem Gewächs des Weinstocks trinken bis zu dem Tage, wo ich es neu trinke mit euch im Reiche meines Vaters.

26, 17—19. Mt hat hier seine Vorlage (Mc 14, 12—16) stark abgekürzt, um das Wahrsagerhafte abzustreifen. Es kommt dann heraus, daß Jesus sich einfach mit einem Jerusalemer verabredet hat, dessen Name dem Erzähler nicht mehr bekannt ist.

26, 20—25 (Mc 14, 17—21). Daß Jesus dem Judas auf den Kopf sagt, er sei der Verräter, fügt Mt hinzu. „Du sagst es" kommt nur in der Passionsgeschichte vor.

26, 26—29 (Mc 14, 22—25). In 26, 27 werden ebenso wie in 26, 1 die Worte des Erzählers in den Mund Jesu gelegt: trinkt alle daraus. In 26, 28 fügt Mt am Schluß zu: zur Vergebung der Sünden. In 16, 29 sagt er **meines Vaters** für **Gottes** und läßt auf πίνω folgen μεθ' ὑμῶν (vgl. μετ' ἐμοῦ 26, 38).

§ 75–77. Mt 26, 30–56.

Und nach dem Lobgesang gingen sie hinaus an den Ölberg. ³¹Darauf sprach Jesus zu ihnen: ihr werdet alle an mir zu Fall kommen in dieser Nacht, denn es steht geschrieben: ich werde den Hirten schlagen und die Schafe der Heerde werden sich zerstreuen; ³²nach meiner Auferstehung aber werde ich euch vorausgehn nach Galiläa. ³³Petrus antwortete: wenn auch alle an dir zu Fall kommen, so werde ich doch niemals abfallen. ³⁴Jesus sprach zu ihm: Amen ich sage dir, in dieser Nacht, ehe der Hahn kräht, wirst du mich dreimal verleugnen. ³⁵Petrus sagte: und wenn ich mit dir sterben müßte, werde ich dich doch nicht verleugnen. Ebenso sagten auch die anderen Jünger.

³⁶Darauf kam Jesus mit ihnen zu einem Ort, genannt Gethsemani. Und er sprach zu seinen Jüngern: setzt euch hier, der-

weil ich dorthin geh und bete. ³⁷Und er nahm Petrus und die beiden Söhne des Zebedäus mit und fing an zu trauern und zu zagen. ³⁸Darauf sagte er zu ihnen: meine Seele ist betrübt zum Sterben, bleibt hier und wacht mit mir. ³⁹Und er ging eine kleine Strecke vor und warf sich nieder auf sein Angesicht, betete und sprach: mein Vater, ist es möglich, so gehe dieser Kelch an mir vorüber, doch nicht wie ich will, sondern wie du. ⁴⁰Und er kam zu den Jüngern und fand sie schlafen und sprach zu Petrus: also könnt ihr nicht einen Augenblick mit mir wachen? ⁴¹wacht und betet, daß ihr nicht in Versuchung kommt; der Geist ist willig, aber das Fleisch ist schwach. ⁴²Noch einmal wieder ging er weg und betete und sprach: mein Vater, ist es nicht möglich, daß er an mir vorübergehe, ohne daß ich ihn trinke, so geschehe dein Wille. ⁴³Und er kam und fand sie abermals schlafen, denn ihre Augen waren schwer. ⁴⁴Und er ließ sie und ging wieder weg und betete zum dritten mal die selbigen Worte. ⁴⁵Darauf kam er zu den Jüngern und sprach zu ihnen: schlaft ihr noch weiter und ruht? siehe die Stunde hat sich genaht und der Menschensohn wird in die Hände der Sünder übergeben; ⁴⁶steht auf, wir wollen gehn; siehe, der mich verrät, hat sich genaht.

⁴⁷Und wie er noch redete, da kam Judas, einer der Zwölf, und mit ihm ein großer Haufe mit Schwertern und Stöcken, von den Hohenpriestern und den Ältesten des Volks. ⁴⁸Der Verräter hatte ihnen aber ein Zeichen gegeben und gesagt: wen ich küsse, der ists, den greift. ⁴⁹Und alsbald trat er auf Jesus zu und sagte: Rabbi! und küßte ihn. ⁵⁰Jesus aber sprach zu ihm: (küßt du mich) zu solchem Zweck, Freund? Darauf kamen sie herbei und legten Hand an Jesus und griffen ihn. ⁵¹Da streckte einer von denen, die bei Jesu waren, die Hand aus, zog sein Schwert und hieb einem Knecht des Hohenpriesters ein Ohr ab. ⁵²Darauf sprach Jesus zu ihm: steck dein Schwert ein, denn wer zum Schwert greift, wird durchs Schwert umkommen; ⁵³oder meinst du, daß ich nicht meinen Vater bitten könnte und er mir sofort mehr als zwölf Legionen Engel zur Verfügung stellte? ⁵⁴wie würden dann aber die Schriften erfüllt, daß es so kommen muß! ⁵⁵Zur selben Stunde sprach Jesus zu dem Haufen: Seid ihr wie gegen einen Räuber mit Schwertern und Stöcken ausgezogen, mich zu fassen? täglich habe ich im Tempel gesessen und gelehrt,

und ihr habt mich nicht gegriffen! ⁵⁶das alles aber geschieht, damit die Schriften der Propheten erfüllt würden. Darauf verließen ihn alle Jünger und flohen.

26, 31. Τῆς ποίμνης fehlt bei Mc 14, 27 und auch Zach 13, 7. Σκανδαλίζεσθαι ist hier wie Mc 4, 17 s. v. a. ἀφίστασθαι (Lc 8, 13); schade, daß man nicht übersetzen darf: abfallen v o n m i r. Jedenfalls aber gibt das bei Mc fehlende ἐν ἐμοί nicht den Anlaß an; der Anlaß ist die Gefahr (die Fitna, wie die Araber sagen würden), nicht Jesus.

26, 3 4. Vgl. zu 26, 75.

26, 36. Gethsemani ist nicht aramäisch, sondern hebräisch; das η entspricht auch in dem σηβα der markosischen Taufformel bei Irenäus einem Scheva. Daß bei einem Ortsnamen die alte hebräische Aussprache sich erhalten hat, fällt nicht auf. In der Syra heißt es aber G u s c h m a n e oder G i s c h m a n e und in der Syropalästina G i s m a n i n, ähnlich wie in D Mc 6, 45 B e s s a i d a n für Bethsaidan. Diese (auch altlateinische) Orthographie dürfte die echte sein, sie ist volkstümlich und phonetisch, die andere korrekt und etymologisch. — In bezug auf die ganze Szene läßt sich die Bemerkung nicht unterdrücken, daß die vollkommene Ahnungslosigkeit der Jünger zu 26, 47 ss. nicht stimmt, wo sie vielmehr einigermaßen präparirt erscheinen und der Verhaftung Widerstand entgegensetzen.

26, 39. Die Oratio obliqua Mc 14, 35 ist weggelassen und nur die Oratio recta Mc 14, 16 beibehalten; sie wird in 26, 42 vollständig wiederholt, gegen Mc 14, 39. Vgl. zu Mc 14, 35. 36.

26, 44. 45. Der letzte Satz von Mc 14, 40 und ἀπέχει 14, 41 fehlen.

26, 47. 48. Zu ὄχλος Mc 14, 43 ist πολύς hinzugesetzt und der letzte Imperativ in Mc 14, 44 weggelassen.

26, 50. Anders wie in Mc 14, 45 redet Jesus den Verräter an: küßt du mich zu dem Zweck, zu dem du, wie man sieht, gekommen bist? K ü ß t d u m i c h braucht nicht gesagt zu werden, weil das Küssen im Moment auf der Szene agirt wird.

26, 52—54 ist ein Zusatz, der das selbe Motiv wie Lc 22, 51, aber einen ganz anderen Inhalt hat. Es schien undenkbar, daß Jesus sich die Gegenwehr sollte gefallen lassen haben; trotz Lc 22, 38. Bemerkenswert ist die Parataxe in 26, 53; vgl. 18, 21. Ioa 14, 16.

26, 55. Zu in j e n e r S t u n d e (= in dem selben Augenblick) s. 8, 13.

§ 78—81. Mt 26, 57—75.

Sie aber griffen Jesus und führten ihn ab zu dem Hohenpriester Kaiaphas, wo die Schriftgelehrten und Ältesten sich versammelt hatten. [58]Und Petrus folgte ihm von weitem bis in den Hof des Hohenpriesters und ging sitzen bei den Dienern, zu sehen, wie es ausliefe. [59]Die Hohenpriester aber und der ganze Rat suchten falsches Zeugnis gegen Jesus, daß sie ihn töten könnten, [60]und fanden keins, so viele falsche Ankläger auch herkamen. [61]Zuletzt kamen zwei und sagten: dieser hat gesagt: ich kann den Tempel Gottes zerstören und binnen drei Tagen wieder aufbauen. [62]Und der Hohepriester stand auf und fragte ihn: antwortest du nichts auf das, was diese wider dich vorbringen? [63]Jesus aber schwieg. Und der Hohepriester sagte zu ihm: ich beschwöre dich bei dem lebendigen Gott, daß du uns sagest, ob du der Christus bist, der Sohn Gottes. [64]Jesus sprach zu ihm: du sagst es; doch sage ich euch, demnächst werdet ihr den Menschensohn sitzen sehen zur Rechten der Kraft und kommen auf den Wolken des Himmels. [65]Darauf zerriß der Hohepriester seine Kleider und sagte: er hat gelästert, was brauchen wir noch Zeugen! siehe nun habt ihr die Lästerung gehört, [66]was ist eure Meinung? Sie antworteten: er ist des Todes schuldig.

[67]Darauf spien sie ihm ins Gesicht und schlugen ihn mit Fäusten, andere mit Stöcken, [68]und sagten: weissage uns, Christus, wer ist es, der dich schlug!

[69]Petrus aber saß draußen im Hof, und eine Magd kam auf ihn zu und sagte: du warst auch bei Jesus dem Galiläer. [70]Und er leugnete angesichts aller und sagte: ich weiß nicht, was du sagst. [71]Wie er aber zu der Torhalle hinausging, sah ihn eine andere und sagte zu den Leuten dort: dieser war bei Jesus dem Nazoräer. [72]Und er leugnete abermals und schwur: ich kenne den Menschen nicht. [72]Nach einer kleinen Weile kamen die Umstehenden herzu und sagten zu Petrus: du bist wirklich auch einer von ihnen, denn auch deine Sprache verrät dich. [74]Darauf begann er zu fluchen und zu schwören: ich kenne den Menschen nicht. Und alsbald krähte ein Hahn, [75]und Petrus erinnerte sich des Wortes Jesu, wie er zu ihm sagte: ehe der Hahn kräht, wirst du

mich dreimal verleugnen. Und er ging hinaus und weinte bitterlich.

26, 58. Am Schluß setzt Mt „um zu sehen wie es ausliefe" an die Stelle von „um sich zu wärmen"; auch in 26, 29 läßt er θερμαινόμενον (Mc 14, 67) aus. Es ist ihm vielleicht zu menschlich.

26, 59—61. Da Mt das Synedrium von vornherein nicht nach Zeugen, sondern nach Lügenzeugen suchen läßt und überhaupt nur von Lügenzeugen redet, so fallen auch die δύο von selbst in diese Kategorie. Trotzdem verdient es Beachtung, daß er ihre Aussage nicht mit ἐψευδομαρτύρουν (Mc 14, 57) einführt, sondern einfach mit εἶπον, und namentlich, daß er die Angabe Mc 14, 59 nicht hat: auch ihr Zeugnis stimmte nicht. Er wird darin das Ursprüngliche erhalten haben. Die inkriminirte Äußerung Jesu lautet Mt 26, 61 anders wie Mc 14, 58; vgl. Mc 15, 30 und Ioa 2, 19.

26, 63. Bei Mt heißt es der Sohn G o t t e s, bei Mc der Sohn d e s H o c h g e l o b t e n : man sollte das Umgekehrte erwarten.

26, 64. Πλήν scheint nicht mehr zu bedeuten als c e t e r u m; ἀπ' ἄρτι ist wahrscheinlich nach 23, 39 (26, 29) zu verstehn, so daß eigentlich hätte gesagt werden müssen: ihr werdet mich von jetzt an n u r n o c h als offenbaren Messias sehen. Beides fehlt bei Mc 14, 62.

26, 67. 68. Mt hat darin vermutlich das Ursprüngliche erhalten, daß bei ihm nur die Synedristen Subjekt sind. Bei Mc (14, 65) kommen die Diener hinzu, hinken aber nach; bei Lc (22, 63) sind die Synedristen von den Dienern völlig verdrängt. Mit Lc (22, 64) gemeint hat Mt die Ergänzung zu προφήτευσον: wer ist es, der dich schlug? Dann wäre aber die Verhüllung des Angesichts unentbehrlich. Sie fehlt jedoch bei Mc und zwar mit Recht, vgl. zu Mc 14, 65.

26, 69. Für κάτω ἐν τῇ αὐλῇ (Mc 14, 66) sagt Mt ἔξω ἐν τ. α.

26, 71. Bei Mc ist es die selbe Magd, bei Mt eine andere. Statt ἔξω εἰς τὸ προαύλιον bei Mc (14, 68) heißt es hier εἰς τὸν πυλῶνα, vgl. 2. Macc. 3, 19. Vielleicht ist der Sinn: wie er zum Tor hinaus gehn wollte; vgl. zu 15, 17. Der Name N a z o r ä e r, der hier für G a l i l ä e r (26, 69) eintritt und zuweilen mit N a z a r e n e r wechselt, wird nicht bloß auf Jesus, sondern auch auf seine Jünger angewandt (Act 24, 5); er war die älteste Bezeichnung der Christen. Die Ableitung von Nazareth ist nicht sicher.

26, 73. „Die Anwesenden kamen hinzu" läßt sich zwar verstehn, ist aber doch etwas ungeschickt, da schon 26, 70 gesagt ist: angesichts aller.

26, 74. 75. „Er begann zu schwören" paßt bei Mc besser als bei Mt, der schon 26, 72 von Schwur geredet hat. Mt läßt ebenso wie Lc den Hahn nur einmal krähen, sowohl in der Erzählung als in der Weissagung Jesu. Statt „er ward aufmerksam und weinte" (Mc 14, 72) sagt er: er ging hinaus und weinte bitterlich. Auch hier trifft er mit Lc zusammen. An sich ist die gemeinsame Abweichung von Mc ganz begreiflich; nur daß sie so wörtlich übereinstimmt, befremdet. Vielleicht ist der Vers Lc 22, 62 unecht; er fehlt in mehreren Veteres Latinae. Es mögen auch noch andere wörtliche Übereinstimmungen bei Mt und Lc gegen Mc auf diese Weise ihre Erklärung finden.

§ 82. 83. Mt 27, 1–26.

Morgens früh aber faßten alle die Hohenpriester und die Ältesten des Volks Beschluß wider Jesus, ihn zu töten. ²Und sie führten ihn gebunden ab und übergaben ihn dem Landpfleger Pilatus.

³Da aber Judas, der ihn verraten hatte, sah, daß er verurteilt war, ward er anderes Sinnes und brachte die dreißig Silberlinge den Hohenpriestern und Ältesten zurück und sagte: ⁴ich habe Unrecht getan, unschuldiges Blut zu verraten. Sie sagten: was geht uns das an, das ist deine Sache! ⁵Da warf er das Geld in das Tempelhaus und entfernte sich und ging und erhenkte sich. ⁶Die Hohenpriester aber nahmen das Geld und sagten: es darf nicht in den Tempelschatz geworfen werden, denn es ist Blutgeld. ⁷Sie faßten aber Beschluß und kauften davon den Töpferacker zum Begräbnis für die Fremden; ⁸darum heißt der Acker Blutacker bis heute. ⁹Da ging in Erfüllung, was durch den Propheten Jeremias gesagt ist: und ich empfing die dreißig Silberlinge, den Preis des Geschätzten, den man abschätzte, von den Kindern Israel, und gab sie für den Töpferacker, wie mir der Herr befohlen hatte.

¹¹Jesus aber wurde vor den Landpfleger gestellt, und der Landpfleger fragte ihn: bist du der König der Juden? ¹²Jesus sprach: du sagst es. Und auf die Anklagen der Hohenpriester und Ältesten antwortete er nichts. ¹³Darauf sagte Pilatus zu

ihm: hörest du nicht, was sie alles gegen dich vorbringen? ¹⁴Und er antwortete ihm auch nicht ein Wort, so daß der Landpfleger sich sehr wunderte.

¹⁵Auf das Fest aber pflegte der Landpfleger dem Volke einen Gefangenen freizugeben, welchen sie wollten. ¹⁶Man hatte aber damals einen berüchtigten Gefangenen, der hieß Barabbas. ¹⁷Wie sie nun zu hauf gekommen waren, fragte Pilatus sie: wen soll ich euch freigeben, Barabbas oder Jesus, den angeblichen Christus? ¹⁸Er wußte nämlich, daß sie ihn aus Neid überantwortet hatten. ¹⁹Und während er auf dem Richterstuhl saß, ließ sein Weib ihm sagen: hab nichts zu tun mit jenem Gerechten, denn ich habe heute im Traum seinetwegen viel ausgestanden. ²⁰Aber die Hohenpriester und die Ältesten überredeten das Volk, sie sollten sich Barabbas ausbitten und Jesus verderben. ²¹Pilatus nun hub an und sagte zu ihnen: welchen von den beiden soll ich euch freigeben? Sie sagten: Barabbas! ²²Pilatus sagte: was soll ich denn mit Jesus tun, dem angeblichen Christus? Sie sagten alle: ans Kreuz mit ihm! ²³Er sagte: was hat er denn Böses getan? Sie schrien nur noch lauter: ans Kreuz mit ihm! ²⁴Da aber Pilatus sah, daß er nichts ausrichtete, sondern der Lärm nur noch größer wurde, nahm er Wasser und wusch sich die Hände vor dem Volk und sagte: ich bin unschuldig an diesem Blut, es ist eure Sache. ²⁵Und das Volk antwortete und sprach: sein Blut liege auf uns und unseren Kindern! ²⁶Darauf gab er ihnen Barabbas frei, Jesus aber ließ er geißeln und übergab ihn zur Kreuzigung.

27, 1. 2. Ἡγεμών heißt der römische Prokurator nur bei Mt und in der Apostelgeschichte.

27, 3—10 ist eine Legende, welche in einer etwas anderen Fassung auch der Apostelgeschichte bekannt ist. Auf aramäische Vorlage führt nicht bloß αχελδεμαχ in der Apg., sondern auch κορβανᾶς bei Mt; letzterer Ausdruck findet sich nicht bei den Rabbinen, wohl aber bei Joseph. Bell. 2, 175 als der zu seiner Zeit landesübliche Name für das, was Mc (12, 41) γαζοφυλάκιον nennt, und bei Lc 21, 4 (τὰ δῶρα). Daß es bei Jerusalem einen Begräbnisplatz für Fremde gegeben hat, welcher Blutacker hieß, läßt sich nicht bezweifeln. Aber die hier vorgetragene Geschichte, wie dieser Platz zu seinem Namen gekommen sei, wird dadurch nicht historisch. Sie ist entsponnen aus der am Schluß als Wort Jeremias zitirten Weissagung im Buch Zacharias (11, 13):

„wirf ihn in den Schatz, den teuren Preis, den du ihnen wert bist! und ich nahm die dreißig Silberlinge und warf sie in das Haus des Herrn, in den Schatz." Eine Variante für in den Schatz ist zu dem Töpfer; das K'tib liest oçar (Schatz), das K'ri aber joçer (Töpfer, Bildner; daher statuarius bei Hieronymus und χωνευτήριον in der Septuaginta). Dieses Schwanken spiegelt sich ab in unserer Perikope und ist für die Erzählung verwertet. Der Hohenpriester überlegen, ob sie die dreißig Silberlinge, den teuren Preis des guten Hirten, in den Schatz werfen sollen, entscheiden sich aber (nach dem K'ri, gegen das K'tib) dafür, sie für den Acker des Töpfers zu geben, wie der Blutacker vordem geheißen haben soll. Das Werfen des Geldes in das Haus des Herrn findet auch noch Verwendung; es geschieht nur nicht durch die Hohenpriester, sondern durch Judas (27, 5). Merkwürdig, wie hier die Kenntnis nicht bloß der Bibel selber, sondern auch ihrer Interpretation und Textkritik historisch fruchtbar gemacht wird. Woher das sowohl von der Masora als von der Septuaginta stark abweichende Citat bei Mt stammt, läßt sich nicht sagen; der Acker des Töpfers (für den Töpfer) kommt wohl auf seine eigene Rechnung. Nach dem Sinaiticus und der Syra ist 27, 9 ἔδωκα zu lesen und ἔλαβον als erste Person aufzufassen; ἀπὸ υἱῶν I. gehört bei Mt zu ἔλαβον und scheint die Lesung mêhem statt lahem vorauszusetzen.

27., 11 Die ersten Worte werden hinzugefügt, um die unterbrochene Verbindung mit 27, 2 herzustellen. Für die bei Mc gewöhnlich allein genannten Hohenpriester setzt Mt meist die Hohenpriester und Ältesten; ein sachlicher Unterschied ist das nicht.

27, 15—26 ist weitläufiger als Mc 15, 6—15 und inhaltlich vermehrt durch 27, 19. 24. 25. Mt unterstreicht die Alternative Barabbas oder Jesus (Syra: Jesus Barabbas oder Jesus Christus) durch Wiederholung, wobei man freilich an der zweiten Stelle (27, 21) ein πάλιν vermißt. Die Juden, Obrigkeit und Volk, haben die ganze Schuld und übernehmen sie auch ausdrücklich, um Pilatus zu entlasten. Im Widerstand gegen sie von seiner Frau bestärkt, kann er doch gegen ihr Geschrei nicht aufkommen und salvirt nur seine Seele. Er wird schon bei Mc milde beurteilt und von den Späteren noch mehr rein gewaschen. — Ἔπεισαν (27, 20) hält den Vergleich mit ἀνέσεισαν (Mc 15, 11) nicht aus; vgl. D Act 14, 19.

§ 84–87. Mt 27, 27–54.

Darauf nahmen die Kriegsknechte des Landpflegers Jesus mit in das Praetorium und brachten die ganze Rotte über ihn, [28]und sie zogen ihm einen roten Mantel an [29]und flochten eine Krone aus Dornen und setzten sie ihm auf das Haupt und gaben ihm ein Rohr in die Rechte, und fielen vor ihm aufs Knie und verspotteten ihn und sagten: sei gegrüßt, König der Juden! [30]und spien ihn an und nahmen das Rohr und schlugen ihn auf das Haupt. [31]Und als sie ihren Spott mit ihm getrieben hatten, zogen sie ihm den Mantel aus und seine eigenen Kleider wieder an, und führten ihn ab zur Kreuzigung.

[32]Wie sie aber hinauszogen, fanden sie einen Mann von Cyrene namens Simon, den preßten sie, daß er das Kreuz trüge. [33]Und als sie an den Ort kamen, der Golgatha genannt wird, das ist Schädelort, [34]gaben sie ihm Wein mit Galle gemischt zu trinken, und als er gekostet hatte, wollte er nicht trinken. [35]Und nachdem sie ihn gekreuzigt hatten, verteilten sie seine Kleider durch das Los. [36]Und sie saßen und hielten dort bei ihm Wache. [37]Und ihm zu Häupten hefteten sie schriftlich die Angabe seiner Schuld an: Dies ist Jesus König der Juden.

[38]Darauf wurden mit ihm zwei Räuber gekreuzigt, einer rechts und einer links. [39]Die Vorübergehenden aber lästerten ihn, schüttelten den Kopf und sagten: [40]o du, der den Tempel zerstört und in drei Tagen wieder aufbaut, rette dich selber; wenn du der Sohn Gottes bist, so steig herab vom Kreuz. [41]Desgleichen führten auch die Hohenpriester nebst den Schriftgelehrten und Ältesten spöttische Reden: [42]andere hat er gerettet, sich selber kann er nicht retten; König von Israel, der er ist, komme er jetzt herab vom Kreuz, daß wir an ihn glauben! [43]er hat auf Gott vertraut, der rette ihn nun, wenn er will; denn er hat gesagt: ich bin Gottes Sohn. [44]Desgleichen schmähten ihn auch die Räuber, die mit ihm gekreuzigt waren.

[45]Mit der sechsten Stunde aber kam eine Finsternis über das ganze Land bis zu der neunten Stunde. [46]Und um die neunte Stunde schrie Jesus laut auf: Eli Eli lema sabachthani! das ist: mein Gott, mein Gott, warum hast du mich verlassen! [47]Da das etliche, die dabei standen, hörten, sagten sie: der ruft Elias.

⁴⁸Und alsbald lief einer von ihnen, nahm einen Schwamm und füllte ihn mit Essig und steckte ihn auf ein Rohr und gab ihm zu trinken. ⁴⁹Die andern aber sagten: halt, laßt uns sehen, ob Elias kommt, ihn zu retten! ⁵⁰Jesus aber tat nochmals einen lauten Schrei und gab seinen Geist auf. ⁵¹Und siehe, der Vorhang des Tempels riß entzwei von oben bis unten, und die Erde bebte und die Felsen barsten, ⁵²und die Gräber taten sich auf und viele Leiber der entschlafenen Heiligen standen auf ⁵³und gingen aus den Gräbern hervor, nach seiner Auferstehung, und kamen in die heilige Stadt und erschienen vielen. ⁵⁴Da aber der Hauptmann und seine Leute, die bei Jesu Wache hielten, das Erdbeben und die Vorgänge sahen, fürchteten sie sich sehr und sagten: dieser ist wahrlich Gottes Sohn gewesen.

27, 27—31. Die Tautologie ἐνδύσαντες περιέθηκαν (27, 28), welche die Syra zu beseitigen sucht, liegt auch bei Mc (15, 17) vor. Der Ornat wird vervollständigt durch das Rohr als Szepter (27, 29), und die Adoration säuberlicher von der Mishandlung getrennt als bei Mc.

27, 32—37. Die näheren Angaben des Mc über (15, 21) Simon fehlen bei Mt, ebenso die Zeitangabe der Kreuzigung Mc 15, 25. Für Wein mit Myrrhe (Mc 15, 23) heißt es bei Mt (27, 34) Wein mit Galle, wozu Ps 69, 22 (Sept.) Anlaß geben konnte, aber auch die Ähnlichkeit der Ausdrücke für Myrrhe und Galle im Aramäischen und Hebräischen. „Er wollte ihn nicht trinken" steht nur bei Mt. In 27, 35 befremdet es, daß Mt sich versagt hinzuzufügen: damit die Schrift Ps 22, 19 erfüllt würde — während es sich begreifen läßt, daß er es in 27, 46 unterläßt. Die Inschrift (27, 37) lautet in der Syra nur: Jesus der König der Juden.

27, 38—44. Das τότε am Anfang von 27, 38 erweckt den Schein, als ob das hier Erzählte erst nach 27, 36 geschehen sei, während doch die Kriegsknechte zum Sitzen und Warten erst Zeit hatten, nachdem sie nicht bloß Jesus, sondern auch die beiden Räuber gekreuzigt hatten; bei Mc fehlt natürlich τότε, aber auch der ganze Vers 27, 36, und dann ist alles in Ordnung. Bei Mc fehlen ferner die Worte εἰ υἱὸς εἶ τοῦ θεοῦ in 27, 41 und der ganze Vers 27, 43; nur Mt kommt hier zurück auf das Bekenntnis Jesu vor dem Hohenpriester (26, 63. 64) — vgl. zu Mc 14, 63. 64. Τὸ αὐτό ebenso in D 18, 9.

27, 45—53. Der Sinaiticus weist in Mt 27, 45 und die Syra

in Mc 15, 33 das πᾶσαν oder ὅλην nicht auf, man braucht indessen τὴν γῆν nicht von der Erde zu verstehn. Von richtigem Gefühl geleitet läßt Mt (27, 49) die Worte l a ß t s e h n o b usw. nicht von dem römischen Soldaten sprechen, der Jesus getränkt hat, sondern von anderen Leuten (s. zu Mc 15, 36); ἄφες im Singular macht keinen Unterschied gegen ἄφετε im Plural bei Mc. — Zu dem Zerreißen des Tempelvorhanges kommen bei Mt (27, 50—53) andere und viel größere Wunder hinzu. Die Toten leben auf und gehn in die heilige Stadt, werden freilich nicht von jedermann gesehen, sondern erscheinen nur einer Auswahl, ebenso wie Jesus selber. Das widerspricht aber dem allgemeinen Glauben, daß Jesus der Erstling der Auferstandenen sei; daher wird hinzugefügt n a c h s e i n e r A u f e r s t e h u n g (27, 53) — offenbar gegen die Meinung, denn das Aufleben der Heiligen soll zeitlich zusammenfallen mit dem Zerreißen des Vorhanges und dem Erdbeben. Der Zusatz ist Korrektur und übt an dem vorher Berichteten Kritik. — Nach 27, 54 tun auch die Kriegsknechte die Äußerung, die Mc (15, 39) allein dem Hauptmann in den Mund legt; ob θεοῦ υἱός indeterminirt ist, läßt sich nach dem zu 4, 6 Gesagten bezweifeln. Den Sinn von οὕτως (Mc 15, 39) hat Mt richtig verstanden und ausgelegt.

§ 88–90. Mt 27, 55–28, 10.

Es waren aber daselbst viele Weiber und schauten von ferne zu, die Jesu von Galiläa gefolgt waren, ihn zu bedienen, [56] darunter Maria Magdalena und Maria die Tochter des Jakobus und Mutter des Joseph, und die Mutter der Söhne des Zebedäus.

[57]Am Abend aber kam ein reicher Mann von Arimathia, namens Joseph, der auch ein Jünger Jesu geworden war; [58]der ging zu Pilatus und erbat sich die Leiche Jesu. Darauf ließ Pilatus sie ihm geben. [59]Und Joseph nahm die Leiche und wickelte sie in reine Leinewand, [60]und setzte sie bei in seinem neuen Grabe, das er in den Fels hatte hauen lassen, und wälzte einen großen Stein vor die Tür des Grabes und ging. [61]Maria Magdalena aber und die andere Maria waren dort und saßen gegenüber dem Grabe.

[62]Am anderen Tage aber, dem auf den Freitag folgenden, kamen die Hohenpriester und die Pharisäer mit einander zu Pilatus [63]und sagten: Herr, wir erinnern uns, daß jener Betrüger

gesagt hat, als er noch lebte: nach drei Tagen ersteh ich; ⁶⁴laß also das Grab bis zum dritten Tag sicher bewachen, sonst könnten die Jünger kommen und ihn stehlen und dem Volke sagen: er ist erstanden von den Toten, und der letzte Betrug würde schlimmer als der erste. ⁶⁵Pilatus sagte: ihr sollt eine Wache haben, geht hin und schafft Sicherheit, so gut ihr könnt. ⁶⁶Da gingen sie hin und sicherten das Grab, indem sie den Stein versiegelten und dazu eine Wache ausstellten.

28, 1. Nach dem Sabbat aber, beim Anbruch des Sonntags, kamen Maria Magdalena und die andere Maria, das Grab zu besuchen. ²Und siehe da entstand ein großes Erdbeben, denn ein Engel des Herrn kam vom Himmel hernieder und wälzte den Stein ab und setzte sich darauf; ³sein Aussehen war wie das des Blitzes und sein Gewand weiß wie Schnee. ⁴Und aus Furcht vor ihm erbebten die Wächter und wurden wie tot. ⁵Der Engel aber hub an und sprach zu den Weibern: Fürchtet euch nicht! Ich weiß, ihr sucht Jesus, den Gekreuzigten. ⁶Er ist nicht hier, er ist auferstanden, wie er gesagt hat; kommt, seht die Stätte, wo er gelegen hat. ⁷Und geht schnell hin und sagt zu seinen Jüngern: er ist erstanden von den Toten und geht euch voraus nach Galiläa, dort werdet ihr ihn sehen. Siehe, ich habe es euch gesagt. ⁸Und sie gingen schnell aus dem Grabe heraus mit Furcht und großer Freude und liefen, es den Jüngern zu verkünden. ⁹Und siehe da begegnete ihnen Jesus und sprach: seid gegrüßt! sie aber traten herzu und erfaßten seine Füße und warfen sich vor ihm nieder. ¹⁰Darauf sprach Jesus zu ihnen: geht, verkündet meinen Brüdern, daß sie nach Galiläa gehn sollen; dort werden sie mich sehen.

27, 55. 56. Mt verwischt den Unterschied, den Mc (14, 51) macht, zwischen den paar Frauen, die schon in Galiläa im Gefolge Jesu waren, und den vielen, die mit ihm zusammen den Weg nach Jerusalem machten. Für Salome setzt er die Mutter der Söhne Zebedäi ein, im Zusammenhange mit 20, 20. Auch 28, 1 fehlt Salome. Vgl. zu Mc 16, 1 (1909).

27, 57—61. Bei Mt (27, 57) fehlen die Worte: es war nämlich Freitag, der Tag vor dem Sabbat (Mc 15, 42). Die Angabe, die einzige für den Tag der Kreuzigung, erscheint bei Mc allerdings in einem parenthetischen Nachtrage; aber nach 27, 62 hat Mt sie doch gekannt, ebenso wie Lc und Joa. Ἐμαθήτευτο verdeutlicht in richtiger

Weise den unbestimmten Ausdruck bei Mc (15, 43); zum Dativ τῷ Ἰησοῦ s. die Note zu 6, 1. Die Verwandlung des Ratsherrn in einen reichen Mann erklärt sich aus der selben Absicht wie der Zusatz des Lc (23, 51), daß sich Joseph an der Verurteilung Jesu durch den hohen Rat nicht beteiligt habe. In 27, 58 wird die Vorlage verkürzt zusammengezogen, wodurch gewisse Schwierigkeiten wegfallen; s. zu Mc 15, 44—46. Das Grab ist neu (27, 60), die Frauen bleiben dort sitzen (27, 61); anders wie bei Mc.

27, 62—66 ist ein Einsatz des Mt, dessen Konsequenzen in 28, 4. 11—15 sich zeigen. Es wird angenommen, daß mit der Auferstehung auch der Leib Jesu aus dem Grabe verschwunden sei, und es soll unmöglich gemacht werden, dies auf natürliche Weise zu erklären. Die Juden zeigen eine merkwürdige Voraussicht („bis zum dritten Tage") und Pilatus ein merkwürdiges Zutrauen zu ihrer Voraussicht. Eine genaue Ortsangabe des Grabes fehlt auch bei Mt. Κουστωδία (27, 65. 28, 11) zeigt, daß solche lateinische Wörter nicht nur dem Mc eigentümlich sind; ebenso λεγιῶνες (26, 53). — Warum heißt es 27, 62 nicht einfach am Sabbat?

28, 1 entspricht sachlich dem Verse Mc 16, 2; die sehr auffallende Absicht, die Leiche im Grabe noch zu salben, fehlt bei Mt. Aber ὀψὲ τῶν σαββάτων (Blass § 35, 4) scheint zu zeigen, daß Mt den Vers 16, 1 doch kannte. Auch θεωρῆσαι τὸν τάφον ist ein Nachhall aus Mc 15, 47; denn nach Mt 27, 61 ist es unverständlich, daß die Frauen sich das Grab noch erst besehen wollen. — Zu τῇ ἐπιφωσκούσῃ εἰς μ. σ. vgl. Joa 19, 43. 20, 1 in der Syra und Moore im Journal der A. O. S. 1906 p. 323.

28, 2. 3 ist verändert aus Mc 16, 3—5. Die bei Mc schon vergangene Auferstehung erfolgt bei Mt erst in diesem Moment, wird jedoch auch bei ihm bloß durch das Symptom kenntlich gemacht, daß der Stein abgewälzt wird. Nur geschieht dies nicht, wie bei Mc, durch das Durchbrechen Jesu selber, sondern ein Engel wälzt ihm den Stein aus dem Wege.

28, 4. Die Wächter erschrecken, jedoch nicht über das Erdbeben, sondern über den Anblick des Engels. Das ist eine Nachwirkung von Mc 16, 5, wo die Frauen erschrecken, denen allein der Engel erscheint.

28, 5—7 wesentlich wie Mc 16, 6. 7. Petrus wird nicht besonders genannt — was doch seine guten Gründe hat (1. Cor. 15, 5). „Ich (der Engel) habe es euch gesagt" (28, 7) ist keine Verbesserung für: er (Jesus) hat es euch gesagt (Mc 16, 7).

28, 8 wie Mc 16, 8, indessen mit Veränderungen. Statt καὶ οὐδὲν εἶπον bei Mc heißt es bei Mt im Gegenteil: ἀπαγγεῖλαι τοῖς μαθηταῖς αὐτοῦ, was freilich zu dem Vorhergehenden besser paßt.

28, 9. 10 fehlt bei Mc. Daß Jesus den Weibern in Jerusalem erscheint, greift dem vor, daß er den Jüngern in Galiläa erscheinen will. Indessen erscheint er nur, um die Bestellung an die Jünger, die schon der Engel den Weibern aufgetragen hat, zu wiederholen. Die schimpfliche Flucht der Jünger nach Galiläa wird hier durch einen ausdrücklichen Befehl Jesu gerechtfertigt. — **Trotz diesem Nachtrage schließt Mt den Auferstehungsbericht genau an dem selben Punkte wie Mc; hinter Mc 16, 8 hat er nichts mehr gelesen.**

Mt 28, 11—20.

Wie sie gingen, kamen einige von der Wache in die Stadt und meldeten den Hohenpriestern alles, was geschehen war. ¹²Und sie kamen zusammen mit den Ältesten und faßten Beschluß und gaben den Kriegsleuten reichlich Geld und sprachen: ¹³sagt: seine Jünger sind des Nachts gekommen und haben ihn gestohlen, während wir schliefen, ¹⁴und wenn es dem Landpfleger zu Ohren kommt, so wollen wir ihn beruhigen, so daß ihr außer Sorge sein könnt. ¹⁵Sie aber nahmen das Geld und taten, wie sie angewiesen waren, und dieses Gerede verbreitete sich bei den Juden bis heute.

¹⁶Die elf Jünger aber gingen nach Galiläa, auf den Berg, wohin Jesus sie beschieden hatte. ¹⁷Und sie sahen ihn und warfen sich vor ihm nieder, andere aber zweifelten. ¹⁸Und Jesus trat heran und redete zu ihnen also: Mir ist alle Gewalt gegeben im Himmel und auf Erden. ¹⁹Geht also und bekehrt alle Völker und tauft sie auf den Namen des Vaters und des Sohnes und des heiligen Geistes ²⁰und lehrt sie alles halten, was ich euch befohlen habe. Und siehe, ich bin bei euch alle Tage bis an das Ende der Welt.

In 28, 11—15 verraten sich sonderbare Begriffe von römischen Soldaten und von einem römischen Prokurator. Daß Jesus die Jünger auf einen Berg in Galiläa beschieden hatte (28, 16), ist ganz neu; es besteht kein Zusammenhang von 28, 16 ss. mit dem Vorhergehenden.

Der Berg ist wohl der Verklärungsberg (17, 1). Die Jünger sollen nicht erst nach Jerusalem zurückkehren und wie in der Apostelgeschichte dort zunächst bleiben, sondern sofort in alle Welt gehn; es liegt hier, im Gegensatz zu 10, 5. 23, der ausgesprochenste Universalismus vor, als von Jesus selbst befohlen. Μαθητεύειν (28, 19) ist im N. T. transitiv und heißt zum Christentum bekehren; Jünger ist s. v. a. Christ. Der Taufbefehl und die Dreieinigkeit erscheint im Neuen Testament nur hier; es sind Merkmale einer sehr späten Entstehungszeit von Mt 28, 16—20. Freilich hat Conybeare (ZNW 1901 p. 275 ss.) nachgewiesen, daß Eusebius in seinen vornicänischen Schriften den Wortlaut unserer Stelle immer ohne Taufbefehl und ohne trinitarische Formel aufführt. Die trinitarische Taufformel ist bei den älteren Vätern überhaupt schwach bezeugt. Doch findet sie sich außer in der Didache (7, 1—4) auch bei Aphraates (ed. Wright 500); und unsere Handschriften und Versionen haben sie alle. In 28, 20 ist von der Predigt des Evangeliums, welches den gekreuzigten und auferstandenen C h r i s t u s zum Inhalt hat, keine Rede, sondern nur von Geboten J e s u. Die Hoffnung der Parusie tritt zurück hinter der beständigen Anwesenheit des Auferstandenen bei den Seinen schon in der Gegenwart (18, 20). In der Auferstehung ist die Verherrlichung im Himmel einbegriffen.

DAS EVANGELIUM MARCI

ÜBERSETZT UND ERKLÄRT

VON

J. WELLHAUSEN

ZWEITE AUSGABE

BERLIN
DRUCK UND VERLAG VON GEORG REIMER
1909

Einleitung. § 1—4.

§ 1. 1, 1–8 (Mt 3, 1–12. Lc 3, 1–17).

Anfang des Evangeliums von Jesu Christo. [² Wie geschrieben steht im Propheten Esaias: Siehe ich sende meinen Boten vor dir her, der dir den Weg bereiten soll; ³ eine Stimme ruft in der Wüste: bahnt dem Herrn die Straße, macht ihm die Wege grade!] ⁴ Johannes der Täufer trat auf in der Wüste und predigte die Taufe der Buße zur Vergebung der Sünden. ⁵ Und das ganze jüdische Land und alle Jerusalemer gingen zu ihm hinaus und ließen sich von ihm taufen im Jordanfluß und bekannten ihre Sünden. ⁶ Und Johannes hatte ein Kamelfell um und aß Heuschrecken und wilden Honig. ⁷ Und er verkündete: mir folgt ein Stärkerer, dessen Schuhriemen gebückt zu lösen ich nicht wert bin; ⁸ ich taufe euch mit Wasser, der aber wird mit heiligem Geiste taufen.

1, 1. „Incipit evangelium Jesu Christi" muß der Sinn sein, mag ein solches Exordium in der griechischen Literatur schon so früh nachgewiesen werden können oder nicht. Es ist der Titel des Ganzen, das hier seinen Anfang nimmt. Jesus ist nicht der Verkünder, sondern der Inhalt des Evangeliums. C h r i s t u s, der Gesalbte, ist eigentlich Appellativ für den nationalen König der Juden, in späterer Zeit für den erhofften, der das Reich Davids herstellen sollte. Aber in J e s u s C h r i s t u s ist es bereits Teil eines Eigennamens geworden und hat darum den Artikel verloren — wie Adam Gen 5, 1. So auch 9, 41.

1, 2. 3. Das vorangeschickte und gemischte Citat befremdet. Mc führt sonst niemals von sich aus eine Alttestamentliche Weissagung an, und hier würde er noch über Matthäus und Lukas hinausgehn, mit denen er die Veränderung von τοῦ θεοῦ ἡμῶν in αὐτοῦ gemein hat. Man wird mit Lachmann, Weiße (Ev. Gesch. 1, 258) und Ewald die zwei Verse als zugesetzt betrachten müssen, obwohl sie ganz fest bezeugt und alt sind. Der Sinaiticus hat καί vor ἐγένετο am Anfang von Vers 4.

1, 4. 5. „Johannes der Täufer trat auf in der Wüste, indem er predigte." So nach Matthäus und Lukas und auch nach Joa 1, 6 (ἐγένετο = trat auf). Die gemeinte Wüste ist die Araba am Jordanfluß; zur Taufe gehörte fließendes, nicht abgeschnittenes Wasser. Der Täufling wird nicht untergetaucht, sondern taucht sich selber unter; das griechische Passivum ist in der Ursprache ein intransitives Activum. Die Passivkonstruktion mit Nennung des handelnden Subjekts (ὑπό) fällt schon an sich bei Mc auf; sehr bemerkenswerterweise heißt es Lc 3, 7 im Cantabrigiensis ἐνώπιον αὐτοῦ statt ὑπ' αὐτοῦ. Gemeint ist jedenfalls nur, daß die Leute unter den Augen des Täufers, auf sein Geheiß und in seinem Sinn, sich dem Akte unterzogen. Darum wird auch in Vers 4 korrekt gesagt, nicht: Johannes taufte, sondern: er p r e d i g t e die Taufe der Buße, d. h. er rief dazu auf. Durch den Genitiv wird die Johannestaufe von der jüdischen Proselytentaufe unterschieden. Die Proselytentaufe, ein einmaliger Akt der Reinigung und Weihe, das Zeichen eines neuen Anfangs, machte den Heiden durch Abwaschung des heidnischen Schmutzes zum Juden. Nach Johannes aber bedarf der Jude selber noch einer Taufe als Initiation einer inneren Umwandlung — gerade so wie Jeremias von den Beschnittenen noch die Beschneidung des Herzens verlangt. Nicht bloß die Buße, sondern auch die Beichte ist nach Vers 5 mit der Taufe Johannis verbunden; vgl. dagegen Josephus Antiq. 18, 118 und Strauß (1835) 1, 322.

1, 6. Die Latina (Vercell.) und der Cantabrigiensis bieten δέρριν καμήλου für τρίχας κ. und lassen καὶ ζώνην δερματίνην περὶ τὴν ὀσφὺν αὐτοῦ aus. Die gewöhnliche Lesung wird aus Mt 3, 4 eingetragen sein. Matthäus will nicht bloß mildern, sondern vor allem den Täufer als zweiten Elias erscheinen lassen, auch in der Tracht. Er hat die ζώνη δερματίνη aus 2 Reg 1, 8, und eben daher auch die τρίχας κ., indem er den hebräischen Ausdruck b a a l s e a r nach Zach 13, 4 als einen Mann mit härenem Mantel versteht. Dieser kann jedoch nicht anders aufgefaßt werden als i s c h s e a r Gen 27, 11; mit Recht übersetzt die Septuaginta ἀνὴρ δασύς. Mit δέρρις καμήλου ist trotz der Septuaginta zu Zach 13, 4 (δέρρις τριχίνη) kein aus Kamelwolle gewebtes Gewand gemeint, sondern die pellis cameli (Latina). Die arabische f a r v a besteht aus dem Kopffell mit dem Haar.

1, 7. 8. Bei Mc motiviert Johannes seine Aufforderung zur Buße nicht durch den bevorstehenden Tag des Zorns. Er weist auch nicht auf den einer ungewissen Zukunft angehörigen Messias hin, der das Strafgericht abhalten werde, sondern lediglich auf den historischen Jesus als seinen überlegenen Nachfolger, der nicht mit Wasser taufen werde, sondern mit heiligem Geiste. Die Taufe mit Geist ist eine Taufe ohne Wasser, d. h. gar keine wirkliche Taufe, sondern ein Ersatz derselben durch etwas Besseres, durch die Verleihung des Geistes, welche als das Eigentümliche der Wirksamkeit Jesu erscheint. Wasser und Geist stehn hier in ausschließendem Gegensatze. Später wurde dieser so ausgeglichen, daß eine christliche Taufe mit Wasser u n d Geist entstand. In Wahrheit hat die christliche Gemeinde die Taufe erst nach des Meisters Tode von den Johannesjüngern übernommen. — Οὖ . . . αὐτοῦ ist semitisch, wie ἧς . . . αὐτῆς 7, 25, ebenso das Präteritum ἐβάπτισα, welches Matthäus (3, 11) mit Recht als Präsens versteht. Im Sin. fehlt das zweite ὑμᾶς in Vers 8.

§ 2. 1, 9—11 (Mt 3, 13—17. Lc 3, 21. 22).

Und es geschah in jenen Tagen kam Jesus von Nazareth in Galiläa und wurde von Johannes im Jordan getauft. ¹⁰ Und sobald er aus dem Wasser aufstieg, sah er, wie der Himmel sich spaltete und der Geist wie eine Taube auf ihn herab kam ¹¹ und eine Stimme vom Himmel (erscholl): du bist mein geliebter Sohn, dich habe ich erwählt.

Das bei Mc so beliebte εὐθύς erscheint hier zum ersten Male; es bezieht sich nicht auf das Particip, vor dem es steht, sondern auf das folgende Hauptverbum; so auch in anderen Fällen. An stelle der Salbung, die zum Begriff des Messias gehört, tritt bei Jesus die Taufe. Mit ihr beginnt seine Messianität. Indessen ist dieselbe bei Mc vorläufig nur latent, nur ihm selbst bewußt — bis zum Petrusbekenntnis und zur Verklärungsgeschichte. Denn in bezeichnendem Unterschiede zur Verklärungsgeschichte sieht bei der Taufe n u r J e s u s den Geist auf sich herabkommen, und nur er hört die Stimme, die i h n a n r e d e t und nicht wie 9, 7 zu Anderen über ihn zeugt. Ἐγένετο 1, 11 fehlt in den Codd. Sin. und Cantabr., deren Übereinstimmung großes Gewicht hat; das unkonstruierbare φωνή (ohne ἰδού) wird ursprünglich Objekt zu εἶδεν gewesen sein, aus dem das allgemeinere „er vernahm" zu verstehn dem Leser überlassen bleibt. Obwohl aber nur Jesus den Vorgang sieht und hört, soll derselbe doch nicht als unwirklich vorgestellt werden. Die Meinung ist, daß der Geist wirklich auf ihn herabkommt. Er erscheint in Gestalt einer Taube, wie Lukas richtig versteht; vgl. zu Joa 1, 31. Nach Isa 61, 1 wird der Geist durch die Salbung übertragen.

Sohn Gottes heißt in der Sapientia jeder Fromme, wie denn auch jeder Jude Gott als Vater anredet. Aber von der allgemeinen Gotteskindschaft, überhaupt von einem ethischen Verhältnis, ist hier keine Rede. Der Sohn Gottes insonderheit ist Israel und der König von Israel. Das Volk und sein Vertreter stehn auf gleicher Linie, Israel wird der Messias genannt, und umgekehrt werden Prädikate Israels auf den Messias übertragen. Der eigentliche Name ὁ χριστός wird auf den irdischen Jesus nur mit Zurückhaltung angewendet und lieber durch Epitheta vertreten: ein solches Epitheton ist auch „der Sohn Gottes." Ὁ υἱός μου ὁ ἀγαπητός bedeutet nicht „mein lieber Sohn", sondern „mein bevorzugter Sohn". Richtig wird es von der Latina zu Mc 12, 6 superlativisch gefaßt und von Lc 9, 35 durch ἐκλελεγμένος erklärt. In 4 Esdrae 6, 58 sind die Ausdrücke **primogenitus, unigenitus** und **carissimus** synonym.

§ 3. 1, 12. 13 (Mt 4, 1–11. Lc 4, 1–13).

Und alsbald trieb ihn der Geist hinaus in die Wüste, [13] und er war vierzig Tage in der Wüste, indem er vom Satan versucht wurde, und er war bei den Tieren und die Engel brachten ihm zu essen.

Vgl. 1 Reg. 18, 12. Nach Mc geben die Engel Jesu während der vierzig Tage zu essen; sie erscheinen nicht erst, nachdem der Versucher abgetreten ist. Die Tiere sind die Staffage der menschenlosen Wüste; ob sie hier noch etwas Weiteres zu bedeuten haben, stehe dahin. Die Versuchung tritt nicht gerade als der Zweck des Ganzen hervor, auf ihr Wie wird nicht eingegangen. Vor πειραζόμενος ist zu interpungieren.

§ 4. 1, 14. 15 (Mt 4, 12–17. Lc 3, 19. 20. 4, 14. 15).

Und nachdem Johannes gefangen gesetzt war, kam Jesus nach Galiläa und predigte das Evangelium Gottes, ¹⁵ indem er sagte: die Zeit ist erfüllt und das Reich Gottes steht nah bevor, tut Buße und glaubt an das Evangelium.

Παραδιδόναι hat einen ähnlichen technischen Sinn wie ἀπάγειν. Jesus tritt erst auf, als Johannes nicht mehr wirken kann. Und zwar geradeso wie dieser, nämlich nicht als Messias und Bringer des Gottesreichs, sondern als Prediger der Buße im Hinblick auf das bevorstehende Gottesreich. Das Wort μετάνοια ist unjüdisch, obgleich es sich ein paarmal bei Sirach findet; das aramäische Äquivalent ist t û b = hebr. s c h û b. S c h û b û ist der Ruf schon der älteren Propheten; auf griechisch aber fordert Jonas nach Mt 16, 41 zur μετάνοια auf. Wie die Propheten, so haben auch Johannes und Jesus eine Umkehr d e s V o l k e s im Auge, nicht bloß einzelner Individuen, am wenigsten auch solcher, die nicht zum jüdischen Volk gehören. Denn für das Reich Gottes ist nur Israel bestimmt.

Indem Jesus das bevorstehende Reich Gottes als Motiv zur Buße benutzt, kehrt auch er im Gegensatz zu dem Optimismus der Juden die drohende Seite des großen Ereignisses hervor, ebenso wie der Täufer und wie schon Amos und seine Nachfolger. Die Formel „gekommen ist die Zeit, nahe ist der Tag" findet sich auch bei Ezechiel, Sephania und Joel; sie kehrt wieder bei Muhammed, der ebenfalls als Warner vor der nahen Stunde (Sura 53, 58. 54, 1) auftritt. Aber wie kann die Bußpredigt als frohe Botschaft bezeichnet werden? Das Evangelium und der Glaube an das Evangelium setzen ganz plötzlich ein, ohne daß Jesus sich darüber expliciert. Für die Juden, zu denen er redete, mußten diese Begriffe völlig unverständlich sein. Sie gehören in die apostolische Predigt, hier sind sie verfrüht.

Mehr als eine Wiedergabe des allgemeinen Inhalts der Predigt Jesu durch Mc hat man in 1, 15 nicht zu sehen. Lukas hat sie an dieser Stelle weggelassen und dafür anderswo gelegentlich eingestreut. Man darf sich aber auch nicht etwa vorstellen, daß Jesus mit dem Ruf „Bekehrt euch, das Reich Gottes steht vor der Tür!" durch das Land gezogen sei. In der galiläischen Periode hat er nach Mc überhaupt nicht grade bestimmte Ankündigungen wiederholt, sondern in ungezwungenem Wechsel dies und jenes gelehrt, je nach Gelegenheit und Bedürfnis ex tempore aus seinem Schatz hervorholend, was ihm der Geist eingab und was die Leute brauchen konnten. Er gab dabei keine Parole aus, schärfte nicht fest formulierte Sätze immer wieder ein, bis daß den Hörern die Ohren gellten. Mit Buddha hatte er in dieser Beziehung so wenig Ähnlichkeit wie mit den Rabbinen. Er war frei von aller Schulmeisterei. Er war nicht darauf bedacht, seine Worte dem Gedächtnis einzuprägen, wenn sie sich nicht in die Seele senkten und dort Wurzel schlugen. Vgl. Weiße, Ev. Geschichte 1, 315s.

I. Jesus in Kapernaum. § 5—29.

Hier beginnt nach der Einleitung der erste Teil. Er zerfällt in vier Gruppen: § 5—9, § 10—18, § 19—24, § 25—29.

§ 5. 1, 16—20 (Mt 4, 18—22. Lc 5, 1—11).

Und wie er am See von Galiläa hin ging, sah er Simon und Andreas, den Bruder Simons, Netz werfen im See; denn sie waren Fischer. [17] Und Jesus sprach zu ihnen: kommt mir nach, ich will machen, daß ihr Menschenfischer werdet. [18] Und sie ließen sogleich die Netze liegen und folgten ihm nach. [19] Und ein wenig weiter gehend sah er Jakobus, den Sohn des Zebedäus, und seinen Bruder Johannes, ebenfalls in einem Schiffe, die Netze zurecht machend. [20] Und sobald er sie rief, ließen sie ihren Vater Zebedäus im Schiff mit den Tagelöhnern und folgten ihm.

Mc gibt keine Geschichte Jesu, es fehlt die Chronologie und der pragmatische Faden, auch die Ortsangaben lassen viel zu wünschen übrig. Er sammelt nur lose Stücke, Erzählungen und Aussprüche, ordnet sie und bringt sie in drei Perioden unter. Die erste Periode spielt in Galiläa, und sie beginnt mit der Berufung der ersten Jünger. Über die Wirkung des allgemeinen Aufrufs zur B u ß e sagt Mc nichts, sondern läßt Jesum sofort eine Aufforderung zur Nachfolge an bestimmte einzelne Personen richten, die er nicht zunächst nur zu seinen Jüngern, sondern sogleich zu seinen Missionaren (Menschenfischern) beruft. Die Aufforderung zündet wie der Blitz. Mit einem Schlage werden die vier Fischer aus ihrem Gewerbe, dem sie eben obliegen, von einem am See auftauchenden Unbekannten herausgerissen. Die Sache wird sich in Wahrheit wohl etwas anders zugetragen haben. Die Situation war nötig, um dem Spruch vom Menschenfischen eine Folie zu geben. Die Dramatik beruht darauf, daß die Tradition die vorbereitenden näheren Umstände nicht kennt. Die Voranstellung dieser Perikope aber hat zu bedeuten: mit den Jüngern beginnt erst ein Wissen um Jesus; was er getan hat, ehe sie da waren, liegt im Dunkel (Weiße 1, 59). — Den Vater von Simon und Andreas nennt Mc nicht, so wenig wie den des Täufers. Warum aber den von Jakobus und Johannes?

Wenn Jesus 1, 14 nach Galiläa zurückkehrt, so denkt man wegen 1, 9: nach Nazareth. Aber 1, 16 ist er am See von Galiläa, an dem Nazareth nicht lag. Man erfährt nicht, wie er dahin gekommen. Matthäus ergänzt darum: er kehrte zurück nach Galiläa, verließ aber seine Heimat Nazareth und nahm Wohnung in Kapernaum. Ähnlich Lukas (4, 16. 31. 5, 1). Auf diese Weise wird zugleich noch ein anderer Anstoß entfernt. Nach Mc 1, 16 beruft Jesus am See von Kapernaum Fischer, die in Kapernaum wohnen, kommt aber erst 1, 21 in die Stadt selber. Das ist wunderlich, und sowohl bei Matthäus wie bei Lukas wird darum der Einzug in die Stadt vor die Szene am See verlegt. Die Syra — ich versteh darunter die Syra Sinaitica — läßt ihn bei Mc aus.

§ 6. 1, 21–28 (Lc 4, 31–37).

Und sie gingen nach Kapernaum hinein. Und gleich am Sabbat lehrte er in der Synagoge. ²² Und sie waren betroffen ob seiner Lehre, denn er lehrte sie wie einer, der Macht hat, und nicht wie die Schriftgelehrten. ²³ Und alsbald war da in ihrer Synagoge ein Mensch mit einem unreinen Geiste, der schrie auf und sagte: ²⁴ was haben wir mit dir zu schaffen, Jesus von Nazareth! kommst du, uns zu verderben? Ich weiß, wer du bist, der Heilige Gottes! ²⁵ Und Jesus schalt ihn: halt den Mund und fahr aus von ihm! ²⁶ Und indem der unsaubere Geist ihn zerrte und laut schrie, fuhr er aus von ihm. ²⁷ Und sie staunten alle, also daß sie sich unterredeten und fragten: was ist das? eine neue Lehre mit Macht, auch den unreinen Geistern gebietet er und sie gehorchen ihm. ²⁸ Und sein Ruf drang alsbald überall in die ganze Umgegend von Galiläa.

1, 21. Am nächsten liegt es, εὐθὺς τοῖς σάββασι zu verstehn: am nächsten Sabbat (6,2). Jedoch nach 1, 29 scheint kein Zwischenraum zwischen § 5 und § 6 zu liegen. Übersetzt man nun aber: „sofort, da es gerade Sabbat war", so steht entgegen, daß das Fischen § 5 für einen Sabbat sich nicht gehört. Die Schwierigkeit entsteht ähnlich wie die am Schluß von § 5 besprochene durch die Art der Redaktion. Die Syra hilft sich, indem sie nicht bloß εὐθύς ausläßt, sondern auch καὶ εἰσπορεύονται εἰς Καφαρναούμ. Die Synagoge läßt, wie die Moschee, Raum für allerlei Inofficielles.

1, 22. Auf die ἐξουσία Jesu wird von Anfang an Gewicht gelegt. Sie bezeugt sich hier durch das innere Wesen seiner Lehre, dagegen 1, 27 durch die Wundertaten, welche die Lehre begleiten.

1, 23. Das εὐθύς bezieht sich logisch auch hier über ἦν hinweg auf das Hauptverbum ἀνέκραξεν, obwohl das erste Verbum hier nicht im Particip steht, wie 1, 10. 18. 29. Das eigentliche Subjekt zu ἀνέκραξεν ist der Dämon; vgl. die Syra zu Joa 10, 21.

1, 24. Der Plural ἡμῖν erklärt sich wohl nicht aus 5, 9, sondern daraus, daß der Dämon im Namen seiner Art spricht; mit οἶδα fällt er zurück in den Singular. „Der Heilige Gottes" als Epitheton des Messias findet sich nur hier und Joa 6, 69; vgl. Ps 16, 10. Act 2, 27. 4, 27. Ursprünglich ist Israel sowohl der Sohn Gottes als auch der Heilige des Höchsten.

1, 25. 26. In 1, 34. 3, 11. 12 verbietet Jesus den Dämonen den Mund, damit sie ihn nicht als Messias verraten; dies Motiv ist nach 1, 24 auch hier anzunehmen. Ursprünglich aber ist das Schreien der Dämonen keine verständliche Rede, s. 1, 26. 5, 5. 9, 26. (ἄλαλον) Lc 9, 39. Dann bezieht sich φιμώθητι nicht auf einen Gedankeninhalt, so wenig wie πεφίμωσο 4, 39. Sondern „verstumm" ist eine ziemlich gleichbedeutende Vorstufe zu „fahr aus". Erst hernach hat man das Schreien interpretiert, und zwar auf grund des Volksglaubens, daß die Geister andere Augen für das Übersinnliche haben als Fleisch und Blut.

Jesus beweist sich durch seine Taten als Messias, wahrt aber doch sein Incognito, auch vor den Jüngern. Dieser Widerspruch geht durch bei Mc: die Messianität bricht mit Naturgewalt durch, und dennoch soll sie nicht bloß verborgen bleiben, sondern bleibt auch wirklich verborgen. Und ein anderer Widerspruch hängt damit zusammen: die Jünger s o l l e n nichts merken und werden dann doch gelegentlich darüber getadelt, daß sie nichts gemerkt haben.

Daran, daß Jesus in der Tat nicht bloß gelehrt, sondern in engem Zusammenhang damit auch geheilt hat, läßt sich nicht zweifeln. Gelernt hat er weder das Lehren noch das Heilen, es ist beides bei ihm keine Kunst, sondern Begabung. Die Begabung ist universell; zu wem man überhaupt das Zutrauen der Autorität oder der Vollmacht hat, dem traut man Alles zu und wendet sich in allen Angelegenheiten an ihn. Über die Art der Krankheitsfälle, die Jesus behandelt, läßt sich nichts Sicheres sagen; wir würden auch die Besessenheit als Krankheit auffassen. Der Glaube an Dämonen, die in den Menschen wohnen und wirken, war damals allgemein; er tritt in der Neutestamentlichen Literatur weit stärker hervor als in der Alttestamentlichen; zum teil deshalb, weil jene aus weniger vornehmen Kreisen stammt als diese, aber nicht ausschließlich aus diesem Grunde.

1, 27. An diesem Verse ist nach Ausweis der Hss. herumredigiert. Folgt man der jetzt üblichen Lesart, so muß man nach 1, 22 κατ' ἐξουσίαν zum Vorhergehenden ziehen und mit διδαχή verbinden. Die Lehre ist von Vollmacht begleitet, die Vollmacht zeigt sich in den Exorcismen.

1, 28. Die περίχωρος geht nicht über Galiläa hinaus, sondern gehört dazu.

§ 7. 1, 29—34 (Mt 8, 14—16. Lc 4, 38—41).

Und sobald sie aus der Synagoge herauskamen, ging er in das Haus des Simon und Andreas mit Jakobus und Johannes. ³⁰ Simons Schwiegermutter aber lag darnieder am Fieber, und man sagte ihm alsbald von ihr. ³¹ Und er ging zu ihr und ließ sie aufstehn, indem er sie bei der Hand faßte, und das Fieber verließ sie und sie wartete ihnen auf. ³² Am Abend aber, nach Sonnenuntergang, brachten sie alle Kranken und Besessenen zu ihm, ³³ und die ganze Stadt war vor der Tür versammelt. ³⁴ Und er heilte viele, die an mancherlei Krankheiten litten, und trieb viele Dämonen aus, und ließ die Dämonen nicht reden, denn sie kannten ihn.

1, 29. Man wird ἦλθεν im Singular lesen müssen, da sonst „mit Jakobus und Johannes" nicht passen würde; vielleicht darf trotzdem in diesem Griechisch der Plural ἐξελθόντες (als Participium absol.) beibehalten werden, vgl. 9, 14. Jesus kommt mit den Begleitern, die er am See gefunden, zuerst in die Synagoge und dann in das Haus, an einem und dem selben Tage, der 1, 32 sich neigt und 1, 35 in Nacht und frühen Morgen übergeht. Diese Einheit der Zeit ist gewiß beabsichtigt, obgleich 1, 28 darüber hinaus geht und der Sabbat von § 6 zu dem Fischfang in § 5 nicht paßt. Mit Recht aber legt ihr Matthäus keinen Wert bei. Beachtung verdient, daß die erste Heilung an einer bekannten Person vollzogen wird.

1, 33. Das Gedränge wie 1, 45. 2, 2. 3, 9. 20. 6, 31.

1, 34. Der Cantabr. hat καὶ τοὺς δαιμόνια ἔχοντας ἐξέβαλεν αὐτὰ ἀπ' αὐτῶν. Durchaus semitisch, der vorangestellte Akkusativ ist Casus pendens und wird durch ἀπ' αὐτῶν aufgenommen. Hernach wird die gewöhnliche Lesart auch im Cantabr. nachgebracht, genau wie in den Dubletten der Septuaginta.

§ 8. 1, 35—39 (Lc 4, 42—44).

Und ganz früh des Morgens, noch vor Tage, stand er auf, ging fort und begab sich an einen einsamen Ort und betete daselbst. [36] Und Simon eilte ihm nach mit seinen Genossen [37] und sie fanden ihn und sagten zu ihm: alle suchen dich. [38] Und er sprach zu ihnen: laßt uns anderswohin in die benachbarten Ortschaften gehn, damit ich auch dort predige, denn dazu bin ich ausgegangen. [39] Und er predigte in ihren Synagogen in ganz Galiläa und trieb die Dämonen aus.

Der erste Tag von Kapernaum, zu dem auch noch § 8 gehört, hat paradigmatische Bedeutung. Zu den Angaben über die Jüngerwahl, das Lehren in der Synagoge, die Dämonenaustreibung und die Krankenheilung, den gewaltigen Zulauf und den weiten Ruf kommen zwei weitere bedeutsame erste Beispiele dauernder Gewohnheit hinzu. Zunächst das einsame Beten in der Nacht oder am frühen Morgen, nicht im Kämmerlein, sondern unter freiem Himmel, auf einem Berge oder einer abgelegenen Stätte. Sodann das Wanderpredigen. Kaum hat Jesus seinen Fuß in Kapernaum gesetzt, so treibt es ihn schon wieder fort — und alle suchen ihn! Doch behält er dort sein Standquartier und beschränkt sein Wandern auf Galiläa (1, 39). Von den Orten, die er besucht, werden uns leider nur wenige genannt; ein Itinerarium fehlt. Ἐξῆλθεν καὶ ἀπῆλθεν 1, 35 sind im

Aramäischen zwei ganz verschiedene Verba: n'p h a q   v e z a l;
vgl. 7, 31. 14, 45. Für εἰς τὰς ἐχομένας κωμοπόλεις 1, 38 lesen der
Cantabr., die Latina und die Syra εἰς τὰς ἐγγὺς κώμας καὶ εἰς τὰς
πόλεις. Am Anfang von 1, 39 scheint ἦλθεν für ἦν (Cantabr. Lat.
Syra) corrigiert zu sein um der beiden εἰς willen, die in Wahrheit für
ἐν stehn.

§ 9. 1, 40—45 (Mt 8, 1—4. Luc 5, 12—16).

Und es kam zu ihm ein Aussätziger, bat ihn und sagte: wenn
du willst, kannst du mich reinigen. ⁴¹ Und von Mitleid ergriffen
streckte er seine Hand aus, rührte ihn an und sprach: ich will,
sei gereinigt! ⁴² Und alsbald ging der Aussatz von ihm weg und
er wurde rein. ⁴³ Und er fuhr ihn an und hieß ihn alsbald hinausgehn ⁴⁴ und sprach zu ihm: hüt dich, irgendwem etwas zu sagen,
sondern geh, zeig dich dem Priester und bring für die Reinigung
das Opfer, das Moses verordnet hat, ihnen zum Zeugnis. ⁴⁵ Als
er aber draußen war, begann er die Geschichte viel zu verkündigen
und unter die Leute zu bringen, so daß er nicht mehr öffentlich in
eine Stadt gehn konnte. Sondern er hielt sich draußen an einsamen Orten auf und viele kamen von allenthalben zu ihm.

Diese Geschichte steht zwar nicht mehr im Rahmen des ersten
Tages, dient aber als Beispiel zu 1, 39 und gehört noch mit § 5—8
zusammen.

1, 40. Γονυπετῶν fehlt im Vatic. und Cantabr.

1, 42. Auch der Aussätzige wird durch Berührung geheilt; vgl.
2 Reg 5, 11.

1, 43. Die starken und zuweilen befremdlichen Affektsäuße-
rungen Jesu, die bei Mc hervortreten, werden bei Matthäus und Lukas
gemildert oder unterdrückt. Daß er unterwegs überall leicht ein
Obdach findet, gilt als selbstverständlich; vgl. 6, 10. Denn er ist
hier in einem Hause, obgleich es nicht gesagt wird.

1, 44. Der Geheilte soll sich nach Jerusalem begeben, um der
gesetzlichen Vorschrift zu genügen. Moses hat sie erlassen und zwar
zum Zweck der öffentlichen Dokumentierung; „damit euch das zur
Bezeugung diene", wie es im Cantabr. zu Lc 5, 14 heißt. Es wird
Gewicht darauf gelegt, daß Jesus gebietet, die gesetzliche Vorschrift
zu erfüllen.

1, 45. Πολλά adverbial wie s a g g i ; bei Mc beliebt.

§ 10. 2, 1–12 (Mt 9, 1–8. Lc 5, 17–26).

Und da er nach einigen Tagen nach Kapernaum kam, ward es ruchbar, daß er zu Hause sei. ² Und viele liefen zu hauf, so daß auch der Raum vor der Tür nicht ausreichte, und er richtete an sie das Wort. ³ Und es kamen Leute, die brachten zu ihm einen Gelähmten, der von Vieren getragen wurde. ⁴ Und da sie ihn nicht zu ihm heranbringen konnten wegen des Volkes, deckten sie das Dach (des Hauses), wo er war, ab und schlugen es durch und ließen das Bett hinab, worin der Gelähmte lag. ⁵ Und da Jesus ihren Glauben sah, sagte er zu dem Gelähmten: mein Sohn, deine Sünden sind dir vergeben. ⁶ Einige Schriftgelehrten aber saßen dabei und dachten in ihrem Herzen: ⁷ was redet dieser so lästerlich? wer anders kann Sünden vergeben als allein Gott? ⁸ Und alsbald in seinem Geist erkennend, daß sie so bei sich dachten, sprach Jesus zu ihnen: Was denkt ihr so in eurem Herzen? ⁹ was ist leichter, dem Gelähmten zu sagen: deine Sünden sind dir vergeben, oder zu sagen: steh auf, nimm dein Bett und geh? ¹⁰ Damit ihr aber seht, daß der Mensch auf Erden Befugnis hat, Sünden zu vergeben, sagte er zu dem Gelähmten: ¹¹ ich sage dir, steh auf, nimm dein Bett und geh nach Hause. ¹² Und er stand auf und sein Bett nehmend ging er alsbald hinaus angesichts aller, so daß alle außer sich waren und Gott priesen und sagten: so etwas haben wir noch nie erlebt.

Mit § 10 beginnt ein neuer Abschnitt, der bis zu den Parabeln in Kap. 4 reicht, eine Reihe gleichartiger Erzählungen, die auf ein gegen die Schriftgelehrten oder die Pharisäer gerichtetes scharfes und bedeutungsvolles Apophthegma Jesu auslaufen. Sein Gegensatz gegen sie, 1, 22 leise angedeutet, erscheint hier sogleich akut. Die Stellung der Gruppe bürgt freilich nicht für die Zeit, und die rein sachliche Zusammenordnung der Stücke nicht für ihre Gleichzeitigkeit.

2, 1. Ob das Haus das des Petrus (§ 7) ist oder nicht, läßt sich nicht sagen. Das Fehlen des Artikels spricht nicht dagegen, und seine Setzung wäre kein Beweis dafür. Denn er wird in solchen Fällen bald ausgelassen, bald zugefügt; und zwar kommt dieser Wechsel nicht bloß an verschiedenen Stellen vor, sondern auch an der selben Stelle in verschiedenen Handschriften. Wie die Einöde oder der Berg steht auch das Haus überall zur Verfügung, s. zu 1, 43.

2, 2. Λαλεῖν τὸν λόγον findet sich noch 4, 33 und 8, 32. An diesen beiden Stellen scheint der λόγος die technische und absolute Bedeutung zu haben, die es sonst nur bei Lukas hat; vgl. 4, 14.

2, 3. Im syrischen Transitus Mariae hat das Bett vier A u b' l e (Widderhörner), mittels deren es getragen wird. Zu κράβαττος vgl. Epictet I 24, 14.

2, 4. In das abgedeckte Dach schlagen sie noch ein Loch? Abdecken und Durchschlagen verträgt sich nicht mit einander; eines von beiden muß weichen. Der Cantabr. und die Latina lassen einfach das ἐξορύξαντες aus. Vielleicht aber könnte das ἀπεστέγασαν τὴν στέγην zurückgehn auf aramäisches s c h a q l u h i oder a r î - m u h i l i g g â r a , welches richtiger zu deuten wäre: sie brachten ihn zum Dach hinauf. Das Hinaufbringen war eine schwierige Arbeit und verdiente Erwähnung. Das Haus besteht nur aus einem Zimmer, die Stiege ist außen angebracht (13, 15. Joseph. Ant. 14, 459). Man wundert sich, daß die unten Versammelten bei dem Durchbrechen der Decke das Lokal nicht räumen.

2, 5. Die Anrede „mein Sohn" (τέκνον) ist d e n W e i s e n geläufig; Jesus aber, selbst noch jugendlich, gebraucht sie sonst nur noch einmal, den Jüngern gegenüber (10, 24). Vgl. Mt 9, 22.

2, 6. Man könnte denken, die Schriftgelehrten s ä ß e n ehrenhalber, aber auch 3, 34 s i t z e n die Zuhörer, nur bei Matthäus (13, 2) stehn sie. Die Morgenländer finden leicht Sitzgelegenheit.

2, 7. Man darf λαλεῖ βλασφημεῖ nicht trennen. Im Aramäischen sind beide Worte Participia, im Griechischen hätte das zweite im Part. belassen werden können. Richtig Lc 5, 21 (22, 65).

2, 9. Wenngleich nicht in dem Maße wie bei Matthäus und Lukas erscheint Jesus doch auch bei Mc als der Herzenskündiger, der Alle, die ihm vorkommen, durchschaut und übersieht, sich dieser Überlegenheit auch bewußt ist und sie geltend macht, nicht selten in ironischer Weise. Für d e n k e n heißt es bei den Semiten b e i s i c h oder i n s e i n e m H e r z e n s a g e n. Es ist aber nicht immer klar, ob διαλογίζεσθαι bloß Denken oder auch Sprechen ist. — „Dir sind deine Sünden vergeben" kann jeder sagen, ohne daß er Lügen gestraft wird; aber wenn er einen Lahmen aufstehn und wandeln heißt, erprobt sich sofort, ob er dazu die Macht hat oder nicht.

2, 10. „Der Menschensohn" ist messianische Selbstbezeichnung Jesu. Er gebraucht sie aber sonst bei Mc erst seit dem Petrusbekenntnis und auch dann nur gegenüber den Zwölfen. Hier dagegen lüftet er den Schleier, der sogar für seine Jünger noch über ihm liegt, mit einem Male freiwillig vor seinen Widersachern. Da jedoch im Aramäischen S o h n d e s M e n s c h e n gewöhnlich weiter nichts als M e n s c h bedeutet, so hätten die Pharisäer nur durch den Zusammenhang darauf geführt werden können, daß es hier etwas ganz anderes sein solle. Im Zusammenhang lag aber nicht die mindeste Nötigung dazu vor, von der gewöhnlichen Bedeutung abzugehn, da d e r M e n s c h a u f E r d e n d a r f S ü n d e n v e r g e b e n als Rückschlag auf n u r G o t t i m H i m m e l d a r f e s einen ausgezeichneten Sinn gibt. Da nun die Schriftgelehrten so und nicht anders verstehn mußten, so kann es auch Jesus nicht anders gemeint haben, wenn er nicht die Absicht hatte, sie irrezuleiten und seine Gedanken durch die Sprache zu verbergen. Das richtige Verständnis ist merkwürdigerweise noch in Mt 9, 8 erhalten: „der solche Befugnis d e n M e n s c h e n gegeben hat". Natürlich ist die Meinung nicht, daß jeder Mensch die Befugnis hat, Sündenvergebung auszusprechen, sondern daß Menschen die Befugnis haben können. Das Motiv für den Übersetzer, den Menschen hier als Messias zu verstehen, liegt auf der Hand. Vgl. 2, 28. 3, 28.

Seine ἐξουσία, zu sagen was er sagt, erweist Jesus wiederum durch die Tat. Der Nachsatz zu dem an die Schriftgelehrten gerichteten ἵνα δὲ εἰδῆτε ist eigentlich die Handlung selbst, die Heilung, die dramatisch durch das befehlende Wort 2, 11 erfolgt. Das λέγει τῷ παραλ. ist eine Art Bühnenweisung, erforderlich darum, weil die Adresse sich ändert. Vgl. 11, 32. Exod 4, 5. 8. 1 Sam 25, 37 Sept.

§ 11. 2, 13—17 (Mt 9, 9—13. Lc 5, 27—32).

Und wieder ging er hinaus an den See und alles Volk kam zu ihm und er lehrte sie. ¹⁴ Und im Vorübergehn sah er Levi den Sohn des Alphäus am Zoll sitzen und sagte zu ihm: folg mir. Und er stand auf und folgte ihm. ¹⁵ Und es begab sich, als er zu Tisch saß in seinem Hause — und viele Zöllner und Sünder saßen zusammen mit Jesu und seinen Jüngern — ¹⁶ sagten die Schriftgelehrten der Pharisäer, da sie sahen, daß er mit den Zöllnern und Sündern aß, zu seinen Jüngern: mit den Zöllnern und Sündern ißt er? ¹⁷ Und Jesus hörte es und sprach zu ihnen: die Starken bedürfen des Arztes nicht, sondern die Kranken; ich bin nicht gekommen, Gerechte zu rufen, sondern Sünder.

2, 13. 14. Am See wandelnd beruft Jesus die vier ersten Jünger und nun auch Levi (für den der Cantabr. und die Latina wegen 3, 18 Jakobus setzen). Es geschieht ebenso plötzlich, man erkennt die selbe Hand. War die Zollstätte am See wegen der Schiffswaren, die aus der Dekapolis und dem Gebiet des Philippus eingeführt wurden? Πάλιν braucht nichts weiter als einen Übergang zu bezeichnen, wie t û b.

2, 15. 16. Wenn nach 2, 14 Levi aufsteht und Jesu folgt, so paßt dazu schlecht, daß hier umgekehrt Jesus plötzlich im Hause Levis sich befindet, welches sich freilich von der Zollstätte unterscheidet. Es besteht kein wahrer Zusammenhang; die Verse 15. 16 sind gemacht, um die Situation so zuzurichten, daß sie zum Anlaß für den Spruch 2, 17 paßt. Auch die Jünger, unter denen hier nicht bloß Simon und Genossen (1, 36) verstanden werden, treten ganz plötzlich auf; der Satz „es waren nämlich ihrer (der Jünger) viele und sie folgten ihm" (oder nach dem Cantabr. und der Latina: es waren ihrer viele, die ihm folgten) trägt eine nicht berichtete Voraussetzung nach und scheint eingeschoben zu sein, da er auch die Konstruktion stört. Am wenigsten motiviert ist es, daß die Schriftgelehrten der Pharisäer — der Ausdruck findet sich nur hier — ungeladen bei der Mahlzeit erscheinen und als Zuschauer darein reden; daß sich so etwas auch bei Lukas findet, ändert nichts an diesem Urteil. — Das die Frage eröffnende ὅτι des Vaticanus in 1, 16 wird von Lachmann ὅ τι geschrieben und als διατί gedeutet, ebenso wie in 9, 11. 28 und Joa 8, 26; der Sinaiticus und der Cantabr. lesen gradezu διατί.

2, 17. Während in § 12. 13 Jesus wegen des Verhaltens der Jünger zur Rede gestellt wird, ist es hier umgekehrt. Doch antwortet auch hier Jesus, obwohl nicht gefragt. Sein Apophthegma — ein Doppelspruch wie häufig — hat die Einleitung 2, 15. 16 nicht nötig. Der Frage „ißt er denn usw." entspricht die Antwort „die Gesunden bedürfen des Arztes nicht" recht wenig; und in οὐκ ἦλθον καλέσαι ist Jesus der Einladende, nicht Levi. Mit anderen Worten ist der Spruch 2, 17 mit der Erzählung 2, 13. 14 nur in künstliche Verbindung gebracht durch den Einsatz von 2, 15. 16.

§ 12. 2, 18—22 (Mt 9, 14—17. Lc 5, 33—39).

Und die Jünger des Johannes und die Pharisäer fasteten. Und es kamen (Leute) und sagten zu ihm: warum fasten die Jünger des Johannes [und die Jünger der Pharisäer], deine Jünger aber nicht? ¹⁹ Und Jesus sprach zu ihnen: Können etwa die Hochzeiter fasten, solange der Bräutigam bei ihnen ist? solange sie den Bräutigam bei sich haben, können sie nicht fasten. ²⁰ Aber es kommen Tage, wo der Bräutigam ihnen entrissen ist, dann werden sie fasten, an jenem Tage. ²¹ Niemand näht einen Lappen von ungewalktem Tuch auf ein altes Kleid, sonst reißt das Aufgesetzte davon ab [das neue vom alten] und es entsteht ein ärgerer Riß. ²² Und niemand tut jungen Wein in alte Schläuche, sonst zerreißt der Wein die Schläuche, und der Wein geht verloren und die Schläuche.

2, 18. Der erste Satz stammt von späterer Redaktion und fehlt bei Matthäus und Lukas; zu ἔρχονται ist daher ein unbestimmtes Subjekt anzunehmen. Die Pharisäer sollen die Einleitung auch für 2, 21. 22 passend machen. Noch deutlicher sind sie zugesetzt in der Frage, wo οἱ μαθηταὶ τῶν Φαρισαίων bloße und sehr unpassende Imitation von οἱ μ. Ἰωάνου ist.

2, 19. 20. Die auf die Frage 2, 19 folgende Affirmation fehlt im Cantabrig. und in der Latina; doch sind solche Wiederholungen durchaus im Stil der Evangelien. Den gewöhnlichen Hochzeitern wird weder der Bräutigam entrissen, noch haben sie Anlaß zu fasten, wenn die Hochzeit zu Ende ist. Es schimmert also schon in 2, 19 der allegorische Sinn durch (auch in dem Ausdruck s o l a n g e d e r B r ä u t i g a m b e i i h n e n i s t statt w ä h r e n d d e r H o c h z e i t), und man darf 2, 20 nicht davon abschneiden. Daran wird auch dadurch nichts geändert, daß 2, 20 in der Tat über ein bloßes Korrolarium hinausgeht, nicht Möglichkeit ist, sondern bestimmte Weissagung im biblischen Stil; sie w e r d e n fasten, nicht: sie k ö n n e n fasten.

Die ganze Frage spielt nicht zwischen den Meistern, sondern zwischen ihren Jüngern und hat keine Bedeutung für die Gegenwart, sondern für die Zukunft. Nach Jesu Tode wichen seine Jünger von seiner Praxis ab. Sie nahmen von den Johannesjüngern nicht bloß die Taufe an, sondern auch das Gebet (Lc 11, 1) und das Fasten.

Für das Fasten gibt Jesus ihnen hier die Erlaubnis, die jedoch erst nach seinem Tode in Kraft tritt. In Wahrheit wird er es wohl nicht im voraus, mit einer so eigentümlichen Motivierung, genehmigt haben, daß seine Jünger zum Kultusfasten eine andere Stellung einnahmen wie er selber. Auch widerspricht es dem Grundplan des Mc, daß Jesus schon hier seinen Tod verkündet und daß er sich den Bräutigam nennt, d. h. nach der üblichen Vorstellung des Reiches Gottes als einer Hochzeit, den Messias. Sehr merkwürdig ist, daß die Hochzeit hier nicht erst in der Zukunft, sondern schon in der Gegenwart stattfindet und in dem Zusammensein des irdischen Jesus mit seinen Jüngern besteht.

„Die Hochzeiter" sind eine Art männlicher Brautjungfern. Der griechische Ausdruck entspricht dem aramäischen nicht wörtlich, ist aber selber nach aramäischen Analogien gebildet: Söhne des Reichs, der Auferstehung, der Hölle usw. So auch in den Hom. Clem. 19, 22: υἱοὶ νεομηνιῶν καὶ σαββάτων.

2, 21. 22 ist unabhängig von dem vorhergehenden Ausspruch und widerspricht ihm innerlich. Man darf ein altes, schon öfter gewalktes Kleid deshalb nicht mit einem ungewalkten Lappen flicken, weil dieser beim nächsten Walken einläuft und abreißt. Ein verrosteter Kessel wird durch Reparatur vollends zu grunde gerichtet. Unter dem alten Kleide und dem alten Schlauch läßt sich kaum etwas anders verstehn als die Form des Judentums. Jesus statuiert offenbar eine Regel für sein eigenes Wirken. Dabei fällt der vollendete Radikalismus auf, dem er praktisch doch nicht huldigt; denn er hält für seine Person am Alten Testament und am Judentum fest. Und ferner fällt auf, daß er die Schaffung einer neuen Form für notwendig erklärt, während er tatsächlich in dieser Beziehung Alles der Gemeinde nach seinem Tode überlassen hat. Ein Zweifel an der Echtheit dieses Doppelspruchs wird dadurch freilich nicht begründet. Πλήρωμα für ἐπίβλημα (Lc 5, 36) läßt sich bis jetzt als griechisch nicht nachweisen. Im Aramäischen ist das Verbum m' l â für „stopfen" belegt durch Aphraates 145, 8 und Sindban 17, 4; das Substantiv m a l l â i â für Flickschneider durch Anecd. Syr. ed. Land II 269, 7. Τὸ καινὸν τοῦ παλαιοῦ ist Interpretament.

§ 13. 2, 23—28 (Mt 12, 1—8. Lc 6, 1—5).

Und es begab sich, daß er am Sabbat durch Saatfelder ging, und seine Jünger begannen im Vorübergehn Ähren zu rupfen. ²⁴ Und die Pharisäer sagten zu ihm: siehe, was sie am Sabbat Unerlaubtes tun! ²⁵ Und er sprach zu ihnen: habt ihr nie gelesen, was David tat, da es ihm not war und er Hunger hatte, und seine Gefährten? ²⁶ wie er in das Haus Gottes eintrat, zur Zeit des Hohenpriesters Abiathar, und die Schaubrote aß, die nur die Priester essen dürfen, und auch seinen Gefährten davon gab? ²⁷ Und er sprach zu ihnen: der Sabbat ist um des Menschen willen da und nicht der Mensch um des Sabbats willen, ²⁸ also ist der Mensch Herr auch über den Sabbat.

2, 23. Die Jünger reißen nicht die Halme ab, um sich Weg zu bahnen, sondern die Ähren, um sie zu essen. Besser griechisch wäre zu sagen gewesen: ἤρξαντο ὁδοποιοῦντες (en passant) τίλλειν. Die Zeit ist nach Ostern: wir haben hier die einzige Bestimmung der Saison im Evangelium.

2, 26. Abiathar war zur Zeit des hier erwähnten Ereignisses zwar noch nicht Hoherpriester, wurde es aber infolge davon. Im Cantabr., in der Latina und Syra fehlt er, ebenso wie bei Matthäus und Lukas. Auffällig ist am Schluß τοῖς σὺν αὐτῷ οὖσιν gegenüber οἱ μετ' αὐτοῦ 2, 25.

2, 27. 28 hängt bei Mc nicht eng mit dem Vorhergehenden zusammen, sondern ist durch καὶ ἔλεγεν abgehoben. Der Schluß 2, 28 ist nicht aus dem Beispiel Davids gefolgert, sondern hat eine neue Prämisse. Wenn er bündig sein soll, so muß das Hauptwort der Aussage in ihm das selbe sein, wie in der Prämisse: der Sabbat ist wegen **des Menschen** da und nicht **der Mensch** wegen des Sabbats, also ist **der Mensch** Herr über den Sabbat. Auch hier wie in 2, 10 ist der Mensch, wie schon Hugo Grotius erkannt hat, fälschlich zum Menschensohn erhöht, und aus dem selben Grunde: eine solche ἐξουσία kann nur der Messias haben. Jesus hat ja aber gar nicht den Sabbat gebrochen, sondern seine Jünger, und deren Verhalten soll gerechtfertigt werden.

Bei Matthäus und Lukas fehlt die Prämisse 2, 27; der Cantabr., die Latina und z. T. die Syra beseitigen sie auch bei Mc. Dadurch wird Zusammenhang hergestellt mit dem Vorhergehenden: was David darf, darf auch der Messias. Dieser Zusammenhang ist nun gegenüber dem καὶ ἔλεγεν αὐτοῖς des Mc an sich verdächtig, denn die Richtung geht immer dahin, das lockere Gefüge fester zu verbinden. Und ferner müßte dann in 2, 28 das καί nicht vor τοῦ σαββάτου, sondern ganz notwendig vor ὁ υἱὸς τ. ἀ. stehn: Matthäus hat es zwar gestrichen, bei Lukas aber steht es an der selben Stelle wie bei Mc; verräterischer weise.

Der Grundsatz 2, 27 wird ähnlich auch von einem Rabbinen ausgesprochen. Es würde Jesu keinen Eintrag tun, wenn er ihn sich angeeignet hätte. Indessen die Priorität ist zweifelhaft.

§ 14. 3, 1—6 (Mt 12, 9—14. Lc 6, 6—11).

Und ein andermal ging er in die Synagoge, und da war ein Mensch, der hatte einen starren Arm. ² Und sie paßten auf, ob er am Sabbat heilen würde, um etwas gegen ihn vorbringen zu können. ³ Und er sagte zu dem Menschen mit dem starren Arm: steh auf und tritt vor! ⁴ Und er sagte zu ihnen: darf man am Sabbat nicht lieber Gutes erweisen, als Böses, nicht lieber ein Leben retten, als es zu grunde gehn lassen? Sie aber schwiegen. ⁵ Und er sah sie ringsum an mit Zorne, entrüstet über die Erstorbenheit ihres Herzens, und sagte zu dem Menschen: streck deinen Arm aus! Und er streckte ihn aus und sein Arm war hergestellt. ⁶ Und die Pharisäer gingen hinaus und berieten sich alsbald mit den Herodianern gegen ihn, um ihn zu verderben.

3, 1. Matthäus und Lukas haben εἰς συναγωγήν determiniert verstanden, da es in Kapernaum nur eine Synagoge gab.

3, 4. Da σῶσαι dem ἀποκτεῖναι gegensätzlich entspricht, so liegt a c h i zu grunde, das alte, in der Peschita aber zurückgedrängte aramäische Äquivalent für σώζειν. Es heißt nicht bloß lebendig-, sondern auch gesundmachen. So auch im Hebr. z. B. Osee 6, 1. 2. Exod 1, 13. Ezech 33, 10s.

3, 5. Für πωρώσει bieten der Cantabr. und die Syra das originellere νεκρώσει.

3, 6. Bisher sind keine bestimmten Personen genannt, Jesus fragt alle, sie schweigen alle, und er sieht alle ringsum mit Zorn an. Hier tauchen plötzlich die Pharisäer aus der Allgemeinheit hervor. Nachdem sie hinausgegangen, treten sie in Verbindung mit den

Herodianern: dazu hat vielleicht die Äußerung Jesu 8, 15 Anlaß gegeben. Die Herodianer würde man für die Gouvernementalen in Galiläa halten; nach 12, 13 gab es aber auch in Jerusalem welche.

§ 15. 3, 7—12 (Mt 12, 15—21. Lc 6, 17—19).

Und Jesus mit seinen Jüngern zog sich zurück an den See. Und viele Leute von Galiläa und von Judäa ⁸ und von Jerusalem und von Idumäa und Peräa und der Gegend von Tyrus und Sidon, eine große Menge, da sie hörten was er tat, kamen sie zu ihm. ⁹ Und er sagte seinen Jüngern, es solle ihm ein Schiff bereit stehn, wegen der vielen Leute, daß sie ihn nicht drängten. ¹⁰ Denn er heilte viele, so daß sie auf ihn sich stürzten um ihn zu berühren. ¹¹ Und wenn ihn die unreinen Geister erblickten, fielen sie vor ihm nieder, schrien und sprachen: du bist der Sohn Gottes. ¹² Und er bedrohte sie sehr, daß sie ihn nicht offenbar machten.

Man denkt, Jesus ziehe sich vor den Gegnern zurück (ἀναχωρεῖν bei Mc nur hier), aber in § 17 setzt er den gefährlichen Streit mit ihnen fort und von einem Ausweichen in die Einsamkeit, überhaupt von einer wirklichen Ortsveränderung, merkt man nichts. Er bleibt in Kapernaum, und der Zudrang zu ihm wird immer größer; von ganz Syrien ist indessen keine Rede, auch nicht von Samarien, sondern nur von den Teilen Palästinas, in denen Juden wohnten; das Gebiet von Tyrus und Sidon erstreckte sich über den Norden Galiläas nach Damaskus zu.

3, 7. 8. Ἠκολούθησαν wird am Schluß mit ἦλθον πρὸς αὐτόν wiederholt. Aber es fehlt im Cantabr., in der Latina und Syra.

§ 16. 3, 13—19 (Mt 10, 1—4. Lc 6, 12—16).

Und er ging auf einen Berg und rief die, welche er wollte, zu sich heran, und sie kamen zu ihm. ¹⁴ Und er machte Zwölf, daß sie mit ihm wären und daß er sie aussendete zu predigen, ¹⁵ und daß sie Macht hätten, Teufel auszutreiben, ¹⁶ Simon, dem er den Namen Petrus beilegte, ¹⁷ und Jakobus den Sohn des Zebedäus und Johannes den Bruder des Jakobus, denen er den Namen Boanerges beilegte d. i. Donnerssöhne, ¹⁸ und Andreas und Philippus, und Bartholomäus und Matthäus, und

Thomas und Jakobus den Sohn des Alphäus, und Thaddäus und Simon Kanaanäus, und den Verräter Judas Ischariot.

Jesus zieht sich von der Menge zurück auf einen Berg (s. zu 1, 35. 2, 1). Und hier beruft er die Zwölf, nicht bloß als seine ständigen Begleiter, sondern zugleich auch als Apostel. Damit wird dem § 29 vorgegriffen, wie Matthäus richtig empfindet. Die Fortsetzung der Finalsätze durch den Infinitiv in Vers 15 ist ungriechisch. Καὶ ἐποίησεν τοὺς δώδεκα 3, 16 fehlt im Cantabr., in der Latina und Syra.

Die Zwölf werden paarweise (6, 7) aufgeführt, mit Ausnahme des Judas Ischariot am Schluß und des Simon am Anfang, von dem sein Bruder Andreas getrennt und mit Philippus verbunden wird. Ihre Beinamen werden auf Aramäisch angegeben; nur heißt es Petrus und nicht Kepha. Θωμᾶ, Zwilling, ist wie Geminus und Didymus kein bloßer Beiname; vgl. Lidzbarski, Handbuch der nordsemitischen Epigraphik (1898) p. 383. Βοανηργες wird durch Lc 9, 54 historisch erklärt. R g e s für Donner läßt sich bisher nicht nachweisen, wenn es nicht in dem Eigennamen Ragasbal steckt. Καναναῖος wird von Lukas richtig durch ζηλωτής wiedergegeben; es war also ein Zelot unter den Zwölfen, natürlich ein gewesener. Im palästinischen Aramäisch wird das anfangende Mem der Participia des Pael allgemein weggelassen, wenn hinten â n antritt; man sagt q a n ' â n (eigentlich qann'ân), nicht m ' q a n ' â n. Der griechischen Endung -αιος entspricht regelrecht die aramäische -âi (z. B. Σαδδουκαῖος çadduqâi), die in diesem Falle jedoch fehlt und ebenso in Φαρισαῖος p h ' r î s c h. Ισκαριωτ hält man gewöhnlich für eine Zusammensetzung von איש mit einem Ortsnamen; der Cantabr. hat dafür im Johannes ἀπὸ Καρυωτοῦ. Indessen i s c h war zur Zeit Jesu längst aus dem aramäischen Lexikon verschwunden, und i s c h Q a r i o t h (wenn dieser Ort gemeint wäre, der freilich mit schließendem Theta, nicht mit Tau geschrieben werden müßte) heißt auch nicht ein Mann von Karioth, sondern die Mannschaft von K. Zudem wäre dann die Nebenform Σκαριωτ so wenig zu begreifen, wie die Anhängung des -ης in Ισκαριώτης oder Σκαριώτης. Also איש kann in dem Beinamen des Verräters nicht stecken; wie er aber richtig zu erklären ist, läßt sich bis jetzt nicht sagen. Aus s i c a r i u s kann er kaum entstanden sein.

Unter den richtigen Personennamen befinden sich zwei ganz griechische, Andreas und Philippus, die vielleicht eben deswegen zusammengestellt werden. Bartholomäus geht zwar auf Ptolemäus zurück (nicht auf Thalmai 2 Sam 3) und Thaddäus vielleicht auf Theodotus, aber diese Namen sind vollkommen aramaisiert. Sie haben ebenso wie Zebedäus und Matthäus die Form der Hypokoristika auf ai oder â; s. Derenbourg, la Palestine (1867), p. 95. Zebedäus ist etwa Zabdiel, Matthäus ist Matthathia. Alphäus bietet Schwierigkeiten, denn in C h a l p h a ist das Chet hart und müßte durch χ transkribiert werden — freilich hat die Syra sich daran nicht gestoßen. Für Thaddäus wird Act 1, 13 Judas Jacobi gesetzt und in dem Cantabr. und der Latina zu Mc 3, 19 Lebbäus. Dieser letztere Name, der sich bei Lidzbarski p. 301 findet, ist ebenfalls Hypokoristikon; man kennt aber die volle Form nicht. Lebubna (nach Nöldeke = Nebu-bna) liegt fern und läßt sich nur in Mesopotamien nachweisen.

Es versteht sich von selbst, daß die Beilegung von Beinamen wie Kepha und Boanerges nicht abrupt geschehen kann und kein historischer Akt ist. Es liegt hier überhaupt kein historischer Akt vor, sondern vielmehr Statistik in historischer Darstellung: ein Verzeichnis in Form einer Scene auf hoher Bühne. Dasselbe stimmt nicht ganz zu dem vorher Berichteten. Levi, den man nach § 11 erwartet, fehlt; denn ihn mit Matthäus oder mit Jakobus Alphaei zu verselbigen geht nicht an. Andreas erscheint im Widerspruch zu § 5 schon hier nicht mehr unter den ersten Vier, woran Matthäus und Lukas sich mit Fug gestoßen haben. Über den Namen wenigstens eines von den Zwölfen herrscht Schwanken.

Aber auch § 15 ist keine konkrete Erzählung, sondern in Wahrheit ein Resumé von gleichbleibenden und stets sich wiederholenden Vorgängen; Beachtung verdient dabei die nachdrückliche Bemerkung, daß die Dämonen den Messias erkannten und von ihm zum Schweigen gebracht werden mußten. Man wird nicht fehlgreifen, wenn man in § 15 sowohl wie in § 16 spätere Machwerke erblickt, die freilich nicht von der selben Hand stammen. Daß sie eingelegt sind, geht daraus hervor, daß § 17 und 18 ihrer Art nach noch zu der Gruppe § 10—14 gehören; es sind ganz analoge Erzählungen mit einem prägnanten Worte Jesu am Schluß. Vielleicht war § 15 ursprünglich bestimmt, dicht vor § 19 zu stehen. Darauf weist die Situation: Jesus im Gedränge am See, so daß ein Schiff für ihn bereitgehalten wird. An der jetzigen Stelle von § 15 benutzt Jesus das Schiff nicht, sondern geht auf einen Berg und ist hernach wieder in Kapernaum. Dagegen

4, 1 steigt er wirklich in das Schiff, das seit 3, 9 auf ihn wartet. — Daß 3, 6 nicht zu 3, 1—5 paßt, ist schon gezeigt worden; es ist eine Überleitung zu § 15 (ἀνεχώρησεν).

§ 17. 3, 20—30 (Mt 12, 22—32. Lc 11, 14—23).

Und er kam nach Hause, ²⁰ und wieder lief eine Haufe zusammen, so daß sie nicht einmal essen konnten. ²¹ Und da die Seinigen es hörten, machten sie sich auf, um sich seiner zu bemächtigen; denn sie sagten: er ist von Sinnen. ²² Und die von Jerusalem herabgekommenen Schriftgelehrten sagten: er hat den Beelzebul, und durch den Obersten der Dämonen treibt er die Dämonen aus. ²³ Und er rief sie heran und sprach zu ihnen gleichnisweise: Wie kann der Satan den Satan austreiben? ²⁴ Wenn ein Reich sich entzweit, kann jenes Reich nicht Bestand haben, ²⁵ und wenn ein Haus sich entzweit, kann jenes Haus nicht Bestand haben, ²⁶ und wenn der Satan sich gegen sich selbst erhebt und sich entzweit, kann er nicht Bestand haben, sondern nimmt ein Ende. ²⁷ Niemand kann in das Haus eines Gewaltigen eindringen und ihm sein Zeug rauben, wenn er nicht zuvor den Gewaltigen bindet; dann erst kann er sein Haus ausrauben. ²⁸ Amen ich sage euch, Alles wird dem Menschen vergeben [alle Sünden und Lästerungen], was er auch lästern möge, ²⁹ wer aber gegen den heiligen Geist lästert, der hat keine Vergebung, sondern ist ewiger Sünde schuldig — ³⁰ weil sie sagten, er habe einen unreinen Geist.

3, 20 s. gehört mit 3, 31 zusammen. Der § 17 ist in § 18 eingeschoben, um durch die Äußerung der Verwandten **er ist von Sinnen** eine Anknüpfung zu gewinnen für die Äußerung der Schriftgelehrten **Beelzebul wirkt in ihm**. Objekt zu ἀκούσαντες 3, 21 kann nur der Inhalt von 3, 20 sein, der sich dazu freilich nicht eignet. Im Cantabr. und in der Latina lautet 3, 21: καὶ ὅτε ἤκουσαν περὶ αὐτοῦ οἱ γραμματεῖς καὶ οἱ λοιποὶ ἐξῆλθον κρατῆσαι αὐτόν· ἔλεγον γὰρ ὅτι ἐξέσταται αὐτούς (quoniam excutiat eos = sie von sich abschüttle). So wird οἱ παρ' αὐτοῦ in ein Objekt zu ἀκούειν verwandelt, statt des auf diese Weise beseitigten anstößigen Subjekts ein anderes unanstößiges gesetzt (wodurch zugleich die Fuge zwischen 3, 21 und 22 wegfällt) und schließlich auch der Vorwurf ἐξέστη ge-

gemildert. Das ist sichtlich Korrektur. Vielleicht ist aber auch schon das befremdliche οἱ παρ' αὐτοῦ der gewöhnlichen Überlieferung korrigiert für οἱ ἀδελφοὶ αὐτοῦ, wie die Syra liest.

3, 22. Es heißt nicht: es kamen Schriftgelehrte von Jerusalem, sondern sofort: die von Jerusalem gekommenen Schriftgelehrten, als seien sie schon bekannt. Die Auskunft, sie seien durch 3,8 avisiert, ist kläglich. Matthäus setzt die Pharisäer an die Stelle, Lukas sagt bloß e i n i g e L e u t e, und das ist wegen der Frage Mt 12, 27. Lc 11, 19 das Richtige. Die bestimmten Adressaten sind hier wie in anderen Fällen zugesetzt, Jesus hat in Wahrheit nicht so ausschließlich mit den Schriftgelehrten und Pharisäern zu tun gehabt. An dieser Stelle fungieren die jerusalemischen Rabbinen bei Mc als Superlativ der Gegner von § 10—14, als die giftigste Art des Otterngezüchtes. Vgl. 7, 1.

3, 23. Nach προσκαλεσάμενος zu schließen ist die Beleidigung nicht gerade Jesu ins Gesicht geschleudert. Nicht: ein Satan treibt den andern aus, sondern: der Satan sich selber; denn es gibt nur einen Satan. Der Argumentation liegt zu grunde die Vorstellung von dem Zusammenhang der Dämonen in einem Reich unter einem Oberhaupt. Und zwar ist dies Reich gegenwärtig und wirksam auf Erden. Dementsprechend ist bei Matthäus und Lukas auch das Gegenbild, das Reich Gottes, nicht als rein zukünftig gedacht, sondern ebenfalls als schon gegenwärtig und im Kampf begriffen mit dem feindlichen Reich; bei Mc tritt das aber nicht deutlich hervor.

3, 25—27. H a u s wird im Aramäischen in sehr weitem Sinne gebraucht, auch für ein politisches Gebiet, wie in οἶκος Λυσανίου. Anders freilich in 3, 27. Aber dieser Vers ist durch ἀλλά (Lc 6, 28) sehr lose angeschlossen und im Zusammenhang, für den es lediglich auf das Negative ankommt, eher störend als förderlich; bei Matthäus und Lukas ist der Ansatz zur positiven Erweisung Jesu als des Siegers über das Teufelsreich noch weiter ausgesponnen.

3, 28. Τὰ ἁμαρτήματα καὶ αἱ βλασφημίαι scheint aus Matthäus eingedrungen zu sein, ὅσα bezieht sich auf πάντα. A m e n als Beteuerung am Anfang des Satzes ist als bezeichnend für die Redeweise Jesu im hebräischen Wortlaut beibehalten. Es heißt nämlich eigentlich nicht ἀληθῶς und steht nicht am Anfang einer Behauptung, sondern am Schluß einer Bitte oder eines Wunsches, den die Zuhörer sich damit aneignen: γένοιτο. So wird es ja auch noch jetzt im Kultus angewendet. Der Plural οἱ υἱοὶ τῶν ἀνθρώπων kommt nur hier vor;

die Beibehaltung des aramäischen Ausdrucks im Plural hat keinen Anlaß. Matthäus und Lukas haben dafür ὁ υἱὸς τοῦ ἀνθρώπου, und das wird das Richtige sein. Nur fassen sie den Singular falsch im messianischen Sinne und beziehen ihn auf Jesus. Er muß nach 2, 10. 28 generell verstanden werden, so daß der Plural bei Markus sachlich zutrifft, wenngleich er in dieser Form völlig unmotiviert ist.

3, 29. Εἰς τὸν αἰῶνα fehlt wohl mit Recht im Cantabr. und in der Latina. Der Ausspruch ist ein Seitenstück zu 2, 10 und mindestens ebenso außerordentlich. Es handelt sich nicht um Verleumdung; Blasphemie, absolut gebraucht, ist Gotteslästerung. Auch Blasphemie kann Vergebung finden, z. B. in dem Falle Hiobs, wo Gott sich verhüllt und unbegreiflich verfährt. Aber eine Blasphemie gegen den Geist findet keine Vergebung, denn der Geist — worunter nicht der spezifisch christliche verstanden werden darf — ist der aus der Hülle hervorgestreckte Finger Gottes (Lc 11, 20), seine lebendig auf Erden webende Kraft, die den Menschen unverkennbar sich kundgibt, sei es durch unpersönliche Wirkungen, sei es durch Männer des Geistes und der Kraft. Die Dämonenaustreibung ist ein Werk des Geistes; wer sie für Satanswerk ausgibt, lästert den Geist und ist schuldig ewiger Sünde, d. i. ewiger Strafe. Ganz ähnlich entrüsten sich die Propheten gegenüber der Verkennung, daß der Geist sie treibe und durch sie wirke; desgleichen Muhammed gegenüber der Verdächtigung, daß er nicht der Bote Gottes, sondern von einem Dämon besessen sei. Ihre Entrüstung begreift sich um so mehr, da ihre Gottesgewißheit ihnen selber zwar felsenfest steht, anderen aber schlecht anbewiesen werden kann.

Jesus legt im allgemeinen wenig Gewicht auf seine Taten als Zeichen; nach Matthäus und Lukas würde er nichts einzuwenden haben, wenn die Juden sprächen: so etwas können unsere Söhne auch. Aber das tun sie nicht, sie gestehen die außerordentliche Kraft zu, leiten sie aber vom Satan ab. Und dies erklärt er nicht nur für blasphemisch, sondern auch für irrational. Es ist indessen längst bemerkt worden, daß die Juden dabei im guten Glauben sein konnten; sie erhoben leicht solche Vorwürfe und dachten sich wenig dabei (Mt 11, 18). Der Wahn, daß Goeten mit dämonischer Hilfe heilen und Geister bannen könnten, war weit verbreitet. Mit inneren Widersprüchen behaftet ist dieser Vorstellungskreis an und für sich, die Logik muß ihm ferne bleiben. Es ließe sich der Argumentation Jesu eine solche Tragweite geben, daß dadurch der ganze Dämonenglaube als irrational über den Haufen fiele. Das würde wohl über seine Absicht hinausgehn. Denn er erscheint hinsichtlich dieses Punktes befangen in der Meinung seiner Zeitgenossen.

§ 18. 3, 31–35 (Mt 12, 46–50. Lc 8, 19–21).

Und seine Mutter kam und seine Brüder, und draußen stehn bleibend ließen sie ihn zu sich herausrufen; es saß nämlich eine Menge um ihn herum. [32] Und man sagte ihm: deine Mutter und deine Brüder sind draußen und suchen dich. [33] Und er antwortete: wer ist meine Mutter und meine Brüder? [34] Und er schaute die rings um ihn Sitzenden an und sprach: siehe da meine Mutter und meine Brüder; [35] jeder der den Willen Gottes tut, der ist mir Bruder und Schwester und Mutter.

3, 31 setzt 3, 20 s. fort. Die Meinung der Verwandten, er sei von Sinnen, und ihre Absicht, ihn heimzuholen, ist wesentlich zum Verständnis der ablehnenden Haltung Jesu gegen sie. Sie unterscheiden sich nicht von den andern Nazarenern, ein Prophet gilt nichts in seiner Vaterstadt und bei den Seinen. Übrigens hat ihr Unternehmen nur Sinn, wenn er der Familie noch nicht entwachsen ist, und wenn er sich noch nicht lange Zeit von Hause entfernt hat. Sie haben jetzt erst von seinem Treiben in Kapernaum erfahren und von dem Aufsehen, das er dort erregte.

3, 32. Die Schwestern sind hier aus 3, 35 eingetragen, wo sie am rechten Ort stehn. Daß der Vater nicht genannt wird, hat man auf Tendenz zurückgeführt, als huldige auch Mc den Anschauungen der Vorgeschichte bei Matthäus und Lukas. Indessen bleibt doch deutlich zu erkennen, daß Maria von der Vorgeschichte ihres Sohnes nichts weiß. Das Fehlen des Vaters wird einen natürlichen Grund haben und daran liegen, daß er nicht mehr am Leben ist.

3, 35. Der Spruch hat in Mt 7, 21 einen Widerhall gefunden. Dort ist der Wille Gottes verstanden als der allgemein bekannte, man wird ihn also wohl auch hier nicht auf die Anerkennung Jesu beschränken dürfen. Die Latina wiederholt das μου nach jedem Substantiv; die nur einmalige Setzung ist wider den semitischen Stil. Man kann aber mit der Voranstellung des μου im Cantrab. auskommen; dann entspricht es einem semitischen Dativ.

§ 19. 4, 1—9 (Mt 13, 1—9. Lc 8, 4—8).

Und er begann wiederum zu lehren am See, und ein sehr großer Haufe sammelte sich zu ihm, so daß er in das Schiff sitzen ging auf dem See, und die ganze Menge stand am Ufer. ² Und er lehrte sie viel in Gleichnissen und sagte zu ihnen in seiner Lehre: ³ Hört zu! Ein Säemann ging aus zu säen. ⁴ Und beim Säen fiel Etliches den Weg entlang und die Vögel kamen und fraßen es auf. ⁵ Und Anderes fiel auf den steinigen Boden, wo es nicht viel Erde hatte, und es lief alsbald auf, weil es nicht in tiefer Erde lag, ⁶ und als die Sonne aufging, litt es unter der Glut, und weil es keine Wurzel hatte, verdorrte es. ⁷ Und Anderes fiel auf die Dornen, und die Dornen liefen auf und erstickten es, und Frucht brachte es nicht. ⁸ Und Anderes fiel auf das gute Land und brachte Frucht, lief auf und wuchs und trug dreißig-, sechzig-, hundertfach. ⁹ Und er sprach: wer Ohren hat zu hören, der höre.

Hier beginnt ein drittes Kapitel, die Parabeln § 19—24. Daß Jesus liebte in Gleichnissen zu reden, sieht man schon aus 3, 23. Zwischen Vergleich, Sprichwort, Parabel, Allegorie macht das semitische m a s c h a l , m a t h l a keinen Unterschied; auch die c h i d a (Rätsel) kann unter den selben, sehr weiten und unbestimmten Begriff fallen. Man darf also hier keine scharf begrenzenden Kategorien aufstellen, etwa gar nach der Rhetorik der Griechen. Es ist zwar richtig, daß das semitische Gleichnis sehr oft nur einen Punkt trifft und grell beleuchtet, während alles Übrige hors de comparaison und im Dunkel bleibt. Doch kann es auch auf mehrere Punkte der verglichenen Sache passen und der Allegorie entsprechen oder ihr nahe kommen. Dies grundsätzlich auszuschließen und damit noch zu prahlen, muß man Bernhard Weiß überlassen. Man darf nicht Alles über einen Kamm scheren, sondern muß sich nach der Natur des einzelnen Falles richten. Berechtigt ist nur der Protest gegen die Manier des Philo und seiner Nachfolger, überall Allegorie zu finden und dabei womöglich einen doppelten Sinn anzunehmen, den natürlichen und den höheren. Aber darüber sind wir doch glücklich hinaus.

4, 1. Ἐπὶ τῆς γῆς fehlt im Cantabr., in der Latina und Syra. In der Syra fehlt auch weiterhin noch einiges Weitläufige und Unbeholfene.

4, 2. Durch ἐν τῇ διδαχῇ αὐτοῦ wird angedeutet, daß nur Einiges unter Anderem behalten und überliefert ist, was Jesus sagte; vgl. 12, 38.

4, 3. Alltäglicher Vorgang wird hier im Präteritum als Geschichte erzählt, wie in der Allegorie. Dagegen § 22 steht das Präsens, wie im gewöhnlichen Gleichnis, mit der Einleitung: es ist wie wenn. „Höret" als Eingang der Rede, wie 7, 14; im Alten Testament gewöhnlich mit folgendem Vokativ.

4, 4. Zu παρὰ τὴν ὁδόν vgl. „Moses ward ausgesetzt παρὰ τὸν ποταμόν", wie der Cantabr. zu Act 7, 21 liest. Bei den Arten des Bodens steht überall der Artikel, der aber nicht eigentlich determiniert.

4, 7. Die Dornen sind keine Büsche, welche im Alten Testament (Judic 9) vielmehr als Bäume gelten, sondern Unkraut, das zugleich mit der Saat aufgeht. Der Ausdruck ζιζάνια kommt nur Mt 13 vor. Καρπὸν διδόναι und ἀναβαίνειν (aufwachsen) sagt man im Hebräischen und Aramäischen.

4, 8. Der Wechsel von εἰς und ἐν ist unerträglich, man muß nach 4, 20 überall ἐν lesen, mit dem Cantabr. Und zwar ist dies das Zahlwort ἕν und entspricht dem aramäischen c h a d = mal, vgl. Dan 3, 19. Papyr. Eleph. ed. Sachau 1, 3.

§ 20. 4, 10–20 (Mt 13, 10–23. Lc 8, 9–15).

Und als er allein war, fragten ihn seine Begleiter, samt den Zwölfen, um die Gleichnisse. [11] Und er sprach zu ihnen: Euch ist das Geheimnis des Reiches Gottes gegeben, zu denen da draußen aber ergeht Alles im Gleichnis, [12] damit sie sehen und nicht erkennen, hören und nicht verstehn, auf daß sie nicht umkehren und Vergebung finden. [13] Und er sprach zu ihnen: Ihr versteht das Gleichnis nicht, wie wollt ihr denn die anderen Gleichnisse verstehn? [14] Der Säemann sät das Wort. [15] Das aber sind die am Wege: wo das Wort eingesät wird, und wenn sie es hören, kommt alsbald der Satan und nimmt das in sie gesäte Wort weg. [16] Und dies sind die gleichsam auf steinigen Boden Gesäten: die, wenn sie das Wort hören, es alsbald mit Freude aufnehmen, [17] aber sie haben keine Wurzel an sich, sondern sind wetterwendisch; wenn dann Drangsal oder Verfolgung wegen des Wortes eintritt, fallen sie alsbald ab. [18] Und andere sind die in die Dornen Gesäten; das sind die, die, wenn sie das Wort gehört haben, [19] so dringen die Sorgen der Welt und die Täuschungen des Reichtums ein und ersticken das Wort, und es bleibt ohne

Frucht. ²⁰ Und das sind die, die auf das gute Land gesät sind: die das Wort hören und es aufnehmen und Frucht bringen, dreißigfältig und sechzigfältig und hundertfältig.

4, 10. Tritt hier ein Scenenwechsel ein, so daß Jesus das Schiff verläßt und fürderhin (z. B. § 21—24) nicht mehr zu dem Volke redet? Das würde sich mit 4, 33. 36 nicht reimen. Oder soll man sich seine Begleiter samt den Zwölfen mit ihm im Schiff denken? Das ist kaum möglich. Es fällt ferner auf, daß statt der Jünger die Zwölf genannt werden und daß sie neben den Begleitern in zweiter Linie stehn; sie scheinen nachgetragen zu sein. Endlich läßt sich der Plural τὰς παραβολάς an dieser Stelle kaum verstehn. Matthäus und Lukas beseitigen diese Schwierigkeiten, nach ihnen auch der Cantabr. und die Syra zu Mc.

4, 11. 12. Das Säen des Samens wird hier ohne weiteres gedeutet auf das Mysterium des Reiches Gottes, d. h. der Kirche. Ein Gleichnis dient zwar zunächst dazu, Höheres durch Näherliegendes zu veranschaulichen. Da aber die Pointe gefunden sein will, so dient es auch dazu, die Aufmerksamkeit und das Nachdenken sowohl anzuregen als auf die Probe zu stellen. Daß Jesus es auch zu diesem Zweck angewandt hat, ebenso wie Jesaias und andere Lehrer, braucht nicht bezweifelt zu werden. Indessen ist das doch nicht der Esoterismus, der in 4, 11. 12 und halbwegs auch 4, 34 angenommen wird; dieser wird nicht bloß durch 4, 21 ausgeschlossen, sondern widerspricht auch schon dem Sinn des ersten Gleichnisses: sie verstehn alle das Wort, aber sie beherzigen es sehr ungleichmäßig. Die Beziehung auf das Mysterium des Reiches Gottes, woran der Esoterismus hängt, ist also nicht richtig; die Verse 11 und 12, in denen er am schroffsten hervortritt, sind zudem interpoliert, wie sich sogleich zeigen wird.

4, 13 setzt die in 4, 11. 12 begonnene Rede an die Jünger nicht fort, sondern geht aus einem anderen Ton und schließt direkt an 4, 10. Lukas läßt darum diesen Vers aus, und Matthäus setzt eine Seligpreisung an stelle des Scheltens. Wenn man aber zu wählen hat, so muß man sich ohne Frage für 4, 13 und gegen 4, 11. 12 entscheiden. Πάσας ist semitisch für die **übrigen**.

4, 14. Nach 4, 17 ist **das Wort** hier das, was wir das Evangelium zu nennen gewohnt sind, das Wort vom Reich Mt 13, 19, das Wort Gottes Lc 8, 11.

4, 15. Vor ὅπου gehört ein Kolon, denn damit beginnt die Erklärung; vgl. Daniel 7, 17. 23. 24. Apoc 1, 20. 17, 8. Οἱ παρὰ τὴν ὁδόν ist das zu Erklärende, eine kurze Markierung des ganzen Inhalts von 4, 4, mit der nach 4, 14 berechtigten Vorwegnahme, daß der Boden, auf den der Same fällt, die Hörer sind. Die Erklärung selber ist nicht bloß Definition eines Substantivs, sondern bezieht sich auf den ganzen Vorgang und hat die populäre Form eines Satzes, der mit w o oder w e n n beginnt. Der Satan entspricht den Vögeln nicht in der Weise, wie z. B. die Sorgen 4, 18 den Dornen. Anstatt spezieller Ursachen, welche die Wirkung verhindern, wird hier nur die allgemeine Ursache alles Bösen angegeben.

4, 16. Ὁμοίως ist wohl ähnlich zu fassen wie ὡς 4, 31, so daß besser griechisch zu sagen gewesen wäre: ὅμοιοι τοῖς.

4, 17. Richtig gibt Lukas σκανδαλίζονται wieder mit ἀφίστανται. Σκανδαλίζειν heißt nicht ärgern, sondern zu Fall bringen, verführen. Zu πρόσκαιρος vgl. כְּפִי עֵת Sirach 6, 8.

4, 19. Καὶ αἱ περὶ τὰ λοιπὰ ἐπιθυμίαι fehlt mit Recht im Cantabr. Das absolute ὁ αἰών für das, was bei Joa ὁ κόσμος heißt, fällt auf; Lukas und der Cantabr. lesen τοῦ βίου. Dagegen hat der Cantabr. τοῦ κόσμου für τοῦ πλούτου.

Auch abgesehen von 4, 11. 12 hat der Kommentar für die Jünger etwas Esoterisches, d. h. Christlich-kirchliches. Er ist später als die Parabel und kann nicht von Jesus selber herrühren. D a s W o r t im Sinne des Evangeliums, die Verfolgung wegen des Evangeliums und der Abfall davon liegen außerhalb des Gesichtskreises seiner Gegenwart; die apostolische Gemeinde wird vorausgesetzt und tritt an stelle des jüdischen Auditoriums. Der wahre Gegenstand der Parabel ist gar nicht die Saat, sondern der Säemann. Jesus lehrt hier eigentlich nicht, sondern er reflektiert laut über sich selbst, über den Erfolg seines Wirkens, betrachtet sich dabei aber nicht als den Stifter der Kirche oder des Reichs Gottes, sondern einfach als Lehrer der Juden: jeder andere Lehrer kann ebenso sprechen. „Ich streue den Samen aus, weiß nicht wohin er fällt. Gewiß zumeist auf unfruchtbaren Boden. Auf die Gefahr hin: ich muß ihn ausstreuen. In einigen Herzen wird er doch auch Frucht tragen." Ähnlich die alten Propheten. Nach der 4, 11. 12 angeführten Stelle predigt Jesaias nicht bloß tauben Ohren, sondern verstockt die Hörer erst recht durch seine Predigt; aber so ist es beschlossen: er hat zu predigen, das Andere ist Gottes Sache. Wie übrigens Isa 6 nicht wirklich in den Anfang von Jesaias Auftreten gehört, so hat auch Jesus Mc 4 bereits Erfahrungen gemacht, die ihn vor einer Täuschung über den Wert des Beifalls bewahren, der ihm zu teil geworden ist. Denn allgemeinen Beifall hat er gefunden; nirgends tritt eine Spur davon hervor, daß der Same auf Widerstand stößt und abprallt. Das unterscheidet Jesum von Jesaias und Jeremias.

§ 21. 4, 21—25 (Lc 8, 16—18).

Und er sagte zu ihnen: kommt etwa das Licht, um unter den Scheffel oder unter das Bett, nicht vielmehr, um auf den Leuchter gestellt zu werden? ²² Denn es ist nichts Verborgenes, das nicht zu tage trete, und nichts Geheimes, das nicht offenbar werde. ²³ Wer Ohren hat zu hören, der höre.
²⁴ Und er sagte zu ihnen: beachtet was ihr hört! Das Maß, das ihr zumesset, wird euch zugemessen werden [und noch drüber hinaus]. ²⁵ Denn wer hat, dem wird gegeben, und wer nicht hat, dem wird auch das, was er hat, weggenommen.

4, 21. Der Same muß überallhin ausgestreut werden, das Licht überallhin leuchten. Der Spruch reimt sich nicht mit 4, 11. 12. Bei Mc ist das Licht, das auf den Leuchter gestellt wird, jedenfalls die L e h r e J e s u. Bei Mt 5, 15. 16 freilich der gute Wandel der Jünger, aber diese Deutung ist gesucht.

4, 22 ist zwar durch γάρ an 4, 21 angeschlossen, in Wahrheit aber isoliert. Bei Mt 10, 26 s. Lc 12, 2 s. motiviert der Spruch die Aufforderung an die Jünger, in voller Öffentlichkeit zu verkünden, was Jesus nur im Winkel gesagt hat. Auch Mc mag bei dem κρυπτόν an das Evangelium, das Samenkorn des Reiches Gottes gedacht haben. Ἐὰν μή wechselt mit ἀλλά, beides entspricht dem aramäischen i l l â.

4, 24 wird deutlich von dem Vorhergehenden abgehoben. „Beachtet was ihr hört" ist eine Aufforderung zur Aufmerksamkeit, wie 4, 3. 7, 14, die nicht in inhaltliche Beziehung zu dem folgenden Spruch gesetzt werden darf. Dieser erscheint nicht nur bei Matthäus (7, 2), sondern auch bei Lukas (6, 38) in anderer Umgebung.

4, 25 scheint eine Begründung zu καὶ προστεθήσεται ὑμῖν sein zu sollen. Aber das fehlt im Cantabr. und steht schwerlich in innerem Zusammenhang mit diesem unklaren Spruch; er ist ebenso lose angeschlossen wie 4, 22. Bei Matthäus und Lukas wird er wiederholt in der Parabel von den Talenten. Ob er indessen dort seinen wahren Ort hat, läßt sich bezweifeln. Wie sollte Mc darauf gekommen sein, ihn herauszureißen und unverständlich zu machen? Im allgemeinen hat die Vereinzelung und die rein äußerliche Aufreihung der Sprüche die Präsumtion des Ursprünglichen für sich. Nicht als ob Jesus selber lauter Apophthegmata von sich gegeben hätte; aber von dem was er sagte sind vielfach nur auffällige Einzelheiten behalten und diese hernach zu Bausteinen einer neuen Struktur verwendet. Übrigens findet sich unser Spruch bei Lukas und annähernd bei Matthäus auch an der selben Stelle wie bei Mc.

§ 22. 4, 26—29.

Und er sprach: Mit dem Reiche Gottes ist es so, wie wenn einer Samen auf das Land wirft [27] und schläft und steht auf Nacht und Tag, und der Same sprießt und geht in die Höhe, er weiß nicht wie: [28] von selbst trägt die Erde Frucht, erst Halm, dann Ähre, dann ausgewachsener Weizen in der Ähre. [29] Wenn aber die Frucht es gestattet, so läßt er alsbald die Sichel ausgehn, denn die Ernte ist da.

Der Säemann tritt hier ganz zurück hinter der Saat, dem Reiche Gottes. Dieses wird 4, 26 nicht mit einer Sache, sondern mit einem Vorgange verglichen und ebenso aufgefaßt wie 4, 11: es entsteht auf Erden aus einem Keim, kommt nicht auf einmal fertig vom Himmel herunter. Οὕτως ... ὡς ἄνθρωπος βάλῃ 4, 26 mutet nicht griechisch an. Ebensowenig der Wechsel des Verbalmodus 4, 27, der mit dem Subjektswechsel (καὶ ὁ σπόρος) eintritt, gleich als ob ein semitischer Zustandssatz vorläge: „während der Same sprießt". Das nackt (ohne γάρ) vorangestellte, eigentümlich griechische αὐτομάτη 4, 28 hebt sehr nachdrücklich die Pointe hervor. Καρποφορεῖ verträgt kein Objekt, und vermutlich sind die folgenden Substantive eigentlich alle als Nominative gemeint, während jetzt nur das letzte in diesem Casus steht, welcher unmöglich bloß durch πλήρης veranlaßt sein kann (Blass § 31, 6). Der Schluß 4, 29 schießt über. Durch den Bauer guckt der Weltrichter hervor, der hier nichts zu tun hat. Der Hauptsatz ist biblische Reminiscenz (Joel 4, 13 vgl. Dt 16, 9), und der Vordersatz griechisch: τοῦ θεοῦ παραδιδόντος sagt Herodot und τῆς ὥρας παραδιδούσης Polybius.

§ 22 ist nur eine Variante von § 19: indem der Säemann den Samen streut, gibt er ihn aus der Hand und überläßt der Erde, was daraus wird. Aber in § 19 werden Unterschiede in der Güte des Bodens gemacht, in § 22 nicht. Dort gelangt der Same nur im günstigen Fall zur Reife, hier unter allen Umständen. Dort ist die Stimmung resigniert, weil der Blick am Vordergrunde haftet; hier ist sie hoffnungsvoll, zwar nicht jubilierend, aber von ruhiger Zuversicht, weil der Blick in die Weite geht und die Zukunft übersieht. Der Säemann kann seiner Wege gehn; er hat einen Prozeß eingeleitet, der ohne ihn mit innerer Notwendigkeit sich auswirkt und zum Ziel gelangt — mit der Zeit.

Es fällt auf, daß weder Matthäus noch Lukas diese Perikope wiedergeben. Daß sie sie in ihrem Markus noch nicht vorgefunden hätten, läßt sich kaum annehmen; für einen ganz späten Nachtrag ist sie zu originell. Aber sie haben vielleicht ihre Originalität verkannt, sie im Vergleich mit § 19 für nichtssagend gehalten, oder sich Jesus nicht so zurückgezogen und losgelöst von seiner Stiftung denken mögen. Auch die meisten Exegeten alter und neuer Zeit haben kein Verhältnis zu der edeln Parabel finden können. Aber Goethe hat sie verstanden: mein Acker ist die Zeit.

§ 23. 24. 4, 30—34 (Mt 13, 31—35. Lc 13, 18—21).

Und er sprach: wie läßt sich das Reich Gottes vorbilden oder in welchem Gleichnis läßt es sich darstellen? [31] Es ist wie ein Senfkorn; wenn das aufs Land gesät wird, ist es am kleinsten von allen Samen auf Erden, [32] wenn es aber aufwächst, wird es am größten von allen Kräutern und treibt große Zweige, so daß unter seinem Schatten die Vögel des Himmels wohnen können.

[33] Und in vielen solchen Gleichnissen redete er ihnen das Wort, so wie sie es verstehen konnten. [34] Und ohne Gleichnis redete er nicht zu ihnen, privatim aber gab er seinen Jüngern die Lösung von Allem.

4, 30. Das Exordium hat hier die Form semitischer Poesie. Der Parallelismus der Glieder findet sich ebenso Lc 7, 31. 13, 18, fehlt dagegen Lc 13, 20 und Mt 11, 16. 13, 31. — Das Samenkorn ist nicht mehr das Wort, sondern gradezu das Reich Gottes, das sich als Kirche auf Erden entwickelt, aus winzigen Anfängen.

4, 31. 32. Ὡς κόκκῳ (4, 16. 26) wird von Lukas richtig erklärt mit ὁμοία ἐστίν. Weiterhin habe ich den unmöglichen griechischen Text verständlich zu machen gesucht, so gut es ging, teilweise unter Benutzung des Cantabrig. Das zweite σπαρῇ halte ich für irrig wiederholt.

4, 34 paßt schlecht zu καθὼς ἠδύναντο ἀκούειν 4, 33 und stammt von der selben Hand, die 4, 11. 12 zugesetzt hat.

§ 25. 4, 35–41 (Mt 8, 23–27. Lc 8, 22–25).

Und er sagte zu ihnen jenes Tages, als es Abend geworden war: laßt uns auf das andere Ufer fahren. ³⁶ Und sie ließen die Menge stehn und nahmen ihn zu sich, wie er war, im Schiff; es waren aber auch andere Schiffe dabei. ³⁷ Und ein großer Windsturm entstand, und die Wogen schlugen an das Schiff, so daß sich das Schiff schon füllte. ³⁸ Und er selber war im Hinterteil und schlief auf einem Kopfkissen. Und sie weckten ihn und sagten: Meister, kümmert es dich nicht, daß wir zu grunde gehn? ³⁹ Da wachte er auf und schalt den Wind und sagte: schweig, halt den Mund! Und der Wind legte sich, und es ward große Stille. ⁴⁰ Und er sprach zu ihnen: was seid ihr bange! so wenig Glauben habt ihr? ⁴¹ Und sie fürchteten sich sehr und sagten zu einander: wer ist denn dieser, daß auch Wind und See ihm gehorchen.

Eine vierte Gruppe, die mit § 25 anfängt und nur wenige, aber sehr lebendige und für Mc charakteristische Erzählungen umfaßt, reiht sich an eine Fahrt über den See an, ebenso wie die beiden folgenden Abschnitte § 32 ss. 39 ss. Hier verläßt Jesus aber sofort das Gebiet der Dekapolis, nachdem er kaum den Fuß aufs Land gesetzt hat.

4, 35. 36. Der durch 4, 35 geschaffene Zusammenhang mit § 19 stammt erst von der Redaktion, die auch in 4, 36 übergegriffen und dort besonders die Worte ὡς ἦν eingetragen hat. Denn der Satz „sie nahmen ihn zu sich wie er war im Schiffe" enthält einen inneren Widerspruch; wenn er schon im Schiffe war, brauchten sie ihn nicht erst noch zu sich zu nehmen. Er mußte aber schon im Schiffe sein, wenn die Einheit des Ortes und der Zeit mit § 19 festgehalten werden sollte. Also hat ὡς ἦν den Zweck, zu verdecken, daß die Situation von § 25 in Wahrheit nicht die von § 19 ist: Jesus ist hier an Land und wird von den Jüngern in das Schiff (ἐν τῷ πλοίῳ = εἰς τὸ πλοῖον vgl. 5, 30) aufgenommen. Mit Recht respektieren Matthäus und Lukas die Einleitung des Mc nicht. Die Angabe, daß auch noch andere Schiffe dabei waren, trägt für den Zusammenhang nichts aus und könnte auf wirkliche Tradition hinweisen.

4, 38. Das Schlafen im Sturm hat Jesus mit Jonas gemein. Sonst aber nichts; unsere Geschichte ist nicht der Widerhall der Geschichte von Jonas.

4, 39. Τῇ θαλάσσῃ scheint eingetragen zu sein, es steht im Cantabrig. an anderer Stelle. Der Wind macht den Lärm, der Wind wird gescholten, und der Wind beruhigt sich. Der See ist nur leidender Teil, er wird nicht als Dämon aufgefaßt, sondern der Wind (πνεῦμα).

4, 40. Πίστις, absolut, ist Gottvertrauen, Mut, und nichts spezifisch Christliches. Es ist die Eigenschaft, die Jesus besaß, als er im Sturme schlief, und die jenem Pfarrherrn gebrach, der sich auf See zu unmittelbar in Gottes Hand fühlte. Οὕτως und πῶς sind Varianten, der Cantabrig. und die Latina haben hier nur ein Wort und zwar οὔπω. Οὕτως οὐκ heißt s o   w e n i g, genau wie in 7, 18. Vgl. Epictet III 13, 19.

§ 26. 5, 1–20 (Mt 8, 28–34. Lc 8, 26–39).

Und sie kamen an das andere Ufer des Sees in das Gebiet der Gerasener. ² Und als sie aus dem Schiff stiegen, kam ihm alsbald ein Mensch mit einem unreinen Geist entgegen; ³ der hauste in den Grabstätten und niemand hatte ihn bis dahin binden können, auch nicht mit Fesseln; [⁴ denn oft, wenn er an Händen und Füßen gefesselt war, zerriß er die Handfesseln und zerrieb die Fußfesseln, und niemand vermochte ihn zu bändigen;] ⁵ und zu aller Zeit, Nacht und Tag, war er in den Grabstätten und auf den Bergen und schrie und schlug sich mit Steinen. ⁶ Und da er Jesus von ferne sah, lief er und fiel vor ihm nieder und rief laut: was habe ich mit dir zu schaffen, Jesus, du Sohn des höchsten Gottes! ich beschwöre dich bei Gott, quäl mich nicht! [⁸ Er hatte ihm nämlich gesagt: fahr aus von dem Menschen, du unreiner Geist!] ⁹ Und er fragte ihn: wie heißt du? Und er sagte: ich heiße Legion, denn unser sind viele. ¹⁰ Und er bat ihn sehr, daß er sie nicht aus dem Lande triebe. ¹¹ Es war aber dort am Berge eine Herde von Schweinen auf der Weide, [12] und sie baten ihn: laß uns in die Schweine, daß wir in sie einziehen. [13] Und er gestattete es ihnen, und die unreinen Geister fuhren aus und zogen in die Schweine; und die Herde stürmte den steilen Abhang hinab in den See, wohl zweitausend Stück, und sie ertranken im See. [14] Ihre Hirten aber flohen und berichteten es in der Stadt und den Weilern. Und (die Leute) kamen, zu sehen was geschehen war. [15] Und sie kamen zu Jesus und sahen den Besessenen, wie er bekleidet und vernünftig dasaß, und sie fürchteten sich. [16] Und die Augenzeugen erzählten ihnen, wie dem Besessenen geschehen war, und die Sache mit den Schweinen. [17] Und sie begannen ihn zu bitten, er möge aus ihrem Gebiete weichen. [18] Und da er in das Schiff stieg, bat ihn der ehemals Besessene, bei ihm bleiben zu dürfen. [19] Und er erlaubte es ihm nicht, sondern sagte ihm: geh nach Hause zu den Deinigen und melde ihnen, wie großes Gott an dir getan und sich deiner erbarmt hat. [20] Und er ging und begann in den zehn Städten laut zu verkünden, wie großes Jesus an ihm getan, und Alle verwunderten sich.

5, 1. Man darf annehmen, daß Mc, Matthäus und Lukas hier ursprünglich den selben Ort genannt haben, der erst durch die Textgeschichte differenziert wurde. Gerasa ist zu weit vom See, Gadara auch nicht nahe genug; beide Orte liegen zudem zu südlich, da Jesus sich sonst stets am oberen Teil des Sees aufhält. Die Lesart Γεργεσηνῶν (Syra) soll auf einer Konjektur des Origenes beruhen. Der Verdacht liegt nahe, daß die Γεργεσαῖοι des Alten Testaments dabei Paten gestanden haben. Die Gegend ist nach 5, 20 die Dekapolis.

5, 2. Zu ἐξελθόντος αὐτοῦ ὑπήντησεν αὐτῷ vgl. 5, 18. 13, 1 und Blass § 74, 5. Der Cantabrig. hat das Participium im Plural; Plural und Singular schwanken häufig in den Hss., wenn von Jesus und seinen Jüngern die Rede ist. Ἐκ τῶν μνημείων fehlt in der Syra, ist gegenüber 5, 3 überflüssig, und formell verdächtig, da es sonst μνήματα heißt. Die Dämonen lieben die Totenäcker.

5, 4 überfüllt die Beschreibung und sieht einer Glosse gleich, wie E. Klostermann mit Recht bemerkt. Das Passiv mit ὑπό kommt sonst nur in der Einleitung vor (1, 5. 9. 13).

5, 7. Ὕψιστος für Gott findet sich sonst nur bei Lukas. Es war eigentlich ein heidnischer Gottesname, der dann von den Juden übernommen wurde. Man könnte den Besessenen für einen Heiden halten; die Schweine führen auf heidnisches Land. Aber den Ruf stößt gar nicht der besessene Mensch aus, sondern der Dämon, der weder Jude noch Heide ist.

5, 8 ist ein für das Verständnis der besorgten Äußerung des Dämon ganz unnötiger Nachtrag.

5, 9. Da der Dämon in eine Herde fährt, so muß er ein Plural sein, und unser Vers motiviert den Übergang vom Singular zum Plural. Zu diesem Zweck dient der Name Legion. Wie Jesus dazu kommt, nach dem Namen zu fragen, erklärt sich aus dem Volksglauben, daß zum Bannen eines Geistes die Kenntnis seines Namens gehört. Auch die Vorstellung ist dem Volksglauben nicht fremd, daß die Dämonen in Herden auftreten und scharenweis in einem Menschenleibe Wohnung nehmen. Übrigens nennt ein Dämon nicht gern seinen Namen, und vielleicht vermeidet er es auch hier, indem er statt dessen nur seine Zahl angibt.

5, 10. Hier αὐτά und 5, 13 ἐξελθόντα im Neutrum, dagegen 5, 12 παρεκάλεσαν λέγοντες im Masculinum. Im Cantabrig. werden die πνεύματα und δαιμόνια in der Regel als Masculina behandelt, ohne Rücksicht auf ihr grammatisches Geschlecht. Die Dämonen mögen nicht gern an den Ort zurück, wohin sie gehören (die Hölle oder die öde Wüste), aber sie wechseln leicht ihre Behausung, d. h. den menschlichen oder tierischen Leib, in dem sie sich einlogiert haben. Sie selbst sind nur Geist und nicht mit einem bestimmten eigenen Leibe verwachsen.

5, 13. 14. Wider Erwarten sehen sich die Dämonen nun doch, trotz der Erfüllung ihres Wunsches und gerade dadurch, um das Logis geprellt und können sehen, wo sie bleiben (Lc 11, 24). Das wird mit Behagen erzählt. Ebenso ist den unreinen Tieren das Versaufen gegönnt und ihren heidnischen Besitzern der Verlust: 2000 Stück! Es nimmt Wunder, wie dieser Schwank hat auf Jesus übertragen werden können. Zu ἐξελθόντα εἰσῆλθον vgl. 1, 35. Ἀγρός hat bei Mc den Sinn von q'rîtha = vicus und ager, eigentlich ein Gut mit Hörigen.

5, 15. Τὸν ἐσχηκότα τὸν λεγιῶνα korrigiert nachträglich das im Präsens nicht mehr richtige τὸν δαιμονιζόμενον in das Präteritum und ist nach dem Cantabrig. zu streichen. Es fehlt auch in der Syra, die dafür die Korrektur gleich bei τὸν δαιμονιζόμενον anbringt, indem sie es übersetzt: der, aus dem er den Dämon ausgetrieben hatte. In 5, 16 wiederholt sich ὁ δαιμονιζόμενος, aber in 5, 18 wird das präteritale ὁ δαιμονισθείς dafür gesetzt. Ähnliche Varianten finden sich zu Joa 5, 13. 9, 24. 36.

5, 19. Ὁ κύριος, für Gott, befremdet; der Cantabrig. liest ὁ θεός. Man hat wahrscheinlich die Deutung auf Jesus offen lassen wollen, weil es 5, 20 heißt: was ihm J e s u s getan hatte.

§ 27. 5, 21–43 (Mt 9, 18–26. Lc 8, 40–56).

Und als Jesus zu Schiffe wieder an das andere Ufer kam, hatte sich eine große Menge gesammelt, um ihn zu erwarten, und war am See. ²² Und es kam ein Gemeindevorsteher, namens Jairus, und da er ihn sah, fiel er ihm zu Füßen, bat ihn sehr und sagte: ²³ mein Töchterchen liegt in den letzten Zügen, komm doch und leg ihr die Hand auf, damit sie gerettet werde und lebe. ²⁴ Und er ging mit ihm, und ein großer Haufe folgte ihm, und sie drängten ihn. ²⁵ Und eine Frau, die zwölf Jahr mit Blutfluß behaftet war ²⁶ und viel von vielen Ärzten befahren und all ihr Gut zugesetzt hatte, es half aber nichts, sondern wurde mit ihr nur ärger — ²⁷ da die von Jesus hörte, kam sie unter dem Haufen und berührte von hinten sein Kleid; ²⁸ denn sie dachte, wenn ich nur seine Kleider berühre, werde ich gesund. ²⁹ Und der Quell ihres Blutes vertrocknete alsbald, und sie fühlte es am Leibe, daß sie von der Plage geheilt sei. ³⁰ Und alsbald merkte auch Jesus, daß die Kraft von ihm ausgegangen war, und wendete sich um in der Menge und sagte: wer hat meine Kleider berührt? ³¹ Und seine Jünger sagten zu ihm: du siehst, wie die Leute sich drängen und sagst: wer hat mich berührt? ³² Und er sah sich um nach der, die es getan hatte. ³³ Die Frau aber, voll Zittern und Zagen — denn sie wußte, was ihr geschehen war — kam an und fiel vor ihm nieder und sagte ihm die ganze Wahrheit. ³⁴ Er aber sprach zu ihr: meine Tochter, dein Glaube hat dich gerettet; geh hin in Frieden und sei genesen von deiner Plage! ³⁵ Wie er noch redete, kamen Leute des Gemeindevorstehers und sagten: deine Tochter ist gestorben, was bemühst du noch den Meister! ³⁶ Jesus aber hörte von ungefähr, was da gesagt wurde, und sprach zu dem Gemeindevorsteher: fürchte dich nicht, hab nur

Glauben! ³⁷ Und er ließ niemand mit sich hineingehn außer Petrus, Jakobus, und Johannes, dem Bruder des Jakobus. ³⁸ Und sie kamen an das Haus des Gemeindevorstehers, und er gewahrte ein Lärmen, wie sie weinten und laut jammerten. ³⁹ Und eintretend sagte er zu ihnen: was lärmt und weint ihr? das Kind ist nicht gestorben, sondern es schläft. Und sie lachten ihn aus. ⁴⁰ Und er trieb alle hinaus, nahm nur den Vater und die Mutter des Kindes und seine Begleiter mit, und ging dorthin, wo das Kind war. ⁴¹ Und er ergriff die Hand des Kindes und sprach: Rabitha kumi — das ist verdolmetscht: Mädchen, ich sage dir, steh auf! ⁴² Und alsbald stand das Mädchen auf und ging herum, sie war nämlich zwölf Jahre alt. Und sie gerieten alsbald ganz außer sich. ⁴³ Und er gebot ihnen ernstlich, daß es niemand erfahre, und sagte, man solle ihr zu essen geben.

5, 21. Ich habe nach Lc 8, 40 verstanden.

5, 22. Es befremdet, daß bei Jairus (ebenso wie bei Bartimäus) der Name genannt wird; im Cantabrig. und bei Matthäus fehlt er aber, auch in 5, 30. 38 wird nur der Titel genannt.

5, 23. Zu ἵνα vgl. Blass § 64, 4.

5, 25. Hier wird eine andere Geschichte eingeschachtelt, was sich sonst nirgend findet. Zu ihrer Motivierung dient das große Gedränge, von dem vorher die Rede war.

5, 34. Ἴσθι esto für γίνου findet sich noch Mt 2, 13. 5, 25, Joa 20. 27 (D), ferner öfters im Sirach, bei Epiktet und in den klement. Homilien. Vgl. GN 1906, 181 und ThLZ 1908, 38.

5, 37. Andreas erscheint nicht unter den Intimen.

5, 38. Richtig erklärt der Cantabrig.: θόρυβον κλαιόντων καὶ ἀλαλαζόντων.

5, 41. Statt ταλιθα steht im Cantabrig. ραββι θαβιτα. Das ist von griechischen Abschreibern verderbt und muß richtig heißen: ραβιθα. Denn ραββι gibt hier keinen Sinn; θα ist falsch davon getrennt und dann mit ungenauer Wiederholung von βιθα zu θαβιτα geworden, vielleicht unter Erinnerung an Act 9, 36. 40: Ταβιθα ἀνάστηθι. Denken ließe sich übrigens auch, daß der Vokativ ursprünglich wiederholt war: ραβιθα ραβιθα — vgl. Aphraates ed. Wright p. 165. Wie dem auch sei, ραββιθα gehört jedenfalls zusammen, und das doppelte β verdankt seine Entstehung einem Unkundigen, der Rabbi herauslesen wollte. Râbîthâ ist das Femininum zu râbiâ und heißt das

Mädchen; in der jüdischen Literatur ist es einigermaßen (doch nicht ganz) verdrängt durch die sonderbare Deminutivform r i b a. T a - l i t h a ist gleichbedeutend, jedoch edler und weniger dialektisch, also wahrscheinlich Korrektur. Auf die merkwürdige Erscheinung, daß wir hier eine aramäische Variante haben, hat zuerst Credner (Beiträge 1, 494) die Aufmerksamkeit gelenkt. Für κουμ, die spätere (mesopotamische) Form, bietet der Cantabrig. κουμι, die alte (palästinische) Form des Imperativs der 2. s. f.

5, 43. Den Besessenen 5, 19 fordert Jesus auf, die Wundertat zu verkündigen, hier verbietet er es — natürlich vergebens, denn wie konnte es geheim bleiben, daß das gestorbene Kind von ihm ins Leben zurückgerufen war.

§ 28. 6, 1–6 (Mt 13, 53–58).

Und er ging weg von dort in seine Vaterstadt und seine Jünger folgten ihm. ² Und am nächsten Sabbat begann er zu lehren in der Synagoge, und die Zuhörer staunten und sagten: woher hat er das? welche Weisheit ist ihm verliehen! und so große Wunder geschehen durch ihn! ³ ist er nicht der Zimmermann, der Sohn der Maria und der Bruder von Jakobus und Joses und Judas und Simon? sind nicht auch seine Schwestern hier bei uns? Und sie stießen sich an ihm. ⁴ Und Jesus sprach zu ihnen: ein Prophet wird geehrt, nur nicht in seiner Vaterstadt, bei seinen Verwandten und in seinem Hause. ⁵ Und er konnte daselbst nicht eine einzige Tat tun [nur wenigen Leidenden legte er die Hand auf und heilte sie]. ⁶ Und er wunderte sich wegen ihres Unglaubens, und er zog in den Dörfern herum und lehrte.

Jesus gibt seinen Aufenthalt in Kapernaum auf und kehrt in seine Heimat zurück, nicht auf Familienbesuch, sondern um dort zu wirken, begleitet von seinen Jüngern. Seine Mitbürger wollen aber nichts von ihm wissen. Dies wird nicht trocken berichtet, sondern dramatisch vorgeführt in einer Scene, die am nächsten Sabbat nach seiner Ankunft in der Synagoge spielt. In der Einleitung (6, 2) heißt es nun, sie seien erstaunt gewesen über sein Lehren, hernach aber läuft das ἐξεπλήσσοντο in ἐσκανδαλίζοντο (6, 3) aus. Das ist nicht dasselbe, und man begreift nicht, wie sie sich aus der Bewunderung in den Ärger hinein reden können, ohne daß ein Zwischenfall eintritt.

Auch beziehen sich ihre Äußerungen nicht, wie es nach der Einleitung scheint, bloß auf das gegenwärtige Auftreten Jesu vor ihren Augen, sondern hauptsächlich auf den ihm vorausgegangenen Ruf; sie wollen Jesus, den sie von Kindesbeinen gekannt und bisher als ihres gleichen angesehen haben, nicht plötzlich als den großen Mann empfangen, der er anderswo geworden ist. Seine großen Taten sind nicht bei ihnen geschehen, sondern in Kapernaum. Aus diesem Grunde steht § 28 hinter § 5—27, freilich nicht an ursprünglicher Stelle, denn erst in § 30 wird das Motiv berichtet, warum Jesus Kapernaum verließ. — Anders wie in 3, 31 fällt es in 6, 3 auf, daß der Vater nicht genannt wird; Matthäus hat ὁ τοῦ τέκτονος υἱός, vgl. darüber die Erörterung von Strauß (1835) 1, 295. Πολλοί 6, 2 ist anstößig; denn der Majorität steht keine Minorität gegenüber. Der zweite Satz von 6, 5 widerspricht dem ersten.

§ 29. 6, 7–13 (Lc 9, 1–6. Mt 10, 1–15),

⁷ Und er rief die Zwölf zu sich heran und begann sie paarweis auszusenden, und gab ihnen Macht über die unreinen Geister, ⁸ und befahl ihnen, sie sollten nichts mit auf den Weg nehmen außer einem Stabe, kein Brot, keine Reisetasche, kein Kupfer im Gürtel, ⁹ nur Sandalen an den Füßen und keine zwei Röcke tragen. ¹⁰ Und er sprach zu ihnen: wo ihr Einlaß findet, da bleibt, bis ihr von da weiter wandert; ¹¹ und wo man euch nicht aufnimmt und euch nicht hören will, da geht weg und schüttelt den Staub ab von euren Füßen, ihnen zum Zeugnis. ¹² Und sie zogen aus und predigten, man solle Buße tun, ¹³ und trieben viele Teufel aus und salbten viele Kranke mit Öl und heilten sie.

6, 7. Im Cantabr. ist δύο δύο in ἀνὰ δύο verbessert. Aber sonst kommt die Präposition ἀνά im Neuen Testament fast nur in ἀνάμεσον vor.

6, 8. Der Stab wird bei Matthäus und Lukas verboten. Das Geld ist bei Lukas nicht Kupfer, sondern Silber, und wird nicht im Gürtel, sondern im Beutel getragen. Die πήρα gehört nach Epict. I 24, 11 als Brotbeutel neben der Ölflasche zur Reiseausrüstung, die cynischen Wanderprediger benutzten sie als Bettelsack (Epict. III 22, 10. 50), von den christlichen Bettelwitwen heißt es χῆραι πῆραι (Const. apost. 3, 6).

6, 9. Zum Schluß verfällt die oratio obliqua in oratio recta, ursprünglich wohl nicht erst bei ἐνδύσησθε, sondern schon bei ὑποδεδεμένους. Ἀλλά wechselt mit εἰ μὴ μόνον 6, 8, gerade wie 4, 22. Auch die Sandalen werden bei Matthäus und Lukas nicht gestattet. In bezug auf die χιτῶνες wird nicht verboten, einen zweiten Anzug mitzunehmen, sondern zwei Kleider a n s i c h z u t r a g e n. Man soll nur einen R o c k anhaben und nicht auch einen M a n t e l.

6, 10. 11. Ein Unterschied zwischen οἰκία und τόπος wird nicht gemacht. Durch εἰς μαρτύριον wird das Abschütteln als ein dramatischer Rechtsakt der Lossagung gekennzeichnet; vgl. Tabari I 1178, 4.

6, 12. Der Inhalt der Missionspredigt ist etwas mager, weil er als den Lesern bekannt gilt. Matthäus führt ihn weiter aus.

6, 13. Die Ölung der Kranken ragt nur hier in das Evangelium hinein und zwar als Übung der Apostel. Jesus selber heilt durch Berührung und Handauflegung.

Der § 29 enthält keine historische Tradition so wenig wie § 16. Der Apostolat wird hier schon durch Jesus gegründet, ohne jedoch nun auch wirklich in Erscheinung zu treten; die Zwölf machen nur ein Experiment und sind hinterher genau so unselbständig und passiv wie zuvor, obwohl das Experiment gelingt. In Wahrheit hat Jesus keine Übungsreisen mit seinem Seminar veranstaltet. Als Zeugnis für die Art der ältesten christlichen Mission in Palästina ist aber diese Reiseinstruktion von Wert. Über das Verhältnis der Zwölf zu den Aposteln vgl. die Göttinger Nachrichten 1907 p. 1—6.

II A. Jesus auf unsteter Wanderung. § 30—42.

Der zweite Hauptteil des Mc, der in zwei Hälften zerfällt, beginnt nicht mit § 28, sondern erst mit § 30, dem Eingreifen des Antipas, dem allerdings jetzt die Spitze abgebrochen ist.

§ 30. 6, 14–29 (Mt 14, 1–12. Lc 9, 7–9).

Und der König Herodes bekam Kunde, denn sein Name wurde bekannt, und [Einige sagten: Johannes der Täufer ist von den Toten erstanden, darum wirken die Kräfte in ihm;

¹⁵ Andere sagten: er ist Elias; Andere: ein Prophet wie ein anderer Prophet. ¹⁶ Herodes aber auf die Kunde] sagte: den ich habe enthaupten lassen, Johannes, der ist auferstanden. ¹⁷ Herodes ließ nämlich Johannes festnehmen und hielt ihn gefesselt im Gefängnis, wegen Herodias, der Frau seines Bruders Philippus, die er geheiratet hatte. ¹⁸ Denn Johannes sagte zu Herodes: du darfst die Frau deines Bruders nicht haben. ¹⁹ Und Herodias trug ihm das nach und hätte ihn gern getötet, konnte aber nicht; ²⁰ denn Herodes hatte Scheu vor Johannes, weil er wußte, daß er ein gerechter und heiliger Mann war, und er schützte ihn, und wenn er ihn hörte, geriet er sehr in Bedenken, doch hörte er ihn gern. ²¹ An einem gelegenen Tage aber, als Herodes an seinem Geburtsfesttage seinen hohen Beamten und Würdenträgern und den Vornehmen von Galiläa ein Mahl gab, ²² trat die Tochter der Herodias ein und tanzte, und sie gefiel dem Herodes und seinen Gästen. ²³ Und der König sprach zu dem Mädchen: verlang von mir was du willst, ich will es dir geben! und er schwur ihr: was du auch von mir verlangst, will ich dir geben und sei es die Hälfte meines Königreichs! ²⁴ Sie aber ging hinaus und fragte ihre Mutter: was soll ich verlangen? Sie sagte: den Kopf Johannes' des Täufers. ²⁵ Und alsbald ging sie mit Eile zum Könige hinein und verlangte: ich wünsche, daß du mir auf der Stelle das Haupt Johannes, des Täufers gebest [auf einer Schüssel]. ²⁶ Und der König ward sehr betrübt, doch wegen der Schwüre und wegen der Gäste mochte er sie nicht abweisen, ²⁷ sondern sandte alsbald einen Henker mit dem Auftrage, sein Haupt zu bringen, ²⁸ und der ging hin und enthauptete ihn im Gefängnis und brachte sein Haupt auf einer Schüssel. Und er gab es dem Mädchen und das Mädchen gab es der Mutter. ²⁹ Als aber seine Jünger es hörten, kamen sie und holten seinen Leichnam und bestatteten ihn in einem Grabe.

6, 14. Richtig haben Matthäus und Lukas empfunden, daß Antipas hier nicht von den Jüngern hört, sondern von Jesus selber; zwischen § 29 und § 30 besteht keine Beziehung. Man könnte meinen, das ἤκουσεν würde durch ἀκούσας 6, 16 wieder aufgenommen und hätte das Gerede über Jesus zum Inhalt. Diese Annahme befriedigt indessen nicht. Das wahre, jedoch durch redaktionelles Eingreifen unkenntlich gewordene Objekt ist das Auftreten Jesu in Kapernaum.

Antipas heißt überall in den Evangelien Herodes, und bei Mc nicht Vierfürst, sondern König. — Natürlich ist ἔλεγον im Plural zu lesen, mit unbestimmtem Subjekt.

6, 15. Προφήτης ὡς εἷς τῶν προφ. ist schwerlich griechisch. Es gab auch damals Propheten, die nichts besonderes waren.

6, 16. Die Verse 14. 15 scheinen aus 8, 24 übertragen zu sein. Schon Lukas hat es befremdlich gefunden (und in seiner Weise verbessert), daß nach dem uns jetzt vorliegenden Texte des Mc der König nur eine vorher bereits laut gewordene Meinung sich aneignet. Wenn seine Äußerung unabhängig und nicht nach Vers 14 zu verstehn ist, so braucht sie nicht wörtlich gemeint zu sein. Bei BQutaiba, Tabaqât 389, 11, sagt Aggag: ich bin der auferstandene Aghlab, d. h. ich gleiche ihm wie sein Alterego.

6, 17. Die Präterita in 6, 17 ss. müßten im Vergleich zu 6, 14—16 alle als Plusquamperfecta verstanden werden, wenn echter Zusammenhang bestünde. Αὐτός weist nach aramäischer Weise vor auf Ἡρώδης. Ebenso 6, 22 αὐτῆς τῆς Ἡρωδιάδος, ferner 6, 18 (D) αὐτὴν γυναῖκα τοῦ ἀδελφοῦ σου. Da haben wir Subjekt, Genitiv und Objekt bei einander, die durch ein Pronomen vorweg genommen werden. Der Name Philippus beruht auf einem Irrtum.

6, 18. Es war verboten, die Frau des Bruders zu heiraten, auch als Witwe nach seinem Tode. Darum heißt es „daß du sie h a s t", nicht „daß du sie ihm abspenstig gemacht hast".

6, 20. Δίκαιος καὶ ἅγιος fällt ganz aus dem Stile des Mc. Συνετήρει αὐτόν = hob ihn auf, tötete ihn nicht. Für ἠπόρει haben der Cantabrig. und die Syra ἐποίει. „Er machte viel zu hören", ist zwar gut semitisch, aber neben dem völlig gleichbedeutenden καὶ ἡδέως ἤκουεν schwerlich richtig. Man wird die übliche Lesart festhalten müssen: der König geriet in inneren Zwiespalt, bekam Bedenken, mochte sich aber doch nicht selbst verleugnen.

6, 21. Die Chiliarchen des Herodes sind auf keinen Fall r ö m i - s c h e Tribunen und vielleicht überhaupt keine Militärs.

6, 25. Ἐπὶ πίνακι, das 6, 28 am Orte ist, befremdet hier. Der Wechsel zwischen βαπτίζων und βαπτιστής ist unerträglich. Letzteres scheint die jüngere Form zu sein.

6, 27. S p e c u l a t o r in der Didaskalia 75, 6 (ed. Lagarde) ist δήμιος (Henker) in der entsprechenden Stelle der Constit. apost.

Das Stück 6, 17—39 ist ein parenthetischer Nachtrag zu 6, 14 bis 16. Lukas hat es ausgelassen und nur zum Teil in 3, 18 vorweg genommen; Matthäus hat die Parenthese am Schluß glatt in den Zusammenhang übergehn lassen, den sie in Wahrheit unterbricht. Was Mc hier erzählt, entspricht nicht den Angaben des Josephus. Nach Josephus wurde Johannes zu Machärus jenseit des Jordans hingerichtet, Mc setzt dagegen voraus, daß es am Königshof in Galiläa geschah, da er sagt, die vornehmen Galiläer seien bei der Geburtstagsfeier zugegen gewesen. Nach Josephus war das Motiv zu der Tat die Furcht des Antipas vor politischer Gefährlichkeit des Täufers, nach Mc lediglich der Haß der Herodias gegen ihn. Den Ausschlag gibt bei Mc eine Scene, die zwar den Gegensatz des Asceten zu dem leichtfertigen Treiben am Königshof zu packendem Ausdruck bringt, aber eben nur eine Scene ist und an innerer Unwahrscheinlichkeit leidet: vielleicht hat Lukas über den Tanz der Königstochter vor den zechenden Männern und über die verhängnisvolle Wirkung ihres Tanzes aus kritischen Bedenken geschwiegen.

§ 31. 6, 30–33 (Mt 14, 13–18. Lc 9, 10–12).

Und die Apostel sammelten sich wieder bei Jesus und berichteten ihm alles, was sie getan und gelehrt hatten. ³¹ Und er sagte ihnen: kommt ihr allein für euch an einen einsamen Ort und ruht ein wenig aus! Denn es waren deren viele, die ab und zu gingen, und sie fanden nicht einmal Zeit zu essen. ³² Und sie fuhren zu Schiff weg an einen einsamen Ort, um allein zu sein. ³³ Aber man sah sie abfahren, und viele erfuhren es und liefen zu Fuß von allen Städten dorthin zusammen und kamen ihnen zuvor.

In § 31 soll der Übergang gemacht werden zu § 32. Deshalb müssen zunächst die Apostel (§ 29) zurückkehren, denn sie haben in § 32 zu tun. Da ferner aber der Schauplatz von § 32 jenseit des Sees sein soll, so müssen sie auch noch über den See geschafft werden. Es geschieht auf eigenartige Weise. Sie sollen sich von der anstrengenden Reise erholen, aber wegen des Volksandrangs nicht daheim, sondern durch eine abermalige Reise über das Wasser in die Einsamkeit. Dabei kommen sie jedoch vom Regen in die Traufe. Denn auch die Menge muß mit, weil sie für § 32 unentbehrlich ist. Die

Leute gehn um den See herum, als ob sie den τόπος κατ' ἰδίαν wüßten, und kommen an dem Ziel, das sie nicht kennen, auf dem Umwege zu Fuß schneller an, als Jesus in grader Linie zu Schiff. Dies alles nimmt sich sehr künstlich aus, es ist eine redaktionelle Verknüpfungsarbeit, die große Ähnlichkeit mit Joa 6, 22—24 hat. Matthäus und Lukas legen mit Recht keinen Wert darauf.

Verbinden wir das Urteil über § 31 mit dem über § 29 und § 30 Gesagten, so scheint eine spätere Redaktion den Anfang des zweiten Teils überhaupt stark überarbeitet und den wahren Zusammenhang der Dinge völlig verdunkelt zu haben. Nach dem uns jetzt vorliegenden Texte wird der § 30 bloß benutzt, um die Pause zwischen Aussendung und Rückkunft der Apostel auszufüllen. Als Lückenbüßer kann aber der König Herodes hier von Haus aus nicht gedient haben. Er kann auch nicht bei den Haaren herbeigezogen sein, um durch seine Äußerung Gelegenheit zu dem Nachtrage über das Ende des Täufers zu geben. Sondern er muß in den richtigen Zusammenhang hinein gehört haben, sein Auftreten muß an dieser Stelle für die Geschichte Jesu bedeutungsvoll gewesen sein. Lukas verrät ein natürliches Gefühl, wenn er Mc 6, 17—39 ganz übergeht und dafür zu 6, 14—16 den Schluß macht: καὶ ἐζήτει ἰδεῖν αὐτόν. Richtiger aber wäre zu sagen gewesen: καὶ ἐζήτει αὐτὸν ἀποκτεῖναι. Denn im zweiten Teil des Evangeliums Marci verläßt Jesus die Machtsphäre des Antipas, tritt über in benachbarte Gegenden, wo dieser nichts zu sagen hat, und schweift in der Dekapolis, in der Herrschaft des Philippus, im Gebiet von Tyrus und Sidon; auch in der Fortsetzung passiert er zwar Galiläa, aber incognito (9, 30) und nur auf der Durchreise nach Jerusalem. Der Grund dafür ist nach der ältesten Überlieferung die Furcht vor Antipas gewesen, und darum steht die Äußerung des Antipas über Jesus am Anfang des zweiten Teils, als einschneidender Wendepunkt. Sie ist nicht so harmlos, wie sie scheint, sondern enthält eine Todesdrohung. Jesus wird wegen seines großen Erfolges für einen ebenso gefährlichen Demagogen erklärt, wie Johannes. Die Anekdote 6, 17 ss. wird nicht vorausgesetzt, sondern die geschichtliche Wahrheit, wonach der Täufer wegen seiner aufregenden Wirkung auf die Menge hingerichtet wurde.

Das Stück 6, 14—16 schließt also eigentlich mit einer für Jesus bedrohlichen Spitze. Warum ist dieselbe aber jetzt abgestumpft und durch 6, 17—29 gleichsam in Watte gehüllt? Die Antwort darauf läßt sich aus Lc 13, 31 ss. erschließen. Dort erhält Jesus den Rat, sich aus dem Staube zu machen, ὅτι Ἡρώδης θέλει σε ἀποκτεῖναι. Er gibt zur Antwort, um Herodes' willen tue er das nicht, aber allerdings müsse er über kurzem aus Galiläa fortwandern, weil es seine Bestimmung sei, in Jerusalem zu sterben und nicht anderswo. Man hat mithin die Furcht vor Herodes nicht als Motiv dafür gelten lassen wollen, daß Jesus Galiläa verläßt und sich endlich nach Jerusalem begibt. Das hat weiter zu dem Bestreben geführt, die Feindschaft des Antipas gegen Johannes und Jesus überhaupt aus der Luft zu schaffen und aus dem Bösewicht einen guten Mann zu machen. Nach Mc 6, 17—29 hört er den Täufer gern und ist trostlos, ihn nicht retten zu können; die Schuld an seiner Hinrichtung wird ihm nach Kräften abgenommen und der Herodias aufgebürdet. Nach Lc 23, 11. 15 erklärt er Jesus für unschuldig, so wenig dieser ihm auch entgegenkommt. Und statt θέλει σε ἀποκτεῖναι Lc 13, 31 heißt es Lc 9, 9: ἐζήτει ἰδεῖν αὐτόν. Vgl. Herder (ed. Suphan) 19, 179. 184.

§ 32. 6, 34–44 (Mt 14, 14-21. Lc 9, 12–17).

Und als er ausstieg, sah er eine große Menge. Und ihn jammerte ihrer, denn sie waren wie Schafe ohne Hirten und er begann sie viel zu lehren. ³⁵ Und bei schon vorgerückter Stunde traten seine Jünger zu ihm und sagten: der Ort ist öde und die Stunde schon spät, ³⁶ entlaß sie, damit sie in die Höfe und Dörfer ringsum gehn und sich was zu essen kaufen. ³⁷ Er aber antwortete ihnen: gebt ihr ihnen zu essen. Und sie sagten: sollen wir hingehn und für zweihundert Silberlinge Brot kaufen und ihnen zu essen geben? ³⁸ Und er sagte: wieviel Laibe Brot habt ihr? geht hin und seht nach! Und als sie zugesehen hatten, sagten sie: fünf Laibe und zwei Fische. ³⁹ Und er hieß sie sich alle lagern, tischweise, auf das grüne Gras. ⁴⁰ Und sie legten sich beetweise nieder, zu hundert und zu fünfzig. ⁴¹ Und er nahm die fünf Laibe und die zwei Fische und sah auf gen Himmel und segnete und brach das Brot und gab es den Jüngern, daß sie es ihnen vorsetzten, und die zwei Fische teilte er unter alle. ⁴² Und sie aßen alle und wurden satt. ⁴³ Und man hub Brocken auf, zwölf Körbe voll, und etwas Fisch. ⁴⁴ Und deren die aßen war fünftausend Mann.

6, 38. Die dramatische Umständlichkeit entspricht der Art des Mc, wie überhaupt die liebevolle Inscenierung.

6, 39. 40. Der Ausdruck des Distributivs durch Wiederholung des zu Distribuierenden συμπόσια συμπόσια, πρασιαί πρασιαί (wie δύο δύο 6, 7) ist ungriechisch, und ebenso der Gebrauch von πρασιά in dem hier vorliegenden Sinne. Auch der Partitivus ἀπὸ τῶν ἰχθύων 6, 43 mutet nicht eben griechisch an. Das grüne Gras zeigt zwar, daß die ἔρημος keine Sandwüste war, läßt aber nicht etwa auf die Jahreszeit schließen, wie die Saatfelder 2, 23. Das malerische Attribut ist lediglich deshalb zugesetzt, um den nackten Boden zu bezeichnen, der nicht mit einer Decke belegt war, wie es sonst bei Mahlzeiten geschah (Clem. Recogn. 2, 70. 3, 30).

6, 41. In dem Segnen der Speise, dem Brechen des Brotes und der Verteilung durch die Jünger — hier sind es nicht mehr die Apostel oder die Zwölf — will man Anzeichen finden, daß die Speisung der Fünftausend als Vorspiel des heiligen Abendmahls aufgefaßt werden müsse. Daß das Segnen, Brechen und Verteilen des Brotes bei den Juden übliche Sitte war, daß der Wein fehlt und die Fische überschießen, soll nichts ausmachen. In Wahrheit läßt Jesus hier nur das Volk teilnehmen an der Mahlzeit, die er sonst mit seinen Jüngern hielt und bei der er als der Wirt galt.

Die Speisung des Volks für mythisch zu halten, hat man keinen Grund. Das Wunder verschwindet mit den Zahlen, die in der mündlichen Überlieferung regelmäßig entarten. Dann bleibt das freundliche Bild übrig von einem schönen Abend auf einsamer Stelle am See, die Menge liegt in Gruppen auf dem grünen Grase, die Jünger gehn dazwischen her und verteilen Brot und Fische. Die Pointe liegt darin, daß Jesus die Leute nicht bloß mit Lehren abspeist, sondern auch für des Leibes Notdurft sorgt, überzeugt, daß der für ihn und seine Jünger mitgebrachte Vorrat auch für die ungebetenen Gäste schon reichen werde. Vgl. § 39.

§ 33. 6, 45—52 (Mt 14, 22—32).

Und alsbald trieb er seine Jünger in das Schiff zu steigen und vorauszufahren, hinüber nach Bethsaida, um inzwischen selber das Volk zu entlassen. ⁴⁶ Und als er sie verabschiedet hatte, begab er sich auf einen Berg um zu beten. ⁴⁷ Und am Abend war das Schiff mitten auf dem See und er allein am Land. ⁴⁸ Und er sah sie sich plagen beim Rudern, denn der Wind war ihnen entgegen; und um die vierte Nachtwache kam er auf dem See wandelnd angegangen und wollte an ihnen vorbeigehn. ⁴⁹ Als sie ihn nun auf dem See wandeln sahen, meinten sie, es wäre ein Gespenst, und schrien auf; denn sie sahen ihn alle und entsetzten sich. ⁵⁰ Er aber redete sie alsbald an und sprach: seid getrost, ich bin es, fürchtet euch nicht! ⁵¹ Und er stieg zu ihnen ins Schiff, da legte sich der Wind. Und sie gerieten ganz außer sich, ⁵² denn sie waren durch die Brote nicht zur Einsicht gekommen, denn ihr Herz war verstockt.

6, 45. Bethsaida (vulgär Βησσαιδαν im Cantabrig.) wird bei Lukas (9, 11) schon vor der Speisung der Fünftausend als Ziel der Überfahrt genannt, bei Matthäus (auch Mc 8, 22) dagegen mit Stillschweigen übergangen. Es lag am Einfluß des Jordans in den See, nicht weit von Kapernaum, aber nicht mehr im Gebiet des Antipas, sondern des Philippus, der es zu einer Stadt ausbaute und Julias nannte. Dem vierten Evangelium zu lieb hat man bezweifelt, daß dieser Ort gemeint sei, und vermutet, es habe einen sonst unbekannten gleichnamigen Ort dicht bei Kapernaum gegeben. Aber Bethsaida steht bei Mc zusammen mit Cäsarea Philippi, mit der Dekapolis und mit dem im Norden Galiläas nach Damaskus sich erstreckenden Gebiete von Tyrus; und es muß daran festgehalten werden, daß Jesus sich außerhalb der Herrschaft des Antipas bewegt, bis er 9, 30 wieder Galiläa betritt, um hindurch zu reisen nach Jerusalem. — Natürlicher wäre es, wenn wie bei Lukas die Fahrt εἰς τὸ πέραν (in der Syra ausgelassen) πρὸς Βηθσαιδάν vom westlichen Ufer ausginge und mit der 6, 32 eingeleiteten zusammenfiele. Gleich nach der einen Fahrt fällt die andere auf, da sie doch keine Rückfahrt ist. Nun kann allerdings die Speisung des Volks an dieser Stelle nicht entbehrt werden, da sie am Anfang und am Schluß von § 33 vorausgesetzt wird. Aber in der Variante § 39 spielt sie nicht am jenseitigen Ufer; erst nachher kommt die Fahrt über den See. Und auch in § 32 wird sie ursprünglich noch am diesseitigen Ufer stattgefunden haben und erst nachträglich durch § 31 in eine möglichst fremde, für alle Teilnehmer gleichmäßig (dagegen 8, 3 καί τινες) weit entfernte Gegend verlegt sein.

6, 46. Jesus muß sich längere Zeit von den Jüngern entfernt halten, bis zur Morgenfrühe 6, 48.

6, 48. Βασανιζομένους ἐν τῷ ἐλαύνειν scheint geglättet aus βασανιζομένους καὶ ἐλαύνοντας im Cantabr. Auf das merkwürdige ἤθελεν παρελθεῖν αὐτούς hat Strauß (2, 184) den Finger gelegt. Darnach will Jesus zu Fuß quer über den See wandern, um die von ihm zu Schiff vorausgeschickten Jünger zu überholen und am anderen Ufer zu überraschen; vgl. zu Joa 6, 15—21 (21, 1 ss.).

6, 49. Für φάντασμα scheint die Syra δαιμόνιον gelesen zu haben.

§ 34. 6, 53–56 (Mt 14, 34–36).

Und hinübergefahren ans Land kamen sie nach Gennesaret und legten an. ⁵⁴ Und als sie aus dem Schiff gestiegen waren, erkannten ihn die Leute alsbald ⁵⁵ und liefen umher in der ganzen Gegend und begannen rings die Kranken auf den Betten dahin zu bringen, wo sie hörten, daß er war. ⁵⁶ Und wo er in Dörfer oder Städte oder Weiler eintrat, setzten sie die Leidenden auf die Straße und baten ihn, daß sie nur einen Zipfel seines Kleides berühren dürften, und wer daran rührte, wurde gesund.

Für Gennesaret setzen der Cantabr. und die Syra Gennesar, welches nach Josephus, Talmud und 1 Macc 11, 67 die richtige Form ist. Daß statt eines Orts ganz unbestimmt bloß die Gegend genannt wird, könnte man daraus erklären, daß Jesus sich nirgend aufhält, sondern von Ort zu Ort wandert, und die Leute sich erkundigen müssen, wo er ist. Aber εἰς Γεννησαρετ 6, 53 stimmt nicht mit πρὸς Βηθσαιδάν 6, 45; Bethsaida gehört nicht zu Gennesar, also wie kommt das Schiff nach Gennesar, wenn es nach Bethsaida fährt? Daß es vom Winde verschlagen wäre, hätte doch gesagt werden müssen und darf nicht stillschweigend ergänzt werden. Daß § 34 ein Redaktionsstück ist, läßt die Vergleichung mit § 15 vermuten. Vgl. weiter zu § 40. 41.

§ 35. 36. 7, 1–23 (Mt 15, 1–20).

Und die Pharisäer und etliche von Jerusalem gekommene Schriftgelehrte fanden sich bei ihm ein, ² da sie einige seiner Jünger mit gemeinen d. h. mit ungewaschenen Händen hatten essen sehen. ³ Denn die Pharisäer und alle Juden essen nicht, ohne sich die Hände zu waschen, indem sie die Überlieferung der Ältesten beobachten; ⁴ und wenn sie von der Straße heim kommen, essen sie nicht, ohne sich abzuspülen, und vieles andere haben sie angenommen zu halten, Abspülung von Bechern, Krügen und Kupfergeschirr. ⁵ Und die Pharisäer und Schriftgelehrten fragten ihn: warum wandeln deine Jünger nicht nach der Überlieferung der Ältesten, sondern essen mit gemeinen Händen? ⁶ Er aber sprach zu ihnen: Mit Recht hat Esaias von euch Heuchlern geweissagt: „dies Volk ehrt mich mit seinen Lippen, ihr Herz aber ist weit weg von mir; ⁷ nichtig verehren sie mich mit ihrem Lehren von Menschengeboten". ⁸ Ihr laßt Gottes Gebot außer Acht und haltet die Überlieferung der Menschen. ⁹ Und er sprach zu ihnen: Ist es recht, daß ihr das Gebot Gottes außer Kraft setzt, um eure Überlieferung festzuhalten? ¹⁰ Denn Moses hat gesagt: ehre deinen Vater und deine Mutter, und wer Vater und Mutter schmäht, soll des Todes sterben. ¹¹ Ihr aber, wenn jemand zu Vater oder Mutter gesagt hat: Korban d. h. Opfer sei das, was dir von mir zu gut kommen könnte, ¹² so erlaubt ihr ihm nicht mehr, für Vater oder Mutter etwas zu tun, ¹³ so daß ihr das Wort Gottes durch eure Überlieferung ungiltig macht — und dergleichen tut ihr viel. ¹⁴ Und weiter rief er das Volk herbei und sprach: Hört mir alle zu und vernehmt! ¹⁵ Nichts, was von außerhalb in den Menschen hineinkommt, kann ihn verunreinigen, sondern was aus dem Menschen herauskommt, das ist es, was ihn verunreinigt.

¹⁷ Und als er vor dem Volke sich in ein Haus begeben hatte, fragten ihn die Jünger um den Spruch. ¹⁸ Und er sagte zu ihnen: So wenig Verständnis habt auch ihr? seht ihr nicht ein, daß alles, was von außen in den Menschen hineinkommt, ihn deshalb nicht verunreinigen kann, ¹⁹ weil es nicht in das Herz, sondern in den Bauch hineinkommt und zum Darm hinausgeht, der alle Speisen ausscheidet? ²⁰ Er sprach aber: Was aus dem Menschen herauskommt, das verunreinigt den Menschen. ²¹ Denn von innen aus dem Herzen der Menschen kommen die bösen Gedanken heraus, Hurerei, Diebstahl, Mord, Ehebruch, Habsucht, Bosheit, Arglist, Schamlosigkeit, Abgunst, Lästerung, Hochmut, Unvernunft. ²² Alles dies kommt von innen heraus und verunreinigt den Menschen.

7, 1. Dies Redestück ist in Wahrheit ohne Ort und Zeit und nur zur Abwechslung hier eingeordnet, ebenso wie 10, 1 ss. an seiner Stelle. Die Pharisäer scheinen sich die Schriftgelehrten von Jerusalem zu Hilfe gerufen zu haben, weil es in Galiläa keine gab oder nicht so namhafte.

7, 2 läßt sich nicht mit 7, 5 verbinden. Der Cantabr. bietet: „und da sie sahen . . . ., misbilligten sie es", aber das wird suppliert sein. Man muß entweder das καὶ vor ἰδόντες streichen oder ein Anakoluth annehmen.

7, 3. 4 ist eine eingeschaltete Erklärung und für nichtjüdische Leser bestimmt, wie die kleineren Interpretamente 7, 2. 11. Was πυγμῇ heißen soll, weiß man nicht. Für ῥαντίζειν wird hernach der technische Ausdruck βαπτίζειν gebraucht.

7, 5. Περιπατεῖν ist halâkha, παραλαμβάνειν qabbâla, παράδοσις aschlamta.

7, 9. Durch καὶ ἔλεγεν markiert Mc die Fugen einer zusammengesetzten Rede, die bei den Andern verdeckt werden, vgl. 2, 27. 4, 11. 13. 7, 20. 8, 21. 9, 1. In der Tat stoßen 7, 8 und 7, 9 hart auf einander; 7, 9—13 ist nicht Fortsetzung, sondern Parallele zu 7, 6—8. Dort steht das Zitat voran und der Spruch folgt, hier umgekehrt. Der Spruch ist beiderorts der gleiche (7, 8. 7, 9), der Beweis aber verschieden. Dort schlägt Jesus die Gegner mit Jesaias, hier mit Moses selber und zeigt, daß sie das Gesetz mit dem Zaun ihres Beiwerkes nicht schützen, sondern ersticken. Formell weicht ἡ παράδοσις ὑμῶν 7, 9. 13 ab von ἡ π. τῶν πρεσβυτέρων 7, 3. 5. 8. Man hat darnach nicht nötig, das καλῶς in 7, 9 ebenso zu fassen wie in 7, 6; in 7, 9 leitet es eine Frage ein.

7, 11. Λέγετε steht zwar in allen Hss., läßt sich aber neben οὐκέτι ἀφίετε auf keine Weise verstehn und ist ein Einsatz, der auf Misverständnis beruht. Wenn der Sohn verschwört den Eltern etwas zu geben, wenn er sagt, sein Gut sei gleichsam Tabu ihnen gegenüber, so gilt der Schwur den Rabbinen für heiliger als die Kindespflicht. Mit der wörtlichen Übersetzung von κορβᾶν durch δῶρον ist hier nichts getan; es ist eine Schwurformel. Bei Josephus contra Apionem 1, 167 heißt es: „Theophrast sagt in seinem Buche περὶ νόμων, daß die Gesetze der Tyrier verbieten fremdländische Eide zu schwören, und er zählt unter anderen Beispielen den κορβᾶν genannten Eid auf — diese Schwurformel aber möchte sich sonst nirgends finden als nur bei den Juden."

7, 13. Statt παρεδώκατε müßte es heißen παραδίδοτε im Präsens oder παρελάβετε im Präteritum. Das Epitheton τῇ μωρᾷ im Cantabr. macht Eindruck.

7, 14. Es wird ein eigener, neuer Anlauf genommen, um den prinzipiellen Ausspruch 7, 15 so einzuführen, wie es seiner Wichtigkeit gebührt. Diese Wichtigkeit erhellt auch dadurch, daß ihm in 7, 17 ss. ein Kommentar gewidmet wird, wie in 4, 10 ss. dem Gleichnis vom Säemann.

7, 17. Zum behuf dieses Kommentars muß sich Jesus in ein Haus begeben, weil er ihn privatim seinen Jüngern gibt — weiter hat das Haus keinen Zweck. Ob die Scene in Kapernaum spielt oder anderswo, weiß man nicht. Παραβολή wird hier ein einfacher Spruch genannt, der nicht ohne weiteres verständlich ist.

7, 18. Zu οὕτως ἀσύνετοι vgl. 4, 40.

7, 19. Von Abtritt kann nicht die Rede sein; wenn ἀφεδρών nicht auch den Hinteren bedeuten kann, so ist dafür ὀχετός (Darmkanal) zu lesen, mit dem Cantabr. Die Latina (Vercell.) hat nebeneinander: in secessu (ἀφεδρών) exit et exit in rivum (ὀχετός). Man muß aber nicht verstehn „es geht in den Darm hinaus", sondern „es geht zum Darm hinaus". Das aramäische Lamed ist irrig mit εἰς wiedergegeben, statt mit dem bloßen Akkusative: ἐκπορεύεται τὸν ὀχετόν; vgl. das arabische Äquivalent im christl. Adamsbuch ed. Trumpp 1880 p. 67 n. 9. Das Participium καθαρίζων ist nicht einfach Attribut, sondern steht selbständiger, ohne Artikel und im Casus rectus (D καθαρίζει). D a k k i (καθαρίζειν) ist purgieren im Sinne von ausscheiden. Daher d u k î t a (Anecd. Syr. ed. Land 2, 196) nicht das r e i n e Gemüse, wie Brockelmann meint, sondern das beim Putzen des Gemüses Ausgeschiedene, d e r A b f a l l.

7, 20 hebt neu an und bringt eine positive Ergänzung. Matthäus wird darin Recht haben, daß wie das εἰσπορευόμενον εἰς τὸν ἄνθρωπον das εἰσπ. εἰς τὸ στόμα ist, so auch das ἐκπ. ἐκ τοῦ ἀνθρώπου das ἐκπ. ἐκ τοῦ στόματος, also das Wort und nicht der unausgesprochene Gedanke, obwohl er diese Deutung nicht schon in den Ausspruch Mc 7, 15 hätte eintragen sollen. Mc würde nach Mt 12, 34 die Meinung Jesu besser so interpretiert haben: denn was aus dem Munde herauskommt, das kommt aus dem Herzen, und dort ist der Sitz der religiösen Unreinheit; die Natur hat nichts damit zu tun.

7, 21. Der Plural οἱ ἄνθρωποι wechselt ohne Unterschied mit dem Singular ὁ ἄνθρωπος; im Aramäischen ist beides n â s c h a.

7, 22. Ὀφθαλμὸς πονηρός (Gegensatz Sirach 32, 10. 12. 34, 13) heißt wie in-vidia einfach N e i d. Die Etymologie ist vergessen.

§ 37. Mc 7, 24—30 (Mt 15, 21—28).

Und von da brach er auf und ging in das tyrische Gebiet. Und er trat in ein Haus ein und wollte, daß niemand etwas erführe, konnte aber nicht verborgen bleiben. ²⁵ Sondern eine Frau, deren Tochter einen unreinen Geist hatte, hörte von ihm und kam alsbald und warf sich ihm zu Füßen. ²⁶ Die Frau war aber eine Heidin, Syrophönizierin von Herkunft. Und sie bat ihn, er möchte den Dämon aus ihrer Tochter austreiben. ²⁷ Und er sagte zu ihr: laß erst die Kinder satt werden, denn es gehört sich nicht, den Kindern das Brot zu nehmen und es den Hündchen hinzuwerfen. ²⁸ Sie aber antwortete ihm: aber doch, Herr, essen auch die Hündchen unter dem Tisch von den Brosamen der Kindlein. ²⁹ Und er sprach zu ihr: um dieses Wortes willen — geh hin, der Dämon ist aus deiner Tochter ausgefahren. ³⁰ Und sie ging nach Hause und fand das Kind auf dem Bett liegen und den Dämon ausgefahren.

7, 24. Ob diese Perikope sich an § 34—36 anschließt und ἐκεῖθεν darnach zu verstehn ist, läßt sich bezweifeln. — Jesus macht hier keinen ganz aus der Kehr liegenden Abstecher nach Westen, sondern geht nach Norden. Das Gebiet von Tyrus erstreckte sich beträchtlich landeinwärts. Nach Joseph. Bellum 3, 38 bildete es die nördliche Grenze von Galiläa. Nach Ant. 18, 153 reichte es an das von Damaskus, denn unter den Sidoniern werden wie gewöhnlich nicht die Einwohner der Stadt Sidon zu verstehn sein.

7, 26. Ἑλληνίς bezieht sich auf die Religion, die Nationalität wird erst mit Συροφοινίκισσα angegeben. D corrigiert Φοίνισσα.

7, 27. „Quicunque edit cum idololatro idem est ac si ederet cum cane" steht in den Sprüchen des Rabbi Eliezer. Sonderbar aber, daß Jesus nicht κύνες sagt, sondern κυνάρια. Es erklärt sich daraus, daß der Frau Gelegenheit zu ihrer Einrede gegeben werden soll. Denn die Hunde am Tisch der Kinder sind Schoßhunde

7, 28. Die Anrede κύριε findet sich bei Mc nur an dieser Stelle, im Munde einer heidnischen Frau; vgl. 1 Reg 18, 7. Sie widerspricht dem Grundsatz Jesu nicht, sondern macht nur aufmerksam auf eine Ausnahme, die derselbe gestattet. Sie muß natürlich annehmen, daß auch bei den Juden manchmal Hunde mit den Kindern zusammen am Tisch sind und die abfallenden Brosamen aufschnappen. Vgl. Tobit 5, 16: ὁ κύων τοῦ παιδαρίου.

7, 29. Das Verhalten der Frau bewegt Jesus, seinen Grundsatz in diesem Falle aufzugeben. Daß derselbe ernst von ihm gemeint und bisher befolgt ist, unterliegt keinem Zweifel. Obwohl Mc es nie ausdrücklich sagt und kein Gewicht darauf legt, versteht es sich bei ihm doch von selbst, daß Jesus seine Wirksamkeit auf die Juden beschränkt, ihnen das Reich Gottes ankündigt und sie zur Buße auffordert. Solche Äußerungen wie Mt 8, 11 s. tut er bei Mc niemals; nur in der eschatologischen Rede 13, 10 weissagt er die Ausdehnung der Predigt des Evangeliums auf die Heiden.

7, 30. Βεβλημένον ist r'm ê = liegend. Man hat bemerkt, daß dies bisher das einzige Beispiel bei Mc ist, wo Jesus aus der Ferne heilt, bloß durch sein Wort. Die Erzählung ist also singulär in mehr als einer Hinsicht.

§ 38. 7, 31—37.

Und aus dem Gebiet von Tyrus wieder kam er über Sidon an den See von Galiläa inmitten des Gebiets der zehn Städte. [32] Und sie brachten ihm einen, der nicht hören und kaum reden konnte, und baten ihn, ihm die Hand aufzulegen. [33] Und er nahm ihn abseit von der Menge, und legte ihm den Finger ins Ohr und berührte ihm mit Speichel die Zunge, [34] und seufzend blickte er zum Himmel auf, und sprach: ephatha d. i. tu dich auf. [35] Da öffnete sich sein Gehör und das Band seiner Zunge löste sich, und er redete ordentlich. [36] Und er gebot ihnen, keinem etwas zu sagen; je mehr er aber verbot, umsomehr verkündeten sie es. [37] Und sie waren aufs höchste erregt und sagten: gut hat er es alles gemacht, die Tauben macht er hören und die Stummen reden.

7, 31. Jesus befindet sich nur im Gebiet von Tyrus. Und selbst von der Stadt Tyrus führt der Weg nach dem galiläischen See unmöglich über Sidon. Will man von Tyrus über Sidon dorthin, so muß man, in Sidon angelangt, wieder zurück nach Tyrus. Außerdem wird sonst nie eine Übergangsstation angegeben, wir werden stets von einem Ort unmittelbar an den anderen versetzt. Ich vermute, daß בצידן hier nicht mit διὰ Σιδῶνος, sondern mit εἰς Βησσαιδαν hätte wiedergegeben werden müssen: von Tyrus kam er nach Bethsaida am See von Galiläa. Die Form Βησσαιδαν (entsprechend der Form Γησαμανει) findet sich 6, 45 im Cantabr. und ist, weil inkorrekt und mehr phonetisch, bei Mc wohl die ursprünglichere; das Ny am Schluß bezeichnet nicht den Akkusativ, es findet sich in Mt 11, 21 und Joa 1, 45 (Sinaiticus) auch beim Nominativ. Unsere Geschichte ist eine Variante der Geschichte in 8, 22—26, und diese spielt tatsächlich in Bethsaida. „Inmitten des Gebiets der Dekapolis" macht unter allen Umständen Schwierigkeit.

7, 33. Im Cantabr., in der Latina und Syra steht πτύσας schon vor ἔβαλεν.

7, 34. Εφφαθα (Anrede an das Gehör) ist die im bab. Talmud gewöhnliche Kontraktion des Ethpeel; sie muß auch palästinisch gewesen sein (Dan 2, 1. 3). Vgl. Nöldekes Mand. Gramm. p. 49 n. 2.

§ 39. 8, 1–9 (Mt 15, 32–39).

In jenen Tagen, als wieder des Volkes viel war und sie nichts zu essen hatten, rief er die Jünger heran und sagte zu ihnen: ² Mich dauern die Leute, denn es sind schon drei Tage, seitdem sie hier sind, und sie haben nichts zu essen. ³ Und sie hungrig nach Hause gehn lassen will ich nicht, damit sie nicht unterwegs von Kräften kommen; einige von ihnen sind ja auch von weit her. ⁴ Und seine Jünger antworteten ihm: woher soll einer diese hier mit Brot sättigen in der Einöde? ⁵ Und er fragte sie: wieviel Laibe habt ihr? sie sagten: sieben. ⁶ Und er hieß die Leute sich lagern auf dem Boden, und nahm die sieben Laibe, sprach den Dank und brach sie und gab sie seinen Jüngern, daß sie sie vorlegten, und sie legten sie den Leuten vor. ⁷ Und sie hatten ein paar Fische, und er sprach den Segen darüber, und ließ auch sie vorlegen. ⁸ Und sie aßen und wurden satt und huben die übrig gebliebenen Brocken auf, sieben Körbchen voll. ⁹ Es waren aber gegen viertausend.

Die Gruppe, die hier beginnt und bis 8, 26 reicht, setzt die vorhergehende nicht fort, sondern läuft ihr parallel, wie schon Lukas gemerkt zu haben scheint, der von § 32 auf § 43 überspringt. Freilich deckt sie sich im Umfang nicht vollständig mit jener; es findet sich nur die Speisung (§ 39 = 32), die darauf folgende Überfahrt (§ 40. 41 = 33) und die Heilung zu Bethsaida (§ 42 = 38), dagegen fehlen die §§ 34—37, die vermutlich Nachträge sind. Der Umstand, daß hier nicht bloß einzelne Varianten, sondern zwei Gruppen von Varianten erscheinen, gibt zu denken. Doch sind die Gruppen klein, sie bestehn eigentlich nur aus drei Stücken, die schon von der mündlichen Tradition in dieser Reihenfolge hätten überliefert sein können.

8, 1. Die unbestimmte Zeitangabe in jenen Tagen kennzeichnet den neuen Anfang.

8, 2. 3. Der Beweggrund und der Effekt des σπλαγχνίζεσθαι ist hier natürlicher als in 6, 34. Im Unterschied zu der Angabe 6, 33 ss., wonach die Leute an einem und dem selben Tage von der Westseite her um den See herum gelaufen sind, an der Ostseite gespeist werden und abends heimkehren, sind sie hier schon drei Tage an Ort und Stelle, und nicht allesamt sondern nur zum kleinen Teil (τινές) von weit hergekommen; auch ist keine Rede davon, daß sie sich in fremde Höfe und Dörfer zerstreuen müßten, um Speise zu kaufen. Nichts führt darauf, daß die Scene weit entfernt von Kapernaum am jenseitigen Ufer zu denken ist. Im Allgemeinen aber herrscht große Übereinstimmung, bis auf die Ausdrücke; sie stammt schwerlich erst von Mc, der keinen Grund hatte, die beiden Berichte, die er für verschieden hielt, einander möglichst ähnlich zu machen. — Der Nominativ ἡμέραι τρεῖς 8, 2 erklärt sich aus der semitischen Redeweise, die vollständig noch im Cantabr. und in der Latina vorliegt ἡμέραι τρεῖς εἰσὶν ἀπὸ πότε (מן) ὧδε εἰσίν. Auch in 8, 3 verdient die Lesart dieser beiden Zeugen den Vorzug.

8, 5. Der Speisevorrat ist hier größer als in § 32, sieben Brote und nicht nur zwei Fische. Dagegen sind der Gäste weniger und es bleibt auch nicht soviel übrig: nur sieben Körbchen voll Brocken. Vgl. 8, 19 ss.

8, 6. Der Unterschied zwischen εὐχαριστεῖν und εὐλογεῖν besteht nur im Griechischen, εὐλογεῖν ist wörtlicher übersetzt. Die Sitte wird schon 1 Sam 9, 13 erwähnt.

8, 8. 9. Von den Fischen wird hier (und 8, 19) nichts aufgehoben und das ist das Natürliche. Καὶ ἀπέλυσεν αὐτούς 8, 9 gehört an den Anfang der folgenden Perikope.

§ 40. 41. 8, 10—21 (Mt 15, 39—16, 12).

Und er entließ sie und ging alsbald zu Schiff mit seinen Jüngern und gelangte in die Gegend von Dalmanutha. ¹¹ Und die Pharisäer zogen aus und begannen mit ihm zu streiten und forderten von ihm ein Zeichen vom Himmel, um ihn zu versuchen. ¹² Und von Herzensgrund aufseufzend sprach er: was hat dies Geschlecht ein Zeichen zu fordern! Amen, ich sage euch, es wird diesem Geschlecht kein Zeichen gegeben werden.

¹³ Und er ließ sie stehn und ging wieder zu Schiff, um auf das andere Ufer zu fahren. ¹⁴ Und sie hatten vergessen Brot mitzunehmen, nur ein einziges Laib hatten sie bei sich im Schiff. [¹⁵ Und er gebot ihnen also: nehmt euch in Acht vor dem Sauerteige der Pharisäer und dem Sauerteige des Herodes.] ¹⁶ Und sie machten sich Gedanken darüber, daß sie kein Brot hatten. ¹⁷ Und da er es merkte, sprach er zu ihnen: Was macht ihr euch darüber Gedanken, daß ihr kein Brot habt? merkt und versteht ihr noch nichts? ist euer Herz verstockt? ¹⁸ Augen habt ihr und seht nicht, Ohren und hört nicht! Denkt ihr nicht daran: ¹⁹ als ich die fünf Laibe Brot den Fünftausend brach und austeilte, wieviel Körbe voll Brocken hubt ihr da auf? Sie sagten: zwölf. ²⁰ Und als ich die sieben an die Viertausend verteilte, wieviel Körbchen voll Brocken hubt ihr da auf? Sie sagten: sieben. ²¹ Und er sagte zu ihnen: seid ihr noch immer nicht zur Einsicht gekommen?

Die zwei Paragraphen sind beide Nachträge. Am einleuchtendsten läßt sich das für § 41 erweisen. Denn die echte alte Überlieferung § 39—42 kennt natürlich nur sich selber, nicht auch ihre Parallele § 32—38, sie kann nicht über ihre Abweichungen von dieser Parallele reflektieren: § 41 verdankt seine Entstehung erst einem Autor, der die Varianten schon verbunden und zwar schriftlich verbunden vorfand. In § 40 unterbricht Jesus die Fahrt bloß, weil ein Ausspruch von ihm mitgeteilt werden soll; das Hervorschießen der Pharisäer, sobald er den Fuß aufs Land setzt, ist hier noch viel ungeschickter als in § 35. Die Anfänge von § 40 und 41 stimmen ziemlich überein; einer davon wird ursprünglich den Übergang von § 39 auf § 42 gebildet haben: nachdem er die von ihm gespeiste Menge entlassen hatte, ging Jesus zu Schiff und fuhr nach Bethsaida. Die Unterbrechungen der Reise über den See nach Bethsaida sind in beiden parallelen Erzählungsgruppen sekundär und dienen zur Einschaltung loser Stücke an angeblichen Zwischenstationen.

8, 10. Für das befremdliche Dalmanutha lesen der Cantabr., die Latina und die Syra nach Matthäus das ebenso befremdliche Magadan. Für τὰ μέρη hat die Syra t a u r a, nicht t u r a ; vgl. Joa 18, 1.

8, 12. Der semitische Schwursatz mit εἰ verdient Beachtung.

8, 13. Die Scene soll noch im Schiff gedacht werden, während der Überfahrt.

8, 15 gehört nicht zu der Masse von 8, 14—21 und verdreht den Sinn der Äußerung 8, 16, deren natürlicher Anlaß vielmehr in 8, 14 angegeben ist; der Versuch des Matthäus (16, 11 s.), den Vers tiefsinnig im Zusammenhang des Ganzen zu verstehn, misglückt kläglich. Es ist also einem isoliert umlaufenden Ausspruch Jesu ein ungeschickter Platz gegeben. Mit der ζύμη kann nur uneigentlicher Sauerteig gemeint sein, die treibende und bewegende Gesinnung. Welcher Art aber die Gesinnung ist und ob die gleiche bei den Pharisäern und bei Herodes, läßt sich kaum sagen. Philo deutet die in Lev 2, 11 beim Opfer verbotene ζύμη auf Überhebung, Aufgeblasenheit (De spec. legg. 1, 293 der Berliner Ausg.).

§ 42. 8, 22—26.

Und sie kamen nach Bethsaida. Und sie brachten ihm einen Blinden und baten ihn, daß er ihn anrühre. [23] Und er nahm den Blinden bei der Hand und führte ihn aus dem Dorfe hinaus. Und er spie ihm in die Augen [und legte die Hände auf ihn] und fragte ihn: siehst du was? [24] Und er sah auf und sagte: ich sehe Menschen, sie sehen mir aus wie wandelnde Bäume. [25] Nun legte er ihm noch einmal die Hände auf die Augen, da drang sein Blick durch und er wurde hergestellt und sah alles deutlich. [26] Und er schickte ihn nach Hause und sagte: geh nicht einmal in das Dorf hinein.

8, 22. Mit einer Heilung in fremdem Lande findet auch in § 42 wie in § 38 die Fahrt über den See nach der Speisung der Tausende ihren Abschluß. Beide Perikopen fehlen bei Matthäus, er hat sich an dem zauberhaften Verfahren gestoßen. Die Prozedur ist beiderorts sehr ähnlich: Hinausführen des Kranken abseits von der Menge oder von dem Dorf, Speien und Handauflegen auf den kranken Teil. Die Einleitung 8, 22 deckt sich auch im Wortlaut mit der Einleitung 7, 32. Auf den Unterschied von Blind und Taub ist nach alledem kein Gewicht zu legen; in Mt 12, 22 wird beides kombiniert.

8, 24. Der Blinde kennt den Unterschied von Mensch und Baum. war also nicht von jeher blind. Das maskul. Participium stünde besser im Neutrum; denn es bezieht sich auf die Bäume, nicht auf die Menschen.

8, 26. Josephus sagt Ant. 18, 28: Philippus nannte Paneas Cäsarea und das Dorf Bethsaida am See von Gennesar erhob er zu einer Stadt und nannte sie Julias, zu Ehren der Kaiserin. Bei Mc aber existiert das alte Dorf Bethsaida trotzdem noch weiter, und Jesus hält sich in diesem Dorf auf, nicht in der Stadt. Er kommt auch nicht in die Stadt Cäsarea, sondern in die Dörfer von Cäsarea; ebenso nicht in die Stadt, sondern in das Gebiet von Tyrus. Er vermeidet überhaupt die größeren Städte, bis er hinaufgeht nach Jerusalem. — Der Blinde wird außerhalb von Bethsaida geheilt und angewiesen, auch nach der Heilung nicht in das Dorf, sondern nach Hause zu gehn. Bethsaida war also nicht seine Heimat, sondern er war nur dorthin gebracht. Der Cantabrigiensis korrigiert das.

II B. Jesus auf dem Wege nach Jerusalem.
§ 43–54.

Diese andere Hälfte des zweiten Teils unterscheidet sich innerlich sehr von der ersten, obgleich sie nach Ort und Zeit in den selben Rahmen gehört. Jetzt beginnt eigentlich erst das Evangelium, wie es die Apostel verkündet haben; vorher merkt man wenig davon. Der Entschluß, nach Jerusalem zu reisen, der nicht etwa durch das Osterfest veranlaßt ist, bringt einen auffallenden Wechsel hervor. Ein verklärter Jesus steht vor uns, und die zwei Heilwunder, die hier noch eingestreut werden, stören förmlich. Er lehrt nicht mehr Allgemeingiltiges, sondern weissagt über seine Person. Er redet nicht mehr zum Volk, sondern zu einem beschränkten Kreise seiner Jünger. Ihnen eröffnet er sein Wesen und seine Bestimmung. Und zwar rein esoterisch: sie sollen es niemand sagen, bis nach der Erfüllung seiner Weissagung über sich selber, und sie verstehn es nicht einmal selber vorher. Den Anlaß, ihnen gegenüber aus seinem bisherigen Incognito herauszutreten, gibt ihm das Bekenntnis des Petrus: du bist der Messias. Er hat es selber hervorgelockt und acceptiert es. Jedoch mit einer Korrektur, die auf dem Fuße folgt: er ist nicht der Messias, der das Königtum Israels wieder herstellen wird, sondern ein ganz anderer. Nicht um das Reich aufzurichten, geht er nach Jerusalem, sondern um daselbst gekreuzigt zu werden. Durch Leiden und Sterben geht er ein in die Herrlichkeit, und nur auf diesem Wege können auch andere hinein. Das Reich Gottes ist kein jüdisches Reich, es ist nur für einige auserwählte Individuen bestimmt, für die Jünger. Der Gedanke an die Möglichkeit einer μετάνοια des Volkes wird aufgegeben. An stelle der Aufforderung zur Buße, die sich an alle richtet, tritt die Forderung der Nachfolge, die nur für sehr wenige erfüllbar ist. Dieser Begriff verliert jetzt seine eigentliche Bedeutung und nimmt eine höhere an. Es handelt sich dabei nicht wie bisher bloß darum, daß man bei Lebzeiten Jesu ihn begleitet und hinter ihm hergeht, sondern vorwiegend darum, daß man ihm in den Tod folgt: die Nachfolge ist als Imitatio auch nach seinem Tode möglich und geht da erst recht an. Man soll ihm das Kreuz nachtragen. Die Jünger müssen um des Reiches willen vollkommen aus dem Zusammenhang des Volkes und der Familie heraustreten, sie müssen alles, was sie an das Leben bindet, und das Leben selber aufopfern. Eine Reform ist nicht möglich, die Feindschaft der Welt unüberwindbar. Der Bruch mit ihr wird gefordert, der zum Martyrium führt. Die Situation und die Stimmung der ältesten Gemeinde wird hier von Jesus vorgespiegelt, da er seinem Geschick entgegengeht. Darauf beruht das hohe Pathos, wodurch die Einleitung zur Passionsgeschichte diese selber übertrifft.

Auch durch die Sprache unterscheidet sich unser Abschnitt. Viele bezeichnende, so zu sagen technische Begriffe und Wörter treten auf: das Evangelium, der Name Jesu als Potenz, der gegenwärtige und der zukünftige Aeon, das Reich Gottes, die δόξα, das Leben, die Rettung, die Nachfolge im höheren Sinn, die Skandala, die μικροί πιστεύοντες. Vor allem der Menschensohn als messianische Selbstbezeichnung Jesu — in diesem eigentümlich christlichen Sinn, den die Juden nicht heraushören konnten, ist der Ausdruck bisher nicht gebraucht, vgl. zu 2, 10. 28. 3, 28.

§ 43. 44. 8, 27–9, 1 (Mt 16, 13–28. Lc 9, 18–27).

Und Jesus ging von dannen, und seine Jünger, in die Dörfer von Cäsarea Philippi. Und unterwegs fragte er seine Jünger: was sagen die Leute, wer ich sei? [28] Sie sagten zu ihm: Johannes der Täufer, und Andere: Elias, noch Andere: irgend ein Prophet. [29] Da fragte er sie: was sagt denn ihr, wer ich sei? Petrus antwortete: du bist der Christus! [30] Und er verbot ihnen, es irgendwem von ihm zu sagen. [31] Und er begann sie zu lehren, es müsse so sein, daß der Menschensohn viel leide und verworfen werde von den Ältesten und Erzpriestern und Schriftgelehrten, und nach drei Tagen auferstehe. Und ganz offen redete er das Wort. [32] Da nahm Petrus ihn beiseit und begann ihm Vorstellungen zu machen. [33] Er aber wandte sich um zu seinen Jüngern, schalt Petrus und sagte: weg von mir, Satanas, denn du bist nicht göttlich gesinnt, sondern menschlich.

[34] Und er rief das Volk herbei, samt seinen Jüngern, und sprach zu ihnen: Wer mir nachfolgen will, der verleugne sich selbst und nehme sein Kreuz auf sich: so wird er mir nachfolgen. [35] Denn wer seine Seele retten will, der verliert sie; wer aber seine Seele verliert für mich und das Evangelium, der rettet sie [36] Was hülfe es denn dem Menschen, die ganze Welt zu gewinnen und seine Seele einzubüßen? [37] was kann denn ein Mensch als Kaufpreis für seine Seele geben? [38] Wer sich mein und meiner Worte schämt, in diesem ehebrecherischen und sündigen Geschlecht, dessen wird sich auch der Menschensohn schämen, wenn er kommt in der Herrlichkeit seines Vaters mit den heiligen Engeln. [9, 1] Und er sagte zu ihnen: Amen ich sage euch, es sind etliche hier unter den Anwesenden, die werden den Tod nicht schmecken, bis sie das Kommen des Reiches Gottes in Kraft erleben.

8, 29. Jesu Frage hat keinen Sinn, wenn er sich schon früher als Messias kundgegeben hätte. Erst an diesem Punkte tritt er aus seinem Incognito hervor, aber nur gegenüber seinen Jüngern und unter dem Siegel strenger Verschwiegenheit. Daß das Petrusbekenntnis nach der Absicht unseres Evangeliums einen Wendepunkt bilden soll, erhellt zwingend aus dem damit einsetzenden allgemeinen Umschlag der Stimmung, außerdem auch noch besonders aus der unmittelbar anschließenden Verklärungsgeschichte; denn diese ist eine Unterstreichung und himmlische Beglaubigung des Petrusbekenntnisses — was allerdings nur Ch. H. Weiße (Evangelienfrage 257) verstanden hat. Nach 1 Cor 15, 5 war Petrus der erste, der Jesum als den himmlischen Christus erkannt hat, freilich erst nach der Kreuzigung.

Der nackte Satz, den Petrus bei Mc hervorstößt, macht mehr Eindruck, als der ornierte bei Matthäus. — Die verhältnismäßig genaue Ortsangabe fehlt bei Lukas. Καὶ αὐτός = v' h u (1, 8. 7, 36).

8, 31. „Der Augenblick, in welchem das entscheidende Wort, daß Jesus der Christ sei, zuerst von einem Jünger ausgesprochen wird, ist der selbe, in welchem Jesus beginnt, die Jünger von der Notwendigkeit seines Leidens und gewaltsamen Todes zu unterrichten. Offenbar soll hiermit gegen die Konsequenzen, die aus der Identität Jesu mit dem jüdischen Messias gezogen werden konnten, ein Gegengewicht gegeben werden." So richtig Weiße in der Evang. Geschichte 1, 328. Die an das Petrusbekenntnis sofort angehängte Korrektur des Messiasbegriffs, die sich auch in der Ersetzung des Christus durch den Menschensohn zeigt, deutet zugleich den Entschluß Jesu an, nach Jerusalem zu gehn. Die drei im Synedrium vertretenen Stände werden 8, 31. 11, 27. 14, 43. 53. 15, 1 vollständig aufgeführt, dagegen 10, 33. 11, 18. 14, 1 fehlen die Ältesten, und 14, 10. 15, 3. 10. 11. 31 treten nur die Erzpriester auf. Die Erzpriester und Ältesten (d. h. der geistliche und weltliche Adel von Jerusalem) können gegenüber den Schriftgelehrten als eine Einheit betrachtet werden. Der Ausdruck ἀποδοκιμάζειν ist nach 12, 10 entlehnt aus Ps 118, 22; das Passiv mit ὑπό entspricht nicht dem Sprachgebrauch des Markus. — Für „nach drei Tagen" als Frist der Auferstehung bei Mc 8, 31. 9, 31. 10, 34 heißt es bei Matthäus und Lukas: „am dritten Tage". In der Angabe „nach drei Tagen" kann allerdings der erste und dritte Tag als voll gerechnet sein (1 Reg 22, 1. 2). Daß das aber nicht immer geschah, geht aus Mt 12, 40 hervor: wie Jonas drei Tage und drei Nächte im Bauch des Ungeheuers war, so wird auch der Menschensohn drei Tage und drei Nächte im Schoß der Erde sein. In der Stelle Osee 6, 2 ist „am d r i t t e n Tage" äquivalent mit „nach z w e i Tagen".

8, 32. 33. Petrus hat sich den Messias anders vorgestellt als leidend und sterbend. Er will Jesum in der selben Weise von der Bahn abbringen wie der Satan in der Versuchungsgeschichte, und wird mit den selben Worten abgewiesen wie jener in Mt 4, 10, auch gradezu als Satan angeredet. Ὀπίσω μου kann nicht durch ein Komma von ὕπαγε getrennt werden, aber allerdings auch nicht, wie in 2 Reg 9, 19, bedeuten: begib dich hinter mich. Es fügt dem ὕπαγε, welches Mt 4, 10 allein steht, nichts hinzu und ist das selbe wie זל לאחורא; vgl. Joa 6, 66. 18, 6. 20, 14. Das Pronomen der ersten Person ist also unrichtig ergänzt, besser wäre das der zweiten Person gewesen; wie im Deutschen bei Walther von der Vogelweide: heiß sie treten hinter sich!

8, 34. In diesem Absatz sind nicht mehr die Jünger allein angeredet, weil es sich nicht mehr um das Messiasgeheimnis handeln soll. Aber der Protest gegen Petrus (8, 33) wird, in positiver Weise, fortgesetzt, und in Wahrheit sagt sich Jesus hier von der Menge, die er herbeiruft, los, indem er die schwierigsten Forderungen stellt, denen nur sehr wenige genügen können. Zwischen ὀπίσω ἐλθεῖν und ἀκολουθεῖν besteht kein sachlicher und im Aramäischen nicht einmal ein formeller Unterschied. Um Tautologie zu vermeiden, muß man nach Lc 14, 26. 27 das καὶ ἀκολουθείτω μοι so auffassen, wie ich es in der Übersetzung getan habe; häufiger ist das imperativische Schema in der zweiten Person: sucht mich und lebt (Amos 5, 4), liebt einander und passiert das Rote Meer (Mand. Thes. I 18, 9). Jesus sagt: nicht wer mir im Leben nachgeht, sondern wer mir in den Tod folgt, ist mein Jünger. Bei dem Kreuz kann nur an das Kreuz Jesu gedacht werden; die Jünger sollen wie er das Martyrium willig über sich ergehn lassen. Diese metaphorische Verwendung der noch gar nicht geschehenen Kreuzigung Jesu befremdet aufs äußerste in seinem eigenen Munde, da sie den Hörern völlig unverständlich bleiben mußte. Das Kreuz tritt schon hier als Symbol des Christentums auf. Aber Jesus hat es nicht für alle getragen, sondern jeder muß es ihm nachtragen. Ähnlich, doch nicht so imperativ, 10, 39: den Kelch, den ich trinke, werdet auch ihr trinken.

8, 35. Für ψυχή gibt es kein ausreichendes Äquivalent; es bedeutet zugleich Seele, Leben, und das Reflexiv (sich selbst). Ebenso auch nicht für ἀπολέσαι (aubed); es ist nicht bloß verlieren, sondern auch preisgeben. Über σῶσαι = a c h i (lebendig machen, am Leben erhalten, gesund machen, retten) s. zu 3, 4 (5, 23. 34). Die Jünger sollen das Martyrium auf sich nehmen um Jesu willen und um des Evangeliums willen. Nicht um s e i n e s E. willen, sondern um d e s E. willen: Jesus ist auch hier bei Mc nicht der Verkünder, sondern der Inhalt des Evangeliums. Ἕνεκεν τοῦ εὐαγγελίου bedeutet nahezu dasselbe wie ἕνεκεν ἐμοῦ, das Evangelium ist der von den Aposteln gepredigte Christus.

8, 37. Der Vers ist ein freies Zitat von Ps 49, 8, und daher erklärt sich das δοῖ, während man nach 8, 36 erwarten müßte: was kann der Mensch als Äquivalent für seine Seele b e k o m m e n!

8, 38. Dieser Spruch ist aus dem selben Metall wie 8, 35, aber von anderer Prägung. Die Forderung geht lange nicht so weit; und „ich und m e i n e Worte" ist ganz etwas anderes als „ich und d a s Evangelium". Ferner ist der Menschensohn hier nicht wie vorher der leidende Messias der Gegenwart, sondern der gloriose der danielischen Eschatologie. Nach 9, 1 und auch nach τοῦ πατρὸς αὐτοῦ müßte man verstehn, daß Jesus sich selber damit identifiziere. Aber er redet hier nicht zu seinen Jüngern, sondern zum Volk, dem er sich nicht als Messias kund geben will. Und wenn man darauf auch vielleicht kein Gewicht legen darf, so wäre doch der Wechsel des Hauptwortes in Vordersatz und Nachsatz höchst wunderlich: wer sich m e i n e r schämt, dessen wird sich der M e n s c h e n s o h n schämen. Dieser Wechsel findet sich ebenso bei Lc 9, 26. 12, 8, zweimal. Daß Matthäus (10, 33) ihn beseitigt, gibt zu denken. Wahrscheinlich ist erst durch eine spätere Interpretation, die in 9, 1 unzweifelhaft vorliegt, der danielische Menschensohn hier klar auf Jesus bezogen, so daß er seine eigene Parusie ankündigt. Auch der Ausdruck τοῦ πατρὸς αὐτοῦ befremdet an dieser Stelle. Zum danielischen Messias paßt er nicht, und sonst bei Mc (ausgenommen 13, 32) nennt Jesus Gott niemals seinen Vater. Ausdrücke wie „die Herrlichkeit meines Vaters" sind ihm fremd. Nur einmal im Gebet (14, 36) redet er im Vokativ Gott als Vater an, jedoch in keinem anderen Sinn, wie es im Vaterunser (πάτερ Lc 11, 2) geschieht. Der Unterschied zwischen d e r V a t e r und mein V a t e r ist überhaupt erst griechisch. Jesus hat A b b a gesagt, was im Vokativ ausschließlich (auch für U n s e r V a t e r) gebraucht wird und im übrigen sowohl für d e r

Vater als für mein Vater. — Ehebrecherisch wird die gegenwärtige Generation der Juden nicht im eigentlichen Sinne genannt, sondern in dem religiösen, der aus Hosea und den Propheten bekannt ist.

9, 1 ist ein Zusatz zu 8, 38, äußerlich abgehoben durch καὶ ἔλεγεν, und auch innerlich gekennzeichnet. Die eben ausgesprochene Ankündigung der Parusie wird gleich herabgestimmt. So bald wird Jesus nicht kommen, aber doch eher als alle seine Jünger ausgestorben sind. Wir werden damit hinabgeführt auf eine Zeit, wo die meisten unmittelbaren Jünger Jesu schon dahingerafft waren, doch aber die Hoffnung festgehalten wurde, daß wenigstens ein kleiner Rest seine längst erwartete Parusie noch erleben werde. Das Reich Gottes ἐν δυνάμει empfängt seinen Sinn erst durch den Gegensatz eines anderen schon gegenwärtigen und innerlichen Reiches Gottes. Aristotelisch wäre dies letztere ἐν δυνάμει und das andere ἐν ἐνεργείᾳ zu nennen gewesen. Οἱ ἑστηκότες sind nach aramäischer Redeweise die Anwesenden.

§ 45. 9, 2—13 (Mt 17, 1—13. Lc 9, 28—36).

Und nach sechs Tagen nahm Jesus den Petrus, Jakobus und Johannes und führte sie auf einen hohen Berg, für sich allein. ³ Und er wurde vor ihren Augen verwandelt, und seine Kleider wurden glänzend, sehr weiß, wie sie kein Walker auf Erden so weiß machen kann. ⁴ Und es erschien ihnen Elias mit Moses, und sie unterredeten sich mit Jesus. ⁵ Und Petrus hub an und sagte zu Jesus: Rabbi, hier ist für uns gut sein, wir wollen drei Hütten aufschlagen, für dich eine und für Moses eine und für Elias eine — ⁶ er wußte nämlich nicht was er redete; denn sie waren bestürzt. ⁷ Und es erschien eine Wolke, die ihn überschattete, und aus der Wolke kam eine Stimme: dies ist mein geliebter Sohn, den hört! ⁸ Und wie sie sich umschauten, sahen sie plötzlich niemand mehr, nur Jesus allein bei sich.

⁹ Und als sie vom Berge herabgingen, gebot er ihnen, das, was sie gesehen hatten, keinem eher zu erzählen, als wenn der Menschensohn von den Toten auferstanden sei. ¹⁰ Und sie griffen das Wort auf und stritten mit einander darüber, was dies Auferstehn von den Toten bedeuten solle. ¹¹ Und sie fragten ihn: sagen doch die Schriftgelehrten, erst müsse Elias kommen? ¹² Er

sprach zu ihnen: Elias soll erst kommen und alles in Ordnung bringen? wie steht denn aber geschrieben über den Menschensohn, daß er viel leide und verachtet werde? [13] Doch ich sage euch, Elias ist wirklich gekommen, und sie haben ihm getan was sie wollten, wie über ihn geschrieben steht.

9, 2. Man weiß nicht, warum an dieser einzigen Stelle (abgesehen von der Passionsgeschichte) die Zwischenzeit zwischen zwei Erzählungen genau angegeben wird. Der Berg ist dem Berichterstatter nicht bekannt, aber gewiß der selbe wie Mt 28, 16. Ἔμπροσθεν und ἐνώπιον kommen sonst bei Mc nicht vor, hauptsächlich aus dem Grunde, weil diese Präpositionen meist im geistlichen Stil der Juden verwandt werden, während Mc durchaus volkstümlich, nicht biblisch und jüdisch schreibt. Er sagt κατέναντι.

9, 3. Die Perle des Mc, der Walker, wird (wie von Matthäus und Lukas) so auch vom Cantabr., von der Latina und Syra als zu plebejisch verschmäht.

9, 4. Auch Moses gilt wie Elias als nicht gestorben und befindet sich darum nicht in der Hölle, sondern im Himmel. Daher die Assumptio Moyseos.

9, 5. Ραββι für διδάσκαλε, wie 11, 21. 14, 45. Warum an diesen drei Stellen das aramäische Wort beibehalten ist, sieht man nicht. Moses und Elias schweben nicht in der Luft, sondern stehn auf dem Erdboden.

9, 6 fehlt vielleicht mit Recht bei Matthäus und könnte aus Lukas eingesetzt sein.

9, 7. Die Syra allein hat die richtige Lesart erhalten: ἐπισκιάζουσα αὐτῷ (nicht αὐτοῖς); vgl. Tabari I 1124, 7 ss. Die Wolke ist die Erscheinung Gottes, mit Recht heißt sie bei Matthäus eine Lichtwolke. Sie überschattet den zum Messias zu Zeugenden, und aus ihr kommt die Stimme, die ihn als solchen proklamiert. In Lc 1, 35 ist das Überschatten beibehalten, an die Stelle der Wolke aber der heilige Geist getreten. Letzteres auch in der Taufgeschichte. Das ist eigentlich wohl eine Parallele der Verklärungsgeschichte, aber von Mc sehr geschickt damit vereinigt. Dort ergeht nämlich die Stimme nur an Jesus, so daß er allein sich seiner Messianität bewußt wird, hier aber an die drei Jünger. Dort heißt es: du bist mein geliebter Sohn, hier: das ist mein geliebter Sohn, den sollt i h r hören. Der Unterschied ist ohne Zweifel beabsichtigt und für die ganze Anlage des zweiten Evangeliums von Bedeutung, wie ich schon zu § 2 hervorgehoben habe; in § 45 wird das Incognito gelüftet und die δόξα tritt grell hervor. Übrigens sagt die Stimme nicht: dies ist mein Sohn, der nun für euch leiden und sterben wird, sondern: dies ist mein Sohn, den sollt ihr hören.

9, 8. Für ἀλλά setzt der Cantabr. εἰ μή, vgl. zu 4, 22. 6, 8. 9.

9, 9. 10. Jetzt beginnt ein ziemlich komplizierter Anhang, größtenteils eine Art Kommentar, in der üblichen Form, daß die Jünger fragen und Jesus bescheidet. Das Verbot 8, 30 wird wiederholt, aber insofern verschärft, als man verstehn muß, daß auch die Jünger, die nicht dabei gewesen sind, von der Verklärung nichts erfahren sollen, bis zur Auferstehung. Die Angabe dieser Frist in 9, 9 gibt den Anlaß zu der Frage in 9, 10. Für τὸ ἐκ νεκρῶν ἀναστῆναι liest der Cantabr. ὅταν ἐκ ν. ἀναστῇ, dem Sinne nach richtig; denn es handelt sich eben nur um die vorhergehende Äußerung Jesu. Die Jünger verstehn nicht, daß Jesus von seinem Tode und seiner Auferstehung ganz beiläufig redet wie von einer bekannten Sache. Dagegen an dem Ausdruck Menschensohn nehmen sie auch hier keinen Anstoß.

9, 11. 12 ist ohne innere Verbindung nicht bloß mit 9, 4 (Strauß, 2, 267), sondern auch mit 9, 10. Denn πρῶτον bedeutet nicht: vor deinem Leiden und Auferstehn, sondern: vor der Parusie des Messias. Das logische Verhältnis der beiden Sätze in der Antwort Jesu wird im Cantabr. richtig so ausgedrückt: wenn Elias vorher alles für den Messias in Ordnung bringt, wie ist dann die von der Schrift geweissagte Passion desselben zu verstehn? Denn darnach unterliegt er ja den Schwierigkeiten, die Elias ihm aus dem Wege geräumt haben soll. „Der Sinn erfordert, daß der erste Satz in der Antwort Jesu als Frage verstanden werde. Denn das Folgende hat nicht den Zweck, jenen Satz, daß Elias kommen und die Apokastasis bewirken soll, zu bestätigen, sondern ihn zu widerlegen. Man hat das bis jetzt nur darum verkannt, weil man von dem Vorurteil einer Abhängigkeit des Mc von Matthäus ausging. In Godofr. Hermanni opuscc. 3, 233 finden sich Beispiele von μέν in Fragesätzen, die wie hier zwar eine bejahende Antwort von seiten dessen, an den die Frage gerichtet ist, voraussetzen, aber dabei zugleich eine Verneinung des Fragestellers selbst im Hintergrunde zeigen." So hat Weiße (1, 545) im Jahre 1838 drucken lassen, jedoch ohne Beachtung zu finden.

9, 13 ist keine Fortsetzung von 9, 12, sondern eine andere Antwort auf die Frage der Jünger. In 9, 12 wird die Schwierigkeit, worauf die Jünger hinweisen, damit abgetan, daß die von den Schriftgelehrten behauptete Apokastasis durch Elias sich nicht mit der Weissagung der Schrift vertrage. In 9, 13 dagegen wird gezeigt, daß jene Schwierigkeit gar nicht besteht. Elias ist in der Tat schon dagewesen, freilich nicht ein siegreicher Wegräumer aller Hindernisse, sondern dem leidenden und sterbenden Messias entsprechend ein leidender und sterbender Elias (Johannes der Täufer).

Daß die Verklärung nicht zufällig auf das Petrusbekenntnis folgt, sondern darauf das göttliche Siegel drücken soll, ist bereits gesagt. Es fällt indessen auf, daß sie nicht vor allen Jüngern (wie 8, 27 ss.) vor sich geht, sondern nur vor dreien. Sie ist also doch nicht bloß ein himmlisches Echo des Petrusbekenntnisses, und dann hat sie nicht ihre notwendige Stelle hinter demselben. Man darf nach Mt 28, 16 die Vermutung wagen, daß sie ursprünglich ein Bericht über die Erscheinung des Gekreuzigten vor den drei Jüngern war. Ebenso auch nach 2 Petr 1, 16—18: „Wir haben euch die Macht und Gegenwart ($\pi\alpha\rho o u \sigma i\alpha$) unsers Herrn Jesu Christi kund getan, weil wir Augenzeugen seiner Majestät ($\mu\epsilon\gamma\alpha\lambda\epsilon\iota\acute{o}\tau\eta\varsigma$) waren, nämlich nachdem er von Gott dem Vater Ehre und Herrlichkeit ($\delta\acute{o}\xi\alpha$) empfangen hatte, als von der hocherhabenen Herrlichkeit ihm ($\alpha\mathring{u}\tau\tilde{\wp}$) eine solche Stimme zukam: dies ist mein geliebter Sohn, den ich erkoren habe — und diese Stimme haben wir ($\mathring{\eta}\mu\epsilon\tilde{\iota}\varsigma$) vom Himmel kommen hören, da wir mit ihm waren auf dem heiligen Berge." In Begleitung von Moses und Elias erscheint Jesus dann hier darum, weil auch sie unmittelbar aus dem irdischen in das himmlische Leben übergegangen und nicht wie die übrigen Menschen in der Hölle sind. Die Vorwegnahme der Verklärung läßt sich begreifen; nur so konnte das Bedürfnis befriedigt werden, die Grundlage des Evangeliums, die Erscheinung des himmlischen Christus vor den Jüngern in Galiläa, in die Erzählung über den irdischen Jesus aufzunehmen. Ohnehin ist Jesus überall in § 43—45 der Erhöhte, der Gekreuzigte und Auferstandene. Man darf vielleicht auch die sechs Tage (9, 2) als den Zwischenraum zwischen dem Ende Jesu in Jerusalem und seiner Erscheinung in Galiläa ansehen.

§ 46. 9, 14–29 (Mt 17, 14–21. Lc 9, 37–42).

Und als er zu den Jüngern kam, sah er, daß viel Volk um sie herum war, und daß sie mit einander hin und her redeten. ¹⁵ Sobald aber all die Leute ihn sahen, staunten sie, liefen herzu und grüßten ihn. ¹⁶ Und er fragte sie: was habt ihr mit einander zu verhandeln? ¹⁷ Und einer aus dem Volk antwortete ihm: Meister, ich habe meinen Sohn zu dir gebracht, der hat einen sprachlosen Geist; ¹⁸ und wenn er ihn packt, so zerrt er ihn, und er schäumt und knirscht mit den Zähnen und wird starr; und ich sagte deinen Jüngern, sie sollten ihn austreiben, aber sie konnten es nicht. ¹⁹ Und er antwortete und sprach zu ihm: o ungläubiges Geschlecht, wie lange soll ich bei euch sein! wie lange soll ich euch ertragen? bringt ihn mir her! ²⁰ Und sie brachten ihn zu ihm. Und da der Geist ihn sah, verrenkte er ihn, und er fiel zu Boden und wälzte sich und schäumte. ²¹ Und er fragte den Vater: wie lange ist es, daß er das hat? ²² Er sagte: von Kind auf, und oft hat er ihn auch ins Feuer und ins Wasser geworfen, um ihn zu verderben; wenn du aber etwas vermagst, so hilf uns und erbarm dich unser! ²³ Und Jesus sprach: „wenn du vermagst" sagst du? Alles ist möglich dem der da glaubt. ²⁴ Alsbald schrie der Vater des Knaben: ich glaube, hilf meinem Unglauben! ²⁵ Da nun Jesus sah, daß das Volk herzu lief, bedrohte er den unreinen Geist und sagte: du sprachloser und tauber Geist, ich gebiete dir, fahr aus von ihm und zieh nie mehr in ihn ein! ²⁶ Und mit Geschrei und vielem Gezerr fuhr er aus, und er ward wie tot, so daß die meisten dachten, er sei tot. ²⁷ Jesus aber faßte ihn bei der Hand und richtete ihn auf, und er stand auf. ²⁸ Und als er nach Hause kam, fragten ihn seine Jünger für sich: warum haben wir ihn nicht austreiben können? ²⁹ Und er sagte zu ihnen: diese Art fährt nur durch Gebet und Fasten aus.

9, 14. Die Secession Jesu auf den Berg § 45 soll vorausgesetzt werden. Nachdem der Meister sich wegbegeben, versuchen sich seine Jünger am Geisterbannen, aber vergeblich. Sie kommen an einander darüber, woran die Schuld des Miserfolges liege und wer die Schuld trage. So ist die Situation im Folgenden. Dazu paßt es nun gar nicht, daß hier die Schriftgelehrten mit ihnen zanken. Man wird dazu gedrängt, die γραμματεῖς, die bei Matthäus und Lukas fehlen, als falsches Explicitum für αὐτούς anzusehen; die Einsetzung des Explicitums statt des Pronomens ist nicht bloß im Alten Testament, sondern auch in der handschriftlichen Überlieferung der Evangelien häufig. Zu Anfang ist jedenfalls εἶδεν im Singular zu lesen, vgl. 1, 29. Subjekt des Sehens ist Jesus, und nicht Jesus mit den drei Jüngern. Ein Unterschied zwischen den Jüngern wird hier in Wahrheit gar nicht mehr gemacht.

9, 15. Worüber staunen sie? Soll man annehmen, daß ein Schein von der Verklärung an Jesus haften geblieben war, wie bei Moses, als er vom Berge herab kam? Vgl. 10, 32.

9, 16. Πρὸς αὐτούς ist reflexivisch und gleichbedeutend mit ἐν ὑμῖν, welche Lesart vielleicht den Vorzug verdient.

9, 17. Die Antwort auf die Frage Jesu wird statt von den Jüngern von dem Vater des kranken Knaben gegeben: der Grund, weshalb sie mit einander disputieren, ist, daß sie den Knaben nicht heilen konnten.

9, 19. Die γενεὰ ἄπιστος umfaßt Jünger und Nichtjünger. Man darf es nicht wie Lukas nur auf die Jünger beziehen, noch weniger aber sie ausschließen: das widerspräche der ganzen Situation. Schon mit einem Fuß in der andern Welt, kann Jesus sich in das irdische Gewühl nicht mehr finden, in das er sofort hineingerät.

9, 20. 22. „Der Gânn (Dämon) wirft den Magnûn (Besessenen) ins Feuer, wälzt ihn im Sande, läßt ihn schreien, fluchen, lästern, ja sogar Totschlag begehn" sagt Musil, Kusejr Amra, p. 69.

9, 23. Obwohl τῷ πιστεύοντι nach dem Zusammenhang auf den Heilenden gehn müßte, soll es doch nach 9, 24 auf den um Heilung Bittenden bezogen werden.

9, 25. Das Volk soll die Heilung nicht sehen. Κωφόν fehlt 9, 17 und unter ἄλαλον würde man nach dem Vorhergehenden keine gänzliche Stummheit verstehn, sondern eher zeitweilige Aphasie, wie sie bei Epilepsie vorkommen mag.

9, 26. Die Behandlung von πνεῦμα (und δαιμόνιον) als Maskulinum findet sich im Cantabr. oft. Im Semitischen ist der Geist freilich weiblich.

9, 28. 29. Anhang mit Scenenwechsel, worin die Jünger privatim Aufschluß erhalten. Nur einem starken Beter und Faster weicht ein solcher Dämon. Καὶ νηστείᾳ ist gut bezeugt.

§ 47. 9, 30—32 (Mt 17, 22 s. Lc 9, 43—45).

Und sie brachen auf von da und zogen durch Galiläa, und er wollte nicht, daß es jemand wissen sollte. ³¹ Er lehrte nämlich seine Jünger und sagte ihnen: der Menschensohn wird in der Menschen Hand übergeben und sie werden ihn töten und nach drei Tagen wird er auferstehn. ³² Sie verstanden aber das Wort nicht und scheuten sich ihn zu fragen.

9, 30. Vorbereitet durch § 43—45 beginnt jetzt tatsächlich die Reise nach Jerusalem, obwohl es erst 10, 32 deutlich gesagt wird. Sie geht aus von der Gegend nördlich des Sees von Gennesar, wo sich Jesus seit § 30 aufgehalten hat, führt zunächst durch Galiläa und über Kapernaum, dann weiter durch Peräa (10, 1) über Jericho (10, 46) nach der Hauptstadt. Über den Grund, warum Jesus unerkannt durch Galiläa reisen will, s. zu § 31.

9, 31. 32. Das γάρ soll eine Verbindung mit dem Vorhergehenden herstellen, aus diesem Zwecke aber erklärt sich das Incognito nicht. Die Todesweissagungen, die mit der Reise nach Jerusalem eng zusammengehören und immer den Menschensohn zum Subjekt haben, werden lose eingestreut und von Zeit zu Zeit in ganz ähnlicher Form wiederholt, ohne daß die spätere auf die frühere Rücksicht nähme. Die Jünger haben jetzt vor Jesus eine ganz begreifliche Scheu (10, 32); im Gegensatz zu 9, 32 wagen sie es freilich 9, 11, ihn zu fragen.

§ 48. 9, 33—50 (Mt 18, 1—11. Lc 9, 46—48).

Und sie kamen nach Kapernaum, und zu Hause fragte er sie: was besprachet ihr unterwegs? ³⁴ Sie aber schwiegen, denn sie hatten unterwegs darüber geredet, wer der größte wäre. ³⁵ Und er setzte sich und rief die Zwölf und sagte zu ihnen: wer der erste sein will, werde der letzte von allen und der Diener von allen. ³⁶ Und er nahm ein Kind und stellte es vor sie hin, herzte es und sagte zu ihnen: ³⁷ wer ein solches Kind aufnimmt in meinem Namen, nimmt mich auf, und wer mich aufnimmt, nimmt nicht mich auf, sondern den, der mich gesandt hat. ³⁸ Sprach zu ihm Johannes: Meister, wir sahen einen in deinem Namen Teufel austreiben, der uns nicht nachfolgte, und wir wehrten es ihm, weil er uns nicht nachfolgte. ³⁹ Jesus aber sagte: Wehrt ihm nicht, denn keiner, der Wunder tut in meinem Namen, kann so bald von mir übel reden, ⁴⁰ denn wer nicht wider euch ist, der ist für euch. ⁴¹ Denn wer euch einen Becher Wasser zu trinken gibt in dem Namen, daß ihr Christo angehört, Amen ich sage euch, er wird nicht um seinen Lohn kommen. ⁴² Und wer einem von diesen Kleinen, die da gläubig sind, Anstoß gibt, dem wäre es besser, wenn ihm ein Mühlstein um den Hals gelegt und er ins Meer geworfen würde. ⁴³ Und wenn dich deine Hand zu Fall bringen will, hau sie ab; es ist besser für dich, verstümmelt in das Leben einzugehn, als mit zwei Händen in die Geenna abgehn zu müssen, in das Feuer, das nicht erlischt. ⁴⁵ Und wenn dich dein Fuß zu Fall bringen will, hau ihn ab; es ist besser für dich, hinkend in das Leben einzugehn, als mit zwei Füßen in die Geenna geworfen zu werden. ⁴⁷ Und wenn dein Auge dich zu Fall bringen will, reiß es aus; es ist besser für dich einäugig in das Reich Gottes einzugehn, als mit zwei Augen in die Geenna geworfen zu werden, ⁴⁸ wo ihr Wurm kein Ende nimmt und das Feuer nicht verlischt. ⁴⁹ Denn jeder wird mit Feuer gesalzen werden. ⁵⁰ Das Salz ist ein gutes Ding, wenn aber das Salz salzlos wird, womit wollt ihr es salzen? habt Salz in euch und haltet Frieden untereinander.

9, 34. Es handelt sich um den Rang entweder im künftigen Reiche Gottes (10, 35 ss.) oder im gegenwärtigen d. i. in der Kirche.

9, 35—37 fängt neu an. Denn nach 9, 33 s. ist Jesus ja schon privatim mit den Jüngern zusammen, wozu braucht er denn noch die Zwölf (3, 14. 4, 10. 6, 7) zu rufen? Den Spruch in 9, 35 läßt der Cantabr. aus und verbindet τότε καθίσας ἐφώνησεν τοὺς δώδεκα unmittelbar mit καὶ λαβὼν κτλ 9, 36; ebenso die Latina. Jedenfalls ist 9, 36. 37 ein besonderes Ganzes und hängt nicht eng mit 9, 33. 34 zusammen. Das geht hervor aus der Moral 9, 37. Unter der Voraussetzung wenigstens, daß diese echt ist, veranschaulicht das Kind hier nicht die Kindlichkeit, die Unbekümmertheit um Rang und Größe, und dient überhaupt nicht wie 10, 13 ss. als Vorbild; es kommt nicht als Subjekt, sondern als Objekt des Handelns (des δέχεσθαι) in Betracht. Vielleicht ist also der Spruch 9, 35 in dem üblichen Texte zugesetzt, um eine innere Beziehung zwischen 9, 33. 34 und 9, 36. 37 zu schaffen.

9, 37 gibt eine Regel für die Zeit, wo Jesus nicht mehr selber auf Erden weilt, sondern nur vertretungsweise Beweise der Liebe empfangen kann, da sein Name unter seinen Anhängern fortlebt. Ἐπὶ τῷ ὀνόματι μου (13, 6) wird 9, 41 erklärt. Der Name als Potenz erscheint bei Mc überhaupt sehr selten und im Munde Jesu nur hier und 13, 6; es ist nicht Jesus, sondern Jesus Christus. Das Kind ist Beispiel für „die Kleinen" (9, 42), die Christo angehören.

9, 38—40 hängt mit Vers 37 nur lexikalisch zusammen, durch τὸ ὄνομα. Wer mit dem Namen Christi Dämonen beschwört und ihn damit anerkennt, den soll man nicht verketzern, wenn er sich auch nicht zu den Zwölfen hält. Es ist 9, 38 nicht von der Nachfolge Jesu, sondern von dem Zusammenhalten mit den Aposteln die Rede; in 9, 40 verdient darum ὑμῶν . . . ὑμῖν (Cantabr. und Latina) den Vorzug vor ἡμῶν . . . ἡμῖν.

9, 41. 42 greift auf 9, 37 zurück. Πιστεύοντες ist wie in der Apostelgeschichte absolut gebraucht für das, was später Christen genannt wird; σκανδαλίζειν bedeutet hier: zum Abfall vom Christentum verführen. Wer den Spruch für authentisch hält, wird übersetzen müssen in den See, da Jesus sich in Kapernaum befindet.

9, 43—47 geht aus einem andern Ton und läßt keine Spur von späteren Verhältnissen erkennen. Es ist ad vocem σκανδαλίζειν (9, 42) angehängt, handelt aber nicht von Verführung durch Andere, sondern von Versuchungen zur Sünde, die aus dem eigenen Fleisch und Blut kommen; trotz Mt 18. Γέεννα kommt nur hier bei Mc vor, παράδεισος überhaupt nicht in den Evangelien, außer bei Lc 23, 43. Mit dem Leben 9, 43. 46 wechselt 9, 47 das Reich Gottes. Der Vers 9, 48 stammt aus Isa 66, 24, der Wurm steht für die Verwesung, die trotz dem Brande nicht aufhört und von dem Toten empfunden wird. Es scheint indes, daß dies Zitat aus Jesaias nur hergesetzt ist, um das Stichwort πῦρ für 9, 49 zu gewinnen.

9, 49 ist ad vocem πῦρ angehängt. Das Feuer ist hier aber nicht das Höllenfeuer, sondern ein Fegefeuer, das jeder Mensch zu bestehn hat, das nur das Schlechte an ihm verzehrt, aber das Gute, die Hauptsache, grade umgekehrt konserviert und also die Wirkung des Salzes hat. Vgl. 1 Cor 3, 13. 15.

9, 50 ist wiederum ganz äußerlich ad vocem ἁλισθήσεται angeschlossen. Ἀρτύειν heißt sonst einfach salzen (Schürers ThLZ

1908 p. 36 n. 1); an unserer Stelle paßt freilich das Objekt αὐτό dann schlecht, und es scheint auch, daß ἀρτύειν nicht ganz das gleiche bedeuten soll, wie das vorhergehende ἁλίζειν — doch ist die Verbindung zwischen 49 und 50 nicht echt. Die Deutung des Salzes auf die Jünger bei Matthäus und Lukas wird richtig sein. Sie ist wohl auch der Grund, warum Mc den ursprünglich unabhängigen Spruch in der zweiten Hälfte des Verses hat folgen lassen.

Das Geröll isolierter und paradoxer Aussprüche Jesu in 9, 33—50, die sich da ausnehmen wie unverdaute Brocken, ist höchst charakteristisch und ohne allen Zweifel das literarisch primäre. Wie hätte Mc dazu kommen sollen, dieselben aus dem Zusammenhange zu reißen und dadurch unverständlich zu machen? Erst später sind sie (in Q) besser digeriert und ins Gefüge gebracht. Vgl. Weiße 1, 74ss.

§ 49. 10, 1–12 (Mt 19, 1–9).

Und er brach auf von da in das Gebiet von Judäa jenseit des Jordans, und die Leute wanderten wieder haufenweis zu ihm zusammen, und er lehrte sie wieder wie er gewohnt war. ² Und es fragten ihn einige, ob ein Mann ein Weib entlassen dürfe; um ihn zu versuchen. ³ Er aber erwiderte ihnen: was hat euch Moses geboten? ⁴ Sie sagten: Moses hat gestattet, einen Scheidebrief zu schreiben und zu entlassen. ⁵ Jesus sprach zu ihnen: In Rücksicht auf eure Herzenhärtigkeit hat er euch dies Gebot geschrieben, ⁶ am Anfang aber (schreibt er): als Mann und Weib hat Er sie gemacht; ⁷ darum wird ein Mann Vater und Mutter verlassen, und die beiden werden ein Fleisch sein. ⁹ Was nun Gott zum Paar verbunden hat, soll der Mensch nicht scheiden. ¹⁰ Und zu Hause fragten ihn wieder seine Jünger deswegen. ¹¹ Und er sprach zu ihnen: Wer sein Weib entläßt und eine andere freit, bricht ihr die Ehe. ¹² Und wenn ein Weib, vom Manne weggeschickt, einen anderen heiratet, bricht auch sie die Ehe.

10, 1. Richtig fehlt das καὶ vor πέραν im Cantabr., in der Latina und Syra, sowie bei Matthäus; Peräa ist nicht das ganze Transjordanien, sondern nur das jüdische Land jenseit des Jordans und wird genauer so bezeichnet. Es wird vorausgesetzt, daß Jesus sich in einer vorhergehenden Periode vom Volk zurückgezogen gehalten habe.

10, 2. Die Pharisäer fehlen im Cantabr., in der Latina und Syra, sie sind in den gewöhnlichen Text aus Matthäus nachgetragen und stammen eigentlich aus der Parallele § 35. „Um ihn zu versuchen" besagt zunächst nur, daß keine aktuelle praktische Veranlassung zu der Frage vorlag. — Man muß im Auge behalten, daß es sich um das jüdische Gesetz handelt, wonach die Scheidung bloß dem Manne zusteht. Der Mann darf die Frau entlassen, aber nicht sie ihn. Bei Ehebruch der Frau kommt ihre Entlassung durch den Mann nicht in Frage; dann hat sie sich widerrechtlich von ihm getrennt und soll nach dem Gebote Moses gesteinigt werden.

10, 6. Ἀπ' ἀρχῆς oder ἀπ' ἀρχῆς κτίσεως muß bedeuten: am (nicht vom) Anfang seines Buchs, oder am Anfang der Genesis; die Präposition min (ἀπό) wird in dieser Redensart so gebraucht. Denn ἔγραψεν Μωυσῆς ist zu ergänzen und dann ein Kolon zu setzen: auf andere Weise lassen sich die beiden folgenden Zitate nicht auf einem Niveau koordinieren. Vgl. August Klostermann, Das Markusevangelium 1867, p. 207. Im Unterschied von § 35 geht Jesus hier über Moses hinaus.

10, 7. Da im Hebräischen Fleisch (ebenso wie Blut) weiter nichts ist als Verwandtschaft, so ist der Sinn von Gen. 2, 24 eigentlich der: obwohl Mann und Frau verschiedenes Blutes sind, werden sie doch durch die Ehe ein Blut, und diese Verwandtschaft ist so stark, daß sie den Mann von der eigenen Familie (Vater und Mutter) löst. Ob Jesus so verstanden hat, ist freilich sehr zweifelhaft, wenngleich sich der strikte Beweis für das Gegenteil nicht erbringen läßt. Die Monogamie gebietet er nicht, sondern setzt sie voraus, und das geschieht tatsächlich auch schon in Gen. 2, 24.

10, 9 ist dem Apostel Paulus als Herrenwort bekannt (1 Cor 7, 10).

10, 10—12. Wieder wird eine Privaterläuterung für die Jünger nachgetragen. In 10, 12 lesen der Cantabr., die Latina und Syra: καὶ ἐὰν γυνὴ ἐξέλθῃ ἀπὸ τοῦ ἀνδρὸς αὐτῆς καὶ ἄλλον γαμήσῃ. Nur so kann Mc geschrieben haben. Die Lesart καὶ ἐὰν αὐτὴ ἀπολύσασα τὸν ἄνδρα αὐτῆς γαμήσῃ ἄλλον enthält einen groben Verstoß gegen das jüdische Recht, der nicht dem Mc, sondern nur einem Nichtjuden zugetraut werden könnte. Der Sinn von 10, 11. 12 liegt übrigens nicht schon in dem vorhergegangenen Ausspruch Jesu beschlossen. Als Ehebruch gilt es nicht, wenn der Mann seine Frau entläßt (obwohl auch das unrecht ist), sondern wenn er dann eine andere heiratet. Ebenso bricht auch die Frau, die an der Entlassung keine Schuld hat, doch die Ehe, wenn sie hernach einen anderen Mann heiratet. Formell erklärt hier Jesus ein mosaisches Gesetz für ungiltig; materiell hebt er die Ungleichheit auf, daß der Mann die Frau entlassen kann, nicht aber die Frau den Mann, und verbietet die Lösung der Ehe für beide Teile. Beides war folgenschwer.

§ 50. 10, 13—16 (Mt 19, 13—15. Lc 18, 15—17).

Und sie brachten Kinder zu ihm, daß er sie berührte; seine Jünger aber schalten sie. [14] Da das Jesus sah, ward er unwillig und sagte ihnen: laßt die Kinder zu mir kommen, wehrt ihnen nicht; denn solcher ist das Reich Gottes. [15] Amen ich sage euch: wer das Reich Gottes nicht annimmt wie ein Kind, kommt nicht hinein. [16] Und er herzte sie und segnete sie, indem er die Hände auf sie legte.

10, 14. 15. Das (eschatologische) Reich Gottes tritt jetzt in den Vordergrund, von dem in der ersten Hälfte des Mc kaum die Rede ist. Es wird hier nicht durch schwierigste Selbstaufopferung gewonnen, sondern ist Gabe, die man annehmen muß wie ein Kind. Ganz richtig empfindet Richard II. bei Shakespeare diesen Gegensatz zwischen § 50 und § 51, der beabsichtigt sein muß, da die beiden Perikopen unmittelbar auf einander folgen.

10, 16. Der Cantabr. und die Syra (nicht die Latina) lesen προσκαλεσάμενος, was dazu paßt, daß die Kinder v e r s c h e u c h t sind. Aber es ist sicher korrigiert für ἐνεγκαλισάμενος. Jesus darf den Kindern nur geistlichen Segen spenden, durch Handauflegung, sie aber nicht in den Arm nehmen. Auch Matthäus und Lukas beseitigen das Herzen, ebenso wie andere Affektäußerungen Jesu bei Mc. Gerade der menschliche Zug dieser Perikope erweist aber ihre Priorität vor der Variante 9, 35—37, wo ein einzelnes Kind zu Lehrzwecken vor die Jünger hingestellt wird, als anschauliches, wenngleich nur symbolisches Beispiel τῶν μικρῶν τούτων τῶν πιστευόντων.

§ 51. 10, 17—31 (Mt 19, 16—30. Lc. 18, 18—30).

Und da er sich auf den Weg machte, lief einer herzu, fiel auf die Knie und fragte ihn: guter Meister, was soll ich tun, daß ich das ewige Leben ererbe? [18] Jesus aber sprach zu ihm: Was nennst du mich gut? niemand ist gut als nur allein Gott. ¹⁹ Du kennst die Gebote: du sollst nicht morden, nicht ehebrechen, nicht stehlen, nicht fälschlich anklagen, nichts vorenthalten, ehre Vater und Mutter. ²⁰ Er sagte: das habe ich alles gehalten von Jugend auf. ²¹ Jesus aber sah ihn liebend an und sprach: eins fehlt dir, geh, verkauf was du hast und gib es den Armen, so wirst du einen Schatz im Himmel haben, und komm, folg mir nach! ²² Er aber wurde sehr verstimmt ob des Wortes und ging traurig von dannen, denn er hatte viele Güter.

²³ Und Jesus schaute sich um und sagte zu seinen Jüngern: wie schwer wird es den Begüterten in das Reich Gottes hinein zu kommen. ²⁴ Seine Jünger stutzten über seine Worte, er aber hub abermals an zu sagen: Kinder, wie schwer ist es, in das Reich Gottes hinein zu kommen, ²⁵ leichter kommt ein Kamel durch ein Nadelöhr! [als ein Reicher in das Reich Gottes]. ²⁶ Da erschraken sie noch viel mehr und sagten untereinander: ja wer kann dann gerettet werden? ²⁷ Jesus blickte sie an und sprach: bei den Menschen ist das unmöglich, bei Gott aber ist es möglich.

²⁸ Da begann Petrus und sagte zu ihm: wir, wir haben alles fahren gelassen und sind dir gefolgt! ²⁹ Jesus sprach: Amen ich sage euch, jedweder, der Haus, Brüder, Schwestern, Mutter, Kinder, Äcker hat fahren lassen für mich und das Evangelium, wird hundertmal mehr empfangen. ³⁰ Jetzt in dieser Welt Häuser, Brüder, Schwestern, Mütter, Kinder, Äcker — bei den Verfolgungen wozu? dagegen in der künftigen Welt das ewige Leben! ³¹ Viele Erste aber werden Letzte werden und die Letzten Erste.

Der erste Absatz (17—22) ist der Kern, der zweite (23—27) und der dritte sind Kontinuationen, speziell für die Jünger bestimmt, wie 4, 10ss. 7, 17ss. Im ersten Absatz erklärt Jesus die Erfüllung der zehn Gebote für genügend, um das ewige Leben zu ererben, nur für die Jüngerschaft oder die Nachfolge fordert er das völlige Heraustreten aus der Welt. Dagegen im zweiten Absatz sagt er, daß diese Nachfolge, mit Aufgabe aller irdischen Beziehungen und Güter, die allgemeingiltige und unerläßliche Bedingung für jeden sei, um in das Reich Gottes zu kommen: das ist eine gewaltige Steigerung.

10, 18. Ἀγαθός bedeutet weniger sündlos als gütig.

10, 21. Ἠγάπησεν αὐτόν lassen Matthäus und Lukas aus, weil menschliches Gernleidenmögen bei der Auswahl der Jünger nicht mitsprechen darf. Griechisch ist ἦν γὰρ ἔχων schwerlich, wohl aber aramäisch: q n ê h v â.

10, 24. 25 stehn im Cantabr. und in der Latina in umgekehrter Reihenfolge. Zuerst sagt Jesus: es ist sehr schwer für einen Reichen, in das R. G. zu kommen. Schon darüber stutzen die Jünger, obgleich sie nicht getroffen sind. Darauf wiederholt er die Äußerung in verschärfter Form, indem er sie verallgemeinert: es ist überhaupt (nicht bloß für einen Reichen) sehr schwer in das Reich Gottes zu kommen. Darüber erschrecken die Jünger noch viel mehr und fragen: ja wer kann dann selig werden! Dadurch kommt die nötige Steigerung heraus; wenn Jesus seine Äußerung erst allgemein getan und sie dann eingeschränkt hätte, so wäre die Vergrößerung des Schreckens der Jünger sinnlos. Indessen läßt sich die unentbehrliche Steigerung vielleicht besser ohne Umstellung dadurch herstellen, daß man ἢ πλούσιον κτλ am Schluß von Vers 25 aushebt.

10, 26. In das σώζεσθαι spielt der eschatologische Begriff des Restes ein: nur wenige Auserwählte entgehn dem Zorn und bleiben übrig. Vgl. 13, 20.

10, 27. Der einfachere Wortlaut im Cantabr. und in der Latina verdient den Vorzug; der Zusatz „alles ist möglich bei Gott" taugt nichts. Auch hier haben wir wieder die in § 50 besprochene Antinomie: die höchste Anstrengung wird gefordert, aber sie ist Gnade Gottes.

10, 29. 30. Der Vaticanus und die Syra lesen: οὐδείς ἐστιν ὃς ἀφῆκεν οἰκίαν..., ἐὰν μὴ λάβῃ ἑκατονταπλασίονα — νῦν ἐν τῷ καιρῷ τούτῳ οἰκίαν... μετὰ διωγμῶν, καὶ ἐν τῷ αἰῶνι τῷ ἐρχομένῳ ζωὴν αἰώνιον. Die Versabteilung, mit starker Interpunktion, muß da gemacht werden, wo ich den Gedankenstrich gesetzt habe, denn die ausführliche Wiederholung der Objekte nach ἐὰν μὴ λάβῃ ἐκ. ist an sich unnötig und unzulässig, und nur nach einer Pause, als Wiederaufnahme zu einem besonderen Zweck, statthaft. Nämlich ἐὰν μὴ λάβῃ ἐκ. klingt so, als ob die künftige Welt nur eine quantitative Potenzierung der irdischen wäre. So soll es nicht gemeint sein; die aufgeführten Objekte sollen nicht im Jenseits, sondern schon im Diesseits, wenngleich unter Trübsal, ersetzt werden, und dazu soll dann im Jenseits die in 29 verschwiegene Hauptsache, das ewige Leben, hinzukommen.

Der Text des Clemens Alexandrinus, auf den E. Schwartz im Hermes 1903 p. 87 ss. die Aufmerksamkeit gerichtet hat, stimmt zwar im Wortlaut so ziemlich mit dem des Vaticanus, unterscheidet sich aber durch die logische Auffassung. Er lautet so: ὃς ἂν ἀφῇ τὰ ἴδια καὶ γονεῖς καὶ ἀδελφοὺς καὶ χρήματα ἕνεκεν ἐμοῦ καὶ ἕνεκεν τοῦ εὐαγγελίου, ἀπολήψεται ἑκατονταπλασίονα. Νῦν ἐν τῷ καιρῷ τούτῳ ἀγροὺς καὶ χρήματα καὶ οἰκίας καὶ ἀδελφοὺς ἔχειν μετὰ διωγμῶν εἰς ποῦ; ἐν δὲ τῷ ἐρχομένῳ ζωήν ἐστιν (sc. ἔχειν) αἰώνιον. Hier wird die Belohnung nicht schon hienieden in Aussicht gestellt und durch das Jenseits bloß vervollständigt. Sondern es heißt: wozu (εἰς ποῦ) einem Christen irdische Güter, von denen er wegen der Verfolgungen doch keinen Genuß hat? sein Gut liegt in der zukünftigen Welt.

Der Sinaiticus läßt die zweite Objektsreihe weg und verschmilzt 10, 29 mit 10, 30 zu einem Satze, womit natürlich die Interpunktion vor dem νῦν verschwindet. Ähnlich ändert Lukas, weniger stark Matthäus. Auch der Cantabrigiensis und die Latina bieten einen zurechtgemachten Text.

Man hat nur die Wahl zwischen dem Vaticanus und Clemens. Beiderorts ist nun alles, was auf ἑκατονταπλασίονα folgt, Interpretation. Aber die Fassung der Interpretation bei Clemens ist vorzuziehen. Im Vat. gibt μετὰ διωγμῶν keinen rechten Sinn. Im Vat. ist ferner der Vers 29 falsch verstanden, bei Clemens richtig. Denn Jesus will nicht sagen, die Jünger sollten den hundertfachen B e t r a g dessen, was sie aufgeopfert haben, wieder erhalten, sondern etwas, was hundertmal mehr w e r t i s t, dafür bekommen. Er meint nichts anderes als die ζωὴ αἰώνιος.

Vielleicht ist übrigens noch eine andere Möglichkeit zu erwägen. Εἰς ποῦ ist zwar sicher von Clemens vorgefunden; es könnte aber doch wohl auch ohne das der vorhergehende Satz als Frage aufgefaßt werden. Das könnte dann auch im Vaticanus geschehen, und καί auch dort adversativ (und dagegen) aufgefaßt werden. Damit fiele jeder Unterschied weg.

10, 31. Nach dem Zusammenhang, in den er hier gestellt wird, bedeutet der Spruch von der Umkehrung der irdischen Rangverhältnisse im Reiche Gottes vornehmlich: die Jünger, die auf Erden Alles verloren haben, werden im R. G. die ersten sein.

§ 52. 10, 32–34 (Mt 20, 17–19. Lc 18, 31–34).

Sie waren aber auf dem Wege hinauf nach Jerusalem, und Jesus ging ihnen voraus, und sie staunten und die Nachfolgenden

fürchteten sich. Da holte Jesus die Zwölf wieder heran und
begann ihnen zu sagen, was ihm bevorstünde: ³³ Siehe wir gehn
hinauf nach Jerusalem, und der Menschensohn wird den Erzpriestern und Schriftgelehrten übergeben werden, und sie werden
ihn zum Tode verurteilen und den Heiden überantworten, ³⁴ und
sie werden ihn verspotten und anspeien und geißeln und töten,
und nach drei Tagen wird er auferstehn.

Jerusalem wird hier zuerst deutlich als Ziel der Reise angegeben.
Jesus drängt vorwärts, die Jünger scheinen zurückzubleiben, er holt
sie wieder heran. Wozu aber der Wechsel: die Jünger, die Nachfolgenden, die Zwölf? Und ist das Subjekt von ἐφοβοῦντο das gleiche
wie das von ἐθαμβοῦντο? Der Text sieht sehr geflickt und zurecht
gemacht aus; im Cantabr. und in der Latina ist er etwas vereinfacht. — In den Todesweissagungen 8, 31. 9, 31 s. 10, 33 s. läßt sich
ein Fortschritt zu größerer Bestimmtheit und Ausführlichkeit erkennen.

§ 53. 10, 35—45 (Mt 20, 20—28. Lc 22, 24—28).

Da traten Jakobus und Johannes, die Söhne von Zebedäus,
heran und sagten zu ihm: Meister, wir möchten, daß du uns tuest,
was wir auch bitten. ³⁶ Er sagte: ich will es euch tun. ³⁷ Sie
sagten: gewähr uns, daß wir einer dir zur Rechten und einer dir
zur Linken zu sitzen kommen in deiner Herrlichkeit. ³⁸ Jesus
sprach: ihr wißt nicht, was ihr verlangt — könnt ihr den Becher
trinken, den ich trinke, und die Taufe erleiden, die ich erleide?
³⁹ Sie sagten: ja wohl. Jesus sprach: den Becher, den ich trinke,
werdet ihr trinken, und die Taufe, die ich erleide, werdet ihr erleiden; ⁴⁰ aber den Sitz mir zur Rechten oder zur Linken
habe ich nicht zu verleihen; er ist für die, denen er bestimmt ist.

⁴¹ Als das die Zehn erfuhren, waren sie ungehalten über Jakobus
und Johannes. ⁴² Und Jesus rief sie heran und sprach zu ihnen:
Ihr wisset, daß die, welche für Fürsten der Völker gelten, als
Herren mit ihnen schalten, und daß ihre Großen Gewalt über sie
ausüben. ⁴³ Nicht so ist es bei euch; sondern wer bei euch groß
sein will, sei euer Diener; ⁴⁴ und wer der erste unter euch sein
will, sei der Knecht von allen. ⁴⁵ Denn auch der Menschensohn

ist nicht gekommen, bedient zu werden, sondern zu bedienen, und sein Leben zum Lösegeld für viele zu geben.

10, 35. Auf Petrus, der 8, 29. 10, 28 den Vortritt hat, folgen hier Jakobus und Johannes; sie treten aber nicht öffentlich und als Sprecher der Anderen auf, sondern privatim für sich. Obwohl sie Jesus für den Messias halten, reden sie ihn nach wie vor mit διδάσκαλε an.

10. 36. Ich habe nach dem Cantabr. und der Latina übersetzt.

10, 37. Die Zebedaiden sprechen so, als hätten sie von den unmittelbar vorher ausgesprochenen Worten Jesu 10, 33. 34 nicht das geringste gehört. Man hat angenommen, daß sie glauben, auf dem gegenwärtigen Wege nach Jerusalem direkt in das Reich einzugehn. Aber schon ἐν τῇ δόξῃ σου widerspricht dem; die δόξα des Messias liegt in der Zukunft und setzt seine Niedrigkeit in der Gegenwart voraus.

10, 38. Die beiden erbitten sich in Wahrheit nicht bloß Erfreuliches; vor dem Eingang in das Reich Gottes liegt eine dunkle Zwischenstufe, die auch sie durchmachen müssen, ebenso wie Jesus. Die Taufe hat hier, neben dem Kelche (Mc 14, 36), die gleiche metaphorische Bedeutung wie in Lc 12, 50. Sie ist ein Untersinken zum Auferstehn; und wie die Wassertaufe die Initiation des verborgenen Messias, so ist die Todestaufe die Initiation des Messias der Herrlichkeit.

10, 39. Die Weissagung des Martyriums bezieht sich nicht bloß auf Jakobus, sondern auch auf Johannes, und wenn sie zur einen Hälfte unerfüllt geblieben wäre, so stünde sie schwerlich im Evangelium. Es erhebt sich also ein schweres Bedenken gegen die Zuverlässigkeit der Überlieferung, daß der Apostel Johannes im hohen Alter eines nicht gewaltsamen Todes gestorben sei. — Nach dem Hebräerevangelium soll Jakobus allein den Kelch trinken.

10, 41. Hier ist nicht wie vorher vom künftigen Reiche Gottes, sondern von der christlichen Gemeinde die Rede. Es soll darin keinen Streit um den Primat und um den Rang geben. Ein Ansatz zu dem Ausspruch ist schon bei früherer Gelegenheit (9, 33 s.) gemacht worden.

10, 45. Die ἀπολύτρωσις durch den Tod Jesu ragt nur hier in das Evangelium hinein; unmittelbar vorher ist er nicht f ü r die Anderen und an ihrer statt gestorben, sondern ihnen v o r gestorben, damit sie ihm nachsterben. Bei Lc 22, 27 fehlen die Worte καὶ δοῦναι κτλ. Sie passen in der Tat nicht zu διακονῆσαι, denn das heißt „bedienen, bei Tisch aufwarten". Der Schritt vom Bedienen zum Hingeben des Lebens als Lösegeld ist eine μετάβασις εἰς ἄλλο γένος. Er erklärt sich vielleicht aus der Diakonie des Abendmahls, wo Jesus mit Brot und Wein sein Fleisch und Blut spendet.

§ 54. 10, 46—53 (Mt 20, 29—34. Lc 18, 35—43).

Und sie kamen nach Jericho. Und als er von Jericho wegging, mit seinen Jüngern und vielem Volk, saß ein Blinder am Wege und bettelte, der Sohn des Timäus, Bartimäus. ⁴⁷ Und da er hörte, es wäre Jesus von Nazareth, begann er zu schreien: Sohn Davids, Jesus, erbarm dich mein! ⁴⁸ Und viele schalten ihn, damit er schwiege; er schrie aber nur um so lauter: Sohn Davids, erbarm dich mein. ⁴⁹ Und Jesus blieb stehn und sagte: ruft ihn. Und sie riefen den Blinden und sagten zu ihm: sei getrost, steh auf, er ruft dich. ⁵⁰ Da warf er seinen Mantel ab, sprang auf und kam zu ihm. ⁵¹ Und Jesus hub an und sagte zu ihm: was willst du, daß ich dir tun soll? ⁵² Der Blinde sagte: Rabbuni, daß ich sehend werde! ⁵³ Und Jesus sprach: geh, dein Glaube hat dich gerettet. Und alsbald ward er sehend und folgte ihm auf dem Wege.

10, 46. Nur hier und bei Jairus wird ein Name angegeben, und zwar ein Patronym, in griechischer und aramäischer Form neben einander. Wer Bartimäus von Jericho bei Mc als den Sohn des Unreinen deutet und dagegen Zacchäus von Jericho bei Lukas als den Reinen, macht sich lächerlich. Timai mag Abkürzung von Timotheus sein.

10, 47. Die Anrede Sohn Davids wird von Jesus nicht mehr zurückgewiesen. Sie erscheint hier bei Mc zum erstenmal, und zwar nicht im Munde eines Jüngers, sondern eines blinden Mannes aus dem Volke. Es befremdet nicht, daß derselbe hernach in ruhigerer Rede nicht Sohn Davids, sondern Rabbuni sagt.

10, 51. Wie 9, 5 ραββι, so ist hier ραββουνι beibehalten. Die vollere Form bedeutet ebenfalls διδάσκαλε; im Syrischen tritt sie regelmäßig im Plural für die einfache ein. R a b b û n ist aus r a b b ô n (palästinisch für r a b b â n) verdunkelt.

10, 52. In auffallendem Unterschiede von § 42 heilt Jesus hier den Blinden bloß durch sein Wort. Σώζειν hat den einfachen Sinn von 3, 4. 5, 37, nämlich: gesund machen. Ebenso wird ἀκολουθεῖν hier nicht in der sublimen religiösen Bedeutung gebraucht.

III. Die Passion. § 55—90.

§ 55. 11, 1–10 (Mt 21, 1–9. Lc 19, 29–38).

Und als sie in die Nähe von Jerusalem kamen, nach Bethphage [und Bethania] am Ölberge, sandte er zwei seiner Jünger und sagte ihnen: ²geht in das Dorf vor euch, und gleich beim Eingang werdet ihr ein Eselsfüllen angebunden finden, auf dem noch nie ein Mensch gesessen hat, das bindet los und bringt es her; ³ und wenn euch einer sagt: was macht ihr da? so sprecht: der Herr bedarf sein und schickt es gleich wieder her. ⁴ Und sie gingen fort und fanden ein Eselsfüllen angebunden am Tor draußen auf dem freien Platz, und banden es los. ⁵ Und etliche, die dabei standen, sagten zu ihnen: was macht ihr, daß ihr das Füllen losbindet? ⁶ Da sagten sie wie Jesus geboten hatte, und man ließ sie gewähren. ⁷ Und sie brachten das Füllen zu Jesus und legten ihre Kleider darauf, und er setzte sich darauf. ⁸ Und viele breiteten ihre Kleider auf den Weg, andere rissen Kräuter aus den Äckern und bestreuten damit den Weg. ⁹ Und die voraus und hinterdrein gingen, schrien: Osanna, gesegnet der da kommt im Namen des Herrn, ¹⁰ gesegnet das kommende Reich unseres Vaters David, Osanna in der Höhe!

11, 1. Die doppelte Ortsbestimmung εἰς Βηθφαγὴ καὶ Βηθανίαν fällt auf. Es scheint eine Variante vorzuliegen, zumal in der Syra das καὶ fehlt. Matthäus hat nur Bethphage, und dafür spricht, daß zur allgemeinen Orientierung ein bekannter Ort erwartet wird. Bethania war unbekannt, gewann aber für die Christen Bedeutung und wurde vielleicht deshalb eingesetzt. Der Ölberg liegt auf dem Wege von Jericho nach Jerusalem (2 Sam 15, 30).

11, 2. Der Ort wird nicht genannt und nicht für den Leser, sondern nur für die Boten deutlich bezeichnet: das Dorf da, das ihr vor euch seht. Bethphage ist gemeint.

11, 3. 4. Ὁ κύριος soll absichtlich geheimnisvoll klingen; Jesus bezeichnet sich bei Mc sonst weder selber so, noch wird er von seinen Jüngern oder vom Erzähler so genannt. Unter πρὸς θύραν ἔξω hat man zu verstehn, was im Hebräischen פתח השער heißt, den Raum vor dem Eingang des Tores. Ἄμφοδον ist in der Septuaginta neutral.

11, 8. Στιβάς im Singular ist Streu, Lager; hier im Plural muß es Kräuter zum Streuen bedeuten. Beispiele zum Ausbreiten von Kleidern und Streuen von wohlriechenden Kräutern auf den Weg findet man vielfach, z. B. bei dem Einzuge des Kaisers Heraklius in Jerusalem, Tab. I 1562, 3. Das Abhauen von wildwachsenden Stauden auf den Äckern zeigt übrigens, daß der Zug außerhalb Jerusalems zu denken ist und nicht drinnen; der Eintritt in die Stadt wird erst 11, 11 berichtet und dabei erscheint Jesus nur von den Zwölf begleitet. Also versteht Matthäus falsch und Lukas (19, 37. 41) richtig.

11, 9. Osanna oder Osianna ist eigentlich ein Hilferuf an den König, der ursprünglich selber mit dem Imperativ angeredet wird und im Vokativ dahinter steht (2 Sam 14, 4. 2 Reg 6, 26). Später aber hat man Gott zum Subjekt des Imperativs gemacht und den König aus dem Vokativ in den Dativ gestellt (Ps 20, 10. 118, 25). In jedem Falle wird Jesus damit vom Volke als der König von Israel begrüßt.

Man darf hier nicht rationalisieren. Jesus hat nicht vorher den Esel bestellt und sich mit dessen Besitzern verständigt, sondern er weiß den Zufall voraus, weil Gott, der den Zufall lenkt, mit ihm ist. Und der Esel dient keinen gemeinen praktischen Zwecken, es ist vielmehr der Esel der messianischen Weissagung Zach 9, 9 — darum heißt er auch ὁ πῶλος. Jesus reitet also als Messias ein, jedoch nicht hoch zu Roß, sondern demütig auf einem Esel. Auf dem Ölberg sollte nach Zach 14, 4 Jahve, nach dem jüdischen Volksglauben der Messias erscheinen. Auf dem Ölberg erschien auch später der ägyptische Pseudomessias (Jos. Bellum 2, 62. Ant. 20, 169), ähnlich wie der samaritanische auf dem heiligen Berge über Sichem (Bellum 3, 307. Ant. 18, 85).

Es befremdet nun aber, daß diese Demonstration hinterher gar keine Wirkung hat. Weder die Hohenpriester noch die Römer nehmen Akt davon, während sie doch namentlich den Römern, die in solchen Fällen nicht mit sich spaßen ließen, Anlaß zum Einschreiten hätte geben müssen, auch wenn der Zug sich nicht durch die Straßen von Jerusalem bewegte. Darnach läßt sich kaum glauben, daß Jesus selber der Urheber der Scene und dafür verantwortlich war. Wenn sie sich wirklich zugetragen hat, so ist sie extemporiert gewesen und hat kein Aufsehen erregt.

Die evangelische Überlieferung läßt erkennen, daß das Hinaufziehen Jesu nach Jerusalem nicht eine bloße Pilgerfahrt war, sondern aus anderem Anlaß zu anderem Zwecke erfolgte (Joa 7, 3. 4). Er muß auch schon geraume Zeit vor dem Feste dort eingetroffen sein. Der Versuch des Mc, den Aufenthalt in eine Woche zusammenzudrängen, mislingt; der Stoff widerstrebt dem an sich etwas unsicheren Schema der sechs Tage, in das er gezwungen werden soll. Wenn er 14, 49 sagt: „bin ich doch t ä g l i c h bei euch gewesen und habe im Tempel gelehrt", so reicht ein zweitägiges Lehren (11, 15—12, 38) nicht aus, um $\kappa\alpha\vartheta'$ $\eta\mu\acute{\epsilon}\rho\alpha\nu$ zu rechtfertigen. Also ist auch der große Haufe, der ihn von Peräa an begleitete, mit ihm Jericho passierte (wo sich Bartimäus anschloß) und vom Ölberge herabzog, nicht wegen des Festes mit ihm gegangen, sondern seiner Person wegen, in Erwartung dessen, was er in der heiligen Stadt tun würde.

§ 56. 11, 11–14.

Und er ging nach Jerusalem hinein in den Tempel. Und nachdem er sich überall umgeschaut hatte, schon zu später Stunde, begab er sich hinaus nach Bethania mit den Zwölfen. ¹² Und am anderen Morgen, als sie von Bethania aufbrachen, hungerte ihn. ¹³ Und er sah von weitem einen Feigenbaum und trat heran, ob er etwas daran fände. Und wie er herankam, fand er nur Blätter, denn es war nicht die Zeit für Feigen. ¹⁴ Da hub er an und sprach zu dem Baume: nie mehr in Ewigkeit soll man von dir Frucht essen. Und seine Jünger hörten es.

11, 11. Es heißt Lc 2, 41, daß Jesu Eltern alle Jahr auf das Fest nach Jerusalem wanderten und ihn frühzeitig mitnahmen. Wenn er aber hier im Tempel alles besieht, so scheint er noch nicht oft darin gewesen zu sein.

11, 12—14. Vgl. zu 13, 28. 29. Bernhard Weiß weiß, daß die Verwünschung des Feigenbaumes von Jesu „natürlich" nur symbolisch gemeint und ohne seine Absicht von Gott dennoch realisiert sei — er hat Jesum verstanden und Gott hat ihn misverstanden. Daß Jesus selber in § 58 die Vertrocknung des Baumes als Beweis seines Glaubens und seiner Gebetserhörung auffaßt, schlägt er in den Wind. Bei Lukas fehlen § 56 und § 58. Obwohl er die beiden Stücke gewiß (vgl. 17, 6) vorgefunden und nur aus Bedenken gegen den Inhalt ausgelassen hat, so unterbrechen sie doch in der Tat den Hauptzusammenhang.

Auch 11, 11 und 11, 15 stehn in keinem rechten Verhältnis; man vermißt 11, 15 die Rückbeziehung, ein πάλιν wäre hier mindestens ebenso angebracht gewesen wie 11, 27. Der Anfang und der Schluß von 11, 11 wiederholen in kürzerer Form den Anfang und den Schluß von § 57; in der Mitte fehlt jedoch der Inhalt. Kein Wunder, daß 11, 11 nicht bloß von Lukas ignoriert, sondern auch von Matthäus zeitlich mit 11, 15 zusammengeworfen wird. Indessen wird man doch vielleicht die Tempelreinigung mit der Scene am Ölberg nicht auf einen und den selben Tag setzen dürfen. Vielleicht berichtete die älteste Überlieferung, daß Jesus nach der Ovation § 55 einfach am Ölberg, in Bethania, blieb, um dort Quartier zu nehmen (daß er das tat, wird im Folgenden vorausgesetzt, hätte aber gesagt werden müssen), und daß er erst am folgenden Morgen nach Jerusalem ging. Später wurde dann das Bedürfnis empfunden, die Prozession von Palmarum in Jerusalem selber endigen zu lassen, welches von Mc in einer primitiveren Weise befriedigt wird, als von Matthäus und Lukas. — Zum Schlußsatz von 11, 13 vgl. Strauß 2, 240. 245.

§ 57. 11, 15-19 (Mt 21, 12-17. Lc 19, 45-48).

Und sie gingen nach Jerusalem. Und er trat in den Tempel ein und begann die Verkäufer und Käufer im Tempel auszutreiben, und die Tische der Wechsler und die Bänke der Taubenhändler stieß er um, ¹⁶ und wollte nicht gestatten, daß man ein Gefäß durch den Tempel trüge. ¹⁷ Und er lehrte und sprach: steht nicht geschrieben, mein Haus soll allen Völkern ein Bethaus heißen? ihr aber habt eine Räuberhöhle daraus gemacht. ¹⁸ Und die Erzpriester und Schriftgelehrten erfuhren es und suchten, wie sie ihn verderben möchten; denn sie fürchteten ihn, weil alles Volk hingerissen war von seiner Lehre. ¹⁹ Und wenn es spät wurde, gingen sie hinaus an einen Ort außerhalb der Stadt.

Jesus schaltet als Herr im Tempel und nimmt eine Befugnis nicht gewöhnlicher Art in Anspruch; sein Auftreten hat in Wahrheit wohl noch mehr bedeutet, als daraus gemacht wird. Aber die Erzpriester und die Synedristen, denen er dadurch in das Gehege kommt, wagen es nicht, die Tempelpolizei, die ihnen doch zustand, gegen ihn in Anwendung zu bringen; sie stellen ihn nur zur Rede und lassen sich in Diskussion mit ihm ein, als wäre er eine ebenbürtige Gegenpartei. Das beweist, wie groß sein Anhang war. Schade, daß von seiner Lehre, die so gewaltigen Eindruck machte, gar keine Probe gegeben wird; denn das Zitat 11, 17 kann nicht dafür gelten. Es war vermutlich nicht bloß seine Lehre, welche hinriß, sondern mindestens ebenso sehr seine Person und sein zuversichtliches Handeln.

11, 15. Κατέστρεψεν fehlt im Cantabr. und in der Syra, aber nicht in der Latina. Es schien vielleicht zu derb.

11, 17. Der Dativ gehört nach der Absicht von Isa 56 zu Bethaus, nach der Absicht Jesu aber vielleicht zu dem passiven Verbum, als handelndes Subjekt. Denn er legt den Nachdruck nicht auf die U n i v e r s a l i t ä t des Bethauses, sondern auf den nackten Begriff des B e t h a u s e s selber.

11, 18. Zu dem Motiv vgl. Joa 11, 48. Natürlicher wäre es, wenn der Beifall, den Jesus beim Volk fand, die Synedristen von der Ausführung ihres Vorhabens z u r ü c k g e s c h r e c k t hätte. Indessen das erste γάρ adversativ zu fassen, ist wohl nicht möglich. Die Latina hat dafür e t.

11, 19. Bethania kommt bei Mc nur in § 56 und 69 vor, hier läßt er den Ort außerhalb Jerusalems unbestimmt.

§ 58. 11, 20–25 (Mt 21, 18–22).

Und am andern Morgen früh vorbeikommend, sahen sie den Feigenbaum verdorrt bis auf die Wurzeln. [21] Und Petrus erinnerte sich und sagte zu ihm: Rabbi, der Feigenbaum, den du verflucht hast, ist verdorrt. [22] Und Jesus hub an und sprach zu ihnen: Habt Glauben an Gott! [23] Amen ich sage euch, wer zu dem Berge da spräche: heb dich und stürz in den See, und in seinem Herzen nicht zweifelte, sondern glaubte, daß sein Wort geschähe, dem würde es geschehen. [24] Darum sage ich euch, was immer ihr betet und bittet, glaubt nur, daß ihr erhört seid, so wird es euch werden. ²⁵ Und wenn ihr steht und betet, so vergebt, was ihr etwa gegen wen habt, damit auch euer Vater in den Himmeln euch eure Übertretungen vergebe.

Dieser Nachtrag zu § 56 ist davon getrennt und zerreißt an seiner Stelle den Zusammenhang zwischen § 57 und 59. Der verdorrte Feigenbaum wird benutzt, um Aussprüche Jesu daran zu hängen, die sicherlich nicht an ihm gewachsen sind. Der Berg am See, auf den mit der Hand gewiesen wird, führt auf Galiläa und nicht auf Jerusalem. Man bemerke, wie allgemein der Glaube hier gefaßt ist; es ist der Glaube an Gott, nicht an Jesus. In 11, 24 wird der Übergang zum Gebet gemacht, für dessen Erhörung der Glaube Bedingung ist; das Präteritum ἐλάβετε ist in meiner Übersetzung erklärt. In 11, 25 wird noch eine andere Bedingung für die Erhörlichkeit des Gebetes hinzugefügt, die sich ähnlich schon bei Sirach (28, 2) findet. Sehr auffallend für Mc ist der Ausdruck ὁ πατὴρ ὑμῶν ὁ ἐν τοῖς οὐρανοῖς Er erinnert an das Vaterunser. Mc mag dasselbe als Gemeindegebet gekannt haben, hat aber nicht gewagt, es dem Wortlaut nach auf Jesus zurückzuführen. Jesus gibt bei ihm kein Formular, sondern nur allgemeine Regeln für das Beten. Er stellt die Bereitwilligkeit zu vergeben schlechthin als Vorbedingung auf, „wenn man steht und betet". Auch die Bitte „führ uns nicht in Versuchung" steht bei Mc (14, 37) für sich und nicht im Zusammenhange des Vaterunsers.

§ 59. 11, 27–33 (Mt 21, 23–27. Lc 20, 1–8).

Und sie kamen wieder nach Jerusalem. Und wie er im Tempel herum ging, traten die Erzpriester und Schriftgelehrten und Ältesten zu ihm und sagten: ²⁸ kraft welcher Macht tust du das? oder wer hat dir die Ermächtigung gegeben, dies zu tun? ²⁹ Jesus sagte: Ich will euch etwas fragen, antwortet mir und ich will euch sagen, kraft welcher Macht ich dies tue. ³⁰ War die Taufe Johannis vom Himmel oder von Menschen? antwortet mir. ³¹ Und sie überlegten bei sich: sollen wir sagen: vom Himmel? dann sagt er: warum habt ihr ihm denn nicht geglaubt! ³² oder sollen wir sagen: von Menschen? Das wagten sie nicht wegen des Volkes, denn sie hielten dafür, daß Johannes wirklich ein Prophet war. ³³ Und sie antworteten Jesu: wir wissen es nicht. Und Jesus erwiderte ihnen: so sage auch ich euch nicht, kraft welcher Macht ich dies tue.

11, 27. Die Frage nach der Befugnis ist veranlaßt durch die Tempelreinigung, das ταῦτα (ποιεῖς oder ποιῶ) weist darauf als auf etwas unmittelbar Vorliegendes hin, in einer Weise, daß nicht nur die Unterbrechung des Erzählungsfadens durch den Einschub von § 58 befremdet, sondern sogar die Verlegung von § 59 auf einen anderen Tag als § 57.

11, 30. „Johannes d e r T ä u f e r" hieß Johannes nicht schon zu seinen Lebzeiten. Hier wird er weder von Jesus noch von dem Erzähler (11, 32) so genannt.

11, 31. Fast überall ist οὖν bei Mc erst im Verlauf der handschriftlichen Überlieferung eingesetzt, so 12, 6. 9. 23. 27. 37. An unserer Stelle hat Lukas es nicht vorgefunden und 10, 9 fehlt es im Cantabr. Nur 13, 35 scheint es echt zu sein.

11, 32. Ἀλλά heißt o d e r a b e r = v'illâ, wie Mt 11, 8. Es folgt kein Bedingungssatz, dem ja auch die Apodosis fehlen würde, sondern eine überlegende Frage. Man würde darnach auch in der Parallele 11, 31 eine solche erwarten; ἐάν scheint dort nachträglich suppliert zu sein.

11, 33. In dem, was Jesus sagt, liegt in der Tat doch eine positive Antwort. Er beruft sich selber auf Johannes, der auch seine Autorität nicht von den Menschen hatte, von der menschlichen Autorität nicht anerkannt wurde, aber dennoch vom Himmel gesandt war

§ 60. 12, 1–12 (Mt 21, 33–46. Lc 20, 9–19).

Und er begann zu ihnen in Gleichnissen zu reden. Einen Weinberg pflanzte ein Mann und machte einen Zaun darum und hieb eine Kelter aus und baute einen Turm. Und er tat ihn aus an Pächter und ging außer Landes. ² Und als es Zeit war, sandte er zu den Pächtern einen Knecht, daß sie ihm von der Frucht des Weinbergs sein Teil gäben. ³ Und sie nahmen ihn und schlugen ihn und ließen ihn mit leeren Händen ziehen. ⁴ Und wiederum sandte er zu ihnen eine anderen Knecht, auch den mishandelten und beschimpften sie. ⁵ Und einen anderen sandte er, den töteten sie. Und viele andere, die einen schlugen, die anderen töteten sie. ⁶ Da hatte er noch einen einzigen, einen vielgeliebten Sohn, den sandte er zuletzt zu ihnen, meinend: vor meinem Sohne werden sie sich scheuen. ⁷ Die Pächter aber sprachen unter sich: dies ist der Erbe, auf, laßt uns ihn töten, so wird das Erbe unser sein. ⁸ Und sie nahmen ihn und töteten ihn und warfen ihn außen vor den Weinberg hin. ⁹ Was wird nun der Herr des Weinbergs tun? Er wird kommen und die Pächter umbringen und den Weinberg Anderen geben. ¹⁰ Habt ihr nicht auch dieses Wort in der Schrift gelesen: „der Stein, den die Bauleute verworfen haben, der ist zum Eckstein geworden, ¹¹ von dem Herrn ist dieser gekommen und wunderbar erscheint er uns". ¹² Und sie suchten sich seiner zu bemächtigen, fürchteten aber das Volk; denn sie erkannten, daß er das Gleichnis auf sie gemünzt hatte. Und sie ließen ihn und gingen ab.

12,1. Αὐτοῖς sind die Synedristen. Jesus protestiert auch hier dagegen, daß sie ihre bloß gepachtete Autorität seiner angestammten göttlichen entgegensetzen; Rebellen seien sie, nicht er. Die ausführliche Wiederholung von Isa 5 trägt für die Sache gar nichts aus; auch καὶ ἀπεδήμησεν ist sehr überflüssig und stammt wohl aus 13, 34.

12, 2. Zu τῷ καιρῷ ergänzt Matthäus richtig τῶν καρπῶν.

12, 4. fehlt in der Syra. Ἐκεφαλίωσαν ist im Sinne von ἐκολάφισαν gebraucht, darf aber nicht korrigiert werden.

12, 5. Die zweite Hälfte fehlt bei Lukas, der richtig empfunden zu haben scheint, daß hier die Sache (die vielen Propheten) allzu sehr aus dem Gleichnis hervorguckt.

12, 6. Der einzige Sohn und der Lieblingssohn läuft auf das selbe hinaus (§ 2); vgl. Jud 11, 34 μονογενής ἀγαπητή.

12, 8. Sie töten ihn innerhalb des Weinberges und werfen dann die Leiche hinaus, ohne sie zu begraben.

12, 10. 11. Das Zitat (Ps 118, 22. 23) führt weiter als der wahre Schluß 12, 9 und hängt über, wie Jülicher richtig erkannt hat.

12, 12. Das Gleichnis ist eine kaum verhüllte Allegorie und die Hohenpriester verstehn sofort. Der Zorn darüber, daß ihnen auf den Kopf gesagt wird, was sie tun werden, beschleunigt die Ausführung ihres Vorhabens. Das wäre an sich nicht unmöglich. Ob aber Jesus wirklich in dieser Weise den Teufel an die Wand gemalt hat, darf man bezweifeln. Gegen sein ausweichendes, vorsichtiges Verfahren in § 59 und § 61 sticht es seltsam ab, daß er hier die Gegner herausfordert, sich ihnen offen als den Sohn Gottes zu erkennen gibt und seine Tötung als ausgemachte Sache betrachtet. — Überall tritt hervor, daß er an dem Volk eine Stütze hat, die sich freilich zum

Schluß als gebrechlich herausstellt. Das Synedrium fühlt sich dem Volk gegenüber unsicher und wagt seine obrigkeitliche Befugnis nicht recht geltend zu machen, um den Geist zu dämpfen. Man kennt das aus dem Alten Testament, besonders aus Amos 7.

§ 61. 12, 13–17 (Mt 22, 15–22. Lc 20, 20–26).

Und sie sandten einige von den Pharisäern und von den Herodianern, die ihm mit Worten eine Falle stellen sollten. ¹⁴ Und sie kamen und sagten zu ihm: Meister, wir wissen, daß du wahrhaftig bist und auf niemand Rücksicht nimmst, denn du siehst keine Person an, sondern lehrst nach Wahrheit den Weg Gottes — ist es erlaubt, dem Kaiser Kopfsteuer zu geben, oder nicht? sollen wir sie geben oder nicht? ¹⁵ Er erkannte aber ihre Falschheit und sagte zu ihnen: was versucht ihr mich? bringt mir einen Silberling, daß ich ihn sehe. ¹⁶ Sie brachten ihm einen, und er fragte sie: wessen ist dieses Bild und die Aufschrift? Sie antworteten: des Kaisers. ¹⁷ Da sprach Jesus zu ihnen: was des Kaisers ist, entrichtet dem Kaiser, und was Gottes ist, Gotte. Und sie wunderten sich über ihn gewaltig.

12, 13. Das Subjekt zu ἀποστέλλουσιν ist unbestimmt. Die Herodianer fallen in Jerusalem auf, sie haben ihre Stelle in Galiläa. Aber es sollen Römerfeinde und Römerfreunde sich zu der Frage vereinen, so daß Jesus in Gefahr gerät, mag er ja oder nein antworten.

12, 14. Weg Gottes = Religion. Die strengen Juden meinten, Kopfsteuer dürfe nur an Gott (an den Tempel) entrichtet werden.

12, 15. Falschheit wird ihnen vorgeworfen, weil sie nicht in Wirklichkeit das Rechte wissen, sondern mit der Frage eine Falle stellen wollen. Die Steuer wird in römischem Silber bezahlt, das den Kopf des Kaisers zeigte; die im Lande geprägten Kupfermünzen hatten keinen Kopf. Jesus hat kein Silbergeld bei sich.

12, 17. Jesus zeigt sich gerade so vorsichtig wie in § 59. Zur Überraschung der Gegner versteht er es, dem Dilemna sich zu entziehen. Etwas weiteres beabsichtigt er nicht. Allerdings kann die Ablehnung der Theokratie in der Konsequenz seiner Antwort gefunden werden. Er stellt aber keinen Grundsatz auf, wonach das Gebiet Gottes und das Gebiet des Kaisers reinlich geschieden werden könnten.

Etwas profan und recht verkehrt meint Leopold Ranke, Mc 12, 17 sei das wichtigste und folgenreichste Wort Jesu gewesen.

§ 62. 12, 18—27 (Mt 22, 22—33. Lc 20. 27—38).

Und die Sadducäer kamen zu ihm — die sagen, es gäbe keine Auferstehung — und fragten ihn: ¹⁹ Meister, Moses hat uns vorgeschrieben, wenn einem sein Bruder stirbt und hinterläßt ein Weib und kein Kind, so soll sein Bruder das Weib nehmen und seinem Bruder Nachkommen erzeugen. ²⁰ Nun waren sieben Brüder, der erste nahm ein Weib, starb und hinterließ keine Nachkommen. ²¹ Und der andere nahm sie und starb ohne Nachkommen, ebenso auch der dritte, ²² und alle sieben hinterließen keine Nachkommen. Zuletzt nach allen starb auch das Weib. ²³ Bei der Auferstehung nun, wenn sie auferstehn, wessen Weib wird sie dann sein? sie haben sie ja alle sieben zum Weibe gehabt. ²⁴ Jesus sprach zu ihnen: Zeigt ihr damit nicht, daß ihr irrt und weder die Schrift kennt noch die Macht Gottes? ²⁵ Denn wenn sie von den Toten auferstehn, freien sie nicht, noch werden sie gefreit, sondern sie sind wie die Engel im Himmel. ²⁶ Was aber die Toten betrifft, daß sie auferstehn — habt ihr nicht im Buche Mosis gelesen, in der Geschichte vom Dornbusch, wie Gott zu ihm sprach: ich bin der Gott Abrahams und der Gott Isaaks und der Gott Jakobs? ²⁷ Er ist aber nicht Gott von Toten, sondern von Lebendigen. Ihr irrt nicht wenig.

12, 24—27. Jesus weist die Voraussetzung zurück, welche die Gegner als zugestanden betrachten und von der aus sie den Auferstehungsglauben ad absurdum führen, nämlich, daß nach der Auferstehung das durch den Tod unterbrochene irdische Leben einfach fortgesetzt werde; er teilt also nicht die herrschende Meinung über das Jenseits. Die Leviratsehe bestand freilich zur Zeit Jesu wohl nicht mehr. Die Sadducäer wollen also vielleicht nur sagen, daß M o s e s , indem er sie vorschrieb, nicht an die Auferstehung geglaubt haben könne. Jesus fügt nun den positiven Beweis hinzu, daß Moses an einer anderen Stelle die Auferstehung in der Tat voraussetze. Mit dem Grundsatz, daß Gott nicht ein Gott der Toten, sondern der Lebendigen sei, trifft er die Meinung des Alten Testaments. Aber das Alte Testament folgert daraus, daß die Verstorbenen von jeder Beziehung zu Gott ausgeschlossen seien: wer kann dich in der Hölle preisen! —

Der Ausdruck ἄγγελοι ἐν τοῖς οὐρανοῖς befremdet bei Mc; vgl. 13, 32.

§ 63. 12, 28—34 (Mt 22, 34—40. Lc 10, 25—28).

Da trat ein Schriftgelehrter hinzu, der hatte sie streiten hören und gemerkt, daß er ihnen gut geantwortet hatte, und fragte ihn: welches Gebot ist das oberste? [29] Jesus antwortete: Das alleroberste ist: höre Israel, der Herr unser Gott ist der Herr allein, [30] und du sollst den Herrn deinen Gott lieben von ganzem Herzen und von ganzer Seele und von ganzem Gemüt und mit ganzer Kraft. [31] Das zweite ist dies: du sollst deinen Nächsten lieben wie dich selbst. Ein anderes Gebot, größer als diese, gibt es nicht. [32] Und der Schriftgelehrte sagte: recht so, Meister, du hast nach der Wahrheit geredet: er ist der einzige und keiner neben ihm, [33] und ihn lieben von ganzem Herzen und von ganzem Gemüte und mit ganzer Kraft, und den Nächsten lieben wie sich selbst, ist besser als alle Brandopfer und anderen Opfer. [34] Und Jesus sah, daß er verständig antwortete, und sagte zu ihm: du bist nicht ferne vom Reiche Gottes.

12, 28. Erzpriester, Pharisäer und Sadducäer sind Schlag auf Schlag abgefertigt, alle an dem selben Tage. Die Reihe beschließt ein unbefangener Rabbi. Er legt Jesu auch eine Frage vor, aber aufrichtig und nicht in feindlicher Absicht, und erhält eine Antwort, die ihn vollauf befriedigt. Matthäus und Lukas stoßen sich daran, daß Jesus sich mit dem Rabbi auf dem Boden des edelsten Judentums zusammenfindet.

12, 29—33. Jesus antwortet mit zwei Sprüchen des Gesetzes, die auch der Rabbi als dessen Blüte und Kern anerkennt. Nur hier redet er, mit den Worten des Alten Testaments, von der Liebe Gottes und des Nächsten; für gewöhnlich führt er sie nicht im Munde. Der Monotheismus ist keine Theorie, sondern praktische Überzeugung, Motiv der innersten Gesinnung und des Handelns gegen den Nächsten d. h. der Moral: auch letztere gehört nach der Ergänzung des Schriftgelehrten zum Gottesdienst und ist der richtige Kultus, mehr wert als alle heiligen Leistungen, die Gott speziell dargebracht werden und keinem anderen nützen. Die Kombination der beiden Sprüche, die im Gesetz an ganz verschiedenen Stellen stehn, ist für den Sinn des Ganzen sehr wichtig.

12, 34. Man kann hiernach schon auf Erden entweder im Reiche Gottes darin sein, oder nahe dabei, oder entfernt davon. Der Begriff ist hier nicht so ausgesprochen eschatologisch wie in den Äußerungen, die in dem Abschnitt über die Reise nach Jerusalem vorkommen. Jesus sagt dem Schriftgelehrten auch nicht: laß alles fahren und folge mir nach. Die Liebe Gottes und des Nächsten ist nicht das selbe wie Weltentsagung. Der Dekalog (10, 19) kann wohl überboten werden, aber der Monotheismus, so wie er in der Kombination der Stellen des Deuteronomiums und des Levitikus sich darstellt, kann nicht überboten werden, auch nicht von der Nachfolge und dem Martyrium.

§ 64. 12, 35—37 (Mt 22, 41-46. Lc 20, 41-44).

Und niemand wagte ihn mehr zu fragen. ³⁵ Und Jesus hub an und sagte beim Lehren im Tempel: wie können die Schriftgelehrten sagen, daß der Christus der Sohn Davids sei? ³⁶ David hat doch durch den heiligen Geist gesprochen: der Herr hat gesagt zu meinem Herrn: setz dich zu meiner Rechten, bis ich deine Feinde unter deine Füße lege! ³⁷ David selber nennt ihn Herr, woher ist er denn sein Sohn?

Jesus behauptet, der Messias sei nicht Davids Sohn, sondern mehr als das. Er weist die Meinung der Schriftgelehrten in diesem Punkte ebenso ab, wie er es früher (9, 11) in einem anderen Punkte getan hat. Da er nun 9, 11 pro domo redet, so vermutlich auch hier. Er ist der Messias, obwohl die jüdischen Vorstellungen über diesen auf ihn nicht passen; denn ihm hat kein Elias die Hindernisse aus dem Wege geräumt und er stammt auch nicht von David.

§ 65. 12, 38—40 (Mt 23. Lc 20, 45-47).

Und die große Menge hörte ihn gern. ³⁸ Und in seiner Lehre sagte er: Hütet euch vor den Schriftgelehrten, die es lieben in Talaren einherzugehn und gegrüßt sein wollen auf den Straßen und gern obenan sitzen in den Synagogen und an Tisch beim Mahle ⁴⁰ und fressen der Witwen Hausgut und verrichten lange Gebete zum Schein: die werden die schlimmste Strafe empfangen.

Beim Lehren des Volkes nimmt Jesus in bezug auf die Schriftgelehrten kein Blatt vor den Mund. Sie mochten sich seiner Beob-

achtung und Kritik in Jerusalem noch mehr aufdrängen als in Galiläa.
Für στολαῖς 12, 38 bietet die Syra στοαῖς; das verdient aber nicht
den Vorzug.

§ 66. 12, 41–44 (Lc 21, 1–4).

Und er setzte sich gegen den Opferstock und sah zu, wie
die Leute Münzen in den Opferstock einwarfen. [42] Und manche
Reiche gaben viel, eine Witwe aber kam und warf zwei Scherflein
ein, das macht einen Heller. [43] Da rief er seine Jünger heran und
sprach: Amen ich sage euch, diese arme Witwe hat mehr eingelegt
als alle, die in den Opferstock eingelegt haben; [44] denn alle haben
aus ihrem Überfluß eingelegt, diese aber hat aus ihrer Dürftigkeit
eingelegt, alles was sie hatte, ihre ganze Habe.

E. Klostermann führt aus Catena 406 an: αὕτη ἡ χήρα (42) τῶν
γαστριζουσῶν τοὺς γραμματεῖς (40) τιμιωτέρα καθέστηκεν und rezipiert
davon mit Recht, daß § 66 seinen Platz dem Stichwort χήρα (40)
verdanke.

In Jerusalem verrichtet Jesus überhaupt keine Wunder mehr,
auch keine Heilungen und Dämonenaustreibungen. Ebenso ist der
Abstand der Kapp. 11. 12 von dem unmittelbar vorhergehenden
Abschnitt 8, 27—10, 45 bemerkenswert. Die trübe Stimmung, die
Jesus auf dem Wege nach Jerusalem beherrscht, steigert sich in Jerusalem
selber nicht, sondern legt sich und macht einer zuversichtlichen
und unternehmenden Platz. Er fühlt sich getragen von dem Enthusiasmus
der Menge. Der nahe und gewisse Tod erfüllt nicht sein Herz
und seine Rede; es findet sich nur einmal eine Todesweissagung und
zwar in der dem alten Zusammenhang fremden und widersprechenden
Parabel von den Weingärtnern, auch da nur implicite. Der Konflikt
mit den Erzpriestern spinnt sich zwar durch die Tempelreinigung
an, aber Jesus vermeidet es, ihn zu verschärfen, und benimmt sich
klug und vorsichtig gegen seine Widersacher, ohne doch sich etwas
zu vergeben und zurückzuweichen. Von der Notwendigkeit des Kreuzes
nicht bloß für ihn selber, sondern auch für seine Jünger, von der Nachfolge
in den Tod und der vollkommenen Absage an die Welt im Hinblick
auf das nahe Reich Gottes, hören wir kein Wort; die äußerlich
ähnlichen Stücke § 63 und § 51 sind innerlich ganz unähnlich. Diese
tiefgreifenden Unterschiede erklären sich schwerlich daraus, daß
Jesus im Kap. 11. 12 nicht mehr wie in 8, 27—10, 45 geheimnisvoll zu

seinen Jüngern redet, sondern offen vor allem Volk. Und warum redet er in Jerusalem nicht mehr zu seinen Jüngern, außer in der sicher nicht von ihm herrührenden Apokalypse Kap. 13 und am letzten Tage? Er hätte doch am Abend und des Nachts in Bethania Gelegenheit genug gehabt, mit ihnen über sich selbst, über die Bedeutung seines Leidens und Sterbens zu sprechen — es wird aber nichts darüber berichtet. Anders Joa 14—17.

§ 67. 13, 1. 2 (Mt 24, 1. 2. Lc 21, 5. 6).

Und als er weg ging aus dem Tempel, sagte einer seiner Jünger zu ihm: Meister, sieh, was für Steine und was für Bauten! ² Und Jesus sagte: seht ihr diese gewaltigen Bauten? es wird hier kein Stein auf dem anderen bleiben, der nicht abgebrochen werde.

Endlich geht der dritte Tag zu Ende, in dem fast alles untergebracht und verkettet ist, was überhaupt von Jesu öffentlichem Auftreten in Jerusalem berichtet wird. Bei der Heimkehr nach Bethania läßt er sich aus über das Geschick, das Jerusalem droht — nicht über das imminente, das ihm selber droht. Er soll das nur seinen Jüngern gegenüber getan haben. Aber das scheint eine Abschwächung zu sein; nach § 79 sind doch auch andere Zeugen zugegen gewesen, auf deren Aussage seine Verurteilung durch das Synedrium erfolgte. Er hat mit der Weissagung der Zerstörung des Tempels seinen Feinden das Messer in die Hand gegeben. Den richtigen Juden galt eine solche Weissagung noch immer als Blasphemie, wie zur Zeit Michas und Jeremias. Denn noch immer bedeutete der Tempel die Gegenwart der Gottheit. Bevor die Römer ihn zerstören konnten, war das Numen ausgewandert mit dem Ruf: heben wir uns von dannen — wie Josephus (Bellum 6, 299) erzählt, frei nach Ezechiel. Noch in Apoc 11, 2 gilt der eigentliche Tempel selbst als unantastbar und nur der äußere Vorhof wird den Heiden preisgegeben.

§ 68a. 13, 3. 4 (Mt 24, 3. Lc 21, 7).

Und da er auf dem Ölberg saß, gegenüber dem Tempel, fragten ihn Petrus und Jakobus und Johannes und Andreas besonders: ⁴ sag uns, wann wird das geschehen? und was ist das Zeichen (der Zeit), wann das alles zu Ende kommen soll?

§ 67 steht für sich; § 68 ist erst später hinzugefügt und widerspricht in Wahrheit dem Inhalt von § 67: denn der Tempel wird hier wohl entweiht, aber n i c h t zerstört. Wenn § 67 unzweifelhaft authentisch ist, so ist § 68 nicht authentisch; die einzige richtig eschatologische Rede im Mc ist nicht aus Jesu Munde hervorgegangen. Sie ist auch nichts weniger als originell, wie man längst erkannt hat, sondern enthält das wesentlich auf Daniel aufgebaute Schema der jüdischen Eschatologie. Von dem jüdischen Schema, das man noch ziemlich sicher ausscheiden kann, heben sich die späteren christlichen Zutaten ab. Nicht jüdisch ist aber auch die Anrede mit Ihr, wodurch die S c h a u in einfache L e h r e verwandelt und aller apokalyptische Firlefanz abgestreift wird. Denn zur Form der richtigen jüdischen Apokalypsen gehört es, daß der Seher selbst, der die Offenbarung empfängt, angeredet wird, sei es von Gott, sei es von einem Engel Gottes, oder daß er im Ich erzählt, was er hat schauen und hören dürfen.

13, 3. Auch die Situation ändert sich hier gegen 13, 1 und nur die Intimen dürfen zuhören. Zu ihnen gehört hier wiederum auch Andreas, der jedoch nicht neben Petrus, sondern am Ende der Reihe genannt wird. Bei Lukas findet sich der Einschnitt nicht, er hat die Drohung auf dem Ölberge an einer früheren und eigentlich passenderen Stelle gegeben, wo Jesus zum ersten mal von da auf Jerusalem herabsieht.

13, 4. Das Thema wird angegeben durch die Frage nach d e m Z e i c h e n der Endzeit (13, 29. 30). Dieselbe wird beantwortet in drei Stufen: 1. die ἀρχὴ ὠδίνων ist noch nicht das Zeichen der Endzeit, 2. das Zeichen des A n f a n g s der Endzeit ist die Erscheinung des entsetzenden Greuels, 3. das Zeichen d e s E n d e s der Endzeit, des Eintretens der glücklichen Krisis, ist die Erscheinung des Menschensohnes. Zuletzt kommt noch ein Anhang, der außerhalb des Schemas liegt.

§ 68 b. 13, 5—13 (Mt 24, 4—14. Lc 21, 8—16).

Da begann Jesus ihnen zu sagen: Habt acht, daß euch niemand irre führe. [6] Viele werden kommen in meinem Namen und sagen: ich bins! und werden viele verführen. [7] H ö r t i h r n u n v o n K r i e g e n u n d K r i e g s g e r ü c h t e n, s o l a ß t e u c h n i c h t a u f r e g e n; e s m u ß s o k o m m e n,

aber es ist noch nicht das Ende. ⁸**Denn ein Volk wird sich erheben wider das andere und ein Reich wider das andere, Erdbeben werden hie und da sein, Hungersnöte werden sein: das ist nur der Anfang der Wehen.** ⁹Ihr aber, seht euch selber vor! Ihr werdet den Gerichten übergeben und in den Versammlungen gegeißelt und vor Landpfleger und Könige gestellt werden, um ihnen Zeugnis abzulegen ¹⁰ Und es muß zuvor bei allen Völkern das Evangelium verkündet werden. ¹¹ Wenn ihr nun abgeführt und überantwortet werdet, so sorget nicht voraus, was ihr reden sollt; sondern was euch im Augenblick eingegeben wird, das redet. Denn nicht ihr seid es, die da reden, sondern der heilige Geist. ¹²**Und ein Bruder wird den anderen überliefern zum Tode und ein Vater den Sohn, und Kinder erheben sich gegen ihre Eltern und töten sie.** ¹³ Und ihr werdet von allen gehaßt sein, um meines Namens willen. Wer aber stand hält bis ans Ende, der wird gerettet werden.

13, 6 greift dem Vers 13, 21 vor und antwortet nicht auf die Frage 13, 4; denn diese lautet bei Mc nicht: wann wirst du erscheinen? Christliche Pseudopropheten hat es gegeben, christliche Pseudochristi aber schwerlich. „Sie kommen in meinem Namen" (d. h. sie sind Christen) widerspricht dem, daß sie sagen, sie seien selber der Messias. Das anstößige ἐπὶ τῷ ὀνόματί μου wird aber auch durch Matthäus und Lukas bezeugt.

13, 7. 8. Ὅταν schlägt zurück auf das ὅταν 13, 4. Ebenso 13, 14, wo aber nicht ἀκούσητε, sondern ἴδητε folgt. Die nächste Antwort auf die Frage Wann ist: noch nicht. Vermutlich haben die hier beschriebenen Wehen, aus denen der Messias geboren wird, schon angefangen; der apokalyptische Schriftsteller pflegt von der Gegenwart auszugehn und von dem Standpunkt der Gegenwart weiter zu schauen in die Zukunft. Mit den beiden Versen 13, 7. 8 beginnt das jüdische Schema; was dazu gehört, ist in diesem Absatz meiner Übersetzung durch Sperrdruck hervorgehoben.

13, 9. 10. Βλέπετε wird bei Mt 10, 17 erklärt: hütet euch vor den Menschen. In Hinblick auf 13, 5. 23. 33 kann man zweifeln, ob diese Erklärung richtig ist. Die συναγωγαί sind die jüdischen Gerichtsversammlungen, die Könige sind die Antipatriden, besonders

Agrippa I, die ἡγεμόνες die römischen Landpfleger von Judäa und Samaria. Diese Instanzen führen nicht über Palästina hinaus. In 13, 10 scheint das freilich vorausgesetzt zu werden, wenn Verbindung mit dem Vorhergehenden besteht. Aber vielleicht besteht keine. Εἰς μαρτύριον αὐτοῖς kommt in verschiedenem Sinne vor, die Auffassung muß sich nach dem jeweiligen Zusammenhange richten. Hier heißt es offenbar: als Märtyrer, als Zeugen des Evangeliums vor ihnen.

13, 11. An dieser Stelle ragt das christliche Pneuma in das Evangelium Marci hinein.

13, 12. Dieser Zug ist seit Micha 7 ein Gemeinplatz der jüdischen Apokalyptik in der Beschreibung der Wehen des Messias. Hier scheint er nach 13, 13 so verstanden werden zu sollen, daß die Christen von ihren eigenen Angehörigen gehaßt und verstoßen werden. Das ist aber nicht ursprünglich mit der allgemeinen Auflösung der Familienbande gemeint.

13, 13. Für σωθήσεται heißt es in dem parallelen Spruch der Apokalypse Johannis: er wird den Kranz des Lebens empfangen.

§ 68c. 13, 14—23 (Mt 24, 15—28. Lc 21, 20—24).

Wenn ihr aber den Greuel des Entsetzens seht, an einer Stelle wo er nicht stehn darf [der Leser gebe acht!], dann mögen die Leute in Judäa in die Berge fliehen, [15] und wer auf dem Dache ist, der steige nicht hinab und gehe ins Haus, um etwas daraus zu holen, [16] und wer auf dem Felde ist, kehre nicht zurück, um seinen Mantel zu holen. [17] Wehe aber den Schwangeren und den säugenden Müttern in jenen Tagen! [18] Und bittet, daß es nicht im Winter geschehe. [19] Denn es werden jene Tage eine Zeit der Drangsal sein, wie sie nicht gewesen ist von Anfang der Schöpfung an bis jetzt und auch nicht sein wird. [20] Und wenn der Herr die Tage nicht verkürzte, so bliebe kein Fleisch am Leben — doch wegen der Erwählten, die er erwählt hat, verkürzt er die Tage. [21] Und wenn euch dann jemand sagt: hier ist der Christus, dort ist er! so glaubt es nicht, [22] denn es werden falsche Christi und falsche Propheten auftreten und Zeichen und Wunder tun, so daß sie wo möglich auch die Auserwählten verführen. [23] Ihr aber habt acht, ich habe euch alles vorausgesagt.

Jetzt tritt das erste danielische Zeichen des Endes ein. Das Ende ist kein Moment, sondern eine Periode (13, 20); am Anfang und am Schluß der letzten betrübten Zeit steht je ein Zeichen. Das Anfangszeichen ist der Greuel **des Entsetzens**, die griechische Übersetzung ἐρημώσεως führt völlig irre und trifft weder den Sinn des Daniel, noch den des Evangeliums. Dieser Greuel ist nichts Bestimmtes, Historisches, sondern etwas Mysteriöses und Zukünftiges — denn mit 13, 14 ss. tritt richtige Weissagung ein, während vorher von schon Gegenwärtigem (Christenverfolgungen) die Rede ist. Der Autor denkt an eine Profanation des Tempels, ohne sich deren Art und Weise näher vorzustellen. Er hat überall Jerusalem als Scene der letzten Katastrophe vor Augen. Dieselbe endet bei ihm trotz allem nicht mit der Vernichtung. Nach der schwersten Drangsal und Entweihung wird Jerusalem und der Tempel schließlich gerettet und die Diaspora dorthin übergeführt, in das Reich des Messias. Alles ist rein jüdisch, mit Ausnahme von 13, 23.

13, 14. Die Aufforderung **der Leser gebe acht** soll nach Weizsäcker (Apost. Zeitalter 1892 p. 362) ein Avis für den Gemeindevorleser sein, daß er die Sache den Hörern erkläre. Im Prolog zum Buch Sirach ist ὁ ἀναγινώσκων der Schriftgelehrte. — Die Aufforderung zur Flucht richtet sich nicht an die Jerusalemer — was man meist übersieht —, sondern an die Bewohner der jüdischen Landschaft; sie sollen aber vor den Feinden nicht in die feste Hauptstadt fliehen, wo sie vom Regen in die Traufe kämen, sondern sich in den Bergen verstecken. Judäa umfaßt hier weder Jerusalem mit, noch auch (wie öfters bei Lukas) Galiläa. Das ist bemerkenswert, ein Galiläer würde auch an sein Heimatland gedacht haben.

13, 15. 16. Weil die Flucht solche Eile hat, soll man vom Dach nicht erst noch zurückgehn in das Haus. Die Stiege war, wenigstens in den Dörfern und kleinen Städten, außen angebracht und führte auf die Straße. Auf dem Felde arbeitet man im Rock und läßt den Mantel daheim. Klar ist, daß hier von einem ganzen Volke und zwar von den Juden auf dem Lande die Rede ist, nicht von den paar Christen in Jerusalem und ihrer Flucht nach Pella.

13, 17 gilt nicht mehr bloß vom Lande, sondern auch und vornehmlich von Jerusalem, zu dem hier der Übergang stillschweigend erfolgt, weil die Hauptstadt selbstverständlich im Mittelpunkt der Gedanken steht.

13, 18. Als Subjekt zu γένηται kann natürlich nicht die Flucht ergänzt werden; wenn das Subjekt nicht genannt wird, so kann es nur das Ganze sein, wovon hier die Rede ist, nämlich die Kriegsnot. Daß diese sich über mehrere Jahre erstreckt, wird nicht vorausgesehen; ein vaticinium ex eventu liegt also nicht vor.

13, 20. Wie aus Daniel bekannt, sind für alles bestimmte Fristen von Gott vorgesehen; so auch für die Dauer der letzten betrübten Zeit. Bei Daniel ist sie auf viertehalb Jahr angegeben. Gott kann aber die Frist verkürzen, und er tut es in Rücksicht auf die unschuldig Mitleidenden, die doch gerettet werden sollen. Die Auserwählten sind identisch mit dem prophetischen Rest, um ihret willen geht Jerusalem nicht unter, durch sie wird es fortgesetzt. Σώζεσθαι hat den Nebenbegriff des Entrinnens (10, 26). Kein Fleisch bedeutet niemand und wird durch den Zusammenhang beschränkt auf die Juden oder die Jerusalemer. Das Präteritum ἐκολόβωσεν statt des Futurums erklärt sich daraus, daß Gott den Beschluß schon gefaßt hat — die Juden pflegen so zu denken und sich auszudrücken.

13, 21. 22. Die Drangsal dauert ihre Zeit, ihre Beendigung durch den Messias tritt nicht so bald ein, wie man wünscht. Man muß auf seine Offenbarung vom Himmel warten und sich durch die irdischen Christi und ihre Propheten nicht täuschen lassen, die der dringenden Nachfrage entsprechend sich anbieten. Das Auftreten solcher Leute unter den Juden ist bezeichnend für die Zeit der Empörung gegen die römische Herrschaft.

13; 23. Dieser Schluß ist christlich, alles übrige aber jüdisch — man hat kaum Grund, 13, 21. 22 auszunehmen. Wir haben wirkliche Weissagung vor uns, die Zeit der Abfassung liegt deutlich vor der Zerstörung Jerusalems.

§ 68 d. 13, 24—27 (Mt 24, 29—31. Lc 21, 25—28).

Aber in den selben Tagen [nach der Drangsal] wird die Sonne sich verfinstern und der Mond seinen Schein nicht geben. [25] Und die Sterne werden vom Himmel fallen und die Himmelsmächte in Schwanken geraten. [26] Und dann sieht man den Menschensohn kommen in den Wolken mit großer Macht und Herrlichkeit. [27] Und dann sendet er die Engel aus und sammelt die Auserwählten aus den vier Winden, vom Ende des Landes an bis zu dem Ende des Himmels.

13, 24. 25. Ἀλλά betont den Umschlag, die Wendung. Der Himmel greift ein in den irdischen Jammer, **himmlische** Zeichen künden die Krisis an, zuletzt der Menschensohn in den Wolken. Das μετὰ τὴν θλίψιν klappt bei Mc nach und ist vielleicht aus Matthäus entlehnt.

13, 26. Die Erscheinung des Menschensohns entspricht als himmlisches Schlußzeichen der letzten betrübten Zeit dem irdischen Anfangszeichen, dem Greuel des Entsetzens; genau so wie bei Daniel. Beides zusammen, jedes an seinem Teile, gibt Antwort auf die Frage 13, 4 nach dem σημεῖον. Matthäus (24, 30) sagt: καὶ τότε φανήσεται τὸ σημεῖον τοῦ υἱοῦ τ. α. Das wäre richtig, wenn er meinte: das Zeichen, welches in dem Menschensohn besteht — aber er meint etwas anderes. Ursprünglich ist mit dem Menschensohn hier so wenig wie bei Daniel Jesus Christus gemeint. Aber der Überarbeiter hat ihn gewiß darunter verstanden; man steht hier auf dem Übergang zur Christianisierung des danielischen Namens und seiner Umstempelung zu einer Art Eigennamen für Jesus, zunächst für den Jesus der Parusie. — Das ὄψονται wird von Matthäus mit Recht pro passivo genommen und mit φανήσεται wiedergegeben. Nach 13, 7. 14. 21 befremdet freilich die dritte Person Pl; die zweite fällt aber in dem ganzen Abschnitt 13, 24—27 weg.

13, 27. Die Diaspora kommt zu dem geretteten Reste in Sion hinzu, wie schon bei den nachexilischen Propheten; nur daß sie dort nicht von den Engeln zusammengebracht wird. Zu ἀπ᾽ ἄκρου γῆς ἕως ἄκρου οὐρανοῦ führt Hugo Grotius aus Philo de Caino an: ἀπ᾽ οὐρανοῦ ἐσχάτων μέχρι γῆς ἐσχάτων. — Dieser ganze Absatz (13, 24—27) ist jüdisch.

§ 68e. 13, 28—37 (Mt 24, 32–36. Lc 21, 29–36).

Vom Feigenbaum nehmt das Zeichen ab: wenn sein Zweig saftig wird und die Blätter herauskommen, so erkennt, daß die Erntezeit nah ist. [29 So auch ihr, wenn ihr dies geschehen seht, so merkt, daß sie nahe vor der Tür ist.] 30 Amen, ich sage euch, dies Geschlecht wird nicht vergehn, bis dies alles geschieht. 31 Himmel und Erde werden vergehn, aber meine Worte werden nicht vergehn. 32 Über den Tag und die Stunde jedoch weiß niemand Bescheid, auch die Engel im Himmel nicht noch der Sohn, sondern nur der Vater. ³³ Habt acht, bleibt wach; denn ihr wißt nicht, wann die Zeit ist. ³⁴ Es ist wie wenn ein Mensch, der auf Reisen geht, sein Haus abgibt und seine Knechte walten läßt, jedem sein Geschäft übergebend, und dem Türhüter aufträgt zu wachen. ³⁵ Also wacht, denn ihr wißt nicht, wann der Herr des Hauses kommt, ob am Abend oder zu Mitternacht oder um den Hahnenschrei oder um Tagesanbruch — ³⁶ damit er nicht plötzlich komme und euch schlafend finde. ³⁷ Was ich aber euch sage, das sage ich Allen: wacht!

Was in 13, 14—27 steht, soll freilich das Ende selbst sein. Aber die Erfahrung hatte inzwischen gelehrt, daß die Zerstörung Jerusalems, welche dort gemeint ist, in Wirklichkeit doch noch nicht das Ende war. Also wurde sie, auf vorgerückterem Standpunkte, zu einem bloßen Vorzeichen des Endes gemacht — wie noch durchgehender bei Lukas. Dergleichen Prolongationen des Wechsels sind charakteristisch für die Apokalyptik.

13, 28. 29. Daß der Saft in die Bäume geht, ist kein Zeichen für die Nähe des θέρος; und geht etwa der Saft nur in den Feigenbaum? Es ist nicht von einem allgemeinen und sich jährlich wiederholenden Vorgang die Rede, sondern von einem einmaligen und außernatürlichen, an einem ganz besonderen Feigenbaum. Meine vage Vermutung, daß hier der Feigenbaum von § 56 im Spiel sei, ist von Eduard Schwartz (ZNW 1904 p. 80—84) sehr ansprechend durchgeführt. Es muß einen verdorrten Feigenbaum bei Jerusalem gegeben haben, der nach dem Volksglauben wieder ausschlagen sollte, wenn τὸ θέρος vor der Tür stehe, d. h. die Ernte, das Bild für die messianische Endzeit. Von da aus fällt nun auch wieder Licht auf den Ursprung der jetzt recht unbegreiflichen Erzählung in § 56. Ursprünglich wird Jesus nicht den grünen Feigenbaum durch seinen Fluch dürre gemacht haben, sondern von dem verdorrten gesagt haben, er werde nicht, wie die Juden meinten, wieder aufleben, sondern immer dürre bleiben, d. h. die Hoffnung auf die Wiederherstellung Sions im alten Glanze werde sich nie erfüllen. In 11, 18 weist er also die jüdische Hoffnung zurück, in 13, 28 übernimmt er sie.

Wenn nun der Vers 28, entgegen der Meinung von 29, gar kein Gleichnis enthält, so kann der Imperativ γινώσκετε bleiben und braucht nicht wegen des folgenden οὕτως καὶ ὑμεῖς in γινώσκεται verwandelt zu werden. Der Vers 29 ist ein Nachtrag, worin ein wunderbarer zukünftiger Vorgang als alltäglicher misverstanden und ein ungeschickt ausgedrücktes Idem per idem zuwege gebracht wird. Für τὴν παραβολήν im Eingang von 28 ist τὸ σημεῖον zu erwarten.

13, 30. Ταῦτα bedeutet hier die Parusie selber, nicht, wie in 29, etwas ihr Vorausgehendes. Also kann kein Zusammenhang mit 29 bestehn, wohl aber mit 28. Dann würde der Eindruck nicht trügen, daß der Spruch noch aus der Zeit vor der Zerstörung Jerusalems stammt. Denn der Vers 28 setzt voraus, daß man noch in Jerusalem wohnt und den Feigenbaum daselbst beobachten kann.

13, 31. 32 kann nicht mit 13, 30 zusammen in Einem Atem gesprochen oder in Einem Zuge geschrieben sein. Denn während nach 30 die Parusie in Bälde zu hoffen ist, wird sie durch 31 und 32 überflüssig gemacht oder auf die lange Bank geschoben. In 31 heißt es: entbehrt man gleich die Person Jesu, so hat man doch seine Worte, die in Ewigkeit nicht schwinden werden — also auf seinen Worten (wie anderswo auf seinem Geist oder auf seiner Immanenz in der Gemeinde vom Himmel aus) beruht seine bleibende Wirkung. In 32 wird zwar die Parusie festgehalten, aber die Hoffnung darauf zurückgedrängt und die eschatologische Weissagung ihrer Aktualität beraubt. Der Vers 31 fehlt bei Matthäus (24, 35) im Sinaiticus. Der Vers 32 fehlt bei Lukas und macht sich verdächtig durch die Ausdrücke d e r V a t e r u n d d e r S o h n, die dem Mc übel zu Gesichte stehn. — Als Vorspiel zum vierten Evangelium, namentlich zu Joa 14—17, ist Mc 13, 31. 32 von Wichtigkeit.

13, 34. Häufig beginnt ὡς im Semitischen einen Hauptsatz und bedeutet: e s i s t wie wenn.

13, 35. Merkwürdig, daß alle vier Stunden der Nacht hier aufgezählt werden, mit ihren volkstümlichen Namen, nicht mit Zahlen.

13, 37. Die Rede richtet sich nach 13, 3 eigentlich nur an die vier Intimen, soll aber nicht allein für sie bestimmt sein, sondern für alle Christen, auch die der späteren Generation, für welche der Verfasser in Wahrheit schreibt.

Der Anhang 13, 28—37 ist rein christlich und setzt im Ganzen die Zerstörung Jerusalems voraus, die Jünger warten nicht mehr dort auf die Erscheinung des Herrn (Göttinger Nachrichten 1907 p. 2). Indessen müssen Vers 28 und 30 ausgehoben werden.

§ 69. 14, 1. 2 (Mt 26, 1–5. Lc 22, 1. 2).

Es war aber das Fest des Pascha und des ungesäuerten Brodes über zwei Tage. Und die Erzpriester und Schriftgelehrten sannen, wie sie ihn mit List fassen könnten und töten, ² denn sie sagten: nicht am Feste, daß kein Auflauf des Volkes entstehe.

Neander (Leben Jesu p. 570) hat richtig erkannt, daß die hier vorliegende Zeitrechnung der gewöhnlichen synoptischen widerspreche, und richtig geurteilt, daß sie die alte sei; vgl. meine Note zu Joa 19, 31 ss. und Strauß 2, 414. Die Absicht des Synedriums ist, Jesum noch vor dem Feste aus der Welt zu schaffen, nicht erst nach dem Feste, wie in dem Fall Act 12, 4. Sie wird nicht bloß gefaßt, sondern auch ausgeführt sein, da das Gegenteil nicht berichtet wird; wahrscheinlich ist sie sogar erst aus der Ausführung gefolgert. Also ist Jesus v o r d e m Pascha gekreuzigt, und da dies am nächsten Tage, am Freitag, geschieht, das Pascha aber über zwei Tage eintreten soll, so fällt das Pascha auf den Sonnabend. Das letzte Abendmahl war nicht das Paschamahl, vgl. zu § 73. Sachliche Gründe sprechen das letzte Wort; sie schließen es völlig aus, daß die Sitzung des Synedriums und die Verurteilung in der Paschanacht stattfand und die Hinrichtung am ersten Festtage erfolgte. — Pascha und Azyma werden bei Mc korrekt zusammengestellt, das Pascha ist der Anfang der Azyma. Lukas verändert den Text von Mc 14, 1. 2 aus durchsichtigen Gründen, ebenso der Cantabr. und die Latina den Text von Mc 14, 2.

§ 70. 14, 3–9 (Mt 26, 6–13).

Und da er in Bethania war, im Hause Simons des Aussätzigen, und zu Tisch saß, kam ein Weib mit einem Glas kostbaren Balsams; und sie zerbrach das Glas und goß es über sein Haupt. ⁴ Etliche aber äußerten unter einander ihren Unwillen darüber: wozu diese Vergeudung des Balsams! ⁵ dieser Balsam hätte für mehr als dreihundert Silberlinge verkauft und (der Erlös) den Armen gegeben werden können! Und sie fuhren sie an. ⁶ Jesus aber sprach: Laßt sie, was verstört ihr sie! sie hat ein gutes Werk an mir getan. ⁷ Denn allzeit habt ihr die Armen bei euch, und wann ihr wollt, könnt ihr ihnen wohltun, mich aber habt ihr nicht allzeit. ⁸ Was sie vermochte, hat sie getan, sie hat zum voraus meinen Leib balsamiert zum Begräbnis. ⁹ Amen ich sage euch: überall wo das Evangelium verkündet wird in der ganzen Welt, wird auch was sie getan hat gesagt werden zu ihrem Gedächtnis.

14, 3. Jesus hält sich nicht mehr tags über in Jerusalem auf, sondern bleibt am Ölberge, in Bethania. Simon der Aussätzige wird uns so wenig vorgestellt, wie Joseph von Arimathia. Mit der Zeit kommen noch mehr Bekannte in Bethania zum Vorschein, namentlich im vierten Evangelium.

14, 4. Das Subjekt sind bei Matthäus und im Cantabr. die Jünger, dem Sinne nach jedenfalls (wegen 14, 7) richtig.

14, 8. Maria Magdalena wird hier nicht genannt; in 16, 1 will sie vielmehr die wirkliche Einbalsamierung an dem Toten vollziehen.

14, 9. Das Evangelium ist hier wie immer (außer 1, 14) die Verkündigung der Apostel über Jesus, besonders über sein Leiden Sterben und Auferstehn; es wird verkündigt w e r d e n, aber mündlich ($\lambda\alpha\lambda\eta\vartheta\eta\sigma\epsilon\tau\alpha\iota$), nicht schriftlich. Unsere Geschichte ist wahrlich wert, im Evangelium zu stehn. Aber die Jesus selber in den Mund gelegte, höchst feierliche Versicherung, daß auch sie dazu gehöre, erweckt doch den Argwohn, daß das nicht immer der Fall gewesen ist — zum Gedächtnis der Frau hätte doch vor allem ihr Name gehört, der verschwiegen wird. Auf späteres Alter der Perikope weist auch der Umstand hin, daß Jesus hier nicht etwa seinen Tod ankündt, sondern sein Begräbnis voraussetzt und daß niemand sich darüber verwundert. Also ist § 70 eine Einlage. Man bemerke, daß Bethania auch 11, 11 in einem sekundären Stück erscheint, während in der Parallele 11, 19 der Ort außerhalb Jerusalems nicht genannt wird, wo Jesus sein Nachtquartier hatte.

§ 71. 14, 10–11 (Mt 26, 14–16. Lc 22, 3–6).

Und Judas Ischariot, einer von den Zwölfen, begab sich zu den Erzpriestern, um ihn an sie verraten. ¹¹ Sie aber freuten sich und versprachen ihm Geld zu geben. Und er suchte eine Gelegenheit, wie er ihn verraten könnte.

Daß § 71 sachlich an § 69 anschließt, ist klar. Über das Motiv des Verräters erfahren wir nicht das Geringste. Das ist bezeichnend für die evangelische Erzählung; man sieht, wie wenig man daraus einen historischen Zusammenhang herstellen kann, wenn man nicht dichten will. Nach Joa 18, 2 verriet Judas den Ort, wo der Meister nachts sich aufhielt. Unter dem Volke in Jerusalem wagten die Erzpriester ihn doch nicht zu verhaften (14, 48. 49), obwohl sie es inzwischen bearbeiteten. Der Verräter heißt mit Vorliebe εἰς τῶν δώδεκα, an unserer Stelle im Vaticanus sogar ὁ εἰς τ. δ., als wäre das sein Titel.

§ 72. 14, 12–16 (Mt 16, 17–19. Lc 22, 7–13).

Und am ersten der Tage der ungesäuerten Brote, wo man das Pascha zu schlachten pflegte, sagten ihm seine Jünger: wo sollen wir hingehn und dir das Paschamahl anrichten? [13] Und er sandte zwei seiner Jünger und sagte ihnen: Geht in die Stadt, und es wird euch ein Mann begegnen, der einen Wasserkrug trägt, dem folgt, [14] und wo er eintritt, da sprecht zu dem Hauswirt: der Meister läßt dir sagen: wo ist die Unterkunft für mich, da ich das Pascha esse mit meinen Jüngern? [15] Und er wird euch ein großes Oberzimmer weisen, mit Decken überspreitet, das bereit steht; da richtet uns das Mahl an. [16] Und die Jünger gingen weg und kamen in die Stadt und fanden es so, wie er ihnen gesagt hatte, und richteten das Pascha zu.

In 14, 1 standen wir noch zwei Tage vor Ostern und in 14, 12 stehn wir schon am ersten Ostertag. Die Pause von zwei Tagen fügt sich zwar in die sechs Tage der Passion: drei Tage (Sonntag bis Dienstag) kommen auf Kap. 11—13, zwei (Mittwoch und Donnerstag) auf 14, 1—11, und nun ist es 14, 12 der sechste Tag, der Freitag, dessen Beginn hier schon auf Donnerstag Abend gesetzt wird. Daß jedoch die alte Überlieferung hier einen leeren Raum sollte eingeschoben haben, um ein Wochenschema herauszubringen, läßt sich nicht annehmen. Denn die zwei Tage wären wirklich ganz unausgefüllt; Jesus selber tut gar nichts in 14, 1—11, wenn man von § 70 absieht, mit dem es, wie wir gesehen haben, eine besondere Bewandtnis hat. In Wahrheit ist kein Zeitunterschied zwischen § 69 und dem Reste des Kapitels; schon dort ist der vorletzte Tag angegangen, der Donnerstag vor der Kreuzigung. Aber dieser Donnerstag ist nicht der Vorabend des Pascha, Pascha ist erst übermorgen. Die Angabe 14, 12 widerspricht der älteren in 14, 2. Und nicht allein die Zeitangabe in § 72 ist unhistorisch, sondern auch der Inhalt des ganzen Stücks. Der Saal wird hier genau in der selben Weise beschafft, wie der Esel für Palmarum. Jesus schickt zwei seiner Jünger ab und sagt, die Bahn sei ihnen geebnet. Er hat auch hier nicht alles heimlich bestellt und verabredet, sondern er weiß voraus, was sich ereignen und wie die Menschen sich benehmen werden, weil es von Gott für die wichtige Feier so geordnet ist. Der Wasserträger steht nicht auf Posten und sieht nach der Uhr, sondern er geht ahnungslos seines Weges und bemerkt die Boten kaum, welche seinen Spuren folgen. Also ist die ganze Erzählung ein Wunder.

§ 73. 14, 17–21 (Mt 26, 20–25. Lc 22, 21. 22).

Und am Abend kam er mit den Zwölfen. [18] Und da sie zu Tisch saßen und aßen, sagte Jesus: Amen ich sage euch, einer von euch wird mich verraten, der mit mir ißt. [19] Sie wurden betrübt und sagten einer nach dem andern: doch nicht ich? [20] Er sprach: Einer der Zwölf, der mit mir in die Schüssel taucht. [21] Der Menschensohn geht zwar dahin, wie von ihm geschrieben steht; doch wehe dem Manne, durch welchen der Menschensohn verraten wird! es wäre jenem Manne besser, wenn er nicht geboren wäre.

Wegen des engen Zusammenhangs mit § 72 kann εἰς Ἱεροσόλυμα bei ἔρχεται fehlen. Während Jesus sonst den Tag über in Jerusalem ist, kommt er diesmal erst am Abend hin. Wegen des Abendmahls war das nicht nötig, nur wegen des Pascha. Das Pascha wird auch durch die Schüssel mit der Tunke (14, 20) vorausgesetzt. Aber das Pascha § 73 ist nicht der erste Gang des Abendmahls § 74; das ἀνακειμένων αὐτῶν καὶ ἐσθιόντων 14, 18 wird nicht fortgesetzt durch καὶ ἐσθιόντων αὐτῶν 14, 22, sondern drängt sich damit; der Segen (14, 22) gehört nicht in die Mitte, sondern an den Anfang. Außerdem nimmt Jesus beim Abendmahl gesäuertes Brot (ἄρτος) und nicht, wie es beim Pascha hätte geschehen müssen, ungesäuertes; vgl. ZNW 1908 p. 182.

Also gehn § 73 und 72 nicht mit § 74 zusammen und gehören nicht zum Urbestande des Mc. Nicht bloß wegen des Pascha, sondern auch wegen des Verräters, der das Hauptinteresse von § 73 bildet. Es ist unerträglich, daß dieser am Abendmahl teilnimmt. Denn es heißt 14, 23: sie tranken alle daraus.

„Der mit mir ißt oder in die Schüssel taucht" bedeutet „einer meiner Tischgenossen"; vgl. Weiße 1, 602. Der Ausdruck ὑπάγει

(Apoc 17, 8) bedeutet ἀπάγεται oder παραδίδοται. Er wird im vierten Evangelium öfters wiederholt, in der Form: ἐγὼ ὑπάγω.

§ 74. 14, 22—25 (Mt 26, 26—29. Lc 22, 14—20).

Und da sie aßen, nahm er Brot, sprach den Segen und brach es und gab es ihnen und sagte: nehmt, das ist mein Leib. [23] Und er nahm einen Kelch, sprach den Dank und reichte ihn ihnen, und sie tranken alle daraus. [24] Und er sprach: Das ist mein Blut des Bundes, das für viele vergossen wird. [25] Amen ich sage euch, ich werde nicht mehr von dem Gewächs des Weinstocks trinken, bis zu dem Tage, wo ich es neu trinke im Reiche Gottes.

Mc 14, 22—25. Καὶ ἐσθιόντων αὐτῶν λαβὼν ἄρτον εὐλογήσας ἔκλασεν καὶ ἔδωκεν αὐτοῖς καὶ εἶπεν· λάβετε· τοῦτό ἐστιν τὸ σῶμά μου. [23] καὶ λαβὼν ποτήριον εὐχαριστήσας ἔδωκεν αὐτοῖς, καὶ ἔπιον ἐξ αὐτοῦ πάντες. [24] καὶ εἶπεν αὐτοῖς· τοῦτό ἐστιν τὸ αἷμά μου τῆς διαθήκης τὸ ἐκχυννόμενον ὑπὲρ πολλῶν. [25] ἀμὴν λέγω ὑμῖν ὅτι οὐκέτι οὐ μὴ πίω ἐκ τοῦ γενήματος τῆς ἀμπέλου ἕως τῆς ἡμέρας ἐκείνης ὅταν αὐτὸ πίνω καινὸν ἐν τῇ βασιλείᾳ τοῦ θεοῦ.

Mt 26, 26—29. Ἐσθιόντων δὲ αὐτῶν λαβὼν ὁ Ἰησοῦς ἄρτον καὶ εὐλογήσας ἔκλασεν καὶ δοὺς τοῖς μαθηταῖς εἶπεν· λάβετε φάγετε· τοῦτό ἐστιν τὸ σῶμά μου. [27] καὶ λαβὼν ποτήριον καὶ εὐχαριστήσας ἔδωκεν αὐτοῖς λέγων· πίετε ἐξ αὐτοῦ πάντες· [28] τοῦτο γάρ ἐστιν τὸ αἷμά μου τῆς διαθήκης τὸ περὶ πολλῶν ἐκχυννόμενον εἰς ἄφεσιν ἁμαρτιῶν. [29] λέγω δὲ ὑμῖν, οὐ μὴ πίω ἀπ' ἄρτι ἐκ τούτου τοῦ γενήματος τῆς ἀμπέλου ἕως τῆς ἡμέρας ἐκείνης ὅταν αὐτὸ πίνω μεθ' ὑμῶν καινὸν ἐν τῇ βασιλείᾳ τοῦ πατρός μου.

Lc 22, 14—20. Καὶ ὅτε ἐγένετο ἡ ὥρα, ἀνέπεσεν, καὶ οἱ ἀπόστολοι σὺν αὐτῷ. [15] καὶ εἶπεν πρὸς αὐτούς· ἐπιθυμίᾳ ἐπεθύμησα τοῦτο τὸ πάσχα φαγεῖν μεθ' ὑμῶν πρὸ τοῦ με παθεῖν· [16] λέγω γὰρ ὑμῖν ὅτι οὐ μὴ φάγω αὐτὸ ἕως ὅτου πληρωθῇ ἐν τῇ βασιλείᾳ τοῦ θεοῦ. [17] καὶ δεξάμενος ποτήριον εὐχαριστήσας εἶπεν· λάβετε τοῦτο καὶ διαμερίσατε εἰς ἑαυτούς· [18] λέγω γὰρ ὑμῖν οὐ μὴ πίω ἀπὸ τοῦ νῦν ἀπὸ τοῦ γενήματος τῆς ἀμπέλου ἕως οὗ ἡ βασιλεία τοῦ θεοῦ ἔλθῃ.

[19] Καὶ λαβὼν ἄρτον εὐχαριστήσας ἔκλασεν καὶ ἔδωκεν αὐτοῖς λέγων· τοῦτό ἐστιν τὸ σῶμά μου τὸ ὑπὲρ ὑμῶν διδόμενον· τοῦτο ποιεῖτε εἰς τὴν ἐμὴν ἀνάμνησιν. [20] καὶ τὸ ποτήριον ὡσαύτως μετὰ τὸ δειπνῆσαι, λέγων· τοῦτο τὸ ποτήριον ἡ καινὴ διαθήκη ἐν τῷ αἵματί μου, τὸ ὑπὲρ ὑμῶν ἐκχυννόμενον.

1 Kor 11, 23—25. Ἐγὼ γὰρ παρέλαβον ἀπὸ τοῦ κυρίου, ὃ καὶ παρέδωκα ὑμῖν, ὅτι ὁ κύριος Ἰησοῦς ἐν τῇ νυκτὶ ᾗ παρεδίδετο ἔλαβεν ἄρτον, ²⁴ καὶ εὐχαριστήσας ἔκλασεν καὶ εἶπεν· τοῦτό μου ἐστὶν τὸ σῶμα τὸ ὑπὲρ ὑμῶν· τοῦτο ποιεῖτε εἰς τὴν ἐμὴν ἀνάμνησιν· ²⁵ ὡσαύτως καὶ τὸ ποτήριον μετὰ τὸ δειπνῆσαι, λέγων· τοῦτο τὸ ποτήριον ἡ καινὴ διαθήκη ἐστὶν ἐν τῷ ἐμῷ αἵματι· τοῦτο ποιεῖτε ὁσάκις ἐὰν πίνητε εἰς τὴν ἐμὴν ἀνάμνησιν.

14, 22. Wegen des Segens bezeichnet καὶ ἐσθιόντων αὐτῶν hier den Anfang der Handlung. Auf keinen Fall bedeutet es „als sie d a s P a s c h a gegessen hatten" oder „als sie noch beim Essen d e s - P a s c h a waren". Paulus gibt die Nacht, in welcher der Herr verraten ward, als Datum an, nicht die Paschanacht — was doch am nächsten gelegen hätte, wenn es zutreffend gewesen wäre. Τοῦτο zeigt auf das Brot; Jesus selber hat das vorhergehende Masculinum ἄρτος nicht gebraucht, sondern nur der Erzähler. Das Brechen des Brotes ist selbstverständliche Vorbereitung zum Austeilen, nicht Symbol für die Zerstörung des Leibes. Paulus sagt 1 Kor 10, 17: ein Brot, ein Leib sind wir alle, denn alle haben wir teil an dem einen und selbigen Brote. Diese antike und auch bei den Juden damals noch lebendige Idee der sakramentalen Vereinigung durch das Essen der selben Speise liegt zu grunde; der Leib der Teilnehmer am gemeinsamen Mahl erneuert sich aus dem selben Quell und wird der selbe. Mit τὸ ὑπὲρ ὑμῶν, welches anders zu verstehn als Lukas (22, 19) Weizsäcker sich unnütz anstrengt, bringt Paulus etwas Fremdes in die Communio hinein. Die Aufforderung, zu essen und zu trinken, ersetzt er durch das ebenso gemeinte τοῦτο ποιεῖτε und fügt hinzu: εἰς τὴν ἐμὴν ἀνάμνησιν und ὁσάκις ἐὰν πίνητε. Letzteres setzt schon eine Gewohnheit der Abendmahlsfeier bei der Gemeinde voraus, das konnte Jesus nicht sagen und die Jünger nicht verstehn. Mc hat also den älteren Text; darin steht nicht, daß der Akt zur Wiederholung bestimmt sei.

14, 23. Zwischen εὐλογεῖν und εὐχαριστεῖν besteht kein Unterschied, der Wechsel findet sich ebenso in 6, 41 und 8, 6; das gleiche aramäische Wort liegt zu grunde. Das Segnen von Speise und Trank war nichts besonderes, sondern jüdische Sitte.

14, 24. Das Weintrinken geschah zwar nicht bloß beim Feste, beim Pascha, doch auch nicht alle Tage. Es wird hier besonders hervorgehoben. Das Mahl (das Brot) genügt zur Vergemeinschaftung.

Es ist aber nur ein Schatten der alten Verbrüderung durch das Opfer. Und diese geschah nicht bloß durch das Opfermahl, sondern feierlicher durch das Opferblut, das die Beteiligten sich in der selben Weise applicierten, wie der Gottheit (d. h. dem Idol oder dem Altar), durch Benetzen oder Bestreichen. Das war eine aus Imitation des Opferritus entstandene Milderung ursprünglichen Bluttrinkens, von dem sich noch Spuren finden. Eine andere Milderung ist es, daß an stelle des Bluttrinkens das Trinken des (roten) Weines trat. Der Wein ist ein besserer Kitt als das Brot, er symbolisiert das Blut, welches mehr gilt als das Fleisch und dem Leben selbst, der eigentlichen Essenz des Heiligen und Göttlichen, gleichgesetzt wird. Darum faßt Jesus nicht Brot und Wein in eins zusammen, sondern hebt den Ton beim Weine. Διαθήκη bedeutet sonst Testament, entspricht aber in der Septuaginta dem hebräischen b'rith und heißt darnach hier Bund; Jesus müßte q'jâmâ dafür gesagt haben — sonst ist freilich die Übersetzung seiner Worte bei Mc nicht septuagintamäßig[1]). Der Genitiv τῆς διαθήκης (im Aramäischen wohl nur Apposition, da nach τὸ αἷμά μου kein Genitiv folgen darf) ist epexegetisch; Paulus versteht richtig: ἡ διαθήκη ἐστίν. Ob er freilich auch mit dem Attribut καινή Recht hat, läßt sich fragen. Das Paschablut hat Jesus nicht vorgeschwebt, es ist auch kein Bundesblut. Eher wäre es möglich, daß er an die Bundschließung Exod 24 (Zach 9, 11) gedacht hat, die durch Blutsprengen geschieht. Indessen dieser alte Bund wird mit Gott geschlossen, nicht unter den Israeliten einander, und Jesus hat jedenfalls vorzugsweise die Verbrüderung der Tischgenossen unter sich im Auge. Er beabsichtigt also schwerlich, einen Bund zu stiften, der dem alten von Moses vermittelten parallel und entgegengesetzt wäre. Der Wein als Opferblut steigert nur die Idee der Kommunion, die schon im Mahl, im Brot, liegt. Das Opfer an sich ist durchaus nicht Sühnopfer. Merkwürdig, daß hier Mc die

---

[1]) Διαθήκη ist auch in das Aramäische übergegangen, bei den Juden ausschließlich als Testament, bei den Christen auch als Bund (zuerst in der Übersetzung des christlichen Kanons). In der alten lateinischen Bibel wird διαθήκη durchweg mit testamentum wiedergegeben; Hieronymus hat das im jüdischen Kanon in foedus verändert, außer in den Psalmen und Apokryphen und an einzelnen anderen Stellen. Wie es sich erklärt, daß διαθήκη Äquivalent für b'rith geworden ist, läßt sich schwer ausmachen. Die hebräische b'rith wird manchmal einseitig auferlegt; in dem arabischen 'ahd vereinigen sich die Begriffe Vertrag und Willenserklärung.

Bundesidee verfärbt durch den Zusatz τὸ ἐκχυννόμενον ὑπὲρ πολλῶν. Bei Paulus fehlt er. Wenn man nun τὸ ὑπὲρ ὑμῶν hinter τὸ σῶμά μου bei Paulus verwirft, so muß man auch τὸ ἐκχυννόμενον ὑπὲρ πολλῶν hinter τὸ αἷμά μου bei Mc verwerfen, denn ὑπὲρ πολλῶν liegt noch weiter ab als ὑπὲρ ὑμῶν. Damit ist auch über den weiteren Zusatz εἰς ἄφεσιν ἁμαρτιῶν bei Matthäus das Urteil gesprochen. Trotzdem hat man jedenfalls in τὸ αἷμά μου, wenn nicht schon in τὸ σῶμά μου, eine Bezugnahme auf den unmittelbar bevorstehenden Tod Jesu zu erblicken. Rätselhaft und dunkel bleiben die beiden kurz ausgesprochenen Formeln immer. Mit einiger Sicherheit kann man nur den antiken, damals aber in einer Zeit allgemeiner religiöser Gärung an verschiedenen Stellen neu belebten Ideenkreis aufzeigen, aus welchem sie zu verstehn sind.

14, 25. Daß er zum letzten mal Brot gegessen hat, hebt Jesus nicht hervor, wohl aber, daß er zum letzten mal Wein getrunken hat — das ist etwas besonderes. Von seiner Parusie als Messias sagt er kein Wort. Er betrachtet sich nur als einen der Gäste an dem Tisch, an dem die Auserwählten sitzen werden, **nachdem das Reich Gottes**, ohne sein Zutun, **gekommen ist**; jeder andere hätte die Hoffnung, daß er einst teilnehmen werde an den Freuden des Reichs, mit den gleichen Worten ausdrücken können. Dieselben werden von den Juden immer als Tafelfreuden vorgestellt. Jesus folgt dem, obgleich er den Sadducäern gegenüber gesagt hat, daß die Menschen nach der Auferstehung sein werden wie die Engel Gottes. Man darf nicht annehmen, daß er hier das Reich Gottes v o r die allgemeine Auferstehung setze. An seine singuläre Auferstehung denkt er erst recht nicht, Matthäus setzt μετ' ὑμῶν hinzu. Daß er aber auch seinen Tod hier nicht in Aussicht nehme, sondern im Gegenteil der siegesfrohen Hoffnung auf den demnächstigen oder binnen Jahresfrist erfolgenden (Strauß 2, 442) Sieg seiner Sache in Jerusalem Ausdruck verleihe, ist ein schlechter Einfall. Er gibt sich in diesem Augenblicke gar nicht als Messias, weder als gegenwärtigen, noch als zukünftigen.

Lukas ist bisher nicht berücksichtigt worden. Er läßt die Weissagung des Verrats in § 73 aus und gibt sie an späterer Stelle. Das Pascha in § 73 läßt er aber nicht aus, er betont es im Gegenteil und beseitigt dessen Kollision mit dem Abendmahl in § 74. Sein Bericht zerfällt in zwei getrennte Teile. Im ersten Teil (22, 14—18) vereinigt er das, was bei Mc in § 73 und § 74 aus einander fällt. Das Pascha wird gegessen 22, 15 und daran ein Spruch geknüpft 22, 16, darauf sofort der Wein getrunken und daran ein völlig paralleler Spruch geknüpft 22, 18, womit der Schluß des Markusberichts (Mc 14, 25) erreicht wird[1]. Durch diese Verschmelzung des Paschas mit dem Abendmahl wird die Auslassung des Brotes bedingt, an stelle desselben tritt eben das Pascha. Der Akt im ersten Teil ist bei Lukas rein historisch und nicht zur Wiederholung bestimmt: die Christen sollen doch das Pascha nicht mehr essen! Die Einsetzung der liturgischen Eucharistie wird davon völlig geschieden, sie wird im zweiten Teil (22, 19. 20) berichtet, und zwar mit den Worten des Paulus.

In der Syra sind die beiden Teile in einander gearbeitet. „Und als die Stunde kam, setzten sie sich zu Tisch, er und seine Jünger mit ihm. ¹⁵ Da sprach er zu ihnen: mich hat verlangt, das Pascha mit euch zu essen, bevor ich leide, ¹⁶ denn ich sage euch, ich werde es nicht mehr essen, bis das Reich Gottes sich erfüllt. ¹⁹ Und er nahm das Brot und sprach den Segen darüber und brach und gab es ihnen und sagte: dies ist mein Leib, den ich für euch hingebe; so sollt ihr tun zu meinem Gedächtnis. ¹⁷ ²⁰ Und nachdem sie das Mahl gehalten, nahm er den Kelch und sprach den Segen darüber und sagte: nehmt diesen, teilt ihn unter euch, dies ist mein Blut, das Neue Testament. ¹⁸ Denn ich sage euch: von nun an werde ich nicht mehr von dieser Frucht trinken, bis das Reich Gottes kommt." Also das Brot 22, 19 ist gleich hinter das Pascha gestellt und der Wein 22, 20 mit dem Wein 22, 17 verbunden, damit nicht zweimal hinter einander gegessen und getrunken werde. Das Motiv ist durchsichtig, ein Motiv dagegen, diesen Text in zwei Teile aus einander zu reißen, nicht abzusehen. Es wäre auch keinem gelungen, die Scheidung so durchzuführen, daß zuerst das Amalgam aus Mc, dann der Bericht des Paulus reinlich herauskäme, zuerst die Historie und dann die Liturgie. Indem nun aber in der Syra das Ganze liturgisch wird, entsteht die Frage, ob die Christen auch noch das jüdische P a s c h a halten sollten.

---

[1]) Daß Jesus nicht bloß sein Verlangen nach dem Pascha ausspricht. sondern es auch wirklich mit den Jüngern ißt, wird zu erzählen unterlassen, weil es sich von selbst versteht, aber in 22, 16 gerade so vorausgesetzt, wie in 22, 18 das Weintrinken. Aus 22, 17 herauszulesen, daß er nicht selber mit getrunken habe, ist eine unglaubliche Wortklauberei, die man ebensogut bei Mc (abgesehen von 14, 25) üben könnte.

Ganz anders liegt die Sache im Cantabr. und in der Latina. Dort lautet der erste Teil wie in der Vulgata, der zweite aber fehlt, bis auf einen Rest von 22, 19: καὶ λαβὼν ἄρτον εὐχαριστήσας ἔκλασεν καὶ ἔδωκεν αὐτοῖς λέγων· τοῦτό ἐστιν τὸ σῶμά μου. Gelehrte der verschiedensten theologischen Richtung acceptieren diesen Textbestand und streichen 22, 20. Aber 22, 19 in der Form des Cantabr. ist ein sehr unbefriedigender Schluß, eher ein lästiger Überhang. Es ist in Wahrheit nur der Anfang des zweiten Absatzes, der deshalb unentbehrlich schien, weil sonst das Brot ganz fehlen würde; denn in 22, 14—18 ist nicht davon die Rede. Der Anfang stammt nun gerade so gut aus 1 Kor 11, wie die Fortsetzung. Will man also konsequent sein, so muß man den ganzen zweiten Absatz (22, 19. 20) als aus Paulus nachgetragen ansehen und bei Lukas streichen. Dazu hat Blaß die Einsicht und den Mut gehabt, nachdem schon Wilke (Urevangelist p. 140 ss. 414) nahe daran gewesen war. Das unverbundene Nebeneinander zweier doch ganz parallelen Stücke ist gerade dem Lukas nicht zuzutrauen. Er hat nur das Pascha-Abendmahl überliefert, als ein einmaliges, erstes und letztes Geschehen: der rein präteritale Charakter tritt bei ihm dadurch, daß das Pascha an die Stelle des Brotes zu stehn kommt, stärker hervor als bei Mc. Das schien unerträglich. Später wurde mit den Worten des Paulus die bleibende Gedächtnisfeier hinzugefügt.

Es sei mir gestattet, noch einige allgemeine Bemerkungen zu machen, die nicht den Anspruch erheben, neu zu sein. Das Abendmahl ist nicht ein Anhang an das Pascha, es wurde nicht erst Fleisch und dann Brot gegessen. Dagegen ist allerdings innerhalb des Abendmahls der Wein ein besonderer Anhang an das Brot. Er wurde bei der gemeinsamen Mahlzeit, die Jesus regelmäßig mit seinen Jüngern hielt, nur ausnahmsweise getrunken. Gewöhnlich war sie nur ein Brotessen oder Brotbrechen, wobei natürlich Zukost (z. B. Fisch) und Wasser nicht ausgeschlossen ist. Und dabei blieb es auch nach dem Tode Jesu. Die Jünger brachen täglich mit einander das Brot, wie früher, ohne daß jedoch das Weintrinken notwendig dazu gehörte; der Meister galt als anwesend und war in Emmaus sogar leiblich dabei, nach seiner Auferstehung. Fortgesetzt wurde somit nur das, was schon vor dem letzten Abendmahl bestand. Die alte Tischgemeinschaft mit dem Meister wurde festgehalten. Das machte sich von selbst, er hatte es nicht ausdrücklich beim letzten mal befohlen. In dem synoptischen Berichte über das Herrenmahl fehlen die Einsetzungsworte, sie stehn nur bei Paulus. Paulus scheint also nicht bloß das Brotbrechen — wobei es wohl auch einmal Wein geben konnte — in der Gemeinde vorgefunden zu haben, sondern auch schon die Imitation des historischen, den Wein notwendig einschließenden Abendmahls, ohne daß freilich das Verhältnis von ein zu ander klar hervorträte. Das ist um so merkwürdiger, da er trotzdem seine Kenntnis von der Sache nicht auf eine schon bestehende Liturgie gründet, sondern auf eine Überlieferung vom Herrn, die nicht jedermann bekannt ist.

Das Abendmahl, welches ich vorhin als das historische bezeichnet habe, zeichnet sich wenigstens dem Grade nach vor dem gewöhnlichen dadurch aus, daß es das letzte ist und ein durch den nahen Tod Jesu motivierter, besonderer Akt der Gemeinschaftsstiftung, der Verbrüderung zwischen den Jüngern, damit sie, auch wenn sie ihr Haupt verloren haben, doch zusammenhalten und gewissermaßen in corpore an die Stelle treten sollen. Eine Bundschließung geschieht ein für alle mal, bedarf keiner Wiederholung und erträgt keine Wiederholung. Man hat ohne Grund bezweifeln wollen, daß Jesus sich seines Todes bewußt gewesen wäre, mit einigem Recht, daß die Jünger diesen Hintergrund hätten verstehn können. Mir scheint am zweifelhaftesten, ob es damals schon die Zwölfe gegeben hat; sie werden allerdings ausdrücklich nur in § 73 genannt. Der Ausspruch 14, 25 macht einen sehr altertümlichen Eindruck.

In einem Anhange gibt Lukas (22, 24 ss.) dem Abendmahl die Moral, daß es ein Vorbild der διακονία für die Jünger sein solle. Ebenda deutet er die διαθήκη, nach dem üblichen, in der Regel auch von Paulus befolgten griechischen Sprachgebrauch, als T e s t a m e n t, wodurch Jesus letztwillig den Seinen vermacht, daß sie an seinem Tisch essen und trinken sollen im Reiche Gottes. Im vierten Evangelium ist d i e F u ß w a s c h u n g beim letzten Mahl Vorbild der διακονία.

§ 75. 14, 26–31 (Mt 26, 30–35. Lc 22, 31–34).

Und nach dem Lobgesange gingen sie hinaus zum Ölberge. [27] Und Jesus sprach zu ihnen: Ihr werdet alle zu Fall kommen; denn es steht geschrieben: ich werde den Hirten schlagen und die Schafe werden sich verstreuen. [28] Nach meiner Auferstehung aber werde ich euch vorausgehn nach Galiläa. ²⁹ Petrus sagte: wenn auch alle zu Fall kommen, so doch nicht ich. ³⁰ Und Jesus sagte zu ihm: Amen ich sage dir, eben du wirst heute in dieser Nacht, ehe der Hahn zweimal kräht, mich dreimal verleugnen. ³¹ Er aber redete um so eifriger: wenn ich mit dir sterben müßte, so werde ich dich doch nicht verleugnen. Ebenso sagten alle Anderen.

14, 26. Jesus befindet sich hier in Jerusalem, was nur durch die Paschafeier motiviert ist. Diese wird auch durch das Hallel (ὑμνεῖν) vorausgesetzt. Also gehört Vers 26 und vielleicht ganz § 75 zu der gleichen Schicht wie § 72. 73. Der Ort des Abendmahls in § 74 wird Bethanien gewesen sein.

14, 27. Das Zitat stammt aus einer anderen Übersetzung als der Septuaginta und aus einem anderen Texte als dem masoretischen.

14, 28. Auf diese Weissagung wird neuerdings mit Recht großes Gewicht gelegt. Sie bestätigt, was Paulus sagt, daß der Schauplatz, wo der Auferstandene den Jüngern zuerst erschien, Galiläa gewesen ist. Sie fehlt aber in dem Fragment von Faijum (bei Preuschen, Antilegomena (1905) p. 21) und steht allerdings locker im Zusammenhang.

14, 29—31. Vgl. zu 14, 72.

§ 76. 14, 32-42 (Mt 26, 36-46. Lc 22, 39-46).

Und sie kamen zu einem Orte mit Namen Gethsemane. Und er sagte zu seinen Jüngern: setzt euch hier, derweil ich bete, ³³ doch Petrus und Jakobus und Johannes nahm er mit. Und er fing an zu zittern und zu zagen ³⁴ und sagte zu ihnen: meine Seele ist betrübt zum Sterben, bleibt hier und wacht. ³⁵ Und er ging eine kleine Strecke vor und warf sich nieder zur Erde und betete, daß womöglich die Stunde an ihm vorübergehe. ³⁶ Und er sprach: Abba, Vater, Alles ist dir möglich, laß diesen Kelch an mir vorübergehn; doch nicht wie ich will, sondern wie du willst. ³⁷ Und er kam und fand sie schlafen und sprach zu Petrus: Simon, schläfst du, kannst du nicht einen Augenblick wachen? ³⁸ wacht und betet, daß ihr nicht in Versuchung kommt; der Geist ist willig, das Fleisch aber schwach. ³⁹ Und wieder ging er weg und betete. ⁴⁰ Und wieder kam er und fand sie schlafen, denn ihre Augen waren schwer; und sie wußten nicht, was sie ihm sagen sollten. ⁴¹ Und zum dritten mal kam er und sprach zu ihnen: Schlaft ihr so und ruht? Es ist genug, [die Stunde ist gekommen, der Menschensohn wird in die Hände der Sünder übergeben] ⁴² steht auf, laßt uns gehn; siehe, der mich verrät, ist nahe.

14, 32. Wenn § 76 mit § 74 zu verbinden ist, so flieht Jesus aus dem Hause, in welchem er das Abendmahl gehalten hat, in die Nacht. Wohl nicht bloß um zu beten: denn dazu brauchten seine Jünger nicht mit zu kommen. Der Vollmond scheint, es ist einen Tag vor Ostern. Ἕως bedeutet ʿa d (während), wie öfters. G e t h s e m a n e heißt in der Syra Guschmane oder Gischmane, in der Syropalaestina Gismanin, im Cantabr. Γησαμαναι. Diese Aussprache dürfte wie Βησσαιδαν die echte sein; sie ist volkstümlich und phonetisch, die andere korrekt und etymologisch.

14, 34. Ἕως θανάτου (1 Reg 19, 4. Jon 4, 9) = so daß ich tot sein möchte.

14, 35. 36. Was Jesus gebetet hat, hat niemand gehört; es wird erschlossen aus der Verzweiflung, die er vor den Jüngern nicht verhehlte. In 14, 35 geschieht das bescheiden in oratio obliqua; in 14, 36 werden seine eigenen Worte angeführt, ohne daß bei der Wiederholung der oratio obliqua in oratio recta irgend etwas inhaltlich Neues hinzukäme. D i e S t u n d e als Schicksalsstunde ist aus der Astrologie in den allgemeinen Sprachgebrauch übergegangen. Ebenso 14, 41. Dagegen in 14, 37 bedeutet Stunde, was wir Augenblick nennen.

14, 38. Die allgemeine Mahnung, bei der der Numerus der Anrede wechselt und Wachen metaphorisch gemeint ist, fällt hier aus dem Ton. Jesus mag sie bei einer anderen Gelegenheit gesprochen haben; für bloß paulinisch wird man den Gegensatz von Geist und Fleisch nicht halten dürfen, Paulus faßt ihn auch anders.

14, 39 ist in der Übersetzung nach der kürzeren Form des Cantabrig. und der Latina wiedergegeben, worin sich die Rückweisung auf 14, 36 nicht findet.

14, 40. Der dritte Satz setzt den ersten fort, nicht den zweiten, der parenthetisch ist.

14, 41. Καθεύδετε ist auch hier Frage, τὸ λοιπόν hat einen etwas unangebbaren Sinn. Ἀπέχει leitet von καθεύδετε über auf ἐγείρεσθε am Anfang von 14, 42. Was in der Mitte steht, verrät sich auch durch den Menschensohn als sekundär. Läßt man es aus, so tritt der Zusammenhang deutlich hervor. „Es ist nun genug des Schlafens, steht auf, laßt uns fortgehn, dennn die Gefahr ist nah."

§ 77. 14, 43–52 (Mt 26, 47–56. Lc 22, 47–53).

Und alsbald, wie er noch redete, erschien Judas, einer der Zwölfe, und mit ihm ein Haufe mit Schwertern und Stöcken, gesandt von den Erzpriestern und Schriftgelehrten und Ältesten. ⁴⁴ Der Verräter hatte ihnen aber ein Zeichen gegeben und gesagt: wen ich küsse, der ist es; den greift und führt ihn sicher ab. ⁴⁵ Und wie er kam, trat er alsbald auf ihn zu und sagte: Rabbi! und küßte ihn. ⁴⁶ Da legten sie Hand an ihn und griffen ihn. ⁴⁷ Einer der Anwesenden aber zog sein Schwert und schlug einem Knechte des Hohenpriesters das Ohr ab. ⁴⁸ Und Jesus hub an und sprach zu ihnen: wie gegen einen Räuber seid ihr mit Schwertern und Stöcken ausgezogen, mich zu fangen? ⁴⁹ täglich bin ich bei euch gewesen im Tempel und habe gelehrt, und ihr habt mich nicht gegriffen — aber die Schrift muß erfüllt werden. ⁵⁰ Da verließen ihn alle und flohen. ⁵¹ Ein Jüngling aber ging mit, der trug ein Hemd auf dem bloßen Leibe; und sie griffen ihn, ⁵² er aber ließ das Hemd fahren und floh nackend.

14, 43. Judas wird an dieser Hauptstelle nicht Ischariot genannt und von frischem als einer der Zwölfe vorgestellt.

14, 44. Obwohl das Subjekt gar nicht wechselt, wird es doch explicite genannt und zwar in einer von 14, 43 abweichenden, umschriebenen Form: ὁ παραδιδοὺς αὐτόν. Warum? Es schien nötig, dem in 14, 45. 46 Erzählten eine Erklärung vorauszuschicken, deren es aber nicht bedarf: man versteht auch ohnehin.

14, 45. Zu ἐλθών .... προσελθών vgl. 1, 35.

14, 47. Unter den παρεστηκότες befinden sich nicht bloß die drei Intimen (14, 42) oder die Zwölfe, sondern auch noch andere Jünger (14, 51). Sie sind nicht so ahnungslos, wie es nach § 76 scheint, sondern einigermaßen vorbereitet. Jesus tadelt es bei Mc nicht, daß aus seiner Umgebung heraus der Gewalt Widerstand geleistet wird; bei Lukas (22, 38) scheint er sogar die Seinen aufzufordern, sich mit Waffen zu versehen. Das Abhauen des Ohres setzt ein Handgemenge voraus, worüber aber geschwiegen wird.

14, 49. Es ist bereits bemerkt worden, daß καθ' ἡμέραν eine längere Zeit für das Lehren im Tempel voraussetzt, als zwei Tage.

14, 51. 52. Dies ist eine der eigenartigsten Episoden im Mc. Man erfährt nicht, woher der Jüngling kommt und warum er bloß mit einem σινδών (Nachtgewand?) bekleidet ist, namentlich auch nicht, wie er heißt. Der Erzähler muß darüber Bescheid gewußt haben, während er den Knecht des Hohenpriesters und den, der ihm im Tumult das Ohr abhieb, nicht gekannt zu haben braucht. Den Grund seines Schweigens sucht man darin, daß er selber der den Griffen enthuschende Jüngling gewesen sei. Vgl. zu Joa 19, 25.

§ 78. 14, 53. 54 (Mt 26, 57. 58. Lc 22, 54. 55).

Und sie führten Jesus ab zu dem Hohenpriester, und die Erzpriester und Ältesten und Schriftgelehrten kamen alle zusammen. ⁵⁴ Petrus aber war ihm von weitem gefolgt bis hinein in den Hof des Hohenpriesters, und er saß bei den Dienern und wärmte sich am Feuer.

Das Synedrium versammelt sich hier, wie es scheint ordnungsmäßig, im Palast des regierenden Hohenpriesters. Dessen Name wird bei Mc nicht genannt; bei Matthäus heißt er Kaiaphas, bei Lukas Annas; vgl. zu Joa 12, 12—27. — Φῶς 14, 54 ist das Feuer; φῶτα wechselt 1 Macc 12, 28. 29 mit πυραί. Die αὐλή ist ein Binnenhof, ebenso wie 15, 16.

§ 79. 80. 14, 55—65 (Mt 26, 59—66. Lc 22, 63—71).

Die Erzpriester aber und der ganze Rat suchten Zeugnis gegen Jesus, um ihn zu töten, und fanden keines. ⁵⁶ Denn viele brachten falsche Anklagen vor, aber die Aussagen stimmten nicht überein. ⁵⁷ Da standen etliche auf und brachten die falsche Anklage wider ihn vor, ⁵⁸ sie hätten ihn sagen hören: ich werde diesen mit Händen gemachten Tempel zerstören und binnen drei Tagen einen anderen bauen, der nicht mit Händen gemacht ist. ⁵⁹ Aber auch in diesem Fall stimmten ihre Aussagen nicht überein. ⁶⁰ Und der Hohepriester trat vor und fragte Jesus: antwortest du nichts auf das, was diese wider dich vorbringen? ⁶¹ Er aber schwieg und antwortete nichts. [Wiederum fragte ihn der Hohepriester: bist du der Christus, der Sohn des Hochgelobten? ⁶² Jesus sprach: ich bin es, und ihr werdet den Menschensohn sitzen sehen zur Rechten der Kraft und kommen mit den Wolken des Himmels.] ⁶³ Da zerriß der Hohepriester seine Kleider und sagte: was brauchen wir noch Zeugen! ⁶⁴ ihr habt die Lästerung gehört, was ist eure Meinung? Sie sprachen ihn alle des Todes schuldig.

⁶⁵ Und Etliche spien ihn an und verhüllten ihm das Gesicht und gaben ihm Backenstreiche und sagten zu ihm: weissage! Und die Diener traktierten ihn mit Schlägen.

14, 55. Zeugnis wird für Anklage oder Beschuldigung gebraucht, wie im Alten Testament. Daran, daß die Zeugen mitten in der Nacht zur Stelle sind, braucht man keinen Anstoß zu nehmen. Das Verhör war vorbereitet, und die Sache hatte Eile (14, 2).

14, 56. Das Gericht verfährt hier ordnungsmäßig und kann sich widersprechende Aussagen nicht gebrauchen.

14, 57—59. Nach dem jetzigen Wortlaut bei Mc sind auch diese Zeugen falsche Zeugen und verwickeln sich in Widersprüche. Dann erhellt aber nicht, warum sie von den früheren unterschieden und von dem Gericht anders behandelt werden. Matthäus zeigt, daß der Text des Mc überarbeitet ist; bei ihm fehlt der ganze Vers 14, 59 und das ἐψευδομαρτυροῦν in 14, 57, das letztere Wort fehlt auch in der Syra. Im vierten Evangelium wird die Anklage nicht für eine Verleumdung erklärt, sondern nur für ein Misverständnis.

14, 58. Der Cantabr. (samt der Latina) korrigiert οἰκοδομήσω in ἀναστήσω, um eine Beziehung auf die ἀνάστασις zu erhalten (nach Joa 2, 21), und verlegt diese Aussage auch hinter 13, 2 in den Mund Jesu. Daran ist so viel richtig, daß die Anklage sich in der Tat auf die von Jesus 13, 2 getane Äußerung über die baldige Zerstörung des Tempels bezieht. Diese mag ursprünglich schroffer gelautet haben, denn unsere jetzige evangelische Überlieferung sucht in diesem Punkte zu mildern.

14, 60. Man sieht hier deutlich, daß ἀναστῆναι εἰς τὸ μέσον nur **vortreten** oder **auftreten** bedeutet. Mit τί wird keine direkte Frage eingeleitet, so wenig wie 4, 24. 14, 36.

14, 61. Der Hohepriester verfolgt die Anklage 14, 58, die doch durch Jesu Schweigen als zugestanden betrachtet werden konnte, sonderbarer weise gar nicht, sondern schlägt ein anderes, vom Zeugenverhör ganz unabhängiges Verfahren ein.

14, 62 soll bedeuten: „Ja, ich bin der Messias und ich werde euch das bald durch mein Erscheinen als Menschensohn beweisen, so daß ihr es noch seht und erlebt." Jesus bekennt sich also nicht einfach als den Messias, sondern er nennt sich den Menschensohn und weissagt seine Parusie. Es ist wenig glaublich, daß er das überhaupt getan hat, und am wenigsten daß er es vor dem Synedrium getan hat. Dieses hätte auch in dem Ausspruch nur einen locus communis erkennen und keine Beziehung auf Jesus heraus hören können. Man beruft sich freilich für die Authentie auf die feierliche Scene. Aber wenn sogar Luthers „hier steh ich", wobei halb Europa zuhörte, keineswegs zuverlässig überliefert ist, wie sollte der Wortlaut dieses weit weniger öffentlich abgelegten Bekenntnisses Jesu, bei dem seine Jünger nicht zugegen waren, durch die Scene verbürgt sein? Entscheidend freilich sind andere Gründe, welche beweisen, daß die beiden Verse 14, 61 (von πάλιν an) und 62 nicht zur ältesten Überlieferung gehören, sondern eingelegt sind. Sie werden alsbald zur Sprache kommen.

14, 63. 64. Wenn auch kein Zweifel besteht, daß Jesus v o n P i l a t u s als Messias gekreuzigt ist, so muß doch seine Verurteilung durch d i e j ü d i s c h e B e h ö r d e formell einen anderen Grund gehabt haben. Nach jüdischen Begriffen lag darin unmöglich eine Gotteslästerung, daß jemand sagte, er sei der Christus, der Sohn Gottes. Jesus hätte ja dann auch das Vergehen erst auf Drängen des Hohenpriesters begangen, nicht vor der Anklage, sondern während der Untersuchung; und seine Schuld hätte nur in einer schwer aus ihm heraus zu bringenden Meinung über sich selbst bestanden, nicht in öffentlichem Auftreten. Wir sind darauf vorbereitet, was in der Tat die Gotteslästerung war, deren wegen der Hohepriester seine Kleider zerriß. Es war die Äußerung Jesu über die Zerstörung des Tempels. So etwas sahen die späteren Juden ebenso wie die ältern als die schrecklichste Blasphemie an, wie bereits zu 13, 2 gesagt und belegt ist. Diese Blasphemie war die l e g a l e Todesschuld, sie wurde durch einwandsfreie Zeugen bewiesen und von Jesus selbst durch sein Schweigen zugestanden. Auch 15, 29 wird diese Todesschuld angegeben, und Stephanus stellt sich aus diesem Grunde in Parallele mit Jesus (Act 6, 13. 14).

Wenn dem so ist, so folgt, daß 14, 61. 62 (von πάλιν an) den ursprünglichen Zusammenhang unterbricht und daß 14, 63 in Wahrheit direkt an das Schweigen Jesu anschließt, welches von dem Hohenpriester als Eingeständnis aufgefaßt wird. Die evangelische Überlieferung, wie sie uns gegenwärtig vorliegt, trägt sichtlich Scheu, eine Lästerung Jesu gegen den Tempel als den Grund für seine Verurteilung durch das Synedrium zuzugeben. Sie sucht in Abrede zu stellen, daß eine solche Lästerung wirklich gefallen, und namentlich, daß sie einwandsfrei bezeugt gewesen sei: Mc und Matthäus erklären die Zeugen für Lügner, Lukas läßt das ganze Zeugenverhör radikal aus und gar noch Mc 15, 29 s. dazu. Und sie behauptet übereinstimmend, daß vielmehr das Messiasbekenntnis den Ausschlag für die Verurteilung gegeben habe. Aber wenn auch das wahre Motiv der Feindschaft der Synedristen gegen Jesus sicherlich wo anders lag, so verurteilten sie ihn doch wegen Blasphemie; und daß sie selbige nur als Vorwand benutzten, ändert nichts an der formellen Legalität ihres Verfahrens. Auch die evangelische Überlieferung steht unter dem Eindruck, daß eine Tempellästerung nach jüdischen Begriffen den Synedristen eine korrekte Handhabe würde geboten haben; eben deshalb sucht sie sie aus den Akten zu schaffen. — Es ist bemerkenswert daß hinter ἠκούσατε τῆς βλασφημίας bei Mc und Matthäus nicht steht wie bei Lukas: ἀπὸ τοῦ στόματος αὐτοῦ. Lukas aber läßt τῆς βλασφημίας aus, er wagt das Messiasbekenntnis nicht so zu bezeichnen, von dem bei ihm allein die Rede ist. Er kennt noch den wahren Inhalt der Blasphemie und braucht darum auch das Wort nicht, wie er die Sache verschweigt.

14, 65. Die Nennung von οἱ ὑπηρέται als Subjekt des letzten Satzes setzt vorher die Synedristen als Subjekt voraus. Das waren aber vornehme Männer, denen ein so pöbelhaftes Benehmen nicht zugetraut werden kann. Mir scheint, daß das Subjekt nicht wechseln darf, sondern durchgehn muß. Dann wäre οἱ ὑπηρέται, welches im Cantabr. fehlt, ein falsches Explicitum. Besser wäre es für τινές einzusetzen gewesen. Denn diese Etlichen sind in der Tat nicht unter den Richtern zu suchen, sondern unter dem niederen Personal und unter dem Umstande. — Das nackte προφήτευσον bei Mc wird bei Matthäus und Lukas erklärt durch den Zusatz: τίς ἐστιν ὁ παίσας σε. Dieser Zusatz läßt sich in der Tat kaum entbehren, wenn die vorhergehende Angabe über die Verdeckung des Gesichtes richtig ist. Jedoch sie fehlt im Cantabr. und in der Syra, und dadurch verändert sich der Sinn des προφήτευσον. Sie wollen ihn prophezeien lehren, d. h.

ihm durch Schläge das Prophezeien (z. B. der Zerstörung des Tempels) austreiben. — Auffallend kurz lautet 14, 65 in der Latina (Vercell.): Et coeperunt quidam inspuere in faciem eius et colaphizabant eum.

§ 81. 14, 66–72 (Mt 26, 69–75. Lc 22, 56–62).

Und Petrus war unten im Hofe. Da kam eine von den Mägden des Hohenpriesters, ⁶⁷ und als sie Petrus sah, wie er sich wärmte, schaute sie ihn an und sagte: du warst auch bei dem Nazarener, bei Jesus. ⁶⁸ Er aber leugnete und sprach: ich weiß nicht und versteh nicht, was du sagst. Und er ging hinaus in den Vorhof, ⁶⁹ und die Magd sah ihn und begann wiederum zu den Umstehenden zu sagen: das ist einer von ihnen. ⁷⁰ Er aber leugnete abermals. Und nach einer kleinen Weile sagten die Umstehenden wiederum zu Petrus: du bist in der Tat einer von ihnen, denn du bist ja ein Galiläer. ⁷¹ Da begann er zu fluchen und zu schwören: ich kenne diesen Menschen nicht, von dem ihr redet. ⁷² Und alsbald krähte der Hahn zum zweiten mal. Da erinnerte sich Petrus des Wortes, das Jesus zu ihm gesagt hatte: ehe der Hahn zwei mal kräht, wirst du mich drei mal verleugnen. Und er ward aufmerksam und weinte.

14, 66. Diese Episode ist vorbereitet durch 14, 54. Sie fällt um den Hahnenschrei zwischen Mitternacht (§ 79) und frühen Morgen (§ 82); vgl. 13, 35. Die Erzählung rechnet nicht mehr nach Tagen, sondern nach Dreistunden, auch im Folgenden: auf drei Uhr fällt die Kreuzigung, auf sechs Uhr (d. h. mittags) die Finsternis, auf neun Uhr der Tod.

14, 67. Der Feuerschein beleuchtet Petrus, es ist aber auch Vollmond.

14, 68. Καὶ ἀλέκτωρ ἐφώνησεν ist nur durch den Cantabr. und die Latina bezeugt.

14, 69. Hat die Magd mit Petrus zusammen den Ort gewechselt?

14, 71. Ἀναθεματίζειν (achrem) ist das selbe wie ὀμνύναι. Das Schwören ist bedingte Selbstverfluchung.

14, 72. Wer den Satz καὶ ἀλέκτωρ ἐφώνησεν in 14,68 für unecht hält, nimmt an, der Hahnenschrei als Bezeichnung für das Morgengrauen, werde genauer der zweite Hahnenschrei genannt, wie z. B. in Clem. Homil. 3, 1. 8, 3.

'Επιβάλλειν, wie advertere für animadvertere, bedeutet: aufmerksam werden. Wenn aber Petrus sich schon vorher der Worte Jesu erinnert hat, so kann er nicht erst hinterher aufmerksam werden; das Aufmerksamwerden (durch den Hahn) ist der Anfang und das Gedenken (an die Weissagung) die Folge. Im Cantabr. wird der Inhalt des Wortes Jesu nicht angegeben.

§ 82. 15, 1-5 (Mt 27, 1. 2. 11-14. Lc 23, 1-5).

Und am frühen Morgen, sobald sie Beschluß gefaßt hatten, ließen die Erzpriester [mit den Ältesten und Schriftgelehrten] und der ganze Hohe Rat Jesus gebunden abführen und übergaben ihn Pilatus. ² Und Pilatus fragte ihn: bist du der König der Juden? Er antwortete: du sagst es. ³ Und die Erzpriester verklagten ihn heftig. ⁴ Pilatus aber fragte ihn wiederum: antwortest du nichts? sieh, was sie alles gegen dich vorbringen! ⁵ Jesus aber antwortete weiter nichts mehr, so daß Pilatus sich wunderte.

15, 1. Nach der Episode § 81 wird § 79. 80 fortgesetzt. Εὐθύς gehört auch hier logisch zum Hauptverb, nicht zum Particip. Πρωί ist morgens um sechs Uhr nach unserer Rechnung. Συμβούλιον ἑτοιμάσαντες kann nach § 79 nur bedeuten: nachdem sie den Beschluß fertiggestellt hatten — aber der Ausdruck befremdet. Οἱ ἀρχιερεῖς καὶ ὅλον τὸ συνέδριον (14, 55) ist genug, μετὰ τῶν πρεσβ. κ. γρ. zu viel. Die Hohenpriester stehn hier überall als pars pro toto und zwar als pars potior, als die eigentlichen Betreiber der Sache. Mc nennt Pilatus niemals ὁ ἡγεμών. Er braucht ihn seinen Lesern nicht erst noch vorzustellen und setzt ebenfalls als bekannt voraus, daß der Landpfleger zum Osterfest von Cäsarea nach Jerusalem zu kommen pflegte. Auch den Ort der Scene gibt er nicht an; der Cantabr. setzt εἰς τὴν αὐλήν zu, hinter ἀπήνεγκαν — vgl. 15, 16.

15, 2. Pilatus kann nicht Messias (Christus), er muß König sagen. Daß nirgends ein Dolmetsch erwähnt wird, beweist nicht, daß Jesus Griechisch konnte, denn die Erzählung beschränkt sich auf einige Hauptsachen. An sich ist es freilich nicht unmöglich. Σὺ λέγεις kommt an dieser Stelle in allen Evangelien vor, bei Lukas auch noch an einer anderen Stelle, kurz vorher. Jesus scheint damit sagen zu wollen: aus freien Stücken hätte ich mich nicht als Messias proklamiert; das Geständnis, daß ich es bin, ist mir abgepreßt.

15, 3. Πολλά (saggi) ist fast immer bei Mc Adverb, nicht Objekt, und besagt nicht, daß v i e l e r l e i gegen Jesus vorgebracht wurde. Schade, daß der Inhalt der Anklage nicht angegeben wird.

§ 83. 15, 6–15 (Mt 27, 15–26. Lc 23, 13–25).

Zum Feste aber pflegte er ihnen einen Gefangenen freizulassen, den sie sich ausbaten. [7] Es lag nun ein gewisser Barabbas gefesselt mit anderen Friedensbrechern, die bei einem Auflauf einen Mord begangen hatten. [8] Und das Volk kam an und begann zu verlangen, was er gewohnt war ihnen zu gewähren. [9] Und Pilatus erwiderte: soll ich euch den König der Juden freilassen? [10] Denn er erkannte wohl, daß die Erzpriester ihn aus Haß überantwortet hatten. [11] Aber die Erzpriester hetzten das Volk, daß er ihnen lieber Barabbas freilassen sollte. [12] Und Pilatus hub wieder an und sprach zu ihnen: was soll ich denn mit dem Könige der Juden machen, den ihr so nennt? [13] Darauf schrien sie: kreuzige ihn! [14] Pilatus sprach zu ihnen: was hat er denn Böses getan? Sie schrien noch stärker: kreuzige ihn! [15] Da gab Pilatus, um das Volk zufrieden zu stellen, ihnen Barabbas frei, Jesus aber ließ er geißeln und übergab ihn zur Kreuzigung.

15, 6. 7. Die hier erwähnte Gepflogenheit findet sich sonst nicht bezeugt. Der Name B a r A b b a ist nicht selten und findet sich schon auf den Papyri Mond von Assuan (B 16). Die Deutung B a r R a b b a n (filius magistri nostri) ist dem gegenüber unzulässig, R a b b a n ist kein Eigenname, und B a r R a b b a n (oder vielmehr damals noch Bar R a b b á n a) hätte auch nicht zu Βαρραββᾶς werden können, sondern nur zu Βαρραββάνας.

15, 8. Der Gerichtstermin muß angesagt und bekannt gegeben sein, wenn das Volk sich in so früher Stunde dazu einfinden konnte. Ἀναβαίνειν wird allgemein gebraucht, wenn das Wohin das Heiligtum oder auch das Gericht ist; aber das Prätorium lag auch wirklich hoch. Nicht Pilatus, sondern das Volk tut den ersten Schritt hinsichtlich der Loslassung; er greift nur zu.

15, 10. Die Perfidie war schon darin zu erkennen, daß die Juden einen der Ihrigen den Römern an das Messer lieferten, weil er ein nationaler Prätendent sei.

15, 11. Das Volk wird auch schon früher bearbeitet sein, und mit Erfolg. Es zeigt sich wetterwendisch. Denn zuerst hatte Jesus grade dadurch die Besorgnis der Behörde erregt, weil er einen großen und begeisterten Anhang hatte. Indessen auch die Jünger hatten ihn im Stich gelassen und Judas ihn verraten.

15, 12. Der Akkusativ des persönlichen Objekts nach ποιεῖν ist in den Evangelien nicht die Regel.

15, 13. Das aramäische Äquivalent für πάλιν bedeutet nicht bloß **abermals**, sondern auch **weiter, darauf**.

15, 15. Pilatus findet darin keine genügende Schuld, daß Jesus sich für den König der Juden hält, ohne doch den Frieden gebrochen und irgend etwas getan zu haben, um das Reich an sich zu reißen. Βούλεσθαι kommt bei Mc nur an dieser Stelle vor. In τὸ ἱκανὸν ποιεῖν hat schon Hugo Grotius das lateinische satisfacere entdeckt. Im Cantabr. fehlt der Satz βουλόμενος — ποιῆσαι.

§ 84–86. 15, 16–32 (Mt 27, 27–44. Lc 23, 26–43).

Die Kriegsknechte aber führten ihn ab, hinein in den Hof, das ist das Prätorium. Und sie riefen die ganze Rotte zusammen, ¹⁷ und sie zogen ihm einen Purpur an und setzten ihm eine Dornenkrone auf, die sie geflochten hatten, und begannen ihn zu begrüßen: ¹⁹ Heil dir, König der Juden! Und sie schlugen ihn mit einem Rohr auf das Haupt und spien ihn an und beugten die Knie und warfen sich vor ihm nieder. ²⁰ Und nachdem sie ihren Spott mit ihm getrieben hatten, zogen sie ihm den Purpur aus und seine eigenen Kleider wieder an, und führten ihn ab, um ihn zu kreuzigen.

²¹ Und sie preßten einen Vorübergehenden, Simon von Cyrene, der von einem Dorfe kam, den Vater von Alexander und Rufus, ihm das Kreuz zu tragen. ²² Und sie brachten ihn nach der Stätte Golgotha, das heißt übersetzt: Schädelstätte. ²³ Und sie reichten ihm Wein mit Myrrhen, er nahm es aber nicht. ²⁴ Und sie kreuzigten ihn und verteilten seine Kleider, indem sie darüber losten, wer dies und wer das bekommen sollte. ²⁵ Es war aber die dritte Stunde, da sie ihn kreuzigten. ²⁶ Und die Angabe seiner Schuld stand geschrieben in einer Aufschrift:

der König der Juden. ²⁷ Und mit ihm kreuzigten sie zwei Räuber, einen zu seiner Rechten und einen zu seiner Linken.

²⁹ Und die Vorübergehenden lästerten ihn, schüttelten den Kopf und sagten: ³⁰ o du, der den Tempel zerstört und in drei Tagen wieder aufbaut, rette dich selber und komm herab vom Kreuz. ³¹ Desgleichen führten auch die Erzpriester, nebst den Schriftgelehrten, spöttische Reden unter einander: andere hat er gerettet, sich selber kann er nicht retten ³² — der Christus, der König von Israel! er komme jetzt herab vom Kreuz, daß wir es sehen und gläubig werden. Und auch die mit ihm Gekreuzigten schmähten ihn.

15, 16. Die Scene muß vorher draußen gedacht sein. Jetzt verlegt sie sich in den Binnenhof des Prätoriums, in dem die ganze Kohorte Platz hat. Das Prätorium ist die gewaltige Burg des alten Herodes, im Nordwesten der Stadt. Wenn die Erklärung ὅ ἐστιν πραιτώριον das Ganze mit einem Teil gleichzusetzen scheint, so beruht das vielleicht nur auf einer Flüchtigkeit des Ausdrucks, die am ersten einem Interpolator (aus Mt 27, 27) zuzutrauen wäre, wie Blaß annimmt.

15, 18. Daß sich Mishandlungen in die Adoration mischen, läßt sich begreifen. Aber das Rohr soll doch der Scepter sein und muß dem Scheinkönige zunächst in die Hand gegeben werden. Darin hat Matthäus Recht.

15, 19. In τιθέναι τὰ γόνατα erkennt E. Klostermann einen Latinismus (genua ponere); vgl. mein Ev. Johannis p. 49 n. 1. Im Cantabr. fehlt der Satz.

15, 21. Wenn Simon auf dem Felde gearbeitet hätte, so würde auch daraus folgen, daß der erste Festtag noch nicht angegangen war. Indessen ἀγρός bedeutet wohl das Dorf.

15, 22. G o l g o t h a (auffallend statt Gogoltha, aus Golgoltha) ist der Hügel benannt nach der Gestalt; im Syrischen wird das synonyme q a r q a p h t a sogar appellativ in diesem Sinne gebraucht. Der Genitiv κρανίου τόπος müßte also epexegetisch sein. Richtig Lc 23, 33: der Ort, welcher Schädel genannt wird. Nach der aethiopisch erhaltenen Melchisedeklegende ist Golgatha der Schädel Adams.

15, 25. Die dritte Stunde ist drei Uhr, nach unserer Rechnung neun Uhr.

15, 26. Wenngleich die Aufschrift uns nur durch Relation, nicht als Dokument, zugekommen ist, so wäre es doch verbohrt, bezweifeln zu wollen, daß Jesus wirklich als König der Juden hingerichtet ist.

15, 29. Das Kopfschütteln ist Geberde des spöttischen Bedauerns, namentlich über die gefallene Größe. Das Explicitum οἱ παραπορευόμενοι fehlt in der Syra.

15, 31. 32 scheint mir eine Wucherung (aus 15, 29. 30) zu sein. Sie ist bei Matthäus und namentlich bei Lukas noch weiter gegangen. Die Erzpriester, vornehme Männer, kommen nicht des Weges, sondern müßten ausdrücklich hingegangen sein, um sich an dem unheiligen Anblick zu weiden, und noch dazu an einem Tage, an dessen Abend das Pascha anbrach. Auch das absolut gebrauchte πιστεύειν 15, 32 fällt auf. Dagegen waltet natürlich kein Bedenken, daß sie ihn als Messias **verhöhnen**, obgleich sie ihn nicht als solchen **verurteilen** konnten.

§ 87. 15, 33–39 (Mt 27, 45–54. Lc 23, 44–48).

Und um die sechste Stunde kam eine Finsternis über das ganze Land, bis zu der neunten Stunde. ³⁴ Und in der neunten Stunde schrie Jesus laut: Eloi Eloi lama sabachthani, das heißt übersetzt: mein Gott, mein Gott, warum hast du mich verlassen! [³⁵ Und etliche, die dabei standen, sagten, da sie es hörten: er ruft Elias.] ³⁶ Da lief einer und füllte einen Schwamm mit Essig, steckte ihn auf ein Rohr und gab ihm zu trinken. [Und sie sagten: laßt sehen, ob Elias kommt, ihm herabzuhelfen.] ³⁷ Jesus aber tat einen lauten Schrei und verschied. ³⁸ Und der Vorhang des Tempels riß entzwei, von oben bis unten. ³⁹ Da aber der Weibel, der dabei war und ihn vor Augen hatte, sah, daß er so verschied, sagte er: dieser Mensch ist dennoch Gottes Sohn gewesen.

15, 33. Die Sonne mag nicht zusehen und verhüllt ihr Angesicht gerade am hellen Mittag (Amos 8, 9), denn sechs Uhr ist nach unserer Rechnung zwölf Uhr. Man braucht das Wunder nicht dadurch vollends unmöglich zu machen, daß man „über die ganze Erde" übersetzt. Eine Sonnenfinsternis ist durch den Vollmond ausgeschlossen.

15, 34–36. Die meisten Uncialen lesen in Mc ganz aramäisch: ἐλωί ἐλωί λαμά σαβαχθάνι; und in Matthäus halb hebräisch: ἠλί ἠλί λαμά σαβαχθάνι [1]). Der Cantabr. dagegen liest gleichmäßig in Mc und Matthäus ganz hebräisch: ἠλὶ ἠλὶ λαμὰ ζαφθάνι. Die Umstehenden meinen, der Ruf gelte dem Elias. Nur Juden wußten von Elias, sie aber konnten, da Aramäisch ihre Muttersprache war, ελωι nicht misverstehn, sondern nur das nichtaramäische ηλι, das auch am ersten an Ηλιας anklingt. Daß Jesus den Psalmvers auch im hebräischen Wortlaut gehört und gekannt hat, läßt sich vielleicht annehmen. Indessen beruht der Beweis, daß er die Worte hebräisch gesprochen habe, ganz auf der Angabe, daß sie als Hilferuf nach Elias gedeutet seien, und diese Angabe scheint apokryph zu sein.

Derjenige, der den Schwamm reicht, kann nur ein römischer Soldat gewesen sein. Ein solcher kann aber nicht gesagt haben: laßt sehen, ob Elias komme. In der Syra heißt es darum 14, 36 nicht: **und er sagte**, sondern: **und sie sagten**, nämlich die παρεστηκότες 15, 35; ebenso tritt auch bei Matthäus an diesem Punkte ein Wechsel des Numerus und des Subjektes ein. Dann unterbricht der erste Satz von 15, 36 unleidlich den engen Zusammenhang von 15, 35 und 15, 36[b]. Aber nicht dieser Satz ist eingeschoben, sondern umgekehrt 15, 35 und 15, 36[b]. Denn das Misverständnis der Umstehenden stört in verletzender Weise den Eindruck des erschütternden Verzweiflungsrufes. Die Meinung ist natürlich, daß der Messias in höchster Not nach seinem Helfer gerufen habe, der ihm doch glatte Bahn machen sollte: Elias, Elias, wo bleibst du!

15, 38. Wie in 15, 33 die Sonne, so trauert hier der Tempel, indem er sein Kleid zerreißt wegen des Todes Jesu. Nach den klementinischen Rekognitionen (1, 41) trauert er über seinen eigenen, nun besiegelten Untergang oder über den Untergang der ganzen Stadt: lamentans excidium loco imminens.

15, 39. Bei Matthäus und Lukas wird der Centurio durch die Finsternis und das Erdbeben zu seinem Ausruf veranlaßt. Bei Mc ist das οὕτως unklar; der Cantabr., die Latina und Syra beziehen es auf den lauten Schrei, aber das ist albern. — Das Fehlen des Artikels macht den Status constr. (υἱὸς θεοῦ) nicht notwendig indeterminiert; und auch die Stellung im Prädikat ist ein Grund, ihn fallen zu lassen (Mt 14, 33. Joa 5, 27). Aus dem Heidentum des Centurio aber ließe

---

[1]) Der Accent liegt im Aramäischen niemals auf dem i der ersten Person, wohl aber im Hebräischen. Darnach hat man sich auch im Griechischen zu richten. Ἐλώι ist ebenfalls aramäisch (=ἐλάι), hebräisch wäre ἐλωίι.

sich nur dann schließen, daß er den Ausdruck Sohn Gottes in anderem Sinn gebraucht habe als er sonst gebraucht wird, wenn der Vorgang historisch wäre. Mit 15, 39 schließt die Passion; was folgt, ist eine Art Nachtrag. Die Paragraphen 88. 89. 90 hangen eng unter sich zusammen.

§ 88. 15, 40. 41 (Mt 27, 55. 56. Lc 23, 49).

Es schauten aber auch einige Weiber von ferne zu, darunter Maria von Magdala, und Maria die Mutter des kleinen Jakobus und des Joses, und Salome, [41] die ihn schon in Galiläa begleitet und bedient hatten, und viele andere, die mit ihm nach Jerusalem hinauf gegangen waren.

Hier werden die Zeugen unter dem Kreuz angegeben, für das 15, 28—39 Erzählte, oder vielmehr die Zeuginnen. Denn es sind Frauen, ebenso wie bei der Auferstehungsgeschichte, da die Jünger geflohen sind. Bei dieser Gelegenheit kommt ganz hinterdrein der nicht gleichgiltige, freilich auch nicht sentimental und romantisch aufzubauschende Umstand zu tage, daß Jesus schon in Galiläa auch Frauen im Gefolge gehabt hat. Genannt werden drei, vgl. zu 16, 1. Die anderen vielen scheinen ihn nicht schon in Galiläa, sondern erst nach Jerusalem hinauf begleitet zu haben.

§ 89. 15, 42–47 (Mt 27, 57–61. Lc 23, 50–56).

Und nachdem es schon Abend geworden, [weil es Freitag war, der Tag vor dem Sabbat,] [43] kam Joseph von Arimathia, ein ehrsamer Ratsherr, der auch das Reich Gottes erwartete, und wagte bei Pilatus einzutreten und um den Leichnam Jesu zu bitten. [44] Pilatus aber wunderte sich, daß er schon gestorben sein sollte, und ließ den Weibel rufen und fragte ihn, ob er bereits tot sei. [45] Und als er es von dem Weibel erfahren hatte, gewährte er Joseph den Leichnam. [46] Und er kaufte feine Leinewand, nahm ihn ab, hüllte ihn in die Leinewand und setzte ihn bei in einer Grabkammer, die in den Fels gehauen war, und wälzte einen Stein vor die Tür der Grabkammer. [47] Maria von Magdala aber und Maria die Tochter des Joses schauten, wo er beigesetzt war.

15, 42. Ganz beiläufig und hinterdrein erfahren wir hier, daß die Kreuzigung an einem Freitag geschah. Was das im Neuen Testament immer kausale ἐπεί hier begründen soll, versteh ich nicht. Mit Eintritt des Sabbats. sagt man, sei die Kreuzabnahme und das Begräbnis unstatthaft gewesen und daher Gefahr im Verzuge. Aber die Sabbatsruhe tritt schon mit Sonnenuntergang in Kraft und ὀψίας ist niemals früher als Sonnenuntergang, meistens später. Die Syra sagt kurz und gut: „und es geschah am Sabbat, da kam Joseph". Für προσάββατον liest der Cantabr. πρὶν σάββατον, er gebraucht πρίν auch in Joa 8, 58. 11, 55 als Präposition mit dem Akkusativ.

15, 43. Joseph von Arimathia, der Ratsherr von Jerusalem, überrascht durch seine plötzliche Erscheinung. Darf man sich zur Erklärung darauf berufen, das die evangelische Überlieferung unser Interesse für das s. g. Milieu nicht teilt, daß sie vieles, worauf wir großen Wert legen würden, weiß, aber nicht geflissentlich, sondern nur zufällig mitteilt? Das Warten auf das Reich Gottes ist bei Joseph spezifisch christlich gemeint und bedeutet, daß er hoffte, Jesus würde es herbeiführen.

15, 44, 45. Jesus ist schon um drei Uhr nachmittags gestorben, aber noch am Abend, ein paar Stunden später, weiß Pilatus nichts davon und wundert sich darüber. Der Centurio muß persönlich erscheinen.

15, 46. Über dem Besuch bei Pilatus, dem Herbeiholen des Centurio und den Vorbereitungen zur Bestattung muß der kirchliche Sabbat längst eingetreten sein. Es ist also nichts mit dem Verbot des Begräbnisses am Sabbat, von dem die Exegeten zu 15, 42 reden. Ein solches Verbot wäre auch in dem heißen Palästina ziemlich unausführbar gewesen. Daß ein Nichtverwandter, noch dazu ein Hingerichteter, in ein Familiengrab aufgenommen wird, ist sehr ungewöhnlich und hochherzig.

15, 47. Maria heißt hier nicht, wie 15, 40, die Mutter, sondern d i e T o c h t e r des Joses; anders darf man nicht übersetzen. Eine Variante (Cantabr. und Syra) ist Μαρία Ἰακώβου. Vgl. darüber zu 16, 1.

§ 90. 16, 1–8 (Mt 28, 1–10. Lc 24, 1–11).

Und als der Sabbat vorüber war, kauften sie [Maria von Magdala und Maria die Tochter des Jakobus und Salome] Balsam, um hinzugehn und ihn zu salben. ² Und sehr früh am ersten Tage der Woche kamen sie an das Grab, als die Sonne aufging. ³ Und sie sprachen bei sich: wer wird uns den Stein abwälzen von der Tür des Grabes? ⁴ Und wie sie aufblickten, wurden sie gewahr, daß der Stein abgewälzt war — er war aber sehr groß. ⁵ Und als sie in das Grab eintraten, sahen sie rechts einen Jüngling sitzen in weißem Gewand, und sie erschraken. ⁶ Er aber sprach zu ihnen: Erschreckt nicht, Jesum sucht ihr, den gekreuzigten Nazarener — er ist auferstanden, er ist nicht hier, seht da die Stätte, wo er gelegen hat. [⁷ Aber geht hin, sagt zu seinen Jüngern und zu Petrus: er geht euch voraus nach Galiläa, dort werdet ihr ihn sehen, wie er euch gesagt hat.] ⁸ Und sie gingen hinaus und flohen fort von dem Grabe, denn Zittern und Entsetzen hatte sie erfaßt. Und sie sagten keinem etwas, denn sie fürchteten sich.

16, 1 stimmt in der gewöhnlichen Lesung nicht mit 15, 47. Es hilft nichts, mit dem Cantabr. dort Μαρία 'Ιακώβου zu lesen, wenn man nicht zugleich mit Matthäus die Differenz der Zahl beseitigt. Nun aber stehn die Perikopen § 89 und 90 in allerengstem Zusammenhang. Und insbesondere gilt dies von den beiden dicht aufeinanderfolgenden Versen 15, 47 und 16, 1. Sie dürfen nicht kollidieren. Im Cantabr. zu 16, 1 fehlen mit Recht die hier nach 15, 47 völlig überflüssigen Subjekte, und zugleich die Zeitangabe am Anfang, die den bösen Schein beseitigen soll, als hätten die Frauen wohl gar am Sabbat eingekauft. Wenn nun damit die notwendige Harmonie zwischen 16, 1 und 15, 47 hergestellt ist und das wahre Subjekt beiderorts die beiden Marien sind, so tritt jedoch die Verschiedenheit der Angabe in 15, 40 um so stärker hervor. Ein Redaktor vereinigt dort die Varianten Maria Josetis und Maria Jacobi in der Weise, daß er in den Genitiven nicht Patronyme, sondern Namen der Söhne erblickt. Zwei Väter konnte die andere Maria (wie sie bei Matthäus heißt) nicht haben, wohl aber zwei Söhne; und nach diesen konnte sie beliebig bald so bald so bezeichnet werden. Vgl. noch zu Joa 19, 25. 26. — Darauf, daß nach § 70 die Salbung nicht in Wirklichkeit, sondern nur symbolisch vollzogen wird, ist bereits aufmerksam gemacht. Die Salbung einer bereits eingewickelten und beigesetzten Leiche ist in der Tat ein kühner Gedanke der Frauen.

16, 3. Das Grab kann ein Seitengrab oder auch ein Senkgrab sein; der Steinverschluß kommt bei beiden Formen vor. Vgl. Buxtorf unter גולל und דופק, Musil, Arabia Petraea I 340 II 1, 50, und Geiger in der DMZ 1872 p. 800.

16, 4. Der Stein ist abgewälzt — er war aber sehr groß. Damit ist alles gesagt. Denn der A u f e r s t a n d e n e hat ihn abgewälzt, indem er durch die verschlossene Tür durchbrach. Mc läßt die Auferstehung nur durch diese Wirkung erkennen, die man sah; er macht nicht den geringsten Versuch, den Vorgang selber anschaulich zu beschreiben, den niemand sah. Das ist nicht nur bescheiden, sondern auch fein, und eindrucksvoll für den, der auf Leises zu achten weiß. Gleichwohl ist es der erste schüchterne Versuch, über die Erscheinungen des Auferstandenen in Galiläa hinauszugehn.

16, 5. 6. Die Frauen sehen nur den Stein und den Jüngling, der ihnen erklärt, was für eine Bewandtnis es damit hat. Die Auferstehung gehört schon der Vergangenheit an, die Zeitangabe, Sonntags beim Morgengrauen, gilt nicht für sie. Doch liegt es nahe anzunehmen, daß auch sie am dritten Tage geschehen sein soll. Dieser Termin stimmt zu Matthäus und Lukas, weicht aber ab von dem bei Mc sonst angegebenen: nach drei Tagen; vgl. zu 8, 31.

16, 7. Die Frauen erhalten zwar die erste authentische Kunde von dem Auferstandenen, das erste Sehen seiner sichtbarlichen Erscheinung wird aber Petrus und den Jüngern vorbehalten, und zwar geschieht es in Galiläa. Das stimmt mit der Weissagung 14, 28, auf die der Engel verweist. Aber in dem Zusammenhang von 14, 28 fliehen die Jünger voll Furcht aus Jerusalem nach Galiläa. Hier dagegen kann man nur mit Matthäus verstehn, daß sie erst nach der Auferstehung auf ausdrückliche, den Frauen von dem Engel aufgegebene Bestellung nach Galiläa gehn, eben zu dem Zweck, um den Auferstandenen dort zu sehen. Die schimpfliche Flucht der Jünger aus Jerusalem wird also beseitigt und der Übergang gemacht zu der Vorstellung, die später, namentlich in der Apostelgeschichte, herrschend geworden ist und schließlich dazu geführt hat, die Apostel überhaupt in Jerusalem bleiben zu lassen. Das ist bedenklich. Dazu kommt noch, daß die Frauen nach 16, 8 keinem etwas sagen, also auch den Jüngern nicht. Vor denen brauchten sie sich doch nicht zu fürchten und andererseits durften sie den Auftrag des Engels nicht in den Wind schlagen. Demnach scheint es, daß der Vers 16, 7 nicht zum alten Bestande gehört.

16, 8 soll erklären, daß dieser Auferstehungsbericht der Frauen erst nachträglich bekannt wurde. Paulus weiß in der Tat noch nichts davon.

Mit 16, 8 endet das Evangelium Marci. Die meisten Ausleger sind damit nicht zufrieden und nehmen an, daß der Verfasser an der Vollendung seiner Schrift verhindert oder daß ursprünglich noch mehr gefolgt sei, was später aus irgend welchen Gründen der Zensur zum Opfer fiel. Sie haben 16, 4 nicht verstanden. Es fehlt nichts; es wäre schade, wenn noch etwas hinterher käme.

Auch die drei übrigen Evangelien, Matthäus Lukas und Johannes, lassen erkennen, daß Mc 16, 1—8 der Schluß der alten evangelischen Erzählung gewesen ist.

DAS
EVANGELIUM LUCAE

ÜBERSETZT UND ERKLÄRT

VON

J. WELLHAUSEN

BERLIN
DRUCK UND VERLAG VON GEORG REIMER
1904

I. Lc. 3, 1—4, 15.

§ 1. Lc. 3, 1–20. Q*.

Im fünfzehnten Jahre der Regierung des Kaisers Tiberius, als Pontius Pilatus Landpfleger von Judäa war und Herodes Vierfürst von Galiläa, sein Bruder Philippus aber Vierfürst von Ituräa und Trachonitis, und Lysanias Vierfürst von Abilene, ²unter den Hohenpriestern Hannas und Kaiaphas — geschah das Wort Gottes zu Johannes dem Sohne Zacharias in der Wüste, ³und er kam in die ganze Umgegend des Jordans und predigte die Taufe der Buße zur Vergebung der Sünden; ⁴wie geschrieben steht im Buch der Worte des Propheten Esaias: „eine Stimme ruft in der Wüste: bahnt dem Herrn die Straße, macht ihm die Wege grade, ⁵jede Schlucht soll ausgefüllt und jeder Berg und Hügel geebnet werden, ⁶und alles Fleisch soll das Heil Gottes schauen." ⁷Er sagte nun zu den Scharen, die zu ihm hinauszogen um vor ihm getauft zu werden: Ihr Otterngezücht, wer hat euch gesagt, daß ihr dem drohenden Zorne entrinnen werdet! ⁸Bringt Früchte, die der Buße ziemen! Und fangt nicht an bei euch zu sagen: wir haben Abraham zum Vater; denn ich sage euch, Gott kann aus diesen Steinen Kinder Abrahams hervorbringen. ⁹Schon ist die Axt den Bäumen an die Wurzel gelegt; jeglicher Baum, der nicht gute Frucht bringt, wird abgehauen und ins Feuer geworfen.

¹⁰Und das Volk fragte ihn: was sollen wir tun? ¹¹Er antwortete und sprach zu ihnen: wer zwei Röcke hat, gebe dem ab, der keinen hat, und wer Speise hat, tue ebenso. ¹²Auch die Zöllner kamen, sich taufen zu lassen, und sagten zu ihm: Meister, was sollen wir tun? ¹³Er sprach zu ihnen: treibt nicht mehr ein, als was euch vorgeschrieben ist. ¹⁴Auch

Kriegsleute fragten ihn: was sollen wir hinwiederum tun? Und er sprach zu ihnen: übt gegen niemand Raub und Erpressung. ¹⁵Da aber die Leute voll Erwartung waren und sich über Johannes Gedanken machten, ob er vielleicht der Christus wäre, ¹⁶hub Johannes an und sprach zu ihnen allen: Ich taufe euch mit Wasser, aber ein Stärkerer als ich ist im Kommen, dem ich nicht wert bin den Schuhriemen zu lösen, der wird euch mit heiligem Geist und Feuer taufen. ¹⁷Der hat die Worfschaufel in der Hand, um seine Tenne zu reinigen, und er bringt den Weizen in seine Scheuer, die Spreu aber verbrennt er mit unlöschbarem Feuer.

¹⁸Auch vieles andere verkündigte er mahnend den Leuten. ¹⁹Herodes aber, da er oft von ihm Vorwürfe zu hören bekam wegen der Herodias, der Frau seines Bruders, und wegen anderer Frevel, die er beging, ²⁰tat ein Übriges und schloß Johannes im Gefängnis ein.

3, 1. 2. In dem gelehrten Synchronismus findet sich wenigstens ein genaues Datum, nämlich das 15. Jahr des Tiberius, welches im Orient von Herbst 28 bis Herbst 29 A. D. gerechnet sein wird. Es gilt nicht bloß für den Täufer, sondern auch für Jesus. Aber nur für den Anfang seines Auftretens, nicht auch für sein Ende, wie eine alte kirchliche Rechnung (duobus Geminis) annimmt. Denn sonst müßte Jesus schon nach höchstens halbjähriger Wirksamkeit gekreuzigt sein, Ostern 29. Das ist schwerlich die Meinung des Lc und steht im Widerspruch zu der Geschichte vom Ährenausraufen der Jünger, die in den Anfang der galiläischen Periode und in die Osterzeit fällt. Es wird vielmehr anzunehmen sein, daß Jesus nach Lc jedenfalls nicht früher als zu Ostern 30 gekreuzigt ist. — Lysanias wurde schon A. 34 vor Chr. hingerichtet, aber sein Dominium behielt seinen Namen (Jos. Bell. 1, 398 und öfters) und blieb selbständig bis auf Agrippa I. Dadurch wurde Lc zu seinem Irrtum verführt; den Josephus kannte er nicht. Die Zusammenstellung von Hannas und Kaiaphas ist zwar nicht korrekt, aber sehr begreiflich, da Hannas die Herrschaft behielt, wenn auch sein Schwiegersohn das heilige Amt inne hatte.

3, 2—6. Den Vaternamen des Täufers fügt Lc zu, die Beschreibung seiner Tracht und Nahrung läßt er aus, das Citat erweitert er.

3, 7—9 wie Mt. 3, 7—10. Die Worte sind bei Lc nicht an die Pharisäer und Sadducäer gerichtet und nicht mit 3, 16. 17 eng verbunden. Über ἐνώπιον αὐτοῦ 3, 7 (D) s. zu Mc. 1, 4. 5.

3, 10—14. Ein gegen die vorhergehende wuchtige Rede merklich abfallender Zusatz, mit eigentümlich griechischen Ausdrücken. Johannes stellt keine hohen Forderungen; auch wo sie über das bürgerliche Maß hinausgehn, reichen sie doch nicht an die der Bergpredigt heran; vgl. 3, 10 mit 6, 29. Darin liegt wol Absicht. Die Soldaten sind jüdische Soldaten des Antipas, der auch über Peräa herrschte; die Zöllner sind ebenfalls Juden. Obwol verschiedene Schichten neben einander aufgeführt werden, werden die Pharisäer und Sadducäer doch auch hier nicht mit genannt; im Gegensatz zu Mt. 3, 7. 21, 32.

3, 15—17 wie Mt. 3, 11. 12. Der motivirende Eingang 3, 15 erinnert an Joa. 1, 19ss. Dies ist nicht die einzige Spur davon, daß Lc den Übergang zu Joa bildet.

3, 18—20. Den Abschnitt Mc. 6, 17—29 läßt Lc aus. Den Tod des Täufers erzählt er überhaupt nicht; die Nachricht, daß derselbe wegen der Herodias gefangen gesetzt wurde, gibt er wegen Mc. 1, 14 schon hier im Anfang. — Das Subst. εὐαγγέλιον findet sich bei Lc so wenig wie bei Joa, dagegen oft das den übrigen Evv. nicht geläufige Verbum εὐαγγελίζεσθαι, welches hier (3, 18) den Täufer zum Subjekt hat. All (3, 19. 21) wird gesagt für ander, wie im Semitischen. Das biblische προσέθηκεν (3, 20) kommt nur bei Lc vor, es wird hier durch das asyndetische κατέκλεισεν ergänzt, sonst durch den Infinitiv.

§ 2. Lc. 3, 21-38.

Es geschah aber, als bei der Taufe des übrigen Volkes auch Jesus getauft wurde und betete, daß der Himmel sich auftat, ²²und der heilige Geist in leiblicher Gestalt wie eine Taube auf ihn herabfuhr und eine Stimme vom Himmel kam: du bist mein geliebter Sohn, dich habe ich erwählt.

²³Jesus war aber [als er anfing] etwa dreißig Jahr alt und galt für einen Sohn Josephs . . . . ³⁸des Sohnes des Enos, des Sohnes Seths, des Sohnes Adams, des Sohnes Gottes.

3, 21. 22. Jesus läßt sich taufen wie die andern; der auch dem Mt und dem Hebräerevangelium unbehagliche Akt wird in einem Nebensatze abgemacht und nur nicht ganz unerwähnt gelassen. Daß der Himmel sich öffnete, ist nicht so sehr Wirkung der Taufe als des Gebetes; vgl. 9, 28. 29. Der Geist wird zum heiligen Geist; dieser findet sich bei Lc häufiger als bei Mc und Mt, und in einer mehr christlichen Bedeutung. In D lautet die Stimme nach Ps. 2, 7: du bist mein Sohn, heute habe ich dich gezeugt. Möglich, daß dies für Lc die echte Lesart ist. Ganz im Sinne der ursprünglichen Überlieferung bei Mc wird damit die Taufe als der Moment bezeichnet, wo Jesus durch den Geist zum Sohne Gottes wird. Aber die Beziehung von Mc. 1, 11 „du bist mein geliebter Sohn" zu Mc. 9, 7 „dies ist mein geliebter Sohn" geht dann verloren. Auch hat ein Citat das Vorurteil gegen sich.

3, 23—38. Wenn man die Angabe, daß Jesus etwa dreißig Jahr alt war, mit dem Datum 3, 1 kombinirt, so wäre er zu Beginn der christlichen Ära geboren. Nach 1, 5 ist er noch unter Herodes dem Großen geboren, der gegen Ostern des Jahres 4 vor Chr. starb. Nach 2, 2 aber erst zur Zeit der Schätzung des Quirinius, die A. D. 6 stattfand. Man hat keinen Grund anzunehmen, daß die Daten 1, 5 und 2, 2 von dem selben Autor stammen, der geglaubt habe, die Schätzung des Quirinius sei womöglich noch zu Lebzeiten oder doch unmittelbar nach dem Tode des alten Herodes geschehen. Denn die Erzählung 2, 1ss. fußt durchaus nicht auf den Voraussetzungen von Kap. 1, sondern beginnt ganz neu, wiederholt, was aus Kap. 1 schon bekannt sein müßte, und läßt von der jungfräulichen Geburt nichts merken. Geht man also von 2, 2 aus und vereint damit 3, 23, so muß man mit dem Tode Jesu hinabgehn bis auf A. D. 35, das letzte Amtsjahr des Pilatus. Vgl. 13, 1—5.

Die Genealogie steht bei Lc nicht in der Vorgeschichte und widerspricht in der Tat wenigstens dem ersten Teil derselben, dem Kap. 1. Denn niemand konnte auf den Gedanken kommen, Jesus als Davidssohn von seiten seines Vaters zu erweisen, der da glaubte, er sei gar nicht seines Vaters Sohn. Darum muß auch das ὡς ἐνομίζετο als Korrektur betrachtet werden. Über die gänzliche Beziehungslosigkeit der beiden Genealogien bei Lc und Mt braucht nichts mehr gesagt zu werden; auffallend ist, daß die beiden unehrlichen Mütter, Thamar und Rahab, von Mt hervorgehoben werden und nicht von Lc, der sonst eine ausgesprochene Vorliebe für so etwas hat. Daß Adam der Sohn Gottes genannt wird, lehrt, in wie verschiedenartigem Sinn der Ausdruck gebraucht werden konnte. In 3, 23 fehlt ἀρχόμενος oder ἐρχόμενος in der Syra S., vermutlich mit Recht. Zu αὐτός..Ἰησοῦς s. zu Mc. 6, 17; grade bei Lc erscheint αὐτός häufig im semitischen Sinne, namentlich καὶ αὐτός.

§ 3. 4. Lc. 4, 1–15. Q*.

Jesus aber kehrte heiliges Geistes voll vom Jordan zurück. Und er ward durch den Geist in der Wüste umgetrieben ²vierzig Tage lang, und dabei vom Teufel versucht. Und er aß nichts in jenen Tagen, und als sie zu Ende waren, hungerte ihn. ³Da sprach der Teufel zu ihm: bist du Gottes Sohn, so sag diesem Steine, daß er Brot werde. ⁴Und Jesus erwiderte ihm: es steht geschrieben: nicht von Brot allein lebt der Mensch. ⁵Und er führte ihn empor und zeigte ihm in einem Augenblicke alle Reiche der Welt, ⁶und sprach zu ihm: dir will ich diese ganze Macht [und ihre Herrlichkeit] geben, denn mir ist sie überlassen und ich gebe sie wem ich will, ⁷also wenn du mir huldigst, soll sie ganz dein sein. ⁸Und Jesus antwortete und sprach zu ihm: es steht geschrieben: dem Herrn deinem Gott sollst du huldigen und ihm allein dienen. ⁹Und er brachte ihn nach Jerusalem und stellte ihn auf einen Vorsprung des Heiligtums und sprach zu ihm: bist du Gottes Sohn, so wirf dich hinab von hier, ¹⁰denn es steht geschrieben: er wird seinen Engeln deinetwegen Befehl geben, dich zu behüten, ¹¹und sie werden dich auf den Händen tragen, daß du deinen Fuß nicht an einen Stein stoßest. ¹²Und Jesus sprach zu ihm: es ist gesagt: du sollst den Herrn deinen Gott nicht versuchen. ¹³Und als der Teufel alle Versuchung erschöpft hatte, stand er eine Weile von ihm ab.

¹⁴Und Jesus kehrte in der Kraft des Geistes zurück nach Galiläa, und ein Gerede verbreitete sich durch die ganze Umgegend über ihn, ¹⁵und er lehrte in ihren Synagogen und ward von allen gepriesen.

Die messianische Hauptversuchung steht bei Lc nicht am Ende, sondern in der Mitte, so daß dann das ὕπαγε σατανᾶ nicht mehr paßt, welches übrigens auch hinter 9, 22 fehlt. Der zweifache Bühnenwechsel wird vermieden. Der Teufel (διάβολος, sonst nur noch 8, 12) beruft sich erst dann selber auf die Schrift, nachdem er zweimal durch die Schrift abgewiesen ist; er hebt stark hervor, daß ihm das Reich der Welt gehöre — wie bei Joa. In 4, 1 ist der Geist nicht mehr ein von Jesu unterschiedenes handelndes Subjekt wie in Mc. 1, 12; ἐν τῷ πν. wird vorher erklärt durch „voll heil. Geistes" und nachher (4, 14) durch „in der Kraft des Geistes". Die Versuchung scheint nach 4, 2 während der vierzig Tage durchzugehn, aber nach 4, 3 beginnt sie doch eigentlich erst am Ende dieses Zeitraums. Mit καὶ τὴν δόξαν αὐτῶν 4, 6 läßt sich nichts anfangen; vielleicht sind diese Worte an eine falsche Stelle geraten. Die hebräische Form Ἰερουσαλημ geht bei Lc durch. Die Andeutung 4, 13, daß der Teufel es bei dieser Versuchung doch nicht habe bewenden lassen, entspricht schwerlich der ursprünglichen Absicht dieser Geschichte, wonach vielmehr Jesus die Verlockung, als jüdischer Messias aufzutreten, noch vor dem Anfang seiner Laufbahn ein für allemal überwunden hat. — D konformirt nach Mt, so auch sonst vielfach nach Mt und Mc.

In 4, 14 wird der Anfang von 4, 1 wieder aufgenommen. Den Aufruf zur Buße Mc. 1,15 läßt Lc aus; vgl. zu 4, 18. Er redet nur von der Lehrtätigkeit Jesu im allgemeinen und berichtet in Übereinstimmung mit Mc, daß er sofort großes Aufsehen erregt und allgemeinen Beifall gefunden habe.

II. Lc. 4, 16—7, 50.
Lc. 4, 16–30. § 28.

Und er kam nach Nazareth, wo er aufgewachsen war, und ging nach seiner Gewohnheit am Sabbatstag in die Synagoge. Und er stand auf, um vorzulesen, [17] und es wurde ihm das Buch des Propheten Esaias gereicht, und da er das Buch aufschlug, stieß er auf eine Stelle, wo geschrieben stand: [18] der Geist des Herrn ist über mir, deshalb hat er mich gesalbt; den Armen das Evangelium zu verkündigen hat er mich gesandt, [19] anzukündigen den Gefangenen, daß sie loskommen und den Blinden, daß sie wieder sehen sollen, Gebrochene in Freiheit zu lassen, anzukündigen das willkommene Jahr des Herrn. [20] Und er schlug das Buch zu, gab es dem Diener und setzte sich, und Aller Augen in der Synagoge waren auf ihn gerichtet. ²¹Und er begann zu ihnen zu sagen: heute ist diese Schrift erfüllt, die ihr soeben gehört habt. ²²Und alle gaben ihm Beifall und staunten ob der lieblichen Worte, die aus seinem Munde kamen, und sagten: ist das nicht der Sohn Josephs? ²³Und er sagte zu ihnen: allerdings werdet ihr zu mir das Sprichwort sagen: Arzt, heil dich selber! was in Kapernaum, wie wir hören, geschehen ist, das tu auch hier in deiner Heimat! ²⁴Er sprach aber: Amen ich sage euch, kein Prophet findet in seiner Heimat willkommene Aufnahme. ²⁵Wahrlich ich sage euch, viele Witwen gab es in Israel in den Tagen Elias, als der Himmel drei Jahr und sechs Monat verschlossen war und eine große Hungersnot über das ganze Land kam, ²⁶und zu keiner von ihnen wurde Elias gesandt, sondern nach Sarepta im sidonischen Lande, zu einer Heidin. ²⁷Und viele Aussätzige gab es in Israel zur Zeit des Propheten Elisäus, und keiner von ihnen wurde gereinigt, sondern Naeman, der Heide. ²⁸Da wurden alle in der Synagoge voll Zorn, als sie das hörten, ²⁹und standen auf und warfen ihn aus der Stadt hinaus und führten ihn an den Rand des Berges, auf dem die Stadt gebaut ist, um ihn hinabzustürzen. ³⁰Er aber ging mitten durch sie hin seiner Wege.

Anders wie Mc läßt Lc Jesus in seiner Heimat anfangen und erst, nachdem er dort übel aufgenommen ist, nach Kapernaum übersiedeln. Wegen dieser natürlichen und naheliegenden Annahme (vgl. auch Mt. 4, 13 am Anfang) schiebt er den § 28 (Mc. 6, 1—6) hierher vor und läßt ihn hernach an seiner Stelle aus. Ein ähnliches Verfahren wiederholt er öfters, so bei § 5 (5, 1ss.), § 70 (7, 36ss.), § 63 (10, 25ss.), § 49 (16, 18), § 58 (17, 6s.). Es gelingt ihm jedoch nicht, die Spuren der ursprünglichen, weit späteren Ansetzung der Szene in Nazareth zu verwischen; s. zu 4, 23.

4, 16. 17. In Anknüpfung an 4, 15 wird hier, und nur hier, an einem bestimmten Beispiel veranschaulicht, wie Jesus ordnungsmäßig am Sabbat in der Synagoge lehrt. In wie weit hier genaue Kenntnis der jüdischen Sitte vorliegt, läßt sich schwer beurteilen; mit dem späteren rabbinischen Maß darf man nicht ohne weiteres messen.

4, 18—21. Der zufällig aufgeschlagene prophetische Text ist der locus classicus vom Evangelium der Armen, der auch in 7, 22 (Mt. 11, 5) und in Mt. 5, 3. 4 zu grunde liegt. Jesus eröffnet seine Predigt damit, daß er sich sofort selber zum Objekt macht: ich bin der mit dem Geist des Herrn Gesalbte, den der Prophet meint. Er weissagt nicht das Bevorstehen des Reiches Gottes, sondern er sagt: das Jahr der Gnade ist jetzt mit dem Beginn meines Wirkens eingetreten Er ruft nicht zur Buße auf, sondern bringt den Armen das Heil und die Erlösung. Das Programm Mc. 1, 15 wird von Lc (4, 15) mit voller Absicht ausgelassen und ein ganz anderes an die Stelle gesetzt. Vgl. zu Mt. 5, 1. 2 und 4, 17. — Das biblische οὗ εἵνεκεν (4, 18) bedeutet: infolge davon daß. Ἐν τοῖς ὠσὶν ὑμῶν (4, 21) muß eng mit ἡ γραφὴ αὕτη verbunden werden.

4, 22. Da die Leute ihn freudig bewundern, so soll auch die Frage am Schluß nicht bösartig gemeint sein. Der Umschlag der Stimmung erfolgt erst in 4, 28.

4, 23. Πάντως kann in diesem Zusammenhange nur bedeuten: bei alle dem. Sehr merkwürdig ist das Tempus von ἐρεῖτε, nämlich das Futurum. Jesus kann sich über den gegenwärtigen Beifall seiner Mitbürger nicht freuen, weil er weiß, es werde in Zukunft ganz anders kommen. Er antezipirt seine noch gar nicht angefangene Wirksamkeit in Kapernaum, und er sieht noch darüber hinaus, daß er sie in Nazareth nicht mit gleichem Erfolge fortsetzen und deswegen dort dem Spott verfallen werde. Es wird futurisch Bezug genommen auf die Erzählung § 28, die doch zugleich in die Gegenwart vorgeschoben wird. Dadurch entsteht ein seltsames Schillern zwischen den Zeiten. Auch das Schelten über ein noch erst bevorstehendes Benehmen ist seltsam, namentlich da die Gescholtenen im Augenblick freundlich gesonnen sind.

4, 24. Amen sagt Lc seltener als die anderen Evangelisten, wie er überhaupt fremdsprachliche Ausdrücke im Griechischen vermeidet.

4, 25—27 ist dem Lc eigentümlich und gehört eigentlich nicht in diesen Zusammenhang. Denn der Gegensatz ist hier nicht innerjüdisch, er spielt nicht zwischen Nazareth und Kapernaum, sondern zwischen Israel und den Heiden. Lc setzt schon hier (ähnlich wie Mt. 8, 11. 12) damit ein, daß nicht den Juden, sondern den Heiden das Heil widerfahren wird. Statt πρὸς γυναῖκα χήραν (4, 26) müßte es heißen: πρὸς γ. Σύραν, d. h. ארמיא statt ארמלא; genau die selbe Verwechslung findet sich in der Syra S. zu Mc. 7, 26. Aramäer ist kein nationaler, sondern ein religiöser Begriff, der sich mit Ἕλλην (Mc. 7, 26) deckt und Heide bedeutet; es wäre auch in 4, 27 besser mit ὁ Ἕλλην zu übertragen gewesen als mit ὁ Σύρος. Daß die Frau eine Witwe war, versteht sich von selbst, da nach dem Vordersatz überhaupt nur Witwen in Betracht kommen; es darf also nicht an der nachdrücklichsten Stelle des Satzes wiederholt werden. Vielmehr muß, wie bei Naeman und genau an der gleichen Stelle, betont werden, daß sie eine Heidin war; denn daran hängt der Sinn des Ganzen. Dalman wendet ein, daß γυναῖκα χήραν den πολλαὶ χῆραι völlig passend gegenüber stehe. Man würde dann aber zunächst erwarten: viele Witwen ... und nur zu einer einzigen. Und ferner wäre das nicht völlig passend, sondern durchaus unpassend. Denn die Pointe beruht nicht auf dem Gegensatz zwischen der Vielzahl und der Einzahl, sondern auf dem zwischen Israel und den Heiden. In der folgenden Parallele steht ja auch den vielen Aussätzigen in Israel nicht Naeman der Aussätzige gegenüber, sondern Naeman der Heide. Möglich, daß der Irrtum χήρα durch Reminiscenz an 1 Reg. 17, 9 befördert ist. Er beweist eine schriftliche aramäische Grundlage für Lc. 4, 25—27. Seine Aufdeckung ist darum wichtig genug, wenngleich Männer von Geist, wie Wernle, nicht einsehen, warum man sich Mühe gibt, eine Buchstabenverwechslung nachzuweisen. — Εἰ μή ist ella, adversativ und nicht exceptiv.

4, 28. Der Ärger über einen Vorwurf, den sie bis jetzt durchaus nicht verdient haben, treibt die Leute von Nazareth dazu, das, was Jesus in 4, 23 erst für spätere Zeit in Aussicht nimmt, sofort zu tun und noch schlimmeres. Von ihm selber gereizt, bricht ihre Bosheit vorzeitig aus. Nach dieser Erfahrung kann er dann aber nicht noch einmal in der Synagoge seiner Heimat auftreten, als wäre nichts geschehen. Es ist nach 4, 28 unmöglich, die Erzählung in Mc. 6, 1—6 so mit der in Lc. 4, 16ss. zu vereinigen, wie es in 4, 23 durch das Futurum ἐρεῖτε versucht wird.

4, 29. 30 erinnert an Joa. 8, 59. Für ᾠκοδόμητο liest D das Perfektum, dessen Sinn aber auch durch den Aorist ausgedrückt werden kann (Blass § 59).

§ 6–8. Lc. 4, 31–44.

Und er kam hinab nach Kapernaum, einer Stadt in Galiläa, und lehrte sie am Sabbat, ³²und sie waren betroffen ob seiner

Lehre, denn seine Rede war mit Macht. ³³Es war aber in der Synagoge ein Mensch, der einen Dämon hatte und er schrie laut auf: ³⁴was haben wir mit dir zu schaffen, Jesus von Nazareth! ich weiß, wer du bist, der Heilige Gottes. ³⁵Und Jesus schalt ihn und sprach: halt den Mund und fahr aus von ihm. Und indem der Dämon ihn warf und aufschrie, fuhr er von ihm aus, ohne ihm zu schaden. ³⁶Und Staunen fiel auf alle, und sie redeten unter einander und sagten: was ist das für eine Rede! mit Vollmacht und mit Erfolg gebietet er den unreinen Geistern und sie fahren aus. ³⁷Und der Ruf von ihm drang nach allen Seiten der Umgegend.

³⁸Aus der Synagoge aber machte er sich auf und kam in das Haus Simons. Simons Schwiegermutter aber war mit schwerem Fieber behaftet, und sie baten ihn ihretwegen. ³⁹Und er ging über sie stehn und schalt das Fieber, und es verließ sie, und sogleich stand sie auf und bediente ihn. ⁴⁰Als aber die Sonne unterging, brachten Alle ihre Kranken mancherlei Art zu ihm, und er heilte sie, indem er einem jeden die Hand auflegte. ⁴¹Es fuhren auch Dämonen aus vielen aus, die schrien und sagten: du bist der Sohn Gottes! Und er schalt sie und ließ nicht zu, daß sie redeten; denn sie wußten, daß er der Christus war.

⁴²Als es aber Tag wurde, ging er hinaus an einen einsamen Ort, und die Leute suchten ihn und gelangten zu ihm und wollten ihn festhalten. ⁴³Er aber sagte zu ihnen: ich muß auch den andern Städten das Evangelium vom Reich Gottes verkünden, denn dazu bin ich gesandt. ⁴⁴Und er sagte die Kunde in den Synagogen von Judäa.

Die Übersiedlung von Nazareth nach Kapernaum ist bei Lc durch 4, 16—30 aufs beste motivirt. Daß er es für nötig hält, Kapernaum als eine Stadt in Galiläa zu bezeichnen, verdient Beachtung; die palästinische Geographie ist seinen Lesern fremd und ihm selber auch. Die Berufung der vier Menschenfischer (§ 5) fehlt und wird durch 5, 1—11 ersetzt. In 4, 38 ist nur von Simon die Rede, der als bekannt gilt, nicht auch von Andreas. Daß Jesus früh morgens in der Einsamkeit beten will, wird in 4, 42 übergangen. Dazu kommen noch einige andere Abweichungen von Mc. Die Lehre Jesu wird nicht mit der der Schriftgelehrten verglichen, und er faßt die kranke Frau nicht bei der Hand; der Inhalt des Evangeliums ist das Reich Gottes. Πνεῦμα δαιμονίου ἀκαθάρτου (4, 33) ist eine grammatische Harmonisirung der Varianten δαιμόνιον und πνεῦμα ἀκάθαρτον, welche in D noch lose beieinander stehn. „Er gebietet und sie fahren aus" (4, 37) ist aramäische Redeweise; der Inhalt des Befehls ergibt sich aus der Ausführung. Παραχρῆμα (4, 39) sagt Lc für εὐθύς. Judäa (4, 44) schließt bei ihm Galiläa ein; vgl. 1, 5. 6, 17. 7, 17 und D 23, 5.

Erst mit 4, 31 hat das Evangelium Marcions begonnen: „Im 15. Jahr des Kaisers Tiberius kam Jesus hinab nach Kapernaum." Das Vorhergehende fehlt. Nur nicht die Nazarethgeschichte (4, 16—30), die jedoch erst nach 4, 39 folgt und zwischen 4, 39 und 4, 40 gestellt wird — an eine vollkommen unmögliche Stelle; denn der Übergang von 4, 30 zu 4, 40 ist absurd, in 4, 40ss. kann nicht Nazareth die Szene sein, sondern nur Kapernaum. Usener (Weihnachtsfest p. 80ss.) meint freilich, die Geschichte stünde dort besser, weil dann die Wirksamkeit in Kapernaum, worauf sie Bezug nehme, in der Tat vorausgehe. Aber es geht mit 4, 31—39 viel zu wenig voraus, um die Äußerung 4, 23 (angenommen, sie beziehe sich auf Vergangenes und nicht auf Zukünftiges) wirklich zu erklären. Und wenn nun einmal der § 28 von Lc vorgerückt wurde, dann auch an einen prominenten Ort. Die ganze programmatische Bedeutung der Nazarethgeschichte bei Lc wäre dahin, wenn sie nicht zu Anfang stünde, als Ersatz von Mc. 1,15. Ebenso auch die Motivirung des Wohnungswechsels Jesu; das κατῆλθεν 4, 31 setzt als Ausgangspunkt das hochgelegene Nazareth voraus. Also hat Marcion mit der Nazarethgeschichte bei Lc eine Umstellung vorgenommen, deren Motiv Usener richtig erkannt hat. Warum er alles übrige vor 4, 31 ausgelassen hat, läßt sich allerdings mit unseren Mitteln vielleicht nicht erklären. Aber ebenso wenig läßt sich begreifen, daß Lc die Einleitung des Mc abgeschnitten und daß ein anderer sie in so eigentümlicher Weise nachgetragen habe, wie es in Lc. 3, 1—4, 15 geschieht. Soll Lc vom Auftreten des Täufers überhaupt nichts gesagt haben?

Lc. 5, 1-11. § 5.

Als aber das Volk ihn umdrängte und das Wort Gottes hörte, während er am See Gennesar stand, ²sah er zwei Schiffe am Ufer des Sees liegen; die Fischer aber waren ausgestiegen und wuschen ihre Netze. ³Da trat er in das eine Schiff, das Simon gehörte, und bat ihn ein wenig vom Lande auf zu fahren. Und er setzte sich und lehrte das Volk vom Schiff aus. ⁴Wie er aber aufhörte zu reden, sagte er zu Simon: fahr hinaus auf das tiefe Wasser und senkt euer Netz zum Fang. ⁵Simon antwortete: Meister, die ganze Nacht durch haben wir uns abgemüht und nichts gefangen, aber auf dein Wort will ich das Netz senken. ⁶Und sie fingen auf einen Zug eine Menge von Fischen, so daß das Netz zerriß. ⁷Und sie winkten ihren Genossen im andren Schiff herzukommen und mit Hand anzulegen, und sie kamen. Und sie luden beide Schiffe voll bis zum Sinken. ⁸Als Simon das sah, fiel er Jesu zu Füßen und sagte: geh weg von mir, ich bin ein sündiger Mensch. ⁹Denn Staunen befing ihn und alle die mit ihm waren, ob des Fanges, den sie gemacht hatten, ¹⁰ ebenso auch Jakobus und Johannes, die Söhne des Zebedäus, welche Teilhaber Simons waren. Und Jesus sprach zu Simon: fürchte dich nicht, von nun an wirst du Menschen fischen. ¹¹Und sie führten die Schiffe an Land, verließen alles und folgten ihm.

Dies ist eine spätere Variante von § 5 (Mc. 1, 16—20), genau wie Lc. 4, 16—30 von § 28; Lc selber erkennt das an, indem er den § 5 an seiner Stelle ebenso ausläßt, wie den § 28 an der seinen. Bei Mc steht die Berufung der Menschenfischer völlig abrupt am Anfang der eigentlichen evangelischen Erzählung. Lc führt sie nicht so plötzlich ein, sondern bringt sie an etwas späterer Stelle, nachdem Jesus schon eine Weile in Kapernaum gewirkt hat, vergißt dabei jedoch seine Rückkehr von dem Ausfluge (4, 42—44) zu berichten. Er veranschaulicht den Spruch vom Menschenfischen durch einen vorhergehenden reichen Fang wirklicher Fische. Der Spruch ist aber nicht an die vier Jünger gerichtet, die bei ihm nirgends zum Vorschein kommen, sondern an Petrus allein, der hier noch stets Simon genannt wird. Petrus ist der eigentliche Vertreter des Aposteltums, bei Lc (22, 32) nicht minder wie bei Mt, obwol im Vergleich zu Jesu nur ein sündiger Mensch (5, 8). Jakobus und Johannes treten hinter ihm zurück; Andreas wird garnicht erwähnt, er kommt bei Lc überhaupt nur im Katalog der Zwölf vor. Aus dem Spruch vom Menschenfischen ist die erweiterte Erzählung Lc. 5, 1—11 entstanden. Ihrerseits ist sie die Grundlage von Joa. 21, wo Johannes mit Petrus konkurrirt. Das erhellt schlagend aus der Korrektur Joa. 21, 11. Bei Lc (5, 6) zerreißt das Netz, denn es ist trotz aller Vorbedeutung doch noch als wirkliches Netz gedacht; bei Joa zerreißt es nicht, denn es ist die christliche Kirche. Vgl. E. Schwartz, über den Tod der Söhne Zebedäi (Abh. der GGW VII 5, 1904) p. 50.

5, 1. Sätze verschiedener Art, die mit καὶ αὐτός anfangen, kommen bei Lc sehr oft vor, namentlich nach καὶ ἐγένετο, werden aber häufig von D geändert, z. B. 8, 1. 22. Hier ist καὶ αὐτὸς ἦν ἑστώς ein semitischer Zustandssatz, D gräzisirt richtig ἑστῶτος αὐτοῦ. Ähnlich 5, 17. 11, 14. 14, 1. 17, 11.

5, 3. Gegen das volkstümliche ὅσον ὅσον in D kommt ὀλίγον nicht auf.

5, 4. 5. Der Wechsel des Numerus (du ihr, ich wir) erklärt sich leicht, da Petrus zwar die Hauptperson ist, aber Ruderer in seinem Schiff bei sich hat. Ἐπιστάτα (und κύριε) sagen bei Lc die Jünger, διδάσκαλε die anderen.

5, 6. Τοῦτο ποιήσαντες fehlt in D mit Recht. Es braucht nicht gesagt, es kann stillschweigend ergänzt werden.

5, 10. In D wird nicht Petrus allein angeredet, sondern auch die andern Jünger — weil doch auch sie an dem Missionsberuf teil haben. Das ist Korrektur, trotz 5, 11.

5, 11 schließt sich schlecht an, da in 5, 10 die Aufforderung zur Nachfolge (Mc. 1, 17) fehlt. Der Text lautet in D: οἱ δὲ ἀκούσαντες πάντα κατέλειψαν ἐπὶ τῆς γῆς καὶ ἠκ. αὐτῷ. Wegen ἐπὶ τῆς γῆς kann πάντα nicht richtig sein; es muß nach Marcion in τὰ πλοιάρια verwandelt werden. Darnach verlassen also die Jünger nicht alles, sondern nur ihre Schiffe, wie Mc. 1, 18. 20. Das scheint das Ursprüngliche zu sein. Freilich spricht dagegen erstens, daß die Schiffe sich vorher auf hoher See befinden und zunächst aufs Trockene gebracht werden müssen, ehe sie liegen gelassen werden können, zweitens, daß auch Levi bei Lc (5, 8) im Gegensatz zu Mc. 2, 14 alles verläßt. Vgl. D zu Mc. 1, 18.

§ 9. Lc. 5, 12–15.

Und als er in einer von den Städten war, siehe da ein Mann voll Aussatz, wie der Jesus sah, warf er sich auf das Angesicht und bat ihn: Herr, wenn du willst, kannst du mich reinigen. [13]Und Jesus streckte die Hand aus, rührte ihn an und sagte: ich will, sei gereinigt! Und alsbald ging der Aussatz von ihm weg. ¹⁴Und er gebot ihm, es keinem zu sagen, „sondern geh, zeig dich dem Priester und bring für die Reinigung ein Opfer, wie Moses verordnet hat, damit dies euch zum Zeugnis diene". ¹⁵Doch nur um so mehr verbreitete sich das Gerücht über ihn, und viele Leute liefen zusammen, zu hören und sich heilen zu lassen von ihren Krankheiten. Er aber zog sich zurück an einsame Orte und betete.

Der Eingang von § 9 greift über 5, 1—11 (§ 5) hinweg zurück auf § 8 = 4, 43. 44. Dort heißt es, Jesus habe in andern Städten und Synagogen, außerhalb von Kapernaum, gepredigt; und hier wird fortgefahren: als er in einer von diesen Städten war. Die sonderbare Heftigkeit, mit der Jesus bei Mc (1, 43) den Geheilten anfährt, wird auch von Lc unterdrückt, wie von Mt. Am Schluß wird die in 4, 42 ausgelassene Angabe in etwas ungeschickter Verallgemeinerung nachgeholt, daß Jesus einsam zu beten pflegte; vgl. 6, 12. In 5, 14 bin ich der Variante von D gefolgt, s. zu Mc. 1, 44. Im Sinn unterscheiden sich ὑμῖν und αὐτοῖς nicht, das ὑμῖν schließt den Angeredeten unter die αὐτοί, d. h. die Juden, ein. Vgl. 21, 13.

§ 10. Lc. 5, 17—26.

Und eines Tages lehrte er, und Pharisäer und Gesetzeslehrer saßen dabei, und die Leute von allen Dörfern aus Galiläa [und aus Judäa und Jerusalem] waren zusammen gekommen, und die Kraft des Herrn wirkte, daß er sie heilte — ¹⁸siehe da erschienen Männer, die trugen auf einem Bette einen Menschen, der gelähmt war, und suchten ihn hineinzubringen und vor ihm niederzusetzen. ¹⁹Und da sie keine Möglichkeit fanden ihn hineinzubringen, wegen der Menge, stiegen sie auf das Dach und ließen ihn mitsamt dem Bette durch die Ziegel hinab auf den Platz vor Jesus. ²⁰Und da er ihren Glauben sah, sprach er: Mensch, deine Sünden sind dir vergeben. ²¹Und die Schriftgelehrten und die Pharisäer begannen bei sich zu sprechen: wer ist der, daß er Lästerung redet! wer anders kann Sünden vergeben als allein Gott! ²²Jesus aber erkannte ihre Gedanken und antwortete ihnen: Was denkt ihr da bei euch? ²³Was ist leichter zu sagen: dir sind deine Sünden vergeben, oder zu sagen: steh auf und wandle? ²⁴Damit ihr aber wißt, daß der Menschensohn Macht hat auf Erden Sünden zu vergeben, sagte er zu dem Gelähmten: ich sage dir, nimm dein Bett und geh nach Hause! ²⁵Und alsbald stand er auf vor ihren Augen, nahm sein Lager und ging nach Hause und pries Gott. ²⁶Und alle wurden voll Furcht und sagten: wir haben heute Erstaunliches erlebt!

5, 17. Der Schauplatz wechselt stillschweigend; denn die Angabe Mc. 2, 1, daß Jesus nach einigen Tagen von den andern Städten wieder nach Kapernaum zurückgekehrt sei, fehlt; Lc ist gleichgiltig gegen das Itinerar. In D wird hier wie 5, 1 καὶ αὐτὸς ἦν διδάσκων gräzisirt in αὐτοῦ διδάσκοντος. Die folgenden Sätze hätten dann aber ebenso als vorbereitende Zustandssätze aufgefaßt werden müssen, so daß das anfangende καὶ ἐγένετο erst durch 5, 18 ergänzt würde. Das relative οἵ vor ἦσαν ἐλ. muß nach der Syra S. in καί verändert werden. Denn das Subjekt ist unbestimmt, es sind nicht die Pharisäer und Schriftgelehrten, die nicht aus allen Dörfern zusammen gekommen sein können, sondern die Leute. Vor Ἰουδαίας müßte ἐκ ergänzt werden. Das ist schwierig. Zudem unterscheidet Lc sonst Judäa niemals von Galiläa. Man kann sich des Verdachtes nicht erwehren, daß aus Judäa und Jerusalem nachgetragen ist, es bezieht sich nicht auf die Leute im allgemeinen, sondern auf die Pharisäer und Schriftgelehrten. Letztere heißen nur hier νομοδιδάσκαλοι, öfter νομικοί, meist γραμματεῖς. Κύριος wird Gott gewöhnlich nur in Zitaten aus dem A. T. genannt.

5, 19. Lc hat statt des unmöglichen ἀπεστέγασαν τὴν στέγην bei Mc das zu erwartende ἀναβάντες ἐπὶ τὸ δῶμα; vgl. zu Mc. 2, 4. Ob die Voraussetzung zutrifft, daß das Dach aus Ziegeln bestand, läßt sich bezweifeln.

5, 20. Jesus redet den Kranken bei Lc „Mensch" an, nicht „mein Sohn", wie bei Mc (2, 5).

5, 26. Die beiden ersten Sätze in B etc. überfüllen den Vers; sie fehlen in D und sind aus Mc. 2, 12 eingetragen. Lc hat das Preisen Gottes schon am Schluß von 5, 25 verwendet.

§ 11. 12. Lc. 5, 27—39.

Und darauf ging er aus und sah einen Zöllner namens Levi am Zoll sitzen und sagte zu ihm: folg mir. ²⁸Und er verließ alles und folgte ihm. ²⁹Und Levi gab für ihn ein großes Gastmahl in seinem Hause, und es war ein großer Haufe von Zöllnern, die mit ihnen zu Tisch saßen. ³⁰Und die Pharisäer und die Schriftgelehrten murrten gegen seine Jünger und sagten: warum eßt und trinkt ihr mit den Zöllnern? ³¹Jesus aber antwortete ihnen: die Gesunden bedürfen des Arztes nicht, sondern die Kranken; ³²ich bin nicht gekommen, Gerechte zu rufen, sondern Sünder zur Buße.

³³Und sie sagten zu ihm: die Jünger Johannes fasten oft und halten Gebete [ebenso auch die der Pharisäer], deine Jünger aber tun nichts davon. ³⁴Jesus sprach zu ihnen: Könnt ihr die Hochzeiter zum Fasten bringen, so lange sie den Bräutigam bei sich haben? ³⁵Es werden aber Tage kommen, und wenn dann der Bräutigam ihnen entrissen ist, so werden sie fasten in jenen Tagen. ³⁶Er sagte aber auch ein Gleichnis zu ihnen: Niemand reißt einen Lappen aus einem neuen Kleid und setzt ihn auf ein altes, sonst macht er einen Riß in das neue, und zu dem alten paßt der Lappen aus dem neuen nicht. ³⁷Und niemand tut neuen Wein in alte Schläuche, sonst zerreißt der Wein die Schläuche, und er wird verschüttet und die Schläuche werden verdorben. ³⁸Sondern neuen Wein muß man in neue Schläuche tun. [³⁹Und niemand der alten getrunken hat, mag neuen; denn er sagt: der alte ist am besten.]

5, 28. In der Syra S. fehlt ἀναστάς, es stammt aus Mc. 2, 14.

5, 29. 30. Μετ' αὐτῶν 5, 29 faßt die Jünger mit Jesu zusammen, der Plural tritt in diesem Fall öfters unvorbereitet für den Singular ein. Die Jünger sitzen mit zu Tisch und werden gefragt, warum sie selber mit den Sündern essen, nicht wie bei Mc, warum Jesus das tue. Im Sinaiticus fehlt καὶ ἄλλων 5, 29, zusammenhängend damit in D καὶ ἁμαρτωλῶν 5, 30. In D fehlt auch αὐτῶν 5, 30.

5, 31. Ὑγιαίνοντες ist richtige Erklärung von ἰσχύοντες (Mc.2, 17), zu καλέσαι wird εἰς μετάνοιαν ergänzt.

5, 33. Lc hat den Text des Mc in ursprünglicher Form erhalten, jedoch das hier beginnende neue Stück in zu engen Zusammenhang mit dem vorhergehenden gebracht: für οἱ δὲ εἶπαν müßte gesagt sein καὶ εἶπαν, das Subjekt sind nicht die Pharisäer, sondern die Leute. Über ὁμοίως καὶ οἱ τῶν Φ. s. zu Mc. 2, 18;

Blaß streicht die Worte nach Marcion. Zu dem Kultusfasten fügt Lc auch das Kultusgebet hinzu, welches die Johannesjünger nach ihm (11, 1) früher hatten als die Christen. Hernach ist freilich auch bei Lc nur vom Fasten die Rede, nicht bloß in 5, 34. 35, sondern schon am Schluß von 5, 33: **deine Jünger aber essen und trinken**. Aber D bietet dafür: **deine Jünger aber tun nichts davon**. Diese allgemeine Negation konnte Späteren anstößig erscheinen.

5, 36. Lc macht hier nicht mit Unrecht einen Absatz, gegen Mc. 2, 21. Am Schluß sucht er die befremdliche Aussage, daß ein neuer Flicken auf einem alten Kleide nicht halte und den Riß nur ärger mache, rationeller zu gestalten.

5, 39 paßt nicht an diese Stelle und fehlt in D und in mehreren alten Latinae. Χρηστός ist komparativisch oder superlativisch zu verstehn.

§ 13. 14. Lc. 6, 1-11.

An einem Sabbat aber ging er durch ein Saatfeld, und seine Jünger rauften Ähren, zerrieben sie in der Hand und aßen. ²Da sagten einige Pharisäer: was tut ihr am Sabbat Unerlaubtes! ³Und Jesus antwortete ihnen: habt ihr nie gelesen, was David tat, als ihn und seine Gefährten hungerte? ⁴wie er in das Haus Gottes ging und die Schaubrote nahm und aß und seinen Gefährten gab, die doch nur die Priester essen durften? ⁵Und er sprach zu ihnen: der Menschensohn ist Herr [auch] des Sabbats.

⁶An einem anderen Sabbat aber ging er in die Synagoge und lehrte. Und es war dort ein Mensch, dessen rechter Arm war starr. ⁷Und die Schriftgelehrten und Pharisäer paßten ihm auf, ob er am Sabbat heilen würde, um ihn anklagen zu können. ⁸Er aber erkannte ihre Gedanken und sagte dem Mann mit dem starren Arm: steh auf und tritt vor. Und er stand auf und trat hin. ⁹Und Jesus sprach zu ihnen: ich frage euch, ob man am Sabbat nicht lieber Gutes als Böses erweisen darf, lieber eine Seele retten als sie verkommen lassen? ¹⁰Und er sah sie alle ringsum an und sagte dann zu ihm: streck deinen Arm aus! Und er tat es, und sein Arm war wieder hergestellt. ¹¹Da wurden sie ganz unsinnig und beredeten mit einander, was sie Jesu tun sollten.

2*

6, 1. Das ἐγένετο zielt (ähnlich wie in 5, 1. 17) logisch erst auf die Aussage in 6, 2, die vorhergehenden Sätze schildern die Situation; in den Hss. wird die Konstruktion auf verschiedene Weise geglättet. Den Zusatz δευτεροπρώτῳ in D hält man für unecht, er beruht aber nicht bloß auf Versehen. Es muß einer von den Sabbaten des tempus clausum der Erntezeit zwischen Ostern und Pfingsten gemeint sein, vielleicht der erste nach dem Ostertage.

6, 3. Für das unverständliche οὐδὲ τοῦτο liest D οὐδέποτε. Vgl. zu 7, 9.

6, 5. Das καί vor τοῦ σαββάτου, das im Vaticanus fehlt, erklärt sich nur aus der Prämisse Mc. 2, 27; s. zu der Stelle. Der Ausspruch ist bei Lc isolirt; denn mit 6, 3. 4 ließe er sich nur verbinden, wenn das καί vor ὁ υἱὸς τ. ἀ. stünde und es hieße: wie David, so auch der Messias. Daß Lc ebenso wie Mt den Messias unter dem Menschensohn verstanden hat, unterliegt keinem Zweifel. Eben deshalb kann er auch die Prämisse nicht brauchen, die nur paßt, wenn der Menschensohn hier der Mensch ist. — In D ist die Isolirung des Ausspruchs 6, 5 noch weiter getrieben. Er ist völlig von 6, 3. 4 getrennt und hinter 6, 10 gesetzt. Und auf 6, 4 folgt zunächst noch etwas anderes. „Am selben Tage sah er einen am Sabbat arbeiten und sprach zu ihm: Mensch, wenn du weißt, was du tust, so bist du selig; sonst bist du verflucht und ein Übertreter des Gesetzes." Die Zeitbestimmung am selben Tage genügt, um dies als Nachtrag zu erweisen; der ursprüngliche Erzähler hätte keine Veranlassung gehabt, die Einheit der Zeit festzuhalten, sondern wie in 6, 6 sagen können: abermals an einem Sabbat. Es ist freilich nach Mc richtig, daß Jesus sich nicht bloß selber, weil er der Messias war, die Befugnis zuschreibt, den Sabbat zu brechen. Sogar daß er das Arbeiten schlechthin am Sabbat gestattet, wenn es nur mit gutem Gewissen geschieht, geht nicht hinaus über den Grundsatz: der Mensch ist Herr über den Sabbat. Ob er aber praktisch diese Konsequenz gezogen haben würde, ist eine andere Frage.

6, 6—11. Die Schriftgelehrten und Pharisäer treten an Stelle der Pharisäer und Herodianer bei Mc. 3, 6 und rücken an den Anfang, Lc erwähnt die Herodianer überhaupt nicht. Jesus kennt die Gedanken der Gegner, bevor er sie fragt. Ihr Schweigen auf seine Frage wird ausgelassen, ebenso sein Zorn; dagegen wird ihre unsinnige Wut zugesetzt. Die Hand (6, 6) ist die rechte, ebenso das Ohr 22, 50 und das Auge Mt. 5, 29. Eigentümlich ungriechisch ist die Parataxe 6, 6 und ἀναστὰς ἔστη 6, 8. In 6, 6 und 6, 10 periodisirt D und ändert hier, wie anderswo, nach Mc und Mt.

§ 15. 16. Lc. 6, 12–19.

In jenen Tagen aber ging er aus auf einen Berg, um zu beten, und er verbrachte die ganze Nacht im Gebet zu Gott. ¹³Und als es Tag wurde, rief er seine Jünger und wählte von ihnen zwölf aus, die er Apostel nannte, ¹⁴Simon, dem er den Beinamen Petrus gab, und seinen Bruder Andreas, Jakobus und Johannes, Philippus und Bartholomäus, ¹⁵Matthäus und Thomas, Jakobus Alphäi und Simon den sogenannten Eiferer, ¹⁶Judas Jakobi und Judas Iskarioth, der ein Verräter wurde.
¹⁷Und er ging hinab mit ihnen und blieb auf einer Ebene stehn, und (mit ihm war) ein Haufe von Jüngern und eine große Menge Volk, das aus ganz Judäa [und Jerusalem] und aus der Küstengegend von Tyrus und Sidon gekommen war, ¹⁸um ihn zu hören und sich von Krankheiten heilen zu lassen. Und die von unreinen Geistern Geplagten wurden geheilt, ¹⁹und alles Volk suchte ihn anzurühren, denn eine Kraft ging von ihm aus und heilte alle.

Bei Lc kommt § 15 hinter § 16 zu stehn, als Vorbereitung für die große Predigt, wie Mt. 4, 23—25. Für den wichtigen Akt der Apostelberufung bereitet sich Jesus die ganze Nacht im Gebet auf dem Berge vor und vollzieht ihn morgens früh noch auf dem Berge. Der große Haufe der Jünger wird ausdrücklich von den Zwölfen unterschieden, hier und an anderen Stellen, während dieser Unterschied bei Mc und auch bei Mt noch nicht durchgeführt ist. Die Apostel scheinen paarweise geordnet zu werden, Andreas rückt an Petrus heran, und zuletzt kommen Judas Jacobi (wie in der Apostelgeschichte, statt Thaddäus) und Judas der Verräter (προδότης statt παραδίδους). Der Kananäer wird richtig durch der Zelot ersetzt. Die Aufzählung der Gegenden, woher die Menge zusammen geströmt sein soll, weicht von Mc. 3, 7. 8 ab, schwankt aber auch in der hs. Überlieferung des Lc. Judäa umfaßt Galiläa mit (zu 4, 44), und konsequenter Weise auch Peräa, welches also im Sinaiticus unrichtig zugefügt zu sein scheint. Zu Judäa in diesem weiteren Sinne paßt aber und Jerusalem nicht; es fehlt in D und bei Marcion und ist auch in 5, 17 unecht. Die Nennung der Paralia, eines griechischen t. t., ist dagegen dem Lc wol zuzutrauen und schlecht zu entbehren, da die Aufzählung von 5, 17 überboten werden soll; das Gebiet von Tyrus und Sidon hängt eng mit Galiläa zusammen. Die verfrühte Vorbereitung der Gleichnisreden vom Schiff aus (Mc. 3, 9) steht weder bei Lc noch bei Mt. Das Participium καὶ ἐκλεξάμενος 6, 13 sollte Finitum sein. Um es zu erklären, setzt D ἐκάλεσεν hinzu; sonst finden sich aber gerade in D mehrfach solche Partizipia, die sich ausnehmen wie verunglückte Anfänge einer griechischen Periodisirung, z. B. 9, 6. Auch in 6, 17 ist der Satzbau im Griechischen unklar.

Q*. Lc. 6, 20-49. Mt. 5, 1-12. 38-48. 7, 1-6. 15-27.

Und er richtete seine Augen auf seine Jünger und sprach: Selig ihr Armen, denn euer ist das Reich Gottes. [21]Selig ihr jetzt Hungrigen, denn ihr werdet satt werden. Selig ihr jetzt Weinenden, denn ihr werdet lachen. [22]Selig seid ihr, wenn euch die Leute hassen und ausschließen und euch in schlechten Ruf bringen wegen des Menschensohns. [23]Freut euch zu jener Zeit und hüpft; siehe euer Lohn ist groß im Himmel, denn ebenso haben ihre Väter den Propheten getan.

[24]Doch wehe euch Reichen, denn ihr habt euren Trost dahin. [25]Wehe euch, ihr jetzt Satten, denn ihr werdet hungern. [26]Wehe euch, ihr jetzt Lachenden, denn ihr werdet trauern und weinen. [27]Wehe euch, wenn euch die Leute schmeicheln, denn ebenso haben ihre Väter den falschen Propheten getan.

[28]Aber euch Zuhörern sage ich: Liebt eure Feinde, tut wol denen, die euch hassen; [29]segnet die euch verfluchen, betet für die, die euch mishandeln. [30]Wer dich auf die eine Wange schlägt, dem reiche auch die andere; und wer deinen Mantel nimmt, dem weigere auch den Rock nicht. [31]Wer dich bittet, dem gib, und wenn dir einer das Deine nimmt, so fordre es nicht zurück von ihm. [32]Und wie ihr wollt, daß euch die Leute tun, ebenso tut ihnen. [33]Und wenn ihr die liebt, die euch lieben, was habt ihr für einen Dank? auch die Sünder lieben ihre Freunde. [34]Und wenn ihr denen woltut, die euch woltun, was habt ihr für einen Dank? auch die Sünder tun das. [35]Und wenn ihr denen leiht, von denen ihr

zu empfangen hofft, was habt ihr für einen Dank? auch die Sünder leihen den Sündern, um zu empfangen. ³⁶Sondern liebt eure Feinde und tut ihnen wol, und leiht ohne Gegenhoffnung, so wird euer Lohn groß, und ihr werdet Söhne des Höchsten sein. Denn er ist gütig gegen die Undankbaren und Bösen.

³⁷Seid barmherzig, wie euer Vater barmherzig ist; ³⁸richtet nicht, so werdet ihr nicht gerichtet. Verurteilt nicht, so werdet ihr nicht verurteilt; sprecht frei, so werdet ihr freigesprochen. ³⁹Gebt, so wird euch gegeben. [Ein gutes, gestopftes, gerütteltes, überfließendes Maß wird man euch in den Schoß geben. Denn] mit dem Maß, damit ihr meßt, wird euch wieder gemessen werden.

⁴⁰Er sagte ihnen auch ein Gleichnis: Kann wol ein Blinder einen Blinden führen? werden sie nicht beide in die Grube fallen? ⁴¹Kein Jünger geht über den Meister; ist er ganz vollendet, so gleicht er seinem Meister. ⁴²Was siehst du den Splitter in deines Bruders Auge, den Balken aber im eigenen Auge bemerkst du nicht? ⁴³Wie kannst du deinem Bruder sagen: Bruder, laß mich den Splitter aus deinem Auge schaffen — während du selbst den Balken in deinem Auge nicht siehst? Heuchler, schaff zuerst den Balken aus deinem Auge, und dann magst du sehen, den Splitter im Auge deines Bruders herauszuschaffen.

⁴⁴Kein guter Baum ist, der schlechte Frucht bringt, und kein schlechter Baum, der gute Frucht bringt. Jeder Baum wird an seiner Frucht erkannt. ⁴⁵Denn man liest von Disteln keine Feigen, und vom Dornbusch pflückt man keine Trauben. ⁴⁶Der gute Mensch bringt aus dem guten Schatze seines Herzens das Gute hervor, und der böse bringt aus dem bösen das Böse hervor; denn, wovon das Herz überfließt, daraus redet der Mund.

⁴⁷Was nennt ihr mich: Herr, Herr! und tut nicht was ich sage? ⁴⁸Wer zu mir kommt und meine Worte hört und tut, will ich euch sagen, wem der gleicht: ⁴⁹[er gleicht] einem hausbauenden Mann, der tief grub und auf den Fels Grund legte; als nun Hochwasser kam, fuhr der Strom gegen das Haus, konnte es aber nicht erschüttern, [weil es gut gebaut war]. ⁵⁰Wer aber hört und nicht tut, gleicht einem Mann, der ein Haus auf Land ohne Baugrund setzte; und als dagegen

der Strom fuhr, fiel es ein, und es gab einen großen Zusammenbruch bei dem Hause.

Jesus hat die Apostel wie in Mc § 16 auf einem Berge berufen, ist dann aber zur Ebene hinabgestiegen (6, 17). Etwa bloß, weil 6, 17—19 dem § 15 des Mc entspricht und dort das Seeufer die Szene ist? Lc ist sonst in den Ortsangaben durchaus nicht so gewissenhaft. Der Szenenwechsel hat mehr zu besagen, deshalb wird er so ausdrücklich hervorgehoben. Der Berg bedeutet eine gewisse Absonderung, die Ebene dagegen eine größere Öffentlichkeit. Auf dem Berge ist Jesus mit seinen Jüngern allein, auf der Ebene kommt das Volk hinzu, das bei der folgenden Predigt auch mit zugegen sein soll (zu Mt. 5, 1). Zunächst richtet sich dieselbe freilich an die Jünger. Auf sie richtet Jesus den Blick (6, 20) und sie redet er mit ὑμεῖς an. — Die Verse der Berg- oder vielmehr Feldpredigt bei Lc (von 6, 27 an) enthalten meist Distichen oder Tetrastichen, daneben einzelne Tristichen. Doch kommt auch Prosa vor. Bei Mt läßt sich der Parallelismus der Glieder in den Sprüchen weit weniger deutlich erkennen. Und nicht bloß formell, sondern auch inhaltlich scheint der Text des Lc im Ganzen ursprünglicher zu sein, als der des Mt.

6, 20—23 (Mt. 5, 1—12). Das Reich Gottes bringt eine große Umwälzung mit sich, die Letzten werden die Ersten sein. Die Makarismen sind kürzer und frischer, weniger biblisch und geistlich als bei Mt. Die Anrede mit Ihr geht von Anfang an durch. Das νῦν 6, 20—21 stört. In 6, 22 wird καὶ ὀνειδίσωσιν von Blaß gestrichen, weil es in einem Zitat des Clemens Al. fehlt und in D an anderer Stelle steht. Es ist in der Tat Interpretament und zwar richtiges Interpretament zu ἐκβάλωσιν τὸ ὄνομα. Denn das ist eigentlich die biblische Redensart: „einem einen schlechten Namen ausbringen" (d. h. verbreiten, vgl. ἐξῆλθεν Mc. 1, 28 Lc. 7, 17), die wörtlicher zu übersetzen gewesen wäre: ἐκβ. ὑμῖν ὄνομα πονηρόν. „Wegen des Menschensohns" würde bei Mc heißen: wegen meiner und des Evangeliums. In 6, 23 bezieht sich zu jener Zeit auf die Zeit der Verfolgungen, die Jesus vorausnimmt. Lc hat „ihre Vorfahren" gelesen, als Subjekt des Verbs; Mt „eure Vorfahren", als Apposition zu den Propheten. Die Differenz ist daq'damaihôn (οἱ πατέρες αὐτῶν) und daq'damaikôn (τοὺς πρὸ ὑμῶν).

6, 24—26. Die mechanische Antithese fehlt mit Recht bei Mt. Die Anrede der Abwesenden in zweiter Person stört und nötigt dazu, hinterher in 6, 27 ausdrücklich mit ἀλλά hervorzuheben, daß nun das Ihr sich wieder an die Zuhörer, d. h. die Jünger, richte. Der Trost ist das Reich Gottes, erst bei Joa der heilige Geist.

6, 27—35 (Mt. 5, 39—47). Der lose Spruch 6, 31 ist anders gestellt als bei Mt (7, 12). Die Verse 32. 33. 34 sind Tristiche, dagegen 35 wieder Tetrastich. Der Kausalsatz am Schluß von 6, 35 hängt über und ist wol nachgetragen, um auf 6, 36 überzuleiten. Wenn man von ihm absieht, so geht υἱοὶ ὑψίστου nicht auf die moralische Ähnlichkeit mit Gott, sondern auf den zukünftigen Lohn, nach dem vorhergehenden μισθὸς πολύς; vgl. Lc. 20, 36. Mt. 5, 9. Sapient. 5, 5. Der Ausdruck ὕψιστος, ohne ὁ θεός und ohne Artikel, findet sich nur bei Lc, dreimal im ersten Kapitel des Evangeliums und einmal in der Apostelgeschichte.

6, 36—38 (Mt. 5, 48. 7, 1—6). „Euer Vater" bei Lc nur hier und 12, 30. 32 (11, 2. 13). In der Regel ist das Korrelat zum Vater bei Lc der Sohn d. i. Jesus, wie bei Joa. Richtet nicht (6, 37) wird erklärt: verurteilt nicht, sondern sprecht frei; also im Sinne von Joa. 8, 1—11. Mt deutet den Spruch nach 6, 41, welcher Vers bei ihm unmittelbar darauf folgt, aber bei Lc ganz davon getrennt ist. In 6, 38 bezieht Lc das Maß nicht wie Mt auf das Richten, sondern auf das Geben, so daß zwischen 6, 38 und 6, 37 keine engere Verbindung besteht. Der mittlere Satz ist ungegliedert und weist eine ungeheuerliche Häufung von Attributen auf, zwei davon fehlen in der Syra S. Die Redensart „in den Busen (d. h. in den Bausch des Kleides) messen", ist biblisch (Isa. 65,7. Ps.79,12). Der Zusammenhang Mt. 7, 1—6 ist anders und straffer; die losere Aufreihung bei Lc möchte aber dem Ursprünglichen näher kommen.

6, 39—42 (Mt. 7, 1—6). Der Spruch 6, 39 steht bei Mt. (15, 14. 23, 16) außerhalb der Bergpredigt und richtet sich gegen die Schriftgelehrten; auch 6,40 steht bei Mt (10, 25) an anderer Stelle. Die Ideenassoziation zwischen 6, 39 und 6, 40 bei Lc scheint zu sein: ein Blinder ist kein Wegweiser (d. i. Lehrer), und ein Schüler kein Meister — eine Autorität außer Jesus gibt es nicht, nur die vollkommene Übereinstimmung mit ihm verbürgt die Autorität eines Lehrers in der christlichen Gemeinde. Πᾶς (6, 40) ist kulleh und adverbial zu übersetzen. Die Verbindung von 6, 41s. mit 6, 37s. bei Mt ist logisch sehr gut, darum aber noch nicht authentisch.

6, 43—45 steht bei Mt. 7, 15—18 an der selben Stelle, im Wortlaut entsprechender aber Mt. 12, 33—35 an anderer Stelle;

die ursprüngliche Gleichheit der beiden Passus läßt sich nicht verkennen. Der Schatz des Herzens kommt auch bei Lc (12, 34) noch einmal vor, wie bei Mt (6, 21).

6, 46—49 (Mt. 7, 21—27). Der Eingang 6, 46 ist bei Mt (7, 21—23) stark erweitert. Das Gleichnis ist bei Lc anschaulicher und die Beziehung auf verschiedenwertige Mitglieder der christlichen Gemeinde deutlicher. Der Schluß von 6, 48 fehlt in der Syra S., auch der Anfang (wie in Mt. 13, 33).

Q*. Lc. 7, 1-10. Mt. 8, 5-10.

Und als er alle Worte vollendet hatte, so daß (auch) das Volk sie hörte, ging er nach Kapernaum hinein. ²Eines Hauptmanns Knecht aber, auf den er viel hielt, war krank und am Sterben. ³Und da er von Jesu hörte, ließ er ihn durch die Ältesten der Juden bitten, er möchte kommen und seinen Knecht gesund machen. ⁴Und sie erschienen bei Jesus, baten ihn angelegentlich und sagten: er verdient, daß du ihm das gewährst; ⁵denn er will unserem Volke wol, und die Synagoge hat er uns gebaut. ⁶Da ging er mit. Als er aber nicht mehr weit von dem Hause war, ließ ihm der Hauptmann durch Freunde sagen: Herr, bemüh dich nicht, denn ich bin nicht wert, daß du unter mein Dach tretest, ⁷[weshalb ich mich auch selber nicht für würdig gehalten habe, zu dir zu kommen], sondern sprich nur ein Wort, so wird mein Knecht genesen. ⁸Denn auch ich, ein Mensch unter Befehl, habe Kriegsleute unter mir, und sage ich zu diesem: geh, so geht er, und zu einem anderen: komm, so kommt er, und zu meinem Knecht: tu das, so tut er es. ⁹Als Jesus das hörte, wunderte er sich über ihn, wandte sich und sprach zu dem Volk, das ihn geleitete: ich sage euch, nie habe ich solchen Glauben gefunden in Israel. ¹⁰Und als die Abgesandten in das Haus zurückkehrten, fanden sie den Knecht gesund.

7, 1. 2. Bei Lc ist es kaum mehr zu erkennen, daß gerade, als Jesus von einem großen Haufen (7, 9) begleitet in Kapernaum eintritt, ihm die Bitte des Hauptmanns vorgetragen wird. Ἐπειδή 7, 1 ist unhaltbar; D hat καὶ ἐγένετο ὅτε.

7, 3 ss. Der Hauptmann kommt bei Lc nicht selber, was durch das in D fehlende Interpretament zu Anfang von 7, 7 motivirt wird. Er sendet zunächst die jüdische Behörde an Jesus, der mit κύριε angeredet wird, sodann seine Freunde. Diese reden, als wenn sie die Bestellung auswendig gelernt hätten, ihre Worte passen nur in den Mund des Hauptmanns selber, wie bei Mt. Auf Lc hat der § 27 eingewirkt, wo die Leute des Jairus hinter ihm herschicken und sagen, er solle den Meister nicht in sein Haus bemühen. Bemerkenswert ist ἐλθών in 7, 3: Jesus wird anfangs doch gebeten, er solle kommen. Dadurch wird die Auffassung von Mt. 8, 6 als Frage bestätigt. Bei Lc sträubt sich Jesus aber nicht. Für ἰαθήτω 7, 7 liest D das Futurum.

7, 9. Es liegt hier eine ähnliche Variante vor wie in 6, 3. Die gewöhnliche Lesart ist: nicht einmal in Israel habe ich solchen Glauben gefunden. Dadurch soll scharf hervorgehoben werden, daß der Hauptmann ein Heide sei. Aber D liest οὐδέποτε und stellt ἐν τῷ Ισρ. ans Ende. Darnach habe ich übersetzt. Den Spruch, daß die Heiden die Juden ausstechen (Mt. 8, 11. 12), hat Lc nicht an dieser Stelle, sondern an anderer (13, 28. 29).

Lc. 7, 11—17.

Und demnächst wanderte er nach einer Stadt mit Namen Nain und mit ihm seine Jünger und viel Volk. ¹²Wie er nun nahe bei dem Tor der Stadt war, da wurde ein Toter zu Grabe getragen, der einzige Sohn seiner Mutter, einer Witwe, und ein zahlreicher Haufe aus der Stadt war dabei. ¹³Bei dem Anblick hatte er Mitleid mit ihr und sagte: weine nicht! ¹⁴Und er trat an den Sarg, berührte ihn — die Träger machten Halt — und sprach: Jüngling, ich sage dir, wach auf! ¹⁵Und der Tote richtete sich auf und saß und begann zu reden, und er gab ihn seiner Mutter. ¹⁶Und Furcht kam alle an, und sie priesen Gott und sagten: ein großer Prophet ist unter uns erstanden und Gott hat sich nach seinem Volke umgesehen. ¹⁷Und diese Rede verbreitete sich über ihn in ganz Judäa und überall in der Umgegend.

7, 11. Dieses Beispiel einer Totenerweckung, vor vielen Zeugen, auf öffentlicher Straße, findet sich nur bei Lc; er setzt es hierher wegen 7, 22, aus dem gleichen Grunde, weshalb Mt den § 27

(Mt. 9, 18—26) vorschiebt. Nain wird wie Kana und Chorazin von Mc nicht erwähnt. Es liegt ziemlich weit ab von Kapernaum — was dem Lc schwerlich bewußt ist. Τῷ ἑξῆς (vgl. 8, 1) scheint allgemeineren Sinn zu haben als τῇ ἑ.

7, 12. Es ist καὶ αὐτή zu schreiben (2, 37. 8, 42), wie καὶ αὐτός (5, 1. 17 usw.); αὕτη ist stilwidrig. D gräzisirt: χήρα οὖσα.

7, 13. Der Nominativ ὁ κύριος für Jesus kommt bei Mc nie, bei Lc häufig vor. Aber die Hss. schwanken dabei und namentlich in D fehlt ὁ κύριος öfters; die Syra S. setzt es in Mt. 8, 1—11, 1 regelmäßig ein.

7, 14. Der Sarg wird offen getragen und das obere Brett erst bei der Einsenkung darauf geschlagen. Nach jüdischer Sitte wurde aber die Leiche in Zeug gewickelt und auf einer Bahre zu Grabe getragen; so auch Jos. Ant. 17, 197 s. und Vita 323. Ein Sarg wird nur ausnahmsweise erwähnt (Gen. 50, 26. Jos. Ant. 15, 6. 46). — Jesus berührt nach unserem griechischen Text den Sarg, und nur zu dem Zweck, daß die Träger stehn bleiben. Nach der ursprünglichen Meinung wird er aber den Toten berührt haben; die Heilung durch ἁφή soll vermieden werden. Aphraates (ed. Wright p. 165) hat νεανίσκε doppelt gelesen und daran eine merkwürdige Theorie geknüpft.

Q*. 7, 18–35. Mt. 11, 1–19.

Und dem Johannes berichteten seine Jünger von all dem. Und er rief zwei seiner Jünger zu sich und sagte: [19]geht, fragt ihn: bist du der kommende Mann, oder sollen wir auf einen andern warten? [20]Und die Männer erschienen bei Jesus und sagten: Johannes der Täufer läßt dir durch uns sagen: bist du der kommende Mann oder sollen wir auf einen anderen warten? [21]Zu jener Stunde heilte er viele von Krankheiten und Plagen und bösen Geistern, und Blinden verlieh er zu sehen. [22]Und er antwortete und sprach zu ihnen: geht und meldet Johannes, was ihr seht und hört, Blinde sehen wieder, Lahme gehn, Aussätzige werden rein und Stumme hören, Tote stehn auf, Arme empfangen frohe Botschaft; [23]und selig ist, wer nicht an mir Anstoß nimmt.

[24]Als aber die Boten Johannes' weggegangen waren, begann er dem Volk zu sagen über Johannes: Wozu seid ihr

hinaus in die Wüste gegangen? ein Rohr zu schauen, das im Winde schwankt? ²⁵Oder wozu seid ihr ausgegangen? einen Menschen mit weichen Kleidern angetan zu sehen? die Leute, die prächtige Kleider tragen und üppig leben, sind an den Königshöfen. ²⁶Oder wozu seid ihr ausgegangen? einen Propheten zu sehen? ja, ich sage euch, mehr noch als ein Prophet ist dieser, ²⁷von dem geschrieben steht: siehe, ich sende deinen Boten vor dir her, der dir den Weg bereiten soll. ²⁸Ich sage euch: größer unter den Weibgeborenen als Johannes ist niemand, jedoch der Kleinste im Reiche Gottes ist größer als er. ²⁹Und das ganze Volk, hörend, und auch die Zöllner gaben Gott Recht und ließen sich mit der Taufe Johannes taufen, ³⁰aber die Pharisäer und Gesetzeslehrer verwarfen den Ratschluß Gottes für sich und wollten sich nicht von ihm taufen lassen. ³¹Wem soll ich nun die Menschen dieses Geschlechtes vergleichen, und wem gleichen sie? ³²Sie gleichen Kindern, die auf der Straße sitzen und einander zurufen: wir haben gepfiffen und ihr habt nicht getanzt; wir haben geklagt und ihr habt nicht auf die Brust geschlagen. ³³Denn Johannes [der Täufer] ist gekommen, nicht Brot essend und nicht Wein trinkend, da sagt ihr: er ist besessen. ³⁴Der Menschensohn ist gekommen, essend und trinkend, da sagt ihr: es ist ein Fresser und Säufer, ein Freund von Zöllnern und Sündern. ³⁵Und so ist die Weisheit gerechtfertigt vor ihren Kindern.

7, 18. Lc hat dies Stück mit Recht vor der Aussendung der Apostel; übrigens stimmt er darin mit Mt (11, 1ss.) stark überein, auch im griechischen Wortlaut. Johannes gilt als bekannt und wird nicht einmal der Täufer genannt. Also ist 3, 1—17 vorausgesetzt und auch 3, 18—20, so daß Johannes im Gefängnis zu denken ist (gegen Usener). Daß er dort von seinen Angehörigen besucht wird, entspricht der orientalischen Sitte.

7, 21 ist ein pragmatischer Zusatz, wodurch Lc dem Worte „was ihr seht und hört" (7, 22) eine Unterlage geben will; s. zu Mt. 11, 5.

7, 24. Τί kann bei Lc sowol warum als was bedeuten.

7, 28. Mt (11, 11) sagt: kein Größerer ist bisher erstanden als Johannes. Lc bringt durch Vereinfachung der Aussage einen Widerspruch hinein, den D durch Einschiebung von προφήτης vergeblich zu heben sucht.

7, 29. 30. An stelle des Einschubs Mt. 11, 12—15 (= Lc. 16, 16) steht bei Lc hier ein anderer Einschub (= Mt. 21, 32), der noch weniger paßt. Die beiden Verse enthalten eigentlich Erzählung. Sie sind aber in die Rede Jesu eingefügt; was dann ἀκούσας heißen soll (gehorsam?), ist unklar. „Sie gaben Gott Recht" (7,29) wird durch die Antithese im folgenden Verse erklärt: sie erkannten in der Sendung Johannes' einen göttlichen Beschluß an, dem sie Folge leisteten. In dieser Antithese (7, 30) läßt sich εἰς ἑαυτούς (fehlt in D) schlecht verstehn; soll es einfach ihrerseits bedeuten? oder: sie erkannten den Beschluß Gottes nicht als sie angehend an? Der Ausdruck Taufe Johannes' klingt so, als ob es damals bereits auch eine christliche Taufe gegeben habe.

7, 31. Lc läßt die Rede ununterbrochen fortgehn, ohne einen Einschnitt zu machen.

7, 32. D liest richtig λέγοντες. Durch λέγοντα soll das anstößige Genus und durch ἃ λέγουσι dann auch noch der anstößige Kasus beseitigt werden.

7, 35. Τῶν τέκνων ist richtig, aber nicht πάντων, welches in D und anderen Zeugen fehlt; s. zu Mt. 11, 18. 19.

Lc. 7, 36–50. § 70.

Ein Pharisäer aber bat ihn, er möchte mit ihm essen, und er ging in das Haus des Pharisäers und setzte sich zu Tisch. ³⁷Da erfuhr ein Weib in der Stadt, eine Sünderin, daß er bei dem Pharisäer zu Tisch war. Und sie beschaffte ein Glas mit Balsam ³⁸und trat weinend hinten zu seinen Füßen und netzte seine Füße mit ihren Tränen und trocknete sie mit dem Haar ihres Hauptes und küßte seine Füße und salbte sie mit dem Balsam. ³⁹Als nun der Pharisäer [der ihn eingeladet hatte] das sah, sprach er bei sich selber: wenn dieser ein Prophet wäre, so wüßte er, wer und was für eine diese ist [denn sie ist eine Sünderin]. ⁴⁰Und Jesus hub an und sprach zu ihm: Simon, ich habe dir etwas zu sagen. Er sagte: sprich, Meister! ⁴¹Er sprach: Ein Darleiher hatte zwei Schuldner, der eine schuldete ihm fünfhundert Silberlinge, der andere fünfzig. ⁴²Da sie nun nicht zahlen konnten, schenkte er es beiden. Welcher von ihnen wird ihn nun am meisten lieben?

⁴³Simon autwortete: ich denke der, dem er das meiste geschenkt hat. Er sagte: du urteilst richtig. ⁴⁴Und zu dem Weibe gewandt, sprach er zu Simon: Du siehst das Weib da — ich bin in dein Haus gekommen, kein Wasser hast du mir auf die Füße gegeben, sie aber hat meine Füße genetzt mit ihren Tränen und sie getrocknet mit ihrem Haar. ⁴⁵Keinen Kuß hast du mir gegeben, sie aber hat, seit sie hereinkam, nicht aufgehört meine Füße zu küssen. ⁴⁶Mit Öl mein Haupt hast dn nicht gesalbt, sie aber hat meine Füße gesalbt mit Balsam. ⁴⁷Darum, sage ich dir, ihr ist viel erlassen, weil sie viel geliebt hat, [wem aber wenig erlassen wird, der liebt wenig]. ⁴⁸Und er sagte zu ihr: dir sind die Sünden erlassen. ⁴⁹Und die Tischgäste begannen bei sich zu sprechen: wer ist der, daß er sogar Sünden erläßt! ⁵⁰Er aber sagte zu dem Weibe: dein Glaube hat dich gerettet, geh in Frieden!

7, 36. 37. Die hier beginnende Geschichte ist eine Umgestaltung von § 70 (Mc. 14, 3—9). Die Stadt (7, 37) wird nicht genannt, um die Lokalität kümmert sich Lc wenig. Die Szene ist aber die selbe wie in § 70; das anonyme Weib, das bei einem Gastmahl eindringt und Jesus mit einem ἀλάβαστρον μύρου salbt, kehrt wieder, und auch der Name des Gastgebers, Simon. Wir haben hier also ein weiteres Beispiel zu 4, 16ss. 5, 1ss. Und auch in diesem Falle hat die Umgestaltung das Original bei Lc verdrängt; der § 70 fehlt an seiner Stelle, zwischen Lc. 22, 2 und 22, 3. — Auch in 11, 37. 14, 1 ist Jesus bei einem Pharisäer zu Tisch; das Erscheinen von ungeladenen Personen bei einer solchen Gelegenheit scheint nichts auffälliges zu haben (Mc. 2, 16. 14, 3. Lc. 14, 2) — wir würden uns über das Eindringen einer Dirne in eine wenn auch nur aus Männern bestehende Gesellschaft noch ganz anders entsetzen als der Pharisäer.

7, 38. Vorn ist der Kopf, hinten sind die Füße. Es könnte auch unten gesagt sein; indessen Jesus steht oder sitzt nicht, sondern er liegt.

7, 39. Die eingeklammerten Sätze sind Interpretamente. Das erste fehlt in der Syropalästina, das zweite in D.

7, 40—46. Jülicher hat erkannt, daß das Gleichnis 7, 41—43 und der darauf folgende, neu eingeleitete Passus 7, 44—46 innerlich nicht zusammengehören. Das Gleichnis ist wertvoller, darum aber noch nicht ursprünglicher an dieser Stelle.

7, 47. In D heißt es einfach: ἀφέωνται αὐτῇ πολλά. Weil der Plural des Verbs für neutrales Subjekt sich nicht gehört, ist πολλά in αἱ ἁμαρτίαι αἱ πολλαί verändert, aber nicht verbessert. Die ganze zweite Hälfte von 7, 47 (von ὅτι an) fehlt in D, aber damit die Moral des Ganzen. Freilich bietet diese Moral Schwierigkeiten. Richtet man sich nach dem Gleichnis (7, 41—43), so würde der Sinn sein: ihr ist viel vergeben, das zeigt sich daran, daß sie viel geliebt hat. Dann wäre also die Vergebung das Prius und die Liebe das Posterius. Aber das erzählte Faktum hat mehr Anrecht berücksichtigt zu werden als das Gleichnis, denn die Moral ist doch eben durch dieses Faktum veranlaßt. Richtet man sich nun nach der eigentlichen Erzählung (7, 36—38), deren bezeichnende Züge unmittelbar vor der Moral noch einmal rekapitulirt werden (7, 44—46), so geht die Liebe der Vergebung voraus, und man muß verstehn: wegen der großen Liebe, die sie bewiesen hat, ist ihr viel vergeben. Dies Verständnis liegt überhaupt am nächsten und wird auch durch das Präteritum ἠγάπησεν gefordert. Man muß dann das Gleichnis (7, 41—43) als später eingetragen betrachten, und ebenso auch das davon abhängige antithetische Korrolarium in 7, 47: wem aber wenig vergeben wird, der liebt wenig.

Eine ähnliche Geschichte wird dem arabischen Propheten in den Mund gelegt. „Eine fahrende Dirne (mumisa = μῖμος) kam vorbei bei einem Hunde, der lechzend und verkommen am Rande eines Brunnens lag — da zog sie ihren Schuh aus, band ihn an ihre Kopfbinde und schöpfte darin Wasser für den Hund: darum sind ihr ihre Sünden vergeben." Hier ist das Objekt der Liebe gleichgiltig, ein Hund genügt. Dagegen in Lc. 7, 36ss. handelt es sich nach dem Vorbilde von Mc. 14, 3—9 speziell um Liebe, die der Person Jesu erwiesen wird. In dem Spruch 7, 47 tritt das freilich nicht hervor.

7, 48—50. Mit der Moral 7, 47 müßte die Erzählung schließen. Schon der Vers 48 hängt über, und in höherem Grade noch die beiden folgenden Verse (Jülicher). In 7, 50 wird 7, 48 bestätigt, jedoch mit eigentümlicher Modifikation: die Sündenvergebung erfolgt nicht wegen der Liebe, sondern wegen des Glaubens. Das mutet an dieser Stelle paulinisch an. Von Paulinismus ist sonst bei Lc wenig zu finden, auch nicht in 7, 36—47, wenn man von 7, 41—43 und von dem Korrolarium in 7, 47 absieht, worin möglicherweise seine Einwirkung gespürt werden könnte.

III. Lc. 8, 1—9, 50.

§ 19-21. § 18. Lc. 8, 1-21.

Und in der Folge wanderte er von Stadt zu Stadt und von Dorf zu Dorf, predigend und das Reich Gottes ankündigend, und mit ihm die Zwölfe ²und auch einige Frauen, die von bösen Geistern und Krankheiten geheilt waren, Maria genannt Magdalena, aus der sieben Dämonen ausgefahren waren, ³und Johanna, die Frau von Herodes' Verwalter Chuza, und Susanna und viele andere, die aus ihrem Vermögen für seinen Unterhalt sorgten.

⁴Da nun viel Volk zusammenkam und Leute aus allen Ortschaften ihm zuliefen, sprach er im Gleichnis: Ein Säemann ging aus, zu säen seinen Samen. ⁵Und beim Säen fiel etliches den Weg entlang und ward zertreten und die Vögel fraßen es auf. ⁶Und anderes fiel auf das Gestein, und nachdem es aufgegangen war, verdorrte es, weil es keine Feuchtigkeit hatte. ⁷Und anderes fiel unter die Dornen, und die Dornen gingen mit auf und erstickten es. ⁸Und anderes fiel auf das gute Land und ging auf und trug hundertfältige Frucht. Als er das gesagt hatte, rief er: wer Ohren hat zu hören, höre.

⁹Seine Jünger aber fragten ihn, was dies Gleichnis sein sollte. ¹⁰Er sprach: Euch ist gegeben, die Geheimnisse des Reiches Gottes zu erkennen; den anderen aber (werden sie mitgeteilt) in Gleichnissen, damit sie sehend nicht sehen und hörend nicht verstehn. ¹¹Dies aber ist das Gleichnis. Der Same ist das Wort Gottes. ¹²Die am Wege, das sind die, die es hören, dann kommt der Teufel und nimmt das Wort aus ihrem Herzen weg, daß sie nicht glauben und gerettet werden. ¹³Die auf dem Gestein, das sind die, die das Wort, wenn sie es hören, mit Freuden aufnehmen, sie haben aber keine Wurzel, sondern glauben nach Zeit und Umständen und zur Zeit der Versuchung fallen sie ab. Das unter die Dornen gefallene, sind die, die da hören, und dann gehn sie und lassen sich ersticken von den Sorgen des Reichtums und den Genüssen des Lebens und bringen es nicht zur Reife. ¹⁵Das in dem schönen Lande sind die, die das Wort hören und in einem guten Herzen festhalten und Frucht bringen in Geduld.

¹⁶Niemand aber bedeckt ein angezündetes Licht mit einem Gefäß oder stellt es unter ein Bett, sondern auf einen Leuchter, damit die Eintretenden das Licht sehen. ¹⁷Denn es ist kein Verborgenes, das nicht offenbar werde, und kein Geheimes, das nicht bekannt werde und an das Licht komme. ¹⁸Gebt nun acht, wie ihr hört; denn wer da hat, dem wird gegeben, und wer nicht hat, dem wird auch das, was er zu haben meint, weggenommen.

[¹⁹Da erschienen seine Mutter und seine Brüder, und konnten nicht an ihn heran wegen des Volkes.] ²⁰Und es wurde ihm gemeldet: deine Mutter und deine Brüder stehn draußen und wollen dich sehen. ²¹Er aber antwortete ihnen: meine Mutter und meine Brüder sind die, die das Wort Gottes hören und tun.

8, 1—3. Diese drei Verse leiten ein neues Kapitel ein: Jesus verläßt Kapernaum und begibt sich auf die Wanderung. Der Abschnitt wird hier stärker gekennzeichnet, als in 9, 51, wo die Wendung nach Jerusalem eintritt. In die Zeit der Wanderung verlegt Lc die Hauptmasse seines Stoffes, Kapernaum kommt bei ihm nicht minder zu kurz als bei Joa. Ganz passend verschiebt er in seiner Einleitung (8, 1—3) das, was bei Mc (15, 41) ganz am Ende nachgetragen wird, an den Anfang des Wanderlebens. Er schöpft indessen die Einzelheiten, die er dabei vorbringt, nicht aus Mc. Er nennt andere Frauen und läßt erkennen, daß die Tradition noch mehr weiß, als er sagt. Die Austreibung der sieben Dämonen aus der Magdalena deutet er nur an, als sei sie bekannt.

In dem durch 8, 1—3 eröffneten Abschnitt, der bis 9, 50 reicht, bringt Lc die Marcusstücke von § 18—48 unter und weiter nichts. Mit 8, 4 lenkt er wieder in Mc ein, kommt aber von § 15. 16 (6, 12—19) gleich auf die Gleichnisgruppe § 19—21 (8, 3—18, ohne den Anhang § 22—24), bringt § 18 erst hinterdrein (8, 19—21) und gibt für § 17 an anderer Stelle (11, 14ss) eine Variante aus Q. Darauf geht er zu der Gruppe § 25—27 über (8, 22—56), dann mit Auslassung von § 28 zu § 29 und der folgenden Gruppe § 30—42 (9, 1—17), die jedoch bei ihm auf § 30—32 beschränkt ist, dann zu § 43—48 (9, 18—50). Warum er schon die Gleichnisrede nicht mehr in Kapernaum gehalten sein läßt, ist unerfindlich; aber, daß er die Gruppe § 25—27 in die Zeit der Wanderung verlegt und mit der folgenden zusammenfaßt, ist nicht ganz ohne Grund, da wenigstens die Seefahrt § 25 in der Tat eine Projektion derjenigen von § 33 sein könnte: die beiden späteren Seefahrten § 33 und § 40 fehlen bei Lc.

8, 4—8. (Mc. 4, 1—9). Da Jesus sich nach Lc nicht mehr in Kapernaum am See befindet, so redet er auch nicht vom Schiff aus. Die ungelenke weitläufige Redeweise des Mc ist geschickt vereinfacht. Der biblische Ausdruck „die Vögel des Himmels" (8, 5) stammt aus Mt, der Himmel fehlt mit Recht in Syra S. und D.

8, 9—15 (Mc. 4, 10—20). Der Same (8, 11) ist nicht wie bei Mc das lehrende Wort überhaupt, sondern das Wort Gottes, d. i. bei Lc die christliche Verkündigung. Auch am Schluß von 8, 12 christianisirt er. Sie fallen ab (8, 13) ist richtige Deutung von σκανδαλίζονται, letzteres findet sich bei Lc selten. Am Anfang von 8, 14 und 15 bricht der Singular des Mc wieder durch, während vorher der Plural steht.

8, 16—18 gibt Mc. 4, 21—25 wieder. Die an die Säemannsparabel angehängten Varianten bei Mc hat Lc entweder noch nicht vorgefunden oder ausgelassen, eine davon bringt er an späterer Stelle (13, 18—21).

8, 19—21 ist eine mildernde Kürzung von § 18 (Mc. 3, 31 bis 35). Nicht ohne Grund wird diese Erzählung von Lc anders gestellt, wie zu Mc § 16 am Schluß (p. 26) gezeigt ist. Den Ausdruck „die den Willen Gottes tun" (Mc. 3, 35) verändert Lc (8, 21) in „die das Wort Gottes hören und tun", um dadurch eine innere Verbindung mit der Moral der vorangehenden Säemannsparabel herzustellen. Der Vers 8, 19 fehlt bei Marcion. Er ist überflüssig und entspricht dem ἔξω (8, 20) nicht, welches voraussetzt, daß Jesus sich in einem Hause befindet. Freilich ist bei Lc nie davon die Rede, daß Jesus in Kapernaum in einem Hause wohnt, und auch nicht davon, daß er auf der Wanderung in einem Hause sich befindet.

§ 25-27. Lc. 8, 22-56.

Eines Tages aber trat er mit seinen Jüngern in ein Schiff und sagte zu ihnen: laßt uns hinüber auf das andere Ufer des Sees. Und sie fuhren ab, [23]auf der Fahrt aber schlief er ein. Und es fiel ein Windsturm auf den See, und sie bekamen

Wasser ins Schiff und gerieten in Gefahr. ²⁴Da traten sie herzu und weckten ihn und sagten: Meister, Meister, wir gehn zu grunde! Er aber wachte auf und schalt den Wind und den Wogenschwall, und sie legten sich und es ward stilles Wetter. ²⁵Und er sagte zu ihnen: wo ist euer Glaube! Sie aber fürchteten sich und staunten und sprachen einer zum andern: wer ist denn dieser, daß er auch den Winden und dem Wasser gebietet und sie ihm gehorchen!

²⁶Und sie fuhren hin zum Lande der Gerasener, das gegenüber von Galiläa liegt. ²⁷Und als sie ausstiegen, kam ihm ein Mann aus der Stadt entgegen, der war von Dämonen besessen seit geraumer Zeit und hatte keine Kleider an und hielt sich in keinem Hause auf, sondern unter den Gräbern. ²⁸Da er nun Jesus sah, fiel er mit einem Schrei vor ihm nieder und sprach mit lauter Stimme: was habe ich mit dir zu schaffen, Sohn des Höchsten! ich bitte dich, quäl mich nicht. ²⁹Er hatte nämlich dem unreinen Geist befohlen, von dem Menschen auszufahren; denn er hatte ihn oft gepackt, und wenn er an Händen und Füßen gefesselt wurde, zur Sicherheit, so zerriß er die Bande und fuhr vom Dämon getrieben in die Einöden. ³⁰Jesus aber fragte ihn: was ist dein Name. Er sagte: Legion, denn viele Dämonen steckten in ihm. ³¹Und sie baten ihn, er möchte ihnen nicht befehlen, in den Abgrund zu fahren. ³²Es war aber dort eine zahlreiche Schweineherde auf der Weide am Berge, und sie baten ihn, in die Schweine fahren zu dürfen, und er gestattete es ihnen. ³³Und die Dämonen fuhren aus dem Manne aus und hinein in die Schweine, und die Herde stürmte den steilen Abhang hinab in den See und ertrank. ³⁴Da aber die Hirten sahen, was geschehen war, flohen sie und berichteten es in der Stadt und auf den Dörfern. ³⁵Da gingen sie aus zu sehen was geschehen war, und kamen zu Jesus und fanden den Mann, aus dem die Dämonen ausgefahren waren, bekleidet und vernünftig zu Jesu Füßen sitzen. Und sie fürchteten sich — ³⁶die Augenzeugen erzählten ihnen nämlich, wie der Besessene gesund geworden war. ³⁷Und alle Leute aus der Gegend der Gerasener baten ihn, er möchte von ihnen weichen; denn sie waren in großer Furcht befangen. Er aber ging zu Schiff und kehrte zurück. ³⁸Und der Mann, aus dem die Dämonen ausgefahren waren, bat bei ihm bleiben zu dürfen, er schickte ihn

aber weg und sprach: ³⁹kehr heim und erzähl, was Gott dir getan hat. Und er ging weg und verkündete in der ganzen Stadt, was Jesus an ihm getan hatte. ⁴⁰Bei seiner Rückkunft aber wurde Jesus von dem Volk empfangen, denn alle warteten auf ihn. ⁴¹Da kam einer mit Namen Jairus, der war Vorsteher der Gemeinde, und er fiel Jesu zu Füßen und bat ihn, in sein Haus zu kommen, ⁴²weil er eine Tochter von etwa zwölf Jahren hatte, sein einziges Kind, und die lag im Sterben. Und er ging hin, in einem Gedränge zum Ersticken. ⁴³Und eine seit zwölf Jahren mit Blutfluß behaftete Frau, die bei niemand Heilung hatte finden können, ⁴⁴trat heran und berührte sein Kleid, und alsbald kam ihr Blutfluß zum Stillstand. ⁴⁵Und Jesus fragte: wer hat mich angerührt? Da aber alle leugneten, sagte Petrus: Meister, die Leute hängen sich an dich und drängen. ⁴⁶Er aber sprach: es hat mich jemand angerührt, denn ich habe bemerkt, wie eine Kraft von mir ausging. ⁴⁷Da nun die Frau sah, daß sie nicht unbemerkt geblieben war, kam sie zitternd an, fiel vor ihm nieder und bekannte vor allem Volke, weswegen sie ihn angerührt hätte und daß sie sogleich geheilt wäre. ⁴⁸Er aber sprach zu ihr: meine Tochter, dein Glaube hat dich gesund gemacht, geh in Frieden. ⁴⁹Wie er noch redete, kam einer von dem Hause des Gemeindevorstehers und sagte: deine Tochter ist gestorben, bemühe den Meister nicht weiter. ⁵⁰Da Jesus das hörte, sprach er zu ihm: hab keine Furcht, glaub nur, so wird sie gerettet werden. ⁵¹Als er nun in das Haus eintrat, ließ er keinen mit hinein, außer Petrus, Johannes und Jakobus, und Vater und Mutter der Tochter. ⁵²Und alle weinten und jammerten laut um sie. Er aber sprach: weint nicht, sie ist nicht tot, sondern schläft. ⁵³Und sie verlachten ihn, da sie wußten, daß sie gestorben war. ⁵⁴Da ergriff er ihre Hand und rief: Mädchen, steh auf. ⁵⁵Und ihr Geist kehrte zurück, und sie stand sogleich auf. ⁵⁶Und ihre Eltern waren ganz außer sich, er aber gebot ihnen, keinem zu sagen, was geschehen war.

8, 22—25 (Mc. 4, 35—41). Obwol Jesus nach 8, 1—3 gar nicht mehr in Kapernaum am See ist, steigt er hier doch zu Schiff, um an das andere Ufer zu fahren. Den künstlichen Zusammenhang dieser Perikope mit der Gleichnisrede bei Mc, der durch das

Halten derselben vom Schiff aus veranlaßt ist, hat Lc aber nicht; Jesus ist nicht schon im Schiff, sondern steigt erst ein, und nicht am selben Tage (Mc. 4, 35), sondern eines Tages (8, 22). Allerlei scheinbar Unwichtiges wird ausgelassen. Nachteilig ist das Fehlen der Tageszeit; die Nacht gehört (wie in Mc. 6, 45ss) durchaus dazu, wegen der Schauerlichkeit und auch weil Jesus schläft. Die Anrede an die Jünger (8, 25) wird christianisirt; statt „was seid ihr so bange, wie wenig Vertrauen habt ihr" heißt es: wo ist euer Glaube!

8, 26—39 (Mc. 5, 1—20). Lc verkürzt die Vorlage nicht so stark wie Mt, nimmt aber einige Änderungen und Umstellungen vor. Die Geographie ist ihm nicht anschaulich. Darum braucht man bei ihm an dem Lande der Gerasener oder der Gadarener sich nicht zu stoßen, so seltsam auch die Angabe ist, es habe grade gegenüber von Galiläa gelegen. Die Dekapolis kennt er nicht; für „in der Dekapolis" sagt er 8, 39: in der ganzen Stadt. Die Abyssus (8, 31) wird von der Hölle zu verstehn sein, in welche die Dämonen sonst freilich erst beim jüngsten Gericht geworfen werden. Für $\delta\alpha\iota\mu\text{o}\nu\iota\sigma\theta\epsilon\text{ί}\varsigma$ 8, 36 hat D $\text{ὁ}\ \lambda\epsilon\gamma\iota\omega\text{ν}$, die Syra S. einfach der Mann. In 8, 35 verwandelt D die parataktischen Hauptsätze in Genitivi absoluti und zieht $\text{ἐξ}\tilde{\eta}\lambda\theta\text{ον}\ \kappa\alpha\text{ὶ}\ \tilde{\eta}\lambda\theta\text{ον}$ in ein einziges Verbum zusammen; die scheinbar sehr starke Variante reduzirt sich auf griechische Periodisirung (5, 1. 17). Umgekehrt 8, 27.

8, 40—56 (Mc. 5, 21—43). Die Tochter ist bei Lc (8, 42) das einzige Kind ihrer Eltern. Petrus tritt (8, 45) auf kosten der übrigen Jünger hervor. „Sei gesund von deiner Plage" (Mc. 5, 34) wird vergeistlicht in: geh in Frieden (8, 48, wie 7, 50). Wie alle anderen aramäischen Ausdrücke, z. B. Kananäus und Golgatha, so läßt Lc (8, 54) auch die Formel Talitha kumi aus, jedoch nicht die griechische Übersetzung, die bei Mt (9, 25) gleichfalls fehlt. Mit dem vorangestellten ἐγένετο in 8, 40 und 8, 42 mag D das Echte erhalten haben, nicht aber mit ἀποθνήσκουσα (8, 42) für $\kappa\alpha\text{ὶ}\ \alpha\text{ὐτὴ}\ \text{ἀπέθνησκεν}$. In 8, 44 habe ich nach D übersetzt.

§ 29-32. Lc. 9, 1-17.

Und er rief die Zwölfe zusammen und gab ihnen Kraft und Vollmacht über alle Dämonen, und Kranke zu heilen.

²Und er sandte sie aus, das Reich Gottes zu verkünden und gesund zu machen. ³Und er sprach zu ihnen: nehmt nichts mit auf den Weg, weder Stab noch Tasche, noch Brod noch Geld, noch je zwei Kleider. ⁴Und in dem Hause, in das ihr eingeht, da herbergt und von da geht aus. ⁵Und wo ihr keine Aufnahme findet, aus der Stadt geht weg und schüttelt den Staub von euren Füßen, zum Zeugnis wider sie. ⁶Da zogen sie aus und durchwanderten Dorf für Dorf, predigten das Evangelium und heilten allerwegen.

⁷Da aber der Vierfürst Herodes hörte, was geschah, geriet er in Verlegenheit, weil einige sagten: Johannes ist erweckt von den Toten, ⁸andere: Elias ist erschienen, wieder andere: einer von den alten Propheten ist wieder auferstanden. ⁹Und Herodes sagte: Johannes habe ich enthauptet, wer ist aber der, von dem ich solche Dinge höre? und er trachtete, ihn zu sehen.

¹⁰Und bei ihrer Rückkunft erzählten ihm die Apostel, was sie alles getan hätten. Und er nahm sie und zog sich mit ihnen allein zurück in ein Dorf, namens Bethsaida. ¹¹Die Leute merkten es aber und folgten ihm, und er nahm sie in Empfang und redete zu ihnen über das Reich Gottes, und die der Heilung Bedürftigen machte er gesund. ¹²Da nun der Tag begann sich zu neigen, traten die Zwölf heran und sagten zu ihm: entlaß die Leute, damit sie in die Dörfer und Höfe ringsum gehn, um Herberge und Nahrung zu finden, denn wir sind hier an einem öden Orte. ¹³Er sprach zu ihnen: gebt ihr ihnen zu essen. Sie sagten: wir haben nicht mehr als fünf Laibe Brot und zwei Fische, wir müßten denn selber gehn und Speise kaufen für all dies Volk — es waren nämlich gegen fünftausend Männer. ¹⁴Er aber sprach zu seinen Jüngern: laßt sie sich tischweise zu je funfzig lagern, und sie taten so. ¹⁶Da nahm er die fünf Laibe und die zwei Fische und sah auf gen Himmel und betete, und sprach den Segen darüber aus und ließ es die Jünger den Leuten vorsetzen, ¹⁷Und sie aßen und wurden alle satt, und was übrig blieb an Brocken, wurde aufgehoben, zwölf Körbe voll.

9, 1—6 (Mc. 6, 7—13). Den § 29 läßt Lc gleich auf § 27 folgen, weil er den § 28 schon in 4, 16ss. voraus genommen zu haben sich bewußt ist. Er gibt die Aussendung der Missionare hier nach Mc, ändert aber einiges nach Q (10, 1ss.); so in 9, 3 und auch in 9, 5, wo er für ἐκεῖθεν (Mc. 6, 11) setzt: ἐκ τῆς πόλεως ἐκείνης. Inhalt der evangelischen Lehre ist bei Lc (9, 2. 11) wie bei Mt das Reich Gottes. Der Infinitiv am Schluß von 9, 3 paßt nicht zu den Imperativen, er fehlt im Sinaiticus. In 9, 4 ist gesagt, sie sollen ihre Herberge (19, 5. Ioa. 1, 39) zum Ausgangspunkt ihrer Mission in der Stadt machen.

9, 7—9 (Mc. 6, 14—16). „Einer von den alten Propheten ist wieder auferstanden" (9, 8) läuft dem Sinn der entsprechenden Äußerung in der Vorlage schnurstracks zuwider; s. zu Mt. 16, 14. Über den Schluß von 9, 9 s. zu Mc § 30 und zu Mt. 14, 12. Den Nachtrag Mc. 6, 17—29 läßt Lc aus, weil er in die Zeitfolge nicht paßt, gibt aber den Inhalt an chronologisch richtigerer Stelle (3, 18—20), wo er freilich die Enthauptung des Täufers noch nicht unterbringen kann, so daß er dieselbe überhaupt nicht erzählt, sondern nur aus der Äußerung des Herodes (9, 9) entnehmen läßt.

9, 10—17 (Mc. 6, 30—44). Lc setzt die Speisung der Fünftausend in die selbe Verbindung mit der Rückkehr der Apostel wie Mc. Als Ort gibt er Bethsaida an (9, 10). Die Speisung findet jedoch in einsamer Gegend statt. Darum korrigiren der Sinaiticus und die Syra C. εἰς τόπον ἔρημον für εἰς Βηθσ., die Recepta dagegen εἰς τόπον ἔ. πόλεως κ. Βηθσ. und ähnlich (doch ohne ἔρημον) auch die Syra S., wo latrâ zu restituiren sein wird und nicht l'tar'â. Möglicherweise richtig heißt Bethsaida in D ein Dorf, das alte Dorf kann von der neuen Stadt Julias unterschieden sein. Für die Jünger setzt Lc (9, 12) die Zwölfe, weil nach dem Zusammenhang nur von den Aposteln die Rede sein könnte. In 9, 15. 16 habe ich nach D übersetzt, das Beten ist echt lukanisch (3, 21. 9, 29) und das Brechen paßt nicht zu den von Lc hier mit aufgeführten Fischen. Die gewöhnliche Überlieferung konformirt nach Mc oder Mt.

Von § 32 springt Lc auf § 43 über. Was bei Mc in der Mitte liegt, ist eine spätere Compilation. Unzweifelhaft gibt aber Lc nicht den echten Kern wieder, der zu grunde liegt. Er berichtet zwar mit Recht die Speisung nur einmal, zieht indessen die spätere Variante vor, die bei Mc voransteht, und bringt sie grade so wie Mc (im Gegensatz zu Mt) in Verbindung mit der Aussendung und der Rückkehr der Apostel, d. h. mit zwei Stücken, die am wenigsten zum Grundstock der Tradition gehören können. Die Überfahrt über den See nach der Speisung läßt er überhaupt aus; aber grade an dieser Stelle ist sie doppelt (§ 33. 40) bezeugt und von pragmatischer Wichtigkeit, sofern sie das Ausweichen von Kapernaum nach dem Gebiet des Philippus bedeutet und die Periode der unsteten Wanderung eröffnet. Viel entbehrlicher ist sie an der Stelle, wo auch Lc sie gibt (8, 22—25. § 25); denn da ist sie nur ein Ausflug und die Gelegenheit für ein Wunder. Es kommt noch hinzu, daß Lc Bekanntschaft mit dem bei ihm fehlenden § 33 zu verraten scheint. Eine Spur davon läßt sich vielleicht in dem einsamen Gebet 9, 18 = Mc. 6, 46 erkennen; eine sicherere in der Vorschiebung des Übergangs nach Bethsaida von Mc. 6, 45 nach Lc. 9, 10. Dazu hat Mc. 6, 32 die Anleitung gegeben, wo der Übergang gleichfalls irrig antezipirt wird; daß Lc ihn nicht zu Schiff, sondern wie es scheint, zu Fuß geschehen läßt, macht dabei nichts aus. — Zwischen den identischen Äußerungen 9, 7. 8 und 9, 18. 19 ist bei Lc kaum ein Intervall.

§ 43. 44. Lc. 9, 18–27.

Und es geschah, als er für sich allein betete, waren die Jünger bei ihm, und er fragte sie: was sagen die Leute, wer ich sei? [19]Sie antworteten: Johannes der Täufer; andere Elias; [andere, ein Prophet von den alten sei wieder auferstanden]. [20]Da sprach er zu ihnen: was sagt denn ihr, wer ich sei? [21]Petrus antwortete: der Christus Gottes. [22]Er aber verbot ihnen streng, das irgend wem zu sagen, und sprach: der Menschensohn muß viel leiden, und verworfen werden von den Ältesten und Hohenpriestern und Schriftgelehrten und am dritten Tage auferstehn.
[23] Zu allen aber sagte er: Wer mir nachgehn will, der verleugne sich selbst und trage sein Kreuz täglich, so wird er mir folgen. [24]Denn wer seine Seele retten will, wird sie verlieren; wer aber seine Seele verliert um meinetwillen, wird sie retten. [25]Denn was hilft es dem Menschen, wenn er die ganze Welt gewinnt, sich selbst aber verliert oder einbüßt? [26]Denn wer sich meiner und meiner Worte schämt, dessen wird sich der Menschensohn schämen, wenn er kommt in seiner Herrlichkeit und in der des Vaters und der heiligen Engel. [27]Ich sage euch aber, wahrlich, es sind etliche unter den hier An-

wesenden, die werden den Tod nicht schmecken, bis sie das Reich Gottes erleben.

9, 18. Cäsarea Philippi wird nicht genannt, Bethsaida 9, 10 genügt. Bei dem Gebet, das in der Syra S. und in D fehlt, können die Jünger anwesend gedacht werden, vgl. 9, 28. 11, 1. In Mc. 6, 46 sind sie aber nicht dabei, er vereinigt sich erst später wieder mit ihnen, und auch bei Lc erwartet man: nach seinem einsamen Gebet (11, 1) kamen die Jünger wieder mit ihm zusammen.

9, 19—22. Der von mir eingeklammerte Satz in 9, 19 fehlt in der Syra S. und lautet in D anders, nämlich ebenso wie in Mt. 16, 14. Am Schluß von 9, 20 fehlt τοῦ θεοῦ in der Syra S., dagegen liest D: τὸν χ. τὸν υἱὸν τ. θ. Für am dritten Tage (9, 22) heißt es in der Syra S. und in D wie bei Mc: nach drei Tagen. Hinter 9, 22 übergeht Lc (nicht aber Mt) den Protest des Petrus gegen die Passion des Messias und seine scharfe Zurückweisung durch Jesus mit Stillschweigen; er will so etwas auf den von ihm sehr ins Licht gesetzen Hauptapostel nicht kommen lassen.

9, 23. Zwischen „nachgehn" und „folgen" ist kein Unterschied, die Syra S. übersetzt „folgen" regelmäßig mit „nachgehn". In D fehlt der ganze Satz und trage sein Kreuz täglich, in der Syra S. und anderen alten Zeugen nur das täglich, wodurch das Martyrium ins Allgemeine umgedeutet wird.

9, 24. 25. „Wegen des Evangeliums" läßt auch Lc, wie Mt, an den beiden Stellen aus, wo es bei Mc (8, 35. 10, 29) in dieser Formel steht; er gebraucht allerdings das Substantiv überhaupt nicht. Für „einbüßen" (Mc. 8, 36) sagt er in 9, 25 „verlieren", fügt aber dann sonderbarer Weise „oder einbüßen" noch hinzu — wenn man sich auf die einstimmige Überlieferung verlassen darf. Das wenig passende Korollarium Mc. 8, 37 fehlt bei Lc.

§ 45. Lc. 9, 28—36.

Es geschah aber etwa acht Tage nach diesem, da nahm er Petrus und Johannes und Jakobus mit und ging hinauf auf einen Berg um zu beten. [29]Und wie er betete, ward das Aussehen seines Gesichtes anders und sein Gewand weiß und strahlend. [30]Und siehe zwei Männer unterredeten sich mit ihm, das waren Moses und Elias, erschienen in Herrlichkeit; [31]sie sprachen aber von seinem Ende, das er erfüllen sollte in

Jerusalem. ³²Petrus aber und seine Gefährten waren von schwerem Schlaf befangen, beim Erwachen jedoch sahen sie seine Herrlichkeit und die beiden Männer, die bei ihm standen. ³³Und als dieselben von ihm schieden, sagte Petrus zu Jesus: Meister, hier ist für uns gut sein, laß uns drei Hütten aufschlagen, eine für dich, eine für Moses und eine für Elias — ohne zu wissen, was er sagte. ³⁴Während er so sprach, kam eine Wolke und überschattete sie; und sie gerieten in Furcht, als sie in die Wolke eintraten. ³⁵Und eine Stimme kam aus der Wolke: dies ist mein auserwählter Sohn, den hört! ³⁶Und als die Stimme kam, war nur noch Jesus allein da. ³⁷Und sie schwiegen und erzählten in jenen Tagen keinem etwas von dem was sie gesehen hatten.

9, 28. Auch Lc setzt die Verklärung in bestimmte zeitliche Beziehung zu dem Petrusbekenntnis, verlängert aber den Zwischenraum von sechs Tagen auf acht. Unter den beiden Söhnen Zebedäi steht Jakobus auch bei Lc meist voran, nur nicht in 8, 51. 9, 28; doch hat die Syra S. überall die gewöhnliche Ordnung und D wenigstens in 9, 28. Ἐγένετο μετὰ τοὺς λόγους τούτους ist nicht etwa aramäisch, sondern biblisch.

9, 29. Wie Jesus bei der Taufe betet, ehe ihm die Erscheinung und die Stimme zu teil wird (3, 21), so auch hier bei dem Gegenstück der Taufe.

9, 30—33. Lc weiß das Thema, das von Moses und Elias angeschlagen wurde. Die Jünger werden durch die Erscheinung aus tiefem Schlaf geweckt; ist es Nacht? Erst als die beiden Männer scheiden, äußert Petrus den Wunsch, die Hütten zu bauen, gleich als ob er sie dadurch an dieser schönen Stelle festzuhalten hoffte.

9, 35. Bei Mc (9, 6) fürchten sich die Jünger über die Erscheinung an sich, bei Mt (17, 6) über die Stimme vom Himmel, bei Lc über die Wolke. Das erste αὐτούς muß sich wegen ἐφοβοῦντο auf die Jünger beziehen, das zweite (D: ἐκείνους) auf Moses und Elias. Aber ich traue dem Text nicht recht.

9, 36. Lc berichtet nur die Tatsache, daß die Jünger „damals" schwiegen, nicht aber, daß sie dabei einem Befehl Jesu folgten. Der Anhang Mc. 9, 9—13 fehlt bei Lc; man begreift, daß er ihm anstößig war. Die Auferstehungsweissagung läßt er auch in 9,44 aus.

§ 46-47. Lc. 9, 37-50.

Wie er aber am folgenden Tage vom Berge herabstieg, kam ihm ein großer Haufe entgegen. ³⁸Und sieh, ein Mann aus dem Haufen schrie: Meister, ich bitte dich, nimm dich meines Sohnes an, denn er ist mein einziger, ³⁹denn ein Geist packt ihn unversehens und schreit und zerrt mit Schäumen, und weicht nur schwer und macht ihn ganz mürbe; ⁴⁰und ich habe deine Jünger gebeten, sie konnten ihn jedoch nicht weg bringen. ⁴¹Jesus aber antwortete und sprach: o ungläubiges, verkehrtes Geschlecht, wie lange soll ich bei euch sein, wie lange soll ich euch ertragen! bring deinen Sohn her. ⁴²Noch auf dem Wege nun riß und zerrte ihn der Dämon; Jesus aber schalt den unreinen Geist und er verließ ihn, und er gab ihn seinem Vater zurück. ⁴³Und alle waren betroffen ob der großen Taten Gottes.

Während nun die anderen staunten über alles was er tat, sprach er zu seinen Jüngern: ⁴⁴faßt ihr (vielmehr) folgende Worte zu Ohren: der Menschensohn wird in Menschenhand übergeben werden. ⁴⁵Sie aber verstanden diesen Ausspruch nicht, und er war ihnen verhüllt, so daß sie nichts merkten; sie fürchteten sich aber, ihn über diesen Ausspruch zu befragen. ⁴⁶Es kam sie aber der Gedanke an, wer der größte von ihnen wäre. ⁴⁷Da Jesus nun den Gedanken ihres Herzens erkannte, nahm er ein Kind bei der Hand und stellte es neben sich ⁴⁸und sprach: wer dies Kind aufnimmt in meinem Namen, nimmt mich auf, und wer mich aufnimmt, nimmt den auf, der mich gesandt hat; denn wer der kleinste unter euch allen ist, der ist am größten. ⁴⁹Da hub Johannes an und sagte: Meister, wir sahen einen in deinem Namen Dämonen austreiben und wehrten es ihm, weil er nicht mit uns (dir) nachfolgte. ⁵⁰Jesus sprach: wehrt ihm nicht, denn wer nicht wider euch ist, der ist für euch.

9, 37—43 (Mc. 9, 14—29). Die Konstruktion nach ἐγένετο (9, 37) schwankt auch hier in den Hss.; D hat nicht den pluralischen Genitiv abs., sondern den singularischen Akkusativ, wozu das folgende αὐτῷ mindestens ebenso gut paßt. „Am folgenden Tage" würde die Annahme (9, 32) bestätigen, daß die Verklärung bei Nacht gedacht ist. Aber D und die Syra S. lesen διὰ τῆς ἡμέρας. Das Zanken der Jünger am Anfang hat Lc als anstößig ausgelassen.

9, 39. Der Dämon ist Subjekt, er schreit und er schäumt, da er von dem Besessenen nicht scharf unterschieden wird. Für κράζει haben indessen D und die Syra S. καὶ ῥήσσει. Ἐξαίφνης ziehen sie richtig zum ersten Verbum.

9, 40. 41. Mit Recht streicht Blaß (nach Marcion und der Syra C.) das Objekt zu ἐδεήθην, das sich aus dem Folgenden von selbst ergibt: so ist es Stil in diesem von der semitischen Syntax beeinflußten Griechisch. Für προσάγαγε hat D προσένεγκε, Mc sagt regelmäßig φέρειν für ἄγειν.

9, 42. Auf diesen einzigen Vers ist der Passus Mc. 9, 20—27 zusammengezogen. Ich habe nach D übersetzt.

9, 43. Der befremdliche Schluß bei Mc (9, 28. 29) ist unterdrückt und einer gewöhnlichen Phrase gewichen. Daß Jesus sich mit seinen Jüngern in ein Haus zurückzieht, kommt bei Lc niemals vor.

9, 43—45 (Mc. 9, 30—32). Die Angabe, daß Jesus von Cäsarea Philippi incognito zurückgereist sei und dabei Kapernaum berührt habe, fehlt bei Lc, wie denn überhaupt das Itinerar des Mc wenig berücksichtigt wird. In der stark betonten Eröffnung, die Jesus seinen Jüngern macht, sagt er nichts von seiner Auferstehung.

9, 46—50 (Mc. 9, 33—40). Der isolirte Spruch Mc. 9, 35 ist umgestellt, paßt aber am Schluß von Lc. 9, 48 ebensowenig in den Zusammenhang. Zwischen 9, 46 und 9, 47. 48 besteht ein Nexus, wenn der Vorrang unter den Jüngern bemessen wird nach der Nähe ihrer Beziehung zu Jesus. Dann sagt Jesus, auf die persönliche Beziehung zu ihm komme es nicht an; man könne die Liebe zu ihm ebenso gut jedem Geringsten in seinem Namen erweisen (Mt. 25, 31ss). Daran schließt 9, 49. 50 gut an: der äußere Zusammenhang auch mit den Aposteln ist nicht erforderlich, um Christ zu sein. Die Verse Mc. 9, 41—50 läßt Lc an dieser Stelle aus, mit Rücksicht auf 17, 1. 2. 14, 34.

IV. Lc. 9, 51—18, 14.

Lc. 9, 51-55.

Da aber die Tage seiner Aufnahme (in den Himmel) sich erfüllten, richtete er sein Angesicht nach Jerusalem zu gehn.

⁵²Und er sandte Boten vor sich her, und sie machten sich auf und kamen in ein Dorf der Samariter, um ihm Quartier zu machen. ⁵³Sie verweigerten ihm aber die Aufnahme, weil sein Angesicht nach Jerusalem zu ging. ⁵⁴Wie das die Jünger Jakobus und Johannes sahen, fragten sie: Herr, sollen wir Feuer vom Himmel herabkommen heißen, das sie verzehre? ⁵⁵Er aber wandte sich und schalt sie. ⁵⁶Und sie wanderten in ein anderes Dorf.

Hier nimmt die Wanderung (8, 1—3) die entschiedene Wendung nach Jerusalem; vgl. 13, 22. 17, 11. Es beginnt nach 8, 1—9, 50, wo nur Erzählungen aus Mc stehn, ein weiterer Abschnitt, der meist lehrhafte Stücke enthält, darunter manche, die nicht bloß bei Mc, sondern auch bei Mt keine Parallele haben. Nach Joa lehrt Jesus das Meiste und Wichtigste in Jerusalem selber, nach Lc (im geringeren Grade schon nach Mc) wenigstens auf der Reise nach Jerusalem, obgleich gar manches garnicht in diese Situation paßt. Die Reise geht bei ihm ebenso wie bei Joa durch Samarien, und nicht durch Peräa wie bei Mc und Mt. Daß sie trotzdem über Jericho führt (18, 35. 19, 1), ist ein Zeichen völliger Unbefangenheit in der Geographie Palästinas. Im Gegensatz zu Mt. 10, 5 meidet Jesus die Ketzer nicht, er bekämpft das Vorurteil gegen sie (10, 33. 17, 16). Er sieht die Feindseligkeiten der Juden gegen sie darum nicht als gerechtfertigt an, daß sie von ihnen erwidert wird; dies geschieht auch nur teilweise: wenn er als Jude in einem samaritischen Dorf zurückgewiesen wird, so nimmt ein anderes ihn auf.

9, 51—53. Obwol die Boten hier weniger als Missionare wie als Quartiermacher erscheinen, ist ihre Aussendung doch ein aus 10, 1 ss. zu einem bestimmten Zweck entnommener Vorschuß. Das Substantiv ἀνάληψις (assumptio) findet sich im N. T. nur hier; das Verbum kommt dreimal vor und entspricht so ziemlich dem ὑψοῦν, das freilich wie im Aramäischen auch töten bedeuten kann (Joa. 8, 28). „Das Angesicht richten" gehört zu den Biblicismen, die Lc häufig anwendet, jedoch ohne darin mit Mt zusammenzutreffen.

9, 54—56. Den aramäischen Namen Boanerges für die Zebedaiden erwähnt Lc nicht, kennt ihn aber und erklärt ihn hier. Sie wollen selber das Feuer herabkommen lassen, trauen sich also zu, zu können, was der alttestamentliche Donnerer konnte. Am Schluß von 9, 54 liest D: wie auch Elias tat; am Schluß von

9, 55 D und Marcion: wißt ihr nicht, welches Geistes ihr seid?

Lc. 9, 57–62. Mt. 8, 19–22.

Und da sie des Weges zogen, sagte einer zu ihm: ich will dir folgen wohin du auch gehst. ⁵⁸Und Jesus sagte ihm: die Füchse haben Schlüpfe und die Vögel des Himmels Wohnungen, der Menschensohn aber hat keine Stätte, sein Haupt niederzulegen. ⁵⁹Zu einem anderen sprach er aber: folge mir. Der sagte: erlaub mir, daß ich vorher gehe und meinen Vater begrabe. ⁶⁰Und er sagte ihm: laß die Toten ihre Toten begraben, du aber geh, verkünde das Reich Gottes. ⁶¹Wieder ein anderer sagte: ich will dir folgen, Herr, erlaub mir nur erst von Hause Abschied zu nehmen. ⁶²Jesus sprach: wer die Hand an den Pflug legt und hinter sich sieht, taugt nicht für das Reich Gottes.

Das Stück soll verhindern, daß 9, 51—55 (besonders 9, 52) und 10, 1 ss. dicht auf einander stoßen. Es hat aber allerdings hier bei Lc einen passenderen Platz als bei Mt, weil die Nachfolge im höheren Sinn erst statt hat, seit Jesus nach Jerusalem geht, um sein Kreuz auf sich zu nehmen — wie aus Mc deutlich hervorgeht. Auch die Fassung des zweiten Falles bei Lc hat Vorzüge vor der bei Mt (vgl. zu Mt. 8, 21. 22); beachtenswert ist, daß die Nachfolge ohne weiteres auch die Pflicht der Mission auferlegt. Den dritten Fall, eine Variante des zweiten, hat eher Lc hinzugefügt, als Mt ausgelassen. Der Ausdruck „die Vögel des Himmels" findet sich bei Lc hier und 13, 19, beidemal in Verbindung mit κατασκηνοῦν, nach Dan. 4, 18 (Mc. 4, 32). Ἀπελθών (9, 60) steht öfters im Sinne von πορευθείς zur Markirung des Anfangs der Handlung, vgl. D 18, 5.

Q*. Lc. 10, 1–12. § 29.

Er bestimmte aber noch andere Siebzig und sandte sie paarweise vor sich her in jede Stadt und Ortschaft, wohin er kommen wollte. ²Und er sprach zu ihnen: Die Ernte ist groß und der Arbeiter sind wenige, bittet also den Herrn der Ernte, daß er Arbeiter zu seiner Ernte aussende. ³Geht hin, siehe, ich sende euch wie Schafe unter die Wölfe. ⁴Tragt keinen Geldbeutel, keine Reisetasche, keine Schuhe und grüßt niemand unterwegs. ⁵Sobald ihr aber in ein Haus eintretet, so sagt: Friede diesem Hause! ⁶Und wenn dort ein Kind des Friedens ist, wird euer Friedensgruß auf ihm ruhen; sonst wird euer Friedensgruß sich auf euch zurückwenden. ⁷In jenem Hause aber herbergt und eßt und trinkt, was sie haben, denn der Arbeiter ist seines Lohnes wert; geht nicht von einem Haus über zu einem anderen. ⁸Und wenn ihr in eine Stadt kommt und Aufnahme findet, so eßt was euch vorgesetzt wird, ⁹und heilt die Kranken daselbst und sagt: das Reich Gottes ist euch genaht. ¹⁰Wenn ihr aber in eine Stadt kommt und keine Aufnahme findet, so geht hinaus vor das Tor und sprecht: ¹¹auch den Staub von eurer Stadt, der uns an den Füßen haftet, wischen wir (vor) euch ab; aber das wisset, daß das Reich Gottes euch nahe gewesen ist. ¹²Ich sage euch, es wird Sodom [dermaleinst] erträglicher gehn als jener Stadt.

Nachdem Lc die Aussendung der Jünger in 9, 1—6 nach Mc berichtet hat, berichtet er sie hier nach Q. Mt (9, 35—10, 25) vermischt die beiden Berichte; Lc hält sie gesondert und ermöglicht ihr Nebeneinander durch den Unterschied der Zwölf und der Siebzig, der erst von ihm stammt und von Mt in der Quelle nicht vorgefunden ist. Bei Mc sind die Zwölf nur schwach (und meist nachträglich) von den Jüngern im allgemeinen getrennt, bei Lc ganz scharf und deutlich. Er bringt hier τὸ πλῆθος τῶν μαθητῶν, wie er es nennt, auf eine bestimmte Zahl. Wie die Zwölf den zwölf Stämmen Israels entsprechen (22, 30) und zu ihnen gesandt werden, so die Siebzig den siebzig Nationen der Völkertafel; und wie die siebzig Nationen von Gen. 10 in der Septuaginta auf zweiundsiebzig erhöht werden, so auch die siebzig Jünger z. B. in der Syra S. auf zweiundsiebzig. Es ist also sehr wahrscheinlich, daß Lc bei ihnen an Heidenmissionare denkt, obgleich er sie zunächst nach jüdischen oder samaritischen Orten ausgesandt werden läßt und auf Paulus nicht anspielt.

10, 1. „Nach diesem" fehlt in D und Syra S. „Andere siebzig" scheint gesagt zu sein im Vergleich zu 9, 1, nicht zu 9, 52. Jesus folgt den Missionaren auf dem Fuße, sie sollen seine Ankunft ansagen.

10, 2. 3 (Mt. 9, 37s. 10, 16). Die beiden Verse haben keine innere Verbindung. In ἄρνες (ἀρνία Ioa. 21. 15) sieht Weiß Widder, die als Herdenführer unter die Wölfe gesandt werden; sehr possierlich.

10, 4. Bei Lc wird das Geld im Beutel getragen (12, 33. 22, 35s), bei Mc (6, 8) und Mt (10, 9) im Gürtel. „Grüßt keinen unterwegs" kann bedeuten: haltet euch nicht auf — oder auch: macht euch nicht vorzeitig bekannt.

10, 5—12. Nach der Aufnahme in das Haus (10, 5—7) folgt noch die Aufnahme in die Stadt (10, 8—12). Wenn man sich nun auch das Hysteronproteron gefallen läßt, so paßt doch das Gebot „eßt was euch vorgesetzt wird" nur für das Haus (10, 7), nicht für die Stadt (10, 8). Und die öffentliche Stadtpredigt ist später als die heimliche Hauspredigt, ebenso wie die Aufnahme in die Stadt später als die in das Haus; vgl. zu Mt. 10, 14. Also hat Mc, der nur vom Hause redet, die Priorität vor Lc und Mt (10, 14. 15), d. h. vor Q. Denn das ist unzweifelhaft und von Mt richtig erkannt, daß Mc. 6, 7 ss. und Lc. 10, 1 ss. Varianten sind, die verglichen werden müssen.

10, 9. Die Predigt geschieht bei Lc nur in der Stadt, nicht im Hause. Das Reich Gottes ist nicht zukünftig, sondern schon da und im Begriff, bei den Einwohnern dieser bestimmten Stadt Wurzel zu fassen. Das läßt sich aus dem Zusatz ἐφ' ὑμᾶς schließen, wenn man 11, 20 vergleicht. Dann verkünden die Boten die vorhabende Ankunft Jesu, der das Reich Gottes bringt; es kommt darauf an, ob er aufgenommen wird. Darnach hat sich die Auffassung von ἤγγικεν in 10, 11 zu richten.

10, 10—12. „Auf ihre Straßen" muß bedeuten **draußen vor die Stadt** — was nur im Griechischen unmöglich ist. Der Dativ ὑμῖν erklärt sich aus Mc. 6, 11; s. z. d. Stelle. „An jenem Tage" (10, 12) variirt in der Überlieferung und wird zu streichen sein; ebenso 10, 14.

Q*. Lc. 10, 13-24. Mt. 11, 20-27.

Weh dir Chorazin, weh dir Bethsaida, denn wären in Tyrus und Sidon die Wunder geschehen, die in euch geschehen sind, so hätten sie längst in Sack und Asche Buße getan. [14]Doch es wird Tyrus und Sidon erträglicher ergehn [im Gericht] als euch. [15]Und du Kapernaum, daß du nur nicht zum Himmel erhoben, zur Hölle herabgestürzt werdest!

¹⁶ Wer euch hört, hört mich, und wer euch verwirft, verwirft mich, wer aber mich verwirft, verwirft den, der mich gesandt hat. ¹⁷ Die Siebzig aber kehrten voll Freude zurück und sagten: Herr, auch die Dämonen unterwarfen sich uns auf deinen Namen. ¹⁸ Er sprach zu ihnen: Ich sah den Satan wie einen Blitz vom Himmel fallen. ¹⁹ Siehe ich gebe euch Gewalt, zu treten auf Schlangen und Skorpione und auf die ganze Macht des Feindes, so daß er euch nichts zu leide tun wird. ²⁰ Doch darüber freut euch nicht, daß die Geister sich euch unterwerfen; freut euch vielmehr, daß eure Namen im Himmel angeschrieben sind.

²¹ Zu der selben Stunde jubelte er im heiligen Geist und sprach: Ich preise dich, Vater, Herr des Himmels und der Erde, daß du dies den Weisen und Klugen hast verborgen und den Einfältigen offenbart; ja Vater, so ist dein Wille gewesen. ²² Alles ist mir überliefert vom Vater, und niemand erkennt, wer der Sohn ist, als nur der Vater, und wer der Vater ist, als nur der Sohn und der, dem der Sohn es offenbaren will. ²³ Und zu den Jüngern gewandt, sprach er: Selig die Augen, die sehen, was ihr seht. ²⁴ Denn ich sage euch: viele Propheten und Könige wollten sehen, was ihr seht, und haben es nicht gesehen, und hören, was ihr hört, und haben es nicht gehört.

10, 13—16 (Mt. 11, 20—24) soll den Schluß der vorhergehenden Rede bilden und wird durch 10, 16 (Mt. 10, 40) damit verknüpft, gehört jedoch in der Tat nicht dazu. Bei Marcion hat das Stück gefehlt.

10, 17—20 findet sich nur bei Lc. Das Austreiben der Dämonen (durch den Namen Jesu als Beschwörungsformel) wird zunächst wie in 11, 20 (Mt. 12, 28) als ein siegreicher Kampf gegen das Reich des Satans betrachtet und somit sehr wichtig genommen, zum Schluß aber als minderwertig bezeichnet, wie in 11, 24—26 (Mt. 12, 43—45). Eigentümlich ist 10, 18. Man könnte das Sehen des Vorgangs als Vision Jesu auffassen und nach Isa. 14, 12 (Apoc. 12, 9) erklären. Indessen dafür ist die Aussage zu trocken und unvollständig, außerdem wird sonst alles Visionäre (wenngleich nicht jede Emotion) von Jesus durchaus fern gehalten. Nach Sura 72 des Korans und nach der islamischen Tradition mußten die Dämonen infolge der Sendung Muhammeds aus dem Himmel weichen, indem die Engel sie mit Sternen hinaus bombardirten.

Ursprünglich werden die fallenden Meteore selber als vom Himmel gestürzte böse Engel vorgestellt worden sein. Diese Vorstellung haben die Araber vermutlich von den Juden übernommen; sie könnte also auch den Evangelisten bekannt gewesen und Jesu zugeschrieben worden sein. Jedenfalls halte ich den isolirten Spruch für ganz apokryph. — Nach 10, 20 ist die Bürgerliste des Gottesreichs auf Erden zugleich die himmlische Bürgerliste.

10, 21—24 (Mt. 11, 25—27) fügt sich wenigstens in der triumphirenden Stimmung gut an das Vorhergehende. Höchst charakteristisch ist der Zusatz im **heiligen Geist**; wir würden sagen: in heiliger Begeisterung. Der Wortlaut von 10, 22 (Mt. 11, 27) steht auch bei Lc nicht ganz fest. Nach dem Monologe (10, 21. 22) folgt nicht der selbe Schluß wie bei Mt (11, 28—30), sondern ein anderer (= Mt. 13, 16. 17), der dadurch abgesetzt wird, daß Jesus sich nun an seine Jünger wendet; κατ' ἰδίαν (10, 23) ist nach D und Syra S. zu streichen. In 10, 24 fehlen die Könige bei Marcion, in D und in manchen Latinae.

Lc. 10, 25-37. § 63.

Da trat ein Gesetzgelehrter auf, versuchte ihn und sagte: Meister, was muß ich tun, um das ewige Leben zu erben? ²⁶Er sprach: was steht im Gesetz geschrieben, wie liest du? ²⁷Er antwortete: du sollst den Herrn deinen Gott lieben von ganzem Herzen und ganzer Seele, und mit ganzer Kraft und ganzer Gesinnung, und deinen Nächsten wie dich selbst. ²⁸Er sprach: du hast recht geantwortet, das tu, so wirst du leben. ²⁹Jener aber wollte sich rechtfertigen und sagte: und wer ist mein Nächster? ³⁰Jesus antwortete: Ein Mann ging von Jerusalem hinab nach Jericho und fiel Räubern in die Hand, die zogen ihn aus und setzten ihm mit Hieben zu und ließen ihn halbtot liegen und machten sich davon. ³¹Von ungefähr kam nun ein Priester des Weges, sah ihn und ging vorüber. ³²Ebenso kam auch ein Levit an den Ort, sah ihn und ging vorüber. ³³Ein reisender Samariter aber kam dahin, und da er ihn sah, jammerte ihn sein, ³⁴und er trat herzu und verband ihm die Wunden und goß Öl und Wein hinein; dann setzte er ihn auf sein Tier und brachte ihn in eine Herberge und pflegte ihn. ³⁵Und am andern Morgen warf er zwei Denare aus und gab sie dem Wirt und sagte: pfleg ihn, und was du mehr aufwendest ersetz ich dir, wenn ich zurückkomme. ³⁶Wer von ihnen ist nach deiner Meinung dem, der unter die Räuber gefallen war, der Nächste gewesen? ³⁷Er sagte: der, der Barmherzigkeit an ihm geübt hat. Jesus sprach: geh auch du und tu desgleichen.

Der Faden, der sich durch 9, 51—10, 24 zieht, reißt hier ab. Aber auch im Folgenden zeigen sich größere Gruppen, und selbst solche Stücke, die in Wahrheit lose neben einander stehn, sucht Lc künstlich zu verbinden. Unsere Perikope beruht in ihrem historischen Teil auf dem § 63 des Mc, der dann an seiner ursprünglichen Stelle (zwischen 20, 40 und 41) ausgelassen wird; vgl. zu 4, 16ss. Die Worte, die nach Mc. 12, 30s. Jesus spricht, spricht nach Lc. 10, 27 der Schriftgelehrte. Dennoch wird er nicht gelobt, sondern im Gegensatz zu Mc in ein ungünstiges Licht gestellt, wie bei Mt, aber auf andere Weise. Mit 10, 29 verläßt nämlich Lc die Marcusvorlage und macht ad vocem τὸν πλησίον σου den Übergang zu einer Parabel. Der Schriftgelehrte fragt nach dem Begriff dieses Ausdrucks, den er doch vorher selber gebraucht und verstanden hat: wer ist denn mein Nächster. Die Antwort müßte sein: jeder, der deine Hilfe nötig hat und sie herausfordert, sei es auch ein Samariter. Statt dessen lautet die Antwort, als wäre gefragt: wessen Nächster bin ich? Der Nächste ist in dem Gebot (10, 27) und in der daran geknüpften Frage (10, 29) das Objekt des Handelns, der Hilfsbedürftige, in der Parabel aber das Subjekt, der Helfer. Dadurch wird der Samariter zum beschämenden Vorbild des Handelns für die Juden. Der Unterschied mag zwar materiell von keiner Bedeutung sein, aber die formelle Inkoncinnität fällt sehr auf und sie beweist, daß die Parabel nur durch einen künstlichen und unpassenden Übergang mit der einleitenden Erzählung in Verbindung gebracht ist. — Die Perikope ist wegen des Samariters in die Zeit gestellt, wo Jesus durch Samarien wandert. Die Ortsangabe in der Parabel „zwischen Jerusalem und Jericho" paßt aber nur für ein jerusalemisches Publikum; und auch Mc § 63 spielt in Jerusalem.

10, 25. Versuchen = auf die Probe stellen.

10, 28. Ποίει καὶ ζήσῃ ist im Semitischen ein doppelter Imperativ, vgl. die Syra S.

10, 29. Er wollte sich rechtfertigen, d. h. entschuldigen, nämlich darüber, daß er, da er doch selber Bescheid wußte, dennoch fragte. Er behauptet nicht zu wissen, was eigentlich der Nächste sei, und dies gibt Jesus Anlaß, diesen Begriff zu erklären und ihm einen Sinn zu geben, der über den ursprünglichen in der Tat weit hinausgeht.

10, 30. Der unechte Relativsatz, der in Wahrheit die Erzählung fortsetzt, ist ganz unsemitisch, findet sich aber bei Lc öfter, z. B. 10, 39.

10, 31. Von ungefähr hat Nachdruck. Nicht bloß der Verpflichtete (der eigentliche Nächste), der nicht immer zur Stelle ist, muß zugreifen, sondern jeder, wer gerade zur Stelle kommt. Der Nächste ist der, der im gebotenen Augenblick dem hilft, den ihm die Gelegenheit zuwirft.

10, 34. In Wunden tut man Öl, aber nicht Öl und Wein. In dem Beispiel Land Anecd. Syr. 2 46, 24 stammt Öl und Wein wol aus unserer Stelle. Als Charpie wird Wolle benutzt (Vaqidi 119. Agh. 4, 100), aber an eine Verwechslung von עמרא und חמרא ist kaum zu denken.

Lc. 10, 38-42.

Auf der Wanderung aber kam er in ein Dorf, und eine Frau, mit Namen Martha, nahm ihn in ihr Haus auf. [39]Und sie hatte eine Schwester, Maria geheißen, die setzte sich zu den Füßen des Herrn und hörte sein Wort. [40]Martha aber ließ sich von vielem Wirtschaften behelligen; und sie trat herzu und sagte: Herr, kümmerst du dich nicht darum, daß meine Schwester die Aufwartung mir allein überläßt? sag ihr, daß sie mir helfe! [41]Er antwortete ihr aber: Martha, Martha! [du machst dir um Vieles Sorge und Unruhe, es bedarf nur eines Wenigen], Maria hat das bessere Teil erwählt, von dem sie nicht abgezogen werden soll.

Die beiden Schwestern kehren bei Joa wieder. Dort wohnen sie aber in Bethanien, bei Lc dagegen nehmen sie Jesus auf der Wanderung nach Jerusalem auf; er kehrt vorübergehend bei ihnen ein und verkündet in ihrem Hause „das Wort", gradeso wie es auch die Jünger nach Mc. 6 auf den Missionsreisen machen sollen. Es kommt nun häufig vor, daß Lc Vorgänge, die nach Mc in Kapernaum oder in Jerusalem spielen, anders wohin verlegt hat, z. B. die Salbung im Hause Simons von Bethanien nach Galiläa. Ob aber auch Joa mit der Lokalisirung von Martha und Maria in Bethanien den Vorzug von Lc verdient, läßt sich bezweifeln. Allerdings, wenn Jesus nur zufällig unterwegs in das Haus der Schwestern gerät, so fällt es auf, daß ihre Namen genannt werden, wenn sie auch noch so gewöhnlich sind. Joa erwähnt auch den Namen ihres aus dem Grabe zurückkehrenden Bruders, dieser aber scheint sehr verdächtigen Ursprungs zu sein.

10, 41. 42. Die Textüberlieferung schwankt stark. Die Lesart der Recepta ἑνὸς δέ ἐστιν χρεία ist entstanden aus ὀλίγων δέ ἐστιν χρεία ἢ ἑνός der ältesten Uncialen. Hier kann ἢ ἑνός nur Verbesserung von ὀλίγων sein; das Wenige soll auf eins beschränkt werden und darunter das gute Teil, nämlich das höchste Gut, verstanden werden. Aber dann fällt das Eine in eine gänzlich andere Sphäre als das Wenige[1]) und ist in der Tat etwas sehr Großes — woher sich leicht erklärt, daß es in der Recepta allein das Feld behauptet hat. Betrachtet man demgemäß die Verbesserung ἢ ἑνός als nachgetragen, so bleibt der einfache Sinn übrig: du brauchst nicht so viel Umstände zu machen, ich habe nur wenige Bedürfnisse. Indessen in der Syra S. und in manchen Latinae steht überhaupt nichts zwischen Μαρθᾶ und Μαρία, und in D nur das eine Wort: θορυβάζῃ. Mit Recht folgt Blaß diesen Zeugen; zur Streichung des Passus lag kein Anlaß vor, wol aber konnte er eingesetzt werden, um die Vokative aus einander zu halten. Wenn aber auch nur ἢ ἑνός ausfällt, so hat man keinen Grund mehr, unter der ἀγαθὴ μερίς etwas anderes zu verstehn als das Verhalten der Maria, das im Vergleich zu dem der Martha als das bessere bezeichnet wird. Der Relativsatz paßt dazu, wenn man ἢ mit dem folgenden αὐτῆς in semitischer Weise zusammenfaßt und auf μερίδα bezieht: sie hat das bessere Teil erwählt, von dem sie nicht, wie Martha wünscht, abgezogen werden soll. Das Medium ἀφαιρεῖσθαι (abziehen, hindern) ist hier ins Passiv gesetzt.

Lc. 11, 1–13.

Und er war im Gebet an einem Orte, und als er aufhörte, sagte einer seiner Jünger zu ihm: Herr, lehr uns beten, wie auch Johannes seine Jünger gelehrt hat. ²Er sagte: wenn ihr

---

[1]) Kronzeuge dafür ist Weiß, welcher erklärt, weniges bedarf es für mich, oder vielmehr eins für dich.

betet, so sprecht: Vater, dein Name werde geheiligt, dein Reich komme, ³das.... Brot gib uns täglich, ⁴und erlaß uns unsere Sünden (denn auch wir erlassen jedem, der uns schuldet), und bring uns nicht in Versuchung. ⁵Und er sprach: Wenn einer von euch einen Freund hat und mitternachts zu ihm geht und zu ihm sagt: Freund, leih mir drei Laibe Brot, ⁶denn ein Freund ist zu mir gekommen nach einer Reise und ich habe ihm nichts vorzusetzen — ⁷wird der wol von drinnen antworten: mach mir keine Beschwer, die Tür ist schon verschlossen und meine Kinder sind bei mir im Bett, ich kann nicht aufstehn und dir geben? ⁸Ich sage euch, wenn er nicht aufsteht und ihm gibt, weil er sein Freund ist, so wird er doch, weil er nicht weicht und wankt, sich erheben und ihm geben, was er braucht. ⁹So sage ich auch euch: bittet, so wird euch gegeben; sucht, so findet ihr; klopft an, so wird euch aufgetan. ¹⁰Denn wer bittet, empfängt, und wer sucht, findet, und wer klopft, dem wird aufgetan. ¹¹Wenn einer unter euch seinen Vater um einen Fisch bittet, wird er ihm statt des Fisches eine Schlange reichen? ¹²oder wenn er ihn um ein Ei bittet, wird er ihm einen Skorpion reichen? ¹³Wenn also ihr, die ihr böse seid, euren Kindern gute Gaben zu geben wißt, wie viel mehr wird der Vater vom Himmel heiligen Geist geben denen, die ihn bitten.

11, 1. Die Jünger Jesu werden zu ihrem Ansuchen bewogen, weil sie ihn selbst beten sehen, und weil sie hinter den Johannesjüngern nicht zurückstehn wollen, die ein Mustergebet von ihrem Meister schon besitzen. Beide Anlässe lassen sich zwar leicht vereinigen, es scheint aber doch, daß der erste nachträglich hinzugekommen ist. Die Johannesjünger haben die Priorität, wie für das Fasten und die Taufe, so auch für das Gebet. In bezug auf das Fasten wird in § 12 (Mc. 2, 17ss.) anerkannt, daß es erst nach Jesu Tode bei seinen Jüngern Eingang fand; in bezug auf das Gebet wird das gleiche gelten. Wir befinden uns in einer Zeit, wo nicht mehr die beiden Meister, sondern ihre Jünger sich gegenüberstehn. In Mt. 6 ist das Vaterunser erst nachträglich eingeschoben, Mc (11, 25) kennt es nicht.

11, 2 Πάτερ und π. ἡμῶν führt gleichmäßig auf Abba zurück, die gebräuchliche Anrede Gottes im Gebet (Mc. 14, 36. Rom. 8, 15. Gal. 4, 6). Entgegen dem Consensus aller Versionen und Hss.

lautet die zweite Bitte nach Gregor von Nyssa und Maximus Confessor, nach der Minuskelhs. 700, und auch nach Marcion: dein heiliger Geist komme auf uns und heilige uns! „Dein Geist komme" ist Korrektur von „dein Reich komme": der Geist genügte einer späteren Zeit und die Parusie war ihr entbehrlich. Die Frage ist, ob eine solche Korrektur dem Lc zugetraut werden darf. Sie läßt sich schwer beantworten, wegen der Zwieschlechtigkeit dieses Evangelisten; vgl. zu 11, 13.

11, 3. Ich trage hier zu Mt. 6, 11 nach, daß Hieronymus sagt: Quod nos supersubstantialem expressimus, in graeco habetur ἐπιούσιον — quod verbum LXX interpretes περιούσιον frequentissime transferunt. Er stellt also die beiden Wörter zusammen, wie auch Leo Meyer, der sie allerdings nicht identifizirt. Περιούσιος ist passives Adjektiv von περιποιεῖσθαι (retten) und bedeutet: gerettet, auserwählt (eigentlich als geretteter Rest). Es gibt auch ein ἐπιποιεῖν, läßt sich damit für ἐπιούσιος etwas anfangen? Die Syra S. liest einfach τὸν ἀ. τὸν ἐπ. ohne genitivisches Pronomen. Marcion hat σοῦ statt ἡμῶν; schon er hat an göttliche Speise gedacht.

11, 4. Der mit καὶ γὰρ αὐτοί (= ἡμεῖς) beginnende Nachtrag ist bei Lc noch nicht so in die Bitte selber verarbeitet, wie bei Mt. Jede Bitte ist ursprünglieh nur ein ganz kurzer Satz.

11, 8. Ἀναιδής wird hier nicht in tadelndem Sinne gebraucht, sondern wie ἀδυσώπητος Clem. Hom. 18, 22. 46, 31 ed. Lagarde, was Rufin sinngemäß mit immobilis wiedergibt.

11, 9—13 (Mt. 7, 7—11). Brot und Stein (11, 11) stammt aus Mt. Der Nominativ τίς und das Fehlen von ὁ υἱός im Sinaiticus verdient den Vorzug; der Akkusativ wurde korrigirt, um den Subjektswechsel zwischen αἰτήσει und ἐπιδώσει zu vermeiden, und dann mußte ὁ υἱός eingesetzt werden; D hat aber τίς trotz ὁ υἱός beibehalten. Die Parataxe der Bedingungssätze (11, 11. 12) ist semitisch. Das zweite ἀγαθά in Mt. 7, 11 verwandelt Lc. (11, 13) in πνεῦμα ἅγιον. Die Bitte um den heiligen Geist ist bei ihm der eigentliche Inhalt des christlichen Gebets. Ohne Zweifel hängt damit der Wortlaut der zweiten Bitte bei Marcion usw. zusammen: dein Geist komme auf uns. Blaß und Harnack (Berliner S. B. 1904 p. 170ss) meinen, er würde dadurch bestätigt. Er könnte freilich ebenso gut darnach korrigirt sein. Aber ins Gewicht fällt der Vergleich von 11, 5—13 mit 18, 1—8. Daß dies Varianten sind, muß anerkannt werden. Dort nun ist das Gericht und die

Rache, d. h. die Ankunft des Reichs Gottes im ursprünglichen Sinne, der Inhalt der absoluten Bitte; hier der heilige Geist. Ersteres ist gewiß das Ältere; man sieht, daß die Parusie auch darum anstößig sein konnte, weil sie ein Tag der Rache gegen die Feinde war. Wenn aber Lc. in 11, 13 den heiligen Geist statt des Reiches Gottes gesetzt hat, so kann er es auch in der zweiten Bitte getan haben. Es ist wenigstens nicht vollkommen ausgeschlossen.

Q.* Lc. 11, 14-36. Mt. 12, 22-45. § 17. 18.

Und er trieb einen Dämon aus, der war stumm. Und als der Dämon ausgefahren war, konnte der Stumme sprechen, und die Leute verwunderten sich. ¹⁵Etliche aber sagten: durch Beelzebul, den Obersten der Dämonen, treibt er die Dämonen aus; ¹⁶andere verlangten von ihm zur Probe ein Zeichen vom Himmel. ¹⁷Er aber wußte ihre Gedanken und sprach zu ihnen: Jedes Reich, das sich entzweit, wird zerstört, und ein Haus (darin) fällt über das andere her. ¹⁸So auch, wenn der Satan gegen sich selber entzweit ist, wie soll sein Reich Bestand haben? weil ihr sagt, ich treibe die Dämonen durch Beelzebul aus. ¹⁹Und wenn ich durch Beelzebul die Dämonen austreibe, durch wen treiben eure Söhne sie aus? deshalb sind sie eure Richter. ²⁰Wenn ich aber die Dämonen durch den Finger Gottes austreibe, so ist ja das Reich Gottes zu euch gelangt. ²¹Wenn ein Gewaltiger gerüstet seine Burg bewacht, so ist sein Gut in Sicherheit, ²²wenn aber ein Stärkerer über ihn kommt, so nimmt er ihm seine Rüstung, auf die er sich verließ, und verteilt die Beute. ²³Wer nicht für mich ist, ist wider mich, und wer nicht mit mir sammelt, der zerstreut.

²⁴Wenn der unreine Geist aus dem Menschen ausfährt, durchwandert er dürre Gegenden und sucht eine Ruhestatt. Und wenn er keine findet, sagt er: ich will wieder zurück in mein Haus, das ich verlassen habe; ²⁵und wenn er kommt und findet es gefegt und geputzt, ²⁶so geht er hin und holt sich noch sieben andere Geister, schlimmer als er selber, und sie kommen und nehmen dort Wohnung, und der letzte Zustand jenes Menschen wird schlimmer als der erste.

²⁷Als er aber so redete, erhub ein Weib aus dem Volk die Stimme und sagte: selig der Leib, der dich getragen und

die Brust, die du gesogen! ²⁸Er sprach: in Wahrheit selig sind die, die das Wort Gottes hören und bewahren.

²⁹Da das Volk aber zu haufe kam, begann er zu sagen: Dies Geschlecht ist ein böses Geschlecht, es verlangt ein Zeichen, und kein Zeichen wird ihm gegeben, als nur das Zeichen des Jonas. ³⁰Denn wie Jonas den Niniviten ein Zeichen war, in der selben Weise wird der Menschensohn diesem Geschlecht ein Zeichen sein. ³¹Die Königin des Südlandes wird als Anklägerin dieses Geschlechts auftreten und seine Verdammnis bewirken, denn sie kam von den Enden der Erde, zu hören die Weisheit Salomos, und hier ist mehr als Salomo. ³²Die Leute von Ninive werden als Ankläger dieses Geschlechtes auftreten und seine Verdammnis bewirken; denn sie taten Buße auf die Predigt Jonas, und hier ist mehr als Jonas.

³³Niemand zündet ein Licht an und setzt es in ein Versteck [oder unter den Scheffel], sondern auf den Leuchter, damit die Eintretenden den Schein sehen. ³⁴Das Licht des Leibes ist dein Auge. Wenn dein Auge ungetrübt ist, ist auch dein ganzer Leib helle; wenn es aber schlecht ist, ist auch dein Leib finster. ³⁵Schau nun, daß das Licht an dir nicht finster sei. ³⁶Wenn nun ...

11, 14—23 (Mt. 12, 22—32. Mc. 3, 22—30). Lc hat die Beelzebulsperikope bei der Wiedergabe des Mc überschlagen, weil er sie hier aus Q bringen will. Mt bringt sie zwar in der Reihenfolge des Mc (§ 17), schiebt aber vieles aus Q ein und hängt auch die Fortsetzung von Q an. Der Bericht von Q bei Lc weicht erst in der zweiten Hälfte von dem des Mc ab. Vom Geist als Bewirker der Exorcismen ist nicht die Rede (vielmehr vom Finger Gottes 11, 20), und auch nicht von der Lästerung des Geistes. Die Äußerung Mc. 3, 28. 29 findet sich isolirt in anderer Fassung bei Lc. 12, 10.

11, 14 wird von D geglättet, ähnlich wie 5, 1. 17.

11, 15. Nach Lc sind nicht die Schriftgelehrten oder die Pharisäer die Redenden.

11, 16 bereitet etwas vorzeitig auf 11, 29 vor.

11, 17. Die Häuser sind die Unterabteilungen des Reiches, also keine Gebäude, sondern Verbände.

11, 18. Zu ὅτι vgl. Mc. 3, 30. Ein richtiger Acc. cum inf., wie hier ἐκβάλλειν με, findet sich in den Evv. selten; es überwiegt die semitische Konstruktion, wobei nur das Subjekt des

Nebensatzes vom Hauptverbum attrahirt wird: vidit lucem quod esset bona.

11, 24—26 (Mt. 12, 43—45) folgt bei Lc mit Recht dicht auf die Beelzebulrede.

11, 27. 28 nur bei Lc. Die Stellung erklärt sich daraus, daß 11, 14—23 eine Variante zu § 17 und 11, 27. 28 eine Variante zu § 18 ist. Der Spruch 11, 28 deckt sich mit 8, 21; auch der Gegensatz von Blutsverwandten und Gottesangehörigen kehrt wieder. Die Seligpreisung seiner Mutter weist Jesus zurück und preist dafür seine Jünger selig, nicht sofern sie seiner Person anhängen, sondern sofern sie das Wort Gottes hören und tun.

11, 29—32 (Mt. 12, 38—45) ist bereits durch 11, 16 angeknüpft. Über 11, 30 habe ich zu Mt. 12, 40 gehandelt; ein σημεῖον ἀντιλεγόμενον (Lc. 2, 34) war Jonas nicht und kann also auch Jesus nicht sein, da er mit ihm verglichen wird.

11, 33—36. Der Zusammenhang mit dem Vorhergehenden ist ganz unklar. Der Vers 33 ist schon in 8, 16 nach Mc gebracht, hier wird er vielleicht nach einer anderen Quelle wiederholt. Der Übergang zu 11, 34ss. (Mt. 6, 22. 23) scheint bloß über das Wort λύχνος zu gehn. Den Vers 36 in der meist bezeugten Fassung nennt Blaß mit Recht übel verderbt und unverständlich. Die Syra S. liest ihn anders, aber nicht besser. D läßt ihn aus, ebenso die Syra C. und die meisten Latinae; indessen wie eine Interpolation sieht er nicht aus.

Lc. 11, 37–54. Mt. 23.

Ein Pharisäer aber bat ihn, bei ihm zu Mittag zu essen, und er trat ein und setzte sich zu Tisch. [38]Und der Pharisäer wunderte sich zu sehen, daß er nicht erst die Hände ins Wasser tauchte vor dem Essen. [39]Der Herr aber sprach zu ihm: Jetzt, ihr Pharisäer, das Äußerliche, Becher und Schüssel, reinigt ihr; euer Inneres aber strotzt von Raub und Bosheit. [40]Ihr Toren, macht nicht, wer das Innere macht, (damit zugleich) auch das Äußere? [41]Vielmehr das Innere, reinigt, so habt ihr alles rein. [42]Aber weh euch Pharisäern, ihr verzehntet Minze und Raute und allerlei Kraut, und übergeht das Recht und die Liebe Gottes. [43]Weh euch Pharisäern, ihr sitzt gern oben an in den Synagogen und wollt gegrüßt sein auf den Straßen. ⁴⁴Weh euch, ihr seid unsichtbare Gräber, über die die Menschen hinübergehn und wissen es nicht. ⁴⁵Da hub einer von den Gesetzesgelehrten an und sagte zu ihm: Meister, mit den Worten beleidigst du auch uns. ⁴⁶Er aber sprach: Weh auch euch Gesetzesgelehrten, denn ihr ladet den Menschen schwer zu tragende Lasten auf, und rührt selbst mit keinem Finger daran. ⁴⁷Weh euch, ihr baut den Propheten Gräber, die eure Väter getötet haben; ⁴⁸somit seid ihr Zeugen für die Taten eurer Väter und damit einverstanden; denn nachdem jene sie getötet haben, errichtet ihr Bauten. ⁴⁹Darum hat die Weisheit Gottes gesagt: ich sende zu ihnen Propheten und Apostel und sie werden etliche töten und etliche verfolgen, ⁵⁰damit an dem gegenwärtigen Geschlecht gerächt werde das Blut aller Propheten, das vergossen ist seit Gründung der Welt, von dem Blute Abels an bis zu dem Blute Zacharias', der zwischen dem Altar und dem Tempelhause umgebracht wurde — ja ich sage euch, an dem gegenwärtigen Geschlecht soll es gerächt werden. ⁵²Weh euch Gesetzesgelehrten, ihr habt den Schlüssel der Erkenntnis weggenommen; ihr selbst seid nicht hineingekommen und habt denen gewehrt, die hineinkommen wollten.

⁵³Und da er dies gegen sie vor allem Volk sagte, wurden die Gesetzesgelehrten und die Pharisäer ihm sehr böse und stritten mit ihm über mancherlei Fragen, ⁵⁴um hinterhaltig etwas aus seinem Munde zu erjagen.

Diese Rede entspricht der von Mt. 23 im Inhalt, jedoch nicht in der Situation. Bei Mt steht sie an stelle von Mc § 65. Bei Lc aber wird sie nicht in Jerusalem und nicht öffentlich im Tempel gehalten, sondern im Hanse eines Pharisäers bei einem Gastmahl (7, 36. 14, 1), außerhalb Jerusalems in der Zeit der Reise Jesu dorthin. Das paßt freilich sehr schlecht, denn woher kommt denn die offenbar vorausgesetzte Menge der Schriftgelehrten und Pharisäer? Vielleicht hat die Situation des § 35 (Mc. 7, 1ss.) eingewirkt, den Lc an seiner Stelle ausgelassen hat, hier aber als Anlaß und Eingang der Rede benutzt. Ein Nexus zwischen 11, 33—36 und 11, 37 ss. kann in dem Gedanken gefunden werden: das Zentrum beherrscht die Peripherie, das Auge muß licht sein, damit der Leib licht sei, das Innere muß rein sein, damit das Äußere rein sei.

11, 37. Die Redaktion der Einleitungen und Übergänge schwankt fast regelmäßig in den Hss. „Als er das sagte" fehlt hier in D und Syra S., steht dagegen in 11, 53 und bei D auch in 11, 14. Bei ἄριστον wird an die Zeit nicht mehr gedacht.

11, 39. Νῦν hat hier den temporellen Sinn verloren und bedeutet: wie es sich zeigt; vgl. mekkêl und ʿatta. Der Sinn des Ausspruchs ist von Lc richtig wiedergegeben. Für γέμουσιν Mt. 23, 25 hätte γέμετε gesagt werden müssen; im Aramäischen hat das Participium gestanden und das Subjekt attôn des vorhergehenden Participiums (καθαρίζετε) noch nachgewirkt. Ich habe das bei Mt. zu bemerken vergessen.

11, 40. Das Innere steht in D, in einigen Latinae und bei Cyprian mit Recht voran. Machen heißt „in Ordnung bringen", wie in Deut. 21, 11. 2 Sam. 19, 25 (LXX), und ist in unserem Fall gleichbedeutend mit reinigen; so auch deutsch: das Haar, die Lampen machen. Nur so entsteht Sinn.

11, 41. Statt „gebt Almosen" erfordert der Zusammenhang den Sinn: reinigt. Im Aramäischen heißt „Almosen geben" zakki, und „reinigen" dakki. Die beiden lautlich wenig verschiedenen (und ursprünglich sogar identischen) Verba sind hier von Lc verwechselt, während Mt (23, 26) richtig καθάρισον hat, aber falsch τοῦ ποτηρίου und αὐτοῦ zusetzt.

11, 42. Ἀλλά leitet einen Satz ein, der über den ursprünglichen Anlaß hinaus zu Weiterem übergeht. „Die Liebe Gottes" sagt nur Lc; nach Mt. 23, 23 ist vielmehr von der Liebe gegen den Nächsten die Rede und ebenso auch nach Mc. 7, 10ss. und 12, 40. Der abwiegelnde Schlußsatz „dies sollte man tun und jenes nicht lassen" stammt aus Mt (23, 23) und fehlt mit Recht in D.

11, 43. 44. Der erste Vers steht auch bei Mc (12, 39), der zweite weitläufiger, aber schlechter bei Mt (23, 27. 28). Bei Lc ist der Sinn klar: man ahnt nicht, worauf man bei euch tritt; latet anguis sub herba.

11, 45. Lc muß wol einen Grund gehabt haben, hier einen Absatz zu machen. Aber der Wechsel der Anrede ist gesucht. Sie richtet sich nur am Anfang (11, 46) und am Schluß (11, 52) an die Schriftgelehrten, im wesentlichen jedoch an die Juden insgemein.

11, 47. 48 deckt sich inhaltlich mit Mt. 23, 28—33, ist aber kürzer.

11, 49—51 (Mt. 23, 34—36) fehlt bei Marcion. Bei Mt sind diese Worte Jesu eigene Worte, und nur er kann sie sprechen. Auch in Lc 11, 51 (ναὶ λέγω ὑμῖν) redet er im eigenen Namen. Was bedeutet dann aber der Eingang bei Lc: darum hat die Weisheit Gottes gesagt? Jesus ist zwar die Achamoth, kann sich aber doch nicht selber so nennen und dabei das Praeteritum εἶπεν gebrauchen. Es ist auch unwahrscheinlich, daß er ein sonst unbekanntes apokryphes Buch zitire. Dies Buch müßte zudem erst nach der Zerstörung Jerusalems geschrieben sein und zwar von christlicher Hand. Nur das ist ersichtlich, daß der Autor des Eingangs Bedenken getragen hat, die folgende Rede auf Jesus selbst zurückzuführen.

11, 52. In der Parallele Mt. 23, 13 ist κλείετε von der Syra S. interpretirt: ihr habt den Schlüssel zum Himmelreich. Auch Lc wird es so verstanden haben, selbst wenn nicht mit Blaß ἔχετε (τὴν κλεῖν), sondern ἤρατε oder ἐκρύψατε zu lesen ist. An Stelle des Himmelreichs hat er die γνῶσις gesetzt, d. h. die γνῶσις τῆς σωτηρίας (1, 77), oder τῆς ζωῆς (manda d'chajjê). Daß die γνῶσις nicht das Ursprüngliche ist, geht aus dem folgenden εἰσέρχεσθαι hervor, welches jedenfalls viel besser zum Reiche Gottes paßt.

11, 53 habe ich nach D und Syra S. übersetzt. Man braucht bei Lc keinen Anstoß daran zu nehmen, daß das Gastmahl plötzlich zur offenen Szene wird (14, 25). Das ἀποστοματίζειν der modernen Vulgata ist in der Verbindung, in der es steht, schlechterdings unmöglich; was es bedeutet, ersieht man aus 11, 54: θηρεῦσαί τι ἐκ τοῦ στόματος.

Lc. 12, 1-12. Mt. 10, 26-33. 17-20.

Während nun eine große Menge ringsum sich zusammendrängte, so daß einer den andern trat, sprach er [in erster Linie] zu seinen Jüngern: Hütet euch vor dem Sauerteige, nämlich der Heuchelei, der Pharisäer. ²Es ist nichts verhüllt, was nicht enthüllt werde, und nichts verborgen, was nicht bekannt werde. ³Deshalb alles, was ihr im Dunkeln geredet habt, wird kund im Licht, und was ihr ins Ohr gesagt habt in den Kammern, wird auf den Dächern ausgerufen. ⁴Aber ich sage euch, meinen Freunden: fürchtet euch nicht vor denen, die den Leib töten und darnach nichts weiter tun können. ⁵Ich will euch eröffnen, wen ihr fürchten sollt: den, der nach dem Tode Macht hat, in die Geenna zu werfen. Ja ich sage euch, den fürchtet. ⁶Werden nicht fünf Sperlinge um zwei Heller verkauft? und nicht einer davon ist vergessen vor Gott. ⁷Aber auch die Haare eures Hauptes sind alle gezählt; fürchtet euch nicht, ihr seid viel mehr wert als Sperlinge. ⁸Ich sage euch, wer mich bekennt vor den Menschen, den wird auch der Menschensohn bekennen vor den Engeln Gottes, ⁹und wer mich verleugnet vor den Menschen, wird verleugnet werden vor den Engeln Gottes. ¹⁰Und wer immer etwas gegen den Menschensohn sagt, das wird ihm vergeben; gegen den heiligen Geist aber wird es nicht vergeben. ¹¹Wenn sie euch nun vor Gemeindegerichte und vor die Behörden und die Obrigkeit bringen, so sorgt nicht, wie ihr euch verteidigen und was ihr sagen sollt; denn der heilige Geist wird euch zu selbiger Stunde das rechte Wort lehren.

12, 1 habe ich ebenso wie 11, 53 nach D und Syra S. übersetzt und πρῶτον, das in der Syra S. fehlt, als zweifelhaft gekennzeichnet, obgleich es richtig ist, daß Jesus bei Lc fast nie ausschließlich zu den Jüngern redet, sondern fast immer so, daß auch das Volk dabei ist. Das ist die Heuchelei hat in den Hss. eine schwankende Stellung und könnte Interpretament sein, vgl. Mc. 8, 15. Aber die Heuchelei schlägt die Brücke zu der Heimlichkeit (12, 2). Freilich ist das in Wahrheit durchaus nicht das selbe. Die Brücke, die zugleich den Übergang von 11, 37 ss. zu 12, 2 ss. bilden soll, ist gekünstelt und nur scheinbar.

12, 2 (Mt. 10, 26. Mc. 4, 22). Hier beginnt die Aufforderung zum Martyrium, zur offenen Verkündigung und Bekenntnis des Evangeliums, ohne Furcht vor den Folgen.

12, 3. Bei Mt. 10, 27 heißt es viel besser: was ich (Jesus) euch sage, das redet (ihr) auf den Dächern.

12, 5. Die Geenna kommt bei Lc nur an dieser Stelle vor.

12, 7. Die Wortstellung im ersten Satz bei Mt. 10, 30 ist logischer.

12, 8. 9. Hier hat Lc sich getreuer an den ursprünglichen Wortlaut (Mc. 8, 37) gehalten und Mt (10, 32 s.) ihn geändert.

12, 10 habe ich nach D und Marcion übersetzt, der Ausdruck βλασφημεῖν wird auch in Mt. 12, 32 vermieden. Der Spruch, der am Ende der Beelzebulsperikope bei Lc fehlt, ist hier so abgeändert, daß er in den Zusammenhang paßt. Wer etwas gegen den heiligen Geist sagt, ist der, welcher seine christliche Überzeugung verleugnet, und nicht bekennt, was ihm der Geist eingibt. Vgl. im Übrigen meine Erörterung zu Mt. 12, 31. 32.

12, 12. Ἐν αὐτῇ τῇ ὥρᾳ sagt Lc stets (außer 7, 21?) und nicht ἐν ἐκείνῃ τ. ὤ. wie Mt (10, 19). Vgl. auch 13, 1.

Lc. 12, 13–21.

Einer aus dem Volk aber sagte zu ihm: Meister, sag doch meinem Bruder, daß er das Erbe mit mir teile. [14]Er sagte zu ihm: Mensch, wer hat mich zum Richter [oder Erbteiler] über euch bestellt! [15]Und er sprach zu ihnen: habt acht und hütet euch vor aller Habsucht, denn nicht im Überfluß der Habe liegt das Leben für den Menschen. [16]Und er sagte ihnen ein Gleichnis. Es war ein reicher Mann, dessen Land hatte gut getragen. [17]Und er dachte bei sich: was soll ich tun, ich habe nicht Raum, meine Früchte einzubringen. [18]Und er sprach: das will ich tun, ich breche meine Scheuern ab und mache sie größer, um all mein Gewächs einzubringen, [19]und sage dann zu mir selbst: du hast viel des Guten, labe dich! [20]Aber Gott sprach zu ihm: du Tor, in dieser Nacht wird deine Seele dir abgefordert, wem wird nun dein Vorrat zufallen? [[21]So geht es, wenn einer sich Schätze aufspeichert und hat keinen Reichtum bei Gott.]

12, 13. 14. Die Situation wechselt nicht, wol aber der Gegenstand der Rede, obwol in 12, 32 ein Ton aus 12, 2—12 nachklingt (vgl. auch 12, 49—53). Die kurze Historie unserer beiden Verse soll das Thema angeben für die folgenden Ermahnungen an das Volk und an die Jünger. Sie ist jedoch nicht zu diesem Zweck gemacht, denn sie enthält an sich keine Warnung vor der Habsucht, sondern einen Protest Jesu gegen die Behelligung mit Angelegenheiten, die nicht vor sein Forum gehören. Es ist im Orient üblich, daß man sich auch in weltlichen Angelegenheiten an eine religiöse Autorität wendet; Jesus weist das ab. Aber die

Kirche verfuhr anders, und schon Lc (12, 15) zieht aus dem Ausspruch 12, 14 eine Moral, die nicht darin liegt. Oder Erbteiler fehlt in D und Syra S.

12, 15—21. Die Anrede ergeht an das Volk. Ich habe für 12, 15 mich an Clemens Al. und an die Syra S. gehalten und in 12, 18. 19 den kürzeren Text von D vorgezogen, nach Blaß. Εἰς τὸν θεόν (12, 21) heißt bei Gott, nach 12, 33. Mc. 10, 21; die Deutungen, die dem literarischen Sinn von εἰς gerecht werden wollen, sind gekünstelt. Übrigens fehlt 12, 21 in D; wenn der Vers unecht ist, so könnte man allerdings in εἰς τὸν θεόν eine Finesse finden, die sonst von der Einfalt des Evangeliums abliegt.

Lc. 12, 22-31. Mt. 6, 25-33.

Er sprach aber zu seinen Jüngern: Darum sage ich euch, seid nicht in Sorge um eure Seele, was ihr essen, und nicht um euren Leib, was ihr anziehen sollt. ²³Denn die Seele ist mehr als die Nahrung und der Leib mehr als die Kleidung. ²⁴Achtet auf die Raben, sie säen nicht, sie ernten nicht, sie haben nicht Speicher noch Scheuer — wieviel mehr wert seid ihr als Vögel! ²⁵Wer von euch kann mit Sorgen seinem Wuchse eine Elle zusetzen? ²⁶wenn ihr nun auch das Geringste nicht vermögt, was sorgt ihr um das Übrige? ²⁷Achtet auf die Lilien, wie sie weder spinnen noch weben; und doch, sage ich euch, war auch Salomo in all seiner Herrlichkeit nicht angetan wie dieser eine. ²⁸Wenn Gott auf dem Felde das Gras, das heute steht und morgen in den Ofen geworfen wird, so kleidet, wieviel mehr euch, ihr Kleingläubigen! ²⁹Ihr also trachtet nicht nach Essen und Trinken und gieret nicht, ³⁰denn nach alle dem trachten die Völker der Welt. Euer Vater weiß, daß ihr dessen bedürft, ³¹trachten aber sollt ihr nach seinem Reich, so bekommt ihr das andere dazu.

12, 22. Darum sage ich euch (Mt. 6, 25) nimmt Bezug auf die vorhergehende Rede. Diese soll jedoch an das Volk gerichtet sein, während 12, 22ss. an die Jünger. Es sieht so aus, als ob der Adressenwechsel erst nachträglich hinzugefügt worden sei. In 12, 22ss. kann die Rede an das Volk recht gut noch fortgesetzt werden.

12, 25 ist bei Lc nicht so vereinzelt wie bei Mt (6, 27), wird aber durch den Zusammenhang mit 12, 26 nicht gerade verständlicher. Περὶ τῶν λοιπῶν wäre nur erträglich, wenn es überhaupt bedeuten könnte.

12, 29. Zu μετεωρίζεσθαι vgl. Sir. 23, 4, es entspricht dem biblischen nasa naphscho = er erhob seine Seele, d. h. langte geistig nach etwas.

12, 31. Diese Antithese macht den Übergang zum folgenden Stück. Vgl. 21, 34.

Lc. 12, 32–40.

Fürchte dich nicht, du kleine Herde, denn euer Vater hat beschlossen, euch das Reich zu geben. [33] Verkauft eure Habe und gebt sie zum Almosen, macht euch unvergängliche Säckel, einen unerschöpflichen Schatz im Himmel, wo kein Dieb herankommt und keine Motte zerstört. [34] Denn wo euer Schatz ist, da ist auch euer Herz. [35] Euere Lenden seien gegürtet und eure Lichter angezündet, [36] wie bei Leuten, die auf ihren Herrn warten, wenn er aufbricht von der Hochzeit, damit wenn er kommt und anklopft, sie ihm alsbald auftun. [37] Selig die Knechte, die der Herr bei seiner Ankunft wachend findet; denn ich sage euch, er wird sich schürzen und sie zu Tisch sitzen heißen und herumgehn und sie bedienen. [38] Und kommt er in der zweiten oder dritten Nachtwache und findet sie so: selig sind sie. [39] Das aber seht ein: wenn der Hausherr wüßte, zu welcher Stunde der Dieb komme, so ließe er nicht in sein Haus einbrechen. [40] Auch ihr, seid bereit, denn zu einer Stunde, da ihr es nicht denkt, kommt der Menschensohn.

12, 32. Nicht die Juden, sondern die Christen, nur eine kleine Herde, sind die Bürger des Reiches Gottes. Als Trost würde das besser in 12, 4—7 passen, wie hier. Denn hier wird es vielmehr zur Mahnung verwandt, wie in 12, 31, so auch 12, 33ss.: man soll sich des Reiches Gottes würdig machen, man soll in jedem Augenblick vorbereitet sein auf seine Ankunft. In 12, 16—21 genügt es als Motiv, daß der Tod vor der Tür jedes einzelnen steht; die Parusie ist entbehrlich. Auch die heitere Sorglosigkeit von 12, 22ss. hat durchaus nicht die Parusie zum Hintergrunde, wenn man von den Schlußversen absieht. Aber von 12, 32 an wird das anders; und von hier an erst richtet sich die Rede entschieden an die Jünger und nimmt eine spezifisch christliche Färbung an. Man muß die Absätze nach dem Inhalt machen und nicht nach den zu Anfang angegebenen oder nicht angegebenen Adressen.

12, 33. 34 (Mt. 6, 19—21). Die Abmahnung von der Habsucht und von der Sorge wird hier für die Jünger zum positiven Gebot, im Hinblick auf das kommende Reich ihre irdische Habe zu veräußern und den Erlös durch Almosengeben in der himmlischen Bank niederzulegen; im Himmel soll ihr Herz und auch ihr Schatz sein. Der Ausspruch ist bei Mt verfeinert und wol weniger ursprünglich. Jedoch die Motten passen bei Lc nicht recht, da nur vom Gelde die Rede ist, und die βαλλάντια (Geldsäcke) stammen schwerlich aus alter Quelle.

12, 35—36. Die Stimmung ist hier nicht friedlich und heiter wie in 12, 22ss., sondern gespannt und pathetisch. Es liegt eine männliche Bereitschaft und ein verhaltener Drang in diesen Imperativen, die Erwartung der baldigen Parusie erzeugte keine Schlaffheit, sondern Energie. Vgl. zu Mt. 25, 1—12 am Schluß. — Die Hochzeit ist nichts weiter als ein Festgelage. Es scheint hier die Himmelsfreude darunter vorgestellt zu werden, der Herr, d. h. der Messias, kehrt vom Himmel zurück. Freilich ist die Hauptsache nicht die himmlische Hochzeit, von der der Messias kommt, sondern die irdische, die er den Seinen bereitet (12, 37).

12, 37. Die Knechte, d. h. die Christen, nehmen am Mahl ihres Herrn teil, das hier nicht im Himmel, sondern auf der Erde stattfindet, zu der Jesus heimkehrt. Er führt sie jedoch nicht bloß dazu ein, sondern er übernimmt auch als Wirt ihre Bedienung. Da mischt sich ein Gedanke ein, der in 22, 27ss. eine passendere Stätte hat.

12, 38 weist auf Mc. 13, 35 zurück und schleppt bei Lc nach.
12, 39. 40 = Mt. 24, 43. 44.

Lc. 12, 41-49. Mt. 24, 45-51.

Petrus aber sagte: Herr, sagst du dies Gleichnis zu uns [oder zu allen]? [42]Und der Herr sprach: Wer ist nun der treue und kluge Verwalter, den der Herr über sein Gesinde setzt, ihnen zur rechten Zeit das Brot auszuteilen? [43]Selig der Knecht, den der Herr bei seiner Heimkunft also tun findet. [45]Wenn aber jener Knecht bei sich spricht: mein Herr kommt noch lange nicht, und anfängt die Knechte und Mägde zu schlagen, zu essen und zu trinken und sich zu berauschen, ⁴⁶so wird der Herr jenes Knechtes kommen an einem Tage, da er es nicht erwartet, und zu einer Stunde, die er nicht weiß, und wird ihn zerstückeln und ihm sein Teil geben unter den Ungläubigen.

⁴⁷Der Knecht aber, der seines Herrn Willen weiß und nicht nach seinem Willen tut, bekommt viele Schläge, ⁴⁸der aber, der ihn nicht weiß und tut, was Schläge verdient, bekommt wenige. Von jedem, der viel empfangen hat, wird viel gefordert, und von dem, dem viel anvertraut ist, wird umsomehr verlangt.

12, 41—46 ganz wie Mt. 24, 45—51. Der Eingang 12, 41 zeigt, daß Lc auf die Adressen Wert legt. Die Frage bezieht sich auf das vorhergehende Gleichnis (und zwar besonders auf die Supposition in 12, 39. 40, daß auch die Jünger von der Parusie übel überrascht werden könnten), die Antwort wird aber durch ein neues Gleichnis gegeben. Die Meinung scheint zu sein, daß in diesem neuen Gleichnis der Knecht unverkennbar ein Mann wie Petrus und seinesgleichen sei, nicht bloß überhaupt ein Jünger, sondern ein christlicher Lehrer und Vorsteher. Bei Lc tritt das in der Tat deutlicher hervor als bei Mt, der Knecht wird ausdrücklich als Verwalter (12, 42) eingeführt, und er bekommt zur Strafe seinen Platz unter den Ungläubigen (12, 46), d. h. den Nichtchristen, die keinen Teil am Reiche Gottes haben, ist also selber ein Christ in hervorragender Stellung.

12, 41. Die von mir eingeklammerten Worte fehlen in D, wie öfters nach ἤ.

12, 42—44. Die Frage (12, 42) ist logisch ein Bedingungssatz, und mit 12, 43 beginnt die Apodosis. Das Verhältnis von 12, 42 zu 12, 43. 44 entspricht also dem Verhältnis von 12, 44. 45 zu 12, 46. Das Futurum καταστήσει (12, 42) ist zwar absolut genommen richtig, weil Jesus von der Zukunft redet; relativ aber ist es Präteritum, und Mt (24, 45) sagt besser κατέστησεν.

12, 47. 48 ist ein neues und andersartiges Gleichnis. Allerdings könnte die Moral am Schluß auch auf das Vorhergehende sich beziehen und die außergewöhnliche Strafe grade eines christlichen Gemeindebeamten (12, 46) rechtfertigen. Nach der Absicht des Lc soll das vielleicht wirklich so sein. Indessen weiß doch nicht bloß der christliche Lehrer den Willen des Herrn, die christlichen Laien aber nicht. Eher könnten die jüdischen Schriftgelehrten der jüdischen Masse, die vom Gesetz nichts weiß, entgegengesetzt werden (Mt. 21, 28ss.). Vermutlich ist jedoch der Gegensatz allgemeiner (Amos 3, 1), zwischen den Christen und den Nichtchristen, oder für Jesus passender, zwischen den Juden und den Heiden. Die Juden haben die γνῶσις, für die Heiden ist die ἄγνοια bezeichnend. Von Besitzern und Nichtbesitzern der göttlichen Offenbarung ist jedenfalls die Rede, und darum eine völlig unbestimmte Auffassung des wissenden und des unwissenden Knechtes ausgeschlossen. — D hat in 12, 48 überall die dritte Pl. Aktivi für das Passiv, wie in αἰτήσουσιν und in ἀπαιτοῦσιν 12, 20.

Lc. 12, 49–53. Mt. 10. 34. 35.

Einen Brand auf die Erde zu werfen bin ich gekommen, und wie wünschte ich, er wäre schon entzündet! ⁵⁰Eine Taufe habe ich zu erleiden, und wie ängste ich mich, bis sie vollendet ist! ⁵¹Meint ihr, ich sei gekommen Frieden zu schaffen auf Erden? nein, sage ich euch, sondern Entzweiung. ⁵²Denn von nun an werden Fünfe in einem Hause sich entzweien, drei gegen zwei und zwei gegen drei; ⁵³der Vater entzweit sich mit dem Sohn und der Sohn mit dem Vater, die Mutter mit der Tochter und die Tochter mit der Mutter, die Schwieger mit der Schnur und die Schnur mit der Schwieger.

12, 49—53 bezieht sich zwar nicht auf die Parusie selber, wol aber auf deren Wehen oder Anzeichen (Mt. 10, 34. 35. Mc. 13, 12). Die ersten drei Verse reimen sich nicht mit einander. Der Brand ist eine dauernde und allgemeine Wirkung, die Jesus ersehnt, die Todestaufe ein vorübergehendes persönliches Erlebnis, vor dem er sich ängstigt. Es steht nicht da: mein Tod ist die notwendige Voraussetzung meiner großen geschichtlichen Wirkung. Vielmehr erscheinen die Aussagen in 12, 49 und 12, 50 als parallel, und das sind sie nicht. Ebensowenig ist 12, 50 gleichartig mit 12, 51. Aber auch 12, 49 und 12, 51 passen nicht zu einander, der erwünschte Brand kann mit der grauenhaften Entzweiung der Familien nichts zu tun haben. Bei Marcion fehlt der ganze Vers 50 und die zweite Hälfte von Vers 49. Dann entstünde allerdings Zusammenhang, der Brand wäre der innere Krieg und Lc würde auf Mt (10, 34. 35) reduzirt. Ich habe jedoch gar kein Zutrauen zu dieser Lesung des Marcion, glaube vielmehr, daß Lc ganz disparate Dinge nach irgend welcher Ideenassociation zusammengestellt hat. — Δοῦναι (12, 51) wird von D richtig durch ποιῆσαι erklärt.

Lc. 12, 54–59.

Er sprach aber auch zu dem Volke: Wenn ihr eine Wolke aufsteigen seht im Westen, so sagt ihr alsbald: es kommt Regen, und es geschieht so. ⁵⁵Und wenn der Südwind weht, so sagt ihr: es gibt Hitze, und es geschieht so. ⁵⁶Ihr Heuchler, das Aussehen des Himmels [und der Erde] wißt ihr zu beurteilen, die Zeit der Gegenwart aber nicht.

⁵⁷Warum nehmt ihr auch nicht von euch selber das Rechte ab? ⁵⁸Denn wenn du mit deinem Widersacher zum Beamten gehst, so gib dir unterwegs Mühe, von ihm loszukommen; sonst schleppt er dich zum Richter und der Richter übergibt dich dem Vollstrecker und der Vollstrecker wirft dich ins Gefängnis. ⁵⁹Ich sage dir, du wirst nicht herauskommen, bis du den letzten Heller bezahlt hast.

12, 54—56. Auch hier ist von den Zeichen der Parusie die Rede, aber in allgemeinerer Weise, so daß Lc hier das Volk als Adresse angibt. Und der Erde ist ein falscher Zusatz, dessen Stelle in den Hss. schwankt. Für die Luft oder Wetter (sensu medio) haben die Semiten kein eigenes Wort, sie brauchen Himmel dafür. Wir würden dafür sagen: die Zeichen des Wetters und die Zeichen der Geschichte.

12, 57—59 (Mt. 5, 25. 26). Der Vers 57 könnte dem Inhalt nach zum Vorhergehenden gehören; aber dagegen spricht δὲ καί und γάρ. Ihn mit dem Folgenden zu verbinden, ist indessen auch nicht leicht. Zu der Frage 12, 57 paßt die Begründung 12, 58s. schlecht. Es müßte zunächst einfach kategorisch heißen: ihr gebt euch doch im gewöhnlichen Leben Mühe, euren Gläubiger zu befriedigen, und vermeidet es vor den Richter geschleppt zu werden. Dann erst imperativisch: so solltet ihr, an euch selbst ein Beispiel nehmend, es doch auch mit eurem himmlischen Gläubiger machen, ehe es zum Gericht kommt. Es ist eine Aufforderung zur Buße. Δὸς ἐργασίαν (12, 58) wird von den Latinae, auch von Hieronymus, mit da operam übersetzt; es scheint in der Tat ein Latinismus zu sein, der weit mehr auffällt als speculator, legio, custodia, praetorium.

Lc. 13, 1-8.

Zu der Zeit kamen einige und berichteten von den Galiläern, deren Blut Pilatus mit (dem Blut) ihrer Opfer gemischt hatte. ²Und er antwortete ihnen: Meint ihr, daß diese Galiläer größere Sünder gewesen sind, als die anderen Galiläer, weil ihnen dies widerfahren ist? ³Nein, ich sage euch, wenn ihr nicht Buße tut, werdet ihr alle ebenso umkommen. ⁴Oder meint ihr, jene achtzehn, auf die der Turm von Siloam fiel und sie tötete, seien schuldiger gewesen als die anderen Einwohner von Jerusalem? ⁵Nein, sage ich euch, sondern wenn ihr nicht Buße tut, werdet ihr allesamt ebenso umkommen.

⁶Er sagte aber dieses Gleichnis. Es hatte einer einen Feigenbaum in seinem Weinberg stehn, und er kam Frucht daran zu suchen und fand keine. ⁷Da sagte er zu dem Weingärtner: nun schon drei Jahre komme ich und suche Frucht an dem Feigenbaum und finde keine, hol die Axt, hau ihn ab, was verunnützt er das Land! ⁸Er antwortete: Herr, laß ihn noch dies Jahr, daß ich den Boden um ihn grabe und einen Korb Dünger daran tue; ⁹vielleicht bringt er nächstes Jahr Frucht, sonst hau ihn ab.

13, 1—5. Schon 12, 57—59 ist eine Aufforderung zur Buße, dies Thema wird in 13, 1—9 fortgesetzt, ohne daß jedoch die Parusie als Motiv deutlich hervortritt. An heiliger Stätte, beim Opfern, soll Pilatus die Galiläer niedergehauen haben, natürlich als Aufrührer. Wenn das in Jerusalem geschehen wäre, so hätte ein solcher Skandal von Josephus nicht übergangen werden können. Die Galiläer aber durften nur in Jerusalem opfern. Also können die Rebellen, die beim Opfer überfallen sind, keine Galiläer gewesen sein. Theodor Beza hat wol recht, daß vielmehr der Mord der Samariter auf dem Garizzim (Jos. Ant. 18, 85ss.) gemeint ist, der große Aufregung hervorrief und zur Absetzung des Pilatus führte. Wenn dieses Ereignis erst in die Zeit nach Ostern 35 fiel, so hat es Jesus allerdings nicht mehr erleben können. Denn der späteste mögliche Termin der Kreuzigung ist Ostern 35; zu Ostern 36 war Pilatus nicht mehr in Amt. Daß Lc den Josephus nicht gekannt hat, ist klar. — Das Ereignis, worauf in 13, 4 hingewiesen wird, ist unpolitisch und darum von Josephus nicht erwähnt; es setzt Bekanntschaft der Zuhörer mit der jerusalemischen Lokalchronik voraus. Die Bußpredigt Jesu kann auch ohne das Endgericht auskommen, mit plötzlichen Todesfällen (12, 16 ss.) und Katastrophen, mit warnenden Beispielen solcher Leute, denen kein Raum zur Sinnesänderung gelassen wurde. Der Gedanke, daß aus dem Unglück nicht auf die Schuld geschlossen werden dürfe (Joa. 9), tritt bei Lc nicht hervor; die Betroffenen verdienen ihr Schicksal, jedoch nicht mehr als andere, die mit ebensoviel Recht hätten betroffen werden können. Die Frage, warum denn Gott gerade an ihnen ein Exempel statuirte, wird nicht berührt. Jesu selber würde das Unterfangen einer Theodicee vermutlich vollkommen gottlos vorgekommen sein. — Πάντας (13, 4. 14, 10) heißt wie oft: die anderen. Auch umgekehrt sagen die Semiten Rest für Gesamtheit.

13, 6—9 ist ein Gegenstück zum Vorhergehenden: die, denen Gott noch Frist zur Buße läßt, sollen die Frist benutzen, denn lange dauert sie nicht. Zu grunde liegt Mt. 3, 10. Hier historische Allegorie zu suchen ist kein Anlaß, und es gelingt auch nicht (Jülicher). Das jüdische Volk müßte der Weinberg sein, der Feigenbaum ist ein Individuum. Die drei Jahre und das vierte Jahr spotten vollends jeder Ausdeutung.

13, 7. Siehe drei Jahre seitdem sagen die Aramäer, sie haben keinen anderen Ausdruck für schon vgl. 13, 16. Mc. 8, 2. D fügt hinzu: hol die Axt.

13, 8. D liest: einen Korb Dünger. Im A. T. wird das Düngen nie erwähnt, z. B. nicht in Isa. 5, 2.

13, 9. Die erste Apodosis im alternativen Bedingungssatz wird als selbstverständlich ausgelassen. Das geschieht auch im klassischen Griechisch, vgl. Ilias 1, 135 ss. und Krüger § 54, 12 n. 12. Aber im Semitischen ist es durchaus die Regel. Εἰς τὸ μέλλον (sc. ἔτος) steht in D uud Syra S. an anderer Stelle. Das εἰς ist das Lamed in למנחי und bedeutet nicht bis.

Lc. 13, 10–17.

Wie er aber am Sabbat in einer Synagoge lehrte, ¹¹war da eine Frau, die hatte achtzehn Jahre lang einen Geist der Krankheit und war verkrümmt und konnte sich nicht vollkommen aufrichten. ¹²Und Jesus sah und rief sie, und mit den Worten: „Weib, du bist erlöst von deiner Krankheit!" ¹³legte er ihr die Hände auf. Und alsbald wurde sie wieder gerade und pries Gott. ¹⁴Der Gemeindevorsteher aber war unwillig, daß Jesus am Sabbat heilte, hub an und sagte zu dem Volke: sechs Tage sind, an welchen man arbeiten soll; an denen kommt und laßt euch heilen und nicht am Sabbat. ¹⁵Ihm antwortete der Herr und sprach: Ihr Heuchler, löst nicht jeder von euch am Sabbat seinen Ochsen oder Esel von der Krippe und führt ihn zur Tränke? ¹⁶Dies Weib aber, eine Tochter Abrahams, die der Satan nun schon achtzehn Jahre gebunden hat, sollte nicht von ihren Banden gelöst werden dürfen am Sabbatstag? ¹⁷Und alle seine Widersacher schämten sich.

Hier wird der Faden von 12, 13—13, 9 fallen gelassen, und es folgen lose an einander gereihte Stücke, die freilich gelegentlich auch von der Parusie handeln. Die Situation soll noch immer die Reise nach Jerusalem sein. Das Lehren am Sabbat in unserer Perikope führt jedoch eher nach Kapernaum. Wir würden die Gekrümmtheit, die von einem bösen Geist herrühren soll (13, 11), ganz entsprechend als einen Hexenschuß bezeichnen. Der Vorsteher schilt das Volk und meint Jesus, demgemäß antwortet dieser (13, 14. 15), braucht aber auch seinerseits pluralische Anrede.

Lc. 13, 17-22.

Und alles Volk freute sich über all das Herrliche, was von ihm geschah. ¹⁸Er sprach nun: Wem ist das Reich Gottes gleich und womit soll ich es vergleichen? ¹⁹Es gleicht einem Senfkorn, das einer nahm und in seinen Garten säte, und es wuchs und ward zu einem Baume, und die Vögel des Himmels nahmen in seinen Zweigen Wohnung. ²⁰Oder wem ist das Reich Gottes gleich und womit soll ich es vergleichen? ²¹Es gleicht dem Sauerteige, den ein Weib nahm und in drei Scheffel Mehl tat, bis daß es ganz durchsäuert wurde.

²²Und er wanderte von Stadt zu Stadt, von Dorf zu Dorf, indem er lehrte, und nach Jerusalem reiste.

Der Anlaß für diese Stellung der beiden auch in Mt. 13, 31—33 vereinigten Parabeln scheint in der zweiten Hälfte von 13, 17 angegeben zu werden. Die Freude des ganzen Volks über Jesu Auftreten erweckte gute Hoffnung auf das Wachstum des Reiches Gottes.

Lc. 13, 23–30.

Es fragte ihn aber einer: Herr, sind es nur wenige, die gerettet werden? ²⁴Er sprach: setzt alle Kraft daran, durch die enge Pforte hineinzukommen; denn viele, sage ich euch, suchen hineinzukommen und vermögen es nicht. ²⁵Wenn der Hausherr sich aufgemacht und die Tür geschlossen hat, und ihr draußen anfangt zu klopfen und sagt: Herr, tu uns auf, so wird er euch antworten: ich weiß nicht, woher ihr seid. ²⁶Dann werdet ihr anheben: wir haben ja mit dir gegessen und getrunken und auf unseren Straßen hast du gelehrt. ²⁷Und er wird euch sagen: ich habe euch nie gesehen, weicht von mir, all ihr Täter der Ungerechtigkeit. ²⁸Da wird Gejammer sein und Zähneknirschen, wenn ihr seht, wie Abraham und Isaak und Jakob und die Propheten alle im Reiche Gottes sind und ihr hinausgeworfen werdet. ²⁹Von Morgen und Abend, von Süd und Nord werden sie kommen und im Reich Gottes zu Tisch sitzen. ³⁰Denn es gibt letzte, die werden erste sein, und erste, die werden letzte sein.

13, 23. 24. Es besteht eine innere Verbindung mit dem Vorhergehenden. Dort ist gesagt: das Reich Gottes wird sich bald sehr ausdehnen; hier dagegen: nur wenige kommen hinein. Der Gesichtspunkt, unter dem es aufgefaßt wird, ist verschieden. Die einleitende Frage (13, 23) müßte also eigentlich ein Einwurf sein: Herr, es sollen ja aber doch nur wenige gerettet werden! Unter allen Umständen erklärt sie sich nur aus Mc. 10, 26. Lc. 18, 26 und aus den dortigen Prämissen. Dadurch wird dann auch der Übergang zu 13, 24 begreiflich; die als bekannt vorausgesetzte enge Tür ist das Nadelöhr von Mc. 10. Lc. 18.

13, 25 ist ad vocem θύρα angehängt; die Tür ist hier aber nicht die selbe wie die in 13, 24 gemeinte. Vgl. Mt. 25, 10.

13, 26. 27. Die zu spät Gekommenen sind diejenigen, die im Vertrauen auf ihre persönliche Bekanntschaft mit dem Herrn es nicht für nötig gehalten haben, sich beständig für seine Parusie innerlich bereit zu halten. Es wird bei Lc und bei Mt gleichmäßig betont, daß persönliche Bekanntschaft mit Jesu, Anciennetät der Jüngerschaft, sogar das Martyrium keinen Vorzug verleiht für das zukünftige Reich Gottes.

13, 28. 29. In Mt. 8, 11. 12 steht der Satz mit ἐκεῖ am Schluß. Dadurch, daß er bei Lc. an den Anfang gerückt wird, hat ἐκεῖ seine Beziehung verloren; denn es wird nur für den Ort und nicht für die Zeit gebraucht.

13, 30 bezieht sich bei Lc ebenso wie bei Mt (20, 16) auf Christen, s. zu 13, 26. 27. Viele, die gegenwärtig in der christlichen Gemeinde die ersten sind, werden im künftigen Reich Gottes die letzten sein.

Lc. 13, 31–35.

Zu der Stunde kamen einige Pharisäer zu ihm und sagten: wandere fort von hier, denn Herodes will dich töten. ³²Und er sprach zu ihnen: geht und sagt jenem Fuchse: Siehe ich treibe Dämonen aus und vollbringe Heilungen heute und morgen [und am dritten Tage werde ich vollendet]; ³³freilich muß ich [heute und morgen und] am folgenden Tage wandern, denn es geht nicht, daß ein Prophet umkomme außerhalb Jerusalems.

³⁴Jerusalem, Jerusalem, die du tötest die Propheten und die zu dir gesandten Boten steinigst, wie oft habe ich deine Kinder sammeln wollen, wie eine Henne ihre Küchlein unter ihre Flügel, und ihr habt nicht gewollt! ³⁵Siehe euer Haus wird liegen gelassen. Ich sage euch: ihr werdet mich nicht sehen, bis kommen wird, wo ihr sprecht: gesegnet, der da kommt im Namen des Herrn.

13, 31. Es ist für Lc bezeichnend, daß er diese Geschichte in die Periode der Wanderung versetzt, obwol aus ihr selber deutlich erhellt, daß Jesus sich noch in Kapernaum befindet und erst demnächst abreisen will. Die Pharisäer werden vom Redaktor eingesetzt sein, wie häufig. Ob man aus 13, 32 schließen darf, daß Herodes selber die Warner abgesandt hat, um durch einen Schreckschuß zum Ziele zu kommen, und ob er eben deshalb ein Fuchs genannt wird, läßt sich bezweifeln. Jesus scheint die Warnung ernst zu nehmen, und wir dürfen unsere Vorstellung vom Fuchs nicht einfach auf die alten Juden übertragen. Vgl. zu Mc. 6. p. 51.

13, 32. 33. Jesus sagt: durch Herodes lasse ich mich nicht verscheuchen, ich setze meine bisherige Wirksamkeit vor der Hand ruhig fort, aber allerdings (πλήν) werde ich demnächst aufbrechen, nicht aus Furcht vor dem Tyrannen, sondern weil ich in Jerusalem und nirgend anders sterben muß. Dieser Sinn ist klar und wird auch nicht verkannt. Aber wenn es in 13, 32 heißt: heute und morgen bleibe ich noch hier, so widerspricht dem die Aussage in 13, 33: heute und morgen und am folgenden Tage reise ich. Die gesperrt gedruckten Worte müssen interpolirt sein. Es fragt sich, aus welchem Grunde sie zugefügt sind. Der Grund kann nur in dem Schlußsatze von 13, 32 liegen: am dritten Tage werde ich vollendet. Denn darauf kann nicht fortgefahren werden: und am folgenden Tage muß ich reisen. Um das τῇ ἐχομένῃ hinter dem in der Tat damit identischen τῇ τρίτῃ möglich zu machen, um ihm die richtige Beziehung zu geben, ist davor σήμερον καὶ αὔριον noch einmal wiederholt. Es folgt, daß καὶ τῇ τρίτῃ τελειοῦμαι die erste Interpolation ist und daß sie die zweite (σήμερον καὶ αὔριον 13, 33) nach sich gezogen hat.

13, 34. 35 (Mt. 23, 37—39). Die Worte sind ad vocem Jerusalem (13, 33) angehängt, in Wahrheit aber nicht in Galiläa, sondern in Jerusalem selber gesprochen, wie bei Mt. Zu ἥξει (13, 35) könnte der futurische Satz mit ὅτε Subjekt sein; ich vermute indes, daß ὅτε das aramäische Relativ (is cui) wiedergibt und daß das wahre Subjekt der Messias (ὁ ἐρχόμενος) ist. Sehr bemerkenswert ist die Auslassung von ἔρημος hinter ἀφίεται; vgl. zu Mt. 23, 38.

Lc. 14, 1-35.

Und als er an einem Sabbat in das Haus eines der obersten Pharisäer zum Essen gekommen war, und sie ihm aufpaßten, ²erschien da ein Mensch vor ihm, der die Wassersucht hatte. ³Und Jesus hub an und sprach zu den Gesetzesgelehrten und Pharisäern: darf man am Sabbat heilen oder nicht? Sie aber schwiegen still. ⁴Und er faßte und heilte ihn und ließ ihn gehn, ⁵und sprach zu ihnen: wer von euch, wenn ihm ein Schaf oder Rind in den Brunnen fällt, zieht es nicht alsbald heraus am Sabbatstag? ⁶Und sie konnten darauf nichts erwidern.

⁷Er sagte aber zu den Gästen ein Gleichnis, da er beachtete, wie sie sich die ersten Plätze aussuchten, und sprach

zu ihnen: ⁸Wenn du zu einer Hochzeit geladen bist, so setz dich nicht obenan, sonst möchte ein vornehmerer Gast da sein ⁹und der Wirt kommen und zu dir sagen: mach dem da Raum! dann müßtest du mit Beschämung den letzten Platz einnehmen. ¹⁰Sondern, wenn man dich einladet, so geh und setz dich untenan, damit der Wirt, wenn er kommt, zu dir sage: Freund, rück besser hinauf! dann widerfährt dir Ehre vor den anderen Gästen. ¹¹Denn wer sich erhebt, wird erniedrigt, und wer sich erniedrigt, wird erhoben.

¹²Er sagte aber auch zu dem Wirt: Wenn du ein Mahl gibst zu Mittag oder zu Abend, so lad nicht deine Freunde ein, noch deine Verwandten, noch deine Nachbarn, noch die Reichen; sonst laden sie dich wieder ein und du hast deine Vergeltung. ¹³Sondern, wenn du eine Bewirtung anstellst, so lad Arme, Krüppel, Lahme, Blinde ein; ¹⁴und selig bist du, wenn sie es dir nicht vergelten können, denn es wird dir vergolten bei der Auferstehung der Gerechten.

¹⁵Als einer der Gäste das hörte, sagte er zu ihm: selig, wer da essen darf im Reiche Gottes.

¹⁶Er aber sprach: Ein Mann richtete ein großes Mahl zu und ladete viele ein. ¹⁷Und als die Stunde des Mahls gekommen war, sandte er seinen Knecht um den Geladeten zu sagen: kommt, denn es ist nun bereit. ¹⁸Und sie begannen mit einem male alle sich zu entschuldigen. Der Erste sagte: ich habe einen Hof gekauft und muß notwendig fort und ihn besichtigen, ich bitte dich, halt mich entschuldigt! ⁹Ein anderer sagte: ich habe fünf Joch Ochsen gekauft und gehe sie zu besichtigen, ich bitte dich, halt mich entschuldigt! ²⁰Und ein anderer sagte: ich habe ein Weib gefreit, darum kann ich nicht kommen. ²¹Und der Knecht kam und meldete das seinem Herrn. Da ward der Hausherr zornig und sagte zu dem Knechte: geh stracks auf die Straßen und Gassen der Stadt und bring die Armen und Krüppel und Blinden und Lahmen her. ²²Und der Knecht sprach: Herr, dein Befehl ist geschehen, es ist aber noch Raum da. ²³Und der Herr sagte zu dem Knechte: geh hinaus auf die Landstraßen und an die Zäune und nötige sie hinein, damit mein Haus gepfropft voll werde; ²⁴denn ich sage euch: keiner von den Männern, die geladet sind, soll von meinem Mahle kosten.

²⁵Mit ihm zusammen aber wanderten viele Leute aus dem Volk, und er sprach zu ihnen gewandt: ²⁶Wer zu mir kommt und nicht hintansetzt Vater und Mutter und Weib und Kinder und Brüder und Schwester, dazu sich selbst, kann nicht mein Jünger sein. ²⁷Wer nicht sein Kreuz trägt und mir nachfolgt, kann nicht mein Jünger sein. ²⁸Wer unter euch, der einen Turm bauen will, setzt sich nicht zuvor hin und überschlägt die Kosten, ob er genug hat zur Ausführung? ²⁹damit nicht, wenn er nach der Grundlegung den Bau nicht vollenden kann, alle die es sehen anfangen ihn zu verspotten und zu sagen: ³⁰dieser Mann hat einen Bau angefangen und ihn nicht vollenden können. ³¹Oder welcher König, der mit einem andern Könige zu streiten geht, setzt sich nicht zuvor hin und ratschlagt, ob er wol mit zehntausend Mann dem begegnen kann, der mit zwanzigtausend gegen ihn ausrückt? ³²wo nicht, so schickt er eine Gesandtschaft an ihn, so lange er noch ferne ist, und bittet um Frieden. ³³So kann auch keiner von euch mein Jünger sein, der nicht allem Besitz entsagt. ³⁴Das Salz ist wol ein gut Ding; wenn aber das Salz fade wird, womit kann man es herstellen? ³⁵es ist weder für das Land noch für den Düngerhaufen angebracht, man wirft es weg. Wer Ohren hat zu hören, der höre!

14, 1—6. Da die Meinung der Frage Jesu (14, 5) ist: „wenn ein Tier am Sabbat gerettet werden darf, wie viel mehr ein Mensch", so kann in diesem Gegensatz der Sohn nicht auf die Seite des Tieres gestellt werden. Die bestbezeugte Lesart υἱός ist unmöglich. Sie muß aber erklärt und darf nicht einfach in ὄνος oder πρόβατον verbessert werden. Mill hat vermutet, υιος sei falsche Auflösung von υς, welches hier in Wahrheit als οις hätte aufgefaßt werden müssen; und Lachmann ist dem mit Recht beigetreten. Das Bedenken, daß dies alte edle Wort für Schaf in der späteren Gräcität nicht mehr gebraucht werde, schlägt nicht durch. Zur Parataxe (14, 5) vgl. Mt. 18, 21.

14, 7—11. Jesus gibt hier einmal eine profane, keine religiöse Verhaltungsmaßregel. Das hat er gewiß oft genug getan, aber in der evangelischen Überlieferung kommt es sonst nicht vor. Lc macht eine Parabel daraus (14, 7) und hängt als geistliche Moral einen öfters wiederkehrenden Spruch daran (14, 11). So mit Recht Jülicher.

14, 12—14. Auch das ist kein Gleichnis. Die Mahnung, die hier gegeben wird, schlägt jedoch in das Gebiet der Religion. Ob die Auferstehung der Gerechten (14, 14) hier unterschieden wird von der allgemeinen Auferstehung, die erst später eintritt, ist nicht ganz sicher, und Act. 24, 15 spricht nicht dafür. Nach 20, 35 scheint Lc eine Auferstehung der Ungerechten gar nicht anzuerkennen.

14, 15—24 (Mt. 22, 1—14). Der überraschende Ausruf 14, 15 hat nur den Zweck, den Übergang von der irdischen zur himmlischen Tafel zu machen und anzudeuten, daß im folgenden Gott das Gegenbild des Wirtes ist, der nicht die Vornehmen, sondern die Geringen einladet. In 14, 16—24 liegt in der Tat ganz deutlich eine Parabel vor. Über ihre Bedeutung und die Unterschiede ihrer Fassung bei Lc und Mt ist zu Mt gehandelt. Die steigernde Wiederholung (14, 22—24) findet sich nur bei Lc. Auf den Singular des einladenden Knechtes bei Lc muß wol Gewicht gelegt werden. Mt scheint wenigstens Jesum darunter verstanden zu haben. Er will diesen aber vom Knecht zum Sohn erheben, er soll nicht selber einladen, sondern es soll zu ihm, zu seiner Hochzeit, eingeladet werden. Darum setzt er die Knechte in den Plural und denkt dabei an die Apostel: Εἶπεν (14, 18—20) bedeutet natürlich: er ließ sagen, nämlich dem Herrn. Ἀπὸ μιᾶς (14, 18) kann kaum etwas anderes sein als min ch'da (Syra S.).

14, 25—35 erinnert an Mt. 22, 11—14 und steht in antithetischem Zusammenhang mit 14, 15—24, ähnlich wie 13, 23ss. mit 13, 18ss. Alles Volk wird zum Reich Gottes eingeladet und kommt auch, aber der wahren Jünger sind nur wenige; es besteht ein Unterschied zwischen der empirischen und der idealen Bürgerschaft des Reichs und die letztere ist ein viel engerer, wenngleich konzentrischer Kreis.

14, 25—27. Im Handumdrehen wechselt die Situation; Jesus wandert weiter nach Jerusalem. Die Anrede richtet sich an das viele Volk, das ihn dabei begleitet, aber nicht daran denkt, ihm in den Tod zu folgen. Die Probe der wahren Nachfolge ist das Martyrium. Über die relative Bedeutung von μισεῖν (14, 26) s. zu Mt. 6, 24. Richtig Mt. 10, 37: wer Vater oder Mutter mehr liebt, als mich.

14, 28—33. Der Vergleich der Nachfolge mit einem kostspieligen Bau, vor dem man sich wol überlegen soll, ob man auch die Mittel hat, ihn durchzuführen (14, 28—30), erscheint uns gesucht. Ebenso auch der folgende Vergleich (14, 31. 32), worin dem, dessen Kräfte nicht reichen, empfohlen wird, lieber gleich am Anfange von der Nachfolge zurückzutreten und, wenn man noch weiter ausdeuten darf, seinen Frieden mit der Welt zu machen, statt an dem Versuch, sie zu verleugnen und zu bekämpfen, zu scheitern. Von der positiven Moral 14, 33 ausgehend, vermutet Jülicher, daß auch der Sinn der beiden Gleichnisse ursprünglich positiv und nicht bloß abratend war. „Wer ist, der einen Turm bauen will und, wenn sein Barvermögen nicht ausreicht, nicht lieber Haus und Hof verkauft, um sich nicht lächerlich zu machen? Und welcher König, der seine Unabhängigkeit gegen einen fremden Eroberer zu verteidigen hat, wird nicht Gut und Leben daran setzen, um den Feind trotz seiner Überlegenheit zu schlagen?" Es kommt mir jedoch bedenklich vor, von der Schlußmoral aus das Gleichnis zu korrigieren; in der Regel ist das umgekehrte Verfahren angebrachter. Auch hätte Lc schwerlich das viele Volk zur Adresse gemacht, wenn die folgende Rede keine Abmahnung von der Nachfolge gewesen wäre, sondern eine Aufforderung dazu.

14, 34—35 wie Mc. 10, 50 und Mt. 5, 13. Auch Lc versteht unter dem Salz die Jünger. Sie müssen, um zu wirken, nicht zahlreich sein, aber voll und ganz die Eigenschaft des Jüngers, die Entschlossenheit zur Nachfolge, haben. Nur dann sind sie zu etwas nütze.

Lc. 15, 1-10. Mt. 18, 12-14.

Da sich aber allerhand Zöllner und Sünder an ihn heran machten, um ihn zu hören, ²murrten die Pharisäer und Schriftgelehrten und sagten: dieser nimmt die Sünder an und ißt mit ihnen. ³Er aber sagte zu ihnen dieses Gleichnis: ⁴Wer von euch, wenn er hundert Schafe hat und eins davon verliert, läßt nicht die neunundneunzig auf der Trift und geht dem verlorenen nach, bis er es findet? ⁵und hat er es gefunden, so legt er es voll Freude auf seine Schulter, ⁶und nach Hause gekommen, ruft er Freunde und Nachbarn zusammen und spricht: freut euch mit mir, ich habe mein verlorenes Schaf wiedergefunden. ⁷Ich sage euch, so ist mehr Freude im Himmel über einen Sünder, der rückkehrt, als über neunundneunzig Gerechte, die der Rückkehr nicht bedürfen. [8]Oder wenn ein Weib zehn Silberlinge hat und einen verliert, zündet sie nicht ein Licht an und kehrt das Haus und sucht angelegentlich, bis sie ihn findet? [9]Und hat sie ihn gefunden, so ruft sie Freundinnen und Nachbarinnen zusammen und spricht: freut euch mit mir, ich habe meinen verlorenen Silberling gefunden. [10]So, sage ich euch, wird Freude sein vor den Engeln Gottes über einen einzigen Sünder, der rückkehrt.

Man darf hier wie anderswo mit der von Lc angenommenen Situation keinen Ernst machen. Er würde in Verlegenheit geraten sein über die Frage, ob alle die Zöllner und Schriftgelehrten und Pharisäer zur Reisebegleitung Jesu gehörten oder in einem Dorfe unterwegs (wo möglich in Samarien) ein Haus hatten, wo sie ihn bewirteten. Das Thema ist in dieser und der folgenden Perikope wieder die μετάνοια, aber von der freundlichen, nicht von der herben Seite angesehen. Ich habe hier nach dem Sinne des Urworts Rückkehr zu übersetzen müssen geglaubt, weil das Schaf und das Geld nicht Buße tut, sondern nur zurückkommt. Mt faßt die Rückkehr auf als Wiedervereinigung eines abgeirrten Gliedes mit der christlichen Gemeinde. Anders Lc; ob dessen Auffassung aber die ursprünglichere ist, läßt sich fragen. Für ἐν τ῀ ἐρήμῳ (15, 4) sagt Mt (18, 12) ganz im gleichen Sinne ἐπὶ τὰ ὄρη, das Urwort für ἔρημος bedeutet eigentlich Trift. Die Engel (15, 9) sind, wie gewöhnlich, nur der Hof Gottes im Himmel, nicht seine Boten und Werkzeuge auf Erden. Das zweite, ganz identische Gleichnis fehlt bei Mt ebenso, wie 9, 61. 62. Das griechische δραχμή findet sich nur hier bei Lc, sonst wird immer das lateinische δηνάριος gebraucht.

Lc. 15, 11—32.

Er sagte aber: Ein Mann hatte zwei Söhne. [12]Und der Jüngere sagte zum Vater: Vater, gib mir den auf mich treffenden Teil des Vermögens. Und er teilte ihnen das Hab und Gut. [13]Nicht lange darnach nahm der jüngere Sohn alles zusammen und zog in ein fernes Land, und dort brachte er sein Vermögen durch mit lüderlichem Leben. [14]Als er nun alles durchgebracht hatte, trat eine schwere Hungersnot in jenem Lande ein, und er begann zu darben. [15]Und er ging hin und hängte sich an einen von den Einheimischen, und der schickte ihn auf seine Felder, die Schweine zu hüten. [16]Und er begehrte sich den Bauch zu füllen mit den Schoten, die die Schweine fraßen, und niemand gab sie ihm. [17]Da kam er zu sich und sagte: wie viele Tagelöhner meines Vaters haben Brot in Überfluß, ich aber geh hier vor Hunger zu grunde; [18]ich will mich aufmachen zu meinem Vater und ihm sagen: Vater, ich habe gesündigt gegen den Himmel und wider dich, [19]ich bin nicht mehr wert, dein Sohn zu heißen, behandle mich wie einen deiner Tagelöhner. [20]Und er machte sich auf zu seinem Vater. Als er aber noch weit weg war, sah ihn sein Vater, und es jammerte ihn sein, und er lief und fiel ihm um den Hals und küßte ihn. [21]Da sagte der Sohn zu ihm: Vater ich habe gesündigt gegen den Himmel und wider dich, ich bin nicht mehr wert, dein Sohn zu heißen. [22]Der Vater aber sagte seinen Knechten: geschwind bringt das kostbare Feierkleid und legt es ihm an, und tut ihm einen Ring an die Hand, und Schuhe an die Füße, [23]und das Mastkalb holt und schlachtet, und wir wollen essen und uns gütlich tun, [24]denn dieser mein Sohn war tot und ist wieder aufgelebt, war verloren und ist gefunden. — Und sie begannen, sich gütlich zu tun. [25]Der ältere Sohn aber war auf dem Felde; wie er nun heimkam und nahe zu dem Hause, hörte er Flöte und Reigen [26]und rief einen Knecht und erkundigte sich, was das bedeute. [27]Er sagte ihm: dein Bruder ist gekommen, und dein Vater hat das Mastkalb geschlachtet, weil er ihn gesund wieder hat. [28]Da zürnte er und wollte nicht hinein, sein Vater aber kam heraus und redete ihm zu. [29]Er antwortete dem Vater: schon soviel Jahre verrichte ich dir Knechtsdienst, und nie habe ich ein Gebot von dir vernachlässigt, und nie hast du mir einen Ziegenbock geschlachtet, daß ich mir gütlich täte mit meinen Freunden; [30]nun aber dieser dein Sohn gekommen ist, der sein Hab und Gut mit Huren verzehrt hat, hast du ihm das Mastkalb geschlachtet. [31]Er aber sagte zu ihm: Sohn, du bist allezeit bei mir, und alles Meinige ist dein; [32]man mußte sich aber doch freuen und gütlich tun, denn dieser dein Bruder war tot und ist lebendig geworden, war verloren und ist gefunden.

An die Seite des verlorenen Schafes tritt hier der verlorene Sohn. Wenn der Abgefallene — der wirkliche Sünder, nicht der von Natur sündige Mensch — zurückkehrt, ist er der Vergebung und der freudigsten Wiederaufnahme sicher. Das ist der Sinn des ersten Teils der Parabel (15, 11—24), der vom verlorenen Sohn handelt. Es kommt aber noch ein zweiter hinzu (15, 25—32), wo vom älteren Bruder des verlorenen Sohnes die Rede ist.

Dieser zweite Teil ist eine spätere Fortsetzung des ersten. Der Übergang wird mit dem letzten Satz von 15, 24 (χ. ἤρξ. εὐφ.) gemacht, der über die Moral überhängt. Die Moral 15, 24 bildet den Schluß des ersten Teils. Aber ebenso auch den Schluß des zweiten; nur wird sie da in einem anderen, nicht freudigen, sondern entschuldigenden Ton vorgebracht: „es ging doch nicht anders". Das ist verdächtig. Ferner hat nach 15, 25 ss. nur der jüngere Sohn sein Erbteil zur Verfügung bekommen; der ältere dient seinem Vater als Knecht, darf nicht einmal ein Böckchen auf eigene Hand schlachten, und hat bloß die Anwartschaft auf den Hof. Das steht im Widerspruch mit 15, 12, wo es nicht heißt: er gab ihm, was er verlangte, sondern: er gab ihnen, d. h. beiden Söhnen, ihr Teil. Daß der Vater dabei selber auf dem Hofe bleibt und nicht einfach abdankt, verträgt sich sehr wol damit.

Freute sich der ältere Sohn auch mit, als der jüngere zurückkam? Nein, er war beim Empfang zufällig nicht zugegen. Was sagte er denn, als er nach Hause kam? Er äußerte seinen Unwillen. Diese Fragen stellt der zweite Teil an den ersten, und so beantwortet er sie. Aber eine andere und schwierigere Frage bleibt noch übrig. Verdient denn der reuige Abgefallene eine bessere Behandlung, als der, der nicht abgefallen ist und nicht umzukehren braucht? Die Antwort, welche darauf in 15, 31 gegeben wird, befriedigt nicht; sie sucht einerseits das, worüber der ältere Sohn sich beklagt, nur in ein anderes Licht zu stellen („alles Meinige ist dein", aber du darfst doch nichts anrühren), und berücksichtigt andererseits die Tatsache nicht, daß auch der jüngere nach seiner Abfindung doch wieder in den Hof aufgenommen wird. Denn daß er nur in der Freude des Augenblicks vorübergehend verzogen, vom eigentlichen Erbe aber ausgeschlossen werde, kann wol gelten für den menschlichen Vorgang, der zur Parabel dient, nicht aber für den religiösen Sinn derselben, auf den es hier gerade ankommt. Der Vergleich der beiden Brüder, der in 15, 25 ss. angestellt wird, deutet einen Zug aus, auf den in 15, 11—24 gar kein Gewicht fällt. Dort wird nicht verglichen und nach der Stimmung des älteren Bruders so wenig gefragt, wie nach der Stimmung der neunundneunzig Schafe und der neun Groschen. Er wird nur erwähnt, um zu erklären, daß der Vater den jüngeren vom Hofe entlassen konnte, weil er noch einen anderen Erben hatte; er verschwindet hernach völlig aus dem Gesichtskreis — vermutlich nimmt er teil an der allgemeinen Freude, er hat auch wenig Grund sich zurückgesetzt zu fühlen, da er nach 15, 12 ja ebenfalls sein Teil schon bekommen hat. Der zweite Teil des Gleichnisses stellt das Problem der Theodicee, das dem ersten fern liegt.

Ein Vater mit zwei Söhnen kommt nur noch einmal in einer Parabel vor, in Mt. 21, 28ss. Dort läuft die Pointe in der Tat auf einen Vergleich hinaus, und es liegt eine historische Allegorie vor. Hier dagegen wird ursprünglich nicht verglichen, und man darf das Verhältnis des verlorenen Sohnes zu dem anderen so wenig historisch ausdeuten, wie das Verhältnis des verlorenen Schafes zu den anderen (15, 4ss.). Die dem Lc eigentümlichen Parabeln sind meistens auf das Individuum gerichtet.

15, 16. Schoten des Johannisbrotbaumes als Schweinefutter verraten wol syrisch-palästinische Lokalfarbe. Für γεμίσαι τ. κ. hat D hier χορτασθῆναι, dagegen die Syra S. in 16, 22 umgekehrt.

15, 17. Als Mietsknecht des Schweinezüchters kann er verhungern, die Mietsknechte seines Vaters haben es besser. Die δοῦλοι sind in der Regel Hausklaven, doch vgl. 17, 9. „Er kam zu sich selbst" (D 18, 4) ist wol griechisch, die Juden sagen: zu Gott zurückkehren. Zu dem Belag Epictet III 1, 15 fügt E. Schwartz noch Horaz Ep. II 2, 138 hinzu. Im Syrischen hat der Ausdruck den selben Sinn wie das deutsche zu sich kommen. Allerdings kommt er auch vor für in sich gehn, z. B. Land Anecd. II 126, 7 und Clem. Rec. syr. 156, 23 ed Lag., wo im Lateinischen (7, 31) entspricht: reparata atque in semet ipsam regressa.

15, 18. Himmel, geradezu für Gott, findet sich in den Evv. nur an dieser Stelle. Der Wechsel von εἰς und ἐνώπιον würde nicht auffallen, wenn ersteres vor Gott und letzteres vor den Menschen stünde, statt umgekehrt.

15, 22. Πρῶτος wie rêschâia. Ob der hebräisch-aramäische Gebrauch von διδόναι für machen und tun auch griechisch ist, weiß ich nicht; vgl. 12, 50. Hand ohne Ring ist so knechtsmäßig wie Fuß ohne Schuh.

15, 25. Συμφωνία ist der auch ins Aramäische übergegangene Name eines Instruments (antiochenischer Mode), das ein Orchester vertritt, wie der Dudelsack.

Luc. 16, 1–13.

Er sagte aber auch zu den Jüngern: Es war ein reicher Mann, der hatte einen Verwalter, und dieser wurde bei ihm verklagt, wie daß er sein Vermögen durchbringe. ²Und er rief ihn und sagte: was höre ich da von dir, leg die Verwaltungsrechnung ab, denn du kannst nicht länger Verwalter bleiben. ³Der Verwalter aber sprach bei sich selbst: was soll ich machen, da mein Herr mir das Amt nimmt? graben kann ich nicht, zu betteln schäme ich mich — ⁴ich weiß, was ich tue, damit, wenn ich von dem Amte abgesetzt werde, sie mich in ihre Häuser aufnehmen. ⁵Und er beschied die Schuldner seines Herrn einen nach dem anderen zu sich und fragte den ersten: wieviel bist du meinem Herrn schuldig? ⁶Er antwortete: hundert Maß Öl. Er sprach: da hast du deinen Brief, schreib flugs fünfzig. ⁷Darauf fragte er einen anderen: wieviel bist du schuldig? Er antwortete hundert Malter Weizen. Er sprach: da hast du deinen Brief, schreib flugs achtzig. ⁸Und der Herr lobte den ungerechten Verwalter, daß er klug getan, indem er sagte: Die Kinder dieser Welt benehmen sich verständig gegen ihresgleichen, mehr als die Kinder des Lichts, ⁹und auch ich sage euch, macht euch Freunde mit dem ungerechten Mamon, damit, wenn er alle ist, sie euch aufnehmen in die ewigen Hütten. ¹⁰Wer bei wenigem treu ist, ist auch bei vielem treu, und wer bei wenigem unredlich ist, ist auch bei vielem unredlich. ¹¹Wenn ihr nun bei dem ungerechten Mamon nicht treu seid, wer will euch das wahre (Gut) anvertrauen! ¹²Und wenn ihr bei fremdem (Gut) nicht treu seid, wer will euch euer eigenes geben? ¹³Kein Haussklave kann Knecht zweier Herren sein, denn entweder haßt er den einen und liebt den andern, oder hält sich an den einen und kehrt sich nicht an den andern. Ihr könnt nicht Gott dienen und dem Mamon.

16, 1. Die Anrede richtet sich nicht an das Volk, weil das Gleichnis nicht für jedermanns Ohren ist, sondern an die Jünger — doch hören nach 16, 14 auch die Pharisäer zu.

16, 2. Τί τοῦτο gehört zusammen und ist ein Semitismus. Im Syrischen (mana = ma d'na) sagt man beständig so; wenn dieser Gebrauch im palästinischen Aramäisch nicht nachweisbar ist, so muß man eine Reminiscenz aus der Septuaginta annehmen, z. B. Gen. 42, 28.

16, 3. Der Mann macht sich keine Illusionen über sich selbst und seine Lage. „Graben kann ich nicht" ist eine gangbare griechische Redensart.

16, 4. Ein Subjekt zu δέξωνται ist noch nicht genannt. Es ist die Frage, ob die erst nachher erwähnten Schuldner gemeint sind, oder ob die 3 Pl. Act. pro passivo steht, was bei Lc oft vorkommt. Dann wäre das Subjekt unbestimmt und aus dem Verb zu entnehmen = οἱ δεχόμενοι, worauf sich αὐτῶν beziehen müßte. Diese Auffassung ist auch in 16, 9 nicht unmöglich.

16, 6. Die Schuldner sind Pächter, der Zins besteht in Naturalien, in einer bestimmten Abgabe von dem Ertrage, die jährlich entrichtet wird. Der Schuldbrief wird vom Schuldner geschrieben und geändert, das kann aber nur mit Einwilligung des Gläubigers geschehen, in dessen Hand er sich befindet. Anders in der Syra S.

16, 7. Die hundert Malter Weizen übersteigen den Wert der hundert Maß Öl; darum werden auch nur zwanzig nachgelassen.

16, 8. Der Herr ist Jesus, wie in 18, 6. Nicht erst mit 16, 9, sondern mit dem zweiten ὅτι (= lemor) in 16, 8 geht die direkte Rede Jesu an.

16, 9 setzt die bereits im vorigen Verse angefangenen oratio recta fort; vgl. 18, 8 mit 18, 6. Κἀγώ ist auch, καὶ wäre einfach und. Auch (wie andere solche Partikeln) wird an die Spitze des Satzes gestellt und attrahirt das Subjekt, zu dem es logisch nicht gehört (21, 31); wir erwarten: und auch euch sage ich. Der Vers schlägt zurück auf 16, 4 und enthält die eigentliche Pointe. Jülicher freilich sucht die Pointe in 16, 8. „Die Verlorenen sind in der Behandlung von ihresgleichen klüger als die Auserwählten in der Behandlung der Ihrigen — darnach wäre die Parabel darauf gemünzt, den Gläubigen die Nützlichkeit kluger Behandlung der anderen Gotteskinder einleuchtend zu machen". Das genügt ihm jedoch selber nicht, an einer anderen Stelle sieht er von 16, 8 ab, hält sich an das Ganze und läßt durch die Parabel veranschaulicht sein, wie jemand rechtzeitig die geeigneten Mittel ergreift, um seinen Zweck zu erreichen, wie er aus scheinbar hoffnungsloser Notlage sich doch noch rettet, weil er überlegt und handelt, so lange ihm beides noch nützen kann, so lange er noch Mittel in Händen hat. Die entschlossene Ausnutzung der Gegenwart als Vorbedingung für eine erfreuliche Zukunft (ich würde an Jülichers Stelle hinzufügen: und die vollkommen illusionslose Beurteilung der Umstände) solle an der Geschichte des Haushalters eingeprägt werden. Aber durchaus nicht die rechte Verwendung des Reichtums, das sei für den Sinn völlig belanglos. Merkwürdig, daß das was am meisten hervorgehoben wird, nichts zu bedeuten haben soll; es ist doch nicht von Moral überhaupt die Rede, sondern stets vom rechten Gebrauch des Mamon. Jülicher ist dadurch irre geleitet, daß er den Vers 9 von Vers 8 abtrennt und für einen späteren Zusatz erklärt — aus formellen Gründen, weil er mit allen anderen Auslegern die Konstruktion von Vers 8 verkennt und den Sinn des zweiten ὅτι misversteht. Sachlich besteht kein Grund, die beiden Verse zu trennen, sie vertragen sich sehr gut miteinander und bedürfen einer des andern. „Weil er klüglich gehandelt hat" ist doch zu wenig; man fragt „worin?", und darauf erfolgt die Antwort: weil er sich Freunde gemacht hat mit dem nicht ihm gehörigen Mamon. Der allgemeinen Bemerkung in 16, 8 wird erst durch 16, 9 die eigentliche Spitze aufgesetzt, und gerade 16, 9 ist durch 16, 4 schon vorbereitet und angelegt.

Der Mamon ist immer μ. τῆς ἀδικίας, immer fremdes Gut; er gehört dem Menschen nicht mit Recht, sondern Gott. Indessen Gott verlangt, man solle das von ihm anvertraute Gut verschenken und sich Freunde damit machen — so wie es der Verwalter tut. Gotte gegenüber ist das Treue, was gegenüber dem menschlichen Herrn Untreue ist. Dieses Verständnis der Parabel hat für sich, daß das tertium comparationis nicht vage, sondern klar und bestimmt ist. Und so gut wie man sich nach dem Evangelium mit Almosen einen Schatz im Himmel erwirbt, kann man sich damit auch Freunde im Himmel erwerben. An himmlische Patrone außer Gott ist dabei freilich nicht gedacht, insonderheit nicht an die in den Himmel gekommenen Armen und Almosenempfänger. Über das Subjekt von δέξωνται s. zu 16, 4.

16, 10—13 ist ein Nachtrag, von Lc aus verschiedenen alten Sprüchen zusammengewoben und an diese Stelle gesetzt, um nahe liegendem Misverständnis des vorhergehenden Gleichnisses zu wehren. Das Verschwenden von Gottes Gut an die Armen ist keine eigentliche Untreue, denn es entspricht der Absicht Gottes. Die eigentliche Untreue des Verwalters soll nicht empfohlen werden; im Gegenteil, die peinlichste Treue auch im geringsten (16, 11). In diesem Nachtrage ist deutlich das Verhalten zum Mamon als die Lehre des Gleichnisses aufgefaßt; ebenso auch in den beiden folgenden Stücken 16, 14 ss. 16, 19 ss. Man könnte sich darüber hinwegsetzen, aber nur aus dringenden Gründen.

16, 11. Treu sein mit dem Mamon, der niemals wahres Eigentum ist, heißt nicht ihn vergraben, sondern ihn nach Gottes Willen verwenden — wie in der Parabel von den Talenten. Ein Christ, der nicht einmal mit diesem äußerlichen Gut richtig umzugehen weiß, ist der geistlichen Gaben Gottes erst recht nicht würdig.

16, 12 scheint ein Pendant zu 16, 11 zu sein. Dann wäre das Äußerliche dem Innerlichen entgegengesetzt. Zwischen ὑμέτερον und ἡμέτερον ist kein sachlicher Unterschied; wenn die formell kaum zu ertragende letztere Lesart richtig wäre, so würde Jesus sich mit den anderen Genossen des Reichs auf eine Stufe stellen.

16, 13 (Mt. 6, 24) ist nur ad vocem μαμωνᾶς angehängt.

Lc. 16, 14–18.

Die Pharisäer aber, die hinter dem Geld her sind, hörten das, und höhnten über ihn. [15]Und er sprach zu ihnen: Ihr seid die Leute, die sich vor den Menschen gerecht machen. Gott aber durchschaut euer Herz; denn was bei den Menschen hoch ist, ist vor Gott ein Greuel. [16]Das Gesetz und die Propheten gehn bis zu Johannes, von da an wird das Evangelium vom Reich Gottes verkündet, und jedermann wird hineingedrängt. [17]Doch ist es leichter, daß Himmel und Erde vergehn, als daß ein Strich vom Gesetz hinfällig werde. [18]Wer seine Frau entläßt und eine andere freit, bricht die Ehe, und wer eine entlassene freit, bricht die Ehe.

16, 14. Der Übergang zu den Pharisäern ist abrupt. Innerlich wird dies Stück mit dem vorhergehenden dadurch verbunden, daß Jesus dort gegen die φιλαργυρία geredet hat und die Pharisäer φιλάργυροι sind. Die letztere Angabe wird indessen nicht bloß dem Bedürfnis der Anknüpfung entstammen. Das Geldmachen verträgt sich überall gut mit religiösem Separatismus, bei Juden und Christen; und die Pharisäer gehören nicht zu den niederen Schichten, sondern zu dem wolhabenden Bürgerstande, namentlich in Jerusalem.

16, 15. Zwar geben die Pharisäer Almosen, bezwecken damit aber nur den Schein der Gerechtigkeit vor den Menschen. Gerade das Almosengeben (nebst Fasten und Beten) heißt bei den Juden Gerechtigkeit.

16, 16 (Mt. 11, 12. 13) scheint nach Lc so mit dem Vorangehenden zusammenhängen zu sollen: die Pharisäer pochen auf das Gesetz und nur auf das Gesetz; inzwischen ist aber etwas Neues eingetreten. Das Reich Gottes verwirklicht sich durch seine Verkündigung, durch das Evangelium; es liegt nicht in der Zukunft, schon jetzt kann und soll man hinein. Die Fassung von Mt. 11, 12 ist vielleicht ursprünglicher, aber schwer zu verstehn.

16, 17 (Mt. 5, 18). Das Evangelium ist jedoch keineswegs antinomistisch, wie man nach 16, 16 glauben könnte; im Gegenteil. Das schriftliche Gesetz, bis auf den kleinsten Buchstaben, bleibt bestehn und überdauert Himmel und Erde. Der Ausdruck ist bei Mt abgeschwächt — was Beachtung verdient.

16, 18 ist die Quintessenz von § 49 (Mc. 10, 1ss.). Was in der Tat formelle Aufhebung des Gesetzes in einem Punkte ist, erscheint bei Mt (5, 31. 32) und auch hier bei Lc als Erfüllung. Denn Lc will 16, 17 durch 16, 18 bestätigen; er empfindet keinen Widerspruch dazwischen. Das Beispiel war sehr geeignet, um zu zeigen, daß die Auflösung des Gesetzes durch Jesus in Wahrheit Erfüllung sei.

Lc. 16, 19—31.

Es war aber ein reicher Mann, der kleidete sich in Purpur und feine Leinewand und lebte alle Tage herrlich und in Freuden. [20]Und ein Armer mit Namen Lazarus lag vor seiner Tür, der war voll Schwären [21]und gierig nach dem Abfall von des Reichen Tisch, noch dazu kamen die Hunde und leckten an seinen Schwären. [22]Da starb der Arme und wurde von den

Engeln in Abrahams Schoß entführt. Und auch der Reiche starb und ward begraben. ²³Und wie er in der Hölle die Augen erhub, sah er Abraham von weitem und Lazarus in seinem Schoß, ²⁴und er rief: Vater Abraham, erbarm dich und schick Lazarus, daß er seine Fingerspitze in Wasser tauche und mir die Zunge kühle, denn ich leide Pein in dieser Flamme. ²⁵Abraham aber sagte: mein Sohn, gedenk, daß du dein Gutes in deinem Leben vorweg empfangen hast, und Lazarus ebenso das Böse; jetzt wird er hier getröstet, du aber leidest Pein. — ²⁶Und überdies ist zwischen euch und uns eine große Kluft befestigt, damit die, welche zu euch hinüber wollen, nicht durch können, und auch nicht die, welche von dort zu uns wollen. ²⁷Er sagte: so bitte ich dich, Vater, daß du ihn zu meines Vaters Hause sendest, ²⁸denn ich habe fünf Brüder, daß er sie warne, damit nicht auch sie an diesen Ort der Qual kommen. ²⁹Abraham sagte: sie haben Moses und die Propheten, auf die sollen sie hören. ³⁰Er sagte: nein, Vater Abraham; aber, wenn einer von den Toten zu ihnen käme, würden sie Buße tun. ³¹Er sprach zu ihm: wenn sie auf Moses und die Propheten nicht hören, nehmen sie auch keine Vernunft an, wenn einer von den Toten auferstünde.

16, 19. Die Anrede wechselt hier nicht, sondern erst 17, 1; das Thema ist noch der Mamon. Es liegt kein eigentliches Gleichnis vor, sondern eine zu Lehrzwecken erfundene Geschichte mit zwei Typen; ähnlich 18, 9ss. Dem Hauptstück (16, 19—25) ist eine Fortsetzung angehängt (16, 26—31).

16, 20. Es mag sein, daß das aramäische meskêna schon an sich aussätzig bedeuten kann (Ztschr. für Ass. 1903 p. 262ss.); für πτωχός indessen ist das hier dadurch ausgeschlossen, daß εἱλκωμένος ausdrücklich hinzugesetzt wird. Es fällt auf, daß der Arme nicht anonym ist.

16, 21 scheint Reminiszenzen an die von Lc ausgelassene Geschichte vom kanaanäischen Weibe zu enthalten. Das Lecken der Hunde soll ein grausiger Zug sein.

16, 22. Da φέρειν nicht bloß durchgängig bei Mc, sondern auch einige Male bei Lc für ἄγειν gebraucht wird, so wird man bei ἀπενεχθῆναι nicht an eigentliches Tragen denken dürfen. Nicht um den Leib, sondern nur um die Seele handelt es sich. Sie kommt nicht erst in den gemeinsamen Aufenthalt aller abgeschiedenen Seelen, sondern sogleich in Abrahams Schoß; vgl. 23, 43. Abraham sitzt an der himmlischen Tafel, und Lazarus liegt an seinem Busen, so wie Johannes an der Brust des Herrn. Er wird dadurch sehr ausgezeichnet; denn nicht alle seligen Juden können in Abrahams Schoß Platz finden. Daß Himmel und Hölle auch noch von anderen als Juden bevölkert werden, merkt man nicht.

16, 23. Wie der Arme ins Paradies, so kommt auch der Reiche ohne Zwischenaufenthalt in den Hades, d. i. hier (und nur hier) die Geenna. Daß er dahin gehört, versteht sich von selbst. Man kann von einem Ort zum andern hinübersehen und hinübersprechen, vgl. 13, 28. Ähnlich in 4. Esdr.

16, 25. Abraham redet dem Reichen, der auch sein Sohn ist, gütlich zu, sich zufrieden zu geben. Wem es hienieden gut gegangen ist, dem gehts im Jenseits schlecht und umgekehrt; so ist es recht und billig. Ein Unterschied der moralischen Merita wird nicht zum Ausdruck gebracht. Aber der arme Kranke vor seiner Tür ist doch eine zum Himmel schreiende Anklage gegen den reichen Prasser, der sich nicht um ihn kümmert. Mit 16, 25 als Moral (nicht erst mit 16, 26) schließt die ursprüngliche Geschichte ab. Im Folgenden wechselt das Thema vollständig.

16, 26. Abraham trägt noch einen Grund nach, um die Bitte abzulehnen: es soll nicht sein, und es kann auch nicht sein. Der Bittsteller (16, 24) scheint aber die Kluft nicht bemerkt zu haben. Ἐν πᾶσι τούτοις bedeutet hier nicht „bei alle dem", sondern „zu alle dem". In 24, 21 steht σύν für ἐν.

16, 27. Wenn Lazarus nicht zur Hölle kommen kann, so doch vielleicht zur Erde. Διαμαρτυρεῖν entspricht dem prophetischen העיד = anklagen, warnen.

16, 29—31. Das Motiv der Buße ist hier nicht das Reich Gottes, sondern der Himmel und die Hölle. Den Weg des Lebens und des Todes, den Lohn und die Strafe im Jenseits, lehrt schon Moses mit den Propheten; wer dem nicht glaubt, wird auch einem nicht glauben, der selber im Jenseits gewesen ist und aus eigener Erfahrung reden kann. Nach dem Zusammenhange gefaßt, klingt der Ausspruch 16, 31 beinah unchristlich, als ob das Gesetz genüge und ein Auferstandener nicht nötig sei. Vielleicht mit Recht hat man darum einen absoluten Sinn dahinter vermutet: die Juden glauben an den Auferstandenen (d. i. Christus) nicht, weil sie auch an das Gesetz und die Propheten nicht glauben.

Lc. 17, 1–10.

Er sprach aber zu seinen Jüngern: Es ist unmöglich, daß nicht Verführungen kommen, weh aber dem, durch welchen sie kommen; ²es frommte ihm mehr, wenn ihm ein Mühlstein um den Hals gelegt und er ins Meer gestürzt würde, als daß er einen von diesen Kleinen verführt: nehmt euch in acht. ³Wenn dein Bruder sich verfehlt, so schilt ihn, und wenn er bereut, so vergib ihm; ⁴und wenn er siebenmal an einem Tage gegen dich fehlt und siebenmal sich zu dir zurückwendet und sagt: es ist mir leid, so sollst du ihm vergeben.

⁵Und die Apostel sagten zu dem Herrn: verleih uns mehr Glauben. ⁶Er aber sprach zu ihnen: hättet ihr Glauben so viel wie ein Senfkorn, so sagtet ihr zu dieser Maulbeerfeige: reiß dich mit den Wurzeln aus und pflanz dich im Meere an — und sie wäre euch gehorsam.

⁷Wer von euch sagt zu seinem Acker- oder Hüteknecht, wenn er vom Felde heimkommt: geschwind komm her und setz dich zu Tisch? ⁸Sagt er ihm nicht vielmehr: richt mir was zu essen an und schürz dich und wart mir auf, darnach kannst du essen und trinken! ⁹Weiß er etwa dem Knechte Dank, daß er das Befohlene getan hat? ¹⁰Also auch ihr, wenn ihr das euch Befohlene getan habt, so denkt: Knechte sind wir; was wir zu tun schuldig waren, haben wir getan.

17, 1—4 = Mt. 18, 6s. 15. 21s. Die Anrede geht zu den Jüngern über. Von 17, 1. 2 auf 17, 3 geht Mt folgendermaßen über: die Verführer der Kleinen verdienen keine Nachsicht, wol aber die Kleinen selber; wenn einer von ihnen abgeirrt ist von der Gemeinde, soll nichts unversucht gelassen werden, ihn zurückzuführen. Bei Lc fehlt jeder Übergang, und von der Gemeinde ist keine Rede, sondern nur davon, daß der Einzelne seinem christlichen Bruder persönliche Beleidigungen verzeihen müsse. Das kommt bei Mt erst in 18, 21s. an die Reihe, noch nicht in 18, 15ss.

17, 5. 6. Der Eingang erinnert an 11, 1. Die Verfluchung des Feigenbaums übergeht Lc, aber die daran gehängte Mahnung, Glauben zu haben (Mc. 11, 22s.), bringt er schon hier, in einer eigentümlich abgeänderten Form, indem er anstatt des Berges, der ins Meer stürzen soll, die συκάμινος setzt, in der man mit Recht einen Nachhall der ausgelassenen συκῇ erblickt, die eigentlich in diese Perikope hineingehört. Weshalb 17, 5. 6 auf 17, 1—4 folgt, ist schwer zu sagen. Es ist hier und da vom Stürzen in das Meer die Rede.

17, 7—10. Der Grund, weshalb dies Stück hier angereiht wird, läßt sich nicht erkennen. So scharf wie möglich wird das religiöse Verhältnis unter den Begriff einer Knechtschaft gestellt, die jedes Recht und jeden Anspruch auf Lohn ausschließt, aber nicht die Verantwortung. 'Αχρεῖοι (17, 10) fehlt in der Syra S. und verdirbt den Sinn, wie Blaß in der Vorrede zur ersten Auflage seiner Grammatik (1895) richtig bemerkt hat. Der Nachdruck liegt auf dem Genus δοῦλος, dann dürfen nicht verschiedene Spezies oder Qualitäten an den δοῦλοι unterschieden werden. Es muß heißen: wir sind weiter nichts als Sklaven. Die Feinheit darf man der Syra S. nicht zutrauen, daß sie das Attribut als unpassend empfunden und darum ausgelassen habe. Der Fragesatz mit τίς (16, 7) ist hier im Griechischen ungelenk, wie auch in anderen Fällen.

Lc. 17, 11–19.

Und auf der Reise nach Jerusalem, wobei er durch Samarien und Galiläa zog, [12]begegneten ihm, als er in ein Dorf kam, zehn aussätzige Männer, die blieben in der Ferne stehn [13]und riefen mit erhobener Stimme: Jesu, Meister, erbarm dich unser. [14]Und da er sie sah, sagte er zu ihnen: geht und zeigt euch den Priestern. Und indem sie hingingen, wurden sie rein. [15]Einer von ihnen aber, als er sah, daß er geheilt war, kehrte zurück und pries Gott mit lauter Stimme [16]und warf sich auf das Angesicht ihm zu Füßen, um ihm zu danken; das war ein Samariter. [17]Und Jesus hub an und sprach: sind nicht alle zehn rein geworden? wo sind die neun? [18]hat sich keiner gefunden, der umkehrte und Gott Ehre gäbe, als dieser Fremdbürtige? [19]Und er sagte zu ihm: steh auf und geh, dein Glaube hat dir geholfen.

Die Situation, die man leicht vergißt, wird wieder einmal (9, 51. 13, 22) in Erinnerung gebracht, vielleicht um zu erklären, daß unter den Aussätzigen auch ein Samariter war. Sonst wehrt Jesus den Dank eher ab, hier muß er es anders machen, damit der Samariter sich auszeichne. Soll sich dieser übrigens gemeinsam mit den andern neun einem jüdischen Priester vorstellen? und ging das so geschwind, daß Jesus hinterher noch an Ort und Stelle zu treffen ist? es war doch ein Opfer mit der Vorstellung verbunden und dies konnte nicht außerhalb des Tempels dargebracht werden. Man darf solche realistische Fragen an unsere Geschichte nicht stellen. Zu 17, 11 vgl. 5, 1; der Satz mit καὶ αὐτός muß nicht als Zustandssatz, kann auch als Hauptsatz gefaßt werden. In 17, 16 gräzisirt D ἦν δέ für καὶ αὐτὸς ἦν.

Lc. 17, 20-37.

Von den Pharisäern aber befragt, wann das Reich Gottes komme, antwortete er: Das Reich Gottes kommt nicht damit, daß man darauf wartet. [21]Man kann auch nicht sagen: hier ist es oder dort, denn das Reich Gottes ist innerhalb von euch. [22]Zu seinen Jüngern aber sprach er: Es wird eine Zeit kommen, da wird euch verlangen, auch nur einen Tag von der Zeit des Menschensohns zu erleben, aber vergeblich. [23]Und sagt man euch: dort ist er, hier ist er, so geht nicht hin und lauft nicht hinterdrein. [24]Denn wie der Blitz im Aufzucken von einem Ende bis zum andern unter dem Himmel hin leuchtet, so wird es mit dem Menschensohn sein [an seinem Tage]. [25]Zuvor jedoch muß er viel leiden und verworfen werden von dem gegenwärtigen Geschlecht. [26]Und wie es war in den Tagen Noe, so wird es auch sein in den Tagen des Menschensohnes: sie aßen, tranken, freiten, ließen sich freien, [27]bis zu dem Tage, daß Noe in die Arche ging und die Sündflut kam und alle vernichtete. [28]Oder auch wie in den Tagen Lots: rie aßen, tranken, kauften, verkauften, pflanzten, bauten; [29]an dem Tage aber, wo Lot aus Sodom auswanderte, regnete es Feuer und Schwefel vom Himmel und vernichtete alle. [30]Ebenso wird es sein an dem Tage des Menschensohns, wenn er offenbart wird. [31]Wer jenes Tages auf dem Dache ist und sein Gerät im Hause liegen hat, steige nicht herab es zu holen, und wer auf dem Felde ist, kehre ebenfalls nicht heim: [32]denkt an Lots Weib. [33]Wer seine Seele zu retten sucht, wird sie verlieren, und wer sie verliert, wird sie retten. [34]Ich sage euch, in dieser Nacht liegen zwei in einem Bett, der eine wird mitgenommen und der andere liegen gelassen. [35]Zwei

Weiber mahlen zusammen an einer Mühle, die eine wird mitgenommen und die andere liegen gelassen. ³⁷Und sie antworteten und sprachen: wo, Herr? Er sagte: wo das Aas ist, da sammeln sich die Geier.

Die Parusie dient hier nicht, wie in 12, 32ss. und 13, 22ss., zur Mahnung oder zur Tröstung, sondern ihr Wann und Wo wird erörtert. Es liegt also ein Gegenstück zu Mc. 13 vor, das bei Lc getrennt erhalten, bei Mt (24, 3ss.) in Mc. 13 verarbeitet ist. In Mc. 13 nun wird die Frage nach dem Wann, oder nach den Zeichen der Zeit, so gut es geht beantwortet und nur die Frage nach dem Wo zurückgewiesen, die jedoch nur in 13, 21. 22 beiläufig zur Sprache kommt. In Lc. 17 dagegen werden beide Fragen von vornherein verbunden und gleichmäßig zurückgewiesen. Das Thema ist in 17, 20. 21 und in 17, 22—37 das selbe; die Verschiedenheit der Adresse wird natürlich ihren Grund haben, aber doch erst von einem Redaktor stammen.

17, 20. 21. Παρατήρησις ist das beobachtende Warten auf die Zeichen der Parusie oder auch auf ihren durch Rechnung gefundenen Termin. Der negative Teil von 17, 21 bekommt durch den positiven Anhang einen anderen Sinn, als in Mc. 13, 21. Zeit und Ort sind nicht bloß den Menschen unbekannt, sondern das Reich Gottes ist überhaupt nichts, was in einem bestimmten Augenblick an einem bestimmten Orte zur Erscheinung kommt; „es ist inwendig von euch". Es ist also etwas ganz anderes als das zukünftige Reich der Juden, das nach einer großen Katastrophe irgendwo anfangen und zuletzt in Jerusalem etablirt werden soll. Es ist aber auch nicht die christliche Gemeinde, die bei Mt gewöhnlich darunter verstanden wird. Ὑμῶν spricht zwar nicht dagegen, denn das beschränkt sich nach der ursprünglichen Absicht sicherlich nicht auf die Pharisäer. Wol aber der Umstand, daß die christliche Gemeinde doch auch eine äußerliche Organisation, ist. Das ἐντός bedeutet mehr als ἐν μέσῳ. Vielmehr ist das Reich Gottes hier, ähnlich wie im Gleichnis vom Sauerteig, als ein Prinzip gedacht, das unsichtbar in den Herzen der Einzelnen wirkt. Dann ist die Frage „wann kommt es und wo erscheint es, welches sind die Zeichen der Zeit und des Orts, die man παρατηρεῖν muß"? überhaupt unmöglich. Freilich wird sie in der folgenden Rede an die Jünger doch als möglich betrachtet, indem dort die überlieferte Vorstellung vom Reiche Gottes als einer plötzlich eintretenden

Katastrophe nicht von grund aus beseitigt, sondern wesentlich festgehalten wird. Vielleicht hat eben diese innere Differenz zu der Differenzirung der Adressen (17, 20. 17, 22) geführt, so auffallend es auch scheint, daß der tiefere und radikalere Bescheid gerade den Pharisäern erteilt wird. Allerdings muß aber die Rede in 17, 22 ss. auch deshalb an die Jünger gerichtet sein, weil es sich dort um die christliche Erwartung der Parusie des Menschensohnes handelt.

17, 22 setzt ein längeres vergebliches Harren der Jünger voraus, wodurch ihre Ansprüche herabgestimmt sind. Sie wollen gar nicht die Periode des messianischen Reiches dauernd genießen, sondern es nur einen Moment erleben und dann gern sterben, in dem Bewußtsein, daß ihr Glaube sie doch nicht betrogen hat, wenn sie auch von der Verwirklichung selber weiter nichts haben.

17, 23—25 (Mc. 13, 21 ss. Mt. 24, 26 s.). Der jüdische Messias ist trotz Dan. 7 gewöhnlich ein irdischer Mensch, der sich irgendwo im heiligen Lande erhebt. Der christliche Messias aber ist himmlisch, und sein Erscheinen vom Himmel macht sich sofort überall und unzweideutig bemerklich, ohne daß man suchen muß und zweifeln kann. Die Christen halten sich deshalb durchaus an Dan. 7, an den Menschensohn, dessen Charakteristicum ist, daß er vom Himmel kommt. Aus diesem Grunde muß Jesus auch zunächst sterben, um den irdischen Messias abzutun und der himmlische zu werden; der bei Mt fehlende Vers 25 paßt sehr gut in den Zusammenhang. Vgl. zu Mc. 13, 21. 22. 26; bei Lc sind aber die jüdischen Eierschalen schon abgestreift.

17, 26—32 (Mt. 24, 37—39. Mc. 13, 15 s.). Lot als Parallele zu Noe fehlt bei Mt; er scheint nachgetragen zu sein wegen 17, 32. Dort wird das Säumen von Lots Weib zum warnenden Beispiel gemacht, Lot selber und Noe erscheinen also umgekehrt als Vorbilder der Christen, die der messianische Rest sind und rechtzeitig auf ihre Rettung aus der massa perditionis bedacht sein sollen, ohne sich durch irdische Sorgen abhalten zu lassen (17, 30. 31). Die Aufforderung in 17, 30. 31 ergeht bei Lc an die Christen, bei Mc an die Juden.

17, 33 (9, 24. Mc. 8, 35) scheint hier deplacirt. Wenn der Aufforderung zur ungesäumten Flucht, die vorhergeht, wörtlich zu nehmen wäre, so müßte der Sinn sein: verliert euer Leben nicht durch lange Vorbereitungen zum Unterhalt des Lebens auf der

Flucht. Dieser Sinn ist aber kaum möglich; wahrscheinlich soll nach Lc vorher gar nicht von eigentlicher Flucht die Rede sein, wie auch der Name nicht gebraucht wird, sondern von geistlicher Weltflucht, welche eventuell die Dahingabe des irdischen Lebens einschließt. Περιποιεῖσθαι ist s. v. a. σώζειν und dieses das griechische Äquivalent von achi, welches zum Schluß wörtlich mit ζωογονεῖν wiedergegeben wird. In D steht beidemal ζωογονεῖν, ebenso in der Syra S. beidemal achi.

17, 34. 35 folgt bei Mt (24, 40. 41) unmittelbar auf 17, 29. Das erste Beispiel ist bei Mt anders und weniger gut.

17, 37. Die Jünger müssen zum Schluß noch einmal ausdrücklich die eigentlich schon erledigte Frage nach dem Wo der Parusie stellen, bloß zu dem Zweck, damit der Spruch von dem Aase und den Geiern nachgetragen werden kann, der bei Mt (24, 28) mit der Ankündigung des Auftretens der falschen Propheten vor der Parusie verbunden ist, bei Lc aber für sich allein steht. Der Sinn, den Lc dem Sprichwort gibt, wird durch die Einleitung bestimmt: der Ort der Parusie wird sich schon bemerklich machen, wie die Geier das Aas verraten. Damit wird die Frage nach dem Ort zwar auch abgewiesen, aber in ganz anderer Weise, als es in 17, 23. 24 geschieht.

Lc. 18, 1–8.

Er sagte ihnen aber ein Gleichnis in der Absicht, daß man immerdar beten und nicht nachlassen solle. ²Es war ein Richter in der Stadt, der Gott nicht fürchtete und sich vor keinem Menschen scheute. ³Und eine Witwe in jener Stadt, die kam zu ihm und sagte: schaff mir Rache gegen meinen Widersacher! ⁴Und eine Zeit lang wollte er nicht, dann aber sagte er sich: wenn ich auch Gott nicht fürchte und mich vor keinem Menschen scheue, ⁵so will ich doch dieser Witwe Rache schaffen, weil sie mich nicht in Ruhe läßt, sonst kommt sie am Ende noch und zerbläut mir das Gesicht. ⁶Und der Herr sprach: Hört, was der ungerechte Richter sagt! ⁷und Gott sollte seinen Auserwählten nicht Rache schaffen, wenn sie Tag und Nacht zu ihm Zeter schreien, sondern dabei weiter Langmut üben? Ich sage euch, er wird ihnen in Kürze Rache schaffen.

⁸Aber wird auch der Menschensohn, wenn er kommt, den Glauben vorfinden auf Erden?

Diese Perikope wird durch ihren Inhalt mit der vorhergehenden verbunden. Das Gebet, in dem man beständig anhalten soll, hat nämlich keinen beliebigen Inhalt, wie die Einleitung annimmt, sondern den bestimmten und gleichbleibenden Inhalt: dein Reich komme. Oder vielmehr, wie es hier gefaßt wird: dein Gericht komme. Die Parusie wird von den Auserwählten herbeigewünscht als Tag der Rache, die der Richter für sie nehmen wird. Die Feinde, gegen welche die Rache sich richtet, werden die Juden sein. Indem die Christen Rache an ihnen heischen, stecken sie freilich selber noch im Judentum. Auch daß der Richter bei der Parusie nicht der Messias ist, sondern Gott, ist ursprünglich jüdisch und darum als christlich sehr alt.

Jülicher meint, die eschatologische Deutung (18, 6—8) sei erst nachträglich zu dem vorhergehenden Beispiel hinzugefügt. Wenn aber nur zum Gebet im allgemeinen, nicht zu der Bitte um Rechtschaffung und Rache aufgefordert werden sollte, so wäre doch das Beispiel vom Richter und der Witwe, die ihn drängt einzuschreiten, dafür sehr sonderbar gewählt. Die Fabel läßt sich ohne das folgende Epimythion gar nicht begreifen. Es ist allerdings möglich, daß sie erst nachträglich darnach umgeformt wurde und demselben ursprünglich nicht so völlig kongruent war; und zu dieser Möglichkeit müßte man greifen, wenn die Variante in Lc. 11, 5ss. älter wäre. Aber diese ist wahrscheinlich nicht älter, sondern sekundär. Die Aufforderung zum beständigen Bitten um Rache schien unchristlich und wurde umgewandelt in eine Aufforderung zu beständigem Gebet im allgemeinen (18,1); ähnlich wie auch die Bitte um das Kommen des Reichs in die Bitte um die Gabe des heiligen Geistes (s. zu Lc. 11, 13). Die Bemerkung Jülichers, daß die Formel εἶπεν ὁ κύριος (18, 6) sonst bei Lc nur verwendet werde, wenn Jesus im Gespräch nach einem andern das Wort nehme, ist irrelevant und trifft nicht zu. Sie leitet auch in 16, 8 das Epimythion der Fabel ein, und ebenso wie in 18, 8 λέγω ὑμῖν, folgt auch in 16, 9 καὶ ἐγὼ λέγω ὑμῖν. — Über den Sinn von καὶ μακροθυμεῖ (18, 7) kann nach dem A. T. (z. B. Nahum 1, 3) kein Zweifel sein: sollte er trotz den jammernden Auserwählten seine Langmut mit den Feinden noch bewahren und seinen Zorn gegen sie immerfort zurückhalten! Schwierig ist nur das Präsens als Fortsetzung des vorhergehenden

Conjunctivs; es ist schlechtes Griechisch, vielleicht schlechte Übersetzung, oder beides zusammen.

18, 8 (von πλήν an) ist Nachtrag. Der Richter ist hier nicht mehr Gott selber, sondern der Menschensohn. Es hat keine Not, er wird schon kommen. Aber wenn er kommt, wird er die, denen er Rache und Hilfe bringt, dann auch in richtiger Verfassung vorfinden? Werden die Christen selber im stande sein, den Tag seiner Ankunft zu ertragen? sie sollten sonst nicht so eifrig sein, ihn gegen ihre Gegner herbeizurufen. Offenbar wird hier ein Dämpfer aufgesetzt, ähnlich wie in Mal. 3, 2. Die πίστις bedeutet das richtige Christentum (so wie οἱ πιστεύοντες öfters die Christen); es handelt sich nicht darum, ob der Menschensohn bei seinem Erscheinen Glauben dafür finden würde, daß er es wirklich sei.

Lc. 18, 9-14.

Er sagte aber auch in Absicht auf gewisse Leute, die sich selbst zutrauen, sie seien fromm und die übrigen verachten: [10] Zwei Menschen gingen hinauf in den Tempel zu beten, der eine ein Pharisäer und der andere ein Zöllner. [11] Der Pharisäer stand für sich besonders und betete: Gott, ich danke dir, daß ich nicht so bin wie die anderen Menschen, Räuber, Übeltäter, Ehebrecher, oder auch wie dieser Zöllner; [12] ich faste zweimal in der Woche und gebe den Zehnten von allem, was ich habe. [13] Der Zöllner aber stand von ferne und mochte nicht einmal die Augen zum Himmel erheben, sondern schlug an seine Brust und sprach: Gott, sei mir Sünder gnädig! [14] Ich sage euch, dieser ging weg und hatte Recht bekommen im Vergleich zu jenem. Denn wer sich erhebt, wird erniedrigt, und wer sich erniedrigt, wird erhoben.

18, 9ss. folgt auf 18, 8, weil auch dort vom Gebet gehandelt und angedeutet wird, daß man dabei an seine eigene Sünden denken muß und nicht bloß an die Strafe der anderen. Die Juden beten gern an heiliger Stätte auch ohne zu opfern (Sir. 51, 14); natürlich nur die Jerusalemer. Unsere Erzählung ist jerusalemisch; es werden darin zwei Typen gegenübergestellt, wie in 16, 19 ss. — Die Charakteristik in 18, 9, wie die in 20, 20, geht auf die Pharisäer. In 18, 10 wird die Lesart von D εἷς ... καὶ εἷς die echte sein.

18, 11—13. Ich habe in 18, 11 nach D und Syra S. übersetzt. Der Zöllner steht im Hintergrund, der Pharisäer in einsamer Größe vor der Front. Jener senkt den Blick, man wird versucht, sich im Gegensatz dazu den Augenaufschlag des anderen vorzustellen. Aber das Erheben der Augen ist allgemeine Sitte beim Gebet (Mc. 6, 41); der Zöllner nimmt die Haltung des todeswürdigen Supplikanten an. Das zweimalige Fasten haben hernach auch die Christen übernommen und anfangs an den selben Tagen gefeiert, wie die Juden, später aber verlegt (Didache 8, 1).

18, 14. Δεδικαιωμένος ist relativ und antwortet auf die Frage: wer hat recht von beiden, wer hat auf die richtige Weise gebetet? Der Agon des Gebets entscheidet nach Gottes Urteil gegen den Musterknaben und für den Auswurf der jüdischen Gesellschaft. Davon ist keine Rede, daß der eine absolvirt und der andere nicht absolvirt wird. Neben παρ' ἐκεῖνον scheint eine vielleicht ursprünglichere Lesart μᾶλλον ἢ γάρ (= ἤ) ἐκεῖνος zu stehn, die das selbe bedeutet.

V. Lc. 18, 15—24, 53.

§ 50-54. Lc. 18, 15-43.

Sie brachten ihm aber auch die kleinen Kinder, daß er sie berührte; und die Jünger schalten sie, als sie es sahen. ¹⁶Jesus aber rief sie heran und sprach: Laßt die Kinder zu mir kommen und wehrt ihnen nicht; denn solcher ist das Reich Gottes. ¹⁷Amen, ich sage euch, wer das Reich Gottes nicht annimmt wie ein Kind, kommt nicht hinein.

¹⁸Und ein Vorsteher fragte ihn: guter Meister, was muß ich tun, um das ewige Leben zu erben? ¹⁹Er sprach zu ihm: Was heißest du mich gut? niemand ist gut, als nur Gott allein. ²⁰Die Gebote kennst du: du sollst die Ehe nicht brechen, nicht morden, stehlen, keine falsche Anklage erheben, Vater und Mutter ehren. ²¹Er sagte: alles das habe ich von Jugend auf gehalten. ²²Als Jesus das hörte, sagte er ihm: eins fehlt dir noch, verkauf alles was du hast und folg mir! ²³Über dies Wort ward er sehr bekümmert, denn er war schwer reich. ²⁴Wie aber Jesus ihn so sah, sprach er: Wie schwer wird es den Begüterten, in das Reich Gottes einzugehn. ²⁵Leichter

geht ein Kamel durch ein Nadelöhr, als ein Reicher in das Reich Gottes [kommt]. ²⁶Da sagten die Zuhörer: wer kann dann gerettet werden? ²⁷Er sprach: was bei den Menschen unmöglich ist, ist möglich bei Gott. ²⁸Petrus aber sagte: wir, wir haben unser Eigentum fahren lassen und sind dir gefolgt. ²⁹Er sprach zu ihnen: Amen, ich sage euch, es ist keiner, der Haus oder Weib oder Geschwister oder Eltern hat fahren lassen um des Reiches Gottes willen, ³⁰der nicht vielmal mehr empfange in dieser Zeit, und in der künftigen Welt das ewige Leben.

³¹Er nahm aber die Zwölfe zu sich und sprach zu ihnen: Siehe wir gehn hinauf nach Jerusalem, und es wird alles vollendet, was durch die Propheten geschrieben und dem Menschensohn bestimmt ist. ³²Denn er wird den Heiden übergeben und verspottet und mishandelt und angespien, ³³und sie werden ihn geißeln und töten, und am dritten Tage wird er auferstehn. ³⁴Und sie begriffen nichts davon, das Wort war ihnen dunkel und sie verstanden die Rede nicht.

³⁵Als er aber in die Nähe von Jericho kam, saß da ein Blinder am Wege und bettelte; ³⁶wie der eine Menge Volks vorübergehn hörte, fragte er, was das wäre. ³⁷Und da er hörte, Jesus der Nazoräer gehe vorüber, ³⁸rief er: Jesus, Sohn Davids, erbarm dich mein! ³⁹Und die voran waren, schalten ihn, daß er schwiege. Er aber schrie noch viel lauter: Sohn Davids, erbarm dich mein! ⁴⁰Und Jesus blieb stehn und hieß ihn herbringen. ⁴¹Wie er nun herangekommen war, fragte er ihn: was willst du soll ich dir tun? Er sagte: Herr, daß ich sehend werde. ⁴²Und Jesus sprach zu ihm: sei sehend, dein Glaube hat dich gerettet. ⁴³Und alsbald wurde er sehend und folgte ihm, Gott preisend. ⁴⁴Und alles Volk gab darob Gott die Ehre.

Lc fährt einfach mit seinem aber auch fort und macht hier keinen Abschnitt, nur die moderne Kritik tut es, weil hier der mit § 48 (Lc. 9, 46—50) fallen gelassene Faden des Mc wieder aufgenommen wird. Und zwar mit § 50; der § 49 (Mc. 10, 1 bis 12) ist darum übergangen, weil dessen Quintessenz aus einer anderen Quelle schon vorher (16, 18) wiedergegeben ist.

18, 15—17 wie Mc. 10, 13—16. Die Kinder sind βρέφη, Jesus herzt sie nicht (auch nicht in 9, 47), und er ist nicht unwillig gegen seine Jünger — vgl. zu Mt. 19, 13—15.

18, 18—30 wie Mc. 10, 17—31. Den eigentümlichen Eingang, den Mt ändert, behält Lc bei. Der Fragesteller ist nach ihm kein νεανίσκος, wie bei Mt (19, 20), der darum ἐκ νεότητος nicht brauchen kann, sondern nach der gangbaren Lesart ein ἄρχων. Die beiden Aussprüche Jesu über die Schwierigkeit, ins Reich Gottes zu kommen, zieht er noch mehr zusammen als Mt und läßt sie nicht an die Jünger gerichtet sein. Die Reaktion dagegen (18, 26) erfolgt von den Hörern im allgemeinen, den Jüngern steht sie nicht an. Sie kommen erst in 18, 28 an die Reihe, sie (αὐτοῖς 18, 29) erhalten die Antwort auf die verdeckte Frage ihres Wortführers Petrus, wie bei Mc. Die Antwort (Mc. 10, 29. 30) wird von Lc durch Auslassung der wiederholten Objektsreihe ähnlich vereinfacht wie von Mt. Er führt die Äcker nicht mit auf, dagegen das Weib: freilich tauschen γυναῖκα und γονεῖς ihren Platz in der Überlieferung. Für vielmal hat die Syra S. hundertfach wie Mc, D dagegen siebzigfach. — Der Plural οὐρανοῖς (18, 22) fällt sehr auf, die Lesung steht nicht fest.

18, 31—34 stellt sich zu 9, 22 und 9, 44, ist aber durch die große Einschaltung des Lc von diesen Vorstufen weit getrennt. Die befremdliche Einleitung des Mc (10, 32) fehlt bei Lc wie bei Mt, dagegen wird die erfüllte Weissagung der Propheten hinzugefügt. Sie findet sich bei Mc niemals, abgesehen von 14, 29, aber auch da nicht in dieser allgemeinen, sondern in einer ganz beschränkten Form.

Den § 53 (Mc. 10, 35—45) kennt Lc zwar (12, 50), übergeht ihn aber bis auf den Schluß (10, 41—45), den er in anderer Form und wol aus anderer Quelle in 22, 24—26 nachbringt. Erregte ihm die unbescheidene Bitte der Zebedaiden Anstoß oder das ihnen beiden geweissagte Martyrium? In der Apostelgeschichte erwähnt Lc nur das des Jakobus. Die Annahme, daß Johannes dort einer Zensur zum Opfer gefallen sei, scheint mir schwieriger, als die, daß er in der Tat später als Jakobus hingerichtet wurde, wenngleich immer längere Zeit vor der Abfassung des Ev. Marci und als der früheste (noch in Judäa getötete) Märtyrer unter den Zwölfen nächst seinem Bruder. Vgl. E. Schwartz, über den Tod der Söhne Zebedaei, in den Abhh. der Göttinger Societät VII 5 (1904).

18, 35—43 (Mc. 10, 46—52). Jesus kommt auch bei Lc über Jericho, obwol nur der Weg durch Peräa, nicht aber der durch

Samarien über diese bei der Jordanfurt gelegene Stadt führt. Die mir bekannten Ausleger nehmen daran so wenig Anstoß, wie an der unmöglichen Route in Mc. 7, 31, weil sie keine Anschauung von der Geographie Palästinas haben. Lc nennt den Namen des Blinden nicht (vielleicht weil er aramäisch lautet), verwandelt das Fremdwort ραββουνι in κύριε, und übergeht den malerischen Zug, daß der Blinde seinen Mantel abwarf und auf Jesus zusprang. In 18, 43 hängt er seinen gewöhnlichen Schluß an.

Lc. 19, 1–10.

Und er kam nach Jericho hinein und zog hindurch. ²Da war ein Mann namens Zacchäus, ein Oberzöllner und reich, ³der wollte gern sehen, wer Jesus wäre, und konnte nicht vor dem Volk, denn er war klein von Wuchs. ⁴Und er lief voraus und stieg auf eine Maulbeerfeige, um ihn zu sehen, denn da mußte er vorbei. ⁵Und wie Jesus vorüberging, sah er auf und sprach zu ihm: Zacchäus, steig geschwind herab, denn heute muß ich in deinem Hause Herberge nehmen. ⁶Und er stieg geschwind herab und nahm ihn mit Freuden auf. ⁷Und darauf murrten alle, daß er bei einem Sünder einkehre zu herbergen. ⁸Zacchäus aber trat auf und sagte zu dem Herrn: siehe, die Hälfte meiner Habe, Herr, geb ich den Armen, und wenn ich von einem etwas erpreßt habe, so zahl ich es vierfach zurück. ⁹Jesus aber sprach: Heute ist diesem Hause Rettung zu teil geworden, ist er doch auch ein Sohn Abrahams. ¹⁰Denn der Menschensohn ist gekommen, das verlorene (Schaf) zu suchen und zu retten.

19, 1 widerspricht dem Folgenden. Jesus befindet sich noch draußen vor der Stadt, nicht innerhalb derselben — sonst wäre Zacchäus aufs Dach gestiegen und nicht auf einen Baum. Geschweige, daß er sie schon im Rücken hätte — er will ja erst in einem Hause der Stadt für die Nacht einkehren.

19, 2. D korrigirt das καὶ αὐτός, welches hier gleich zweimal hinter einander auftritt. Der Name Zacchäus ist aus Zacharias abgekürzt.

19, 4. Hier heißt es Sykomore, dagegen in 17, 6 Sykamine. Beides wird auf das semitische **schiqma** zurückgehn.

19, 5. Jesus wird durch das Interesse, welches der unbekannte Mann für ihn bekundet, veranlaßt, bei ihm Quartier zu nehmen. Ein Beispiel, wie die christlichen Missionare in einer fremden Stadt anklopften.

19, 7. Es geht bei diesem Zöllner gerade wie bei dem anderen, der ebenso plötzlich Jünger Jesu wird. Zacchäus ist der Doppelgänger des Levi, wenn letzterer auch nicht auf den Baum klettert.

19, 8. Der neue Jünger opfert doch nicht sein ganzes, sondern nur sein halbes Vermögen; eben deshalb vielleicht wird nicht gesagt, daß er Nachfolge leistete. Vierfacher Ersatz wird im Gesetz (Exod. 21, 37) für Schafdiebstahl gefordert.

19, 9. 10. Jesus hält den Murrenden entgegen, Zacchäus sei ja doch auch ein Jude; unter das Dach eines Heiden würde er also nicht getreten sein. In diesem Ausspruch hat man kurioser Weise nicht etwa Judaismus, sondern Paulinismus gewittert. Noch im Jahre 1902 hat O. Pfleiderer, Urchristentum 1, 455, drucken lassen: „Dem blinden Bettler Bartimäus, dem Sohn des Unreinen, stellt Lc als Pendant zur Seite den Oberzöllner Zachäus, d. h. Rein, als Vertreter der von den Juden verachteten und den Heiden gleichgestellten Klasse von Menschen, die um ihres bußfertigen Glaubens an Jesum willen von ihrer Schuld gereinigt und der Einkehr Jesu gewürdigt, eben damit unter die Glaubenssöhne Abrahams und in das wahre Israel Gottes aufgenommen werden; das Wort Jesu zu Zachäus: heute ist diesem Hause Heil widerfahren, gemäß dem daß er auch ein Sohn Abrahams ist — erinnert an die paulinische Ausführung von den geistlichen Söhnen Abrahams Gal. 3, 9. 29. Rom. 4, 11 ss." Die Annahme, daß in Lc. 19,9 an geistliche Sohnschaft Abrahams gedacht sei, hängt ursprünglich ab von der Voraussetzung, die Zöllner in Judäa seien keine Juden gewesen. Wenn Zacchäus ein Heide war, so konnte er ein Sohn Abrahams in der Tat nur nach dem Geist genannt werden. Inzwischen ist die Grundlosigkeit jener Voraussetzung nachgewiesen und auch von Pfleiderer anerkannt. Aber nachdem die Prämisse abgetan ist, spukt die Konsequenz noch weiter, wenngleich nur als Gespenst in scheuer Weise. — Πρὸς αὐτόν (19, 9) bedeutet nicht „in Beziehung auf ihn", ist vielmehr ein falscher Zusatz — dergleichen wurde beliebig eingestreut. Für τῷ οἴκῳ liest D und Syra S. ἐν τ. ο., etwa weil das Heil ja nicht dem ganzen Hause, sondern nur dem einen Insassen widerfahren ist?

Wenn der einfache Dativ richtig ist, so wird dem einzelnen Mann plötzlich seine Familie substituirt, so daß man annehmen muß, daß sie sich mit ihrem Haupte bekehrt habe. Daraus erklärt sich eventuell, daß Zacchäus nur sein halbes Vermögen opfert und seine Familie nicht verläßt, um Jesu nachzufolgen.

Lc. 19, 11–27. Mt. 25, 14–30.

Während sie dem zuhörten, fuhr er fort und sagte ein Gleichnis — da er nahe bei Jerusalem war und man meinte, nun müsse sogleich das Reich Gottes in Erscheinung treten. ¹²Er sprach also: Ein Mann von hohem Geschlecht reiste in ein fernes Land, um Königswürde zu empfangen und dann zurückzukehren. ¹³Und er berief zehn seiner Knechte und gab ihnen zehn Pfund und sagte zu ihnen: werbt damit in der Zeit bis ich heimkehre. ¹⁴Seine Landsleute aber haßten ihn und schickten eine Gesandtschaft hinter ihm her und ließen sagen: wir wollen nicht, daß dieser über uns König werde. ¹⁵Als er nun zurückkam und die Königswürde empfangen hatte, hieß er die Knechte rufen, denen er das Geld gegeben hatte, um zu erfahren, was sie erworben hätten. ¹⁶Der eine trat an und sagte: Herr, dein Pfund hat zehn Pfund mehr gewonnen. ¹⁷Und er sagte zu ihm: ei du wackerer Knecht, du bist über Wenigem treu gewesen; du sollst nun über zehn Städte Gewalt haben. ¹⁸Ein anderer kam und sagte: dein Pfund, Herr, hat fünf Pfund getragen. ¹⁹Auch zu diesem sagte er: so sollst auch du über fünf Städte gesetzt werden. ²⁰Und ein anderer kam und sagte: Herr, da hast du dein Pfund, das ich im Taschentuch verwahrt habe, ²¹denn ich hatte Furcht vor dir, weil du ein strenger Mann bist, nimmst was du nicht eingelegt, und erntest, was du nicht gesäet hast. ²²Er sagte zu ihm: Du fällst dir selbst das Urteil, fauler Knecht! Wußtest du, daß ich ein strenger Mann bin, nehme was ich nicht eingelegt, und ernte was ich nicht gesät habe, ²³warum hast du denn nicht mein Geld in die Bank gegeben, so hätte ich es bei meiner Heimkunft mit Zinsen eingezogen! ²⁴Und er sagte zu den dabeistehenden (Dienern): Nehmt ihm das Pfund und gebt es dem, der zehn Pfund hat [²⁵und sie sagten zu ihm: Herr, er hat ja schon zehn Pfund]; ²⁶denn ich sage euch: wer da hat, dem wird gegeben, und wer nicht hat, dem wird auch das was er hat genommen. ²⁷Doch meine Feinde, die nicht wollten, daß ich König über sie würde, bringt her und schlachtet sie ab vor meinen Augen.

Mit dem Hauptgleichnis von den Pfunden, welches dem des Mt von den Talenten entspricht, hat Lc ein anderes verbunden. Beide beziehen sich auf die Parusie Jesu; sie haben indes verschiedene Adressen. Das Hauptgleichnis richtet sich an die Jünger. Sie sollen sich während der Abwesenheit ihres Herrn werktätig erproben und nicht die Hände in den Schoß legen. Denn die Parusie steht nicht unmittelbar vor der Tür, es liegt eine längere Zwischenzeit in der Mitte, wie in der Einleitung (19, 11) vorbemerkt wird. Das Nebengleichnis, das nur restweise, besonders in 19, 14. 27, erhalten ist, richtet sich gegen die feindlichen Juden. Jesus ist von der Welt geschieden, um sich im Himmel das Königtum zu holen und dann als der Christus Gottes zurückzukehren auf die Erde oder vielmehr zum auserwählten Volk. Die Juden wollen den zum Himmel Gefahrenen aber nicht zum Könige haben, an ihnen wird er bei seiner Parusie Rache nehmen. Die Parusie wird hier (19, 27) ähnlich wie in 18, 1—8 und 11, 49 ss. aufgefaßt als Tag der Rache an den christusfeindlichen Juden. Der Vorgang, der in diesem Nebengleichnis als Fabel dient, daß ein (jüdischer) Prätendent von der (römischen) Oberherrschaft persönlich seine Bestätigung nachsucht, dabei aber mit inneren Gegnern zu tun hat, die gegen ihn protestiren, hat sich mehr als einmal zugetragen; das Beispiel, das man gewöhnlich anzieht, ist das des Archelaus (Jos. Ant. 17, 300), und dies liegt in der Tat am nächsten. Wegen der Verbindung der beiden Gleichnisse hat sich Lc genötigt gesehen, die Adresse nicht bloß auf die Jünger zu beschränken. Übrigens ist nicht bloß in dem Nebengleichnis (B) die Hauptperson ein König, sondern auch in dem Hauptgleichnis (A) bei Lc ein Herr von Land und Leuten. Dies ist sehr wichtig, und dadurch wurde auch die Zusammenschmelzung erleichtert.

19, 11. Wie bereits bemerkt, bezieht sich die Einleitung auf A, nicht auf B. Sie stammt von Lc, aber die Angabe, daß das große Gefolge Jesu glaubte, als er nach Jerusalem zog, er wolle dort das Reich Gottes herstellen, ist schwerlich von ihm erfunden.

19, 12. 13 aus A, mit Ausnahme von $\lambda\alpha\beta\epsilon\tilde{\iota}\nu\ \beta\alpha\sigma\iota\lambda\epsilon\acute{\iota}\alpha\nu\ \varkappa\alpha\grave{\iota}\ \dot{\upsilon}\pi\sigma\sigma\tau\rho\acute{\epsilon}\psi\alpha\iota$ (19, 12). Es heißt nicht τοὺς δ. δ. (19, 13); der εὐγενής hat mehr als zehn Knechte, er wählt nur zu einem bestimmten Zwecke zehn aus. Er gibt ihnen nicht all sein Hab und Gut, sondern nur etwas Weniges, keine Talente, sondern Minen, um sie daran zu erproben und ihnen dann mehr anzuvertrauen. Daß sie alle dieselbe Summe bekommen, ist besser, als daß sie bei Mt eine verschiedene bekommen „je nach ihrer Fähigkeit" (Mt. 25, 15): denn ihre Fähigkeit will der Herr erst versuchen, er weiß sie nicht voraus.

19, 14 ist ganz und gar ein Einsatz aus B.

19, 15—26 aus A. Nur in λαβόντα τὴν βασιλείαν (19, 15) zeigt sich eine sichere Spur von B. Der ganz überflüssige Vorbericht Mt. 25, 16—18, dessen Inhalt sich hernach von selbst ergibt, fehlt bei Lc.

19, 16. **Dein Pfund hat getragen ist feiner als ich habe gewonnen** bei Mt (25, 20).

19, 17. Bei dem Lohn fällt Mt (25, 21) aus dem Gleichnis: „geh ein zu deines Herren Freude". Lc bleibt darin. Die Regierung ist finanzielle Ausbeutung, und wer aus einem Kapital das Zehnfache herauszuschlagen versteht, ist auch befähigt für die rationelle Bewirtschaftung einer Stadt oder eines Verwaltungsbezirkes, und hat zugleich seine Treue bewiesen, da er nicht in eigenem Interesse, sondern in dem seines Herrn gehandelt hat. Die Knechte sind als höhere Beamte zu denken, die zunächst auf die Probe gestellt werden sollen; vgl. zu Mt. 18, 23—35. Ein Einfluß von B hat hier durchaus nicht stattgefunden. — Genauer wäre zu übersetzen gewesen: bravo, daß du über Wenigem treu gewesen bist.

19, 18. Für ὁ δεύτερος muß nach D und anderen Zeugen ὁ ἕτερος gelesen werden, wegen 19, 19. Die Numerirung erklärt sich aus ὁ πρῶτος (19, 17) und aus Mt, wo der Knechte nur drei sind und alle drei an die Reihe kommen, während bei Lc bloß beispielsweise drei. Solche Varianten bei Aufzählungen kommen in den Hss. oft vor, z. B. 18, 10 (D).

19, 24. Die παρεστῶτες sind die Diener, die der Fürst zur Verfügung hat. Bei Mt (25, 28) weiß man nicht, an wen der Befehl ergeht, und der Inhalt desselben (25, 30) fällt aus dem Gleichnis.

19, 25. Eine deutliche Interpolation unterbricht hier die Rede des Herrn, die sich von 19, 24 auf 19, 26 fortsetzt.

19, 27 ist der Schluß von B, der sich ebenso sonderbar abhebt, wie der gleichfalls aus B stammende Einsatz 19, 14.

§ 55–57 Lc. 19, 28–48.

Und nach diesen Worten zog er weiter, hinauf nach Jerusalem. ²⁹Und als er in die Nähe von Bethphage und Bethania an den sogenannten Ölberg kam, trug er zweien seiner Jünger auf: ³⁰Geht in das Dorf vor euch, dort werdet ihr beim Eingang einen jungen Esel [angebunden] finden; auf dem noch kein Mensch gesessen ist, den bindet los und bringt her. ³¹Und wenn euch jemand fragt [warum bindet ihr ihn los], so sagt: der Herr bedarf seiner. ³²Und sie gingen [die Abgesandten und fanden wie er ihnen gesagt hatte, ³³und als sie den Esel losbinden wollten, sagten dessen Herren zu ihnen: was bindet ihr den Esel los] ³⁴und sprachen: der Herr bedarf seiner, ³⁵und brachten den Esel [zu Jesus], warfen ihre Kleider darauf und ließen Jesus aufsitzen, ³⁶und wie er sich in Bewegung setzte, breiteten sie ihre Kleider auf die Straße. ³⁷Als er aber an den Abstieg des Ölbergs kam, begann die ganze Jüngerschar voll Freude Gott mit lauter Stimme zu preisen, ob alle dem was sie geschehen sahen, ³⁸und zu sagen: Heil dem Könige, Friede im Himmel und Ehre in der Höhe! ³⁹Einige [Pharisäer] von der Menge aber sagten zu ihm: Meister, schilt deine Jünger! ⁴⁰Er antwortete: ich sage euch, wenn diese schweigen, so schrien die Steine.

⁴¹Und als er nahe herankam und die Stadt sah, weinte er über sie und sprach: ⁴²Ach wenn doch auch du an diesem Tage erkenntest, was zum Frieden führt; nun aber ist es vor deinen Augen verborgen. ⁴³Denn es werden Tage kommen, da werden deine Feinde Wall und Graben gegen dich aufwerfen und dich einschließen und von allen Seiten bedrängen, ⁴⁴und sie werden dich dem Boden gleichmachen . . . . . und keinen Stein auf dem anderen lassen an dir, dafür, daß du die Zeit nicht erkannt hast, da Gott sich nach dir umsah.

⁴⁵Und er ging in den Tempel und begann die Händler auszutreiben ⁴⁶mit den Worten: es steht geschrieben: mein Haus ist ein Bethaus; ihr aber habt es zu einer Räuberhöhle gemacht. ⁴⁷Und er lehrte täglich im Tempel. Die Hohen-

priester aber und die Schriftgelehrten trachteten ihn zu verderben [und die Häupter des Volks] ⁴⁸und wußten nicht, was tun; denn alles Volk war gespannt, ihn zu hören.

19, 28—38. Das in der Übersetzung Eingeklammerte fehlt in D. Was insonderheit die Verse 32. 33 betrifft, so läßt sich ein Motiv, sie einzusetzen, leicht denken, nicht aber ein Motiv, sie auszulassen. Lc vermeidet es auch in anderen Fällen, Befehl und Ausführung mit den gleichen Worten zu wiederholen; lieber wird er undeutlich. Die Szene ist nicht Jerusalem, sondern der Ölberg und besonders der Abstieg vom Ölberg, wie bei Mc. Die Ovation wird vom πλῆθος der Jünger (6, 16) dargebracht, nicht von dem Volk; aber der Unterschied zwischen dem Volk, das in großer Zahl Jesu folgte, und dem Schweif der Jünger bedeutet nicht viel, und in 19, 39 tritt das Volk ein. Den Heilsruf habe ich in Konsequenz der Lesungen von Syra S. und D zu gestalten mir erlaubt, ähnlich wie Blaß. Das Reich Davids (Mc. 11, 10) kommt nach Lc nicht (vgl. 19, 11); das Osanna läßt er aus, weil er ungriechische Wörter vermeidet. „Ehre in der Höhe" bedeutet nach 2, 14: Ehre sei Gott i. d. H. Schwieriger ist ἐν οὐρανῷ εἰρήνη. In 2, 14 heißt es dafür: und auf Erden ruhe Frieden auf (ἐν) den Menschen. Kann auch dem Himmel nicht bloß δόξα, sondern auch εἰρήνη gewünscht werden? Oder, da εἰρήνη den Gruß bedeutet, kann man Gott grüßen? Daß Lc. 19, 39 das Muster für 2, 14 ist, unterliegt keinem Zweifel, obgleich Weiß das Verhältnis umkehrt.

19, 39. 40. Das unmögliche τῶν φαρισαίων (19, 39) fehlt in der Syra S. Der Ausspruch in 19, 40 hat mit Ambakum 2, 11 nichts zu schaffen, er ist frei geschöpft und leicht verständlich. Ἐάν mit dem Futurum (Blaß § 65, 5) scheint keine mögliche, sondern eine unmögliche Bedingung einzuleiten.

19, 41—44 findet sich nur bei Lc und nimmt Mc. 13 voraus. Der erste Anblick Jerusalems eignet sich sehr gut zu dieser Gefühlsäußerung; aber vorher und nachher ist die Stimmung ganz anders, keineswegs hoffnungslos. Auffallend unterscheidet sich der tiefe Schmerz über den Fall der Stadt von dem Racheschrei in 18, 7s. 19, 27 — das hängt mit dem Unterschied der Zeiten vor und nach der Katastrophe zusammen. Die Friedensbedingungen (19, 42, vgl. 14, 32) sind die mit Gott. Die Worte καὶ τὰ τέκνα σου ἐν σοί (19, 44) sind sehr schwierig. Denn ἐδαφιοῦσίν σε bedeutet nicht sie schmettern zu Boden, so daß man nach Ps. 137, 9 verstehn könnte. Wollte man statt בָּנַיִךְ vermuten בִּנְיָנַיִךְ (deine Bauten), so erhielte man eine höchst überflüssige Aussage. Näher liegt es, an einen Zustandssatz zu denken: während deine Kinder in dir sind. Der müßte freilich am Schluß von 19, 43 stehn: sie werden dich von allen Seiten einschließen, während d. K. in dir sind. Die Juden des platten Landes hatten sich in die Hauptstadt geflüchtet und überfüllten sie bei der Belagerung.

19, 45—48. Die Verfluchung des Feigenbaums (§ 56. 58) läßt Lc begreiflicher Weise aus, hat sie aber nach 17, 8 in Verbindung mit der Anweisung zum Gebet gekannt. Die Reinigung des Tempels wird sehr kurz abgemacht. Sie schließt sich unmittelbar an die Palmarumperikope an. Sofort vom Ölberg hinunter zieht Jesus in Jerusalem ein, die Prozession endet im Tempel, wie bei Mt, gegen Mc. Das Lehren im Tempel (19, 47) wird nicht wie bei Mc als Ereignis dieses bestimmten Tages berichtet, sondern als ein Pflegen καθ' ἡμέραν (Mc. 14, 49). Die Bemerkung Mc. 11, 19 wird erst 22, 37 nachgebracht, und zwar ausführlicher. Das Schema der sechs Tage fehlt, Jesus hält sich unbestimmte Zeit in Jerusalem auf; daher z. B. 20, 1 eines Tages statt am folgenden Tage (Mc. 11, 20. 27). Ἐκρέματο ἀκούων ist mehr aramäisch als ἐκ. ἀκούειν (D), bedeutet aber gleichviel. Es heißt nicht: sie hingen hörend an ihm.

§ 59. 60. Lc. 20, 1–19.

Und eines Tages, da er das Volk im Tempel lehrte und das Evangelium verkündete, traten die Hohenpriester und die Schriftgelehrten herzu, samt den Ältesten ²und sprachen zu ihm: sag uns, kraft welcher Befugnis tust du das, und wer ist es, der dir diese Befugnis gegeben hat? ³Er antwortete: ich will euch auch etwas fragen, sagt mir Bescheid! ⁴war die Taufe Johannes vom Himmel oder von den Menschen? ⁵Sie aber überlegten bei sich: sagen wir vom Himmel, so sagt er: warum habt ihr ihm denn nicht geglaubt? ⁶sagen wir aber: von Menschen, so steinigt uns das ganze Volk, denn sie sind überzeugt, daß Johannes ein Prophet ist. ⁷Und sie antworteten, sie wüßten nicht, woher sie wäre. ⁸Und Jesus sprach zu ihnen: so sage auch ich euch nicht, kraft welcher Befugnis ich dies tue. ⁹Er begann aber dieses Gleichnis zum Volke zu sagen. Ein Mann pflanzte einen Weinberg und tat ihn aus an Pächter und ging außer Landes geraume Weile. ¹⁰Und seiner Zeit sandte er einen Knecht an die Pächter, daß sie ihm von der Frucht des Weinberges sein Teil gäben; sie aber schlugen ihn und ließen ihn mit leeren Händen ziehen. ¹¹Und er sandte noch einen anderen Knecht, auch den schlugen und beschimpften sie und ließen ihn mit leeren Händen ziehen. ¹²Und noch einen dritten sandte er, den verwundeten sie und warfen ihn hinaus. ¹³Da sagte der Herr des Weinberges: was soll ich tun? ich will meinen geliebten Sohn hinsenden, vielleicht scheuen sie sich vor dem. ¹⁴Als aber die Pächter ihn sahen, überlegten sie mit einander und sagten: das ist der Erbe, laßt uns ihn töten, damit das Erbe unser werde. ¹⁵Und sie warfen ihn aus dem Weinberge hinaus und töteten ihn. Was wird nun der Herr des Weinberges ihnen tun? ¹⁶er wird kommen und die Pächter umbringen und den Weinberg anderen geben. Als sie das hörten, sagten sie: das sei ferne. ¹⁷Er aber blickte sie an und sprach: was bedeutet denn dies Wort der Schrift: der Stein, den die Bauleute verworfen haben, der ist zum Kopfstein geworden, ¹⁸wer auf jenen Stein fällt, wird zerschellen, auf wen aber er fällt, den wird er zermalmen. ¹⁹Und die Schriftgelehrten und die Hohenpriester suchten zur selben Stunde Hand an ihn zu legen, fürchteten sich aber vor dem Volke. Denn sie erkannten, daß er das Gleichnis auf sie gesagt hatte.

20, 1—8. Durch „eines Tages" (20, 1) wird die zeitliche Beziehung der von den jüdischen Oberen an Jesus gestellten Frage zu seinem stürmischen Auftreten im Tempel gelockert und die kausale unkenntlich gemacht. Sie fragen ihn vielmehr nach der Befugnis seines εὐαγγελίζασθαι. In 20, 6 verdient der Plural πεπεισμένοι γάρ εἰσιν (D) den Vorzug vor dem Singular.

20, 9—19. Die Adresse an das Volk ist in D ausgelassen, weil nach 20, 16ᵇ—19 vielmehr die Oberen angeredet erscheinen; doch hört auch das Volk zu. Die ausführliche Wiederholung von Isa. 5 in Mc. 12, 1 fehlt bei Lc mit Recht. Καιρῷ (20, 10) kann zwar nicht, muß aber bedeuten: zu der geeigneten Zeit. Die

Sendung noch anderer Knechte nach dem dritten übergeht Lc; die Tötung verspart er für den Sohn, sie erfolgt außerhalb des Weinberges, wie bei Mt. In 20, 16 wird die Antwort von Jesus selber gegeben, nicht von den Gegnern, wie bei Mt. Im Gegenteil, die Gegner sagen: μὴ γένοιτο. Ihre Erwiderung ist genau so unsinnig wie ὁ ὕστερος Mt. 21, 31 (vgl. zu d. St) und bestätigt dieses. Sie wird erklärt am Schluß von 20, 19 (nach Mc. 12, 12): sie erkannten, das Gleichnis sei auf sie gemünzt. Diese Worte werden darum in der Syra S. in 20, 16 eingeschoben. Aber sie haben dort den Ausfall des Nachsatzes zu als sie das hörten verschuldet, so daß der Text garnicht mehr zu verstehn ist. Denn die Konstruktion von Merx ist unmöglich und ergibt auch keinen Sinn. Das Zitat 19, 17 (Ps. 118, 22) ist bei Lc verkürzt, dagegen in 19, 18 aus unbekannter Quelle noch ein anderes, ganz heterogenes hinzugefügt, welches auch in dem unechten Verse Mt. 21, 44 erscheint. Die Zugehörigkeit von 20, 19 zu dem Vorhergehenden kann nicht bezweifelt werden; die Explizirung des Subjekts ändert daran nichts.

§ 61–63. Lc. 20, 20–40.

Und sie entfernten sich und schickten Aufpasser, fromm tuende Heuchler, um ihn bei einem Worte zu fassen, damit sie ihn der Obrigkeit und der Gewalt des Landpflegers überliefern könnten. [21]Und sie fragten ihn: Meister, wir wissen, daß du gerade sprichst und lehrst, und keine Person ansiehst, sondern nach der Wahrheit den Weg Gottes lehrst — [22]dürfen wir dem Kaiser Steuer geben oder nicht? [23]Er merkte aber ihre Arglist und sprach zu ihnen: [24]weiset mir einen Silberling! wessen Bild und Aufschrift trägt er? Sie sagten: des Kaisers. [25]Da sprach er zu ihnen: also entrichtet dem Kaiser, was des Kaisers ist, und Gotte, was Gottes ist. [26]Und sie konnten ihn nicht angesichts des Volkes bei einer Äußerung fassen, und verwundert über seine Antwort schwiegen sie still.
[27]Es kamen aber einige Sadducäer heran, die da sagen, es gebe keine Auferstehung und fragten ihn: [28]Meister, Moses hat uns vorgeschrieben, wenn einem ein Bruder, der ein Weib hat, kinderlos stirbt, so solle sein Bruder das Weib nehmen

und seinem Bruder Nachkommen erzeugen. ²⁹Nun waren sieben Brüder, der erste nahm eine Frau und starb kinderlos, ³⁰und der zweite nahm sie ³¹und der dritte, und so alle sieben, und starben kinderlos. ³²Zuletzt starb auch die Frau. ³³Nun bei der Auferstehung, wessen Weib wird sie da sein? sie haben sie ja alle sieben gehabt. ³⁴Und Jesus sprach zu ihnen: Die Kinder dieser Welt freien und lassen sich freien. ³⁵Die aber der Teilhaftigkeit an jener Welt und der Auferstehung von den Toten gewürdigt worden sind, freien nicht und lassen sich nicht freien, ³⁶denn sie können ja auch nicht sterben. Sondern sie sind gleich den Engeln [und Söhne Gottes] als Söhne der Auferstehung. ³⁷Daß aber die Toten auferstehn, deutet Moses an in der Geschichte vom Dornbusch, wie er den Herrn nennt den Gott Abrahams und den Gott Isaaks und den Gott Jakobs — ³⁸Gott ist er nicht von Toten, sondern von Lebendigen, denn alle sind ihm lebendig. ³⁹Einige von den Schriftgelehrten aber antworteten: Meister, du hast gut geredet. ⁴⁰Denn sie wagten nicht mehr, ihm irgend eine Frage vorzulegen.

20, 20—26. Den Eingang und den Schluß hat Lc frei behandelt, in dem Bewußtsein, daß die Übergänge nicht zur eigentlichen Tradition gehören. Die Herodianer kennt er nicht, die Pharisäer umschreibt er, ohne sie zu nennen, wie in 18, 9.

20, 27—38. Den Vers 31, dessen fehlerhafte Konstruktion durch die Variante in D nicht verbessert wird, habe ich nach der Syra S. wiedergegeben, die wenigstens sinngemäß übersetzt. Den Schluß von Mc. 12, 25 hat Lc theologisch erweitert. Kinder zeugen heißt Ersatz schaffen für die Gestorbenen, künftig aber hört das Sterben auf und also auch das Heiraten (20, 36). Der Satz καὶ υἱοί εἰσιν θεοῦ fehlt in der Syra S.; er deckt sich in der Tat mit dem vorhergehenden Satze ἰσάγγελοί εἰσιν (denn Söhne Gottes ist synonym mit Engeln, vgl. LXX Gen. 6, 2), uud wegen der Wiederholung des εἰσίν muß einer von beiden weichen. Die Lesart von D ἰσάγγελοί εἰσιν τῷ θεῷ (sie sind gleich den Engeln wie Gott) scheint ein Kompromiß zu sein. Die Auferstehung macht die Menschen zu Engeln oder zu Söhnen Gottes, vgl. Sapientia 5, 4. 6, 20. Aber nicht alle werden ihrer gewürdigt, wie in 20, 35 angedeutet wird; Lc scheint die Auferstehung auf die Gerechten zu beschränken (14, 14). Was der Schluß von 19, 38 in diesem Zusammenhange besagen soll, versteh ich nicht.

20, 39. 40 ist ein Rest des § 63 (Mc. 12, 28—34), der im übrigen hier ausgelassen wird, weil er schon in 10, 25ss. verwendet ist.

§ 64–66. Lc. 20, 41–21, 4.

Er sprach aber zu ihnen; Wie kann man sagen, der Christus sei Davids Sohn? ⁴²David selbst sagt ja im Psalmbuch: der Herr sprach zu meinem Herrn: setz dich zu meiner Rechten, bis ich deine Feinde als Schemel unter deine Füße lege! ⁴³David also nennt ihn Herr, wie ist er denn sein Sohn?
⁴⁵Vor den Ohren des ganzen Volkes aber sprach er zu seinen Jüngern: ⁴⁶Hütet euch vor den Schriftgelehrten, die es lieben in feierlicher Tracht einherzugehn und gegrüßt sein wollen auf den Straßen und gern obenan sitzen in den Synagogen und am Tisch beim Mahle — ⁴⁷und fressen der Witwen Hausgut und verrichten lange Gebete zum Schein: die werden die schlimmste Strafe empfangen.
²¹,¹Und er blickte auf und sah die, die ihre Gaben in den Opferstock warfen, reiche Leute. ²Er sah aber eine ärmliche Witwe zwei Scherflein einwerfen ³und sprach: Wahrlich, ich sage euch, diese arme Witwe hat mehr als die anderen eingelegt, ⁴denn alle diese haben aus ihrem Überfluß eingelegt, diese aber hat aus ihrer Dürftigkeit eingelegt, die ganze Habe, die sie hatte.

20, 41—44 nach Mc. 12, 35—37, ohne wesentliche Änderungen.
20, 45—47 nach Mc. 12, 38—40, mit Hinzufügung der Adresse: an die Jünger, aber in Anwesenheit des Volkes; vgl. Mt. 23, 1.
20, 1—4 nach Mc. 12, 41, 44, ohne wesentliche Änderungen. Das Kupfergeld (Mc. 12, 41) vermeidet Lc (21, 1), wie auch sonst.

§ 67. 68. Lc. 21, 5–36.

Und da etliche über den Tempel sagten, daß er mit schönen Steinen und Weihgeschenken geschmückt sei, sprach er: ⁶Was ihr da seht — es kommen Tage, wo daran kein Stein auf dem anderen bleibt, der nicht abgebrochen werde. ⁷Sie fragten aber: Meister, wann wird das geschehen? und was ist das Zeichen der Zeit, wann es geschehen wird? ⁸Er sprach: Habt Acht, daß ihr nicht irre geführt werdet! Denn viele werden kommen auf meinen Namen und sagen: ich bin es, und die Zeit steht nah bevor — folgt ihnen nicht. ⁹Hört ihr von Kriegen und Wirren, so laßt euch nicht beunruhigen; das muß zuerst eintreten, aber das Ende (kommt) nicht sogleich. ¹⁰Darauf sprach er zu ihnen. Ein Volk wird sich wider das andere erheben und ein Reich wider das andere; ¹¹große Erdbeben hier und da werden sein und Hungersnöte und Seuchen, am Himmel werden grausige Dinge und große Zeichen sein. ¹²Vor alledem aber werden sie Hand an euch legen, euch verfolgen und an die Gerichte übergeben und in die Gefängnisse, so daß ihr vor Könige und Statthalter geführt werdet um meines Namens willen. ¹³Es wird darauf hinauskommen, daß ihr Zeugen werdet. ¹⁴Prägt euch nun ein, daß ihr euch nicht vorbereitet auf eure Verantwortung, denn ich werde euch Rede und Weisheit geben, wogegen alle eure Widersacher nicht aufkommen können. ¹⁶Ihr werdet aber auch von Eltern und Brüdern und Verwandten und Freunden ausgeliefert werden, und sie werden einige von euch töten, ¹⁷und ihr werdet von allen gehaßt werden wegen meines Namens. ¹⁸Und kein Haar von eurem Haupte wird verloren sein, ¹⁹durch eure Standhaftigkeit werdet ihr eure Seelen erwerben.

²⁰Wenn ihr aber seht, daß Jerusalem von Heerlagern eingeschlossen wird, so erkennt, daß die Verwüstung der Stadt bevorsteht. ²¹Dann mögen die Leute [in Judäa auf die Berge fliehen und] innerhalb der Stadt auswandern, und die auf dem Lande nicht hereinkommen; ²²denn es sind die Tage der Rache, zur Erfüllung alles dessen, was geschrieben steht. ²³Wehe aber den Schwangeren und den säugenden Müttern in jenen Tagen; denn es wird eine große Not kommen über das Land und ein Zorn gegen dieses Volk. ²⁴Und sie werden durch das Schwert fallen und in Sklaverei geführt werden unter alle Heiden; und Jerusalem wird zertreten werden von den Heiden, bis daß die Zeit der Heiden erfüllt ist.

²⁵Und (dann) werden Zeichen an Sonne Mond und Sternen eintreten, und auf Erden eine ratlose Angst unter den Heiden, ein Meeres-tosen und -wogen, da die Menschen vergehn in banger Erwartung der Dinge, die über die Menschenwelt hereinbrechen; denn die Himmelsmächte werden ins Schwanken ge-

raten. ²⁷Und dann werden sie den Menschensohn kommen sehen in einer Wolke mit großer Macht und Herrlichkeit. ²⁸Wenn aber das anfängt zu geschehen, so richtet euch auf und erhebt euer Haupt, denn eure Erlösung naht.

²⁹Und er sagte ihnen ein Gleichnis: Seht den Feigenbaum an und die anderen Bäume; ³⁰wenn sie treiben, so erkennt, daß der Sommer nahe ist — ³¹ebenso erkennt auch, daß das Reich Gottes nahe ist, wenn ihr das alles seht. ³²Amen, ich sage euch, dies Geschlecht wird nicht vergehn, bis es alles geschieht. ³³Himmel und Erden werden vergehn, meine Worte aber werden nicht vergehn. ³⁴Habt aber acht auf euch, daß eure Herzen nicht stumpf werden durch Fressen und Saufen und Sorgen der Nahrung, und jener Tag dann plötzlich über euch kommen wie ein Fallstrick. ³⁵Denn er wird kommen über alle die auf der ganzen Erde wohnen. ³⁶Seid nun allezeit wach im Gebet, damit ihr vermöget zu entrinnen alle dem, was geschehen soll, und zu stehn vor dem Menschensohne.

21, 5. Auf 17, 22ss. läßt Lc hier die Parallele aus Mc folgen, während Mt beides verschmilzt. Die §§ 67 und 68 (Mc. 13, 1. 2. 13, 3—37) zieht er in eins zusammen. Die Anrede ergeht nicht an die vier Intimen, nicht einmal an die Jünger überhaupt, sondern an τινές; diese nennen Jesus διδάσκαλε (21, 7), während die Jünger κύριε oder ἐπιστάτα sagen. Trotzdem ist auch bei Lc der Inhalt der Rede deutlich für die Jünger bestimmt. Der Anlaß, sie in der Adresse aus dem Spiel zu lassen, ist vielleicht darin zu suchen, daß sie schon einmal (17, 22) die selbe Frage getan und eine Antwort erhalten haben, die sie hätte abhalten müssen, darauf zurückzukommen.

21, 6. Das Relativum ἅ darf unmöglich gestrichen werden. Ταῦτα ἅ θεωρεῖτε ist vielmehr casus pendens. Der muß aber hernach wieder aufgenommen werden: was ihr da seht (diese Mauern) — es kommt eine Zeit, wo daran nichts bleibt. Diese rückweisende Bestimmung findet sich auch in der Tat in der Syra S. (daran) und in D (ὧδε) und ist um so sicherer echt, weil sie in diesen Zeugen wegen des dort fehlenden ἅ entbehrlich wäre. Neben ὧδε steht in D (aber nicht in der Syra S.) noch ἐν τοίχῳ; das ist eine gleichgiltige und überflüssige Erklärung von ὧδε.

21, 7 wird gegen Mc. 13, 13 ohne Unterbrechung angeschlossen. Die Frage nach dem Zeichen stellt auch Lc voran; daß das Folgende eine Antwort darauf ist, läßt sich aber bei ihm weniger gut erkennen als bei Mc. In D heißt es: τί τὸ σημεῖον τῆς σῆς ἐλεύσεως. Das ist konformirt nach Mt; ἔλευσις (Lc. 23, 42 D) ist synonym mit παρουσία. Vgl. zu Mt. 24, 3.

21, 8. Über die Schwierigkeit von ἐπὶ τῷ ὀνόματί μου s. zu Mc. 13, 6. Mt. 24, 5. Es ist vielleicht unecht, wenngleich uralt; denn es kann kaum verstanden werden: sie maßen sich den Titel des Christus an, der mir allein zusteht. Ich bin es bedeutet bei Lc wie bei Mt: ich bin der erwartete rechte Mann. Das erhellt aus dem Zusatz: und die Zeit ist nahe. Damit kündigt sich der Messias an, der das Reich Gottes in Bälde herstellen wird. — 21, 9 = Mc. 13, 7.

21, 10. 11 (Mc. 13, 8). Die einleitenden Worte, die einen Absatz markiren, fehlen in D und Syra S.

21, 12 (Mc. 13, 9). Die Verfolgung der palästinischen Gemeinde liegt vor den in 21, 9—11 angekündigten Ereignissen, weil sie bei Lc schon der Vergangenheit angehört und es sich gezeigt hat, daß sie mit den Wehen des Messias nicht zusammenfällt. — Mc. 13, 10 fehlt.

21, 13—15. Der Vers 13 schwebt in der Mitte zwischen Vers 12 und 14. Auch hier wie in 5, 14 wird εἰς μαρτύριον αὐτοῖς (bei Mc) verwandelt in εἰς μ. ὑμῖν, der Sinn aber dadurch nicht entstellt, wenngleich modifizirt; vgl. zu Mc. 13, 9. Es ist eine Ehre für die Jünger, daß sie Zeugen sein werden, freilich nicht gerade Blutzeugen. Sie sollen sich aber nicht präpariren (21, 14. 15 = Mc. 13. 11). Der Wortlaut von 21, 15 berührt sich auffallend mit Act. 6, 10; Stephanus ist das Musterbeispiel eines Zeugen.

21, 16—19 (Mc. 13, 12. 13). Der Vers Mc. 13, 12, der dort alttestamentliches Gepräge hat, wird von Lc den Verhältnissen der Christen in Palästina angepaßt; vgl. zu Mt. 10, 35. In 21, 18 wird natürlich nicht gesagt, daß ihnen kein Haar gekrümmt werden soll, sondern nur, daß auch das geringste Leid ihnen nicht von ungefähr widerfährt, sondern von Gott berücksichtigt wird; vgl. Mt. 10, 28—30, und zu ἀπόληται Mt. 10, 42.

21, 20ss. (Mc. 13, 14ss.). Von dem mysteriösen danielischen Greuel der Verwüstung als Beginn der Peripetie, in Verbindung mit dem Menschensohn als ihren Schluß, ist bei Lc keine Rede. Er macht daraus klipp und klar die Verwüstung Jerusalems. Die

Drangsal der Juden endet nicht mit ihrer Rettung durch den
Menschensohn, sondern mit ihrer Vernichtung. Der Menschensohn
schreitet erst nach ihrer Vernichtung gegen die Heiden ein, nachdem auch deren Zeit erfüllt ist. Die Parusie fällt also nicht zusammen mit der Katastrophe Jerusalems; diese ist nicht das
Ende und kann es nicht mehr sein, weil sie bereits der Vergangenheit angehört. Daher wird sie auch von Lc mit eigentlicheren
Zügen beschrieben als von Mc und Mt. Er hat die Weissagung
up to date gebracht, nachdem der ursprüngliche Termin ihrer Erfüllung verstrichen war und es sich herausgestellt hatte, daß mit
der Zerstörung der heiligen Stadt das Ende und der Messias doch
nicht gekommen waren. Eine solche Prolongirung des Wechsels
ist für die Apokalyptik überhaupt bezeichnend.

21, 21. Da das (οἱ ἐν μέσῳ) αὐτῆς nur auf Jerusalem gehn
kann, so entsteht ein Bedenken gegen den ersten Satz, wonach es
auf Judäa bezogen werden müßte. Er kann aus Mc. 13, 14 eingedrungen sein.

21, 22. Die ἐκδίκησις (18, 7. 8. 19, 27) tritt bei Lc stärker
hervor als bei Mt, doch vgl. Mt. 23, 35 (Lc. 11, 50).

21, 24. Hier scheint die Historie am deutlichsten durch, es
wird Rücksicht genommen auf Dinge, die als weitere Folgen nach
der Zerstörung eintreten. Aus dem Schlußsatz, der sich an Ezech.
30, 3 lehnt, geht hervor, daß nunmehr in 21, 25ss. die Heiden an
die Reihe kommen.

21, 25—28 ist durch einen längeren zeitlichen Zwischenraum,
nicht bloß durch die kurze Frist der Belagerung, von 21, 20—24
getrennt, und nicht mehr Vergangenheit, sondern wirkliche Zukunft.
Der Menschensohn entspricht nicht mehr als Endtermin der messianischen θλῖψις dem Greuel der Verwüstung als Anfangstermin,
und der Schauplatz seines Erscheinens ist nicht Jerusalem, sondern
die οἰκουμένη. Das Gericht ist ein Gericht über die Heiden zu
gunsten der Christen; diese haben sich bisher geduckt, sollen aber
nunmehr in freudiger Erwartung den Kopf erheben und ausschauen.
Ihre Erlösung geschieht nicht durch den Tod Jesu, sondern durch
die Parusie (24, 21) — was ohne Zweifel die ältere Vorstellung
ist. Mc. 13, 24—27 schimmert kaum noch durch und ist völlig
christianisirt.

21, 29—31 (Mc. 13, 28. 29). Bei Lc fällt es weniger auf als
bei Mc, daß ταῦτα πάντα (21, 31) nicht das Ende selber, sondern

nur das Vorzeichen des Endes sein soll. Er hat richtig empfunden, daß die Feige als einfacher Baum in diesen Zusammenhang nicht paßt, und darum hinzugefügt (21, 29): und die anderen Bäume; vgl. zu Mt. 24, 32. Den Imperativ γινώσκετε und τὸ θέρος hat er aber stehn lassen. Βλέποντες ἀφ' ἑαυτῶν (21, 30) fehlt in D und Syra S. und ist wol aus 12, 57 eingedrungen. Es würde besser in 21, 31 hinter ὑμεῖς stehn; ihre Erfahrung in betreff der Bäume sollen sie anwenden auf die Zeichen der Geschichte. Das andere wäre idem per idem.

21, 32. 33 ist aus Mc. 13, 30. 31 übernommen, obwol 21, 32 zu der Gegenwart des Lc garnicht mehr paßt.

21, 34—36. Den Vers Mc. 13, 32 hat Lc entweder ausgelassen oder noch nicht vorgefunden, vgl. Act. 1, 7. Den paränetischen Schluß Mc. 13, 33—37 hat er durch einen anderen ersetzt. Mit großem Nachdruck wird in 21, 35 betont, daß die Parusie der ganzen Welt gilt, wie in 21, 26 der οἰκουμένη — mit Jerusalem und dem heiligen Lande hat sie nichts Spezielles mehr zu tun. Σταθῆναι ἔμπροσθεν (21, 36) bedeutet: vor den Richtstuhl gestellt werden oder treten.

§ 69-72. Lc. 21, 37-22, 13.

Er war aber die Tage im Tempel und lehrte, die Nächte verbrachte er draußen auf dem sogenannten Ölberge, ³⁸und morgens früh kam alles Volk zu ihm, ihn im Tempel zu hören.
²², ¹· Das Fest der ungesäuerten Brode stand aber bevor, welches Pascha genannt wird. ²Und die Hohenpriester und die Schriftgelehrten suchten nach Mitteln und Wegen ihn umzubringen, denn sie fürchteten sich vor dem Volk.
³Und der Satan fuhr in Judas den sogenannten Iskariotes, einen aus der Zahl der Zwölfe, ⁴und er ging und beredete sich mit den Hohenpriestern und Hauptleuten, wie er ihn in ihre Hand liefern könnte. ⁵Und sie waren froh und versprachen ihm Geld zu geben. ⁶Und er sagte zu und suchte Gelegenheit, ihn zu überliefern, wenn er nicht von der Menge umgeben wäre.
⁷Es trat nun der Tag der ungesäuerten Brode ein, an dem das Pascha geschlachtet werden mußte. ⁸Und er trug Petrus und Johannes auf: geht und richtet uns das Pascha

an, daß wir es essen. ⁹Sie fragten ihn: wo sollen wir es anrichten? ¹⁰Er sprach: Wenn ihr in die Stadt hineinkommt, wird euch ein Mann begegnen, der einen Krug Wasser trägt; dem folgt in das Haus, in das er eintritt. ¹¹Und sagt dem Herrn des Hauses: der Meister läßt dir sagen: wo ist mein Quartier, da ich das Pascha esse mit meinen Jüngern? ¹²Und er wird euch ein großes Oberzimmer zeigen, mit Teppichen belegt; da richtet an. ¹³Sie gingen hin, und fanden es wie er ihnen gesagt hatte, und richteten das Pascha an.

21, 37. 38 wie Mc. 11, 19. Lc begnügt sich mit der allgemeinen Angabe und erwähnt das besondere Aus- und Eingehen an jedem einzelnen Tage nicht. Bethania als Aufenthalt Jesu erwähnt er in der Passionsgeschichte nirgends.

22, 1. 2 weicht von Mc. 14, 1. 2 ab. „Das Pascha und die Azyma" wird inkorrekt verändert in: das Fest der Azyma, welches Pascha heißt. „Über zwei Tage" und „nicht am Fest, daß kein Auflauf entstehe" wird ausgelassen, um den Widerspruch zu vermeiden, daß Jesus nach dem Folgenden doch am ersten Festtage hingerichtet wird. Es ist wichtig, daß Lc diesen Widerspruch empfunden hat. Den § 70 (Mc. 14, 3—9) übergeht er mit Rücksicht auf 7, 34ss.

22, 3—6 ist eine freie Wiedergabe von Mc. 14, 10. 11. Der Satan spielt auch in 22, 31 ein. Zu ἄτερ (22, 35) s. Blaß § 40, 6. Über die στρατηγοί vgl. Schürer³ 2, 265s.; sie fehlen hier in D.

22, 7—13 getreu nach Mc. 14, 12—16, mit nur unwesentlichen Änderungen. Die zwei Jünger (Mc. 14, 13) sind bei Lc Petrus und Johannes. Daß das Pascha auf den ersten Tag der Azyma fällt (22, 7), ist richtig, wenn der Abend und die Nacht den Tag eröffnet. Vgl. 22, 34. 61: heute, bevor der Hahn kräht.

§ 74. 73 Lc. 22, 14-23.

Und als die Stunde kam, setzte er sich zu Tisch und die Apostel mit ihm. ¹⁵Un er sprach zu ihnen: Mich hat herzlich verlangt, dieses Pascha mit euch zu essen, bevor ich leide; ¹⁶denn ich sage euch, ich werde es nicht mehr essen, bis es gegessen wird im Reiche Gottes. ¹⁷Und er nahm den Kelch, dankte und sprach: Nehmt den und teilt ihn unter euch; ¹⁸denn ich sage euch, ich werde von nun an nicht mehr von dem Gewächs des Weinstocks trinken, bis das Reich Gottes kommt. ²¹Doch siehe, die Hand dessen, der mich verrät, ist mit mir auf dem Tisch. ²²Der Menschensohn geht zwar dahin, wie es bestimmt ist, doch wehe dem Menschen, durch den er verraten wird. ²³Und sie begannen hin und her zu reden, wer von ihnen es wäre, der dies tun würde.

[¹⁹Und er nahm Brod, dankte und brach und gab es ihnen und sprach: ²⁰das ist mein Leib, der für euch gegeben wird, das tut zu meinen Gedächtnis. ²⁰Und ebenso den Kelch nach dem Essen und sprach: dieser Kelch ist der neue Bund in meinem Blut, das für euch vergossen wird.]

22, 14. Lc nennt die Zwölf (Mc. 14, 17) die Apostel. Den § 74 (Mc. 14, 18—21) stellt er hinter § 73 (22, 21—23).

22, 15—18. Lc hebt geflissentlich hervor, daß das Abendmahl das Pascha war — was er durch die Auslassungen in 22, 1. 2 vorbereitet hat. Daß Jesus nicht bloß sein Verlangen nach dem Pascha ausspricht, sondern es auch wirklich mit den Jüngern ißt, unterläßt er zu sagen, weil es sich von selbst versteht; gerade so fügt er in 22, 17. 18 nicht hinzu, daß der Wein wirklich getrunken wurde. An das Essen des Pascha wird ein ganz analoger Spruch geknüpft, wie an das Trinken des Weines (22, 18); überhaupt ist 22, 15. 16 ganz konform mit 22, 17. 18. Das letzte Paschamahl ist die Vorstufe zum Mahl im Reiche Gottes. Die Lesart $\beta\rho\omega\vartheta\tilde{\eta}$ (D) statt $\pi\lambda\eta\rho\omega\vartheta\tilde{\eta}$ in 22, 16 verdient den Vorzug, ein wesentlicher Unterschied des Sinnes besteht nicht.

Daß der Bericht Lc. 22, 14—18 dem Bericht Mc. 14, 22—25 entsprechen soll, erhellt namentlich aus dem völlig identischen Schluß (Lc. 22, 18. Mc. 14, 25). Aber die Unterschiede sind sehr groß; darüber ist bereits im Kommentar zu Mc p. 123s. gehandelt. Der Akt weist bei Lc keine Spur von fester liturgischer Form auf, er ist rein historisch, das letzte Paschamahl. Es wird ausdrücklich gesagt, daß es das letzte sein und auf Erden nicht mehr wiederholt werden solle, sondern nur im Reiche Gottes, auf höherer Stufe. Von dem Hingeben des Fleisches und Blutes ist gar keine Rede; in 22, 27ss. wird vielmehr die Idee der Diakonie Jesu hervorgehoben, und als $\delta\iota\alpha\vartheta\acute{\eta}\varkappa\eta$ das Essen und Trinken im Reich Gottes.

Natürlich hat diese außerordentliche Verschiedenheit Anstoß hervorgerufen. In 22, 19. 20 ist darum von späterer Hand die gewöhnliche Darstellung nachgetragen, und zwar mit den Worten des Paulus (1 Kor. 11, 23—25). Aber völlig unvermittelt und völlig post festum — es kann doch nicht ein Mahl sofort auf das andere gesetzt und zweimal gegessen und getrunken werden. Dazu kommt die Unsicherheit der Überlieferung des Textes. Auch hierüber ist schon zu Mc das nötige bemerkt worden. Der Hauptbeweis für den Paulinismus des Lc steht auf sehr schwachen Füßen.

22, 21—23 schließt an 22, 18 an. Bei Lc redet Jesus nur im allgemeinen von Verrat, er nennt oder bezeichnet den Verräter nicht, so daß die Szene mit dem Gefrage der Zwölf unter einander schließt, wer es wol sein möchte. Auch unterbricht die Weissagung den Zusammenhang nicht, sondern kommt erst am Ende. Aber diese Umstellung soll doch die Unterscheidung zwischen Pascha und Abendmahl beseitigen, die bei Mc durch die Einschiebung von § 73 vor § 74 bewirkt wird. Überhaupt wird die Version des Abendmahls bei Lc nicht die ursprüngliche sein, so geschickt sie auch ist. Die des Mc wird durch Mt und Paulus bestätigt. Lc hat sie (von Mc. 14, 25 aus) umgeformt, um das Abendmahl zum Pascha zu machen — was dem Mc trotz allem nicht gelungen ist. Er hat das getan dem Zusammenhang der Erzählung zu lieb, aber vielleicht auch zu dem Zweck, eine Fortsetzung der jüdischen Paschafeier seitens der Christen zu bekämpfen. Dieses Pascha sollte das letzte sein und bleiben, bis zum Eintritt des Reiches Gottes. Das gemeinsame Brodbrechen der Christen wird dadurch nicht angetastet, da es einen ganz anderen Ursprung hat.

Lc. 22, 24-38. § 53. 75.

Es entstand aber auch ein Zank unter ihnen, wer der größte sei. [25]Da sprach er zu ihnen: Die Könige der Völker schalten mit ihnen, und ihre Gewalthaber werden Woltäter genannt. [26]Ihr aber nicht also; sondern der Größte unter euch sei wie der Jüngste, und der Oberste wie der Bedienende. [27]Denn wer ist mehr, der zu Tisch sitzt oder der bedient? Ihr meint: der zu Tisch sitzt? Aber ich selber bin unter euch wie der Bedienende. [28]Ihr jedoch seid die, die mit mir in meinen Versuchungen ausgeharrt haben, [29]und ich vermache euch Herrschaft, wie mir mein Vater, [30]so daß ihr an meinem Tische in meinem Reich essen und trinken sollt, und auf Thronen sitzen, um die zwölf Stämme Israels zu regieren. ³¹Simon Simon, der Satan hat begehrt, euch zu sichten wie Weizen, ³²ich aber habe für dich gebeten, daß dein Glaube nicht ausgehe, und wenn du dich zurückgefunden hast, so stärke deine Brüder. ³³Er sagte zu ihm: Herr, mit dir bin ich bereit, auch in Gefängnis und Tod zu gehn. ³⁴Er sprach: ich sage dir, Petrus, der Hahn wird heute nicht krähen, ehe du mich dreimal verleugnet und gesagt hast, du kenntest mich nicht.

³⁵Und er sprach zu ihnen: als ich euch ohne Beutel und Tasche und Schuhe aussandte, hat euch da etwas gemangelt? Sie sagten: nichts. ³⁶Er sprach: aber jetzt, wer einen Beutel hat, der nehme ihn, und wer kein Schwert hat, verkaufe seinen Mantel und kaufe ein Schwert; ³⁷denn ich sage euch, dies Wort der Schrift muß an mir erfüllt werden: und er ward unter die Übeltäter gerechnet — denn das über mich Gesagte kommt (jetzt) zu Ende. ³⁸Sie aber sagten: es sind zwei Schwerter da. Er sprach: es langt.

22, 24—30 entspricht dem § 53 (Mc. 10, 35—44), den Lc an seiner Stelle ausgelassen hat, ist jedoch aus anderer Quelle geschöpft, von der in Mt. 19, 28 eine Spur sich zeigt. Die historische Einleitung von den Zebedaiden fehlt, bis auf einen Rest, den Zank der Jünger (22, 24). Das διακονεῖν ist ganz anders und zwar dem Sinn des Worts viel entsprechender gefaßt, als in Mc. 10, 44. Das Beispiel dazu ist nicht der Tod Jesu, sondern sein Abendmahl, bei dem er den Jüngern aufwartet, d. h. ihnen zu essen und zu trinken gibt. Nach Johannes (13, 1—11) wäscht er ihnen sogar die Füße — das ist eine Verschärfung der διακονία, aber die Auffassung der Bedeutung des Abendmahls bleibt die gleiche.

22, 27. Jesus sagt: mein Beispiel zeigt, daß, im Gegensatz zu der gewöhnlichen Meinung, der Bedienende der Größere ist. Der übliche Text, der auch von der Syra S. bestätigt wird, gibt einen guten Sinn und ich habe ihn vorgezogen. In D heißt es in Vers 26ᵇ und 27: „der Oberste soll lieber wie der Bedienende sein als wie der zu Tisch Sitzende; denn ich selber bin in eure Mitte gekommen nicht als zu Tisch Sitzender, sondern als Bedienender, und ihr seid gewachsen in meinem Dienst [wie der Bedienende].". Die Erweiterung der zweiten Hälfte von Vers 26 hängt mit der Auslassung der ersten Hälfte von Vers 27 zusammen; der Sinn wird dadurch nicht verändert. Merkwürdig aber ist das Plus am Schlusse: ihr seid gewachsen in meinem Dienst (vgl. D. Mt. 20, 28). In meinem Dienst müßte nach dem Voraufgegangenen bedeuten: dadurch, daß ich euch diene. Es soll aber wol bedeuten: dadurch daß ihr mir dient. Blaß ist einem Anfall von Inspiration erlegen und hat unter Benutzung von allerlei Spreu nach eigenem Ermessen einen funkelnagelneuen Text geschaffen.

22, 28. Die Apostel haben es verdient, so von Jesus behandelt zu werden — wie jene treuen Knechte in 12, 37. Die Versuchungen sind äußere Verfolgungen und Leiden, von denen hier vorausgesetzt wird, daß sie Jesu schon widerfahren sind. Nur die Zwölf haben mit Jesus ausgehalten, und eben darum sind sie selegirt. Das Lob gebührt ihnen freilich nach Mc nicht, und auch bei Lc wird es hernach (22, 31—34) etwas eingeschränkt.

22, 29. 30. Den Teilnehmern am Abendmahl, den Zwölfen, vermacht Jesus zugleich die Teilnahme am messianischen Mahl und eine herrschende Stellung im Reiche Gottes oder Jesu (in D fehlt μου hinter τῇ βασιλείᾳ 22, 30). Das auffallende Verbum in 22, 29 ist ohne Zweifel im Hinblick auf Mc. 14, 24 gewählt; die διαθήκη ist aber nicht als Bund, sondern als Vermächtnis (Testament) aufgefaßt. Das Objekt βασιλείαν gehört auch zu διατίθεμαι. Ohne Artikel (22, 29) bedeutet es Herrschaft, mit dem Artikel (22, 30) das Reich. Über den letzten Satz von 22, 30 vgl. zu Mt. 19, 28.

22, 31—32 ist ein limitirender Nachtrag zu dem in 22, 31 den Aposteln erteilten ehrenvollen Zeugnis. Ganz tadellos haben sie die Versuchung des Satans doch nicht bestanden. Sie sind gestrauchelt, Petrus voran. Doch hat Petrus sich auf das Gebet Jesu (im Himmel?) wieder aufgerichtet. Er hat das zuerst getan und dann auch den Glauben der anderen wieder belebt. Es schimmert ganz deutlich die Tatsache durch, daß Petrus zuerst den Auferstandenen geschaut hat und dadurch der Begründer des Evangeliums und der Gemeinde geworden ist. Seine Warnung verwandelt sich in eine (der Situation wegen imperativisch gefaßte) Anerkennung, die hinter derjenigen in Mt. 16, 17—19 nicht zurücksteht, obgleich sie feiner ist. Überhaupt ragt Petrus bei Lc nicht minder hervor, wie bei Mt, und weit stärker als bei Mc, dem angeblichen Petriner.

22, 33—35. Die Weissagung der Verleugnung Petri, vorher (22, 31) geistreich angedeutet, wird hier in dürren Worten wiederholt, nach § 75 (Mc. 14, 26—31). Von der Flucht der Jünger nach Galiläa verlautet aber nichts, Lc erkennt sie nicht an (22, 53. 23, 49. 24, 13ss.). Er redet wie Mt nur von éinem Hahnenschrei; „der Hahn wird heute nicht krähen" scheint sogar in 22, 34 weiter nichts zu bedeuten als: noch vor Tagesanbruch. Was es auf sich hat, daß hier in der Anrede nicht mehr Simon (22, 31), sondern Petrus gesagt wird, kann ich nicht sehen.

22, 35—38. Der Vers 36 soll dem Vers 35 widersprechen, muß also in der selben Sphäre liegen und sich ebenfalls auf die Ausrüstung für Missionsreisen beziehen. Dazu stimmt der Wortlaut: nehmt Geld und Ranzen mit, und wenn ihr kein Schwert habt, so kauft eins um jeden Preis, sei es auch gegen Dahingabe des Oberkleides. Es steht durchaus nicht da, was oberflächliche Exegeten herausgelesen haben: verkauft Geld und Ranzen und Mantel und kauft euch dafür ein Schwert; αἴρειν heißt nicht verkaufen und Geld kann man nicht verkaufen. Das Schwert paßt auch recht wol zur Ausrüstung für eine weitere und gefährliche Reise auf unsicheren Wegen. Wie kann nun aber die Aufforderung, sich voll und wehrhaft für die Reise auszurüsten, begründet werden durch die Todesweissagung (22, 37)? Ich sehe es nicht. Andererseits paßt auch 22, 38 nicht zu 22, 36. Nach 22, 36 soll sich in Zukunft jeder ein Schwert kaufen; nach 22, 38 sind zwei Schwerter zur Stelle, und sie dienen nicht, neben Geld und Ranzen, zur Reiseausrüstung, sondern zur augenblicklichen Gegenwehr gegen drohende Todesgefahr — wegen 22, 37. Aber wirklicher Zusammenhang besteht auch nicht zwischen 22, 38 und 22, 37. In 22, 37 heißt es: schriftgemäß muß ich sterben; in 22, 38: hier sind zwei Schwerter. Wie paßt das? sollen die zwei Schwerter der göttlichen Notwendigkeit in den Arm fallen?

Es liegen also drei in Wahrheit incohärente Passus vor, die doch in Beziehung zueinander gesetzt sind; Vers 35. 36, Vers 37, und Vers 38. Was ist der Ausgangspunkt? Vermutlich Vers 38, der auf 22, 49 ausschaut. Dann müßte in Vers 37 ursprünglich nicht die Notwendigkeit der Schrifterfüllung gestanden haben, sondern die Ankündigung der Gefahr eines heimlichen Überfalls. Die Jünger meinen sich dagegen mit zwei Schwertern wehren zu können, die in ihrem Besitz sind. Diese Mittel sind lächerlich ungenügend, Jesus erklärt sie aber in schmerzlicher Resignation für ausreichend, und läßt die Jünger gewähren. Die Verse 35. 36 sind zuletzt hinzugekommen, sie gründen sich auf die Reiseinstruktion der Apostel und sind also später als diese. In welcher Weise Lc sie mit dem Folgenden hat verbinden wollen, läßt sich schwer ermitteln; nur die Anknüpfung ad vocem Schwert ist klar. Man könnte die Absicht einer Ausgleichung des Widerspruchs annehmen, daß Jesus früher sogar Geldbeutel und Ranzen verboten hat und jetzt plötzlich Schwerter erlaubt. Dazu paßt freilich die Frage μή τινος ὑστερήσατε schlecht, und neben Geldbeutel und Ranzen hätte dann der Stab nicht fehlen dürfen, weil dieser den besten Gegensatz zum Schwert bildet. Man würde vielmehr erwarten: habe ich euch nicht ehedem untersagt, auch nur einen Stock zu führen? nunmehr aber gebiete ich euch, sogar Schwerter anzuschaffen. Vielleicht hat Lc dies aber doch im Sinne gehabt und nur nicht gewagt, den ihm schon vorliegenden Wortlaut darnach umzugestalten. Sehr alte und sehr junge Elemente erscheinen öfters bei ihm gemischt, ohne daß der Versuch glückt, sie in inneren Konnex zu bringen.

§ 76. 77. Lc. 22, 49–53.

Und er ging hinaus auf den Ölberg, nach seiner Gewohnheit und auch seine Jünger folgten ihm. [40]Als er aber an die Stelle kam, sprach er zu ihnen: betet, daß ihr nicht in Versuchung kommt. [41]Und er entfernte sich von ihnen etwa einen Steinwurf weit und beugte die Knie und betete: [42]Vater, wenn du willst, so laß diesen Kelch an mir vorübergehn; doch nicht mein, sondern dein Wille geschehe. [[43]Ein Engel vom Himmel aber erschien und stärkte ihn, [44]und in Todeskampf geraten, betete er inbrünstiger, und seine Schweißtropfen waren, wie wenn Blutstropfen auf die Erde fallen]. [45]Und er stand auf vom Gebet und kam zu seinen Jüngern und fand sie eingeschlafen vor Betrübnis. [46]Und er sprach zu ihnen: was schlaft ihr? steht auf und betet, daß ihr nicht in Versuchung kommet.

[47]Da er noch redete, erschien ein Haufe, und einer von den Zwölfen, mit Namen Judas, ging voraus und trat auf Jesus zu, ihn zu küssen. [48]Jesus aber sagte zu ihm: Judas, mit einem Kuß verrätst du den Menschensohn? [49]Als nun seine Begleiter sahen, was werden wollte, sagten sie zu dem Herrn: sollen wir mit dem Schwert dreinschlagen? [50]Und einer von ihnen

schlug nach dem Knecht des Hohenpriesters und hieb ihm das rechte Ohr ab. ⁵¹Jesus aber hub an und sprach: laßt es dabei bewenden, Und er rührte das Ohr an und heilte ihn. ⁵²Und er sagte zu den herangekommenen Hohenpriestern und Tempelhauptleuten und Ältesten: Wie gegen einen Räuber zieht ihr aus mit Schwertern und Stöcken? ⁵³Da ich tagtäglich bei euch im Tempel war, habt ihr die Hand nicht gegen mich ausgestreckt. Aber das ist eure Stunde und euer Machtbereich: die Finsternis.

22, 39. Lc vereinfacht den § 76, Jesus betet nur einmal und findet auch die Jünger nur einmal schlafen. Vermutlich will Lc die Jünger schonen, wie aus 22, 45 erhellt: sie waren vor Betrübnis eingeschlafen. Κατὰ τὸ ἔθος weist zurück auf 21, 37s. Nach dieser allgemeinen Angabe kann sich der Leser beliebig viele Wechsel von Zeit und Ort dazu denken; ausdrücklich erwähnt wird ein Ortswechsel nur an dieser Stelle, sonst nicht, auch 21, 5 und 22, 14 nicht.

22, 40 Lc nennt Gethsemane so wenig wie Golgatha. Er hat eine wahre Scheu vor Ortsnamen, namentlich vor solchen, die seinen Lesern unbekannt sind und fremdartig klingen. Aber ἐπὶ τοῦ τόπου genügt doch nicht, man vermißt einen Relativsatz. Die Versuchung ist auch hier die äußere Gefahr; es soll um ihre Abwendung gebetet werden. In Wahrheit erliegen ihr die Jünger, indem sie fliehen und abfallen.

22, 43. 44. Die beiden Verse fehlen nicht bloß im Vaticanus und im Sinaiticus, sondern auch in der Syra S., während sie in der jüngeren Syra C. stehn. Dieser Umstand macht es sehr wahrscheinlich, daß sie späteren Ursprungs sind. Das Verhältnis von Syra S. und C. zeigt sich bei 23, 10—12 ebenso.

22, 45. Die Jünger sollen aufstehn, um zu beten; nicht, weil der Verräter schon herankommt.

22, 47—53. Den § 77 verkürzt Lc nur teilweise. In der Auslassung des nackt fliehenden Jünglings trifft er mit Mt zusammen; er läßt aber auch die Flucht der Jünger überhaupt aus, vgl. zu 22, 33—35. Er übergeht ferner in 22, 47 die Angabe, daß der Haufe bewaffnet und daß der Kuß ein verabredetes Zeichen war, weil beides aus dem Folgenden von selbst sich ergibt. Unter dem Haufen denkt er sich auch die Synedristen anwesend (22, 52), da die Frage Jesu, warum man nicht öffentlich, sondern heimlich gegen ihn vorgehe, an diese gerichtet zu sein scheint. Das Wort Jesu an Judas (22, 48) fügt er hinzu, aber anders als Mt (26, 60), und erweitert auch den bereits durch 22, 38 vorbereiteten Passus vom Abhauen des Ohres (22, 49—51) in anderer Weise als Mt. Die Jünger, fragen Jesus um Erlaubnis, einer von ihnen (Mc. 14, 47: einer der Anwesenden) haut zu und trifft das rechte (6, 6. Mt. 5, 29) Ohr, Jesus heilt es wieder. Eigentümlich ist der Ausspruch am Schluß von 22, 53; τοῦ σκότους muß Genitivus epexeg. sein und ebensoviel bedeuten, wie der Nominativ τὸ σκότος in D, der übrigens den Vorzug verdient. Daß nicht das abgehauene Ohr angesetzt wird, sondern ein neues entsteht, tritt in D (22, 51) deutlicher hervor als in dem gangbaren Texte.

§ 78–81. Lc. 22, 54–71.

Als sie ihn aber festgenommen hatten, führten sie ihn in das Haus des Hohenpriesters; Petrus aber folgte von ferne. [55]Und sie zündeten im Hofe ein Feuer an, und setzten sich darum, und Petrus mit ihnen. [56]Da sah ihn eine Magd am Feuer sitzen, faßte ihn ins Auge und sagte: der war auch mit ihm. [57]Er leugnete aber und sagte: ich kenne ihn nicht, Weib! [58]Kurz darauf sah ihn ein anderer und sagte: du bist auch einer von ihnen. Petrus sagte: Mensch, ich bin es nicht. [59]Und es lag etwa eine Stunde dazwischen, da versicherte ein anderer: in Wahrheit, auch der war mit ihm, ist er doch ein Galiläer. [60]Petrus aber sagte, Mensch, ich weiß nicht, was du sagst. Und alsbald, während er noch redete, krähte der Hahn. [61]Und der Herr wandte sich um und sah Petrus an, und er gedachte des Wortes des Herrn, wie er zu ihm sagte: ehe der Hahn heute kräht, wirst du mich dreimal verleugnen. [[62]Und er ging hinaus und weinte bitterlich.]

[63]Und die Männer, die ihn festhielten, trieben ihren Mutwillen mit ihm, schlugen ihn, [64]nachdem sie ihm das Gesicht verhüllt hatten, und fragten dann: weissag, wer es ist, der dich geschlagen hat! [65]Und viele andere Lästerungen sagten sie gegen ihn.

[66]Und als es Tag wurde, trat die Ältestenschaft des Volkes zusammen, die Hohenpriester und Schriftgelehrten. Und sie führten ihn vor ihr Hochgericht, [67]und sagten: bist du

der Christus? sag es uns. Er sprach zu ihnen: wenn ich es euch sage, glaubt ihr es nicht; [68]und wenn ich frage, antwortet ihr mir nicht; [69]von nun aber wird der Menschensohn sitzen zur Rechten der Kraft Gottes. [70]Da sagten alle: du bist also der Sohn Gottes? Er sprach zu ihnen: ihr sagt, daß ich es bin. [71]Sie sagten: was brauchen wir noch Zeugen? wir haben es ja aus seinem eigenen Munde gehört.

An § 78 (22, 54. 55) schließt Lc sofort den sachlich dazu gehörigen § 81 (56—62, die Verleugnung Petri) an, der bei Mc den Zusammenhang unterbricht, fährt dann mit § 80 (63—65, Mishandlung durch die Schergen) fort, und bringt nun erst den § 79 (66—71), so daß dann auf die Szene vor dem Synedrium sofort die Szene vor Pilatus folgt.

22, 61. Jesus scheint ebenfalls draußen vor dem Hause zu sein und dort festgehalten zu werden (22, 63).

22, 62 fehlt in einer Anzahl von Veteres Latinae, ist aus Mt in Lc eingedrungen und von Blaß mit Recht gestrichen. Ich habe mich also zu Mt. 26, 75 vergeblich geplagt.

22, 63. 65. Indem diese Verse vor und nicht hinter 22, 66 bis 71 stehn, ergibt sich, daß Jesus nicht vor Gericht mishandelt wird von den Synedristen, sondern schon früher draußen von den Schergen. Vgl. im übrigen zu Mt. 26, 67, 68 und Mc. 14, 65.

22, 66—71 (Mc. 14, 55—64). Von Lästerung Gottes d. h. des Tempels ist bei Lc keine Rede. Das Verhör der Zeugen, die auf Lästerung befragt werden und auf Lästerung aussagen, fällt ganz weg; die Äußerung 22, 71 wird so verstanden, daß Zeugen überhaupt überflüssig und nicht zu vernehmen seien. Die Anklage richtet sich nur auf den Anspruch der Messianität und kommt infolgedessen leicht zum Ziel; die Umstände, die dennoch gemacht werden, sind eigentlich unnötig. Mit anderen Worten hat Lc den Kern von § 79 fahren lassen und sich lediglich an den späteren Einsatz (Mc. 14, 61. 62) gehalten. Auch in 23, 35 korrigirt er demgemäß; s. den Kommentar zu Mc p. 132s.

22, 66. Über die Zusammensetzung des Synedriums kommen bei Lc eigentümliche Angaben vor. In 22, 52 (22, 4) werden neben den Hohenpriestern und Ältesten die Tempelhauptleute genannt, die doch auch unter den Begriff der ἀρχιερεῖς fallen müßten, so wie er in den Evv. gebraucht wird. In 22, 66 scheint Presbyterium der Name der Behörde zu sein, die aus Hohenpriestern und Schriftgelehrten besteht, während Synedrium Bezeichnung des Gerichts. — Daß das Subjekt von ἀπήγαγον in λέγοντες (22, 67) sich fortsetzt, geht nicht mit rechten Dingen zu.

22, 69. Dadurch, daß ihr mich jetzt tötet, werde ich zum Messias in Kraft und nehme meinen Sitz zur Rechten des Vaters ein. Die Form des Ausspruchs ist von Lc vereinfacht.

§ 82. 83. Lc. 23, 1–25.

Und sie erhoben sich allzuhauf und führten ihn vor Pilatus. ²Und sie begannen ihn zu verklagen: diesen haben wir befunden als einen Verwirrer unseres Volks, der verbietet, dem Kaiser Steuer zu geben und sagt, er selber sei Christus, König. ³Pilatus fragte ihn: du bist der König der Juden? Er antwortete: du sagst es. ⁴Pilatus sagte zu den Hohenpriestern und der Menge: ich finde keine Schuld an diesem Menschen. ⁵Sie aber sagten noch dringender: er rührt das Volk auf mit seinem Lehren in ganz Judäa, von Galiläa an bis hier.

⁶Als Pilatus das hörte, fragte er, ob der Mann aus Galiläa wäre, ⁷und da er erfahren hatte, daß er aus dem Gebiet des Herodes war, schickte er ihn zu Herodes, der in diesen Tagen gleichfalls in Jerusalem war. ⁸Herodes aber freute sich sehr, Jesus zu sehen, denn er wünschte es schon lange, weil er von ihm gehört hatte und hoffte, ein Zeichen von ihm zu sehen. ⁹Er richtete nun manche Fragen an ihn, erhielt aber auf keine eine Antwort. [¹⁰Und die Hohenpriester und Schriftgelehrten standen und verklagten ihn heftig. ¹¹Herodes aber mit seinen Trabanten verachtete und verspottete ihn, und schickte ihn mit einem prächtigen Kleide angetan zurück zu Pilatus. ¹²Auf den Tag wurden Herodes und Pilatus sich freund, denn vorher standen sie nicht gut mit einander.]

¹³Pilatus nun berief die Hohenpriester und die Oberen und das Volk und sagte zu ihnen: Ihr habt diesen Menschen vor mich gebracht, als verhetze er das Volk, und ich habe ihn in eurer Gegenwart verhört und nicht gefunden, daß ihm etwas zur Schuld fällt, was ihr gegen ihn vorbringt; ¹⁴ebenso auch Herodes nicht, zu dem ich ihn nämlich geschickt habe. Und

wirklich hat er nichts Todeswürdiges getan, ¹⁶also will ich ihn züchtigen und loslassen. ¹⁸Sie aber schrien alle zusammen: räum diesen weg und gib Barabbas los — ¹⁹der war wegen Aufruhrs in der Stadt und wegen Mordes ins Gefängnis geworfen. ²⁰Noch einmal sprach sie Pilatus an, in der Absicht Jesus loszulassen. ²¹Sie aber riefen dagegen: kreuzige, kreuzige ihn. ²²Zum drittenmal sagte er zu ihnen: was hat dieser denn Böses getan? ich finde keine Todesschuld an ihm, will ihn also züchtigen und loslassen. ²³Sie aber lagen (ihm) an mit lautem Geschrei und verlangten, daß er gekreuzigt würde. Und ihr Geschrei schlug durch, ²⁴und Pilatus entschied zuletzt, daß geschehen sollte, was sie verlangten. ²⁵Und er ließ den wegen Aufruhr und Mord Verhafteten, den sie sich ausbaten, los; Jesus aber gab er ihrem Willen preis.

23, 1—5 (Mc. 15, 1—5). Das Verhör vor Pilatus folgt bei Lc sachgemäß unmittelbar auf das Verhör vor dem Synedrium, am frühen Morgen. Er gibt den Inhalt der Anklage an, über den Mc schweigt, und zwar in einer Weise, die auf den Römer Eindruck machen konnte (23, 2). Pilatus wiederholt seine Frage nicht, da Jesus sie ja rund bejaht; zum Schluß spricht er den Hohenpriestern seine Überzeugung von der Grundlosigkeit der Anklage aus, und diese begründen sie noch einmal ausführlich — anders als bei Mc. Über Judäa 23, 5 vgl. zu 4, 44.

23, 6—12 ist ein Zusatz des Lc, angeknüpft ad vocem Galiläa (23, 5), vorbereitet durch 9, 9 (er wollte ihn gerne sehen). Die Verse 10—12 fehlen in der Syra S. und sind eine spätere Wucherung; s. zu 23, 15.

23, 13—25 (Mc. 15, 6—15). Nach der Unterbrechung durch den Einschub 23, 6—12 beruft Pilatus die Ankläger noch einmal zusammen. — Pilatus wird von Lc und Mt stärker entlastet wie von Mc, dazu muß bei Lc auch noch Herodes die Unschuld Jesu bezeugen. Die Juden haben die ganze Verantwortung. Daß Pilatus nur dadurch entschuldigt wird, daß er gegen sein Gewissen handelt, muß man in den Kauf nehmen; es handelt sich immerhin weniger um ihn, als um Jesus.

23, 15. Den parenthetischen Relativsatz habe ich nach der Syra S. wiedergegeben. Ebenso liest die Syra C.; daraus erhellt, daß auch dort die Verse 10—12 eigentlich fehlen müßten. Denn die Worte „zu dem ich ihn nämlich gesandt habe" setzen in dieser

9*

Fassung voraus, daß die Hohenpriester bei der Szene vor Herodes nicht zugegen gewesen sind, wie in 23, 10 berichtet wird, sondern erst von Pilatus darüber unterrichtet werden müssen. In D lautet der fragliche Passus: ἀνέπεμψα γὰρ ὑμᾶς πρὸς αὐτόν — das steht dem Text der beiden Syrae noch ganz nahe, es ist bloß durch ὑμᾶς statt αὐτόν versucht, Harmonie mit 23, 10 zu stiften. Das gleiche Bestreben zeigt sich noch stärker in der gewöhnlichen Lesart: ἀνέπεμψεν γὰρ αὐτὸν πρὸς ἡμᾶς. Aber auch dabei sind die Verse 10—12 eigentlich überflüssig; die Zurücksendung Jesu von Herodes an Pilatus brauchte gar nicht in Parenthese nachgetragen zu werden, wenn sie vorher umständlich erzählt war und die Hohenpriester darüber Bescheid wußten (23, 10—12). Vgl. die Göttinger Gel. Nachrichten 1894 p. 9.

23, 18. Mc. 15, 8—11 fehlt und damit der Übergang von den Hohenpriestern zum Volk. Barabbas wird 23, 19 in Parenthese nachgetragen. Das Volk tritt bei Lc ganz zurück und wird nur beiläufig in 23, 4. 13 erwähnt; vgl. zu 23, 48. 49. 24, 19. 20.

§ 85—88. Lc. 23, 26—49.

Und wie sie ihn abführten, griffen sie einen gewissen Simon von Cyrene, der von einem Dorfe kam, und legten ihm das Kreuz auf, es Jesu nachzutragen. [27]Es folgten ihm aber Scharen von Volk, und Weiber, die schlugen sich auf die Brust und wehklagten über ihn. [28]Und Jesus wandte sich um zu ihnen und sprach: Ihr Töchter von Jerusalem, weint nicht über mich, sondern weint über euch selbst und eure Kinder. [29]Denn es kommen Tage, wo man sagen wird: selig die Unfruchtbaren und die Leiber, die nicht geboren, und die Brüste, die nicht genährt haben. [30]Dann wird man anfangen zu sagen zu den Bergen: fallt über uns! und zu den Hügeln: bedeckt uns! [31]Denn wenn solches dem grünen Holz angetan wird, was wird am dürren geschehen? [32]Es wurden aber auch noch zwei Verbrecher mit ihm zur Hinrichtung geführt. [33]Und als sie an die Stätte kamen, welche der Schädel heißt, kreuzigten sie ihn dort und mit ihm die Verbrecher, einen rechts und einen links. [[34]Jesus aber sprach: Vater, vergib ihnen, denn sie wissen nicht, was sie tun.] Und sie verteilten seine Kleider, indem sie das Los darüber warfen.

³⁵Und das Volk stand und schaute zu. Die Oberen aber höhnten und sprachen: andere hast du gerettet, rette dich selber, wenn du der Christus Gottes bist, der Erwählte! ³⁶Auch die Kriegsleute trieben ihren Spott mit ihm, indem sie kamen und ihm Essig reichten ³⁷und sagten: bist du der Juden König, so rette dich selber. ³⁸Es war auch eine Aufschrift über ihm angebracht: dies ist der König der Juden. ³⁹Einer der gehenkten Verbrecher aber lästerte ihn: bist du nicht der Christus? so rette dich und uns! ⁴⁰Der andere antwortete und schalt ihn: fürchtest du Gott nicht? zwar teilst du mit ihm die Strafe, ⁴¹wir jedoch erleiden sie mit Recht, dieser aber hat nichts Schändliches begangen. ⁴²Und er sagte: Jesu, gedenke mein, wenn du kommst mit deinem Reiche! ⁴³Und er sprach zu ihm: sei getrost, heute noch wirst du mit mir im Paradise sein.

⁴⁴Und es war schon etwa die sechste Stunde, da kam eine Finsternis über das ganze Land, bis zur neunten Stunde, ⁴⁵indem die Sonne aussetzte; auch der Vorhang des Tempels riß mitten entzwei. ⁴⁶Da rief Jesus laut: Vater, in deine Hände befehle ich meinen Geist! Mit diesem Wort verschied er. ⁴⁷Da aber der Hauptmann sah was geschah, pries er Gott und sagte: dieser Mann war wirklich ein Gerechter. ⁴⁸Und alle die vielen Leute, die zu dem Schauspiel zusammen gekommen waren, als sie sahen was geschah, schlugen sie sich auf die Brust und kehrten um. ⁴⁹Alle seine Bekannten aber, auch die Weiber, die ihm aus Galiläa mitgefolgt waren, standen von fern und sahen dies.

23, 26—34 (Mc. 15, 21—27). Den § 84, die spöttische Adoration durch die römischen Soldaten, übergeht Lc aus unerfindlichen Gründen. In § 85 läßt er die Angabe über die Tageszeit (Mc. 15, 25) aus und stellt die über die Inschrift am Kreuz (Mc. 15, 26) an eine spätere Stelle. Der aramäische Name Golgatha fehlt (23, 33), ebenso die Namen Alexander und Rufus (23, 26). Mit τὸν σταυρὸν φέρειν ὄπισθεν τοῦ Ἰησοῦ (23, 26) wird vielleicht auf das bekannte Wort 9, 23 angespielt. Die Haupteigentümlichkeit des Lc in diesem Stück ist aber das Trauergeleit aus Jerusalem, das Jesu folgt, und die an die Frauen darunter gerichtete Äußerung Jesu über das furchtbare Schicksal, das der heiligen Stadt drohe (23, 27—31). Das grüne Holz in dem Sprichwort 23, 31 kann niemand anders sein als Jesus; es befremdet aber, daß seine Exekution mit der des gottlosen Volks der Juden unter einen und den selben Gesichtspunkt gestellt wird: wenn er schon so büßen muß, wie erst das Volk! Der Spruch „Vater vergib ihnen usw." (23, 34) fehlt im Vat. Sin. und D, in der Syra und einigen Vett. Latinae; er ist ohne allen Zweifel interpolirt. In dem Reste von 23, 34 habe ich das Participium als Finitum übersetzt und das Finitum als Participium; vgl. D und Syra S.

23, 35—43 (Mc. 15, 29—32). Zu dem Hohne, der den Gekreuzigten trifft, gehört auch das Tränken mit Essig durch die Soldaten (was jedoch in der Syra S. fehlt) und die Inschrift am Kreuz; darum ist beides von Lc in diesen Zusammenhang gestellt (23, 36—38). Den Spott der Vorübergehenden (Mc. 15, 29. 30) läßt er aus, weil sie sagen: o du, der den Tempel zerstört und in drei Tagen wieder aufbaut! Von Tempellästerung Jesu als Grund seiner Verurteilung will er durchaus nichts wissen; s. zu 22, 66ss. Zwischen den Schächern, die nach Mc. 15, 32 beide in das Geschmäh gegen Jesus einstimmen, macht er einen Unterschied (23, 39—43), wobei er ein Gespräch unter den drei Gekreuzigten sich entspinnen läßt. Ὅταν ἔλθῃς ἐν τῇ β.σ (23, 42) heißt: wenn du kommst mit deinem Reich (Mt. 16, 28. 21, 32); D interpretirt richtig: ἐν τῇ ἡμέρᾳ τῆς ἐλεύσεώς (= παρουσίας) σου. Die vom Vaticanus vertretene Lesart εἰς τὴν β.σ. ist, wenn nicht εἰς für ἐν steht, eine ganz schlechte Korrektur, welche von der Meinung ausgeht, das Reich Jesu bedeute ebensoviel wie das Paradis. Dies ist nicht der Fall; vielmehr ist 23, 43 eine Überbietung von 23, 42. Nicht erst in dem in unbestimmter Zukunft liegenden Reiche Gottes soll der reuige Schächer (ich wage nicht zu verallgemeinern: man) selig werden, sondern wie der arme Lazarus (16, 23) sofort nach dem Tode im Paradise. Ich habe in 23, 43 die Lesart von D vorgezogen: θάρσει.

23, 44—47 (Mc. 15, 33—39). Den Ruf „mein Gott, warum hast du mich verlassen" übergeht Lc mit dem Misverständnis, das sich daran knüpft (Mc. 15, 33—36). Den lauten wortlosen Todesschrei (Mc. 15, 37) interpretirt er: Vater, in deine Hände usw.; vgl. zu Mc. 1, 25. 26. Die Finsternis erklärt er durch eine Eklipse der Sonne; den Ausspruch des Hauptmanns schwächt er ab und legt ihm das jüdische δίκαιος in den Mund, das er öfters in der selben Weise wie Mt für fromm gebraucht.

23, 48. 49 (Mc. 15, 40. 41). Die ὄχλοι erscheinen hier wiederum wie in 23, 27. 35; ihre sympathische Haltung fällt sehr auf, vgl.

zu 23, 18. Auch alle Bekannte Jesu sind dabei; sie haben sich nicht zerstreut und aus dem Staube gemacht, wie bei Mc. Die Namen der Frauen nennt Lc in 23, 49 nicht, mit Rücksicht auf 8, 2. 3, wo er sie aber anders angibt als Mc (15, 41); vgl. 24, 10.

§ 89. 90. Lc. 23, 50–24, 11.

Und siehe ein Ratsherr namens Joseph, ein guter und gerechter Mann [51]— er war mit ihrem Beschluß und ihrem Handeln nicht einverstanden gewesen — [52]aus der jüdischen Stadt Arimathia, welcher auf das Reich Gottes wartete, [52]der ging zu Pilatus und bat ihn um den Leichnam Jesu, [53]und nahm ihn ab und wickelte ihn in feine Leinewand und setzte ihn bei in einem aus Stein gehauenem Grabe, wo bisher niemand bestattet war. [54]Und es war Freitag, und der Sabbat brach an. [55]Die Weiber aber, die mit ihm aus Galiläa gekommen waren, gingen nach und sahen sich das Grab an und wie sein Leichnam beigesetzt wurde; [56]darauf kehrten sie zurück und beschafften Gewürz und Myrrhen.

Und am Sabbat ruhten sie nach dem Gesetz; [24, 1]am Sonntag aber mit Morgengrauen kamen sie zum Grabe mit den Gewürzen, die sie beschafft hatten. [2]Und sie fanden den Stein abgewälzt vom Grabe, [3]aber [als sie eintraten], fanden sie den Leichnam nicht. [4]Da sie nun darüber in Verlegenheit waren, standen auf einmal zwei Männer in leuchtendem Gewand bei ihnen, [5]die sagten zu ihnen, als sie erschreckt den Blick zur Erde senkten: Was sucht ihr den Lebenden bei den Toten? [6]Er ist nicht hier, er ist auferstanden. Erinnert euch, wie er noch in Galiläa zu euch geredet hat [7]und gesagt, der Menschensohn müsse in die Hand der Menschen übergeben und gekreuzigt werden und am dritten Tage auferstehn. [8]Da gedachten sie seiner Worte [9]und kehrten von dem Grabe zurück und berichteten dies alles den Elfen und allen Übrigen. [[10]Maria Magdalena und Joanna und Maria die Tochter des Jakobus und die übrigen Weiber mit ihnen sagten dies zu den Aposteln.] [11]Denen aber erschienen diese Worte als leeres Gerede und sie glaubten ihnen nicht.

23, 51 (bei Mc. 15, 42 fehlend) beugt der Vermutung vor, daß der Ratsherr an der Verurteilung Jesu teil genommen habe.

23, 52. Mc. 15, 44. 45 findet sich bei Lc nicht.

23, 53. Mc und Mt reden von einem in den Fels gehauenen Grabe. Der Ausdruck ἐν μνήματι λαξευτῷ (λελατομημένῳ D) bei Lc führt jedoch auf ein Grab von behauenen Steinen. Der Verschlußstein wird zwar in 24, 2 vorausgesetzt, an dieser Stelle aber nicht erwähnt. D ergänzt deshalb: und legte einen Stein darauf, den kaum zwanzig Männer wälzen konnten. Es fehlt nur noch: wie jetzt die Sterblichen beschaffen sind.

23, 54. Sachlich stimmt Lc (24, 2) zwar mit Mc und Mt darin überein, daß die Weiber des Morgens sehr früh zum Grabe kamen. Aber den Ausdruck τῇ ἐπιφωσκούσῃ (Mt. 28, 1) gebraucht er in 24, 2 nicht, sondern schon hier (23, 54) und versteht ihn nicht eigentlich vom Sonnenaufgang, sondern von dem offiziellen Anfang des vierundzwanzigstündigen Tages bei Sonnenuntergang. Auch in der liturgischen Sprache der Syrer kommt der Ausdruck in dieser Bedeutung vor.

23, 56. Da das Beschaffen (d. h. Kaufen) der Aromata doch am Sabbat geschah, so stimmt dazu die folgende Angabe nicht recht, daß die Frauen am Sabbat ruhten. Anders Mc. 16, 1.

24, 1—3 (Mc. 16, 1—4). Mit Recht führt Lc (24, 1) nicht, wie Mc (16, 1), ein neues Subjekt ein, sondern beläßt das alte, die vorher genannten Frauen. Aber so viele Frauen konnten nicht in das Grab hineingehn, bei Mt und ursprünglich wol auch bei Mc sind es nur zwei, die beiden Marien. D setzt in 23, 55 die Menge der Weiber auf zwei herab, aber das ist eine Korrektur, die der überall deutlich hervortretenden Vorstellung des Lc widerspricht. Vermutlich ist vielmehr εἰσελθοῦσαι (24, 3) eine alte Interpolation; vom Herausgehn (Mc. 16, 8) ist auch hinterher bei Lc nicht die Rede. Dann wäre die Szene mit den Engeln bei Lc nicht innerhalb des Grabes zu denken.

24, 4—8 (Mc. 16, 5—7). Der eine Engel bei Mc und Mt hat sich bei Lc in zwei Engel verwandelt. Sie erinnern die Frauen an die allgemeine und öfters wiederholte Weissagung vom Sterben und Auferstehn Jesu, nicht aber an die spezielle Mc. 14, 28, daß er den Jüngern nach Galiläa vorausgehn werde. Diese Weissagung wird überall von Lc mit Stillschweigen übergangen, ebenso wie ihre Voraussetzung, die Flucht der Jünger nach Galiläa. Er meint und betont vielmehr, daß die Jünger nicht geflohen, sondern in Jerusalem geblieben seien und dort den Auferstandenen gesehen haben.

24, 9—11 (Mc. 16, 8). Auch in 24, 10 sind nicht bloß die drei mit Namen aufgeführten Frauen (Joanna ist das Weib des Chuza 8, 3) dabei, sondern noch mehrere andere. Indessen ist der Vers auffällig nachgetragen, für den Zusammenhang nicht bloß entbehrlich, sondern störend, und also wol interpolirt. Während die Frauen bei Mc trotz dem Befehl des Engels keinem etwas sagen, verkünden sie bei Lc den Aposteln und allen Jüngern, was sie gesehen haben. Den apokryphen Vers 12 hat schon die Syra S; vgl. 24, 24.

Bis hierher schimmert der Bericht des Mc sowol bei Lc als bei Mt ganz deutlich durch. Von da an gehn sie völlig aus einander und lassen sich nicht mehr vergleichen, weil die gemeinsame Vorlage aufhört. Sie endigt mit Mc. 16, 8; darüber hinaus haben weder Lc noch Mt weiteres bei Mc vorgefunden.

Lc. 24, 13-35.

Am selbigen Tage aber wanderten zwei von ihnen in ein Dorf namens Emmaus, sechzig Stadien von Jerusalem entfernt, ¹⁴indem sie sich besprachen über alle diese Begebenheiten. ¹⁵Und während sie sich besprachen und mit einander stritten, kam Jesus selber heran und wanderte mit ihnen: ¹⁶ihre Augen aber waren geschlossen, so daß sie ihn nicht erkannten. ¹⁷Und er sprach zu ihnen: was für Gegenreden führt ihr da im Gehen unter einander? Und sie blieben stehn mit trübseligem Gesichte. ¹⁸Der eine aber, mit Namen Kleopas, erwiderte ihm: bist du der einzige, der in Jerusalem sich aufhält und nicht weiß, was dort in diesen Tagen geschehen ist? ¹⁹Und er sagte: was denn? [Sie sagten:] Das von Jesus dem Nazoräer, einem Propheten mächtig in Tat und Wort vor Gott und allem Volk, ²⁰wie ihn unsere Hohenpriester und Oberen übergeben haben zur Todesstrafe und man ihn gekreuzigt hat — ²¹während wir hofften, er sei der, der Israel erlösen wird. Überdies aber ist heute der dritte Tag, seitdem dies geschehen ist, ²²und noch dazu haben uns einige unserer Weiber aufs äußerste erregt, die heute früh beim Grabe gewesen sind und sagen, sie hätten eine Erscheinung von Engeln gehabt, welche sagten, er lebe. ²²Und einige von den Unseren sind zum Grabe gegangen und haben es so gefunden, wie die Weiber sagten; ihn selbst aber haben sie nicht gesehen. ²⁵Und er sprach zu ihnen: Ihr Unverständigen, träge zu glauben alles was die Propheten geredet haben — ²⁶mußte nicht der Christus also leiden, um in seine Herrlichkeit einzugehn! ²⁷Und anfangend mit Moses und allen Propheten legte er ihnen das über ihn in den Schriften Gesagte aus. ²⁸Und da sie vor dem Dorfe anlangten, wohin sie gehn wollten, stellte er sich, als wollte er weiter gehn. ²⁹Und sie nötigten ihn und sagten: kehr mit uns ein, denn es ist gegen Abend und der Tag hat sich geneigt. Und er trat ein, um mit ihnen einzukehren. ³⁰Und als er mit ihnen zu Tisch saß, nahm er Brot, sprach den Segen und brach und reichte es ihnen. ³¹Da gingen ihnen die Augen auf und sie erkannten ihn: er aber verschwand vor ihnen. ³²Und sie sagten einer zum andern: brannte uns nicht das Herz im Leibe, wie er mit uns unterwegs redete, wie er uns die Schrift aufschloß? ³³Und sie brachen zur selben Stunde auf und kehrten zurück nach Jerusalem. Und sie fanden die Elf und die Anderen zusammen ³⁴sagend: der Herr ist wahrhaftig erstanden und dem Simon erschienen. ³⁵Und sie erzählten, was sie auf dem Wege erlebt und wie sie am Brotbrechen erkannt hatten.

24, 13 Am selbigen Tage, d. h. am Auferstehungssonntag, soll für alles Folgende gelten, bis zum Schluß des Kapitels. Die Jünger sind auch nach Mc. 16. Mt. 28 nicht schon am Freitag geflohen, sondern erst am Auferstehungstage in Jerusalem, gehn aber auf ausdrücklichen Befehl nach Galiläa, um dort den Auferstandenen zu sehen. Bei Lc ist aber jeder Rest der alten Tradition geschwunden; der Auferstandene erscheint den Jüngern nicht in Galiläa nach mehreren Tagen, sondern in Jerusalem am selben Tage. Bei Mt ist diese Vorstellung allerdings in 28, 9 eingedrungen, jedoch im Widerspruch zu allem Übrigen. — Emmaus ist nicht das jetzige Amvâs, das zu weit ab liegt, aber vielleicht identisch mit dem in Joseph. Bell. 7, 217 erwähnten Ammaus, wo Vespasian achthundert Veteranen ansiedelte. Diese römische Kolonie hat nach Sepp dem Orte Kulonie den Namen gegeben, der an der Straße von Jerusalem nach Westen liegt und nach Socin 45 Stadien von der Stadt entfernt ist. Josephus gibt 30 Stadien an, Lucas 60. D sagt Ουλαμμους, sucht also Emmaus nach Gen. 28, 19 in Bethel. Interessant dabei ist die Übereinstimmung mit dem s. g. Lucian. Denn dort heißt es Ουλαμμαους für Ουλαμλουζ Gen. 18, 19 und für Ουλαμλαις Jud. 18, 29. Freilich ist die Korruption nicht gerade bezeichnend für Lucian.

24, 14, 15. Καὶ αὐτοί und καὶ αὐτός ist auch hier in D beseitigt.

24, 16. Κρατεῖν ist das aram. אחד, und dies bedeutet schließen, vgl. den Gegensatz in 24, 31.

24, 18. Kleopas ist Abkürzung von Kleopater und hat mit Alphäus nichts zu tun.

24, 19. 20. Das Volk (24, 19) erscheint auch hier sympathisch und nur die Oberen (24, 20) haben die Schuld. Vgl. zu 23, 18. 48 s.

24, 21. Über die Auffassung der Erlösung durch den Messias s. zu 21, 28. Zu σὺν πᾶσιν τ. vgl. 16, 26.

24, 22—24 ist ein Nachtrag, vgl. zu 24, 34.

24, 26. Der beigeordnete Infinitiv hat in der Tat finale Bedeutung; Jesus muß sterben, um der himmlische Messias zu werden.

24, 27. Ἀρξάμενος bezieht sich eigentlich nur auf Moses und ist zeugmatisch mit den Propheten verbunden.

24, 30. Das Brotbrechen (von Wein ist keine Rede) ist hier nur die Fortsetzung der gemeinsamen Mahlzeit mit dem Meister über seinen Tod hinaus. Es hat nichts zu tun mit dem historischen Abendmahl, das ja auch nach Lc erst im Reich Gottes wiederholt werden soll. Vgl. den Kommentar zu Mc p. 124 s. Man kann sagen, daß hier von Jesus selber die Grundlage des christlichen Kultus gelegt wird, die darin besteht, daß seine Jünger auch nach seinem Tode die Tischgemeinschaft mit ihm festhalten und ihn beim Brotbrechen als anwesend betrachten.

24, 32. Für einander gebraucht D öfters das Reflexiv, das ist vermutlich echt. Unser Herz brannte entspricht dem biblischen נבערו רחמי. Für καιομένη (jaqid) steht in der Syra S. jaqir (βαρεῖα). Die Verwechslung erklärt sich im Aramäischen leicht, ist aber vielleicht nicht erst in der Syra S. entstanden, da sie schon der armenischen und der oberägyptischen Version zu grunde liegt, von denen wenigstens die letztere schwerlich von der syrischen abhängig sein kann. Blaß retrovertirt jaqir in βε͜αρημένη und bringt das zusammen mit (καρδία) κεκαλυμμένη in D und mit (cor) excaecatum, exterminatum, obtusum in drei alten Latinae. Die einzig richtige Lesart ist καιομένη.

24, 33. Die beiden Jünger geben ihren Vorsatz auf, die Nacht über in Emmaus zu bleiben (24, 29), und kehren sofort um nach Jerusalem, wo sie die anderen noch spät am Abend versammelt finden.

24, 34. 35. Der Akkusativ λέγοντας liegt nicht im Wurfe und wird auch durch καὶ αὐτοί nicht bestätigt, welches bei Lc niemals ihrerseits heißt; es hätte der Nominativ übersetzt werden müssen, der im Aramäischen hier nicht vom Akkusativ unterschieden werden kann. — Daß Jesus (zuerst) dem Simon erschienen ist, entspricht zwar der Wahrheit, aber ganz und gar nicht der Erzählung in 24, 1—12. Also ist diese in Wahrheit nicht die Voraussetzung der Emmausgeschichte, und die Verse 24, 22—24 sind eingetragen. Sie lassen sich leicht ausscheiden.

Lc. 24, 36–53.

Während sie davon redeten, stand er selbst unter ihnen. [37]Sie aber, verschüchtert und bestürzt, glaubten einen Geist zu sehen. [38]Und er sprach zu ihnen: was seid ihr verwirrt und warum steigen euch Gedanken auf? [39]seht meine Hände und Füße, daß ich es bin; betastet und seht mich, denn ein Geist hat weder Fleisch noch Bein, wie ihr es an mir seht. [41]Da sie aber noch ungläubig waren vor Freude und staunten, sagte er: habt ihr etwas zu essen hier? [42]Und sie reichten ihm ein Stück gebratenen Fisch, und er nahm und aß es vor ihren Augen. [43]Und er sprach zu ihnen: das ist es, was ich zu euch gesagt habe, da ich noch bei euch war, es müsse alles erfüllt werden, was im Gesetze Moses' und in den Propheten und in den Psalmen über mich geschrieben steht. [45]Darauf öffnete er ihnen den Sinn, die Schriften zu verstehn und sagte ihnen: [46]So steht es geschrieben, daß der Christus leidet und von den Toten aufersteht am dritten Tage. [47]Und es soll auf meinen Namen Buße zur Vergebung der Sünden gepredigt werden allen Völkern, von Jerusalem angefangen. [48]Ihr seid Zeugen davon. [49]Und ich lasse meines Vaters Verheißung über euch ausgehn; bleibt in Jerusalem, bis ihr mit Kraft aus der Höhe ausgestattet werdet!

[50]Er führte sie aber hinaus nach Bethania und erhub die Hände und segnete sie, [51]und indem er sie segnete, war er von ihnen geschieden. [52]Und sie kehrten nach Jerusalem zurück voll Freude und waren allezeit im Tempel und lobten Gott.

24, 36. In 24, 29 ist es schon Abend, dann essen die Jünger von Emmaus mit Jesu zu Nacht, gehn darauf einen Weg von sechzig Stadien zurück nach Jerusalem, um Bericht zu erstatten — und nun wird ihr Bericht noch in der selben Nacht durch den leibhaftigen Jesus bestätigt. Wozu ist er denn überhaupt zuerst nur den beiden Jüngern erschienen, wenn er gleich darauf auch allen anderen erscheinen wollte? Die Emmausgeschichte ist ursprünglich gewiß kein bloßes Vorspiel, und sie wird in 24, 36 ss. eigentlich nicht vorausgesetzt. Eine innere Einheit der verschiedenen Erzählungen in Kap. 24 besteht nicht; sie drängen sich einander in der zeitlichen Einheit eines und des selben Tages.

24, 38. Über die Lesart Gespenst (D) für Geist s. zu Mc. 6, 49.

24, 37. Die Redensart Gedanken steigen auf im Herzen oder ins Herz ist jüdisch-aramäisch.

24, 39. Jesus wird nicht am Gesicht erkannt, sondern an Händen und Füßen. Diese sind aber nicht etwa durchlöchert; vgl. vielmehr die Reste arab. Heidentums (Berlin 1897) p. 206.

24, 41. 42 ist die Vorstufe von Ioa. 21, 5. 10. Ἀπὸ τῆς χαρᾶς erinnert an ἀπὸ τῆς λύπης in 22, 45.

24, 44. Οὗτοι οἱ λόγοι = das Geschehene entspricht dem früher von mir Gesagten. Zu Gesetz und Propheten als Bezeichnung des jüdischen Kanons werden nur an dieser Stelle die Psalmen hinzugefügt.

24, 47 entspricht in der Form (auf meinen Namen) der Lesart des Eusebius in Mt. 28, 19; die Ausdehnung der Mission auf die Heiden findet sich bei Mt ebenso. Die Aussage kann übrigens nicht mehr von οὕτως γέγραπται abhängen. Vielmehr ist καὶ κηρυχθῆναι ein selbständiger Infinitiv mit Lamed in jussivischer Bedeutung (Syra S.); dazu paßt dann auch ἀρξάμενοι besser, wofür D ἀρξαμένων korrigirt. Aus der irrigen syntaktischen Auffassung von κηρυχθῆναι erklärt sich das ἐπὶ τῷ ὀν. αὐτοῦ, die Syra S. hat: auf meinen Namen.

24, 48. Hier ist ein Absatz, die Jünger werden in zweiter Person angeredet. Das τούτων bezieht sich natürlich nicht auf 24, 47, sondern ist unabhängig davon und bedeutet allgemein: die jetzt geschehenen Dinge, Tod und Auferstehung.

24, 49. In D heißt es nicht „die Verheißung des Vaters", sondern meine Verheißung. Blaß zensirt das mit male. Indessen, wenn Jesus den heiligen Geist sendet, so kann er ihn auch verheißen haben. Das Für und Wider hält sich die Wage. Ursprünglich ist der h. Geist der Geist Jesu, der bei der Gemeinde bleibt, nachdem der Leib geschieden ist (Joa. 20, 22). Er wird im Koran gradezu mit Jesus identifizirt, und das ist keine Erfindung Muhammeds. Auch Paulus sagt: der Herr ist der Geist. Die gewöhnliche Lesart τοῦ πατρός μου scheint die Varianten πατρός und μοῦ zu verbinden. — Der den Jüngern gegebene Befehl, in Jerusalem zu bleiben, widerspricht ausdrücklich dem Befehl bei Mc und Mt, sie sollten nach Galiläa gehn.

24, 50—53. Es mag wol sein, daß die Himmelfahrt nach der ursprünglichen Vorstellung noch am Auferstehungstage erfolgte. Aber aus dem Zusammenhang dieser Verse mit dem Vorhergehenden folgt es nicht, denn dieser Zusammenhang ist ganz künstlich (s. zu 24, 36). Es müßte darnach entweder tiefe Nacht oder der folgende Morgen sein; an beides wird nicht gedacht und der folgende Morgen würde auch keinesfalls noch zum Auferstehungstage gerechnet werden können. Bethania erscheint nur hier bei Lc, abgesehen von der gleichgiltigen Erwähnung in 19, 29. Daß die Worte καὶ ἀνεφέρετο εἰς τὸν οὐρανόν am Schluß von 24, 51, die im Sinaiticus und in D, desgleichen in der Syra S. und in einigen Veteres Latinae fehlen, aus Rücksicht auf die Apostelgeschichte ausgelassen seien, glaube ich nicht. Ebenso halte ich προσκυνήσαντες αὐτόν in 24, 52 für einen unechten Zusatz, trotz dem Vaticanus und dem Sinaiticus.

DAS EVANGELIUM JOHANNIS

VON

J. WELLHAUSEN

BERLIN
DRUCK UND VERLAG VON GEORG REIMER
1908

Es wird kaum Verwunderung erregen, daß ich über die drei ersten Evangelien sachte auf das vierte hinabgeglitten bin. Ich behandle es in anderer Weise, aber meine Absicht geht auch hier auf Korrektur der herrschenden Exegese. Man hat keine rechte Distanz gegenüber dem Texte, man läßt ihn nicht so auf sich wirken, als läse man ihn zum ersten mal, man stimmt neu ab über die alten Fragen. Man seigt Mücken und verschluckt Kamele, man achtet über den Einzelheiten nicht genug auf den Faden der Rede, man wundert sich zu wenig über Knoten und Risse darin. Wenn überhaupt Anstöße im Zusammenhang bemerkt werden, so machen die Apologeten sie durch Besprechung unsichtbar. Und zwar aus dem Grunde, weil dergleichen in einer apostolischen Schrift nicht vorkommen darf; denn freilich, gesteht ein Schreckenskind der Partei, wenn das vierte Evangelium nicht apostolisch wäre, so würde man es mit dem Klausenburger oder Wunsiedler Superintendenten für das langweilige Werk eines Wirrkopfes halten müssen[1]). Was die kritischen Theologen betrifft, so stehen sie mehr oder minder unter dem Einfluß von Tübingen. Baur hat in der Idee, die in den Reden sich ausspreche und durch das Medium der allegorisch zu fassenden Erzählungen hindurchleuchte, das Band gefunden, welches das Ganze zusammenhalte, und den Schlüssel, der alle Kammern des wunderlichen Baues öffne. Im Aufblick zu diesem Leitstern sehen die Forscher durchschnittlich nicht genug vor die Füße. Und auch wenn sie in der Einheit ein Haar finden, lassen sie sich doch nicht irre machen. Wenn sie Störungen

---

[1]) K. F. Th. Schneider, Die Echtheit des johanneischen Evangeliums, 1854, p. 2. Den Klausenburger Superintendenten kenne ich nicht. Der Wunsiedler ist E. F. Vogel, von dem ein anonymes Werk in zwei Teilen erschienen ist, unter dem drohenden Titel: Der Evangelist Johannes und seine Ausleger vor dem jüngsten Gericht, Hof, 1801 und 1804.

und Widersprüche anzuerkennen sich gedrungen fühlen, so betrachten sie dieselben nicht als Spuren von Komposition, sondern tragen sie als charakteristische Züge in die Physiognomie des Autors ein, die dadurch zur unglaubhaften Karikatur wird. Ein Schriftsteller mag sorglos und ungeschickt, auch wohl einmal ein bißchen vergeßlich sein, er muß sich aber selber verstehen und kann nicht alsbald von dem Inhalt seiner eigenen Aussagen keine Vorstellung mehr haben.

Es ist nicht zu leugnen, daß die Überzeugung von der literarischen Einheit des vierten Evangeliums durch einige ältere Zerlegungsversuche eher bestärkt als erschüttert werden mußte. Ch. H. Weiße[1] meint, daß die Erzählungen ein von den Reden sehr abweichendes minderwertiges Kaliber haben, und wenn sie mit denselben in Verbindung gebracht seien, doch nicht innerlich damit zusammenhangen. Nur die Reden seien im ganzen echt, das bestätige sich durch ihre Übereinstimmung mit dem ersten Johannesbrief. Dem selben Leitfaden folgt auch Alexander Schweizer[2]. Er hält jedoch diejenigen Erzählungen fest, auf die eine Rede folgt, und verwirft nur die, bei denen das nicht der Fall ist. Auf diese Weise ergibt sich ihm ein Unterschied zwischen den judäischen und den galiläischen Erzählungen; die Ausnahme, daß das Speisungswunder, obwohl galiläisch, doch didaktisch verwertet wird, sucht er zu beseitigen. Ganz anders Renan. Er macht sich nichts aus den abstrakten metaphysischen Vorlesungen, hält dagegen die historischen Angaben für sehr beachtenswert und für mehr oder minder authentisch, wobei er freilich die Wunder gelegentlich rationalisiert. Sein Beispiel zeigt, daß man den Spieß auch umdrehen kann, und diskreditiert die ganze Verfahrungsweise. Man darf nicht fragen, was wertvoll und echt sei, oder wertlos und unecht. Man darf überhaupt nicht von vornherein große Gesichtspunkte aufstellen; damit muß man aufhören, nicht anfangen. Ausgehen muß man vielmehr von einzelnen Anstößen, die sich bei der Exegese ergeben und ebensowohl in den didaktischen als in den historischen Teilen vorkommen.

Solche Anstöße sind schon früher beobachtet worden, z. B. von Bretschneider, dem eigentlichen, wenngleich nicht dem epochemachenden Begründer der Kritik des vierten Evangeliums. Neuer

---

[1] Evangelische Geschichte (1838), 1, 96 ss.
[2] Das Evangelium Johannis, 1841.

dings hat sich besonders Blaß[1]) in dieser Hinsicht Verdienste erworben. Im Unterschied von Theologen wie Wrede, welche den Johannes für einen verworrenen und nicht ganz zurechnungsfähigen Schriftsteller halten, will er ihn als bonus narrator angesehen wissen. Er sieht scharf zu, ob sein Werk in der uns überlieferten Gestalt diesem Postulat entspricht, entdeckt dabei vieles, was nicht sein sollte, und beseitigt es auf dem Wege der Textkritik. Durch resolute Tilgungen, Änderungen, Umsetzungen stellt er aus der verderbten Überlieferung das Ursprüngliche her. Überwiegend verbessert er den Stil, oft in ganz überflüssiger und pedantischer Weise. Es kommt auch vor, daß er keine Ketzereien auf dem Autor sitzen lassen will. Indessen oft genug empfindet er doch mit Recht Schäden des Zusammenhangs, die vor ihm niemand empfunden hatte. Nur verfährt er verkehrt, indem er sie rein lokal und äußerlich behandelt, weil er an der Einheit des Ganzen nicht zweifelt. Sie reichen weiter und tiefer, als er meint, man muß sie in ihre Verzweigungen und in ihre Wurzeln verfolgen. Sie lassen sich nicht wie oberflächliche Flecken abwischen, sie haben symptomatische Bedeutung. Es sind Symptome der Brüchigkeit des Ganzen. An Stelle einer beschränkten Textkritik muß eine umfassende literarische Kritik treten. Die Aufgabe ist nicht, einzelnes Unechte aus der echten Masse zu entfernen, sondern zwei oder mehrere literarische Schichten zu unterscheiden.

Was ich in der Broschüre „Erweiterungen und Änderungen im vierten Evangelium (Berlin 1907)" angefangen habe, führe ich jetzt für das Ganze durch, mit einigen Modifikationen. An dem Grundsatze halte ich fest, daß man bei auffallenden, wo möglich äußerlichen oder formellen Einzelheiten einsetzen muß und erst von da zur Aufdeckung durchgehender Unterschiede von tieferer Art fortschreiten darf. In meiner Broschüre bin ich davon ausgegangen, daß der Vers 14, 31 seine unmittelbare Fortsetzung in 18, 1 hat und die Reden dazwischen keinen Platz haben. Von noch größerer Wichtigkeit als 14, 31. 18, 1 sind die beiden vereinzelten Verse 7, 3. 4, wonach Jesus bisher nur in Galiläa gewirkt hat; sie negieren die Festreisen nach Jerusalem und die darauf beruhende Chronologie. Noch einige andere Beispiele mögen hier vorweggenommen werden, welche die mangelnde Einheit der Konzeption beweisen. Magdalena läuft

---

[1]) Evangelium secundum Johannem, Lipsiae 1902.

(20, 2) vom Grabe Jesu in die Stadt um Petrus zu holen, und steht hinterher (20, 11) doch noch am Grabe, ohne daß ihre Rückkehr dahin irgendwie angedeutet ist. Ganz ähnlich geht Martha nach Hause (11, 28) um Maria zu Jesus zu schicken; diese allein begibt sich zu ihm, und hernach (11, 39) ist die Schwester, die mit Jesu am Grabe des Lazarus steht, doch wieder Martha. In 12, 36 geht Jesus fort und verbirgt sich, gleich darauf aber (12, 44) erscheint er wieder in der Öffentlichkeit und ruft laut aus, was er zu sagen hat — und das nachdem vorher (12, 37—43) die Akten über die Reden Jesu an das große Publikum feierlich geschlossen sind. In 19, 1—15 führt Pilatus Jesum zweimal aus dem Prätorium, um ihn den draußen stehenden Juden als ihren König vorzustellen, ohne daß ein Wort verlautet, daß er ihn inzwischen wieder habe hineingehen lassen. Hier ist die Verdopplung der öffentlichen Vorstellung des Angeklagten schon an sich anstößig. Nicht minder befremdend ist die Dublette, die in 7, 25—30 und 7, 40—44 vorliegt. Auf solchen Beobachtungen fuße ich, und gegen diese Positionen bitte ich den Angriff zu richten.

Von da aus bin ich weiter geführt worden. Die allgemeine Ansicht, zu der ich gelangt bin, möge an dieser Stelle kurz dargelegt werden. Die Konfusion des vierten Evangeliums fällt um so mehr auf, da es nicht wie das des Markus eine nach einfachen Gesichtspunkten geordnete Sammlung von überliefertem Material ist. Die Erzählungen weisen Einschübe auf, die Reden haben keine Gliederung und keine behaltbaren Pointen, sie wimmeln von Varianten und sprengen nicht selten die Einfassung, so daß man nicht weiß, in welcher Situation man sich befindet. Aus dem formlosen und monotonen Chaos ragen nun aber einzelne Stücke wie Schrittsteine auf, die eine fortlaufende, freilich nicht ununterbrochene Linie darstellen. Sie heben sich von dem Ganzen ab, bilden aber doch dessen Rückgrat und können als die Grundschrift bezeichnet werden. Daran haben sich schichtenweis Erweiterungen[1]) angeschlossen. Das Ganze ist also, ähnlich wie ein großer Teil der jüdischen und auch der altchristlichen Literatur, das Produkt eines literarischen Prozesses, der in mehreren Stufen vor sich ging. Die Grundschrift bildet nur den Aufzug und wird an Umfang von den Einschlägen weit übertroffen. Sie kann daher nicht als

---

[1]) Quellen kann man diese Erweiterungen nicht nennen. Kirchhofs Analyse der Odyssee unterscheidet sich von der Lachmanns.

das eigentliche johanneische Evangelium betrachtet werden, sondern nur als Ingrediens desselben. Sie ist keineswegs intakt und vollständig erhalten. Man kann auch weder sie noch die verschiedenen Schichten der Bearbeitung mit Sicherheit ausscheiden. Ein Versuch dazu muß indessen auf alle Gefahr hin gemacht werden. Wenn er nur schlecht gelingt, so ist das kein Beweis gegen das Vorhandensein der Gründe, die ihn notwendig machen.

Meine Broschüre hat einen lebhaften Gedankenaustausch zwischen Eduard Schwartz und mir zur Folge gehabt, wobei er mehr der Geber als der Empfänger war. Er hat mir auf die Sprünge geholfen, μαιευτής γὰρ ἦν καὶ ὁ πατὴρ αὐτοῦ. Nicht wenige wichtige Beobachtungen stammen von ihm; ich habe es im Text der Analyse angemerkt, soweit ich mich erinnerte — natürlich nicht in der Absicht ihn haftbar zu machen. Auf die Aporien, die er in den Nachrichten der Göttinger Gesellschaft der Wissenschaften zu veröffentlichen begonnen hat, habe ich nur in Fußnoten Rücksicht genommen, da der Hauptteil meiner Arbeit, die Analyse, schon druckfertig war, ehe das erste und bisher einzige Stück erschien.

Analyse.

Galiläische Wirksamkeit, Kap. 1—6.

1, 1—18.

Zuerst erscheint der Logos als allgemein kosmisches Prinzip, hinterher kommt er nur in Betracht als Offenbarungsprinzip, als L i c h t für die Menschen. Der Übergang wird in 1, 4 gemacht, ist jedoch sehr hart und wird nicht im mindesten erleichtert durch die an sich ziemlich schillernde Weise, wie d a s L e b e n als Brücke oder Mittelbegriff eingeschoben wird. Wer 1, 3. 4 verstehen muß, ist nicht zu beneiden.

Der Schluß von 1, 4 wird in 1, 9 wieder aufgenommen: „Das Leben war das Licht der Menschen — das wahrhaftige Licht, das jeden Menschen erleuchtet, der in die Welt kommt". Ἐρχόμενον ist nach 16, 21 Attribut zu ἄνθρωπον; es läßt sich nicht mit ἦν verbinden, weil die Conjugatio periphr. nicht so zerrissen werden darf und weil sie als activa im Joa überhaupt sehr selten[1]) und hier nicht berechtigt ist. Dann ist τὸ φῶς Prädikat, und der Satz hat nun kein Subjekt mehr (denn aus dem Vorhergehenden läßt es sich nicht entnehmen), wenn man ihn nicht unmittelbar mit 1, 4 verbindet, nach einem Vorschlage von E. Schwartz. Zwischen 1, 4 und 1, 9 steht in der Tat Johannes störend, wie schon Weiße (Evangelienfrage 1856 p. 113) empfunden hat. Er wird erwähnt ad vocem τὸ φῶς — weil er nämlich nicht das Licht ist[2]). Er kann jedoch eigentlich nicht dem überirdischen Logos, der in allen Menschen und auch in ihm selber wirkt, entgegengesetzt werden, sondern nur dem fleischgewordenen. Dieser tritt nun aber erst mit 1, 14 ein. In 1, 15 stünde Johannes an passender Stelle, indessen wird dieser Vers durch das ganz beziehungslose οὗτος ἦν ὃν εἶπον ebenfalls verdächtig. Weiße und Blaß streichen ihn. Daß 1, 16 an 1, 14 anschließt ist klar und wird durch das merkwürdige ἡμεῖς bestätigt. Blaß macht darauf aufmerksam, daß κέκραγεν ein dem Joa fremder Atticismus sei.

Ebenso plötzlich wie der Übergang des die Welt schaffenden Logos in den die Menschen erleuchtenden ist in 1, 10—12 der Übergang des universalen Kosmos in den menschlichen, der noch dazu alsbald auf die Juden eingeengt wird. Und vor 1, 14 ist nicht nur die Einführung des Täufers verfrüht, sondern ebenso auch die Angabe, daß die Juden Jesum nicht aufnahmen. In 1, 14 selber fällt trotz Blaß Gramm. § 31, 6 der Nominativ πλήρης auf; er scheint hinter den ersten Satz zu gehören, nicht hinter den zweiten (E. Schwartz.)

Man darf zwar von diesem spekulativen Versuch eines Ungeschulten keine strenge Führung des Gedankenganges verlangen. Andererseits darf man die Anspruchslosigkeit doch auch nicht zu weit treiben und die Augen nicht grundsätzlich gegen den Eindruck verschließen, daß hier keine ursprüngliche Einheit vorliegt. Wenn Baur sagt, das Historische sei in die metaphysische Sphäre hinaufgehoben, so ist das keine Lösung, sondern nur eine generalisierende Abschwächung des Rätsels, welches sich darauf zuspitzt, daß der Täufer unversehens in die Ewigkeit hineinschneit. Und wenn Strauß findet, unbefangen angesehen schreite der Prolog in bester Ordnung und strengstem Zusammenhange fort, so scheint ihm doch die Unbe-

---

[1]) Es kommt fast nur ἦν βαπτίζων vor, dreimal.
[2]) Vgl. dagegen 5, 35.

fangenheit des Blickes dadurch getrübt zu sein, daß er in der Polemik gegen Weiße befangen ist.

1, 19—28.

In 1, 22—24 und 25—28 lassen sich Varianten erkennen, wie Figura zeigt:

„[19]Dies ist das Zeugnis des Johannes, als die Juden aus Jerusalem Priester und Leviten zu ihm sandten um ihn zu fragen, wer er sei. [20]Und er bekannte und leugnete nicht, und er bekannte: ich bin nicht der Christus. [21]Und sie fragten ihn: wie nun, bist du Elias? Nein! bist du der Prophet?[1]) Nein!

[22]Da sagten sie zu ihm: wer denn? wir müssen doch unseren Auftraggebern Bescheid bringen, was du über dich selbst sagst! [23]Er sprach: ich bin die Stimme eines Rufenden in der Wüste; ebnet dem Herrn die Straße! wie der Prophet Jesaias gesagt hat. [24]Sie waren aber abgesandt von seiten der Pharisäer.

[25]Und sie fragten ihn und sagten: was taufst du denn, wenn du weder der Christus noch Elias noch der Prophet bist? [26]Johannes antwortete: ich taufe mit Wasser, mitten unter euch ist gegenwärtig, obwohl euch unbekannt, [27]der nach mir Kommende, dessen Schuhriemen zu lösen ich nicht wert bin. [28]Das geschah in Bethanien jenseit des Jordans, wo Johannes taufte."

Vers 25 knüpft nicht an 24, sondern an 21; ebenso wie Vers 22 und sogar noch enger. Und wie die Fragen 22 und 25, so sind auch die Antworten 23 und 26 s. parallel, obzwar nicht identisch. Vor allem entsprechen sich 24 und 28 als Schlüsse[2]). Denn nur als Schluß ist der Vers 24 zu begreifen, in der Mitte stört er sehr empfindlich. Man hat an dem Wortlaut früh gedoktert, ohne etwas auszurichten, da der Fehler gar nicht am Wortlaut liegt, sondern an der Stellung in der Mitte. Beide Varianten setzen die Einleitung (19—21) voraus, doch paßt sie besser zu der zweiten. Der Schluß der ersten (24), wonach die Pharisäer entweder die Absender oder die Abgesandten sind, reimt sich nicht mit der Angabe (19), die Juden d. h. die jerusalemischen Oberen hätten Priester und Leviten abgeordnet.

---

[1]) Deut. 18, 15.
[2]) In 1, 28 befremdet ἐν Βηθανίᾳ, wenn man dagegen 10, 40 vergleicht.

Johannes ist nicht Elias, weil er nicht dem künftigen Christus der Parusie die Bahn bricht[1]), sondern den schon gegenwärtigen bezeugt. Er ist auch nicht der Täufer Jesu, sondern lediglich der Zeuge über ihn. Mit μέσος ὑμῶν στήκει sagt er nicht: er steht hier mitten unter der sich zur Taufe drängenden Menge — denn er redet die Boten an, und Jesus befindet sich nicht an Ort und Stelle. Sondern: er ist bereits mitten unter euch Juden gegenwärtig, wenngleich ihr ihn nicht kennt. Er selber hat ihn bereits als den der er ist erkannt, ohne jedoch irgendwie merken zu lassen, daß das bei der Gelegenheit geschehen sei, als er ihn getauft habe. Jesus ist der Christus ohne getauft zu sein und ohne auch selber zu taufen[2]). Denn in 1, 26 setzt Johannes nicht etwa seine Wassertaufe der Geistestaufe Jesu entgegen, sondern er sagt: ich taufe nur, der Messias aber ist ein anderer. Ἐν ὕδατι fügt dem Begriff des βαπτίζειν nichts hinzu, sondern ist ein gleichgiltiger Zusatz, der ebensogut hier fehlen könnte, wie er 1, 33 in der Syra fehlt und 1, 31 von Blaß gestrichen wird[3]). Bemerkenswert ist, daß der Täufer in 1, 23. 26 s. den Namen Christus vermeidet.

Die Juden sind dem Johannes hier freundlich gesinnt, sie drängen ihn dazu, daß er sich als den Christus bekennt, und es wird ihm hoch angerechnet, daß er sich nicht dazu verleiten läßt. Ähnlich erscheint ihre Stimmung gegen den Täufer in 5, 33. 35, und auch dort ist von ihrer Gesandtschaft an ihn die Rede. Wegen dieser Rückbezeugung darf man annehmen, daß das Stück 1, 19—26 zur Grundschrift gehört, natürlich nur mit der Einen Variante und zwar der zweiten (1, 19—21. 25—28).

1, 29—34.

Erst hier tritt Jesus selber auf den Plan. Er kommt zu Johannes; man denkt, um sich taufen zu lassen. Das ist jedoch nicht der Fall. Vielmehr folgt abermals eine μαρτυρία des Täufers, die nur äußerlich von der vorhergehenden getrennt wird und in Wahrheit ebenso wenig wie jene die Anwesenheit Jesu erheischt. Also liegt ein Gegenstück zu 1, 19—28 vor, freilich mit einem bedeutsamen Unterschiede. Denn hier gilt die Taufe als Initiation des offenbaren Messias. Jesus

---

[1]) Vgl. zu Mc 9, 11. 12. Mt 11, 14.
[2]) Die Juden scheinen anzunehmen, das Taufen gehöre zum Amt des Messias, Johannes teilt aber diese Meinung nicht.
[3]) R. Schütz, ZNW 1907, 247. Als Syra bezeichne ich die Sinaitica.

läßt sich freilich nicht erst jetzt taufen, sondern das ist schon früher geschehen, irgendwann. Am gehörigen Ort, im Lauf der Erzählung, wird darüber nicht berichtet; Johannes muß in einer Rede nachtragen, er habe Jesum bei der Taufe daran erkannt, daß der Geist auf ihn herabkam. Was in 1, 19—28 fehlt, wird in 1, 29—34 nebenbei aus der synoptischen Tradition ergänzt. Auf diese wird vielleicht 1, 30 zurückgewiesen; denn sonst ist das ὑπὲρ οὗ εἶπον hier ebenso unverständlich wie das ὃν εἶπον 1, 15.

Man erwartet, daß Johannes 1, 29 zunächst einmal sagt: ἰδοὺ ὁ χριστός. Statt dessen vermeidet er auch hier den Namen Christus und sagt sofort: ἴδε ὁ ἀμνὸς τοῦ θεοῦ κτλ. Nach Isa 53 müßte αἴρειν t r a g e n bedeuten, nach 1 Joa 3 bedeutet es w e g n e h m e n. Die Vergebung der Sünden durch das Leiden Jesu ist sonst dem vierten Evangelium fremd. — In 1, 32 variiert die Stellung von ὡς περιστεράν. Im Sinaiticus, in der Latina und Syra heißt es: ich sah, daß der Geist gleich einer Taube herabfuhr; dagegen im Vaticanus: ich sah, daß der Geist herabfuhr wie eine Taube. Dort sieht der Geist selber aus wie eine Taube, hier gleicht nur sein Flug dem Fluge der Taube — eine Korrektur, die dem geläuterten theologischen Geschmack zusagt. — In 1, 33 streicht Blaß die Schlußworte ὁ βαπτίζων ἐν πνεύματι ἁγίῳ, vermutlich weil nach dem Vordersatze Jesus der mit dem Geist G e t a u f t e, nicht der mit dem Geist T a u f e n d e ist, und weil ein Gegensatz zu βαπτίζειν ἐν ὕδατι nicht in der Absicht liegt — noch dazu fehlt da ἐν ὕδατι in der Syra.

Merkwürdigerweise stehen nun auch in dieser Perikope wie in der vorhergehenden zwei Varianten neben einander, 29—31 und 32—34. Denn der Vers 32 setzt nicht fort, sondern hebt neu an, und in 33 s. wird nur weitläufiger wiederholt, was schon in 31 gesagt ist, mit dem selben Anfange: κἀγὼ οὐκ ᾔδειν αὐτόν[1]).

1, 35—51[2]).

Übergang von Johannes zu Jesus. Zu Anfang ist Johannes (von 1, 29 her, welcher Vers zur Erklärung des περιπατεῖν 1, 35

---

[1]) Weiße, Evang. Geschichte 2, 195 s.
[2]) Lachmann, Tischendorf und Blaß haben den Vers 38 in zwei Teile getrennt und doppelt gezählt; ich folge der gewöhnlichen Zählung, um keine Verwirrung anzurichten.

unentbehrlich ist) noch mit Jesus zusammen; er wiederholt die Aussage über ihn, die er am ersten ἐπαύριον öffentlich gemacht hat, am anderen Tage vor zwei seiner Jünger, die daraus die Folge ziehen und zu dem Lamm Gottes übergehen. Hernach ist er ohne weiteres verschwunden und Jesus allein übrig geblieben. Der Schauplatz aber ändert sich nicht; da wo die beiden ersten Jünger zu Jesus gekommen sind, kommen auch die anderen zu ihm. Woher sind das nun lauter Galiläer? befanden sich vorwiegend Galiläer in der Umgebung des Täufers? oder suchten sich Andreas usw. darunter nur ihre speziellen Landsleute aus, um sie zu Jesus zu führen? Und noch eine schwerer zu beantwortende Frage drängt sich auf: wie kommt es, daß wir uns mit 2, 1 nicht mehr in Peräa befinden, sondern in Galiläa? und zwar ohne Übergang, denn 1, 43 leitet keinen wirklichen Ortswechsel für das Folgende ein, es bleibt beim Vorhaben. Sichtlich ist die Situation der Erzählung aus den Fugen; nur läßt sie sich leider nicht gut wieder einrenken.

Man hat vermutet, es sei zwischen 1, 35—43 und 43—51 nicht bloß ein Unterschied der Zeit, sondern auch des Ortes. Nur die ersten Jünger, nach Ewald[1]) die zwei Brüderpaare von Mc 1, 16—20, seien bei Johannes gewesen und in Peräa zu Jesus gekommen, die anderen erst in Galiläa. Aber dann müßte man, um den gewünschten Einschnitt hervorzubringen, in 1, 44 mit Blaß ἐξῆλθεν lesen und zugleich erklären, aus welchem Grunde dies in allen Handschriften und Versionen zu ἠθέλησεν ἐξελθεῖν geändert wurde.

Ich möchte die Jüngerwahl lieber ganz als halb aus Peräa weg verlegen, d. h. ich möchte die Verse 1, 35. 36, die eine verdächtige Ähnlichkeit mit 1, 29 haben, als später zugesetzt ansehen, in der Absicht, die persönliche Berührung zwischen Johannes und Jesus weiter auszugestalten und zugleich Kapernaum zurückzudrängen[2]). Konsequent muß denn auch ἀκουσάντων παρὰ Ἰωάνου καί (40) ausgehoben werden. Und ferner der Anfang von Vers 43. Das empfiehlt sich

---

[1]) Ewald hält den Compar des Andreas für den Apostel Johannes und sagt, aus der Angabe, Andreas habe zuerst (πρῶτος) seinen Bruder gefunden, habe jeder nachdenkliche Leser jener ersten Zeiten schließen können, daß Johannes zu zweit seinen Bruder gefunden habe.

[2]) Nach 1, 44 soll Kapernaum nicht einmal die Heimat des Petrus und Andreas gewesen sein. Bethsaida als Stadt des Philippus erklärt sich vielleicht wie Cäsarea Philippi.

auch aus anderen Gründen. Nämlich im dritten Satz dieses Verses erklärt sich das Explicitum ὁ Ἰησοῦς nicht, wenn Jesus schon vorher das Subjekt ist. Und als Subjekt zu εὑρίσκει im zweiten Satz paßt er nicht, da ihm sonst stets ein anderer den neuen Jünger zuführt. Läßt man nun den ersten Satz aus, so bringt vielmehr Andreas den Philippus herbei, mit dem er auch sonst verbunden (6, 5—8. 12, 22. Mc 3, 18) erscheint; nach der Angabe, Andreas habe zuerst (πρῶτον) seinen Bruder Simon gefunden, erwartet man in der Tat zu hören, daß er hernach noch einen anderen fand. Vgl. Blaß, praefatio XIV.

Den Vers 51 hält E. Schwartz mit Recht für einen Zusatz, wegen der überflüssigen neuen Einführungsformel καὶ λέγει αὐτῷ, die auch Blaß befremdlich findet und nach seiner Art streicht, vgl. 6, 65. 16, 8. Die Ähnlichkeit mit Act 7, 56 fällt auf.

2, 1—12.

Auf den nächsten und den nächsten und abermals den nächsten Tag folgt hier der dritte. Ewald sagt, er sei nicht von einem der vorhergehenden ἐπαύριον an zu rechnen, sondern vom Tage der Ankunft in Kana, die freilich nicht gemeldet werde. Mit Recht versteht er, daß die Mutter in Kana wohne[1]); es ist als Heimat der Familie Jesu an Stelle des benachbarten Nazareth getreten, und nach 2, 12 darf man vermuten, daß οἱ μαθηταὶ αὐτοῦ in Vers 2 für οἱ ἀδελφοὶ αὐτοῦ eingesetzt sei. Die Mutter hat schon Erfahrung von der Wunderkraft ihres Sohnes und läßt sich durch sein Sträuben nicht irre machen. „Meine Stunde ist (noch nicht) gekommen" hat sonst einen anderen bestimmten Sinn; daß Jesus sich nicht gleich anfangs als den, der er ist, offenbart habe, widerspricht eigentlich der Meinung des Evangelisten. In 2, 6 ist ἦσαν . . . κείμεναι durch κατὰ τὸν καθαρισμὸν τῶν Ἰουδαίων gar zu weit aus einander gerissen, und daß die zur Reinigung bestimmten Gefäße nicht von vornherein voll sind, sondern erst noch gefüllt werden müssen, befremdet. Die Hauptsache, die Verwandlung des Wassers in Wein, wird nicht ausdrücklich berichtet, sondern in 2, 9 einfach als geschehen vorausgesetzt. Das ist erträglich und vielleicht eine Schönheit. Allein es wird auch nicht

---

[1]) Blaß findet die Angabe in Vers 1 so anstößig, daß er sie an eine andere Stelle versetzt, wo das ἐκεῖ nicht auf Kana zu gehen braucht, sondern auf die Hochzeit gehen kann.

gesagt, daß die Gäste das Wunder erfahren und wie sie und die Leute von Kana darauf reagiert haben[1]). Damit fehlt vermutlich das Motiv, warum Jesus von Kana weg nach Kapernaum gegangen ist, d. h. die Pointe der ganzen Geschichte. Über 2, 11 wird zu 4, 54 gehandelt werden. In Vers 12 sind die Brüder zum Glück nicht wie in Vers 2 durch die Jünger ganz verdrängt; sie müssen aber allein das Feld behaupten, nach dem Sinaiticus und der Latina (Blaß). Die Übersiedlung m i t M u t t e r u n d B r ü d e r n nach Kapernaum steht in interessantem Widerspruch zu Mc 3, 21. 31. Sie hat aber jede Bedeutung verloren, wenn Kapernaum nur bezogen wird, um gleich wieder verlassen zu werden, und wenn dort nichts geschieht[2]). Wie wir sehen werden, ist das in der Grundschrift wohl anders gewesen; die Worte οὐ πολλὰς ἡμέρας stammen von einem Redaktor, der Kapernaum und Galiläa zur Seite zu schieben sucht. Eine Spur dieses Strebens findet sich vielleicht schon in der Erzählung über die Jüngerberufung.

2, 13—3, 36.

Es muß hier das Ergebnis der Untersuchung von 7, 1 ss. vorweg genommen werden. Darnach hat die Grundschrift Jesum zunächst ausschließlich in Galiläa auftreten und dann nach Judäa übersiedeln lassen. Die judäischen Stücke, wodurch die galiläische Periode unterbrochen und die Situation ab und zu (besonders in 6, 1) ins Schwanken gebracht wird, haben also in der Grundschrift entweder überhaupt nicht oder doch nicht an dieser Stelle gestanden[3]). Warum aber sind sie eingesetzt oder versetzt? Jesus sollte von Anfang an nicht bloß in einem Winkel von Galiläa, sondern in voller Öffentlichkeit zu Jerusalem wirken; in 4, 43—45 erscheint Judäa sogar als sein Ausgangspunkt und Galiläa nur als Zufluchtsort, Kapernaum wird noch

---

[1]) Die Bemerkung „seine Jünger glaubten an ihn" entschädigt uns nicht.
[2]) Nach Bernhard Weiß freilich hat Maria mit ihren Söhnen dort nur einen Besuch gemacht bei der ihr befreundeten Familie Zebedäi.
[3]) Roland Schütz aus Berlin hat mir im Winter 1906-7, wo er in Göttingen studierte, die Ansicht mitgeteilt, daß die Festreisen nicht in das ursprüngliche Evangelium hineingehören. Von der Richtigkeit seiner Ansicht habe ich mich allerdings erst überzeugt, als ich sie durch 7, 3. 4 bestätigt fand; aber ohne ihn wäre ich vielleicht nicht auf die Bedeutung dieser Stelle aufmerksam geworden. Sein Aufsatz in der ZNW 1907 ist mir erst nach Beendigung meiner Analyse zugegangen.

weit mehr als bei Lukas zurückgedrängt. Namentlich sollte auch die Gründung der Gemeinde von Jerusalem in die früheste Zeit gesetzt werden. Dazu kommt noch, daß die Festreisen Träger einer Chronologie sind, wodurch die öffentliche Wirksamkeit Jesu auf drei oder vier Jahre verlängert wird. Denn bloß darum sind sie nicht eingeschaltet, weil die Meinung war, Jesus müsse doch schon vor der Passion den Tempel in Jerusalem regelmäßig besucht haben (Lc 2, 41 ss.).

2, 13—22. Die Ochsen und Schafe (14. 15) sind zu streichen. Denn das πάντας (15) kann sich nur auf die Menschen beziehen[1]). Und zwar umfaßt es beide vorher genannten Menschenklassen, sowohl die Taubenhändler als die Wechsler. Auch die Wechsler werden also ausgetrieben und nicht bloß ihre Tische umgestürzt; der letzte Satz von Vers 15 ist aus der synoptischen Tradition interpoliert, um so sicherer, da hier die Wechsler plötzlich κολλυβισταί heißen und nicht mehr κερματισταί. Der Interpolator wollte die Peitsche aus Stricken nicht gegen die Menschen, sondern nur gegen das Vieh angewandt wissen. In Zusammenhang mit den κολλυβισταί in Vers 15 sind vermutlich auch die Taubenhändler in Vers 16 eingesetzt; denn man sieht gar keinen Grund, warum das Wort Jesu nur an sie und nicht auch an die Wechsler gerichtet sein soll. Dann hätte der ursprüngliche Text gelautet: „Und er fand im Heiligtum die Taubenhändler und die Wechsler sitzen. Und er machte eine Geißel aus Stricken und trieb sie alle zum Tempel hinaus und sagte: schafft das von hier weg usw."

Mit der Tempelreinigung wird sogleich die Tempellästerung verbunden. Sie wird nicht für eine Verleumdung erklärt wie bei den Synoptikern, wohl aber für ein Misverständnis. Ebenso wie bei den Synoptikern fragen nämlich die Juden Jesum nach seiner Befugnis zur Tempelreinigung oder vielmehr nach einem Zeichen als Beweis seiner Befugnis. Und er gibt ihnen wie in Mt 12, 39 s. das Jonaszeichen, d. h. seine Auferstehung als Ausweis seiner Messiaswürde. Das tut er mit den Worten: „brecht den (Syra) Tempel ab und ich richte ihn binnen drei Tagen wieder auf"; sie sollen nach der Zweideutigkeit von ἐγείρειν bedeuten: ihr werdet meinen Leib

---

[1]) Blaß streicht πάντας, das ist bezeichnend für den Horizont seiner Kritik. Aber die Anderen empfinden nicht einmal den Anstoß.

(1 Kor 3, 16 s. 6, 19. 2 Kor 6, 16) töten, aber ich erwecke ihn aus eigener Kraft (10, 18) zu neuem Leben. Die Juden schütteln den Kopf, daß er den Tempel, dessen Bau sechsundvierzig Jahre gedauert habe[1]), in drei Tagen wieder aufbauen wolle, betrachten aber die Äußerung nicht als Blasphemie und bleiben bei dem doppelten Affront, womit Jesus ihnen ins Haus fällt, ganz gelassen. Die Sache hat gar keine Wirkung, steht also nicht hier, sondern nur zu Anfang der Passion an der gehörigen Stelle. Die judäische Einschaltung im Joa beginnt mit einer ungeheuren Prolepse. Aber wenn überhaupt Jesus schon vor der Passion in Jerusalem öffentlich bei Gelegenheit eines Festes auftreten sollte, so mußte die Tempelreinigung an den Anfang gerückt werden. Denn es wäre unbegreiflich, warum er sich erst bei dem letzten Besuch über die Wirtschaft im Tempel entrüstet haben sollte und nicht gleich bei dem ersten. So tritt Joa 2, 13 ss. an die Stelle von Lc 2, 41 ss.; τοῦ πατρός μου 2, 16 kommt auch Lc 2, 49 vor.

In der Grundschrift hat diese synoptische Geschichte überhaupt keine Stelle. Denn in die Passion, wie sie dort (durch die Lazarusgeschichte) motiviert und berichtet wird, paßt ein so offenes und ungefährdetes Auftreten Jesu gegen die jüdische Obrigkeit nicht hinein. Auch der Einzug zu Palmarum gehört nicht zur Grundschrift.

2, 23—25 ist wie 4, 1—3. 43—46 eine redaktionelle Überleitung, und zwar zu der Nikodemusperikope. Das auf unmittelbare Menschenkenntnis gegründete Mistrauen Jesu gegen die, welche wegen seiner Wunder an seinen Namen (εἰς τὸ ὄνομα) glauben, wird aus 3, 2 abstrahiert sein. Zugleich waltet die Absicht, frühzeitig einen Kreis von Gläubigen in Jerusalem entstehen zu lassen. Nach 7, 3. 4 gibt es noch keine Gläubigen in Jerusalem, und nach 7, 22 hat er dort erst ein einziges Werk getan. Διά vor dem Infinitiv (24) fällt auf, da sonst nur πρό so vorkommt. Das generelle ὁ ἄνθρωπος findet sich auch 7, 51.

3, 1—21. Dies ist bei Joa die einzige Auseinandersetzung mit einem Schriftgelehrten, aber nicht über das Gesetz und gesetzliche

---

[1]) Die Chronologie, die hier zu grunde liegt, ist sicher keine richtige oder rationale, die sich nachrechnen läßt. Dagegen kann die Zahl 46 mit der Schätzung der Lebensjahre Jesu (8, 57), da ja sein Leib der Tempel ist, zusammenhangen, aber umgekehrt als wie E. Schwartz meint (Abhh. der Göttinger Ges. der Wiss. 1904 (VII, 5) p. 7. 8).

Fragen, sondern über ein den Juden fremdes Thema. Man erkennt in Nikodemus einen Schatten des Schriftgelehrten von Mc 12, 28 ss., der nicht weit vom Reiche Gottes, aber doch nicht darin ist. Was ihm noch fehlt, erhellt dort nicht; hier wird es gesagt: ohne Wiedergeburt[1]) kann man nicht in das Reich Gottes gelangen. Das Reich Gottes findet sich nur hier bei Joa; der Ausspruch 3, 3 ist abgewandelt aus Mt 18, 3. Die Wiedergeburt wird dann auf die verwunderte Frage des Nikodemus[2]) näher bestimmt als eine Geburt nicht aus dem Fleisch, sondern aus dem Geist. Nur zuerst (3, 5) wird dafür gesagt: aus W a s s e r und Geist. Dann würde also Jesus die Taufe, und zwar nicht die johanneische, sondern die christliche, für die notwendige und grundlegende Initiation zum Reiche Gottes erklären. Die spätere Auslassung des Wassers ließe sich begreifen, weil das Unterscheidende bei der christlichen Taufe eben der Geist ist. Jedoch bleibt das ἐξ ὕδατος wegen seiner Vereinzelung auffallend; und es verträgt sich schlecht mit 3, 8. „Der Wind[3]) weht wo er will, und du hörst ihn wohl, weißt aber nicht, woher er kommt und wohin er geht: so geht es auch immer, wenn einer aus dem Geist geboren ist." Gleich unbegreiflich, wie das Woher des Windes ist auch das Woher des Geistes und gleich tatsächlich doch die Wirkung; und so wenig wie die Menschen den Ursprung dieser Mächte erkennen können, so wenig können sie sie dirigieren (ὅπου θέλει πνεῖ). Mit dieser Betrachtungsweise will es doch nicht recht stimmen, daß der Geist durch ein sicheres Mittel, durch das Sakrament der Taufe, verliehen wird. Man könnte sich nun versucht fühlen, den ganzen Passus 3, 5. 6 für eine spätere Erweiterung zu halten, da der Anfang von 3, 7 unmittelbar auf die Verwunderung des Nikodemus zurückzuschlagen und 3, 5 nur eine Wiederholung von 3, 3 zu sein scheint. Dann würde aber die Voraus-

---

[1]) Usener im Weihnachtsfest p. 54 n. 1 protestiert eifrig gegen die Auffassung von ἄνωθεν als denuo. Aber sie wird vertreten von der Latina und der Syra und vor allem von Nikodemus selber, der πάλιν an die Stelle setzt und nicht ex coelo, sondern ex matre versteht. Daß ἄνωθεν 3, 31. 19, 11 v o n o b e n bedeutet, ist allerdings richtig, und vielleicht will es Jesus nach 1, 13 so verstanden wissen.

[2]) Γέρων (3, 4) bedeutet wohl nicht Greis, sondern nur alt, nicht mehr jung.

[3]) Sehr ungewöhnlich wird πνεῦμα statt ἄνεμος gesagt, um die Sache (den Geist) gleich durch das Bild (den Wind) durchblicken zu lassen; das Epimythion (οὕτως κτλ.) wird dadurch eigentlich überflüssig, wenngleich es richtig erklärt. Zu Pfingsten kommt der Geist herab ὥσπερ πνοή βιαία (Act 2, 2). Im Hebräischen und Aramäischen heißt רוח sowohl ἄνεμος wie animus.

setzung von Vers 8 wegfallen. Es genügt, die Worte ὕδατος καί in 3, 5 auszuheben.

Mit 3, 9 geht ein neuer Absatz an, der von einem Continuator stammt. Der Einwurf des Nikodemus „wie kann das zugehen?" paßt nicht auf die vorhergehende Äußerung Jesu; denn sie besagt ja grade, daß man nicht wisse, wie die Sache zugehe. Und noch weniger paßt zu dieser Äußerung die Replik Jesu in 3, 10 ss. Da wird dem Nikodemus zum Vorwurf gemacht, daß er etwas nicht verstehe, was nach Vers 8 doch grade unbegreiflich s e i n s o l l. Weiter wird die Wiedergeburt, und zwar offenbar die durch die Taufe, als etwas Elementares, gleichsam für Katechumenen Bestimmtes, höheren Dingen entgegengesetzt[1]), zu denen die Rede nun übergeht: die Präexistenz des Menschensohnes, der deshalb allein über den Himmel und das Himmlische Bescheid weiß[2]), seine Kreuzigung zum Heil der ganzen Welt, das innere Gericht, d. h. die Scheidung der Geister, die sich durch ihr verschiedenes Verhalten zu dem Lichte von selber vollzieht. Merkwürdig und schon öfter hervorgehoben ist dabei, daß Jesus 3, 11 (anders wie 3, 12) im Plural und hernach in dritter Person von sich redet (nicht bloß dann, wenn er sich den Menschensohn nennt), und daß er 3, 19 seine irdische Laufbahn als bereits abgeschlossen betrachtet; an Nikodemus denkt er nicht mehr. Πιστεύειν ἐν (3, 15 vgl. 3, 35) und ὥστε (3, 16) kommt sonst bei Joa nicht vor.

Wenn 3, 9—21 ein Nachtrag ist, so liegt der Gedanke nahe, daß 3, 1—8 ganz oder teilweise der Grundschrift angehöre. Allein das Stück ist in ihr schwer unterzubringen, und die theologischen Begriffe, Reich Gottes, Wiedergeburt, Geist, scheinen ihr fremd zu sein.

3, 22—36. Die Ἰουδαία γῆ bedeutet hier die jüdische Landschaft im Unterschiede von Jerusalem, wie die Ἰουδαία χώρα Mc 1, 5. Die Taufe, die Jesus in 3, 5 nach dem jetzigen Wortlaut für unerläßlich erklärt, übt er hier selber aus, ungefähr auf dem gleichen Boden wie Johannes. Denn auch dieser tauft hier nicht in Peräa, sondern in Judäa, ohne daß gesagt wird, er habe seine Stätte gewechselt. Die Angabe 3, 24 stammt von einem Glossator, der bemerkte, daß

---

[1]) Ebenso wird in 6, 61 s. das Sakrament des Abendmahls schwierigeren Theologumena entgegengesetzt.

[2]) 3, 13 ist nach 3, 31 zu verstehen und nach Deut. 30, 12 geformt. Von Auferstehung und Himmelfahrt ist keine Rede.

das Zusammenwirken der beiden Meister der synoptischen Überlieferung widerspricht, wonach vielmehr Jesus erst nach der Verhaftung des Täufers öffentlich auftrat. In 3, 25 befremdet μετά 'Ιουδαίου oder μετά 'Ιουδαίων aufs äußerste[1]). Nach dem Folgenden erwartet man μετά τῶν μαθητῶν 'Ιησοῦ; ebenso auch nach der Geschichte Mc 2, 18, die in 3, 29 als Grundlage durchblickt, obgleich die Streitfrage dort nicht die Taufe (καθαρισμός 13, 10), sondern das Fasten betrifft, und nicht vor Johannes, sondern vor Jesus gebracht wird. In 3, 26 und 28 wird, anders wie in 23, Bezug genommen auf die frühere Wirksamkeit des Täufers in Peräa, auf sein Zusammentreffen mit Jesus daselbst und auf sein Zeugnis für Jesus. Bei diesen Antecedentien begreift sich jedoch nicht, wie die Jünger des Johannes es ihm als ärgerlich melden können, daß Jesus ihm Konkurrenz mache; sie müßten sich eher wundern, daß ihr Meister nach 1, 29 ss. 35 s. noch fortfährt Jünger zu machen und nicht zu gunsten des Größeren selber abtritt. In Wahrheit ist 3, 22 ss. keine Fortsetzung zu 1, 29 ss., sondern eine Variante dazu, eine neue μαρτυρία des Täufers auf anderem Boden. Also gerät man auf die Vermutung, daß Vers 26 durch den doppelten Relativsatz erweitert[2]) und Vers 28 ganz zugesetzt sei. Der Vers 29 schließt über 28 hinweg mit 27 zusammen; er bedeutet: Jesus hat die Kirche (die Braut) hinter sich; die Johannesgemeinde ist zwar die Vorstufe gewesen, muß aber daneben verschwinden[3]). Die Ähnlichkeit des Themas mit dem von Mt 11 fällt auf, nur daß dort Jesus, hier Johannes sich über das Verhältnis der beiden Gemeindehäupter ausläßt. Angeknüpft wird aber nicht an Mt 11, sondern an Mc 2.

Von Vers 31 an folgt auch hier eine Continuatio, grade wie in dem vorhergehenden Stück von Vers 9 an. Auch hier erhebt sich die Rede über den Ausgangspunkt hinweg in höhere Regionen (Christologie, inneres Gericht), ganz wie dort. N i e m a n d n i m m t s e i n Z e u g n i s a n (3, 32) steht in entscheidendem Widerspruch zu A l l e s l ä u f t i h m z u (3, 26). Die Syra hat diesen Widerspruch

---

[1]) 'Εκ τῶν μαθ. ist Genitiv: ein Streit e i n i g e r Jünger des Johannes.
[2]) Der echte Wortlaut wäre dann: Rabbi, dieser da tauft und alle kommen zu ihm.
[3]) Johannes steht und wartet auf Jesus, er freut sich, wenn er ihn k o m m e n hört. Φωνή ist hebräisch zu verstehen, nicht von Worten, die Jesus spricht.

empfunden und zu mildern gesucht. Τὸ πνεῦμα (3, 34) ist falsche Lesart; der Sinn ist: nicht nach Maß gibt der Vater dem Sohn, er liebt ihn[1]) und hat ihm alles gegeb.n. Μαρτυρία hat in 3, 11. 32 s. (19, 35. 21, 24) eine andere Bedeutung als in 5, 31 ss. 8, 13 ss.; es steht von der evangelischen Verkündigung, wie in der Apokalypse. Der Zorn Gottes (3, 36) findet sich sonst nicht. Ebenso nicht ἀπειθεῖν (3, 36), und σφραγίζειν (3, 33) nicht in diesem Sinn.

Ob 3, 22—30 für die Grundschrift anzusprechen ist? Mir scheint das der Lokalität wegen ausgeschlossen, die Grundschrift weiß nichts von einem so frühen Auftreten Jesu in Judäa, noch gleichzeitig mit dem des Täufers. Die Lokalität unterscheidet unser Stück auch von 1, 19—28.

4, 1—42.

4, 1—3. Jesus kehrt nicht etwa ordnungsmäßig von der Festreise heim nach Galiläa, sondern er wandert dahin aus. Jerusalem und Judäa gelten hier nicht bloß als seine Wirkensstätte (3, 22), sondern auch als seine Heimat, wie in 4, 43—45. Der Anfang ist formell ungeschickt, wegen der unnötigen Wiederholung des explizierten Subjekts, und sachlich unmotiviert, weil die Feindschaft der Pharisäer in keiner Weise vorbereitet ist. Der Vers 2 (καίτοι und γε nur hier) ist eine Korrektur von 3, 22 ss. nach der synoptischen Tradition; die Syra sucht den Widerspruch (zu 3, 22 ss.) wiederum zu mildern. Das Ganze ist Redaktionsarbeit (daher auch ὁ κύριος 4, 1 im Sinaiticus) zu dem Zweck, daß die Reise durch Samarien von Judäa ausgegangen sein soll, nach Galiläa. Nach Lukas ist die Richtung umgekehrt gewesen, und das muß auch hier als das Ursprüngliche angenommen werden, wenn die samarische Perikope zur Grundschrift gehört, was nach 7, 1 ss. sehr wahrscheinlich ist. Dort wird jetzt der Übergang Jesu von Galiläa nach Jerusalem nur sehr kurz angedeutet, vermutlich weil Kap. 4 von seiner alten Stelle versetzt und vorgeschoben ist. Nach 7, 1 ss. ist dann allerdings die Konsequenz, daß Jesus allein und ohne Begleitung durch Samarien gereist ist; die Jünger können nicht dabei gewesen sein. Nicht aus diesem Zwang aber, sondern unabhängig davon ist E. Schwartz zu dem gleichen Ergebnis gekommen, aus inneren Gründen, die im Folgenden zur Sprache kommen werden.

---

[1]) d. h. Jesus ist der ἀγαπητός, der μονογενής.

4, 4—42. An 4, 8 haben schon die Syra und Blaß Anstoß genommen und den Anstoß in ihrer Art beseitigt. Die Angabe ist nachgetragen, um zu erklären, daß die Jünger bei dem Gespräch Jesu mit der Frau nicht zugegen sind: sie hatten sich nämlich ($\gamma\acute{\alpha}\rho$) wegbegeben, um Zehrung zu kaufen[1]). Mit 4, 8 hängt 4, 27 zusammen: da kommen sie wieder mit der Zehrung, und die Frau entfernt sich. Nach dem Abgange der Frau entsteht nun eine Pause, wo Jesus mit den Jüngern allein ist und essen könnte. Aber diese bequeme Gelegenheit wird nicht benutzt; vielmehr erst nachdem auf den Bericht der Frau die Einwohner der Stadt heraus zu Jesus gekommen sind, fordern die Jünger ihn auf zu essen. Den Grund dafür hat E. Schwartz entdeckt. Die Samariter sollen zurückgedrängt werden und kein Gedanke an die Eßgemeinschaft mit ihnen aufkommen. Ursprünglich sind sie es gewesen, welche Jesu Speise bringen und ihn auffordern zu essen. Sie sind dann durch die Jünger ersetzt, und darum kommen diese nicht bei ihrer eigenen Ankunft, sondern erst bei der der Samariter mit der Aufforderung $\varphi\alpha\gamma\acute{\epsilon}$ (4, 31), die sich außerdem in ihrem Munde befremdlich ausnimmt, da sie doch mit dem Meister zusammen zu essen pflegen — weshalb die Syra übersetzt: sie baten ihn, er möge m i t   i h n e n Brot essen[2]). Der Versuch, durch $\grave{\epsilon}\nu\ \tau\tilde{\wp}\ \mu\epsilon\tau\alpha\xi\acute{\upsilon}$ (fehlt in der Syra) die Handlung in das Plusquamperfectum zu verlegen, verrät nur die Empfindung, daß dieselbe von Rechts wegen in die Pause vor der Ankunft der Samariter hätte fallen müssen. Vers 27 ist also ein Zusatz wie Vers 8, und in Vers 30. 31 hat ursprünglich gestanden: die Samariter nahmen Speise zur Hand und gingen heraus aus der Stadt und kamen zu Jesus und baten ihn: Rabbi, iß! Dann redet natürlich Jesus auch in 4, 32 ss. zu den Samaritern, zu denen er nach dem jetzigen Texte auffälligerweise gar nichts sagt, so daß 4, 39 ss. ganz unverständlich wird. Nur die Verse 37. 38 sind allerdings an die Jünger gerichtet und also nachgetragen; sie reimen sich auch nicht mit den beiden vorhergehenden. Denn in 37. 38 fallen Saat und Ernte aus einander; Jesus sät, aber erst die Jünger ernten. Dagegen in 35. 36 fallen Saat und Ernte zusammen, Jesus sät und erntet zugleich. „Ihr sagt zwar: es dauert noch längere Zeit bis zur Ernte; ich aber sage euch: der Sämann erlebt a tempo die Freude des

---

[1]) Dazu hätten freilich zwei genügt.
[2]) $\mathring{\alpha}\rho\tau o\nu\ \varphi\alpha\gamma\epsilon\tilde{\iota}\nu$ ist nicht johanneisch.

Erntens." Jesus selber gilt also hier als der definitive Gründer der samarischen Christengemeinde, während nach 37. 38 erst die Jünger den eigentlichen Erfolg haben, in Übereinstimmung mit Act 8. — Der Schluß 4, 39—42 ist überarbeitet. Ein deutliches Kennzeichen davon ist namentlich der ursprünglich heidnische Name ὁ σωτήρ für Jesus, der eigentlich dem ganzen Neuen Testament so fremd ist wie ὁ λυτρώτης. Es beweist den Abstand des kirchlichen Sprachgebrauchs von dem biblischen, daß Jesus später mit Vorliebe als Heiland und Erlöser bezeichnet wird.

So wie es durch Korrektur beseitigt ist, daß die Männer von Sichem Jesu zu essen bringen, scheint es auch beseitigt zu sein, daß die Frau von Sichem ihm zu trinken gibt. Wenn sie in 4, 9 keine Widerrede macht, sondern sich anschickt Jesu Wasser zu reichen, so bekommt seine Antwort (4, 10) erst Sinn. In 4, 11 verleitet der Satz „du hast keinen Eimer und der Brunnen ist tief" in Verbindung mit der Frage „woher hast du also das lebendige Wasser?" zu dem Misverständnis, daß aus dem Jakobsbrunnen lebendiges Wasser geschöpft werden könne. Es ist aber trotz 4, 6 nur ein φρέαρ [1]). Die Pointe des Gesprächs Jesu mit der Samariterin ist bis jetzt nicht begriffen. Sie beruht ganz und gar auf dem Gegensatz des Zisternenwassers, welches Jakob [2]) den Leuten von Sichem gestiftet hat, und des Quellwassers, welches Jesus gibt; vgl. Hierem. 2, 13. Unter dem letzteren ist nicht die Taufe verstanden, sondern das Wort der Wahrheit und des Lebens. Das Quellwasser wird lebendes oder springendes Wasser genannt, wie im Lateinischen aqua viva oder aqua saliens und auch im Niederdeutschen Quickborn oder Spring, Springe. Εἰς ζωὴν αἰώνιον (4, 14) darf nicht mit ἁλλόμενον verbunden werden, sondern steht für sich wie in 6, 27 und gibt nicht die Mündung, sondern die Wirkung an.

Der Gegensatz zwischen dem toten Wasser Jakobs und dem lebendigen Wasser Jesu, worauf in 4, 4—15 das Ganze hinausläuft, wird verdunkelt und verdorben durch den folgenden Gegensatz zwischen

---

[1]) Von der Fülle fließenden Wassers bei Sichem hat der Verfasser keine Ahnung; er postuliert das Gegenteil. Πηγή ist in 4, 14 richtig, dagegen stört es in 4, 6 unerträglich und stammt dort vielleicht von einem Korrektor, der besser in Sichem Bescheid wußte. Aus einer πηγή kann man trinken, ohne einen Schöpfeimer zu haben.

[2]) Jakob ist der Vater der Samariter, Abraham der Vater der Juden.

dem heiligen Berge der Samariter bei Sichem und der Juden in Jerusalem (19—26). Dieser Gegensatz ist ein Contrafactum; vorher ist überhaupt nicht von dem Berge, sondern nur von dem Brunnen bei Sichem die Rede und daran wird alles geknüpft. Von 19—26 ist aber 16—18 nicht zu trennen. Die Männer der Frau sind von Hengstenberg mit Recht nach Osee 1—3 gedeutet. Die fünf, die sie gehabt hat, sind die fünf Götzen der Samariter in 2 Reg. 17, und der jetzige, der eigentlich nicht ihr Mann ist, ist Jahve, der in Wahrheit den Juden gehört. Dann gehört 4, 16—18 dem Sinne nach mit 4, 19 ss. zusammen und fällt unter das selbe Urteil. Im Einzelnen gibt namentlich 4, 22—24 zu Bedenken Anlaß. Während Jesus 4, 23 sagt, die Streitfrage zwischen den beiden Sekten habe keine Bedeutung und werde verschwinden, tritt er 4, 22 gegenüber den Samaritern, die er mit ὑμεῖς anredet, ganz auf die Seite der Juden, mit denen er sich unter ἡμεῖς zusammen faßt. Der Ausdruck σωτηρία kommt bei Joa nur hier vor. Προσκυνεῖν ist in dem ganz allgemeinen Sinne verwendet, den es sonst nur in der Apokalypse hat.

4, 43—54.

4, 43—54. Wie in 4, 1—3 gilt auch hier Jerusalem für die Heimat Jesu[1]), und auf diese πατρίς wird der Spruch bezogen, den er nach Markus über Nazareth gesprochen hat. Er wandert nach Galiläa aus und die Galiläer heißen ihn willkommen, nicht weil er ihr Landsmann ist und früher unter ihnen gewirkt hat, sondern weil sie als Festpilger in Jerusalem ihn kennen gelernt und seine Wunder (2, 23) geschaut haben. Das Stück steht mit 2, 23—25. 4, 1—3 in einer Reihe und gehört natürlich nicht zur Grundschrift. Es mag aber einen Zug ersetzen, der aus der Grundschrift entfernt worden ist. Denn dort haben vermutlich in 2, 1—12 die Leute von K a n a auf das Wunder Jesu so reagiert, daß er sich bewogen fand, nach Kapernaum auszuwandern.

4, 46—54. Da diese Erzählung in Galiläa spielt, so mag sie der Grundschrift entstammen. Dann muß sie dicht hinter 2, 1—12 gestanden haben und Jesus muß in Kapernaum (nicht in Kana) gedacht werden, so daß die Angabe von seiner Übersiedlung dahin 2, 12 nun Sinn und Inhalt gewinnt. Im nächstfolgenden Stück der Grundschrift, nämlich in Kap. 6, ist ebenfalls Kapernaum der Ort, von wo

---

[1]) Köstlin in den Tüb. Theol. Jahrb. 1851 p. 185 n. 1.

Jesus ausgeht und wohin er zurückkehrt. Man hat also überall in 4, 46—54, wo nicht Kapernaum, sondern Kana als Aufenthalt Jesu erscheint, auf spätere Korrektur zu schließen, nicht bloß am Anfang (46), sondern auch in der Mitte, wo der Vater des Kranken, um zu Jesus zu gelangen, eine Tagereise macht (ἐχθές 52) und von einem Ort zum andern hinauf oder herab steigt (47. 51. vgl. Lc 4, 31). Damit fällt ein wichtiger Unterschied gegen die Variante in Q (Mt 8. Lc 7) hinweg, nämlich die Distanz, wodurch die Fernwirkung des Heilandes erhöht wird. Da es nicht viel ausmacht, daß es sich dort um den Knecht eines Hauptmannes, hier um den Sohn eines Hofbeamten handelt, so bleibt als Hauptunterschied übrig, daß dort ein Heide, hier ein Jude Jesum angeht und daß im Zusammenhang damit jene Geschichte sehr bedeutsam und voll gehaltreicher Worte, diese ein bloßes Wunder ist. Eine Präsumtion für das höhere Alter von Q ergibt sich daraus nicht. Vielmehr scheinen beide Varianten völlig unabhängig von einander zu sein. Ἀφῆκεν αὐτὸν ὁ πυρετός (52) stammt wörtlich aus Mc 1, 31.

Der Bearbeiter sucht Kapernaum nach Kräften in den Hintergrund zu drängen. Auf ihn geht ferner die Zählung der galiläischen Wunder in 4, 54 und 2, 11 zurück. Denn sie hat in der Grundschrift, wo die beiden Wunder dicht auf einander folgen, keine Stelle; sie hat nur Sinn, wenn die große Einschaltung 2, 13—4, 45 dazwischen liegt. Übrigens genügt ἐλθὼν ἐκ τῆς Ἰουδαίας εἰς τὴν Γαλιλαίαν, um die Herkunft von 4, 54 zu erkennen.

5, 1—47.

5, 1 stammt von der Redaktion. In der Grundschrift folgte die Ankunft in Jerusalem und das Wunder daselbst auf die Reise durch Samarien. Man hat schon bemerkt, daß die Rede von Kap. 5 sich in der Rede von Kap. 7 fortsetzt.

5, 2—16. Jesus bricht den Sabbat durch Heilung eines Kranken, die Juden verfolgen ihn deshalb und trachten gar ihn zu töten. Dem entspricht Mc 3, 1—6; man versteht, daß das dortige συμβούλιον ὅπως αὐτὸν ἀπολέσωσιν von Galiläa nach Jerusalem verlegt wird. Mit Mc 3, 1—6 ist erst nachträglich und unpassend Mc 2, 1—12 verbunden. Vorher wird ja der Kranke gar nicht auf einem κράββατος getragen, sondern kann selber gehn, wenngleich nicht schnell genug um zuerst zu kommen — die wörtlich aus Markus entlehnte Aufforderung

(5, 8) „auf, nimm dein Bett und wandle" ist also unangebracht. Mit 5, 8 fällt zugleich der mittlere Satz in 9 und der darauf begründete Vorwurf der Sabbatschändung gegen den Geheilten in 10—12, statt gegen Jesus. Anderweitige Bedenken richten sich gegen 13—15. Der Mann weiß die Frage, wer ihn geheilt habe, nicht zu beantworten, weil Jesus sich in der Menge verloren hat: da sieht er ihn wieder und weiß nun plötzlich seinen Namen, ohne darnach gefragt zu haben. Das kann nun wohl auf sorgloser Erzählung beruhen. Aber anstößig, weil in diesem Fall höchst unmotiviert, ist der Vers 14: einem, der achtunddreißig Jahre krank gelegen und währenddem doch keine Gelegenheit zu sündigen gehabt hat, wird nach der Heilung gesagt, er solle nicht mehr sündigen, damit ihm nicht noch Schlimmeres widerfahre! Auffällig ist ferner, daß man keine Distanz zwischen Bethesda und dem Heiligtum spürt und nicht sieht, wie Jesus dahin kommt und wieder verschwindet. Der Ort ist sonst unbekannt und der Name unsicher, ἐπὶ τῇ προβατικῇ fehlt in der Syra [1]).

5, 17—29. Von dem vorher erzählten Anlaß (der Sabbatschändung) merkt man in dieser Rede Jesu nichts [2]); auch nicht in Vers 17, denn ἕως ἄρτι hat nicht die Bedeutung **ununterbrochen** (an Werktagen und am Sabbat), die man darin finden will. Darum wird ein anderer Anlaß hinzugefügt, der sich ergibt, sobald Jesus den Mund auftut. In dem Wort „mein Vater wirkt bis jetzt und ich wirke auch" sehen die Juden eine Blasphemie, und nun verfolgen sie ihn nicht bloß (16), sondern trachten ihm nach dem Leben (18). Das ist jedoch eigentlich keine Steigerung, der Vers 18 sieht eingeklemmt und nachgetragen aus, und der dadurch entstehende zwiefache Anhub der Rede (17=19) erscheint bedenklich. Allerdings nimmt Jesus im Folgenden eher Rücksicht auf den Vorwurf, daß er sich Gott gleich setze, als auf den, daß er den Sabbat breche. Aber in Wahrheit reagiert er überhaupt nicht auf den Inhalt von Äußerungen, welche die Juden vor seinen Ohren haben laut werden lassen, sondern nur auf ihre Feindschaft im allgemeinen, darauf daß sie an seinen Werken Ärgernis nehmen und an seine Sendung nicht glauben. Er erkennt die Absicht der Gegner, ohne daß sie sie verraten haben, weiß besser als sie selbst,

---

[1]) Zu 5, 4. 7 vgl. Mokaddasi 13, 3. 124, 18: ein Engel steckt seinen Finger oder seinen Fuß ins Meer, dann kommt die Flut.
[2]) Nur in 7, 23 kommt er unerwartet darauf zurück.

worauf sie hinaus wollen, und sagt ihnen schließlich auf den Kopf, daß sie ihn töten würden. Seine Rede (Kap. 5. 7. 8) haftet nicht an dem durch den erzählenden Eingang bestimmten Anlaß, sondern erhebt sich frei darüber. Ob das in der Ordnung ist, läßt sich fragen. Das Wirken, worin der Vater vorangeht und der Sohn folgt, wird in 5, 17. 19. 20 noch nicht näher beschrieben. Erst von 5, 21 an wird es bestimmt als ζωοποιεῖν. In 5, 21—24 besteht dies nun in dem geistigen Erwecken der Auserwählten (οὓς θέλει 21) wodurch diese schon hienieden zum Leben durchdringen und den Tod überwinden. Aber in 5, 25—29 [1]) ist nicht mehr von dem geistigen und schon gegenwärtigen Lebendigmachen bloß der Auserwählten die Rede, sondern von dem leiblichen Auferwecken aller Toten durch den Menschensohn bei dem jüngsten Gericht. Καὶ νῦν ἐστιν 5, 25 ändert daran nichts; es ist ein schwacher Harmonisierungsversuch und wird mit Recht von Blaß gestrichen.

5, 30—46 setzt nicht fort, sondern hebt von Frischem an. Der Anfang (30) entspricht dem Anfange des vorhergehenden Absatzes (19); jedoch das Amen Amen fehlt und Jesus nennt sich nicht den Sohn, sondern einfach Ich. Diese Unterschiede gehen nun durch und genügen zum Beweise, daß 30—46 von anderer Hand stammt als 19—29. Es spricht nichts dagegen, daß die Grundschrift darin steckt, sie zeigt sich auch in der sehr originellen Verwertung des Täufers, die mit 1, 19 ss. im Einklang steht. Nur ist sie stark überarbeitet und am Anfang vielleicht verstümmelt. Das Thema ist d a s Z e u g n i s, worauf sich Jesus berufen kann, und unser Stück ist das Vorbild zu der Variante 8, 12—20.

Statt καθὼς ἀκούω (30, sc. παρὰ τοῦ πατρός) hätte auch καθὼς παραδίδοταί μοι (Mt. 11, 27) stehen können; ungewöhnlich ist das Präsens. Alle echte Erkenntnis stammt nach jüdischer Meinung nicht aus dem Eigenen, sondern aus Überlieferung oder vom Hören. Aus diesem Hören kann nun aber nicht die richterliche Gewalt Jesu fließen, von der in 5, 27 die Rede ist, sondern nur seine Weisheit und Einsicht. Κρίνειν hat hier also den allgemeineren Sinn von u r t e i l e n, wie in 7, 24. 8, 15—26. Wenn Vers 31 mit 30 in Verbindung steht, so ist dabei auch Jesu Urteil über sich selbst nicht ausgeschlossen, wie denn der echte Wortlaut von 8, 26 zu sein scheint: πολλὰ ἔχω περὶ ἐμοῦ

---

[1]) Vielleicht auch in 5, 22.

λαλεῖν καὶ κρίνειν. Man braucht freilich nach dem Gesetz Jesu Aussage über sich selbst nicht gelten zu lassen, aber es fehlt ihm nicht an einem einwandfreien Zeugen. So heißt es in 31. 32; dann weiter in 33 und 35: „Ihr selbst kennt den Zeugen[1]), ihr habt zu Johannes geschickt und er hat Zeugnis abgelegt für die Wahrheit; er war (wirklich) der brennende und scheinende Leuchter (wofür er gehalten wurde), ihr aber beliebtet nur einen Augenblick über sein Licht zu jubeln." Das Licht, das von dem Leuchter ausstrahlt, entspricht der μαρτυρία des μάρτυς; gesagt wird, daß die Juden zwar über die Ankündigung des nahen und schon gegenwärtigen Messias durch den Täufer anfangs jubelten, jedoch bald (auf πρὸς ὥραν liegt Nachdruck) anderes Sinnes wurden; nämlich als sie merkten, daß dieser Messias auf Jesus hinauslief. Es kommt somit zunächst Johannes als Zeuge für Jesus in Betracht. Wenn dieser sofort, ehe noch die positive Aussage über ihn vollendet ist, als unannehmbar zurückgewiesen wird (34), so sieht man was davon zu halten ist. Dagegen darf man daran keinen Anstoß nehmen, daß zu dem Täufer Gott selber als zweiter Zeuge hinzugefügt wird, wie es im Folgenden geschieht. Freilich sind auch da Zusätze auszuscheiden. Vers 36 ist vor 37 unmöglich, weil die beiden Aussagen inhaltlich identisch sind und nicht durch καὶ verbunden werden können; das καὶ (37) schließt direkt an 35. Weiter stört Vers 39 zwischen 38 und 40; hier wird dem Zeugnis Gottes das Zeugnis der Schriften (γραφαί im Plural nur hier) zur Seite gesetzt, wie in 36 das Zeugnis der Werke. Endlich steht Vers 41 isoliert und isolierend zwischen 40 und 42; er ist mit 34 und 44 gleichartig.

Der Faden der Grundschrift läuft also über die Verse 30—33. 35. 37. 38. 40. 42. Damit ist er zu Ende; was noch folgt, gehört nicht dazu und ist locker gefügt. In Vers 43 erkennt man mit Recht eine Weissagung auf Barkochba. Vers 44 stellt sich zu 41 und 34. Und Vers 45 bis 47 ist eine weitläufigere Wiederholung des Schriftbeweises in 39, nur daß an Stelle des Abstractums das Concretum gesetzt wird, an Stelle der Schrift der Schriftsteller, nämlich Moses, der auch sonst als Verfasser des ganzen Alten Testaments gilt. Hier mag freilich doch vornehmlich die bekannte Stelle des Pentateuchs Deut. 18, 15 vorschweben, wo Moses den Juden befiehlt, sie sollten dem Propheten, der nach ihm erstehen würde, gehorchen. Sie haben also keine Ent-

---

[1]) οἴδατε 3, 32 mit Sin. Latina Syra gegen οἶδα im Vaticanus.

schuldigung, wenn sie Jesus nicht anerkennen; Moses selbst zeugt wider sie und klagt sie an. Dieser Befehl Moses wird den Juden auch von Muhammed vorgehalten, der unter dem Propheten natürlich nicht Jesus versteht, sondern sich selber (Sura 3, 75).

6, 1—25.

Es ist schon zu 4, 46—54 bemerkt, daß der Ort, von wo Jesus hier ausgeht und wohin er zurückkehrt, Kapernaum sei. Wer Augen hat, muß sehen, daß er nicht von Jerusalem, wo er sich im Kap. 5 befindet, an jene Seite des galiläischen Meeres gelangt sein kann. Der aus 7, 3. 4 zu ziehende Schluß, daß die judäischen Stücke nicht ursprünglich in die galiläische Periode gehören, bestätigt sich hier; sie sprengen den lokalen Rahmen.

6, 1—13. Die ersten vier Verse sind meist Redaktionsarbeit. In Vers 1 drängt sich τῆς Τιβεριάδος (6, 23. 21, 1) mit τῆς Γαλιλαίας. Vers 2 kennzeichnet sich als sekundär durch die vielen Zeichen (vgl. dagegen 14); außerdem kann das Volk nicht von Anfang an Jesu gefolgt sein, wenn er es erst in 5 zu sich kommen sieht[1]). Vers 3 ist eine Reminiscenz aus Mt 15, 29 und hier gänzlich unpassend; denn in 5 ss. ist Jesus nicht allein mit den Jüngern, sondern zusammen mit dem Volk, und erst in 15 entweicht er auf den Berg. In Vers 4 steht die Angabe über das Fest ganz verloren, sie hat für die Erzählung nicht die geringste Bedeutung. Sie ist ein an beliebiger Stelle eingesetzter Meilenzeiger der Chronologie und zeigt schlagend, daß diese Chronologie, welche die Dauer der öffentlichen Wirksamkeit auf mehrere Jahre verlängert, mit dem historischen Pragmatismus in gar keinem inneren Zusammenhang steht, sondern ihm künstlich und nachträglich aufgenäht ist. Ein ähnlicher wenngleich nicht so krasser Fall liegt 1. Sam. 4, 18 vor. Vgl. zu 10, 22.

In 6, 5—13 steckt zwar die Grundschrift, doch liegt sie auch hier nicht rein vor. Der Jüngerdialog stammt von späterer Hand. Denn in 8 wird nicht vorausgesetzt, daß Philippus mit seiner Replik schon zuvorgekommen ist, da es sonst heißen müßte: ein **a n d e r e r** Jünger sagte. Mit Philippus fällt aber auch der Eigenname Andreas, und es bleibt als Grundlage von 5—8 nur übrig: „Da nun Jesus die Augen

---

[1]) Es sammelt sich erst am anderen Ufer zu ihm und ist nicht mit ihm von Kapernaum gekommen.

aufhub und gewahr wurde, daß viel Volk zu ihm kam, sprach er: woher sollen wir Brod kaufen, daß diese essen? Einer seiner Jünger (ein ungenannter) sagte zu ihm: es ist ein Knabe hier usw.".

6, 14. 15. Wie bei Markus zieht Jesus sich nach der Speisung auf den Berg zurück, freilich aus dem höchst befremdlichen Grunde, damit die Leute ihn nicht mit Gewalt zum Könige machen. Πάλιν hinter φεύγει nimmt Bezug auf 6, 3, fehlt aber in der Syra und wird von Blaß mit Recht gestrichen.

6, 16—21. Wiederum wie bei Markus folgt zu dritt die Überfahrt über den See. Nach dem Wortlaut von Vers 17 in der Syra, der auch im Vaticanus noch durchblickt, fahren die Jünger allein ab, **weil es schon finster geworden** und Jesus noch immer nicht vom Berge zu ihnen zurückgekommen ist. Die gewöhnliche Lesung κατέλαβεν δὲ αὐτοὺς ἡ σκοτία sieht in der Überraschung durch die Finsternis eine Gefahr für die Jünger, die dann durch den Sturm in Vers 18 noch verstärkt wird. Aber dieser Vers ist wahrscheinlich aus der Parallele bei Markus nachgetragen, er macht sich verdächtig durch das τε, das nur in späten Einschüben (2, 15. 4, 42) erscheint. Jedenfalls ist hernach von Gefahr für die Jünger keine Rede. Jesus kommt nicht um sie aus Gefahr zu retten, er folgt ihnen nur zu Fuß über den See. Sie sind erregt, weil sie ihn auf dem Wasser wandeln sehen, wundern sich aber nicht, wie bei Markus, darüber, daß er an ihnen vorbei gehen will. Abweichend von Markus und erst recht von Matthäus liegt das Wunder hier ganz nackt vor, ohne das Motiv der Nothilfe. Es wird dadurch gesteigert, daß das Schiff, sobald Jesus in die Nähe kommt oder vielmehr nach der Syra einsteigt[1]), wie ein Pfeil zu Lande schießt. Die Gelehrten scheinen dies nicht verstanden zu haben.

6, 22—25 stammt ganz und gar von der Redaktion, sie kennzeichnet sich durch εὐχαριστήσαντος τοῦ κυρίου und wohl auch durch Tiberias. Der Wortlaut nimmt sich wunderlich umständlich und ausgetiftelt aus, er hat mannigfache Korrekturversuche in der handschriftlichen Überlieferung hervorgerufen, die indessen durchaus nichts bessern. Τῇ ἐπαύριον [2]) sollte sich eigentlich nicht auf εἶδεν (22) beziehen, sondern erst auf ἐνέβησαν (24); dieser richtigen Empfindung

---

[1]) In der Syra lautet Vers 21: Und als sie ihn eingenommen hatten, war das Schiff auf einmal am Lande. Der Sinaiticus hat ἦλθον für ἤθελον.

[2]) Der Übergang mit τῇ ἐπαύριον scheint überall auf spätere Hand zu führen.

hat Blaß durch eine Gewaltkur des Textes (nach dem Muster von
13, 1 ss.) Ausdruck gegeben. Die Schiffe von Tiberias müßten eine
förmliche Flotte gewesen sein, um die Menge transportieren zu können,
und woher kommt es, daß sie nach Kapernaum zurückfahren? sind
sie etwa von der Menge gechartert? Sie gleichen einem deus ex machina.
Der Passus 22—25 ist ein Autoschediasma. Es soll dadurch die
durch die Fahrt über den See bewirkte Distanz Jesu von den Leuten
beseitigt werden, um es zu ermöglichen, daß er in Vers 26 ss. auf gleichem
Boden mit ihnen steht und eine Ansprache an sie hält. Daraus folgt,
daß diese Ansprache erst später angehängt ist; gehörte sie der Grundschrift an, so stünde sie unmittelbar hinter der Speisung (5—13) und
der ganze Bewehr des Transports wäre überflüssig. Daß Jesus nach
der Grundschrift in Galiläa nur Wunder tut und keine Reden
daran knüpft, hat schon Alexander Schweizer vermutet. Es ist aber
wahrscheinlich, daß die Ansprache (6, 26 ss.) von dem letzten Redaktor schon vorgefunden und nur etwa überarbeitet oder vermehrt ist.

6, 26—71.

6, 26—35. Dies Anfangsstück der langen Rede hält die Situation
fest, insofern Jesus sich an die ihm freundlich gesinnte Menge richtet,
die er gespeist hat, ist aber nicht aus Einem Guß. Vers 34, die an
Jesus gerichtete Bitte: gib uns solches Brod! schlägt nicht zurück auf
32. 33, wo der Vater das Brod gibt, sondern auf 27. Damit entsteht
folgender Zusammenhang: „Jesus sagte: verschafft euch Speise, die
nicht vergänglich ist, sondern dauert! Sie sagten: Herr, gib uns
solches Brod! Er sagte: ich bin das Brod des Lebens, wer zu mir
kommt, den wird nicht hungern, und wer an mich glaubt, den wird
nie dürsten." Das entspricht dem, was in der Perikope über das
samarische Weib steht, formell (6, 34 = 4, 15) und inhaltlich. Denn
das Brod des Lebens ist vom Wasser des Lebens nicht verschieden,
es ist nicht Jesu Fleisch, das man essen muß, sondern die in ihm per-
sonifizierte Wahrheit, an die man glauben muß — von Sakrament
ist keine Rede, hier so wenig vom Abendmahl, wie dort von der Taufe.
Nur der wichtige Unterschied besteht, daß Jesus sich hier selber das
Brod des Lebens nennt, dort aber nicht selber das Wasser des Lebens.

In dem Anfangswort Jesu (27) bedeutet ἐργάζεσθαι **sich beschaffen** und nicht **wirken**. Die Frage des Volkes (28) paßt
darauf nicht; das von Jesus gebrauchte ἐργάζεσθαι wird in ἵνα

ἐργαζώμεθα τὰ ἔργα τοῦ θεοῦ total misverstanden, und dies Misverständnis erstreckt sich auch auf Vers 29. In Vers 30 wird ignoriert, daß Jesus ja soeben ein großes Wunder getan hat; außerdem verwandeln die Leute plötzlich ihre Frage was für Werke sollen wir tun in die entgegengesetzte was für ein Werk tust du, und darauf bauen sie die Aufforderung (31—33), daß Jesus es dem Moses gleichtun möge. Durch die innere Beschaffenheit von 28—33 wird also der Schluß bestätigt, der daraus zu ziehen ist, daß 34 unmittelbar an 27 anschließt.

6, 36—40. Mit der an das Vaterunser erinnernden Bitte „Herr, gib uns immerdar dieses Brod!" haben die Leute nicht verdient von Jesus angefahren zu werden „ich habe euch gesagt, daß ihr gesehen habt und doch nicht glaubt" — und wann hat er ihnen das gesagt? Vielmehr hat sich im Handumdrehen das Auditorium völlig verändert. Vorher ist es, namentlich in 27. 34. 35, freundlich und willig; jetzt dagegen zänkisch und widerspenstig. Vorher sind es die galiläischen Leute, jetzt die Juden (6, 47) d. h. die Feinde. Es erhellt, daß das Stück 6, 36—40 nicht ursprünglich zu der vorhergehenden Rede gehört hat. Es ist allerdings bestimmt sie fortzusetzen und inhaltlich gleichartig. Jedoch wird im Zusammenhang mit der veränderten Adresse (an die feindlichen Juden) die Auswahl aus der massa perditionis stärker hervorgehoben (vgl. 10, 26 ss.). Nur die Wenigen kommen zu Jesus, die ihm sein Vater gegeben hat, nämlich die Jünger, und von ihnen geht keiner verloren. In Vers 40 redet Jesus von sich in dritter Person als ὁ υἱός; die Coda καὶ ἀναστήσω κτλ. paßt hier also aus formellen Gründen nicht. Und am Schluß von 39 paßt sie aus sachlichen Gründen nicht. Denn es ist wie in 37 von den Auserwählten, den Jüngern, die Rede, und Jesus sagt, er werde sie alle bewahren und keinen verloren gehen lassen, ohne hier den Verräter auszunehmen. Dadurch wird die Coda auch in 44 und 54 verdächtig.

6, 41—46. Hier werden die Angeredeten ausdrücklich als die Juden bezeichnet. Sie murren nach dem Beispiel der Leute von Nazareth in der synoptischen Überlieferung. Auf dies Murren antwortet Jesus ganz so, wie er es in 36—40 getan hat. Was dort gesagt ist, kehrt hier mit etwas anderen Worten wieder. Es liegen also in 36—40 und 41—46 zwei Varianten vor. Die Auswahl wird in 41—46 noch stärker betont. Der prophetische Spruch καὶ ἔσονται πάντες διδακτοὶ θεοῦ wird so eingeschränkt, daß er der Prädestination

Weniger nicht widerspricht (45, vgl. 3, 20. 21); aber auch die Einschränkung wird in 46 schließlich noch korrigiert.

6, 47—59. Der Anfang ist dem Vorhergehenden gleichartig, wenn gleich weniger an 36—40 als an 31—33 angeknüpft wird. Mit Vers 51 aber wird der Übergang zu etwas Anderem gemacht. Das Brod des Lebens soll nicht die in Jesus Person gewordene göttliche Wahrheit sein, zu der man kommen und an die man glauben muß, sondern sein Fleisch, das er opfert und zu essen gibt. Darauf reagieren die Juden in Vers 52 und geben Jesu Gelegenheit, sich ausführlicher zu erklären. „Wenn ihr nicht das Fleisch des Menschensohnes eßt und sein Blut trinkt, so habt ihr kein Leben in euch." Er redet hier ganz deutlich vom Abendmahl als richtigem Sakrament und scheint die Speisung der Fünftausend als dessen Einsetzung zu betrachten. Zu dem Brod als Fleisch fügt er den Wein als Blut hinzu, der freilich bei der Speisung nicht vorkommt und in der hier ziemlich unsicheren Textesüberlieferung zum teil fehlt, auch in Vers 60 ss. nicht vorausgesetzt wird. Die in 59 nachgetragene Ortsbestimmung (vgl. 8, 20) kann nicht für die in 26 ss. angeredete galiläische Volksmenge gelten, die im Freien gedacht werden muß, sondern nur für die seit 36 an die Stelle getretenen Juden, die eigentlich in das Heiligtum zu Jerusalem gehören. Sonst wird nur einmal in den Evangelien ausführlich (besonders bei Lukas) über eine Scene in der Synagoge berichtet und zwar in der Synagoge von Nazareth; eine Reminiscenz daran könnte hier vorschweben, da auch die Äußerung in 42 aus jener Scene entlehnt ist.

6, 60—65 ist eine Korrektur zu 6, 52—59 und zeigt in lehrreicher Weise, wie ein Nachtrag sich an den andern hängt. Es treten hier plötzlich viele Jünger in Galiläa auf, die jedoch bei dieser Gelegenheit auf die Zwölf zusammen schrumpfen. Sie nehmen auch ihrerseits Anstoß an der von Jesus vorgetragenen materiellen Auffassung des Sakraments, und er sagt nunmehr, das Fleisch nütze nichts, nicht das sei mit dem himmlischen Brod gemeint, sondern seine Worte, in denen Geist und Leben stecke. Das trifft zwar die ursprüngliche Meinung, steht aber in vollem und bewußten Widerspruch zu 52—59, den die Syra empfunden und auszugleichen versucht hat. Jesus will die Jünger durch authentische Interpretation des vorher von ihm Gesagten beruhigen. Es gelingt ihm aber nicht, und er hat das voraus gesehen. Die Verse 64. 65 scheinen ursprünglich gelautet zu haben: „Aber es sind einige unter euch, die nicht glauben; d a r u m habe ich zu euch gesagt, niemand könne zu mir kommen, es sei ihm denn vom Vater her gegeben." Der mit διὰ τοῦτο beginnende Satz schließt eng an die vorhergehende Äußerung Jesu an, er darf davon weder durch καὶ ἔλεγεν getrennt werden, noch durch die erläuternde parenthetische Anmerkung: „denn der Heiland[1]) wußte von Anfang an, [wer die Ungläubigen seien und] wer der sei, der ihn verraten würde". Die eingeklammerten Worte fehlen mit Recht in der Syra[2]). Die Anmerkung geht von dem Irrtum aus, es seien unter den von Jesus angeredeten Jüngern bloß die Zwölf verstanden, und sie beschränkt demgemäß die Ungläubigkeit der τινές auf Judas Ischarioth, obgleich dieser kein Plural ist. Bemerkenswert ist noch die Ähnlichkeit von 6, 61. 62 mit 3, 12; das Sakrament (dort die Taufe, hier das Abendmahl) gilt als das Elementare, der Glaube an den Auferstandenen als das Höhere.

6, 66—71 ist eine Fortsetzung zu 60—65. Durch den Abfall der Mehrzahl reduzieren sich die Jünger auf die nur hier und 20, 24 erwähnten Zwölf. Sie bleiben treu. In ihrer aller Namen legt Petrus bei dieser Gelegenheit sein Bekenntnis ab, das freilich darin abweicht von dem bei Markus, daß der Name Christus vermieden wird. Fatal ist, daß auch der Verräter zu den treu gebliebenen Zwölfen gehört; dieser Empfindung wird am Schluß Ausdruck gegeben. Der Teufel fährt nicht wie sonst in ihn, sondern er selbst ist ein Teufel, während in Mc 8, 33 bei der selben Gelegenheit Petrus als Satan angeredet wird.

Demnach führt die Untersuchung der langen Rede zu dem Ergebnis, daß sie stückweise zu ihrem jetzigen Umfange ausgewachsen ist, durch mehrere Nachträge, die teils als Varianten auf der gleichen Stufe stehen, teils als Continuationen sich aus einander entwickelt haben. Der Kopf ist 27—35 oder vielmehr 27. 34. 35. Man könnte sich versucht fühlen, ihn für die Grundschrift zu retten, dann müßte man ihn dicht auf die Speisung folgen lassen. Er allein paßt in diese Situation, während alles Andere nicht hineinpaßt, da darin nicht die gespeiste Menge, sondern die Juden angeredet werden, ein Publikum, das jenseit des Meeres nicht gedacht werden kann. Ich glaube aber nicht, daß dieser Versuchung nachgegeben werden darf.

---

[1]) So richtig und charakteristisch der Sinaiticus, vgl. 4, 42 und ὁ κύριος in 3, 1. 6, 23. 11, 2.

[2]) Blaß hält umgekehrt diese Worte fest und streicht den Verräter. So würde die Syra auch verfahren sein, wenn sie conjiziert hätte.

Übersiedelung nach Jerusalem und Flucht, Kap. 7—10.

7, 1—13.

Die Verse 7, 3. 4 sind grundlegend für die literarische Kritik des vierten Evangeliums. Jesus wird aufgefordert nach Judäa zu gehen, weil Galiläa nur ein Winkel sei; in Judäa hat man bis jetzt von seiner Wirkung nichts gesehen. Das schlägt dem, was jetzt in Kap. 1—6 zu lesen steht, ins Gesicht; denn darnach ist er längst und öfters öffentlich in Judäa aufgetreten und hat dort einen Kreis von Gläubigen. Darum ist das falsche Explicitum οἱ μαθηταί (die Jünger, die Jesus nach Kap. 1—6 in Jerusalem vorfinden muß) zu θεωρήσουσιν hinzugefügt, dadurch aber ein innerer Widerspruch in die Aussage hinein gebracht und heller Unsinn daraus geworden. In Wahrheit ist das Subjekt von θεωρήσουσιν unbestimmt und aus εἰς τὴν Ἰουδαίαν zu entnehmen: „Zieh um von hier und geh nach Judäa, damit man auch dort die Werke sehe die du tust; denn wer öffentlich zu sein wünscht, darf nicht in der Verborgenheit wirken." Auf μετάβηθι legt E. Schwartz mit Recht Nachdruck. Jesus soll nicht wegen des Festes einen vorübergehenden Abstecher nach Jerusalem machen, sondern seinen Wohnsitz und den Schauplatz seiner Tätigkeit, der bisher in Galiläa lag, nach Judäa verlegen; darum ist als das Wohin nicht Jerusalem genannt, was bei einer bloßen Festreise zu erwarten wäre, sondern Judäa im Gegensatz zu Galiläa.

Diejenigen, welche die Aufforderung μετάβηθι an Jesus richten, werden seine Brüder genannt. Es ist streitig, was das bedeutet. Da unmittelbar vorher berichtet wird, wie die Zwölfe entstanden seien, so könnte man diese für gemeint halten. Aus 19, 26 gewinnt man den Eindruck, daß Jesus der einzige Sohn seiner Mutter gewesen sei und also keine leiblichen Brüder gehabt habe; sie werden auch in 6, 42 nicht erwähnt, wo sie in der synoptischen Parallele stehen. Indessen ist darauf nicht zu bauen. Der Ausdruck ἀδελφοί kommt außer an unserer Stelle noch an drei weiteren vor. Und zwar 21, 23 im uneigentlichen Sinn. Anders dagegen 2, 12. Da ist von einer Übersiedlung der Familie Jesu von Kana nach Kapernaum die Rede; die Sache selbst und auch die Vergleichung von Mc 3, 31 spricht dafür, daß die Brüder neben der Mutter leibliche Brüder sein sollen. Dann müssen aber bei der weiteren Übersiedlung von Kapernaum nach Jerusalem (7, 3. 4) die Brüder ebenfalls als leibliche Brüder verstanden werden.

Der Genitiv αὐτοῦ paßt auch nicht zu den uneigentlichen ἀδελφοί; denn diese sind Brüder unter sich, nicht Brüder Jesu. Vgl. zu 20, 17. Diese beiden merkwürdigen Verse gleichen Felsblöcken, die einsam aus der Diluvialschicht hervorragen. Sie lassen sich zu dem was vorhergeht und nachfolgt in kein Verhältnis bringen. Vorher (1—2) ist die Meinung, Jesus habe bei einer längeren Wirksamkeit in Judäa den Haß der Juden auf sich gezogen und sei deshalb nach Galiläa gezogen; es handle sich nun darum, ob er auf das Fest (der Laubhütten) wieder in Jerusalem erscheinen werde. Nachher (6—13) ist es ebenso: Jesus hat sich bereits mit den Judäern verfeindet, meidet deshalb den Boden von Jerusalem, der für ihn zu heiß ist, will indessen seine Brüder, für die keine Gefahr besteht, an der Wallfahrt nicht hindern; die Juden erwarten ihn auf das Fest, sie kennen ihn längst und nehmen lebhaftes Interesse an ihm. Das sind die Hauptdifferenzen: das längst vollzogene Auftreten in der jerusalemischen Öffentlichkeit gegenüber der bisher auf den galiläischen Winkel beschränkten Wirksamkeit, und die Festwallfahrt nach Jerusalem gegenüber der dauernden Übersiedlung dahin. Aus einem andern Grunde verträgt sich aber auch der Vers 5 nicht mit 3. 4. Denn die Aufforderung der Brüder, er solle sein Licht nicht unter den Scheffel stellen, ist ja doch alles andere eher als ein Beweis, daß sie nicht an ihn glauben. Vielleicht verdankt dieser Vers seine Entstehung der synoptischen Tradition. Aber die Grundschrift setzt sich mit 2, 12 in vollen Widerspruch zu Mc 3, 31. Sind auch 2,11 a. E. die Brüder das wahre Subjekt?

Es versteht sich, daß die Grundschrift sich nicht auf die beiden Verse 3 und 4 beschränkt haben kann. Sie sind ein Rumpf ohne Hand und Fuß. Man kann leider nur vermuten, was ursprünglich statt 1. 2 und 5—13 da gestanden haben mag. Jesus muß auch nach der Grundschrift seine Brüder nach Jerusalem voraus gesandt haben. Aber nicht zum Fest — bei dem das überhaupt keinen Sinn hat. Sondern zu dauernder Übersiedlung. Wie nun die Übersiedlung Jesu selber deshalb erfolgen soll, damit er das Licht auf den Leuchter stelle, so wird auch die seiner Brüder mit diesem Zweck in Verbindung gestanden haben. Sie gehen als Wegbereiter ihm voraus, ähnlich wie die Quartiermacher Lc 9, 52 vor seiner Reise durch Samarien. Dann kommt er allein durch Samarien nach, wie in Kap. 4 erzählt wird. Während die samarische Gemeinde von ihm selber gegründet wird, wird der Grund zur jerusalemischen in seinem Auftrage von seinen

Brüdern gelegt, natürlich besonders von Jakobus, dem späteren Haupt
der jerusalemischen Gemeinde, der sich unter dem Plural verbirgt.
In Kap. 11 zeigen sich Anhänger und Freunde Jesu in Bethanien;
sie werden allerdings erst erwähnt, nachdem er auch selber schon auf
diesem Boden gewirkt hat, ohne indessen auf ihn zurückgeführt zu
werden. Vielmehr erscheinen sie jetzt ziemlich unvorbereitet.

Daß Jesus nach Jerusalem geht, um sein Arbeitsfeld zu verlegen und nicht um zum Feste zu wallfahren, bestätigt sich dadurch,
daß er nicht daran denkt es wieder zu verlassen. Er bleibt dort und
kommt nach einer kurzen Unterbrechung, die ihn jedoch auch nicht
nach Galiläa zurückführt, wieder dorthin. Das Lauberhüttenfest geht
überall in Kap. 7 auf spätere Hand zurück. Wie wir sahen, läßt die
Grundschrift auch den galiläischen Aufenthalt nicht durch Festreisen
unterbrechen. Sie stimmt in dieser Hinsicht vollkommen mit Markus
überein und überbietet ihn noch darin, daß Jesus auch zuletzt nicht
etwa wegen des Festes nach Jerusalem geht, wenn gleich sein Tod
auf das Fest fällt. Aber freilich beginnt nach ihr sein Aufenthalt in
der Hauptstadt früher und dauert längere Zeit als nach Markus. Sie
stellt seine galiläische Wirksamkeit ἐν κρυπτῷ einigermaßen in den
Schatten gegen die judäische ἐν παρρησίᾳ. Das hat sich dann später
dahin ausgewachsen, daß Jesus gleich am Anfang seiner Laufbahn in
Jerusalem aufgetreten sei oder gar dort seine Heimat gehabt und
Galiläa nur als zeitweiligen Zufluchtsort vor der Feindschaft der Juden
aufgesucht habe.

Beachtung verdient, daß hier von Jüngern, die mit Jesus verwachsen sind, sich keine Spur findet. Er findet in der Grundschrift
wohl überall Jünger, aber sie bilden keinen geschlossenen Kreis,
der sich dauernd in seiner nächsten Umgebung befindet. Dagegen
sind seine Brüder mit ihm zusammen.

7, 14—8, 59.

Wenn das Wunder von Bethesda (Kap. 5) bei der Ankunft Jesu
in Jerusalem nach der Reise durch Samarien geschehen ist, so wird
die daran geknüpfte Rede fortgesetzt in der Discussion 7, 14—8, 59.
Dieselbe dreht sich in der Tat um das Thema, das Jesus in 5, 30 ss.
angeschlagen hat, nämlich um die Frage, ob er von Gott gesandt
sei oder woher (πόθεν) sonst [1]). Es wird darin Bezug genommen auf

---

[1]) 8, 12—20 ist nur eine etwas abweichende Kopie des Kernes von 5, 30 ss.

die Heilung zu Bethesda, auf den Vorwurf der Sabbatschändung, den die Juden deswegen gegen Jesus erhoben haben, auf ihre feindlichen und mörderischen Absichten gegen ihn. Die Situation und das Publikum haben sich nicht verändert. Daß das bloß auf Oscitanz des Schriftstellers beruhe, daß dieser an die Leser seines Buches denke, für die das Kap. 5 wenige Seiten vorher stand, nicht aber an die Hörer der Rede, die durch anderthalb Jahre von dem in Kap. 5 Geschehenen getrennt waren, ist eine verzweifelte Auskunft, welche die Rückständigkeit der modernen theologischen Exegese kennzeichnet.

Wenn nun ferner in 5, 30 ss. Reste der Grundschrift erhalten sind, so auch in 7, 14—8, 59. Sie sind aber unter der Oberschicht verschüttet. In den meisten Abschnitten steckt nichts von der Grundschrift. Ein Faden, ein Fortschritt ist nicht zu entdecken. In einer Anzahl von Varianten wird immer das Gleiche wiederholt und man kommt nicht vom Flecke. Daneben finden sich Widersprüche; z. B. wird zuerst die Absicht Jesum zu töten geleugnet und hinterher wird sie zugegeben (7, 20. 25). Mehr formell, doch auch befremdlich ist der Wechsel in den Angaben über das Auditorium (die Menge, die Jerusalemer, die Juden) und über diejenigen die Jesus zu greifen suchen (das Publikum, die Häscher), ferner in den Benennungen der Regenten (Archonten, Pharisäer, Erzpriester und Pharisäer).

7, 14—24. Das Stück wird nach hinten begrenzt durch ein neues ἔλεγον mit einem neuen Subjekt (25). Es ist aber nicht einheitlich. Die Verse 15—18 hangen mit den folgenden nicht zusammen. Statt der Juden in 15 erscheint in 20 die Menge. In 15 bezieht sich das Staunen auf die Lehre Jesu, in 21 auf das Wunder, das er getan hat. Weiter vertragen sich auch die Verse 19. 20 nicht mit 21—24. In 19 wirft Jesus den Anderen vor, sich gegen Moses zu verfehlen, weil sie ihn zu töten suchen; dagegen in 22 ss. widerlegt er den gegen ihn selbst erhobenen Vorwurf, sich gegen Moses verfehlt zu haben durch die Heilung am Sabbat. Schließlich ist auch die Folge von Vers 21 und 22 nicht zu begreifen. Denn während die Juden in 21 über das Wunder Jesu staunen, wird in 22. 23 vorausgesetzt, daß sie dadurch skandalisiert sind. Die Schwierigkeit des Übergangs von 21 auf 22 wird noch erhöht durch das διὰ τοῦτο am Anfang von 22, dessen Auslassung in einigen Handschriften sich leichter erklärt als die Einsetzung in anderen; vgl. Mt 23, 34. Die Parenthese in 22, die mit οὐχ ὅτι beginnt, soll korrigieren und abschwächen.

7, 25—30 unterscheidet sich von dem Vorhergehenden durch das Auftreten neuer Interlokutoren, welche die Absicht Jesum zu töten nicht in Abrede stellen, so wie es in Vers 20 geschieht. Etliche von den Jerusalemern fragen, ob vielleicht die Archonten, da sie Jesus jetzt unbehelligt lassen, zu der Überzeugung gelangt seien, er sei wirklich der Christus. Sie wenden dagegen ein, die Herkunft Jesu sei bekannt; wenn aber der Christus erscheine, so wisse niemand ποθέν. Darauf s c h r e i t Jesus: jawohl, ihr kennt mich und mein ποθέν; doch bin ich nicht von mir selber gekommen, sondern vom Vater her. Nun suchen sie ihn zu greifen, aber niemand legt Hand an ihn. Diesem Bericht läuft ganz parallel

7, 37—44, zunächst 7, 40—44. Etliche von der Menge bereden sich über Jesus. Es wird die Meinung laut, er sei der Christus. Dagegen wird eingewandt, aus Galiläa erstehe der Christus nicht, sondern aus dem Samen Davids und aus dessen Heimat Bethlehem. Es entsteht nun ein Streit, zuletzt wollen einige ihn greifen, aber niemand legt Hand an ihn. Das ist sichtlich eine Variante zu 25—30, und der Schluß ist identisch. Mit Vers 44 sind wir wieder da angelangt, wo wir in Vers 30 schon waren. Auch der laute Ruf von 28 kehrt in 37 wieder, nur steht er hier nicht in der Mitte, sondern zu Beginn, und der Inhalt ist verschieden. Die Datierung am Anfang von 37 ist angebracht, um die Varianten zeitlich zu unterscheiden und dadurch ihre Zusammenstellung zu ermöglichen. Indessen scheint sie auch einen innerlichen Grund zu haben; denn die alte Vermutung liegt nahe, daß der Spruch ἐάν τις διψᾷ in Beziehung stehe zu dem Ritus des Wasserschöpfens, der am letzten Tage der Laubhütten üblich war. Freilich paßt der aus Isa. 58, 1 stammende Spruch nicht zu dem in Vers 38 folgenden Citat unbekannter Herkunft, wonach das Wasser gar nicht aus Jesus fließt, sondern aus denen, die an ihn glauben. Dazu wird in Vers 39 eine Redaktionsbemerkung gefügt, wornach die Aussage des vorhergehenden Verses noch nicht in der Gegenwart Geltung hat, sondern erst in der Zukunft, wenn der Geist an Jesu Stelle getreten sei. In der Gegenwart geht also das Wasser nur von Jesus aus, erst nach seiner Entrückung von den Gläubigen, nämlich von dem heiligen Geiste, der in ihnen wirkt.

7, 31—36. Der Abbruch der Discussion in Vers 30 (= 45) gilt als nicht geschehen; statt der Jerusalemer tritt die Menge ein. Sie steht dem messianischen Anspruch Jesu freundlich gegenüber, im

Hinblick auf seine vielen Wunder, die mit dem ἓν ἔργον (21) sich schlecht vertragen. Und durch die freundliche Haltung der Menge werden die Pharisäer, die hernach durch den Ausdruck Erzpriester und Pharisäer als Vertreter des Synedriums bestimmt werden, zum Einschreiten bewogen. Sie schicken ihre Schergen, um Jesus zu greifen; der Versuch dazu geht hier nicht vom Publikum aus. Die Schergen werden indessen weiterhin nicht berücksichtigt. Jesus wendet sich in 33. 34 nicht an sie, auch nicht mehr an die Menge, sondern an die Juden (35. 36). Der Passus 33—36 steht also mit dem Vorhergehenden nicht in echter Verbindung. Er ist später eingesetzt und eine Dublette zu 8, 21. 22. Auf Anlaß der Äußerung Jesu „wohin ich gehe, könnt ihr nicht gelangen" fragen die Juden dort, ob er sich etwa umbringen wolle; hier, ob er sich zu der griechischen Diaspora begeben wolle. Die wahre Fortsetzung zu 31. 32 ist

7, 45—52, wobei allerdings infolge der Einschübe etwas ausgefallen sein muß, nämlich daß die Schergen nichts haben ausrichten können. Sie kehren unverrichteter Dinge zurück zu ihren Auftraggebern, den Erzpriestern und Pharisäern. Diese scheinen zu einem Synedrium versammelt gedacht zu werden. Sie stehen auch hier in feindlichem Gegensatz zu der freundlichen Haltung der Menge, wie in 31. 32. Was sie dem Nikodemus, der sich unter ihnen befindet, entgegnen, entspricht dem in 41 Gesagten[1]); auf seinen Vorwurf, daß sie Jesus unverhört verdammen, gehen sie nicht ein. Ein Verhör erscheint auch 11, 47 ss. 57. 12, 10 völlig überflüssig. — Der Bericht von 7, 31. 32. 45—52 setzt zwar formell den von 7, 25—30 (= 37—44) nicht fort, wohl aber sachlich; er ist also mit Rücksicht darauf hinzugefügt. Da die aus der Mitte des Publikums unternommenen Versuche, Jesus zu greifen, nichts fruchten, so werden nun Häscher von Beruf zu diesem Zweck aufgeboten, freilich auch vergeblich.

8, 12—20 schließt zwar wiederum mit dem Versuch Jesus zu greifen, ist aber doch keine Variante zu 7, 25—30 (= 7, 37—44), sondern vielmehr zu 5, 30 ss. Am Anfang hat die Äußerung Jesu über sich selber nur den Zweck einer Handhabe für die Anknüpfung der Discussion. Diese wird hier von entschiedenen Gegnern geführt, indessen nicht von den Juden, sondern von den Pharisäern[2]). Sie

---

[1]) Ungeschickt heißt es 1, 12 unter dem ὄχλος selber: πλανᾷ τὸν ὄχλον.
[2]) In der Syra fehlt das Explicitum.

lassen seine Behauptung als Selbstzeugnis nicht gelten (13). Er antwortet ihnen zunächst (14), ein anderer Mensch könne gar nicht über ihn zeugen, da nur Er über sein Woher und Wohin Bescheid wisse. Diese Antwort ist jedoch nur der Vorlauf einer ausführlicheren, die formell unabhängig ist und in Vers 15 von Frischem anhebt, aber den gleichen Inhalt hat. Denn „auch wenn ich über mich selbst zeuge, so ist mein Zeugnis wahr" (14) bedeutet nichts anderes als „auch wenn ich urteile, ist mein Urteil wahr" (16). Daß das Urteil von dem Zeugnis nicht verschieden ist, erhellt daraus, daß „mein U r t e i l ist wahr, denn ich urteile nicht allein, sondern mein Absender mit mir zusammen" (16) sofort erläutert wird durch „nach dem Gesetz ist zweier Menschen Z e u g n i s wahr, ich bin der eine Z e u g e über mich und mein Absender ist der andere" (17. 18). Die Synonymie von κρίνειν und μαρτυρεῖν ist wichtig für das Verständnis von 5, 30 ss. Wenn übrigens die beiden Zeugen für Jesus dort Johannes und Gott sind, hier dagegen er selber und Gott, so braucht nicht gesagt zu werden, was das Ursprüngliche ist. — In Vers 19 befremdet die Frage ποῦ, da Jesus vorher nicht gesagt hat: ὑπάγω εἰς τὸν πατέρα. Ebenso befremdet die in Vers 20 nachgetragene Ortsangabe, da der Schauplatz bis 8, 59 nicht wechselt; sie ist wohl ebenso zu beurteilen wie 6, 59 und eine Reminiscenz an Mc 12, 41.

8, 21—29. Hier beginnt endlich etwas Neues und Zusammenhangendes, wenn man nämlich den Kern ausscheidet. Ἐγὼ ὑπάγω[1]) hat wohl an dieser Stelle, wo es mit Nachdruck steht, eher seinen ursprünglichen Platz als in 7, 33 oder 8, 14. Die schon innerhalb von Vers 21 gegebene Begründung, warum die Juden nicht zu dem erhöhten Jesus gelangen können (ihr werdet in eurer Sünde sterben), wird in 23 und 24 erweitert, nachdem inzwischen die Behauptung selber in 22 noch einmal wiederholt ist; in 24 wird dabei ἁμαρτία in den ungewöhnlichen Plural gesetzt. Die wahre Fortsetzung von 21 scheint erst in 25 zu folgen. Nachdem Jesus den Juden das Rätsel gestellt hat: ich gehe und wohin ich gehe könnt ihr nicht gelangen, sagen sie: wer bist denn du? und er entgegnet: gleich anfangs daß ich zu euch rede (stellt ihr diese Frage)? Schon Matthäi (bei Lücke) hat die Antwort Jesu als Frage aufgefaßt, nämlich so: cur omnino vobiscum loquor? Lachmann hat sich dem angeschlossen und die

---

[1]) Entlehnt aus Mc 14, 21, wo ὑπάγει = παραδίδοται.

Bedeutung **warum** für ὅ τι in seiner Praefatio p. XLIII gerechtfertigt durch den Hinweis auf Mc 2, 7 (Vaticanus) 9, 11. 28 [1]). Der Sinn, der sich auf diese Weise ergibt, ist aber flau und nicht motiviert; auch dürfte τὴν ἀρχήν dann nicht vor ὅ τι gestellt sein, als ob darauf das Gewicht der Frage ruhe. Es müßte betont werden: warum **rede** ich überhaupt mit euch? und nicht: warum rede ich **überhaupt** mit euch? Ich glaube also, daß τὴν ἀρχήν hier nicht den gewöhnlichen Sinn **omnino** hat [2]), und verweise für meine Auffassung des Wortes auf Osee 1, 2. Was dabei ergänzt werden muß, läßt sich leicht abnehmen. Der Vers 26 muß einigermaßen auf die Frage σὺ τίς εἶ zurückschlagen; es wird also ursprünglich περὶ ἐμαυτοῦ da gestanden haben für περὶ ὑμῶν. Das bestätigt sich durch 8, 14. 16. 18 und namentlich durch den folgenden Satz mit ἀλλά: „ich könnte viel über mich reden, aber es genüge (wiederum: über mich) zu sagen, daß ich von Gott gesandt bin und verkünde, was ich von ihm gehört habe". Die Korrektur περὶ ὑμῶν geht von der irrigen Meinung aus, das κρίνειν Jesu könne sich nicht auf ihn selber, sondern nur auf Andere beziehen. In 27. 28 hat man eine Erweiterung zu erblicken. Es gehört sich nicht, daß hier plötzlich statt ὅταν ὑπάγω gesagt wird ὅταν ὑψώσατε — nicht expreß, sondern ganz beiläufig, nicht als Weissagung, sondern als bekanntliche Voraussetzung einer Weissagung. Wenn es noch wenigstens ὑψώθη im Passiv hieße! In Wahrheit wird Vers 26 durch 38 wieder aufgenommen, wie wir sehen werden.

8, 30—37. Als Adresse werden solche angegeben, die an Jesus gläubig geworden sind. Die Verse 31. 32 sind in der Tat an Freunde Jesu gerichtet, wie eine Vergleichung von 15, 7. 8 lehrt. Das selbe gilt von 34. 35. „Wenn ihr in meinem Worte bleibt, so seid ihr wahrhaft Jünger [3]) und werdet die Wahrheit erkennen, und die Wahrheit wird euch frei machen. Amen Amen ich sage euch, wer die Sünde tut, ist Knecht [4]); der Knecht bleibt aber nicht ewig im Hause, nur der

---

[1]) Dazu kann vielleicht noch Joa 8, 43 gefügt werden, wo ὅ τι dem διὰ τί parallel sein könnte.

[2]) Eher könnte das καί vor λαλῶ diesen Sinn haben. Daß es von der Latina und Syra nicht übersetzt wird, beweist natürlich nicht, daß sie es nicht gelesen haben.

[3]) d. h. Christen. Das μου fehlt mit Recht im Sinaiticus.

[4]) So richtig der Cantabrigiensis und die Syra. „Knecht **der Sünde**" schwächt den Gedanken und verdirbt den Gegensatz zum Freien.

Sohn bleibt (darin) ewig." Der Sohn ist der Gegensatz zum Knecht und wie in Mt 17, 26 oder bei Paulus identisch mit dem Freien; also ist der Vers 36, wo der Sohn Jesus sein soll, ein auf Misverständnis beruhender Nachtrag. Er ist jedoch ebenfalls an die Jünger gerichtet und insofern mit 31. 32. 34. 35 zu verbinden. Dagegen stört der von Feinden gesprochene Vers 33; mit ihm gehört Vers 37 zusammen. Freilich ist auch die Jüngerrede hier nicht am Orte. Die Scene wechselt nicht, und hernach fehlt der Übergang zu den Juden. Durch stillschweigende Supposition der Feinde an Stelle der Freunde, wie sie in 33. 37 versucht wird, kann derselbe nicht gemacht werden, und wenn man diese beiden Verse aushebt, so läßt er sich vor 38 ss. erst recht vermissen, wo die Interlokutoren ganz deutlich die Juden sind. Also muß der ganze Passus 30—37 als eine den Zusammenhang unterbrechende Erweiterung angesehen werden.

8, 38—43. Der Vers 38 nimmt nach den Einschaltungen den Vers 26 wieder auf. Wie die beiden Verse 33 und 37 im Vorhergehenden stören, so passen sie auch nicht zum Folgenden. Denn in 39 werden sie nicht vorausgesetzt, sondern wiederholt und zwar mit einer sehr beachtenswerten Abweichung: in 37 erkennt Jesus den Anspruch der Juden auf Abraham an, in 39 weist er ihn zurück. Von 38 an erstreckt sich die alte Vorlage bis über 40. Dagegen 41—43 gehört nicht dazu; es ist eine Wiederholung mit der Absicht zu korrigieren. An die Stelle Abrahams tritt Gott. Abraham soll aus dem Spiel bleiben; es soll nicht geleugnet werden, daß die Juden Söhne Abrahams sind — ähnlich wie in 37 und gegen 39. 40. Die wahre Fortsetzung von 38—40 ist der Vers 44.

8, 44 lautet jetzt: ὑμεῖς ἐκ τοῦ διαβόλου[1]) ἐστὲ καὶ τὰς ἐπιθυμίας τοῦ πατρὸς ὑμῶν θέλετε ποιεῖν· ἐκεῖνος ἀνθρωποκτόνος ἦν ἀπ' ἀρχῆς καὶ ἐν τῇ ἀληθείᾳ οὐκ ἔστηκεν, ὅτι οὐκ ἔστιν ἀλήθεια ἐν αὐτῷ ὅταν λαλῇ τὸ ψεῦδος ἐκ τῶν ἰδίων λαλεῖ, ὅτι ψεύστης ἐστὶν καὶ ὁ πατὴρ αὐτοῦ. Den letzten Satz versteht sowohl die Syra wie die Latina: „denn ein Lügner ist auch sein Vater". Mit Recht hält Lachmann diese Auffassung für selbstverständlich und würdigt die Luthersche keiner Widerlegung. Die Antwort auf die Frage, wer denn nun der Sohn des

---

[1]) Die Lesung des Cantabr. ἐκ τοῦ πατρὸς τοῦ διαβόλου bedeutet nach der Latina de patre d i a b o l o. Hilgenfeld versteht de patre d i a b o l i. Als ob es an des Teufels Großmutter nicht genug wäre! Die Syra hat: ἐκ τοῦ πονηροῦ.

lügenhaften Vaters d. h. des Teufels sei, findet er auf die Weise, daß er ὅταν in ὅς ἄν ändert: „wer die Lüge redet, redet ἐκ τῶν ἰδίων denn auch sein Vater ist ein Lügner". Das hat jedoch keine Art, es ist ein Notbehelf, und ἐκ τῶν ἰδίων λαλεῖ müßte dann bedeuten: er redet aus der Familie, wie er es von seinem Vater gelernt hat — nicht: er redet aus dem Eigenen. Vielmehr kann das αὐτοῦ hinter πατήρ nur auf den ἀνθρωποκτόνος ἀπ' ἀρχῆς gehen. Wenn nun dieser der Sohn des Teufels ist, so wäre nicht der Teufel selber der Vater der Juden, sondern sein Sohn. Von hinten gelesen ergibt der Vers 44 ein anderes Verständnis als von vorn, Anfang und Schluß vertragen sich nicht mit einander. Vermutlich verdient der paradoxe Schluß mehr Vertrauen als der Anfang, die Überlieferung schwankt dabei auch nicht. Dagegen findet sich zum Anfang eine merkwürdige Variante bei Aphraates (ed. Wright 331): ihr seid Söhne Kains. Ebenso scheint der Verfasser der Clementinischen Homilien gelesen zu haben, wenn er 3, 25 von Kain sagt: φονεὺς γὰρ ἦν καὶ ψεύστης. Und noch Cyrillus Alexandrinus (bei Lücke) versteht unter dem ἀνθρωποκτόνος den Kain.

Die Verwandlung des Kain in den Teufel ist das genaue Gegenstück zu der Verwandlung Abrahams in Gott (41—43). Mit der Wiederherstellung von ἐκ τοῦ Κάιν ist jedoch der Vers 44 noch nicht ins Reine gebracht. Der Wechsel der Tempora verdient Beachtung. Im Prädikat zu dem ἀνθρωποκτόνος werden Präterita gebraucht, ἦν und ἕστηκεν — letzteres kommt von στήκω, wie Blaß richtig bemerkt. Diese Präterita passen nicht auf den Teufel, sondern nur auf Kain, und bestätigen, daß er mit dem ἀνθρωποκτόνος gemeint ist. Vom Teufel wird am Schluß richtig das Präsens gebraucht: „denn ein Lügner ἐστίν auch sein Vater". Aber in den dazwischen liegenden Sätzen ὅτι οὐκ ἔστιν ἀλήθεια ἐν αὐτῷ ὅταν λαλῇ τὸ ψεῦδος ἐκ τῶν ἰδίων λαλεῖ befremden die Präsentia. Nach dem Vorhergehenden müßten sie auf Kain gehen, können es jedoch nicht. Sie passen nur zum Teufel und auf den sind sie auch gemünzt, wie ἐκ τῶν ἰδίων beweist; nur der Teufel redet aus dem Eigenen, Kain redet aus seinem Vater heraus. Man wird zu dem Schlusse gedrängt: diese Zwischensätze stehen im Zusammenhang mit der Änderung ἐκ τοῦ διαβόλου und sind interpoliert. Die Worte „er redet die Lüge aus dem Eigenen" protestieren gegen den folgenden Satz, dessen Sinn ist: er hat das Lügen von seinem Vater her.

Demnach hat 8, 44 einst gelautet: „Ihr stammt von Kain und wollt dessen Gelüste tun, jener war der Urmörder und er blieb nicht in der Wahrheit, denn ein Lügner ist auch sein Vater". Die Juden tun das Gelüste Kains, indem sie Jesus zu töten suchen. Dieser Vorwurf ist in Vers 40 gegen sie erhoben worden und daraus negativ gefolgert, daß sie nicht zu Abraham gehören. Hier kommt die positive Ergänzung hinzu: sie gehören zu Kain. Kain schlug den Abel tot, weil jener Gott genehm war und er nicht; und die Juden wollen Jesus umbringen, weil er von Gott ist und sie nicht. Die Kreuzigung Jesu, die große Schuld der Juden, wird auch in Mt 23, 35 dem Morde Abels verglichen. Natürlich wird ihnen Kain nur als geistiger Ahn zugeschrieben und Abraham nur als geistiger Ahn abgesprochen; sie haben keine Wesensgemeinschaft mit diesem, sondern mit jenem. Ähnlich verfährt der Apostel Paulus, um Abraham als Vater des Glaubens den Juden zu entreißen und für die Christen in Anspruch zu nehmen.

8, 45—59. Nach dem Angriff fällt Jesus in die Verteidigung zurück. Die Juden aber reagieren gar nicht auf die Herausforderung, die er in Vers 44 ihnen ins Gesicht geschleudert hat. Erst auf die im gewöhnlichen johanneischen Ton gehaltenen Äußerungen 45—47 unterbrechen sie ihn mit der Erklärung, er sei besessen. Und nun spinnt sich eine neue Discussion an, in deren Verlaufe Jesus zu der Behauptung gedrängt wird, er sei älter und größer als Abraham[1]). Nicht das Verhältnis der Juden zu Abraham, sondern das Jesu wird hier erörtert. . Das eigentliche Thema wird völlig zurückgedrängt, nämlich die Behauptung, daß die Juden nicht Kinder Abrahams seien. Die ganze Diskussion hat sogar nur dann Sinn, wenn (wie in 37. 41—43) zugestanden wird, daß Abraham mit den Juden zusammen gehört; denn sie setzen ihn als ihren Patron ihrem Angreifer Jesus entgegen. Am Ende werden sie darüber, daß Jesus älter sein will als Abraham, so erbost, daß sie ihn steinigen wollen. Sonderbar: darüber geraten sie in Wut, und den furchtbaren Affront von Vers 44 stecken sie ein. In Wahrheit ist mit dem Vers 44 die Höhe erreicht, von der nicht wieder herabgestiegen werden darf; er ist das Ende und nicht die Mitte. Er ist Trumpf und zugleich Touche, worauf sofort der Bruch erfolgen muß. Jetzt ist die Spitze abgestumpft oder um-

---

[1]) Mit Recht liest Blaß in Vers 57 ἑώρακέν σε nach dem Sinaiticus und der Syra.

wickelt durch 45—58. Hier wirkt 38—40. 44 gar nicht mehr nach; vielmehr versteht es sich von selbst, daß Abraham der Vater der Juden ist. Dies ist überall das Kriterium, um die Erweiterungen und Änderungen von der alten Vorlage zu unterscheiden.

Die Vorlage beschränkt sich auf 21. 25. 26. 38. 39. 40. 44. 59. Sie ist geschlossen und originell, und wegen der versuchten Steinigung am Schluß notwendig für den Fortgang der Erzählung. Man darf darin also die Grundschrift erkennen. Ihr Faden setzt sich von 8, 59 fort in 10, 40; auf das mörderische Attentat hat sogleich die Flucht zu folgen. Ein ununterbrochenes öffentliches Auftreten in Jerusalem, als wäre nichts geschehen, wird durch 8, 59 ausgeschlossen; und auch aus anderen Gründen erweisen sich Kap. 9 und 10, 1—39 als nicht zur Grundschrift gehörig. Vermutlich hat übrigens der Vers 8, 59 in der zweiten Hälfte ursprünglich gelautet: „Jesus aber ging aus dem Heiligtum hinaus und verbarg sich". Durch die Umstellung kommt der Sinn heraus, den die Syra ausdrückt: er stahl sich aus dem Heiligtum hinaus. Der Widerspruch des κρυβῆναι gegen 9, 1 ss. soll beseitigt werden.

9, 1—41.

9, 1—7. Der Schauplatz wird nicht angegeben. Die Jünger treten hier auf und auf ihre Frage, ob der Blindgeborene wegen ererbter Schuld leide oder wegen eigener (nach der griechischen Schulmeinung vom Sündenfall in der Präexistenz, die auch bei den Essenern herrschte), antwortet Jesus, seine Blindheit erkläre sich nicht aus einem solchen Grunde, sondern aus dem Zwecke, daß sich durch ihre Heilung seine eigene göttliche Wunderkraft offenbaren solle. Die gleiche Betrachtungsweise wiederholt sich am Anfang der Lazarusgeschichte. Daran erinnert auch der Ausspruch 9, 4. Der Sinn kann nur sein: ich muß die kurze Spanne, die ich noch zu leben habe, ausnützen, da mein Tod nahe bevorsteht. Der Tod setzt somit der Wirksamkeit Jesu eben so gut ein Ende, wie der eines jeden Menschen. Das hat befremdet und zur Hinzufügung von Vers 5 geführt. Darnach soll vorher nicht die Rede sein von einem Tage und einer Nacht für Jesus selber, sondern für Andere, denen Er Tag oder Licht ist; also auch nicht von seinem Wirken, sondern von dem Wirken Anderer. Vermutlich hängt damit der auffallende Plural ἡμεῖς in Vers 4 zusammen; er erklärt sich aus dem Streben, Jesus als Subjekt undeutlich zu machen und ein allgemeineres Subjekt unterzuschieben. Der merkwürdige Ausspruch widersteht aber allen Künsten. Er ist klarer als der analoge in 11, 9, aber weniger gut motiviert. Denn die Jünger wollen ihn ja hier gar nicht, wie dort, von öffentlichem Auftreten abhalten; auf das, was sie sagen, ist nur Vers 3 die Antwort, nicht Vers 4, der vielmehr gar keinen Anlaß hat.

9, 8—12. Der Blinde wiederholt die vorhergehende Erzählung auf Befragen der Nachbarn. Warum erst hier gesagt wird, daß er ein Bettler gewesen sei, sieht man nicht. Die Frage ποῦ (9, 12 statt τίς 5, 12) soll die feindliche Absicht verraten, Jesus zu greifen.

9, 13—17. Der Blinde wiederholt die Sache abermals, vor den Pharisäern. Hier kommt der Sabbat (5, 9) neu hinzu, aus dem aber nichts gemacht wird. Ob das Subjekt zu ἄγουσιν unbestimmt ist oder ob es die Nachbarn sind, ob die Pharisäer die Behörde bedeuten oder nicht, muß dahin gestellt bleiben.

9, 18—23. Die Pharisäer (13. 16) heißen hier plötzlich die Juden (18. 22). Der Blinde gilt als bisher unbefragt und ist abwesend; um ihn wieder auf die Bühne zu bringen, muß er ἐκ δευτέρου gerufen werden. Die Eltern haben ihn zwar schon als geheilt gesehen, scheinen aber bei der Scene mit den Nachbarn, die doch in ihrem Hause vorgegangen sein müßte, nicht zugegen gewesen zu sein und nicht zu wissen was jene herausgebracht haben. Die Nachbaren (8) erkennen die Identität des Blinden an, die Juden (18) bezweifeln sie. Man hat nicht den Eindruck, daß dies Stück mit den beiden vorhergehenden in echter Verbindung steht.

9, 24—41 kann, wenn man von dem ersten Satze absieht, als Fortsetzung von 13—17 gelten. Die Frage ist wie in Kap. 5 das ποθέν und die Antwort παρὰ θεοῦ (30. 33). Nur führt hier nicht Jesus selber seine Sache, sondern der Geheilte und zwar recht kräftig. Erst nachträglich tritt Jesus auf (35—41). Wie in Kap. 5 trifft er den Geheilten und öffnet ihm auch das geistige Auge. Er offenbart sich ihm als Menschensohn und erklärt, er sei in die Welt gekommen, damit die Blinden sehend und die Sehenden blind würden. Daran knüpft sich zum Schluß ein Zusammenstoß mit einigen Pharisäern, von denen man nicht vermutet, daß sie das Zwiegespräch belauscht haben.

Das neunte Kapitel enthält wie das siebente mehrere Varianten neben einander. Zu grunde liegt Mc 8, 22 ss., wie aus der Augenkur (6) hervorgeht. Aber diese Grundlage wird verdeckt durch den weit überwiegenden Einfluß von Kap. 5. Daraus stammt nicht bloß die κολυμβήθρα, zu der sich der Blinde noch nach der Kur begeben muß, sondern vor allem auch die redende Partie (24 ss). Das ἓν ἔργον in Jerusalem wird verdoppelt. Daneben kommen Anklänge an 11,1 ss. vor. Der Grundschrift steht von dieser durchweg sehr unselbständigen Perikope nichts zu Gesichte. Merkwürdig synoptisch lautet der Eingang: Jesus zieht des Weges mit seinen Jüngern. Παράγειν kommt bei Joa nur hier vor. Ebenso ist προσκυνεῖν mit menschlichem Objekt sonst nur synoptisch; jedoch fehlt Vers 38, worin der Ausdruck sich findet, im Sinaiticus. Ἔφη findet sich nur hier und 1, 23. Auch ἕως für w ä h r e n d (= ὡς 12, 35. 36) befremdet und ὅταν in dem gleichen Sinne (4. 5). Ἀποσυνάγωγος (22) kommt wieder vor in 12, 42. 16, 2.

10, 1—39.

10, 1—18. Die Rede wird zwar nicht von dem vorhergehenden Ausspruch abgehoben, setzt ihn aber nicht fort, sondern steht ganz isoliert, ohne Fassung und Rückhalt, auch ohne Adresse. Schon darum gehört sie nicht zur Grundschrift. Sie ist aber von dem, der sie eingesetzt hat, nicht gemacht, sondern nur vermehrt. Sie enthält eine Verurteilung derer, die sich bisher zu Hirten der Heerde aufgeworfen haben. Nach Jeremias, Ezechiel und Psalm 23 kann es nicht zweifelhaft sein, daß die Heerde das theokratische Volk ist, die Hirten seine Häupter. Der rechte Hirt ist der Christus. Unter den Mietlingen versteht E. Schwartz[1]) die jüdischen Oberen, unter den Dieben und Räubern die idumäischen Tyrannen; unter den Wölfen die Römer. Ich bin mit der Differenzierung nicht einverstanden und halte keine der Deutungen für richtig. Mit Herodes und seinen Söhnen darf Jesus sich nicht vergleichen; es wäre zu billig. Auch an die jüdischen Oberen, die Erzpriester und Pharisäer, kann er nicht denken, weil es auf sie nicht zutrifft, daß die Heerde ihnen nicht folgt, und weil sie keine Monarchen sind — denn die falschen Hirten erscheinen hier als Mehrheit nicht simultan, sondern nur successiv (ἦλθον). Der Gegensatz zum wahren Christus führt vielmehr darauf, daß Pseudochristi gemeint sind, wie schon Hugo Grotius erkannt hat. Dafür spricht die gewöhnlich nicht recht verstandene Be-

---

[1]) Osterbetrachtungen in der ZNW 1906 p. 5. n. 1.

nennung πάντες ὅσοι ἦλθον[1]) in Vers 8; das absolute ἔρχεσθαι (5, 43) wird vom Advent des Christus gebraucht und παρουσία ist so viel wie ἔλευσις. Dazu stimmt auch die weitere Kennzeichnung: die falschen Christi wollen Herrschaft über die Heerde und scheitern daran, der wahre Christus stirbt für die Heerde. Das ist eben der kardinale Unterschied zwischen dem jüdischen und dem christlichen Messiasbegriff. Natürlich redet Jesus hier, wie sonst, nicht von seinem eigenen historischen Standpunkte aus, sondern von dem des Schriftstellers, in einer Zeit, wo man auf eine ganze Anzahl gescheiterter Christus-Prätendenten zurück schauen konnte. Er allein hat Erfolg gehabt, er hat die Heerde hinter sich, nämlich die Kirche, welche hier wie anderswo als echte Fortsetzung der jüdischen Theokratie gilt und damit einfach verselbigt wird. Er hat sich für die Heerde geopfert, sie ist sein eigen (10, 4. 12), sie leistet ihm willig Gehorsam: die Kirche besteht auf seinem Namen und ist im Gedeihen. Lehrreich ist die Vergleichung von 5, 43. Dort wird der wahre Christus nicht einer Mehrheit von Prätendenten entgegen gesetzt, sondern nur einem einzigen, und diesem folgen die Juden. Dort ist von Barkochba die Rede, dem einzigen von den Juden allgemein anerkannten Messias. Das Kap. 10 kennt keinen erfolgreichen jüdischen Messias, sondern nur erfolglose Attentäter.

Die Unterschrift 10, 6 ist als Redaktionszusatz auszuheben. Durch den Ausdruck ποιμήν, der den Juden geradezu Herrscher bedeutet und ein analoges Verständnis des Weiteren nach sich zieht, wird Vers 1—5 noch nicht zu einer παροιμία. Und jedenfalls ist Vers 7 ss. keine Erklärung dazu, sondern eine notwendige Ergänzung, ohne welche die Spitze fehlen würde. Denn es ist nicht zu entbehren, daß Jesus zum Schluß sich selbst als den wahren Hirten enthüllt. Wie Blaß richtig empfindet, hat in Vers 7 ursprünglich gestanden: ἐγώ εἰμι ὁ ποιμήν (nicht ἡ θύρα) τῶν προβάτων. Das mußte erst einmal gesagt werden, darauf ist Vers 1—5 stillschweigend angelegt. Nur zu ποιμήν paßt auch der Genitiv τῶν προβάτων; was der hinter θύρα besagen soll, leuchtet keinem einfältigen Auge ein. Die Tür stammt aus 9; dieser Vers ist eingeschaltet, steht verloren zwischen 8 und 10 und stimmt nicht mit 2, wonach der Hirt durch die Tür eingeht und

---

[1]) Πρὸ ἐμοῦ fehlt im Sinaiticus, in der Latina und Syra; mit vollem Recht hat schon Grotius es gestrichen.

nicht selber die Tür ist. Der ursprüngliche Text würde dann lauten, wie folgt: „Amen Amen ich sage euch, wer nicht durch die Tür in die Hürde der Schafe eingeht, sondern anderswo übersteigt, der ist ein Dieb und ein Räuber. Wer durch die Tür eingeht, ist der Hirt der Schafe. Dem öffnet der Türhüter und die Schafe hören auf seine Stimme, und er ruft sie mit Namen und läßt sie aus. Wenn er die Seinigen ausgelassen hat, geht er vor ihnen her, und sie folgen ihm, weil sie seine Stimme kennen. Einem Fremden aber werden sie nicht folgen, weil sie dessen Stimme nicht kennen. Amen Amen ich sage euch, Ich bin der Hirt der Schafe. Alle die gekommen sind, sind Diebe und Räuber. Ein Dieb kommt nur zu stehlen, zu schlachten und zu verderben. Ich bin gekommen, damit sie Leben haben und Überfluß."

Mit 10, 11 folgt ein Anhang. Zu Beginn wird Vers 7 wiederholt, jedoch mit dem Epitheton ὁ καλός zu ὁ ποιμήν. Statt ἀλλότριος heißt es μισθωτός. Ganz unangebracht wird das „johanneische" Dogma hervorgehoben, daß Jesus aus eigener Macht sein Leben niederlege und aus eigener Macht es wieder aufnehme[1]). In Vers 16 sind die πρόβατα nicht die Heerde, welche vielmehr ποίμνη genannt wird, sondern einzelne Schafe; und es ist von mehreren Heerden und Hürden die Rede, während sonst nur von einer. Der Vers sprengt indessen den logischen Nexus zwischen 15 und 17 und ist also interpoliert.

10, 19—39. Die Angaben über die Zeit und den Ort (22. 23) reißen mit Unrecht den Vers 24 von 21 los. Sie sind an äußerst unpassender Stelle angebracht; es bestätigt sich dadurch, was über 6, 59. 8, 20 und namentlich auch über 6, 4 gesagt ist. Die Juden sind hier die Zuhörer (19. 24), was aus der Rede vom Hirten sich keineswegs von selber ergibt. Sie zanken sich zunächst unter einander über Jesus (19—21) und bringen dann den Streit vor ihn selber (24), indem sie von ihm (natürlich nicht erst nach ein paar Monaten) eine offene Erklärung verlangen, ob er sich mit dem Hirten als Messias bezeichne. Er verweist sie auf das schon Gesagte als genügend und fügt das Zeugnis seiner Werke (Plural!) hinzu, weiß aber, daß nichts

---

[1]) Τιθέναι und λαμβάνειν wird hier und an einigen anderen Stellen (13, 4. 12) völlig so gebraucht wie ponere und sumere. Ähnlich bei Markus τιθέναι τὰ γόνατα für genua ponere. Man hat wohl das Recht, einen Latinismus anzunehmen, da auch τὸ ἱκανὸν ποιεῖν und διδόναι ἐργασίαν dem lateinischen satisfacere und operam dare entspricht.

bei ihnen anschlägt, da sie nicht zu seinen Schafen gehören. Dann folgt der Avers des Prädestinationsgedankens, daß nämlich die Seinen durch nichts aus seiner Hand gerissen werden können — oder aus der Hand seines Vaters, was er nur zusetzt, um daran anzuknüpfen „Ich und der Vater sind eins" und durch dies Wort den Juden Anlaß zu geben zu dem Versuch, ihn zu steinigen. Während sie nun mit Steinen in der Hand dastehen, argumentiert er ruhig weiter und beruft sich auf ein Schriftzeugnis dafür, daß Menschen Götter genannt werden dürfen. Inzwischen scheinen den Anderen die Steine entfallen zu sein, zuletzt suchen sie ihn nur zu greifen und er entzieht sich dem. Der Anfang und das Ende dieses Stückes (die Juden streiten über Jesus und wollen ihn zuletzt greifen) sind schon öfter dagewesen. Es ist nach dem Schema gearbeitet und gehört nicht zur Grundschrift. Aber zuletzt wird der fallen gelassene Faden der Grundschrift wieder aufgenommen. Da stehen wir wieder auf dem selben Punkt wie in 8, 59 Nur ist das Steinigungsattentat auf Jesus verwischt durch die Combination mit dem Versuch ihn zu greifen.

10, 40—42.

Die Flucht Jesu aus Jerusalem ist in der Grundschrift unmittelbar auf 8, 59 gefolgt. Sie schneidet ein, wird aber von den Auslegern wenig beachtet, weil sie ihres Charakters nach Kräften entkleidet und noch bedeutungsloser gemacht wird durch die Wiederholung in 11, 54 — über das Verhältnis der beiden Varianten wird dort gehandelt werden. Auch das synoptische Analogon, die Flucht Jesu vor Herodes, ist bei Lukas (13, 31 ss.) verschleiert und bei Markus (hinter 6, 14—16) jetzt ganz unterdrückt.

Rückkehr nach Jerusalem und Tod, Kap. 11—19.

11, 1—44.

Die Lazarusgeschichte ist die Peripetie in der Erzählung der Grundschrift, wie E. Schwartz erkannt hat. Sie schließt eng an den vorhergehenden Bericht über die Flucht Jesu und motiviert seine Rückkehr. Um den kranken Freund zu retten, verläßt er den Ort, an dem er sich geborgen hat, und geht auf alle Gefahr hin nach Jerusalem zurück, ohne auf die Vorstellungen der Jünger zu achten.

Die Bedeutung für den historischen Pragmatismus, welche die Lazarusgeschichte in der Grundschrift hat, tritt aber nur anfangs deutlich hervor und ist im Ganzen sehr verdunkelt durch eine starke Überarbeitung. Da, wo sich diese am breitesten macht, setzt meine Untersuchung ein.

11, 28—32. Martha kehrt von Jesus nach Hause zurück, um Maria zu holen, angeblich im Auftrage Jesu, den er freilich nicht erteilt hat. Diese trifft den Meister noch da, wo ihre Schwester ihn verlassen hat; sie tut weiter nichts, als daß sie auf dem selben Fleck deren Worte wiederholt (32 = 21) — der einzige Unterschied ist, daß sie keine Antwort bekommt. Sie ist ein Schatten ihrer Schwester und wird nur darum nachgeholt, um dieser die Ehre nicht allein zu lassen. In 38 ist Martha noch bei Jesus, also nicht heim gelaufen — denn sonst müßte die Rückkehr erzählt sein; sie gilt dort auch als die einzige Schwester des Verstorbenen. Mithin ist 28—32 eine Einschaltung. Vorbereitet wird sie in der zweiten Hälfte von Vers 20 mit Worten, die auf Lc 10, 38—42 beruhen.

11, 18—27 ist zwar älter als 28—32, gehört aber auch nicht zur Grundschrift. Jesus kommt merkwürdigerweise gar nicht auf den Gedanken, Martha zu besuchen und sich bei ihr nach Lazarus zu erkundigen. Sondern sie läuft zu ihm, um von ihm den Spruch zu hören: „Ich bin die Auferstehung und das Leben; wer an mich glaubt, wird leben ob er gleich stirbt, und wer lebt und an mich glaubt, wird in Ewigkeit nicht sterben." Wenn das gilt, so ist die Auferweckung des Lazarus höchst überflüssig. Der Spruch, der die Pointe von 21—27 ist, raubt dem Ganzen alle Bedeutung. Die Verse 18—20 stehen in Beziehung zu 28—32. Sie bereiten nicht bloß Maria vor, sondern auch die Juden, die sich in ihrer Gesellschaft befinden (31. 33). Diese sollen in Menge aus Jerusalem nach dem benachbarten Bethanien gekommen sein, um die Schwestern zu trösten; man sähe nicht ein, warum das nicht die Leute von Bethanien tun, wenn nicht die Absicht wäre, daß die Jerusalemer Zeugen der Auferweckung des Lazarus sein sollten (12, 11. 17. 18). Nur in Vers 17 könnte ein Rest der Grundschrift stecken. Hier scheint Jesus schon im Dorfe oder am Grabe angekommen zu sein, während es nach 20 und 30 so aussieht, als wären die Schwestern ihm entgegen gelaufen, bevor er anlangte.

11, 33—44. Hier läßt sich die Grundschrift ausschälen. In 33—37 beschränkt sie sich auf die Worte: „Wie nun Jesus die Jammernden (κλαίειν) sah, weinte er (δακρύειν)". Die Juden gehören nicht dazu, Maria auch nicht. Die Jammernden sind das Trauergefolge, das sich noch am Grabe befindet. Nur dann müßte die Bestattung längst erfolgt sein, wenn die Juden von Jerusalem am Grabe stünden, die freilich nicht gekommen sind um zu jammern, sondern um zu trösten. Der kleine Satz, aus dem Vers 35 besteht, sieht aus wie ein Trumm. Ursprünglich muß er in die Konstruktion gepaßt haben, als Nachsatz zu Ἰησοῦς οὖν ὡς εἶδεν τοὺς κλαίοντας am Anfang von Vers 33. Er sollte verdrängt werden, ist freilich nicht verdrängt[1]), durch das ἐνεβριμήσατο in 33, welches aus 38 stammt. In 37 wird, anders wie in 8, auf Kap. 9 Beziehung genommen. Etwas mehr als in 33—37 steckt von der Grundschrift in 38—44. Maria ist hier verschwunden und Martha an die Stelle getreten, die nicht nach Hause, sondern mit Jesus zum Grabe gegangen ist; sie ist zwar älter als Maria, aber nach dem zu 18—27 Bemerkten doch auch nicht primär. Mit 39b und 40 scheidet die Angabe, daß Lazarus schon vier Tage im Grabe gelegen habe, aus der Grundschrift aus; diese setzt sich von 39a in 41 fort. Die Vermutung, daß beide Schwestern erst später hinzugefügt sind, bestätigt sich durch 44: Lazarus geht seiner Wege und wird nicht von den Schwestern in Empfang genommen und nach Hause gebracht, das Haus erscheint auch gar nicht als sein Haus, sondern als ihr Haus. — Eine vollständige Rekonstruktion der Grundschrift in 17—44 ist schwerlich möglich. Vers 17 wird, nach Aushebung der vier Tage, dicht an 33 zu rücken sein. Aber der Ort ist nicht klar; das Trauergefolge (33) weist auf das Grab, indessen erst in 38 geht Jesus zum Grabe. Man könnte sich allerdings vorstellen, daß Jesus das Trauergefolge nicht mehr bei der Bestattung getroffen habe, sondern unmittelbar nachher, noch jammernd. Das Gebet in 41. 42 macht sich durch den echt johanneischen Stil verdächtig, der nicht der der Grundschrift ist.

11, 1—16. Es braucht kein Wort darüber verloren zu werden, daß der Vers 2 eine Glosse ist, und zwar von Anfang bis zu Ende. Das Bedenken, daß ohne ihn die Beziehung des Lazarus zu Martha und Maria nicht erhellen würde, ist gegenstandslos, weil er gar nicht ihr Bruder ist (E. Schwartz). Ihre Erwähnung in Vers 1 dient nur

---

[1]) Gemäß der Inconsequenz der Redaktion, ohne die wir überall schlecht daran wären.

dazu, den Ort Bethanien näher zu bestimmen als die Heimat des bekannten Schwesternpaares. Es ist freilich nur von anderswo bekannt — auch der Schluß von Vers 1 ist nicht ursprünglich. Und der Anfang ἦν δέ τις ἀσθενῶν läßt sich sprachlich kaum ertragen und außerdem eine Angabe über das Verhältnis des Lazarus zu Jesus vermissen. Nach dem für 17—44 gefundenen Ergebnis gehören die Schwestern überhaupt nicht in die Grundschrift.

Weiter ist die johanneische Dogmatik in diesen Abschnitt eingetragen. Wenn die Angabe, daß Lazarus bei der Ankunft Jesu schon drei oder vier Tage im Grabe gelegen habe, nicht zur Grundschrift gehört, so auch nicht die entsprechende, daß Jesus auf die Nachricht von seiner Erkrankung mit Fleiß noch zwei Tage an Ort und Stelle geblieben sei. Er wird dann nicht von Liebe und Mitleid getrieben, dem Kranken so schnell wie möglich zu helfen, sondern läßt ihn erst sterben, in der Absicht, durch die Erweckung des Toten seine eigene Herrlichkeit an den Tag zu legen. Dies Motiv des δοξάζεσθαι macht sich in 4. 6. 11—15 breit. Ähnlich in 9, 3, aber ganz anders in 11, 9. 10.

Demnach bleiben für die Grundschrift übrig die Verse 1a. 3. 7—10. 16. Jesus gibt trotz der Warnung der Jünger sein Asyl sofort auf, weil er nicht da ist sich zu verstecken, sondern zu wirken so lange er das Leben hat. Der Sinn der Aussage 9. 10 läßt sich aus 9, 4 erraten, ist aber recht misverständlich ausgedrückt. Was soll οὐ προσκόπτει in Anwendung auf Jesus bedeuten? Er weiß doch, daß er zu Fall kommen wird, er geht trotzdem nach Jerusalem und kann nicht meinen, es bestünde keine Gefahr, da er bei Tage und nicht bei Nacht wirke. Es stört auch, daß er in 9 sagt „weil er das Licht der Welt sieht", dagegen in 10 „weil das Licht nicht in ihm ist". Das eine mal bleibt er im Bilde, das andere mal fällt er heraus; er redet von einem Tage, der gegeben ist, aber von einer Nacht, die nicht sein sollte (Lücke). Man kommt über ein Non liquet nicht hinaus und wird zu der Vermutung gedrängt, daß nicht alles in Ordnung sei und daß 12, 35. 36 eingewirkt habe. In 16 fällt das Compositum συνμαθηταί auf; vielleicht sind, wie in 8, die Jünger das wahre Subjekt und nicht Thomas.

11, 45—57.

11, 54—57. Die Lazarusgeschichte verliert ihre Bedeutung und das Pathos ihrer Einleitung wird lächerlich, wenn Jesus gleich nach der Rückkehr noch einmal flieht. Vielmehr sind die Flucht nach Peräa (10, 40) und die nach Ephraim (11, 54) Varianten [1]). Die erste steht an der richtigen Stelle, verdient jedoch inhaltlich nicht den Vorzug, weil Jesus sich da gar nicht verbirgt, sondern öffentlich auftritt wie Johannes und mit noch viel größerem Erfolg. Nur in 11, 54 erscheint die Flucht wirklich als Flucht; diese Variante bringt also wenigstens am Anfang den Bericht der Grundschrift [2]), wenngleich dann eine Coda angehängt wird, die völlig an 7, 11 erinnert und von der Voraussetzung ausgeht, daß Jesus regelmäßig die Feste besuchte.

11, 45—53. Ein Verhör Jesu wird von dem Synedrium nicht für nötig gehalten, weil es fest steht, daß er sich für den Christus gibt oder dafür gehalten wird. Die vielen Wunder und der große Anhang (10, 41. 42) sind der Grund zum Einschreiten. Ob er wirklich der Christus ist, darauf kommt es nicht an; auch wenn er unschuldig ist, so ist es besser, daß er stirbt — aus politischen Gründen, wegen der Gefahr vor den Römern. Das scheint sich sachlich sehr zu empfehlen. Aber die vielen Wunder gehören nicht in die Grundschrift, und der Hohepriester Kaiphas auch nicht [3]). Die Opferidee (50—52) ist ihr fremd, der Vers 52 stellt sich zu 10, 16 und 17, 19. 20. Und wenn die Flucht nach Ephraim identisch ist mit der nach Peräa, so ist der Synedrialbeschluß eingeschoben, und zwar um den Wechsel der Zufluchtsstätte zu ermöglichen. Zuerst ging Jesus nach Peräa, **n a c h d e m A u f t r e t e n d e r B e h ö r d e g e g e n i h n** fühlte er sich aber dort nicht mehr sicher und begab sich an einen entlegeneren Ort am Rande der Wüste.

Erst zuletzt sind die Varianten (10, 40—42. 11, 45—57) dadurch gänzlich getrennt, daß die Lazarusgeschichte in die Mitte gestellt wurde. Der Vers 11, 45 nimmt nämlich 10, 42 wieder auf und knüpft nicht an die Lazarusgeschichte. Durch die Apposition des Partizipialsatzes wird er allerdings daran geklammert; diese wird aber von Blaß mit Recht gestrichen, weil sie in falschem Casus steht. Vers 47. 48 blickt nicht auf die Lazarusgeschichte zurück, sondern auf 10, 41. 42.

---

[1]) Unter der Wüste (11, 54) kann nach 11, 7 (welcher Vers eigentlich hinter 11, 54 gehört) nicht die Wüste von Juda verstanden werden. Aus εἰς Ἐφραιμ ist im Cantabr. Σαμφουριν geworden. Es soll vielleicht Sepphoris sein, diese Stadt lag aber nicht nahe bei der Wüste.

[2]) Παρρησία steht hier in der selben Bedeutung wie 7, 4. Sonst anders: 7, 13. 26. 10, 24. 11, 14. 16, 25. 29. 18, 20.

[3]) Vgl. zu 18, 12 ss.

12, 1—8.

In der Grundschrift ist die Lazarusgeschichte dicht vorher gegangen, und Jesus hat Bethanien gar nicht verlassen. Ihr gehört also der erste Satz von Vers 1 nicht an, worin Jesus durch einen Sprung aus seinem Versteck in Ephraim nach Bethanien zurückversetzt wird. Ihr gehört auch das Andere nicht an. Maria und Martha treten auf, Lazarus ist bei ihnen zu Gast, der doch durchaus seiner Wege gehen muß, um nicht zu der Frage Anlaß zu geben, ob er etwa als unwidersprechlicher Beweis der Wunderkraft Jesu noch lange unter den Juden lebend gewandelt sei. Die ganze Perikope ist ein Einsatz aus den Synoptikern. Die erste Hälfte (vgl. 11, 2) ist ziemlich wörtlich aus Lc 7 entlehnt, die zweite aus Mc 14; Vers 8, aus Mt 26, fehlt im Cantabrigiensis und in der Syra. Auch die sechs Tage sind aus den Synoptikern zusammen gerechnet; im Widerspruch zu jenen findet aber die Scene nicht nach, sondern vor Palmarum statt. Vgl. zu 12, 44. 45.

12, 9—19.

12, 9—11. Der Cantabr. und die Syra lesen in Vers 9: „sie kamen nicht wegen Jesus, sondern um Lazarus zu sehen". Diese Lesung wird durch Vers 11 (δι' αὐτόν) bestätigt. Im Vaticanus und Sinaiticus ist μόνον und καί hinzu gefügt, ähnlich wie in der Syra zu 4, 2. Da der hier berichtete Beschluß des Synedriums den früheren (11, 45—53) voraussetzt, so ist er ebenso zu beurteilen wie jener; d. h. er gehört nicht zur Grundschrift. Es spricht daraus die richtige Empfindung, daß Lazarus Jesum nicht überleben dürfe.

12, 12—19. Τῇ ἐπαύριον macht Miene, das Hexaemeron der Passion (12, 1) auszufüllen; es folgt aber kein weiterer Tag und mit 13, 1 sind wir schon am Ende. Zu Anfang von Vers 12 hat die Syra: „Am folgenden Tage zog Jesus aus (von Bethanien) und kam an den Ölberg und das viele Volk usw." Die Lücke, welche durch die Hinzufügung der gesperrten Worte gestopft wird, macht sich in der Tat empfindlich. Ebenso befremdet es in Vers 14, daß Jesus erst nach dem jubelnden Empfang als Messias einen Esel findet und sich darauf setzt. Die Syra hilft wiederum nach, indem sie übersetzt: Jesus aber ritt auf einem Esel, wie geschrieben ist usw — das kann als Nachtrag verstanden werden, was bei εὑρὼν ἐκάθισεν nicht angeht. Das Nichtbegreifen der Jünger (vgl. 2, 22) kann sich natürlich nicht auf die messianische Demonstration des Volkes beziehen, sondern nur auf das Besteigen des Esels. Darin eine Erfüllung der Weissagung des Zacharia zu erkennen, soll erst einer späteren Zeit vorbehalten gewesen sein. Wie zu Anfang der Aufbruch Jesu von Bethanien fehlt, so am Ende sein Einzug in Jerusalem. Wenn man nicht anderweit Bescheid wüßte, würde man die Erzählung gar nicht verstehen [1]). Der Passus 17—19 ist eine Parallele zu 9—11. Das Volk, das bei der Auferweckung des Lazarus zugegen war (17), wird in widerspruchsvoller Weise gleich gesetzt mit dem Volk, das von diesem Wunder nur gehört hatte und Jesu entgegen ging (18=12). Blaß streicht darum den zweiten Satz von Vers 18, tut damit aber wie gewöhnlich nur halbes Werk. Denn da Vers 12 bleibt, wo das begegnende Volk nicht die Jerusalemer sind, sondern die auswärtigen Festpilger, so wird durch diese Streichung der innere Widerspruch doch nicht beseitigt. Und bei der Natur dieser Perikope ist auch kein Anlaß, ihn zu beseitigen. Sie ist ein Einsatz aus der synoptischen Tradition und hat in der Grundschrift nicht gestanden. Sie wäre besser mit der Tempelreinigung (2, 13) zu verbinden gewesen, da Jesus nach Joa nicht erst bei dieser Gelegenheit, sondern von vornherein als Messias in Jerusalem auftritt.

12, 20—36.

Wie vorher die Ankunft Jesu in Jerusalem nicht gemeldet wird, so fehlt hier jede Angabe über die Scene. Sie ist in Jerusalem zu denken, vermutlich im Heiligtum. Es folgen lauter durch einander geschobene Fragmente, die man nur verstehen kann, wenn man sie aus dem Wirrwarr löst.

12, 20—22. Hellenistische Festpilger wollen Jesus gern sehen und bitten Philippus, der in der Apostelgeschichte die christliche Mission außerhalb Jerusalems am frühesten betreibt, um seine Vermittlung. Er stärkt sich nicht durch Petrus, der ihm in der Apostelgeschichte beigegeben oder substituiert wird, sondern durch Andreas, mit dem er ein Paar bildet. Damit bricht die Erzählung ab. Sie sollte wohl die Einführung der Hellenisten in das Christentum auf Jesus selbst zurückführen. Προσέρχεσθαι statt ἔρχεσθαι πρός kommt nur hier im Joa vor.

---

[1]) Vgl. Heitmüller zu dieser Perikope in den Schriften des Neuen Testaments, herausgegeben von J. Weiß.

12, 23. 34—36. Die Antwort Jesu richtet sich nicht an die Hellenisten. Denn die Fortsetzung von Vers 23 ist deutlich in 34—36 zu erkennen, wo der ὄχλος, also ein allgemeines Publikum, in Frage stellt, was Jesus dem Anschein nach den Hellenisten sagt. Die Leute verstehen zwar wohl, was der Menschensohn und was δοξάζεσθαι (= ὑψοῦσθαι) bedeutet, aber sie verstehen nicht, wie das Prädikat zu dem Subjekt passe, wie der Christus sterben könne, der ja in Ewigkeit bleibe. Sie wundern sich über einen Christus, der durch den Tod zum Siege gelangt. Jesus fordert sie auf, die kurze Zeit auszunutzen, wo er noch bei ihnen sei und das Licht ihnen noch leuchte; hernach breche die Finsternis über sie ein, in der sie den Weg nicht finden können.

12, 24—26 schließt nicht an Vers 23; denn das Thema wechselt. Es ist hier nicht von der Verherrlichung des Menschensohnes die Rede. Sondern von der leiblichen Auferstehung der Frommen im Allgemeinen, nach Paulus; und von der Nachfolge der Jünger (die auch als διακονία aufgefaßt wird) nach Markus. Die Adresse sind die Jünger, wie in 27—33.

12, 27—33. Eine Reminiscenz an Gethsemane. Jesus nimmt die Bitte um Rettung vor dem Tode zurück und setzt an die Stelle: verherrliche deinen Namen! — was nach Kap. 17 eben so viel ist wie: verherrliche mich! Darauf folgt eine Antwort vom Himmel, das sei schon geschehen[1]) und werde noch einmal geschehen. Zugegen sind hier nur die Jünger; sie allein werden in 30 angeredet, und auch das πάντας in 32 beschränkt sich auf sie. Vers 31 (vgl. 14, 30. 16, 11) bedeutet: der Teufel und die Welt haben durch die Tötung Jesu dessen Vergöttlichung bewirkt und damit ist die Entscheidung endgiltig gegen sie ausgefallen; sie sind in dem Streit für immer unterlegen.

12, 37—43.

Die Worte „als Jesus das gesagt hatte, ging er weg und verbarg sich vor ihnen" gehören an das Ende des vorigen Absatzes, wohin die Versabteilung sie richtig stellt, und nicht an den Anfang des neuen. Denn der enthält nicht mehr Erzählung oder Referat, sondern eine Schlußbetrachtung des Schriftstellers im eigenen Namen, über das öffentliche Reden und Wirken Jesu v o r d e n J u d e n. Diese Schluß-

---

[1]) Bei der Transfiguration Mc 9?

betrachtung steht an passender Stelle, denn mit 12, 36 verbirgt sich Jesus vor den Juden und seit 13, 1 ss. redet er nur noch zu den Jüngern. Die τοσαῦτα σημεῖα in Jerusalem (37, vgl. 20, 30) schrumpfen in der Grundschrift auf zwei zusammen. Die vielen Archonten, die ihren Glauben an Jesus aus Furcht vor den Pharisäern verleugnen (42, vgl. dagegen 7, 48), sind Nikodemus und Joseph von Arimathia; der Gegensatz zwischen den Archonten und den Pharisäern fällt bei Joa auf, obwohl er in der Tat bestand. Zu dem schon von Markus verwendeten Citat aus Isa 6 tritt hier ein anderes aus Isa 53 (vgl. 1, 29) hinzu. Ὅμως und ἤπερ kommt sonst niemals vor, μέντοι nur an späten Stellen.

12, 44. 45.

Jesu eigene Schlußansprache an das Volk hinkt nach. Sie kann von dem Verfasser der vorhergehenden Schlußbetrachtung nicht vorgefunden sein. Und sie steht in schreiendem Widerspruch zu Vers 36. Da hat sich Jesus vor dem Volk zurückgezogen und verborgen; hier redet er öffentlich mit erhobener Stimme, sagt freilich nichts Neues. Zu 12, 45 vgl. 14, 9. 19. Τῇ ἐσχάτῃ ἡμέρᾳ wird von Blaß gestrichen.

Die Grundschrift ist in Kap. 12 nirgend zu finden. Es fehlt ein vielleicht nicht unbeträchtliches Stück von ihr zwischen der Auferweckung des Lazarus und der Fußwaschung. Insonderheit muß sie von einem letzten Mahl Jesu mit seinen Jüngern berichtet haben, welches in Kap. 13 als Scene erscheint und bis 18, 1 die Scene bleibt. Trotz 13, 21 ss. und 18, 1 kann das nicht das Paschamahl gewesen sein, dagegen spricht die Einhelligkeit der Zeitangaben 13, 1. 18, 28. 19, 14. Dann hat vermutlich das Mahl von Bethanien in anderer Form, als wie wir es jetzt in 12, 1—8 lesen, auch in der Grundschrift gestanden.

13, 1—20.

Die Jüngerrede vor der Passion, mit der gemäß der Schlußbetrachtung 12, 37—43 nach dem Aufhören der öffentlichen Reden die zweite Hälfte des Evangeliums beginnen soll, ist in der Grundschrift die einzige, wie bei Markus. Die vorhergehenden kleineren Ansprachen an die Jünger (6, 60—71. 8, 30—36. 12, 20—33) gehören nicht zur Grundschrift.

Das Mahl, welches hier die Scene sein soll, wird in dem jetzigen Texte eigentlich nur vorausgesetzt, ist aber n o t w e n d i g e Voraussetzung. Denn die Fußwaschung kann nicht der wahre Anlaß der letzten Zusammenkunft gewesen sein, bloß dazu kommt man nicht zusammen. In der Regel nun geht die Fußwaschung dem Mahl vorher, hier dagegen findet sie entweder bei währendem Mahl statt oder nach dem Mahl. Ἐγείρεται ἐκ τοῦ δείπνου (13, 4) läßt beide Deutungen zu; entscheidend wäre δείπνου γ ε ν ο μ έ ν ο υ (2), wenn dem nicht die Lesart δείπνου γ ι ν ο μ έ ν ο υ gegenüber stünde. Indessen scheint diese Lesart Korrektur zu sein, in Absicht auf Vers 21ss, wo das Mahl noch fortdauert; ähnlich ist wohl auch das Fehlen von ἐκ τοῦ δείπνου in der Syra zu beurteilen, welche ἐκ als μετά verstand. Sachlich ist es anstößiger, daß die Fußwaschung das Mahl unterbricht, als daß sie darauf folgt. Denn letzteres kann andeuten sollen, daß hier nicht von einer gewöhnlichen Fußwaschung die Rede sei, sondern von einer außerordentlichen.

13, 1—3. Die Einleitung stammt von zweiter Hand oder ist wenigstens von zweiter Hand gänzlich umgearbeitet. Denn die langatmige Periode, mit gehäuften Participien und absoluten Genitiven, steht einzig da und fällt jedenfalls ganz aus dem Stile der Grundschrift. In Vers 2 ist die gewöhnliche, sehr gut beglaubigte Lesart: τοῦ διαβόλου ἤδη βεβληκότος εἰς τὴν καρδίαν Ἰούδα Σίμωνος Ἰσκαριώτου ἵνα παραδοῖ αὐτόν. Aber nach Vers 26 fährt der Teufel erst später in Judas. Um diesem Widerspruch zu entgehen, haben der Vaticanus und der Sinaiticus die Wortstellung verrenkt: τοῦ διαβόλου ἤδη βεβληκότος εἰς τὴν καρδίαν, ἵνα παραδοῖ αὐτὸν Ἰούδας Σ. Ι. Das soll heißen: als der Teufel s i c h s e l b e r bereits in den Sinn gesetzt hatte, daß Judas Jesum verraten sollte.

13, 4—11. In Vers 4 und 5 ist die Grundschrift erhalten. Die Erzählung setzt sich dann fort in 6—11. Darauf folgt eine Erklärung in 12ss. Sie schließt aber an 5 und ignoriert 6—11. Und in 6—11 selber ist nicht bloß eine Erzählung enthalten, sondern zugleich auch eine Erklärung, und diese weicht ab von der in 12 ss. Dort ist die Handlung Jesu ein moralisches Beispiel zur Nachachtung für die Jünger, hier dagegen ein sakramentaler Akt, wodurch sie teil bekommen an Jesus und mit ihm in eine mystische Gemeinschaft treten. Man könnte denken, mit der Wirkung der Communio sei in schillernder Weise auch die Wirkung der Reinigung verbunden. Dem ist jedoch nicht so; die Waschung der Füße soll nicht zur Reinigung dienen und braucht darum nicht, wie Petrus wünscht, auch auf andere Glieder ausgedehnt zu werden. Die Reinigung ist vielmehr ein für alle mal an den Jüngern vollzogen durch ein Vollbad, das keiner Ergänzung bedarf [1]). D. h. durch die Taufe ist die Wirkung der Reinheit bereits an den Jüngern erzielt. Aber doch nicht an allen, nicht auch an Judas Ischarioth? Dies nachträgliche Bedenken wird erledigt durch 10 (15, 3) und 11.

Daß 6 ss. und 12 ss. sich nicht vertragen, ist unzweifelhaft; ebenso daß 12 ss. von 6 ss. nichts weiß, während das Umgekehrte sich nicht behaupten läßt. Mir scheint, daß die offene Erklärung den Vorzug verdient vor der historisch maskierten, die auf spätere kirchliche Fragen Bezug nimmt und gegen Misverständnis protestiert [2]). Judas Ischarioth gehört nicht in die Grundschrift.

13, 12—20. Wie gesagt, schließt sich Vers 12 an 5 an. Bei Lukas (22, 27) gibt Jesus das Beispiel durch die Bedienung bei Tisch, die schlechthin διακονία genannt und nicht selten vom Wirte selbst übernommen wird. Hinter Vers 15 folgt ein Anhang. Die Verse 16 (vgl. 15, 20) und 20 stammen aus Matthäus und sprengen beide den Zusammenhang. Denn Vers 17 knüpft nicht an 16, wo von keinem ποιεῖν die Rede ist, sondern an 15; und durch Vers 20 wird die Leitung zwischen 18. 19 und 21ss. unterbrochen. Die Verse 17—19, enthaltend die Erfüllung einer Weissagung über Judas Ischarioth und recht lahm mit dem Vorhergehenden verbunden, stehen auf gleicher Linie mit 10. 11. Bemerkenswert ist der Ausdruck ἀπόστολος in Vers 16.

13, 21—38.

13, 21—30. Jesus und die Jünger sind hier noch beim Mahl und zwar beim Paschamahl, d. h. beim synoptischen Abendmahl; im Widerspruch zu 13, 1. 18, 28. 19, 14 — es ist vergeblich, die Augen vor diesem Widerspruch zu schließen. Das Mahl ist jedoch Nebensache; eine Episode zieht alles Interesse auf sich, in der es sich wieder um Judas Ischarioth handelt. Jesus deutet nicht bloß an, daß ein Verräter mit am Tisch sitze; er kennt und bezeichnet ihn auch nicht bloß genau, sondern indem er ihm den Bissen reicht, bewirkt er selber,

---

[1]) Es wird protestiert gegen die Meinung, daß die Taufe wiederholt werden dürfe. Λούεσθαι steht im Gegensatz zu νίπτεσθαι und εἰ μὴ τοὺς πόδας ist ein unechter Zusatz, der zu Misverständnis führt (E. Schwartz). Was mit 13, 7 gemeint ist, versteh ich nicht recht: antecipiert Jesus eine spätere Einrichtung?

[2]) Umgekehrt urteilt E. Schwartz in den Gött. Gel. Nachrichten 1907 p. 346 n. 1.

daß der Teufel in ihn fährt. Diese Version ist dem Verfasser von 13, 2 noch unbekannt. Sie ist das äußerste Produkt des öfters bemerklichen Strebens, die δόξα Jesu gegen den Verdacht zu wahren, daß er in der Auswahl eines Jüngers fehl gegriffen habe und durch dessen Verrat überrascht sei. In solcher Umgebung wird auch der Anonymus, den Jesus lieb hatte, verdächtig. — Sinnlos und wahrscheinlich interpoliert sind Vers 28 und 29. Da Jesus auf Anregung des Petrus und des Anonymus eben den Verräter bezeichnen soll, so müssen doch wenigstens diese beiden Jünger den Sinn der Bezeichnung verstanden haben, und dann können auch die anderen darüber nicht im Unklaren geblieben sein. Daraus darf man vielleicht auf den Wert solcher Angaben (2, 22. 12, 16. 13, 7) überhaupt schließen. In Vers 29 scheint die Meinung zu sein, daß das Paschamahl noch bevorstünde und der Einkauf dazu erst noch besorgt werden müßte — das stimmt nicht zu der übrigen Erzählung. Als Kassenführer erscheint Judas auch 12, 6.

13, 31—38. Nach Judas Ischarioth kommt Petrus an die Reihe. Er erklärt sich bereit, Jesu in den Tod zu folgen. Jesus weissagt ihm, daß er das zwar später tun, fürerst aber ihn verleugnen würde. Im Anschluß an die Ankündigung seiner schon als vollendet gedachten Verherrlichung durch den Tod (31. 32) citiert er (33) eine bei seinem ersten Aufenthalt in Jerusalem getane Äußerung von sich, die ursprünglich den in ihren Sünden erstorbenen Juden galt (8, 21), nun aber auch den Jüngern gelten soll. Wie sich das mit 14, 4 verträgt, gilt gleich, wenn nur der momentane Zweck erreicht wird, nämlich den Widerspruch des Petrus hervorzurufen. Denn es ist deutlich, daß 36 unmittelbar auf 33 zurückschlägt. In den zwischenein gesprengten beiden Versen ist von der Bruderpflicht die Rede wie in 12—15, jedoch nicht wie dort von der διακονία, sondern von der ἀγάπη [1]). Der Widerspruch des Petrus gibt dann den Anlaß zu den beiden Weissagungen über ihn, auf die das Ganze hinausläuft. Die über sein Martyrium steht voran [2]), und dadurch wird die folgende über seine Verleugnung von vorn herein ihres Stachels entledigt; etwas anders wird der selbe Zweck erreicht in Lc 22, 31. 32. An Einzelheiten ist

---

[1]) Vgl. meine Broschüre p. 14 n. 1.
[2]) Sie fehlt freilich im Cantabr., aber dieser hat dann am Schluß von 13, 36 eine Änderung angebracht, die verdächtig aussieht.

hervorzuheben, daß Jesus sich selber citiert und daß er seine Jünger als τεχνία anredet (vgl. 15, 15), wie in 21, 5 als παιδία. Die ἀγάπη statt der διαχονία wiederholt sich in 15, 12. 17, die Gleichsetzung der Verherrlichung Gottes und Jesu in 17, 1 ss., der Ausdruck τιθέναι τὴν ψυχήν in 10, 17 ss. 15, 13. Der Grundschrift gehört auch dies Stück nicht an.

14, 1—31.

Statt der Parusieweissagung bei den Synoptikern steht hier eine Rede, zwar auch im Weissagungsstil[1]), in der aber die Parusie durch etwas Anderes ersetzt wird. Sie erstreckt sich über Kap. 14—17. Sie ist indessen keine Einheit, sie hat mich zuerst auf die Vermutung geführt, daß der Kern des vierten Evangeliums eine sehr starke Überarbeitung erfahren habe. In meiner Broschüre bin ich von ihr ausgegangen und zu dem Ergebnis gelangt, daß Kap. 15—17 eine an Kap. 14 anschließende Erweiterung ist, mit stillschweigenden Veränderungen, die teilweise auch in Kap. 14 eingedrungen sind. Trotz dem Einspruch von Corssen[2]) halte ich dies Ergebnis im Ganzen noch jetzt aufrecht, modificiere es aber gegen früher in zwei wichtigen Punkten. Die späteren Zutaten in Kap. 14 erscheinen mir jetzt viel umfangreicher, und die Parusie halte ich nicht mehr für die Achse des inneren Unterschieds zwischen dem Kern und den Erweiterungen.

Vor dem Eingehen in das literarische Problem ist es geraten, die einzelnen Absätze der langen Rede der Reihe nach durchzunehmen.

14, 1—4. Die Situation ist noch die selbe wie bei der Fußwaschung, nach dem Mahle. Der Einschnitt im Cantabrigiensis und in der Syra, den auch die Kapiteleinteilung macht, geht jedoch von richtiger Empfindung aus. Denn an die letzt vorhergegangene Weissagung über Petrus schließt Μὴ ταρασσέσθω nicht an. An die Todesankündigung 13, 33 könnte es zwar wohl anschließen, aber diese liegt zu weit zurück und enthält zudem einen Widerspruch gegen 14, 4. Daraus ergibt sich nun ein Vorurteil für die Zugehörigkeit von Kap. 14 zum alten Bestande. Ferner ergibt sich, daß der Anfang fehlt, da μὴ ταρασσέσθω motiviert sein muß; die Ansage des Abschieds ist ausgefallen, auf die auch in Vers 2 (εἶπον ἂν ὑμῖν) und in Vers 4 (ὑπάγω) Rücksicht genommen wird. Weiterhin gibt der Satz ἐὰν πορευθῶ καὶ ἑτοιμάσω

---

[1]) Daher ἐν ἐκείνῃ τῇ ἡμέρᾳ = bajôm hahu 14, 20. 16, 22. 26.

[2]) Zeitschrift für die Neutest. Wissenschaft 1907, p. 125 ss.

τόπον ὑμῖν (3) zu Bedenken Anlaß. Er fehlt bei Aphraates (ed. Wright 460) und in der Recension des syropal. Evangeliars, die der Ausgabe von Mrs. Lewis zu grunde liegt. Tischendorf und Corssen führen das auf ein zufälliges Versehen eines Schreibers zurück [1]). Damit wird indessen die innere Schwierigkeit, die an dem angeführten Satze liegt, nicht beseitigt. In Vers 2 sagt Jesus, er werde nicht bloß zeitweilig zu einem bestimmten Zweck von den Jüngern scheiden. Dagegen nach dem gewöhnlichen Wortlaut des Vers 3 würde er seine Rückkunft in dem Bedingungssatz als möglich concedieren und in der Apodosis als wirklich behaupten. Durch die Auslassung des Bedingungssatzes [2]) wird dieser Widerspruch beseitigt. Dann ist Vers 3 die Fortsetzung von Vers 2, abhängig von εἶπον ἄν ὑμῖν und also lediglich hypothetisch. „Bei meinem Vater ist reichlich Raum, sonst hätte ich euch gesagt: ich geh hin euch Quartier zu bereiten und komme dann wieder euch zu holen, damit ihr seiet, wo ich bin." Auch sprachlich ist ἐὰν πορευθῶ καὶ ἑτοιμάσω τόπον ὑμῖν weder Fisch noch Fleisch. Im Hinblick nach vorn müßte es irreale Hypothese sein: „wenn ich hinginge" — aber es steht kein εἰ da und folgt kein ἄν. Im Hinblick nach hinten müßte es überhaupt kein Bedingungssatz sein, sondern ein Zeitsatz im Futurum exactum — ἐάν ist aber nicht temporal. Den Zweck, wozu der störende Satz eingeflickt ist, sieht Corssen nur deshalb nicht, weil er nicht zugeben will, daß irgendwo in Kap. 14—17 die Parusie fest gehalten werde. Denn der Zweck ist natürlich eben der, daß die Parusie eingeschmuggelt werden soll, die in Wahrheit geleugnet wird. Corssen beanstandet auch meine Erklärung der πολλαὶ μοναί („in meines Vaters Hause ist reichlich Raum") und findet sie unverständlich. Sie richtet sich zunächst nach Genesis 24, 23. 25, wo Eliezer fragt: „ist in deines Vaters Hause Raum?" und Rebekka es bejaht. Namentlich aber nach dem Zusammenhang; denn die μοναί müssen mit τόπος begrifflich zusammenfallen, so daß eins für das andere gesetzt werden kann: weil bereits πολλαὶ μοναί vorhanden sind, so ist es überflüssig, noch τόπον zu bereiten. Ich finde im Gegenteil die beliebte Erklärung, der auch Corssen zu folgen scheint, unerträglich, wonach gesagt sein soll, es gebe im

---

[1]) Die beiden Zeugen sind aber unabhängig von einander.
[2]) Blaß klammert ihn ein — aber zugleich mit dem καί am Anfang. Er hat also das Richtige doch nicht erkannt. Auch seine Begründung in der Praefatio trifft nicht ins Schwarze.

Himmel verschiedene Quartiere für verschiedene Leute; Christen aller Art, vielleicht sogar Nichtchristen fänden da ihr Nest. Was soll das für die Jünger bedeuten, von denen Jesus Abschied nimmt? und ist etwa allgemeine Toleranz die Signatur des vierten Evangeliums?

Nach alle dem wird die letzte Jüngerrede eröffnet durch einen Protest gegen die Meinung, Jesus habe die Auferstehung und den Hingang zum Vater deshalb antecipieren müssen, um für die Seinen im Himmel Quartier zu machen, und er werde dann auf die Erde zurück kommen, um sie in das von ihm vorbereitete himmlische Quartier einzuführen. Sie wissen vielmehr allein den Weg zum Himmel zu finden, den er ihnen vorangegangen ist (4). Die Parusie, die hier bestritten wird, ist nicht chiliastisch gedacht, das dadurch zu begründende Reich nicht irdisch, sondern himmlisch. Die Frage ist, ob die gesamte christliche Gemeinde durch Jesus mit Einem Schlage von der Erde zum Himmel entrückt werden werde. Sie wird verneint, und dafür behauptet, daß die christlichen Individuen sofort bei ihrem Tode zum Himmel eingehen, zu dem sie den Weg wissen — während die Gemeinde auf Erden bleibt. Dadurch wird nicht bloß die Parusie überflüssig, sondern auch die Auferstehung der Gläubigen.

14, 5—15. Infolge der Zwischenfrage des Thomas wird aus Vers 4 entwickelt, daß der Weg zum Vater und zu seiner Erkenntnis über Jesus führt; und infolge der Zwischenfrage des Philippus wird das weiter dahin gesteigert, daß wer Jesus gesehen hat, den Vater gesehen hat (12, 45). Die Dialogisierung der Rede reicht bis Vers 10; von da tritt das allgemeine Ihr statt des Du ein. Indessen unterscheiden sich Vers 10 und 11 nur durch die singularische und pluralische Anrede; inhaltlich konkurrieren sie in der Behauptung der Einheit Jesu mit dem Vater und machen beide den Übergang zu der Forderung des πιστεύειν. Die ἔργα als Motiv des Glaubens wiederholen sich beiderorts am Schluß, mit dem sonderbaren pronominalen Zusatz αὐτοῦ und αὐτά. In Vers 12 verwandeln sich die Werke Jesu oder des Vaters in Werke der Jünger und sind nun nicht mehr das Motiv, sondern die Frucht des Glaubens. Ebenfalls Frucht des Glaubens ist das erhörliche Gebet, das sich vermutlich auf die Kraft zu den guten Werken richtet. Wenn Jesus bei dem Vater ist, vertritt er bei ihm die Bitten der Jünger, die in seinem Namen geschehen. Mit den gleichen Worten wie Vers 13 redet auch der Vers 14 vom Gebet im Namen Jesu. Die Wiederholung erklärt sich nur, wenn sie etwas richtig stellen soll; somit läßt sich die Vermutung von Blaß kaum abweisen, daß in 13 ursprünglich ποιήσει (Subjekt ὁ πατήρ) gestanden habe und dies in 14 zu ἐγὼ ποιήσω gemacht ist, welche Korrektur schließlich auch in 13 eindrang. Logischer Weise ist Jesus nicht selber der Erfüller des Gebets in seinem Namen, sondern nur der Mittler beim Vater; das Gebet im Namen Jesu kann sich nicht an ihn selber richten, sondern nur seine Befürwortung in Anspruch nehmen. In Vers 15 tritt an die Stelle der Gemeinschaft Jesu mit den Gläubigen die Liebe der Jünger zu ihm, die sich darin äußert, daß sie seine Gebote halten: eine moralische Wendung der Unio mystica, die sich in Kap. 15 wiederholt. — Nach dieser Darlegung bewegen sich die Gedanken von 5—15 wohl in dem selben Kreise, Fluß ist aber nicht darin. Das Thema, daß Jesus und der Vater eins sind, geht zum Schluß dahin über, daß er trotz und grade wegen seines Hingangs zum Vater in wirksamer Verbindung mit den Jüngern bleibt; er ist ihr Fürsprech beim Vater, der Vermittler ihres Gebets in seinem Namen. Ἐν τῷ ὀνόματί μου und ἵνα δοξασθῇ ὁ πατήρ ἐν τῷ υἱῷ verdient besondere Beachtung.

14, 16. 17. Nach dem echt johanneischen Ton im Vorhergehenden überrascht hier die Originalität einer richtigen Weissagung. Der Paraklet ist etwas greifbar Neues. Er soll nicht von Jesus, sondern auf dessen Bitte vom Vater gesandt oder gegeben werden und bei den Jüngern bleiben bis in Ewigkeit. Corssen übersetzt nach dem Vorgange Älterer: „Ich will den Vater bitten und er wird euch **einen Anderen als Beistand** geben". Ob das im klassischen Griechisch zulässig wäre, stehe dahin; in der einfachen Sprache der Bibel bedeuten die Worte καὶ ἄλλον παράκλητον δώσει nichts anderes als: er wird euch **einen anderen Beistand** geben. Dann wäre Jesus der primäre Paraklet. Tatsächlich erscheint er zwar so in Vers 13. 14, und in 1. Joa 2, 1 ist er sogar der einzige. Aber er müßte auch so **genannt** sein, damit der „andere Paraklet" begreiflich würde, und das ist nicht der Fall. Außerdem würde durch Jesus als Paraklet der Geist als Paraklet um seine Bedeutung gebracht. Ἄλλος ist also ein Einsatz, es soll dadurch das Nebeneinander Jesu und des Geistes statuiert und der Widerspruch von Vers 16 gegen das was vorhergeht und folgt verwischt werden, worüber am Schluß des nächsten Absatzes mehr zu sagen sein wird. In Wahrheit schließt Vers 16 an 1—4 an: ich gehe zum Himmel und kehre von da nicht mehr zu euch zurück, **auf die Erde wird euch der Vater den Parakleten senden**. Mit dem erhöhten Jesus werden die Jünger erst wenn sie sterben vereinigt im Himmel; auf Erden ist der Paraklet sein Nachfolger und sein Ersatz. Er ist ihm ebenbürtig und nicht untergeordnet; er geht direkt vom Vater aus wie er selber. Die Parusie findet nach Vers 16 so wenig statt wie nach Vers 1—4; der Paraklet bleibt εἰς τὸν αἰῶνα bei der Gemeinde [1]) und sie selbst bleibt dann natürlich ebenfalls εἰς τὸν αἰῶνα auf Erden, wenngleich ihre einzelnen Mitglieder sterben und dann mit Jesus vereint werden [2]). Auf Vers 16 folgt in 17 eine Erklärung. Sie läßt sich sachlich nicht beanstanden, wohl aber formell. Denn Vers 16 ist Weissagung für die Zukunft, in 17 befinden wir uns plötzlich in der Gegenwart. Die Gemeinde hat schon Erfahrung vom Geist und kennt ihn, im Gegensatz zur Welt, die ihn nicht kennt.

Die Deutung des Parakleten auf den Geist trifft zu; wie er die Parusie Jesu ersetzt, so wird auch in Lc 11 (vgl. Act 1) das kommende Reich Gottes durch den Geist ersetzt. Richtiger wäre allerdings zu sagen, daß der Paraklet an die Stelle des Geistes getreten sei, der älter ist als er; er unterscheidet sich von ihm durch die Hypostasierung und im Zusammenhang damit durch das maskuline Geschlecht [3]). Was den Namen betrifft, so gehört derselbe zu den griechischen Rechtswörtern, die in das Aramäische eingedrungen sind, und ist den Juden geläufig gewesen. Im Traktat Aboth 4, 11 heißt es: durch eine gute Handlung erwirbt sich der Mensch einen **Paraklet** (vor Gott beim Gericht), durch eine böse einen **Kategor**. Man könnte denken, auch der johanneische Paraklet sei ein Gegenstück zu dem κατήγωρ, der nach Apoc 12, 10 die christlichen Brüder verklagt; nach dem Vorbilde von Zachar 3, wo der himmlische Anwalt dem Satan gegenüber steht. In Mc 13, 11 erscheint der Geist als Beistand der Märtyrer vor Gericht. Nach Rom 8, 27 vertritt er die Heiligen nicht vor der Obrigkeit, sondern vor Gott; so auch 1 Joa 2, 1.

14, 18—25. Die Aussage von 16. 17 wird zwar fortgesetzt, das Subjekt aber verändert. Man erwartet: **der Paraklet wird**

---

[1]) Εἰς τὸν αἰῶνα beweist, daß die Jünger die Kirche sind. Es bedarf freilich dieses Beweises nicht.

[2]) Es ist ein Lob für Blaß, daß er an εἰς τὸν αἰῶνα Anstoß nimmt; das Lob wird aber dadurch begrenzt, daß er die Worte streicht.

[3]) Der Geist ist eigentlich Femininum, als unpersönliche Macht.

mich ersetzen. Statt dessen heißt es: ich will euch nicht verwaist lassen, Ich komme zu euch. An Stelle des Parakleten tritt Jesus selber. Wird nun in Vers 18 die Parusie behauptet? Strauß verficht das [1]) und in meiner Broschüre habe auch ich es angenommen. Aber Corssen leugnet es mit Recht; denn das Folgende spricht dagegen. In Vers 20 wird nicht an die Parusie gedacht, sondern an die Auferstehung oder richtiger an die Erhöhung Jesu; denn diese war es, die den Jüngern das wahre Wesen Jesu erschloß. In Verbindung damit bedeutet Vers 19: die Welt sieht mich nicht, ihr aber seht mich; denn [2]) ich erweise mich durch meine Auferstehung lebendig und ihr werdet dadurch auch zu neuem Leben erweckt. Den in Macht und Herrlichkeit Wiederkommenden sieht auch die Welt, den Auferstandenen aber sieht und erlebt sie nicht; den sehen nur seine Auserwählten, wie es sich von selbst versteht und in der Apostelgeschichte betont wird. Darnach kann auch in Vers 18 nicht von der Parusie die Rede sein; vielmehr ist gemeint, daß Jesus durch seine Erhöhung nicht von den Jüngern geschieden wird, sondern als der himmlische Herr einen Verkehr auf höherer Stufe mit ihnen eröffnet, in neuer göttlicher Weise zu ihnen kommt, jetzt mit dem Vater völlig geeint — genau wie in Vers 23, welcher die beste Erklärung von 18 ist. Die Unio, in der Jesus das Band zwischen Gott und der Gemeinde ist (20), wird in 21—24 wieder in das Moralische gezogen: Jesus mit dem Vater kommt und wohnt in denen, die ihn lieben; sie beweisen ihre Liebe dadurch, daß sie seine Gebote oder sein Wort halten, welches nicht von ihm, sondern vom Vater stammt. — Es ist klar, daß der Paraklet hier völlig verdrängt wird durch den seit seiner Erhöhung in der Gemeinde immanenten (μένων) Christus, wie es in minderem Maße schon in 5—15 zum voraus geschieht. Kaum ist der Paraklet eingeführt, so muß er wieder verschwinden. Erst in 26 wird Vers 16 fortgesetzt. Vers 25 ist ein Übergang von der Erweiterung zurück zu der Grundschrift.

14, 26—31. Hier taucht der Paraklet wieder auf. Doch ist in 26 von der alten Vorlage nur ein Rest erhalten. Die erklärende Apposition erweist sich als sekundär; denn durch ἐν τῷ ὀνόματί μου wird

---

[1]) Leben Jesu (1835) 2, 337.
[2]) Nach der entscheidenden Analogie von Vers 17 hat ὅτι hier kausale Bedeutung. Gegen Blaß und Corssen.

der Paraklet von Jesus abhängig gemacht. Das Gleiche geschieht durch den letzten Satz des Verses; „er wird euch Alles lehren" soll hinauslaufen auf „er wird euch an Alles erinnern was Ich euch gesagt habe". In 27 wird die semitische Grußformel in einer etwas geistreichen Weise, die an Lc 10, 5. 6 erinnert, paraphrasiert; der Sinn aber bleibt: ich nehme Abschied von euch. Dieser Sinn wird von μὴ ταρασσέσθω vorausgesetzt; der Grund der Beunruhigung ist das Abschiednehmen. Auf „beunruhigt euch nicht über meinen Abschied!" muß folgen „freut euch vielmehr darüber!". Das gegensätzliche Band zwischen der Beunruhigung und der Freude wird durch den ersten Satz von 28 zerschnitten; wie schon Blaß erkannt hat, enthält derselbe einen abwegs gelegenen Gedanken, denn es darf hier nicht gesagt werden, der Abschied sei nur von kurzer Dauer. Die zweite Hälfte von 28 schließt unmittelbar an 27. Aber die Freude wird hier durch den Satz „denn der Vater ist größer als ich" matt und unverständlich begründet; man erwartet nach 26 und nach 16, 7: „beunruhigt euch nicht, freut euch vielmehr, daß ich zum Vater gehe, **denn ohne das käme der Paraklet nicht zu euch**". Die Aussage über den Parakleten scheint ausgelassen und ein Lückenbüßer an die Stelle getreten zu sein. In 30. 31 läßt sich der lange Zwischensatz mit γάρ nicht ertragen. Der ursprüngliche Zusammenhang ist: „weiter werde ich nicht mehr mit euch reden; steht auf (von Tisch), laßt uns gehen!" Πολλά vor λαλήσω fehlt in der Syra und wird mit Recht von Blaß gestrichen. Darüber mehr am Schluß des Referats über Kap. 14—17.

15, 1—16, 4 a.

Durch 14, 30. 31 wird ein Einschnitt gemacht. Die Kapitel 15—17 hangen jedoch an Kap. 14 und paraphrasieren oder variieren es. Drei Schichten, die freilich selber nicht ganz einheitlich sind, lassen sich unterscheiden: 15, 1—16, 4a. 16, 4b—33. 17, 1—26.

16, 1—6. Das Gleichnis vom Weinstock steht dem vom Hirten zur Seite und ähnelt ihm auch darin, daß es eigentlich keins ist, vielmehr nur ein ausgeführter Vergleich. Das Thema ist wie in 14, 18—24: ich in euch und ihr in mir. Rein erscheint es indessen nur in Vers 4 und 5. „Ich bin der Weinstock, ihr seid die Reben. Wie die Rebe nicht von sich aus Frucht tragen kann, wenn sie nicht am Weinstock bleibt, so ihr nicht, wenn ihr nicht in mir bleibt. Wer in mir bleibt und ich in ihm, der bringt viel Frucht, denn getrennt von mir könnt ihr nichts schaffen." Damit ist jetzt in Vers 1 und 2 eine Variation des bekannten Gleichnisses vom W e i n g a r t e n verbunden, und um die Verbindung zu ermöglichen, ist der Weingarten in einen Weinstock verwandelt. „Ich bin der wahre[1]) Weinstock und mein Vater der Weingärtner. Jede unfruchtbare Rebe an mir nimmt er weg, und die fruchtbare putzt er, daß sie noch mehr Frucht bringe." Dadurch kommt der in 4. 5 fehlende Vater hinein, der aber nicht der dritte im Bunde ist, sondern störend eingreift und einen fremden Zug in das eigentliche Thema bringt; denn da das Putzen der Reben zugleich ein Putzen des Weinstocks ist, so gerät Jesus selber in Mitleidenschaft. Derjenige, der die beiden Varianten verband, hat in Vers 3 einen Rückweis auf 13, 10 hinzugefügt und damit das Putzen nachträglich für überflüssig erklärt. Auf ihn geht auch der Anfang von Vers 4 zurück und die Umstellung des wahren Anfangs, die mit Rücksicht auf Vers 1 erfolgt ist. Desgleichen der ganze Vers 6 als Übergang zu dem Folgenden[2]). Die Analyse bewährt hier den alten Spruch, daß die Hälfte mehr sei als das Ganze. Das kurze Gleichnis in 4. 5 ist von echtem Adel. Es ist zwar nicht so individuell gemeint, wie man gemeiniglich glaubt, sondern katholischer. Dem Christus entspricht als Realität, als sein Leib, die Kirche; extra ecclesiam (χωρὶς ἐμοῦ) nulla salus. Darin liegt das Band der beiden Varianten. Die spätere faßt die Kirche weniger ideal und mehr als Organisation auf; sie denkt daran, daß es ihr an unwürdigen Mitgliedern nicht fehlt, die excommuniciert werden müssen. Im Gleichnis kann natürlich nur der Vater die Excommunication vollziehen, nicht Jesus an sich selber; ihretwegen mußte der Vater eingeführt werden. Vielleicht soll sie aber auch Gotte überlassen bleiben und nicht von der Kirche selbst verhängt werden.

15, 7—11. 12—17. Die Predigt wendet das Thema ins Moralische. Jesus hält sein Verhältnis zum Vater den Seinen als Beispiel vor für ihr Verhältnis zu ihm; er betont die Bedingungen seiner Unio mit

---

[1]) Das Epitheton (vgl. 10, 11) läßt den Epigonen erkennen.

[2]) In der Apodosis wird das aus dem Bedingungssatz zu entnehmende maskuline Subjekt ὁ μένων ἐν ἐμοί durch das Neutrum des Bildes (τὸ κλῆμα) überwuchert, und für die aktiven Plurale im Sinne des Passivs tritt zum Schluß das Passiv selber ein.

ihnen oder seiner Immanenz in ihnen, ähnlich wie 14, 15. 21—24.
Mit ταῦτα ἐλάληκα (11) wird ein Absatz gemacht; vgl. 14, 25. 16, 1. 4.
25. 17, 1. Der darauf folgende Satz entspricht dem Anfang von 14, 27;
wie dort die εἰρήνη, wird hier die χαρά (von der Grußformel χαῖρε)
nach dem vollen Inhalt ihres Begriffs verwertet [1]). Die χαρὰ πεπληρω-
μένη kehrt im Folgenden und öfter im ersten Johannesbrief wieder.
Weiterhin werden die vorher pluralisch gebrauchten ῥήματα und ἐντολαί
auf ein einziges Gebot zurückgeführt, das der Liebe; aber nicht zu
Jesus wie in Vers 9, sondern zu den Brüdern. Jesus ist den Seinen
in der Bruderliebe vorangegangen, er hat das Leben für sie gelassen,
er hat sie ausgewählt, sie damit zu guten Werken befähigt und ihr
Gebet in seinem Namen erhörlich gemacht. Daß er sich
für sie geopfert hat, wird jedoch nicht als Motiv benutzt zur Nachfolge in seinen Tod, sondern zum Halten seines Befehls. Eingeschaltet
ist die Rechtfertigung des Ausdrucks φίλοι in Vers 15; die Voraussetzung, daß Jesus bis dahin die Jünger δοῦλοι genannt habe, trifft
trotz 13, 16 (15, 20) nicht zu. Durch die christliche Bruderliebe als
Hauptgebot stellt sich dieser Absatz zu 13, 34. 35 und zum ersten
Johannesbrief. Anderweitige Charakteristica sind ἐδοξάσθη ὁ πατήρ,
χαρά, τιθέναι τὴν ψυχήν, ἐν τῷ ὀνόματί μου.

15, 18—25. Die Folge der Erwählung der Jünger d. i. der Kirche
ist der Haß der Welt gegen sie, weil sie den Namen ihres Meisters
tragen. Es ist also eine Fortsetzung ihres Hasses gegen ihn selber.
Dieser entsprang daraus, daß die Juden, die hier unter der Welt verstanden werden, den Vater als seinen Absender nicht erkannten,
obgleich seine Reden sie hätten überzeugen müssen.

15, 26. 27. Überall sonst in 15, 1—16, 4 ist das in der Gemeinde
wirkende Princip ausschließlich der himmlische Jesus. Nur in diesem
Passus, der nach beiden Seiten ohne Verbindung ist, erscheint der
Paraklet [2]). Jesus selber sendet ihn, jedoch vom Vater her, denn er
geht vom Vater aus: das ist eine contradictio in adiecto. Der Paraklet
führt nicht selbständig in alle Wahrheit, sondern wie er nach 14, 26
an die Worte Jesu erinnert, so zeugt er hier über Jesus. Das tun freilich auch dessen Jünger, die ihn seit dem Anfang seiner Laufbahn

---

[1]) Paulus stellt χάρις (auch von χαίρειν, wie χαρά) und εἰρήνη zusammen,
den griechischen und den semitischen Gruß.

[2]) Vgl. Heitmüller z. d. St.

begleitet haben. Neben den Creator Spiritus tritt die gewöhnliche und natürliche Tradition, ohne daß eins zum andern ins Verhältnis gesetzt wird. 16, 1—4a ist ein durch ταῦτα λελάληκα vorn und hinten begrenzter Nachtrag, der das Thema von 15, 18—25 fortsetzt und den Gegensatz zwischen Welt und Kirche noch steigert: nur hier ist vom Martyrium die Rede. Die Jünger werden excommuniciert und sogar getötet werden, von Leuten die glauben, damit τῷ θεῷ eine Huldigung darzubringen. Es ist hier noch deutlicher als zuvor, daß die Welt die feindlichen Juden bezeichnet.

16, 4 b—33.

16, 4b—15. Die beiden Hälften von Vers 4 ergänzen sich nicht; sollen sie sich mit einander vertragen, so müssen sie verteilt werden, so daß die eine den vorhergehenden Absatz schließt, die andere den folgenden eröffnet. Das Präteritum ἤμην (17, 12, dagegen ἐστέ 15, 27) fällt zwar aus der Situation, doch redet in Wahrheit überall der himmlische und nicht der irdische Jesus. Das Thema ist hier, anders wie vorher, der Paraklet; er gilt nach Kap. 14 als bekannt und wird nicht neu eingeführt. Wenn ich nicht schiede, sagt Jesus wie in 14, 27. 28, so käme der Paraklet nicht zu euch; wenn ich aber gehe, will ich ihn zu euch senden. Sein Abschied ist die condicio sine qua non für die Herabkunft des Geistes, der nicht neben, sondern nach ihm auftritt[1]). Derselbe ist darum ersprießlich für die Jünger und braucht sie nicht so fassungslos zu machen, daß sie auf die Eröffnung ὑπάγω keine Worte finden und nicht nach dem Wohin fragen. So scheint 16, 5 (vgl. dagegen 14, 5) wegen des folgenden Verses verstanden werden zu müssen; besser wäre es dann freilich, wenn πρὸς τὸν πέμψαντα fehlte und das Wohin nicht von vornherein angegeben wäre. Weiterhin gehören 8—11 und 13—15 als Parallelen neben einander und nicht hinter einander. Denn der Anfang ἐλθὼν ἐκεῖνος in 8 gleicht dem Anfang ὅταν ἔλθῃ ἐκεῖνος in 13, und die folgenden Aussagen, betreffend die Aufgabe des Parakleten, sind analog wenngleich nicht identisch.

---

[1]) Vgl. 7, 39. Das scheint Corssen a. O. p. 130 nicht verstanden zu haben, wenn er von einer geradezu absurden Logik redet. Um logische Folge handelt es sich hier überhaupt nicht, sondern um historische.

Nur die zweite Parallele, womit Vers 12 zu verbinden ist, hängt gut mit der Einleitung (5—7) zusammen. Der Paraklet wird nachholen, was Jesus bei Lebzeiten den Jüngern nicht hat sagen können, weil sie noch nicht reif dazu waren. Er wird sie in die ganze Wahrheit einführen, indem er das Zukünftige ansagt und Jesum glorificiert. Denn die ganze Wahrheit, wir würden sagen das volle Evangelium, ist die Eschatologie und die Christologie; es wird ganz unbefangen anerkannt, daß sie nicht von Jesus stamme, sondern vom Parakleten, d. h. von der Kirche. Indessen wird hinzugefügt, der Paraklet habe es nicht von sich, sondern von Jesus, der nur nicht Zeit hatte, es schon selber den Jüngern zu eröffnen[1]). Die Abhängigkeit des Parakleten von Jesus wird damit stark betont. Er wird auch nach Vers 7 nicht vom Vater, sondern von Jesus gesandt. Der Vers 15 läßt sich allerdings nur unter der stillschweigenden Voraussetzung verstehen, daß der Paraklet eigentlich vom Vater ausgehe; denn es wird gesagt, darum könne Jesus ihn doch auch für sich in Anspruch nehmen, da Alles was der Vater habe auch sein sei. Allein dieser Vers fehlt im Sinaiticus.

Die erste Parallele (8—11) hängt weniger gut mit der vorhergehenden Einleitung zusammen, da sie nicht von dem positiven Verhältnis des Parakleten (wie Jesu) zu den Jüngern handelt, sondern von dem negativen zu der Welt und dem Teufel. Sie fällt nicht bloß materiell, sondern auch formell sehr stark aus der Situation heraus; Jesus ist hier gleichzeitig mit dem Parakleten gedacht und betrachtet die kirchengeschichtliche Zukunft einfach als Gegenwart (οὐ πιστεύουσιν εἰς ἐμέ). Unter der Welt scheinen hier nicht bloß die Juden gemeint zu sein. Damit ist indessen für das Verständnis nicht viel gewonnen. Nur Vers 9 ist klar: der Paraklet zieht die Welt zur Rechenschaft wegen der Sünde, weil sie (noch immer) nicht an Jesus glaubt. In Vers 10 zieht er sie zur Rechenschaft wegen der Gerechtigkeit, weil er scheidet und d i e J ü n g e r ihn nicht mehr sehen. Wie soll das eine Schuld sein und gar eine Schuld der Welt? und was soll die Gerechtigkeit bedeuten? Nicht besser steht es um Vers 11: der Paraklet zieht die Welt zur Rechenschaft wegen des Gerichts, weil

---

[1]) Nach 14, 26 (am Schluß) h a t Jesus es schon gesagt; die Jünger haben es nur vergessen und der Paraklet frischt ihre Erinnerung wieder auf. Nach 15, 26 zeugt der Paraklet von dem Selben, was auch die Jünger als Genossen Jesu von sich aus bezeugen können.

der Fürst der Welt gerichtet ist. Wozu noch Rechenschaft, wenn das Urteil schon gesprochen und vollzogen ist? Den Sinn von 12, 31 glaube ich begriffen zu haben, den Sinn von 16, 11 begreife ich so wenig wie den von 16, 10. Corssen sieht darin eine Negation des momentanen und zukünftigen Weltgerichtes Jesu; es werde ersetzt durch die fortgehende innere Krisis, die der Paraklet bewirke. Ist denn die Verurteilung des Teufels kein abgeschlossener Akt? Corssen hält sich zu wenig an das Gegebene und schöpft zu sehr aus dem Eigenen. Er will einen Protest gegen die Parusie heraus bringen. Die Parusie wird hier aber weder behauptet noch geleugnet. Sie hat übrigens nicht bloß dann Zweck, wenn Jesus kommt um die Welt zu richten, sondern auch dann, wenn er kommt um die Seinen in den Himmel abzuholen (14, 2. 3).

16, 16—24. Man kann fragen, ob hier die Wiederkunft oder die Erhöhung (Auferstehung) Jesu die Wirkung hat, die Trauer der Jünger in Freude zu verwandeln, ob es sich um wirkliche oder nur um scheinbare Weissagung handelt[1]). Ich bin anderer Meinung als Corssen. Ὄψεσθε (16. 19) kann hier nicht nach 14, 19 von geistigem Schauen des himmlischen Jesus verstanden werden, wegen des korrelaten ὄψομαι ὑμᾶς (22), wornach das Wiedersehen gegenseitig ist und nicht bloß auf seiten der Jünger. Und auch ἐν ἐκείνῃ τῇ ἡμέρᾳ (23) kann nicht nach 14, 20 von der Zeit der Erhöhung verstanden werden; denn die Jünger können den Auferstandenen wohl als nunmehr mit dem Vater vereinigt erkennen, sie können den Auferstandenen aber nicht fragen (trotz Act 1, 6). Im Unterschiede von 14, 18—20 ist also nicht von einem eigentlich bereits eingetretenen Ereignis die Rede, sondern von einem wirklich zukünftigen. Die Parusie wird angekündigt; das ganze Stück ist ihr gewidmet, während sie sonst nur in einer Interpolation auftaucht. Am Anfang steht eine öfters vorgekommene Äußerung Jesu, die ursprünglich an die Juden gerichtet gewesen sein soll: „nach einer kurzen Weile werdet ihr mich nicht mehr sehen". Sie wird hier aber nicht einfach wiederholt, sondern mit einer positiven Fortsetzung versehen, die ihr die Spitze abbricht: „und abermals nach einer kurzen Weile werdet ihr mich sehen". Jesu Abschied von der Erde wird paralysiert durch seine baldige Rückkehr zur Erde. Von den beiden Zwischenfragen der Jünger (17. 18)

---

[1]) Vgl. das Präteritum 16, 4. 17, 12.

hat nur die zweite Bedeutung. Sie gibt Gelegenheit zur Wiederholung des Themas (19=16), und darauf folgt die Erläuterung (20 ss.). Die Wehen des Messias werden ganz richtig in die Empfindung derer verlegt, die auf ihn warten, in diesem Fall der Jünger. Sie sollen sich nicht über den H i n g a n g Jesu freuen, weil nur infolge davon der Paraklet komme, sondern über seine Wiederkunft; man hat durchaus den Eindruck, daß hier wirkliche Weissagung vorliegt, daß die Freude noch aussteht, während die Gegenwart von der Trauer beherrscht wird (Mc 2, 20). — Vers 23b. 24 steht außer Zusammenhang mit dem Vorhergehenden. Das Gebet im Namen Jesu wird als ganz neu eingeführt, ohne Rücksicht auf 14, 13. 14. D i e F r e u d e wird anders gefaßt als in Vers 22, sie ist schon gegenwärtig und hat ihren Grund in der Erfüllung des Gebets. Der Inhalt des christlichen Gebets ist nicht die Bitte um das Reich Gottes, sondern um den heiligen Geist (Lc 11). Auf diese Weise entsteht eine Beziehung von Vers 24 zu Vers 7.

16, 25—32 zeigt ein sehr lockeres Gefüge. Nicht der Paraklet wird verkünden, was Jesus bei Lebzeiten unterlassen hat (16, 5 ss.), sondern er selber wird nach seiner Erhöhung offen die göttlichen Dinge ($\pi\epsilon\rho\grave{\iota}\ \tau o\tilde{\upsilon}\ \pi\alpha\tau\rho\acute{o}\varsigma$) aussprechen, die er bisher nur in Gleichnissen[1]) verhüllt hat. Als Mittler des Gebets zwischen dem Vater und den Jüngern ist aber auch er überflüssig (26. 27); warum es dann doch in seinem Namen geschieht, sieht man nicht ein. Vers 28 ist völlig isoliert. Vers 29. 30 schließt formell an 25, paßt aber doch nicht recht dazu; denn dort ist die $\pi\alpha\rho\rho\eta\sigma\acute{\iota}\alpha$ zukünftig ($\lambda\alpha\lambda\acute{\eta}\sigma\omega$), hier dagegen gegenwärtig ($\lambda\alpha\lambda\epsilon\tilde{\iota}\varsigma$). Die Worte $\kappa\alpha\grave{\iota}\ o\dot{\upsilon}\ \chi\rho\epsilon\acute{\iota}\alpha\nu\ \check{\epsilon}\chi\epsilon\iota\varsigma$ $\check{\iota}\nu\alpha\ \tau\acute{\iota}\varsigma\ \sigma\epsilon\ \dot{\epsilon}\rho\omega\tau\tilde{\alpha}$ müßten bedeuten: du redest jetzt deutlich und gibst keinen Anlaß zu fragen; dazu paßt aber der vorhergehende Satz nicht, die Korrekturen von Blaß und von der Syra genügen nicht. Ad vocem $\pi\iota\sigma\tau\epsilon\acute{\upsilon}o\mu\epsilon\nu$ (30) wird zuletzt äußerst künstlich die Weissagung über das Zerstieben der Jünger bei der Verhaftung Jesu angehängt (31. 32), welches sonst im vierten Evangelium entweder verschwiegen oder ganz anders beurteilt wird.

16, 33 würde hinter 24 eine bessere Stellung haben als hinter 32. Der Trost ist nicht die Parusie, sondern der innere Friede durch die Immanenz Jesu inmitten der Drangsal. Die Welt ist schon über-

---

[1]) Aber doch nicht im vierten Evangelium?

wunden, weil der Fürst der Welt durch den Tod Jesu gerichtet ist (12, 31. 16, 11). Vgl. meine Analyse der Apokalypse in den Abhandlungen der Göttinger Ges. der Wiss. 1907 (IX 4) p. 8.

17,1—26.

Jesus richtet sich hier nicht mehr an die Jünger, sondern an Gott, im Gebet, mit aufgeschlagenen Augen. Die Länge des Gebetes bringt es mit sich, daß er dem Vater streckenweise bloß Vortrag hält; er belehrt ihn z. B. in Vers 3 darüber, was das ewige Leben sei. Wo er für sich selber bittet, kündigt er meist nur an, was eo ipso geschieht. Die eigentliche Bitte wird für die Zukunft der Jünger d. h. der Kirche eingelegt. An der wesentlichen Einheit des Ganzen läßt sich nicht zweifeln, wenn auch der Gedankengang nicht immer leicht zu erkennen ist und zuweilen unterbrochen wird.

Nach Vers 1—3 verherrlicht der Vater den Sohn z u   d e m   Z w e c k daß der Sohn ihn verherrliche, und zwar durch Ausbreitung seiner Macht über alles Fleisch [1]) d. h. durch die Christianisierung aller Menschen, so daß sie die Wahrheit (Gott und seinen Gesandten) erkennen und darin das ewige Leben haben. Hier ist die Verherrlichung des Sohnes durch den Vater das Prius und die des Vaters durch den Sohn das Posterius; die Aufgabe des Sohnes liegt noch in der Zukunft und sie bezieht sich auf alle Menschen. Nach Vers 4ss. aber verherrlicht [2]) der Vater den Sohn z u m   L o h n e   d a f ü r   d a ß der Sohn ihn schon verherrlicht hat, und zwar durch die Offenbarung des göttlichen Namens und der göttlichen Wahrheit an die Jünger. Da ist die Verherrlichung des Vaters durch den Sohn das Prius und die des Sohnes durch den Vater der Dank dafür; die Aufgabe des Sohnes ist schon auf Erden, vor seiner Himmelfahrt, vollendet, und sie ist nicht universal, sondern auf einzelne Auserwählte beschränkt. Doch können die beiden Aussagen wohl neben einander bestehen, da sie sich durch die Zeit und das Objekt unterscheiden; der himmlische Jesus wirbt um die Welt, der irdische hat die Jünger geworben. Man versteht auch, daß nach Vers 9 die Fürbitte nur für die Jünger und nicht für die Welt geschieht, da die Jünger allein die Kirche bilden und die Welt feindlich ist. In Vers 10 (22) wird

---

[1]) Der Ausdruck W e l t wird vermieden, weil er feindlichen Sinn hat.
[2]) Oder nach Vers 5: er versetzt ihn wieder in seine präexistente Herrlichkeit.

Jesus selbst durch die Kirche verherrlicht, solche Variationen liegen nah und müssen in den Kauf genommen werden. Der Passus 11. 12 fällt ganz aus der angenommenen Situation heraus. Mit offnem Visier redet der himmlische Jesus, nicht der irdische. „Ich bin nicht mehr in der Welt, aber meine Jünger sind noch darin; so lange ich bei ihnen war, habe ich sie gehütet und außer dem Verräter bewahrt." Durch Vers 13 und den ersten Satz von 14 wird der Zusammenhang unterbrochen. An den Gedanken (11. 12) „sie sind jetzt ohne meine Hut in der Welt" müßte sich anschließen (14. 15) „und die Welt haßt sie als nicht zu ihr gehörig; doch bitte ich nicht, daß du sie (durch die Parusie) aus der Welt nehmest, sondern daß du sie bewahrest vor dem Bösen". Jesus hat also anscheinend nur bei Lebzeiten die Kirche gehütet und übergibt sie beim Scheiden dem Vater; an seine Ersetzung durch den Parakleten wird nicht gedacht, an seine bleibende Gegenwart auch nicht, und die Parusie scheint durch Vers 15 ausgeschlossen zu werden. Die Bitte für die Jünger in 15 geht dann über 16 (=14b) hinweg zu 17 über und zwar mit positiver Wendung: sie sollen den Missionsberuf ihres Meisters auf Erden fortsetzen. Denn wenn zwischen 17 und 18 Zusammenhang besteht, so sollen sie zu Aposteln geweiht (ἁγιάζειν wie 10, 36 nach Hierem 1,5) werden; in 19 wäre dann das ἁγιάζειν schief gedeutet durch die Beziehung auf den Opfertod Jesu. In 20. 21 wird der ursprüngliche Kreis der Jünger erweitert auf die folgende Generation, die durch ihr Wort zum Glauben bekehrt worden ist; dabei wird die innere Einheit der Kirche in sich hervorgehoben, nicht die mit Jesus und dem Vater, welche vielmehr nur als Beispiel vorgehalten wird. Es scheint aber, daß dies im Folgenden nicht vorausgesetzt wird; jedenfalls ist da nur von den primären Jüngern die Rede, auch konkurriert 22b mit 21. Zum Schluß (24) geht die Bitte in eine entschiedene Willensäußerung über. Die Meinung ist schwerlich, daß die Kirche insgesamt durch die Parusie, sondern vielmehr, daß die Einzelnen durch den Tod mit Jesus im Himmel vereinigt werden. Sie haben es verdient, indem sie durch den Glauben an ihn zur Erkenntnis des Vaters gelangten, im Gegensatz zur Welt. Unter der Welt sind hier nirgend bloß die Juden verstanden. Die Mission ist universal an alles Fleisch (2) gerichtet, dafür wird einmal (23) auch die Welt gesagt und trotz ihrer Feindseligkeit die Hoffnung ausgesprochen, daß sie sich bekehren werde.

Kap. 17 ist ein Anhang. Derselbe unterscheidet sich von den vorhergehenden Teilen der Rede formell durch den nur hier gebrauchten Ausdruck ὁ υἱός (1), mehr noch durch den langen Atem und, als Gebet, durch eine gesalbte Feierlichkeit, die zweifelhafter wirkt als die ungesalbte des Gleichnisses 15, 4. 5. Materiell unterscheidet er sich von 16, 4—24 dadurch, daß weder von dem Parakleten noch von der Parusie eine Spur sich findet. Mit 15, 1—16, 4 stimmt er halbwegs überein; aber das δοξάζεσθαι und der damit verbundene Missionsgedanke fehlt dort fast ganz oder ganz, und der Umfang der Welt ist dort begrenzter. Auch wird der Vater hier weit mehr als dort in die Unio hineinbezogen und eigentlich an die erste Stelle gesetzt, dagegen deren moralische Betätigung durch Werke und Liebe nicht gefordert. Die Erkenntnis ist die Hauptsache, sie wird aber bewirkt durch den Glauben an Jesus als den von Gott gesandten Boten der Wahrheit.

Nach diesem Umwege kommen wir auf die literarische Frage zurück, von der wir ausgegangen sind. Es hat sich in Kap. 14 ein innerer Zwiespalt gezeigt. An einigen Stellen kehrt Jesus, nachdem er zum Himmel gefahren ist, von da nicht zur Erde wieder; als sein Ersatz wird der Paraklet verheißen, der bis in Ewigkeit bei der Gemeinde auf Erden bleiben soll (1—4. 16. 26 ss.). In anderen Partien ist aber das Lebensprincip der Gemeinde der erhöhte Jesus selber, der durch seine Erhöhung nicht von ihr geschieden, sondern im Himmel mit ihr ebenso verbunden ist wie mit dem Vater und sie bei dem Vater vertritt; der Paraklet ist daneben überflüssig und verschwindet in der Tat (5—15. 18—24). Diese Partien (B) überwiegen, und von da aus wird der Versuch gemacht, den Parakleten an den Stellen, wo er vorkommt (A), in ein untergeordnetes Verhältnis zu Jesus zu bringen (16. 26). Da nun B das letzte Wort hat und dem Ganzen den Stempel aufdrückt, so muß die Grundschrift in A gesucht werden[1]). Ob sie vollständig erhalten ist, kann man bezweifeln; indessen läßt sich ihr Gedankengang doch genügend verfolgen.

Also hier der Paraklet, dort der immanente Jesus. Auf welche Seite stellt sich nun die Paraphrase, um es kurz so zu nennen, in

---

[1]) Dessen unerachtet, daß der Paraklet neu ist, jünger als der in der Gemeinde gegenwärtig bleibende Auferstandene.

Kap. 15—17? Der erste Teil, der an das Gleichnis vom Weinstock anknüpft, redet nur vom immanenten Jesus [1]). Auch im dritten, dem s. g. hohenpriesterlichen Gebet, findet sich der Paraklet nicht. Dagegen erscheint er allerdings im ersten Absatz des mittleren Teils (16, 4—15). Aber nicht selbständig an stelle Jesu, sondern abhängig von ihm. Er ist nicht mehr der Creator Spiritus. Nicht der Vater sendet ihn, sondern Jesus. Er zeugt von Jesus, und nicht allein das, sondern er entnimmt auch Alles von ihm und redet nichts aus dem Eigenen. Trotzdem also der Paraklet beibehalten ist, so wird sein Wesen doch korrigiert, ebenso wie auch die Stellen der Grundschrift selber, in denen er vorkommt (14, 6. 26), nicht unangetastet geblieben sind. Also steht die Paraphrase auf seiten von B.

Die Theologie wird nun freilich den dargelegten Unterschied zwischen A und B teils für unerheblich, teils für unglaublich ausgeben; sie wird behaupten, es könne doch auch in A unmöglich die Meinung sein, daß Jesus durch seine Erhöhung gänzlich von den Seinen auf Erden scheide, bis sie durch den Tod mit ihm im Himmel wieder vereint würden. Allein die Exegese muß auf das Wort merken und das Wort gelten lassen; sie muß den ursprünglichen Widerspruch zwischen dem Parakleten und dem immanenten Jesus anerkennen und den späteren Versuch, das Nebeneinander zu ermöglichen. Und die Kirche hat sicher ein Interesse daran gehabt, die ältere Anschauung durch das vierte Evangelium nicht beeinträchtigen zu lassen, daß Jesus lebendig in der Gemeinde bleibt und nicht durch einen ebenbürtigen Nachfolger verdrängt wird. In der von ihr sehr ernsthaft genommenen Frage, ob der Geist allein vom Vater oder auch vom Sohne ausgehe, hat sie sich zwar zuerst auf die Seite von A gestellt, später aber für B sich entschieden [2]).

In meiner Broschüre habe ich den inneren Hauptunterschied zwischen A und B darin erblickt, daß die Parusie dort geleugnet, hier festgehalten werde. In A wird in der Tat gegen sie protestiert; der Bedingungssatz am Anfang von 14, 3 ist eingeschmuggelt. In B wird sie wenigstens in 16, 16ss. behauptet; der Versuch Corssens,

---

[1]) Abgesehen von dem schlecht aufgesetzten Flicken 15, 26 s.
[2]) Bei Matthäus wird einmal statt τὸ πνεῦμα τοῦ θεοῦ gesagt: τὸ πνεῦμα τοῦ πατρὸς ὑμῶν (10, 26). Im Cantabrigiensis zu Lc 24, 49 wird τὴν ἐπαγγελίαν τοῦ πατρός (= der vom Vater verheißene Geist) korrigiert in τὴν ἐπαγγελίαν μου (= Jesu).

das Gegenteil zu erweisen, schlägt fehl. Darin jedoch hat er Recht, daß a potiori die Parusie auch in B nicht zum Vorschein kommt: der immanente Jesus genügt und der wiederkommende ist daneben überflüssig. Es fällt also auf den Unterschied zwischen Parusie oder Nichtparusie kein Gewicht; der eigentliche Unterschied ist der zwischen dem Parakleten und dem immanenten Jesus.

Die Basis meiner Position ist indessen überhaupt nicht der innere theologische Unterschied. Darauf bin ich erst aufmerksam geworden, nachdem ich auf anderem Wege zu der Überzeugung gekommen war, daß die Kapitel 15—17 eingelegt sein müßten. Es ist längst bemerkt worden, daß ἐγείρεσθε ἄγωμεν am Schluß von 14, 31 den Aufbruch ankündet, also in 18, 1 fortgesetzt wird, wo derselbe wirklich erfolgt. Dann kann ursprünglich nichts dazwischen gestanden haben, am wenigsten eine so lange Rede, wie sie in Kap. 15—17 vorliegt. Corssen gibt diese Unmöglichkeit zu, beseitigt sie aber durch Streichung der unbequemen Worte in 14, 31 als einer Interpolation aus Markus. Wenn er sich nicht anders zu helfen weiß, so hat er seine Sache verloren. Denn wer könnte auf den Gedanken gekommen sein, mutwillig und ohne jedes Motiv an dieser Stelle eine so ungeheure Schwierigkeit hervorzurufen, über die sogar Bernhard Weiß sich beinah Gedanken macht? Ein Interpolator hätte doch den Einsatz hinter 17, 25 und dicht vor 18, 1 angebracht. Außerdem wenn ἐγείρεσθε ἄγωμεν ἐντεῦθεν fällt, so bleibt doch οὐκέτι λαλήσω μεθ' ὑμῶν in dem vorhergehenden Verse ein kaum geringeres Hindernis dagegen, daß Jesus hinterher noch drei Kapitel redet. Selbst οὐκέτι πολλὰ λαλήσω würde sich schlecht mit Kap. 15—17 vertragen; πολλά fehlt aber in der Syra, und sicher mit Recht. Zu welchem Zweck sollte durch Auslassung von πολλά die Schwierigkeit aufs äußerste gesteigert sein? Dagegen zu ihrer Abschwächung durch Interpolation von πολλά war Grund genug.

Gegen die Folgerung, die aus dem Zusammenschluß von 14, 31 mit 18, 1 gezogen werden muß, sträubt sich Corssen besonders deshalb, weil er sich das 17. Kapitel nicht rauben lassen will. Er wirft mir vor, daß ich dies Gebet, in dem der Geist des Evangeliums am reinsten und stärksten zum Ausdruck komme, leichten Herzens über Bord werfe, ohne besondere Gründe, lediglich wegen der Schlußworte in 14, 31. Dieser lediglige Grund wäre aber besonders genug, selbst wenn er nicht durch οὐκέτι λαλήσω verdoppelt würde: er läßt sich nicht aus dem Wege schaffen. Im Übrigen mag die echt johanneische Art des fraglichen Kapitels zugegeben werden; sie wird durch die sich aufdrängende Vergleichung mit dem Gebet in Gethsemane in ein grelles Licht gesetzt. Nur ist die echt johanneische Art dann eben nicht die Art der Grundschrift.

18,1—11.

Wenn Jesus über den Kidron an den Ölberg [1]) kommt, so hat das Mahl, bei dem er sich von seinen Jüngern verabschiedet (Kap. 13—17), in Jerusalem statt gefunden. Dann aber müßte es als Paschamahl vorgestellt werden, da es nur so sich versteht, daß er es in Jerusalem hält und nicht in Bethanien. Indessen „Jesus ging mit seinen Jüngern hinaus über den Kidron, wo ein Garten war, in den er selbst und seine Jünger hineingingen" sieht so redigiert aus, daß auf die Ursprünglichkeit der Ortsangabe kein Verlaß ist. Judas wird doppelt eingeführt, erst in 2. 3 und noch einmal in 5 am Schluß. Die zweite Angabe steht verloren, ist aber insofern wichtig, als sie die erste nicht voraussetzt. In der ersten nimmt J u d a s , nicht der Chiliarch (12), die römische Cohorte samt den Amtsdienern der Juden. Auf der eigentlichen Scene spielt er aber gar keine Rolle. Er tritt nicht an Jesus heran, um ihn kenntlich zu machen, und wird von ihm als nicht vorhanden behandelt.

Wie Judas, so scheint auch Petrus ursprünglich nicht hierher zu gehören. Woher soll er die Gelegenheit zum Kampfe haben? Das ganze feindliche Aufgebot ist ja in den Staub gesunken, und hernach hat Jesus sich freiwillig gestellt, unter der Bedingung freien Abzugs für seine Jünger [2]). Diese würde verwirkt, wenn sie zum Schwerte griffen. Die Verse 10 und 11 sind also verdächtig. Anders ist Vers 9 geartet. Er ist zwar auch interpoliert, weil ein eigenes Wort Jesu in einem anderen Sinne citiert wird als in dem, in welchem es 17, 12 gemeint ist. Aber materiell paßt er zu Vers 8.

---

[1]) Dieser wird allerdings im Joa nie genannt, so wenig wie Gethsemane. Nur zu Anfang der unechten Perikope 8, 1 steht er und in einem Zusatz der Syra zu 12, 12. Aber es muß 18, 1 an diese Lage gedacht sein.

[2]) Daß sie unangefochten in Jerusalem bleiben, läßt sich für die Grundschrift aus 20, 19 ss. nicht folgern. Den Widerspruch von 16, 32 zu 18, 8 will Corssen nicht sehen.

Der Verrat des Judas in Gethsemane und der von den Jüngern ausgehende Widerstand gegen die bewaffnete Macht sind aus den Synoptikern, nämlich aus Lukas, eingetragen; ebenso auch der Ausspruch vom Trinken des Bechers am Schluß von Vers 11. Die Namen Petrus und Malchus sind hinzugefügt. Die alte Vorlage ist nicht mehr zu rekonstruieren.

18, 12—27.

In Vers 24 wird Jesus von Annas zu Kaiphas gebracht. Dann müßte auch Petrus dorthin gefolgt sein. Das ist aber ausgeschlossen, weil die Leute, die in 25ss. mit ihm reden, die selben bleiben, die vorher im Hofe des Annas mit ihm geredet haben. Also wird durch 24 ein unmöglicher Scenenwechsel bewirkt. Der Vers verrät sich auch durch seinen Inhalt als unecht. Kaiphas erscheint da post festum und hat gar nichts mehr zu tun. Und nicht besser steht es um ihn in Vers 13 und 14. Wie soll der Umstand, daß Jesus zu Annas gebracht und von ihm als dem Hohenpriester (19) verhört wird, darin seine Erklärung finden, daß Annas der Schwiegervater des eigentlichen Hohenpriesters war! Kaiphas ist also überall eingetragen. Die Vorlage kennt ihn nicht, sondern bloß den Annas. Sie steht damit nicht allein; für die Apostelgeschichte gilt das selbe und vielleicht auch für das Evangelium des Lukas[1]). Kaiphas wird überhaupt nur bei Matthäus genannt (26, 3. 57), bei Markus ist der Hohepriester namenlos.

Das Verhör und die Verleugnung Petri werden auch bei Markus durch einander geschoben. Aber wegen des εἶπον in Vers 25, welches kein Subjekt hat, wenn es nicht dicht auf 19 folgt, darf bei Joa die Verleugnungsgeschichte nicht zerrissen werden. Sie hätte in der Mitte der beiden Teile des Verhörs, zwischen 14 und 19, zusammengestellt werden müssen.

Die Syra ordnet den Text wie folgt: „[12] Die Cohorte und der Chiliarch und die Diener der Juden banden ihn [13] und brachten ihn zuerst zu Annas, dem Schwiegervater des Kaiphas, welcher der Hohepriester jenes Jahres war. [24] Annas aber sandte ihn gebunden zu dem Hohenpriester Kaiphas, [14] dem selben, der den Juden geraten hatte, es sei am besten, daß Ein Mensch sterbe für das Volk. [15] Simon

---

[1]) Das unmögliche ἀναστάς Act 5, 17 ist von Blaß glänzend in Ἄννας verbessert. In Act 4, 6 ist καὶ Καιάφας nachgetragen und vermutlich auch in Lc 3, 2, wo der Dual sehr befremdet.

Petrus aber und ein Jünger... [1]), er war ein Bekannter des Hohenpriesters, darum trat er zusammen mit Jesus in den Hof. [19] Der Hohepriester aber fragte Jesus über seine Jünger, welche es seien, und über seine Lehre, welche es sei. [20] Jesus sagte zu ihm: ich habe offen mit der Welt geredet und alle Zeit gelehrt in der Synagoge und im Tempel und wo alle Juden sich versammeln, und im Geheimen habe ich nichts geredet; [21] also was fragst du mich? frag die Zuhörer nach dem, was ich geredet habe, sie wissen, was ich geredet habe. [22] Als er so redete, schlug einer der anwesenden Diener Jesum auf die Backe und sagte zu ihm: so antwortest du dem Hohenpriester? [23] Jesus sagte zu ihm: ich habe recht geredet, warum schlägst du mich? [16] Simon Petrus aber stand draußen an (der Tür). Und der dem Hohenpriester bekannte Jünger kam heraus und sagte es dem Türhüter und der ließ ihn ein [2]). [17] Als die Magd des Türhüters Simon sah, sagte sie zu ihm: bist du nicht auch einer der Jünger dieses Menschen? Er sagte zu ihr: nein! [18] Und die Knechte und Diener standen da und machten sich ein Feuer im Hof, um sich zu wärmen, denn es war kalt. [25] Simon aber stand auch bei ihnen und wärmte sich. Und sie sagten zu ihm, die Leute die sich wärmten: bist du nicht auch einer von seinen Jüngern? Er leugnete aber und sagte: nein! [26] Und [es antwortete] einer der Knechte des Hohenpriesters, ein Verwandter dessen, dem Simon Petrus das Ohr abgeschlagen hatte, sagte zu Simon: sah ich dich nicht bei ihm im Garten? [27] Und Simon leugnete abermals, und im selben Augenblick krähte ein Hahn."

Diese Anordnung des Textes scheint sich zu empfehlen. Kaiphas hinkt dann nicht nach, sondern tritt in den Vordergrund und tut was seines Amtes war. Das Verhör geht in Einem Stück voran und die Verleugnung folgt in Einem Stück. Durch die Umstellung von 24 wird der Ortswechsel vermieden, und das εἶπον hat nun sein Subjekt. Aber mit Recht findet E. Schwartz es ungehörig, daß Petrus erst geholt wird, nachdem das Verhör vorbei ist; denn dann hatte er kein Interesse mehr daran. Außerdem ist die Trennung von 15 und 16 unmöglich; sie läßt erkennen, daß der griechische Text an einer falschen Stelle durchschnitten wurde. Verräterisch ist ferner

---

[1]) Es scheint hier etwas zu fehlen oder in Unordnung zu sein.
[2]) d. h. er sagte dem Türhüter, er möchte Petrus einlassen, und er tat es. Das Subjekt zu εἰσήγαγεν ist nicht der Jünger. Die Ausdrucksweise ist wie im Aramäischen oder Hebräischen.

die Einsetzung des Explicitum (die Leute die sich wärmten) zu εἶπον in 25. Sie erklärt sich nur, wenn 18 von 25 weit getrennt war, und nicht, wenn die beiden Verse dicht bei einander standen. Die Syra hat also vorliegende Anstöße empfunden und zu beseitigen gesucht, aber ohne Erfolg. Es spricht nicht gegen den griechischen Text, daß dort die Zeichen der Brüchigkeit klar hervortreten; es muß bei ihm sein Bewenden haben.

Bei dem Verhör wird Jesus nach seiner Schule und seiner Lehre befragt, er antwortet, was er bei Markus (14, 49) den Häschern sagt. Darauf erhält er wegen ungebührlichen Benehmens gegen den obersten Richter einen Backenstreich von einem Diener, den er einer unverdienten Entgegnung würdigt. Die Scene erinnert sehr an Act 23, 2. Die Verhandlung wird dann geschlossen, ehe sie eigentlich eröffnet ist. Zu einem Urteil oder überhaupt zu irgend welchem Ergebnis kommt es nicht, die Sache verläuft im Sande. Einen weniger befriedigenden Bericht gibt es im ganzen Evangelium nicht. Bemerkt mag noch werden, daß das Synedrium Jesus sonst ohne Verhör verurteilt (7, 46ss. 11, 47ss. 12, 10).

18, 28—19, 15.

Pilatus wird nicht eingeführt und tritt doch als bekannt auf. Er muß ursprünglich schon vorher erwähnt sein. Nur er konnte die Cohorte beauftragen und zu ihm mußte der Chiliarch zurück, um ihm nach der Ausführung des Auftrages wenigstens Bericht zu erstatten (E. Schwartz). Jetzt scheint er erst dadurch, daß die Juden Jesus gefangen zu ihm bringen, mit der Affäre in Berührung zu kommen. Die Juden werden merkwürdig verschieden vorgestellt. Teils erscheinen sie als Ankläger und gehen Pilatus als Richter an. Teils verbieten sie ihm in die merita causae einzugehen und scheinen von ihm nur die Vollstreckung eines von ihnen selber schon gefällten rechtsgiltigen Urteils zu verlangen. Ein solches haben sie jedoch vorher gar nicht gefällt. Das Verhör vor Annas soll ein Verhör sein und ist keins, das vor Pilatus soll keins sein und ist eins, wenn auch nur materiell, nicht formell. Er läßt sich nämlich nicht in öffentlichem Verfahren mit Jesus ein, sondern unter vier Augen innerhalb des Prätoriums. Die Juden bleiben draußen und erfahren nur durch ihn etwas über den Stand seiner Verhandlungen mit dem Angeklagten.

6*

Zu dem Zweck muß er beständig zwischen den Parteien hin und her laufen, bald in das Prätorium herein, bald aus dem Prätorium hinaus. In diesem Wirrwarr finde sich zurecht wer kann; ich begnüge mich mit einer Übersicht über die einzelnen Abschnitte.

18, 29—32. Pilatus geht aus dem Prätorium hinaus und fragt die Juden, welcher Schuld sie Jesus zeihen. Sie geben ihm zu verstehen, daß er ihren Spruch nur zu vollstrecken, nicht zu prüfen habe; das κρίνειν (31) brauchen sie im Sinn von ἀποκτείνειν. Zwischen den Zeilen steht zu lesen, daß das Verbrechen religiös, nicht politisch sei, begangen gegen das Gesetz, nicht gegen den Römer, und daß darum Pilatus sich um die Schuldfrage nicht kümmern dürfe. Der Vers 32 (=12,33) bezieht sich auf die Kreuzigung, die keine jüdische, sondern römische Form der Hinrichtung ist.

18, 33—38a. Pilatus geht in das Prätorium hinein zu Jesus; daß dieser drinnen ist, wird freilich nur vorausgesetzt, nicht gesagt. Man sollte denken, um von ihm selber die αἰτία zu erfahren. Aber er weiß sie doch schon und gesteht indirekt, daß er sie von den Juden habe, obwohl er sie von diesen vorher nicht herausgebracht hat. Er verwahrt sich dagegen, daß er aus sich eine solche αἰτία geschöpft habe, er sei kein Jude. Er findet also sogar in dem Anspruch Jesu auf das Königtum nur ein specifisch jüdisches Verbrechen, wovon er als römischer Beamter nichts verstehe. Er fragt dann Jesus noch einmal und erhält von ihm nun eine Antwort, die den unpolitischen Charakter des fraglichen Anspruchs bestätigt, aber darüber hinaus positiv die Natur des beanspruchten Reiches bestimmt. Jesus hat zunächst nur von seinem R e i c h e geredet; daß er also König sei, folgert erst Pilatus. Jesus räumt es ein, mit dem synoptischen σὺ λέγεις. Wenn er aber fortfährt „ich habe das Amt für die Wahrheit zu zeugen", so beschreibt er damit nicht das Amt des Herrschers; denn es gibt keinen König der Wahrheit, sondern nur ein Reich der Wahrheit. Er vermeidet auch den Ausdruck „Reich G o t t e s ", weil er nicht an die zukünftige Herrlichkeit denkt. Sein Reich ist nicht jenseitig. Als Antwort auf die Frage: was hast du getan? paßt übrigens diese Auslassung, die in merkwürdigem Widerspruch zu Mc 14, 62 steht, formell recht schlecht.

18, 38b—19, 8. Pilatus geht hinaus zu den Juden. In 19, 1 ist er, ohne daß εἰσῆλθεν in der Mitte steht, wieder drinnen bei Jesus. In 19, 4 geht er abermals hinaus und nimmt auch Jesus mit, um ihn in Purpur und Dornenkrone den Juden vorzustellen. In 19, 9 befindet sich Jesus trotzdem noch im Prätorium; Pilatus geht zu ihm herein und führt ihn nochmals den Juden vor, als fragwürdigen König. Am schlimmsten ist der stillschweigende Wechsel der Situation zwischen 19, 5 und 9. Damit hängt zusammen, daß die Vorführung Jesu zweimal geschieht. Sie kann ursprünglich nur einmal berichtet sein, wie denn die Wiederholung (19, 13. 14) auch nicht durch ein πάλιν markiert wird. Und zwar gehört sie an den Schluß; in der Mitte richtet sie Verwirrung an und ist mit der unmöglichen Angabe verbunden, daß Jesus v o r der Verurteilung gegeißelt worden sei. Auf eine formelle Grenze für die nötige Ausscheidung hat mich E. Schwartz aufmerksam gemacht. Wir werden nämlich mit den Worten des Pilatus in 19, 6 „was mich betrifft, so finde ich keine Schuld an ihm" auf den Fleck zurückgeführt, wo wir am Schluß von 18, 38 schon waren. Die Geißelung sowie die Episoden von Barabbas und von Purpur und Dornenkrone stammen aus der synoptischen Tradition. Wenn nun 18, 39—19, 6 eingetragen ist, so antworten die Juden mit 19, 7. 8 auf 18, 38. Sie wiederholen, was sie schon früher (18, 30) gesagt haben, geben jedoch nunmehr als αἰτία an, Jesus habe sich für den S o h n G o t t e s ausgegeben. Darüber erschrickt Pilatus noch mehr. Wohl deshalb, weil er glaubt, Jesus könne vielleicht wirklich Gottes Sohn sein. Aber der Comparativ „noch mehr" ist nicht vorbereitet.

19, 9—15. Pilatus geht hinein in das Prätorium zu Jesus. Seine Frage πόθεν εἶ σύ bedeutet nach Vers 7 (vgl. Kap. 7 und 8) so viel wie: bist du Gottes Sohn? Der Vers 11 würde besagen: Gott hat dir die Gewalt verliehen, also hat der Teufel die Schuld. Das Ende paßt nicht zum Anfang; es stammt vielleicht von einem Späteren, der aus Haß gegen das römische Reich ἄνωθεν als κάτωθεν verstehen wollte. Daß der Landpfleger seit dieser Äußerung Jesu (ἐκ τούτου) ihn loszulassen sucht (12), ist noch eher begreiflich, als daß die Juden da draußen seine Absicht merken und zu toben anfangen. Als er „diese Worte" hört, begibt er sich mit Jesus zu ihnen hinaus (13) und setzt sich auf das Bema. Das Besteigen des Tribunals durch den Richter vor den Parteien bezeichnet sonst den Beginn der formellen Verhandlung. Hier aber scheint Pilatus einen Todesschuldigen, den er selber für unschuldig hält, den Klägern zu präsentieren, um deren Mitleid zu erregen. Ein ordnungsmäßiger Prozeß wird von ihm nicht geführt, vielleicht weil das schon von den Juden nach ihrem Gesetz geschehen sein soll[1]). — Die παρασκευή τοῦ πάσχα (14) ist jedenfalls nicht der erste Paschatag, sondern der Tag vorher. Es scheint, daß der Name παρασκευή hier nicht wie sonst einfach der Freitag sein soll (der freilich nicht ausgeschlossen ist), sondern appellativisch gefaßt und allgemein für Vorabend gebraucht wird, auch für den Festabend, nicht bloß für den Sabbatabend. Die sechste Stunde widerspricht der Zeitangabe bei Markus.

Das λιθόστρωτον soll hebräisch d. i. aramäisch Γαββαθᾶ geheißen haben. Für Γαββαθα lesen einige Handschriften Καπφαθα [2]). Dies ist ein bekanntes aramäisches Wort, bedeutet aber nicht λιθόστρωτον, sondern einen gewölbten Bau und zwar einen kleinen. Es ist also Korrektur eines des Aramäischen kundigen Griechen. Er verstand das ursprüngliche Wort nicht, und wir befinden uns in der gleichen Lage. Dalman[3]) hat Γαββαθα zuerst durch גובתא (Rücken) erklärt, hernach durch גבחתא (kahle Stelle). Auch diese letztere Erklärung leuchtet nicht ein; in dem entsprechenden syrischen Adjektiv, dessen Aussprache allein fest steht, ist zudem der mittlere Radikal, das Betha, nicht verdoppelt. Sprachlich würde viel besser das syropalästinische גבתא entsprechen, welches in Mt 26, 23 für θρύβλιον gesetzt wird und anderswo für καυκίον [4]). Im Arabischen wird „Schüssel" auf einen eingefaßten freien Platz übertragen.

19, 16—30.

19, 16—22. Wie jetzt der Vers 16 (der nicht in zwei Teile zerrissen werden darf) steht und lautet, wird Jesus den Juden zur Hinrichtung übergeben. Das stimmt zu dem Bestreben, sie nach Kräften zu belasten und den Römer zu entlasten. Aber es widerspricht der sonst anerkannten Tatsache, daß sie das Recht zur Execution nicht haben. Hätten sie sie selber besorgt, so brauchten sie hinterher nicht den Landpfleger um Abnahme der Leiche zu bitten. Dieser verfaßt ja auch die Inschrift, und römische Soldaten halten Wache beim Kreuz. Daß ausdrücklich hervorgehoben wird, Jesus habe sich selbst sein Kreuz

---

[1]) Vgl. E. Schwartz in den Göttinger Nachr. 1907 p. 355 ss.
[2]) Burkitt, Ev. damepharreshe (Cambridge 1904) II 251.
[3]) Grammatik des jüdisch-pal. Aramäisch (1894), p. 108; Worte Jesu (1898) p. 6.
[4]) Duensing, Christlich-palästinisch-aramäische Texte und Fragmente (1906) p. 8.

getragen, sieht man mit Recht als einen irgendwie motivierten Protest gegen Mc 15, 21 an.

19, 23. 24. Der χιτών müßte von Rechts wegen den Singular τὸ ἱμάτιον neben sich haben wie in Mt 5, 40. Lc 6, 29; in τὰ ἱμάτια, einem Plural oder Dual a potiori, sind Rock und Mantel zusammen gefaßt. Die schiefe Unterscheidung geht von einem ähnlichen Misverständnis einer Alttestamentlichen Beweisstelle aus, wie es in Mt 21, 2. 4 vorliegt; in dem Parallelismus der Glieder sind in Wahrheit die Aussagen sachlich identisch und nur formell verschieden. Der auffallende Schluß „so handelten die Soldaten" führt auf einen Schriftsteller, der sich bewußt war, den Fluß der Erzählung zu unterbrechen, entweder durch 23. 24, oder durch 25. 26.

19, 25. 26. Klopas kann nicht der Mann der Mutter Jesu sein, der ja Joseph hieß; ebenso wenig ihr Vater oder ein anderer Blutsverwandter, denn dadurch konnte sie nicht von ihrer Schwester unterschieden werden. Andrerseits kann aber auch die Schwester nicht von ihr durch den Heimatsort (von Magdala) unterschieden werden, und die Gleichnamigkeit von Schwestern ist anstößig. Mit anderen Worten sind die Eigennamen Maria Klopae und Maria Magdalena keine richtige Erklärung der vorhergehenden Appellativa und also wahrscheinlich interpoliert; woher der Name Klopas stammt und was er als Genitiv bedeutet, weiß man freilich nicht. Es wird vorausgesetzt, daß die Mutter Jesu Witwe ist und daß sie außer ihm keinen Sohn hat. Der Anonymus, der Sohnesstelle bei ihr vertreten soll, nimmt sie sofort mit εἰς τὰ ἴδια. Er hat demnach sein Heim in Jerusalem, ist also kein Galiläer und nicht der Sohn des Zebedäus. Daß Maria in Jerusalem bei einem ihr von Jesus zugewiesenen Sohne bleibt, wird nun nicht völlig aus der Luft gegriffen sein, sondern irgend einen Anhalt haben. Ein solcher kann in Act 12, 12 gefunden werden. Darnach gab es in Jerusalem eine Witwe Maria, die mit ihrem Sohne zusammen in einem Hause lebte, welches den Jüngern als Versammlungsstätte diente. Aus einer Mutter der Gemeinde konnte sie zur Mutter Jesu und ihr richtiger Sohn infolge dessen zu ihrem Adoptivsohn werden. Dann wäre der Anonymus zwar nicht der Sohn des Zebedäus, aber doch auch ein Johannes, nämlich der Johannes, der den Zunamen Markus führte und mit dem zweiten Evangelisten identisch ist. Möglicher weise hat man schon früh in dem anonymen Jüngling, der allein bei Jesus aushielt und beinah mit ihm verhaftet wäre

(Mc 14, 51. 52), den Schriftsteller selber, Johannes Markus, erkannt und ihn darum zum Lieblingsjünger Jesu erhoben. Die Annahme liegt um so näher, da der Lieblingsjünger hier allein unter dem Kreuze erscheint, abgesehen natürlich von den Frauen.

Nach 20, 1 ss. darf die Magdalena unter dem Kreuz nicht fehlen; als Schwester der Mutter Jesu ist sie aber in 19, 25 nicht ursprünglich. Mit der Grundschrift stimmt die Meinung nicht, daß Jesus keine leiblichen Brüder gehabt habe. Der anonyme Lieblingsjünger erscheint auch 13, 23. 20, 3 in Stücken, die nicht zur Grundschrift gehören [1]).

19, 28—30. Der Finalsatz (28), der logisch hinter λέγει gehört, wird vorangestellt, wie öfters bei Joa. Er drängt sich aber mit dem vorhergehenden Participialsatz und widerspricht ihm einigermaßen, insofern als noch nicht Alles vollendet ist, wenn die Schrift (Ps 22, 16) erst noch erfüllt werden muß. Psalm 22 wird zweimal citiert, aber das lama sabachthani wird unterdrückt wie bei Lukas. Übrigens unterscheidet sich der Bericht über den Tod Jesu weit stärker von dem bei Lukas als von dem bei Markus. Damit daß der Essigschwamm nicht auf ein Rohr, sondern auf einen Ezobstengel gesteckt wird, soll angedeutet werden, daß Jesus das wahre Paschalamm ist. Denn zum Paschalamm gehört der Ezob (Exod 12, 22).

19, 31—42.

19, 31—37. Der auf die παρασκευή folgende Tag ist hier freilich ein Sabbat, aber doch kein gewöhnlicher, sondern ein außerordentlicher, nämlich eben der erste Paschatag, wie in 19, 14. Man meint, dabei daß der Tod Jesu nicht auf diesen, sondern auf den Tag vorher falle, habe die Absicht gewaltet, daß Jesus nicht mehr das Osterlamm mit seinen Jüngern essen und so die Fortsetzung der jüdischen Feier für die Christen sanktionieren solle. Aber das positive Interesse, ihn selbst (nach 1 Cor 5, 7) als das christliche Osterlamm dem jüdischen zu substituieren, war wichtiger, und dieses hätte doch nicht dazu führen können, das wahre und das vorbedeutende Pascha aus einander zu reißen; denn es litte durch Aufhebung der zeitlichen Coincidenz. Vielmehr wenn Jesus nach Joa wirklich am Tage vor dem Pascha

---

[1]) Vgl. E. Schwartz a. O. p. 342 ss. 354.

gestorben ist, so kann das nicht auf Tendenz beruhen, sondern nur auf der alten Tradition, die auch bei Markus noch durchschimmert.

In Vers 35 unterscheidet sich der Schreiber von dem Augenzeugen, auf den er sich beruft [1]); er kann damit nur den Lieblingsjünger meinen, der allein unter dem Kreuze gestanden hat [2]). Er legt einen ungeheuren Nachdruck auf den Ausfluß von Blut und Wasser aus der Seite Jesu — nur darauf, denn die gar nicht wunderbare Tatsache, daß ihm in die Seite gestochen, die Schenkel aber nicht gebrochen wurden, bedarf keiner besonderen Versicherung. Durch die Emphase aber, die auf das Blut und Wasser zu liegen kommt, wird die eigentliche Hauptsache vollkommen verdunkelt, nämlich daß der gekreuzigte Jesus, dadurch daß ihm im Unterschiede von den beiden Schächern die Beine nicht gebrochen wurden, als das wahre Paschaopfer erwiesen wird. Und zugleich ruft die Wucht der Bekräftigung (35) Verdacht hervor gegen das zu Bekräftigende selber (34). Man hat den Eindruck, daß Zweifel niedergeschlagen werden sollen, daß also der Ausfluß von Blut und Wasser Befremden erregte, nichts Anerkanntes und Altbekanntes war, sondern etwas Neues.

Die erste Hälfte von Vers 34 scheint allerdings durch 37 bestätigt zu werden, wo zwar auf das Blut und Wasser keine Rücksicht genommen wird, wohl aber auf den Lanzenstich. Indessen ist Vers 37 vermutlich selber posthum; nicht wegen seines Inhaltes, sondern wegen der Einleitungsformel des Citats. Nach der bei Joa üblichen Weise wäre dafür zu erwarten: καὶ πάλιν ἔστιν γεγραμμένον [3]). Ἡ γραφή λέγει sagt Paulus, jedoch immer mit dem Artikel vor γραφή. Das indeterminierte γραφή oder gar ἑτέρα γραφή ist im Neuen Testament unerhört [4]); das Wort ἕτερος kommt im vierten Evangelium nur hier vor [5]), ebenso wie bei Markus nur in der unechten Stelle 16, 12, während es bei Matthäus und Lukas häufig ist. Also ist das Zeugnis von Joa 19, 37 für die erste Hälfte von 34 nichts wert [6]). Die Verse 34. 35 und 37

---

[1]) Weiße 1, 100 s. Evangelienfrage 123.

[2]) Der Gegengrund von E. Schwartz (a. O. 361) erscheint mir nicht stichhaltig. Vgl. 21, 24.

[3]) So überall außer 7, 42, wo nur die Syra die gewöhnliche Formel hat.

[4]) In der Apostelgeschichte heißt es einmal (13, 35): ἐν ἑτέρῳ λέγει.

[5]) Im Cantabr. auch 9, 9.

[6]) Ursprünglich mag allerdings der Stich in die Seite auf Zach 12, 10 (Apoc 1, 7) zurückgehen.

sind mithin nachgetragen, der letztere vermutlich später als die beiden anderen[1]). Ihre Ausscheidung bringt den großen Gewinn, daß nun ungebrochenes Licht darauf fällt, daß der gekreuzigte Jesus das wahre Paschalamm ist.

19, 38—42. Nach dem vorhergehenden Absatze haben die Juden Pilatus gebeten, die Leichen der drei Gekreuzigten abnehmen zu lassen, und er hat ihnen gewillfahrt. Hier nun bittet Joseph von Arimathia den Pilatus, persönlich die Leiche Jesu abnehmen zu dürfen, und er gestattet es ihm. Zweimal kann aber die Abnahme nicht geschehen. Die Leiche Jesu ist in 31 nicht ausgenommen und αἴρειν hat dort keine andere Bedeutung als in 38. Blaß streicht καὶ ἀρθῶσιν in 31, indessen tut er das nur als Apologet. Denn der Subjektswechsel bei ἀρθῶσιν im Vergleich zu κατεαγῶσιν gibt kein Recht dazu; und wenn der Zweck der Juden war, daß die Leichen nicht über den Sabbat am Galgen bleiben sollten (Deut 21, 23), so ist die Abnahme derselben bei ihrer Bitte die Hauptsache und das Zerbrechen der Beine nur eine vorbereitende Maßregel. Man kommt also um die Unvereinbarkeit der beiden Berichte nicht herum, sie können nicht ursprünglich bei einander gestanden haben. Zu gunsten des zweiten kann geltend gemacht werden, daß er als Glied der Erzählung unentbehrlich ist. Wir müssen notwendig vor 20, 1 ss. etwas über die Bestattung Jesu und über den Ort seines Grabes erfahren, und der erste Bericht sagt nichts darüber. Es besteht jedoch die Möglichkeit, daß der Schluß des ersten abgeschnitten ist, um den zweiten anhängen zu können; denn einen zwei mal begraben zu lassen bringt auch der weitherzigste Redaktor nicht fertig. Ich glaube, daß diese Möglichkeit probabel ist und daß Joseph und Nikodemus nachgetragen sind. Natürlich sind auch im ersten Bericht nicht die Juden die Bestatter gewesen, zumal sie das Abnehmen der Leichen gar nicht selber besorgen. Teile des ersten Berichtes können im zweiten verwertet sein, nämlich in 40—42 und in ἦλθον καὶ ἦραν αὐτόν am Schluß von 38, wo der Plural[2]) aus dem jetzigen Context sich nicht erklärt.

---

[1]) E. Schwartz a. O. 359 fügt hinzu, daß auch noch ἐγένετο γὰρ ταῦτα zu Anfang von 36 eingeschoben ist, weil der Anschluß des folgenden Finalsatzes an οὐ κατέαξαν τὰ σκέλη (33) verloren gegangen war durch Dazwischentreten von 34. 35. Schon Blaß hat die fraglichen Worte als unjohanneisch bezeichnet.

[2]) Im Sinaiticus und in der Latina. Der Singular im Vaticanus wird Korrektur sein. Die Syra ist hier nicht erhalten, der Cantabrigiensis auch nicht.

Erscheinungen des Auferstandenen[1]), Kap. 20, 21.

20, 1—18.

Der im Mittelalter als Posse aufgeführte, in der Tat dem Pathos der Sache wenig angemessene Wettlauf des Petrus und des Anonymus (2—10) läßt sich leicht ausheben und ist von späterer Hand in das Erlebnis der Maria Magdalena eingeschaltet. Denn in Vers 11 steht sie noch auf dem selben Fleck wie in 1; sie hat das Grab nicht verlassen, um Petrus und den anderen Jünger zu holen. Sonst müßte gesagt sein, daß sie hinter ihnen her gekommen und dann, als sie sich entfernten, am Grabe zurückgeblieben sei — so etwas überläßt kein Concipient dem granum salis des Lesers. Sie ist tatsächlich die erste, die in das Grab guckt, sie läßt nichts davon merken, daß ihr die beiden Jünger zuvorgekommen sind, und sie sieht etwas Anderes als jene, nämlich die Engel, die doch auch vorher zu sehen gewesen sein müßten, da sie als Hüter des Leichnams noch nach seinem Verschwinden an Ort und Stelle geblieben sind[2]). Endlich wird in 2b ἦραν τὸν κύριον ἐκ τοῦ μνημείου καὶ οὐκ οἴδαμεν ποῦ ἔθηκαν αὐτόν eine Aussage vorweg genommen, die in 13b wiederkehrt und erst dort am Platze ist; denn in 2 hat die Magdalena ja noch gar nicht in das Grab geguckt, das geschieht erst in 11. Blaß nimmt gegründeten Anstoß an jener verfrühten Aussage, streicht sie aber mit Unrecht. Sie stammt von dem Ergänzer, dem 11 ss. schon vorlag, als er 2—10 hinzufügte. Die viel besprochene Differenz in den übrigens gleichlautenden Worten der Magdalena, daß sie nämlich in 13 passend οἶδα, dagegen in 2 unpassend οἴδαμεν sagt, begreift sich vielleicht daraus, daß der Ergänzer an den synoptischen Bericht dachte, nach dem mehrere Frauen zum Grabe kamen. In der Syra wird die Differenz ausgeglichen.

Die Absicht der Einschaltung ergibt sich aus ihrem Inhalt. Der Magdalena wird die Priorität beschränkt durch Petrus, und diesem wird wie in anderen Fällen durch den Anonymus Concurrenz (hier im buchstäblichen Sinne) gemacht. Auf Lc 24,12 beruht die Einschaltung nicht[3]); denn dieser Vers ist mit Recht von Lachmann,

---

[1]) In der Grundschrift ist die Auferstehung der Schluß des dritten Teils. Wegen der Anhänge mache ich einen vierten daraus.
[2]) Man darf daraus schließen, daß die Auferstehung erst kurz zuvor erfolgt sein soll. Vgl. jedoch p. 92 n. 1.
[3]) Gegen Reimarus und Strauß 2, 596.

trotz seiner guten Bezeugung, für unecht erklärt. Übrigens besteht allerdings einige Verwandtschaft zwischen den Auferstehungsberichten bei Lukas und bei Joa.

Einige andere Unebenheiten gehören mehr in das Gebiet der Textkritik. Die Syra beseitigt die Umständlichkeit des Ausdrucks in 3. 4 und 7. Sie setzt die beiden singularischen Verba am Ende von 8 in den Plural, um Anschluß an ᾔδεισαν in 9 zu gewinnen; umgekehrt hat der Sinaiticus auch in 9 den Singular ᾔδει — eine innere Verbindung zwischen den beiden Versen wird freilich weder so noch so hergestellt, der Vers 9 stört an seiner Stelle. In 11 liest der Sinaiticus ἐν τῷ μνημείῳ statt πρὸς τῷ μνημείῳ ἔξω, das ἔξω fehlt auch in der Syra. Statt des nach ἐστράφη in 14 bedenklichen στραφεῖσα in 16 schlägt E. Schwartz (ZNW 1906 p. 30) ἐπιστήσασα vor, nach der Syra und einer alten lateinischen Spur [1]). Am Schluß von 16 steht in der Syra und in Korrekturen des Sinaiticus der Zusatz καὶ προσέδραμεν ἅψασθαι αὐτοῦ, wodurch das Verbot in 17 vorbereitet werden soll. Das μου hinter ἀδελφοί würde im Sinaiticus und Cantabr. mit Recht fehlen, wenn die Deutung auf die μαθηταί zuträfe. Aber die μαθηταί in 18 fallen auf; die Jünger sind nach der Grundschrift (18, 8) schwerlich in Jerusalem geblieben, und vermutlich soll die Botschaft vielmehr den in Jerusalem wohnhaften (7, 3. 4) leiblichen Brüdern Jesu gelten. Der Vers 18 befremdet auch wegen des schroffen Übergangs der oratio recta in obliqua (der von einigen Zeugen beseitigt wird) und weil die Magdalena die Botschaft anders bestellt als wie sie ihr aufgetragen ist.

Vorausgesetzt, daß die beiden Engel von Schwartz[1]) mit Recht ausgeschieden werden, würde der ursprüngliche Bestand des Auferstehungsberichtes bei Joa etwa folgender gewesen sein. Am ersten Wochentage früh kommt die Magdalena noch im Dunkeln zum Grabe und findet den Stein abgewälzt. **Sie guckt hinein und sucht vergebens nach dem Leichnam**, unter lautem Weinen. Da ruft ihr jemand zu, warum sie weine und wen sie suche.

---

[1]) Inzwischen hat Schwartz (GGN 1907 p. 347 s.) seine Meinung geändert, er läßt στραφεῖσα in 16 bestehen, scheidet aber den Satz mit ἐστράφη zu Anfang von 14 aus, zugleich mit den beiden vorhergehenden Versen, in denen die zwei Engel (wie bei Lukas) figurieren. Ich halte das für richtig. Engel kommen sonst nur 1, 52 vor, im Ganzen fehlen sie so gut wie die Dämonen.

Es ist der Auferstandene. Im Dunkeln[1]) und in der Aufregung erkennt sie ihn nicht, hält ihn für den Gartenhüter und starrt weiter in das Grab, bis der Mann sie mit Namen anredet. Erstaunt, daß er ihren Namen weiß, dreht sie sich nun um, erkennt Jesus und stürzt mit dem Rufe: Rabbuni! auf ihn zu. Er wehrt sie ab und spricht: rühr mich nicht an, sag zu meinen Brüdern: ich fahre auf zu meinem Vater und zu eurem Vater, zu meinem Gott und eurem Gott!

Bei Markus erscheint Jesus den in Jerusalem gebliebenen Frauen überhaupt nicht, sie finden nur das Grab leer und ein Engel sagt ihnen, er würde den Jüngern, vor allen dem Petrus, in Galiläa erscheinen. Bei Joa erscheint er nicht zuerst dem Petrus, sondern der Magdalena, und wie bei Lukas hat Jerusalem den Vorzug vor Galiläa. Maria soll den Brüdern ankünden, nicht daß der Auferstandene, den sie gesehen hat, ihnen ebenso auf Erden erscheinen werde, sondern daß er zum Vater auffahre, als ob für sie nur der Erhöhte im Himmel in Betracht komme. Das stimmt nun nicht mit 20, 19—21, 23; denn da wird Wert darauf gelegt, daß der noch auf Erden weilende Auferstandene sich den Jüngern zeigte. Und im vollendeten Widerspruch zu 20, 19 ss., namentlich zu der Thomasgeschichte, steht das Verbot μή μου ἅπτου. Die wunderliche Motivierung οὔπω γὰρ ἀναβέβηκα πρὸς τὸν πατέρα sucht vergebens diesen Widerspruch wegzuräumen. Sie scheint davon auszugehen, daß Jesus den Jüngern erst nach der Himmelfahrt erschien und daß also auch seine Berührung durch Thomas erst nachher stattfand, während sie vorher unzulässig war und deshalb der Magdalena untersagt wurde. Vgl. Weiße 2, 394.

Wenn das richtig ist, so schließt die Grundschrift an dem selben Punkte wie Markus. Die weiteren Erscheinungen des Auferstandenen, teils in Jerusalem, teils in Galiläa, erweisen sich wirklich als Anhänge, die jedoch nicht auf gleicher Stufe stehen und nicht alle von der selben Hand zugefügt sind [2]).

20, 19—23.

Jesus erscheint noch am selben Tage wie der Magdalena den Jüngern in Jerusalem, die bei verschlossenen Türen ihre sonntägliche Versammlung halten, und verleiht ihnen zum Abschiede den heiligen

---

[1]) Es darf nicht Tag sein, was es längst gewesen sein müßte, wenn die Magdalena zurückgelaufen wäre und die beiden Jünger geholt hätte.
[2]) Vgl. Alexander Schweizer a. O. p. 211 ss.

Geist, mit der Vollmacht, Sünden zu erlassen oder zu behalten. Mit dem Pfingstwunder oder mit der Erscheinung des Erhöhten vor über fünfhundert Jüngern [1]) läßt sich das nicht vergleichen, eher mit dem ὤφθη τοῖς δώδεκα. Äußerlich ähnelt unsere Erzählung der von Lc 24, 36ss., innerlich aber mehr der von Mt 28, 16ss. Denn sie enthält ebenfalls die Ordination der Jünger, mit dem Unterschiede, daß ihnen das Sakrament der Sündenvergebung (Mt 18, 18) übergeben wird, nicht das der Taufe, welches letztere freilich auch mit Sündenvergebung und Geistverleihung zusammenhängt.

Der eingehauchte Geist, der aus Jesus kommt und ihm inne wohnt, entspricht nicht dem Parakleten in Kap. 14, der vom Vater gesandt wird und als Hypostase gedacht ist [2]). Und die Sündenvergebung hat im vierten Evangelium keine fundamentale Bedeutung; der Ausdruck ἀφίεναι v e r g e b e n [3]) kommt sonst überhaupt nicht vor und der Plural ἁμαρτίαι nur noch 8, 24. 9, 34. Πέμπω für ἀποστέλλω (21) fällt auf, gewöhnlich heißt es nur ὁ πέμψας im Participium. Κρατεῖν v e r s c h l i e ß e n ist aramäisch, vgl. Lc 24, 16.

Den Vers 20 halte ich für eingeschoben, weil es unmotiviert ist, daß Jesus aus freien Stücken sofort beim Eintreten seine Hände und seine Seite vorzeigt, um den von niemand verlangten Ausweis seiner Identität zu erbringen; nur in 24—29 ist es motiviert durch den Zweifel des Thomas und die von ihm gestellte condicio sine qua non. Vers 21 schließt an 19 an; am Anfang werden nach der Unterbrechung durch 20 die letzten Worte von 19 wiederholt.

20, 24—29. In der nächsten Versammlung der Jünger zu Jerusalem, die über acht Tage d. h. nach der richtigen Erklärung der Syra wiederum am Sonntag statt fand (was für die Beurteilung des Alters dieser Geschichten in Betracht kommt), dringt Jesus noch einmal durch verschlossene Türen ein und läßt sich von Thomas

---

[1]) Diese wird von Weiße wohl richtig mit dem Pfingstwunder gleichgesetzt (2, 416. Evangelienfrage 289).

[2]) Das absolute Alter der Vorstellungen kommt hier nicht in Betracht. Absolut ist der Paraklet jünger als der Geist. Weiter ist der Geist (d. h. der specifisch christliche, der bei Markus noch kaum vorkommt) jünger als die Parusie, wie ich zu Act 1 (Göttinger Nachr. 1907 p. 2) bemerkt habe. Endlich die Parusie jünger als die Auferstehung (Einleitung in die drei ersten Evangelien 1905 p. 96 ss). Die Auferstehung ist die Grundlage des ganzen Evangeliums. An der Parusie konnte gerüttelt werden, an der Auferstehung nicht.

[3]) Es bedeutet sonst überall καταλείπειν.

betasten; das ψηλαφᾶν (Lc 24, 39. 1 Joa 1, 1), welches er der Magdalena verboten hat, geschieht hier auf sein ausdrückliches Geheiß. Die Erzählung fußt zwar auf der vorhergehenden, scheint aber ihrerseits dort nicht vorausgesetzt zu werden[1]). Denn 19—23 ist Finale, wie Mt 28, 16 ss. Lc 24, 36 ss. Und wenn nach 24 unter den Jüngern die Zwölf gemeint sind, so kann Thomas bei ihrer Ordination nicht gefehlt haben; sonst hätte er den heiligen Geist nicht mit empfangen.

Über den Lanzenstich ist zu 19, 34. 35 gehandelt. Die Nägelmale, die als bekannt gelten, sind in Wahrheit ganz absonderlich; sie gehen auf Ps 22, 17 (ὤρυξαν χεῖράς μου καὶ πόδας) zurück, wie der Lanzenstich auf Zach 12, 10[2]), aber nirgend sonst in den Evangelien findet sich eine Spur davon. In Lc 24, 40 scheinen sie zwar vorzukommen, aber der Vers ist unecht. Auch könnte man sich dort mit der Annahme begnügen, daß Jesus Hände und Füße aus dem Grunde vorweise, weil sie auch undurchbohrt den Alten (nicht bloß den Arabern) als sicherste Erkennungszeichen galten.

20, 30. 31. Wie in 19, 35 werden die Leser des Buchs angeredet. Dessen Unvollständigkeit wird statuiert und ähnlich erklärt wie in 21, 25. Es könnte scheinen, als ob mit den Worten „noch viele andere Zeichen tat Jesus vor seinen Jüngern" auf die nächstvorhergehenden Erscheinungen des Auferstandenen zurückgeblickt würde. Aber deren sind nur zwei oder mit Hinzurechnung einer noch nicht berichteten im Ganzen drei (21, 14). Vielmehr liegt hier eine Unterschrift vor, die sich auf das Ganze bezieht und also das Evangelium beschließen soll. Die Meinung, daß Jesus viele Wunder getan habe, findet sich auch sonst an manchen späteren Stellen; nicht aber, daß er sie vor seinen Jüngern getan habe[3]). Das dabei gebrauchte ἐνώπιον (für ἔμπροσθεν) ist nicht johanneisch.

---

[1]) Anders E. Schwartz a. O. p. 348 s.

[2]) Dies sind die auffallendsten Spuren davon, daß Züge der evangelischen Erzählung aus Alttestamentlichen Weissagungen geschöpft sind. Im Allgemeinen hat Strauß Unrecht; meist sind die loci probantes aus dem Alten Testament, die beweisen sollen, daß Jesus der geweissagte Messias sei, erst nachträglich bei den Haaren herbeigezogen. Bei Markus findet sich von dem Alttestamentlichen Urevangelium, wie Credner es recht unpassend genannt hat, noch beinah nichts.

[3]) Abgesehen von der Interpolation in 7, 3.

21, 1—13.

Nachdem Jesus zweimal den Jüngern in Jerusalem erschienen ist, erscheint er ihnen zuletzt noch einmal in Galiläa. Die Erzählung wird in 21, 1. 14 zu den beiden vorigen in Beziehung gesetzt. Aber sie ist nicht innerlich damit verbunden, denn sonst müßte gesagt sein, wie die Jünger von Jerusalem nach Galiläa kamen [1]). Und von demjenigen, der die Unterschrift an das Ende von Kap. 20 gesetzt hat, kann sie nicht vorgefunden sein. Sie weist zwar „echt johanneische" Züge auf in Nathanael von Kana und in dem Anonymus, den Jesus lieb hatte; jedoch die Söhne Zebedäi finden sich nur hier, und wohl auch der See von Tiberias (zu 6, 1). Ebenso ist zwar die Sprache ähnlich wie sonst; aber neben der johanneischen Vokabel ὀψάριον kommen mehrere eigentümliche vor, wie ἀρνίον, παιδία, προβάτια, προσφάγιον, τολμᾶν, ἐξετάζειν, ἰσχύειν (können), πιάζειν (Fische fangen). Das kausale ἀπό (6) findet sich nur hier, statt des partitiven ἀπό (10) wird sonst ἐκ gebraucht, und σύν (3) statt μετά ist wenigstens äußerst selten. Dazu kommen als inhaltliche Unterschiede die Parusie und die Nachfolge Jesu in den Tod durch das Martyrium.

Die Erzählung in 1—13 ist nicht einfach und glatt. Ἀνέβη Σίμων Πέτρος (11) heißt nicht „er stieg ins Schiff"; denn nicht ins Schiff, sondern aufs Land zieht er die Fische. Vielmehr: er stieg ans Land. Er hat sich ins Wasser gestürzt, um Jesus zuerst zu erreichen. Aber sehr wider Vermuten sind ihm die Anderen doch zuvorgekommen (9). An sie ergeht dann die Aufforderung Jesu (10), einige Fische herzubringen, als sei der Fang schon geborgen; indessen sie tun nichts, sondern erst nachdem Petrus angelangt ist, wird das Netz aus dem Wasser gezogen und zwar von ihm allein. Es geht also zwei mal ganz wider den Strich. Nach der ursprünglichen Conception sind die Jünger überhaupt und nicht bloß Petrus diejenigen, die in Vers 11 die Fische aufs Trockene bringen. Sie haben eine solche Menge gefangen, daß sie außer stande sind das Netz ins Schiff zu ziehen (6); sie lassen es neben dem Schiff her schleppen, da die Entfernung vom Ufer gering ist und das Hindernis also die Fahrt nicht lange aufhält (8); am Lande, wo sie einen festeren Stand haben als im Schiff, ziehen sie es dann herauf (11). Die Worte ἀνέβη Σίμων Πέτρος stehen

---

[1]) Natürlich kann Kap. 21 nicht an die Grundschrift anschließen, wo allerdings die Jünger wahrscheinlich nach Galiläa entlassen sind (18, 8).

an der Spitze von Vers 11 isoliert. Sie gehören zwar mit Vers 7 zusammen; aber dieser Vers ist ebenso isoliert und stimmt nicht mit dem was voraufgeht und folgt, da er voraussetzt, daß Jesus den Jüngern im Allgemeinen unbekannt geblieben sei. Das trifft nicht zu, denn sie antworten ihm in Vers 5 auf seinen lauten Anruf: Kinder, habt ihr nichts zu essen? und sie folgen in Vers 6 seinem Befehl. Sie haben ihn also erkannt und fürchten sich vor der Erscheinung des Auferstandenen, des Totgeglaubten[1]).

Der Hauptanstoß liegt indessen wo anders. Nach 5. 6 will Jesus von den Jüngern etwas zu essen haben und weist ihnen eine Stelle, wo sie Fische fangen würden; demgemäß sagt er zu ihnen in 10, nachdem der Fang gelungen, sie möchten einige Fische herbringen, nämlich zum Essen. Dagegen nach 9 hat er selbst schon vorher einen Bratfisch bereit und Brod dazu, und nach 13 essen die Jünger von diesem durch Jesus ihnen zuvor bereiteten Mahl, nicht von den vielen Fischen, die sie selbst gefangen haben. Deutlich sind hier zwei synoptische Geschichten, die nur durch die Scene am See und durch das Fischen verbunden sind und sonst nichts mit einander zu tun haben, vermengt und hinter die Auferstehung verlegt. Die eine ist die vom wunderbaren Fischzug, eine Variante von Lc 5. Die andere ist die von der wunderbaren Speisung am See und der Überfahrt über den See, eine Variante von Mc 6. Sie ist die wichtigere. Wenn man den Fischzug ausschaltet und dafür eine Prämisse aus Mc 6 ergänzt, so kann man sich ihr ursprüngliches Aussehen etwa folgender maßen vorstellen. Die Jünger fahren vom jenseitigen Ufer nachts heim über den See, ohne Jesus. Als sie aber bei Morgengrauen nahe dem Ziel sind, steht er dort schon ἐπὶ τῆς γῆς und hat ein Mahl für sie bereit. Die Speisung geschieht hier nicht am Abend, sondern am frühen Morgen; nicht vor der nächtlichen Überfahrt, sondern nachher; nicht am jenseitigen Ufer des Sees, sondern am diesseitigen. Und sie gilt nicht der Volksmenge, sondern den Jüngern, hat also trotz der ab-

---

[1]) Die Syra bietet in 7. 8: „er warf sich in den See und schwamm und kam an, denn man war nicht weit vom Land; die anderen Jünger kamen im Boot und schleppten das Netz." Diese Verbesserung beruht auf Misverständnis des von mir dargelegten Pragmatismus. — Bemerkenswert ist der Zug, daß Petrus seinen Rock beim Sprung ins Wasser nicht ablegt, sondern anzieht, um nicht nackt vor Jesus zu erscheinen. Dabei scheint vergessen zu sein, daß es Nacht ist, da die Fischer doch nur bei Tageshitze ihrer Kleidung sich entledigen.

weichenden Tageszeit eine größere Ähnlichkeit mit der Eucharistie [1]). Die Wanderung Jesu über den See, an den Jüngern vorbei, fehlt samt der Aufnahme ins Schiff; sie finden ihn einfach an Ort und Stelle, ohne zu wissen, wie er hingelangt ist; das Gespenst, wofür sie ihn bei Markus halten, ist in den Auferstandenen verwandelt, der ja ein Revenant im wahrsten Sinn des Wortes war. Dadurch assimiliert sich dies Mahl am galiläischen See dem Mahl zu Emmaus, das gleichfalls in Gemeinschaft mit dem Auferstandenen statt fand. Dagegen der Gedanke von Lc 24, 41 liegt fern, daß der Auferstandene vor allem selber ißt, um seine Leiblichkeit zu beweisen.

Hinsichtlich des einen Zuges, daß er sich ins Wasser stürzt, um zu Jesus zu gelangen, gehört zwar auch Petrus in die Geschichte der mit der Speisung verbundenen nächtlichen Überfahrt, nach Mt 14, 28 ss. Aber hauptsächlich gehört er doch in die damit contaminierte andere Geschichte, die der von Lc 5, 1ss. entspricht: er wird vor den übrigen Jüngern ausgezeichnet, er soll insonderheit die Ehre des Fischzuges oder wenigstens des Bergens der Fische haben. Außerdem ist er auch hier wieder in Beziehung zu dem Anonymus gebracht. Er steht auf mehr als einer Basis, und nirgends fest.

21, 14—24.

Dies Stück berührt sich nur mit einem Ingrediens des vorigen, nämlich mit dem Fischzuge des Petrus und mit seiner Beziehung zu dem Anonymus. Jedoch wirbt Petrus hier nicht mehr, sondern er hütet das Erworbene. Zu 10, 1ss. besteht kein Verhältnis, wohl aber zu 13, 36.

In 15—17 wird Petrus, der den zum Tode Verurteilten verleugnet hat, von dem Auferstandenen rehabilitiert, den er zuerst erkannt hat. Die dreimalige Wiederholung der rehabilitierenden Worte entspricht der dreimaligen Verleugnung; der etwas auffallende Wechsel eines Ausdrucks dabei scheint keine sachliche Bedeutung zu haben.

Der Vers 18 schlägt ein anderes Thema an [2]). Nach der Erklärung

---

[1]) Der Cantabrigiensis und die Syra setzen in Vers 13 εὐχαριστήσας zu, aber an verschiedenen Stellen.

[2]) Der Wortlaut schwankt in der Überlieferung. Der Vaticanus, die Latina und die Syra lesen: ἐκτενεῖς τὰς χεῖράς σου καὶ ἄλλος ζώσει σε καὶ οἴσει (Syra ὤσει) ὅπου οὐ θέλεις. Dagegen der Sinaiticus und der Cantabrigiensis: ἐκτενεῖς τὴν χεῖρά σου καὶ ἄλλοι ζώσουσίν σε καὶ ποιήσουσίν (Cant. ἀπάγουσίν) σε ὅσα (Cant. ὅπου) οὐ θέλεις.

in 19a soll damit dem Petrus sein Martyrium angesagt werden. Das ἄλλος ζώσει σε geht auf die Bindung des Deliquenten und das ἐκτενεῖς τὰς χεῖράς σου[1]) darauf, daß dieser die Hände zu dem Zweck hergeben muß. Man hat das ἐκτενεῖς auf die Kreuzigung mit ausgereckten Armen bezogen; dann müßte es aber hinter der Bindung stehn und nicht vorher. Um diesem Einwande zu entgehen, hat man neuerdings zu der Erklärung gegriffen, daß die Hände des Verurteilten, der sein Kreuz selber tragen mußte, ausgestreckt an das Ende des Querbalkens gefesselt worden seien; bei Jesus und Simon von Cyrene ist davon freilich nichts zu merken. Mir scheint diese antiquarische Gelehrsamkeit überflüssig. Man macht sich die Schwierigkeit selber, indem man aus Vers 18 durchaus eine Beschreibung der Kreuzigung herausbringen will. Es ist da nur im Allgemeinen von Hinrichtung die Rede, nicht von einer besondern Art derselben. — Zu vermerken bleibt noch der auffallende Wechsel des zeitlichen Standpunktes in den Antithesen. „Als du jung warest, gürtetest du dich selber" läßt Petrus bereits gegenwärtig als gealtert erscheinen. „Wenn du aber alt geworden sein wirst, wird ein Anderer dich gürten" setzt dagegen voraus, daß er gegenwärtig noch jung ist. In dem ersten Satz scheint der Verfasser aus der von ihm angenommenen Situation (bald nach der Auferstehung Jesu) herausgefallen zu sein; er hätte schreiben müssen: so lange du noch jung bist, gürtest du dich selber.

Mit der zweiten Hälfte von Vers 19 beginnt ein neuer Absatz. Das Thema ist jedoch auch hier das Martyrium Petri. Denn ἀκολουθεῖν hat hier (sonst nur noch in 12, 26) den gesteigerten Sinn der Nachfolge in den Tod, wie bei Markus. Darum kann das ἀκολουθοῦντα in Vers 20 nicht richtig sein[2]). Durch das ἀκολουθεῖν u n t e r s c h e i d e t sich Petrus ja eben von dem Anonymus. Er nimmt Anstoß nicht daran, daß jener auch nachfolgt, sondern gerade daran, daß er nicht nachfolgt. Ihm gilt das Erleben der Parusie für wünschenswerter als der Märtyrertod vorher. Das erhellt zweifellos aus Vers 22. Zweifeln kann man nur über den Sinn von μένει (Cant. μένει οὕτως). Am nächsten liegt es, dem Wort die Bedeutung von οὐκ ἀποθνήσκει zu geben. Denn diese ist nach dem Verfasser von Vers 23 die zu seiner

---

[1]) Nach dem Vorbilde von ἐκτείνειν τὸν τράχηλον (Epict. I 1, 19).

[2]) Es fehlt im Sinaiticus, freilich zugleich mit dem folgenden ὅς, welches unentbehrlich zu sein scheint, da es kaum aus ὅν entnommen werden kann.

Zeit gewöhnlich angenommene. Er scheint sie auch seinerseits nicht zu bestreiten, sondern nur gegen das kategorische Misverständnis der condicional gefaßten Weissagung zu protestieren. Natürlich hat er dieselbe nicht erfunden; jedoch die Möglichkeit, daß er sie (d. h. den Vers 22) zu Papier und in die Fassung gebracht hätte, auf die es ihm ankam, wäre nicht einmal dann ausgeschlossen, wenn er sie misverstanden hätte.

Unter dem Anonymus wird hier anders als in 19, 25. 26 Johannes Zebedäi verstanden und die ephesische Tradition über ihn vorausgesetzt. Wie kann aber auf grund einer falschen Tradition ein vaticinium ex eventu entstehen, dessen Nichterfüllung Sorge macht? Es scheint an Mitteln zu fehlen, um dies Rätsel befriedigend zu lösen. Daran ist jetzt nicht mehr zu rütteln, daß Johannes Zebedäi lange vor Petrus seinem Meister in den Tod gefolgt und zusammen mit seinem Bruder Jakobus in Jerusalem hingerichtet ist.

Vers 24 gesellt sich zu 19, 35, unterscheidet sich jedoch darin, daß der Anonymus hier nicht bloß als der Zeuge, sondern auch als der Schriftsteller (καὶ γράψας ταῦτα) gilt. Mit Vers 25 folgt auf 20, 30. 31 noch eine zweite Unterschrift. Sie wird aber von Tischendorf und Blaß gestrichen, da sie im Sinaiticus fehlt.

Ergebnisse der Analyse. Text und Sprache.

Die Form der Bearbeitung.

Was nicht zur Grundschrift (A) gehört, darf a potiori die Bearbeitung (B) genannt werden. Es kommen in B zwar einige originale Stücke vor, die zu A in keiner Beziehung stehen, wie das Gespräch mit Nikodemus und die Gleichnisse vom Hirten und vom Weinstock; allein das Meiste lehnt sich an A an. In der Bearbeitung selber zeigen sich innere Unterschiede, sie ist nach und nach entstanden und das Werk mehrerer Hände: B[1] B[2] u. s. w. Mit einem einzigen ergänzenden und verbessernden Epigonen kommt man nicht aus, wenngleich natürlich Einer den ersten Schritt getan hat und vielleicht die Hauptsache. Auch nicht mit Einem Interpolator neben dem Bearbeiter; den Namen Interpolation spart man besser auf für kleinere Zusätze (wie z. B. οὐχ ὅτι ἐκ τοῦ Μωυσέως ἐστὶν ἀλλ' ἐκ τῶν πατέρων 7, 22), welche zum teil noch im Sinaiticus oder im Cantabrigiensis fehlen.

Die Form der Bearbeitung.

Nicht selten kann man in B ein stufenweises Wachstum verfolgen. Der ersten Erscheinung des Auferstandenen (20, 1—18) wird eine andere (19—23) hinzugefügt und eine letzte (24—29) und nach Toresschluß (30. 31) noch eine allerletzte (21, 1 ss.); das Folgende fußt immer auf dem Vorhergehenden, ohne wirklich dazu zu gehören. Ebenso wird in 6, 52—59. 60—65. 66—71 ein Nachtrag an den andern gehängt. Einfachere Fälle der Art liegen vor in 3, 9 ss. 3, 31 ss. 10, 11 ss. Neben diesen wuchernden Continuationen kommen störende Einschaltungen vor, wie der Wettlauf der beiden Jünger zum Grabe in Kap. 20 und die beiden Schwestern in Kap. 11. Namentlich aber gleichstufige Varianten, gleichsam verschiedene Entwürfe über das selbe Thema, z. B. 6, 36—40 = 41—46; 7, 25—30 = 40—44; 1, 22—24 = 25—28; 1, 29—31 = 32—34. In dem ungegliederten Haufen von Reden und Geschichten, die den mittleren Teil des Evangeliums (Kap. 7—12) ausfüllen, wird ein Leitmotiv beständig wiederholt. Die Juden suchen Jesus zu greifen, wollen ihn steinigen, beschließen ihn zu töten. Die Attentate sind zum teil tumultuarisch, zum teil gehen sie auch von der Behörde aus. Die Archonten trachten ihm nach dem Leben (7, 25), die Pharisäer erklären seine Anhänger für excommuniciert (9, 22. 12, 42), die Erzpriester und Pharisäer schicken Schergen, ihn zu verhaften (7, 32), und verurteilen ihn ungehört zum Tode (7, 46 ss. 11, 47 ss. 12, 10). Es bleibt aber beim bösen Willen; die Versuche haben keine Wirkung, namentlich nicht die stets wiederholten, ihn zu greifen (7, 30. 43 s. 8, 20. 10, 39). Jesus läßt sich dadurch nicht stören und kaum unterbrechen. So in Kap. 7 und am großartigsten in 10, 31 ss.: während die Gegner mit Steinen in der Hand vor ihm stehen, beweist er ihnen ganz theoretisch aus der Schrift, daß sie im Unrecht seien. Nach dem ersten Steinigungsversuch (8, 59) verbirgt er sich zwar, ist aber gleich darauf (9, 1) wieder auf dem Plan, als sei nichts geschehen; die Pharisäer fahnden auf ihn, und wie sie am Schluß mit ihm zusammentreffen, lassen sie sich gelassen Beleidigungen von ihm gefallen. Hinterher (12, 36) verbirgt er sich ein zweites mal, um jedoch gleich darauf (12, 44) öffentlich vor dem großen Publikum mit erhobener Stimme zu predigen.

Natürlich ist der eigene Bestand von A bei der Vermehrung nicht unangetastet geblieben. Wohl die meisten dazu gehörigen Stücke sind überarbeitet; von einigen haben sich nur Fragmente erhalten (7, 3. 4). Andere werden ganz ausgelassen oder durch spätere Varianten ersetzt sein. Dies läßt sich freilich schlecht kontrolieren. Erkennbar dagegen und zum teil schon längst erkannt sind gewisse redaktionelle Zwischenglieder. Dahin gehören Übergänge (2, 23—25. 4, 1—3. 6, 22—24 u. a.) und summarische Angaben, die sich dadurch charakterisieren, daß Jesus fortwährend viele Zeichen getan haben soll. Ferner z. B. die Zählung der beiden ersten galiläischen Wunder (2, 11. 4, 54), die Schlußbetrachtung über das öffentliche Reden Jesu zu den Juden (12, 37—42) und das Explicit des ganzen Buchs (20, 30. 31), womit der Vers 19, 35 verwandt ist. Endlich gewisse isolierte Einsätze, die sich wie Fremdkörper in dem Zusammenhange ausnehmen und ihn zerreißen, wie 6, 4. 10, 6. 10, 32. 33. Sofern sie Datierungen nach Festen enthalten, stehen sie in Verbindung mit dem Haupteingriff der Redaktion, nämlich der Einschiebung der jerusalemischen Festreisen (besonders in die galiläische Periode, doch nicht bloß in diese) und die dadurch bedingte Umstellung gewisser zu A gehöriger Stücke, die eine heillose Verwirrung des Pragmatismus zur Folge gehabt hat. Interpretamente wie in 1, 38. 42 s. dagegen, die man für später eingeschaltet angesehen hat, sind unschuldig und wenig störend.

Die Erzählungen.

Die in der Analyse dargelegten Beobachtungen haben ergeben, daß in der Tat die Erzählungen und die Reden sich scheiden, wenngleich nur a potiori. Es hat sich ferner herausgestellt, daß Renan, dem sich neuerdings Andere angeschlossen haben [1]), im Allgemeinen mehr Recht hat als Ch. H. Weiße, wenn er die Erzählungen zu A weist und die Reden zu B. In A finden sich wenigstens keine l a n g e n Reden, die den historischen Faden verdecken, und keine Überwucherungen der Erzählung durch Dialoge.

1. In A blickt der Plan des Markus noch durch, und einige Erzählungsstücke zeigen nahe Verwandtschaft mit Markus. Aber weit auffallender ist doch, wie wenig der Verfasser an die alte Vorlage sich gebunden fühlt, wie frei er mit ihr schaltet. A bezeichnet nicht einen weiteren Schritt in der Fortentwicklung der Überlieferung, sondern ist die originale Schöpfung einer ausgesprochenen Persönlichkeit, eines wirklichen Autors, der freilich anonym bleibt.

---

[1]) So W. Soltau in den Studien und Kritiken 1908 p. 177 ss. und die von ihm in der Note 2 zu p. 178 citierten Autoren.

Wie weit der Prolog zu A gehört, läßt sich nicht ausmachen; die Kindheitslegenden fehlen wie bei Markus. Am Anfang des Evangeliums steht ebenfalls wie bei Markus Johannes der Täufer. Aber er ist nur der Zeuge über Jesus, läßt von persönlicher Beziehung zu ihm nichts merken, und tauft ihn nicht. Jesus wird nicht erst durch die Taufe mit dem Geist gesalbt und auch nicht durch den Geist in die Wüste geführt, um vom Teufel versucht zu werden. Ob die Jüngerberufung (1, 35 ss.) zu A gehört, ist mehr als fraglich. Es scheint, daß die Jünger in A nicht als ein geschlossener Kreis vorgestellt werden, der in beständiger Lebensgemeinschaft mit dem Meister steht und gewissermaßen seine Familie bildet. Er lebt vielmehr in Gemeinschaft mit seiner leibhaftigen Familie, mit seiner Mutter und mit seinen Brüdern, die an ihn glauben und ihm große Dinge zutrauen (2, 5. 7, 3. 4). Mit ihnen zusammen siedelt er von seiner Heimat, als welche nicht Nazareth, sondern das benachbarte Kana genannt wird, nach Kapernaum über, und mit ihnen zusammen verlegt er hernach seinen Sitz von da nach Jerusalem — während er nach Markus selbein nach Kapernaum geht, sich von Mutter und Brüdern, als diese ihn einheimsen wollen, los sagt und seine Jünger als seine wahre Familie bezeichnet [1]. Der Hauptinhalt der galiläischen Periode bei Markus fehlt in A gänzlich. Jesus heilt nicht fortwährend, in Kapernaum und auf Wanderungen von da aus, die Kranken und die Besessenen, sondern er tut nur zählbare Wunder höchst außerordentlicher Art. Man pflegt die Berichte darüber nicht als sinnlich, sondern als sinnbildlich zu verstehen, und wenn man sie nicht geradezu für Allegorien ausgibt, so hält man sie doch nur für durchsichtige Einkleidungen einer Idee. Als ob sich krasser Wunderglaube nicht ganz gut mit geistiger Religiosität und selbst mit Mystik vertrüge! Diese Mirakel sind in Wahrheit so durchsichtig wie ein Brett; kein Merkmal und keine Andeutung weist darauf hin, daß sie Transparente [2] seien. Sie

---

[1] Auch bei Markus sind allerdings die Jünger fluktuirend, aber sie haften doch mehr an ihm, und ein paar sind intim mit ihm. Die Zwölf, die auch in B und bei Markus nur selten und an späten Stellen erscheinen, kommen in A überhaupt nicht vor; an ihre Stelle treten die Brüder Jesu. Diesen gilt auch die Osterbotschaft (20, 17); die Jünger weilen freilich damals nach A überhaupt nicht in Jerusalem.

[2] Diesen Ausdruck gebrauchen Kuno Fischer in einem 1864 erschienenen lesenswerten Aufsatz über Strauß, der von Hugo Falkenheim 1908 neu gedruckt ist, und W. Heitmüller.

sollen weiter nichts sein als massive Wunder, bestimmt nicht für die Jünger, sondern für die einfältigen Galiläer, denen Jesus auf diese Weise sich offenbart, ihrem Verständnis angemessen. Nebenbei hat das Wunder von Kana ursprünglich wohl auch eine pragmatische Bedeutung gehabt; der Eindruck war nicht der erwünschte, und das gab den Anlaß, daß Jesus seine Heimat verließ. — Mit dem kontinuirlichen Heilen und Exorcisieren ist bei Markus zugleich ein Lehren Jesu bei jeder passenden Gelegenheit verbunden. Auch das fehlt in A, Jesus tut in Galiläa nur Wunder, hält aber keine Reden.

Die galiläische Periode endet wie bei Markus mit der Speisung der Fünftausend und der Fahrt über den See. Es folgt dann aber nicht zunächst eine unstete Wanderung, die erst zum Schluß die Richtung auf Jerusalem nimmt, sondern sofort eine förmliche Übersiedlung nach Jerusalem; auf die Aufforderung der Brüder, die selber dorthin voraus gehen, vermutlich zusammen mit der Mutter. Der Weg geht nicht durch Peräa, sondern durch Samarien wie bei Lukas, ohne daß jedoch eine Berührung mit diesem statt fände — die Geschichte von dem samarischen Weibe und der Gründung der samarischen Gemeinde ist völlig originell[1]). Bei Markus tut Jesus in Jerusalem überhaupt keine Wunder, in A tut er zwei. Das eine gleich nach seiner Ankunft. Es führt, wie es scheint, alsbald zu einem Conflict mit den Juden und zur Flucht Jesu aus Judäa in eine entlegene Gegend. Mit der Flucht endet der als nur kurz zu denkende erste Aufenthalt in Jerusalem, der mittlere Teil von A. Der letzte, die Passion enthaltend, beginnt mit der Auferweckung des Lazarus, die wieder höchst eigentümlich ist, namentlich auch in ihrer pragmatischen Verwertung. Sie motiviert die Rückkehr nach Jerusalem. Jesus verläßt sein Asyl und begibt sich in den Tod, um das Leben des kranken Freundes zu retten; er geht nicht wegen des Pascha nach Jerusalem, obwohl die Zeit dieses Festes bevorsteht. Die Scene der Auferweckung des Lazarus ist Bethanien, wo Jesus Freunde hat und wo er bleibt. Dort feiert er auch, nicht am Paschaabend, sondern einen Tag früher, das letzte Mahl mit seinen Jüngern, bei dem er ihnen die Füße wäscht; von dort

---

[1]) Es findet sich darin (4, 35) eine Zeitbestimmung: vier Monate vor der Ernte, d. i. etwa im Februar. Sie stimmt nicht mit dem Laubhüttenfeste in B (7, 2), wohl aber zu A. Jesus hält sich nach A von Februar bis Ostern in Jerusalem und Bethanien auf, mit einer Unterbrechung.

geht er mit ihnen in den Garten, in dem er überfallen wird. In der Stadt selbst und öffentlich tritt er nach A bei dem zweiten Aufenthalt in Jerusalem nicht mehr auf; nur als Gefangener wird er dahin gebracht, wie es scheint nicht erst zum Hohenpriester, sondern gleich zu Pilatus — denn nur von diesem kann die römische Cohorte unter einem römischen Hauptmann beordert sein, welche die Verhaftung vornimmt. Nicht nur das Verhör vor dem Synedrium fehlt, sondern auch der Verrat des Judas und die Verleugnung des Petrus. Judas und Petrus und andere benannte Jünger scheinen überhaupt in A nicht vorzukommen, auch die Eltern und die Brüder Jesu nicht mit Namen; ebenso wenig der Anonymus, den er lieb hatte. Auf das Todesurteil folgt sofort die Kreuzigung am Tage vor dem Pascha, dann der Tod und dessen Constatierung, das Begräbnis und die Auferstehung. Alle Episoden des Markus, auch Barabbas, die Verspottung durch die Kriegsknechte, die Geißelung, sind ausgelassen; nur nicht die Tränkung mit dem Essigschwamm, weil dabei ein Ezob verwendet wird, welcher für die Kennzeichnung Jesu als des wahren Paschalammes von Bedeutung ist. Mit den Episoden aber wird das Pathetische, das Passionsmäßige, abgestreift. Der Tod Jesu erscheint nicht eigentlich als Leiden. Jesus sucht ihm nicht zu entgehen, sondern stellt sich freiwillig den Häschern, unter der Bedingung freien Abzugs für seine Jünger; er wird nicht vergewaltigt, das ganze große Aufgebot sinkt vor ihm in den Staub. Die Scene in Gethsemane, mit der Bitte, der bittere Kelch möge an ihm vorübergehen, fehlt; nicht minder der Ruf: mein Gott, mein Gott, warum hast du mich verlassen!

2. B weicht in einem Hauptpunkt stärker von Markus ab als A, nämlich in der Einsetzung der Festreisen. Dadurch wird der alten unchronologischen Überlieferung eine schematische Chronologie aufgezwungen[1]), ähnlich wie es bei einem großen Teil der historischen Bücher des Alten Testaments geschehen ist, und die Dauer des öffentlichen Wirkens Jesu auf drei bis vier Jahre verlängert. Indem ferner die Festreisen den Hauptinhalt schon der galiläischen Periode bilden, wird Galiläa (und Kapernaum) hinter Judäa (und Jerusalem) zurückgedrängt, stellenweise so sehr, daß es gar nicht mehr als Heimat Jesu gilt, sondern nur als seine zeitweilige Zufluchtsstätte. Das darf indessen darüber nicht täuschen, daß B im Allgemeinen das Bestreben

---

[1]) Wie äußerlich dabei verfahren wird, lehren Stellen wie 6, 4. 10, 22.

hat, den Erzählungsstoff der synoptischen Tradition näher zu bringen und ihn daraus zu vervollständigen. Die Taufe Jesu wird nachgetragen, wenngleich nur seitlings in einer Rede des Täufers; ebenso die Berufung der ersten Jünger. In eigentümlicher Weise wird die Ausscheidung der Zwölf aus der Menge der Jünger berichtet, und in Verbindung damit das Petrusbekenntnis, welches freilich modificiert werden muß, um in die Anschauung zu passen, daß Jesus sein wahres Wesen niemals verholen hat. Mit Petrus wird zugleich Judas Ischarioth eingeführt, später erscheint er in Verbindung mit dem Anonymus. Daneben kommen Andreas Philippus und Thomas vor, besonders in Dialogisierungen. Dagegen die leiblichen Brüder Jesu, die für A charakteristisch sind, werden nach Kräften unkenntlich gemacht und für ungläubig ausgegeben. Die meisten Ergänzungen stammen aus der synoptischen Passionsgeschichte. Die Tempelreinigung und -lästerung wird gleich zu Anfang eingesetzt, der Einzug zu Palmarum davon getrennt an viel späterer Stelle. Er folgt erst auf das Mahl von Bethanien, welches sich an die Auferweckung des Lazarus anschließt, vermutlich nach dem verdrängten Vorbilde von A. Weiter ist das Paschaabendmahl (13, 21 ss.) nachgetragen, natürlich auch der Verrat des Judas und die Verleugnung des Petrus. Ferner das Verhör vor dem Hohenpriester, Barabbas, die Geißelung, Verspottung und Mishandlung durch die Kriegsknechte, die Ausrichtung des Begräbnisses durch Joseph von Arimathia. Während in A wohl hie und da sachliche Convergenzen mit Lukas vorkommen, direkte Berührungen aber nur mit Markus [1]), läßt sich für B Entlehnung aus Lukas nachweisen in Martha und Maria und in dem Mahl von Bethanien, Abhängigkeit von ihm in dem Spruch 1, 51 (Act 7, 56), in dem Namen des Hohenpriesters Annas, in dem Backenstreich beim Verhör (Act 23, 2), in den Berichten über die Erscheinungen des Auferstandenen vor den Jüngern in Jerusalem. Aus Matthäus, mit dem A nichts gemein hat, finden sich in B manche mehr oder minder wörtliche Citate [2]). Auf Matthäus wird auch die Formel ἵνα πληρωθῇ zurückgehen; die Schriftbeweise gehören sämtlich zu B, desgleichen die merkwürdig literarischen Rückweise Jesu auf Worte, die er früher einmal gesagt hat,

---

[1]) z. B. ἀφῆκεν αὐτὸν ὁ πυρετός 4, 52; χορτός 6, 10; ἐγείρεσθε ἄγωμεν 14, 31.
[2]) 3, 3 = Mt 18, 3; 6, 3 = Mt 15, 29; 12, 8 = Mt 26, 11; 12, 25 = Mt 10, 39; 13, 16 und 15, 20 = Mt 10, 24; 13, 20 = Mt 10, 40.

und auch die Angaben darüber, daß den Jüngern erst später ein Licht über dies und jenes aufgegangen sei.

3. Natürlich bleibt A bei alle dem die Grundlage von B. Doch muß noch auf einen Unterschied hingewiesen werden. Die Flucht aus Jerusalem wird in B um ihre pragmatische Bedeutung gebracht und die Lazarusgeschichte auch; beides ist nur Episode. Das hat die Disposition des Stoffes beeinflußt. In A sind drei Teile, die galiläische Periode, der erste Aufenthalt in Jerusalem bis zur Flucht, und die durch die Lazarusgeschichte motivierte Rückkehr nach Jerusalem in den Tod. In B wird nicht nur der Einschnitt zwischen der galiläischen Periode und dem ersten Aufenthalt in Jerusalem verwischt, sondern auch der Einschnitt zwischen dem ersten Aufenthalt in Jerusalem und dem zweiten. Während in A mit Rücksicht auf die Erzählung tripartiert wird, wird in B mit Rücksicht auf die Reden bipartiert. Die beiden Hälften sind die öffentlichen Reden Jesu an die Juden, und die esoterischen an die Jünger vor der Passion; sie werden auf das schärfste geschieden durch die Schlußbetrachtung in der Mitte (12, 37—42). Das bedeutet, daß das Historische in B Nebensache ist, das Didaktische Hauptsache. Es bestätigt sich also das Ergebnis, daß die langen Reden und Dialoge charakteristisch für B sind.

Die Reden.

1. B muß in A Ansatzpunkte auch für die Reden gefunden haben. Ohnehin wäre die Annahme unnatürlich, daß A sich überall auf nackte Erzählungen beschränkt und nicht ebenso wie Markus auch solche enthalten habe, an die sich Ansprachen schlossen. Einige und vielleicht die meisten davon lassen sich noch erkennen und ausscheiden; vorangehen diejenigen an die Juden, die an die Jünger kommen zuletzt — genau wie bei Markus wird beides streng aus einander gehalten. Was für A in Anspruch genommen werden darf, möge hier in Übersetzung zusammengestellt werden.

4, 5 ss. Jesus kam nach einer samarischen Stadt namens Sychar, an eine Stelle bei dem Grundstück, das Jakob seinem Sohne Joseph gegeben hatte: da war der Brunnen Jakobs. [6] Ermüdet von der Wanderung setzte er sich also am Brunnen nieder, um die Mittagsstunde. [7] Da kam eine samarische Frau, Wasser zu schöpfen; er bat, sie möchte ihm zu trinken geben. Als sie sich nun dazu anschickte, ¹⁰ sprach er: wüßtest du Bescheid um das, was Gott gibt, und um den, der zu dir spricht, so bätest du ihn und er gäbe dir lebendes Wasser! ¹¹ Sie sagte: Herr, woher hast du lebendes Wasser? ¹² Bist du mehr als unser Vater Jakob, der uns den Brunnen ¹) gegeben und selber daraus getrunken hat ²), wie auch seine Söhne und das Vieh? ¹³ Jesus antwortete: Wer von diesem Wasser trinkt, den dürstet wieder, ¹⁴ wer aber von dem Wasser trinkt, das ich gebe, den dürstet nimmermehr, sondern das Wasser, das ich gebe, wird ihm ein Quell springenden Wassers. ¹⁵ Sie sprach: Herr, gib mir dies Wasser, daß ich nicht mehr dürste und nicht immer wieder hieher schöpfen gehen muß! .... ²⁸ Sie ließ nun ihren Krug stehen und lief in die Stadt und sagte zu den Leuten,.... ³⁰ Sie kamen heraus zu ihm **und brachten ihm Speise.** ³² Er aber sagte zu ihnen: Ich habe eine Speise zu essen, von der ihr nicht wißt; ³⁴ meine Speise ist, daß ich den Willen dessen der mich gesandt hat tue, und sein Werk ³) vollende. ³⁵ Nicht wahr, ihr sagt: es dauert noch vier Monat bis zur Ernte? Siehe ich sage euch: hebt eure Augen auf und seht, daß die Felder bereits weiß zur Ernte sind. ³⁶ Schon empfängt der Schnitter seinen Lohn und bringt die Frucht ein, so daß die Freude des Säens und Erntens für ihn zusammenfällt. ³⁹ Da glaubten Viele von ihnen, ⁴⁰ und sie baten ihn, bei ihnen Quartier zu nehmen, und er blieb da zwei Tage.

5, 30 ss. (Zu den Juden.) Ich kann nichts von mir selber tun; wie ich höre, urteile ich, und mein Urteil ist richtig, denn ich tue nicht, was mir gefällt ⁴), sondern was dem gefällt, der mich gesandt hat. ³¹ Wenn ich über mich selber zeuge, so ist mein Zeugnis nicht wahr. ³² Ein Anderer ist es, der über mich zeugt, und ihr wißt, daß das Zeugnis wahr ist, welches er über mich abgelegt hat. ³³ Ihr selbst habt zu Johannes geschickt und er hat für die Wahrheit Zeugnis abgelegt; ³⁵ er war der brennende und scheinende Leuchter ⁵), ihr aber wolltet euch nur einen Augenblick an seinem Lichte erfreuen. ³⁷ Und auch der Vater selbst, der mich gesandt hat, zeugt über mich. Ihr habt weder jemals seine Stimme gehört noch seinen Anblick gesehen,

---

¹) mit totem (nicht fließendem) Wasser.
²) er war ihm gut genug.
³) meine Mission an die Menschen.
⁴) τὸ θέλημα = τὰ ἀρεστά 8, 29 = רצון.
⁵) für den ihr ihn hieltet.

³⁸ und sein Wort laßt ihr nicht in euch haften; denn ihr glaubt dem nicht, den er gesandt hat.

7, 21 ss. (Zu den Juden.) Ich gehe und ihr werdet mich suchen, und wohin ich gehe, könnt ihr nicht kommen. ²⁵ Sie sagten: wer bist denn du? Er sprach: Kaum habe ich angefangen mit euch zu reden (so tut ihr diese Frage?). ²⁶ Ich hätte zwar viel über mich zu reden und zu urteilen; es genüge aber: mein Absender ist wahrhaftig, und was ich von ihm gehört habe, das rede ich. ³⁸ Ich rede, was ich von meinem Vater gehört habe, und ihr tut, was ihr von eurem Vater gesehen habt. ³⁹ Sie sagten: unser Vater ist Abraham. Er sprach: Wenn ihr Kinder Abrahams seid, so tut die Werke Abrahams! ⁴⁰ Nun aber sucht ihr mich zu töten, da ich euch doch die Wahrheit rede, die ich von Gott gehört habe — das hat Abraham nicht getan. ⁴⁴ Ihr stammt von Kain, und die Gelüste dieses eures Vaters wollt ihr tun; der war der Urmörder und stand nicht in der Wahrheit, denn ein Lügner war auch sein Vater. ⁵⁹ Da huben sie Steine auf, ihn zu werfen. Jesus aber ging aus dem Tempel hinaus und verbarg sich.

13, 4ss. (An die Jünger.) Nach dem Mahl erhub sich Jesus, legte seine Kleider ab und schlug ein Leintuch um die Lenden, ⁵ dann goß er Wasser in ein Becken, wusch den Jüngern die Füße und trocknete sie mit dem Leintuche, das er um hatte. ¹² Hernach legte er seine Kleider wieder an, setzte sich und sagte zu ihnen: Versteht ihr, was ich euch getan habe? ¹³ Ihr heißt mich Meister und Herr, und mit Recht, denn ich bin es auch. ¹⁴ Wenn nun ich, der Meister und Herr, euch die Füße gewaschen habe, so müßt ihr auch einer dem anderen die Füße waschen. ¹⁵ Ich habe euch ein Beispiel gegeben, damit ihr tut, was ich euch getan habe.

14,1 ss. (An die Jünger.) **Ich gehe alsbald weg von euch zum Vater, und ihr seht mich auf Erden nicht wieder!** Euer Herz werde darob nicht bestürzt! ² Im Hause meines Vaters ist reichlich Raum, sonst hätte ich euch gesagt: ich gehe, euch Quartier zu bereiten, ³ und komme dann zurück und hole euch zu mir, damit, wo ich bin, auch ihr seiet. ⁴ Und wo ich hingehe, dahin wißt ihr den Weg. ¹⁶ Ich will aber den Vater bitten, und er wird euch einen Beistand senden, der in Ewigkeit bei euch bleiben soll; ²⁶⁻³¹ der wird euch Alles lehren... Ich sage euch Valet, verzagt darüber nicht; **denn wenn ich nicht zum Vater ginge, so käme der Beistand nicht zu euch.** Nun werde ich weiter nicht mehr mit euch reden, steht auf, laßt uns gehen. [18,1] Nach diesen Worten ging er hinaus u. s. w.

2. In Bezug auf 5, 30ss. ist schon in der Analyse der Unterschied gegen das angeblich in Einem Atem damit gesprochene vorhergehende Stück (5, 19ss.) vermerkt worden, daß Jesus dort beständig ἀμὴν ἀμὴν λέγω ὑμῖν sagt, hier nie, und daß er sich dort durchgehend ὁ υἱός nennt, hier nirgend. Diese Beobachtung kann erweitert werden. Die inhaltlichen und sprachlichen Kennzeichen dessen, was man das echt Johanneische nennt, fehlen größtenteils bei A, nicht bloß in den Erzählungen, wo sie überhaupt zurücktreten, sondern auch in den Reden. Ein echt johanneisches Musterstück ist Kap. 17: monotones Glockengeläut, wo in beliebiger Folge die Elemente des selben Akkordes auf und abwogen. So etwas kommt in A nicht vor. Auch manche theologische Begriffe und Vorstellungen sind dort fremd; der Geist und der Teufel, die feindliche Welt, der Glaube an den Namen Jesu und das Gebet im Namen Jesu, der Menschensohn. Der Markusspruch ὁ υἱὸς τοῦ ἀνθρώπου ὑπάγει bekommt die Form ἐγὼ ὑπάγω, Jesus nennt sich in A immer nur Ich. Aber die eigentümlichen Sätze, in denen auf dies Ich ein Abstraktum als Prädikat folgt, gehören nicht zu A; dort heißt es: i c h g e b e das Wasser des Lebens, nicht: i c h b i n das Wasser, das Brod, das Licht des Lebens, i c h b i n die Auferstehung, i c h b i n der Weg und die Wahrheit [1]). Die Kernsprüche, die im Katechismus stehen (Also hat Gott die Welt geliebt u. s. w., Gott ist ein Geist u. s. w.), stammen aus B; die Aussagen in A lassen sich nicht gut aus dem Zusammenhang nehmen und haben nicht den nötigen erbaulichen Klang, eher etwas Herbes und Befremdliches. „In meines Vaters Hause sind viele Wohnungen" stammt freilich aus A, aber die Herausnahme dieses Spruches aus dem Zusammenhange hat auch zu einem gründlichen Misverständnis geführt.

3. Übrigens hat sich B allerdings auch in didaktischer Hinsicht an A gehalten und diese Grundlage meist nur in eigener Weise ausgebaut. Die wichtigsten synoptischen Materien fehlen nicht bloß in A, sondern überhaupt im ganzen Johannes. Es ist keine Rede vom Reiche Gottes, von der μετάνοια, von der Sündenvergebung, vom

---

[1]) Entsprechend 1 Joa 4, 8: Gott ist die Liebe — höchst merkwürdig. Auch im Prolog v e r k ü n d e t Jesus nicht das Wort, wie die Propheten, sondern er ist das Wort. Aber dort redet der Schriftsteller, nicht Jesus, und der Logos ist Subject, nicht Prädikat; es ist Personification beabsichtigt.

Kampf gegen die Dämonen; an die Stelle der Verkündigung des Evangeliums tritt die Ablegung der μαρτυρία. Die Schriftgelehrten werden nicht erwähnt; Jesu Lehrtätigkeit besteht nicht darin, daß er mit ihnen über das Gesetz diskutiert, über das Wesentliche und das Unwesentliche darin. Er steht vielmehr dem Gesetz fremd gegenüber, als sei es ein überwundener Standpunkt und stecke ihm und den Adressaten[1]) gar nicht mehr in den Gliedern. Der Kampf mit dem Judentum, der allerdings die ganze erste Partie der Reden ausfüllt, wird nicht auf einem gemeinsamen Boden geführt und ist in Wahrheit ein Protest gegen das Judentum, weil es nicht Christentum ist. Es handelt sich immer nur um das Bekenntnis des Christentums gegenüber Nichtchristen, d. i. zunächst gegenüber den Juden. Wenn Jesus sagt „Ich bin die Wahrheit", so bedeutet das ins Moderne übersetzt: das Christentum ist die absolute Religion. Weil er das Christentum vertritt, dessen διαφορά in der Christologie besteht, so redet er beständig über sich selbst und legt den Juden dar, daß sie vor allen Dingen an ihn glauben müssen. Und zwar an ihn als Lehrer. Denn seine Bedeutung liegt darin, daß er die religiöse Autorität schlechthin ist, der Quell aller religiösen Erkenntnis. Damit steht der Prolog im Einklang, wo er nicht der Christus, sondern der Logos ist, die adäquate, menschgewordene Offenbarung Gottes[2]). Als der bevollmächtigte Gesandte Gottes, zu verkünden, was er von dem Vater hört oder gehört hat, tritt er auch in A gleich anfangs (5, 30 ss.) den Juden gegenüber und führt dadurch sehr bald den Bruch mit ihnen herbei, weil sie seinen Anspruch auf Herkunft oder Sendung von Gott nicht anerkennen, vielmehr ihn deshalb zu töten suchen und sich damit als richtige Kinder des Lügners und Mörders von Anfang erweisen. In B wird seine Einheit und Gleichheit mit Gott wohl noch stärker hervorgehoben, aber von dem selben Gesichtspunkt aus und zu dem selben Zweck, daß er nämlich der ungetrübte und restlose Ausdruck dessen sei, was die Menschen vom Wesen und Willen Gottes wissen müssen. Er deckt sich mit Gott aus Gründen der Erkenntnistheorie, zur Garantierung der Sicherheit der christlichen Wahrheit. Das Heil oder, wie es bei Joa nach biblischem Sprachgebrauch immer heißt, das Leben ist die Folge der Erkenntnis Gottes; diese aber beruht auf dem Glauben

---

[1]) d. h. den Lesern des Buchs.
[2]) Vgl. Hebr 1, 1.

an die absolute Autorität des Meisters, der allein die Erkenntnis besitzt und mitteilt; sie kann nicht auf anderem Wege gewonnem werden. Auch bei den Synoptikern erscheint Jesus als der Lehrer κατ' ἐξουσίαν, und auch dort betont er wohl einmal seine ἐξουσία, wenn die Juden sie in Frage stellen. Aber dort p o s t u l i e r t er doch nicht bloß seine Autorität, sondern legt je nach Gelegenheit den Inhalt seiner Lehre dar. Bei Joa stößt er die Juden immer nur mit der Tatsache vor den Kopf, d a ß Er die Wahrheit sei; worin die Wahrheit bestehe, sagt er nicht. Denn der Glaube an ihn muß zuerst feststehen; er ist der Anfang, das Princip des Christentums, das christliche Symbolon gegenüber der Welt. Der Inhalt der Lehre kommt erst an die Reihe, nachdem das Bekenntnis zu Christus und der Anschluß an seine Gemeinde erfolgt ist; sie lebt in der Gemeinde und braucht nicht expliciert zu werden. Es geschieht freilich doch bis zu einem gewissen Grade, namentlich in den Reden an die Jünger. Man sieht daraus, daß es sich nicht um Theorie handelt, sondern um Praxis, um den Weg, den man zu gehen hat, um das Befolgen des Willens Gottes. Die Wahrheit muß g e t a n werden (3, 21); Lüge und Mord fallen zusammen (8, 44). Die Worte Jesu sind Gebote, die man halten muß. Der Inhalt der Religion ist die auf den Monotheismus, wenngleich nicht auf das jüdische Gesetz, begründete Moral. Das ist ebenso wie bei den Alttestamentlichen Propheten und bei Muhammed, die mit diesem Begriff der Religion gegen das Heidentum protestieren. Christlich wird die Sache nur dadurch, daß der Gott, auf den sie gestellt wird, der Vater unsers Herrn Jesu Christi ist; die Autorität Gottes wird durch die Offenbarung Jesu verbürgt [1]). Hin und wieder bekommt freilich die allgemeine Moral auch inhaltlich eine spezifisch christliche Färbung. Einmal wird die gegenseitige Dienstleistung, zweimal die Bruderliebe von den Jüngern gefordert [2]). Dagegen ist die enthusiastische und doch gefaßte Märtyrermoral des Markus, die Preisgabe von Leben und Habe in der Nachfolge Jesu, ganz unjohanneisch. Es fehlt auch jede Spur von Ascese und frommen Übungen.

---

[1]) Das ist freilich im Islam auch nicht anders, nur daß dort Muhammed an stelle Jesu tritt. Der Ausspruch 17, 3: „Das ist das ewige Leben, daß sie Dich als den alleinigen Gott und Jesus Christus als deinen Boten erkennen" könnte grade so gut im Koran stehen, es brauchte nur Jesus Christus mit Muhammed vertauscht zu werden.

[2]) Daß die Liebe im vierten Evangelium besonders hervortrete, ist ein Märchen.

4. Während der Täufer und Petrus in ihren Bezeugungen den Namen Christus auffälliger weise vermeiden, bekennen die Jünger in der Berufungsgeschichte, daß Jesus der Messias, der Sohn Gottes, der König von Israel sei (1, 41. 49). Die Juden stehen vor der Frage, ob er der Christus sei, und verlangen von ihm eine offene Erklärung darüber (10, 24). Pilatus verhört ihn, ob er König oder Gottes Sohn sei; er gibt es zu mit der Beschränkung, daß sein Reich ein Reich der Wahrheit sei. Einmal nennt er sich selbst Jesus Christus [1]), öfters den Menschensohn, den Sohn Gottes, oder einfach den Sohn [2]). In A lassen sich aber diese messianischen Bezeichnungen nicht nachweisen, wenigstens nicht im Munde Jesu. Und überall liegt seine Bedeutung nicht in der Messiaswürde. Sie liegt auch nicht in seinem Passionswerke, obgleich an vereinzelten Stellen gesagt wird, daß er sein Leben für die Seinen oder für das Volk dahingegeben habe. Daß der Messias am Galgen stirbt, ist kein Rätsel mehr. Die Passion ist kaum noch Passion. Der Tod ist vollständig in den Sieg verschlungen und beinahe nur eine Rückkehr zum Vater. Die Kreuzigung wird ὑψωθῆναι genannt, zwar zweideutig, jedoch auch in einem Sinn, welcher dem von δοξασθῆναι gleich kommt. In B hat aber diese fast doketisch anmutende Betrachtungsweise des Todes noch Fortschritte gemacht. In A ist Jesus doch noch etwas weniger ἀπαθής, er weint am Grabe des Lazarus. Er flieht vor den Juden, und es gehört eine gewisse Selbstüberwindung, ein Entschluß dazu, daß er sein Asyl verläßt und sich aus Liebe zu dem erkrankten Freunde wieder nach Jerusalem in die Todesgefahr begibt. In B fällt das weg, eine Gefahr von Menschen besteht für ihn nicht. Er selber bricht den Bau seines Leibes ab und richtet ihn wieder auf, niemand kann ihm sein Leben rauben, er allein hat die Macht, es abzulegen und wieder an sich zu nehmen. Sein letztes Gebet atmet nichts weniger als Todesangst, wie das von Gethsemane. Auch die Vokabel δοξάζειν (vergöttlichen) findet sich nur in B. Der Mann, von dem Kap. 9 handelt, ist nur deshalb blind geboren, damit die δόξα Jesu an ihm zur Erscheinung komme; auch das Wunder an Lazarus verrichtet er nicht, um ihm zu helfen, sondern um

---

[1]) 17, 3. Sonst wird er nur von dem Schriftsteller so genannt (1, 17. 20, 31).

[2]) Der Ausdruck ὁ πατήρ wird selten nach jüdischer Weise einfach als Äquivalent für ὁ θεός gebraucht, meist in dem Sinn von ὁ πατήρ μου; in der Zusetzung oder Auslassung von μου schwanken freilich die Zeugen stark. In 10, 1 ss. bezeichnet sich Jesus als den Hirten im Gegensatz zu den Pseudochristi.

seine δόξα zu erweisen, und läßt ihn darum erst sterben und ein paar Tage im Grabe liegen. Der Makel auf seiner δόξα, daß er nämlich in der Wahl des Judas Ischarioth sich versehen hat, wird peinlich empfunden und durch eine etwas verzweifelte Auskunft (13, 26. 27) beseitigt. Namentlich in Kap. 17 drängt sich „die Verherrlichung" sehr vor; als ihr Object erscheint dort τὸ ὄνομα, dessen Hypostasierung charakteristisch für B ist. Nur da kommt der Glaube an den Namen Jesu und das Gebet im Namen Jesu vor.

5. Mit der Messiaswürde Jesu wird auch seine Wiederkunft zurückgedrängt, die den Zweck hat, ihn die volle Verwirklichung der jüdischen Messiashoffnung noch nachholen zu lassen. Das ἔρχεσθαι, dessen Abstractum die παρουσία ist, steht immer vom ersten Advent, nicht vom zweiten; die eschatologischen Begriffe des Reiches Gottes und der Geenna fehlen. In A macht der Paraklet die Parusie Jesu überflüssig; er bleibt in Ewigkeit bei der Gemeinde, und also findet auch sie keinen katastrophischen Abschluß, sondern entwickelt sich auf Erden immerdar. In B wird diese kühne Neuerung zwar beseitigt oder korrigiert, darum aber doch die Parusie nicht wieder eingeführt[1]). Ihre Negation erscheint dort nur innerlicher und positiver, und durchdringt in dieser Form das Ganze von Anfang an. Das Gericht vollzieht sich nicht erst am jüngsten Tage, sondern schon in der Gegenwart; es ist eine Scheidung der Geister, die durch Jesus, und zwar durch seine Worte, bewirkt wird. Wer ihn und seine Worte annimmt, der ist schon auferstanden und zum Leben durchgedrungen — und umgekehrt. Das ewige Leben kommt nicht erst im Jenseits. Wer es nicht hienieden führt, ist schon gerichtet und dem Tode verfallen; wer es aber hienieden angefangen hat, setzt es ohne weiteres, nachdem er gestorben, im Himmel bei Jesus und dem Vater fort und braucht nicht auf die Auferstehung und das Endgericht zu warten[2]). Es tritt nun einerseits als Forderung auf, daß man sich durch Jesus auferwecken lassen solle; die moralische Auferstehung bedeutet dabei gleich viel wie die Wiedergeburt von oben. Andrerseits wird anerkannt, daß nicht jedermann dieser Forderung genügen könne,

---

[1]) Nur in wenigen ganz äußerlich angeleimten Stellen tritt Jesus als der Weltrichter und Auferwecker am jüngsten Tage auf.

[2]) Die Prärogative der Märtyrer, die nach dem Vorgange Jesu sofort nach ihrem Tode in den Himmel kommen, wird somit verallgemeinert. Vgl. meine Einleitung in die drei ersten Evangelien p. 104.

es sei denn, daß der Vater ihn ziehe. Eine verschiedene Prädisposition wird vorausgesetzt, derer, die auf Gott hören können (6, 45) und nach dem Guten streben, und derer, die anders gerichtet sind. Diese dualistische Prädisposition entspricht der Prädestination oder der Auswahl, welche schroff betont wird, während die allgemeine Möglichkeit der Bekehrung oder der μετάνοια zurücktritt. Darin liegt eine Antinomie, jeder soll es tun und nicht jeder kann es tun. Dieselbe liegt jedoch in der Natur der Sache und wird auch sonst ganz unbefangen ausgesprochen, namentlich von Paulus in dem bekannten Spruch: schaffet, daß ihr selig werdet, denn Gott ist es, der Wollen und Vollbringen in euch wirkt.

Während der Monismus des Wesens und der Offenbarung Gottes ebenso sehr hervorgehoben wird wie im Koran, wird doch zugleich ein Dualismus anerkannt, wenngleich er nicht in die höchste Sphäre reicht. Er zeigt sich auch in A, hat aber in B weiter um sich gegriffen. Er beherrscht freilich nicht in dem Maße das Ganze wie Baur meint. Er spielt auch nicht auf metaphysischem, sondern auf moralisch-intellektuellem Gebiete; es ist der Gegensatz zwischen Gut und Böse. Einmal erscheint er als Gegensatz zwischen Oben und Unten, zuweilen als Gegensatz zwischen Licht und Finsternis, namentlich an zwei Stellen des zwölften Kapitels [1]). Gewöhnlich jedoch in anderer Weise. Wenn die Eschatologie überhaupt fällt, kann auch der alte Gegensatz des αἰὼν οὗτος und des αἰὼν ἐρχόμενος nicht aufrecht erhalten werden. An die Stelle tritt der diesseitige Gegensatz zwischen Erwählten und nicht Erwählten, zwischen Welt und Kirche; insbesondere in Kap. 15 bis 17 liegt er zu grunde. Es ist vielleicht nicht überflüssig, darauf hier etwas näher einzugehen, da es bei Gelegenheit der Analyse nicht gut geschehen konnte.

6. Κόσμος für die Menschenwelt kommt, wie mir gesagt wird, im klassischen Griechisch nicht vor. In der Septuaginta bedeutet es nur Schmuck [2]), nicht das Universum und nicht die Menschenwelt, wofür nach dem Hebräischen einerseits Himmel und Erde, andererseits die ganze Erde oder alles Fleisch gesagt wird. Dagegen findet es sich in

---

[1]) Darin liegt kein Dualismus, daß Jesus als das Licht der Welt bezeichnet wird, d. h. als der Erleuchter und Offenbarer. Heißen doch auch die Jünger bei Matthäus das Licht der Welt und der Täufer bei Joa ein Leuchter, an dessen Licht man sich erfreute.

[2]) z. B. κόσμος (צבא = צבי) τοῦ οὐρανοῦ = die Sterne.

diesen beiden Bedeutungen in der Sapientia [1]). Im Neuen Testament wird κόσμος für das Universum fast nur in der Redensart ἀπὸ καταβολῆς κόσμου gebraucht, die sich zerstreut findet [2]). Sonst für die Erde und die Menschenwelt. So Mt 5, 13. 14: ihr seid das Salz der Erde, das Licht der Welt; Mt 13, 38: der Acker ist die Welt; Mc 14, 9: das Evangelium soll in der ganzen Welt verkündet werden; Mt 7, 8. Lc 12, 30: die Reiche und Völker der Welt; Mc 8, 36: was hülfe es dem Menschen, wenn er die ganze Welt gewönne.

Weitaus am häufigsten erscheint der κόσμος bei Joa. Zunächst auch gleichbedeutend mit πᾶσα σάρξ oder ἡ γῆ (17, 2. 4), in einem allgemeinen und neutralen Sinne. Jesus ist in die Welt gekommen, als Licht der Welt, um der Welt das Leben zu geben. Seine Brüder fordern ihn auf, sich nicht auf den galiläischen Winkel zu beschränken, sondern sich der Welt zu zeigen; er redet nicht heimlich, sondern in der Welt oder in die Welt hinein; die Welt (tout le monde) läuft ihm nach. In anderen Aussagen aber bedeutet ὁ κόσμος die fremde feindliche Welt. Zum teil steht dann das Demonstrativ dabei: ὁ κόσμος οὗτος. So findet sich der Ausdruck auch bei Paulus im ersten Korintherbrief, und zwar als Äquivalent des eschatologischen ὁ αἰών οὗτος, wie er gewöhnlich sagt. Bei Joa jedoch wird er gleichbedeutend und wechselnd mit dem absoluten ὁ κόσμος [3]) gebraucht, welcher zwar auch einen bösen, aber keinen eschatologischen Sinn hat. Der Gegensatz ist nicht die zukünftige Welt, sondern etwas Göttliches, welches schon in der Gegenwart besteht, in der Welt und doch nicht zu ihr gehörig. Nämlich Jesus oder die Kirche. Dazwischen besteht kein Unterschied, die Kirche ist die Erweiterung Jesu auf die Seinen; er ist der Weinstock, sie sind die Reben. Dieser absolute κόσμος ist ausschließlich johanneisch und findet sich außer dem ersten Brief nur in Kap. 14—17 und an zwei oder drei andern Stellen.

---

[1]) In der ersten 7, 17. 16, 17, in der zweiten 6, 26. 10, 1 (Ἀδαμ πατὴρ τοῦ κόσμου). 14, 6. Epiktet (Dissert. I 1, 8) definiert κόσμος als τὸ σύστημα τὸ ἐξ ἀνθρώπων καὶ θεοῦ. Bei den Stoikern ist κόσμος die von Gott organisierte μεγάλη πόλις der Menschen, also das Reich Gottes.

[2]) Da daneben ἀπ' ἀρχῆς κόσμου (Mt 24, 21) vorkommt, so stammt die Formel wohl aus Isa 40, 21. Καταβάλλεσθαι für gründen und καταβολή ist nur 2 Macc 2, 13. 30 nachweisbar. Hebr. aram. und lateinisch sagt man: fundamenta jacere.

[3]) Vgl. 8, 23. 14, 30 mit 12, 31. 16, 11; auch den Cantabrigiensis zu 17, 3. 13—18. 25. Etwas anders 13, 1. Bei Markus findet sich einmal (4, 19) ὁ αἰών absolut für ὁ αἰών οὗτος.

Corssen legt Gewicht darauf, daß unter der Welt die Juden und nicht die Heiden verstanden seien. Um der Situation willen, in der sich Jesus und seine nächsten Jünger befanden, sind die Juden allerdings zunächst die Vertreter der Welt. Aber mit der Welt ist doch nicht ein winziger Teil, sondern die ganze Menschheit gemeint. Die Juden könnten nicht die Welt genannt werden, wenn sie ausschließlich in Betracht kämen und von den Heiden unterschieden würden. Das Wichtige ist gerade, daß nicht sie die von der Welt Abgesonderten sind, sondern die Christen, daß sie mit den Heiden völlig zusammen geworfen werden. Darin zeigt sich der tiefe Haß gegen das Volk, das Jesum kreuzigte und seine Jünger verfolgte: es wird verworfen. In A findet sich freilich der böse feindliche κόσμος nirgend. Aber auch dort werden die Juden insgesamt zu der massa perditionis gerechnet, wenn sie nicht Kinder Abrahams sein sollen, sondern Kinder Kains, des Urmörders und Lügners. Der Sache nach läuft das in der Tat darauf hinaus, daß sie nicht von Gott, sondern vom Teufel stammen, was in B an die Stelle gesetzt wird.

An einigen eigentümlichen Stellen von B tritt neben der Welt oder statt der Welt ihr Fürst auf, nämlich der Teufel. Sein Werkzeug, fast seine Incarnation (6, 70) ist Judas Ischarioth, mit dem zusammen er am häufigsten genannt wird. Er steht im Kampf weniger gegen die Kirche als gegen Jesus. Er hat ihm aber nichts an, und gerade indem er ihn zu Tode bringt, bewirkt er seine eigene Verurteilung oder Niederlage und die Erhöhung, den definitiven Triumph Jesu (12, 31. 16, 11). Für die Jünger oder die Kirche ist damit der Teufel und die Welt unschädlich gemacht. „Seid getrost, ich habe die Welt überwunden." Diese Aussage (16, 33) steht freilich vereinzelt und hat ihren wahren Sitz im ersten Brief und in der Apokalypse. Fremd ist dem vierten Evangelium die Betrachtungsweise der synoptischen Beelzebubsperikope, daß Jesus die Dämonen austreibt, um des Teufels Reich zu zerstören und das Reich Gottes anzubahnen; nur eine Reminiscenz daran ist eingedrungen (8, 48).

7. Der Paraklet soll nach A für die auf Erden verbliebenen Jünger Nachfolger und Ersatz ihres zum Himmel geschiedenen Meisters sein. Durch ihn werden sie erst in die volle Wahrheit geführt, von der sie durch Jesus nur Anfänge gehört haben. Er ist der Genius der Kirche, das leitende Princip ihrer geistigen Entwicklung; er macht sie ganz

selbständig[1]). In B wird er teilweise zurückgedrängt und größtenteils ganz ignoriert; an seine Stelle tritt der immanente himmlische Jesus und dessen Unio mit den Seinen auf Erden. Darum ist aber B keineswegs weniger kirchlich. Man stellt sich die Unio falsch vor, wenn man sie individuell oder mystisch auffaßt. Weizsäcker meint, sie beruhe auf der ganz persönlichen Erfahrung eines vertrauten Jüngers Jesu, dessen Intimität mit dem Meister fortzeugend und typisch gewirkt habe. Das ist vielleicht protestantisch gedacht, aber nicht johanneisch. Ob das Liebesverhältnis zwischen Jesus und dem Anonymus wirkliches Erlebnis ist, sei dahingestellt, obgleich nicht wenig darauf ankommt. Jedenfalls bleibt es einzigartig, hat keine vorbildliche, lehrhafte Giltigkeit und muß bei der Unio außer Betracht bleiben. Bei dieser handelt es sich nicht um eine mystische Vereinigung mit **der Person** Jesu, sondern um eine rationelle mit der Wahrheit, die er verkündet: „mein **Wort** bleibt in euch, ihr sollt bei meinen **Worten** bleiben, meine **Gebote** bewahren." Es handelt sich auch nicht um den historischen Jesus (κατὰ σάρκα) und um vertraute Bekanntschaft mit ihm, sondern genau wie bei Paulus lediglich um den himmlischen. Und dieser ist nicht etwa dem Einzelnen immanent, sondern primär der Kirche. Die Jünger, die Seinen, die Erwählten sind durchweg als Urzelle oder als Seminarium der Kirche gedacht[2]). Auch der Hirt in Kap. 10 ist nicht Hirt der Seele, sondern der Kirche, die mit der Alttestamentlichen Theokratie gleich gesetzt wird. „Wenn ihr nicht in mir bleibt, so könnt ihr keine Frucht bringen; von mir getrennt könnt ihr nichts schaffen" bedeutet mit andern Worten: extra ecclesiam nulla salus. Daher hat auch Jesus die Aufgabe, die Glieder seiner Gemeinschaft beisammen zu halten und keins zu verlieren. Obwohl also der immanente Jesus den Parakleten verdrängt, so hat er doch die selbe Funktion. Wie in A der Paraklet der Genius der Kirche ist, so ist in B der himmlische Jesus der Genius der Kirche auf Erden. Das christliche Pneuma kann natürlich nicht noch neben dem Parakleten und neben dem immanenten Jesus bestehen; es findet sich nur in späten Nachträgen, namentlich in 20, 22 (7, 39). Bei der

---

[1]) Der Pater Loisy nimmt so zu sagen für den Parakleten gegen Jesus Partei, im Interesse für die Autonomie der lebendigen katholischen Tradition.

[2]) Die Einzelnen bleiben nicht εἰς τὸν αἰῶνα auf Erden, sondern nur die Kirche (16, 16). Auch in den synoptischen Evangelien sind die Reden an die Jünger an ein zukünftiges Auditorium gerichtet, nämlich an die Kirche.

Taufe ist das Pneuma nicht das spezifisch christliche, aber auch da ist es bei Joa nicht echt; der Logos bedarf dessen nicht, daß in einem zeitlichen Moment der Geist auf ihn herabkomme. Der Name der ἐκκλησία findet sich allerdings bei Joa noch nicht, und die Anfänge ihrer Organisation treten nicht so hervor wie bei Matthäus. In A werden keine Sakramente erwähnt. Die Fußwaschung ist nicht zur Wiederholung bestimmt und hat nur die Bedeutung eines Beispiels, welches die Pflicht der Diakonie einschärfen und vielleicht auch vor Rangstreitigkeiten und hierokratischen Gelüsten warnen soll. Von der Taufe ist in A keine Rede, weder im Gespräch mit dem samarischen Weibe noch sonst wo; sie gilt nicht als von Jesus befohlen oder gar von ihm selber schon geübt. Die Einsetzung des Abendmahls wird offenbar absichtlich ausgelassen. In B ist es teilweise anders. „Jesus ist für den, der an ihn und seine Worte glaubt, das Brod des Lebens" wird in Kap. 6 nachträglich gedeutet: er gibt sein Fleisch zu essen und sein Blut zu trinken. Auch das synoptische Abendmahl wird in 13, 21 nachgetragen und die Fußwaschung in 13, 6ss. als Mittel der Communio angesehen. In 19, 35 tritt neben das Blut des Abendmahls das Wasser der Taufe. Diese ist als καθαρισμός an den Jüngern vollzogen (13, 10. 15, 3); sie scheint auch bei der Wiedergeburt aus Wasser und Geist (3, 5) vorausgesetzt zu werden. Nach 3, 22ss. macht Jesus in der gleichen Weise wie Johannes Jünger, indem er tauft. Zum Schluß (20, 21ss.) ordiniert er die Apostel wie bei Matthäus; er befiehlt ihnen allerdings nicht zu taufen, sondern erteilt ihnen die Befugnis, Sünden zu erlassen und zu behalten.

Herkunft und Zweck, Ort und Zeit.

1. Für die geschichtliche Ansetzung des vierten Evangeliums hat die Literarkritik weit geringere Bedeutung als für die Exegese. Trotz seiner verschiedenen Schichten läßt es sich doch historisch als wesentliche Einheit betrachten. Es ist anzunehmen, daß die Erweiterungen zumeist aus dem selben Kreise stammen, innerhalb dessen die Grundschrift entstanden ist und ihre ersten Leser gefunden hat.

Die Tradition, die den Namen verdient, ergibt, daß Johannes Zebedäi nicht der Urheber des angeblich johanneischen Evangeliums gewesen sein kann. Markus, Papias und der alte syrische Märtyrerkalender stimmen darin überein, daß dieser frühzeitig in Jerusalem hingerichtet worden ist[1]). Zuverlässige Nachrichten positiver Natur über die Herkunft des Buches gibt es nicht. Man muß sich also an innere Merkmale halten und sehen, ob sich daraus Aufschluß über die sogenannten Einleitungsfragen gewinnen läßt. Leider ist das nicht im erwünschten Maße der Fall.

Nach dem redaktionellen Explicit 20, 31 ist das vierte Evangelium der Wunder wegen geschrieben, die den Glauben bestätigen sollen, daß Jesus der Christus, der Sohn Gottes, sei. Damit wird Inhalt und Zweck ganz unrichtig angegeben. Der wahre Zweck liegt vielmehr in den eigentümlichen Abweichungen von der älteren Anschauungsweise, in dem Fortschritt und der Korrektur des älteren Glaubens der christlichen Gemeinde.

Die Erinnerungen an das Wirken und Lehren Jesu, wie sie namentlich bei Markus vorliegen, sind nicht das eigentliche Evangelium. Denn dieses ist nicht durch Jesus verkündet, sondern über ihn durch die Apostel. Es geht erst mit seinem Tode an; es ist nicht Überlieferung über den der Vergangenheit angehörigen irdischen Jesus, sondern Glaube an den lebendigen himmlischen Christus. Es ist völlig momentan entstanden, in dem Augenblick, als der Gekreuzigte wenige Tage nach seinem Tode dem Petrus erschien. Dies Erlebnis des Petrus ist der Anfang des Evangeliums oder des christlichen Glaubens; von der Auferstehung hängt die Parusie und die Ver-

---

[1]) Vgl. E. Schwartz in den Abh. der Göttinger Ges. der Wiss. 1904 (VII 5) und in den Nachrichten 1907 p. 266 ss.; dazu meine Noten zur Apostelgeschichte in den Nachrichten 1907 p. 9 n. 2. In dem syrischen Kalender eröffnet Stephanus am 26. Dezember die Reihe der mit dem στέφανος τῆς ζωῆς begabten Märtyrer; auf ihn folgen am 27. Dezember die ebenfalls in Jerusalem gekrönten Brüder Johannes und Jakobus. Burkitt, the Gospel History (1906) p. 252 ss., weist darauf hin, daß hier der Geburtstag Jesu am 25. Dezember der Ausgangspunkt des heiligen Jahres sei; er erscheint so wirklich in einem karthagischen Kalender aus dem Anfang des sechsten Jahrhunderts, in welchem weiterhin gesagt wird, daß Herodes den Täufer Johannes und den Apostel Jakobus am 27. Dezember getötet habe: der Täufer beruht natürlich auf falscher Korrektur, und Herodes ist an die Stelle Agrippas I. getreten. Innerhalb des Evangeliums selber gilt an zwei Stellen der Anonymus, den Jesus lieb hatte, als der Zeuge der Überlieferung. Dieser ist aber nach 19, 25—27 kein Galiläer, sondern ein Jerusalemer. Erst in Kap. 21 wird darunter, wie es scheint, Johannes Zebedäi verstanden. Die Frage, wie das gekommen ist, läßt sich mit den Mitteln, die uns zu Gebote stehen, kaum lösen. Eigentümlich schwankend äußert sich Duchesne in der Histoire ancienne de l'Eglise I (1907) p. 137 ss.

leihung des Geistes ab. Das Licht, das sich von da aus über Jesus ergoß, hat nun auch die Memorabilien über ihn beleuchtet; das Evangelium spiegelt sich in ihnen vor, und nur darum haben sie ein Recht auf diesen Titel. Ihr Wert als Überlieferung steht im umgekehrten Verhältnis zu ihrem Wert als Evangelium. Je mehr Überlieferung, desto weniger Evangelium; und je mehr Evangelium, desto weniger Überlieferung. Bei Markus ist das Evangelium auf die Einleitung zur Passion beschränkt. Bei Matthäus und Lukas hat es weiter um sich gegriffen. Bei Johannes hat es die Überlieferung nicht bloß durchdrungen, sondern überwältigt. Der irdische Jesus ist völlig, und von allem Anfang an, in dem himmlischen aufgegangen.

Das Evangelium ist zwar als Ganzes aus Petrus geboren, aber doch nicht völlig unverändert geblieben. Es hat ursprünglich den Inhalt, daß Jesus nicht, wie die Juden meinen, durch die Kreuzigung vernichtet, sondern zum Himmel erhoben ist, von wo er dann auf die Erde zurück kommen wird, um sich als der Christus in Herrlichkeit zu zeigen und sein Reich unter den Seinen aufzurichten. Bei Paulus tritt die Hoffnung auf das irdische messianische Reich mehr zurück; der Glaube an den himmlischen Herrn könnte ihm genügen. Und er betrachtet die Kreuzigung nicht bloß als Durchgang zur Auferstehung, sondern gibt ihr einen selbständigen Wert. Geschichtlich bedeutet sie ihm die Emancipation vom Judentum oder vom Gesetz, individuell die Versöhnung und Sündenvergebung. Johannes fußt auf Paulus[1]), tut aber einen entschiedenen Schritt über ihn hinaus in der Idealisierung und Verallgemeinerung des Christentums, in der Ablösung desselben von seiner geschichtlichen und jüdischen Grundlage. Es ist verkehrt, wenn Weizsäcker ausführt, daß die ideale Christusauffassung des Paulus durch die johanneische Spekulation wieder zu der vollen Geltung seiner geschichtlichen Person zurückführe[2]). Paulus ist sich des Unterschiedes zwischen dem Jesus κατὰ σάρκα, den er nicht kennt, und dem himmlischen Herrn, von dem er allein etwas wissen will,

---

[1]) Einzelne Berührungen mit Paulus kommen dabei kaum in Betracht, obgleich sie sich finden. Am bedeutsamsten ist, daß Abraham den Juden abgesprochen wird und daß Jesus als das wahre Osterlamm gilt. Weniger fällt ins Gewicht, daß der Sohn frei macht und daß das Samenkorn ersterben muß, um aufzuerstehen.

[2]) Apostolisches Zeitalter p. 535 s. Weizsäcker geht von der Ansicht aus, daß die persönliche Erfahrung eines vertrauten Jüngers Jesu der Spekulation im vierten Evangelium die Wage halte; s. oben p. 118.

sehr wohl bewußt; bei Johannes ist dieser Unterschied nicht mehr vorhanden. Bei Paulus ist Jesus noch durchaus der Christus, wenngleich zum Skandal der Juden ein Christus am Galgen; bei Johannes ist die Messianisierung zur Apotheose geworden, und auch die Apotheose fällt genau genommen weg, wenn der Logos von Ewigkeit Gott ist. Die Parusie, ein jüdisches Residuum, wird von Paulus noch fest gehalten, wenngleich sie nicht mehr im Vordergrunde steht; bei Johannes gibt es keine Parusie, weil der jüdische Messiasbegriff verschwunden ist und die Differenz zwischen diesem und der irdischen Erscheinung Jesu nicht ausgeglichen zu werden braucht: Jesus ist die ewige und gegenwärtige Wahrheit, das Prinzip der absoluten Religion. Paulus legt der geschichtliche Tatsache des Todes große Bedeutung bei; bei Johannes ist der Tod nur ein Scheiden aus der Fremde zur Heimat, eine Wiederablegung der Menschlichkeit[1]). Er hat keine heilsgeschichtliche Bedeutung: die Wahrheit macht von Sünde frei. Er hat auch nicht die Bedeutung, das Band zwischen Gesetz und Evangelium zu durchschneiden. Johannes braucht keine Befreiung vom Judentum mehr, er ist los und ledig davon. Er steht über dem Kampf, den Paulus führt, und setzt ihn als gewonnen voraus.

2. Baur findet mit Recht die historische Stufe des vierten Evangeliums dadurch gekennzeichnet, daß die Kirche die jüdischen Eierschalen abgeworfen hat, daß sie völlig auf eigenen Füßen steht, daß Judentum und Gesetz als fremde Größen gelten, von denen sie sich reinlich geschieden hat. Die Polemik Jesu gegen die Juden, die einen breiten Raum einnimmt, ist kein Einwand dagegen. Denn er setzt sich nicht eigentlich, wie bei den Synoptikern, mit ihnen auseinander, und versucht nicht, sie von gemeinsamer Grundlage aus zu gewinnen oder zu widerlegen, sondern hebt nur das trennende Moment auf das schroffste hervor. Sie vertreten ihm gegenüber die feindliche Welt, und er vertritt ihnen gegenüber das fertige, abgeschlossene Christentum, den Glauben an seine Person, an seine göttliche Autorität. Auch das ist kein Einwand, daß die Kirche selber als aus Juden bestehend gilt und daß es an einigen Stellen für nötig gehalten wird nachzutragen, daß doch auch Nichtjuden nicht von ihr ausgeschlossen seien. In

---

[1]) Abgesehen allerdings von den Nachträgen, die sich durch den Gebrauch des paulinischen ὑπέρ auszeichnen.

der Anfangszeit ist sie auf die Urjünger beschränkt, welche Juden waren; außerdem kommt in Betracht, daß sie die geradlinige Fortsetzung der jüdischen Theokratie sein soll, zu der die Namensjuden als Kinder Kains oder des Teufels oder der Welt gar nicht mehr gehören. Der Universalismus des Christentums wird zwar nicht so polemisch hervorgehoben, wie zuweilen bei Lukas und bei Matthäus, er wird aber als vollkommen selbstverständlich angesehen und spricht sich vielfach nebenbei und ohne besonderen Nachdruck aus. Jesus ist zu der Welt gesandt, um der Welt zu predigen und die Welt zu retten.

Damit soll jedoch nun nicht behauptet werden, daß das vierte Evangelium unter dem Einfluß nichtjüdischer, etwa griechischer Ideen stehe. Es ist zwar dem Judentum entwachsen, aber doch auf dessen Boden gewachsen, wie das genuine Christentum überhaupt. Es bezeichnet einen Fortschritt über die älteren Stufen des Christentums, aber einen innerlichen. Der Geist ist wesentlich biblisch; er wird charakterisiert durch den Monotheismus als Motiv der Moral und als Quelle der Erkenntnis. Verwandtschaft mit Philo läßt sich nicht nachweisen. Die krassen Wunder, die berichtet werden, sollen keine Allegorien sein. Der Dualismus zwischen Licht und Finsternis ist gleichbedeutend mit dem Unterschied von Gut und Böse, wie wir gesehen haben, und hat mit dem Gegensatz zwischen Gott und Materie bei Philo nichts gemein, so zuversichtlich auch Weizsäcker das Gegenteil behauptet. Der Logos bedeutet in der philonischen Schrift De opificio mundi den Plan der Weltschöpfung oder die Gesamtheit der Vorbilder, wonach Gott das Chaos zum Kosmos gestaltete. Bei Johannes hat der Logos diese Funktion nicht; er ist das befehlende und offenbarende Wort Gottes. Man braucht den jüdisch-biblischen Ideenkreis nicht zu verlassen, um zu sehen, woher er stammt; die Meinung, daß den Juden solche Hypostasierungen fern lagen, trifft nicht zu[1]).

Noch viel überflüssiger ist es, die Quelle des Ausdrucks μονογενής bei Philo zu suchen; er bedeutet ebenso viel wie ἀγαπητός (= ἐκλεκτός) in der Septuaginta und ist nur eine wörtlichere Übersetzung des

---

[1]) Sogar Philo selber scheint seinen Logos gar nicht aus der griechischen Philosophie entlehnt zu haben; der Begriff, wie er ihn faßt, stimmt genau überein mit dem der Chokma, die in Prov. 8 dem Schöpfer die bunten Arten der Geschöpfe vorspielt, ehe er sie schafft.

hebräischen Originals, wie sie auch bei Aquila und Symmachus (Gen. 22, 2) vorliegt. Jegliches Grundes entbehrt endlich die Behauptung Pfleiderers[1]), der Paraklet in Joa 14 sei aus Philo entlehnt, welcher den Logos als den Fürbitter für die Menschen öfters so nenne. Es scheint nur eine einzige Stelle zu geben, wo der Ausdruck bei Philo überhaupt vorkommt, nämlich De opif. mundi § 6 am Anfang[2]). Da heißt es, ohne Beistand, rein aus eigener Kraft (οὐδενὶ παρακλήτῳ, μόνῳ δὲ αὐτῷ χρησάμενος) habe Gott die Materie zu einer guten Welt geschaffen. Wo steckt hier die Beziehung zum Logos und gar zum johanneischen Parakleten? Pfleiderer berücksichtigt nur die Vokabel, die er für ungewöhnlich anzusehen scheint, weil sie vielleicht literarisch auf die Rhetoren oder Juristen beschränkt ist. Sie muß aber auch im gemeinen Leben gäng und gebe gewesen sein, denn sonst hätte sie nicht in das Jüdisch-aramäische eindringen können. Überhaupt hält man sich bei der Vergleichung des Johannes mit Philo zu sehr an die bloßen Vokabeln, statt an die Sätze und Aussagen.

Den Versuch, das vierte Evangelium mit dem Montanismus in innere Verbindung zu bringen, hat man aufgegeben. Montanus hat den johanneischen Parakleten auf das äußerste misverstanden, indem er ihn zum Verkünder der nahen Parusie macht. Auch davon ist man abgekommen, daß das Buch gegen den Gnosticismus protestiere[3]), selber aber davon beeinflußt sei. Die johanneische Gnosis unterscheidet sich nicht von der Pistis[4]); sie hat eine praktische, moralische Richtung, die Wahrheit ist das Gute. Gott ist kein Gegenstand der Spekulation; Jesus ist seine alleinige und vollkommen dem Bedürfnis entsprechende Offenbarung; durch Jesus schauen ihn die, die guten Willens sind, mit dem Herzen und nicht mit dem Intellekt. Der

---

[1]) Urchristentum (1902) 2, 377 n. 1.

[2]) Wenigstens kann Loeser, auf den man sich zu berufen pflegt, in seinen Observationes p. 154 den Gebrauch des Substantivs, worauf es allein ankommt, nur mit dieser einen Stelle belegen. Die Beispiele für den Gebrauch des Verbs, die er hinzufügt, gehören nicht zur Sache. Der Unterschied ist aber sogar auch von Lücke (zu 14, 16) übersehen worden.

[3]) Diese alte Meinung der Kirchenväter ist sehr energisch erneuert worden von dem Kardinal Nicholas Wiseman (Twelve Lectures, London 1836 II 246 ss.), mit der Modification, daß die bekämpften Gnostiker die s. g. Johanneschristen, nämlich die Mandäer seien. Wiseman hat aber nur sehr vage Begriffe von Zeit und Inhalt der mandäischen Bücher.

[4]) Dies Substantiv kommt freilich nicht vor.

Standpunkt ist durchaus kirchlich, wenngleich fortschrittlich, da die Parusie und in der Grundschrift auch die Sakramente ignoriert werden. Von der Erlösung der einzelnen Seele, dem Hauptthema des eigentlichen Gnosticismus, wird nicht geredet. Das Ganze hat trotz dem Schein des Gegenteils etwas Rationales, was in der Kirchensprache pneumatisch genannt wird.

3. Obwohl das Explicit des Buches (20, 31) seinen Inhalt und Zweck falsch angibt, so hat es doch darin Recht, daß dasselbe nicht, wie neuerdings zuweilen behauptet wird, an die Adresse der Juden oder der Johannesjünger gerichtet, sondern für solche Leser geschrieben ist, die schon glauben (ὑμεῖς). Es ist nicht für die Mission bestimmt; es will nicht die Außenstehenden werben. Es wendet sich ausschließlich an Christen; nur so begreift es sich, daß die ältere Gestalt des Christusglaubens in gewissen Punkten korrigiert wird. Es ist also esoterisch d. h. innerchristlich, und zwar nicht bloß in den Reden an die Jünger, sondern durchweg, auch in den Reden an die Juden, die nicht geeignet sind, sie zu gewinnen, sondern nur, sie zurückzustoßen.

Wo sind nun die ursprünglichen Leser, die ὑμεῖς oder ἡμεῖς, zu suchen? Es wäre von Interesse zu wissen, an welchem Orte das vierte Evangelium geschrieben ist und zuerst gewirkt hat. Man meint, daß gewisse Spuren auf Palästina weisen, und beruft sich in dieser Hinsicht auf die Kenntnis seltener Namen von Städten und Lokalitäten. Jedoch diese lassen sich nicht identifizieren und duften nach antiquarischen Raritäten. Ein völliger Mangel an wirklicher topographischer Anschauung des heiligen Landes zeigt sich darin, daß die Leute von dem quellenreichen Sichem (Sychar) nach einer Zisterne gehen müssen, um Wasser zu holen. Eine gewisse Bekanntschaft mit jüdischen Dingen ist natürlich zu erwarten. Grobe Verstöße in der Auffassung gewisser hierokratischer Einrichtungen, die man hat finden wollen, lassen sich schwerlich nachweisen. Bekanntschaft mit der Sitte, sich auf das Fest zu heiligen, verrät sich in 11, 55; Bekanntschaft mit dem Ritus des Wasserausgießens an der Oktave des Laubhüttenfestes vielleicht in 7, 37. Unkenntnis davon, daß zu Ostern der Vollmond scheint, wird man aus 18, 3 (Fackeln und Leuchten) nicht erschließen dürfen; ebenso wenig Unkenntnis davon, daß am Ölberg keine Palmen wachsen, aus 12, 12 (Palmwedel statt der στιβάδες). Aber doch ist es unrichtig, wenn Weizsäcker behauptet, die Diskussionen mit den Juden seien der Widerhall von wirklich (wenngleich erst lange nach dem Tode Jesu) vorgekommenen, und der Verfasser zeige sich darin über jüdische Lehren und Vorstellungen sehr gut unterrichtet. Eher könnte man zu spüren vermeinen, daß er nicht darin aufgewachsen sei. Er würde sonst nicht sagen, daß Moses die Beschneidung gegeben habe, nicht das Pascha für die Azyma setzen und es nicht das Fest d e r J u d e n nennen, so wenig wie das Gesetz das Gesetz der Juden, überhaupt nicht von den Juden als völlig fremden Leuten reden. Die Kenntnis des Aramäischen, die er in einigen Interpretationen an den Tag legt, beweist ebenfalls nichts für seine Herkunft aus Palästina. Seine Muttersprache scheint es nicht gewesen zu sein, wenigstens ist seine griechische Ausdrucksweise davon nicht entfernt so gefärbt wie die des Markus und des Verfassers der dem Matthäus und Lukas gemeinsamen Redestücke. Auch der gewaltige inhaltliche Unterschied des vierten Evangeliums von den drei ersten macht es unwahrscheinlich, daß es auf dem selben Boden wie jene entstanden sei; es würde dann kaum die alte jerusalemische Tradition mit solcher Freiheit behandeln. Daraus, daß Jerusalem als der Schauplatz des Wirkens Jesu und der Erscheinungen des Auferstandenen, als der Sitz seiner Brüder und der Urgemeinde, in auffallender Weise vor Galiläa bevorzugt wird, und daß die übrigen Gotteskinder d. h. Christen als von da verstreut ($\delta\iota\varepsilon\sigma\varkappa o\rho\pi\iota\sigma\mu\acute{\varepsilon}\nu\alpha$) gelten, folgt nicht, daß es dort entstanden sei. Etwas Positives über den Ort seiner Entstehung läßt sich freilich dem nicht entgegensetzen; dazu reichen unsere Mittel, soweit sie zuverlässig sind, nicht aus.

Die Data zur Bestimmung der Zeit sind etwas brauchbarer. Der Gottesdienst auf dem Sion und auf dem Garizzim hat nach 4, 21 aufgehört. In 5, 43 wird sogar zurückgeblickt auf die allgemeine Anerkennung Barkochbas als des Messias von seiten der Juden [1]). Indessen ist dieser Vers ein später und vereinzelter Nachtrag; das Gleichnis vom guten Hirten kennt nur erfolglose Messiasprätendenten, die keine Anerkennung in weiteren Kreisen gefunden haben. A potiori stammt das vierte Evangelium nicht erst aus der Mitte des zweiten christlichen Jahrhunderts. Es ist zwar sicher und anerkannter maßen das späteste der kanonischen Evangelienbücher. Die Nachfolge Jesu in den Tod tritt nicht mehr wie bei Markus als der Gipfel der evangelischen Moral hervor, die Ascese fehlt; von der gedrückten und doch

---

[1]) So richtig Hilgenfeld und Jülicher.

wunderbar gefaßten Stimmung, die sich in Mt 10 ausspricht, ist nicht viel übrig geblieben. Die Kirche hat ihre Geburtswehen hinter sich, hat sich von der feindlichen Synagoge auch ihrerseits feindlich losgerissen, fühlt sich selbständig und im sicheren Gedeihen; sie bedarf der enthusiastischen Hoffnung auf baldige Erlösung nicht mehr, sie vertraut ihrem eigenen Genius und der Zukunft ihrer Geschichte auf Erden. Indessen ist das sogenannte johanneische Evangelium darum, weil darin die Parusie, wie stellenweise auch im Lukas, beiseit geschoben wird, doch nicht jünger als die sogenannte johanneische Apokalypse in ihrer gegenwärtigen Gestalt. Denn dort ist schon Rom der Hauptfeind des Christentums. Hier dagegen setzt die römische Obrigkeit den Verfolgern noch den Daumen auf, sie wird sogar als von oben eingesetzt anerkannt [1]). Daraus scheint sich zu ergeben, daß das Buch seinem Hauptinhalt nach vor der Zeit abgefaßt ist, wo das Imperium anfing, prinzipiell der Kirche entgegenzutreten. Es gehört noch zu der ersten Periode der altchristlichen Literatur; mit der feindlichen Betrachtungsweise des römischen Reiches beginnt die zweite.

Die handschriftliche Überlieferung.

Auch für das vierte Evangelium habe ich nur den Sinaiticus (א), den Vaticanus (B) und den Cantabrigiensis Bezae (D) benutzt, daneben die Latina (Vercellensis) und die Syra (Sinaitica). Die unbedeutenden oder scheinbar unbedeutenden Varianten sind hier nicht minder zahlreich wie bei den Synoptikern und nicht anders geartet. Die Wortstellung ist häufig verschieden, auch die Konstruktion. Nicht selten steht einem Relativsatz oder einer Koordination zweier Verba durch καί anderswo ein Participium gegenüber. Ebenso der Verbindung „er antwortete und sprach" anderswo das einfache „er sagte". Synonyma werden vertauscht, wie ἀγαπᾶν und φιλεῖν, διδόναι und τιθέναι, διατρίβειν und μένειν, εἶναι und γεγονέναι oder γίνεσθαι, αἴρειν und βαστάζειν, ἰδεῖν und εἰδέναι, μαρτυρία und λαλιά, λάθρα und

---

[1]) Vgl. meine Analyse der Offenbarung Johannis in den Abh. der Göttinger Ges. der Wissenschaften 1907 (IX 4), und meine Noten zur Apostelgeschichte in den Nachrichten 1907 p. 9. 10. 13. Es ist keine Tendenz, sondern entspricht der Wirklichkeit, wenn berichtet wird, daß die römischen Beamten unparteiisch für Ruhe und Ordnung sorgten und durch Handhabung des formellen Rechtes die Christen schützten.

σιωπῇ; ferner ὅσα und ἅ, εἰς und ἐν, ἐκ und ἀπό, am meisten καί δέ οὖν. Die Formen des Verbs wechseln, γνοῖ mit γνῷ, εἶπον mit εἶπαν oder εἰπέ, ἑστώς mit ἑστηκώς, ἐγένετο mit ἐγενήθη; sehr oft die Tempora und Modi. Explicita wie Jesus, Johannes, die Jünger, der Geheilte oder der Kranke (5, 10. 13. 14) werden zugesetzt und ausgelassen [1]), ebenso adverbiale Bestimmungen wie εἰς τὸν αἰῶνα oder εἰς τὸν κόσμον, und Epitheta wie αἰώνιος zu ζωή oder οὗτος zu ὁ κόσμος. Ungleich häufiger aber kleine Worte, wie der Artikel (namentlich vor Eigennamen und θεός) oder καί δέ οὖν τότε πάλιν πᾶς. Desgleichen Pronomina, sowohl in Abhängigkeit vom Verb als vom Substantiv. So πιστεύετε und πιστεύετέ μοι oder εἰς ἐμέ, ἑωράκατε und ἑ. με, ἰδόντες und ἰ. με; ὁ πατήρ und ὁ π. μου, οἱ πατέρες und οἱ π. ὑμῶν, ὁ νόμος und ὁ ν. ὑμων.

Was ℵ und B betrifft, so weichen sie mehrfach in auffallenden Lesungen gemeinsam von dem Gros der Zeugen ab, wie 1, 18 (μονογενὴς θεός), 3, 13 (ὁ ὢν ἐν τῷ οὐρανῷ fehlt), 13, 2 (Ἰούδας Σ. Ἰσκαριώτης hinter παραδοῖ, nicht im Genitiv hinter εἰς τὴν καρδίαν), 19, 39 (ἕλιγμα für μῖγμα). Der Unterschied der beiden ältesten Uncialen im Joa liegt vornehmlich darin, daß ℵ viel öfter mit der Latina stimmt als B, wenngleich nicht überall so stark wie in den ersten sieben Kapiteln [2]). Das berechtigt indessen durchaus nicht zu dem Urteil (Bousset), ℵ sei im Joa weniger wert als sonst. Nicht immer, z. B. nicht in 3, 8. 4, 36. 6, 17. 8, 39, aber oft genug verdient ℵ den Vorzug vor B, z. B. in 2, 3. 2, 12. 5, 32. 8, 57. 10, 8. 13, 10, besonders auch hinsichtlich der Auslassung ganzer Sätze in 4, 9. 7, 50. 9, 39. 16, 15. 21, 25.

---

[1]) Ein durchgedrungenes falsches Explicitum ist οἱ μαθηταί σου 7, 3.
[2]) 1, 4 ἐν αὐτῷ ζωή ἐστιν, B ε. α. ζωὴ ἦν.
1, 13 οὐδὲ θελήματος ἀνδρός, fehlt in B.
1, 18 ὁ ὢν fehlt, in B nicht.
1, 21 τί οὖν, B σὺ οὖν τί.
1, 25 καὶ ἠρώτησαν αὐτὸν καί fehlt, in B nicht.
1, 32 ὡς περιστεράν anders gestellt als in B.
1, 34 ὁ ἐκλεκτὸς τοῦ θεοῦ, B ὁ υἱὸς τ. θ.
1, 39 καὶ ἴδετε, B καὶ ὄψεσθε.
1, 47 ἰδών ... λέγει, B εἶδεν .., καὶ λέγει.
2, 3 καὶ οἶνον οὐκ εἶχον, ὅτι συνετελέσθη ὁ οἶνος τοῦ γάμου· εἶτα λέγει ἡ μήτηρ — B καὶ ὑστερήσαντος οἴνου λέγει ἡ μήτηρ.
2, 12 καὶ οἱ μαθηταὶ αὐτοῦ fehlt, in B nicht. Es genüge diese Beispiele aus 1, 1—2, 12 anzuführen.

Die Ausdrücke ὁ κύριος 4, 1 und ὁ σωτήρ 6, 64 sind aus dem Grunde nicht zu beanstanden, weil sie in Interpolationen vorkommen und diese kennzeichnen.

D zeigt sich bei Joa von ähnlicher Art wie bei Matthäus und Markus. Zu den Latinismen des Schreibers λεγιωνης, εχετες, Κρητης καὶ Ἀραβοι (Act 2, 11) kommt aus Joa hinzu Πετρους (13, 24) und vielleicht στάδια (6, 19): letzteres ist zwar korrekt griechisch, aber aus dem Neuen Testament verschwunden, dagegen im Lateinischen ausschließlich gebräuchlich. Die provençalische Abkunft verrät sich in der lateinischen Columne durch elebabit (= elevavit) serbare badere, und umgekehrt durch vivit für bibit; man erinnert sich an den Spruch, in den der verbannte Scaliger sein Heimweh kleidet: felices populi, quibus vivere est bibere. Zu der Spreu von Varianten liefert D auch im Joa den größten Beitrag und zeigt dabei die gleiche Inkonsequenz wie sonst. Im Allgemeinen läßt sich vielleicht eine stärkere Hinneigung zur Vulgärsprache konstatieren, doch kommen auch Gegeninstanzen vor. An manchen Stellen findet sich ein Plus gegen א und B, an mindestens ebenso vielen dagegen ein Minus. Verbesserungen oder Veränderungen des Pragmatismus wie im Evangelium und der Apostelgeschichte des Lukas sind kaum nachzuweisen. An auffallenden Einzelheiten verdienen bemerkt zu werden ἀπὸ Καρυωτοῦ für Ἰσκαριώτης (außer 6, 71, wo dagegen א ἀπὸ Καρυωτοῦ bietet), Καιφας für Καιαφας[1]), ραββωνι für ραββουνι, Σαμφουρειν 11, 54, die je einmal vorkommenden Formen Ἱερουσαλημ und Ναζαρηνός; ferner βασιλίσκος 4, 46. 49 für βασιλικός, πρίν 8, 58. 11, 55 als Präposition. Unjohanneisch ist ἐπερωτᾶν (beständig für das Simplex), ἐρευνᾶν für ἐραυνᾶν, ἕτερος 9, 9 für ἄλλος; nicht aber βαστάζειν 20, 15 für αἴρειν, und δοκεῖν mit persönlichem Subjekt 11, 56. 21, 23. Im Ganzen stimmt der Text von D mit dem der Vetus Latina (Vercellensis), auch diese hat basiliscus Caiphas und 18, 5 Nazarenus. Doch sind Ausnahmen nicht selten. Die Perikope von der Ehebrecherin steht in D und fehlt in der Latina; sie übersetzt nicht ἀπὸ Καρυωτοῦ, sondern sagt Scariot, sie liest 7, 3 αὐτός mit א, während D αὐτό mit B, sie läßt 10, 8 πρὸ ἐμοῦ mit א aus, während D ebenso wie B es bietet.

---

[1]) Was Lagarde über die Etymologie von Kaiphas und Kaiaphas auf grund meiner Bemerkungen in den Resten arabischen Heidentums vorgetragen hat, ist wenig wahrscheinlich.

Die Syra weist Eigentümlichkeiten in den Ortsangaben auf; für Bethania 1, 28 hat sie Bethabara (Origenes), für Ainon En-Nun d. h. Fischhausen (Diatessaron arab.), für Kana Katna oder K'tanna: ἐπὶ τῇ προβατικῇ 5, 2 fehlt bei ihr, dagegen setzt sie 12, 12 den Ölberg ein, der sonst bei Joa so wenig genannt wird wie der Garten Gethsemane, und 18, 1 erklärt sie den Kidron für einen Berg. In den wichtigsten Fällen, wo א und die Latina zusammen gehen, ist sie dabei; mit der Latina oder D allein stimmt sie vielleicht etwas mehr, als mit א allein (8, 57. 13, 9) oder mit B (8, 39). Die Zahl der unbedeutenden Abweichungen von der durch א und B repräsentierten Überlieferung ist wohl noch größer als in D; es läßt sich freilich oft nicht entscheiden, ob sie auf die griechische Vorlage oder auf die Freiheit des Übersetzers zurückgehen. Für ἀπεκρίθη καὶ εἶπεν hat sie gewöhnlich einfach **e r s a g t e.** Vielfach fehlen Pleonasmen, Explicita, Epitheta[1]); doch kommt es auch vor, daß dergleichen zugefügt wird oder variiert. Davon sind zu unterscheiden die größeren Zusätze oder Auslassungen[2]), die letzteren überwiegen und sind zahlreicher als in א und D. Von singulären Lesungen oder Übersetzungen mögen folgende Beispiele angeführt werden. **D u b i s t d e r C h r i s t u s** 1, 36; auch 6, 69 steht der Christus für den Heiligen Gottes und 7, 40 für den Propheten. **E s w a r e i n T e i c h** 5, 2; das Präteritum statt des Präsens ἔστιν, worauf Blaß Häuser baut, ist hier sehr merkwürdig. **W e r s e i n** (statt: mein) **F l e i s c h i ß t u n d s e i n B l u t t r i n k t, h a t d a s e w i g e L e b e n** 6, 54; dann schließt das folgende κἀγὼ ἀναστήσω κτλ. nicht an. **E u c h a l l e** 6, 70 für ὑμᾶς τοὺς δώδεκα. **A u s F u r c h t v o r d e m** נטיא 7, 13 für διὰ τὸν φόβον τῶν Ἰουδαίων; bei Aphraates werden die Juden regelmäßig נטיא genannt. **A u s j e n e r S t a d t** 7, 31 für ἐκ τοῦ ὄχλου. Εἰμί 7, 34. 36 für εἰμί. Ἐπάρατοί εἰσιν 7, 49 fehlt. Δαιμονίου 10, 21 für δαιμονιζομένου. **J e s u s s a g t e z u M a r t h a : d e i n B r u d e r w i r d a u f e r s t e h e n. M a r t h a s a g t e : i c h w e i ß, b e i d e r A u f e r s t e h u n g a m j ü n g s t e n T a g e** (ἀναστήσεται fehlt). **J e s u s s a g t e : i c h b i n d i e A u f e r s t e h u n g** (καὶ ἡ ζωή fehlt), **w e r** usw. 11, 23—25. Über die Wiederholung des Imperativs in 11, 43: **L a z a r u s , k o m m**

---

[1]) Für richtig halte ich das Fehlen von τοῦτον 2, 19, von καλά 10, 32, von πολλά 14, 30; auch von καί 10, 33.

[2]) Ich verstehe unter Zusatz und Auslassung nur Plus und Minus, was sich leider nicht in den Plural setzen läßt.

heraus, komm heraus! s. meine Note zu Lc 7, 14. Τοῦ ἐνιαυτοῦ ἐκείνου fehlt 11, 51, aber nicht 18, 13. **Wenn ihr mich nicht kennt, kennt ihr auch meinen Vater nicht 14, 7.** Καὶ ὅπλων 18, 3 fehlt. Θυρωρός 18, 16 wird maskulinisch gefaßt und die Magd 18, 17 heißt die Magd des Türhüters. **Und eilig unter Schweigen setzten sie ihn bei in dem nah dabei gelegenen Grabe, weil der Sabbat anbrach 19, 42.** Für καὶ μεθ' ἡμέρας ὀκτώ 20, 26 wird **am nächsten Sonntag** gesagt. Ὥσει für οἴσει 21, 18.

Viele Abweichungen der Syra beruhen ohne Zweifel auf Willkür. Einige Zusätze oder Änderungen sind aus den Synoptikern geflossen; so das zweimalige Krähen des Hahns 13, 38, ferner aus Markus **und goß es auf das Haupt Jesu, da er zu Tische saß** 12, 3, aus Matthäus **Simon Jona** statt Simon Johannis 1, 42. 21, 16, τῇ ἐπιφωσκούσῃ εἰς μίαν σαββάτων 20, 1, **steck dein Schwert zurück an seinen Ort 18, 11.** Eine dogmatische Korrektur liegt in 6, 63 vor: „der Geist ist es, der **das Fleisch** lebendig macht; **ihr aber sagt**, das Fleisch nütze nichts" — der Gegensatz von Geist und Fleisch wird ausgeglichen und die Äußerung, daß das Fleisch nichts nütze, aus dem Munde Jesu in den der Jünger verlegt, um ihre Giltigkeit aufzuheben. Eine andere in 18, 23: „ich habe recht geredet, warum schlägst du mich?" — nicht einmal als Möglichkeit darf Jesus zugeben, daß er übel könnte geredet haben[1]). Weit häufiger aber als dogmatische Anstöße werden Widersprüche und Mängel im Faden der Erzählung beseitigt; ähnlich wie es in D zur Apostelgeschichte geschieht. Dies ist besonders charakteristisch für die Syra zu Joa. Über die starke Umarbeitung von 18, 12—27 ist schon in der Analyse gehandelt. Andere Beispiele mögen hier noch hinzugefügt werden. In 3, 22. 23 verlautet nichts davon, daß Jesus und Johannes neben einander tauften, vielmehr heißt es: „Jesus kam mit seinen Jüngern in das jüdische Land und weilte da, und es **weilte mit ihm auch Johannes."** Dagegen wird in 4, 2 die Aussage, daß Jesus überhaupt nicht getauft habe, eingeschränkt: „Jesus taufte nicht **allein**, sondern seine Jünger" — dabei fehlt aber das **auch** hinter sondern, die Procedur ist auf halbem Wege stehen geblieben. In 3, 26 wird **Alle** (kommen zu Jesus) in **Viele** verwandelt; in 3, 32 **Keiner** (nimmt sein Zeugnis an) in **Nichtjeder**. Der

---

[1]) Ähnlich ist der Einsatz 6, 6. 7 zu beurteilen, vgl. p. 28. 29.

Vers 4, 8 erscheint im griechischen Text als Nachtrag und ist auch einer; in der Syra wird er umgestellt, um in den Zusammenhang zu passen. Ähnlich könnte man über die Auslassung von ἐν τῷ μεταξύ zu urteilen geneigt sein, indessen liegt hier die Sache wahrscheinlich anders. In Kap. 11 werden die Spuren davon, daß Lazarus ursprünglich gar nicht mit Maria und Martha zu Einer Familie gehört, verwischt dadurch, daß er gleich anfangs, schon vor der Interpolation von Vers 2, als ihr Bruder eingeführt wird; ebenso dadurch, daß es Vers 3 heißt „s e i n e z w e i Schwestern" und in Vers 5 „Jesus liebte d i e s e d r e i G e s c h w i s t e r, Maria, Martha und Lazarus." In Kap. 12 wird das gebrechliche Gefüge der Palmarumperikope verbessert durch einen Zusatz am Anfang von Vers 12 „Am andern Tage ging er aus und kam an den Ölberg" und durch eine Änderung in Vers 14 „Jesus aber ritt auf einem Esel, wie geschrieben ist". In 13, 4 wird das schwierige ἐκ τοῦ δείπνου einfach ausgelassen, ebenso in 16, 18 die Einführungsformel ἔλεγον οὖν, die darauf hindeutet, daß der Vers nachgetragen ist. In 20, 2 ist οἴδαμεν in οἶδα verändert, weil nur Eine Person redet; umgekehrt εἶδεν καὶ ἐπίστευσεν 20, 8 in εἶδον καὶ ἐπίστευσαν, weil die Aussage nicht bloß auf den Lieblingsjünger, sondern auch auf Petrus gehen soll. In 20, 16 wird das im jetzigen Text befremdende στραφεῖσα verändert und zu μή μου ἅπτου eine Motivierung hinzugefügt; auch in 21, 7. 8 wird dem Pragmatismus nachgeholfen. Blaß greift mit Vorliebe nach solchem Katzengolde der Syra, er ist ihr als Kritiker seelenverwandt. Zugestanden muß werden, daß meist wirkliche Schwierigkeiten bei den Korrekturen empfunden sind. Es liegt am nächsten anzunehmen, daß dieselben erst in der Syra entstanden und nicht schon in ihrer griechischen Vorlage vorhanden gewesen sind; zu derjenigen in 3, 22. 23 hat offenbar die Ähnlichkeit von עמד (getauft werden) und עמר (wohnen) den Anlaß gegeben. Der Übersetzer verfährt zwar keineswegs leichtfertig, indessen doch auch nicht ängstlich. Er drückt hier und da (16, 20. 20, 1) Ein griechisches Wort durch zwei syrische aus, er gibt οἱ ἄρχοντες in 7, 26 anders wieder als in 7, 48, ἀποσυνάγωγος in 9, 22. 12, 41 anders als in 16, 3, das erste φέρε in 20, 27 anders als das zweite. Κατ' ὄψιν 7, 24 übersetzt er אפין אפין (ihr richtet je nach dem πρόσωπον verschieden?), er setzt zu Anfang von 11, 1 ein unjohanneisches καὶ ἐγένετο vor. Für Jesus steht streckenweis konsequent der Herr (mâran), ebenso wie in einem größeren Abschnitt des Matthäus.

Sprachliches.

Die Absicht des folgenden Versuchs geht darauf, die charakteristischen Züge der johanneischen Sprache zur Darstellung zu bringen und ihr Verhältnis zu der des Markus und seiner Verwandten. Ich nenne Markus als den Hauptvertreter eines Genre, das auch bei Matthäus und Lukas zu finden ist, namentlich in den ihnen gemeinsamen Redestücken.

Einfacher Satz.

1. Was die Wortstellung betrifft, so geht das Verbum in der Regel voran und das Subjekt kommt hinterdrein. Das scheint ähnlich zu sein wie bei Markus und im Semitischen. Aber die Ähnlichkeit wird dadurch zur Differenz, daß das Subjekt nicht alsbald auf das Verbum folgt, sondern mit Vorliebe an das äußerste Ende des Satzes rückt. So φωνεῖ τὸν νυμφίον ὁ ἀρχιτρίκλινος 2, 9; ἀνῆλθεν εἰς τὸ ὄρος Ἰησοῦς 6, 3; εἰσῆλθεν εἰς τὸ πραιτώριον ὁ Πιλᾶτος 18, 33; ἠρώτησεν τὸν Πιλᾶτον Ἰωσήφ 19, 38. Das Objekt, sei es ein Substantiv oder ein Pronomen, steht sehr oft vor dem Subjekt, nicht selten auch vor dem regierenden Verb, namentlich vor dem Infinitive. Noch mehr unterscheidet sich Joa von Markus und dem Semitischen dadurch, daß der Genitiv oft vor dem Regens oder getrennt davon steht, sowohl der pronominale (αὐτοῦ οἱ μαθηταί, αὐτοῦ τὴν μαρτυρίαν, αὐτῶν πονηρὰ τὰ ἔργα, αὐτοῦ τὸν πηλὸν ἐπὶ τοὺς ὀφθαλμούς, ἡμῶν τὸν τόπον καὶ τὸ ἔθνος) als auch der substantivische (δύο ἀνθρώπων ἡ μαρτυρία, τοῦ πατρὸς τὰς ἐντολάς, ὁ τοῦ ἀρχιερέως δοῦλος). Es findet sich bei Joa keine Spur vom Status constructus. Bei Markus schimmert dieser auch darin durch, daß das Regens vor determiniertem Genitiv häufig nicht den Artikel hat, daß nicht gern Ein Genitiv hinter mehreren Regentia steht, und daß namentlich der pronominale Genitiv (das Suffix) hinter jedem Regens wiederholt zu werden pflegt. Bei Joa kommen solche Erscheinungen kaum vor; ἐκ σπέρματος Δαυίδ 7, 42 ist nur die Lesart des Cantabrigiensis.

Auch die echt semitische Art, ein Stichwort aus der Konstruktion herauszuheben, es als Nominativus absolutus oder Casus pendens voranzustellen und hernach durch ein rückbezügliches Pronomen wieder aufzunehmen, findet sich bei Joa höchstens annähernd in besonderen Fällen; vgl. § 4.

Also ist die Wortstellung bei Joa im Allgemeinen unsemitisch, und die Voransetzung des Verbs wird aus Nachahmung des biblischen Stils zu erklären sein. Vereinzelt erscheint die semitische Auslassung der Copula zwischen Subjekt und Prädikat im präsentischen oder zeitlosen Satze: ἐγὼ φωνή 1, 23, ἐγὼ ἐν τῷ πατρὶ καὶ ὁ πατὴρ ἐν ἐμοί 14,11; vgl. Blaß § 30, 3.

Beiordnung von Sätzen.

2. In dem Exordium des zweiten Abschnittes (13, 1—3) hat sich die Redaktion folgende Periode geleistet: Πρὸ δὲ τῆς ἑορτῆς τοῦ πάσχα εἰδὼς ὁ Ἰησοῦς ὅτι ἦλθεν αὐτοῦ ἡ ὥρα ἵνα μεταβῇ ἐκ τοῦ κόσμου τούτου πρὸς τὸν πατέρα, ἀγαπήσας τοὺς ἰδίους τοὺς ἐν τῷ κόσμῳ, εἰς τέλος ἠγάπησεν αὐτούς· καὶ δείπνου γενομένου, τοῦ διαβόλου ἤδη βεβληκότος εἰς τὴν καρδίαν Ἰούδα Σίμωνος Ἰσκαριώτου ἵνα παραδοῖ αὐτόν, εἰδὼς ὅτι πάντα ἔδωκεν αὐτῷ ὁ πατὴρ εἰς τὰς χεῖρας καὶ ὅτι ἀπὸ θεοῦ ἐξῆλθεν καὶ πρὸς τὸν θεὸν ὑπάγει, ἐγείρεται ἐκ τοῦ δείπνου. Ein zweites Beispiel der Art kommt nicht vor. Die Parataxe überwiegt; ihre Aufhebung durch das Particip ist seltener als bei Markus, die Handschriften gehen dabei manchmal aus einander. Bei der Vergleichung findet sie sich 5, 17: mein Vater wirkt bis jetzt, und ich wirke. Auffallendere Beispiele sind 6, 50: ich bin das Brod des Lebens, damit einer davon esse und nicht sterbe = damit, wer davon ißt, nicht sterbe; 7, 4: niemand tut etwas im Verborgenen und will, daß es öffentlich sei; 14, 16: ich werde den Vater bitten, und er wird euch einen Beistand geben = ich werde ihn bitten, daß er gebe, und er wird es tun; 18, 16: er sagte der Türhüterin, und sie ließ ihn ein = er sagte der Türhüterin, sie möchte ihn einlassen, und sie tat es. Das ist ganz wie in der aramäischen oder in der biblischen Redeweise. Nicht ungriechisch dagegen 6, 35: es sind noch vier Monate und die Ernte kommt, 16, 16: eine kleine Weile und ihr werdet mich nicht sehen; nach ἔρχεται ὥρα findet sich freilich das καί nicht (5, 25. 28. 16, 32). Andersartig und bei Joa ganz ungewöhnlich ist die Konstruktion βούλεσθε ἀπολύσω 18, 39, die bei Epiktet sich öfters findet.

Bei der Parataxe im Joa zeigt sich jedoch wiederum ein beachtenswerter Unterschied gegen Markus. Nämlich die einzelnen Sätze werden nicht fortlaufend durch καί verbunden und fangen namentlich nicht gleich damit an. Auch das mit καί abwechselnde metabatische δέ ist seltener als bei Markus, namentlich im Sinaiticus, der auch mit οὖν verhältnismäßig sparsam umgeht. Gewisse erzählende Partien haben etwas Mörtelloses, Lapidares; das Fehlen der Übergangspartikeln tritt manchmal empfindlich auf, stellenweise freilich sind sie dicht gesät. Καί…καί findet sich bei Joa öfters als sonst im Neuen Testament[1]). Μέν mit folgendem δέ kommt einige male vor, τε…καί aber nur an späten Stellen 2 15. 4, 42. 6, 18, ebenso auch οὐ μόνον… ἀλλὰ καί 5, 18. 11, 52. 17, 20[2]).

Unterordnung und Conjunctionen.

3. Relativsätze sind außerordentlich beliebt und werden oft gebraucht, wo ein Participium oder ein anderer kürzerer Ausdruck zu erwarten wäre. Von Blaß werden sie vielfach ohne allen Grund beseitigt; zuweilen scheint das auch in den Handschriften geschehen zu sein, z. B. ὁ μέλλων 12, 4 für ὃς ἤμελλεν (D) und ὁ γνωστός (18, 16) für ὃς ἦν γνωστός (ℵ). An Markus erinnert das häufige ὅπου, besonders mit folgendem ἦν. So 7, 42 ἀπὸ Βηθλεὲμ τῆς κώμης ὅπου ἦν Δαυίδ, ferner 1, 28. 6, 62. 10, 40. 11, 32. 12, 1. 18, 1. 20, 12. 19. Die Attraction des Arthron an den Casus des vorhergehenden Substantivs kommt öfter vor als bei Markus, wenngleich die Überlieferung dabei schwankt. Davon aber, daß die Rektion des Arthron nach semitischer Weise durch ein Pronomen nachgebracht wird, findet sich keine Spur; denn ἐπ' αὐτόν 1, 33 gehört nur zu μένον und nimmt nicht etwa das den Satz anfangende ἐφ' ὅν wieder auf[3]). Unechte Relativsätze, die nicht der Zeit des Hauptsatzes entsprechen oder ihr vorangehen, sondern die Handlung weiter führen, sind mindestens sehr selten, während sie bei Lukas häufig sind, gewöhnlich mit καί hinter dem Arthron.

4. An stelle des condicionalen Relativsatzes mit ὃς ἄν, ὅ τι ἄν, ὅσα ἄν tritt noch öfter als bei den Synoptikern ein determiniertes Particip; in der Regel mit πᾶς davor, doch auch ohne das. Πᾶς ὁ πίνων διψήσει wechselt mit ὃς ἂν πίῃ οὐ μὴ διψήσει 4, 13. 14. Das im Nominativ voranstehende Particip braucht nicht Subjekt zu sein, sondern kann absolut stehen, indem es eigentlich einen Satz vertritt; so

---

[1]) In 4, 36 fehlt das erste καί mit Recht im Vaticanus.

[2]) In 12, 9 wird es mit Recht von Blaß beseitigt, nach der Latina und Syra und nach dem Cantabrigiensis. Bei Markus, Lukas und in der Apokalypse kommt es überhaupt nicht vor, bei Matthäus nur einmal, bei Paulus und in der Apostelgeschichte nicht selten.

[3]) Zuweilen steht ὅτι mit nachfolgendem Pronomen, wo man einen Relativsatz erwartet. Für ὅτι δοκεῖτε ἐν αὐταῖς verbessert Blaß ohne Recht ἐν αἷς δοκεῖτε.

ὁ πιστεύων εἰς ἐμέ, ποταμοὶ ἐξ αὐτοῦ ῥεύσουσιν 7, 38 und πᾶν κλῆμα μὴ φέρον καρπόν, αἴρει αὐτό 15, 2, vgl. Lc 6, 47. Mt 13, 19 [1]). Etwas anders 3, 8 οὕτως ἐστὶν πᾶς ὁ γεγεννημένος ἐκ τοῦ πνεύματος = so geht es, wenn einer aus dem Geist geboren ist. Nicht synoptisch ist das mit ὃς ἄν abwechselnde und weit häufigere ἐάν τις. Bei den so eingeleiteten Sätzen tritt zuweilen die [relative Bedeutung stärker hervor als die condicionale, z. B. ὁ λαμβάνων ἐάν τινα πέμψω 13, 20.

5. Durch das temporelle ὡς unterscheidet sich Joa von Matthäus und Markus, aber nicht von Lukas. Für ἕως im Sinne von **während** (9, 4) steht es 12, 36; μέχρις oder ἄχρις οὗ kommt nicht vor. Ἐπεί ist ebenso selten wie bei den Synoptikern. Über Infinitiv- und Participconstruction vgl. § 13. 14.

6. Eine für Joa sehr bezeichnende Erscheinung sind die Correlative, die auf ein pronominales oder adverbiales Relativ [2]) oder auch auf ein Participium und sogar ein Substantiv zurückschlagen. Ὅσοι ἔλαβον αὐτόν, ἔδωκεν αὐτοῖς 1, 12; μονογενὴς εἰς τὸν κόλπον τοῦ πατρός, ἐκεῖνος ἐξηγήσατο 1, 18; ὁ πέμψας με βαπτίζειν, ἐκεῖνός μοι εἶπεν 1, 33; ὁ ἑώρακεν, τοῦτο μαρτυρεῖ 3, 32; ὁ ποιήσας με ὑγιῆ, ἐκεῖνός μοι εἶπεν 5, 11 (5, 36. 37. 6, 57. 7, 18); τὰ ἔργα ἃ ἐγὼ ποιῶ, ταῦτα μαρτυρεῖ περὶ ἐμοῦ 10, 26 (14, 13). Ferner ὡς οὖν ἤκουσεν, τότε ἔμεινεν 11, 6 [3]); ὅπου ἐγώ εἰμι, ἐκεῖ καὶ ὁ διάκονος ὁ ἐμὸς ἔσται 12, 26; ὅτι ἐκ τοῦ κόσμου οὐκ ἐστέ, διὰ τοῦτο μισεῖ ὑμᾶς ὁ κόσμος 15, 19.

7. Objektssätze mit Particip als Prädikat sind häufig, wie ἐμβλέψας τῷ Ἰησοῦ περιπατοῦντι 1, 36 (29); jedoch ἐγεύσατο τὸ ὕδωρ οἶνον γενόμενον 2, 9 muß wie διὰ τὸν λόγον τῆς γυναικὸς μαρτυρούσης 4, 39 beurteilt werden. Dagegen findet sich der Accusativus cum infinitivo so selten oder noch seltener wie bei Markus. In den Sätzen mit ὅτι, die an die Stelle treten, kann aber wenigstens das Subjekt vom Verbum des Hauptsatzes attrahiert werden, wie es auch bei den Synoptikern vorkommt; nach dem Paradigma: vidit lucem quod bona erat. So ἵνα φανερωθῇ αὐτοῦ τὸ ἔργον ὅτι ἐν θεῷ ἐστιν εἰργασμένον 3, 31 = es soll offenbar werden, daß sein Werk in Gott getan ist; θεάσασθε

---

[1]) An der letzteren Stelle steht das absoltue Participium nicht im Nominativ, sondern im Genitiv.

[2]) Adverbiales Relativ ist die Conjunction.

[3]) Τότε in dieser Verwendung öfter bei Markus. Im Hebräischen nur nach irrealer Hypothese, und da regelmäßig.

τὰς χώρας ὅτι λευκαί εἰσιν 4, 35 = seht, daß die Felder weiß sind; ἔγνωκα ὑμᾶς ὅτι οὐκ ἔχετε 5, 42 = ich habe erkannt, daß ihr keine Liebe Gottes in euch habt; ὃν ὑμεῖς λέγετε ὅτι θεὸς ὑμῶν (D) ἐστιν 8, 54; οἱ θεωροῦντες αὐτὸν ὅτι προσαίτης ἦν 9, 8; ἰδόντες τὴν Μαριὰμ ὅτι ἀνέστη 11, 31. Diese Attraktion kommt auch bei den Sätzen mit ἵνα vor, z. B. ἔθηκα ὑμᾶς ἵνα ὑπάγητε 15, 16. Das vorausgenommene Subjekt des Nebensatzes wird oft mit περί eingeleitet, wie γνώσεται περὶ τῆς διδαχῆς πότερον ἐκ τοῦ θεοῦ ἐστιν 7, 17, οὐκ ἐπίστευσαν περὶ αὐτοῦ ὅτι ἦν τυφλός 9, 17. Dies περί ist auch sonst häufig und für die Sprache des Joa bezeichnend; bei λέγειν wechselt es mit dem einfachen Accusativ.

8. Die Unterordnung angeführter Aussprüche in Oratio obliqua ist so wenig beliebt, wie bei den Synoptikern. Die Oratio recta überwiegt durchaus, wird aber nicht so oft wie bei den Synoptikern auch ihrerseits durch ὅτι eingeführt. Indessen gibt es doch Beispiele, nicht bloß im Cantabrigiensis, und Blaß hat kein Recht sie zu korrigieren.

9. Ebenso wie durch ὅτι wird der Infinitiv durch ἵνα zur Seite gedrängt. Sätze der Absicht und der Folge werden ganz unterschiedslos damit eingeleitet [1]). Von ὥστε gibt es nur ein Beispiel (3, 16); für **so daß** wird ἵνα gesagt (5, 20) und für **so daß nicht** (= ohne daß) ἵνα μή (7, 23). Öfters steht ein Satz mit ἵνα auffallend voran, und bisweilen ist ein solcher ganz selbständig, wie 1, 8 οὐκ ἦν ἐκεῖνος τὸ φῶς, ἀλλ' ἵνα μαρτυρήσῃ περὶ τοῦ φωτός = jener war nicht das Licht, sondern **er sollte zeugen** von dem Lichte; 9, 3 οὔτε οὗτος ἥμαρτεν οὔτε οἱ γονεῖς αὐτοῦ, ἀλλ' ἵνα φανερωθῇ τὰ ἔργα τοῦ θεοῦ ἐν αὐτῷ = weder dieser hat gesündigt noch seine Eltern, sondern die Werke Gottes **sollten offenbar werden**.

Verbum.

10. In dem Gebrauch der verbalen Vokabeln zeigen sich natürlich, auch abgesehen von Biblicismen, manche Berührungen mit den Synoptikern. So im Gebrauch von ἀφιέναι für **lassen** und **verlassen**, ἐᾶν kommt gar nicht vor und καταλείπειν nur in der unechten Perikope von der Ehebrecherin. Für βούλεσθαι wird regelmäßig θέλειν gesagt, mit einer Ausnahme (18, 39). Ζῆν heißt **gesund sein** (4, 50—53). Ἐκβάλλειν in abgeblaßtem Sinne findet

---

[1]) Für einen Hebraismus kann man das nicht ausgeben.

sich 10, 4; vorher steht dafür ἐξάγειν. Ἀπεκρίθη καὶ εἶπεν (nicht ἀ. καὶ λέγει) kommt namentlich in den ersten Kapiteln oft vor, öfter aber ἀπεκρίθη allein oder λέγει allein, niemals oder nur sehr ausnahmsweise das pleonastische λέγων. Ἔφη ist ganz selten, ἐρωτᾶν **fragen** jedoch ungleich häufiger als bei den Synoptikern. Im Ganzen werden die Berührungen mit diesen überwogen durch die Unterschiede. Dahin gehören λαμβάνειν für δέχεσθαι, λαμβάνειν und τιθέναι für sumere und ponere (s. oben p. 49 n. 1), ἐραυνᾶν, ἐξυπνίζειν, κράζειν und κραυγάζειν für lautes Reden; ferner die theologischen Termini μαρτυρεῖν, φανεροῦν, μένειν (immanere), ἀνιστάναι, θεωρεῖν, δοξάζειν und ὑψοῦν, κοιμᾶσθαι und τελευτᾶν (sterben). Ἄγειν und dessen Composita außer συνάγειν sind bei Markus stets intransitiv, bei Joa transitiv, abgesehen von ἄγωμεν und dem fast nur in einem besondern Fall gebräuchlichen ὑπάγειν; παράγειν für περιπατεῖν in 9, 1 fällt sehr auf. Das vorläufige ἤρξατο, welches für die Synoptiker so bezeichnend ist, findet sich bei Joa nur einmal (13, 5) und das vorläufige καὶ ἐγένετο gar nicht[1]). Ebenso wenig κηρύσσειν (oder bei Lukas εὐαγγελίζεσθαι), auch nicht ἰσχύειν für δύνασθαι (21, 6). Σκανδαλίζειν kommt nur zweimal vor, auch σώζειν verhältnismäßig selten. Ἄρτον φάγειν für das einfache φάγειν wird nicht gesagt, dagegen τρώγειν und βεβρωκέναι. Für συμβούλιον λαμβάνειν, ποιεῖν, διδόναι heißt es in dem selben Sinn βουλεύεσθαι (beschließen, nicht beraten); dagegen διδόναι ἀπόκρισιν, διδόναι ῥάπισμα, φέρειν κατηγορίαν. Merkwürdig ist δεικνύειν mit dem Objekt σημεῖον im Sinn von edere, und κρατεῖν im Sinne von claudere (20, 23. vgl. Lc 24, 16), wie aramäisch יהב und אחד.

Noch das verdient hervorgehoben zu werden, daß in starkem Unterschiede von Lukas (besonders in der Apostelgeschichte) Verba composita in der Regel nur dann gebraucht werden, wenn die Präposition darin wirklich etwas bedeutet. Wenn der Begriff unverändert bleibt, so wird das Simplex vorgezogen. Hie und da sind in einem Teil der Handschriften die Simplicia in Composita verbessert, so ζητεῖν 3, 5 in συνζητεῖν, δέχεσθαι 4, 46 in ἐκδέχεσθαι, νεύειν 5, 13 in ἐκνεύειν, σκορπίζειν 11, 52 in διασκορπίζειν, βουλεύεσθαι 11, 53 in συμβουλεύεσθαι.

---

[1]) Dagegen wird gern ein Finitum oder Particip von ἑστηκέναι oder ἑστάναι dem Hauptverbum vorangeschickt, besonders in der Syra, woraus Mrs. Lewis und Blaß zu 4, 27 unnützes Aufheben machen. Seltener sind Beispiele wie **er geht hin und nimmt** (15, 16. 19, 3. 21, 13).

διδόναι 13, 26 in ἐπιδιδόναι, ἀκολουθεῖν 13, 38 in συνακολουθεῖν, und das häufige ἐρωτᾶν im Cantabrigiensis völlig konsequent in ἐπερωτᾶν. Es wird auch lieber ἔρχεσθαι πρός gesagt als προσέρχεσθαι; συνεισέρχεσθαι 6, 22. 18, 15 fällt auf. Ἐκβάλλειν und ἐξέρχεσθαι wird durch nachfolgendes ἔξω verstärkt; dreimal steht das Simplex vor ἔξω, in βάλλειν ἔξω (15, 6), ἄγειν ἔξω (19, 4) und δεῦρο ἔξω (11, 43).

11. Das Passiv mit ὑπό des handelnden Subjekts ist so ungewöhnlich wie bei Markus. Außer in der Perikope von der Ehebrecherin, die sich überhaupt merkwürdig abhebt, findet es sich nur in 14, 21; in 10, 14 ist die echte Lesart nicht γινώσκω τὰ ἐμὰ καὶ γινώσκομαι ὑπὸ τῶν ἐμῶν, sondern γ. τ. ε. κ. γινώσκουσί με τὰ ἐμά. Der namentlich bei Lukas häufige Ersatz des Passivs durch den Plural des Aktivs mit anonymem Subjekt läßt sich bei Joa nur durch ein Beispiel belegen: τὰ κλήματα ἐβλήθη ἔξω καὶ ἐξηράνθη καὶ συνάγουσιν αὐτὰ καὶ εἰς πῦρ βάλλουσιν 15, 6.

12. Das Präsens wird wohl noch häufiger als bei Markus für das Präteritum gebraucht, auch das Participium Präsentis für das Part. Präteriti, z. B. οἱ γείτονες οἱ θεωροῦντες αὐτὸν τὸ πρότερον ὅτι προσαίτης ἦν 9, 8 = die ihn früher als Bettler gesehen hatten, und τυφλὸς ὢν ἄρτι βλέπω 9, 25, wofür D liest: τυφλὸς ἤμην καὶ ἄ. β. Umgekehrt steht zuweilen das Präteritum, wo man das Präsens erwartet, wie 3, 33 ἐσφράγισεν, 5, 37 μεμαρτύρηκεν (D μαρτυρεῖ), 10, 18 ᾖρεν (D αἴρει) — εἰς ὃν ἠλπίκατε 5, 45 läßt sich verstehen: auf den ihr eure Hoffnung gesetzt habt. Ganz anders beliebt wie bei den Synoptikern ist das gravitätische Perfectum Activi; es wechselt in den Handschriften und in den Parallelen beliebig mit dem Aorist und wird gelegentlich durch diesen fortgesetzt, z. B. ἑώρακεν καὶ ἤκουσεν 3, 32 und χωρὶς αὐτοῦ ἐγένετο οὐδὲν ὃ γέγονεν 1, 2. Auffallend sind κέκραγεν 1, 15 und γέγραφα 19, 22. Das Futurum wechselt mit dem Indikativ des Präsens, auch in hs. Varianten (D 5, 20. 6, 27. 64).

13. Im Gegensatz zu den Synoptikern ist die Conjugatio periphrastica im Aktiv ungebräuchlich. Außer vielleicht in 11, 1, wo der Text zurecht gemacht ist, findet sie sich nur in dem dreimal vorkommenden Satze Ἰωάννης ἦν βαπτίζων und in ἦν ἑστὼς καὶ θερμαινόμενος. Dagegen im Passiv des Perfekts oder Plusquamperfekts ist sie gewöhnlich; statt des synoptischen γέγραπται heißt es immer ἔστι γεγραμμένον. Zu 1, 9 vgl. p. 7. 8.

14. Wenn das Particip den Artikel hat, so ist es zwar nicht selten Attribut, häufiger aber Vertreter entweder eines allgemeinen Subjekts (§ 4 = jeder wer) oder eines bestimmten, wie ὁ ἀσθενῶν, ὁ τεθνηκώς, ὁ πέμψας[1]). Ohne Artikel kommt es en masse nur in 13, 1—3 (§ 2) vor, sonst z. B. κεκοπιακώς 4, 6 (5, 44) und öfter λαβών, ἰδών, ἀκούσας. Im absoluten Genitiv wird es bei weitem nicht so oft gebraucht wie bei den Synoptikern, und nur 4, 51. 12, 37 in der inkorrekten Weise, daß hernach ein rückbezügliches Pronomen in einem anderen Casus folgt (Blaß, § 74, 5). Die übrigen Fälle sind 5, 13. 6, 23. 7, 14. 13, 2 (zwei mal). 20, 19. 26. 21, 4. 11. Wie es scheint, kommen alle diese Fälle an späten Stellen vor; in der Grundschrift und überhaupt im älteren Bestande finden sich keine Genitivi absoluti, so wenig wie in der Apokalypse. In 2, 3 ist καὶ ὑστερήσαντος οἴνου λέγει ἡ μήτηρ ohne Zweifel eine Stilverbesserung für καὶ οἶνον οὐκ εἶχον, ὅτι συνετελέσθη ὁ οἶνος τοῦ γάμου· εἶτα λέγει ἡ μήτηρ — das Umgekehrte läßt sich nicht denken.

15. Der Gebrauch des Infinitivs ist nicht bloß durch Sätze mit ὅτι und ἵνα eingeschränkt. Auch der bei den Synoptikern so beliebte Infinitivus loco substantivi mit dem Artikel findet sich selten, dreimal nach der Präposition πρό (1, 49. 13, 19. 17, 5) und einmal nach διά (2, 24). In dem letzteren Beispiel wird er durch ein Finitum (mit ὅτι) fortgesetzt, ähnlich wie das Particip 1, 32. 5, 44.

Substantiv.

16. Der Vokabelschatz an Substantiven bei Joa unterscheidet sich mindestens ebenso sehr von dem bei den Synoptikern wie der verbale. Namentlich in den theologischen Ausdrücken, die nicht noch aufgezählt zu werden brauchen [2]), aber auch in anderen wie θρέμματα, κερματισταί, κηπουρός, ὀψάριον. Die Azyma heißen das Pascha, die Schriftgelehrten und die Ältesten kommen nicht vor. Statt mit διδάσκαλε wird Jesus regelmäßig mit ῥαββί[3]) angeredet, statt ὁ χριστός wird zweimal ὁ Μεσσίας gesagt. Ὄχλος und ἁμαρτία sind im Singular und nicht im Plural gebräuchlich. Πλήρωμα bedeutet **Fülle** und nicht **Flicken**. Παρρησία ist viel häufiger als bei den Synoptikern (Mc 8, 32); an den zwei Stellen, wo es in der Grundschrift vorkommt

---

[1]) Πέμπειν steht fast nur in dieser Form, sonst ἀποστέλλειν.

[2]) Vgl. das Kapitel über die Reden, besonders p. 110.

[3]) So wird zu accentuieren sein.

(7, 4. 11, 54), hat es zudem eine abweichende objektive und nicht subjektive Bedeutung, nämlich Öffentlichkeit und nicht Freimut. Bemerkenswert sind noch die Substantivierungen τὰ ἐπουράνια, τὰ ἐπίγεια, τὰ ἐμά, τὰ ἴδια, τὰ ἄνω, τὰ κάτω. Der See von Gennesar wird aber wie bei Markus und Matthäus ἡ θάλασσα genannt, und nicht ἡ λίμνη wie bei Lukas.

17. Der Artikel hat in einigen Beispielen generelle Bedeutung; so ὁ ἄνθρωπος 2, 25. 7, 51, ὁ νιπτήρ 13, 5, τὸ πῦρ 15, 6. Bei Personennamen schwankt sein Gebrauch, bei Jesus im Casus obliquus steht er immer. Bei einigen von Natur determinierten Appellativen fehlt er mehr oder weniger regelmäßig, so bei μονογενὴς υἱός, bei ἐκ νεκρῶν und dem biblischen ἐν ἀρχῇ, bei εἰς ἀνάστασιν ζωῆς und εἰς ἀνάστασιν κρίσεως, überhaupt bei ζωή[1]) und θάνατος, manchmal auch bei θεός. Hie und da wird er vor determiniertem Substantiv weggelassen, wenn es im Prädikat steht. So σὺ βασιλεὺς εἶ τοῦ Ἰσραήλ 1, 49; ὅτι υἱὸς ἀνθρώπου ἐστίν 5, 27; υἱός (τοῦ fehlt in D) θεοῦ εἰμι 10, 36; υἱὸν θεοῦ ἑαυτὸν ἐποίησεν 19, 7 [2]).

Zur Hervorhebung der Indetermination eines Substantivs wird zuweilen τις verwandt, nicht aber wie bei den Synoptikern εἷς, auch nicht wie bei Matthäus (13, 28. 52. 18, 23. 20, 1. 21, 33) ἄνθρωπος. Im Plural wird die Indetermination durch ἐκ mit dem Genitiv ausgedrückt, nicht durch ἀπό, z. B. 7, 40: ἐκ τοῦ ὄχλου οὖν ἀκούσαντες = einige aus der Menge, da sie hörten, oder 3, 25: ἐγένετο ζήτησις ἐκ τῶν μαθητῶν Ἰωάνου μετὰ Ἰουδαίου = ein Streit einiger Johannesjünger mit einem Juden.

Pronomen.

18. Während bei Markus und auch bei Matthäus und Lukas in dem für das Griechische unerträglich häufigen Gebrauch der einfachen Pronomina im Casus obliquus die semitischen Verbal- und Nominalsuffixe sehr aufdringlich durchscheinen (Blaß § 48, 2), ist das bei Joa weitaus nicht in dem Maße der Fall, schon deshalb nicht, weil das Objekt vor den Verba und der Genitiv vor den Regentia stehen kann. Darauf muß Nachdruck gelegt werden. Eigentümlich johanneisch dagegen sind die Pronomina separata erster und zweiter Person im

---

[1]) Stets bei ζωὴ αἰώνιος, wie auch in den Synoptikern.
[2]) Vgl. meine Note zu Mt 4, 3. 4 und zu Mc 15, 39.

Nominativ, die das Subjekt der Verba finita explicieren, ohne daß es dadurch besonders hervorgehoben wird: wenn dies geschehen soll, so wird z. B. zu ὑμεῖς noch αὐτοί hinzugefügt. Ohne Fug und Recht und auch ganz inkonsequent streicht Blaß solche überflüssigen Subjektspronomina. Ihr Gebrauch erklärt sich vielleicht aus der Vulgärsprache, obgleich ich darüber nicht urteilen kann. Jedenfalls nicht aus dem Aramäischen, denn er ist nicht wie dort auf das Präsens beschränkt.

Reflexiva, die im Semitischen ganz und für die zweite und dritte Person auch bei Markus fehlen, sind bei Joa häufig; dagegen findet sich ihr Ersatz durch ψυχή nicht. Auffallend ist διέζωσεν ἑαυτόν 13, 4 für διεζώσατο, weniger ἔβαλεν ἑαυτόν 21, 7, wofür der Cantabrigiensis ἥλατο bietet.

Ebenso sind Possessiva, die gleichfalls im Semitischen und so ziemlich auch bei Markus fehlen, bei Joa gewöhnlich. Als Possessiv der dritten Person dient ἴδιος; es wird gern substantivisch verwandt, im maskulinischen und neutrischen Plural.

Unter den Demonstrativen ist ἐκεῖνος besonders beliebt; es steht oft, wo man αὐτός erwartet, und tritt auch für **idem** auf.

Adjektiv und Adverb.

19. Befremdend geringfügig ist der Bestand des johanneischen Lexikons an Adjektiven. Außer den paar allergewöhnlichsten und etwa ἐπουράνιος ἐπίγειος λευκός λίθινος ὑγιής kehren stets die selben wieder, wie αἰώνιος ἀληθής ἀληθινός. In 6, 10 wird zwar χόρτος aus Markus übernommen, aber das malerische Beiwort χλωρός nicht mit. Anders als im Semitischen und bei den Synoptikern wird indessen μέσος adjektivisch gebraucht (1, 26. 9, 18); ἐν μέσῳ kommt nur in der Perikope von der Ehebrecherin vor, διὰ μέσου nur in einer Interpolation (8, 59), εἰς τὸ μέσον nur in Anhängen am Schluß (20, 19. 26). Ἕτερος findet sich so wenig wie bei Markus; es heißt im Unterschiede von Matthäus und Lukas immer ἄλλος.

20. Natürlich sind auch von Adjektiven abgeleitete Adverbia selten. Πολλά für **sehr** kommt nicht vor und überhaupt kein Wort für **sehr**, einmal heißt es χαρᾷ χαίρει (3, 29) = er freut sich **hoch**. Παραχρῆμα und ἐξαίφνης fehlen, von εὐθύς und εὐθέως finden sich sieben Beispiele. Von lokalen Adverbien pronominaler Art

ist ὧδε[1]) seltener, ἐκεῖ nicht minder häufig als bei den Synoptikern. Ἔνθα, ἐνταῦθα und ἔνθεν fehlen wie im ganzen Neuen Testament (außer Mt 17, 20. Lc 16, 26), dagegen findet sich ἐνθάδε (sonst nur bei Lukas) 4, 15. 16 und ἐντεῦθεν öfter, und zwar beides in der Bedeutung **hier** (nicht **dort**). Von temporalen Adverbien oder adverbialen Ausdrücken findet sich τότε häufig, auch πάλιν, jedoch nicht im Sinn von **deinde** wie bei Markus. Εἶτα (auch 2, 3) wie bei Markus, ἔπειτα (sonst nur Lc 16, 7) einmal in der Verbindung ἔπειτα μετὰ τοῦτο 11, 7, mit der καὶ μετὰ τὸ ψωμίον τότε 13, 27 und εἶτα τότε bei Epiktet verglichen werden kann. Μετὰ τοῦτο ist dem Joa eigentümlich, μετὰ ταῦτα gemein mit Lukas; beides fehlt bei Markus und Matthäus, es scheint biblisch zu sein. Ἄρτι (ἕως ἀ., ἀπάρτι) kommt oft vor, sonst nur ein paar mal bei Matthäus, nicht bei Markus und Lukas. Νῦν wechselt mit ἄρτι (9, 19. 21 und D 13, 36), es hat nur selten logische Bedeutung. In 9, 41 ist es von Luther als Conjunction aufgefaßt: „nun ihr aber sprecht: wir sind sehend, bleibt eure Sünde".

Präpositionen.

21. Die Präpositionen haben wie bei den Synoptikern zum Schaden der einfachen Casus um sich gegriffen, namentlich zum Schaden des Genitivs, aber auch des Dativs. Der Genitivus partitivus wird gewöhnlich durch ἐκ expliciert; es heißt nur selten εἰς τῶν (ὑπηρέτων) gewöhnlich εἰς ἐκ τῶν (δούλων). Nach dem Comparativ, der übrigens selten ist, steht er 1, 50. 5, 20. 7, 31. Als Objekt des Verbs kommt er vor nach κατηγορεῖν, wo freilich der Cantabrigiensis den Accusativ hat; bei μέλειν ist er durch περί ersetzt. Der Dativ wird öfters durch ἐν expliciert: ἐν παρρησίᾳ, ἐν σαββάτῳ, ἐν τῇ ἐσχάτῃ ἡμέρᾳ. Bei den Verbis des Sagens durch πρός, sogar bei ἀποκρίνεσθαι 8, 33. Φεύγειν 10, 5 transiert auf das Objekt vermittelst ἀπό, aber φοβεῖσθαι 9, 22 direkt auf den Accusativ, im Unterschied von den Synoptikern; daher φόβος τῶν Ἰουδαίων, ein seltenes Beispiel des objektiven Genitivs. Auch in der kausalen Bedeutung ἀπὸ λύπης, ἀπὸ χαρᾶς (vor Trauer, vor Freude) kommt ἀπό nicht vor, abgesehen von 21, 6. Die Einführung des Prädikats zu γίνεσθαι durch εἰς findet sich nur 16, 20.

---

[1]) Für **hier** und **hieher**. Ein Unterschied zwischen **wo** und **wohin** wird bei diesen Adverbien überhaupt nicht gemacht (Blaß § 25, 2).

Die Vertauschung von εἰς und ἐν läßt sich auch bei Joa belegen und nicht bloß aus den Varianten des Cantabrigiensis, vgl. 3, 15. 16. 35. Das Wo und Wohin wird auch bei den Präpositionen πρός παρά ἐπί nicht streng unterschieden. Es ist lächerlich, den Accusativ in ὁ λόγος ἦν πρὸς τὸν θεόν und in μονογενὴς εἰς τὸν κόλπον τοῦ πατρός zum Sprungbrett hochfliegender Spekulationen zu machen; εἰς τὸν κόλπον 1, 18 bedeutet nichts anderes als ἐν τῷ κόλπῳ 13, 23.

Über den häufigen Gebrauch von περί (in betreff) ist schon am Schluß von § 7 gehandelt. Einmal (1, 30) wechselt damit in gleicher Bedeutung ὑπέρ. Daneben aber steht diese Präposition viel öfter als bei Markus und Matthäus und selbst bei Lukas in der theologischen Bedeutung, die sie bei Paulus hat (6, 51. 10, 11. 15. 11, 50—52. 13, 37. 38. 15, 13. 17, 19. 18, 14).

Πρίν wird im Cantabrigiensis als Präposition gebraucht, mit dem Accusativ (8, 58. 11, 55 Mc 15, 42). Κατά kommt selten vor, ἀνά gar nicht; auch nicht wie bei Lukas ἐναντίον und ἐνώπιον (außer 20, 30), sondern nur ἔμπροσθεν wie bei Matthäus, aber gewöhnlich in einfach lokalem oder temporellem Sinne, nicht in der Bedeutung v o r d e n A u g e n (außer 12, 37) oder n a c h d e m U r t e i l. Statt ἄνευ wird wie sonst im Neuen Testament χωρίς gebraucht.

Andere Partikeln.

22. Über diesen Gegenstand habe ich schon am Schluß von § 2 einiges gesagt, ich kann dem nur wenig hinzufügen. Ἄρα kommt bei Markus nur zweimal vor, bei Joa gar nicht. Γε fehlt bei beiden. Καίτοιγε findet sich einmal in einem redaktionellen Einsatz (4, 2), ὅμως desgleichen (12, 42), μέντοι öfter — alles dies bei den Synoptikern gar nicht und im übrigen Neuen Testament sehr selten. Περ wird fast nie angehängt; καθάπερ und καίπερ kommt so wenig vor wie bei den Synoptikern, ὥσπερ (bei Matthäus beliebt) zweimal (5, 21. 26), ἤπερ 12, 43 ist wahrscheinlich falsche Lesart für ὑπέρ, s. Blaß, § 36, 12.

Congruenz.

23. Mit der Congruenz des Artikels beim Attribut scheint es nicht immer genau genommen zu werden, auch abgesehen von Fällen wie 2, 9. 4, 39. So heißt es 6, 32 ὁ ἄρτος ἐκ τοῦ οὐρανοῦ und nicht ὁ ἄρτος ὁ ἐκ τοῦ οὐρανοῦ. In 1, 18 ist die alte vom Sinaiticus und

von der Latina bezeugte Lesart μονογενής (θεός) εἰς τὸν κόλπον τοῦ πατρός = der Eingeborene am Busen des Vaters; durch Einschiebung von ὁ ὤν vor εἰς hat man sie verbessert, denn μονογενής ist determiniert. Zweifelhaft erscheint ὁ ὄχλος πολύς 12, 9. 12.

Incongruenz im Casus beim Participium, wie τὸν ὀχετόν ... καθαρίσας Mc 7, 19 oder ὑποδημάτων τὰ πατοῦντα Amos 2, 6. 7 läßt sich bei Joa kaum nachweisen; denn τὴν δόξαν αὐτοῦ ... πλήρης 1, 14 und ἐκ τῶν Ἰουδαίων οἱ ἐλθόντες 11, 45 sind vermutlich anders zu beurteilen.

Nach neutralem Subjekt im Plural steht zuweilen, und im Cantabrigiensis oft, auch das Prädikat im Plural, namentlich wenn das Subjekt persönlich ist oder gedacht wird. Nach persönlichem Neutrum das Masculinum in παιδάριον ὅς ἔχει 6, 9. Am Anfang des Satzes singularisches Verbum vor mehreren Subjekten in ἔρχεται Ἀνδρέας καὶ Φίλιππος 12, 22.

Allgemeines.

24. Nach dem Vorgang Anderer behauptet B. Weiß, durch das Gewand des allerdings von groben Hebraismen freien griechischen Ausdrucks blicke doch im ganzen Stilcharakter des vierten Evangeliums so sehr der hebraistische Grundzug hindurch, daß dasselbe nur von einem Palästiner geschrieben sein könne. Wenn dieser Behauptung Beobachtungen zu grunde liegen, so sind sie oberflächlich und irrig gedeutet. Biblische und synoptische Redeweisen beweisen natürlich nichts. Auch die vereinzelten Spuren von Kenntnis des Aramäischen haben nichts zu besagen, auf das Griechische hat es nicht eingewirkt. Wenn das Griechisch des Joa darin mit dem des Markus zusammentrifft, daß es der gewöhnlichen Umgangssprache nahe steht, so divergiert es doch darin, daß es kein verkleidetes Aramäisch ist. Die Abweichung von der Sprache der ältesten evangelischen Tradition in diesem Punkte geht ebenso tief wie der vom Inhalt derselben. Der Satzbau scheint zwar bedeutsame Züge der Ähnlichkeit aufzuweisen, aber bei näherem Zusehen verschwindet die Ähnlichkeit. Offenbare und sehr gewichtige, wenngleich von der zu sehr auf das Lexikalische gerichteten Aufmerksamkeit der Forscher meist übersehene Unterschiede liegen in der Wortstellung, im Gebrauch der Pronomina, in der Vermeidung der Conjugatio periphrastica und der Infinitive mit dem Artikel, so wie darin, daß von dem artikellosen Status constructus

und von der Wiederaufnahme des Relativs durch ein Pronomen sich keine Spuren finden.

Positiv zeichnet sich die johanneische Sprache durch ihre gravitätische Getragenheit aus; dadurch entfernt sie sich ebenso weit von der volkstümlichen des Markus wie von der etwas literatenhaften des Lukas und nähert sich der des Priesterkodex im Pentateuch. Der Feierlichkeit wegen wird der biblische Stil in der Parataxe nachgeahmt, mit verräterisch unbiblischer Freiheit der Wortstellung. Die Aussagen haben in den Reden manchmal eine Form, die an Orakelsprüche erinnert. Sie werden bis zum Überdruß variiert, oft nur durch affirmative oder negative Fassung. Gleichnisse sind selten; Abwechslung, Bildlichkeit, anschauliche poetische Gestaltung, bunte Färbung durch Adjektive sucht man in der Regel vergebens. Der Sprachschatz ist auffallend arm, da die gleichen Begriffe und Worte immer wiederkehren. Dafür ist die Ausdrucksweise sehr weitläufig. Volle Sätze werden vor Abkürzungen bevorzugt, Relativsätze vor Participien oder einfachen Genitiven, Objektssätze mit ὅτι und Finalsätze mit ἵνα vor Infinitiven. Überflüssige Verdeutlichungen sind beliebt. Substantiva werden explicite wiederholt, wo ein Pronomen vollkommen genügen würde. Man hat den Eindruck der Pedanterie wie im Priesterkodex. Blaß sucht dieselbe durch zahlreiche Streichungen zu beseitigen oder zu mildern. Aber ohne Erfolg und mit Unrecht; abgesehen von einigen Partien geht sie durch und ist beabsichtigt. Die Sprache soll auf dem Kothurn einhergehen, sie soll hieratisch sein. Nach Deißmanns soeben erschienenen Licht vom Osten (p. 175) schließt sie das Ländlich-Synoptische und das Städtisch-Paulinische zum Interkulturell-Christlichen zusammen. Ob sie durch dieses Gemisch richtig gekennzeichnet wird, mögen Andere beurteilen.

Berichtigungen.

12,17 lies 1,35—42 für 1,35—43.
12,22 l. 1,43 für 1,44.
22,7 l. ὁ λυτρωτής.
63,5 l. in dem angeführten Satze.
81,3 l. namentlich für nämlich.